"十二五"普通高等教育本科国家级规划教材

国家卫生和计划生育委员会"十二五"规划教材
全国高等医药教材建设研究会"十二五"规划教材
全国高等学校教材

供 8 年制及 7 年制("5+3"一体化)临床医学等专业用

组织学与胚胎学

Histology and Embryology

第3版

主　审　高英茂

主　编　李　和　李继承

副主编　曾园山　周作民　肖　岚

编　者　(以姓氏笔画为序)

文建国	中南大学湘雅医学院	陈海滨	汕头大学医学院
石玉秀	中国医科大学	邵淑娟	大连医科大学
刘　凯	山东大学医学院	周　莉	吉林大学白求恩医学部
刘　皓	天津医科大学	周作民	南京医科大学
刘厚奇	第二军医大学	周国民	复旦大学上海医学院
齐建国	四川大学华西医学中心	周瑞祥	福建医科大学
李　和	华中科技大学同济医学院	周德山	首都医科大学
李宏莲	华中科技大学同济医学院	郝　晶	山东大学医学院
李继承	浙江大学医学院	郝立宏	大连医科大学
肖　岚	第三军医大学	徐　晨	上海交通大学医学院
吴　宏	重庆医科大学	唐军民	北京大学医学部
邹仲之	南方医科大学	梁春敏	复旦大学上海医学院
汪　琳	武汉大学医学院	曾园山	中山大学中山医学院
宋天保	西安交通大学医学部	谢小薰	广西医科大学
张　雷	河北医科大学	雷　蕾	哈尔滨医科大学

秘　书

　　刘向前　华中科技大学同济医学院

人民卫生出版社

图书在版编目（CIP）数据

组织学与胚胎学/李和,李继承主编.—3 版.—北京：
人民卫生出版社,2015

ISBN 978-7-117-20646-4

Ⅰ.①组… Ⅱ.①李…②李… Ⅲ.①人体组织学-
医学院校-教材②人体胚胎学-医学院校-教材 Ⅳ.①R32

中国版本图书馆 CIP 数据核字(2015)第 094733 号

| 人卫社官网 | www.pmph.com | 出版物查询，在线购书 |
| 人卫医学网 | www.ipmph.com | 医学考试辅导，医学数据库服务，医学教育资源，大众健康资讯 |

组织学与胚胎学

第 3 版

主　　编：李　和　李继承

出版发行：人民卫生出版社（中继线 010-59780011）

地　　址：北京市朝阳区潘家园南里 19 号

邮　　编：100021

E－mail：pmph @ pmph.com

购书热线：010-59787592　010-59787584　010-65264830

印　　刷：廊坊一二〇六印刷厂

经　　销：新华书店

开　　本：850×1168　1/16　印张：34

字　　数：936 千字

版　　次：2005 年 8 月第 1 版　　2015 年 8 月第 3 版
　　　　　2023 年 8 月第 3 版第13次印刷（总第 21 次印刷）

标准书号：ISBN 978-7-117-20646-4/R·20647

定　　价：108.00 元

打击盗版举报电话：010-59787491　E-mail：WQ @ pmph.com
（凡属印装质量问题请与本社市场营销中心联系退换）

修订说明

为了贯彻教育部教高函[2004-9号]文,在教育部、原卫生部的领导和支持下,在吴阶平、裘法祖、吴孟超、陈灏珠、刘德培等院士和知名专家的亲切关怀下,全国高等医药教材建设研究会以原有七年制教材为基础,组织编写了八年制临床医学规划教材。从第一轮的出版到第三轮的付梓,该套教材已经走过了十余个春秋。

在前两轮的编写过程中,数千名专家的笔耕不辍,使得这套教材成为了国内医药教材建设的一面旗帜,并得到了行业主管部门的认可(参与申报的教材全部被评选为"十二五"国家级规划教材),读者和社会的推崇(被视为实践的权威指南、司法的有效依据)。为了进一步适应我国卫生计生体制改革和医学教育改革全方位深入推进,以及医学科学不断发展的需要,全国高等医药教材建设研究会在深入调研、广泛论证的基础上,于2014年全面启动了第三轮的修订改版工作。

本次修订始终不渝地坚持了"精品战略,质量第一"的编写宗旨。以继承与发展为指导思想:对于主干教材,从精英教育的特点、医学模式的转变、信息社会的发展、国内外教材的对比等角度出发,在注重"三基"、"五性"的基础上,在内容、形式、装帧设计等方面力求"更新、更深、更精",即在前一版的基础上进一步"优化"。同时,围绕主干教材加强了"立体化"建设,即在主干教材的基础上,配套编写了"学习指导及习题集"、"实验指导/实习指导",以及数字化、富媒体的在线增值服务(如多媒体课件、在线课程)。另外,经专家提议,教材编写委员会讨论通过,本次修订新增了《皮肤性病学》。

本次修订一如既往地得到了广大医药院校的大力支持,国内所有开办临床医学专业八年制及七年制("5+3"一体化)的院校都推荐出了本单位具有丰富临床、教学、科研和写作经验的优秀专家。最终参与修订的编写队伍很好地体现了权威性、代表性和广泛性。

修订后的第三轮教材仍以全国高等学校临床医学专业八年制及七年制("5+3"一体化)师生为主要目标读者,并可作为研究生、住院医师等相关人员的参考用书。

全套教材共38种,将于2015年7月前全部出版。

全国高等学校八年制临床医学专业国家卫生和计划生育委员会规划教材编写委员会

	学科名称	主审	主编	副主编
1	细胞生物学(第3版)	杨恬	左伋 刘艳平	刘佳 周天华 陈誉华
2	系统解剖学(第3版)	柏树令 应大君	丁文龙 王海杰	崔慧先 孙晋浩 黄文华 欧阳宏伟
3	局部解剖学(第3版)	王怀经	张绍祥 张雅芳	刘树伟 刘仁刚 徐飞
4	组织学与胚胎学(第3版)	高英茂	李和 李继承	曾园山 周作民 肖岚
5	生物化学与分子生物学(第3版)	贾弘褆	冯作化 药立波	方定志 焦炳华 周春燕
6	生理学(第3版)	姚泰	王庭槐	闫剑群 郑煜 祁金顺
7	医学微生物学(第3版)	贾文祥	李明远 徐志凯	江丽芳 黄敏 彭宜红 郭德银
8	人体寄生虫学(第3版)	詹希美	吴忠道 诸欣平	刘佩梅 苏川 曾庆仁
9	医学遗传学(第3版)		陈竺	傅松滨 张灼华 顾鸣敏
10	医学免疫学(第3版)		曹雪涛 何维	熊思东 张利宁 吴玉章
11	病理学(第3版)	李甘地	陈杰 周桥	来茂德 卞修武 王国平
12	病理生理学(第3版)	李桂源	王建枝 钱睿哲	贾玉杰 王学江 高钰琪
13	药理学(第3版)	杨世杰	杨宝峰 陈建国	颜光美 臧伟进 魏敏杰 孙国平
14	临床诊断学(第3版)	欧阳钦	万学红 陈红	吴汉妮 刘成玉 胡申江
15	实验诊断学(第3版)	王鸿利 张丽霞 洪秀华	尚红 王兰兰	尹一兵 胡丽华 王前 王建中
16	医学影像学(第3版)	刘玉清	金征宇 龚启勇	冯晓源 胡道予 申宝忠
17	内科学(第3版)	王吉耀 廖二元	王辰 王建安	黄从新 徐永健 钱家鸣 余学清
18	外科学(第3版)		赵玉沛 陈孝平	杨连粤 秦新裕 张英泽 李虹
19	妇产科学(第3版)	丰有吉	沈铿 马丁	狄文 孔北华 李力 赵霞

	学科名称	主审	主编	副主编			
20	儿科学（第3版）		桂永浩 薛辛东	杜立中	母得志	罗小平	姜玉武
21	感染病学（第3版）		李兰娟 王宇明	宁 琴	李 刚	张文宏	
22	神经病学（第3版）	饶明俐	吴 江 贾建平	崔丽英	陈生弟	张杰文	罗本燕
23	精神病学（第3版）	江开达	李凌江 陆 林	王高华	许 毅	刘金同	李 涛
24	眼科学（第3版）		葛 坚 王宁利	黎晓新	姚 克	孙兴怀	
25	耳鼻咽喉头颈外科学（第3版）		孔维佳 周 梁	王斌全	唐安洲	张 罗	
26	核医学（第3版）	张永学	安 锐 黄 钢	匡安仁	李亚明	王荣福	
27	预防医学（第3版）	孙贵范	凌文华 孙志伟	姚 华	吴小南	陈 杰	
28	医学心理学（第3版）	姜乾金	马 辛 赵旭东	张 宁	洪 炜		
29	医学统计学（第3版）		颜 虹 徐勇勇	赵耐青	杨土保	王 彤	
30	循证医学（第3版）	王家良	康德英 许能锋	陈世耀	时景璞	李晓枫	
31	医学文献信息检索（第3版）		罗爱静 于双成	马 路	王虹菲	周晓政	
32	临床流行病学（第2版）	李立明	詹思延	谭红专	孙业桓		
33	肿瘤学（第2版）	郝希山	魏于全 赫 捷	周云峰	张清媛		
34	生物信息学（第2版）		李 霞 雷健波	李亦学	李劲松		
35	实验动物学（第2版）		秦 川 魏 泓	谭 毅	张连峰	顾为望	
36	医学科学研究导论（第2版）		詹启敏 王 杉	刘 强	李宗芳	钟晓妮	
37	医学伦理学（第2版）	郭照江 任家顺	王明旭 尹 梅	严金海	王卫东	边 林	
38	皮肤性病学	陈洪铎 廖万清	张建中 高兴华	郑 敏	郑 捷	高天文	

经过再次打磨，备受关爱期待，八年制临床医学教材第三版面世了。怀纳前两版之精华而愈加求精，汇聚众学者之智慧而更显系统。正如医学精英人才之学识与气质，在继承中发展，新生方可更加传神；切时代之脉搏，创新始能永领潮头。

经过十年考验，本套教材的前两版在广大读者中有口皆碑。这套教材将医学科学向纵深发展且多学科交叉渗透融于一体，同时切合了环境 - 社会 - 心理 - 工程 - 生物这个新的医学模式，体现了严谨性与系统性，诠释了以人为本、协调发展的思想。

医学科学道路的复杂与简约，众多科学家的心血与精神，在这里汇集、凝结并升华。众多医学生汲取养分而成长，万千家庭从中受益而促进健康。第三版教材以更加丰富的内涵、更加旺盛的生命力，成就卓越医学人才对医学誓言的践行。

坚持符合医学精英教育的需求，"精英出精品，精品育精英"仍是第三版教材在修订之初就一直恪守的理念。主编、副主编与编委们均是各个领域内的权威知名专家学者，不仅著作立身，更是德高为范。在教材的编写过程中，他们将从医执教中积累的宝贵经验和医学精英的特质潜移默化地融入到教材中。同时，人民卫生出版社完善的教材策划机制和经验丰富的编辑队伍保障了教材"三高"（高标准、高起点、高要求）、"三严"（严肃的态度、严谨的要求、严密的方法）、"三基"（基础理论、基本知识、基本技能）、"五性"（思想性、科学性、先进性、启发性、适用性）的修订原则。

坚持以人为本、继承发展的精神，强调内容的精简、创新意识，为第三版教材的一大特色。"简洁、精练"是广大读者对教科书反馈的共同期望。本次修订过程中编者们努力做到：确定系统结构，落实详略有方；详述学科三基，概述相关要点；精选创新成果，简述发现过程；逻辑环环紧扣，语句精简凝练。关于如何在医学生阶段培养创新素质，本教材力争达到：介绍重要意义的医学成果，适当阐述创新发现过程，激发学生创新意识、创新思维，引导学生批判地看待事物、辩证地对待知识、创造性地预见未来，踏实地践行创新。

坚持学科内涵的延伸与发展，兼顾学科的交叉与融合，并构建立体化配套、数字化的格局，为第三版教材的一大亮点。此次修订在第二版的基础上新增了《皮肤性病学》。本套教材通过编写委员会的顶层设计、主编负责制下的文责自负、相关学科的协调与蹉商、同一学科内部的专家互审等机制和措施，努力做到其内容上"更新、更深、更精"，并与国际紧密接轨，以实现培养高层次的具有综合素质和发展潜能人才的目标。大部分教材配套有"学习指导及习题集"、"实验指导 / 实习指导"以及"在线增值服务（多媒体课件与在线课程等）"，以满足广大医学院校师生对教学资源多样化、数字化的需求。

本版教材也特别注意与五年制教材、研究生教材、住院医师规范化培训教材的区别与联系。①五年制教

材的培养目标:理论基础扎实、专业技能熟练、掌握现代医学科学理论和技术、临床思维良好的通用型高级医学人才。②八年制教材的培养目标:科学基础宽厚、专业技能扎实、创新能力强、发展潜力大的临床医学高层次专门人才。③研究生教材的培养目标:具有创新能力的科研型和临床型研究生。其突出特点:授之以渔、评述结合、启示创新,回顾历史、剖析现状、展望未来。④住院医师规范化培训教材的培养目标:具有胜任力的合格医生。其突出特点:结合理论,注重实践,掌握临床诊疗常规,注重预防。

以吴孟超、陈灏珠为代表的老一辈医学教育家和科学家们对本版教材寄予了殷切的期望,教育部、国家卫生和计划生育委员会、国家新闻出版广电总局等领导关怀备至,使修订出版工作得以顺利进行。在这里,衷心感谢所有关心这套教材的人们! 正是你们的关爱,广大师生手中才会捧上这样一套融贯中西、汇纳百家的精品之作。

八学制医学教材的第一版是我国医学教育史上的重要创举,相信第三版仍将担负我国医学教育改革的使命和重任,为我国医疗卫生改革,提高全民族的健康水平,作出应有的贡献。诚然,修订过程中,虽力求完美,仍难尽人意,尤其值得强调的是,医学科学发展突飞猛进,人们健康需求与日俱增,教学模式更新层出不穷,给医学教育和教材撰写提出新的更高的要求。深信全国广大医药院校师生在使用过程中能够审视理解,深入剖析,多提宝贵意见,反馈使用信息,以便这套教材能够与时俱进,不断获得新生。

愿读者由此书山拾级,会当智海扬帆!

是为序。

中国工程院院士
中国医学科学院原院长　　刘德培
北京协和医学院原院长

二〇一五年四月

　　高英茂,山东大学组织胚胎学二级教授,博士生导师,享受国务院政府特殊津贴,国家级教学名师。1962 年医学专业本科毕业,1966 年四年制胚胎学专业硕士研究生毕业,1981 年公派去加拿大多伦多大学留学,从事实验胚胎学方面的研究,1984 年学成回国后,创建了我国第一个实验畸形学教育部重点实验室,深入研究了高温、环磷酰胺、维 A 酸、敌枯双、高血糖等环境因素引发胚胎先天畸形的细胞生物学和分子生物学机制,并应用干细胞理论和干细胞技术探讨了神经管畸形、无神经节巨结肠等先天畸形的预防和治疗措施。先后获得了多项国家级和省部级的科研基金资助,在国内外发表百余篇科研论文,多项科研成果获省部级自然科学奖和科技进步奖。先后主编了 30 多部教材、译著和专著,主编的五年制、七年制、八年制、汉英双语及英文版 5 本组织胚胎学教材先后被评为国家级规划教材,主持审定的《人体解剖学名词》和《组织胚胎学名词》第 2 版现已由全国名词委公布并出版,主编的《人体解剖与组织胚胎学图解大词典》即将出版。两项教学成果获山东省教学成果一等奖。

高英茂

李和，医学博士，华中科技大学二级教授，"华中学者"特聘教授，博士生导师，解剖学系主任；中国解剖学会组织学与胚胎学专业委员会主任委员，教育部基础医学教学指导委员会委员，全国医学考试专家指导委员会基础医学专业副主任委员，国务院学位委员会第 7 届学科评议组基础医学组成员；国家杰出青年科学基金、教育部"高校青年教师奖"、国务院政府特殊津贴、"宝钢优秀教师奖"获得者。

主要从事遗传性神经退行性疾病发病机制、痛与镇痛机制、内分泌细胞生物学研究，主持国家自然科学基金重点项目、面上项目等多项，主要成果发表在 *Nat Genet*，*PNAS*，*J Cell Biol*，*Hum Mol Genet*，*J Neurosci*，*Mol Cell Neurosci* 等刊物上。长期从事组织学与胚胎学、医学发育生物学、组织化学与细胞化学技术教学工作，系湖北省教学名师，组织学与胚胎学国家级精品资源共享课程、精品课程、双语教学示范课程负责人。曾任临床医学八年制国家级规划教材《组织学与胚胎学》第 2 版主编，医学研究生规划教材《组织化学与细胞化学技术》第 1 版、第 2 版主编，以及多本《组织学与胚胎学》规划教材副主编和编委。

李 和

李继承，浙江大学二级教授、博士生导师。现任美国 *The Anatomical Record* 杂志亚洲副主编、浙江大学细胞生物学研究所所长、解剖学与细胞生物学系主任；中国细胞生物学会医学细胞生物学分会会长、中华医学会细胞生物学分会副主任委员等。系人民卫生出版社《组织学与胚胎学实验技术》主编、《组织学与胚胎学》五年制（第 7 版、第 8 版）共同主编；北京大学出版社 *Histology and Embryology* 共同主编；人民卫生出版社数字化教材《组织学与胚胎学》共同主编；浙江大学出版社《组织学与胚胎学》主编，《医学细胞生物学》主编；中华医学百科全书细胞生物学分册副主编。曾任国家自然科学奖主审员、评委。任中华医学奖主审员、评委，国家自然科学基金一、二审评委，国家理科人才培养基地"十二五纲要"编写组基础医学、心理学、中医和药学组召集人。系中国医学细胞生物学学术大会第 1~5 届大会主席。1999 年获政府特殊津贴，2001 年获中国高校自然科学一等奖。主持国家"十一五"、"十二五"重大科技专项、973 项目课题各 1 项和国家自然科学基金 12 项；自 2000 年后发表 SCI 论文 100 余篇。

李继承

曾园山，医学博士、教授和博士生导师。现任中山大学组织胚胎学教研室主任、广东省组织学与胚胎学资源共享课程负责人、中山大学脊髓损伤研究所副所长、中国解剖学会常务理事、广东省解剖学会理事长、广东省细胞生物学会副理事长等。主编本专业教材12本，副主编教材专著6本。主持国家自然科学基金重点项目和教育部优先发展领域项目等多项研究课题。应用再生医学的新技术，专心于干细胞源性神经网络及其环路在脊髓重建的研究。在国际英文期刊发表研究论文49篇，其中通讯作者或第1作者共43篇。获卫生部科技进步奖、国务院特殊津贴专家荣誉、柯麟医学奖、南粤优秀教师奖和宝钢优秀教师奖。获国家发明专利授权两项。

曾园山

周作民，南京医科大学教授、博士生导师，组织胚胎学系主任，生殖医学国家重点实验室副主任，"人体结构学"国家精品课程负责人，"人体解剖学与组织胚胎学"国家级教学团队负责人。中国细胞与显微技术学会副主任委员，中国解剖学会医学发育生物学分会副主任委员，中国解剖学会组胚专业委员会委员。*Asian Journal of Andrology*、《中国组织化学与细胞化学杂志》《中华男科学》《生殖与避孕》《解剖学杂志》等杂志编委。长期从事男性生殖医学研究，对多个精子发生相关基因开展了功能和机制研究。近年来主持国家973课题1项，国家自然科学基金课题3项，发表SCI收录论文50余篇。

周作民

肖岚，教授、博士生导师，第三军医大学组织胚胎学教研室主任。担任中国解剖学会副秘书长、组织胚胎学分会副主任委员、重庆市解剖学会理事长及中国神经科学会胶质细胞分会委员等学术职位。《中国组织化学与细胞化学杂志》副主编和多家国内核心期刊编委。研究方向为发育神经生物学，主要集中在中枢神经系统髓鞘发育与再生及其精神疾病的关系。近年来主持国家自然科学基金62项，在国际权威学术期刊如 *Nature Medicine*,*Mol Psychiatry*,*J Neuroscience* 和 *Glia* 等发表相关研究成果25篇。获重庆市教学成果一等奖1项以及"军队育才金奖"等荣誉称号。

肖岚

八年制临床医学专业规划教材《组织学与胚胎学》第 2 版自 2010 年出版至今已经 5 年。该教材作为我国医学教育与国际接轨系列教材之一，在坚持"三基"的基础上，充分体现了"五性"和"三特定"原则，具有内容丰富详实、知识覆盖面广、图文并茂等特点，受到了全国长学制医学生和广大组织学与胚胎学教师的好评。本次编写秉承继承精华、勘正错误、充实更新、精炼文字的原则，力求从内容到形式达到"更新、更深、更精"的要求，使本教材更具有科学性、启发性、逻辑性和可读性。

本次编写主要有以下变化：将教材分为"上篇组织学"和"下篇胚胎学"两大部分，以体现组织学与胚胎学既相互联系又相对独立的特点；在组织学绪论和胚胎学绪论中，增加了全内反射荧光显微镜术、超分辨率显微镜术、光学电子关联显微镜术、组织芯片等组织学技术及胚胎学常用实验技术的原理、特点和应用简介；为了引导学生从发育生物学的角度理解胚胎发育过程与规律及其机制，在胚胎学部分增加了"胚胎发育机制概要"一章；并将原"人体胚胎发生"和"鳃弓、咽囊的演变和头、颈的发生"两章标题分别改为"胚胎发生总论"和"颜面、颈和口腔相关器官的发生"。同时，对全书的插图做了较大的修改：新拍摄和更换了大量组织学实物图，整体提升了实物图质量；新设计、绘制了一批模式图/示意图，并使代表相同或相似结构成分的颜色在前后不同章节间尽量保持一致；对专题讲座内容进行了改写、充实和更新；根据全国科学技术名词审定委员会审定公布的第 2 版组织学与胚胎学名词，规范统一了全书的专业名词；对第 2 版中部分章节和部分专题讲座过繁或前后有重复、条理欠清晰的内容进行了删减、精炼和调整，增强了教材的可读性。

第 3 版的编者由第 2 版的 24 人扩大到 29 人，既吸纳了更多组织学与胚胎学教学第一线的年富力强的教师，也邀请了多位学术造诣深、教学和教材编写经验丰富的老专家。尤其是本教材第 1 版和第 2 版主编、国家教学名师高英茂教授担任主审，保证了本次编写的质量。郝立宏教授承担了本教材许多模式图/示意图的设计、绘制和修改工作；刘向前博士除了担任秘书工作外，还协助编写了部分章节；丁英、王璐、王立轩、刘俊、刘向明、刘俊文、吴波、陈苏红、李冬梅、李成仁、张艳梅、郭家松、梁玉、韩芳等老师协助部分章节的编写。本书的编写还得到了各参编单位的大力支持，并获得了华中科技大学本科教学改革基金的资助。在此谨向各位编委、主审及所有支持本书编写的单位和个人表示衷心的感谢！

虽然各位编委在编写、审校过程中认真细致、精益求精，但因主编水平限制，疏漏和不妥之处在所难免。真诚欢迎同学们、同行专家及其他读者在使用本教材时不吝赐教，以使本教材日臻完善。

李　和　李继承

2015 年 4 月

目　录

上篇　组　织　学

第1章　组织学绪论 ·· 2

一、组织学的研究内容和意义 ···························· 2

二、组织学发展简史 ···································· 3

三、组织学的研究方法和技术 ···························· 5

（一）光学显微镜术 ·································· 5

（二）电子显微镜术 ·································· 9

（三）原子力显微镜术 ································ 10

（四）放射自显影术 ·································· 10

（五）组织化学和细胞化学技术 ························ 11

（六）免疫组织化学和免疫细胞化学技术 ················ 12

（七）凝集素细胞化学技术 ···························· 14

（八）原位杂交技术 ·································· 15

（九）活体组织和活细胞研究方法 ······················ 16

（十）组织芯片技术 ·································· 18

（十一）形态学研究的定量术 ·························· 18

四、组织学的学习方法 ································· 19

第2章　上皮组织 ·· 20

一、被覆上皮 ·· 20

（一）单层被覆上皮 ·································· 20

（二）复层被覆上皮 ·································· 23

二、腺上皮与腺 ······································ 24

（一）腺细胞类型 ·································· 25

（二）外分泌腺的结构与分类 ·························· 26

三、上皮细胞的特化结构 ······························ 27

（一）上皮细胞游离面的特化结构 ······················ 27

（二）上皮细胞侧面的特化结构 ························ 29

（三）上皮细胞基底面的特化结构 ······················ 30

四、上皮组织的更新和再生 ···························· 32

专题讲座：上皮-间充质转化与肿瘤细胞的侵袭转移 ········ 32

（一）上皮-间充质转化的特征 ························ 32

（二）上皮-间充质转化发生机制 ······················ 33

（三）上皮-间充质转化在肿瘤发生发展中的作用 ············ 33

第3章　固有结缔组织 ·· 35
　一、疏松结缔组织 ·· 35
　　（一）细胞 ·· 35
　　（二）纤维 ·· 42
　　（三）基质 ·· 44
　　（四）组织液 ··· 45
　二、致密结缔组织 ·· 45
　　（一）规则致密结缔组织 ·· 45
　　（二）不规则致密结缔组织 ··· 46
　　（三）弹性组织 ·· 46
　三、脂肪组织 ··· 47
　　（一）黄色脂肪组织 ··· 47
　　（二）棕色脂肪组织 ··· 47
　四、网状组织 ··· 48
　专题讲座：结缔组织病 ··· 48

第4章　软骨和骨 ··· 50
　一、软骨 ··· 50
　　（一）透明软骨 ·· 50
　　（二）弹性软骨 ·· 53
　　（三）纤维软骨 ·· 53
　　（四）软骨的发生、生长和再生 ·· 53
　二、骨 ··· 54
　　（一）骨组织 ··· 54
　　（二）长骨的结构 ··· 59
　三、骨的发生、生长和再生 ·· 61
　　（一）骨组织的发生 ··· 61
　　（二）膜内成骨 ·· 61
　　（三）软骨内成骨 ··· 61
　　（四）骨的生长和改建 ·· 63
　　（五）骨折愈合 ·· 65
　　（六）影响骨生长发育的因素 ··· 65
　专题讲座：关节软骨单位 ·· 65
　　（一）软骨单位的结构 ·· 65
　　（二）细胞周基质的化学成分 ··· 66
　　（三）软骨单位的力学特性 ··· 66
　　（四）软骨单位的功能 ·· 66
　　（五）软骨单位的应用展望 ··· 66

第5章　血液和淋巴 ·· 68
　一、血液 ··· 68
　　（一）红细胞 ··· 69
　　（二）白细胞 ··· 71

（三）血小板 ·· 74

二、血细胞的发生 ·· 74

（一）造血器官的演变 ·· 75

（二）骨髓的结构 ·· 75

（三）造血干细胞与造血祖细胞 ·· 77

（四）血细胞发生和形态演变 ·· 79

三、淋巴 ·· 80

专题讲座：造血干细胞和造血干细胞移植 ···80

（一）造血干细胞的表面标志和分离纯化 ·· 80

（二）造血干细胞的生物学特性 ·· 81

（三）造血干细胞静止与自我更新的调控 ·· 81

（四）造血干细胞移植 ·· 82

第 6 章　肌组织 ·· 84

一、骨骼肌 ·· 84

（一）骨骼肌纤维的光镜结构 ·· 85

（二）骨骼肌纤维的超微结构 ·· 85

（三）骨骼肌纤维的收缩机制 ·· 88

（四）骨骼肌纤维的分型 ··· 88

二、心肌 ·· 89

（一）心肌纤维的光镜结构 ·· 89

（二）心肌纤维的超微结构 ·· 89

（三）心肌纤维的分类 ·· 91

三、平滑肌 ·· 92

（一）平滑肌纤维的光镜结构 ·· 92

（二）平滑肌纤维的超微结构 ·· 92

（三）平滑肌纤维的收缩原理 ·· 93

（四）平滑肌纤维间连接与排列方式 ·· 93

专题讲座：心肌细胞的再生 ···94

（一）可用于心肌再生的干细胞 ·· 94

（二）用于心肌再生的固态支架材料 ·· 95

第 7 章　神经组织 ·· 96

一、神经元 ·· 96

（一）神经元的结构 ·· 96

（二）神经元的分类 ·· 100

二、突触 ·· 102

（一）化学突触 ·· 102

（二）电突触 ··· 103

三、神经胶质细胞 ·· 104

（一）中枢神经系统的胶质细胞 ·· 104

（二）周围神经系统的胶质细胞 ·· 106

四、神经干细胞 ·· 106

五、神经纤维 ………………………………………………………………………………… 107
　　（一）有髓神经纤维 …………………………………………………………………… 107
　　（二）无髓神经纤维 …………………………………………………………………… 110
　　（三）神经 ……………………………………………………………………………… 111
六、神经末梢 ………………………………………………………………………………… 112
　　（一）感觉神经末梢 …………………………………………………………………… 112
　　（二）运动神经末梢 …………………………………………………………………… 113
七、神经纤维的溃变与再生 ………………………………………………………………… 116
　　（一）溃变 ……………………………………………………………………………… 116
　　（二）再生 ……………………………………………………………………………… 116
专题讲座：隐藏在神经组织的神经干细胞 ………………………………………………… 117

第8章　神经系统 …………………………………………………………………………… 119
一、中枢神经系统 …………………………………………………………………………… 119
　　（一）大脑皮质 ………………………………………………………………………… 119
　　（二）小脑皮质 ………………………………………………………………………… 123
　　（三）脊髓灰质 ………………………………………………………………………… 125
　　（四）脑脊膜、脉络丛和脑脊液 ……………………………………………………… 125
　　（五）脑屏障 …………………………………………………………………………… 126
二、周围神经系统 …………………………………………………………………………… 128
专题讲座：神经纤维寻径 …………………………………………………………………… 129
　　（一）生长锥与神经纤维寻径 ………………………………………………………… 129
　　（二）神经纤维寻径的分子机制 ……………………………………………………… 129
　　（三）神经纤维寻径的导向分子 ……………………………………………………… 130

第9章　循环系统 …………………………………………………………………………… 132
一、血管壁的一般结构 ……………………………………………………………………… 132
　　（一）内膜 ……………………………………………………………………………… 133
　　（二）中膜 ……………………………………………………………………………… 134
　　（三）外膜 ……………………………………………………………………………… 134
　　（四）血管壁的营养血管和神经 ……………………………………………………… 134
二、动脉 ……………………………………………………………………………………… 135
　　（一）大动脉 …………………………………………………………………………… 135
　　（二）中动脉 …………………………………………………………………………… 135
　　（三）小动脉 …………………………………………………………………………… 136
　　（四）微动脉 …………………………………………………………………………… 136
　　（五）过渡型和特殊型动脉 …………………………………………………………… 136
　　（六）动脉管壁结构与功能的关系 …………………………………………………… 137
　　（七）血管壁的特殊感受器 …………………………………………………………… 137
　　（八）动脉的年龄变化 ………………………………………………………………… 138
三、毛细血管 ………………………………………………………………………………… 138
　　（一）毛细血管的结构 ………………………………………………………………… 138
　　（二）毛细血管的分类 ………………………………………………………………… 138

（三）毛细血管的功能 ··· 140

四、静脉 ··· 141

（一）微静脉 ··· 141

（二）小静脉 ··· 141

（三）中静脉 ··· 141

（四）大静脉 ··· 142

（五）静脉瓣 ··· 142

五、微循环 ·· 143

（一）微循环血管 ·· 143

（二）微循环通路 ·· 143

（三）其他微循环形式 ·· 144

六、心脏 ··· 144

（一）心壁的结构 ·· 144

（二）心脏的传导系统 ·· 145

七、淋巴管系统 ·· 146

专题讲座：肿瘤血管生成拟态 ·· 146

（一）肿瘤血管生成拟态的形态特征及病理学意义 ···························· 147

（二）肿瘤血管生成拟态的生成机制 ·· 147

（三）血管生成拟态在肿瘤治疗中的应用 ···································· 148

第 10 章　免疫系统 ··· 150

一、主要免疫细胞 ·· 150

（一）淋巴细胞 ·· 150

（二）抗原呈递细胞 ·· 152

二、淋巴组织 ·· 153

（一）弥散淋巴组织 ·· 153

（二）淋巴小结 ·· 153

三、淋巴器官 ·· 154

（一）胸腺 ·· 154

（二）淋巴结 ··· 156

（三）脾 ·· 159

（四）扁桃体 ··· 162

专题讲座：肝的免疫功能 ··· 163

（一）肝内免疫细胞 ·· 163

（二）肝内免疫抑制微环境 ·· 163

（三）肝内趋化因子 ·· 163

第 11 章　皮肤 ··· 165

一、表皮 ·· 166

（一）表皮的分层 ·· 166

（二）非角质形成细胞 ·· 168

二、真皮 ·· 170

三、皮下组织 ·· 170

四、皮肤的附属器 …………………………………………………………………… 171
　（一）毛 ……………………………………………………………………………… 171
　（二）皮脂腺 ………………………………………………………………………… 172
　（三）汗腺 …………………………………………………………………………… 173
　（四）指（趾）甲 …………………………………………………………………… 174
五、皮肤的再生 …………………………………………………………………………… 175
专题讲座：组织工程皮肤 ……………………………………………………………… 175
　（一）组织工程皮肤的分类 ………………………………………………………… 175
　（二）组织工程皮肤研究展望 ……………………………………………………… 176

第12章　眼和耳 ………………………………………………………………………… 179
一、眼 …………………………………………………………………………………… 179
　（一）眼球壁 ………………………………………………………………………… 180
　（二）眼球内容物 …………………………………………………………………… 188
　（三）眼辅助装置 …………………………………………………………………… 188
二、耳 …………………………………………………………………………………… 190
　（一）外耳 …………………………………………………………………………… 190
　（二）中耳 …………………………………………………………………………… 190
　（三）内耳 …………………………………………………………………………… 190
专题讲座：能感光的节细胞 …………………………………………………………… 196
　（一）黑视蛋白的发现与分布 ……………………………………………………… 196
　（二）黑视蛋白基因及结构 ………………………………………………………… 196
　（三）黑视蛋白节细胞的感光特性及与视锥、视杆细胞的关系 ………………… 197

第13章　内分泌系统 …………………………………………………………………… 199
一、甲状腺 ……………………………………………………………………………… 199
　（一）滤泡 …………………………………………………………………………… 199
　（二）滤泡旁细胞 …………………………………………………………………… 201
二、甲状旁腺 …………………………………………………………………………… 201
　（一）主细胞 ………………………………………………………………………… 201
　（二）嗜酸性细胞 …………………………………………………………………… 202
三、肾上腺 ……………………………………………………………………………… 202
　（一）皮质 …………………………………………………………………………… 202
　（二）髓质 …………………………………………………………………………… 204
　（三）肾上腺的血管分布 …………………………………………………………… 204
四、垂体 ………………………………………………………………………………… 205
　（一）腺垂体 ………………………………………………………………………… 205
　（二）神经垂体 ……………………………………………………………………… 211
五、松果体 ……………………………………………………………………………… 212
六、弥散神经内分泌系统 ……………………………………………………………… 213
专题讲座：神经-内分泌-免疫网络 …………………………………………………… 214
　（一）神经系统与免疫系统的相互作用 …………………………………………… 214
　（二）内分泌系统与免疫系统的相互作用 ………………………………………… 215

第14章　消化管 ··· 216
一、消化管壁的一般结构 ··· 216
（一）黏膜 ··· 216
（二）黏膜下层 ··· 217
（三）肌层 ··· 217
（四）外膜 ··· 217
二、口腔与咽 ··· 218
（一）口腔黏膜的一般结构 ··· 218
（二）舌 ··· 218
（三）牙 ··· 220
（四）咽 ··· 220
三、食管 ··· 220
四、胃 ··· 222
（一）黏膜 ··· 222
（二）黏膜下层 ··· 226
（三）肌层和外膜 ··· 226
五、小肠 ··· 226
（一）黏膜 ··· 226
（二）黏膜下层 ··· 229
（三）肌层和外膜 ··· 229
六、大肠 ··· 230
（一）盲肠、结肠与直肠 ··· 230
（二）阑尾 ··· 231
（三）肛管 ··· 232
七、消化管的淋巴组织 ··· 232
八、胃肠的内分泌细胞 ··· 233
专题讲座：肠黏膜屏障 ··· 234
（一）肠黏膜屏障的构成 ··· 234
（二）肠黏膜屏障功能的评估 ··· 235
（三）肠黏膜屏障功能障碍与疾病 ··· 235

第15章　消化腺 ··· 236
一、唾液腺 ··· 236
（一）大唾液腺的一般结构 ··· 236
（二）3对大唾液腺的结构特点 ·· 238
（三）唾液 ··· 238
（四）下颌下腺分泌的生物活性多肽 ··· 238
二、胰腺 ··· 238
（一）外分泌部 ··· 239
（二）内分泌部-胰岛 ··· 241
（三）胰腺的神经调节和内、外分泌部的关系 ···································· 243
三、肝 ··· 244
（一）肝小叶 ··· 244

（二）门管区 ·· 248
（三）肝内血液循环 ··· 249
（四）肝的胆汁形成和排出途径 ·· 250
（五）肝的神经 ·· 250
（六）肝的淋巴 ·· 250
（七）门管小叶和肝腺泡 ·· 250
（八）肝的再生 ·· 251
四、胆囊与胆管 ··· 251
（一）胆囊 ·· 251
（二）胆管 ·· 252
专题讲座：肝细胞再生的调控 ·· 252
（一）肝再生反应的效应细胞 ··· 253
（二）肝再生进程的调控 ·· 253
（三）辅助性因子对肝细胞再生的调控 ··· 254
（四）应用前景 ·· 254

第 16 章　呼吸系统 ··· 255
一、鼻腔 ·· 255
（一）前庭部 ··· 255
（二）呼吸部 ··· 255
（三）嗅部 ·· 255
二、喉 ··· 257
三、气管和主支气管 ·· 257
（一）黏膜 ·· 257
（二）黏膜下层 ·· 259
（三）外膜 ·· 259
四、肺 ··· 259
（一）肺导气部 ·· 261
（二）肺呼吸部 ·· 262
（三）肺间质和肺巨噬细胞 ·· 265
（四）肺的血管、淋巴管和神经 ·· 265
专题讲座：Ⅱ型肺泡细胞研究进展 ··· 265
（一）Ⅱ型肺泡细胞的生物学特性与功能 ·· 265
（二）Ⅱ型肺泡细胞的临床意义 ··· 266

第 17 章　泌尿系统 ··· 268
一、肾 ··· 268
（一）肾单位 ··· 270
（二）集合管系 ·· 276
（三）球旁复合体 ·· 276
（四）肾间质 ··· 278
（五）肾的血液循环 ··· 278
（六）肾的淋巴管和神经 ·· 279

二、输尿管 ··· 280

三、膀胱 ·· 280

专题讲座：足细胞与肾小球疾病 ··· 281

（一）局灶性节段性肾小球硬化 ·· 281

（二）膜性肾病 ·· 282

（三）免疫球蛋白 A 肾病 ··································· 282

（四）糖尿病肾病 ·· 282

第 18 章　男性生殖系统 ··· 283

一、睾丸 ·· 283

（一）生精小管 ································· 283

（二）睾丸间质 ································· 289

（三）直精小管和睾丸网 ····················· 290

（四）睾丸功能的内分泌调节 ·············· 290

二、生殖管道 ······································· 292

（一）附睾 ··································· 292

（二）输精管 ···························· 293

三、附属腺 ······································ 294

（一）前列腺 ···························· 294

（二）精囊 ································ 294

（三）尿道球腺 ························ 295

四、阴茎 ·· 295

专题讲座：环境激素与睾丸间质细胞功能 ·········· 296

（一）环境激素的性质、种类与来源 ·········· 296

（二）环境激素对男性生殖功能的影响 ········ 296

（三）环境激素影响睾丸间质细胞功能以及生育力的机制 ·········· 297

第 19 章　女性生殖系统 ·································· 298

一、卵巢 ·· 298

（一）卵泡的发育 ···················· 298

（二）排卵 ······························ 302

（三）黄体的形成与退化 ·········· 302

（四）优势卵泡、闭锁卵泡和间质腺 ········ 302

（五）门细胞 ···························· 304

二、输卵管 ···································· 304

三、子宫 ·· 305

（一）子宫壁的结构 ················· 305

（二）子宫内膜的周期性变化 ···· 306

（三）卵巢和子宫内膜周期性变化的神经内分泌调节 ·········· 308

（四）子宫颈 ··························· 309

四、阴道 ·· 310

五、乳腺 ·· 311

（一）乳腺的一般结构 ·············· 311

（二）静止期乳腺 ………………………………………………………………… 311
（三）活动期乳腺 ………………………………………………………………… 312
专题讲座：卵巢早衰 ……………………………………………………………… 312
（一）病因及发病机制 …………………………………………………………… 313
（二）生殖器官形态学改变 ……………………………………………………… 313
（三）防治策略 …………………………………………………………………… 313

下篇　胚　胎　学

第20章　胚胎学绪论 ……………………………………………………………… 316
一、人体发生的基本过程 ………………………………………………………… 316
二、人体胚胎学的发展历史 ……………………………………………………… 316
（一）先成论与渐成论 …………………………………………………………… 316
（二）描述胚胎学 ………………………………………………………………… 317
（三）化学胚胎学、比较胚胎学和实验胚胎学 ………………………………… 317
（四）分子胚胎学 ………………………………………………………………… 317
（五）新理论和新技术的诞生 …………………………………………………… 317
（六）胚胎学发展史上的中国科学家 …………………………………………… 318
三、人体胚胎学的研究方法 ……………………………………………………… 319
（一）早期鸡胚的实验胚胎学技术 ……………………………………………… 319
（二）胚胎切片的观察 …………………………………………………………… 319
（三）活体胚胎的观察 …………………………………………………………… 319
（四）示踪技术 …………………………………………………………………… 320
（五）转基因动物的制作技术 …………………………………………………… 320
（六）显微操作技术 ……………………………………………………………… 320
四、学习人体胚胎学的意义和方法 ……………………………………………… 320

第21章　胚胎发生总论 …………………………………………………………… 322
一、配子发生、受精和胚前期发育 ……………………………………………… 322
（一）配子发生 …………………………………………………………………… 322
（二）受精 ………………………………………………………………………… 323
（三）胚前期发育 ………………………………………………………………… 325
二、胚期发育 ……………………………………………………………………… 329
（一）三胚层的发生 ……………………………………………………………… 329
（二）脊索的发生 ………………………………………………………………… 329
（三）尿囊的发生 ………………………………………………………………… 330
（四）绒毛膜的形成和演变 ……………………………………………………… 330
（五）三胚层的分化 ……………………………………………………………… 332
（六）胚期胚胎外形的变化 ……………………………………………………… 334
三、胎期的发育和胚胎龄推算 …………………………………………………… 336
（一）胎期发育 …………………………………………………………………… 336
（二）胚胎龄的推算 ……………………………………………………………… 337
四、胎膜、胎盘、双胎、多胎和连体双胎 ……………………………………… 338

（一）胎膜 ·· 338
（二）胎盘 ·· 340
（三）双胎、多胎和连体双胎 ·· 342
专题讲座：生殖工程 ·· 344
（一）人类生殖工程学技术 ·· 344
（二）生殖工程技术的安全性 ·· 345
（三）生殖工程技术的发展 ·· 345

第22章　颜面、颈和口腔相关器官的发生 ······································· 347
一、鳃器的发生和演变 ·· 347
（一）鳃器的发生 ··· 347
（二）鳃弓的演变 ··· 348
（三）咽囊的演变 ··· 349
二、颜面的形成 ·· 349
三、颈的形成 ··· 351
四、口腔相关器官的发生 ·· 351
（一）舌的发生 ·· 351
（二）腭的发生 ·· 351
（三）唾液腺的发生 ·· 353
（四）牙的发生 ·· 353
五、颜面、颈和牙的常见畸形 ·· 354
专题讲座：唇腭裂 ·· 355
（一）唇腭裂发生机制 ·· 355
（二）唇腭裂防治 ··· 357

第23章　消化系统和呼吸系统的发生 ··· 359
一、消化系统的发生 ··· 360
（一）前肠的演变 ··· 360
（二）中肠的演变 ··· 362
（三）后肠的演变 ··· 362
（四）消化系统的常见畸形 ·· 363
二、呼吸系统的发生 ··· 366
（一）喉、气管和肺的发生 ·· 366
（二）呼吸系统的常见畸形 ·· 367
专题讲座：内脏左右不对称性的分子调控机制 ································· 367

第24章　体腔和系膜的发生 ··· 371
一、体腔的发生 ·· 371
（一）原始体腔的形成 ·· 371
（二）原始横膈的形成 ·· 371
（三）原始体腔的分隔及膈的形成 ·· 372
二、系膜的发生 ·· 374
（一）原始系膜的形成 ·· 374

（二）原始系膜的演变 ··· 374

三、体腔和系膜的先天性畸形 ··· 378

（一）先天性膈疝 ··· 378

（二）先天性膈膨升 ··· 379

（三）副膈 ··· 379

（四）十二指肠旁疝 ··· 379

（五）肠系膜裂孔疝 ··· 379

（六）活动性结肠 ··· 380

（七）系膜囊肿和网膜囊肿 ··· 380

（八）先天性心包缺损 ··· 380

（九）心包囊肿 ··· 380

（十）腹裂 ··· 380

（十一）脐膨出 ··· 381

第25章 泌尿系统和生殖系统的发生 ··· 382

一、泌尿系统的发生 ··· 383

（一）肾和输尿管的发生 ··· 383

（二）膀胱和尿道的发生 ··· 385

（三）泌尿系统的先天性畸形 ··· 385

二、生殖系统的发生 ··· 386

（一）生殖腺的发生 ··· 386

（二）生殖管道的发生和分化 ··· 388

（三）外生殖器的发生 ··· 389

（四）生殖系统的先天性畸形 ··· 389

专题讲座：原始生殖细胞 ··· 391

（一）原始生殖细胞的特化 ··· 391

（二）原始生殖细胞的性分化 ··· 392

（三）原始生殖细胞迁移 ··· 392

（四）原始生殖细胞与疾病 ··· 392

第26章 心血管系统的发生 ··· 394

一、原始心血管系统的建立 ··· 394

二、心脏的发生 ··· 396

（一）心管的发生 ··· 396

（二）心脏外形的演变 ··· 396

（三）心脏的内部分隔 ··· 397

（四）静脉窦及其相连静脉的演变 ····································· 400

三、弓动脉的发生与演变 ··· 402

四、胎儿血液循环 ··· 404

（一）胎儿血液循环途径 ··· 404

（二）胎儿出生后血液循环的变化 ····································· 405

五、心血管系统先天性畸形 ··· 405

（一）心脏畸形 ··· 405

（二）动脉畸形 …………………………………………………………………………………………… 406

专题讲座：先天性心脏病与转录因子 …………………………………………………………………… 407

第27章　神经系统的发生 …………………………………………………………………………… 410

一、神经管和神经嵴的发生及早期分化 ………………………………………………………………… 410

（一）神经管的发生 ……………………………………………………………………………………… 410

（二）神经嵴的发生 ……………………………………………………………………………………… 411

（三）神经管的早期分化 ………………………………………………………………………………… 411

二、脊髓的发生 …………………………………………………………………………………………… 413

三、脑的发生 ……………………………………………………………………………………………… 415

（一）脑泡的形成和演变 ………………………………………………………………………………… 415

（二）大脑皮质的组织发生 ……………………………………………………………………………… 415

（三）小脑皮质的组织发生 ……………………………………………………………………………… 417

四、神经节和周围神经的发生 …………………………………………………………………………… 417

（一）神经节的发生 ……………………………………………………………………………………… 417

（二）周围神经的发生 …………………………………………………………………………………… 417

五、神经系统的常见畸形 ………………………………………………………………………………… 418

（一）神经管缺陷 ………………………………………………………………………………………… 418

（二）脑积水 ……………………………………………………………………………………………… 418

专题讲座：神经营养因子 ………………………………………………………………………………… 419

（一）神经生长因子和表皮生长因子 …………………………………………………………………… 419

（二）脑源性神经营养生长因子 ………………………………………………………………………… 419

（三）睫状神经营养因子 ………………………………………………………………………………… 420

（四）胶质细胞源神经营养因子 ………………………………………………………………………… 420

（五）类胰岛素生长因子 ………………………………………………………………………………… 420

第28章　眼和耳的发生 ……………………………………………………………………………… 422

一、眼的发生 ……………………………………………………………………………………………… 422

（一）眼球的发生 ………………………………………………………………………………………… 422

（二）眼睑和泪腺的发生 ………………………………………………………………………………… 426

（三）眼的先天畸形 ……………………………………………………………………………………… 426

二、耳的发生 ……………………………………………………………………………………………… 427

（一）内耳的发生 ………………………………………………………………………………………… 427

（二）中耳的发生 ………………………………………………………………………………………… 428

（三）外耳的发生 ………………………………………………………………………………………… 430

（四）耳的先天畸形 ……………………………………………………………………………………… 430

专题讲座：内耳发育的分子调控 ………………………………………………………………………… 431

（一）听板的诱导 ………………………………………………………………………………………… 431

（二）内耳轴向的建立 …………………………………………………………………………………… 431

（三）半规管和壶腹嵴的形成 …………………………………………………………………………… 432

（四）耳蜗管的形成 ……………………………………………………………………………………… 432

第29章　骨骼、肌肉和四肢的发生 ………………………………………………………………… 433

一、骨骼系统的发生 …………………………………………………………………… 433
　（一）颅骨的发生 …………………………………………………………………… 434
　（二）脊柱的发生 …………………………………………………………………… 436
　（三）肋骨和胸骨的发生 …………………………………………………………… 437
　（四）四肢骨的发生 ………………………………………………………………… 437
二、肌肉系统的发生 …………………………………………………………………… 438
　（一）骨骼肌的发生 ………………………………………………………………… 438
　（二）心肌和平滑肌的发生 ………………………………………………………… 439
三、四肢的发生 ………………………………………………………………………… 439
四、骨骼和四肢的常见畸形 …………………………………………………………… 440
专题讲座：四肢发育分子调控机制的研究 …………………………………………… 442
　（一）肢芽发生的启动 ……………………………………………………………… 442
　（二）沿近远轴分化的调节 ………………………………………………………… 442
　（三）沿前后轴分化的调节 ………………………………………………………… 443
　（四）沿背腹轴分化的调节 ………………………………………………………… 444
　（五）前肢和后肢的确定 …………………………………………………………… 444

第30章　内分泌腺的发生 …………………………………………………………… 446
一、甲状腺的发生 ……………………………………………………………………… 446
二、甲状旁腺的发生 …………………………………………………………………… 447
三、肾上腺的发生 ……………………………………………………………………… 447
　（一）肾上腺皮质的发生 …………………………………………………………… 448
　（二）肾上腺髓质的发生 …………………………………………………………… 449
四、下丘脑和垂体的发生 ……………………………………………………………… 449
　（一）下丘脑的发生 ………………………………………………………………… 449
　（二）垂体的发生 …………………………………………………………………… 449
五、松果体的发生 ……………………………………………………………………… 450
　（一）松果体的胚胎发生 …………………………………………………………… 450
　（二）松果体的生后发育 …………………………………………………………… 451
六、内分泌腺的先天畸形 ……………………………………………………………… 451
　（一）甲状腺的先天畸形 …………………………………………………………… 451
　（二）甲状旁腺的先天畸形 ………………………………………………………… 451
　（三）肾上腺的先天畸形 …………………………………………………………… 452
　（四）垂体的先天畸形 ……………………………………………………………… 452
　（五）松果体的先天畸形 …………………………………………………………… 452
专题讲座：糖皮质激素在胚胎肺发育中的作用 ……………………………………… 453
　（一）促进肺上皮细胞分化和肺泡的形成 ………………………………………… 453
　（二）促进肺表面活性物质的成熟 ………………………………………………… 453
　（三）促进肺间质的发育 …………………………………………………………… 453

第31章　免疫系统的发生 …………………………………………………………… 455
一、免疫细胞的发生 …………………………………………………………………… 455
　（一）T细胞的分化发育 …………………………………………………………… 455

（二）B 细胞的分化发育 ··· 458

（三）NK 细胞的分化发育 ··· 459

（四）抗原呈递细胞的分化发育 ·· 459

二、免疫器官的发生 ·· 460

（一）胸腺的发生 ··· 460

（二）淋巴结的发生 ·· 461

（三）脾的发生 ··· 461

（四）扁桃体的发生 ·· 462

三、原发性免疫缺陷疾病和淋巴器官畸形 ······························· 462

（一）T 细胞缺陷为主的原发性免疫缺陷病 ······················· 462

（二）B 细胞缺陷为主的原发性免疫缺陷病 ······················· 463

（三）淋巴器官畸形 ·· 463

专题讲座：免疫系统老化 ·· 464

（一）胸腺的退化 ··· 464

（二）T 细胞的退化 ·· 464

（三）B 细胞的退化 ·· 464

（四）NK 细胞的退化 ··· 465

（五）抗原呈递细胞的退化 ·· 465

第 32 章　胚胎发育机制概要 ··· 466

一、细胞增殖 ··· 466

（一）卵裂 ··· 466

（二）桑葚胚的形成 ·· 467

（三）胚泡的形成 ··· 468

二、细胞决定与细胞分化 ·· 468

（一）细胞决定与基因调控 ·· 468

（二）细胞决定与微环境 ··· 469

（三）胚胎诱导 ··· 469

（四）细胞分化与胚胎发育 ·· 470

三、细胞行为与形态发生 ·· 471

（一）细胞运动与形态发生 ·· 471

（二）细胞类集与形态发生 ·· 472

（三）程序性细胞死亡与形态发生 ·· 472

第 33 章　畸形学概论 ·· 474

一、先天畸形的分类 ·· 474

二、先天畸形的发生 ·· 476

（一）遗传因素与先天畸形 ·· 476

（二）环境因素与先天畸形 ·· 477

（三）环境因素与遗传因素在致畸中的相互作用 ··················· 477

三、胚胎的致畸敏感期 ··· 478

四、先天畸形的预防、宫内诊断和宫内治疗 ····························· 479

（一）先天畸形的预防 ··· 479

（二）先天畸形的宫内诊断 …………………………………………………… 479

（三）先天畸形的宫内治疗 …………………………………………………… 480

专题讲座：胎儿酒精综合征 …………………………………………………… 480

（一）胎儿酒精综合征的临床表现 …………………………………………… 480

（二）胎儿酒精综合征的发病机制 …………………………………………… 480

（三）胎儿酒精综合征的早期诊断与预防 …………………………………… 481

中英文名词对照索引 …………………………………………………………… 483

致谢 …………………………………………………………………………… 508

上篇　组　织　学

第1章　组织学绪论

第2章　上皮组织

第3章　固有结缔组织

第4章　软骨和骨

第5章　血液和淋巴

第6章　肌组织

第7章　神经组织

第8章　神经系统

第9章　循环系统

第10章　免疫系统

第11章　皮肤

第12章　眼和耳

第13章　内分泌系统

第14章　消化管

第15章　消化腺

第16章　呼吸系统

第17章　泌尿系统

第18章　男性生殖系统

第19章　女性生殖系统

第1章 组织学绪论

KEY POINTS

- Contents and significance of histology
- Light microscopy
- Electron microscopy
- Histochemistry and cytochemistry
- Cell culture and observation of live cell and tissues
- Quantification techniques in morphological study
- Methods of learning histology

一、组织学的研究内容和意义

组织学(histology)是研究机体微细结构及其相关功能的科学。微细结构是指在显微镜下才能清晰观察的结构,因此,组织学也称显微解剖学(microscopic anatomy)。显微镜包括光学显微镜(light microscope,简称光镜)和电子显微镜(electron microscope,简称电镜),所以,微细结构也分为光镜结构和电镜结构。光镜结构指在光镜下能被分辨的微细结构,如细胞核、核仁、细胞质等,常用长度单位微米(micrometer,μm)来度量;电镜结构又称超微结构(ultrastructure),指在电镜下才能分辨的微细结构,如线粒体、内质网、核糖体等,常用纳米(nanometer,nm)来度量。

组织学主要研究机体的各种组织和器官的微细结构。组织(tissue)由形态和功能相同或相似的细胞(cell)以及多少不等的细胞外基质(extracellular matrix,ECM)构成。细胞是机体的结构和功能单位,其数量众多,形态多样,并具有各自的微细结构、代谢特点和功能活动。细胞外基质又称细胞间质(intercellular substance),由细胞产生,构成细胞生存的微环境,对细胞起支持、营养、保护和联系等作用,对细胞的增殖、分化、迁移和信息传递等行为也有着重要影响。细胞和细胞外基质的结构与功能主要决定于其中的生物大分子,如核酸、酶、蛋白质和蛋白聚糖等。按其结构和功能的不同,人体的组织可分为4种基本类型,即上皮组织、结缔组织、肌组织和神经组织。这些组织按一定的方式有机地组合构成器官(organ),各种器官都具有一定的大小和形态结构,并执行特定的功能。如果器官中央有大的空腔,称空腔性器官,如心、胃、膀胱、子宫等;如无大的空腔,称实质性器官,如肝、脾、肺、肾等。若干结构上连续、功能上相关的器官组成系统(system),如神经系统、循环系统、免疫系统、内分泌系统、消化系统、呼吸系统、泌尿系统、生殖系统等。

组织学是生物学的一个重要分支,是基础医学的一个骨干学科。随着科学技术的发展,组织学的内容也不断充实、更新和发展。现代组织学的研究已经深入到分子水平,与细胞生物学、生物化学与分子生物学、生理学、病理学、免疫学等相关学科交叉、渗透,相互促进。目前,生物医学的一些重大研究课题,如细胞识别与细胞通讯,细胞增殖、分化、衰老、凋亡的调控,细胞突变、癌变及其逆转、组织与器官的再生、组织工程与器官重建、神经-体液-免疫调节等,都与组织学有密切的关系。组织学是一门重要的医学基础课,只有学好组织学,认识人体的微细结构及其相关功能,才能在解剖学的基础上,从宏观到微观,全面掌握人体的形态结构,探索生命现象的物质基础。也只有认识了人体的正常结构,才能更好地分析和理解人体的生理过程和病理过程,才能学好生理学、病理学及其他医学基础课程和临床课程。

二、组织学发展简史

组织学的发展与显微镜等研究工具的发明和改进以及组织标本制备方法的改良有着密切的关系。

1. **显微镜的发明和细胞的发现**　显微镜起源于 16 世纪末荷兰的眼镜工匠制作的放大镜。1590 年,荷兰光学匠师 Janssen 在一根管子的两端分别装上一块凹透镜和一块凸透镜制成复式透镜系统,由此诞生了第一台显微镜。17 世纪伟大的科学仪器发明家和设计者、英国物理学家 Hooke(1635—1702) 在改进显微镜的效率和照明方法上做出了重要贡献。1665 年,在用显微镜研究软木塞薄片时,他观察到一种中空的小室结构,并称其为“cell”,创立了“细胞”一词。虽然这些小室实际上是植物细胞壁围成的空间,几乎不含任何物质,但他同时也描述了当植物还是绿色时,这些小室充满液汁。荷兰人 Leeuwenhock(1632—1723) 是 17 世纪伟大的显微镜制造者和观察者,他一生制作了 400 多台显微镜和放大镜,其放大倍数从 50 倍到 270 倍。利用这些显微镜,他观察到不同动物的精子、肌纤维、神经细胞以及鸟类球形的红细胞和哺乳动物圆盘状的红细胞等,并证明了毛细血管连接着动脉和静脉。意大利解剖学家 Malpighi(1628—1694) 是动物和植物材料显微镜观察技术的创始人之一,也是最先使用染色剂(如墨水)和水银、石蜡等制作显微镜观察标本的人。他观察和研究了血液循环和毛细血管,以及脾、肺、肾、皮肤和大脑皮质的微细结构。

2. **显微镜的改进和细胞学说的确立**　进入 19 世纪以后,随着工业革命的进行,光学显微镜技术得到了稳步发展。意大利学者 Amici(1786—1863) 在 1827 年将目镜和物镜之间安置一个凹面镜,制成了可消色差的反射显微镜,并首次制成水浸物镜;德国科学家 Abbe 研制了消色差物镜和油浸显微镜(1886),发明了聚光器(1872)等,从而较好地校正了色差和球面像差,增强了进入显微镜的光线强度,大大提高了显微镜的放大倍数和分辨率。此外,英国人 Gudden 和 Welker(1856) 设计和制作了切片机,组织标本的固定、包埋、切片和染色等技术也有了很大的进步。这些改进使人们获得了自 17 世纪以来未曾有过的一系列新发现。

1838 年和 1839 年,德国植物学家 Schleiden(1804—1881) 和动物学家 Schwann(1810—1882) 分别发表论文,指出植物和动物都含有细胞,细胞具有细胞膜、细胞内涵物、细胞核和核仁,动物、植物这两大生物界本质的联系就是都以细胞为其结构、功能和发生的基本单位,从而创立了细胞学说。遗憾的是他们接受和强调了细胞自由形成的错误理论。德国病理学家 Wirchow (1821—1902) 通过对病理过程深入细致的显微镜研究,否定了细胞自由形成的观点,得出所有细胞均来自细胞(omnis cellula e cellula)(即来自于已有细胞的分裂)的著名论断,由此完善了细胞学说;并认为细胞损害是一切疾病的基础,从而建立了细胞病理学。Flemming(1843—1915) 和 Strasburger(1844—1912) 分别对动物和植物细胞的细胞核和细胞分裂进行了卓有成效的研究,创造并使用了染色体、染色质、有丝分裂等术语,提出动物和植物细胞是由先前存在的细胞均等分裂而来,细胞核的分裂先于细胞体的分裂。这些研究使细胞学说得以发展和提高。

3. **组织概念的提出和组织学的建立**　法国解剖学与生理学家 Bichat(1771—1802) 在对机体结构的研究中提出了组织学说,认为机体的器官由若干“原始结构”构成,并用“tissue”(编织物)一词来命名这些原始结构。他把人体分为 21 种组织,如纤维、神经、血液、血管、肌肉、软骨、骨等,并认为组织是机体结构和功能的基本单位,由这些组织集合而组成器官,再由器官形成更复杂的系统。虽然 Bichat 的组织学说最终被细胞学说所取代,但他的工作为组织学的发展奠定了基础。1819 年，德国解剖学家 Mayer 将组织归纳为 8 种，并创用"histology"一词，组织学作为一门独立的学科而正式建立。

19 世纪是组织学迅速发展的时期，有关动物和人体组织与器官的光镜结构的研究资料日趋丰富。Schwann 的研究显示，组织由细胞和细胞产物组成。他根据细胞的发育程度把组织分为 5 类，大约相当于现在的血液、上皮组织、软骨和骨、结缔组织、肌肉和神经组织，并发现了周围神经的神经膜细胞。Purkinje(1787—1869)观察了神经细胞及其突起、有髓神经纤维以及小脑的梨状神经元，并描述了各种动物的上皮组织和纤毛运动。曾任柏林大学校长的 Müller(1801—1858)对各种腺体、软骨和骨、结缔组织等进行了研究。解剖学家 Golgi(1843—1926,意大利人)和 Cajal(1852—1934,西班牙人)创立和发展了银染技术，系统研究了中枢神经系统的神经元、神经胶质细胞、大脑皮质和小脑皮质的细胞构筑以及神经通路等，Golgi 还在银染的脊髓神经元发现了内网器(即高尔基复合体)。Golgi 和 Cajal 是现代神经科学的奠基人，两人同获 1906 年诺贝尔生理学或医学奖。

4. 现代组织学的发展　20 世纪以来，组织学的研究技术得到了蓬勃发展，相差显微镜、偏振光显微镜、暗视野显微镜、荧光显微镜、紫外光显微镜等相继问世。1932 年，德国人 Knoll 和 Ruska 研制了第一台透射电镜，但由于图像太差而实际用途不大。以后随着超薄切片机的出现、标本制备技术的改进，以及扫描电镜的发明，电镜的应用逐渐广泛。人们观察了各种细胞及细胞外基质成分的超微结构，发现了许多特殊的细胞器，如核糖体、内皮细胞的 W-P 小体等；并在阐明超微结构的基础上，提出了许多新的理论，如神经元通过突触相互连接的神经元学说(Palade 和 Palay,1954)、纤毛摆动的微管滑动学说(Afzelius,1959)、肌纤维收缩的肌丝滑动学说(Huxley,1969)等。由于电镜的分辨率是光镜的 1000 倍，放大率可达数十万倍，组织学研究遂从细胞水平进入了亚细胞水平。

在此期间，由于多学科的相互渗透和促进，组织化学技术有了很大的进展，许多新方法相继建立，如显示 DNA 的 Feulgen 反应(Feulgen,1924)，显示多糖的过碘酸-Schiff 反应(McManus,1946)，以及显示 100 多种酶活性的酶组织化学。免疫组织化学也从最初的荧光素标记和直接法(Coons,1941)到酶标记和间接法(Nakane 和 Pierse,1966)，再到酶-抗酶复合物(PAP)法(Sternberger,1970)和亲和素-生物素-酶复合物(ABC)法(Hsu,1981)，其显示抗原物质(如蛋白质)的敏感性和特异性大大提高。核酸分子杂交技术和聚合酶链反应(PCR)在组织学中的应用产生了原位杂交技术(Gall 和 Pardue,1969)和原位 PCR 技术(Haase,1990)，特异性显示细胞内的 DNA 和 mRNA 片段，并使单拷贝和低拷贝核酸的检测成为可能。这些方法可在组织细胞的原位检测其化学成分，对结构蛋白、酶蛋白、信息分子等进行定性、定位、定量及代谢和功能分析，揭示基因及其表达状态，使组织学研究进入分子水平。近年来，组织工程技术发展迅速，在体外能模拟培养出皮肤、软骨、骨等组织或器官，由此使组织学第一次和临床治疗紧密联系，具有广阔的应用前景。

此外，生物物理学的发展使放射自显影术、X 射线显微分析术、X 射线衍射术、显微分光光度术等技术随之建立和完善。细胞培养技术的建立和发展，不但能直接研究细胞的行为及其影响因素，而且成为许多现代重大生物学技术的关键环节。20 世纪 70 年代以后，又相继出现了图像分析术、流式细胞术、激光扫描共聚焦显微镜术等，这些新技术与计算机技术相结合，能够迅速地对组织细胞的微细结构及生物物理和生物化学参数做出分析，对细胞进行分选或切割，使组织学研究更加广泛、更加深入、更加精细，并逐渐向自动化、定量化和数字化方向发展。

我国的组织学研究起步较晚，始于 20 世纪初期。老一辈组织学家如马文昭(1886—1965)、鲍鉴清(1893—1982)、王有琪(1899—1995)、张作干(1906—1969)、李肇特(1913—2006)和薛社普(1917—)等，在学科建设、科学研究和人才培养等方面都做出了历史性的贡献。

三、组织学的研究方法和技术

组织学的发展与其研究方法的进展密切相关,熟悉组织学的研究工具与技术方法可更好地理解和掌握组织学。组织学技术方法种类繁多,并随着现代科学技术的不断进步而迅速发展,其原理广泛涉及物理、化学、生物化学、免疫学、分子生物学等多个学科。

(一) 光学显微镜术

1. 光镜组织标本的制备方法　生物组织和器官不能直接在光镜下观察,制备能使光线透过、微细结构清晰可辨的组织切片是组织学研究的基本方法,主要包括固定、切片、染色等步骤。

(1) 固定:取动物或人体的新鲜组织块,用一定的化学试剂处理,使组织内的蛋白质迅速凝固或沉淀,以防止酶引起的细胞自溶和细菌引起的组织腐败,尽量保持组织的原有结构和化学组成。这一处理过程称为固定(fixation),固定用的化学物质称为固定剂(fixative)。常用的固定剂有甲醛、戊二醛、苦味酸、醋酸、酒精、丙酮、四氧化锇等,常将几种固定剂配制成混合固定液,使它们的作用互补,减弱组织的收缩或膨胀,取得更好的固定效果。固定时一般将组织块浸泡在固定液中,或经血管或心脏灌注固定液,使固定更加迅速、均匀,效果更好。

(2) 切片:组织块必须有一定的硬度方可切成薄片。首先用酒精和二甲苯将固定后的组织块脱水(dehydration)和透明(clearing),再用熔化的石蜡浸透(infiltration)、包埋(embedding),制成有一定硬度的组织蜡块,然后用切片机(microtome)将其切成 5 ~ 10 μm 厚的组织切片(tissue section),贴于载玻片上。上述方法称石蜡切片(paraffin sectioning),是组织学中的常规切片方法。

在制作较大组织块(如眼球、脑)的切片时,常用火棉胶包埋。也可使组织块快速冷冻、变硬,用恒冷箱切片机(cryostat)制成冷冻切片(frozen section),以保存酶的活性和脂类物质。用振动切片机(vibratome)切片可防止石蜡切片的高温处理和冷冻切片的冰晶形成,常用于神经组织。此外,常将血液、体液、培养细胞等直接涂于玻片上制成涂片(smear),将疏松结缔组织或肠系膜等撕成薄片,铺在载玻片上制成铺片(stretched preparation),将骨和牙等硬组织磨为薄片,称磨片(ground section)。

(3) 染色:大多数组织细胞没有颜色,在光镜下难以分辨其微细结构。为便于光镜下观察,需用天然或人工合成的染料(dye)使组织切片上不同的微细结构染成不同的颜色,称为染色(staining)。染料可分为碱性染料和酸性染料,碱性染料含有碱性助色基团,在溶液中带正电荷;酸性染料含有酸性助色基团,在溶液中带负电荷。常用的碱性染料有苏木精、甲苯胺蓝、碱性品红等,酸性染料有伊红、橙黄 G、亮绿等。组织学中最常用的染色方法是苏木精(hematoxylin)和伊红(eosin)染色法,简称 HE 染色法(HE staining)。苏木精使细胞核和细胞质中的核糖体等酸性物质染成紫蓝色,伊红使细胞质和细胞外基质中的碱性成分染成淡红色。与碱性染料亲和力强、易被染色的特性称嗜碱性(basophilia);与酸性染料亲和力强、易被染色的特性称嗜酸性(acidophilia);若与两种染料的亲和力都不强,则称中性(neutrophilia)。染色后的切片经脱水、透明,用树胶和盖玻片封固,即可在光镜下观察,并长期保存。

另外,某些结构成分如肥大细胞的胞质颗粒,当用碱性染料甲苯胺蓝等染色时,不是呈现染料的蓝色,而是呈紫红色,这种染色特性称为异染性(metachromasia)。其原理可能是该染料在单体状态时呈蓝色,而当与含大量阴离子的物质耦合后聚合成多聚体,后者呈紫红色(图 1-1)。当用硝酸银染色时,有些组织结构可直接使银离子还原为银颗粒而呈黑色,称为亲银性(argentaffin),有些组织结构需加入还原剂才能显色,称为嗜银性(argyrophilia)。

2. 普通光学显微镜　应用普通光镜观察组织切片是组织学研究的主要技术,可获得有关组织细胞结构与功能的许多信息。光镜的放大作用由其光学部分实现,后者主要由聚光镜(condenser)、物镜(objective)和目镜(eyepiece)组成。光镜的放大倍数等于物镜和目镜放大倍数的乘

Notes

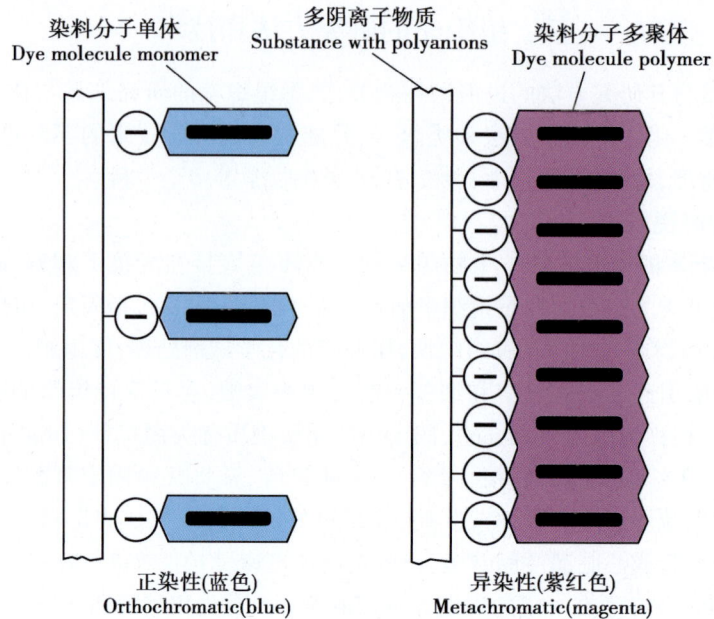

图 1-1　异染性原理示意图

Fig. 1-1　Schematic drawing illustrating principle of metachromasia

积,可达 1500 倍左右。但图像的清晰度和细微度主要由分辨率(resolution)决定。分辨率指所能分辨的两点间的最小距离,光镜的分辨率约为 0.2μm(表 1-1)。分辨率与光线的波长成正比,与物镜的数值孔径(numerical aperture,NA)成反比。普通物镜光线通过的介质是空气,NA 小于 1;如使用油浸物镜,在镜头与标本间加香柏油,NA 可达 1.4,可提高分辨率。目前,可在普通光镜上安装高敏感数码相机或摄像机,辅以图像增强和分析系统,可获得数字化图像,提高图像质量,并可进行图像定量分析。

3. 荧光显微镜　荧光显微镜(fluorescence microscope)由光源、滤片系统和显微镜 3 部分构成,用于观察组织、细胞中有自发荧光、诱发荧光或经荧光染料染色或标记的结构。光源为高压汞灯或金属卤化灯,用以产生波长短、能量高的紫外光或蓝紫光。滤片系统包括激发滤片、阻断滤片、吸热滤片和吸收紫外光滤片。荧光显微镜技术以紫外光或蓝紫光激发标本中的荧光物质,使之产生各种不同颜色的荧光,通过观察荧光的分布与强弱来测定被检物质。如神经细胞内脂褐素呈黄色自发荧光;儿茶酚胺在甲醛诱发下呈黄绿色荧光;荧光染料吖啶橙(acridine orange)可与 DNA 和 RNA 结合,使细胞核 DNA 呈黄绿色荧光,细胞质 RNA 呈橙红色荧光(图 1-2)。荧光显微镜也广泛应用于免疫组织化学研究(见后文)。

表 1-1　各种显微镜的分辨率与人眼的比较

	分辨率
人眼	0.2mm
普通显微镜	0.2μm
透射电镜	0.1~0.2nm
扫描电镜	2.5nm
原子力显微镜	50pm*

*1pm(皮米,微微米)= 0.001nm = 10^{-12}m

全内反射荧光显微镜(total internal reflection fluorescence microscope,TIRFM)是一种特殊的荧光显微镜,它利用光线全反射后在介质另一面产生衰逝波的特性,激发荧光分子以观察荧光标定样品的极薄区域,观测的动态范围通常在 200nm 以下。因为激发光呈指数衰减的特性,只有极靠近全反射面的样本区域会产生荧光反射,由此大大降低了背景光噪声对观测目标的干扰,能获得高质量的成像和可靠的观测数据。使用适当的荧光标记,利用 TIRFM 可观察和记录细胞内很多重要的生命活动过程,如信号转导、蛋白质转运、肌球蛋白运动、ATP 酶翻转、胞吞和胞吐以及病原体入侵等亚细胞甚至分子级别的事件,尤其适于观察细胞表面物质的动态。

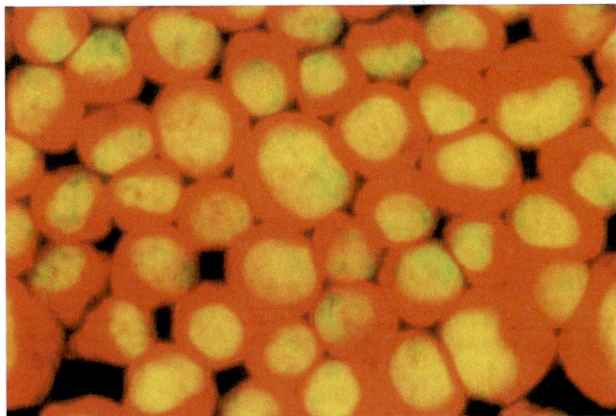

图 1-2　小鼠宫颈腹水癌细胞光镜像　丫啶橙染色　高倍
（中国中医科学院谢锦玉教授供图）

Fig. 1-2　Light micrograph of mouse cervical ascites carcinoma cells　Acridine orange stain　High magnification

4. 相差显微镜　相差显微镜（phase contrast microscope）主要用于观察细胞培养中活细胞的形态结构及生长变化情况。未染色的活细胞常是无色透明的，光线通过时其波长（决定光的颜色）和振幅（决定光的亮度）并不发生显著变化，故普通光镜难以分辨其微细结构。相差显微镜的原理是：光通过细胞内具有不同厚度或折射率的结构时，其速度和方向发生改变，产生光程差，光程差使两束光的波峰和波谷位置不再并列，即发生了相位差；在物镜的后焦面处装有相位板，可将这种相位差转换为振幅差（明暗差），这样就使活细胞的不同结构出现显著的明暗反差，并具有立体感。为了便于观察贴附于培养瓶底的活细胞并进行某些显微操作，这种显微镜常将光源和聚光器安装在载物台上方，将物镜安装在载物台下方，称倒置相差显微镜（inverted phase contrast microscope）。

5. 暗视野显微镜　暗视野显微镜（dark field microscope）主要用于观察反差太小或小于普通显微镜分辨力的微小颗粒，如细胞内的线粒体及标本中细菌等微粒的运动、放射自显影标本中的银粒、免疫金染色中的金粒等。这种显微镜有一个特殊的暗视野聚光镜，使光线斜照在标本上，不直接进入物镜，故视野黑暗。而标本中的小颗粒产生的衍射光或散射光进入物镜，呈现暗视野内的明亮小点，可见度增加，易于观察（图 1-3，与图 1-16A 比较）。暗视野显微镜的分辨率可达 0.004 ~ 0.2μm。

6. 偏振光显微镜　偏振光显微镜（polarization microscope）是一种鉴定微细结构的光学显微镜，用于肌纤维、胶原纤维、细胞膜和纺锤体等的研究。其主要特点是在显微镜内装有产生偏振光和检测偏振光的装置，前者安装在光源和标本之间，称起偏器；后者安装在物镜和目镜之间，称检偏器。光线通过起偏器时，形成只能在一个平面上振动的偏振光。如使检偏器与起偏器的位置平行（平行检偏位），起偏器产生的平行偏振光完全通过检偏器，视野明亮；如二者位置垂直（正交检偏位），则偏振光不能通过检偏器，视野黑暗。在正交检偏位观察标本时，如果旋转镜台，视野始终黑暗，则被检物为各向同性（或单折射体）；如旋转镜台一周，被检物 4 次隐没，4 次明亮，则它为各向异性（或双折射体）。

7. 激光扫描共聚焦显微镜　激光扫描共聚焦显微镜（laser scanning confocal microscope,

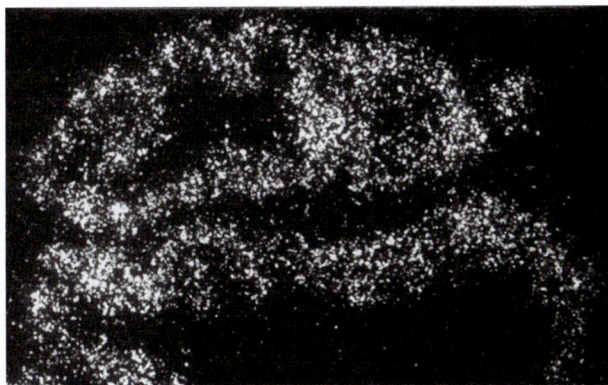

图 1-3　暗视野显微镜示 ^{35}S 标记前列腺特异抗原 cDNA 探针原位杂交放射自显影的银颗粒　高倍（西安交通大学医学部邱曙东供图）

Fig. 1-3　Dark-field micrograph showing autoradiographic silver particles *in situ* hybridization by using the ^{35}S-labeled prostatic specific antigen cDNA probe　High magnification

Notes

LSCM)是一种高光敏度与高分辨率的生物学仪器,主要由激光光源、共聚焦成像扫描系统、光检测器、显微镜和计算机图像分析系统5部分组成。由激光光源产生的一定波长的激光束通过扫描器内照明针孔的光阑作用形成点光源,经由分光镜反射至物镜并聚焦于样品,对样品内焦平面上的每一点进行扫描;样品上相应的被照射点受激发而发射出的荧光再次被物镜汇聚,经原来入射光路直接反向回到分光镜,继而通过检测针孔被检测器接收,再经过光电信号转换在显示屏上;图像同时被传送到计算机图像分析系统进行分析处理(图1-4)。检测针孔和照明针孔的位置相对于物镜的焦平面是共轭的,即所谓"共聚焦"。在激光扫描过程中,某一瞬间只有焦平面上被扫描点的荧光能穿过检测针孔而被检测成像,焦平面上每一点的荧光图像则共同组成一幅完整的二维共聚焦图像,而非焦平面上样品的散射光则被阻挡在检测针孔之外而不能成像。因此,LSCM 图像的分辨率、清晰度和对比度明显高于普通荧光显微镜图像。当 LSCM 载物台在扫描过程中

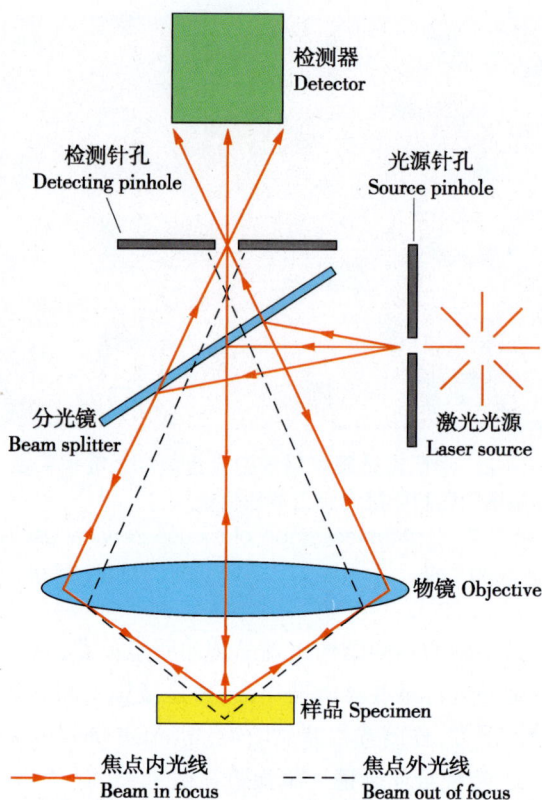

图 1-4　激光扫描共聚焦显微镜成像原理示意图

Fig. 1-4　Schematic diagram showing principle of laser scanning confocal microscopic imaging

上下步进移动时,便可获得一系列不同层面的连续二维共聚焦图像,即光学切片(optic section)。对连续的二维图像进行叠加,经过计算机软件处理,可以获得样品的三维图像。

LSCM 突破了普通光镜不能对细胞或组织内部进行定位检测的限制,实现了对细胞内部非侵入式光学断层扫描成像,可进行一系列亚细胞水平的结构和功能研究,如定性、定位、定量分析细胞内核酸、蛋白质表达,测定细胞内 Ca^{2+} 浓度、pH 值、膜电位、细胞通讯、膜流动性,观察细胞内物质运输和蛋白质相互作用,还可对细胞进行切割、分离和筛选等。

LSCM 使用单光子激光器,具有光漂白、光毒性(激光照射使荧光染料分子产生单态氧或自由基等细胞毒素)及对厚样品穿透力差等局限性。双光子或多光子 LSCM 结合 LSCM 和双光子或多光子激发技术,用温和的红外或近红外激光来激发荧光分子,通过吸收两个或者多个光子激发能量,可明显降低光漂白和光毒性,更适合对活细胞或组织进行长时间观察和动态研究;其激发光波长较长,受散射影响较小,更易穿透样品,能对较厚样品内部深层进行观察。

8. 超分辨率显微镜　由于光的衍射特性,传统的光学显微镜一直无法分辨两个距离小于观察波长的一半的物体;电子显微镜虽然可以达到纳米级的分辨率,但易造成样品的破坏,能观测的样本有限。超分辨率显微镜(super-resolution microscope)技术利用荧光分子的可调控性,使光学显微镜的分辨率达到纳米级别。目前,该技术有受激发射损耗(stimulated emission depletion,STED)、光活化定位显微术(photoactivated localization microscopy,PALM)和随机光学重构显微术(stochastic optical reconstruction microscopy,STORM)3类。STED 用一束激发光使荧光物质发光的同时,用另外的高能量脉冲激光器发射一束紧挨着的、波长较长的环形激光将第一束光斑中大部分荧光物质通过受激发射损耗过程猝灭,从而减少荧光光点的衍射面积,将显微镜的分辨率提高到 30nm 左右。PALM 和 STORM 利用光控开关荧光分子技术,通过激发光活化荧光分子

发光,在同一区域进行多次成像,每次仅让很少量的分散分子发光,然后将这些图像叠加起来产生密集的纳米尺寸超分辨率图像,定位精度达到 10nm。

(二) 电子显微镜术

电镜不同于光镜之处是用电子束代替可见光,用电磁场代替玻璃透镜。电镜术分为透射电镜术和扫描电镜术。

1. **透射电镜术**　透射电镜术(transmission electron microscopy,TEM)用电子束穿透标本,经过电磁透镜的会聚、放大后,在荧光屏上成像,直接观察,或将影像投射到照相底片,制成电镜照片进行观察。透射电镜的分辨率可达 0.1～0.2nm(表 1-1),放大倍数从几千倍到几十万倍。由于电子束穿透力弱,电镜标本需制成 50～80nm 的超薄切片(ultrathin section)。先将新鲜组织切成 1mm³ 左右的小块,用双醛固定液(含多聚甲醛和戊二醛)和四氧化锇先后进行固定,树脂包埋;再用超薄切片机(ultramicrotome)切片,贴附于载网上;最后用重金属盐如柠檬酸铅和醋酸铀等染色,电镜下观察。密度大、被重金属染色的结构,电子束散射较多,射落到荧光屏上的电子少,图像暗,称电子密度高(electron dense);反之,称电子密度低(electron lucent)。如将电子枪的加速电压从通常的 50～100kV 提高到 500kV 以上,即为超高压电镜(high voltage electron microscope,HVEM)。HVEM 电子束穿透力增强,可穿透 0.5～6μm 厚的切片,用以观察细胞骨架、各种细胞器的立体超微结构及其相互关系等。

2. **扫描电镜术**　扫描电镜术(scanning electron microscopy,SEM)用于观察细胞、组织和器官表面的立体微细结构。将小块组织(直径约 3mm)固定、脱水和临界点干燥后,在其表面喷镀薄层碳膜和金属膜。扫描电镜发射的细电子束在样品表面按顺序逐点移动扫描,使样品表面金属膜发射出二次电子。二次电子信号被探测器收集,经过放大,在荧光屏上成像。扫描电镜的景深长,图像清晰,富有立体感(图 1-5)。

图 1-5　呼吸性黏膜表面扫描电镜像

C. 纤毛;M. 微绒毛

Fig. 1-5　Scanning electron micrograph of the surface of respiratory mucosa

C. cilia;M. microvilli

3. **冷冻蚀刻术和冷冻割断术**　冷冻蚀刻术(freeze etching)用于观察细胞断裂表面的微细结构,特别是质膜的结构。为防止冰晶的形成和提高冷冻速度,先将固定或未固定的组织块用甘油生理盐水处理,然后投入液氮中快速冷冻;在低温下用钢刀将组织劈开,使之形成断裂面,并在低温真空条件下使断裂面的水分升华,再喷镀一层白金膜和碳膜;用强酸(如次氯酸)将组织溶蚀掉,剩余的金属复型膜即可贴附于载网,用透射电镜观察。

冷冻割断术(freeze cracking)是将固定组织经树脂包埋后,浸于二甲亚砜中,在低温下割断,割断面喷镀合金,在扫描电镜下观察组织断裂面的立体结构。该技术适用于研究组织内部微细结构的相互关系,如肝细胞与胆小管的关系,肾小囊与血管球的关系等(图 1-6)。

4. **X 射线显微分析术**　X 射线显微分析术(X-ray microanalysis)是利用高速电子束轰击电镜内生物标本的微小区域,使该区域所含的不同元素发射出一定波长的 X 射线,通过检测器对 X 射线进行波谱或能谱分析,即可测定该区内元素的性质、分布和含量,探讨各种元素如 Na、K、Ca、Fe、Cl 等及某些微量元素与细胞生理和病理的关系。

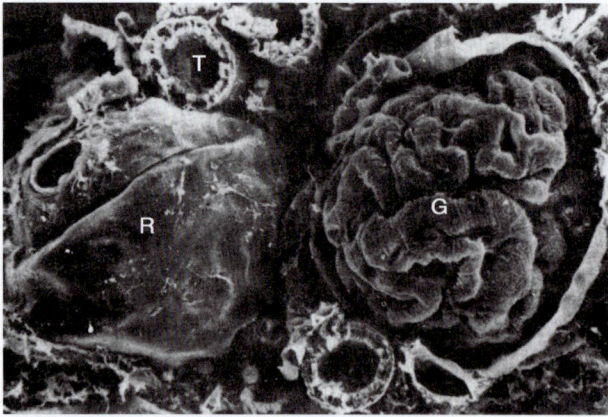

图 1-6　大鼠肾冷冻割断扫描电镜像示肾小体(吉林大学白求恩医学院尹昕、朱秀雄教授提供)

G. 血管球；R. 肾小囊外表面；T. 肾小管

Fig. 1-6　Scanning electron micrograph of the rat kidney treated by freeze cracking showing renal corpuscles

G. glomerulus；R. outer surface of renal capsule；T. renal tubule

(三) 原子力显微镜术

原子力显微镜(atomic force microscope, AFM)是完全不同于光镜和电镜的新型显微镜,它不用光源或电子束照射样品,也没有透镜,而是通过尖锐探针在样品表面扫描、检测二者的原子间相互作用力来获得样品表面结构信息。原子力显微镜的基本结构和工作原理(图 1-7)是:将一个非常尖锐的探针(针尖接近一个原子的大小)安置在悬臂的末端下面,有一束激光聚焦在悬臂末端的上表面;当探针在样品上扫描时,由于样品表面的原子与探针尖端的原子间的相互作用力,悬臂将随起伏不平的样品表面而上下移动;悬臂的微小位移变化由激光束反射到由光电二极管构成的光检测器,被接收、放大,并转换为电流,再经计算机处理成为样品的表面结构图像。另外,在样品的下面有一个压电扫描器,与光检测器形成敏感的反馈回路;当探针上下移动时,压电扫描器通过上下移动样品使激光束能够准确地反射到光检测器,并使针尖与样品表面间维持恒定的作用力。原子力显微镜可采用接触式(针尖接触样品表面)或轻敲式(针尖轻敲样品表面)进行扫描。原子力显微镜的分辨率很高,见表 1-1,可达到分子和原子水平,而且生物样品不需特殊处理,不需放入真空,可在空气和液体介质(如水、缓冲液、丁醇等)中直接观察,因此,它在核酸及蛋白质结构研究中的应用日趋广泛。

(四) 放射自显影术

放射自显影术(autoradiography)通过研究机体对放射性核素(如 ^3H、^{14}C、^{32}P、^{35}S、^{131}I 等)的摄入和代谢过程来显示其功能状态,可分别在整体、细胞和超微结构水平进行研究。首先,将放射性核素标记的物质注入动物体内或加入细胞培养液中,让动物存活或细胞培养一定时间。然后取整体动物(小动物)或某些脏器,冷冻切片法制成整体切片,与 X 线胶片相贴进行曝光;或取组织块和培养细胞,分别制成切片或涂片,并在其上涂以薄层核乳胶,置暗处曝光;或取材后制成超薄切片,涂核乳胶并曝光。标本中的放射性核素产生的射线使胶片或乳胶感光,银离子被还原为银颗粒。最后,经显影、定影、复染后在肉眼、光镜或电镜下观察银粒的分布和数量,从而获知

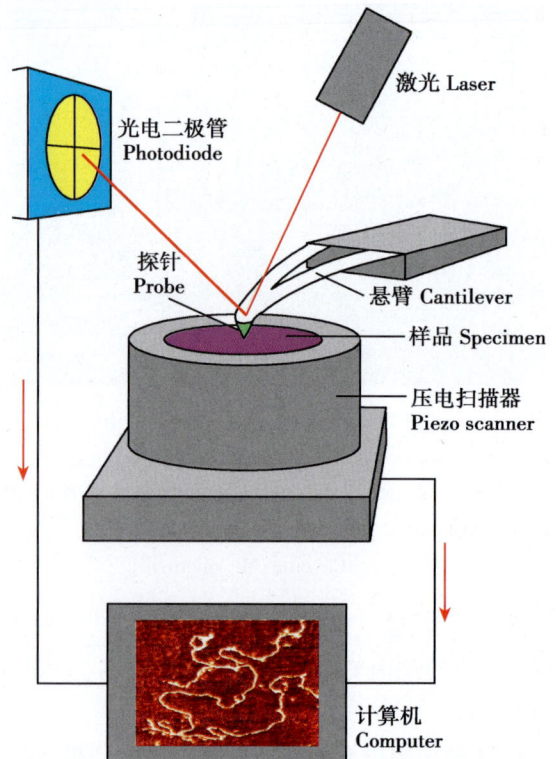

图 1-7　原子力显微镜成像原理示意图

Fig. 1-7　Schematic drawing illustrating principle of atomic force microscopic imaging

Notes

被检物质在体内器官、组织、细胞内的分布、代谢和功能状态。在注入放射性核素标记物后，有规律地间隔若干时间取材，则可观察被检物质的动态代谢过程。如用 ^{3}H 标记胸腺嘧啶核苷研究 DNA 合成及其增殖状况，用 ^{131}I 标记碘化钠研究甲状腺激素在体内的合成、储存、重吸收、分解与释放等过程。

（五）组织化学和细胞化学技术

组织化学（histochemistry）和细胞化学（cytochemistry）技术是应用化学反应原理检测组织和细胞的化学成分并进行定位和定量的技术。组织细胞中的糖类、脂类、蛋白质、核酸、酶等均可与相应试剂反应，最后形成有色反应终产物或电子致密物，应用光镜或电镜进行观察。

1. 糖类　组织和细胞中的糖或为游离状态，如肝细胞和肌纤维内的糖原；或与蛋白质和脂类结合，如结缔组织基质、基膜中的蛋白聚糖，糖蛋白以及细胞膜和神经组织中的糖脂。糖原和这些结合糖常用过碘酸-Schiff 反应（periodic acid Schiff reaction，PAS 反应）显示。过碘酸（HIO_4）是一种强氧化剂，可将糖分子中的乙二醇基氧化成乙二醛基；后者再与 Schiff 试剂[无色的亚硫酸品红，$F(SO_2H)_2$]结合，形成不溶性紫红色反应产物（图 1-8，图 1-9），称 PAS 反应阳性。因为酸性糖蛋白多呈较强的酸性，通常不和过碘酸反应，可用碱性染料阿辛蓝（alcian blue）染色来显示。

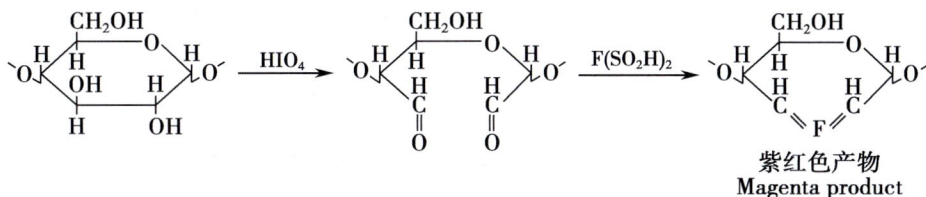

图 1-8　PAS 反应原理示意图

Fig. 1-8　Illustration of principle of PAS reaction

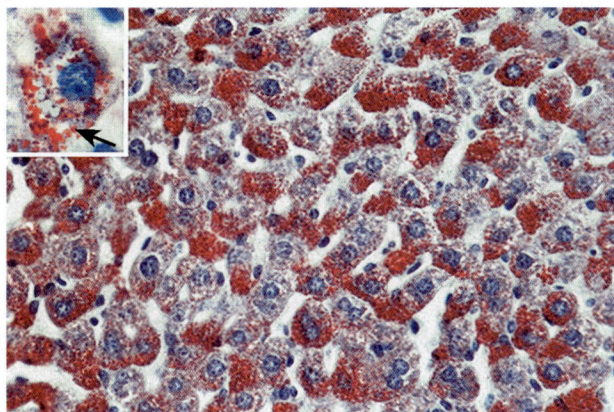

图 1-9　PAS 反应示肝细胞内的糖原颗粒（箭头）　苏木精复染　高倍（西安交通大学医学部宋天保供图）

Fig. 1-9　PAS reaction showing glycogen granules (arrows) in hepatocytes Hematoxylin counterstain High magnification

2. 脂类　标本用甲醛固定，冷冻切片，脂类保存较好。常用苏丹染料（如苏丹 Ⅲ、苏丹 Ⅳ、苏丹黑等）、油红 O、尼罗蓝等脂溶性染料染色，这些染料溶解于细胞的脂类中而使脂类显色。也可用四氧化锇固定兼染色，脂肪酸或胆碱可使四氧化锇还原为二氧化锇而呈黑色。

3. 核酸　显示 DNA 的传统方法是福尔根反应（Feulgen reaction）。用稀盐酸处理切片，使 DNA 水解，打开脱氧核糖与嘌呤碱基之间的连接键，形成醛基，再与 Schiff 试剂作用，形成紫红色反应产物。如要同时显示 DNA 和 RNA，可用甲基绿-派若宁染色，甲基绿与细胞核的 DNA 结合呈蓝绿色，派若宁与核仁及胞质内的 RNA 结合呈红色。

4. 酶类　细胞内酶的种类甚多，如水解酶、氧化还原酶、合成酶与转移酶等，目前已有 200 多种酶组织化学染色法。酶组织化学技术的基本原理是：在适当的温度和 pH 条件下，酶催化其特异性底物水解、氧化等，形成初级反应产物；然后用捕获剂捕获该反应产物，在酶存在的部位形成可在显微镜下观察的不溶性、有色的或电子致密的反应终产物。例如，酸性磷酸酶是一种

Notes

重要的水解酶,它催化底物 β-甘油磷酸钠水解产生磷酸根,再以 Pb^{2+} 捕获磷酸根,生成无色、电子致密的磷酸铅沉淀,即可在电镜下观察。如用光镜观察,还要用硫化铵与磷酸铅作用,形成黑色硫化铅沉淀(图 1-10)。由上可知,酶组织化学技术检测的不是酶本身,而是酶催化底物所生成的反应产物,即酶的活性。反应产物越多、颜色越深,酶活性越强。如要显示酶蛋白的含量,可用免疫组织化学技术。

(六)免疫组织化学和免疫细胞化学技术

免疫组织化学(immunohistochemistry)和免疫细胞化学(immunocytochemistry)技术是根据免疫学原理,应用带有可见标记的特异性

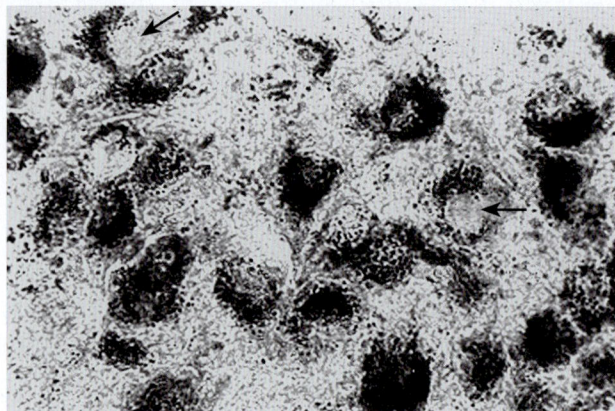

图 1-10　酸性磷酸酶组织化学染色　高倍(西安交通大学医学部宋天保供图)
大鼠视上核神经元的酶反应产物呈颗粒状,细胞核(箭头)呈阴性反应
Fig. 1-10　Histochemical staining for acid phosphatase　High magnification
Products of enzyme reaction in neurons of the rat supraoptic nucleus are granular and neuronal nuclei are negative (arrows)

抗原-抗体反应,检测组织、细胞中抗原性物质的技术。这种方法特异性强,敏感度高,应用广泛。进行免疫组织化学或免疫细胞化学染色时,首先要获得被检物质的抗体。分离、纯化人或动物的某种蛋白质作为抗原,注入另一种动物体内,使该动物产生相应的特异性抗体,此为多克隆抗体(polyclonal antibody);利用单克隆抗体技术制备的单克隆抗体(monoclonal antibody)特异性强,没有交叉反应,故其在免疫细胞化学中的应用与日俱增。其次,要对抗体进行标记。常用的标记物有荧光染料,如异硫氰酸荧光素(fluorescein isothiocyanate,FITC),四甲基异硫氰酸罗丹明(tetramethyl rhodamine isothiocyanate,TMRITC),得克萨斯红(Texas red),羰花青(carbocyanine,CY)类染料如 CY-2、CY-3、CY-5 等;酶类,如辣根过氧化物酶(horseradish peroxidase)、碱性磷酸酶等;重金属,如胶体金(colloidal gold)、铁蛋白等。最后,应用标记抗体孵育标本,标记抗体即与组织细胞中的相应抗原发生特异性结合,可分别在荧光显微镜、普通光镜和电镜下观察。

免疫细胞化学技术主要有直接法和间接法(图 1-11)。直接法是标记某抗原的特异性抗体(又称第一抗体,primary antibody),用标记的第一抗体孵育标本以检测其中的抗原成分。该法简单,特异性强,但敏感性较差。在间接法中,第一抗体不标记;以第一抗体作为抗原免疫另一动物,制备抗第一抗体的抗体,即第二抗体(secondary antibody),并标记第二抗体。染色时,先后以第一抗体和标记的第二抗体处理标本,在抗原存在部位形成抗原-第一抗体-标记第二抗体复合物,以达到检测该抗原的目的。间接法因第二抗体的放大作用而敏感性较高。1974 年,Sternberger 在间接法的基础上建立了过氧化物酶-抗过氧化物酶法(peroxidase-antiperoxidase method,PAP method)。在 PAP 法中,第一抗体和第二抗体均不标记,避免了标记过程对抗体活性的影响,但需制备抗过氧化物酶的抗体,并使之与适量过氧化物酶混合,制成可溶性的 PAP 复合物,后者含 2 个抗酶抗体分子和 3 个酶分子,形成稳定的五环结构。染色时,顺次以第一抗体、第二抗体和 PAP 复合物孵育标本,最后以 H_2O_2 和二氨基联苯胺(DAB)为底物显示过氧化物酶,即可检测标本中的抗原成分(图 1-11)。由于 3 层试剂的层层放大,在抗原位点处结合多个酶分子,故 PAP 法的敏感性明显提高。

生物素(biotin)为含硫的杂环单羧酸,分子量小,通过其羧基与蛋白质的氨基结合,从而可标记抗体和酶。亲和素(avidin)是一种糖蛋白,又称抗生物素蛋白,与生物素有很高的亲和力,1 个亲和素分子上有 4 个生物素结合位点;亲和素还可被荧光素、酶、胶体金等标记。根据上述特

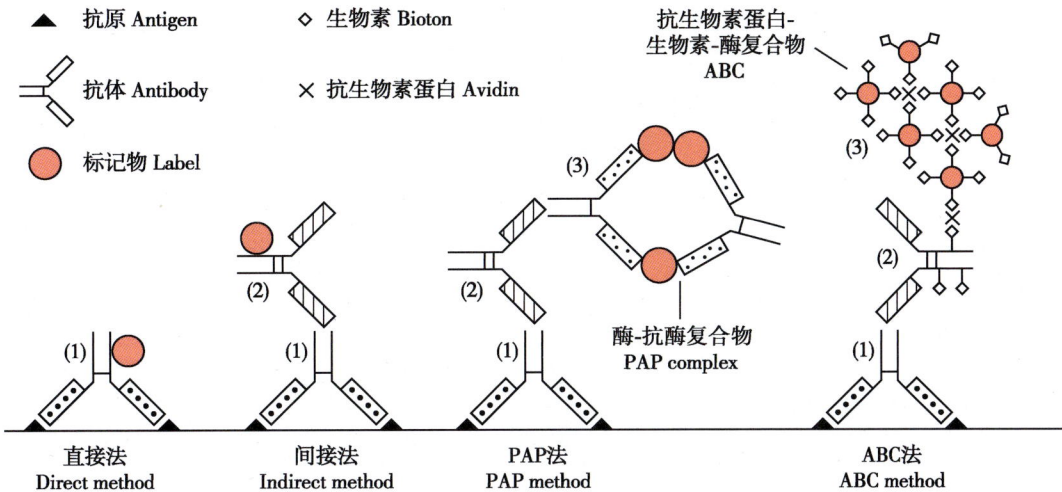

抗原 Antigen	生物素 Bioton
抗体 Antibody	抗生物素蛋白 Avidin
标记物 Label	

直接法
Direct method

间接法
Indirect method

PAP法
PAP method

ABC法
ABC method

抗生物素蛋白-
生物素-酶复合物
ABC

酶-抗酶复合物
PAP complex

图 1-11　免疫细胞化学原理示意图
（1）、（2）和（3）示反应顺序
Fig. 1-11　Schematic diagram showing principles of immunocytochemistry
（1），（2）and（3）indicate the reaction sequence

征,建立了亲和素-生物素-过氧化物酶复合物法(avidin-biotin-peroxidase complex method,ABC method)。ABC 法与 PAP 法相似,第一抗体不标记,第二抗体以生物素标记;另外,染色前按一定

比例将亲和素与生物素标记的过氧化物酶混合,制成 ABC 复合物,并使亲和素分子上至少空出 1 个生物素结合位点。染色时,标本中的抗原先与第一抗体结合,后者再与生物素标记的第二抗体结合,然后加入 ABC 复合物,结合到第二抗体的生物素上,最终形成的复合物网络了大量酶分子,因此,ABC 法的敏感性较 PAP 法更高(图 1-11,图 1-12),其应用更为广泛。随着不含糖基、可保持中性等电点、不与组织中的内源性生物素结合的链霉亲和素(streptavidin)的应用,又出现了灵敏度更高、特异性更强、非特异性背景

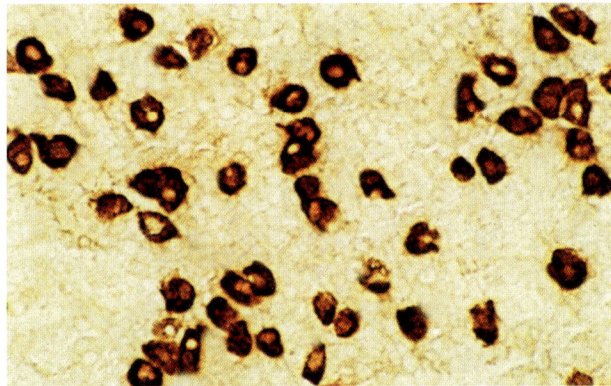

图 1-12　免疫细胞化学 ABC 法染色示大鼠腺垂体黄体生成素阳性细胞　高倍(西安交通大学医学部宋天保供图)
Fig. 1-12　Immunocytochemical staining with the ABC method showing luteinizing hormone-positive cells in the rat adenohypophysis　High magnification

染色更少的链霉亲和素-生物素-过氧化物酶复合物法(streptavidin-biotin-peroxidase complex method,SABC method)和链霉亲和素-过氧化物酶法(streptavidin peroxidase method,SP method)。

　　为了在一张组织切片上同时显示两种或多种抗原物质,以发现其定位、形态、甚至功能上的相互关系,可使用免疫组织化学双重染色(double staining)或多重染色(multiple staining)。双重染色多用间接荧光法,即来自不同种属动物的两个第一抗体不标记,两个第二抗体分别以两种不同的荧光染料如 FITC(或 CY-2)和 TMRITC(或 CY-3)标记,用间接法分别对两种抗原进行染色,荧光显微镜观察。如果两种抗原存在于不同细胞或同一细胞的不同区域(如细胞质和细胞核),则分别呈现两种不同荧光的颜色,如绿色和红色;如果两种抗原存在于同一细胞,尤其是存在于同一细胞的相同区域(如都存在于细胞质),则呈现两种荧光的混合色,如黄色(绿色和红色的混合色)(图 1-13)。

　　电镜免疫细胞化学技术也称免疫电镜术(immunoelectron microscopy),常用胶体金作标记

Notes

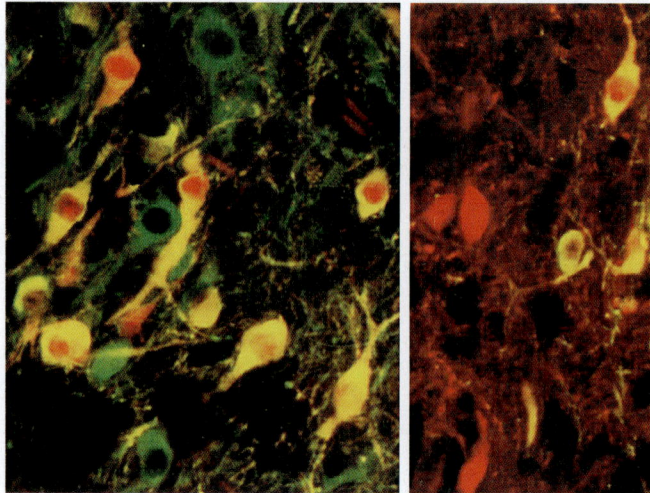

图 1-13　荧光免疫细胞化学双重染色　高倍(西安交通大学医学部宋天保供图)
大鼠中脑含酪氨酸羟化酶(TH)的神经元被 FITC 标记,胞质呈绿色(粗箭头);含钙结合蛋白 D28K
(CB)的神经元被得克萨斯红标记,胞质和胞核呈红色(细箭头);TH 和 CB 都含的神经元胞质呈黄色,
胞核呈红色(双箭头)

Fig. 1-13　Fluorescence immunocytochemical double staining　High magnification
Tyrosine hydroxylase(TH)-containing neurons in the rat midbrain are labeled by FITC with green cytoplasm
(thick arrows), calbindin-D28K(CB)-containing neurons are labeled by Texas red with red cytoplasm and
nucleus(thin arrows), and neurons containing both TH and CB exhibit yellow cytoplasm and red nucleus
(double arrows)

物。胶体金颗粒呈圆形,电子密度高,表面粗糙,带有负电荷,蛋白质通过静电吸引吸附于胶体

金表面。通过这种机制可用胶体金标记第二抗体,用间接法染色,在电镜下观察抗原物质的超微结构定位(图 1-14)。免疫电镜术的空间分辨率高,但敏感度较低,电镜的视野非常有限,对免疫标记结果的观察较盲目,因此效率较低。近年来,建立了将免疫荧光技术与免疫电镜技术结合起来进行对应定位研究的光学电子关联电镜术(correlative light and electron microscopy,CLEM),尤其是荧光-电镜两用标记抗体的应用,使在同一张超薄切片上同时进行免疫荧光和免疫电镜标记成为可能,明显提高了免疫电镜术效率。

(七)凝集素细胞化学技术

细胞表面的糖链或寡糖是重要的识别标志,与细胞的分化、成熟、

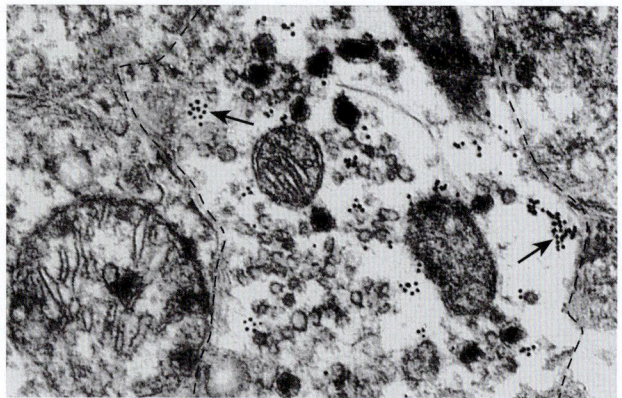

图 1-14　电镜免疫细胞化学染色(胶体金标记第二抗体法)
(西安交通大学医学部宋天保供图)
箭头示狒狒下丘脑酪氨酸羟化酶阳性轴突内的胶体金颗粒
Fig. 1-14　Electron micrograph of immunocytochemical staining with the colloidal gold-labeled secondary antibody method
The arrows point gold particles in a tyrosine hydroxylase-positive axon of the baboon hypothalamus

行为、恶性变等有关。这些糖链不能用 PAS 反应区别,而凝集素(lectin)细胞化学可敏感地鉴定和定位这些糖链。凝集素是主要来源于植物种子的糖蛋白或蛋白质,不同的凝集素可与不同的糖链特异性结合,如伴刀豆球蛋白 A(Con A)与 α-甘露糖结合、麦芽凝集素(WGA)与 N-乙酰葡糖胺结合、大豆凝集素(SBA)与 N-乙酰半乳糖结合、西非单豆素 I-B4(GS-I-B4)与 α-D-半乳糖结

Notes

合等。检测糖链时,先将凝集素用荧光染料、酶、胶体金等标记,使其与标本上的特异性糖链结合(直接法),再用荧光显微镜、酶组织化学、电镜等显示该凝集素(图 1-15)。也可先将未标记的凝集素加于组织切片,使之与特异性糖链结合,再用抗凝集素抗体和免疫细胞化学技术(抗体法)显示该凝集素。

(八)原位杂交技术

原位杂交组织化学(in situ hybridization histochemistry)简称原位杂交,是一种在组织细胞原位进行的核酸分子杂交技术,敏感度高,特异性强。其原理是两条单核苷酸链通过碱基互补原则紧密结合,形成稳定的杂交体。根据这一原理,用一条碱基序列已知、经特定标记的核苷酸链为探针(probe),与组织切

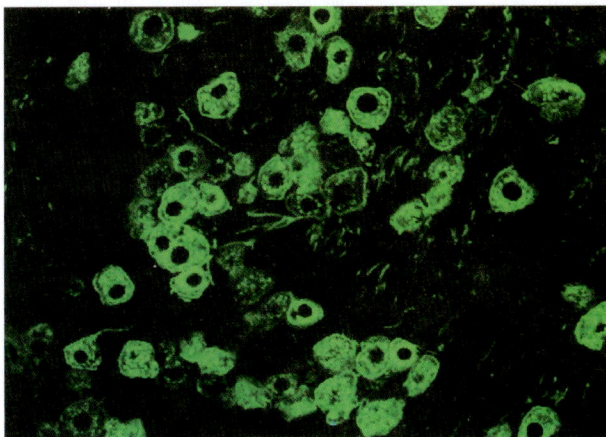

图 1-15　直接法凝集素细胞化学染色(华中科技大学同济医学院李和供图)
FITC 标记的西非单豆素 I-B4 荧光染色示大鼠脊神经节神经元中西非单豆素 I-B4 结合位点 α-D-半乳糖
Fig. 1-15　Direct lectin cytochemistry staining
Fluorescence staining with FITC-labeled *Griffonia simplicifolia* I-B4 showing α-D-galactose, the binding sites for *Griffonia simplicifolia* I-B4

片、细胞制备或染色体标本中的待检 DNA 或 mRNA 片段进行杂交,然后显示标记物,从而获得待检核酸的分布和含量等信息。按照探针分子的性质,可将其分为 cDNA 探针、cRNA 探针和寡核苷酸探针。寡核苷酸探针可根据待检核酸的特异性序列用 DNA 合成仪合成,其分子小,大小易于控制,组织穿透性好,杂交结合率高,近来得到广泛应用。常用的标记物有放射性和非放射性两类,前者主要有 ^{3}H、^{35}S、^{32}P 等核素,后者主要有生物素、地高辛精(digoxigenin)、碱性磷酸酶、FITC 等。进行原位杂交时,组织或细胞标本经预处理后,与标记探针在一定的条件下杂交;然后,放射性标记物用放射自显影术显示,非放射性标记物用免疫细胞化学或酶组织化学显示(图 1-16)。利用原位杂交技术可研究各种基因在染色体上的定位,绘制基因图谱,研究编码某种多肽或蛋白质的 mRNA 在

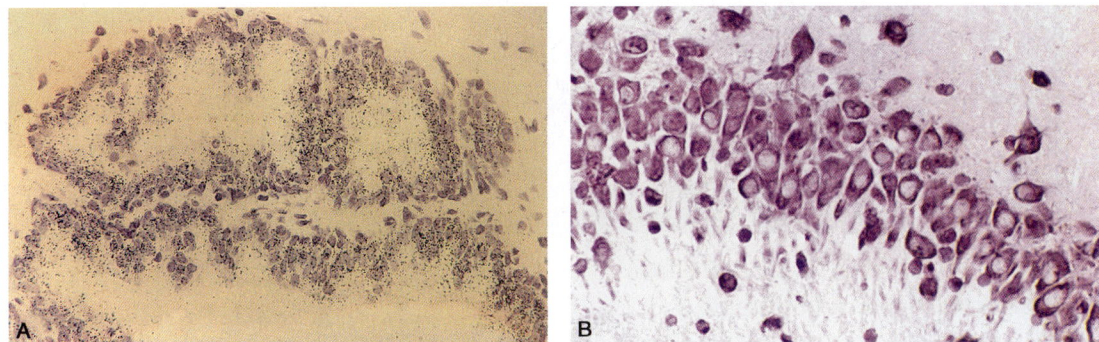

图 1-16　原位杂交光镜像　高倍(西安交通大学医学部邱曙东、宋天保供图)
A. ^{35}S 标记前列腺特异抗原(PSA)cDNA 探针,放射自显影显示人前列腺上皮内 PSA mRNA 的表达,苏木精复染;B. 地高辛精标记蛋白激酶 C(PKC)β1 寡核苷酸探针,免疫细胞化学显示大鼠海马锥体细胞内 PKCβ1mRNA 的表达
Fig. 1-16　Photomicrographs of in situ hybridization　High magnification
A. Autoradiography shows prostatic specific antigen(PSA) mRNA expression in human prostatic epithelium by using ^{35}S-labeled PSA cDNA probe, counterstained with hematoxylin;B. Immunocytochemistry shows protein kinase C(PKC)β1 mRNA expression in pyramidal cells of the rat hippocampus by using digoxigenin-labeled PKCβ1 oligodeoxynucleotide probe

Notes

胞质中的表达,检测感染细胞内的病毒DNA,对先天性、遗传学疾病和肿瘤等进行研究和基因诊断等。此外,联合应用免疫细胞化学和原位杂交技术,为研究蛋白质的生物合成及其动态变化和调控提供了新的手段。

原位杂交虽然敏感性很高,但对于细胞内单拷贝或低拷贝DNA和mRNA则不易检出。这时,可先用聚合酶链反应在原位进行扩增,使靶核酸序列的数量达到可检测的水平,然后用特异性标记探针对扩增产物进行原位杂交。这种技术称原位聚合酶链反应(in situ polymerase chain reaction,in situ PCR),简称原位PCR。目前广泛使用的原位PCR一般以DNA为起始模板,如要检测mRNA,可用原位反转录PCR(in situ reverse transcription PCR,in situ RT-PCR),即先以mRNA为模板,在反转录酶的催化下合成cDNA,再以cDNA为模板,对靶序列进行PCR扩增,最后用原位杂交检测扩增产物。

(九) 活体组织和活细胞研究方法

1. **细胞培养术与组织工程**　将活体器官、组织或细胞放置在体外适当的条件下培养生长的技术统称组织培养术(tissue culture)。目前,大多利用机械分散法或酶(如胰酶和胶原酶等)消化法分离组织中的某种细胞,并进行纯化,使其成为单细胞悬液,然后接种于培养瓶或培养板,使之贴壁生长或悬浮生长,称为细胞培养(cell culture)(图1-17)。细胞培养一般在二氧化碳培养箱中进行,要求培养环境无菌,严防微生物污染,同时要有合适的温度、O_2和CO_2浓度、湿度等。哺乳动物和人类细胞的培养温度为$35 \sim 37$℃,常通入含95%空气和5% CO_2的混合气体,相对湿度大于98%。培养细胞的营养来自培养液,培养液又称培养基(medium),应含有适合细胞生长的营养物质、生长因子、激素等,并具有合适的pH和渗透压。现在已有数十种人工合成培养基,如DMEM、RPMI-1640、HAM-F12等,可根据培养细胞的种类选用不同的培养基。应用合成培养基培养细胞时,常需加入不同浓度的血清,有利于细胞的生长。在特殊情况下,如干细胞的扩增、培养细胞的同步化等,可用无血清培养基(serum-free medium)。

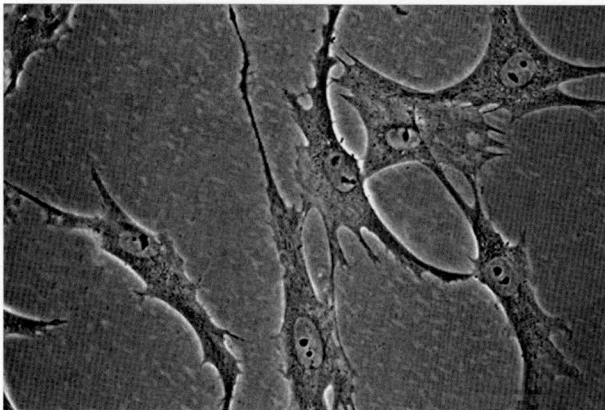

图1-17　培养的大鼠骨髓间充质干细胞光镜像　高倍(西安交通大学医学部宋天保供图)

Fig. 1-17　Light micrograph of cultured mesenchymal stem cells from the rat bone marrow　High magnification

对从体内所分离的细胞进行首次培养,称原代培养(primary culture);当原代培养的细胞增殖到一定密度后,把细胞分离、稀释并转移到新的培养瓶中继续培养,称传代培养(subculture)。经长期传代培养而成的细胞群体,称细胞系(cell line);用细胞克隆或单细胞培养形成的纯种细胞,称细胞株(cell strain)。这些细胞系或细胞株可置于液氮内长期冻存,可随时取出复苏,进行实验。细胞培养术不仅可直接研究细胞的行为,如生长、分化、代谢、形态和功能变化,还可研究各种理化因子(如激素、生长因子、药物、毒物、辐射等)对细胞的影响,同时也是许多分子生物学技术如重组DNA技术、转基因技术和组织工程等的关键环节。

组织工程(tissue engineering)是用细胞培养术在体外模拟构建机体组织或器官的技术,是生物医学和材料科学交叉融合的产物,也是目前生物医学研究的热点。应用组织工程技术,将培养的细胞接种于预先加工成所需形状的三维支架上,经体外培养或植入体内,可形成具有特定形状和功能的组织或器官。国内、外学者应用组织工程技术已开展了许多人造组织和器官的研制,如皮肤、软骨、骨、肌腱、角膜、神经、血管、气管等。

2. 活体染色与活细胞染色　活体染色(vital staining)是将无毒、无菌的染料注入动物体内,组织或细胞选择性摄取染料后,通过显微镜观察、鉴定组织细胞类型,研究其分布和功能等。如将墨汁注入动物体内,被巨噬细胞吞噬,从而观察巨噬细胞的分布和吞噬活性。也可对分离的活细胞或体外培养的细胞直接进行染色,称体外活体染色。如取血液,与煌焦油蓝染液混合,染色数分钟后涂片镜检,可显示网织红细胞并进行计数,以判断骨髓的造血功能。

此外,有些染料不能进入活细胞,但可进入细胞膜通透性发生改变的死细胞。如活细胞对台盼蓝拒染,而死细胞被染成蓝色,常用此方法检测培养细胞的存活率。Hoechst 33258 和碘化丙啶是常用的荧光染料,均可与 DNA 结合。Hoechst 33258 可进入活细胞和凋亡细胞,使细胞核呈蓝色荧光,活细胞的荧光均匀,凋亡细胞的荧光不均匀、增强或边聚。碘化丙啶只能进入死细胞,使其核呈红色荧光。因此,用这两种染料进行体外活体染色,可区别活细胞、凋亡细胞和坏死细胞(图 1-18)。

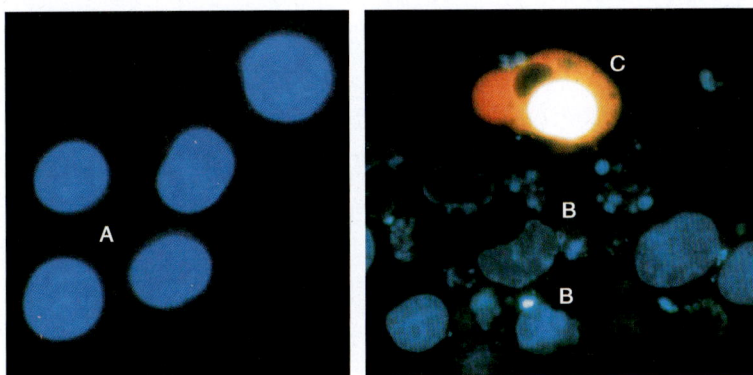

图 1-18　培养的人白血病 HL-60 细胞 Heochst 33258 和碘化丙啶染色　高倍(西安交通大学医学部宋天保供图)

A. 活细胞;B. 凋亡细胞;C. 坏死细胞

Fig. 1-18　Cultured human leukemic HL-60 cells Heochst 33258/propidium iodide stain　High magnification

A. living cells;B. apoptotic cells;C. necrotic cell

3. 细胞分离术　器官和组织常由多种细胞构成,为了对其中的某种细胞或亚细胞成分进行形态学研究或生化分析,可使用细胞分离术(cell isolation)。常利用细胞的黏附性、大小、密度和特殊的表面标志等分离细胞。除血液、胸腔积液和腹腔积液外,分离细胞时要先将组织匀浆,制成细胞悬液。常用的细胞分离方法有差速离心法和密度梯度离心法,也可应用流式细胞仪和免疫微球法等来分离细胞。

(1) 差速离心:差速离心(differential centrifugation)根据各种细胞或细胞组分的密度和大小不同,在离心力的作用下,其沉降速度不同,密度和体积大的细胞沉淀于管底,从而使细胞分离。该法多应用于细胞组分或细胞器的分离,故又称细胞组分分离(cell fractionation)。

(2) 密度梯度离心:密度梯度离心(density gradient centrifugation)的原理是不同细胞的密度不同,当它们在离心力的作用下,在连续或不连续密度梯度的分离介质中沉降时,将停留在介质的一定位置,从而达到分离的目的。当离心力一定时,如果细胞的密度小于介质密度,细胞漂浮于介质的表面上;如果细胞的密度与分离介质密度相等,细胞停留在介质中;如果细胞的密度大于介质的密度,细胞穿过介质沉降到管底。因此,了解被分离细胞的密度和选择适当的分离介质是密度梯度离心法的关键。常用的分离介质有聚蔗糖(商品名 Ficoll)和聚维酮包裹的硅胶颗粒(商品名 Percoll)。Ficoll 与三碘化合物泛影葡胺组成的分离液可将人血液中的单核细胞与粒细胞和红细胞分开,已成为分离淋巴细胞的常规试剂。Percoll 在高速离心下,形成由上而下递增的连续梯度密度。将密度不同的细胞放在 Percoll 液面上,经高速离心后,不同密度的细胞悬浮于与它们密度相等的介质层面上,借此可分离组织中的不同细胞。

(十) 组织芯片技术

组织芯片(tissue chip),又称组织微阵列(tissue microarray,TMA),是将成百上千个组织标本整齐有序地排列在固相载体(载玻片)上而制成的缩微组织切片。通过组织芯片制作仪细针打孔的方法,从众多的组织蜡块(供体蜡块,donor)中采集圆柱形小组织(组织芯,tissue core),并将其整齐排列于另一空白蜡块(受体蜡块,recipient)中,制成组织芯片蜡块,然后对组织芯片蜡块进行切片,再将切片转移到载玻片上制成组织芯片。利用组织芯片,结合免疫组织化学、核酸原位杂交等技术,可对数百种不同生物组织同时进行形态结构比较、基因和蛋白表达水平的定位检测。组织芯片具有通量高、可比性强、成本低等优点,并能减少实验误差,尤其适用于大样本的研究。

(十一) 形态学研究的定量术

随着生命科学研究的不断深入和新仪器的出现,各种定量技术日益广泛地应用于形态学研究。

1. 形态计量术　形态计量术(morphometry)运用数学和统计学原理,对组织和细胞进行二维和三维的形态学测量研究,如细胞及其微细结构的数量、表面积、体积、周长等的相对值和绝对值。其中三维立体结构的研究又称体视学(stereology)。传统的体视学方法是将测试系统(点、线、网格等)投影或覆盖在切片或照片上,进行测点计数、交点计数、轮廓计数、粒子计数或长度测量等测试,根据样品平面测量的数据按一定的数学公式推算出其立体数值。进行形态计量术时,一定要遵循随机抽样原则,并应有相当的样本量(如动物数、组织块或切片数、观察的显微镜视野数等)。

2. 显微分光光度术　显微分光光度术是应用显微分光光度计(microspectrophotometer)对组织和细胞内化学成分进行定量检测的技术。其基本原理是细胞内某种物质的含量不同,其组织化学染色深浅不同,对一定波长的光的吸收也不同,或经荧光染色后的荧光强度不同。通过光电组合的自动控制系统将光信号转换为电信号,即可得出吸光度(又称光密度)值或荧光强度值,以进行定量分析。

3. 图像分析术　目前广泛应用图像分析仪(image analyzer)进行形态计量和显微光度测定,称图像分析术(image analysis)。图像分析仪由显微镜、图像采集装置、计算机和图像处理与分析软件组成。图像采集装置通过摄像机采集显微镜下或照片上的显微图像,并将其转换为数字图像,输入计算机。数字图像由许多像素(pixel)构成,含有位置、灰度和色彩等信息。计算机在图像处理与分析软件支持下,对数字图像进行处理与分析,根据每一像素的大小、位置、灰度(明暗程度)快速准确地得出某种结构的几何形态参数,如细胞的截面积、直径、周长、形状因子等,或组织细胞内某种物质的相对含量,如灰度值、光密度值等。

4. 流式细胞术　流式细胞术(flow cytometry)是应用流式细胞仪(flow cytometer)对流动的单个细胞或颗粒进行鉴定、分类计数和分选纯化的技术。流式细胞仪由液流系统、激发光器件、信号检测系统和控制系统、细胞分选系统等组成。其工作原理是分离被检细胞,制成单细胞悬液,并进行荧光染色或标记,然后使单细胞液流快速通过该仪器的激光照射分析区,被检细胞产生不同的荧光信号转变为电脉冲,分别输入计算机内贮存,并显示于示波器屏幕上,即可获得该细胞群体中不同类型细胞的有关数据。流式细胞术广泛应用于细胞生物学、免疫学、血液学、肿瘤学等的研究,如对细胞周期各时相细胞比例的分析,细胞内 DNA 含量、DNA 倍体及细胞凋亡的研究,细胞表面黏附分子和细胞内蛋白质、酶、细胞因子等的检查,淋巴细胞亚群的分离和定量,血细胞表型及增殖情况的分析,癌基因的检测,杂交细胞的分选等。

四、组织学的学习方法

组织学研究机体各个器官在组织、细胞、超微结构等多层次的结构。组织学的这些知识大多通过观察固定组织的切片而获得。组织学的学习目的,就是要求能在镜下识别机体的主要组织和器官。因此,在学习组织学时应注意以下几个方面。

1. **建立立体与动态的概念**　组织切片和显微图片显示的是组织和细胞在某一时刻的平面结构,同一细胞因取材时间的不同其结构可能不同,如饱食和饥饿时肝细胞中糖原颗粒的多少和分布不同;同一结构因切面的不同也可呈现不同的图像,如血管在横切、斜切和纵切时的形状不同。因此,在学习时要全面观察,善于思维,从大量静止的结构中发现其动态变化规律,从不同切面的二维结构中抽象出其立体结构,这样才能真正理解和掌握人体的微细结构。

2. **注意结构与功能的联系**　人体是一个结构与功能的统一体,任何结构都有其相应的功能,而任何功能也必定有其结构基础。如神经细胞有丰富的粗面内质网与发达的高尔基复合体,其蛋白质合成必定旺盛,以维持其轴突的生长和功能;凡具有较强吞噬功能的细胞,必然含有较多的溶酶体,以消化吞噬物。虽然组织学以研究形态结构为主,但如能时时联系功能,既可增加学习兴趣,又可深入理解和记忆组织细胞的结构。

3. **重视理论与实践的结合**　组织学的实践性很强,要求学生能在镜下识别机体的主要组织和器官。因此,在学习组织学理论的同时,要重视实验课。要认真、仔细地观察组织切片、显微图片、电镜照片、各种多媒体课件,要动眼看、动脑想、动手画,以加强对理论知识的理解与记忆。通过理论与实践的结合,提高自己观察问题、分析问题、解决问题的实际能力以及创新思维能力。

4. **采取勤奋加技巧的学习方法**　学习是一种艰苦的劳动。因此,首先要有吃苦耐劳、勤奋钻研的精神。但也不要死背硬记,而应摸索出适合自己的学习技巧。例如,课前预习可发现难点,带着问题进课堂,提高听课效果;课后及时复习可强化记忆,巩固已学知识。在学习了一个阶段和一定量的知识后,要注意前后联系,归纳总结,找出规律(共性),牢记特点(个性)。对一些相关结构可采用对比法比较其异同,对比时可用列表法,也可用图解法。这样才能学得主动,学得扎实,收到事半功倍的学习效果。

参考文献

1. 李和,周莉. 组织化学与细胞化学技术. 第2版. 北京:人民卫生出版社,2014
2. Betzig E, Patterson GH, Sougrat R, et al. Imaging intracellular fluorescent proteins at nanometer resolution. Science. 2006;313(5793):1642-1645
3. Rust MJ, Bates M, Zhuang X. Sub-diffraction-limit imaging by stochastic optical reconstruction microscopy (STORM). Nat Methods. 2006;3(10):793-795
4. Willig KI, Rizzoli SO, Westphal V, et al. STED microscopy reveals that synaptotagmin remains clustered after synaptic vesicle exocytosis. Nature. 2006;440(7086):935-939
5. Sims PA, Hardin JD. Fluorescence-integrated transmission electron microscopy images:Integrating fluorescence microscopy with transmission electron microscopy. Electron microscopy methods and protocols (Kuo J eds), 2007;pp.291-308, Humana Press, Totowa, New Jersey

（李　和）

Notes

第 2 章 上 皮 组 织

KEY POINTS

- General structure of epithelial tissue
- Classification and features of the covering epithelia
- Types of glandular epithelia and glands
- The features of microvilli and cilia
- The structure and function of different types of cell junctions

上皮组织（epithelial tissue）由大量形态规则、排列紧密的上皮细胞和极少量细胞外基质组成。上皮细胞具有明显的极性（polarity），即细胞的不同表面在结构和功能上具有明显差别。朝向体表或器官腔面的一侧为游离面，常分化出一些特殊的结构适应其功能；与游离面相对的一侧称基底面，借基膜与结缔组织相连；而上皮细胞之间的连接面为侧面。绝大部分上皮组织内无血管，其营养物质来自结缔组织内的毛细血管渗透。上皮组织内分布有丰富的游离神经末梢。

根据其功能，上皮组织分为被覆上皮和腺上皮两大类。被覆上皮（covering epithelium）主要具有保护、吸收、分泌和排泄等功能，腺上皮（glandular epithelium）主要具有分泌功能。人体不同部位分布的上皮具有不同的功能，如体表的上皮以保护功能为主；消化管腔面的上皮除有保护作用外，还具有吸收和分泌功能；腺上皮主要是分泌功能；此外，体内还有一些特化的上皮，如具有收缩能力的肌上皮细胞（myoepithelial cell）和可感受某些物理或化学性刺激的感觉上皮细胞（sensory epithelial cell）。

一、被 覆 上 皮

被覆上皮主覆盖于人体外表面或衬贴在体内各种管腔和囊的内表面。根据其构成细胞的排列层数和在垂直切面上细胞（或表层细胞）的形状，将被覆上皮进行如下分类和命名（表 2-1）。

（一）单层被覆上皮

单层被覆上皮由一层上皮细胞构成。根据其形状特点，单层被覆上皮进一步分为单层扁平上皮、单层立方上皮和单层柱状上皮等。

1. 单层扁平上皮　单层扁平上皮（simple squamous epithelium）又称单层鳞状上皮，由一层扁平细胞组成。表面观，细胞呈多边形，核扁圆形，位于细胞中央，细胞边缘呈锯齿状，相邻细胞彼此嵌合；垂直切面观，细胞核呈扁平形，仅含核的部分略厚，其余部分胞质非常少（图 2-1）。衬于心脏、血管和淋巴管腔面的单层扁平上皮称内皮（endothelium），其表面光滑，有利于血液和淋巴的流动，也有利于内皮细胞进行物质交换。分布在胸膜、腹膜和心包膜表面的单层扁平上皮称间皮（mesothelium），其表面湿润光滑，可减少器官活动的摩擦。

2. 单层立方上皮　单层立方上皮（simple cuboidal epithelium）由一层立方形细胞组成。表面观，细胞呈多边形；垂直切面观，细胞呈立方形，核圆，位于细胞中央（图 2-2）；主要分布于肾小管和甲状腺滤泡，发挥吸收和分泌功能。

表2-1 被覆上皮的分类及分布

上皮类型		主要分布
单层上皮	单层扁平上皮	内皮:心、血管和淋巴管的腔面
		间皮:胸膜、心包膜和腹膜的表面
		其他:肺泡和肾小囊壁层等上皮
	单层立方上皮	肾小管上皮、甲状腺滤泡上皮等
	单层柱状上皮	胃、肠和子宫等腔面
	假复层纤毛柱状上皮	呼吸管道等腔面
复层上皮	复层扁平上皮	未角化:口腔、食管和阴道等腔面
		角化:皮肤的表皮
	复层柱状上皮	睑结膜、男性尿道等腔面
	变移上皮	肾盏、肾盂、输尿管和膀胱等腔面

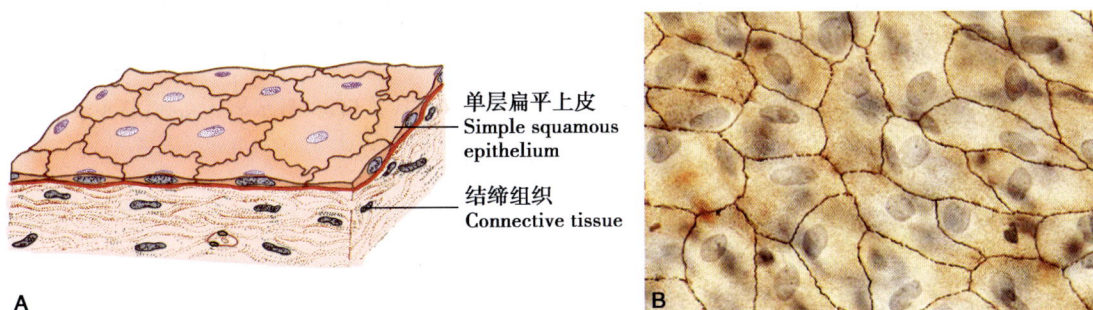

图2-1 单层扁平上皮

A. 单层扁平上皮模式图;B. 蟾蜍肠系膜铺片表面观 镀银染色 高倍(华中科技大学同济医学院李和供图)

Fig. 2-1 Simple squamous epithelium

A. schematic drawing of simple squamous epithelium;B. surface view of stretch preparation of toad mesentery Silver stain High magnification

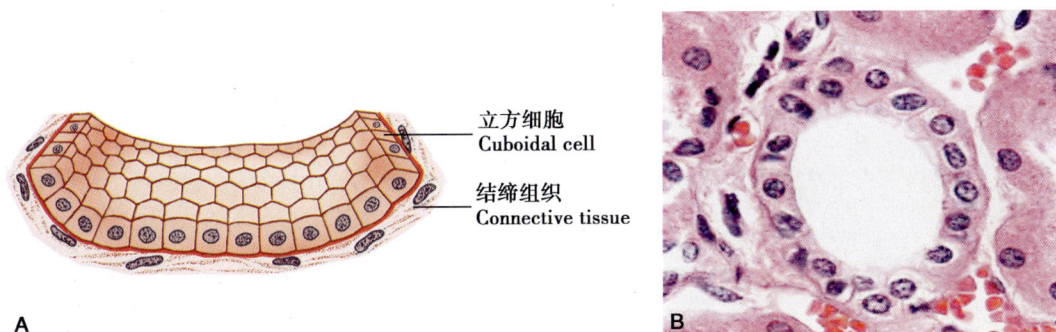

图2-2 单层立方上皮

A. 单层立方上皮模式图;B. 肾小管单层立方上皮光镜像 HE染色 高倍(华中科技大学同济医学院李和供图)

Fig. 2-2 Simple cuboidal epithelium

A. schematic drawing of simple cuboidal epithelium;B. light micrograph of simple cuboidal epithelium of renal tubules HE stain High magnification

3. 单层柱状上皮 单层柱状上皮(simple columnar epithelium)由一层棱柱状细胞组成。表面观,细胞呈多边形;垂直切面观,细胞呈柱状,核长椭圆形,长轴与细胞长轴平行,位于细胞近基底部。此种上皮主要分布在胃肠、胆囊、子宫及输卵管的腔面,具有吸收或分泌功能。分布在小肠腔面的单层柱状上皮细胞游离面有密集排列的微绒毛,光镜下称为纹状缘(striated border)。

Notes

在柱状细胞之间散在分布数量不等的杯状细胞(goblet cell)。杯状细胞形似高脚杯状,其顶部膨大,底部狭细,位于基膜上。顶部胞质内充满黏原颗粒(mucinogen granule),颗粒中含有PAS反应阳性的黏蛋白。核较小,呈三角形或扁圆形,着色较深,位于基底部。杯状细胞属于单细胞腺,分泌的黏蛋白可与水结合形成黏液,发挥润滑和保护上皮的作用(图2-3)。

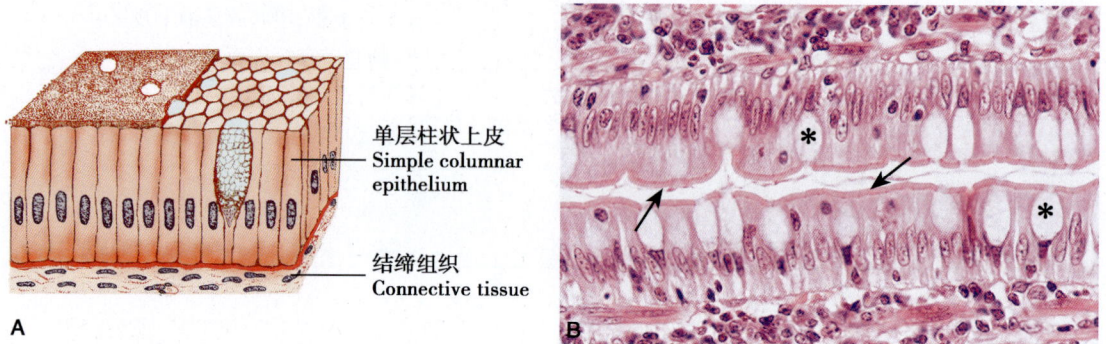

图2-3　单层柱状上皮

A. 单层柱状上皮模式图;B. 小肠单层柱状上皮光镜像;HE染色　高倍;星号示杯状细胞;箭头示纹状缘(首都医科大学周德山供图)

Fig. 2-3　Simple columnar epithelium

A. schematic drawing of simple columnar epithelium;B. light micrograph of simple columnar epithelium from small intestine;HE stain　High magnification. Asterisks indicate the goblet cells;arrows indicate the striated border

分布在子宫和输卵管腔面的单层柱状上皮,其细胞游离面具有纤毛,亦称单层纤毛柱状上皮(simple ciliated columnar epithelium)。

4. 假复层纤毛柱状上皮　假复层纤毛柱状上皮(pseudostratified ciliated columnar epithelium)由柱状细胞、梭形细胞、锥体细胞和杯状细胞组成,其中柱状细胞最多,其游离面有纤毛。这些细胞高矮不等,细胞核的位置也不在同一水平,在垂直切面观察似复层上皮,但所有细胞的基底部均附着于基膜上,故实为单层上皮(图2-4)。此类上皮主要分布在呼吸道表面,有重要保护

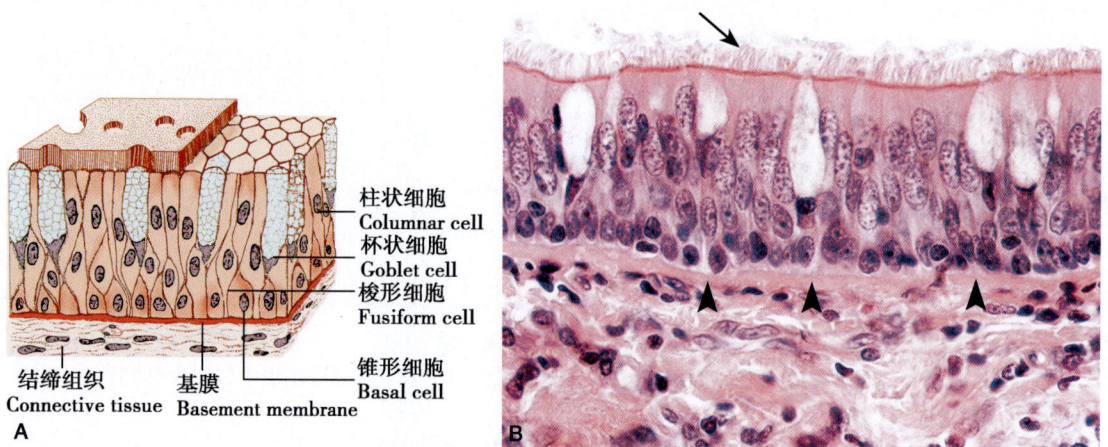

图2-4　假复层纤毛柱状上皮

A. 假复层纤毛柱状上皮模式图;B. 假复层纤毛柱状上皮光镜像;HE染色　高倍;长箭头示纤毛;短箭头示基膜(首都医科大学周德山供图)

Fig. 2-4　Pseudostratified ciliated columnar epithelium

A. schematic drawing of pseudostratified ciliated columnar epithelium;B. light micrograph of pseudostratified ciliated columnar epithelium;HE stain　High magnification;A long arrow indicates the cilia;short arrows indicate the basement membrane

Notes

功能。分布在输精管和附睾管的此类上皮无杯状细胞,柱状细胞游离面亦无纤毛,故称为假复层柱状上皮(pseudostratified columnar epithelium)。

(二)复层被覆上皮

复层被覆上皮由两层或两层以上的上皮细胞构成。根据其最表层细胞的形状特点,复层被覆上皮分为复层扁平上皮、复层柱状上皮和变移上皮等。

1. 复层扁平上皮　复层扁平上皮(stratified squamous epithelium)由多层细胞组成,表层细胞呈扁平鳞片状,亦称为复层鳞状上皮。垂直切面观,细胞形状不一,紧靠基膜的一层基底细胞呈立方形或矮柱状,具有旺盛的分裂增殖能力,新生的细胞可不断向表层移动;中间数层细胞呈多边形或梭形;表面的数层细胞为扁平状,最表层的扁平细胞逐渐衰老、脱落。此种上皮与深层结缔组织的连接面呈凹凸不平波浪状,进一步扩大两者的接触面积,增加牢固性,亦有利于上皮组织的营养获得(图 2-5)。

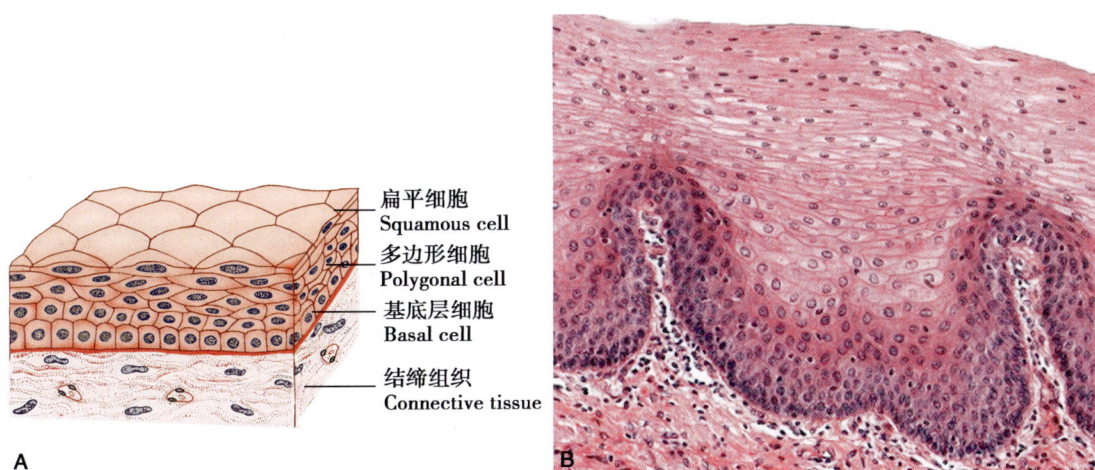

图 2-5　复层扁平上皮

A. 复层扁平上皮模式图;B. 食管复层扁平上皮光镜像　HE 染色　高倍(华中科技大学同济医学院李和供图)

Fig. 2-5　Stratified squamous epithelium

A.　schematic drawing of stratified squamous epithelium;B.　light micrograph of stratified squamous epithelium of esophagus　HE stain　High magnification

皮肤表皮的复层扁平上皮浅层细胞的核消失,胞质中充满角蛋白,称角化的复层扁平上皮(keratinized stratified squamous epithelium);而分布于口腔、食管和阴道腔面的复层扁平上皮,浅层细胞仍有细胞核,角蛋白含量相对较少,为未角化的复层扁平上皮(nonkeratinized stratified squamous epithelium)。复层扁平上皮较厚,耐摩擦,具有较强的机械保护作用,并可阻止异物和病原菌的入侵;受损后有很强的再生修复能力。

2. 复层柱状上皮　复层柱状上皮(stratified columnar epithelium)的深层为一层或数层多边形细胞,浅层为一层排列较整齐的柱状细胞,主要分布于眼睑结膜和男性尿道等。

3. 变移上皮　变移上皮(transitional epithelium)亦称移行上皮,分布于肾盂、肾盏、输尿管及膀胱等脏器的腔面。变移上皮亦为复层上皮,但其细胞形状和层数随所在器官的功能状况改变而变化。当膀胱空虚收缩时,上皮变厚,细胞层数增多,细胞呈立方形;当膀胱充盈扩张时,上皮变薄,细胞层数变少,细胞呈扁梭形。变移上皮的部分表层细胞体积较大,胞质丰富,一些细胞可见两个核,而且,一个表层细胞常覆盖其深面的几个细胞,称其为盖细胞(图 2-6)。

Notes

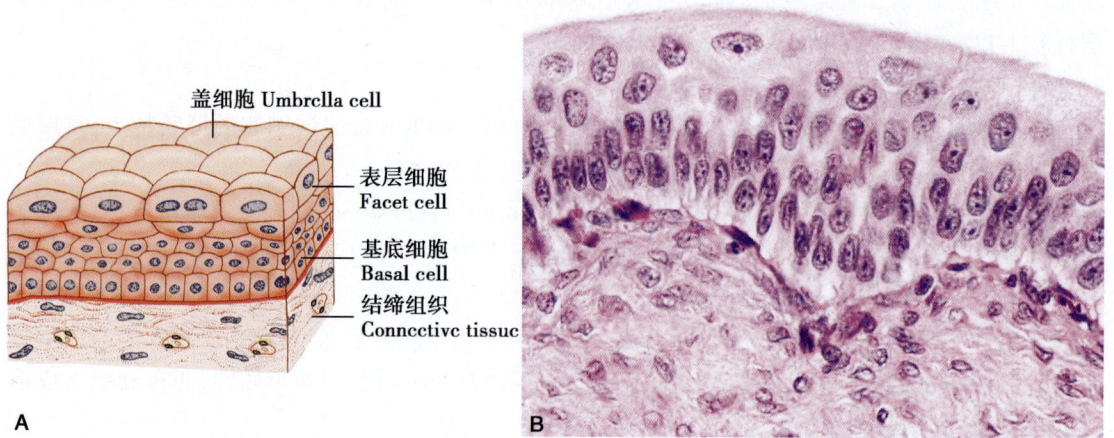

图 2-6　变移上皮

A. 变移上皮模式图；B. 膀胱变移上皮光镜像　HE 染色　高倍（华中科技大学同济医学院李和供图）

Fig. 2-6　Transitional epithelium

A. schematic drawing of transitional epithelium；B. light micrograph of transitional epithelium of bladder HE stain　High magnification

二、腺上皮与腺

腺上皮（glandular epithelium）是由腺细胞组成的以分泌功能为主的上皮。以腺上皮为主要成分所构成的器官称为腺（gland）。腺大多来源于由内胚层或外胚层构成的被覆上皮，也有部分来源于中胚层分化的上皮。这些上皮细胞分裂增殖形成细胞索，进而向深层的结缔组织内凹陷，分支或不分支；继而在细胞索内出现腔，逐渐分化为腺。在演变过程中，若细胞索与表层上皮的联系被保存下来，并发育成导管，腺的分泌物经导管排出至体表或器官的腔面者，称外分泌腺（exocrine gland）（图 2-7），如汗腺、乳腺和唾液腺等；若细胞索与表层上皮的联系消失，无导管

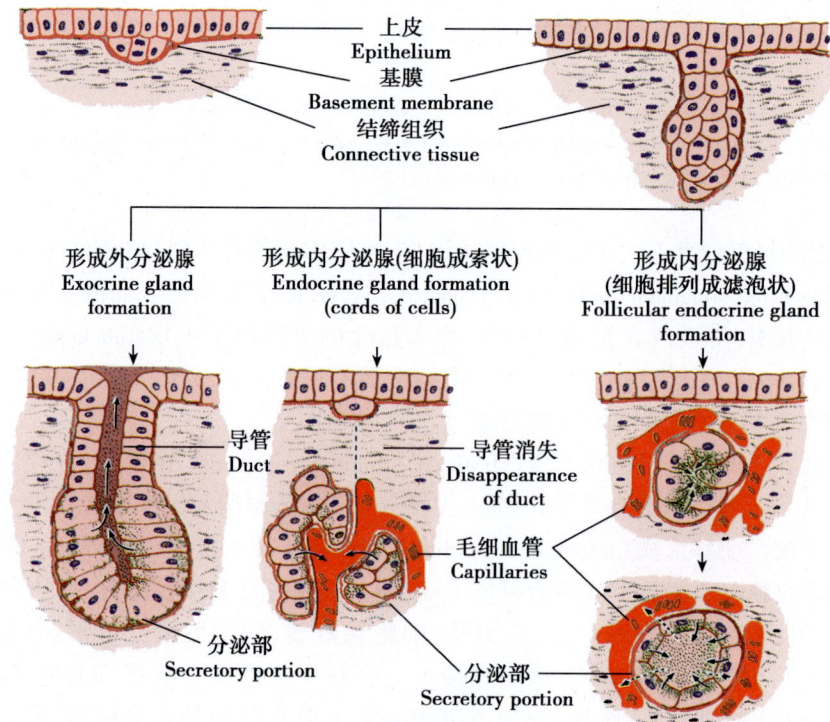

图 2-7　腺发生示意图

Fig. 2-7　Schematic diagram showing gland formation

存在,其分泌物直接进入腺细胞周围的毛细血管,称内分泌腺(endocrine gland)(图 2-7),如甲状腺、肾上腺和垂体等(详见内分泌系统)。

(一)腺细胞类型

腺细胞分为外分泌腺细胞和内分泌腺细胞两大类,其中外分泌腺细胞主要有蛋白质分泌细胞和糖蛋白分泌细胞两种,内分泌腺细胞主要包括肽分泌细胞和类固醇分泌细胞两类。

1. 蛋白质分泌细胞　蛋白质分泌细胞(protein secretory cell)多呈锥体形或柱状,核圆形,位于中央或略靠基底部。细胞顶部含许多圆形嗜酸性分泌颗粒,称酶原颗粒(zymogen granule),细胞基底部胞质呈嗜碱性(图 2-8)。电镜下,细胞基底部有密集平行排列的粗面内质网,并有许多线粒体,核上方具有发达的高尔基复合体,游离面可见短小而稀疏的微绒毛(图 2-9)。具有这些结构特点的腺细胞也称浆液细胞(serous cell),其分泌物较稀薄,含丰富的酶。

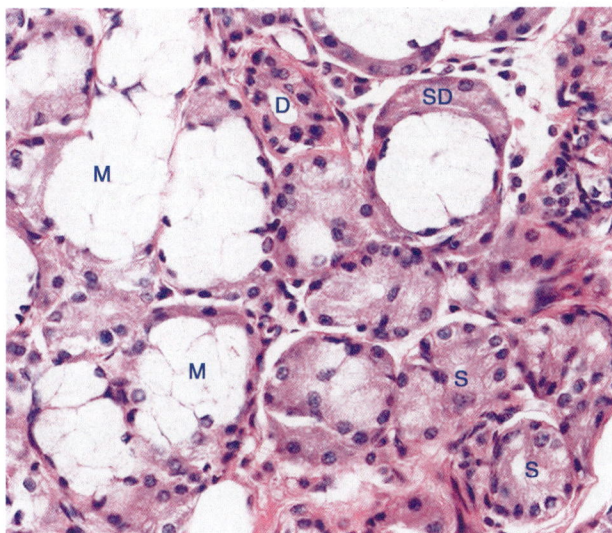

图 2-8　外分泌腺光镜像　HE 染色　高倍(首都医科大学周德山供图)

　　S. 浆液性腺泡;M. 黏液性腺泡;SD. 浆半月;D. 导管

Fig. 2-8　Light micrograph of exocrine gland　HE stain High magnification

S. serous acinus; M. mucous acinus; SD. serous demilune; D. duct

蛋白质分泌细胞分泌过程如下:①细胞从血液中摄取合成分泌物所需的氨基酸等原料;②氨基酸在粗面内质网合成蛋白质;③粗面内质网以出芽方式形成小泡,将蛋白质输送至高尔基复合体加工、浓缩,形成膜包被的分泌颗粒;④分泌颗粒聚集在细胞顶部,与细胞膜融合,以胞吐方式将分泌物释放细胞外(图 2-9)。整个分泌过程所需能量由线粒体产生的 ATP 供给。

2. 糖蛋白分泌细胞　糖蛋白分泌细胞(glycoprotein secretory cell)呈锥体形或柱状,胞质内含大量黏原颗粒,PAS 染色强阳性,但在 HE 染色切片,因颗粒多被溶解而浅染,呈泡沫状或空泡状。细胞核常被挤至细胞基底部,呈扁圆形,核周胞质弱嗜碱性(图 2-8)。电镜下,可见较多粗面内质网和游离核糖体,发达的高尔基复合体位于核上方;顶部胞质中含有许多膜包被的黏原颗粒。具有这些结构特点的腺细胞也称为黏液细胞(mucous cell),主要分布在消化道和呼吸道,杯状细胞是散在于上皮中的一种典型的黏液细胞。这类细胞的分泌物主要为糖蛋白。糖蛋白与水结合形成的黏液(mucus),覆盖在上皮游离面,起润滑和保护上皮的作用。

糖蛋白分泌细胞的分泌过程与蛋白质分泌细胞相似,蛋白质在粗面内质网合成,然后运输至高尔基复合体内进行加工修饰,与在此合成的多糖结合成糖蛋白,形成分泌颗粒,聚集在细胞顶部,分泌时通过胞吐方式释放至细胞外。

3. 肽分泌细胞　肽分泌细胞(peptide secretory cell)为圆形、多边形或锥形,胞质着色浅,基部胞质内含大小不等的分泌颗粒,故也称基底颗粒细胞(basal granular cell)。在 HE 染色切片上,肽分泌细胞不易辨认,但其颗粒可被银盐或铬盐显示,故又称嗜银细胞或嗜铬细胞。电镜下,细胞基底部具有膜被颗粒,颗粒大小、形状及电子致密度因细胞类型而异;粗面内质网较少,高尔基复合体较小,游离核糖体较丰富。此类细胞分泌肽类或胺类激素,合成肽类或胺类的过程与蛋白质合成基本相同,分泌物以胞吐或渗出方式释放到细胞外。

Notes

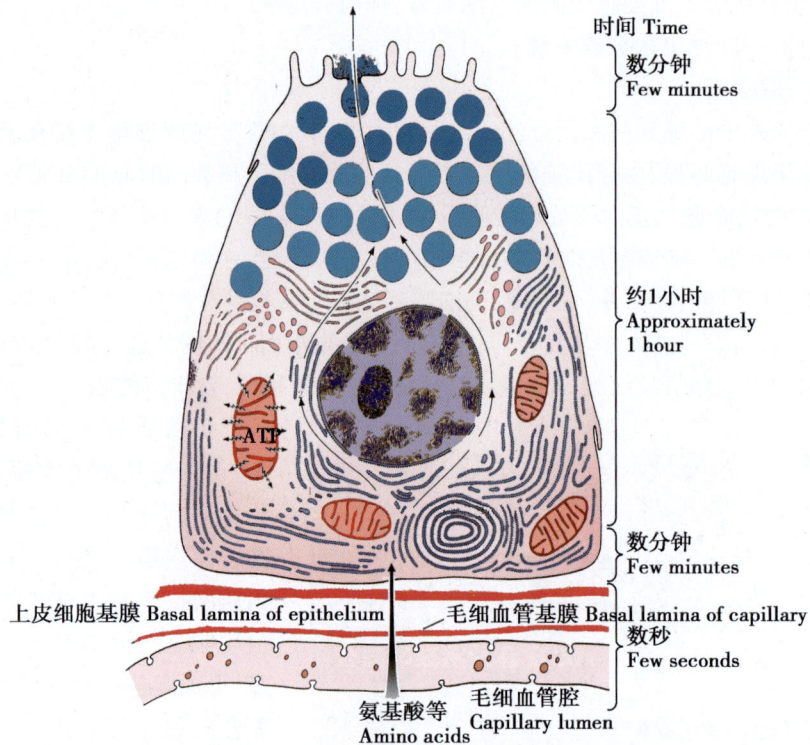

图 2-9　浆液细胞超微结构模式图
Fig. 2-9　Schematic diagram of ultrastructure of a serous cell

4. 类固醇分泌细胞　类固醇分泌细胞(steroid secretory cell)呈圆形或多边形,核位于中央或一侧,胞质嗜酸性,常含较多脂滴,HE 染色标本呈泡沫状。电镜下,胞质内可见发达的滑面内质网、丰富的管状嵴线粒体,粗面内质网较少,常可见较多的脂类小泡,但无分泌颗粒。此类细胞分泌类固醇类激素,分泌物以扩散方式排出。

(二)外分泌腺的结构与分类

外分泌腺分为单细胞腺(unicellular gland)和多细胞腺(multicellular gland)。分泌黏液的杯状细胞属于单细胞腺;人体绝大多数外分泌腺均属于多细胞腺。多细胞腺一般由分泌部和导管两部分组成。

1. 分泌部　分泌部(secretory portion)又称腺泡(acinus),一般由单层腺细胞围成,中央为腺泡腔。一些腺体的分泌部与基膜间存在一种胞体扁平、有多个突起的肌上皮细胞(图 2-10)。该细胞胞质内含微丝,有收缩功能,其收缩有助于腺泡分泌物排入导管。

根据腺泡构成细胞种类和分泌物性质不同,外分泌腺分为浆液腺(serous gland)、黏液腺(mucous gland)和混合腺(mixed gland)3 种类型。浆液腺的腺泡由浆液细胞构成,称为浆液性腺泡(serous acinus);黏液腺的腺泡由黏液腺细胞构成,称为黏液性腺泡(mucous acinus);混合性腺泡(mixed acinus)由以上两种性质的腺泡共同构成,大部分混合性腺泡主要由黏液细胞组成,少量浆液细胞位于腺泡的底部,切片上呈现新月状排列,称浆半月(serous demilune)(图 2-8)。

根据腺细胞分泌物排出方式,可将外分泌腺分为局浆分泌腺(merocrine gland)、顶浆分泌腺(apocrine gland)和全浆分泌腺(holocrine gland)3 种(图 2-11):①局浆分泌腺:分泌物以胞吐方式排出或直接透过细胞膜释放,其特点是分泌后腺细胞仍保持完整结构,如胰腺外分泌部;②顶浆分泌腺:分泌物移向细胞顶部,并向游离面膨出成泡状,然后连同包裹在其周围的细胞膜和少量胞质一起排出,如乳腺;③全浆分泌腺:腺细胞内充满分泌物,分泌时整个细胞崩溃解体连同分泌物一起排出,如皮脂腺。

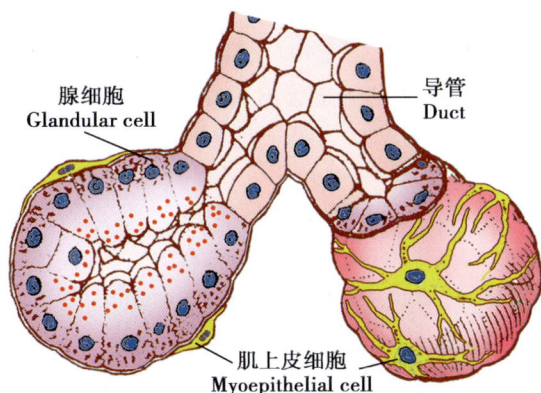

图 2-10　腺与肌上皮细胞模式图
Fig. 2-10　Schematic drawing of gland and myoepithelial cells

腺细胞 Glandular cell
导管 Duct
肌上皮细胞 Myoepithelial cell

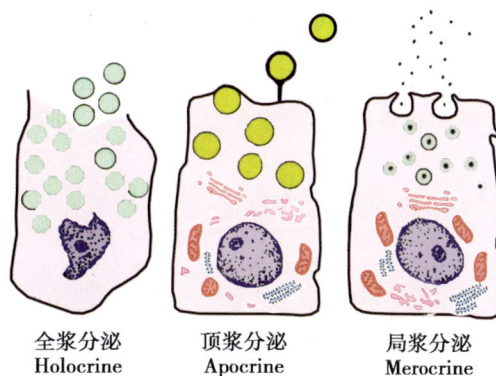

图 2-11　腺细胞分泌方式模式图
Fig. 2-11　Schematic diagram showing types of glandular cell secretion

全浆分泌 Holocrine
顶浆分泌 Apocrine
局浆分泌 Merocrine

此外,外分泌腺的分泌部有的为管状,有的为泡状,有的为管泡状。根据分泌部形态特点,外分泌腺则分为管状腺、泡状腺和管泡状腺。

2. **导管**　导管(duct)是与分泌部直接连通的上皮性管道,由单层或复层上皮构成。导管主要是排出分泌物的结构,但有的导管亦具有一定的吸收和分泌功能。

外分泌腺可根据导管有无分支分为单腺(simple gland)和复腺(compound gland),结合分泌部的形态特点,可将外分泌腺分为单管状腺(simple tubular gland)、单泡状腺(simple acinar gland)、复泡状腺(compound acinar gland)和复管泡状腺(compound tubuloacinar gland)等(图 2-12)。

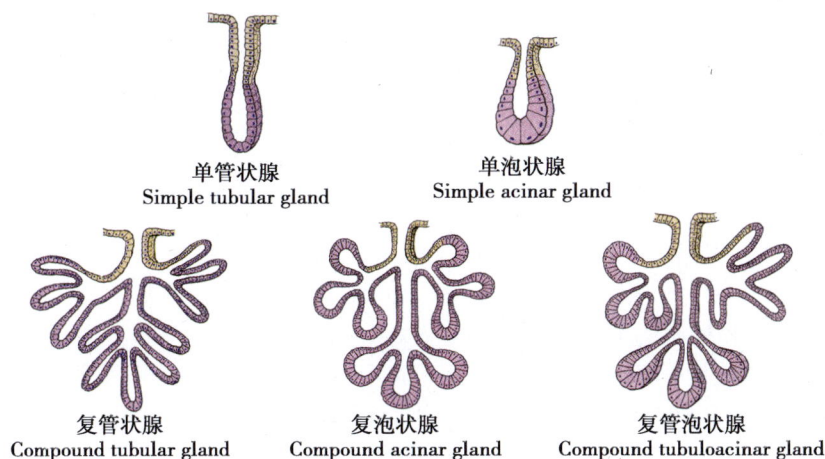

单管状腺 Simple tubular gland
单泡状腺 Simple acinar gland
复管状腺 Compound tubular gland
复泡状腺 Compound acinar gland
复管泡状腺 Compound tubuloacinar gland

图 2-12　外分泌腺的分类
Fig. 2-12　Classification of the exocrine glands

三、上皮细胞的特化结构

上皮细胞为了适应其功能,常在其游离面、侧面和基底面形成多种特化结构。这些特化结构有的由细胞膜和细胞质共同构成,有的还有细胞外基质参与。其中,除纤毛和少数部位较厚的基膜能在光镜下可见外,其他只能在电镜下观察。

(一)上皮细胞游离面的特化结构

1. **细胞衣**　细胞衣(cell coat)是构成细胞膜的糖蛋白和糖脂向外伸出的糖链部分以及表面吸附的物质。在小肠吸收细胞的细胞衣中含有磷酸酶、双糖酶和氨基肽酶以及吸附的胰蛋白酶和胰淀粉酶等,发挥黏着、保护、消化吸收及物质识别等功能。

Notes

2. 微绒毛　微绒毛(microvillus)是上皮细胞游离面细胞膜和部分细胞质伸出的指状突起,其直径约100nm,电镜下清晰可见(图2-13、图2-14)。微绒毛的长度和数量因细胞的种类或功能而异。吸收功能旺盛的细胞,如小肠柱状上皮和肾近曲小管的上皮细胞,微绒毛多而长,排列密集而整齐,分别形成光镜下可见的纹状缘和刷状缘(brush border)。

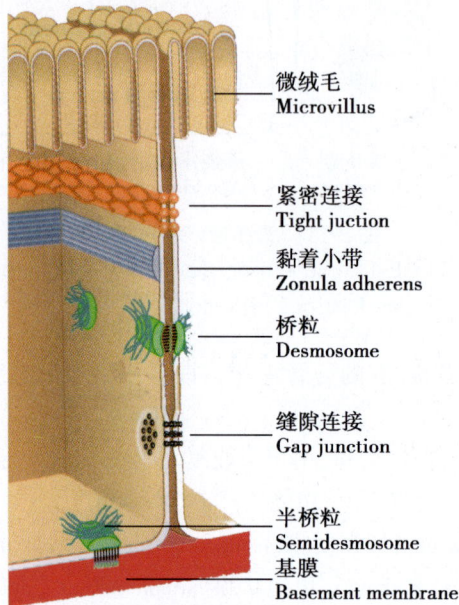

图2-13　单层柱状上皮微绒毛和细胞连接超微结构模式图

Fig. 2-13　Diagram showing ultrastructures of microvilli and cell junctions in simple columnar epithelium

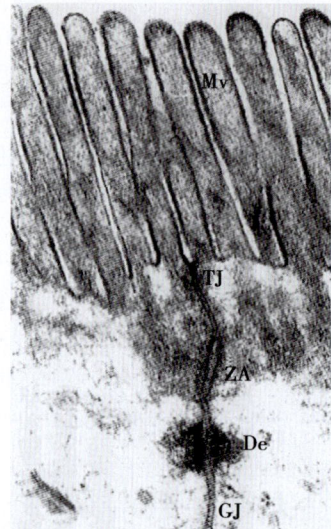

图2-14　小肠上皮细胞电镜像,示微绒毛和连接复合体

Mv. 微绒毛;TJ. 紧密连接;ZA. 黏着小带;De. 桥粒;GJ. 缝隙连接

Fig. 2-14　Elctron micrograph of epithelial cells in small intestine showing microvilli and a junctional complex

Mv. microvillus;TJ. tight junction;ZA. zonula adherens;De. desmosome;GJ. gap junction

电镜下,微绒毛内细胞质中有许多纵行的微丝(microfilament)。微丝的一端附着于微绒毛尖端,另一端与微绒毛基部胞质中的终末网(terminal web)相连,后者由与细胞表面平行的微丝交织而成。微丝亦附着于细胞侧面的黏着小带上,发挥固定微绒毛的作用(图2-13～图2-15)。微绒毛可增大细胞的表面积,有利于细胞的吸收功能。

3. 纤毛　纤毛(cilium)亦是上皮细胞游离面的细胞膜和部分细胞质伸向腔面的细长指状突起,主要分布于呼吸道和女性生殖道(如输卵管)腔面上皮,具有节律性定向摆动能力。纤毛较微绒毛长而粗,长5～10μm,直径0.3～0.5μm,光镜下清晰可见,数量随所在细胞种类而异。电镜下,纤毛的细胞质中含有纵行排列的微管(microtubule)。微管排列具有一定的规律,中央为2条单独的微管,周围为9组成对的二联微管(图2-16)。纤毛的根部有一致密颗粒,称基体(basal body),位于细胞顶部的胞质内,其结构与中心粒基本相同,其中的微管与纤毛的微管相连。微管与纤毛的摆动有关。组成微管的蛋白有多种,与纤毛运动密切相关的有微管蛋白(tubulin)、动力蛋白(dynein)和连接蛋白(nexin)等。动力蛋白为一种ATP酶,能够分解ATP使微管间产生滑动从而使纤毛运动。许多纤毛的协调摆动,可将附在上皮表面的分泌物和颗粒物等定向推送。某些上皮细胞游离面的细长突起形似纤毛,但不能运动,其结构与微绒毛结构相似,称为静纤毛(stereocilium),主要分布在附睾上皮和内耳、位觉及听觉器官的毛细胞。

Notes

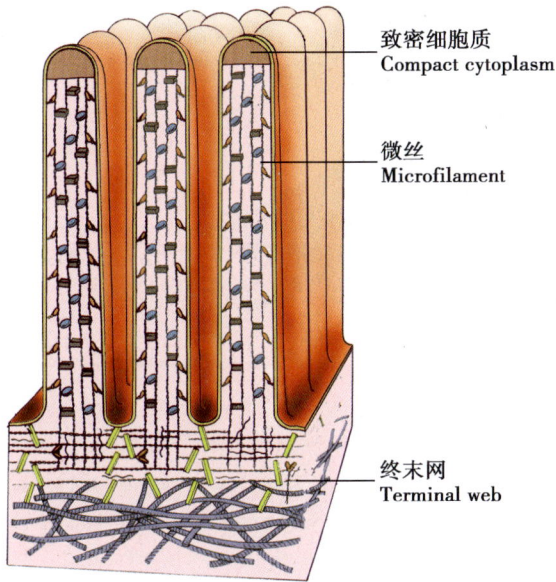

图 2-15　微绒毛超微结构模式图

Fig. 2-15　Schematic drawing of microvilli ultrastructure

致密细胞质 Compact cytoplasm

微丝 Microfilament

终末网 Terminal web

（二）上皮细胞侧面的特化结构

相邻上皮细胞侧面形成细胞连接（cell junction），以加强上皮细胞间的机械联系和维持组织结构的完整性和协调性。根据其结构和功能特点，细胞连接可分为紧密连接、黏着小带、桥粒和缝隙连接 4 种。电镜下，细胞连接常呈点状、斑状和带状结构。细胞连接不仅存在于上皮细胞间，亦存在于心肌细胞间、骨细胞间和神经细胞间，但以柱状上皮细胞间的连接最为典型。

1. **紧密连接**　紧密连接（tight junction）也称闭锁小带（zonula occludens），位于细胞侧面的顶端，呈带状环绕细胞周围。电镜下，此处相邻细胞膜形成 2~4 个点状融合，融合处细

胞间隙消失，非融合处存在 10~15nm 的细胞间隙（图 2-13，图 2-14）。应用冷冻蚀刻技术结合电

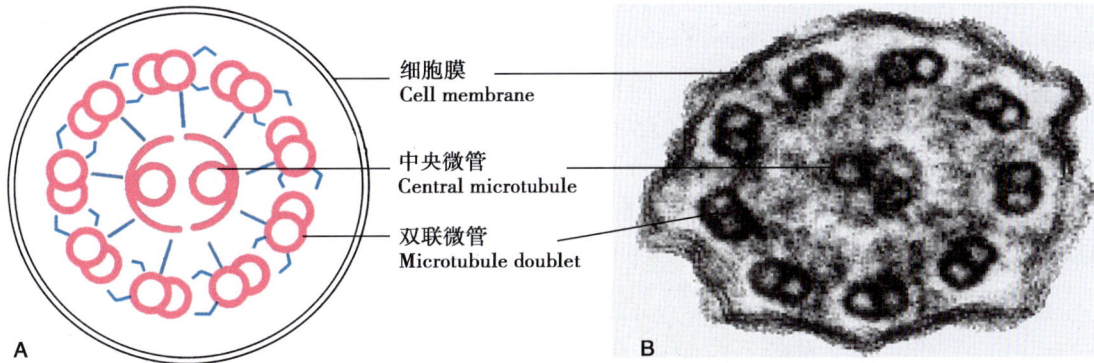

细胞膜 Cell membrane

中央微管 Central microtubule

双联微管 Microtubule doublet

图 2-16　纤毛横切面超微结构

A. 模式图；B. 电镜像

Fig. 2-16　Ultrastructure of cross section of cilium

A. schematic diagram；B. electron micrograph

镜观察可见，在紧密连接处，镶嵌在相邻上皮细胞膜内的蛋白颗粒排列成 2~4 条线性结构，交错形成网格状的嵴，相邻细胞的嵴彼此紧密相贴、融合，环绕细胞周围，形成封闭索（sealing strand），封闭上皮细胞的间隙（图 2-17）。紧密连接具有屏障作用，可阻止细菌、大分子物质等通过细胞间隙进入上皮下的结缔组织内，并可防止组织液的外溢。

2. **黏着小带**　黏着小带（zonula adherens）曾称中间连接（intermediate junction），多位于紧密连接的下方，环绕上皮细胞顶部（图 2-18）。此处细胞膜内含有跨膜的细胞黏附分子，称为钙黏蛋白（cadherin）。相邻细胞间存在 15~20nm 宽的间隙，内有由钙黏蛋白胞外部分构成的低电子密度丝状物连接相邻细胞的膜。钙黏蛋白胞内部分在膜的胞质面与锚定蛋白（anchor protein）结合，形成薄层致密物质。来自胞质的肌动蛋白丝（微丝）附着在该致密物上，并在胞质内形成终末网（图 2-15）。黏着小带主要发挥黏着作用，亦具有维持微绒毛和细胞形态以及传递细胞收缩力的作用。

Notes

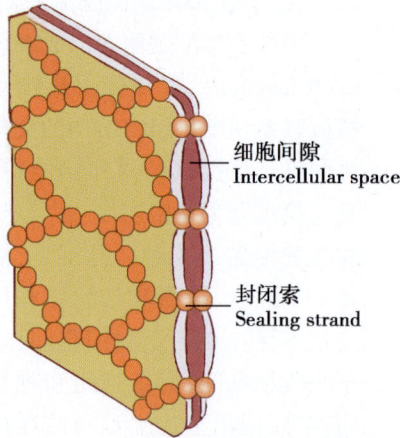

图 2-17 紧密连接超微结构模式图
Fig. 2-17 Schematic drawing showing ultrastructure of the tight junction

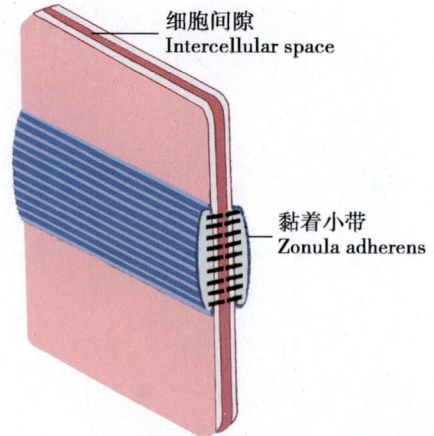

图 2-18 黏着小带超微结构模式图
Fig. 2-18 Schematic diagram illustrating ultrastructure of the zonula adherens

3. 桥粒 桥粒(desmosome)又称黏着斑(macula adherens),呈斑块状,大小不等,通常位于黏着小带的深部(图 2-13、图 2-14)。连接处相邻细胞间有宽 20～30nm 的间隙,内有由钙黏蛋白胞外部分构成的电子密度较低的丝状物。间隙中央有一条与细胞膜平行而致密的中间线,由丝状物质交织而成。在细胞膜的胞质面,各有一个由锚定蛋白构成的厚而致密的盘状桥粒斑(desmosomal plaque)。桥粒斑也称附着板(attachment plaque),钙黏蛋白的胞内部分与其相连。胞质中许多直径约 10nm 的张力丝(也称中间丝或角蛋白丝)附着于附着板上,并折成拌状返回胞质,发挥固定和支持作用(图 2-19)。桥粒是一种非常牢固的细胞连接,像铆钉将细胞彼此固定,通常存在于易受机械摩擦的皮肤和食管等部位的上皮。

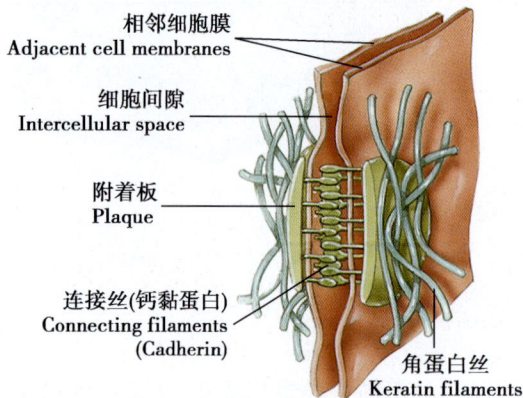

图 2-19 桥粒超微结构模式图
Fig. 2-19 Schematic drawing showing ultrastructure of the desmosome

4. 缝隙连接 缝隙连接(gap junction)又称通讯连接(communication junction),呈斑块状,位于柱状上皮细胞侧面的深部。此处细胞间隙仅 2～3nm,间隙内有许多间隔大致相等的连接点(图 2-13,图 2-14)。应用冷冻蚀刻技术结合电镜观察,可见缝隙连接处相邻两细胞膜上有许多排列规律的柱状颗粒,称连接小体(connexon)。每个连接小体由 6 个相同或不同的亚单位围成,直径 7～9nm,中央有直径约 2nm 的管腔。每个亚单位为镶嵌在细胞膜上的杆状蛋白质,称为接合素或连接蛋白(connexin)。相邻两细胞膜上的连接小体细胞外部分彼此对接,管腔相通,形成细胞间直接交通的亲水性管道(图 2-20)。在细胞内信号分子或 Ca^{2+} 等因素的调节下,连接蛋白与小体长轴间可倾斜,致使管腔开放或关闭。小分子物质和离子可通过缝隙连接在相邻细胞间流通而传递化学信息。此外,缝隙连接处电阻较低,有利于细胞间传递电冲动,协调活动,如电突触。

上述 4 种细胞连接,如果同时存在两种或两种以上时,称为连接复合体(junctional complex)。细胞连接的数量常随器官不同发育阶段和功能状态及病理变化而改变。

(三)上皮细胞基底面的特化结构

1. 基膜 基膜(basement membrane)系指位于上皮细胞基底面与深部结缔组织之间的一层

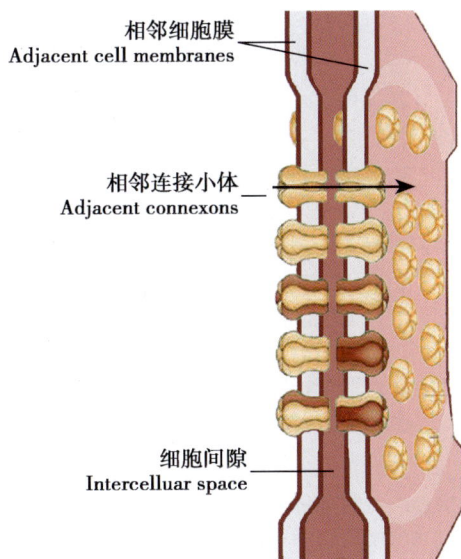

图 2-20 缝隙链接超微结构模式图
Fig. 2-20 Diagram illustrating ultrastructure of the gap junction

薄膜。由于基膜较薄,HE 染色辨认较难,光镜下常用 PAS 染色或镀银染色显示。基膜的厚度亦因存在部位而异,假复层纤毛柱状上皮和复层扁平上皮的基膜相对较厚,HE 染色清晰可见。电镜下,基膜由靠近上皮的基板(basal lamina)和与结缔组织相连的网板(reticular lamina)构成(图 2-21),有些部位的基膜由两层基板构成,如肾血管球的基膜。

基板由上皮细胞分泌产生,厚 50～100nm,分为透明层(lamina lucida)和致密层(lamina densa)两层:透明层紧贴上皮细胞基底面,较薄,电子密度低;致密层位于透明层下面,较厚,电子密度高。基板的主要化学成分为糖蛋白,包括层粘连蛋白(laminin)、Ⅳ型胶原蛋白(type Ⅳ collagen)、硫酸乙酰肝素蛋白聚糖(heparan sulfate proteoglycan)、硫酸软骨素蛋白聚糖(chondroitin sulfate proteoglycan)和少量纤维粘连蛋白(fibronectin)等。层粘连蛋白具有与上皮细胞等多种细胞、Ⅳ型胶原蛋白、硫酸乙酰肝素蛋白聚糖等细胞外基质成分相结合的部位,能介导细胞与细胞外基质的连接,促进细胞与基膜的黏着。

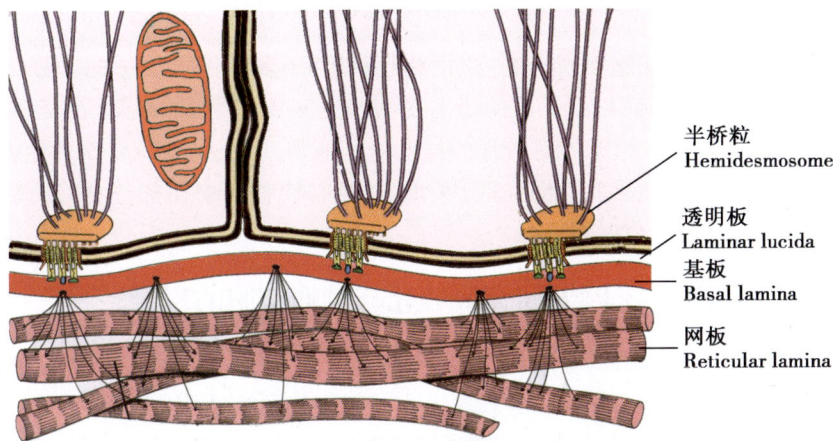

图 2-21 半桥粒和基膜超微结构模式图
Fig. 2-21 Schematic drawing of ultrastructure of hemidesmosome and basement membrane

网板位于致密板外侧,紧接结缔组织,厚 20～300nm,由网状纤维(Ⅲ型胶原)和基质构成,由结缔组织的成纤维细胞分泌产生,部分基膜不含此层。网板中还含有Ⅶ型胶原形成的锚连纤维(anchring fibril)和原纤维蛋白形成的原纤维蛋白微原纤维(fibrillin microfibril),二者具有连接基板与网板的作用。

基膜对上皮细胞具有支持、连接和固着的作用,且是一种半透膜,对上皮与深部结缔组织之间的物质交换具有重要调控作用。另外,基膜可引导上皮细胞运动、迁移,对上皮细胞的增殖、分化和更新具有重要作用。

2. 质膜内褶 质膜内褶(plasma membrane infolding)是上皮细胞基底面的细胞膜折向胞质内形成的结构,常见于肾小管等处。质膜内褶与细胞基底面垂直,光镜下称基底纵纹。电镜下可见内褶之间胞质内含有较多的长杆状线粒体(图 2-22)。质膜内褶可扩大细胞基底面的表面积,有利于电解质和水分子的转运,线粒体提供所需能量。

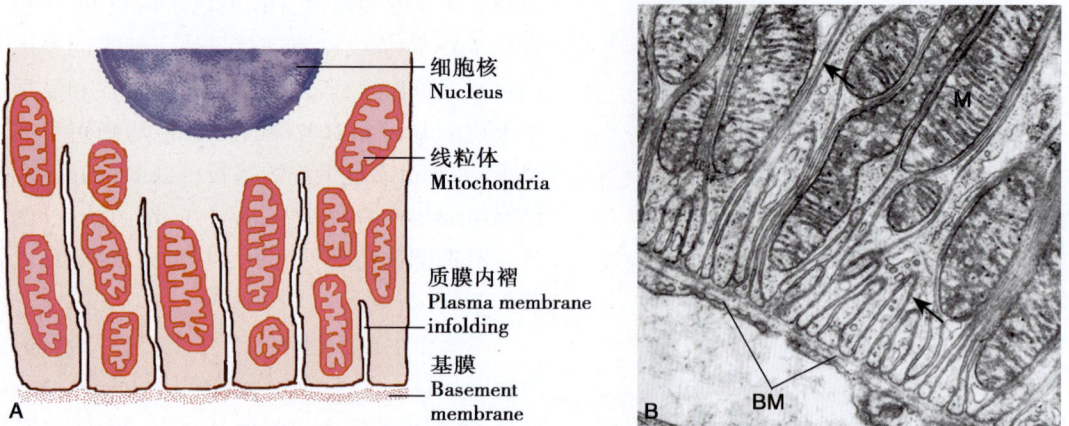

图 2-22　质膜内褶超微结构

A. 模式图;B. 电镜像;箭头示质膜内褶;M. 线粒体;BM. 基膜

Fig. 2-22　Ultrastructure of plasma membrane infoldings

A. schematic diagram;B. electron micrograph;arrows indicate the plasma membrane infoldings;M. mitochondria;BM. basement membrane

3. 半桥粒　半桥粒(hemidesmosome)位于上皮细胞的基底面与基膜间,为桥粒结构的一半,质膜内也有桥粒斑,张力丝附着于桥粒斑上,折成袢状返回胞质(图 2-21)。其主要功能是将上皮细胞固着在基膜上。

四、上皮组织的更新和再生

正常生理状态下,上皮细胞不断衰老、死亡和脱落,并不断地由上皮中的未分化细胞(干细胞)增殖补充,此过程为生理性再生。人的肠上皮细胞更新周期为 2~6 天,而表皮细胞的更新周期约 4 周。除此之外,上皮组织亦有较强的损伤修复能力,当上皮组织发生炎症或创伤时,其周围或深层未受损的上皮基底细胞能迅速分裂增殖,沿基膜移向损伤部位,修复损伤部位的上皮,恢复上皮的组织结构,此为病理性再生。

专题讲座：上皮-间充质转化与肿瘤细胞的侵袭转移

上皮组织覆盖于机体外表面或铺衬在体内各种管、腔及囊的内表面,承担多种重要的生理功能,保持上皮组织结构的稳定性和完整性是上皮组织完成生命活动的重要保障。构成上皮组织的细胞具有极性,即其游离面、基底面和侧面在结构和功能上具有明显差别;而且,细胞侧面彼此间存在的细胞连接等特化结构,不仅能够协调上皮细胞的功能发挥,亦可限制上皮细胞的任意迁移。

在胚胎发育过程中或一些病理因素作用下,上皮细胞的组成成分、结构和功能出现一些间质细胞的特点,即上皮细胞失去极性和细胞连接,通过细胞骨架的解聚与再聚合,活动能力增强,获得侵袭和迁移能力,并能产生细胞外基质,这一现象被称为上皮-间充质转化(epithelial-mesenchymal transition,EMT)。EMT 由 Greenberg 和 Hay 在 1982 年首先提出,他们发现晶状体上皮细胞可暂时失去细胞极性,在胶原凝胶中转化为间质细胞样形态,获得迁移能力,由此提出转分化的概念。后续研究发现,EMT 是胚胎发育中的基本生理过程,参与中胚层和神经管等的形成。近年研究表明,EMT 在伤口愈合、器官纤维化以及恶性肿瘤侵袭转移过程中亦发挥重要作用。

(一) 上皮-间充质转化的特征

上皮细胞极性丧失,并获得间质细胞的特性为 EMT 的重要特征。此过程伴随大量分子标志的改变,包括上皮细胞标志物,如黏附蛋白 E-cadheren、α-连环素(α-atenin)、β-连环素(β-atenin)

等表达下调;间质细胞标记物,如波形蛋白、N-钙黏蛋白等表达上调;同时,具有诱导 EMT 作用的细胞因子,如 Snail、Slug、Twist、Rho、转化生长因子(TGF-β)、成纤维细胞生长因子(FGF)等表达上调;另外,对诱导 EMT 有辅助作用的基质金属蛋白酶 2 和 9、Ⅰ 型、Ⅲ 型胶原等可表达上调。

(二) 上皮-间充质转化发生机制

EMT 是一个动态的多步骤的复杂过程,受到多种因素的诱导和调控包括细胞因子诱导、转录因子调控、信号通路及表观遗传学调控等。

1. **上皮-间充质转化与信号分子** 上皮细胞黏附蛋白 E-cadheren 是构成细胞间紧密连接的主要蛋白,其通过细胞内外附黏功能,维持细胞间连接等诸多功能。E-cadheren 的表达下降是 EMT 发生的关键事件。转录抑制因子 Snail、ZEB 是 E-cadheren 蛋白表达的主要调控分子。现已知多条信号通路可参与调控 E-cadheren 的表达继而诱发 EMT,包括 TGF-β、Wnt/β-catenin 信号、Notch、Ras-MAPK 及 PI3K/AKT 等途径。例如 TGF-β 可激活 Snail 和 ZEB 的表达,抑制 E-cadherin 的蛋白表达,诱导细胞发生 EMT;TGF-β 亦可活化其他调控 EMT 的相关信号分子,如 Notch 和 Wnt 等。Notch 可上调 Snail 表达诱发 EMT,而 Wnt 信号通路可通过抑制糖原合成酶激酶 3β(GSK3β)介导的磷酸化作用以及抑制胞质中 β-catenin 的降解,诱导 EMT 发生。

2. **上皮-间充质转化与微小 RNA** EMT 的发生除受上述信号分子诱导和调控外,表观遗传学的调控作用亦受到肿瘤生物学研究者的关注,其中,微小 RNA(microRNA)在肿瘤细胞发生 EMT 过程中发挥重要调节作用。在肿瘤细胞转移过程中,多种 microRNA 可直接调节靶基因的表达,改变肿瘤细胞的生物学特性。例如,microRNA200 家族是上皮细胞内的重要调控分子,可靶向减少 ZEB1 和 ZEB2 的表达,抑制上皮细胞向间充质细胞的转化;microRNA 21 可靶向降低 *TPM1* 和 *PDCD4* 等抑癌基因的表达水平,特异性引起人角质形成细胞发生 EMT。

(三) 上皮-间充质转化在肿瘤发生发展中的作用

肿瘤转移是肿瘤发展的重要阶段,是肿瘤患者致死的主要因素之一。肿瘤细胞失去细胞间黏附并获得运动能力是其侵袭转移的前提,所以 EMT 作为肿瘤发生转移的起始步骤,在肿瘤侵袭转移的恶性演进过程发挥重要作用。

1. **上皮-间充质转化提高肿瘤细胞浸润、迁移及转移能力** 最新研究发现,EMT 在肿瘤细胞生长和侵袭过程中扮演重要角色。细胞学划痕实验证明,发生 EMT 的细胞具有较强的运动和迁移能力,可在短时间内使划痕愈合,而细胞运动能力的增强是恶性肿瘤转移的首要条件。肿瘤转移是肿瘤细胞经血液或淋巴播散至其他部位生长,形成新的肿瘤灶(转移瘤)过程。研究发现,原发癌中的肿瘤细胞失去 E-钙黏蛋白介导的细胞间黏附后,可突破基膜进入血液循环,称循环肿瘤细胞(circulating tumor cells,CTCs),后者进入组织可形成微小转移灶。同时,肿瘤细胞发生 EMT 可使其获得干细胞的一些特性,转变为肿瘤干细胞(cancer stem cells,CSCs),CSCs 通过自我更新和无限增殖,可维持肿瘤细胞群的生命力。

2. **上皮-间充质转化赋予肿瘤细胞凋亡逃逸的能力** 凋亡是一种程序性的细胞死亡过程,在胚胎发育、组织器官形成以及衰老细胞清除等生理现象中发挥重要作用,而凋亡逃逸是指细胞失去发生凋亡的能力。据报道,TGF-β 通过激活 Ras 分子,诱导乳腺癌细胞发生 EMT,并抑制肿瘤细胞自身的凋亡。亦有研究发现,TGF-β 可诱导大部分肝细胞发生凋亡,少部分存活细胞出现 EMT 表型改变,而此类细胞具备抗凋亡活性,进一步研究发现 EMT 可激活抗凋亡的信号分子(AKT 和 PI3K)或分泌抗凋亡因子。由此可见,EMT 不仅使肿瘤细胞获得侵袭迁移能力,亦参与肿瘤细胞抗凋亡的过程。

综上,EMT 可使上皮细胞丢失极性、失去与基膜连接等上皮细胞的特性,同时获得间质细胞的特点,即较高的侵袭、迁移以及抗凋亡的能力等。EMT 是上皮细胞来源的恶性肿瘤转化过程中重要的一步,在多种肿瘤原发癌的发生、浸润和继发性转移过程中充当重要角色。阐明调控肿瘤 EMT 发生的分子机制,将为防治恶性肿瘤的侵袭和转移提供重要理论依据。

■ 参考文献

1. Thiery JP, Acloque H, Huang RY, et al. Epithelial-mesenchymal transitions in development and disease. Cell, 2009,139(5):871-890
2. Tiwari N, Gheldof A, Tatari M, et al. EMT as the ultimate survival mechanism of cancer cells. Seminars in Cancer Biology,2012,22(3):194-207
3. Micalizzi Ds, Farabaugh SM, Ford HL. Epithelial-mesenchymal transition in cancer:parallels between normal development and tumor progression. J Mammary Gland Biol Neoplasia,2010,15(2):117-134
4. Chang C, Chao C, Xia W, et al. p53 regulates epithelial-mesenchymal transition (EMT) and stem cell properties through modulating miRNAs. Nat Cell Biol,2011,13(3):317-323
5. Lamouille S, Xu J, Derynck R. Molecular mechanisms of epithelial-mesenchymal transition. Nat Rev Mol Cell Biol,2014,15(3):178-196
6. Chaffer CL, Weinberg RA. A perspective on cancer cell metastasis. Science,2011,331(6024):1559-1564
7. Dong P, Konno Y, Watari H, et al. The impact of microRNA-mediated PI3K/AKT signaling on epithelial-mesenchymal transition and cancer stemness in endometrial cancer. J Transl Med,2014,12(1):231-245

（周德山）

第3章 固有结缔组织

KEY POINTS

- Composition and classification of connective tissue
- The cells, fibers and ground substance of loose connective tissue
- Histological feature of dense connective tissue, adipose tissue and reticular tissue

结缔组织(connective tissue)由细胞和大量细胞外基质构成。结缔组织的细胞外基质包括无定形的基质、细丝状的纤维和不断循环更新的组织液。结缔组织的细胞种类较多,散在于细胞外基质内,无极性。广义的结缔组织包括柔软的固有结缔组织、坚硬的软骨组织和骨组织、液态的血液及淋巴。一般所称的结缔组织指固有结缔组织。结缔组织在体内分布广泛,具有连接、支持、营养、运输和保护等多种功能。此外,结缔组织还是调节细胞生长和分化的激素储存器。

结缔组织均起源于胚胎时期的间充质(mesenchyme)。间充质由间充质细胞和无定形基质构成。间充质细胞(mesenchymal cell)呈星状,细胞间以突起相互连接成网;核大,核仁明显;胞质呈弱嗜碱性(图3-1)。间充质细胞分化程度很低,有很强的分裂分化能力,在胚胎时期能分化成多种结缔组织细胞、内皮细胞和平滑肌细胞等。成体的结缔组织内仍保留少量未分化的间充质细胞。

本章讲述固有结缔组织(connective tissue proper)。按其结构和功能的不同,固有结缔组织分为疏松结缔组织、致密结缔组织、脂肪组织和网状组织。

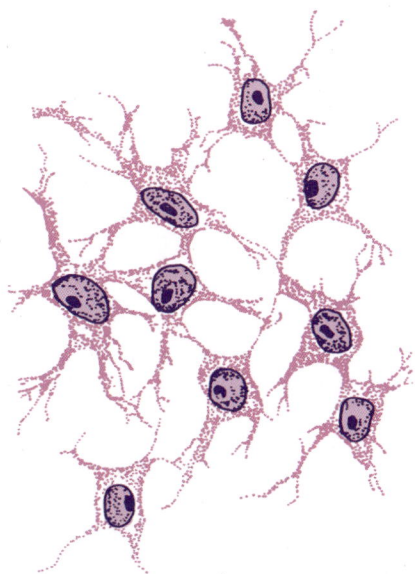

图3-1 间充质模式图
Fig. 3-1 Schematic diagram of the mesenchyme

一、疏松结缔组织

疏松结缔组织(loose connective tissue)又称蜂窝组织(areolar tissue),其特点是细胞种类较多,纤维数量较少,排列稀疏。疏松结缔组织在体内分布广泛,位于器官之间、组织之间乃至细胞之间,具有连接、支持、营养、防御、保护和修复等功能(图3-2、图3-3)。

(一)细胞

疏松结缔组织的细胞包括成纤维细胞、巨噬细胞、浆细胞、肥大细胞、脂肪细胞以及未分化的间充质细胞。此外,血液中的白细胞,如中性粒细胞、嗜酸性粒细胞和淋巴细胞等在炎症反应时也可游走到结缔组织内。它们的数量和分布随存在部位和功能状态而不同。

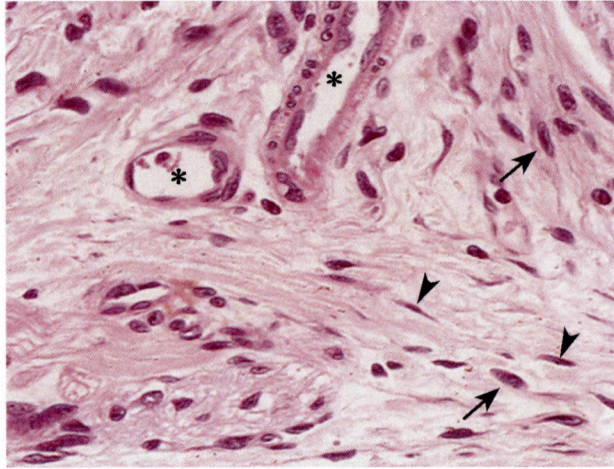

图 3-2 疏松结缔组织光镜像 HE 染色 低倍(华中科技大学同济医学院李宏莲供图)
星号示小血管;长箭头示成纤维细胞;短箭头示纤维细胞
Fig. 3-2 Loose connective tissue HE stain Low magnification
Asterisks indicate small blood vessels;long arrows indicate fibroblasts;short arrows indicate fibrocytes

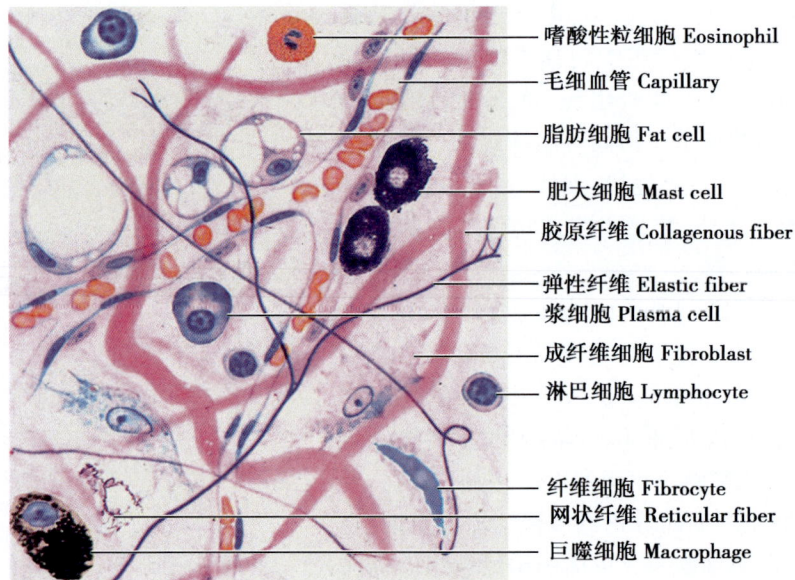

嗜酸性粒细胞 Eosinophil
毛细血管 Capillary
脂肪细胞 Fat cell
肥大细胞 Mast cell
胶原纤维 Collagenous fiber
弹性纤维 Elastic fiber
浆细胞 Plasma cell
成纤维细胞 Fibroblast
淋巴细胞 Lymphocyte
纤维细胞 Fibrocyte
网状纤维 Reticular fiber
巨噬细胞 Macrophage

图 3-3 疏松结缔组织铺片模式图
Fig. 3-3 Schematic diagram of the loose connective tissue in stretched preparation

1. 成纤维细胞 成纤维细胞(fibroblast)在疏松结缔组织内数量最多、最常见。细胞扁平,多突起;核较大,扁卵圆形,染色质颗粒细小稀疏着色浅,核仁明显;胞质较丰富,呈弱嗜碱性(图3-3、图3-4)。电镜下,细胞表面有一些微绒毛和粗短突起,胞质内富含粗面内质网和游离核糖体以及发达的高尔基复合体,表明该细胞合成蛋白质的功能旺盛(图3-5、图3-6)。

成纤维细胞功能处于静止状态时,称纤维细胞(fibrocyte)。纤维细胞较小,呈长梭形;核小,呈长扁卵圆形,着色深;胞质少,常呈嗜酸性,见图3-4。电镜下,胞质内粗面内质网少,高尔基复合体不发达,见图3-5。在一定条件下,如创伤修复、结缔组织再生时,纤维细胞又能再转变为成纤维细胞。

成纤维细胞既合成和分泌胶原蛋白和弹性蛋白,生成胶原纤维、网状纤维和弹性纤维,也合成和分泌基质的糖胺多糖、蛋白聚糖和糖蛋白。成纤维细胞形成胶原纤维的过程可分为三个阶段:①在粗面内质网内合成前胶原蛋白(procollagen)分子,转入高尔基复合体,在此加入糖基后

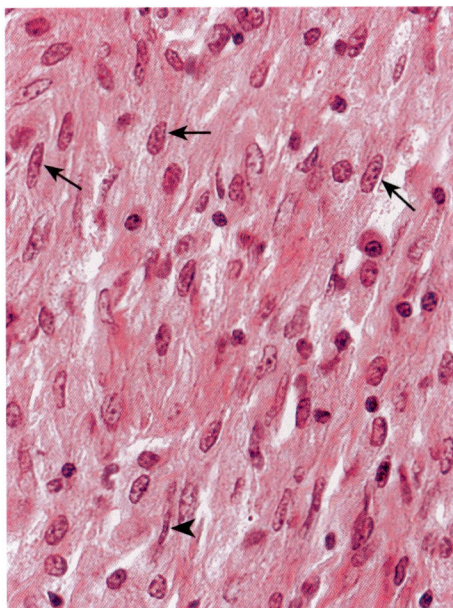

图 3-4　成纤维细胞和纤维细胞光镜像　HE 染色高倍(华中科技大学同济医学院李和供图)

长箭头示成纤维细胞；短箭头示纤维细胞

Fig. 3-4　Light micrograph of fibroblast and fibrocyte　HE stain　High magnification

Long arrows indicate fibroblasts；short arrows indicate fibrocytes

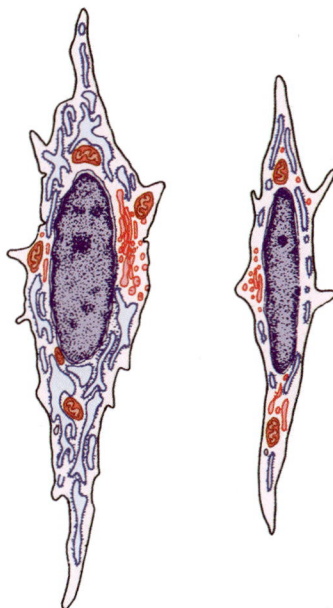

图 3-5　成纤维细胞(左) 和纤维细胞(右) 超微结构模式图

Fig. 3-5　Schematic diagram showing ultrastructure of a fibroblast (left) and a fibrocyte (right)

分泌到细胞外；②在细胞外，前胶原蛋白分子在酶的作用下形成原胶原蛋白(tropocollagen) 分子，经重排聚合，形成具有 67nm 周期横纹的胶原原纤维；③最后，若干胶原原纤维由糖蛋白粘合成粗细不等的胶原纤维。

成人正常结缔组织的成纤维细胞很少分裂增生，但在结缔组织损伤修复时可见细胞分裂象和细胞增殖，继而形成新的胶原纤维和其他细胞外基质成分，使创伤愈合。成纤维细胞常通过基质糖蛋白的介导作用附着在胶原纤维上。在趋化因子(如淋巴因子、补体等) 的吸引下，成纤维细胞可作趋化运动；成纤维细胞也有一定的吞噬异物颗粒和胶原蛋白的能力，还参与合成影响细胞生长和分化的生长因子。

2. 浆细胞　浆细胞(plasma cell) 呈卵圆形或圆形，核圆形，多偏居细胞一侧，染色质为粗块状沿核膜内面呈辐射状排列；胞质丰富，嗜碱性，核旁有一浅染区(图 3-3，图 3-7A)。电镜下，细胞表面平滑，仅见少量微绒毛状突起；胞质内含有大量平行排列、有许多扩张网池的粗面内质网和游离的多核糖体；高尔基复合体发达，与中心体位于核旁浅染区内(图 3-7B，图 3-8)。

浆细胞通常在疏松结缔组织内较少，但在病原菌或异性蛋白质易于入侵的部位如消化道、呼

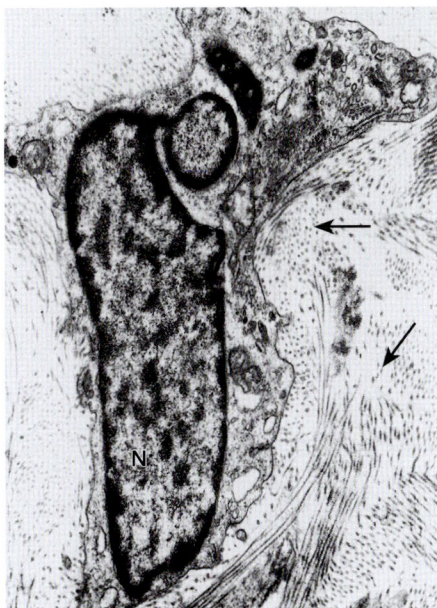

图 3-6　成纤维细胞电镜像(复旦大学上海医学院供图)

N. 成纤维细胞核；箭头 . 胶原原纤维

Fig. 3-6　Electron micrograph of fibroblast

N. nucleus of a fibroblast；Arrows. collagenous fibril

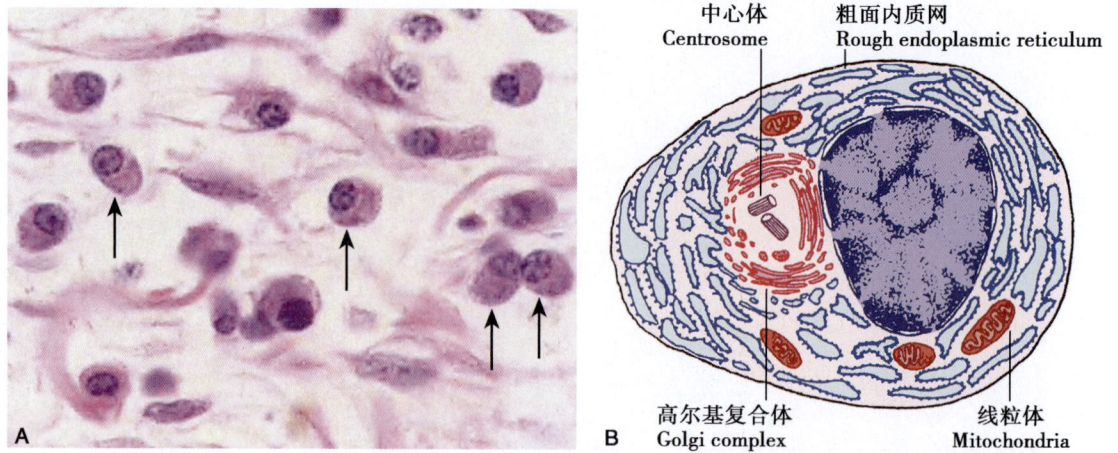

图 3-7　浆细胞

A. 浆细胞光镜像　HE 染色　高倍(华中科技大学同济医学院李和供图)；B. 超微结构模式图；箭头示浆细胞

Fig. 3-7　Plasma cell

A. micrograph of plasma cell　HE stain　High magnification；B. schematic diagram showing ultrastructure of a plasma cell；arrows indicate plasma cells

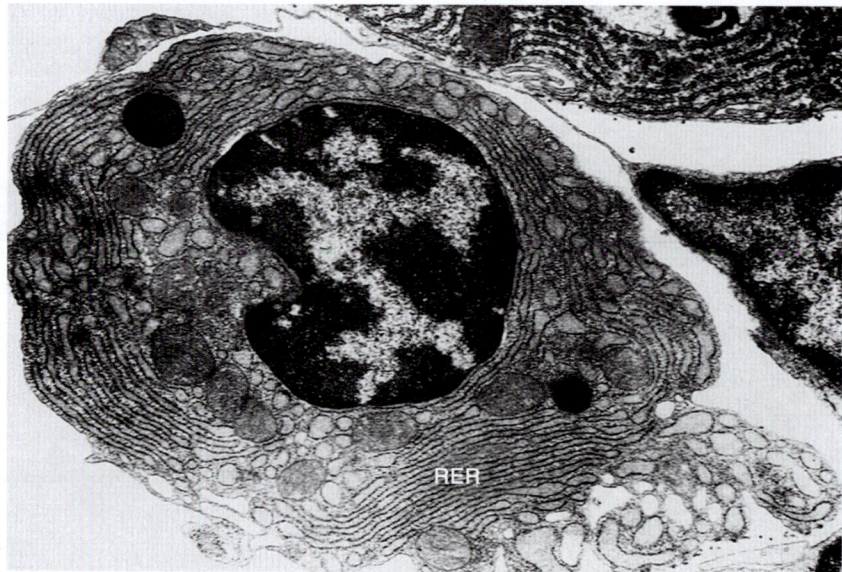

图 3-8　浆细胞电镜像(吉林大学白求恩医学院供图)

RER. 粗面内质网

Fig. 3-8　Electron micrograph of a plasma cell

RER. rough endoplasmic reticulum

吸道固有层的结缔组织内及慢性炎症部位较多。浆细胞具有合成和分泌免疫球蛋白(immuno-globulin, Ig)即抗体(antibody)和多种细胞因子的功能，参与体液免疫应答和调节炎症反应。浆细胞合成的抗体不形成分泌颗粒，而被包含在扩张的粗面内质网池内。浆细胞来源于 B 细胞，在抗原的刺激下，B 细胞被激活、增殖，转变为浆细胞。成熟浆细胞为终末细胞，寿命较短，仅存活数天至数周，退化后被巨噬细胞吞噬清除。

　　3. 巨噬细胞　巨噬细胞(macrophage)是体内具有强大吞噬能力的结缔组织细胞，数量多，分布广泛。细胞形态多样，随功能状态而改变，通常有钝圆形突起，功能活跃者常伸出较长的伪足而形态不规则；核较小，呈卵圆形或肾形，多为偏心位，着色深，核仁不明显；胞质丰富，多呈嗜酸性,常含空泡和吞噬颗粒(图 3-3,图 3-9A)。电镜下,细胞表面有许多皱褶、微绒毛和少数球形隆起;胞质内含大量初级溶酶体(primary lysosome)、次级溶酶体(secondary lysosome)、吞噬体(phagosome)、吞饮小泡(phagocytic vacuole)和残余体(residual body);此外,还有较多粗面内质网,细胞膜附近有较多微丝和微管(图 3-9B,图 3-10)。

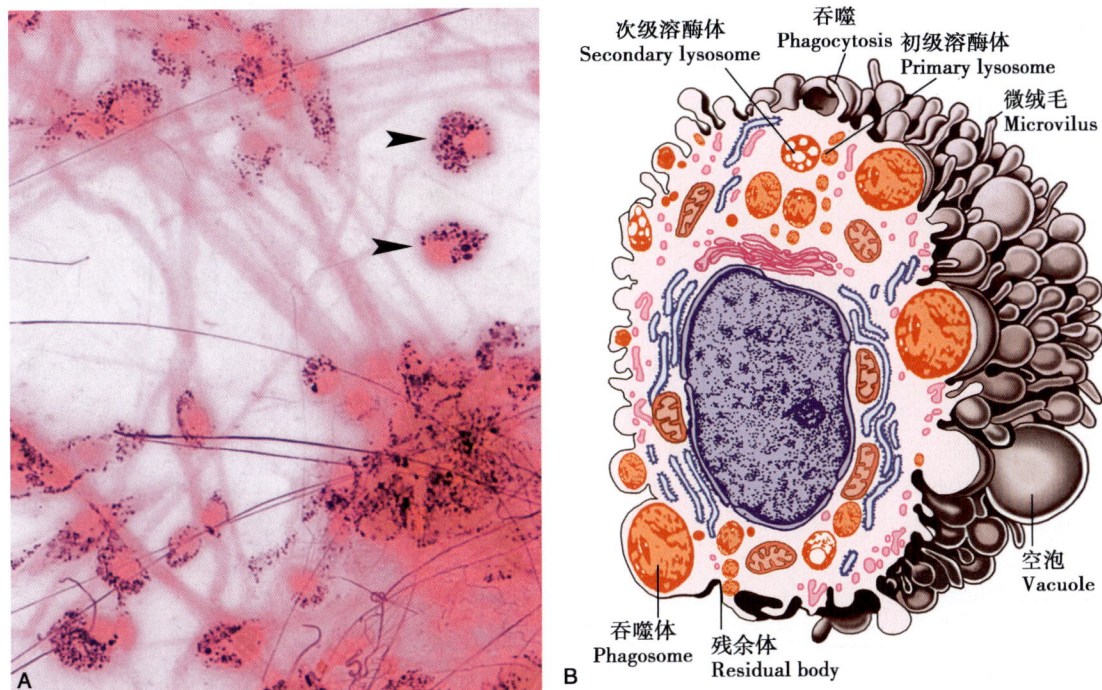

图 3-9 巨噬细胞

A. 疏松结缔组织铺片中的巨噬细胞光镜像,箭头示巨噬细胞,胞质中含吞噬的染料颗粒 醛复红-伊红染色 高倍;B. 巨噬细胞超微结构三维模式图

Fig. 3-9 Macrophage

A. micrograph of macrophages in the stretched preparation of loose connective tissue, arrows indicate macrophages containing phagocytized dye granules Aldehyde-fuchsin-eosin stain High magnification; B. three-dimensional diagram showing ultrastructure of a macrophage

巨噬细胞由血液内单核细胞穿出血管后分化而成。此时,细胞变大,线粒体及溶酶体增多,黏附和吞噬能力增强。在疏松结缔组织内的巨噬细胞又称组织细胞(histiocyte),常沿纤维散在分布,在炎症和异物等刺激下活化成游走的巨噬细胞。在不同组织器官内的巨噬细胞存活的时间不同,一般为 2 个月或更长。

巨噬细胞是机体内重要的防御细胞,具有多种功能:

(1)趋化运动:巨噬细胞可伸出伪足,沿某些化学物质的浓度梯度向浓度高的部位定向移动,聚集到产生和释放这些化学物质的部位,这种特性称趋化性(chemotaxis)。这类化学物质称趋化因子(chemotactic factor),如细菌的产物、炎症组织的变

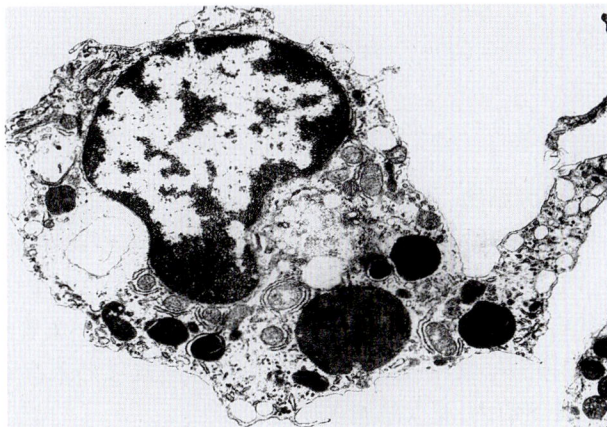

图 3-10 巨噬细胞电镜像(吉林大学白求恩医学院供图)

Fig. 3-10 Electron micrograph of a macrophage

Notes

性蛋白质等。

（2）吞噬作用：巨噬细胞具有强大的吞噬能力，包括特异性吞噬作用和非特异性吞噬作用（图3-11）。特异性吞噬作用（specific phagocytosis）是巨噬细胞通过识别因子（如抗体、补体和纤维粘连蛋白等）识别、黏附和吞噬被吞噬物（如细菌、病毒、异体细胞和受伤细胞等）的一种吞噬过程。巨噬细胞表面有各种识别因子的受体（receptor），如抗体受体、补体受体和纤维粘连蛋白受体等。吞噬时，识别因子先包裹被吞噬物，巨噬细胞借表面受体与包裹被吞噬物的识别因子特异性结合，启动吞噬过程（图3-11）。非特异性吞噬作用（nonspecific phagocytosis）是巨噬细胞不需要识别因子而直接黏附和吞噬碳粒、粉尘、衰老死亡的细胞和某些细菌等被吞噬物的过程。巨噬细胞的特异性和非特异性吞噬过程都是首先黏附被吞噬物，然后伸出伪足加以包围，进而摄入细胞质内，形成吞噬体或吞饮小泡。吞噬体和吞饮小泡与初级溶酶体融合，形成次级溶酶体，吞噬物被溶酶体酶消化分解后形成残余体，或排出细胞外。

（3）分泌作用：巨噬细胞有活跃的分泌功能，能合成和分泌多种生物活性物质，包括酶类（如胶原酶）及参与防御和修复功能的细胞因子等。

（4）参与和调节免疫应答：巨噬细胞是重要的抗原呈递细胞之一，能捕捉、加工处理和呈递抗原。被巨噬细胞捕捉的抗原经加工处理后，呈递给淋巴细胞，启动淋巴细胞发生免疫应答。其次，巨噬细胞本身也是免疫效应细胞，活化的巨噬细胞能杀伤病原体和肿瘤细胞。此外，巨噬细胞分泌的某些生物活性物质，如白细胞介素Ⅰ、干扰素和肿瘤坏死因子等也参与调节免疫应答。

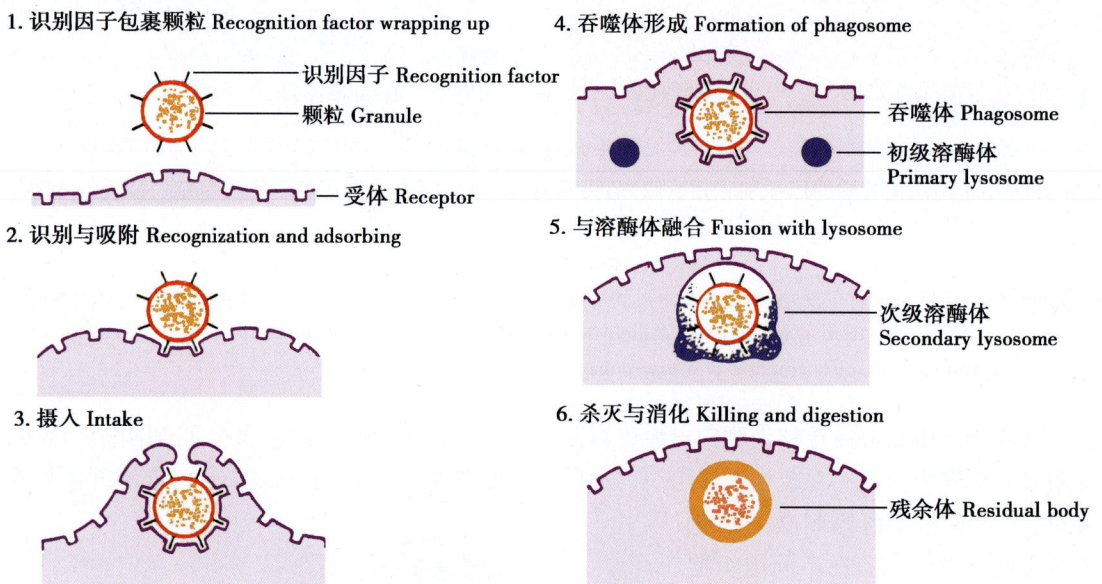

图3-11　巨噬细胞特异性吞噬过程示意图
Fig. 3-11　Diagram illustrating the specific phagocytizing process of a macrophage

4. 肥大细胞　肥大细胞（mast cell）较大，呈圆形或卵圆形；核小，圆形或卵圆形，多位于细胞中央，染色质多分布在核的边缘；胞质内充满嗜碱性颗粒（图3-3、图3-12），易溶于水，并呈异染性。电镜下，颗粒大小不一，圆形或卵圆形，表面有单位膜包裹，内部呈螺旋状、网格状或为细颗粒状物质（图3-13）。肥大细胞分布广泛，常沿小血管和小淋巴管分布，也存在于某些器官被膜、周围神经外膜和神经束膜内。在机体易接触外来抗原的部位，如皮肤、呼吸道和消化道上皮下的结缔组织内，肥大细胞多见。

肥大细胞通过合成和分泌多种细胞因子和生物活性物质，发挥多种生理功能。其颗粒内含组胺（histamine）、肝素（heparin）、嗜酸性粒细胞趋化因子（eosinophil chemotactic factor of an-

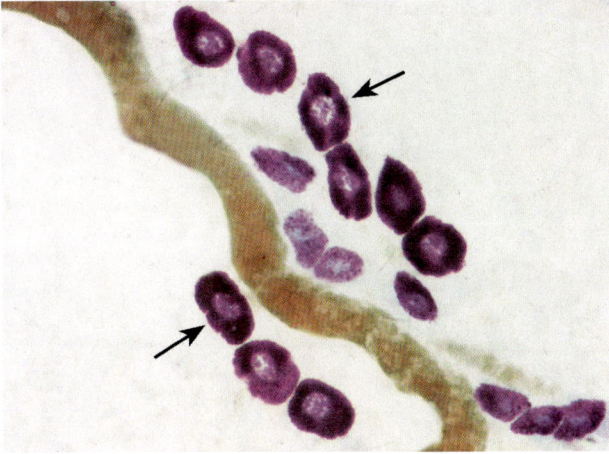

图 3-12　肥大细胞光镜像　甲苯胺蓝染色　高倍（华中科技大学同济医学院李宏莲供图）

箭头示肥大细胞（胞质内含紫色异染颗粒）

Fig. 3-12　Micrograph of mast cells　Toluidine blue stain　High magnification

Arrows indicate mast cells containing metachromatic granules which are stained purple

aphylaxis，ECF-A）及类胰蛋白酶、胃促胰酶和糜蛋白酶等多种酶，胞质内还含有白三烯（leukotriene）。组胺和白三烯可使微静脉和毛细血管扩张，通透性增加，并使支气管平滑肌收缩；肝素有抗凝血作用；嗜酸性粒细胞趋化因子可吸引嗜酸性粒细胞向过敏原所在部位迁移；酶从颗粒释放后可降解结缔组织的基质成分，促进基质的代谢和更新。肥大细胞激活后可诱导成纤维细胞增生，促进胶原纤维的合成。肥大细胞释放的肝素还可促进血管内皮迁移，导致血管增生。此外，肥大细胞和神经细胞之间可能存在相互作用，有共同调节微环境的作用。

　　一般认为，肥大细胞的祖细胞来源于骨髓，经血流迁移到结缔组织内，发育为肥大细胞。组织内的肥大细胞可分裂增殖，其寿命数天至数月。

　　肥大细胞参与过敏反应的机制是：机体受过敏原（如花粉、某些药物等）的刺激后，浆细胞产生亲细胞性抗体 IgE。肥大细胞膜表面有 IgE 受体，正常人每个肥大细胞表面有 $10^5 \sim 10^6$ 个 IgE 受体。IgE 一旦与肥大细胞的 IgE 受体结合后，机体即对该过敏原呈致敏状态。当机体再次接触小量相同的过敏原时，后者便与结合在肥大细胞表面的 IgE 结合，并使数个 IgE 联结起来，从而激活肥大细胞，使其脱颗粒（degranulation），即将颗粒内物质释放到细胞外，并活化胞质内的磷酸酯酶。活化的磷酸酯酶作用于细胞膜中的特异性磷脂而生成和释放白三烯。脱颗粒释放的活性物质和白三烯共同引起过敏反应（图 3-13、图 3-14）。

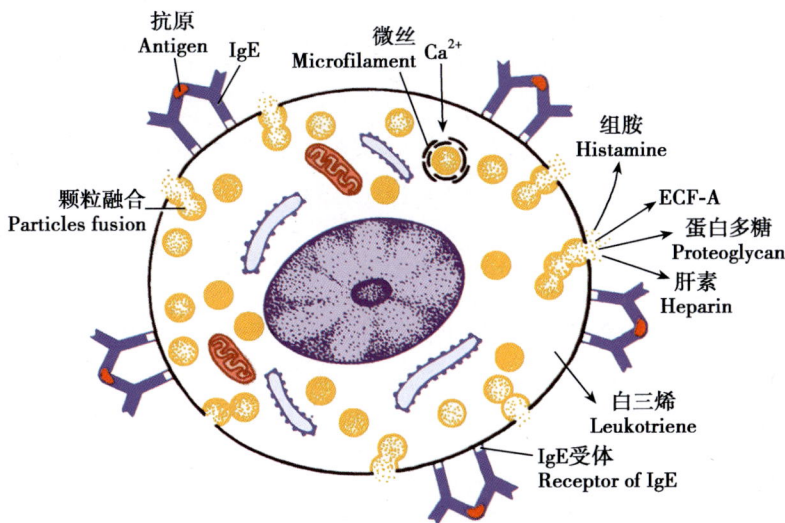

图 3-13　肥大细胞脱颗粒示意图

Fig. 3-13　Diagram showing degranulation of the mast cell

Notes

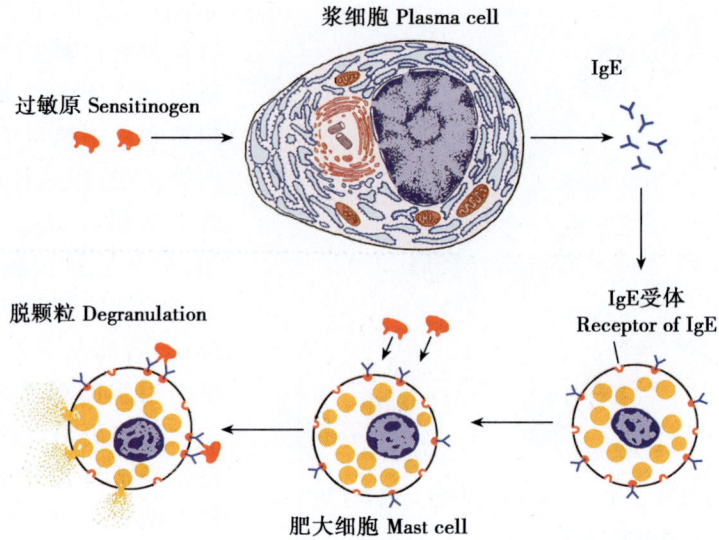

图 3-14　肥大细胞脱颗粒机制示意图

Fig. 3-14　Schematic diagram illustrating the mechanism underlying degranulation of the mast cell

5. 脂肪细胞　疏松结缔组织中的脂肪细胞（fat cell）常沿血管单个或成群分布。细胞体积大，常呈圆球形或相互挤压成多边形。脂肪细胞有单泡脂肪细胞和多泡脂肪细胞，结缔组织中常见的为单泡脂肪细胞，胞质和胞核被一个大脂滴推挤到细胞周缘，成为很薄的一层包绕脂滴。核被挤压成扁圆形，位于细胞一侧。在 HE 染色标本中，脂滴被溶解，细胞呈空泡状（图 3-3、图 3-23）。脂肪细胞可合成和贮存脂肪，参与脂质代谢。

6. 未分化的间充质细胞　未分化的间充质细胞（undifferentiated mesenchymal cell）是保留在成体结缔组织内的一些原始的细胞，仍保持着多向分化的潜能，在炎症及创伤修复时可增殖分化为成纤维细胞、脂肪细胞等。间充质细胞常分布在小血管，尤其是毛细血管周围，并可分化为新生血管壁的平滑肌和内皮细胞。

7. 白细胞　血液内的白细胞受趋化因子的吸引常以变形运动穿出毛细血管和微静脉壁，游走到疏松结缔组织内，行使其防御功能。疏松结缔组织内的白细胞以中性粒细胞、嗜酸性粒细胞和淋巴细胞多见。

（二）纤维

在疏松结缔组织中有三种纤维，即胶原纤维、弹性纤维和网状纤维。

1. 胶原纤维　胶原纤维（collagenous fiber）在三种纤维中数量最多，新鲜时呈白色，有光泽，故又名白纤维，HE 染色的切片中呈嗜酸性，着红色。纤维粗细不等，直径 $1 \sim 20 \mu m$，呈波浪形，可有分支且互相交织成网（图 3-3、图 3-15）。在体内许多部位，胶原纤维紧密平行排列形成胶原纤维束。胶原纤维的化

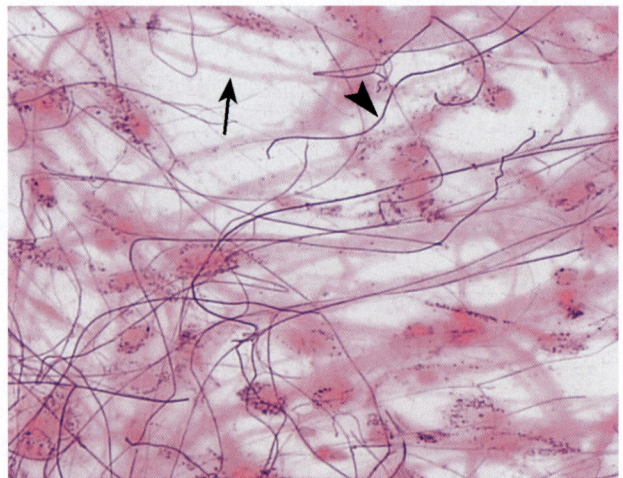

图 3-15　疏松结缔组织铺片中的胶原纤维与弹性纤维光镜像　醛复红-伊红染色　高倍

长箭头示胶原纤；短箭头示弹性纤维

Fig. 3-15　Light micrograph of collagenous fibers and elastic fibers in stretched preparation of loose connective tissue　Aldehyde-fuchsin-eosin stain　High magnification

Long arrow indicates collagenous fiber; Short arrow indicates elastic fiber

学成分为Ⅰ型和Ⅲ型胶原蛋白。胶原蛋白(collagen)简称胶原,主要由成纤维细胞合成,分泌到细胞外后再聚合成直径20～200nm的胶原原纤维(collagenous fibril)。电镜下,胶原原纤维有明暗交替的周期性横纹,横纹周期约67nm(图3-16)。胶原原纤维借少量黏合质黏结成胶原纤维。胶原纤维的韧性大,抗拉力强。其所含胶原蛋白易被胃蛋白酶消化,水煮可被溶解,冷却后呈凝胶状。

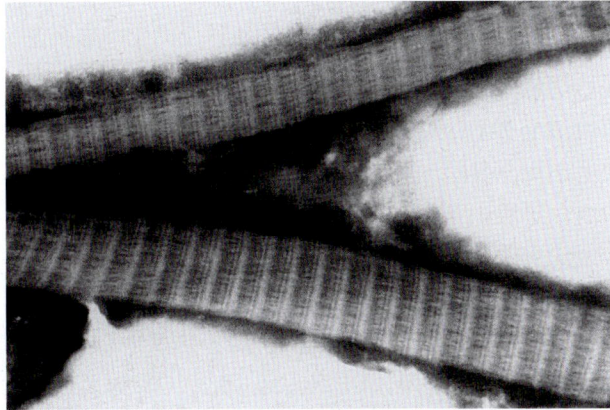

图3-16　胶原原纤维电镜像

Fig. 3-16　Electron micrograph of the collagenous fibrils

2. 弹性纤维　弹性纤维(elastic fiber)的含量较胶原纤维少,在人体内的分布也很广泛。新鲜状态下呈黄色,故又名黄纤维,在HE染色的切片中,着色淡红,醛复红(aldehyde fuchsin)或地衣红(orcein)染成紫色或棕褐色。弹性纤维较细,直行,粗细不等(0.2～1.0μm),表面光滑,断端常卷曲,可有分支,交织成网(图3-3、图3-15)。弹性纤维富于弹性而韧性较差。电镜下,其核心部分电子密度较低,由均质的弹性蛋白组成,外周覆盖电子密度较高的微原纤维。弹性蛋白(elastin)为不溶性蛋白,在稀酸溶液中不分解。弹性蛋白分子借共价键广泛交联成网,能任意卷曲。在外力牵拉下,卷曲的弹性蛋白分子伸展拉长,除去外力后,又回复为卷曲状态(图3-17)。微原纤维(microfibril)主要由较大的原纤维蛋白(fibrillin)构成,直径10～12nm。在日光曝晒下,皮肤内的微原纤维网断裂,导致皮肤产生皱纹和失去弹性。

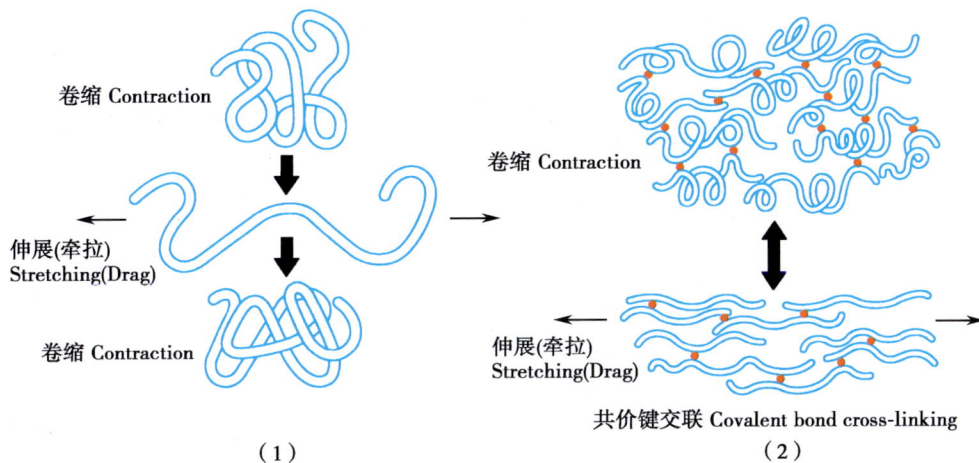

图3-17　伸缩状态下弹性蛋白构型模式图

A. 单个弹性蛋白分子;B. 共价键交联的弹性蛋白分子

Fig. 3-17　Schematic diagram showing the configuration of elastic protein in stretched and contracted states

A. a single elastin molecule; B. elastin molecules covalently cross-linked

弹性纤维与胶原纤维混合交织在一起,使疏松结缔组织既有弹性又有韧性,有利于所在器官和组织既可以保持形态和位置的相对恒定,又具有一定的可变性。

3. 网状纤维　网状纤维(reticular fiber)较细,直径0.2～1.0μm,分支多,交织成网(图3-3、图3-18)。网状纤维由Ⅲ型胶原蛋白构成,常伴有其他类型胶原、蛋白聚糖和糖蛋白。网状纤维在HE染色中由于纤细而不易显示,经银染法染成黑色,具嗜银性,故又称嗜银纤维(argyrophil fiber)。因纤维表面被覆蛋白聚糖和糖蛋白,故PAS反应阳性,呈紫红色。电镜下,网状纤维也具有 67nm 周期性横纹。网状纤维具有一定弹性,水煮不溶解,稀酸中浸泡不膨胀。网状纤维多分布在结缔组织与其他组织交界处,如基膜的网板、肾小管和毛细血管周围;造血器官、淋巴器官和内分泌腺中含有较多网状纤维,构成微细的支架。

(三) 基质

基质(ground substance)是由水化的生物大分子构成的无定形胶状物,无色透明,有一定黏性,充填于结缔组织细胞和纤维之间。其生物大分子主要包括蛋白聚糖和多黏糖蛋白。

1. 蛋白聚糖 蛋白聚糖(proteo-glycan)是由糖胺聚糖(glycosaminogly-

图 3-18　网状纤维光镜像　银染　高倍
箭头示网状纤维
Fig. 3-18　Light micrograph of reticular fibers　Silver stain　High magnification
Arrows indicate reticular fibers

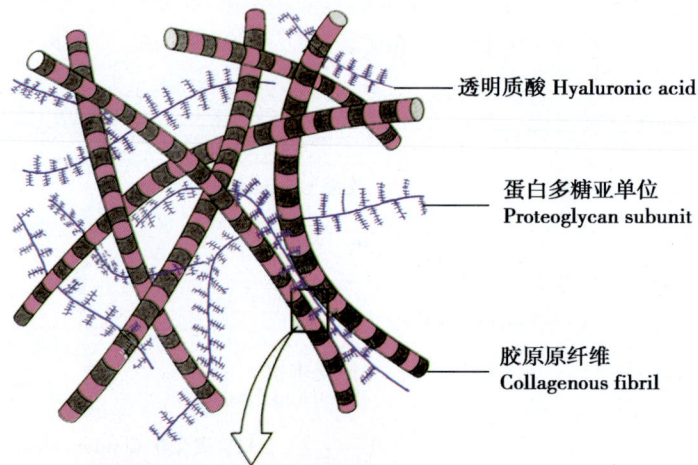

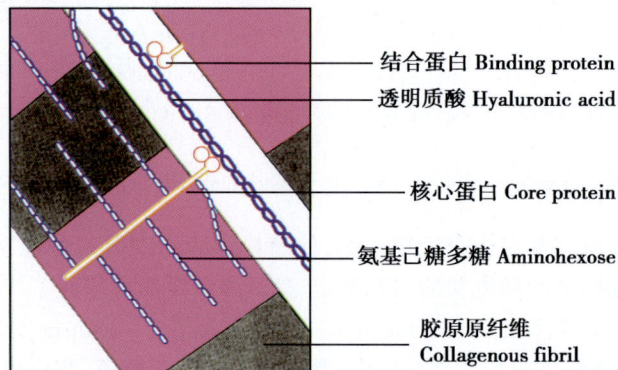

can)与蛋白质结合形成的复合物,是基质的主要成分,其中聚糖占 80%～90%。糖胺聚糖又称为氨基己糖多糖或酸性黏多糖(acid mucopolysaccharide),主要分硫酸化和非硫酸化两类。前一类含有硫酸根,包括硫酸软骨素 A、C(chondroitin sulfate A,C)、硫酸角质素(keratin sulfate)、硫酸乙酰肝素(heparan sulfate)和硫酸皮肤素(dermatan sulfate)等;后一类不含硫酸根,主要为透明质酸(hyaluronic acid)。自然状态的透明质酸为曲折盘绕的长链大分子(图 3-19)。

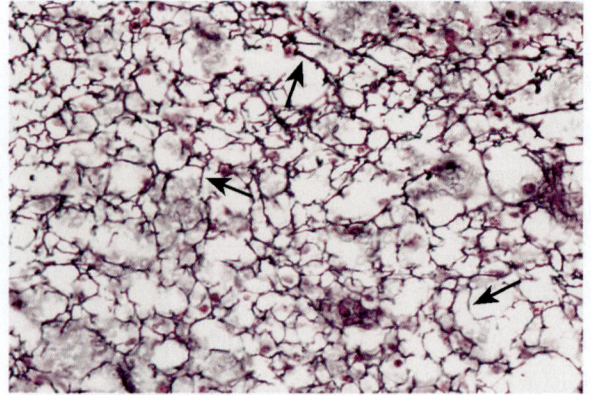

透明质酸 Hyaluronic acid

蛋白多糖亚单位 Proteoglycan subunit

胶原原纤维 Collagenous fibril

结合蛋白 Binding protein
透明质酸 Hyaluronic acid

核心蛋白 Core protein

氨基己糖多糖 Aminohexose

胶原原纤维 Collagenous fibril

图 3-19　蛋白聚糖聚合体及分子筛模式图
Fig. 3-19　Schematic diagram of proteoglycan polymeride and molecular sieve

4 种小分子糖胺聚糖与一个核心蛋白分子上连接,构成像试管刷子一样的蛋白聚糖亚单位。许多蛋白聚糖亚单位通过结合蛋白连接在透明质酸分子主干上,形成大分子的蛋白聚糖聚合体(图 3-19)。蛋白聚糖聚合体的立体构型中有许多微细孔隙,称分子筛(molecular sieve)。小于孔隙的水和营养物、代谢产物、激素和气体分子等可以通过,大于孔隙的大分子物质、细菌和肿瘤细胞等不能通过,成为限制细菌等有害物质扩散的防御屏障。溶血性链球菌和癌细胞等能产生透明质酸酶,破坏蛋白聚糖聚合体的主干,因此破坏了这一防御屏障,细菌和癌细胞易于浸润扩散。

2. 多黏糖蛋白 多黏糖蛋白(multiadhesive glycoprotein)是基质内另一类重要的生物大分子,其构成以蛋白质为主,主要有纤维粘连蛋白、层粘连蛋白和软骨粘连蛋白等。纤维粘连蛋白(fibronectin)是成纤维细胞和某些上皮细胞合成的糖蛋白,存在于胶原纤维和许多结缔组织细胞周围,在细胞识别、黏附、迁移和增殖中起重要作用;层粘连蛋白主要由基膜上方的上皮细胞和内皮细胞等合成,参与上皮细胞与基膜、基板的黏附;软骨粘连蛋白(chondronectin)主要存在于软骨内,介导软骨细胞与Ⅱ型胶原的黏附,并与Ⅱ型胶原等形成复合物构成软骨基质。

(四) 组织液

组织液(tissue fluid)是从毛细血管动脉端渗出到基质并在基质孔隙中流动的液体。毛细血管动脉端的血压高于血浆渗透压,水和溶于水中的电解质、单糖、O_2 等小分子物质在此穿过毛细血管壁进入基质,成为组织液。在毛细血管的静脉端,血压低于血浆渗透压,大部分组织液和组织液中的 CO_2 及代谢产物又通过毛细血管壁回到血液中,小部分组织液及部分大分子物质则进入毛细淋巴管成为淋巴液,最后回流入血液(图 3-20)。组织液不断更新,有利于血液与组织细胞进行物质交换,成为组织和细胞赖以生存的内环境。当组织液的产生和回收失去平衡时,或机体电解质和蛋白质代谢发生障碍时,基质中的组织液含量可增多或减少,导致组织水肿或脱水。

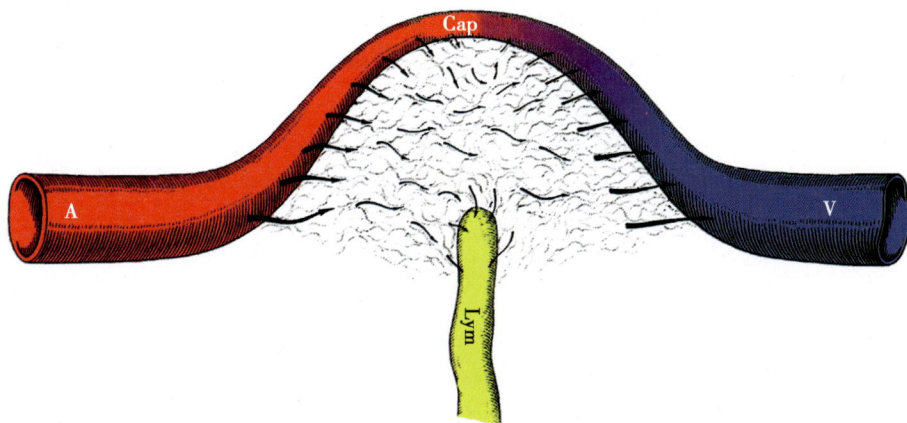

图 3-20 组织液形成示意图
A. 动脉;V. 静脉;Cap. 毛细血管;Lym. 毛细淋巴管
Fig. 3-20 Schematic diagram showing tissue fluid formation
A. artery;V. vein;Cap. capillary;Lym. Lymphatic capillary

二、致密结缔组织

致密结缔组织(dense connective tissue)是一种以纤维为主要成分的固有结缔组织,纤维粗大,排列致密,以支持和连接为其主要功能。根据纤维的性质和排列方式,可区分为以下几种类型。

(一) 规则致密结缔组织

规则致密结缔组织(dense regular connective tissue)主要构成肌腱、韧带和腱膜,其大量密集的胶原纤维顺着受力的方向平行排列成束。细胞成分少,位于纤维束之间,主要是腱细胞,为一种形态特殊的成纤维细胞,胞体伸出多个薄翼状突起插入纤维束之间,核扁圆,着色深(图3-21)。

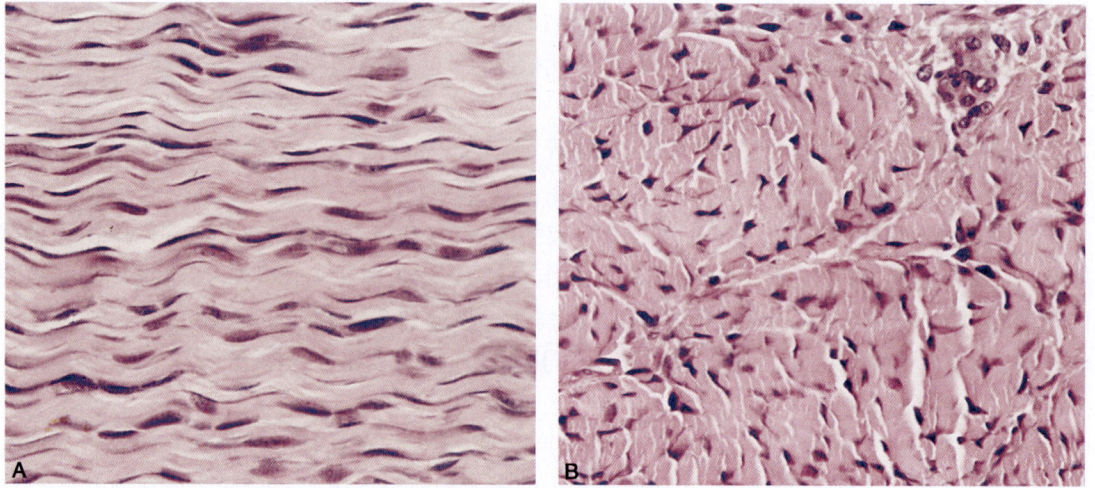

图3-21　规则致密结缔组织(肌腱)光镜像　HE染色　高倍(北京大学医学部唐军民供图)
A. 纵切面;B. 横切面
Fig. 3-21　Light micrographs of dense regular connective tissue(muscle tendon)　HE stain　High magnification
A. longitudinal section;B. transverse section

(二)不规则致密结缔组织

不规则致密结缔组织(dense irregular connective tissue)见于真皮、硬脑膜、巩膜及许多器官的被膜等,其特点是粗大的胶原纤维彼此交织成致密的板层结构,纤维之间含少量基质和成纤维细胞(图3-22)。

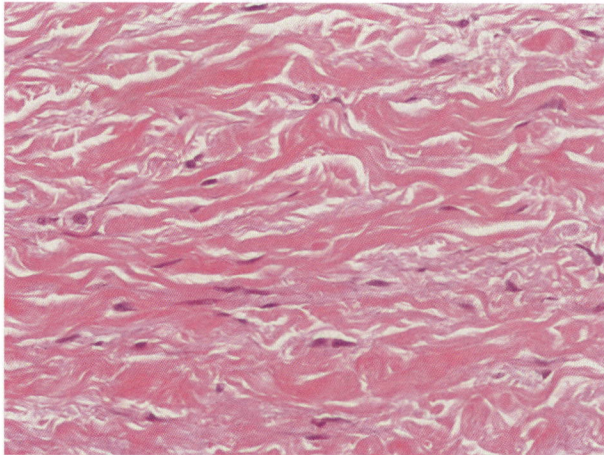

图3-22　不规则致密结缔组织光镜像　HE染色　低倍(华中科技大学同济医学院李宏莲供图)
Fig. 3-22　Light micrograph of the dense irregular connective tissue HE stain　Low magnification

(三)弹性组织

弹性组织(elastic tissue)是以弹性纤维为主的致密结缔组织。弹性纤维间有细的胶原纤维。粗大的弹性纤维或平行排列成束,如项韧带和黄韧带,以适应脊柱运动;或编织成膜状,如弹性动脉中膜的弹性膜,以缓冲血流压力。

机体内还有一些部位的结缔组织,纤维细密,细胞种类和数量较多,常称为细密结缔组织,如消化道和呼吸道黏膜固有层的结缔组织。

Notes

三、脂 肪 组 织

脂肪组织(adipose tissue)主要由大量密集的脂肪细胞构成,由疏松结缔组织分隔成小叶(图 3-23)。根据脂肪细胞结构和功能的不同,脂肪组织分为两类。

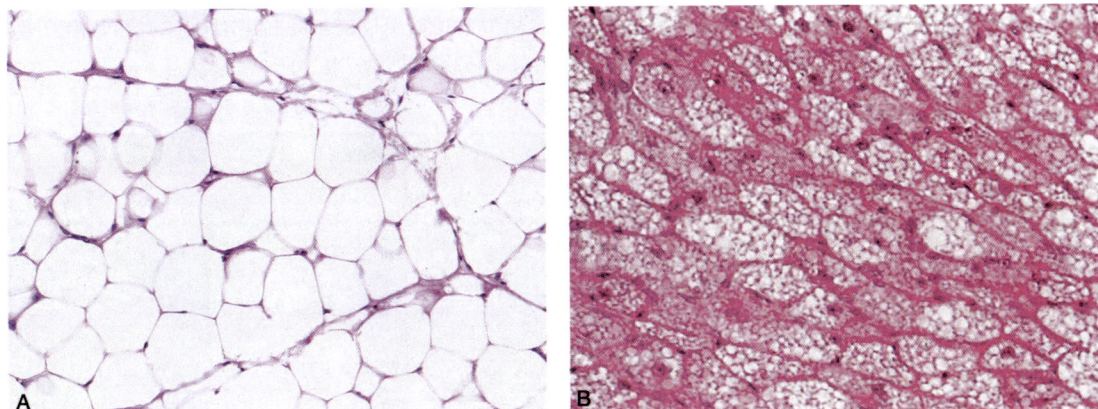

图 3-23　黄色脂肪组织(A)和棕色脂肪组织(B)光镜像　HE 染色　低倍(华中科技大学同济医学院李和供图)

Fig. 3-23　Light micrographs of yellow adipose tissue (A) and brown adipose tissue　HE stain　Low magnification

(一)黄色脂肪组织

黄色脂肪组织(yellow adipose tissue)为通常所说的脂肪组织,在人呈黄色,在某些哺乳动物呈白色,也称白色脂肪组织(white adipose tissue)。此种脂肪组织中脂肪细胞中央有一大脂滴,薄层胞质位于细胞周边;核扁圆形,被脂滴推挤到细胞一侧,连同部分胞质呈新月形,在 HE 切片上,脂滴溶解形成一个大空泡。这种脂肪细胞称为单泡脂肪细胞(图 3-23A、图 3-24A)。

黄(白)色脂肪组织主要分布在皮下、大网膜和肠系膜等处,是体内最大的贮能库,具有产生热量、维持体温、缓冲、保护和支持填充等作用。

(二)棕色脂肪组织

棕色脂肪组织(brown adipose tissue)呈棕色,内有丰富的毛细血管。脂肪细胞内散在许多小脂滴,线粒体大而丰富,核圆形,位于细胞中央。这种脂肪细胞称为多泡脂肪细胞(图 3-23B、图 3-24B)。

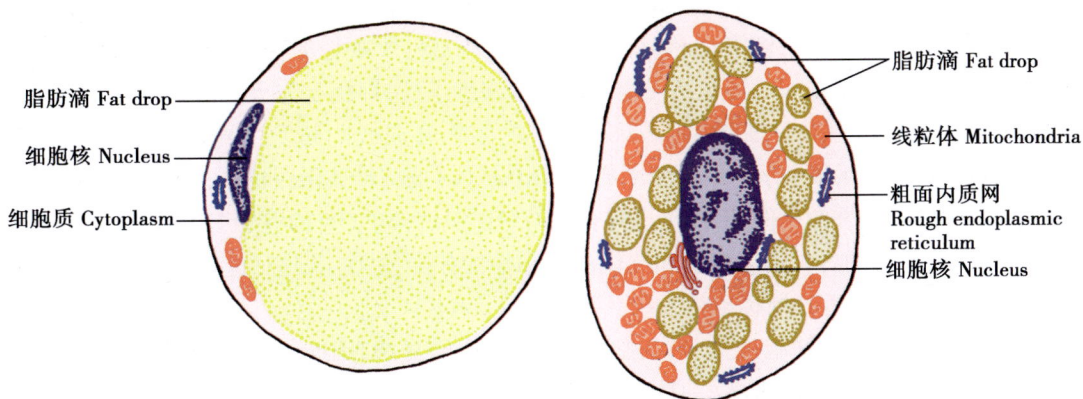

图 3-24　单泡脂肪细胞(A)和多泡脂肪细胞(B)超微结构模式图

Fig. 3-24　Schematic diagram showing ultrastructure of an unilocular adipose cell (A) and a multilocular adipose cell (B)

Notes

棕色脂肪组织在成人极少,新生儿及冬眠动物较多,在新生儿主要分布在肩胛间区、腋窝及颈后部。在寒冷的刺激下,棕色脂肪细胞内的脂肪可迅速分解、氧化,产生大量热能。

四、网 状 组 织

网状组织(reticular tissue)是造血器官和淋巴器官的基本组成成分,由网状细胞(reticular cell)、网状纤维和基质构成。网状细胞是有突起的星状细胞(图3-25),相邻细胞的突起相互连接成网;核较大,圆或卵圆形,着色浅,常见1~2个核仁;胞质较多,粗面内质网较丰富。

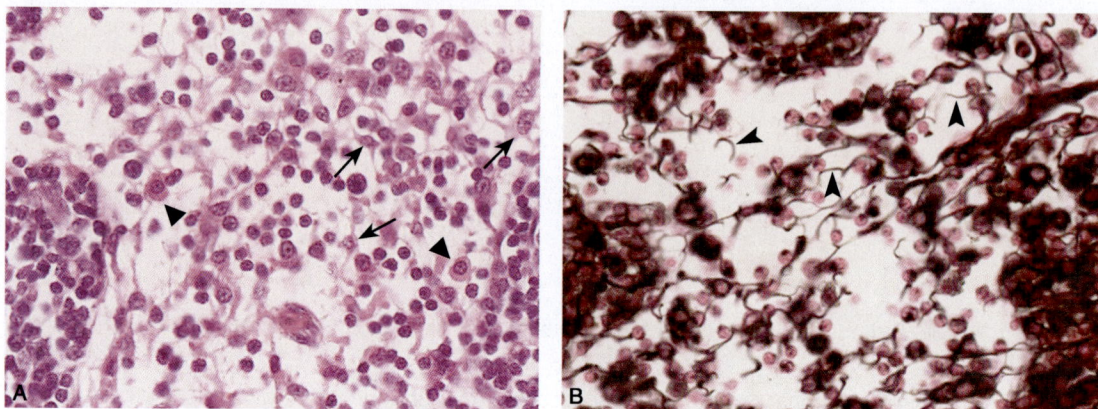

图 3-25　网状组织光镜像　高倍(华中科技大学同济医学院李宏莲供图)
A. HE 染色;B. 银染;长箭头示网状细胞;三角形示巨噬细胞;短箭头示网状纤维
Fig. 3-25　Light micrographs of Reticular tissue　High magnification
A. HE stain;B. silver stain;long arrows indicate reticular cells;triangles indicate macrophages;short arrows indicate reticular fibers

网状纤维由网状细胞产生。网状纤维分支交错,连接成网,并可深陷入网状细胞的胞体和突起内,成为网状细胞依附的支架。网状组织可为淋巴细胞发育和血细胞发生提供适宜的微环境。

专题讲座:结缔组织病

结缔组织结构和功能异常可导致结缔组织病(connective tissue disease,CTD)。结缔组织病有多种,包括系统性红斑狼疮(systemic lupus erythematosus,SLE)、类风湿关节炎(rheumatoid arthritis,RA)、硬皮病(diffuse symmetrical scleroderma,DSS)、皮肌炎(dermatomyositis,DM)、结节性多动脉炎、韦格纳肉芽肿、巨细胞动脉炎及干燥综合征、变应性血管炎、结节性非化脓性发热性脂膜炎等。广义的结缔组织病还包括一组遗传性结缔组织病,即由于先天性的缺陷使结缔组织中某种成分(如胶原蛋白、弹性蛋白或糖胺聚糖)的生物合成或降解发生异常而引起的疾病。Sharp 等首次在 1972 年报道了一组血清中有抗 RNP 抗体(抗核糖核蛋白抗体,一种自身抗体)的SLE、DSS 和 DM 等重叠的病例,因此提出混合性结缔组织病(MCTD)的概念,且认为这是一种疾病,但是 MCTD 患者的各种临床表现和抗体是否阳性的差异较大,因此对这种疾病目前国际上有多种诊断标准,且这些诊断标准尚未统一。

结缔组织分布广泛,细胞种类多,细胞间质丰富,功能复杂,因此 CTD 对患者健康危害大。CTD 常见临床症状有①雷诺现象(一种以皮肤苍白、青紫而后潮红为特征的血管病症,由于间歇性末梢小动脉痉挛、管腔狭窄引起);②肿胀手;③指端硬化;④肌炎;⑤滑膜炎;⑥多关节炎等。因为结缔组织和其他组织或者器官的结构和功能关系密切,在 CTD 发生后,可继发多种脏器出现病变,如心包炎或者胸膜炎、肺炎、食管吞咽障碍及肾功能严重受损等。因此 CTD 具有某些临床、病理学及免疫学方面的共同特征,如多系统受累(即皮肤、关节、肌肉、心、肾、造血系统、中枢神经等可同时受累),病程长,病情复杂,可伴发热、关节痛、血管炎、血沉增快、γ 球蛋白增高等,治疗上常比较棘手,以对症治疗和控制病情发展为主,采用激素和免疫抑制剂联合治疗。

结缔组织病的病因目前为止尚不十分清楚,已有的研究表明,其原因复杂多样,一般认为与遗传、免疫异常及病毒感染等有一定关系,是多因性疾病。随着免疫学的进展,发现多数结缔组织病均伴有免疫学的异常,如抑制性 T 细胞功能低下、体液免疫功能亢进,且多数结缔组织病有自身抗体存在,故将这组疾病归入自身免疫性疾病。

CTD 的发病机制复杂,研究证实 CTD 患者常伴有与自身抗体的产生有关的高丙种球蛋白血症。RNP 和 Sm 抗原均是 snRNP(真核细胞中参与 mRNA 剪切的一种核小 RNA,是剪接体颗粒 spliceosome particle 的组成部分,可与富含尿苷的核蛋白结合,所以 snRNP 也被命名为 UsnRNP)的组分。多年前,Tan 和 Kunkel 已检出对 RNA 酶抵抗的可溶性蛋白抗原——Sm,可被 SLE 血清特异性识别,在 SLE 患者中,抗 Sm 抗体与抗 U1snRNP 抗体(抗 U1 族小分子 snRNP 抗体)几乎常常同时出现,而无抗 Sm 抗体、仅有抗 UlsnRNP 抗体的情况仅见于约 10% 的 SLE 患者,抗 dsDNA(双链 DNA)抗体几乎可存在于每例患者中。对于 MCTD,抗核抗体(ANA)和抗 U1snRNP 抗体阳性是最具特征性的表现,同时还可见针对其他核抗原及免疫球蛋白的抗体,而抗 dsDNA 抗体和低补体血症少见,抗 Sm 抗体常常检测不出或者滴度很低。剪接体的其他成分还有不均一核 RNP(hnRNP),可与前 mRNA 结合。MCTD、RA 及 SLE 患者血清中均产生针对 hnRNP 蛋白的自身抗体,特别是针对 hn RNP-A2 蛋白/RA33 自身抗原的抗体,与 RA 血清不同的是,这些抗体在 MCTD 患者血清中均与抗 U1snRNP 抗体同时存在,在 SLE 血清中也常与抗 U1snRNP 和(或)抗 Sm 抗体并存,表明尽管不同疾病中自身免疫应答具有不同的特异性,但其均可针对剪接体装置中的数个成分。因此根据免疫学诊断鉴别和区分各种不同的 CTD 及 MCTD 比较困难,且缺乏统一的诊断标准,需结合临床表现及相关受累积脏器的并发症情况。

参考文献

1. Tani C,Carli L,Vagnani S,et al. The diagnosis and classification of mixed connective tissue disease. J Autoimmun,2014,48-49:46-49

2. Rahman A,Isenberg DA. Systemic lupus erythematosus. New Engl J Med ,2008,358(9):929-939

3. Fischer A,du Bois R. Interstitial lung disease in connective tissue disorders. Lancet,2012,380(9842):689-698

4. Cooper GS,Dooley MA,Treadwell EL,et al. Hormonal and reproductive risk factors for development of systemic lupus erythematosus:results of a population-based,case-control study. Arthritis and Rheumatism,2002,46(7):1830-1839

5. Sakkas LI. New developments in the pathogenesis of systemic sclerosis. Autoimmunity,2005,38(2):113-116

(李宏莲)

Notes

第4章 软骨和骨

KEY POINTS

- Features of three types of cartilage
- Structure of articular cartilage
- Five cell types of bone tissue
- Components and structure of the bone matrix
- Structure of compact bone of the long bone
- Intramembranous and endochondral ossification
- Growth and remodeling of the bone

软骨和骨组成人体的骨骼系统,它们分别以软骨组织和骨组织为主要构成成分。软骨组织和骨组织是高度特化的结缔组织,其共同特点是细胞外基质呈固态,而其功能差异主要决定于细胞外基质中各种组分的性质和比例。

一、软 骨

软骨(cartilage)由软骨组织及其周围的软骨膜构成。软骨较硬,略有弹性。软骨组织由软骨细胞和软骨基质构成,软骨基质是软骨组织的细胞外基质,决定软骨的结构和功能特点。根据软骨基质内所含纤维的不同,可将软骨分为透明软骨、弹性软骨和纤维软骨3种。

(一) 透明软骨

透明软骨(hyaline cartilage)分布较广,成体的肋软骨、关节软骨、呼吸管道壁的软骨均为透明软骨。胚胎早期暂时的骨架也是透明软骨。新鲜时透明软骨呈乳白色,稍带淡蓝色,半透明状,略具弹性和韧性。透明软骨能承受压力,耐受摩擦。

1. 软骨组织

(1) 软骨基质:软骨基质(cartilage matrix)由无定形基质和包埋在基质内的胶原原纤维构成。透明软骨的无定形基质中主要含3种糖胺聚糖:聚透明质酸(hyaluronan)、硫酸软骨素(chondroitin sulfate)和硫酸角质素(keratan sulfate)。许多硫酸软骨素和硫酸角质素分子结合于核心蛋白形成大分子蛋白聚糖单体,主要是聚集蛋白聚糖(aggrecan)。200~300个聚集蛋白聚糖通过连接蛋白结合于聚透明质酸形成蛋白聚糖聚合体,后者结合大量的水(约占基质湿重的75%),并与胶原原纤维结合在一起,形成坚固的凝胶状。这样构成的各种大分子相互连接的结构复合体赋予透明软骨特殊的生物力学特性。基质中还含有多种糖蛋白,如软骨粘连蛋白(chondronectin)和锚蛋白CⅡ(anchorin CⅡ)等,它们对软骨细胞黏附在软骨基质上起重要作用。软骨基质内的小腔称为软骨陷窝(cartilage lacuna),软骨细胞即位于此陷窝内。软骨细胞周围的薄层软骨基质称细胞周基质(pericellular matrix,PCM)或软骨囊(cartilage capsule),其中含Ⅵ型胶原组成的细丝网。在光镜下,软骨基质呈嗜碱性,软骨囊因含硫酸软骨素较多,故嗜碱性强,染色深(图4-1)。

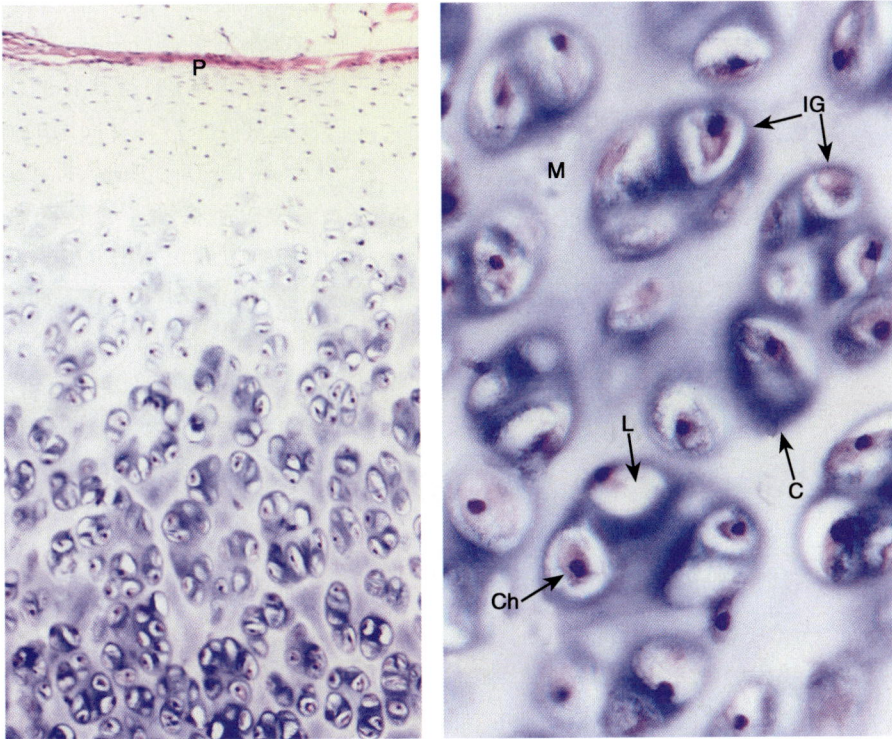

图 4-1　透明软骨光镜像　HE 染色　低倍(左)及高倍(右)(西安交通大学医学部宋天保供图)
　　C. 软骨囊;Ch. 软骨细胞;IG. 同源细胞群;L. 软骨陷窝;M. 软骨基质;P. 软骨膜
Fig. 4-1　Light micrograph of hyaline cartilage　HE stain　Low(left) and high(right) magnification
　　C. cartilage capsule;Ch. chondrocyte;IG. isogenous group;L. cartilage lacuna;M. cartilage matrix;
P. perichondrium

透明软骨中的纤维是由 Ⅱ 型胶原蛋白组成的胶原原纤维,含量约为软骨干重的 40% 。胶原原纤维直径 10 ~ 20nm,周期性横纹不明显,交织形成三维网络,维持软骨的机械稳定性。由于胶原原纤维纤细,且其折光率与基质的折光率相近,故在光镜下难以分辨。此外,在基质中还含有少量其他胶原蛋白,如 Ⅵ、Ⅸ、Ⅹ、Ⅺ 型胶原,它们参与胶原原纤维网络的稳定及其与基质和细胞的相互作用等。

软骨组织内无血管、淋巴管和神经。但由于基质富含水分,通透性强,因此,来自周围组织的营养物质可通过渗透进入软骨组织深部。

(2) 软骨细胞:活组织内的软骨细胞(chondrocyte)充满于软骨陷窝内,但在组织切片上,由于软骨细胞皱缩,软骨细胞与软骨囊之间常出现空隙。在软骨组织的周边部,软骨细胞较小,呈扁圆形,单个分布,为幼稚的软骨细胞。从周边向深部,软骨细胞逐渐长大成熟,常成群分布,每群 2 ~ 8 个细胞,但每个细胞都有各自的软骨陷窝和软骨囊。这些细胞是由一个幼稚软骨细胞分裂增殖而来的,故称同源细胞群(isogenous group)。一个软骨细胞或同源细胞群及其周围的细胞周基质构成一个软骨单位(chondron)。成熟软骨细胞呈椭圆形或圆形,胞核圆或卵圆形,染色浅淡,有 1 个或几个核仁,胞质弱嗜碱性,见图 4-1。在电镜下,软骨细胞表面有许多突起和皱褶,扩大了表面积,有利于软骨细胞与基质的物质交换。胞质内含有丰富的粗面内质网和发达的高尔基复合体,线粒体较少而糖原和脂滴较多(图 4-2)。软骨细胞合成和分泌软骨组织的基质和纤维。由于远离血流,软骨细胞主要以糖酵解的方式获得能量。

2. 软骨膜　除关节软骨和骺软骨外,透明软骨周围均有薄层致密结缔组织,称为软骨膜(perichondrium)。软骨膜可分为两层,外层含较致密的胶原纤维,主要起保护作用。内层纤维较

Notes

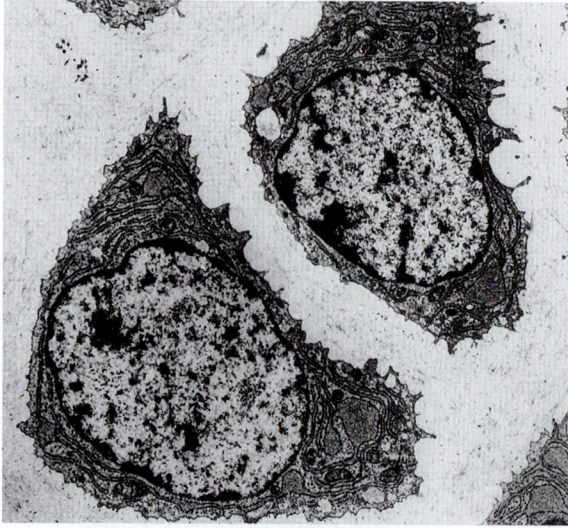

图4-2　软骨细胞电镜像
Fig. 4-2　Electron micrograph of chondrocytes

疏松而细胞较多,其中有些梭形的小细胞,称成软骨细胞(chondroblast),可增殖分化为软骨细胞,与软骨的生长有关。软骨的营养来自软骨周围的血管,经渗透进入软骨内部,供应软骨细胞。

3. 关节软骨　关节软骨(articular cartilage)为被覆于骨的关节面的薄层透明软骨,无软骨膜,其表面光滑,附有滑液,具有弹性,可减少关节运动时的摩擦。关节软骨的结构与一般的透明软骨有一定差异。成人的关节软骨厚 2~5mm,由浅到深可分为4区。①表面区(superficial zone):又称切线区(tangential zone),主要成分为与表面平行的Ⅱ型胶原原纤维,软骨细胞少而小,扁平形,单个分布;②移行区(transitional zone):软骨细胞大,圆形,散在分布,胶原原纤维多斜行伸向表层;③辐射区(radial zone):软骨细胞呈短柱状排列,与软骨表面垂直,胶原原纤维位于细胞柱间,与骨的长轴平行;④矿化区(mineralized zone):软骨基质矿化,软骨细胞呈现退化现象。关节软骨基质内的胶原原纤维呈拱形排列,有加固软骨组织的作用(图4-3)。矿化的软骨组织与骨骺的骨组织即软骨下骨(subchondral bone)相连接。在矿化区与辐射区之间有一条光滑、起伏不平和钙化的分界线,形似海边的潮水浸渍,故称潮标(tidemark)。潮标是观察关节软骨的生长、创伤修复和年龄性变化的重要指标。

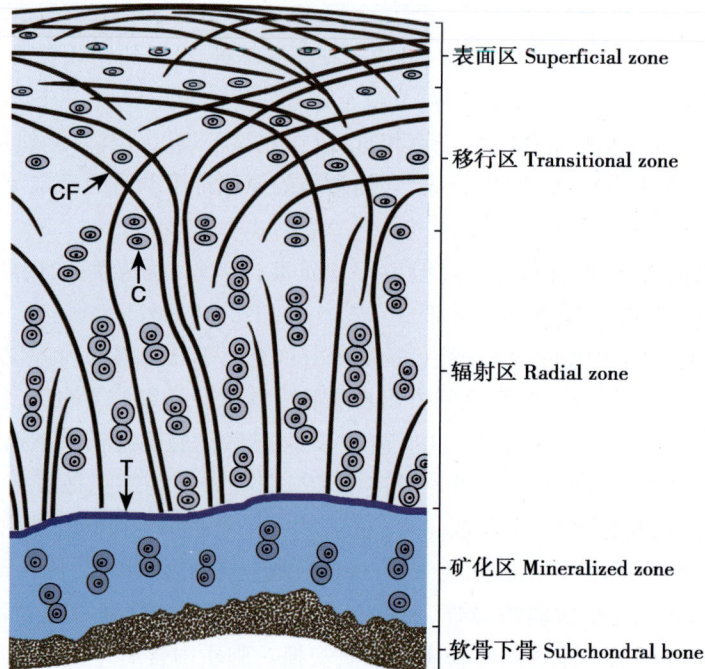

图4-3　关节软骨示意图
C. 软骨细胞;CF. 胶原原纤维;T. 潮标
Fig. 4-3　Schematic diagram of articular cartilage
C. chondrocyte;CF. collagen fibril;T. tidemark

关节软骨虽有抵抗压力和耐受摩擦的作用，但随着年龄的增加，关节软骨出现退行性改变，发生骨关节炎（osteoarthritis），表现为关节软骨中Ⅱ型胶原、蛋白聚糖和水减少，而基质金属蛋白酶增加，关节软骨的损伤和缺损从浅向深进展，最后软骨下骨暴露，形成新的关节面，从而引起关节痛和活动受限。此外，外伤、炎症、肿瘤和发育异常等原因也可造成关节软骨的缺损，治疗常很困难。近年来，细胞移植和组织工程研究的进展为关节软骨缺损的修复开辟了新的途径，通过向缺损部位移植软骨细胞或组织工程软骨达到修复软骨缺损的目的。

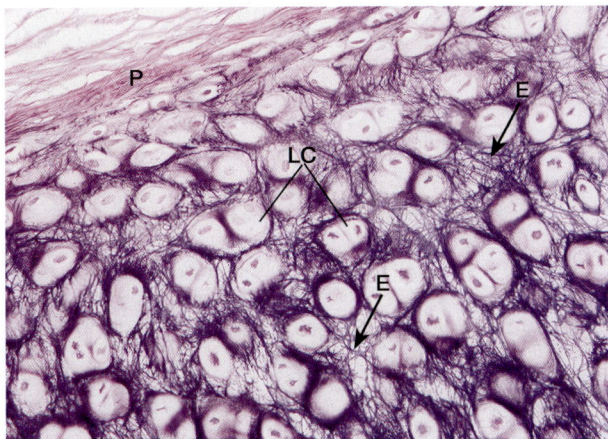

图 4-4 弹性软骨光镜像 醛复红染色 高倍（西安交通大学医学部宋天保供图）

E. 弹性纤维；LC. 软骨陷窝和软骨细胞；P. 软骨膜

Fig. 4-4 Light micrograph of elastic cartilage (human pinna) Aldehyde-fuchsin stain High magnification

E. elastic fiber；LC. cartilage lacuna and chondrocyte；P. perichondrium

（二）弹性软骨

弹性软骨（elastic cartilage）分布于耳廓、外耳道、咽鼓管、会厌等处。其结构与透明软骨相似，主要特点是软骨基质中含有大量交织成网的弹性纤维（图 4-4），而胶原原纤维较少（表 4-1）。因此，弹性软骨新鲜时呈不透明的黄色，具有较强的弹性。

表 4-1 3种软骨的比较

	透明软骨	弹性软骨	纤维软骨
分布	肋、关节面、鼻、喉、气管、支气管、骺板、早期胚胎的骨架	耳廓、外耳道、咽鼓管、会厌、喉	椎间盘、关节盘、半月板、耻骨联合、肌腱和韧带插入部
软骨基质	Ⅱ型胶原原纤维，聚集蛋白聚糖	弹性纤维，Ⅱ型胶原原纤维，聚集蛋白聚糖	Ⅰ型胶原纤维，Ⅱ型胶原纤维，多功能蛋白聚糖
细胞	软骨细胞，成软骨细胞	软骨细胞，成软骨细胞	软骨细胞，成纤维细胞
软骨膜	有（除关节软骨和骺板）	有	无
功能	对抗压力，减少摩擦，提供结构支持，软骨内成骨，长骨生长	提供柔韧的结构支持	对抗压力和应力，吸收震荡
钙化	可（软骨内成骨）	否	可（骨折修复）

（三）纤维软骨

纤维软骨（fibrocartilage）分布于椎间盘、关节盘、耻骨联合以及某些肌腱和韧带附着于骨的部位等处，新鲜时呈乳白色。纤维软骨的结构介于规则致密结缔组织和透明软骨之间，一般无软骨膜。软骨基质中含平行或交织排列的胶原纤维束，其化学成分为Ⅰ型胶原蛋白，也含有不等量的Ⅱ型胶原原纤维；无定形基质很少，其中以多功能蛋白聚糖（versican）为主。软骨细胞常成行分布于纤维束之间（图 4-5）。纤维软骨具有较大的伸展性，并可对抗压力和摩擦。

（四）软骨的发生、生长和再生

软骨来源于胚胎期的间充质。软骨发生（chondrogenesis）从人胚发育的第 5 周开始，在将要

Notes

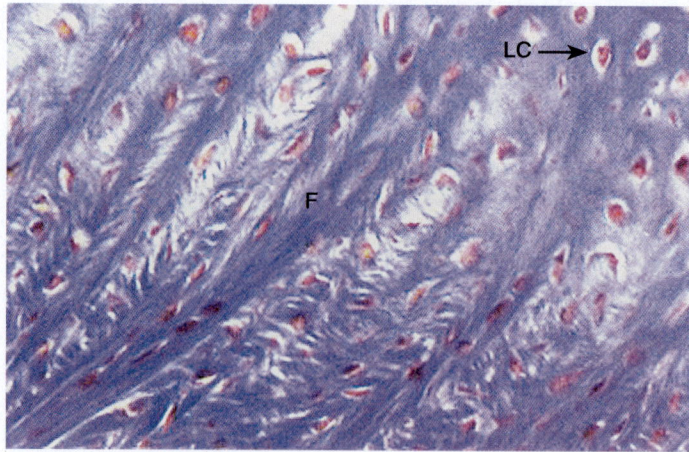

图 4-5　纤维软骨光镜像　Mallory 三色染色　高倍
F. 胶原纤维；LC. 软骨陷窝和软骨细胞
Fig. 4-5　Light micrograph of fibrocartilage　Mallory trichrome stain　High magnification
F. collagen fiber；LC. cartilage lacuna and chondrocyte

形成软骨的部位,间充质细胞密集成团,称软骨形成中心(chondrification center),其中央的间充质细胞分化为成软骨细胞,后者分泌基质和纤维,细胞被分隔开来。当成软骨细胞完全被基质围绕时,即成为软骨细胞。软骨形成中心周围的间充质分化为软骨膜。

软骨的继续生长有两种不同的方式。①间质生长(interstitial growth):又称软骨内生长(endochondral growth),是通过软骨组织内的软骨细胞分裂增殖,并产生基质和纤维,使软骨从内部增大。间质生长主要见于年幼的软骨。②外加生长(appositional growth):又称软骨膜下生长(subperichondral growth),是通过软骨膜内层骨祖细胞的分裂分化,产生成软骨细胞,向软骨组织表面添加新的软骨细胞,后者产生基质和纤维,使软骨从表面向外扩大。发育中的软骨和成熟的软骨都能以此方式生长。

软骨的再生能力较弱,软骨损伤或部分切除后,一般没有直接的软骨再生,而是形成致密结缔组织瘢痕。有时在一定机械力(如压力和摩擦)的作用下,损伤处形成的肉芽组织中的成纤维细胞可以分化为成软骨细胞,并进一步转变为软骨细胞,分泌软骨基质,形成新的软骨,但多为纤维软骨。

二、骨

骨由骨组织、骨膜和骨髓等构成,具有支持软组织、构成关节参与身体的运动以及保护某些重要器官等作用。此外,骨组织与钙、磷代谢有密切关系,是人体重要的"钙、磷库",体内99%以上的钙和85%的磷贮存于骨组织内。

(一) 骨组织

与其他结缔组织一样,骨组织(bone tissue)也由多种细胞和细胞外基质构成。但骨组织的细胞外基质中有矿物质的沉积,即发生了矿化(mineralization)。由于骨组织中的矿物质主要是钙,所以矿化又称钙化(calcification)。骨组织的矿化的细胞外基质称为骨基质。骨组织是人体最坚硬的组织之一。

1. **骨基质**　骨基质(bone matrix)由有机质和无机质构成。有机质包括大量胶原纤维和少量无定形基质,无机质又称骨盐(bone mineral)。胶原纤维占有机质的90%,主要由Ⅰ型胶原蛋白组成。胶原蛋白分子内有强大的共价键横向交联,分子间的空隙较大,有利于骨盐沉积。基质呈凝胶状,主要含大分子蛋白聚糖和多种糖蛋白,如骨钙蛋白(osteocalcin)、骨粘连蛋白(osteonectin)、骨桥蛋白(osteopontin)、骨涎蛋白(bone sialoprotein)和钙结合蛋白 D9k(calbindin

D9k)等。骨钙蛋白常作为骨形成的一种标志,与骨盐高亲和力结合,参与骨的矿化并调节骨的吸收。其他几种糖蛋白主要与Ⅰ型胶原蛋白和骨盐的结合以及细胞和骨基质的黏合有关,也调节骨的矿化。此外,基质中也含有一些生长因子如骨形态发生蛋白(bone morphogenic protein)等。骨盐约占骨组织干重的65%,主要有钙、磷和镁等。骨盐主要以羟基磷灰石结晶(hydroxyapatite crystal)的形式存在,呈细针状,长10~20nm,沿胶原原纤维长轴规则排列,也可存在于胶原原纤维内胶原分子间的空隙中,这种结合使骨基质既坚硬又有韧性。

初形成的骨组织为初级骨组织(primary bone tissue),其中胶原纤维粗大,排列较乱,故又称编织骨(woven bone)。此外,初级骨组织中骨盐含量较低,而骨细胞较多。随着骨组织的发育,初级骨组织逐渐成熟,成为次级骨组织(secondary bone tissue),或称板层骨(lamellar bone),仅在牙床、靠近颅缝处、骨迷路、腱和韧带附着处保留少量编织骨。在板层骨的骨基质中,胶原纤维较细,有规律地成层排列,且与骨盐晶体和基质紧密结合,构成骨板(bone lamella)。同一层骨板内的纤维相互平行,相邻两层骨板的纤维相互垂直,在HE染色的骨切片上呈不同折光的红色(图4-6)。胶原纤维束可分支,并常从一层伸至其相邻的另一层。这种相互连接的三维结构,有效地增强了骨的支持力。骨基质中的小腔称骨陷窝,其中含骨细胞。由骨陷窝发出许多细管,称骨小管,其中含骨细胞的突起。此外,与软骨组织不同,骨组织内有血管穿行的管道。

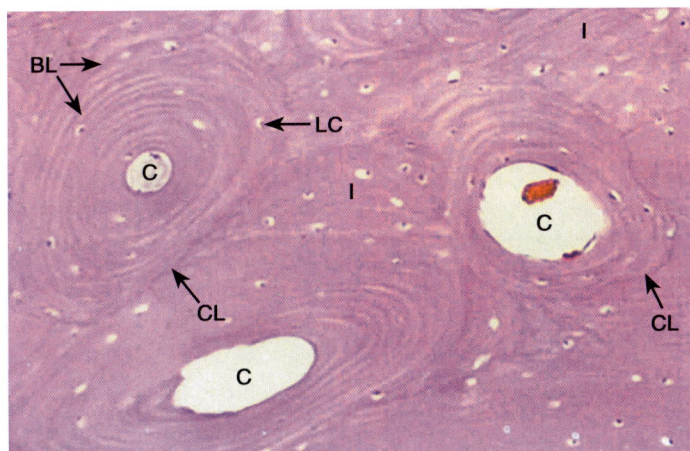

图4-6 脱钙骨切片光镜像,示骨基质 HE染色 低倍(西安交通大学医学部宋天保供图)
BL. 骨板;C. 中央管;CL. 黏合线;I. 间骨板;LC. 骨陷窝和骨细胞
Fig. 4-6 Light micrograph of section of the decalcified bone showing bone matrix HE stain Low magnification
BL. bone lamellae;C. central canal;CL. cement line;I. interstitial lamellae;LC. bone lacuna and osteocyte

2. 骨组织的细胞 骨组织的细胞有骨祖细胞、成骨细胞、骨细胞、骨被覆细胞和破骨细胞5种,前4种细胞实际上是骨形成细胞的不同分化和功能状态,而破骨细胞的来源不同,它主要参与骨的吸收。骨细胞包埋于骨基质内,其他细胞均位于骨组织的表面(图4-7)。

(1) 骨祖细胞:骨祖细胞(osteoprogenitor cell)由间充质干细胞分化而来,位于骨组织的表面。细胞小,呈梭形,胞质弱嗜碱性,仅含少量核糖体和线粒体;胞核染色淡,椭圆形或扁平形。当骨组织生长和改建或骨折愈合时,骨祖细胞在骨形态发生蛋白等因子的刺激下活跃分裂,并分化为成骨细胞。

(2) 成骨细胞:成骨细胞(osteoblast)位于成骨活跃的骨组织表面,常排成一层,胞体较大,立方形或矮柱状。细胞表面有许多细小突起,可与邻近的成骨细胞或骨细胞的突起形成缝隙连接,以协调众多细胞的功能活动。胞核位于远离骨组织的一端,大而圆,染色浅淡,核仁明显;胞

Notes

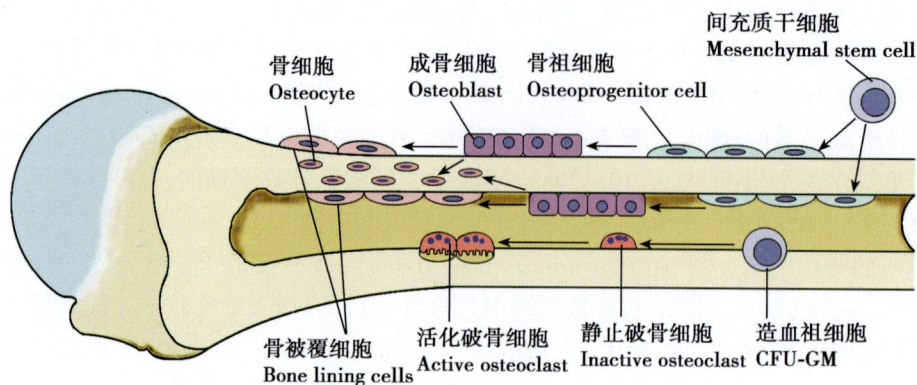

图 4-7　骨组织的细胞示意图

Fig. 4-7　Schematic drawing of cells associated with the bone tissue

质呈嗜碱性(图 4-8),碱性磷酸酶强阳性。电镜下可见大量粗面内质网、丰富的游离核糖体和发达的高尔基复合体(图 4-9)。

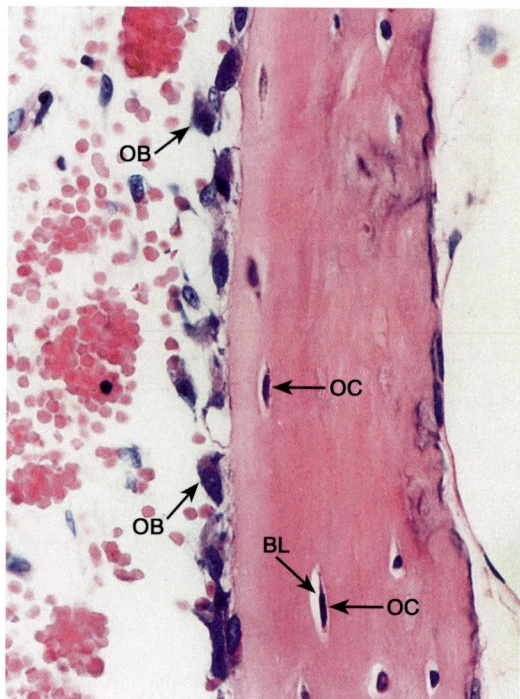

图 4-8　成骨细胞和骨细胞光镜像　HE 染色高倍(西安交通大学医学部宋天保供图)

BL. 骨陷窝;OB. 成骨细胞;OC. 骨细胞

Fig. 4-8　Photomicrograph of osteoblasts and osteocytes　HE stain　High magnification

BL. bone lacuna;OB. osteoblast;OC. osteocyte

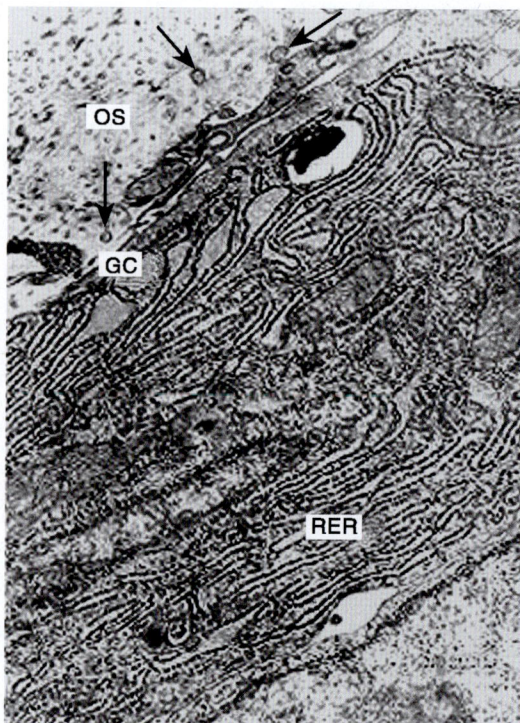

图 4-9　成骨细胞电镜像

GC. 高尔基复合体;OS. 类骨质;RER. 粗面内质网;箭头示基质小泡

Fig. 4-9　Electron micrograph of an osteoblast

GC. Golgi complex;OS. osteoid;RER. rough endoplasmic reticulum;arrows indicate the matrix vesicles

　　成骨细胞有活跃的分泌功能,合成和分泌胶原纤维和有机基质,形成未矿化的细胞外基质,称类骨质(osteoid)。同时,成骨细胞以细胞膜出芽方式向类骨质中释放一些膜包小泡,称为基质小泡(matrix vesicle)(图 4-9)。基质小泡直径为 50~200nm,膜上有钙结合蛋白、碱性磷酸酶、焦磷酸酶和 ATP 酶等,并含有酸性磷脂,小泡内含钙、小的钙盐结晶等。基质小泡在类骨质矿化的起始过程中有重要的作用。基质小泡膜的钙结合蛋白可把钙离子运送到基质小泡内,而碱性磷酸酶和焦磷酸酶则使基质小泡内磷酸根浓度升高,钙离子和磷酸根结合先形成无定形磷酸钙,再进一步转变为羟基磷灰石结晶。然后,基质小泡破裂,将结晶释放到类骨质中,成为羟基磷灰石结晶的晶核,使骨盐沉积范围逐渐扩大、融合,最终类骨质矿化。另外,成骨细胞还分泌一些生长因子和细胞因子,如骨形态发生蛋白、成纤维细胞生长因子、胰岛素样生长因子、破骨细胞刺激因子等,调节骨组织的生成、吸收和代谢。当成骨细胞被类骨质包埋后,便成为骨细胞。

(3) 骨细胞:骨细胞(osteocyte)数量最多,是一种多突起的细胞,单个分散于骨板之间或骨板之内。骨细胞的胞体位于骨陷窝(bone lacuna)内,突起位于骨陷窝发出的细管骨小管(bone canaliculus)内。未成熟的骨细胞位于类骨质中,其形态结构与成骨细胞相似,也具有产生类骨质的能力,使骨陷窝壁增添新的骨基质。随着类骨质的矿化,骨细胞逐渐成熟。成熟的骨细胞较小,呈扁椭圆形,有许多细长突起,胞质弱嗜碱性或嗜酸性,细胞器相对较少(图 4-8、4-10)。相邻骨细胞的突起形成缝隙连接,以传递细胞间的信息和沟通细胞间的代谢活动。相邻骨陷窝通过骨小管彼此连通,骨陷窝和骨小管内含组织液,可营养骨细胞并带走代谢产物。骨细胞有一定的成骨和溶骨作用,对骨基质的更新和维持有重要作用,骨细胞的死亡会引起骨基质的溶解吸收。骨细胞及其突起的总面积很大,与骨基质相接触,对于骨陷窝组织液中钙与血钙的交换及维持血钙的恒定有一定作用。

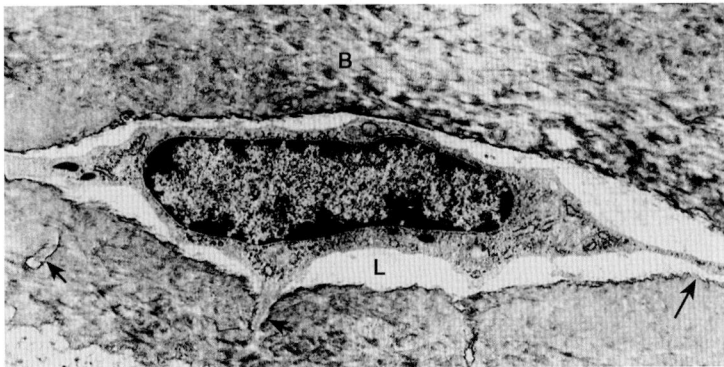

图 4-10　骨细胞电镜像
B. 骨基质;L. 骨陷窝;箭头示骨小管和骨细胞突起
Fig. 4-10　Electron micrograph of an osteocyte
B. bone matrix;L. bone lacuna;arrows indicate the bone canaliculi and processes of the osteocyte

(4) 骨被覆细胞:骨被覆细胞(bone lining cell)是扁平的上皮样细胞,在静止骨即不出现骨基质沉积和吸收的骨表面形成连续的一层(图 4-7)。骨被覆细胞的胞质和细胞器较少,细胞有突起,相邻细胞的突起之间及其与邻近的骨细胞突起之间有缝隙连接。骨被覆细胞是停止成骨后仍存留在骨表面的静止的成骨细胞,也有人认为它是一种特殊的骨祖细胞,在适当的刺激下能转变或分化为功能活跃的成骨细胞。骨被覆细胞还能吸引破骨细胞贴附于骨表面,从而参与正常的成骨和破骨过程。此外,这些细胞还有分隔骨细胞周液和骨髓腔内组织液的作用,维持骨细胞周液的钙离子浓度。

(5) 破骨细胞:破骨细胞(osteoclast)数量较少,常位于骨组织表面被吸收形成的小凹陷内,这些小凹陷称吸收凹(resorption bay)或豪希普陷窝(Howship's lacuna)。破骨细胞来源于骨髓,在单核细胞集落刺激因子、肿瘤坏死因子和白细胞介素等的作用下,单个核的粒细胞单核细胞系造血祖细胞(见第 5 章)进一步发育、分化,并融合形成破骨细胞。故破骨细胞是一种多核巨细胞,直径 30 ~ 100μm,含 2 ~ 100 个细胞核。光镜下,破骨细胞的胞质呈泡沫状,多为嗜酸性

（图 4-11）。功能活跃的破骨细胞具有明显的极性,贴近骨基质的一侧有皱褶缘(ruffled border)。皱褶缘在光镜下呈浅色带,在电镜下为大量不规则形并分支吻合的指状胞质突起(图 4-12),可扩大细胞的表面积。皱褶缘细胞膜上有酸性磷酸酶和 ATP 酶。皱褶缘周围的环形胞质区稍隆起,含有许多微丝,而缺乏其他细胞器,故电子密度低,称为亮区(clear zone)。亮区细胞膜平整,含有细胞-细胞外基质黏附分子,如整合素(integrin),有利于亮区与骨基质紧密贴附。破骨细胞离开骨组织表面后,皱褶缘和亮区均消失。皱褶缘基部胞质含大量初级溶酶体、吞饮泡和次级溶酶体,溶酶体内含抗酒石酸酸性磷酸酶(tartrate-resistant acid phosphatase)。远离骨组织的一侧胞质含细胞核和丰富的细胞器,如粗面内质网、高尔基复合体、线粒体等。

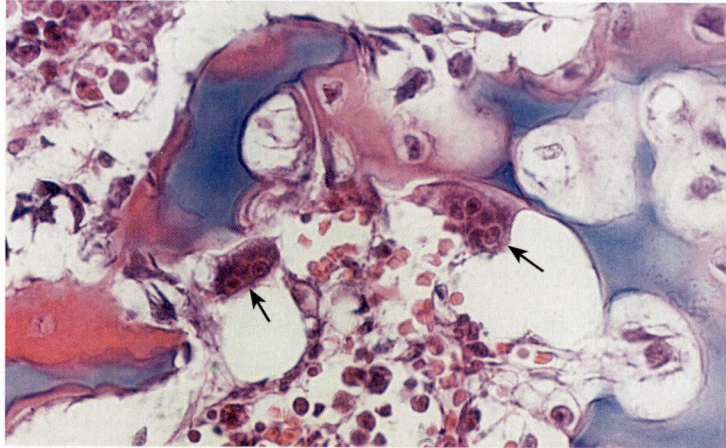

图 4-11　破骨细胞(箭头)光镜像　HE 染色　高倍(西安交通大学医学部宋天保供图)
Fig. 4-11　Photomicrograph ofosteoclasts(arrows)　HE stain　High magnification

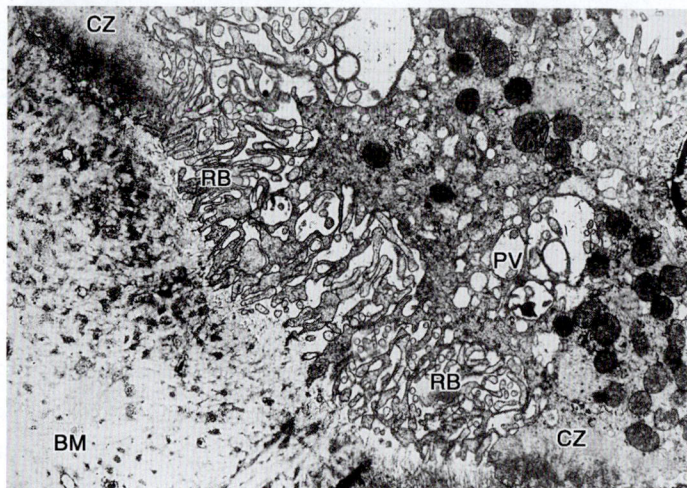

图 4-12　破骨细胞电镜像
BM. 骨基质;CZ. 亮区;PV. 吞饮泡;RB. 皱褶缘
Fig. 4-12　Electron micrograph of an osteoclast
BM. bone matrix;CZ. clear zone;PV. pinocytotic vesicle;RB. ruffled border

　　破骨细胞有溶解和吸收骨基质的作用。当其功能活跃时,亮区紧贴骨基质表面,形成一道环形围堤,使其所包围的皱褶缘区成为封闭的溶骨微环境。破骨细胞向此区释放有机酸如柠檬酸和乳酸等(pH 4 ~ 5),以及多种蛋白酶如组织蛋白酶(cathepsin)和基质金属蛋白酶(matrix metalloproteinase)等。有机酸使骨盐溶解,蛋白酶使 I 型胶原蛋白和其他基质蛋白降解,溶解的骨盐和降解的有机质经皱褶缘吸收,在溶酶体内进行消化(图 4-13)。破骨细胞还可产生氧自由

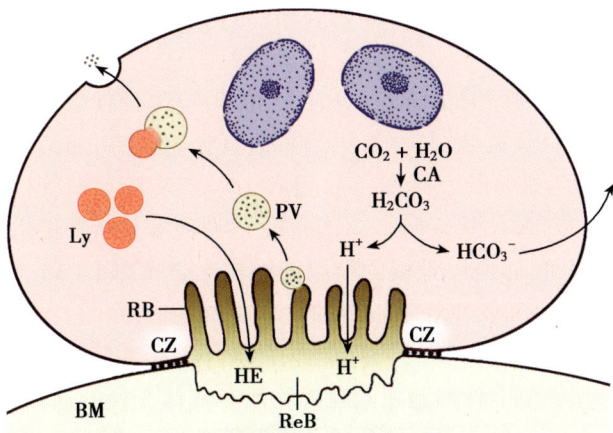

图 4-13 破骨细胞的骨吸收示意图

BM. 骨基质；CA. 碳酸酐酶；CZ. 亮区；HE. 水解酶；Ly. 溶酶体；PV. 吞饮泡；RB. 皱褶缘；ReB. 吸收凹

Fig. 4-13 Schematic diagram showing bone resorption by an osteoclast

BM. bone matrix；CA. carbonic anhydrase；CZ. elear zone；HE. hydrolytic enzymes；Ly. lysosomes；PV. pinocytotic vesicle；RB. ruffled border；ReB. resorption bay

基增强其溶骨作用。当溶骨作用完成后，破骨细胞发生凋亡而消失。

（二）长骨的结构

长骨由密质骨、松质骨、骨膜、关节软骨、骨髓和血管、神经等构成。

1. **密质骨** 密质骨（compact bone）又称骨密质，分布于长骨的骨干（diaphysis）和骨骺（epiphysis）的外侧面，其中的骨板紧密结合，结构致密，仅有一些小的管道，含血管和神经等。密质骨中的骨板排列十分规律，按骨板的排列方式可分为环骨板、骨单位和间骨板。

（1）环骨板：是环绕骨干外表面和内表面的骨板，分别称为外环骨板（outer circumferential lamella）和内环骨板（inner circumferential lamella）。外环骨板较厚，数层到十多层，较整齐地环绕骨干平行排列。内环骨板较薄，仅由几层骨板组成，不如外环骨板平整，与骨髓腔面一致（图 4-14）。横向穿越外环骨板和内环骨板的小管称为穿通管（perforating canal），又称福尔克曼管（Volkmann's canal）。穿通管与纵向走行的中央管相通，它们都是小血管和神经

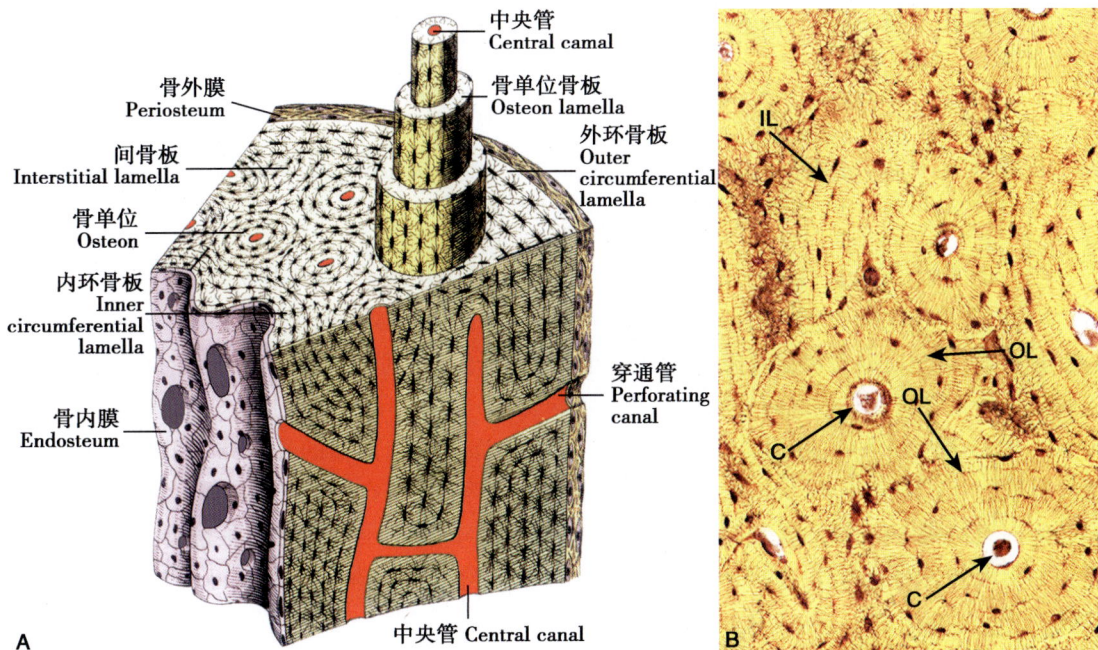

图 4-14 长骨骨干结构

A. 立体模式图；B. 骨磨片光镜像 硫瑾染色 低倍（华中科技大学同济医学院李和供图）；C. 中央管；OL. 骨单位骨板；IL. 间骨板

Fig. 4-14 Structure of a long bone diaphysis

A. three dimensional diagram；B. light micrograph of ground section stained with thionine；C. central canal；OL. osteon lamella；IL. interstitial lamella

的通道,并含组织液。环骨板最浅层骨陷窝发出的骨小管,伸向表面,终止于骨和骨膜交界处,末端开放。

(2) 骨单位:骨单位(osteon)又称哈弗斯系统(Haversian system),位于内、外环骨板之间,数量最多,是密质骨的主要结构单位。骨单位呈圆筒状,长 0.6~2.5mm,直径 30~70μm,其长轴与骨干长轴平行,可分支相连。骨单位中轴为纵行的中央管(central canal),又称哈弗斯管(Haversian canal);周围为 4~20 层同心圆排列的骨单位骨板(osteon lamella),又称哈弗斯骨板(Haversian lamella),其内的胶原纤维呈螺旋走行,相邻两层骨板的胶原纤维相互交叉(图 4-14、图 4-15)。骨单位表面有一层黏合质,是含骨盐较多而胶原纤维很少的骨基质,在横断面的骨磨片上呈折光较强的轮廓线,称为黏合线(cement line)(图 4-15)。骨单位内的骨小管相互连通,最内层的骨小管开口于中央管,构成血管系统与骨单位中骨细胞之间营养物质和气体交换的通路。骨单位最外层的骨小管在黏合线以内返折,一般不与相邻骨单位的骨小管相通。

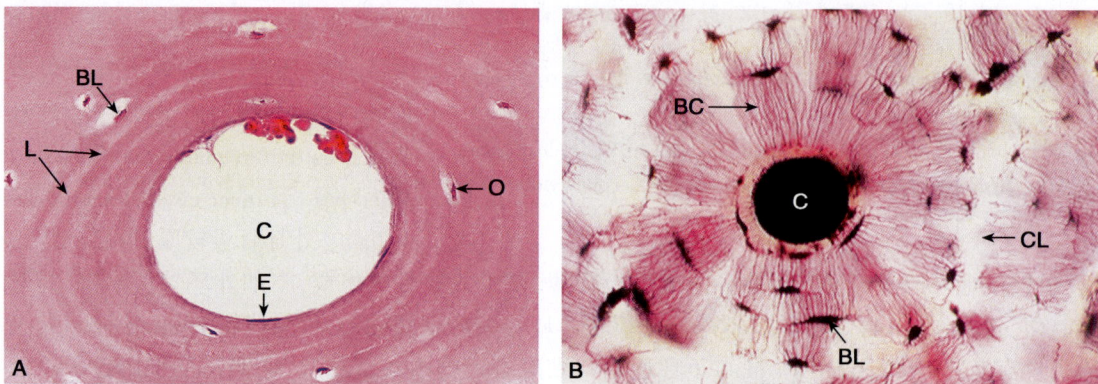

图 4-15 脱钙骨切片(A)和骨磨片(B)光镜像,示骨单位(西安交通大学医学部宋天保供图)
A. HE 染色;B. 大丽紫染色 高倍;BC. 骨小管;BL. 骨陷窝;C. 中央管;CL. 黏合线;E. 骨内膜和骨被覆细胞;L. 骨板;O. 骨细胞

Fig. 4-15 Light micrographs of section of the decalcified bone (A) and ground section (B) of the compact bone showing osteons
A. HE stain;B. Dahlia violet stain High magnification;BC. bone canaliculi;BL. bone lacuna;C. central canal;CL. cement line;E. endosteum and bone lining cell;L. bone lamellae;O. osteocyte

(3) 间骨板:间骨板(interstitial lamella)是原有的骨单位或内、外环骨板被吸收后残留的部分,填充于骨单位之间或骨单位与环骨板之间。间骨板呈扇形或不规则形,其中无血管通道(图 4-6、图 4-14)。但有时骨单位外层的骨小管可穿过黏合线,与间骨板内的骨小管相通连,形成一条骨单位中央管与间骨板之间的物质交换通道。

2. 松质骨 松质骨(spongy bone)又称骨松质,分布于长骨两端的骨骺和骨干的内侧面,由大量针状或片状的骨小梁(bone trabecula)构成。骨小梁又称骨针(bone spicule),相互连接形成多孔隙网架结构,网孔即为骨髓腔,其中充满红骨髓(图 4-16)。骨小梁也是板层骨,由几层平行排列的骨板和骨细胞构成,表层骨板的骨小管开口于骨髓腔,骨细胞从中获得营养并排出代谢产物。

3. 骨膜 除关节面以外,骨的外表面均覆以骨外膜(periosteum);在骨髓腔面、穿通管和中央管的内表面、骨小梁的表面均覆以骨内膜(endosteum)。骨外膜为致密结缔组织,较厚,可分两层。外层主要含粗大的胶原纤维束,相互交织成网,有些纤维穿入外环骨板,称穿通纤维(perforating fiber)或沙比纤维(Sharpey's fiber),其作用是将骨外膜固定于骨;内层结构疏松,纤维少,含骨祖细胞和小血管、神经等。骨内膜较薄,纤维细而少,主要是一层扁平的骨被覆细胞(图 4-15)。骨膜的主要功能是保护和营养骨组织,并为骨的生长或修复提供新的成骨细胞。

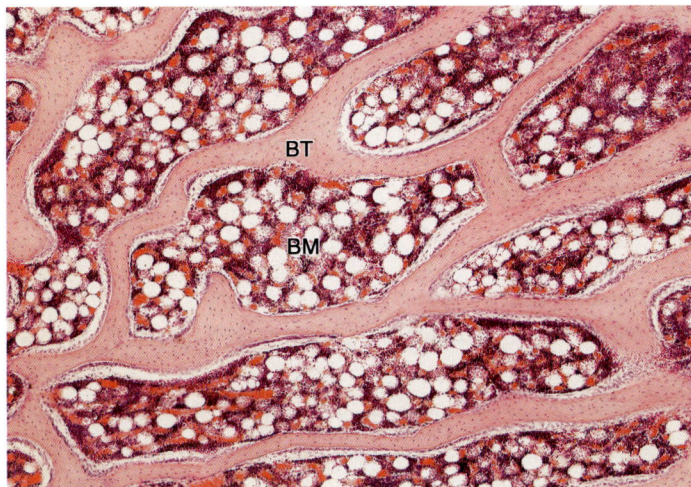

图 4-16　松质骨切片光镜像　HE 染色　低倍(西安交通大学医学部宋天保供图)
BM. 红骨髓;BT. 骨小梁
Fig. 4-16　Light micrograph of the spongy bone section　HE stain　Low magnification
BM. red bone marrow;BT. bone trabecula

三、骨的发生、生长和再生

骨由胚胎时期的间充质发生,骨发生(osteogenesis)有两种不同方式,即膜内成骨和软骨内成骨,但骨组织发生的基本过程是一致的。出生后骨仍继续生长发育,直到成年才停止加长和加粗,但骨的改建持续终身,改建速率随年龄增长而逐渐减慢。

(一) 骨组织的发生

骨组织发生过程中既有骨组织的形成,也有骨组织的吸收。骨组织发生开始时,骨祖细胞分裂分化为成骨细胞,成骨细胞分泌类骨质,并被包埋其中,成为骨细胞;继而类骨质矿化成骨基质,形成骨组织。骨组织的吸收主要是破骨细胞的作用,破骨细胞贴附于骨组织的表面,分泌有机酸和溶酶体酶,溶解骨盐和降解有机质。骨组织形成和吸收同时存在,二者相辅相成,通过成骨细胞和破骨细胞的相互调控,保证骨组织的发生与个体的生长发育相适应。

(二) 膜内成骨

膜内成骨(intramembranous ossification)是在间充质分化形成的胚胎性结缔组织膜内成骨的过程。人体的顶骨、额骨、下颌骨和锁骨等以此方式发生。在将要形成骨的部位,间充质细胞增殖、密集成膜状,其中某处的间充质细胞首先分化为骨祖细胞,进而分化为成骨细胞,后者在此成骨,于是形成最早的骨组织,该部位称骨化中心(ossification center),成骨过程由骨化中心向四周扩展。最初的骨组织为针状的初级骨小梁,并连接成网,构成初级松质骨(图 4-17),其外的间充质分化为骨膜。此后,骨进一步生长并改建,如顶骨的内、外表面形成密质骨,即内板和外板,其间由松质骨构成板障。另外,顶骨外表面以成骨为主,使顶骨不断生长,内表面以骨的吸收为主,使顶骨的曲度逐渐变小,从而使颅腔增大,以适应脑的发育。

(三) 软骨内成骨

软骨内成骨(endochondral ossification)是由间充质先分化为软骨,然后软骨逐渐被骨组织取代。人体的四肢骨、躯干骨和部分颅底骨等以此方式发生。现以长骨的发生为例加以叙述(图 4-18)。

1. 软骨雏形形成　在将要形成长骨的部位,间充质细胞密集,随后分化为骨祖细胞,进而分化为软骨细胞,分泌软骨基质,周围间充质分化为软骨膜,形成透明软骨。其外形与将要形成的长骨相似,故称软骨雏形(cartilage model)。

Notes

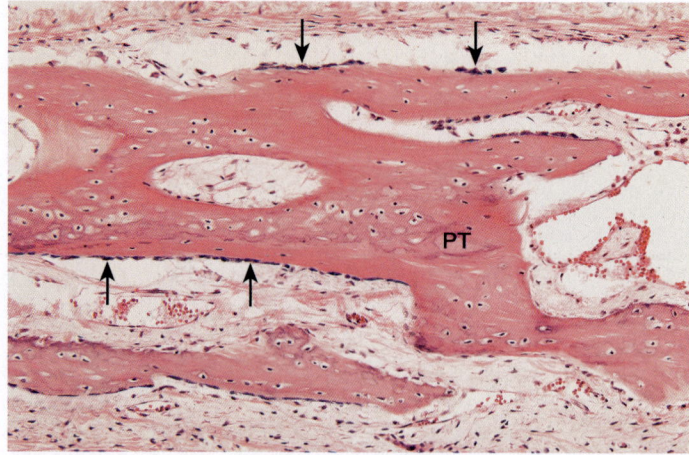

图 4-17　胎儿顶骨切片光镜像,示膜内成骨　HE 染色　高倍(西安交通大学医学部宋天保供图)
注意初级骨小梁(PT)由编织骨构成,含骨细胞多;箭头示成骨细胞

Fig. 4-17　Light micrograph of section of a fetal parietal bone showing intramembranous ossification　HE stain　High magnification

Note that the primary bone trabeculae (PT) are made up of woven bone with numerous osteocytes; Arrows indicate osteoblasts

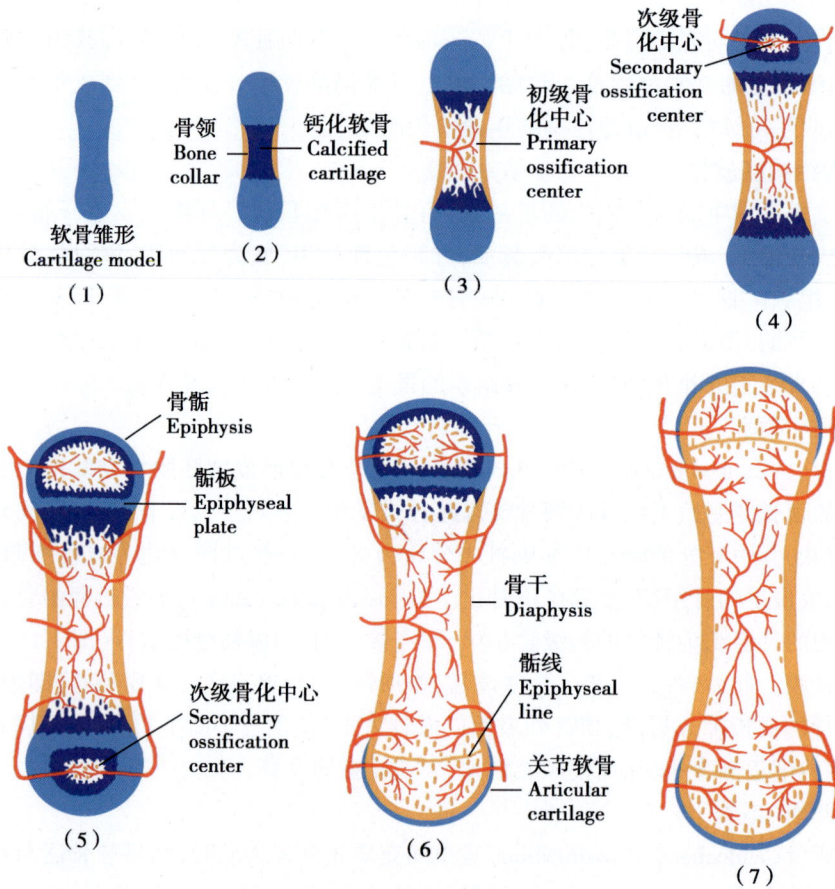

图 4-18　软骨内成骨示意图

(1)~(7)示长骨的软骨内成骨过程

Fig. 4-18　Schematic diagram of endochondral ossification

The process of endochondral ossification of a long bone is showed by (1) to (7)

Notes

2. 骨领形成　在软骨雏形的中段周围部,血管长入软骨膜,软骨膜内层的骨祖细胞增殖分化为成骨细胞,以膜内成骨的方式在软骨表面形成薄层初级松质骨,犹如领圈包绕软骨雏形中段,称为骨领(bone collar)。骨领形成后,其表面的软骨膜即改称骨外膜。

3. 初级骨化中心和骨髓腔形成　在骨领形成的同时,软骨雏形中央的软骨细胞肥大并分泌碱性磷酸酶,使软骨基质钙化,软骨细胞退化死亡。骨外膜的血管连同间充质及破骨细胞、骨祖细胞等形成骨膜芽(periosteal bud),穿过骨领,进入退化的软骨区。破骨细胞溶解吸收钙化的软骨基质,形成许多不规则的隧道,称为初级骨髓腔。随后,由骨祖细胞分化而来的成骨细胞贴附于残留的钙化软骨基质表面生成骨组织,形成以钙化软骨基质为中轴、表面附以骨组织的过渡性骨小梁(transitional bone trabecula),或称混合性骨小梁(mixed bone trabecula)。这个区域为软骨内首先骨化的区域,称初级骨化中心(primary ossification center)。过渡性骨小梁不久被破骨细胞溶解吸收,于是初级骨髓腔融合成为一个较大的骨髓腔。

4. 次级骨化中心的出现与骨骺的形成　次级骨化中心(secondary ossification center)大多在出生后数月至数年出现在长骨两端的软骨中央。其形成过程与初级骨化中心相似,但骨化从中央向四周呈辐射状进行,最后大部分软骨被初级松质骨取代,使骨干两端变成骨骺。骨骺通过改建,内部变为松质骨,表面变为薄层密质骨,关节面保留薄层透明软骨。骨骺与骨干之间也保留一层软骨,称骺板(epiphyseal plate)或生长板(growth plate),见图 4-18。

(四) 骨的生长和改建

由于骨细胞不具有分裂增殖能力,骨不能从其内部生长。骨的生长属外加生长,即依靠成骨细胞向骨组织表面添加新骨,使骨从表面向外扩大。骨改建(bone remodeling)是局部陈旧骨的吸收及代之以新骨的过程,在发育期,可改变骨的外形和内部结构,以适应机体的发育和器官功能;在成年期,可防止骨老化,增加骨密度,预防骨组织微损伤的累积,从而保持骨的生物力学特性。

1. 长骨的加长　骺板是长骨继续加长的基础,骺板的软骨细胞分裂增殖,从骨骺侧向骨干侧不断成骨,使骨的长度增加。在胎儿长骨纵切面上,从软骨到骨髓腔之间,可依次分为代表成骨活动的 5 个区域(图 4-19)。①软骨贮备区(zone of reserve cartilage):软骨细胞较小,分散存在,软骨基质弱嗜碱性。②软骨增生区(zone of proliferating cartilage):软骨细胞快速分裂,形成的同源细胞群纵向排列成软骨细胞柱。③软骨成熟区(zone of maturing cartilage):软骨细胞肥大,细胞柱之间的软骨基质变薄。④软骨钙化区(zone of calcifying cartilage):软骨细胞变成空泡状,胞核固缩,最后凋亡;软骨基质钙化呈强嗜碱性。⑤成骨区(zone of ossification):成骨细胞在钙化的软骨基质表面成骨,形成过渡性骨小梁,骨小梁之

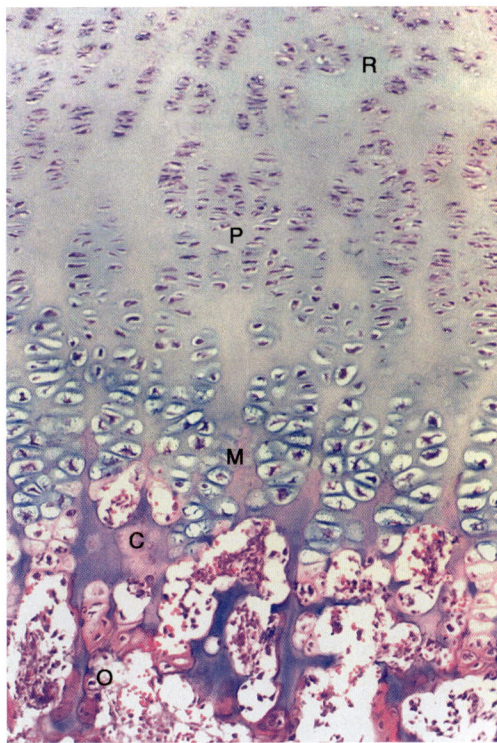

图 4-19　胎儿指骨切片光镜像,示骺板的 5 个分区　HE 染色　低倍(西安交通大学医学部宋天保供图)

R. 软骨贮备区;P. 软骨增生区;M. 软骨成熟区;C. 软骨钙化区;O. 成骨区

Fig. 4-19　Light micrograph of a fetal phalanx section showing 5 zones of endochondral ossification　HE stain　Low magnification

R. zone of reserve cartilage;P. zone of proliferating cartilage;M. zone of maturing cartilage;C. zone of calcifying cartilage;O. zone of ossification

Notes

间为初级骨髓腔。

到 17~20 岁时，骺板停止生长并被骨组织取代，长骨不再加长。在长骨的骨干和骨骺之间，可见一条骨化的骺板痕迹，称为骺线（epiphyseal line）。

2. 长骨的增粗　骨领的生长和改建是长骨增粗的基础。骨外膜内层的骨祖细胞不断分化为成骨细胞，向骨领表面添加新的骨小梁，使骨领逐渐增厚。而骨领内表面的骨小梁又逐渐被破骨细胞分解吸收，使骨干在增粗的同时保持骨组织有适当厚度（图 4-20）。

3. 长骨外形的改建　长骨的骨骺和干骺端（metaphysis）呈圆锥形，比骨干粗大。在改建过程中，干骺端骨外膜的破骨细胞进行骨吸收，而骨内膜面成骨活跃，使干骺端近骨干一侧变细，成为新一段骨干。新增骨干的两端又形成新的干骺端，如此持续不断进行改建，直到长骨不再加长（图 4-20）。

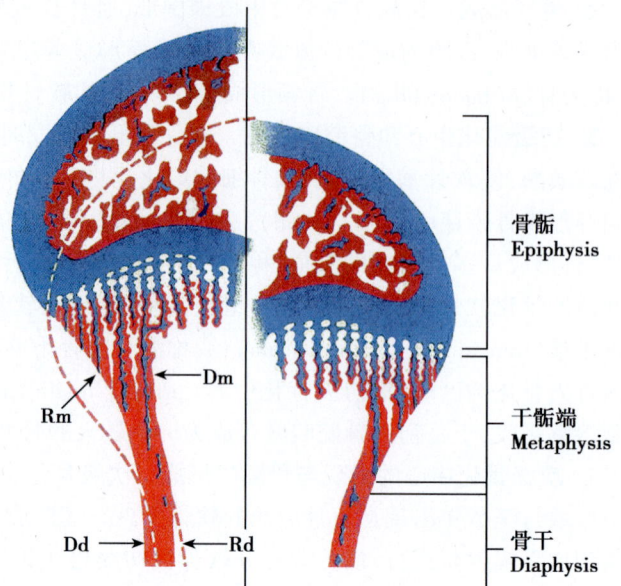

图 4-20　长骨外形改建示意图
左侧虚线示改建前骨的外形轮廓；Dd. 骨干骨沉积区；Dm. 干骺端骨沉积区；Rd. 骨干骨吸收区；Rm. 干骺端骨吸收区
Fig. 4-20　Schematic diagram showing external remodeling of a long bone
Dash line on the left side shows the outline of the bone before remodeling; Dd. bone deposition of diaphysis; Dm. bone deposition of metaphysis; Rd. bone resorption of diaphysis; Rm. bone resorption of metaphysis

4. 骨干密质骨的改建　骨干密质骨由骨领改建形成。骨领原为初级松质骨，以后由于骨小梁增粗、骨小梁间的网孔缩小而变致密。1 岁左右，骨单位开始形成。先由破骨细胞分解吸收陈旧骨组织，形成一条管道，血管及骨祖细胞等随之进入管内，骨祖细胞分化为成骨细胞，贴附于管道的表面，从外向内形成同心圆排列的骨单位骨板，原先的管道缩小，成为中央管。以后旧的骨单位逐渐被分解吸收，新一代骨单位不断形成，旧骨单位的残余部分即为间骨板（图 4-21）。

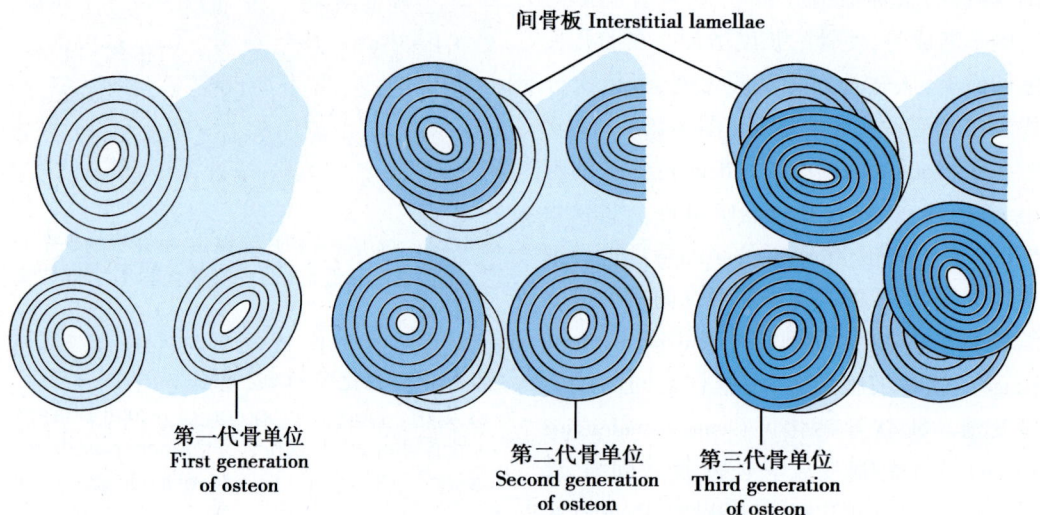

图 4-21　骨单位改建和间骨板形成示意图
Fig. 4-21　Schematic diagram showing remodeling of osteons and formation of interstitial lamellae

与此同时,由骨外膜和骨内膜的成骨细胞形成环骨板,并不断改建。另外,骨单位的相继形成和外环骨板的增厚,也是骨干增粗的因素。成年后骨干不再增粗,但其内部的骨单位改建仍持续进行。

(五) 骨折愈合

骨组织的再生能力较强,骨折后如能及时正确处理,一般都可完全愈合。骨折后,附近的血管破裂出血,形成血肿,靠近断端的骨基质破坏,骨细胞死亡;随即中性粒细胞和巨噬细胞等浸润,清除组织碎片,吸收血肿;同时,在血小板源性生长因子和巨噬细胞分泌的一些细胞因子的刺激下,成纤维细胞和血管增生,形成肉芽组织。之后,肉芽组织变成较密的纤维性结缔组织,并有软骨形成;接着,骨外膜和骨内膜的骨祖细胞分化为成骨细胞,在断端附近的骨面和其间的软骨表面以膜内成骨的方式形成骨小梁;血管、成骨细胞和破骨细胞侵入软骨,以软骨内成骨的方式,将软骨逐渐吸收,也形成骨小梁;这些骨小梁连成松质骨,填充、连接于断端之间,称为骨痂(bone callus),实现骨折的初步愈合。这个过程需要2~3个月。及时复位并进行适当的内固定或外固定可加快骨折愈合过程。以后,由于患者的生理性活动和局部肌肉收缩的刺激,骨痂的松质骨发生多次改建,由编织骨转变为板层骨,骨髓腔再通,逐渐恢复骨的原有形态和结构。这个过程需1~4年。

(六) 影响骨生长发育的因素

骨的生长发育除受遗传因素的控制外,也受营养与维生素、激素、生物活性物质和应力作用等的影响。

1. 营养与维生素 维生素D能促进小肠对钙、磷的吸收,提高血钙和血磷水平,有利于类骨质的矿化。儿童期缺乏维生素D或饮食中缺钙,可导致佝偻病,成人缺乏则引起骨软化症。维生素A能协调成骨细胞和破骨细胞的活动,维持骨的正常生长和改建。维生素C与成骨细胞合成胶原纤维和基质有关,严重缺乏时骨干的密质骨变薄变脆,骨折后愈合缓慢。

2. 激素 生长激素和甲状腺激素促进骺板软骨的生长和成熟,若生长发育期这两种激素分泌过少,可引起侏儒症;儿童期生长激素分泌过多,可导致巨人症,成年期生长激素分泌过多可致肢端肥大症。甲状旁腺激素激活骨细胞和破骨细胞的溶骨作用,分解骨盐,释放钙离子入血;降钙素则抑制骨盐溶解,并刺激骨祖细胞分化为成骨细胞,增强成骨活动,使血钙入骨形成骨盐。雌激素和雄激素能增强成骨细胞的活动,参与骨的生长和成熟。雌激素不足特别是绝经后妇女成骨细胞处于不活跃状态,而破骨细胞的活动相对增强,可导致骨质疏松症。此外,糖皮质激素对骨的形成有抑制作用。

3. 生物活性物质 近年发现骨内存在一些生物活性物质,包括生长因子和细胞因子等,这些物质多由成骨细胞分泌,也可来自骨外组织,它们可激活或抑制成骨细胞和破骨细胞,并表现出旁分泌或自分泌作用,与骨的发生、生长和改建密切相关。

4. 应力作用 应力为结构对外部加载负荷的反应,骨的发生和生长与骨的受力状态密切相关。实验表明,骨处于生理范围内的应力作用下,以骨形成为主,而在低应力下以骨吸收为主,周期性应力作用可同时刺激骨形成和骨吸收。如运动员骨密度量与下肢运动量成正比;因椎间盘突出而卧床休息的患者,骨盐平均每周下降0.9%。

专题讲座:关节软骨单位

软骨单位由软骨细胞及其周围的细胞周基质(PCM)构成,是软骨的结构、功能和代谢单位。近年来,对关节软骨单位的研究进展加深了人们对软骨单位的认识,并为关节软骨缺损的再生医学治疗提供了新的种子细胞。

(一) 软骨单位的结构

在透射电镜下可见软骨单位中的PCM和软骨细胞紧密相贴,软骨细胞有许多短小突起插入

Notes

PCM 中。PCM 呈半透亮的环形带,宽 1 ~ 4μm,含有不成束的细丝和电子密度高的蛋白聚糖颗粒,细丝在 PCM 周边部密集交织成网。免疫组织化学显示这些细丝为Ⅵ型胶原免疫阳性。应用激光共聚焦扫描显微镜三维重建技术发现,关节软骨表面区的软骨单位稀少,呈扁盘状,PCM 薄,多包裹 1 个软骨细胞;移行区和辐射区的软骨单位较多,呈球状或长柱状,PCM 增厚,常包裹 2 ~ 4 个软骨细胞。成人膝关节软骨约含软骨单位 $4.2×10^6$ 个/cm^3。随着年龄增长,PCM 逐渐变得不明显,特别是机械磨损明显的区域。

(二) 细胞周基质的化学成分

PCM 是由软骨细胞分泌的特殊的细胞外基质(ECM),与其周围的 ECM 在生物化学组成上有所不同。Ⅵ型胶原蛋白是 PCM 的特征性成分,由 $α_1$(140kDa)、$α_2$(130kDa)和 $α_3$(200kDa)3 种多肽链组成螺旋结构,是鉴别软骨单位的标志物。Ⅵ型胶原原纤维相互交织形成紧密的网络,与蛋白聚糖相互连接,包绕软骨细胞,并与细胞表面的整合素受体结合,将软骨细胞锚定于软骨基质。PCM 还含有较多的Ⅸ型胶原,但Ⅱ型胶原含量甚少。PCM 中除聚透明质酸、硫酸软骨素和硫酸角质素含量最高外,还含大量串珠蛋白聚糖(perlecan),后者是一种 PCM 特有的硫酸乙酰肝素蛋白聚糖。此外,PCM 中还有双链蛋白聚糖(biglycan)、饰胶蛋白聚糖(decorin)及几种多黏糖蛋白如纤维粘连蛋白、层粘连蛋白等。应用蛋白组学方法发现,PCM 还含有磷酸丙糖异构酶、转化生长因子 $β$(TGF-$β$)诱导蛋白、过氧化还原蛋白 4、解聚素-金属蛋白酶 28、TGF-$β$ 结合蛋白 2 等催化蛋白。

(三) 软骨单位的力学特性

弹性模量反映材料抵抗外力引起形变的能力,弹性模量越大,在外力作用下越不易变形。与软骨细胞比较,软骨单位的弹性模量要大得多(1 ~ 4 比 43 ~ 240kPa),而且其主要来自于 PCM。PCM 在生化组成和胶原纤维构筑上不同于其外周的 ECM,所以,软骨单位的力学特性也不同于 ECM。应用原子力显微镜刚度作图测定猪膝关节软骨各区 ECM 和 PCM 的弹性特征,发现 ECM 的弹性模量从浅到深逐渐降低,在表面区和辐射区还有明显的各向异性;而 PCM 的弹性模量在各区之间没有差异,而且每个区都呈各向同性。这种特性使软骨单位在不同外力如压缩力、剪切力等作用下变形均较小,有利于维持软骨细胞的形态和微环境稳定。此外,PCM 的通透性比 ECM 低,可缓冲外力引起的 ECM 渗透压力和液流变化对软骨细胞的影响。

(四) 软骨单位的功能

1. **保护软骨细胞**　软骨细胞受到压力作用时易变形而发生不可逆损伤。软骨单位中的 PCM 在压力负荷中不仅承担部分外力作用,而且可将其余外力作用分解,从而将软骨细胞受到的伤害减到最小。PCM 还有维持软骨细胞存活、防止细胞凋亡的作用。

2. **为软骨细胞提供代谢微环境**　软骨单位的 PCM 包围着软骨细胞,为其提供适宜的代谢微环境,维持其正常生理功能。实验证明,PCM 的存在可有效地降低软骨细胞的氧化应激和细胞内活性氧的产生,抑制脂质过氧化引起的细胞膜损伤。与单纯软骨细胞比较,体外培养的关节软骨单位的Ⅱ型胶原、Ⅵ型胶原和蛋白聚糖表达量显著增高,而Ⅰ型胶原和基质金属蛋白酶的表达非常低。此外,PCM 可调节软骨细胞表型,抑制软骨细胞肥大和去分化。

3. **传导力学信号**　作用于关节软骨的压力负荷可产生生物力学和生物化学信号,影响关节软骨的增殖、基因表达和基质分泌。这些信号是通过软骨单位的 PCM 基质分子如Ⅵ胶原、蛋白聚糖及其与细胞表面整合素的相互作用而传导给软骨细胞的。单纯软骨细胞受压时,其基因表达变化不大,而当压力作用于软骨单位时,软骨细胞的糖胺聚糖和Ⅱ型胶原的分泌显著增加。

(五) 软骨单位的应用展望

软骨组织工程常用的种子细胞(seed cell)是软骨细胞。但软骨细胞在体外培养扩增过程中容易去分化,丧失其原有表型。而软骨单位由于 PCM 的存在,其中的软骨细胞表型稳定,再生能力较强,作为种子细胞进行体内移植具有更大的优势。目前,用改良的酶解消化法,联合使用Ⅱ

型胶原酶和对Ⅵ型胶原无作用的分散酶,可分离获得完整的、有活力的软骨单位。已报道,软骨单位和间充质干细胞联合培养,在体外可增加软骨基质的合成,体内移植可实现实验性关节软骨缺损大部分或完全修复,显示了良好的应用前景。

参考文献

1. 任晓春,段王平,史光华,等.关节软骨单位的研究进展.中国矫形外科杂志,2013,21(19):1150-1153

2. Bekkers JE,Tsuchida AI,van Rijen MH,et al. Single-stage cell-based cartilage regeneration using a combination of chondrons and mesenchymal stromal cells:comparison with microfracture. Am J Sports Med,2013,41(9):2158-2166

3. Farnsworth N,Bensard C,Bryant SJ. The role of the PCM in reducing oxidative stress induced by radical initiated photoencapsulation of chondrocytes in poly(ethylene glycol) hydrogels. Osteoarhritis Cartilage,2012,20(11):1326-1335

4. McLeod MA,Wilusz RE,Guilak F. Depth-dependent anisatrophy of the micromechanical properties of the extracellular and pericellular matrices of articular cartilage evaluated via atomic force microscopy. J Biomechanics,2013,46(3):586-592

5. Zhang Z,Jin W,Beckett J,et al. A proteomic approach for identification and localization of the pericellular components of chondrocytes. Histochem Cell Biol,2011,136(2):153-162

(宋天保)

第5章 血液和淋巴

KEY POINTS

- Composition of the blood
- Classification, structure and function of the peripheral blood cells
- Structure of the red bone marrow
- Hematopoietic stem cells and hematopoietic progenitor cells
- Development and morphologic changes of the hematopoietic cells
- Formation and function of the lymph

一、血 液

血液(blood)是循环流动在心血管系统内的液态组织,成人循环血容量约5L,约占体重的7%。血液由血浆(plasma)和血细胞(blood cell)组成。在新鲜抽取的血液中加入适量抗凝剂(肝素或柠檬酸钠)静置或离心沉淀后,血液可分为3层:上层为淡黄色的血浆,下层深红色的是红细胞,中间薄层灰白色的是白细胞与血小板(图5-1)。血液是一种液态的结缔组织,血浆相当于细胞外基质,约占血液容积的55%,pH 7.3～7.4。血浆的主要成分是水(约占90%),其余为血浆蛋白(包括白蛋白、球蛋白、纤维蛋白原等)、酶、脂蛋白、激素、维生素、无机盐和多种营养、代谢物质。血浆不仅是运载血细胞、营养物质和全身代谢产物的循环液体,而且参与机体免疫反应、体液与体温调节、水和电解质平衡及渗透压的维持,具有保持机体内环境稳定的功能。若没有加入抗凝剂,血液在体外静置后其中溶解状态的纤维蛋白原将转变为纤维交织状态的纤维蛋白,包裹血细胞使血液凝固成血块,其上层析出的淡黄色透明液体称血清(serum)。血清是血液临床生化检查的常用材料,也是细胞培养中常用的天然培养基。血细胞约占血液容积的45%,包括红细胞、白细胞、血小板。在正常生理情况下,血细胞有稳定的形态结构、数量和比例。用 Wright 或 Giemsa 染色法染血涂片,是最常用的观察血细胞形态的方法。血细胞的分类与正常值如下:

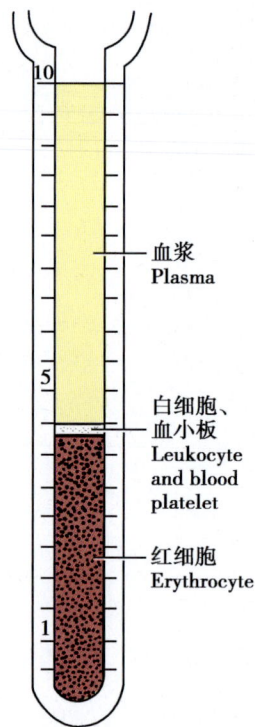

图5-1 血浆和血细胞比容示意图

Fig. 5-1 Schematic diagram of blood plasma and hematocrit

$$\text{血细胞}\begin{cases}\text{红细胞(RBC)}(3.5\sim5.5)\times10^{12}/L\\\quad\text{男性:}(4.0\sim5.5)\times10^{12}/L\text{,血红蛋白(Hb):}120\sim160g/L\\\quad\text{女性:}(3.5\sim5.0)\times10^{12}/L\text{,血红蛋白(Hb):}110\sim150g/L\\\text{白细胞(WBC)}(4\sim10)\times10^9/L\begin{cases}\text{粒细胞}\begin{cases}\text{中性粒细胞 }50\%\sim70\%\\\text{嗜酸性粒细胞 }0.5\%\sim5\%\\\text{嗜碱性粒细胞 }0\sim1\%\end{cases}\\\text{无粒细胞}\begin{cases}\text{淋巴细胞 }20\%\sim40\%\\\text{单核细胞 }3\%\sim8\%\end{cases}\end{cases}\\\text{血小板(Pt)}(100\sim300)\times10^9/L\end{cases}$$

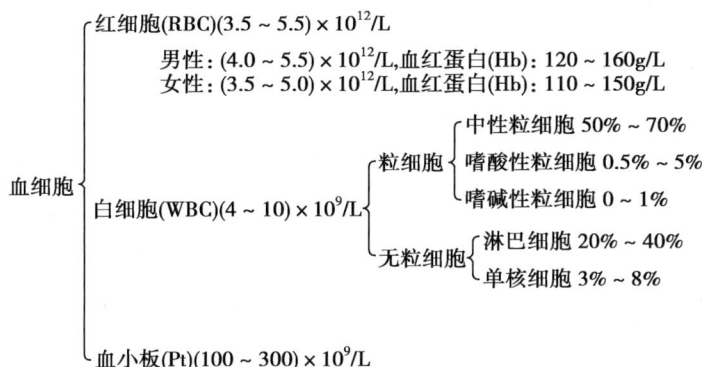

血液中血细胞形态、数量、比例与血红蛋白含量称血象(hemogram)。在很多疾病状态下,血象常有显著变化,因此血象检测是诊断疾病的重要方法。

(一) 红细胞

红细胞(erythrocyte,red blood cell)呈双凹圆盘状,直径 7.0~8.5μm,表面光滑,中央较薄,约 1μm,周边较厚,约 2μm(图 5-2)。因此,在血涂片标本上显示中央染色较浅、周边染色较深。这一形态结构特点与体积相同的球形结构相比,表面积增大约 25%,还可使细胞内任何一点距细胞表面的距离不超过 0.85μm,从而有利于细胞内外气体的迅速交换。

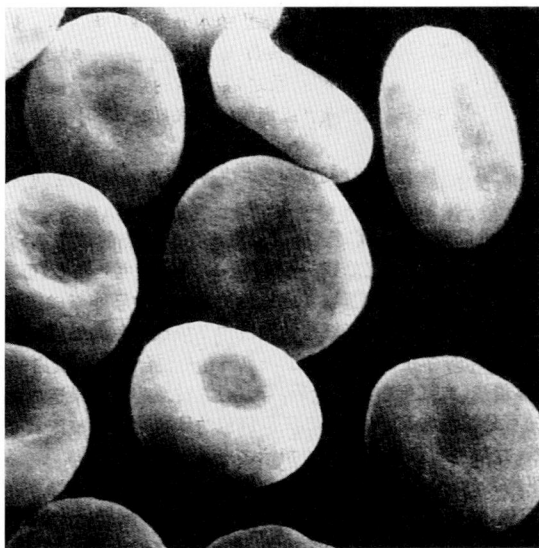

图 5-2　红细胞扫描电镜像

Fig. 5-2　Scanning electron micrograph of the erythrocytes

成熟红细胞是结构功能高度特化的细胞,无细胞核,也无细胞器,细胞内充满血红蛋白(hemoglobin,Hb)(图 5-3、图 5-4)。血红蛋白是含卟啉铁的蛋白质,约占红细胞重量的 33%,易与酸性染料结合,染成浅红色。当血液流经肺时,由于肺泡内 O_2 分压高,CO_2 分压低,血红蛋白即释放 CO_2 并与 O_2 结合,形成氧合血红蛋白;相反,当血液流经其他组织器官时,由于这些组织器官内 CO_2 分压高,O_2 分压低,血红蛋白释放所带的 O_2 并结合 CO_2,形成氨基甲酸血红蛋白。血红蛋白的这一特点使红细胞具有供给全身组织和细胞生命活动所需要的 O_2,并带走代谢所产生的大部分 CO_2 的功能。

红细胞的数量及血红蛋白的含量随生理功能而改变,如婴儿高于成人,运动时多于安静状态,高原地区居民高于平原地区居民。红细胞形态和数量以及血红蛋白的质与量的改变超出正常范围,则表现为病理现象,如贫血和红细胞增多。贫血(anemia)是指人体外周血红细胞容量减少,低于正常范围下限的一种常见的临床症状。一般认为,红细胞计数少于 $3.0\times10^{12}/L$,Hb 浓度低于 100g/L,即可诊断为贫血。如红细胞计数超过 $7.0\times10^{12}/L$,Hb 浓度高于 180g/L,则为红细胞增多。

单个红细胞在新鲜时为淡黄绿色,大量红细胞使血液呈红色。多个红细胞常叠连在一起呈串钱状,称红细胞缗钱。红细胞膜固定在一个能变形的圆盘状网架结构上,此网架结构称红细胞膜骨架(erythrocyte membrane skeleton),主要含有血影蛋白(spectrin)和肌动蛋白等。红细胞膜骨架使红细胞保持双凹圆盘状,并使红细胞具有形态可变性,使其能改变形态而顺利通过小于自身直径的毛细血管。红细胞正常形态的维持需足够的 ATP 供能以及细胞内、外渗透压的平

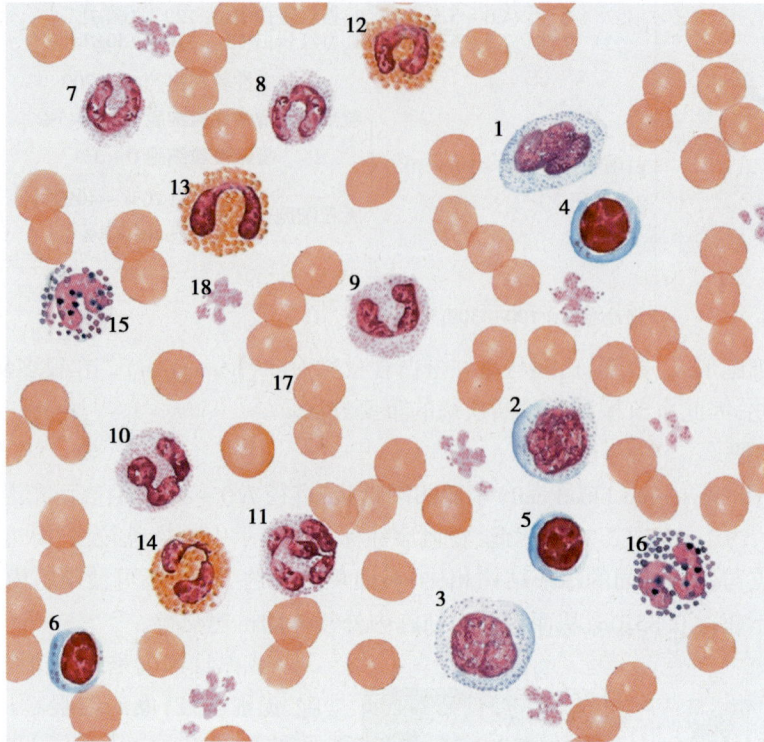

图 5-3　血细胞模式图

1～3. 单核细胞;4～6. 淋巴细胞;7～11. 中性粒细胞;12～14. 嗜酸性粒细胞;15、16. 嗜碱性粒细胞;
17. 红细胞;18. 血小板

Fig. 5-3　Schematic drawing of blood cells

1～3.　monocytes;4～6.　lymphocytes;7～11.　neutrophils;12～14.　eosinophils;15,16.　basophils;
17.　erythrocyte;18.　blood platelet

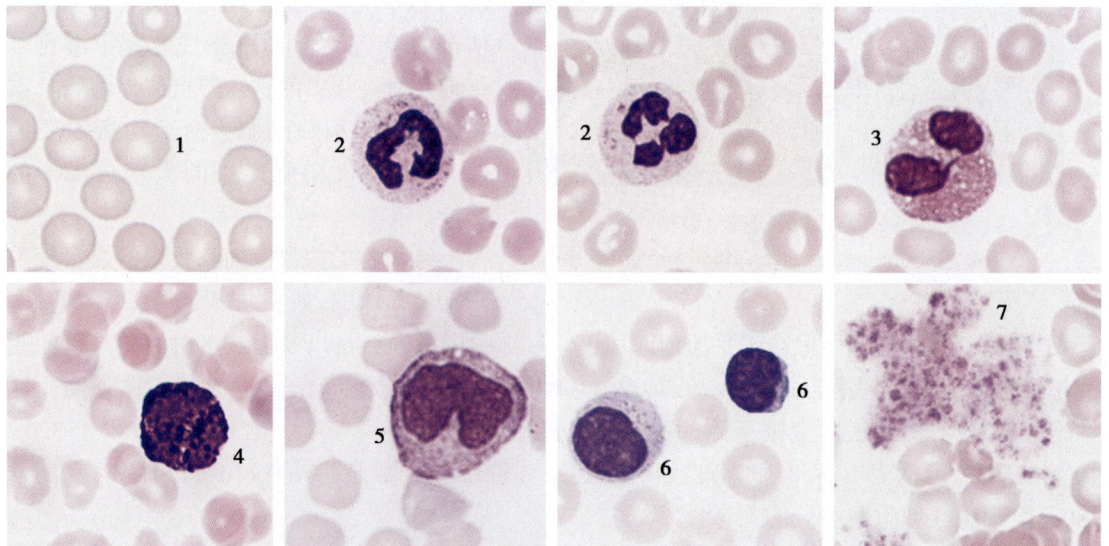

图 5-4　血涂片光镜像　Wright 染色　高倍(重庆医科大学彭彦供图)

1. 红细胞;2. 中性粒细胞;3. 嗜酸性粒细胞;4. 嗜碱性粒细胞;5. 单核细胞;6. 淋巴细胞;7. 血小板

Fig. 5-4　Light micrograph of blood smears　Wright stain　High magnification

1. erythrocyte;2. neutrophil;3. eosinophil;4. basophil;5. monocyte;6. lymphocyte;7. blood platelet

衡。当缺乏 ATP 供能时可使其形态由圆盘状变为棘球状,当 ATP 供能状态改善后亦可恢复。当血浆渗透压降低时导致血浆液体进入红细胞内,细胞肿胀呈球形甚至破裂,称溶血(hemolysis),残留的红细胞膜囊称血影(erythrocyte ghost);若血浆渗透压升高,红细胞内水分析出胞外,致使红细胞皱缩,也可导致细胞膜破坏而溶血。

红细胞的细胞膜上有一类镶嵌的糖蛋白,即血型抗原 A 和(或)血型抗原 B,构成人类的 ABO 血型系统,根据血型抗原在膜上的有无,大致可将人血型分为 A 型、B 型、O 型和 AB 型 4 型。血型鉴定在临床输血中具有重要意义,因为人类血液中含有抗 ABO 血型异型抗原的天然抗体(表 5-1),例如 A 型血的人具有抗血型抗原 B 的抗体,若错配血型,首次输血即可导致抗原抗体结合,引起溶血。

表 5-1 人类 ABO 血型系统

血型	红细胞表面抗原	血清中抗体
A 型	A	抗 B
B 型	B	抗 A
AB 型	A,B	—
O 型	—	抗 A,抗 B

由于红细胞无细胞器,不能合成新的蛋白质和代谢所需的酶类,因此,随着时间延长,血红蛋白和膜骨架蛋白逐渐变性,细胞衰老,变形性降低。红细胞的平均寿命约 120 天。衰老的红细胞在脾、肝等处被巨噬细胞吞噬清除,其血红蛋白中的铁可被重新利用。同时,骨髓造血组织源源不断地产生新鲜血细胞补充衰老死亡的细胞。刚从骨髓释放进入外周血的红细胞中有少量尚未完全成熟的红细胞,用煌焦油蓝染色可见胞质内有染成蓝色的细网或颗粒,称网织红细胞(reticulocyte)。这些细网和颗粒是残留在红细胞胞质内的部分核糖体,说明该细胞仍有合成血红蛋白的功能。网织红细胞进入外周血 1~3 天后,核糖体消失,成为成熟红细胞。成年人外周血中网织红细胞占红细胞总数的 0.5%~1.5%,新生儿可达 3%~6%。在骨髓造血功能发生障碍的患者,网织红细胞数量降低,经治疗后网织红细胞计数增加,表示骨髓造血功能增强,所以,网织红细胞的比例数值反映了骨髓造血功能的状态。

(二) 白细胞

白细胞(leukocyte,white blood cell)为无色有核的球形细胞,它们从骨髓入血后随外周血流动,并陆续以变形运动方式穿过微血管或毛细血管壁,进入结缔组织或淋巴组织,参与防御和免疫功能。血液中白细胞数量无显著性别差异,但婴幼儿稍多于成人,并可受运动、饮食及妇女经期等生理因素的影响。在某些疾病状态下,白细胞总数及各种白细胞的百分率皆可发生改变。

根据白细胞胞质内有无特殊颗粒可将其分为有粒白细胞(granulocyte)和无粒白细胞(agranulocyte)两大类,前者常简称粒细胞。粒细胞又依其特殊颗粒的染色特点,分为中性粒细胞、嗜酸性粒细胞与嗜碱性粒细胞,无粒白细胞又分为单核细胞与淋巴细胞(图 5-3)。

1. 中性粒细胞 中性粒细胞(neutrophilic granulocyte,neutrophil)是白细胞中数量最多的一种,呈球形,直径为 10~12μm,核染色深,呈弯曲杆状或分叶状,分叶核呈不规则卵圆形,叶之间有细丝相连,可分为 2~5 叶,正常人以 2~3 叶为多。刚从骨髓入血的中性粒细胞多呈杆状,以后核中间局部缩窄,形成分叶状,导致核分叶的原因尚不清楚,但核的叶数与细胞在血流中停留的时间成正相关。当机体出现严重细菌感染时,大量新生细胞从骨髓进入血液,杆状核与 2 叶核的细胞百分率增高,称核左移;若 4~5 叶核的细胞百分率增高,称核右移,表明骨髓造血功能发生障碍。中性粒细胞的胞质呈很淡的粉红色,含有大量细小的、分布均匀的、染成淡紫色和淡红色的颗粒。其中体积较大、淡紫色的颗粒为嗜天青颗粒,较细小、淡红色的为特殊颗粒(图 5-

3、图5-4）。嗜天青颗粒约占颗粒总数的20%，电镜下为圆形或椭圆形的膜被颗粒，直径0.6～0.7μm，电子密度高，是一种溶酶体，含酸性磷酸酶、髓过氧化物酶和多种酸性水解酶类等，能消化分解吞噬的细菌和异物。特殊颗粒占颗粒总数的80%，电镜下颗粒较小，直径0.3～0.4μm，呈哑铃状或椭圆形，中等电子密度（图5-5A）。特殊颗粒是一种分泌颗粒，内含吞噬素、溶菌酶等，能杀死细菌，溶解细菌表面的糖蛋白。髓过氧化物酶、CD15常作为中性粒细胞的标志。除颗粒外，胞质周缘部有大量肌动蛋白丝，胞质内还有少量线粒体、内质网和核糖体等。

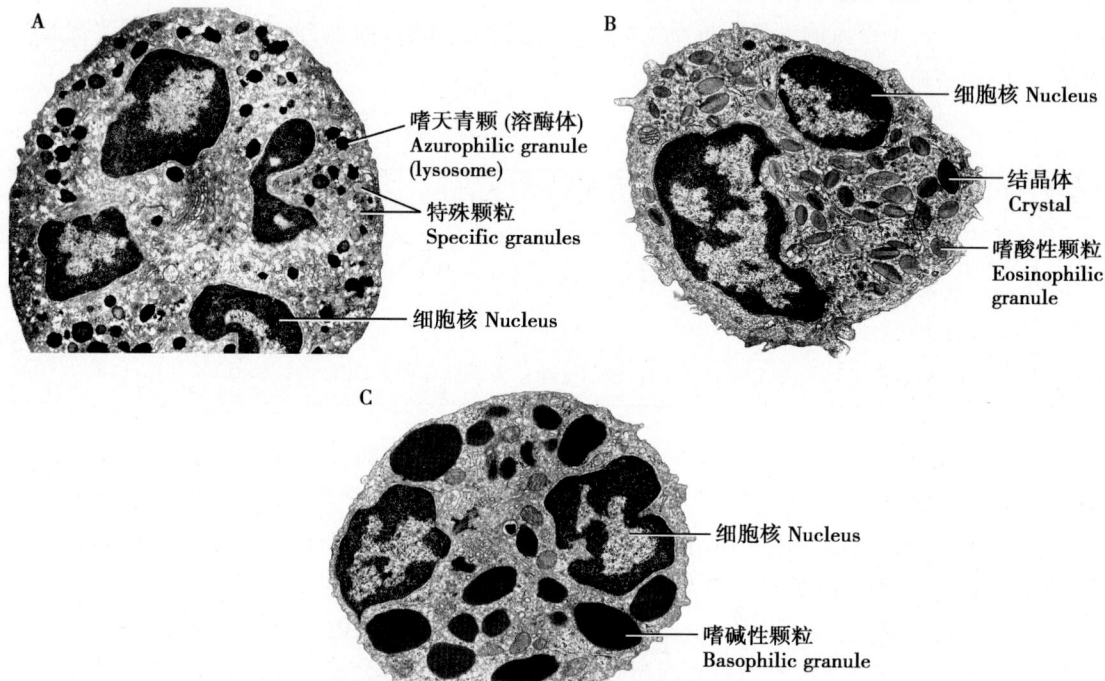

图5-5　中性粒细胞(A)、嗜酸性粒细胞(B)和嗜碱性粒细胞(C)电镜像

Fig. 5-5　Electron micrographs of neutrophil (A),eosinophil (B) and basophil (C)

　　正常情况下，中性粒细胞可通过变形运动进入周围组织，这一生理过程称为游出（emigration）。当局部组织受到细菌等侵害时，中性粒细胞在趋化因子等作用下，向病变局部大量集中，并进行活跃的吞噬和分泌活动。因此，机体受到某些细菌感染发生炎症时，除白细胞总数增加外，中性粒细胞的比例也显著提高。这些吞噬细菌的中性粒细胞或被巨噬细胞吞噬，或变性坏死成为脓细胞。中性粒细胞可在组织中存活2～3天。

　　2. 嗜酸性粒细胞　嗜酸性粒细胞（eosinophilic granulocyte，eosinophil）呈球形，较中性粒细胞稍大，直径为10～15μm。其核与中性粒细胞相似，为杆状或分叶状，但以2叶核居多。胞质内充满粗大、分布均匀、染成桔红色、略带折光性的嗜酸性颗粒（图5-3、图5-4）。电镜下颗粒为圆形或椭圆形，有膜包被，内含细颗粒状基质和方形或长方形的致密结晶体（图5-5B）。嗜酸性颗粒是一种特殊的溶酶体，除含一般溶酶体酶外，还含阳离子蛋白、芳基硫酸酯酶、组胺酶等。

　　嗜酸性粒细胞也能做变形运动穿越血管壁进入组织，并具有趋化性，可受肥大细胞等分泌的嗜酸性粒细胞趋化因子的作用，移行至病变部位，进行活跃的分泌和吞噬活动。在发生过敏反应的部位，细胞释放颗粒内的组胺酶可分解组胺，芳基硫酸酯酶可分解白三烯，从而抑制机体过敏反应；胞体借助抗体与某些寄生虫表面接触，促进颗粒内物质释放，其阳离子蛋白可直接杀死虫体或虫卵；其吞噬功能主要表现为吞噬抗原-抗体复合物，从而减轻该复合物沉积引起的病理损害。因此，在过敏性疾病或变态反应性疾病以及寄生虫感染时，嗜酸性粒细胞数量增多。嗜酸性粒细胞在组织中可生存8～12天。

　　3. 嗜碱性粒细胞　嗜碱性粒细胞（basophilic granulocyte，basophil）数量最少，呈球形，直径为 10 ~ 12μm。胞核分叶或呈 S 形,着色浅淡,轮廓常不清楚。胞质内含大小不等、分布不均、深浅不同的蓝紫色嗜碱性颗粒,颗粒常覆盖在核上(图 5-3、图 5-4)。颗粒具有异染性,即用甲苯胺蓝染色呈紫色。电镜下,膜被颗粒中充满细小、分布均匀的微粒,有些颗粒内可见板层状或细丝状结构(图 5-5C)。颗粒属于分泌颗粒,内含肝素、组胺、中性粒细胞趋化因子、嗜酸性粒细胞趋化因子等,可被快速释放;细胞质内含有白三烯,释放缓慢。嗜碱性粒细胞与肥大细胞分泌的物质相同,其作用也基本相同,故也参与过敏反应。目前,这两种细胞是否来源于骨髓中的同种造血祖细胞尚存争议。嗜碱性粒细胞在组织中可生存 12 ~ 15 天。

4. 单核细胞　单核细胞(monocyte)是白细胞中体积最大的细胞,直径 14 ~ 20μm,呈球形。胞核呈肾形、马蹄形或不规则形,核染色质呈细网状,着色较浅。胞质丰富、呈灰蓝色,胞质内有较多细小的淡紫色嗜天青颗粒(图 5-3、图 5-4)。电镜下,细胞表面有皱褶和微绒毛,胞质内含许多膜被颗粒和吞噬泡(图 5-6 左)。颗粒具溶酶体样结构特点,内含过氧化物酶、酸性磷酸酶、非特异性酯酶和溶菌酶等,这些酶不仅与单核细胞功能有关,而且可作为与淋巴细胞的鉴别点。

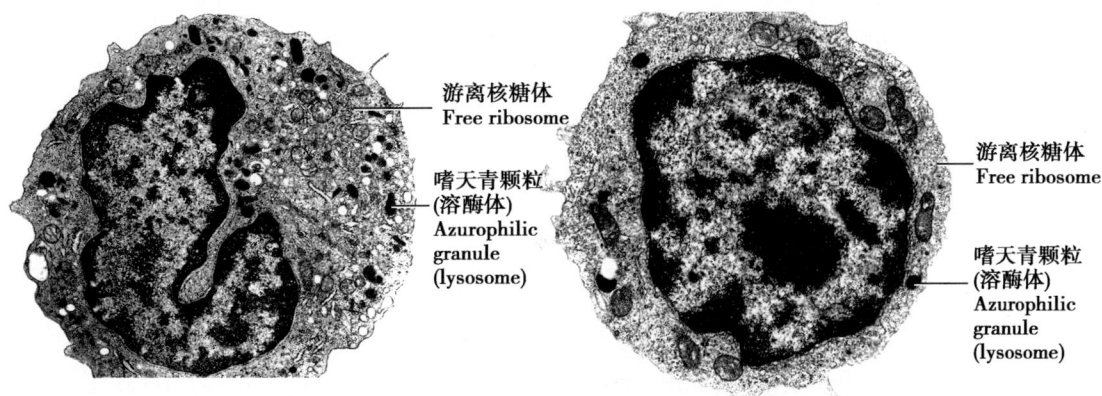

图 5-6　单核细胞(左)和淋巴细胞(右)电镜像
Fig. 5-6　Electron micrographs of monocyte (left) and lymphocyte (right)

单核细胞具有活跃的变形运动能力和明显的趋化性。骨髓生成的单核细胞进入血液循环,短期停留后穿越血管壁进入全身结缔组织以及肝、肺、淋巴器官、中枢神经系统等分化成不同种类的巨噬细胞,如在中枢神经系统分化为小胶质细胞,在骨组织中分化为破骨细胞。血液与骨髓中的单核细胞以及器官组织内的巨噬细胞共同构成单核吞噬细胞系统(mononuclear phagocytic system,MPS)。血液循环中的单核细胞功能不活跃,穿越血管进入组织进一步分化后,才能充分发挥其生物功能,吞噬入侵机体的病原微生物、异物,清除体内衰老病变的细胞,参与调节免疫应答,分泌多种细胞因子参与机体造血调控等。

5. 淋巴细胞　淋巴细胞(lymphocyte)呈球形,其大小不一,直径 6 ~ 8μm 的为小淋巴细胞,9 ~ 12μm 的为中淋巴细胞,13 ~ 20μm 的是大淋巴细胞。外周血以小淋巴细胞为主。淋巴细胞核呈圆形或卵圆形,一侧可有一小凹陷。小淋巴细胞核染色质致密,呈粗块状,染色深;大、中淋巴细胞的核染色质略稀疏,染色略浅,有的可见核仁。淋巴细胞的胞质嗜碱性,染成蔚蓝色。小淋巴细胞的胞质很少,仅在核周形成很薄的一圈;大、中淋巴细胞的胞质较多,可见少量嗜天青颗粒(图 5-3、图 5-4)。电镜下淋巴细胞胞质内含丰富的游离核糖体,少量线粒体、溶酶体、粗面内质网和高尔基复合体等(图 5-6 右)。

淋巴细胞是机体主要的免疫细胞,也是体内功能与分类最为复杂的细胞群。根据发生来源、形态特点与免疫功能等的不同,可分为:①胸腺依赖淋巴细胞(thymus dependent lymphocyte):简称 T 细胞,产生于胸腺,体积小,胞质内含有少量溶酶体,占外周血淋巴细胞总数的 75%,参与细胞免疫,并具有调节免疫应答的作用;②骨髓依赖淋巴细胞(bone marrow dependent

Notes

lymphocyte):简称 B 细胞,产生于骨髓,体积略大,一般不含溶酶体,有少量粗面内质网,占外周血淋巴细胞总数的 10% ~15%,受抗原刺激后增殖、分化为浆细胞,产生抗体参与体液免疫;③自然杀伤细胞(nature killer cell):简称 NK 细胞,产生于骨髓,为中淋巴细胞,溶酶体较多,占外周血淋巴细胞总数的 10% ~15%,在杀伤肿瘤细胞中起重要作用。在上述分类基础上,根据淋巴细胞表面抗原标志及更具体的免疫功能还可将淋巴细胞进一步分为若干亚群。

(三) 血小板

血小板(blood platelet)又称血栓细胞(thrombocyte),是骨髓巨核细胞(megakaryocyte)胞质部分脱落的胞质小块,呈双凸扁盘状,直径 2 ~4μm。当受到机械或化学刺激时,血小板可伸出小突起,呈不规则形。在血涂片上,血小板常聚集成群,也可单个存在,无细胞核,胞质呈浅紫蓝色,中央有蓝紫色的血小板颗粒,称颗粒区(granulomere),周边呈浅蓝色,称透明区(hyalomere)(图 5-3、图 5-4)。电镜下,透明区含有微管和微丝,参与血小板形态的维持和变形。颗粒区含有特殊颗粒、致密颗粒和少量溶酶体。特殊颗粒又称 α 颗粒,体积较大,中等电子密度,内含血小板因子Ⅳ、血小板源性生长因子(platelet derived growth factor,PDGF)、凝血酶敏感蛋白等;致密颗粒又称 δ 颗粒,体积较小,电子密度大,是一种膜被颗粒,内含 5-羟色胺、ADP、ATP、Ca^{2+}、肾上腺素等。上述颗粒内容物都是参与止血和凝血的主要物质。血小板内有两套小管系统:①开放小管系统:管道与细胞表面连通,血浆能进入小管,使血小板与血浆的接触面积增大,有利于摄取血浆物质和释放颗粒内容物;②致密小管系统:是封闭小管,分布于血小板周边,相当于滑面内质网,有收集 Ca^{2+} 和合成前列腺素等功能(图 5-7)。

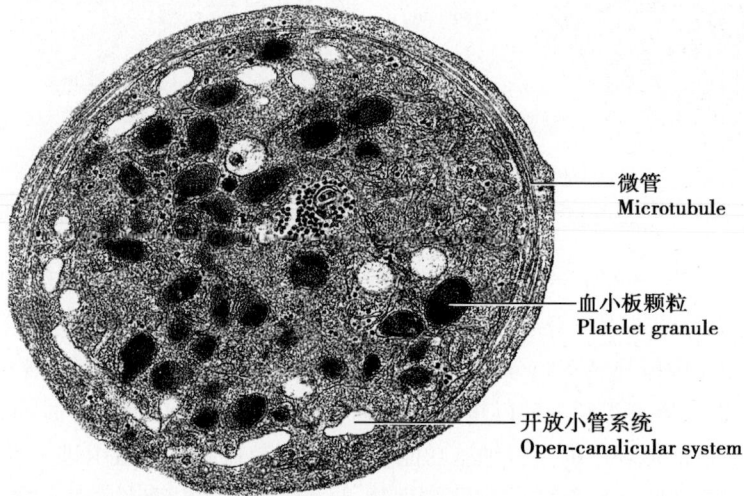

微管
Microtubule

血小板颗粒
Platelet granule

开放小管系统
Open-canalicular system

图 5-7 血小板电镜像
Fig. 5-7 Electron micrograph of the blood platelet

血小板参与止血和凝血过程。当血管内皮受损或血管破裂时,血小板迅速黏附、聚集于受损或破裂处,堵塞破损的血管;同时血小板被激活,开始释放颗粒物质,其中 5-羟色胺促进血管收缩,血小板因子Ⅳ对抗肝素的抗凝血作用,凝血酶敏感蛋白促进血小板聚集,启动凝血系统,催化纤维蛋白原变成丝状的纤维蛋白,并网罗血细胞形成血凝块。此外,PDGF 刺激内皮细胞增殖和血管修复。血小板的寿命为 7 ~14 天。

二、血细胞的发生

外周血中的各种血细胞寿命有限,因此,每天都有一定数量的血细胞衰老死亡,同时又有相同数量的血细胞生成并进入外周血,从而保持血细胞数量和质量的动态平衡。造血器官是生成各种血细胞的场所,人胚胎时期的卵黄囊、肝、脾、胸腺和骨髓均能造血;出生后,红骨髓是人类终身主要的造血器官。

（一）造血器官的演变

在胚胎发育第 3 周，人的原始血细胞在卵黄囊壁的血岛内发生。随着胚胎血液循环的建立，第 6 周血岛内的造血干细胞随血流迁入肝内开始造血，第 12 周逐渐迁至脾内造血。胚胎后期至出生后，骨髓成为主要的造血器官。

1. **卵黄囊造血期**　最早的造血活动发生在胚胎时期的血岛。血岛（blood island）是人胚第 3 周时卵黄囊、体蒂和绒毛膜等处的胚外中胚层细胞密集形成的细胞团（参见第 21 章和第 26 章）。血岛周边的细胞分化为成血管细胞（angioblast），并在其周围中胚层分泌的血管内皮生长因子（vascular endothelial growth factor，VEGF）诱导下增殖分化形成扁平的内皮细胞；中间的细胞变圆，与周边细胞脱离，分化为原始成血细胞（primitive hemoblast），即最早的造血干细胞，从而进入原始造血（primitive hematopoiesis）或胚胎造血（embryotic hematopoiesis）。原始造血的主要特点是造血向红细胞系方向分化。

2. **肝、脾、胸腺和淋巴结造血期**　随着胚胎血液循环的建立，约在胚胎第 6 周，卵黄囊内造血干细胞开始随血液循环进入肝，定植于肝血窦外肝细胞索内。9～24 周肝为胚胎主要的造血器官。继肝造血后，约在胚胎第 12 周，脾开始造血，其造血干细胞可能来源于脏。肝、脾造血表现为造血干细胞呈多向分化，称为定型性造血（definitive hematopoiesis）或成人造血（adult hematopoiesis）。集落形成实验证明，胚胎肝和脾内造血干细胞集落由红系细胞、粒单系细胞、巨核细胞组成，红系中原始成红细胞消失，代之以定型成红细胞。定型成红细胞对红细胞生成素（erythropoietin，EPO）的刺激产生增殖、分化反应。

胸腺和淋巴结是淋巴细胞增殖和分化的部位。胚胎第 3 个月初，从血循环来的淋巴干细胞进入胸腺，增殖分化后形成胸腺细胞，并培育成 T 细胞。胚胎第 4 个月，由胸腺培育的成熟 T 细胞和骨髓培育的成熟 B 细胞进入淋巴结内，在合适的微环境作用下生长发育成更多的 T 细胞和 B 细胞。胸腺和淋巴结产生淋巴细胞的能力可维持终生。

3. **骨髓造血期**　骨髓是出生前最后出现的造血器官。人骨髓造血大约始于胚胎第 20 周，也可早在第 12～15 周出现，维持终生。骨髓造血的方式为定型性造血，主要产生髓系细胞，包括红细胞、粒细胞、单核细胞与巨核细胞-血小板。

（二）骨髓的结构

骨髓位于骨髓腔中，分为红骨髓和黄骨髓。红骨髓（red bone marrow）的主要构成为造血组织，黄骨髓主要为脂肪组织。胎儿和婴幼儿时期的骨髓均为红骨髓，大约从 5 岁开始长骨的骨髓腔内出现脂肪细胞，并随年龄增长而增多，逐渐由红骨髓变为黄骨髓，其造血功能也随之消失，但在黄骨髓中仍含少量造血干细胞，故仍有造血潜能。成人红骨髓主要分布在扁骨、不规则骨与长骨骨骺端的松质骨中，红骨髓主要由造血组织和血窦构成（图 5-8）。

1. **造血组织**　造血组织由网状组织、造血细胞和基质细胞组成。网状组织的网状细胞与网状纤维构成造血组织的网架，网眼内充满不同发育阶段的各种血细胞（包括造血干/祖细胞，形态上可识别的原始、幼稚和成熟等不同阶段的血细胞）以及少量巨噬细胞、成纤维细胞、脂肪细胞、骨髓基质干细胞等。

2. **血窦**　血窦由动脉毛细血管进入骨髓后分支而成，其管腔大，形状不规则，窦壁衬贴有孔内皮，内皮细胞之间间隙较大，基膜不完整（图 5-8、图 5-9）。血窦内皮细胞能通过分泌黏附分子将造血干细胞黏附或固定，也可分泌多种造血生长因子参与血细胞发生的调节。

在造血组织和血液循环之间存在特殊屏障结构，称为骨髓-血屏障（bone marrow-blood barrier，MBB），其组成包括血窦壁内皮细胞及其外周的外膜细胞、周细胞和附近的巨噬细胞（图 5-9）。外膜细胞是一种有分支的成纤维细胞，覆盖在内皮细胞的周围。胞质的质膜下有成束的微丝，细胞收缩可以调整覆盖内皮细胞的面积。外膜细胞覆盖内皮细胞外表面积的比率可反映

Notes

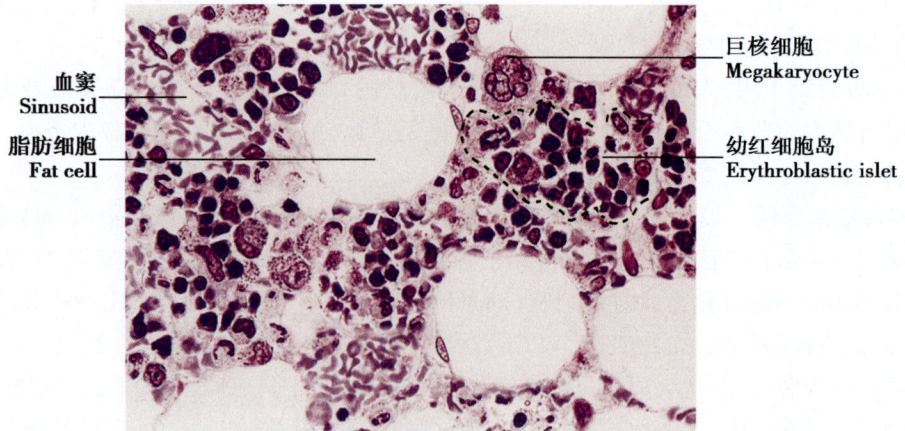

图5-8　红骨髓光镜像　HE染色　高倍
Fig. 5-8　Light micrograph of the red bone marrow　HE stain　High magnification

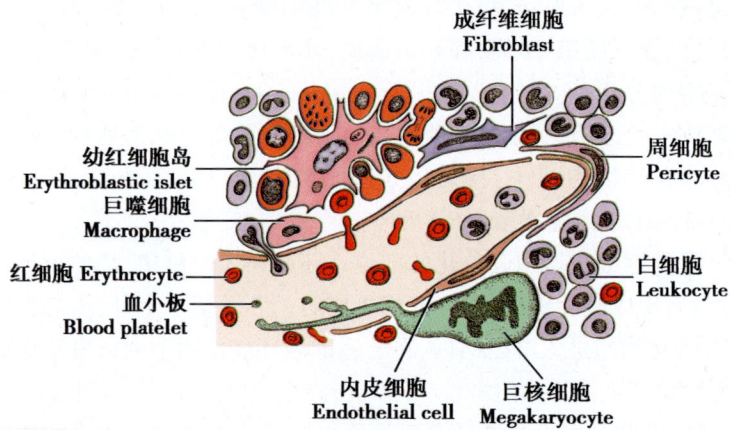

图5-9　骨髓-血屏障示意图
Fig. 5-9　Schematic diagram of the bone marrow-blood barrier

MBB的功能状态。MBB可以筛选成熟血细胞进入血窦,在调控血细胞的释放等过程中起重要作用。血窦壁周围和窦腔内的巨噬细胞可吞噬清除血液中的异物、细菌和衰老死亡的血细胞。在成年男性,每天大约有2×10^{11}个红细胞、1×10^{10}个粒细胞和4×10^{11}个血小板通过骨髓-血屏障进入血液循环。血细胞穿越内皮细胞的方式是直接穿越胞质进入血窦,而不是从内皮细胞之间。扫描电镜和连续切片透射电镜观察,骨髓血窦内皮无固定的孔,当血细胞通过内皮时,细胞首先压迫内皮细胞外表面,并与内表面相贴、融合,形成临时孔道。当细胞通过内皮后,孔道立即关闭。大多数血细胞,包括粒细胞均可以此方式通过MBB,而有核红细胞,由于胞核质硬,难以通过小孔,在穿壁时胞核留在造血组织内被巨噬细胞吞噬,其胞质即网织红细胞进入血液循环。

3. 造血诱导微环境　造血诱导微环境(hematopoietic inductive microenvironment,HIM)是造血细胞赖以生存、增殖与分化的场所,其与造血干/祖细胞的关系相当于"土壤与种子",由骨髓的神经成分、微血管系统、纤维、细胞外基质与骨髓基质细胞构成。基质细胞(stromal cell)是造血诱导微环境的核心成分,由巨噬细胞、成纤维细胞、血窦内皮细胞、网状细胞、脂肪细胞、成骨细胞以及骨髓基质干细胞等多种细胞组成。这些细胞不仅形成造血细胞生长的支架,还可通过细胞间通讯和细胞间连接与造血细胞直接接触,协调分泌多种造血生长因子(hematopoietic growth factor),产生网状纤维、黏附分子等细胞外基质成分,由此调控血细胞的生成。

发育中的各种血细胞在造血组织中的分布呈一定规律,这与不同区域的造血诱导微环境不尽一致、每一特定区域适应某种造血细胞增殖并诱导其向特定方向分化有关。如不同发育阶段的红细胞常位于血窦附近,成群嵌在巨噬细胞周围,形成以巨噬细胞为中心的幼红细胞岛(erythroblastic islet)(图 5-8、图 5-9);而幼稚粒细胞多远离血窦,也可与巨噬细胞或成纤维细胞形成细胞岛,当发育至晚幼粒细胞具有运动能力后,通过变形运动接近并穿入血窦;巨核细胞则紧靠血窦内皮间隙,将胞质突起伸入血窦腔,脱落形成的血小板直接进入血窦。

造血组织内的神经主要为无髓神经纤维,其末梢终止于动脉平滑肌纤维、血窦内皮以及造血细胞中间。这些神经通过分泌神经递质和神经因子参与对造血的调控。

(三)造血干细胞与造血祖细胞

血细胞发生是造血干细胞在一定的造血诱导微环境和某些因素的调节下,先增殖分化为各类造血祖细胞,然后定向增殖分化为各种成熟血细胞的过程。

1. 造血干细胞　造血干细胞(hematopoietic stem cell,HSC)是生成各种血细胞的原始细胞,最早起源于人胚卵黄囊血岛。出生后,造血干细胞主要存在于红骨髓中,约占骨髓有核细胞数的 0.5%。另外,在外周血和胎儿脐带血以及脾、肝、淋巴结也有极少量分布。

20 世纪 60 年代通过小鼠脾集落生成实验证实了造血干细胞的存在(图 5-10):用小剂量射线照射小鼠骨髓细胞悬液而对其进行标记(诱发染色体畸变),将该标记骨髓细胞作为供体细胞输给受致死剂量射线照射的同系受体小鼠后,受体小鼠重新获得造血能力而免于死亡,且受体小鼠脾内出现许多小结节状造血灶,称脾集落(spleen colony)。脾集落内含有红细胞系、粒细胞系和巨核细胞系的细胞。如将脾集落细胞分离,再次输给其他用致死剂量射线照射的同系小鼠,仍能重建造血并形成脾集落。脾集落生成数与输入的骨髓细胞数或脾集落细胞数成正比,表明骨髓中有一类能重建造血的原始血细胞。每个脾集落中的所有细胞均具有相同的畸变染色体,表明每个集落的细胞来自供体同一个原始血细胞。每个脾集落为一个克隆(clone),称为脾集落生成单位(colony forming unit spleen,CFU-S),代表一个造血干细胞。

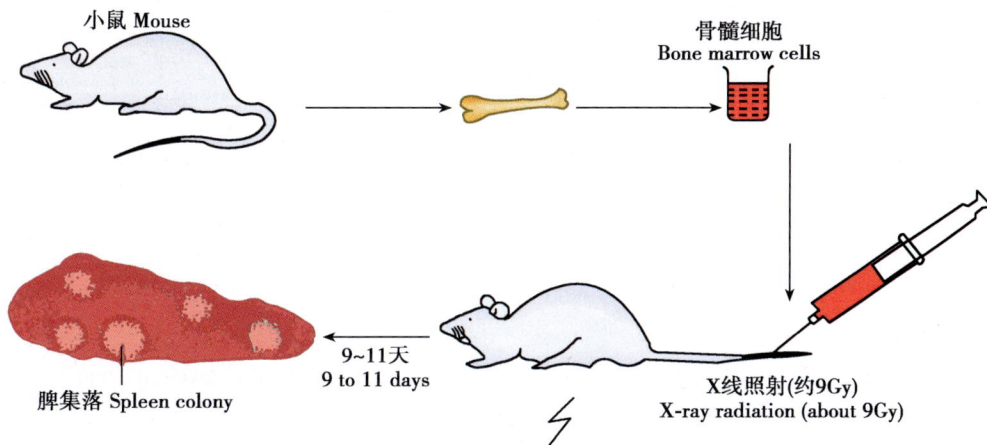

图 5-10　脾集落形成实验示意图
Fig. 5-10　Schematic drawing of spleen colony forming array

有一些间接依据证明人造血干细胞的存在:如慢性粒细胞性白血病患者的红细胞系、粒细胞系和巨核细胞系均具有 Ph1 畸变染色体,由此推测这 3 种细胞来自共同的干细胞;体外培养人骨髓细胞时,出现混合性细胞集落,由此直接证明了造血干细胞的存在。

造血干细胞具有下列生物学特性:①有很强的增殖潜能:在一定条件下能反复分裂,大量增殖,但在生理状态下,多数细胞处于 G_0 期静止状态;②有多向分化能力:能分化形成各系造血祖细胞,并可横向分化为某些非造血细胞,如树突状细胞、朗格汉斯细胞、内皮细胞等;③具有自我更新或自我复制能力:即通过不对称性有丝分裂后产生两种子代细胞,其中一种分化为造血祖细胞,而另一种仍保持造血干细胞的所有生物学特性,可不断补充造血干细胞群体数量,维持自

Notes

身数量的相对稳定;④具有异质性:即不同发育阶段、不同来源的造血干细胞其功能、生物物理特性和表面标志不同。

2. 造血祖细胞　造血祖细胞(hematopoietic progenitor cell)是由造血干细胞增殖、分化而来的分化方向确定的干细胞,故又称定向干细胞。造血祖细胞表面已出现造血生长因子受体,如EPO、集落刺激因子(colony stimulating factor,CSF)等的受体,能接受相应因子的调控而定向分化,体外培养时可形成相应的集落生成单位(colony forming unit,CFU)。除极早期以外,造血祖细胞已失去自我复制能力,细胞分裂的方式转变为对称性有丝分裂,因此,造血祖细胞数量的维持只有依赖于造血干细胞的增殖、分化来补充。但造血祖细胞仍保持很强的增殖能力,各系造血过程中细胞的大量扩增主要依靠造血祖细胞的增殖。

根据其分化方向,造血祖细胞可分为以下5系(图5-11):

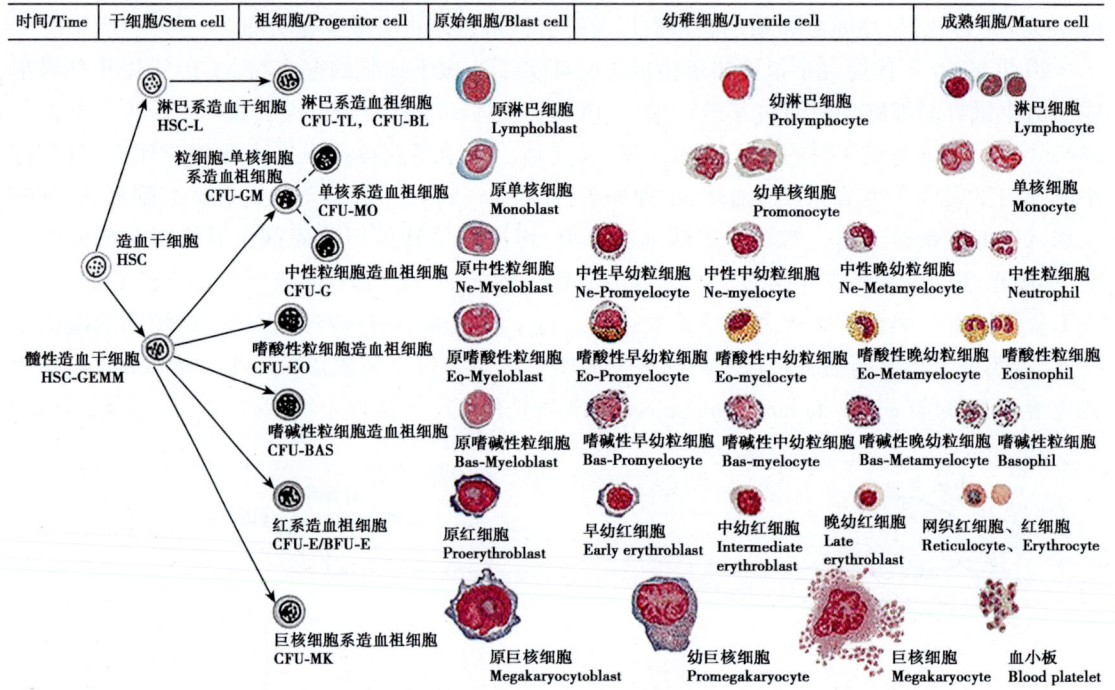

图 5-11　造血干细胞的演化

Fig. 5-11　Evolution of hematopoietic stem cells

（1）髓系多向造血祖细胞:髓系多向造血祖细胞(multipotential myeloid stem cell,CFU-GEMM)是造血干细胞增殖、分化而来的早期祖细胞。在多种造血生长因子诱导下,体外能培养出红细胞、粒细胞、单核细胞和巨核细胞组成的混合性集落(CFU-Mix),说明这种祖细胞能进一步分化为单系或二系造血祖细胞。

（2）红系造血祖细胞:红系造血祖细胞(erythrocyte progenitor cell)是由髓系多向造血祖细胞在 IL-3、干细胞刺激因子(SCF)和 EPO 等诱导下增殖、分化而来。集落形成实验证明,红系造血祖细胞可形成两种集落生成单位:爆式红细胞集落生成单位(erythrocytic burst forming unit,BFU-E)和红细胞集落生成单位(erythrocytic colony forming unit,CFU-E),前者集落形如爆炸状态,是由分化早期的红系造血祖细胞分化而来;后者是一种发育迅速的小集落,是分化晚期的红系祖细胞分化而来。红系造血祖细胞向红细胞系方向分化。

（3）粒细胞单核细胞系造血祖细胞:粒细胞单核细胞系造血祖细胞(granulocyte/monocyte progenitor cell,CFU-GM)是髓系多向造血祖细胞在粒单系集落刺激因子(GM-CSF)、IL-3 等诱导下增殖、分化而来,是中性粒细胞、单核细胞共同的祖细胞。

（4）巨核细胞系祖细胞：巨核细胞系祖细胞（megakaryocyte progenitor cell，CFU-MK）是由髓系多向造血祖细胞在血小板生成素（thrombopoietin，TPO）、巨核细胞集落刺激因子（megakaryocyte colony stimulating factor，Meg-CSF）等诱导下增殖、分化而来，向巨核细胞和血小板定向分化。

（5）淋巴系祖细胞：淋巴系祖细胞（lymphoid progenitor cell，CFU-L）也称淋巴干细胞（lymphoid stem cell），由造血干细胞增殖、分化而来，在胸腺、骨髓和其他淋巴器官中增殖、分化为 T 细胞、B 细胞和 NK 细胞。

（四）血细胞发生和形态演变

造血祖细胞经定向增殖、分化，形成各系的成熟血细胞，其发育过程可分为原始阶段、幼稚阶段（又可分早、中、晚 3 期）和成熟阶段。在各系血细胞的发生过程中，其形态演变有以下共同规律（图 5-11）：①胞体由大逐渐变小，但巨核细胞胞体由小逐渐变大。②胞核由大逐渐变小，红细胞核最终消失，粒细胞核由圆形逐渐变成杆状，最终形成分叶核，但巨核细胞核由小变大，呈分叶状；核内染色质由细疏逐渐变成粗密，核的着色由浅变深，核仁由明显渐至消失。③胞质由少变多，嗜碱性逐渐变弱，但单核细胞与淋巴细胞仍保持嗜碱性；胞质内的特殊结构或蛋白成分从无到有，逐渐增多，如粒细胞中的特殊颗粒、红细胞中的血红蛋白等。④细胞分裂能力从有到无，但淋巴细胞仍保持很强的潜在分裂能力。

1. **红细胞系**　红细胞发生（erythropoiesis）起始于红系祖细胞，经原红细胞、早幼红细胞、中幼红细胞、晚幼红细胞，后者脱去细胞核成为网织红细胞，最终成为成熟红细胞。从原红细胞发育至晚幼红细胞需 3～4 天，巨噬细胞可吞噬晚幼红细胞脱出的胞核，并为红细胞的发育提供铁等物质。红细胞发生过程的形态特点见表 5-2。

表 5-2　红细胞发生过程的形态演变

发育阶段和名称		胞体		胞核				胞质			分裂能力
		大小（μm）	形状	形状	染色质	核仁	核质比	嗜碱性	着色	血红蛋白	
原始	原红细胞	14～22	圆	圆	细粒状	2～3 个	>3/4	强	墨水蓝	无	有
幼稚	早幼红细胞	11～19	圆	圆	粗粒状	偶见	>1/2	较强	墨水蓝	开始出现	有
	中幼红细胞	10～14	圆	圆	粗块状	无	约1/2	减弱	嗜多染性	增多	弱
	晚幼红细胞	9～12	圆	圆	致密块	无	更小	弱	红	大量	无
成熟	网织红细胞	7～9	双凹圆盘状	无				微	红	大量	无
	红细胞	7～8	双凹圆盘状	无				消失	红	大量	无

2. **粒细胞系**　3 种粒细胞发生（granulocytopoiesis）虽然起始于不同的祖细胞，但其发育过程基本相同，均经历原粒细胞、早幼粒细胞、中幼粒细胞、晚幼粒细胞，进而分化为成熟的杆状核粒细胞和分叶核粒细胞进入外周血。从原粒细胞增殖、分化为晚幼粒细胞需 4～6 天，杆状核粒细胞和分叶核粒细胞在骨髓内贮存 4～5 天后释放入血。在某些病理状态，如急性细菌感染，骨髓加速释放，外周血中的粒细胞可骤然增多。粒细胞发生过程的形态演变见表 5-3。

3. **单核细胞系**　单核细胞起源于粒单系祖细胞，经原单核细胞（monoblast）、幼单核细胞（promonocyte）变成成熟的单核细胞。幼单核细胞的增殖能力很强，而骨髓中单核细胞的储存量不多，一旦机体需要，幼单核细胞即加速分裂增殖以提供足量的单核细胞。

4. **巨核细胞-血小板**　血小板发生（thrombocytopoiesis）始于巨核系祖细胞，经原巨核细胞、幼巨核细胞发育为成熟巨核细胞，巨核细胞胞质脱落形成血小板。原巨核细胞分化为幼巨核细胞，其体积变大，胞核常呈肾形，胞质内开始出现血小板颗粒。幼巨核细胞经过数次 DNA 复制，成为 8～32 倍体，但核不分裂，形成多倍体的巨核细胞。巨核细胞呈不规则形，直径 50～

Notes

$100\mu m$,核大分叶,染色质呈粗块状,胞质内含大量血小板颗粒,滑面内质网形成网状小管将胞质分隔成若干胞质小区。巨核细胞伸出胞质突起,穿过血窦壁伸入窦腔,其末端胞质脱落形成血小板。

表5-3　粒细胞发生过程的形态演变

发育阶段和名称		胞　体		胞　核				胞　质				分裂能力
		大小(μm)	形状	形状	染色质	核仁	核质比例	嗜碱性	着色	嗜天青颗粒	特殊颗粒	
原始	原粒细胞	11~18	圆	圆	细网状	2~6	>3/4	强	天蓝	无	无	有
幼稚	早幼粒细胞	13~20	圆	卵圆	粗网状	偶见	>1/2	减弱	淡蓝	大量	少量	有
	中幼粒细胞	11~16	圆	半圆	网块状	无	约1/2	弱	浅蓝	少	增多	有
	晚幼粒细胞	10~15	圆	肾形	网块状	无	<1/2	极弱	淡红	少	明显	无
成熟	杆状核粒细胞	10~15	圆	杆状	粗块状	无	>1/3	消失	淡红	少	大量	无
	分叶核粒细胞	10~15	圆	分叶	粗块状	无	更小	消失	淡红	少	大量	无

5. 淋巴细胞系　淋巴细胞起源于淋巴干细胞。一部分淋巴干细胞迁入胸腺皮质后,逐渐发育分化为 T 细胞;另一部分淋巴干细胞在骨髓微环境中发育分化为 B 细胞和 NK 细胞。淋巴细胞在增殖、分化过程中还进一步形成多种淋巴细胞亚群,不同种类或亚群的淋巴细胞在形态结构上变化不明显,主要表现为细胞膜蛋白(抗体标志)和功能状态的变化,故不易从形态上区分淋巴细胞的发生和分化阶段。

三、淋　巴

淋巴(lymph)是位于淋巴管系统内流动的液体,由组织液渗入毛细淋巴管内而形成,并单向性地从毛细淋巴管流向淋巴导管,然后汇入大静脉。当淋巴经淋巴管流过淋巴结时,便有淋巴细胞加入,同时可清除其中的细菌等异物,有时还可见单核细胞、中性粒细胞等加入到淋巴液中。机体不同部位淋巴管内的淋巴成分也不同,在不同生理情况下,其成分也会有所变化,如肢体的淋巴亮而透明,含蛋白质约 0.5%;小肠淋巴管中的淋巴因含许多脂肪小滴而呈乳白色,称乳糜(chyle),当进食脂肪性食物较多时,乳糜中脂滴增多;源于肝脏的淋巴中蛋白质约占 6%。淋巴是组织液回流的辅助渠道,在维持全身各部分的组织液动态平衡中起重要作用。

专题讲座：造血干细胞和造血干细胞移植

造血干细胞(hematopoietic stem cell,HSC)的概念于 18 世纪最早提出,伴随人类对血液系统和免疫系统认识的加深,HSC 富有神秘色彩的面纱渐渐地被揭开。HSC 属于多能干细胞(pluripotent stem cell),具有高度的自我更新、多向分化与重建长期造血的潜能,以及损伤后再生的能力,此外还具有广泛的迁移和特异性的归巢特性,能优先定位于相应的造血微环境中,并以非增殖状态和缺乏相关抗原的方式存在。HSC 的重要特性是具有造血重建功能(hematopoietic repopulation capacity)。目前不仅在 HSC 生物学特点、体外扩增和定向诱导分化等基础研究方面取得了重大进展,而且 HSC 已广泛地应用于干细胞移植、生物免疫治疗、造血支持治疗和基因治疗等临床领域,但如何调控 HSC 静止与增殖的平衡仍是当今 HSC 研究领域的难点。

(一)造血干细胞的表面标志和分离纯化

HSC 处于代谢和分裂的静止期,与其他血细胞在细胞大小、密度、对药物的敏感性以及表面抗原表达等方面有所不同,可应用单克隆抗体标记的细胞免疫分离法,包括流式细胞仪细胞分选、生物素-亲和素免疫亲和柱层析和免疫磁珠微粒等方法对其进行分离。目前常用的 HSC 表面标志是 Lin$^-$Sca1$^+$KIT$^+$（LSK 细胞），其中只有 CD34$^-$Flt3$^-$CD150$^+$的部分细胞具有长期重建造血能力，CD34$^+$Flt3$^-$细胞自我更新能力有限，只能完成短期造血重建。结合流式分选技术和单细胞重建动物造血实验，先后鉴定出多种 HSC 分离纯化标志，如 CD34$^{+/-}$、CD38$^-$、CD133$^+$、CD45RO、HLA-DR$^-$、Thy-1$^+$、Hoechst33343^{low}、Rhodamine123^{low}等。采用上述多种表面标志的多参数分选法富集 HSC，分析研究不同细胞亚群的不同造血功能在实验中被广泛应用。

（二）造血干细胞的生物学特性

HSC 最基本的特征之一是高度的自我更新或自我维持能力，这也是所有干细胞区别于其他细胞的根本特点。HSC 可通过单个细胞的不对称有丝分裂产生两个细胞，其中一个子代细胞仍保持干细胞的所有生物学特征，另一个则迅速分化为祖细胞。HSC 有丝分裂的不对称规律也可建立在细胞群上，即并不一定是每一个细胞的每一次分裂都遵循不对称规律，HSC 可选择全部分化形成两个造血祖细胞，也可选择全部自我复制生成两个 HSC，或选择半数分化形成一个 HSC 和一个造血祖细胞。HSC 通过不对称分裂的自我更新，既能使自己的数量与特性保持相对不变，又能直接分化产生多种定向造血祖细胞。HSC 的自我更新和长期重建造血的特性已在体内重建实验如经典的脾集落形成实验、长期重建实验和竞争性再植实验中得到充分验证，以上实验也是目前检测 HSC 最直接可靠的手段。正是由于 HSC 的自我更新能力，使得 HSC 移植能够在体内长期或永久重建受体的造血功能。

HSC 的另一生物学特性即为高度增殖潜能。正常生理情况下，95% ~99% 的 HSC 停留在静止状态的 G$_0$期，不进行 DNA 的合成和有丝分裂。HSC 的静止状态有利于干细胞池维持长期稳定，同时有利于保护干细胞，将 DNA 复制引起的变异缩小到最低程度。这种仅极少数 HSC 在既定时限内进行分裂增殖以保证机体恒定造血的性质，也提示 HSC 有高度增殖潜能。当机体面临造血压力时，如失血、放疗、化疗造成造血细胞群明显耗竭或在 HSC 动员剂作用下，HSC 能反复大量地分裂。

多向分化是 HSC 的又一生物学特性。根据在造血重建中的作用，将 HSC 分为长期重建造血干细胞（long-term hematopoietic stem cell，LT-HSC）和短期重建造血干细胞（short-term hemato-poietic stem cell，ST-HSC）。在不同组合的多种造血生长因子作用下，短期重建造血干细胞可进一步分化为多能祖细胞（multipotential progenitor cell，MPP），MPP 进一步分化为髓系干细胞（committed myeloid progenitor cell，CMP）和淋巴系干细胞（committed lymphoid progenitor cell，CLP）。CMP 又可进一步分化成各种髓系祖细胞，CLP 则可进一步分化为 T 淋巴细胞系祖细胞和 B 淋巴细胞系祖细胞，最终由这些祖细胞进一步增殖分化为成熟的功能血细胞。

（三）造血干细胞静止与自我更新的调控

HSC 如何选择静止或自我更新以及其调控机制是目前研究的热点。Ray Schofield 于 1978 年最先提出"龛"的概念，指出 HSC 的功能与其所处的造血微环境——"龛"（niche）密切相关。对成骨细胞与 HSC 相互作用的研究表明，骨髓内 HSC 分布于两种"龛"内——骨内膜表面的成骨细胞龛（osteoblastic niche）和血窦内皮的血管龛（vascular niche）。前者主要功能是维持 HSC 的静止状态，稳定 HSC 池；后者是活跃分裂的 HSC 和造血祖细胞所在部位。成骨细胞龛和血管龛功能差异的机制以及相互联系机制目前还不甚清楚，可能的机制为两种龛内氧浓度的差别。HSC 在成骨细胞龛内处于低氧环境，细胞处于 G$_0$期。当细胞移动到血管龛时，周围环境氧浓度升高，HSC 易于进入细胞周期，启动分化。一旦完成成熟血细胞供应的任务后，HSC 将重新回到成骨细胞龛，进入 G$_0$期静止状态。

成骨细胞功能的升高或降低决定 HSC，尤其是 LT-HSC 数量的多少。包括成骨细胞在内的骨髓基质细胞可分泌多种细胞因子，它们与 HSC 表面相应受体相互作用，活化骨髓细胞外基质（ECM）黏附分子，黏附 HSC 的同时上调 p21、p57 等细胞周期蛋白依赖性激酶抑制子，抑制细胞增殖相关蛋白，从而维持 HSC 静止和自我更新。Wnt、Notch 等信号转导途径参与了其中的调控。

Notes

除了上述微环境龛对 HSC 的静止与自我更新有调控作用外,HSC 自身与细胞增殖相关的内源性因素也可独立调控 HSC 的增殖。任何一种因素的缺失将破坏 HSC 静止和增殖的正常平衡维持。如何扩增 HSC,加快短期造血恢复的同时又保留 HSC 与扩增早期的造血祖细胞,以保证长期造血重建是目前 HSC 工程的重点与难点。HSC 调控机制的逐渐突破势必极大促进 HSC 的临床应用。

HSC 的自我更新能力并非是无限的。内源性遗传和生物化学改变如端粒缩短、DNA 损伤、代谢性活性氧(reactive oxygen species,ROS)蓄积作用于 HSC;直接或间接暴露于外源性的损伤因素如放、化疗,均可导致 HSC 发生衰老,降低自我更新与长期造血重建能力。

(四) 造血干细胞移植

HSC 移植(hematopoietic stem cell transplantation,HSCT)是指从外周血、脐带血、骨髓分离的造血干/祖细胞经体外扩增后,通过静脉输注,重建受者的造血功能和免疫功能。HSCT 已广泛应用于临床:①在放、化疗后支持造血功能以治疗血液肿瘤或实体肿瘤;②建立移植物抗白血病或抗肿瘤效应;③替代异常的造血或免疫组织;④以 HSC 为靶细胞的基因治疗。

所有 HSCT 的基本原理是一致的,即通过大剂量化疗,或加上全身放射线照射(TBI)处理,使受者骨髓造血细胞全部或部分清除,免疫功能严重抑制,再由静脉输入预先采集的造血干/祖细胞,通过归巢效应(HSC 能找到并定居适宜的造血微环境中)使干细胞植入受者骨髓重建其造血和免疫功能。其间,需要严格的保护措施、强有力的支持治疗和谨慎地防止各种并发症。1956 年美国医生 Edward Donnall Thomas 成功应用双胞胎间的骨髓移植治疗白血病。由于移植物可能遭受宿主免疫系统的排斥反应或因供体移植时混杂的淋巴细胞对宿主细胞的排斥,即移植物抗宿主病(graft-versus-host disease,GVHD),20 世纪 60 年代骨髓移植术的成功率一直很低。随着免疫学的发展和免疫抑制剂的发明,70 年代末 Thomas 团队将免疫抑制剂氨甲蝶呤运用于临床,成功地在不同个体之间进行了骨髓移植。1990 年,Thomas 与美国肾移植外科医生 Joseph Edward Murray 一起由于在人体器官和细胞移植研究领域的卓越贡献而获得诺贝尔医学奖。

根据干细胞供体来源不同,临床上又可分为自体干细胞移植、同基因干细胞移植和异基因干细胞移植。选择干细胞来源主要基于移植计划的可行性和患者所患的疾病本身。自体干细胞移植虽然不存在 GVHD 且并发症少,但仍然有以下缺点:无论干细胞采自骨髓或外周血,都有被瘤细胞"污染"的可能;无移植物抗肿瘤效应;自体干细胞数量和质量往往因疾病或放化疗作用受到影响,导致移植后造血重建延迟。同基因干细胞移植即单卵孪生之间的干细胞移植,我国双胞胎的发生率约 1/89,真正单卵孪生的比例更低,故同基因干细胞移植的几率极小。异基因干细胞移植(allo-HSCT)可分为有血缘关系和无血缘关系两类,人类白细胞表面抗原 HLA-A、HLA-B、HLA-C、HLA-DRB1、HLA-DQB1 全相同的同胞供体是相对理想的干细胞来源。对多数疾病,异基因干细胞移植的总体疗效更好,但只有 30%～40% 的患者能够从骨髓库中找到 HLA 相合的供体。造血功能障碍类疾病、先天性的免疫功能缺陷则只能选择异基因或同基因移植。

根据干细胞采集部位不同,临床可进行骨髓移植、外周血干细胞移植和脐带血移植。20 世纪 90 年代外周血干细胞移植(PBSCT)逐渐兴起,直至今日已成为 HSCT 最常用的方法。PBSCT 与骨髓移植相比有以下优点:造血重建更快;采集物中较多的 T 细胞可以加快受者的免疫重建,不增加急性 GVHD 发病率,虽然可能增加慢性 GVHD 的发病率,但同时可能增加移植物抗白血病效应(GVL)。PBSCT 成功的关键是如何将骨髓中的 HSC 动员到外周血来,以便采集到足够数量的外周血 HSC。生理情况下 HSC 数量极少,约占骨髓有核细胞数的 0.5%;外周血 HSC 数量更少,约占单个核细胞的 0.01%～0.1%,相当于骨髓干细胞含量的 1%～10%。动员剂可促进 HSC 增殖分裂并释放到外周血中。目前常用的干细胞动员剂有造血生长因子 G-CSF 等。脐血移植的发展增加了患者的移植机会,但成人脐血移植的经验仍十分有限。

非血缘关系的 HLA 相合率为 1/10 000～1/400,在较为罕见的 HLA 型别中,相合的几率更是只有几万分之一甚至几十万分之一,只有建立一个庞大的干细胞资料库,才能让更多的生命重获新生。一般年龄在 18~45 周岁、身体健康、符合无偿献血条件、自愿报名,都可以成为 HSC 捐献者。志愿者通过报名、填写志愿捐献书及有关表格,并抽取 5 毫升血液,组织配型实验室将会对志愿者的血液进行 HLA 分型检查,并把所有相关资料录入中国 HSC 捐献者资料库的计算机数据库中,以供渴望移植治疗的患者寻找配对。我国还建立了"脐带血 HSC 库",公共库奉行公益原则,接受公众脐带血捐赠,免费保存,以作日后提供给病患进行异体移植;而自体库,实行收费保存,脐带血也只用于保存者自体移植所用。在干细胞的储存方面,美国已达到 10%,日本和韩国将近 15%,而我国仅仅是千分之几。尽管如此,中华骨髓资料库的建设和发展仍为拯救全世界血液病患者的生命发挥了积极的作用。

参考文献

1. 高英茂,李和. 组织学与胚胎学. 第 2 版. 北京:人民卫生出版社,2011
2. 王亚平. 造血干细胞生物学及其研究方法. 北京:科学出版社,2007
3. Li J. Quiescence regulators for hematopoietic stem cell. Exp Hematol,2011,39(5):511-520
4. Morrison SJ,Scadden DT. The bone marrow niche for haematopoietic stem cell. Nature,2014,505(7483):327-334
5. Schaniel C,Sirabella D,Qiu J,et al. Wnt-inhibitory factor 1 dysregulation of the bone marrow niche exhausts hematopoietic stem cells. Blood,2011,118(9):2420-2429
6. Geiger H,Denkinger M,Schirmbeck R. Hematopoietic stem cell aging. Curr Opin Immunol,2014,29:86-92

（吴　宏）

第 6 章 肌 组 织

KEY POINTS

- The types of muscle tissue and their microstructure
- The ultrastructural features of three types of muscle tissues
- The molecular construction of myofibril and contraction mechanism of skeletal muscle

肌组织（muscle tissue）主要由具有收缩功能的肌细胞构成，肌细胞间有少量结缔组织、血管、淋巴管及神经等。肌细胞平行排列，呈长纤维形，故又称肌纤维（muscle fiber），其细胞膜称为肌膜（sarcolemma），细胞质称为肌质或肌浆（sarcoplasm），其中的滑面内质网称肌质网或肌浆网（sarcoplasmic reticulum）。肌质内有大量与肌纤维长轴平行排列的肌丝，它们是肌纤维舒缩功能的主要结构基础。根据结构和功能特点，可将肌组织分为骨骼肌（skeletal muscle）、心肌（cardiac muscle）和平滑肌（smooth muscle）3 种。骨骼肌和心肌都有明显的横纹（cross striation），均属横纹肌（striated muscle）。骨骼肌受体神经支配，属随意肌（voluntary muscle）；心肌和平滑肌受自主神经支配，为不随意肌（involuntary muscle），其收缩缓慢而持久，不易疲劳。

一、骨 骼 肌

大多数骨骼肌借肌腱附着在骨骼上。分布于躯干和四肢的每块肌肉均由许多平行排列的骨骼肌纤维组成，其周围包裹着结缔组织。包在整块肌肉外面的结缔组织为肌外膜（epimysium），是一层致密结缔组织膜，含有血管和神经，解剖学上称深筋膜。肌外膜的结缔组织以及血管和神经的分支伸入肌内，分隔和包围大小不等的肌束，形成肌束膜（perimysium）。包绕在每条肌纤维周围的网状纤维为肌内膜（endomysium），肌内膜含有丰富的毛细血管及神经分支（图 6-1）。各层结缔组织膜除有支持、连结、营养和保护肌组织的作用外，对单条肌纤维的活动，乃至对肌束和整块肌肉的肌纤维群体活动也起着调整和协助作用。

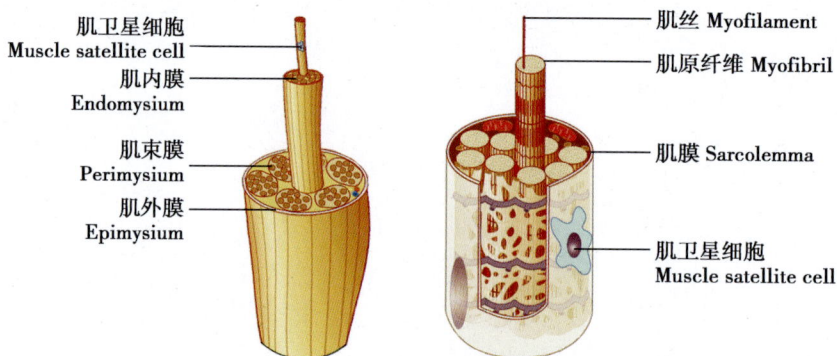

图 6-1　骨骼肌结构模式图

Fig. 6-1　Diagram illustrating structure of skeletal muscle

84

（一）骨骼肌纤维的光镜结构

骨骼肌纤维呈细长圆柱形，直径为 $10 \sim 100\mu m$，长度不等，一般为 $1 \sim 40mm$，最长可达 $30cm$，如下肢的缝匠肌。骨骼肌纤维两端钝圆，与肌腱纤维相连接。除舌肌等少数肌纤维外，骨骼肌纤维极少有分支。骨骼肌纤维在发生时由小的单个成肌细胞融合而成，因此，骨骼肌纤维是一种多核细胞，即合胞体（syncytium）。核的数量随肌纤维的长短而异，短者核少，长者核的数量可达 $100 \sim 200$ 个，均位于肌质的周边，即肌膜下方。核呈扁椭圆形，异染色质较少，染色较浅（图 6-2）。

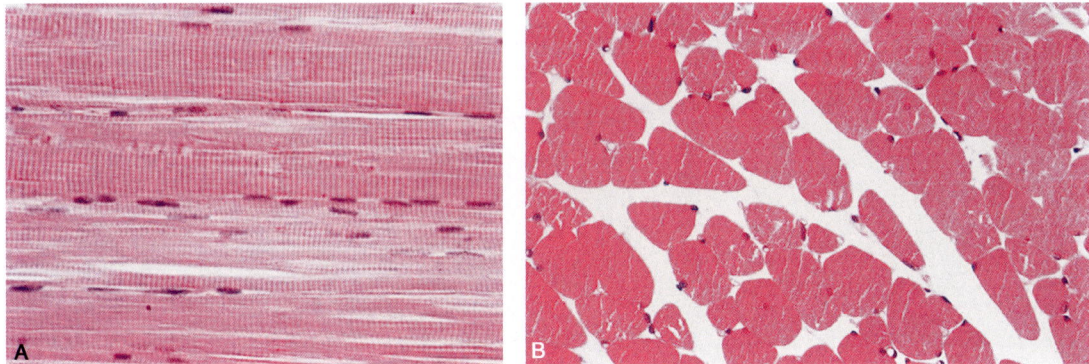

图 6-2 骨骼肌纤维光镜像 HE 染色 高倍
A. 纵切面；B. 横切面
Fig. 6-2 Light micrographs of skeletal muscle fibers HE stain High magnification
A. longitudinal section；B. transverse section

在骨骼肌纤维的肌质内有大量与其长径平行排列的肌原纤维。肌原纤维（myofibril）呈细丝状，直径为 $1 \sim 2\mu m$。光镜下，在骨骼肌横切面上的肌原纤维呈点状，聚集为许多小区，称孔亥姆区（Cohnheim field）。每条肌原纤维上都有明暗相间的带，即周期性横纹。由于各条肌原纤维的明暗带都相应地排列在同一平面上，故使纵切的肌纤维呈现明、暗相间的横纹。

在偏振光显微镜下，明带（light band）呈单折光，为各向同性（isotropic），故又称 I 带（I band）；暗带（dark band）呈双折光，为各向异性（anisotropic），又称 A 带（A band），易为铁苏木精、亚甲蓝等染色。在油镜或电镜下，暗带中央有一条较明的窄带，称 H 带（H band）（德文 Hall，"明"的意思），H 带的中央有一条深色的暗线，实际是一薄膜，称 M 线（M line）或 M 膜（M membrane）（德文 Mittle，"中"的意思）。明带中央可见一条暗线，实际仍是一薄膜，称 Z 线（Z line）或 Z 膜（Z membrane）（Z 是德文 zwischem 的字头，"间"的意思）。两条相邻 Z 线之间的一段肌原纤维称为肌节（sarcomere），是肌纤维结构和功能的基本单位。每个肌节由 1/2 个 I 带+A 带+1/2 个 I 带组成，其长度随肌纤维的收缩或舒张而改变。静止时，一个肌节长 $2.1 \sim 2.5\mu m$（图 6-3）。一条肌原纤维可由几百个肌节组成。

骨骼肌纤维肌质丰富，其中除含有大量肌原纤维外，还含有肌红蛋白（myoglobin）、大量的线粒体、糖原颗粒和少量脂滴。肌红蛋白的分子结构近似血红蛋白，能与氧结合，起到储存氧的作用。肌红蛋白与线粒体、糖原颗粒和脂滴共同构成肌纤维收缩的供能系统。

在骨骼肌细胞膜与基膜之间可见到一种多突起的细胞，核呈扁圆形，着色浅，核仁清楚，称肌卫星细胞（muscle satellite cell），在生长的肌组织中数量较多，成年时减少。肌卫星细胞是骨骼肌组织中的肌干细胞，具有能自我更新能力，在骨骼肌肌组织内，其数量相对稳定。肌卫星细胞与骨骼肌的再生有关，在骨骼肌损伤后可分化形成新的肌纤维。

（二）骨骼肌纤维的超微结构

1. 肌原纤维 电镜下可见肌原纤维由粗、细两种肌丝（myofilament）构成，两种肌丝沿肌纤

Notes

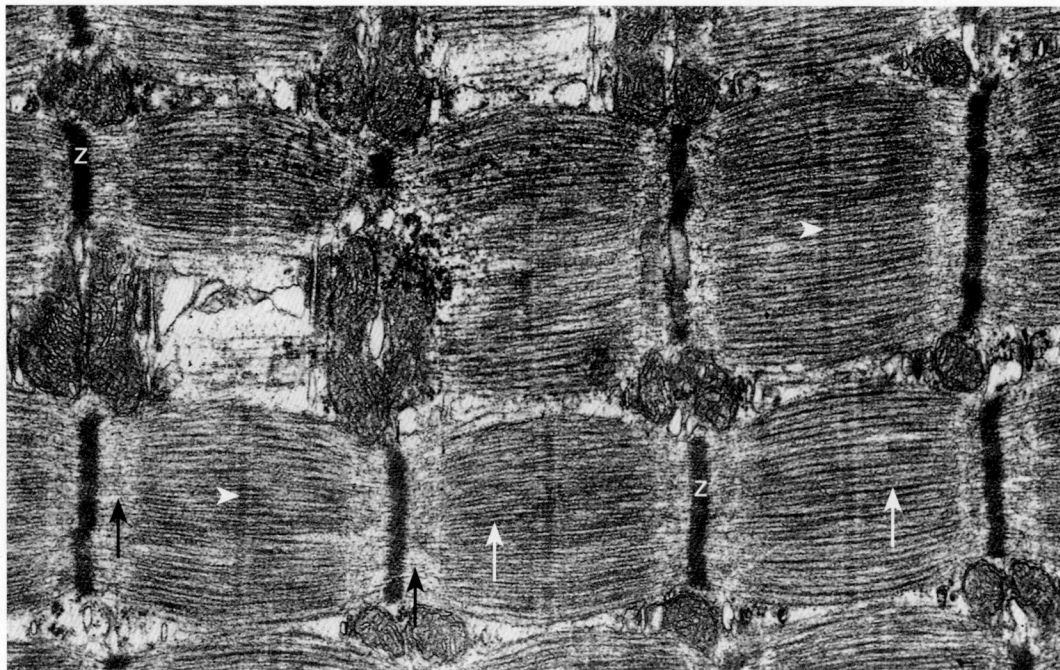

图 6-3　骨骼肌纤维纵切面电镜像

Z. Z 线；短箭头示 M 线；白长箭头示粗肌丝；黑长箭头示细肌丝（吉林大学白求恩医学部尹昕、朱秀雄供图）

Fig. 6-3　Electron micrograph of longitudinally sectioned skeletal muscle fiber

Z. Z line；short arrows indicate M lines；white long arrows indicate thick myofilaments；black long arrows point to thin myofilaments

维的长轴平行排列，明、暗带就是这两种肌丝规律性排布的结果。粗肌丝位于肌节的中部，贯穿 A 带全长，中央借 M 膜固定，两端游离；细肌丝的一端附着在 Z 膜上，另一端伸到粗肌丝之间，达 H 带的外缘。因此，明带只含细肌丝，H 带只含粗肌丝，H 带以外的暗带部分含由粗、细两种肌丝（图 6-3、图 6-4）。在其横断面上，可见一根粗肌丝的周围排列有 6 根细肌丝，而一条细肌丝周围有 3 条粗肌丝（图 6-4）。

（1）粗肌丝：粗肌丝（thick myofilament）长约 1.5μm，直径约 15nm，由许多肌球蛋白（myosin）分子平行排列并集合成束所组成。肌球蛋白分子形似豆芽状，分头和杆两部分，头部如同两个豆瓣，杆部如同豆茎。在头和杆的连结点及杆上有两处类似关节的结构，可以屈动。肌球蛋白分子的杆均伸向 M 膜，并以一定间距互相错开，而头都朝向粗肌丝的两端并突出于表面，形成横桥（cross bridge）。肌球蛋白分子头具有 ATP 酶活性，当其与肌动蛋白接触时，ATP 酶被激活，分解 ATP 释放出能量，使横桥发生屈伸运动（图 6-4）。

（2）细肌丝：细肌丝（thin myofilament）直径约 5nm，长 1μm，由肌动蛋白（actin）、原肌球蛋白（tropomyosin）和肌钙蛋白（troponin）3 种蛋白分子组成（图 6-4）。

球形肌动蛋白单体互相连接，形成有极性的肌动蛋白链。两条肌动蛋白链呈螺旋状相互绞合在一起，形成纤维型肌动蛋白，构成细肌丝的主要部分。每个球形肌动蛋白单体上都有一个可与肌球蛋白头部相结合的活性位点。

原肌球蛋白分子细长（约 40nm），呈丝状，是由两条多肽链相互缠扭而形成的双股螺旋状分子，也具有极性。原肌球蛋白首尾相连形成长丝状，嵌于肌动蛋白双螺旋链的浅沟内。

肌钙蛋白由肌钙蛋白 C 亚单位（TnC）、肌钙蛋白 T 亚单位（TnT）和肌钙蛋白 I 亚单位（TnI）三个球状亚单位构成，一个原肌球蛋白分子丝上附有一个肌钙蛋白分子。TnC 是 Ca^{2+} 受体蛋白，能与 Ca^{2+} 相结合，每个 TnC 分子有 4 个可与 Ca^{2+} 结合的位点；TnT 能与原肌球蛋白结合，将肌钙

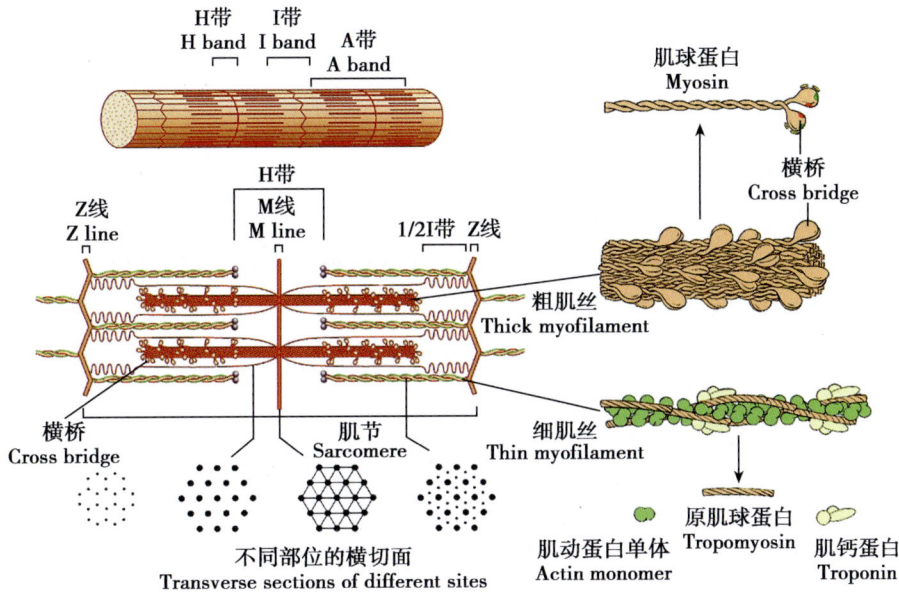

图 6-4 肌原纤维超微结构和分子结构模式图

Fig. 6-4 Diagram illustrating ultrastructure and molecular components of myofibrils

蛋白固定在原肌球蛋白分子上;TnI 能抑制肌动蛋白与肌球蛋白结合。

2. 横小管 横小管(transverse tubule)简称 T 小管,是肌膜凹陷入肌质内形成的管状结构,其走向与肌纤维长轴垂直。人与哺乳动物的横小管位于 A 带与 I 带交界处,同一水平的横小管在细胞内分支吻合环绕在每条肌原纤维周围(图 6-5)。横小管可将肌膜的兴奋迅速传到肌纤维内。

3. 肌质网 肌质网(sarcoplasmic reticulum)是肌纤维内特化的滑面内质网,在横小管之间包绕在每条肌原纤维周围,大部分走行方向与肌纤维的长轴一致,故又称纵小管(longi-

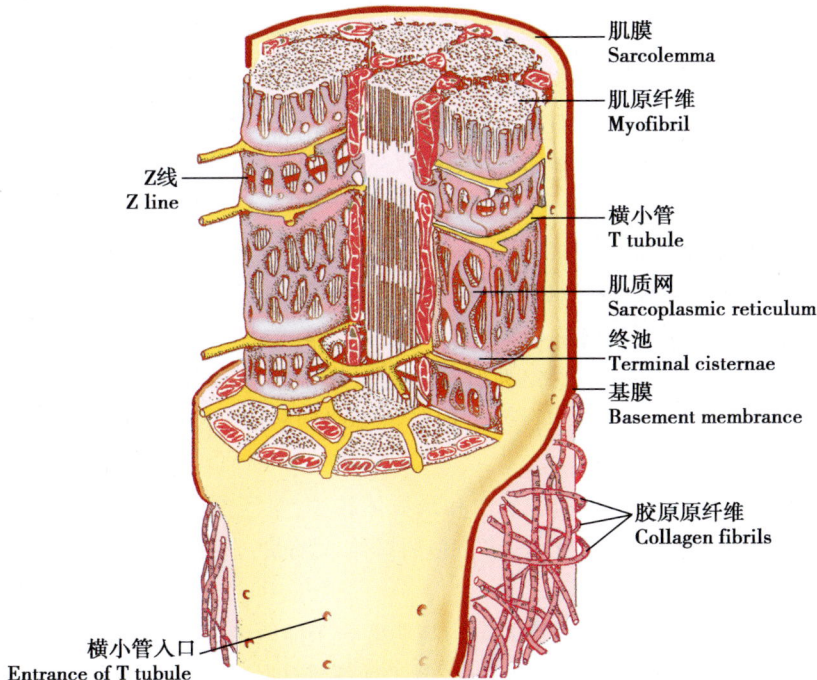

图 6-5 骨骼肌纤维超微结构立体模式图

Fig. 6-5 Three dimensional diagram illustrating ultrastructure of skeletal muscle fiber

Notes

tudinal tubule)。纵小管末端膨大并互相连通,形成与横小管平行并紧密相贴的盲管,称为终池(terminal cisternae)。每条横小管与其两侧的终池共同组成骨骼肌三联体(triad)(图6-5)。肌质网膜上的镶嵌蛋白质中,有80%为钙泵(calcium pump)蛋白,是一种ATP酶,可逆浓度梯度将肌质内的Ca^{2+}泵入肌质网腔中。在肌质网腔内,Ca^{2+}与膜上另一种蛋白颗粒收钙素(calsequestrin)结合而储存起来,所以肌质网的生理功能是调节控制肌质内Ca^{2+}浓度,在肌纤维收缩过程中起重要作用。肌纤维收缩,肌质网变短加宽,松弛时则肌质网伸长变细。

4. 线粒体 肌质内有丰富的线粒体,分布于肌膜下和细胞核附近以及肌原纤维之间。线粒体产生ATP,为肌纤维收缩提供能量。肌质内线粒体的数量和大小体现肌纤维氧化代谢率的高低。

5. 辅助蛋白 一些辅助蛋白参与调节粗、细肌丝在肌原纤维内的准确分配,并保持一定的空间距离,从而保证骨骼肌收缩的效率和速度。辅助蛋白仅占肌纤维总蛋白含量的25%,主要有肌联蛋白(titin)、伴肌动蛋白(nebulin)、α-辅肌动蛋白(α-actinin)、原肌球调节蛋白(tropomodulin)、肌中线蛋白(myomesin)、C-蛋白(c-protein)等。

(三)骨骼肌纤维的收缩机制

目前认为,骨骼肌的收缩机制是肌丝滑动原理(sliding filament mechanism)。收缩时,固定在Z膜上的细肌丝沿粗肌丝向A带内滑入,I带变窄,H带缩窄或消失,A带长度不变,肌节缩短。舒张时反向运动,肌节变长(图6-6)。骨骼肌的收缩过程如下:①当神经冲动在运动终板传至肌膜时,肌膜去极化,冲动沿横小管传入肌纤维。②在三联体处,横小管的冲动传到终池,使肌质网内的Ca^{2+}释放到肌质内。③Ca^{2+}与TnC结合,引起肌钙蛋白的构型改变,TnI发生位移,肌动蛋白脱离TnI的抑制,与TnT相连的原肌球蛋白因此也移向两条肌动蛋白链之间的沟内,使球形肌动蛋白单体上与肌球蛋白头结合的活性位点暴露出来。④肌球蛋白头于肌动蛋白迅速接触,在接触的瞬间,肌球蛋白分子头上的ATP酶被激活,分解ATP释放出能量,使肌球蛋白分子头向M膜方向倾斜,即横桥屈动,随之将细肌丝拉向M膜,肌节缩短,肌纤维收缩;这种从肌膜兴奋到肌纤维收缩之间的一系列变化,称为兴奋收缩耦联(excitation contraction coupling),三联体是这种耦联的重要结构。⑤收缩完毕,肌质内Ca^{2+}被泵入肌质网内,肌质内Ca^{2+}浓度降低,肌钙蛋白与Ca^{2+}解离并恢复原来的构型,原肌球蛋白分子复位并重新掩盖肌动蛋白上的结合位点,肌球蛋白头与肌动蛋白脱离接触,细肌丝因此退回原位,肌节恢复原来的长度,肌纤维恢复松弛状态。若ATP不足,肌球蛋白分子头上无ATP结合,则粗肌丝与细肌丝不能分离,肌原纤维一直处于收缩状态,称为肌强直。

(四)骨骼肌纤维的分型

根据直径和活体的颜色,骨骼肌纤维可分为红肌纤维、白肌纤维和中间型肌纤维3型。

1. 红肌纤维 这类肌纤维内富有肌红蛋白和线粒体,故呈暗红色。此外,红肌纤维之间血管丰富,可为代谢提供充足的氧气。红肌纤维的能量来源主要靠有氧氧化。红肌纤维较细,其肌原纤维也较细、较少,收缩力较弱且缓慢,但其持续时间较长,不易疲劳,又称慢缩纤维,如哺乳动物的四肢和候鸟的胸部肌肉。

2. 白肌纤维 这类肌纤维内肌红蛋白和线粒体较少,呈淡红色,其能量来源主要靠无氧酵解。白肌纤维较粗,肌原纤维也较粗、较多。白肌纤维收缩快,但持续时间短,故又称快缩纤维,主要分布于眼球周围和手指等处。

3. 中间型肌纤维 这一类肌纤维的结构与功能介于前两者之间。

人的骨骼肌多数由3种肌纤维混合组成,但3种纤维的构成比例各有不同。以保持姿势为主要功能的肌肉含有较多的红肌纤维,从事快速、高灵敏度动作的肌肉则以白肌纤维为主。锻炼、甲状腺素或切除神经等因素可导致肌肉中肌纤维类型的转变。

粗肌丝
Thick myofilament

细肌丝
Thin myofilament

A. 横桥与细肌丝上的肌动蛋白结合
A. The cross bridge(myosin head)is bound to the actin of the thin filament

横桥
Cross bridge

B. 横桥与肌动蛋白分离
B. the cross bridge is uncoupled from the actin

A/B/C

肌纤维舒张相
Relaxed

肌动蛋白
Actin

C. 横桥弯曲,在细肌丝上移动5nm
C. The corss bridge bends and advances 5nm in the relation to thin filament

D. 横桥去磷酸化,并与细肌丝发生相对运动
D. The cross bridge releases phosphate and the power stroke occurs

D/E

肌纤维收缩相
contracted

E. 横桥与另一个肌动蛋白结合
E. The cross birdge binds to a new actin

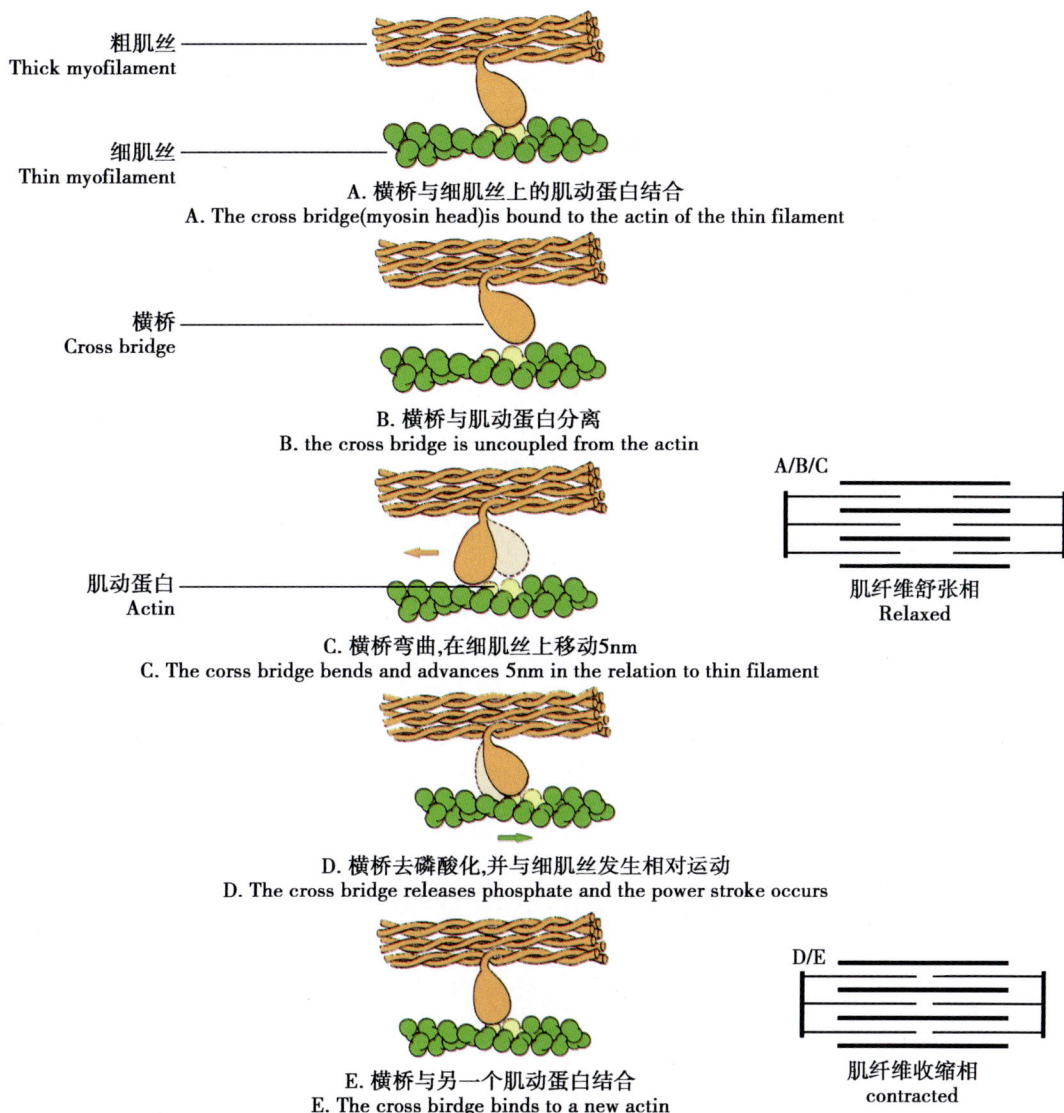

图 6-6　骨骼肌纤维收缩过程示意图
Fig. 6-6　Schematic diagram showing contraction of skeletal muscle fiber

二、心　肌

心肌分布于心脏和邻近心脏的大血管根部,其收缩具有自动节律性,缓慢而持久,不易疲劳。

(一)心肌纤维的光镜结构

心肌纤维呈短圆柱状,直径 10 ~ 20μm,长 80 ~ 150μm,有分支并互相连接成网。心肌纤维的核呈卵圆形,位居中央,多为单核,有的细胞含有双核。心肌纤维纵切面上也有明、暗相间但不如骨骼肌横纹明显的横纹,故也属横纹肌,但其肌质丰富,其中含有丰富的线粒体和糖原及少量脂滴和脂褐素。脂褐素为溶酶体的残余体,随年龄的增长而增多。心肌的肌原纤维较骨骼肌少,多分布在肌纤维的周边。两条心肌纤维相连处称为闰盘(intercalated disk),在 HE 染色的标本中呈着色较深的阶梯状粗线。心肌纤维外方也有基膜和网状纤维包裹,心肌纤维之间有丰富的毛细血管(图 6-7)。

(二)心肌纤维的超微结构

心肌纤维的超微结构与骨骼肌相似,也有规则排列的粗肌丝和细肌丝,有 A 带和 I 带,有 Z

Notes

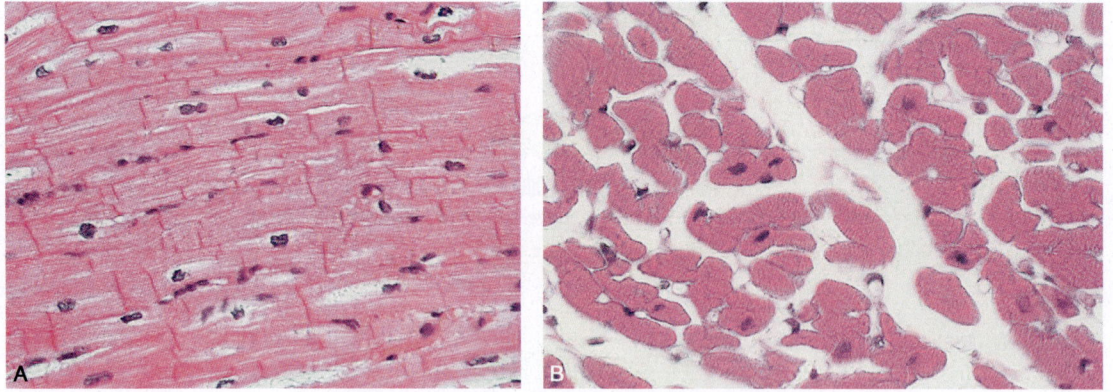

图 6-7　心肌纤维光镜像　HE 染色　高倍
A. 纵切面；B. 横切面（哈尔滨医科大学组胚教研室供图）
Fig. 6-7　Light micrograph of cardiac muscle fibers　HE stain　High magnification
A. longitudinal section；B. transverse section

膜并构成肌节,也有横小管和肌质网等（图 6-8）。心肌纤维和骨骼肌纤维在超微结构上的主要不同点如下：①心肌纤维内的肌原纤维不如骨骼肌那样规则、明显,肌丝被大量纵行排列的线粒体和横小管、肌质网等分隔成粗、细不等的肌丝束,导致横纹也不如骨骼肌的明显；②心肌的横小管口径较粗,位于 Z 线水平。③肌质网较稀疏,纵小管发达,其末端不形成典型的终池,而是盲端略膨大,常以一侧膨大的盲端与横小管相贴形成二联体（diad）,三联体极少见。④心肌细胞间形成连接结构闰盘,位于 Z 线水平。在闰盘部位,相邻心肌细胞的两端嵌合相接,切面上呈阶梯状,由此增大细胞间接触面积。在横位相接处有中间连接和桥粒,起牢固的连接作用；纵位相接处有缝隙连接,便于细胞间化学信息的交流和电冲动的传导,这对心肌纤维舒缩的同步化十分重要（图 6-9、图 6-10）。

　　4. 心肌纤维的线粒体长且粗,线粒体嵴也较密,主要分布在肌丝束之间,纵行排列（图 6-10）。此外,心肌纤维内含有丰富的糖原颗粒及脂肪小滴,两者都是心肌细胞内的能源储备物。

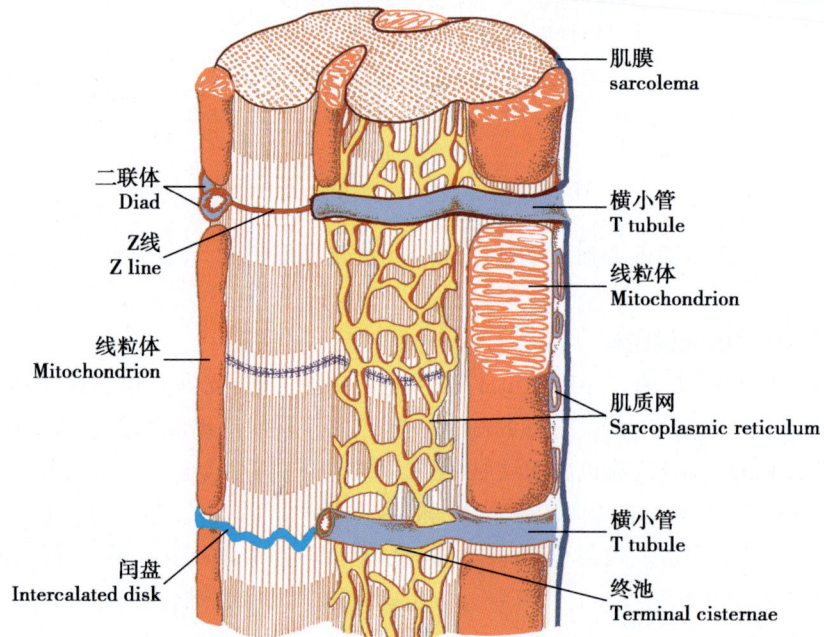

图 6-8　心肌纤维超微结构立体模式图
Fig. 6-8　Three dimensional diagram illustrating ultrastructure of cardiac muscle fibers

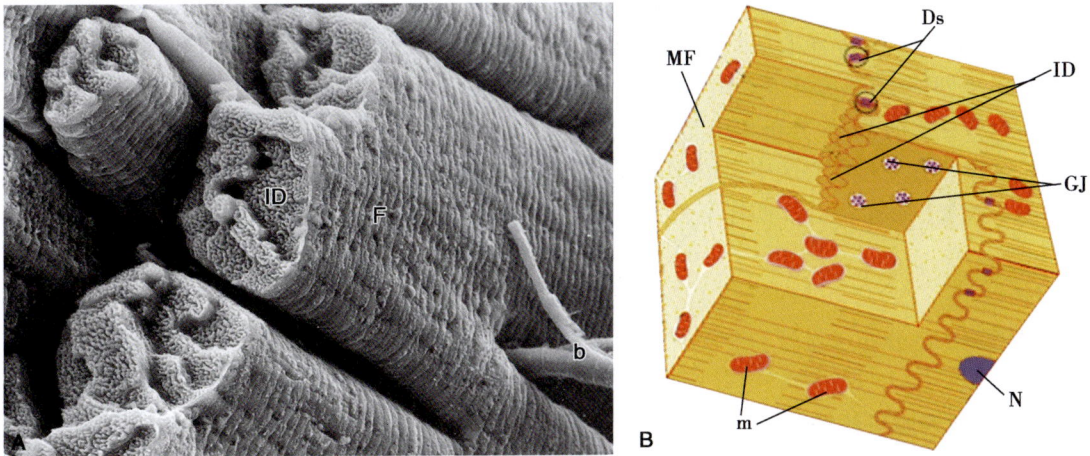

图 6-9　心肌纤维及闰盘超微结构

A. 扫描电镜像；B. 模式图；F. 心肌纤维；ID. 闰盘；b. 血管；Ds. 桥粒；GJ. 缝隙连接；N. 心肌细胞核；
m. 线粒体

Fig. 6-9　Ultrastructure of cardiac muscle fibers and the intercalated disc

A. scanning electron micrograph；B. schematic diagraph. F. cadiac muscle fiber；ID. intercalated disk；b. blood vessel；Ds. desmosome；GJ. gap junction；N. nucleus of the cardiac muscle cell；m. mitochondria

图 6-10　心肌纤维纵切面电镜像

Z. Z 线；箭头示闰盘；M. 线粒体（吉林大学白求恩医学院尹昕、朱秀雄教授供图）

Fig. 6-10　Electron micrograph of longitudinal section of the cardiac muscle fiber

Z. Z line；arrow indicates the intercalated disc；M. mitochondria

5. 心肌纤维之间细胞外基质成分的分布和排列是一个多层次、多方位的网络结构，称为心肌基质网络（myocardial matrix network）。这个网络结构主要由心肌纤维间隙中的成纤维细胞合成和分泌的Ⅰ型和Ⅲ型胶原蛋白形成的纤维所组成，其中大部分是Ⅰ型胶原蛋白形成的粗纤维，伸展和回弹性较小，而Ⅲ型胶原蛋白形成的细纤维伸展和回弹性均较大。这两种纤维组成的网络不仅包绕每个心肌细胞，也连接相邻的心肌细胞、心肌细胞群和毛细血管。心肌细胞群之间的网络多呈螺旋式包绕。新生儿的胶原蛋白含量在左、右心室基本相同，而成人的右心室胶原蛋白含量较左心室高。心肌基质网络结构对固定各部心肌纤维定向排列、防止心肌纤维横向或侧向滑脱、保持心肌纤维舒缩的一致性和协调性起着重要作用。在许多心肌疾病中，心肌基质网络发生变形和改建，从而影响了心肌的舒缩功能和血液循环。

（三）心肌纤维的分类

根据形态结构、分布和功能，心肌纤维可分为 3 类：工作心肌纤维、传导系统心肌纤维和具

Notes

有内分泌功能的心肌纤维。①工作心肌纤维是指心室、心房有收缩功能的普通心肌细胞,形态结构如前述。②传导系统心肌纤维是心肌纤维中一种特化的心肌纤维,构成心脏的传导系统,包括窦房结、房室结和房室束。组成传导束的特殊心肌细胞包括起搏细胞、移行细胞和浦肯野纤维。这些细胞的形态、分布和功能均有其特点,将在循环系统详细述及。③具有内分泌功能的心肌纤维主要分布在心房中,具有分泌肽类激素细胞的超微结构特点,含有膜被内分泌颗粒,分泌的心钠素(cardionatrin)具有强大的利尿、利钠、扩张血管和降低血压等作用。

三、平 滑 肌

平滑肌广泛分布于血管和淋巴管的肌层、许多内脏器官以及某些器官的被膜内,收缩缓慢而持久。

(一)平滑肌纤维的光镜结构

平滑肌纤维呈长梭形,无横纹,胞质嗜酸性,染色较深。一个杆状或椭圆形的细胞核位于细胞中央,着色较深,可见 1 ~ 2 个核仁。在平滑肌收缩时,其核可扭曲呈螺旋形(图 6-11)。平滑肌纤维长度不一,一般长 200μm,但小血管壁上的平滑肌纤维可短至 20μm,妊娠末期的子宫平滑肌纤维可长达 500μm,细胞最粗处直径为 5 ~ 20μm。

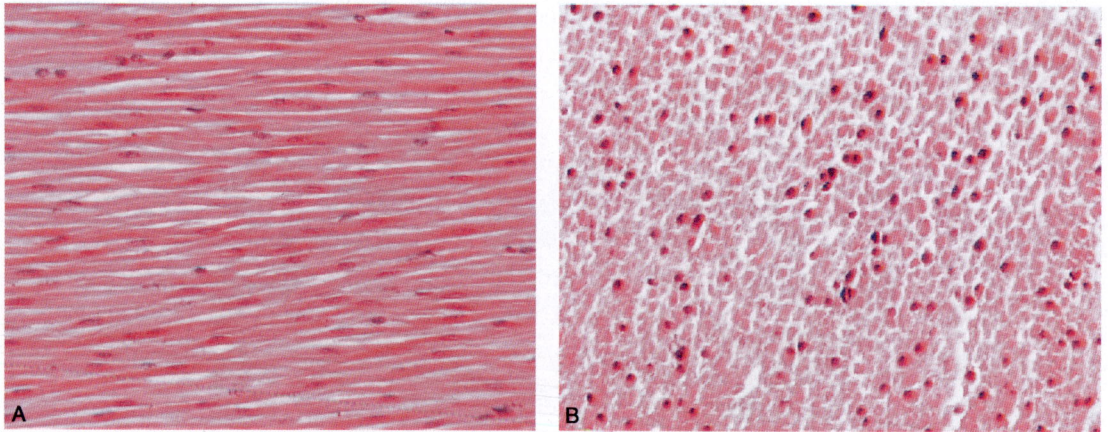

图 6-11 平滑肌 HE 染色 高倍
A. 纵切面;B. 横切面(哈尔滨医科大学组胚教研室供图)
Fig. 6-11 Smooth muscle HE stain High magnification
A. longitudinal section;B. transverse section

(二)平滑肌纤维的超微结构

在平滑肌细胞膜的内面有许多电子密度高的斑块,称密斑(dense patch)或密区(dense area),相当于骨骼肌纤维的 Z 膜,上有肌丝附着。在胞质内有电子密度高的不规则小体,称密体(dense body)(图 6-12、图 6-13)。在密区之间可见肌膜向肌质内陷形成小凹(caveola),并沿细胞的长轴排列成带状,相当于骨骼肌的横小管,可传递冲动(图 6-13)。肌质内肌质网不发达,呈泡状或管状,位于肌膜下靠近小凹。

平滑肌纤维内也有粗肌丝和细肌丝,但不形成肌原纤维。粗肌丝直径为 15nm,长 2μm,由肌球蛋白构成,在一定浓度的 ATP、Mg^{2+}、Ca^{2+}存在下,肌球蛋白聚合成粗肌丝。粗肌丝表面有成行排列的横桥,相邻的两行横桥屈动方向相反。细肌丝直径 5nm,主要由肌动蛋白组成,与肌纤维长轴呈平行排列,一端连在密斑上,另一端游离,呈花瓣状环绕在粗肌丝周围,与粗肌丝数量之比为 12 ~ 30:1。平滑肌纤维没有肌节,若干粗肌丝和细肌丝聚集形成肌丝单位,又称肌收缩单位(contractile unit)。此外,细胞内还有若干中间丝,直径 10nm,其两端连于密斑或密体上,在平滑肌纤维内形成一定几何图形的细胞骨架(图 6-13)。

Notes

图 6-12 平滑肌纤维纵切面电镜像
黑短箭头示小凹;黑长箭头示密斑;白短箭头示密体
Fig. 6-12 Electron micrograph of longitudinally sectioned smooth muscle fiber
Black short arrows indicate caveolae; black long arrows indicate dense patch; white short arrows indicate dense bodies

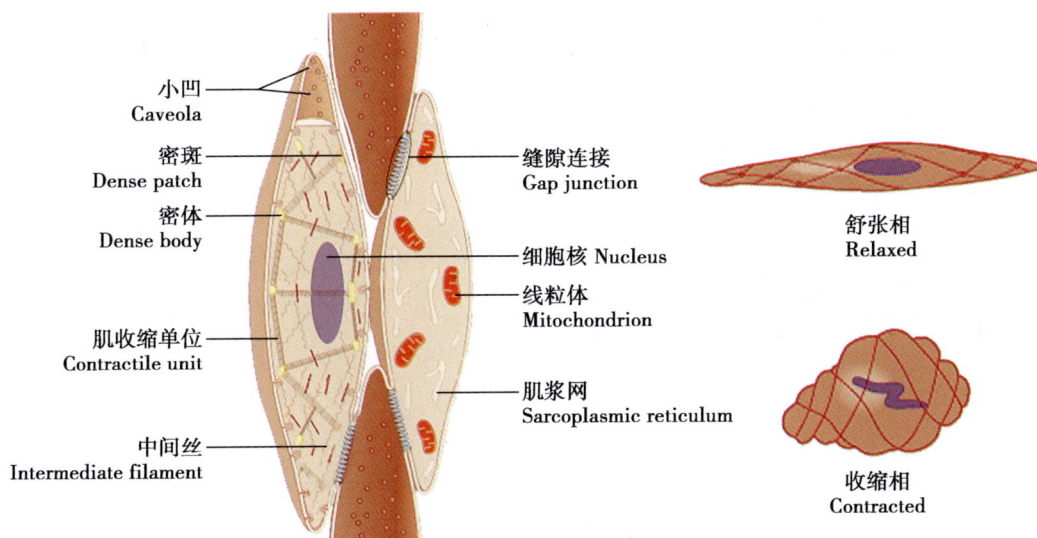

图 6-13 平滑肌超微结构模式图
Fig. 6-13 Diagram illustrating ultrastructure of smooth muscle fiber

(三) 平滑肌纤维的收缩原理

平滑肌纤维的收缩也以粗、细肌丝之间的滑动为基础。由于肌丝单位在肌膜上的附着点呈螺旋形排布,且粗肌丝无 M 线,其中点两端的横桥向着相反方向摆动,因而当肌纤维收缩时,不但细肌丝沿着粗肌丝的全长滑动,而且相邻的细肌丝滑动的方向相反,致使中间丝构成的细胞骨架和肌纤维呈螺旋形扭曲,肌纤维长轴缩短。

(四) 平滑肌纤维间连接与排列方式

相邻的平滑肌纤维之间有缝隙连接,便于化学信息和神经冲动的细胞间传递,有利于众多平滑肌纤维同时收缩而形成功能整体。平滑肌纤维除可单个、分散存在外,大多数成束或成层排列。在束或层中,平滑肌纤维相互平行,交错排列,一个肌纤维的中部与邻近肌纤维两端的细部紧密地贴在一起。肌纤维外方有基膜,基膜外有弹性纤维和网状纤维形成的网,网内含有血管、淋巴管和神经纤维。在动脉壁、子宫壁等部位的平滑肌,除收缩功能外,还具有合成胶原纤

Notes

维、弹性纤维和基质的功能。

专题讲座：心肌细胞的再生

心肌梗死是最常见的心血管疾病，其治愈率低，致死率高，目前尚无有效治疗方法。随着干细胞和组织工程研究的深入开展，诱导内源性干细胞增生分化和干细胞心壁内移植已经成为治疗心肌梗死的研究热点。其中，心壁内移植干细胞进行心肌梗死区域再生治疗的方式有两种，一种是心肌梗死区域直接注射组织工程心肌细胞，另一种是运用新型固态支架材料与种子细胞形成细胞复合体。

（一）可用于心肌再生的干细胞

可用于心肌再生的干细胞包括胚胎干细胞、诱导的多潜能干细胞、骨髓间充质干细胞、骨骼肌前体细胞、心肌前体细胞等。

1. 胚胎干细胞　1985 年，Doetschman 等人最早报道了小鼠胚胎干细胞（embryonic stem cells，ES 细胞）体外分化为心肌细胞。2001 年 Kehat 等人首次报道人类 ES 细胞分化为心肌细胞，该细胞具有心肌细胞特有的结构和功能。这种人 ES 细胞来源的心肌细胞可以作为人工修复心肌梗死猪的心脏起搏细胞，还可以改善供血不良大鼠的心脏功能。人类 ES 细胞以其强大的分化能力成为目前最有效的心肌细胞再生的来源，但其形成畸胎瘤的高风险性使得每一步分化都必须严格监控，而且这种细胞面临的伦理问题和免疫排斥的风险也限制了它的应用。

2. 诱导的多潜能干细胞　诱导的多潜能干细胞（induced pluripotent stem cells，iPS 细胞）技术通过将 4 个转录因子导入体细胞，使之重编程回到多潜能状态。这种细胞具有 ES 细胞的特性，可以向 3 个胚层方向分化，而且可以形成具有功能的心肌细胞，同时避免了免疫排斥和伦理问题，但形成畸胎瘤的高风险依然存在。

3. 骨髓间充质干细胞　1999 年 Makino 等人成功应用 5-氮胞苷诱导骨髓间充质干细胞（bone marrow mesenchymal stem cell，BMSC）获得心肌细胞。2001 年，Olic 等人报道心肌梗死后移植 c-kit$^+$/Lin$^-$ BMSC 可以在梗死区周围形成心肌细胞。2003 年 Deb 等人在骨髓干细胞移植后的受体心脏观察到大量的骨髓干来源的心肌细胞。随后大量的研究证实了 BMSC 的分化能力，并探讨了 BMSC 向各种方向细胞分化的可能机制。但 BMSC 向心肌细胞方向转化的潜能仍存在争议。

4. 骨骼肌前体细胞　骨骼肌前体细胞（skeletal muscle precursor cell）是最早用于心肌损伤修复的细胞类型，其比 ES 细胞更易分化成心肌细胞，而且较少形成畸胎瘤。这些细胞还可以由宿主提供，体外扩增后再自体回输从而避免免疫排斥。目前存在的问题是，移植后的细胞与其周围的心肌细胞收缩不同步，容易引起心律失常，而且骨骼肌前体细胞体外扩增的时程较长，不利于心肌梗死这样急性发病的疾病的治疗。

5. 心肌前体细胞　2003 年，Beltrami 等报道成人心脏内的 c-kit$^+$细胞具有多潜能性并在体外具有增殖能力。这些细胞不仅能分化为心肌细胞，还可以分化为平滑肌细胞和内皮细胞。将这些细胞移植入心肌梗死鼠模型中证实了其在体内分化为心肌细胞的能力。2004 年，Messina 等人从人和小鼠的心脏中分离出了心肌前体细胞（cardiac precursor cell），而且这些心肌干细胞可以在体外增殖、分化。2005 年，Laugwitz 等报道 Isl1（一种 LIM 同源异型的转录因子）可以用来标记出生后心脏中的心肌前体细胞。在出生后的心脏，Isl1 阳性的细胞可以进行自我更新，并在纯系选择后迅速分化为成熟的心肌细胞。心肌前体干细胞在获得心肌细胞方面存在优势，但一个重要的问题依然没有解决，那就是什么才是心肌前体干细胞鉴定和分离的最佳标记物。迄今为止，各种不同的细胞标记物都是在心脏之外进行鉴定。因此，不能确定这些前体细胞能否顺利移居到损伤后的心脏之中。这种心肌再生的成功取决于移植细胞与宿主心肌细胞在电化学耦联的稳定性，并通过活化内源性心肌前体细胞来启动内源性再生过程。

（二）用于心肌再生的固态支架材料

无论应用哪种干细胞，都需要开发一些高质量的移植方法。组织工程就是一种结合生物材料和活细胞并使之发挥最大效能的方法。这种方法将固态支架材料与种子细胞结合形成细胞复合体，可为种子细胞提供物理支撑和生长环境，从而提高细胞存活率和移植成功率。作为组织工程的新型固态支架材料，可以分为天然材料和人工合成材料两类。

1. **天然材料** 包括多糖类和蛋白类材料，其中蛋白类材料是目前研究的重点。有学者将去细胞的猪Ⅰ型胶原移植于大鼠心肌表面，发现了新生血管的形成；也有人使用脱细胞牛心包作为补片来重构心室壁结构。天然材料的优点是具有天然结构而有利于细胞的黏附、增殖和分化，并且有良好的生物相容性。但生物材料难以避免的免疫排斥，以及细胞残骸中的 DNA 碎片含有机磷，可能损伤细胞外基质结构，导致移植失败。

2. **人工合成材料** 常见的人工合成材料有 PGA、聚乳酸（PLA）、二者的共聚物、聚羟基丁酸酯（PHB）聚羟基烷酸酯（PHA）等，近年来也有聚纳米材料，温度敏感材料等获得突破。人工材料的优点是来源丰富，形状、结构、亲水性、降解速度易于控制，便于制备适合的三维立体结构，可以为细胞生长、增殖和分泌基质提供适应的微环境。尤其可降解材料在完成必要的机械支撑作用后，可逐渐降解、吸收，不残留。

虽然再生医学的手段已经成功地运用于解决皮肤、软骨、骨、脂肪、角膜等方面的临床问题，但是心肌再生医学仍存在以下主要问题：寻找高效的诱导心肌细胞的方法；确保获得足够数量的心肌细胞；构建包括心血管系统在内的合适的移植载体。

参考文献

1. Augoustides JG, Riha H. Recent progress in heart failure treatment and heart transplantation. J Cardiothorac Vasc Anesth, 2009, 23(5):738-748
2. Hsieh PC, Segers VF, Davis ME, et al. Evidence from a genetic fate-mapping study that stem cells refresh adult mammalian cardiomyocytes after injury. Nat Med, 2007, 13(8):970-974
3. Grinnemo KH, Genead R, Kumagai-Braesch M, et al. Costimulation blockade induces tolerance to HESC transplanted to the testis and induces regulatory T-cells to HESC transplanted into the heart. Stem Cells, 2008, 26(7):1850-1857
4. Takahashi K, Yamanaka S. Induction of pluripotent stem cells from mouse embryonic and adult fibroblast cultures by de. ned factors. Cell, 2006, 126(4):663-676
5. Ott HC, Matthiesen TS, Goh SK, et al. Perfusion-decellularized matrix: using nature's platform to engineer a bio-artificial heart. Nat Med, 2008, 14(2):213-221

（张 雷）

第7章 神经组织

KEY POINTS

- Types of cells that make up nervous tissue
- General structural features, classification, distribution and function of the neurons
- Ultrastructure and functional mechanism of chemical synapse
- Structural features, classification and function of the neuroglial cells
- Classification and organization of nerve fibers and nerves
- Structural features and classification of the nerve ending

神经组织(nerve tissue)是构成人体神经系统的主要成分。它广泛分布于人体各组织器官内,联系、调节和支配各器官的功能活动,使机体成为协调统一的整体。神经组织主要由神经细胞(nerve cell)和神经胶质细胞(neuroglial cell)组成。神经细胞是神经系统的形态和功能单位,因而也称为神经元(neuron),具有感受体内外刺激、整合信息和传导神经冲动的能力。神经元通过相互之间形成的突触彼此连接,形成复杂的神经网络和通路,把接受到的化学信息或电信息加以分析或贮存,并可将信息从一个神经元传给另一个神经元,或传递给骨骼肌细胞、平滑肌细胞和腺细胞等效应细胞,以产生效应。此外,有些神经元还有内分泌功能,如位于下丘脑某些分泌激素的神经元。神经胶质细胞的数量超过神经元 10 ~ 50 倍,虽然它们不具有传导神经冲动的特性,但对神经元不仅起支持、保护、营养和绝缘等作用,而且对脑内神经递质和活性物质的代谢等方面有重要的影响。

一、神经元

神经元是高度分化的细胞,数量庞大,约在 10^{12} 个以上,形态多样,种类繁多,但都由胞体和突起两部分组成,突起分树突和轴突两种。通常一个神经元可有一个或多个树突,但只有一条轴突(图 7-1、图 7-2)。

(一) 神经元的结构

1. 细胞体 神经元的细胞体(soma)主要位于中枢神经系统的灰质(如大脑和小脑皮质、脑干和脊髓的灰质)及周围神经系统的神经节(如脑神经节、脊神经节和自主神经节),是神经元的营养和代谢中心。其形态多样,呈圆形、锥体形、梭形或星形;其大小差异很大,小的直径仅 4 ~ 5μm,大的直径可达 150μm。表面为细胞膜,内为细胞质和细胞核(图 7-3)。

(1) 细胞膜:神经元的细胞膜是可兴奋膜(excitable membrane),具有接受刺激、处理信息以及产生和传导神经冲动的功能。神经元细胞膜的这些特性取决于膜蛋白的种类、数量、结构和功能,膜蛋白中有些是特异的神经递质或神经调质的受体(receptor),有些是控制特定离子通过的离子通道(ionic channel),如 Na^+ 通道、K^+ 通道、Ca^{2+} 通道和 Cl^- 通道等。受电刺激而开放的离子通道称为电位门控通道(voltage-gated channel),当某种化学物质与受体结合时才开放的离子通道称为化学门控通道(chemically-gated channel)。通常树突膜和胞体膜主要含化学门控通道,

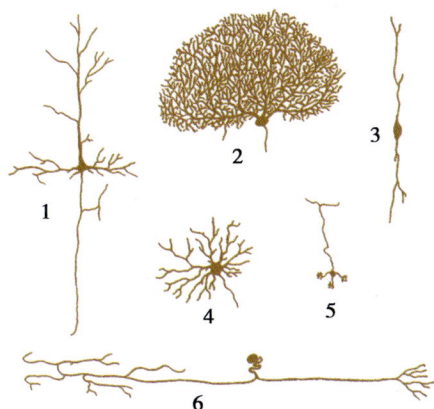

图 7-1　神经元主要形态类型示意图
1. 大脑锥体细胞；2. 小脑浦肯耶细胞；
3. 耳蜗神经节双极神经元；4. 脊髓多极神经元；5. 小脑颗粒细胞；6. 脊神经节假单极神经元
Fig. 7-1　Diagram illustrating main types of neurons
1. pyramidal cell in the cerebrum；2. Purkinje cell in the cerebellum；3. bipolar neuron of the cochlear ganglion；4. multipolar neuron in the spinal cord；5. granular cell in the cerebellum；6. pseudounipolar neuron of the spinal ganglion

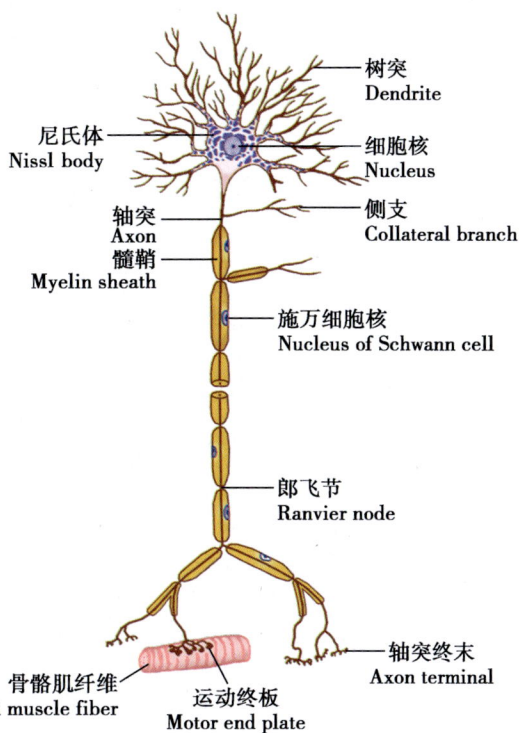

图 7-2　运动神经元模式图
Fig. 7-2　Schematic diagram of a motor neuron

而轴突膜则富含电位门控通道。

（2）细胞核：神经元的细胞核大而圆，位于胞体中央，核膜明显，核内异染色质少，故着色浅，呈空泡状，核仁大而明显。

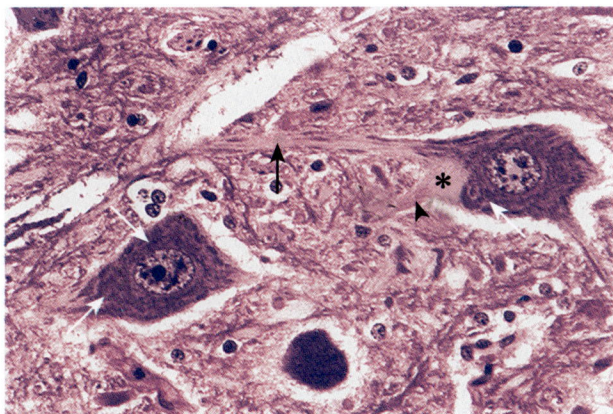

图 7-3　脊髓运动神经元光镜像　HE 染色　高倍（中山大学中山医学院曾园山供图）
白长箭头示尼氏体，黑长箭头示树突；短黑箭头时轴突；星号示轴丘
Fig. 7-3　Light micrograph of the motor neurons in the spinal cord　HE stain　High magnification
White long arrows indicate Nissl bodies；black long arrow indicates a dendrite；short arrow points to a axon；asterisk indicates the axon hillock

（3）细胞质：神经元的细胞质又称核周质（perikaryon），除含有线粒体、溶酶体、中心粒和发达的高尔基复合体等一般细胞器外，还有两个特征性结构：丰富的尼氏体和神经原纤维。尼氏体（Nissl body）分布于胞质内，颗粒状或斑块状，呈嗜碱性（图 7-3），其形状、数量和分布在不同的神经元有所不同。电镜下，尼氏体由许多平行排列的粗面内质网和游离核糖体构成（图 7-4）。神经元胞体内含大量尼氏体和发达的高尔基复合体，表明该细胞具有旺盛的蛋白质合成功能。神经元合成的蛋白质包括更新细胞器所需的结构蛋白、合成神经递质所需的酶类以及肽类的神经调质。神经递质（neurotransmitter）是神经元向其他

Notes

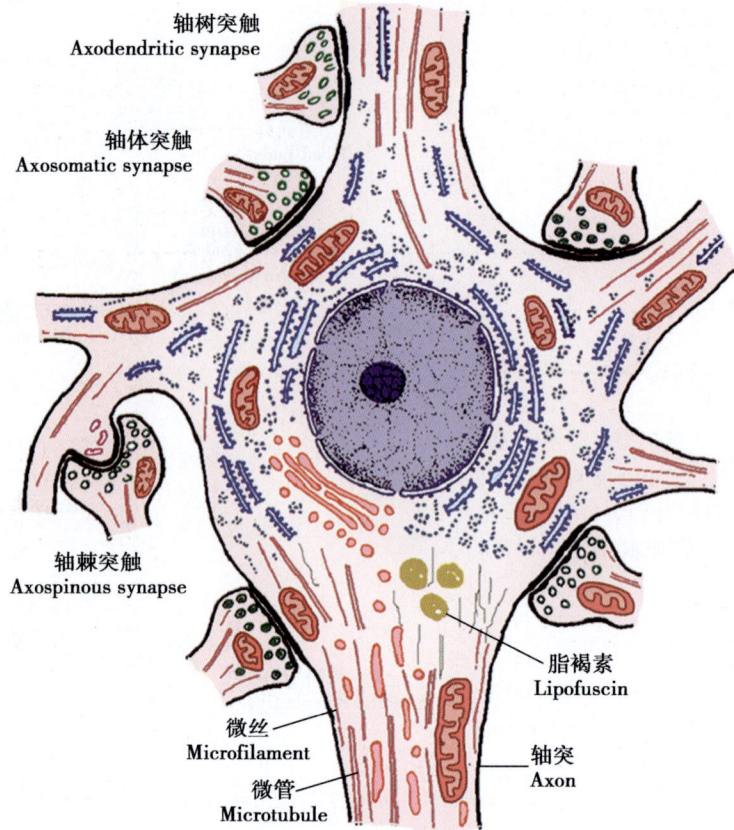

轴树突触
Axodendritic synapse

轴体突触
Axosomatic synapse

轴棘突触
Axospinous synapse

脂褐素
Lipofuscin

微丝
Microfilament

微管
Microtubule

轴突
Axon

图 7-4　多极神经元及其突触超微结构模式图
Fig. 7-4　Diagram illustrating ultrastructure of a multipolar neuron and its synapses

神经元或效应细胞传递化学信息的载体,一般为小分子物质,主要在胞体合成后以小泡的形式贮存于轴突终末。神经调质(neuromodulator)一般为肽类分子,能增强或减弱神经元对神经递质的反应,起调节作用。神经原纤维(neurofibril)是神经元胞质内直径约 2~3μm 并交织成网的丝状结构,在银染色切片中,呈棕黑色细丝,并伸入树突和轴突(图 7-5)。电镜下,神经原纤维由排列成束的神经丝(neurofilament,NF)和微管构成(图 7-4)。神经丝是一种中间丝,直径约 10nm,由低、中、高 3 种相对分子质量神经丝蛋白亚单位组成。微管直径约 25nm,壁厚约 6nm,可延伸到神经元的突起中。微管的组成除了微管蛋白(tubulin)外,还有一些参与微管结构装配的微管相关蛋白(microtubule-associated protein,MAP),胞体的微管内含有微管相关蛋白 2(microtubule-associated protein 2,MAP2)。神经丝和微管与由肌动蛋

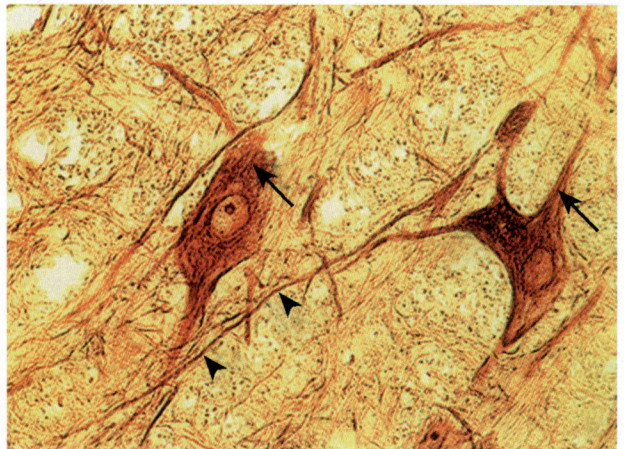

图 7-5　脊髓运动神经元光镜像　镀银染色　高倍(中山大学中山医学院曾园山供图)
长箭头示神经原纤维;短箭头示神经纤维
Fig. 7-5　Light micrograph of the motor neurons in the spinal cord　Silver stain　High magnification
Long arrows indicate the neurofibrils; short arrows indicate a nerve fiber

Notes

白构成的微丝(microfilament)共同构成神经元的细胞骨架(cytoskeleton),除了具有支持作用外,还参与细胞内的物质转运。

此外,核周质内还含有色素,最常见的是棕黄色的脂褐素(lipofuscin),一种溶酶体的残余体,多为异物、脂滴或退化的细胞器,其数量随年龄增长逐渐增多。

2. **突起** 神经元的突起(process 或 neurite)自胞体发出,其长短、数量与形态因不同神经元而异,参与形成中枢神经系统的神经网络和通路以及遍布全身的神经。

(1) 树突:树突(dendrite)一般从神经元胞体发出,常呈树枝状反复分支。树突内的结构与核周质基本相似,也含有尼氏体、神经丝、微管和微丝。树突内微管的 MAP 为 MAP2。有些神经元的树突分支上具有许多棘状的短小突起,称为树突棘(dendritic spine)(图7-6),是神经元之间形成突触的主要部位。电镜下可见树突棘内有 2～3 层滑面内质网形成的板层,板层间有少量致密物质,称此为棘器(spine apparatus)(图7-7)。树突棘的数量及其分布状况因不同的神经元而异。树突的功能主要是接受刺激,并把神经冲动传向胞体。树突和树突棘使神经元接受刺激的表面积更为扩大。因此,神经元接受信息和整合信息的能力与其树突的分支程度以及树突棘的数目有密切关系。

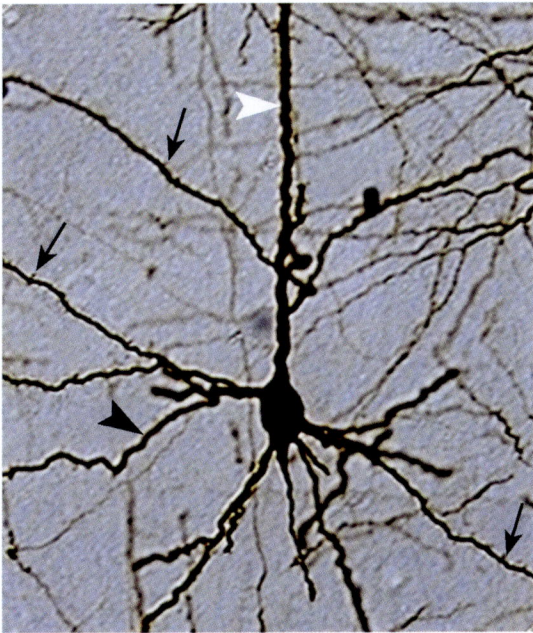

图7-6 大脑锥体细胞树突光镜像 生物素化葡聚糖胺染色 高倍
白短箭头示主树突;黑短箭头示基树突;黑长箭头示树突棘
Fig. 7-6 Light micrograph of the dendrites of a pyramidal cell in the cerebrum Biotinylated dextran amine stain High magnification
White short arrow indicates an apical dendrite; black short arrow indicates a basic dendrite; black long arrows indicate the dendritic spines

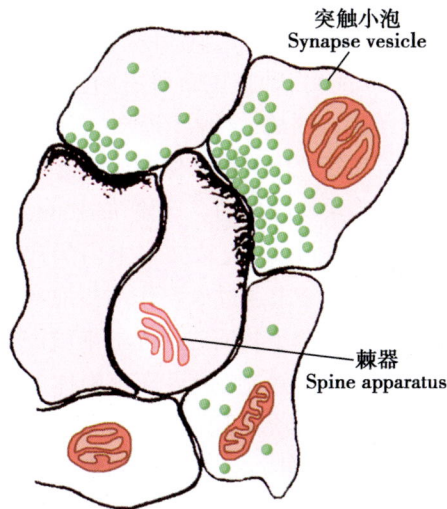

图7-7 树突棘及棘器模式图
Fig. 7-7 Schematic drawing of a dendritic spine containing spine apparatus

(2) 轴突:轴突(axon)呈细索状,可将神经冲动从胞体传向终末。轴突一般由胞体发出,有的也可由主树突干的基部发出。胞体发出轴突的部位常呈圆锥形,称轴丘(axon hillock)(图7-3)。光镜下此区无尼氏体,染色淡。轴突一般比树突细,粗细均匀,有侧支呈直角分出。轴突的长短不一,短的仅数微米,长的可达 1 米以上。一般神经元的胞体越大,其轴突越长。轴突末端

Notes

的分支较多,形成轴突终末(axonal terminal)。轴突表面的细胞膜称为轴膜(axolemma),内含的胞质称轴质(axoplasm)。轴突内有大量与其长轴平行的神经丝和含有微管相关蛋白3(microtubule-associated protein 3,MAP3)的微管,还有滑面内质网、微丝、线粒体和一些小泡等(图7-4)。微丝较短,主要分布于轴膜下,常与轴膜相连。神经丝、微管和微丝之间均有横桥连接,构成轴质中的网架结构。轴突内无尼氏体和高尔基复合体,故不能合成蛋白质。轴突成分的更新及神经递质合成所需的蛋白质和酶由胞体内合成后输送到轴突及其终末。

轴突起始部长15～25μm的一段,其轴膜较厚,膜下有电子密度高的致密层。此段轴膜易引起电兴奋,常是神经元产生神经冲动的起始部位,神经冲动形成后可沿轴膜向轴突终末传递。

轴突内的轴质是流动的,这种流动称为轴质流(axoplasmic flow)。轴突与胞体之间通过轴质流进行物质交换,轴突内这种物质转运称为轴突运输(axonal transport)。根据运输速度的不同,轴突运输分为快速轴突运输(fast axonal transport)(速度为每天100～400mm)和慢速轴突运输(slow axonal transport)(速度为每天1～4mm)两种;根据运输方向的不同,分为顺向轴突运输(anterograde axonal transport)(从胞体向轴突远端的运输)和逆向轴突运输(retrograde axonal transport)(从轴突末端向胞体的运输)。如胞体内新形成的神经丝、微管和微丝缓慢地移向轴突终末的运输为慢速顺向轴突运输(slow anterograde axonal transport),轴膜更新所需的蛋白质、合成神经递质的酶、含神经递质或神经调质的小泡和线粒体等由胞体向轴突终末的快速运输为快速顺向轴突运输(fast anterograde axonal transport),轴突终末内的代谢产物或由轴突终末通过入胞作用摄取的物质(蛋白质、小分子物质或由邻近细胞产生的神经营养因子等)快速运送到胞体的运输为快速逆向轴突运输(fast retrograde axonal transport)(图7-8)。某些病毒或毒素(如狂犬病毒、脊髓灰质炎病毒、带状疱疹病毒和破伤风毒素等)进入轴突终末可通过逆向轴突运输迅速侵犯神经元胞体而致病。轴突内的微管在轴突运输中起重要作用,其中的微丝也与轴突运输有关。不论是顺向或逆向运输,均由线粒体提供ATP供能所实现。

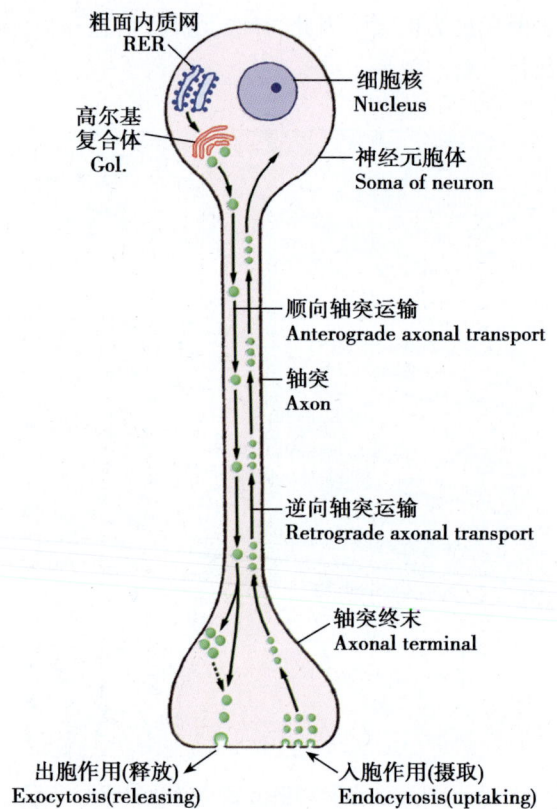

图7-8　双向轴突运输示意图
Fig. 7-8　Diagram illustrating the bidirectional axonal transport

(二)神经元的分类

神经元有几种分类法。根据突起的多少可将神经元分为3种:①多极神经元(multipolar neuron):有一个轴突和多个树突;②双极神经元(bipolar neuron):有两个突起,一个是树突,另一个是轴突;③假单极神经元(pseudounipolar neuron):从胞体发出一个突起,距胞体不远处又呈T形分为两支,一支分布到外周的其他组织和器官,称周围突(peripheral process);另一支进入中枢神经系统,称中枢突(central process)(图7-1、图7-9)。中枢突传出神经冲动,是轴突;周围突接受刺激,具有树突的功能,但因其细而长,在形态结构上与轴突不能分辨,故通常也称为轴突。

按神经元轴突的长短可分为两型:①高尔基Ⅰ型神经元(Golgi typeⅠneuron):是具有长轴突

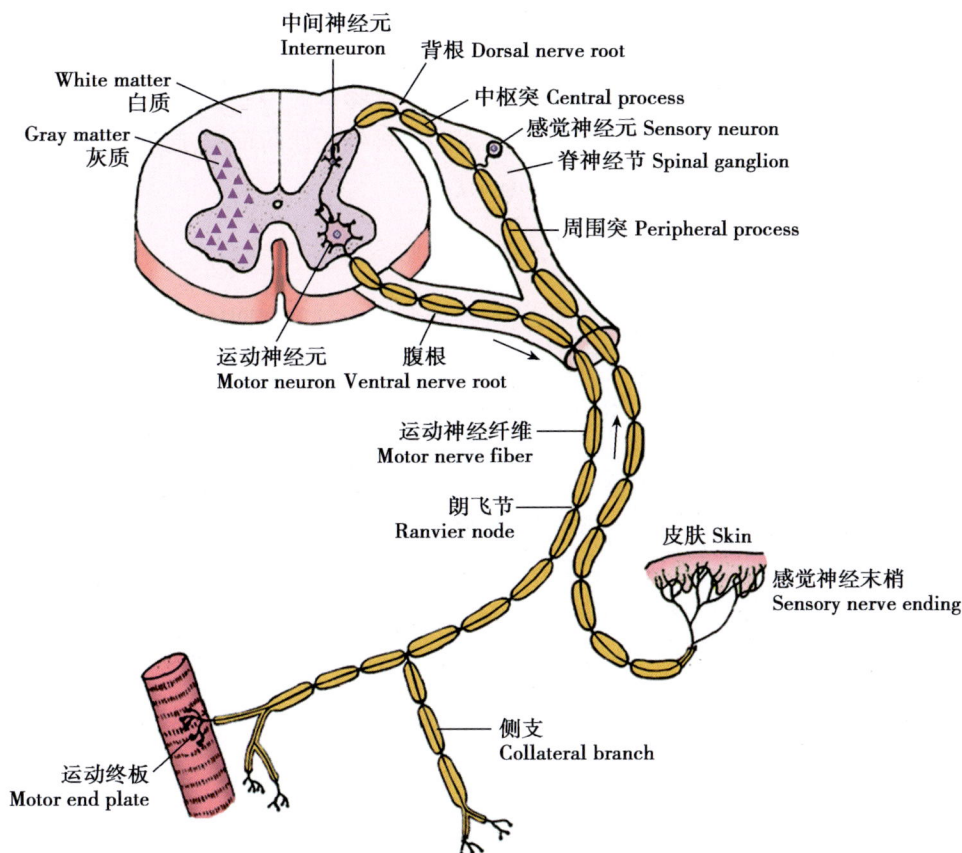

图 7-9　脊髓及脊神经示意图示三种神经元的关系

Fig. 7-9　Diagram of the spinal cord and spinal nerve illustrating the association among three types of neurons

（可长达 1 米以上）的大神经元；②高尔基Ⅱ型神经元（Golgi typeⅡneuron）：是具有短轴突（仅数微米）的小神经元。

根据神经元的功能可分为：①感觉神经元（sensory neuron）：又称传入神经元（afferent neuron），多为假单极神经元，其接受体内、外的化学或物理性刺激，并将信息传向中枢；②运动神经元（motor neuron）：或称传出神经元（efferent neuron），一般为多极神经元，它把神经冲动传递给肌细胞或腺细胞；③中间神经元（interneuron）：多为多极神经元，位于前两种神经元之间，起信息加工和传递作用。机体对来自体内、外的刺激所作的反应（亦称反射）均需这 3 类神经元参与，它们和感受器、效应器共同构成反射弧（图 7-9）。动物越进化，其中间神经元越多。人的中间神经元就占了神经元总数的 99%，在中枢神经系统内构成复杂的神经元网络，是学习、记忆和思维的重要结构基础。

按神经元释放的神经递质或神经调质的化学性质可分为：①胆碱能神经元（cholinergic neuron）：释放乙酰胆碱；②去甲肾上腺素能神经元（noradrenergic neuron）：释放去甲肾上腺素；③胺能神经元（aminergic neuron）：释放多巴胺等；④氨基酸能神经元：释放 γ-氨基丁酸等；⑤肽能神经元（peptidergic neuron）：释放脑啡肽等。此外，一氧化氮等也是一种神经递质。通常每个神经元只释放一种神经递质，同时还可释放一种神经调质。

神经递质的种类很多，主要包括胆碱类：乙酰胆碱（acetylcholine，Ach）；胺类：如去甲肾上腺素（norepinephrine，NE）、多巴胺（dopamine，DA）和 5-羟色胺（5-hydroxytryptamine，5-HT）等；氨基酸类：如 γ-氨基丁酸（γ-aminobutyric acid，GABA）、甘氨酸（glycine）和谷氨酸（glutamic acid）等；气体类：一氧化氮（nitric oxide，NO）、一氧化碳（carbon monoxide，CO）和硫化氢（hydrogen sulfide）；肽类：如降钙素基因相关肽（calcitonin gene-related peptide，CGRP）、血管活性肠多肽（vasoactive intestinal polypeptide，VIP）、P 物质（substance P，SP）、脑啡肽（enkephalin）、神经降压素（neurotensin）、胆囊收缩素（cholesystokinin）、加压素（vasopressin）和下丘脑释放激素（hypothalamic releasing hormones）等约 60 多种。有些神经肽亦见于胃肠道的内分泌细胞，故总称为脑肠肽（braingut peptide）。有些神经肽能够改变神经元对经典神经递质的反应，起增强或削弱神经递质的信息传递效率，故称神经调质（neuromodulator）。

二、突　　触

突触（synapse）是神经元与神经元之间，或神经元与效应细胞之间的一种特化的细胞连接，通过其传递作用实现细胞与细胞之间的通讯。神经元之间借助突触彼此相互联系，构成机体复杂的神经网络，实现神经系统的各种功能活动。突触可分为化学突触（chemical synapse）和电突触（electrical synapse）两大类，前者以化学物质（神经递质）作为通讯的媒介；后者亦即缝隙连接，以电流（电讯号）作为传递信息的载体，于某些低等动物较发达，哺乳动物及人很少。哺乳动物的神经系统中以化学突触占大多数，通常所说的突触就是指化学突触。在神经元之间的化学突触中，最常见的是一个神经元的轴突终末与另一个神经元的树突、树突棘或胞体连接，分别构成轴-树突触（axodendritic synapse）、轴-棘突触（axospinous synapse）和轴-体突触（axosomatic synapse），见图 7-4。此外，还有轴-轴突触（axoaxonal synapse）和树-树突触（dendrodendritic synapse）等。

（一）化学突触

化学突触由突触前成分、突触间隙和突触后成分 3 部分构成。突触前、后成分彼此相对的细胞膜分别称为突触前膜和突触后膜，两者之间的狭窄间隙为突触间隙。

1. **突触前成分**　突触前成分（presynaptic element）通常是神经元的轴突终末，包括突触前球状膨大和突触前膜（presynaptic membrane）两部分。光镜下，突触前成分为直径 0.5μm 至数微米不等的钮扣形结构，附着在另一神经元的胞体或树突上，在银染色标本中呈现棕黑色的圆形颗粒，称突触扣结（synaptic knob，synaptic bouton）（图 7-10）。电镜下，突触前成分内含许多突触小泡（synapse vesicle）（图 7-11），还有少量线粒体、滑面内质网、微管和微丝等。突触小泡的大小和形状不一，小的直径 40～60nm，大的直径可达 200nm，多为圆形，部分突触小泡呈扁平形。突触小泡内含神经递质或神经调质。含乙酰胆碱的突触小泡多是圆形清亮小泡，含氨基酸类神经递质的多为扁平清亮小泡，含单胺类神经递质的则是含致密核心的小颗粒型小泡，含神经肽的往往是有致密核心的大颗粒型小泡，有些直径可达 200nm（图 7-4）。突触小泡表面附有多种对突触小泡功能具有调节作用的突触小泡相关蛋白，其中突触素Ⅰ（synapsin Ⅰ）可使突触小泡集合并附在细胞骨架上。突触前膜胞质面附有一些致密物质，比一般细胞膜略厚，此外还有一些电子密度高的锥形致密突起（dense projection）突入胞质内，其性质为蛋白质，突起间容纳突触小泡。

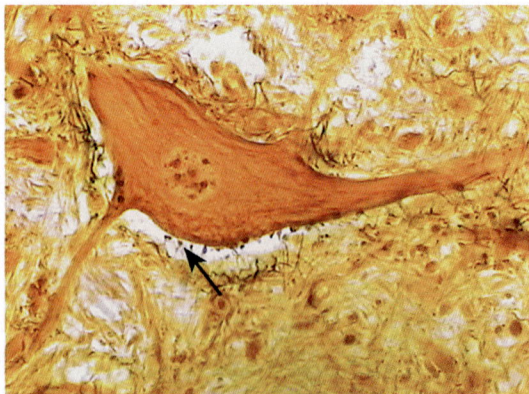

图 7-10　脊髓运动神经元光镜像　镀银染色　高倍
（中山大学中山医学院曾园山供图）
箭头示突触扣结
Fig. 7-10　Light micrograph of a motor neuron in the spinal cord　Silver stain　High magnification
Arrow indicates a synaptic bouton

2. **突触后成分**　突触后成分（postsynaptic element）是另一个神经元与突触前膜相对的细胞膜，主要为突触后膜（postsynaptic membrane）。突触后膜胞质面附着有致密物，称为突触后致密物（postsynaptic density，PSD）。突触后膜（主要在 PSD）含有能与相应神经递质特异性结合的受体与

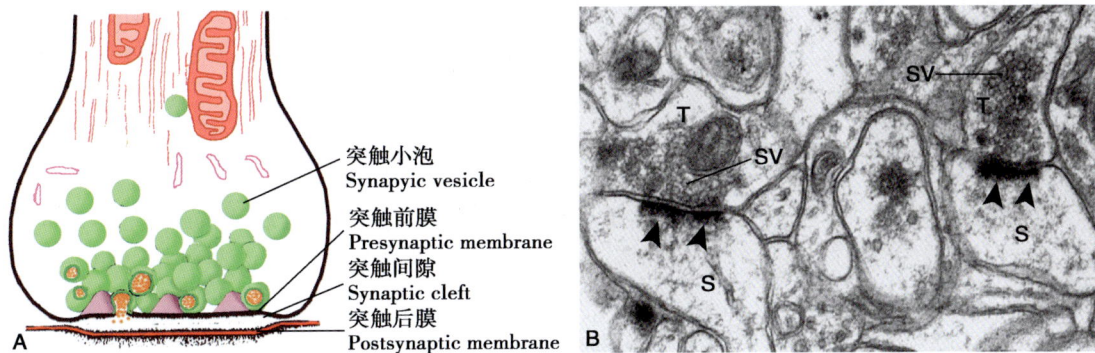

图 7-11 化学突触超微结构

A. 模式图；B. 电镜像（暨南大学医学院阮奕文供图）；T. 轴突终末；S. 树突棘；SV. 突触小泡；箭头示突触后膜

Fig. 7-11 Ultrastructure of chemical synapses

A. schematic diagram；B. electron micrograph；T. axonal terminal；S. dendritic spine；SV. synaptic vesicle；Arrow indicates the postsynaptic membrane

离子通道，并聚集有多种调节突触传递的蛋白质和激酶。

3. 突触间隙　突触间隙（synaptic cleft）位于突触前膜与突触后膜之间，宽 15 ~ 30nm，内含来自两侧跨膜蛋白的胞外部分和细胞外基质（如神经细胞黏附分子等），并含有降解神经递质的酶。

当神经冲动沿轴膜传至轴突终末时，可引起突触前膜上的钙通道开放，Ca^{2+} 由细胞外进入突触前成分内，在 ATP 的参与下促使突触素 I 发生磷酸化。磷酸化的突触素 I 与突触小泡的亲和力降低而与小泡分离，致使突触小泡脱离细胞骨架，移至突触前膜并与其融合，通过出胞作用释放小泡内的神经递质到突触间隙。神经递质与突触后膜上相应的受体结合，引起与受体耦联的化学门控离子通道开放，使相应的离子进出，改变突触后膜两侧的离子分布，使其形成兴奋性或抑制性突触后电位，进而引起突触后神经元（或效应细胞）的相应活动。使突触后膜发生兴奋的突触称兴奋性突触（excitatory synapse），使突触后膜发生抑制的突触称抑制性突触（inhibitory synapse）。突触的兴奋或抑制，取决于神经递质及其受体的种类。神经递质在产生上述效应之后，在突触间隙内立即被相应的酶分解而清除或被突触前成分重新摄取，使该神经递质的作用迅速消除，从而保证突触传递信息的灵敏性。

一个神经元上突触数目的多少在不同的神经元有很大差别，例如小脑的颗粒细胞只有几个突触，一个运动神经元可有 1 万个左右突触，而小脑的浦肯野细胞树突上的突触就有 10 万个以上。一个神经元可以通过突触把信息传递给许多其他神经元或效应细胞，也可以通过突触接受来自许多其他神经元的信息。在这些突触信息中，既有兴奋性的，也有抑制性的。如果兴奋性突触活动的总和超过抑制性突触活动的总和，并足以刺激该神经元的轴突起始段产生神经冲动时，该神经元表现为兴奋；反之，则为抑制。

根据突触前膜和突触后膜胞质面致密物质厚度的差异，可把突触分为 I、II 两型。I 型突触的突触后膜胞质面附有的致密物质较突触前膜的厚，两者不对称，突触间隙也较宽（约 30nm），故称不对称突触（图 7-11）。II 型突触的突触前膜和突触后膜致密物质少，厚度相近，突触间隙较窄（约 20nm），称对称突触。一般认为 I 型突触属兴奋性突触，II 型突触属抑制性突触。

（二）电突触

电突触（electrical synapse）即缝隙连接（见上皮组织），接触点的直径为 0.1 ~ 10μm，也有突触前、后膜及突触间隙。突触间隙仅 2 ~ 3nm，前、后膜内有连接蛋白（connexin）形成呈六角形的结构单位，跨越膜的全层，顶端露于膜的外表面，其中心形成一与膜表面垂直的小管，直径约 2nm，允许直径小于 2nm 的物质通过。电突触处电阻小，通透性好，局部电流极易通过。电突触在传导冲动时不需要神经递质的介导,而以电讯号作为信息载体,具有双向快速传递的特点,可促进神经元的同步活动。大脑皮质的星形细胞,小脑皮质的篮状细胞、星形细胞,视网膜内水平细胞、双极细胞以及某些神经核,均有电突触分布。

三、神经胶质细胞

神经胶质细胞(neuroglial cell)简称胶质细胞(glial cell),也称神经胶质(neuroglia),是神经组织中另一类细胞,广泛分布于中枢和周围神经系统,其数量超过神经元 10～50 倍。胶质细胞与神经元一样具有突起,但其突起不分树突和轴突,亦没有传导神经冲动的功能。

(一) 中枢神经系统的胶质细胞

用 HE 染色只能显示胶质细胞的胞核及其周围少量的胞质,可依据其胞核的形状、大小及染色的深浅,识别三种胶质细胞。星形胶质细胞的胞核最大,圆或椭圆形,染色较浅。少突胶质细胞的胞核较小,圆形,染色较深。而小胶质细胞的胞核最小,形态不规则或杆状,染色最深(图 7-12)。镀银染色或免疫细胞化学染色技术能显示细胞的全貌(图 7-13)。

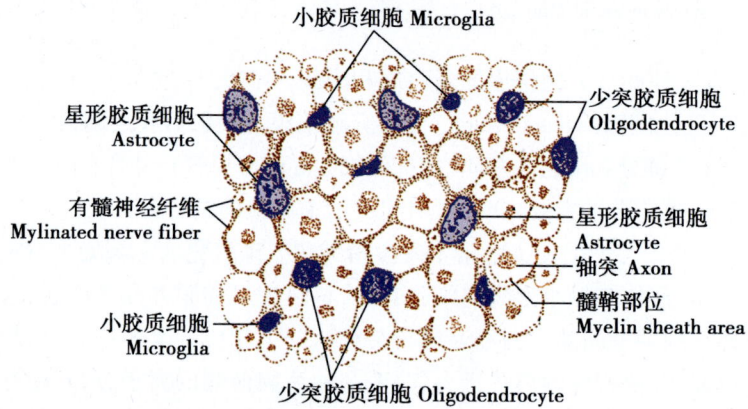

图 7-12　中枢神经系统神经胶质细胞的胞核及神经纤维(横切面)模式图

Fig. 7-12　Schematic drawing showing the glial cells and nerve fibers (cross section) in the central nervous system

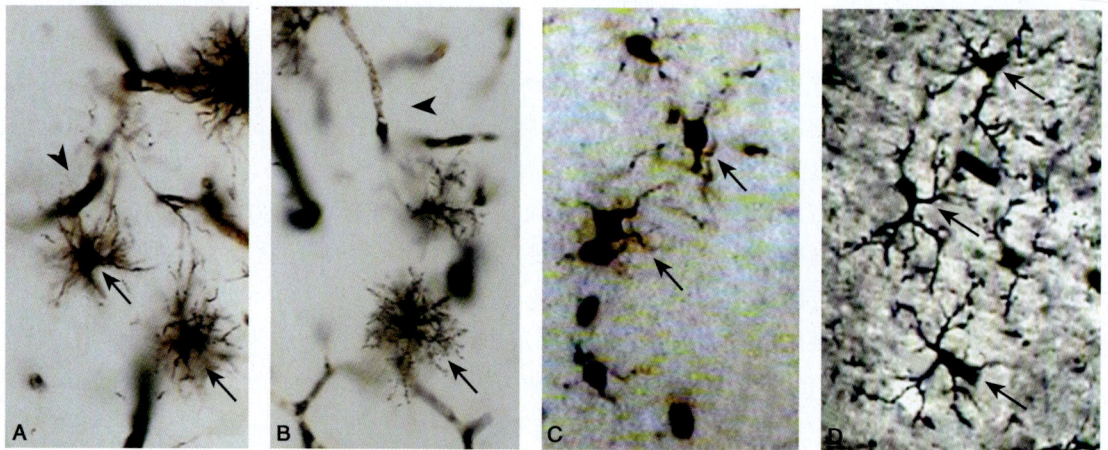

图 7-13　中枢神经系统胶质细胞光镜像　镀银染色,高倍(中山大学中山医学院曾园山供图)
A. 纤维性星形胶质细胞(长箭头);B. 原浆性星形胶质细胞(长箭头);C. 少突胶质细胞(长箭头);
D. 小胶质细胞(长箭头);短箭头示血管

Fig. 7-13　Light micrograph of the glial cells in the central nervous system　Silver stain　High magnification

A. fibrous astrocytes (long arrows);B. protoplasmic astrocytes (long arrow);C. oligodendrocytes (long arrows);D. microglia(long arrows);short arrows indicate blood vessels

1. 星形胶质细胞　星形胶质细胞（astrocyte）是胶质细胞中体积最大、数量最多的一种，与少突胶质细胞合称为大胶质细胞（macroglial cell）。其胞体呈星形，核圆或卵圆形、较大、染色较浅。胞质内含有胶质丝（glial filament），是由胶质原纤维酸性蛋白（glial fibrillary acidic protein，GFAP）构成的一种中间丝（图 7-14），参与细胞骨架的组成。从胞体发出的突起伸展充填在神经元胞体及其突起之间，起支持和绝缘作用。有些胞突末端扩大形成脚板（feet plate）或终足（end feet），在脑和脊髓表面形成胶质界膜（glial limitans）（图 7-15），或贴附在毛细血管壁上，构成血-脑屏障的神经胶质膜。星形胶质细胞可分为两种：①纤维性星形胶质细胞（fibrous astrocyte）：多分布于脑和脊髓的白质，其胞突长而直，分支较少，表面光滑（图 7-13A），胶质丝丰富。②原浆性星形胶质细胞（protoplasmic astrocyte）：多分布在脑和脊髓的灰质，胞突较短粗，分支多，表面不光滑（图 7-13B），胞质内胶质丝较少。

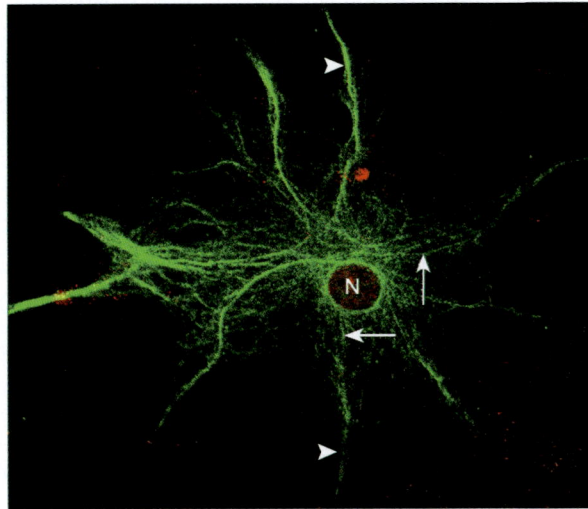

图 7-14　培养的大鼠星形胶质细胞激光扫描共聚焦显微镜像　胶质原纤维酸性蛋白免疫荧光染色　高倍（中山大学中山医学院曾园山供图）

N. 细胞核；短箭头示突起；长箭头示胶质丝

Fig. 7-14　Laser scanning confocal micrograph of a cultured rat astrocyte　Immunofluorescent staining of glial fibrillary acidic protein　High magnification

N. nucleus；short arrows indicate processes；long arrows indicate glial filaments

星形胶质细胞之间的间隙狭窄而迂回曲折，宽 15~20nm，内含组织液，为毛细血管与神经元

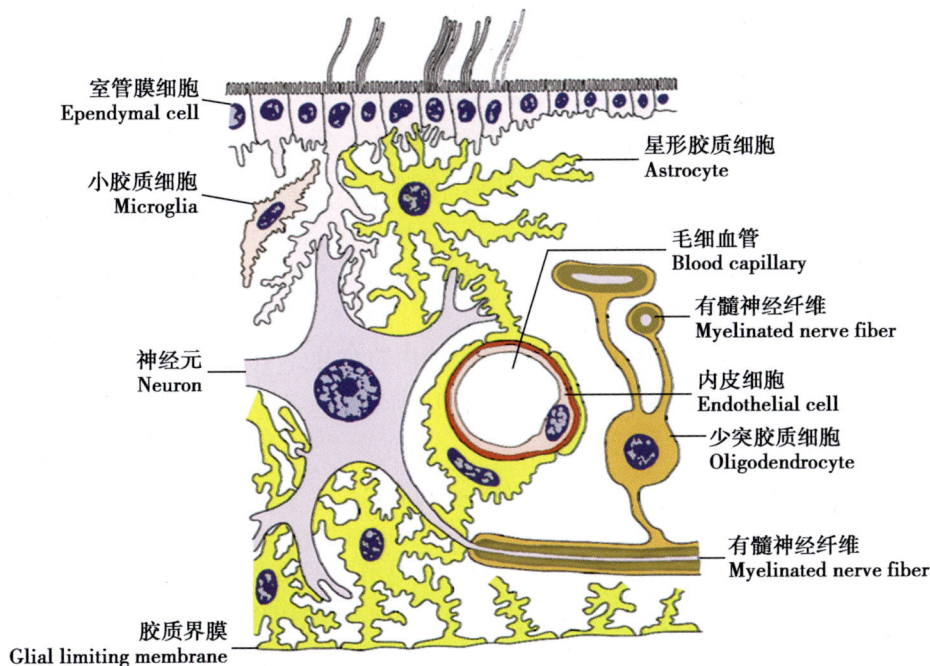

图 7-15　中枢神经系统神经胶质细胞与神经元和毛细血管关系示意图

Fig. 7-15　Diagram illustrating the association of glial cells with neurons and capillaries in central nervous system

Notes

之间的物质交换的场所(图 7-15)。星形胶质细胞能吸收细胞间隙内的 K^+,以维持神经元周围环境 K^+ 含量的稳定性,它还能摄取和代谢某些神经递质(如 γ-氨基丁酸等),调节细胞间隙中某些神经递质的浓度,有利神经元的活动。在神经系统发育时期,某些星形胶质细胞具有引导神经元迁移的作用,使神经元到达预定区域并与其他细胞建立突触联系。中枢神经系统损伤时,星形胶质细胞增生、肥大,充填缺损的空隙,形成胶质瘢痕(glial scar)。此外,星形胶质细胞还能合成和分泌多种神经营养因子(neurotrophic factors),如神经生长因子(nerve growth factor,NGF)、神经营养素-3(neurotrophin-3,NT-3)、脑源性神经营养因子(brain-drived neurotrophic factor,BDNF)、睫状神经营养因子(ciliary neurotrophic factor,CNTF)和胶质源性神经营养因子(glial cell line-drived neurotrophic factor,GDNF)等,有维持神经元的存活和促进神经突起生长的作用。

2. **少突胶质细胞**　少突胶质细胞(oligodendrocyte)分布在神经元胞体附近和神经纤维周围,其胞体较星形胶质细胞小,核卵圆形、染色质致密。在银染色标本中,少突胶质细胞的突起较少(图 7-13),常呈串珠状,其末端扩展成扁平薄膜,包卷神经元的轴突并形成髓鞘,是中枢神经系统的髓鞘形成细胞(图 7-15)。少突胶质细胞及其形成的髓鞘含有一些抑制因子,如轴突生长抑制蛋白 Nogo-A 以及髓磷脂相关糖蛋白(myelin-associated glycoprotein,MAG)等,它们能够阻止神经元轴突随意生长,稳定轴突的正常支配模式。在中枢神经损伤后,若除去这些抑制性蛋白质,可以促进受损伤的轴突再生。

3. **小胶质细胞**　小胶质细胞(microglia)是胶质细胞中最小的一种。胞体细长或椭圆,其突起细长有分支,表面有许多小棘突(图 7-13)。小胶质细胞的数量少,占全部胶质细胞的 5% ~ 20% 左右。中枢神经系统损伤时,小胶质细胞可以被激活为具有吞噬能力的细胞,吞噬细胞碎屑及溃变的髓鞘。血循环中的单核细胞亦侵入损伤区,转变为巨噬细胞,参与吞噬活动。由于小胶质细胞具有吞噬功能,一般认为它来源于血液中的单核细胞,属单核吞噬细胞系统。

4. **室管膜细胞**　室管膜细胞(ependymal cell)呈立方形或柱状,分布在脑室及脊髓中央管的腔面,形成单层上皮,称室管膜(ependyma)。室管膜细胞表面有许多微绒毛,有些细胞表面有纤毛(图 7-15)。某些地方的室管膜细胞基底面有细长的突起伸向深部,称伸长细胞(tanycyte)。这种细胞在脑脊液、神经元与血管之间起主动运输物质的作用,能把脑脊液内的物质运输给邻近的神经元和毛细血管,也可把神经元释放的物质或毛细血管内的物质输送到脑脊液内。

(二)周围神经系统的胶质细胞

1. **施万细胞**　施万细胞(Schwann cell)曾称雪旺细胞,常成串排列,包裹着周围神经系统的轴突形成髓鞘,是周围神经系统的髓鞘形成细胞。施万细胞及其形成的髓鞘外表面覆盖有一层明显的基膜,其中的一种活性分子——层粘连蛋白(laminin)在促进周围神经再生中起重要作用。此外,施万细胞能够合成和分泌多种神经营养因子,如 NT-3、NGF、CNTF 和 BDNF 等,促进受损伤的神经元存活及其轴突再生。

2. **卫星细胞**　卫星细胞(satellite cell)是神经节内包裹神经元胞体的一层扁平或立方形细胞,故又称被囊细胞(capsular cell)。细胞核圆或卵圆形,染色质较浓密,因而细胞核染色较深。细胞外面有一层基膜。

四、神经干细胞

神经干细胞(neural stem cell)是位于神经组织中具有自我更新能力、多向分化潜能和迁移性的一类细胞(图 7-16),主要分布于大脑海马及皮质、脑和脊髓的室管膜和室管膜下区(即室管膜周围区域)等部位,其细胞形态与星形胶质细胞相似。其胞体含有一种特殊的中间丝蛋白——神经上皮干细胞蛋白(neuroepithelial stem cell protein),又称巢蛋白(nestin),是检测神经干细胞的常用标记物之一。

神经干细胞在特定环境下一般通过不对称的分裂方式进行增殖,分裂后的一些子代细胞继

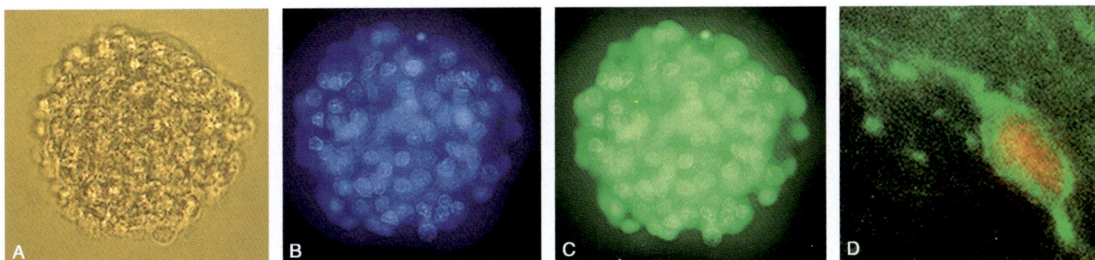

图 7-16　培养的大鼠神经球与神经干细胞分化的神经元光镜像　高倍(中山大学中山医学院曾园山供图)
A. 神经球　倒置相差显微镜像；B. 神经干细胞胞核　Hoechst33342　荧光素染色　倒置荧光显微镜像；
C. 神经干细胞胞质巢蛋白阳性　巢蛋白免疫荧光细胞化学染色　倒置荧光显微镜像；D. 神经干细胞分化的神经元　免疫荧光染色，BrdU 标记细胞核(红色)，β-tubulin Ⅲ标记细胞质和突起(绿色)　荧光显微镜像

Fig. 7-16　Light micrograph of a cultured rat neurosphere and aneuron differentiated from neural stem cell High magnification
A. a neurosphere　Inverted phase contrast microscopic image；B. nuclei of neural stem cells　Hoechst33342 fluorescein stain　Inverted fluorescence microscopic image；C. nestin-positive cytoplasm of neural stem cells Immunofluorescence stain　Inverted fluorescence microscopic image；D. a neuron differentiated from the neural stem cell immunofluorescence stain：BrdU labeling cell nucleus (red)，β-tubulin Ⅲ labelling cytoplasm and processes (green) Fluorescence microscopic image

续保持干细胞的性质(即未分化细胞)，另一些子代细胞则可以向神经元(图 7-16D)、星形胶质细胞和少突胶质细胞分化。因此，神经干细胞可作为神经组织的一种后备细胞，替换那些自然死亡的神经组织细胞，并且在一定程度上能够参与受损伤神经组织死亡细胞的替换，使其得到部分结构和功能的修复。神经干细胞还具有迁移性，当机体需要时，它们可以按照时空顺序迁移到不同部位的神经组织内，最终分化为神经元、星形胶质细胞和少突胶质细胞。

　　神经干细胞的增殖及更新受表皮生长因子(epidermal growth factor，EGF)和碱性成纤维细胞生长因子(basic fibroblast growth factor，bFGF)等有丝分裂原的调控，而其分化一般需要神经营养因子的参与，如 NT-3、BDNF、GDNF 和 CNTF 等神经营养因子可以促使神经干细胞分化为神经元、星形胶质细胞和少突胶质细胞。

五、神　经　纤　维

　　神经纤维(nerve fiber)是由神经元的长轴突及包绕在其外面的胶质细胞构成。中枢神经系统中神经纤维的胶质细胞是少突胶质细胞，周围神经系统中神经纤维的胶质细胞是施万细胞。根据是否有胶质细胞形成髓鞘(myelin sheath)，神经纤维分为有髓神经纤维(myelinated nerve fiber)和无髓神经纤维(unmyelinated nerve fiber)(图 7-17)。神经纤维主要构成中枢神经系统的白质和周围神经系统的脑神经、脊神经和自主神经。

(一)有髓神经纤维
1. 周围神经系统的有髓神经纤维　这类神经纤维的轴突除起始段和终末段外，均包有髓鞘。髓鞘分成许多节段，各节段间的无髓鞘缩窄部称郎飞结(Ranvier node)(图 7-17、图 7-18)。轴突的侧支均自郎飞结处发出。相邻两个郎飞结之间的一段神经纤维称结间体(internode)。轴突越粗，其髓鞘也越厚，结间体也越长。每一结间体的髓鞘由一个施万细胞呈同心圆状包卷轴突而形成，电镜下呈明暗相间的同心状细胞膜板层结构(图 7-19、图 7-20)。髓鞘的化学成分主要是脂蛋白，称髓磷脂(myelin)。髓磷脂中类脂含量很高，约占 80%，故新鲜髓鞘呈闪亮的白色，其余为蛋白质成分，主要有髓鞘蛋白 0(myelin protein zero，P0 或 MPZ)和髓鞘碱性蛋白(myelin basic protein，MBP)，它们对髓鞘的形成和稳定具有重要作用。在常规染色标本上，髓鞘常因

Notes

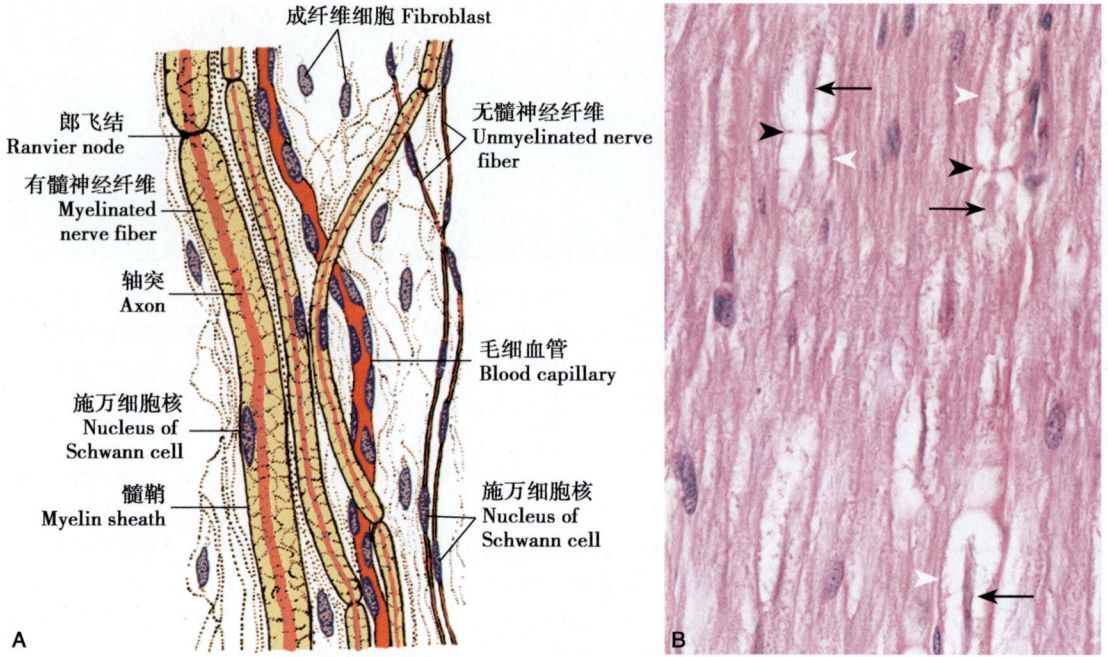

图 7-17　周围神经纤维结构

A. 模式图；B. 坐骨神经（纵切面）光镜像　HE 染色　高倍（华中科技大学同济医学院李和供图）；黑长箭头示轴突；黑短箭头示郎飞结；白短箭头示神经膜

Fig. 7-17　Structure of peripheral nerve fibers

A. schematic drawing；B. light micrograph of sciatic nerve（longitudinal section）　HE stain　High magnification；black long arrows indicate axons；black short arrows indicate Ranvier nodes；white short arrows indicate the neurilemma

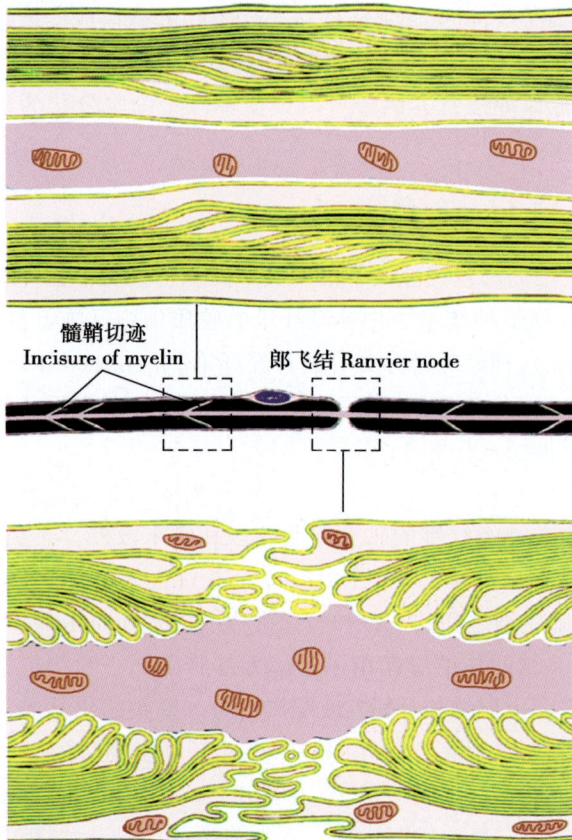

图 7-18　郎飞结与髓鞘切迹模式图

Fig. 7-18　Schematic diagram of the Ranvier node and incisure of myelin

Notes

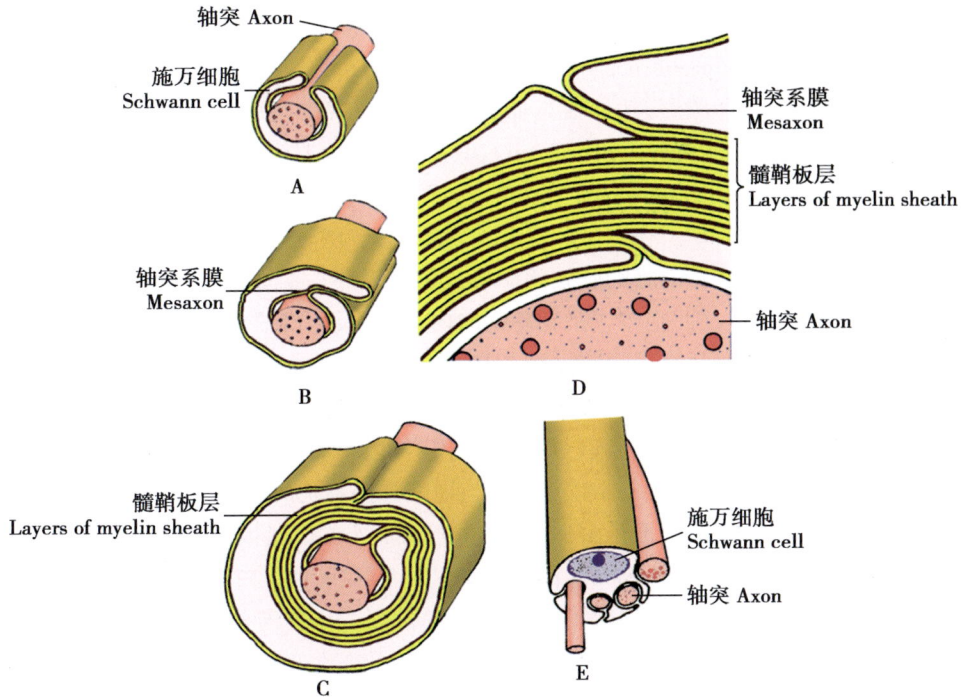

图 7-19　周围神经纤维髓鞘形成及其超微结构模式图

A-C. 髓鞘形成；D. 有髓神经纤维超微结构；E. 无髓神经纤维超微结构

Fig. 7-19　Schematic diagram showing the formation and ultrastructure of myelin sheath in the peripheral nerve fibers

A-C. formation of myelin sheath；D. ultrastructure of myelinated nerve fiber；E. ultrastructure of unmyelinated nerve fiber

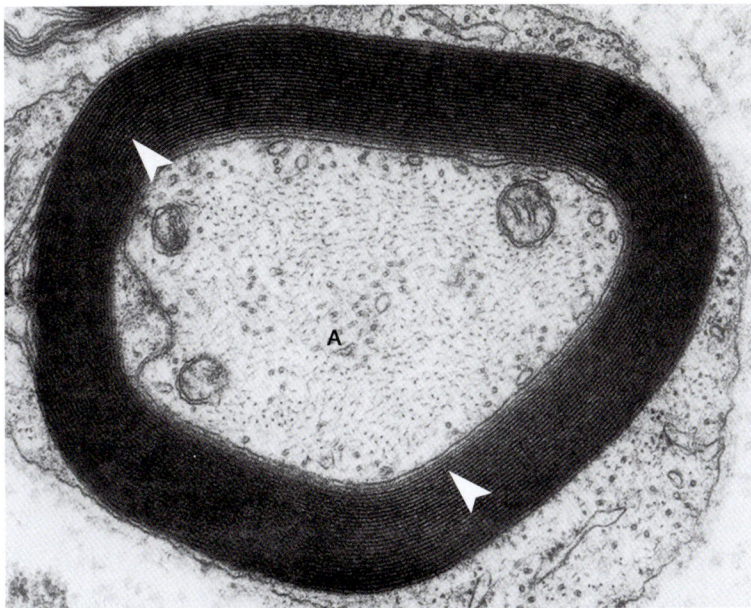

图 7-20　有髓神经纤维电镜像

A. 轴突；箭头示髓鞘板层

Fig. 7-20　Electron micrograph of a myelinated nerve fiber

A. axon；arrows indicate the myelin lamellae

Notes

类脂被溶解而留下空隙,仅见残留的网状蛋白质(图7-17)。若用锇酸固定和染色,类脂被保存,髓鞘呈黑色。在其纵切面上常见一些漏斗形的斜裂,称髓鞘切迹(myelin incisure)(图7-18),又称施-兰切迹(Schmidt-Lantermann incisure)。

施万细胞的胞核呈长卵圆形,其长轴与轴突平行,核周有少量胞质。由于施万细胞包在轴突的外面,故又称神经膜细胞(neurilemmal cell),其外面包有一层基膜。施万细胞最外面的一层细胞膜与基膜合称神经膜(neurilemma)。

髓鞘的形成始于胚胎时期。在有髓神经纤维发生中,伴随轴突一起生长的施万细胞表面凹陷成一纵沟,轴突位于纵沟内,沟缘的胞膜相贴形成轴突系膜(mesaxon)。此后轴突系膜不断伸长并反复包卷轴突,把胞质挤回胞体或挤到髓鞘的内、外侧及两端靠近郎飞结处,各层细胞膜相贴形成可达50层同心圆排列的板层髓鞘(图7-19、图7-20)。故髓鞘成自施万细胞的胞膜,属施万细胞的一部分。施万细胞的胞质除见于细胞的内、外边缘和两端外,还见于髓鞘板层内的髓鞘切迹。该切迹构成螺旋形的胞质通道,并与细胞内、外边缘的胞质相通。

2. 中枢神经系统的有髓神经纤维　其结构与周围神经系统的有髓神经纤维基本相同,不同的是其髓鞘不是由施万细胞形成,而是由少突胶质细胞突起末端的足板包卷轴突而形成。此外,形成的髓鞘含有髓鞘蛋白脂蛋白(proteolipid protein,PLP)和髓鞘碱性蛋白等脂蛋白,但不含髓鞘蛋白0。一个少突胶质细胞有多个突起可分别包卷多个轴突,其胞体位于神经纤维之间(图7-21)。中枢神经系统内的有髓神经纤维的外表面没有基膜,髓鞘内亦无髓鞘切迹。

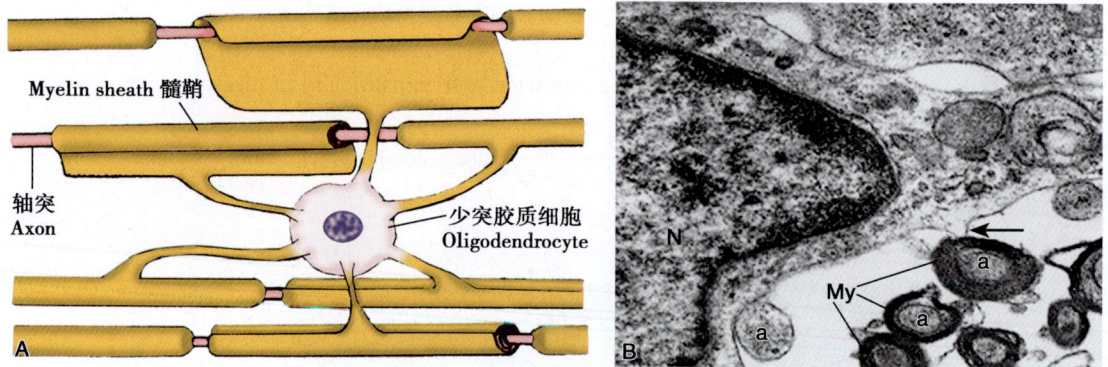

图 7-21　少突胶质细胞与中枢有髓神经纤维的关系
A. 模式图;B. 电镜像(中山大学中山医学院曾园山供图);N. 少突胶质细胞核;a. 轴突;My. 髓鞘
Fig. 7-21　the association of oligodendrocyte with myelinated nerve fibers in the central nervous system
A. Schematic diagram;B. electron micrograph;N. nucleus of oligodendrocyte;a. axon;My. myelin

(二) 无髓神经纤维

周围神经系统内的无髓神经纤维由神经元的细小轴突及包在其外面的施万细胞组成。电镜下可见施万细胞成串排列,胞体凹陷成许多纵沟,轴突单独或成束地陷在这些纵沟内,被施万细胞包裹,即一个施万细胞可包裹多条细小轴突(图7-22),但不形成髓鞘,故无郎飞结。施万细胞外面亦有基膜。中枢神经系统内的无髓神经纤维外面没有任何细胞包裹,是裸露的轴突,常分散在有髓神经纤维和胶质细胞突起之间。一些脑区的无髓神经纤维可被星形胶质细胞的突起分隔成束。

神经纤维的功能是传导神经冲动,这种电流的传导在轴膜进行。有髓神经纤维的神经冲动呈跳跃式传导,故传导速度快,这是由于有髓神经纤维的髓鞘含高浓度的类脂而具有疏水性,它分隔含有离子的细胞外液与轴膜直接接触而起绝缘作用。另外,髓鞘的电阻比轴膜高得多,而电容却很低,电流只能使郎飞结处的轴膜(能与细胞外液接触)产生兴奋。所以轴突起始段产生的神经冲动(动作电位),必须通过郎飞结处的轴膜传导,从一个郎飞结跳到下一个郎飞结呈跳跃式传导。有髓神经纤维的结间体越长,神经冲动跳跃的距离也越大,传导速度也就越快。无髓神经纤维因无髓

Notes

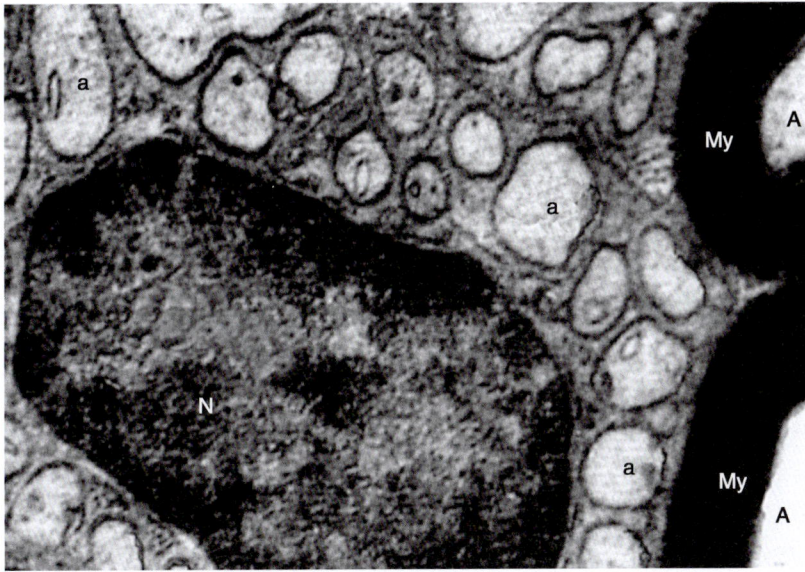

图 7-22　大鼠脊神经背根（横切面）电镜像（中山大学中山医学院曾园山供图）
A. 有髓神经纤维轴突；My. 有髓神经纤维髓鞘；a. 无髓神经纤维轴突；N. 施万细胞细胞核

Fig. 7-22　Electron micrograph of dorsal root（cross section）of rat spinal nerve
A. axon of the myelinlated nerve fiber；My. myelin；a. axon of unmyelinated nerve fiber；N. nucleus of Schwann cell

鞘和郎飞结，神经冲动只能沿着轴突的轴膜连续传导，故其传导速度比有髓神经纤维慢。

（三）神经

　　周围神经系统中功能相关的神经纤维集合在一起，外包致密结缔组织，构成神经（nerve）。一条神经内可以只含有感觉（传入）神经纤维或运动（传出）神经纤维，分别称为感觉神经和运动神经，但大多数神经同时含有感觉、运动和自主神经纤维，称为混合神经。在结构上，多数神经同时含有髓和无髓两种神经纤维。由于有髓神经纤维的髓鞘含髓磷脂，故肉眼见神经通常是白色的。

　　包裹在神经外面的一层致密结缔组织称神经外膜（epineurium）。神经内的神经纤维，又被结缔组织分隔成大小不等的神经纤维束，包裹每束神经纤维的结缔组织称神经束膜（perineurium）（图 7-23）。神经束膜的内层是多层的扁平上皮样细胞（epithelioid cells），称神经束膜上皮（perineural epithelium），上皮样细胞之间有紧密连接，每层上皮样细胞都有基膜。神经束膜上皮

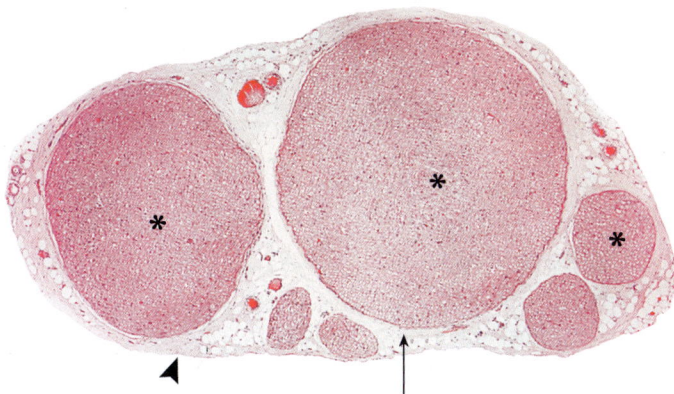

图 7-23　坐骨神经（横切面）光镜像　HE 染色　低倍（中山大学中山医学院曾园山供图）
短箭头示神经外膜；长箭头示神经束膜；星号示神经纤维束

Fig. 7-23　Light micrograph of a sciatic nerve（cross section）　HE stain　Low magnification
Short arrow indicates the epineurium；long arrow indicates the perineurium；asterisks indicate the nerve fiber bundles

Notes

对进出神经的物质具有屏障作用,如标记蛋白质不能通过此屏障进入神经内部。神经纤维束内的每条神经纤维又有薄层疏松结缔组织包裹,称神经内膜(endoneurium)。神经外膜内的纵行血管发出分支进入神经束膜,进而在神经内膜形成毛细血管网。神经内膜亦含有淋巴管。

六、神 经 末 梢

周围神经纤维的终末部分终止于全身各种组织或器官内,形成各式各样的神经末梢(nerve ending),按其功能可分感觉神经末梢和运动神经末梢两大类。

(一)感觉神经末梢

感觉神经末梢(sensory nerve ending)是指感觉神经元(假单极神经元)周围突的终末部分,该终末与其他组织共同组成感受器。感觉神经末梢能接受内、外环境的各种刺激,并将刺激转化为神经冲动,传向中枢,产生感觉。感觉神经末梢按其结构可分游离神经末梢和有被囊神经末梢两类。

1. 游离神经末梢 游离神经末梢(free nerve ending)结构简单,由较细的有髓神经纤维或无髓神经纤维的终末反复分支而成。在接近末梢处,髓鞘消失,其裸露的细支广泛分布在表皮、角膜和毛囊的上皮细胞之间,或分布在各型结缔组织内,如真皮、骨膜、脑膜、血管外膜、关节囊、肌腱、韧带、筋膜和牙髓等处。此类神经末梢感受冷、热、轻触和痛的刺激(图7-24A)。

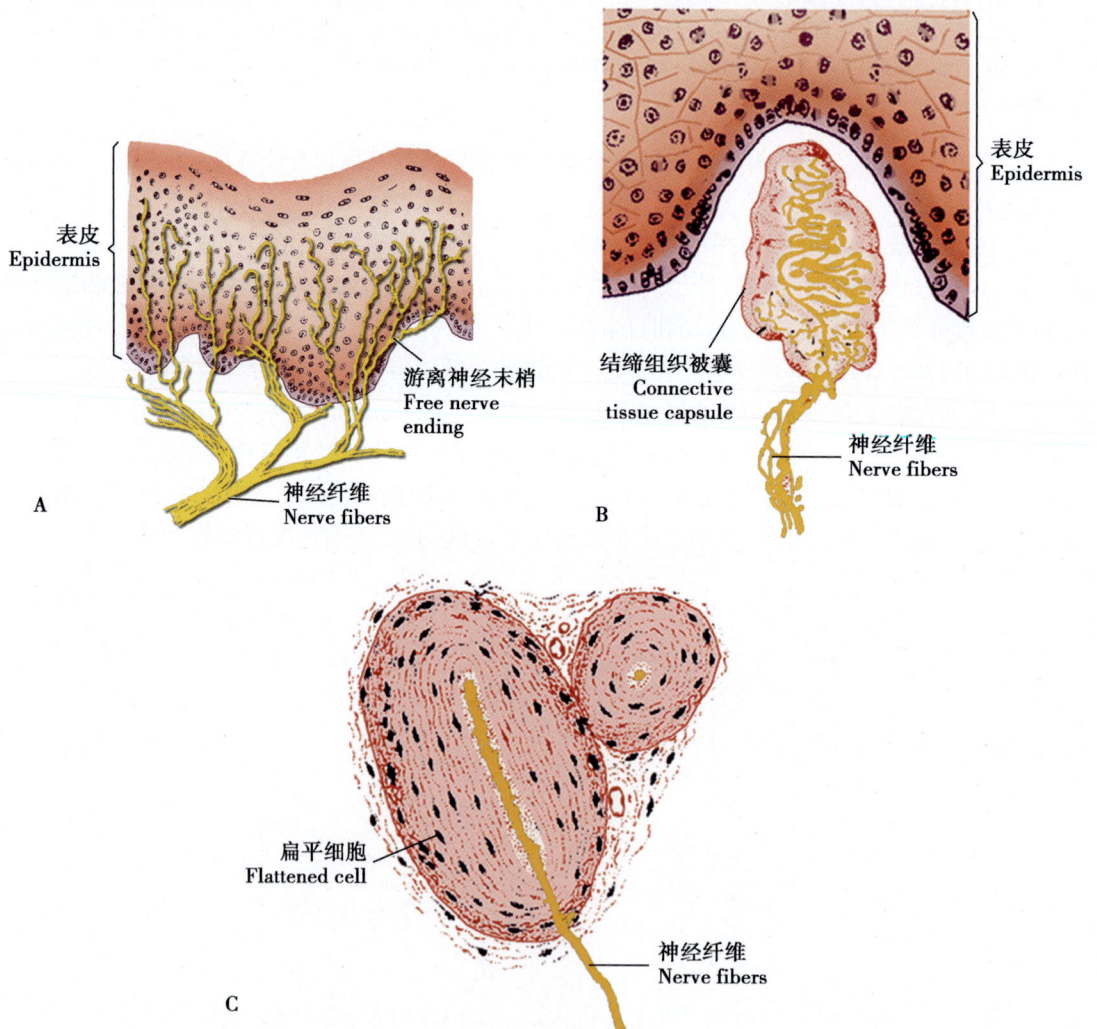

图7-24 感觉神经末梢模式图
A. 游离神经末梢;B. 触觉小体;C. 环层小体
Fig. 7-24 Schematic drawing of sensory nerve endings
A. free nerve endings;B. tactile corpuscle;C. lamellar corpuscle

2. 有被囊神经末梢　有被囊神经末梢(encapsulated nerve ending)由感觉神经元周围突的终末外包裹结缔组织被囊构成,其种类较多,常见的有如下几种:

(1) 触觉小体:触觉小体(tactile corpuscle)又称迈斯纳小体(Meissner's corpuscle),分布在皮肤真皮乳头内,以手指、足趾的掌侧的皮肤居多,其数量可随年龄增长而逐渐减少。触觉小体呈卵圆形,长轴与皮肤表面垂直,外包结缔组织被囊,小体内有许多横列的扁平细胞。有髓神经纤维进入小体时失去髓鞘,并分成细支盘绕在扁平细胞间(图7-24B、图7-25A)。触觉小体的主要功能是感受触觉。

(2) 环层小体:环层小体(lamellar corpuscle)又称帕奇尼小体(Pacinian corpuscle),广泛分布在皮下组织、肠系膜、韧带和关节囊等处,感受压觉和振动觉。环层小体较大(直径1~4mm),卵圆形或球形,中央有一条均质状的圆柱体,周围由数十层呈同心圆排列的扁平细胞组成。有髓神经纤维进入小体时失去髓鞘,裸露的终末穿行于小体中央的圆柱体内(图7-24C、图7-25B)。

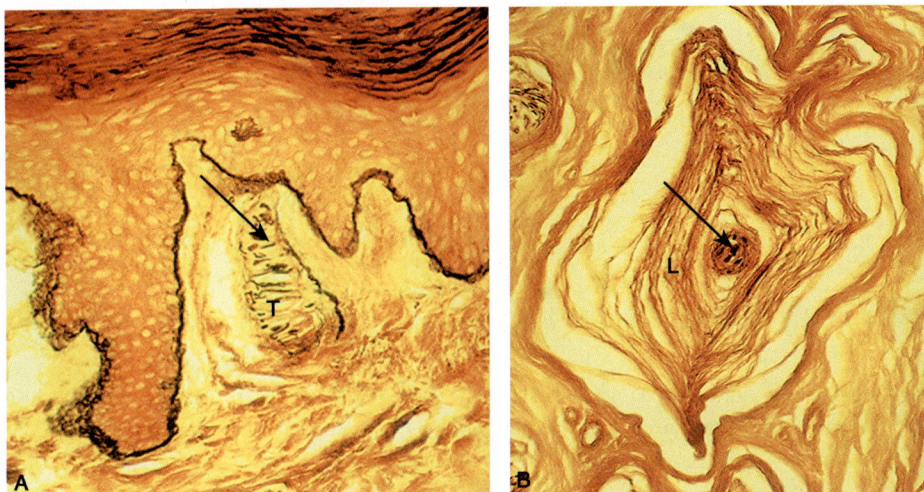

图 7-25　触觉小体(A)和环层小体(B)光镜像　镀银染色　高倍
T. 触觉小体;L. 环层小体;箭头示神经纤维
Fig. 7-25　Light micrograph of the tactile corpuscle (A) and lamellar corpuscle (B)　Silver stain　High magnification
T. tactile corpuscle;L. lamellar corpuscle;Arrows indicate nerve fibers

(3) 肌梭:肌梭(muscle spindle)是分布在骨骼肌内的梭形结构,外有结缔组织被囊,内含若干条细小的骨骼肌纤维,称为梭内肌纤维(intrafusal muscle fiber)。梭内肌纤维的胞核成串排列或集中在肌纤维中段而使该处膨大(图7-26),胞质内肌原纤维较少。感觉神经纤维进入肌梭时失去髓鞘,裸露的终末细支呈环状包绕梭内肌纤维的中段,或呈花枝样附着在近中段。肌梭内还有运动神经末梢分布在梭内肌纤维的两端(图7-26A)。肌梭是一种本体感受器,主要感受肌纤维的伸缩变化,在调节骨骼肌的活动中起重要作用。

(二) 运动神经末梢

运动神经末梢(motor nerve ending)是运动神经元的长轴突分布于肌组织和腺体内的终末部分,支配肌纤维的收缩和腺细胞的分泌,并与其他组织共同组成效应器(effector)。运动神经末梢又分躯体和内脏运动神经末梢两类。

1. 躯体运动神经末梢　躯体运动神经末梢(somatic motor nerve ending)分布于骨骼肌内。躯体运动神经元的胞体位于脊髓灰质前角或脑干,其轴突很长,离开中枢神经系统后成为有髓鞘的躯体传出(运动)神经纤维。当神经纤维抵达骨骼肌时,髓鞘消失,其轴突反复分支。每一分支形成葡萄状的轴突终末,并与一条骨骼肌纤维建立突触连接,此连接区域呈椭圆形板状隆起,称运动终板(motor end plate)或神经肌连接(neuromuscular junction)(图7-27)。

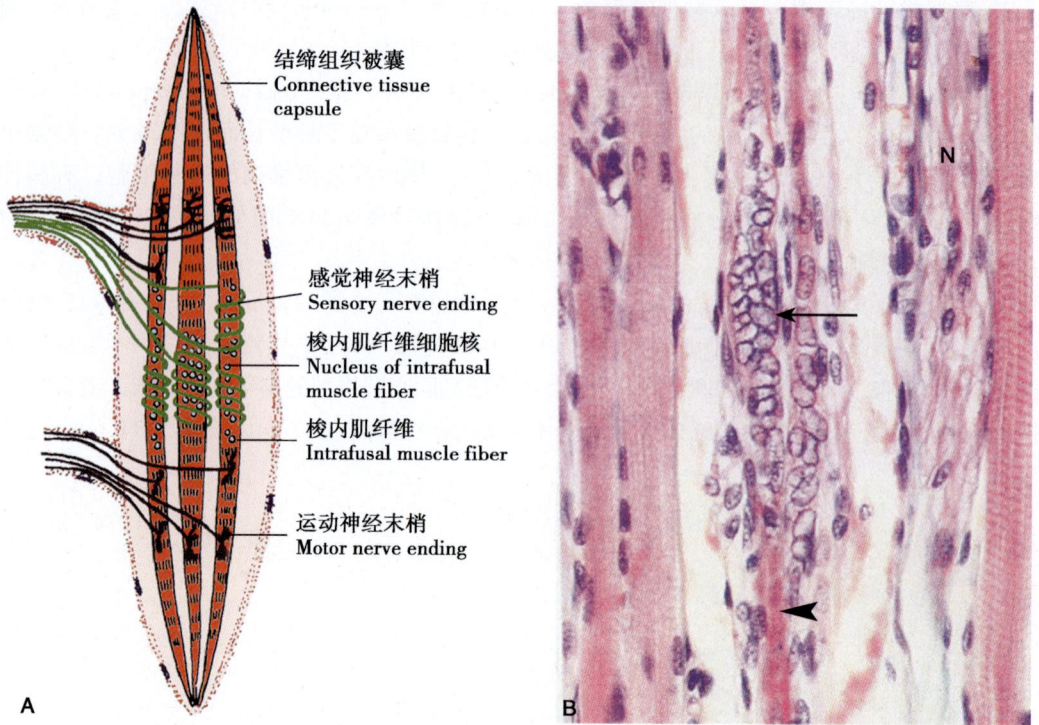

结缔组织被囊
Connective tissue capsule

感觉神经末梢
Sensory nerve ending

梭内肌纤维细胞核
Nucleus of intrafusal muscle fiber

梭内肌纤维
Intrafusal muscle fiber

运动神经末梢
Motor nerve ending

图 7-26　肌梭
A. 模式图；B. 光镜像　HE 染色　高倍；N. 神经纤维；短箭头示梭内肌纤维；长箭头示梭内肌纤维细胞核
Fig. 7-26　Muscle spindle
A. schematic diagram. B. light micrograph　HE stain　High magnification；N. nerve fibers；short arrow indicates intrafusal muscle fiber；long arrow indicates the nucleus of intrafusal muscle fiber

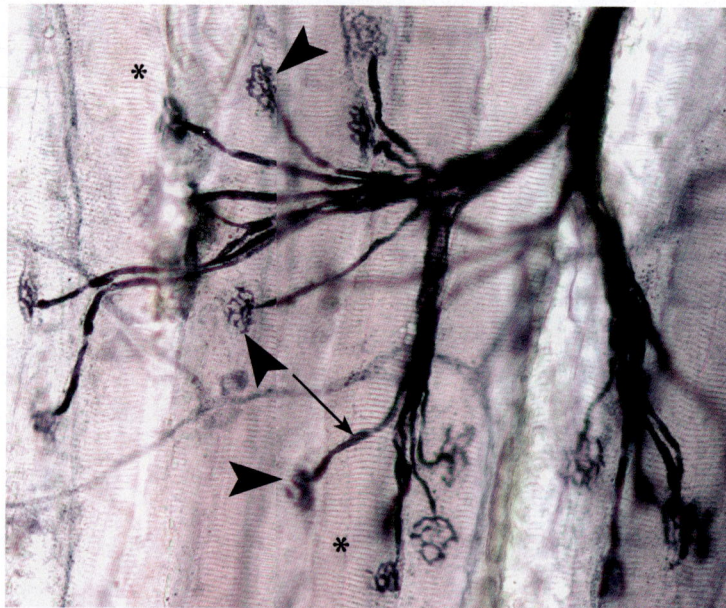

图 7-27　运动终板光镜像　骨骼肌压片，氯化金染色，高倍（华中科技大学同济医学院李和供图）
短箭头示运动终板；长箭头示神经纤维；星号示骨骼肌纤维
Fig. 7-27　Light micrograph of the motor end plate　Tabletting of skeletal muscle　Gold chlorid stain　High magnification
Short arrows indicate the motor end plates；long arrow indicates a nerve fiber；asterisks indicate skeletal muscle fibers

Notes

在电镜下，运动终板处的肌纤维含丰富的肌质，有较多的细胞核和线粒体，肌膜凹陷成浅槽，轴突终末嵌入浅槽内，此处的轴膜为突触前膜（图 7-28），富含钙通道。与突触前膜相对的肌膜为突触后膜，它再向肌质内凹陷形成许多深沟和皱褶，使突触后膜的表面积增大。突触后膜上有乙酰胆碱 N 型受体。突触前、后膜之间的间隙为突触间隙。轴突终末内有大量含乙酰胆碱的圆形突触小泡，还有许多线粒体和一些微管、微丝等。当神经冲动到达运动终板时，引起突触前膜钙通道的开放，突触小泡移向突触前膜，与前膜融合，并以出胞方式释放其内的乙酰胆碱到突触间隙。释放的乙酰胆碱大部分与突触后膜上的 N 型受体结合，使肌膜两侧离子分布发生变化而产生兴奋，兴奋经横小管传导至整个肌纤维，引起肌纤维收缩。

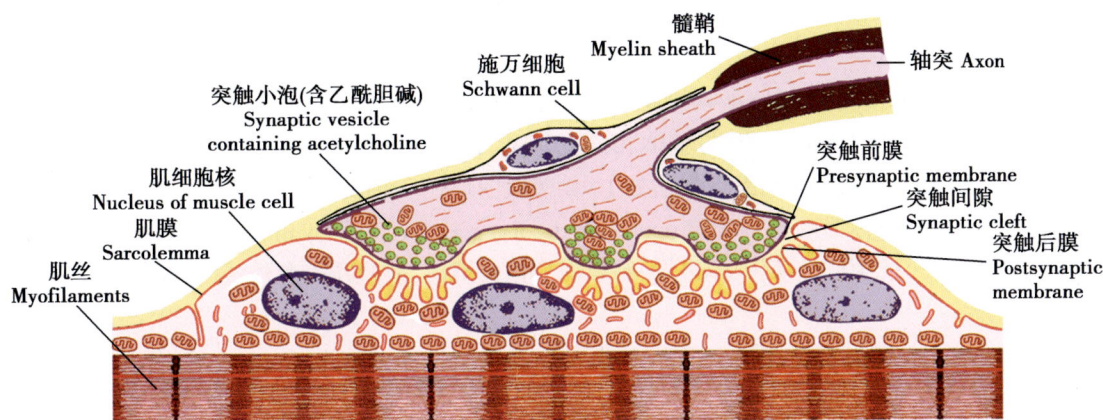

图 7-28　运动终板超微结构模式图

Fig. 7-28　Schematic drawing illustrating the ultrastructure of muscle spindle

一根有髓运动神经纤维及其分支所支配的骨骼肌纤维数目多少不等，少者仅 1～2 条，多者可达上千条，但一条骨骼肌纤维通常只有一个轴突分支支配。一个运动神经元的轴突及其分支所支配的全部骨骼肌纤维合称一个运动单位（motor unit）。

2. 内脏运动神经末梢　内脏运动神经末梢（visceral motor nerve ending）分布于内脏及血管的平滑肌、心肌和腺上皮细胞等处。内脏运动神经属自主神经的一部分，从中枢到效应器的通路一般由两个神经元组成。第一个神经元称节前神经元（preganglionic neuron），胞体位于脊髓灰质侧角或脑干，其轴突称节前纤维。第二个神经元称节后神经元（postganglionic neuron），胞体位于自主神经节或神经丛，轴突组成节后纤维。节前纤维离开中枢进入自主神经节或神经丛，与节后神经元的胞体或树突建立突触连接。节后纤维离开自主神经节或神经丛，其终末分布到内脏及血管的平滑肌、心肌和腺上皮细胞，成为内脏运动神经末梢（图 7-29）。这类神经纤维较细，

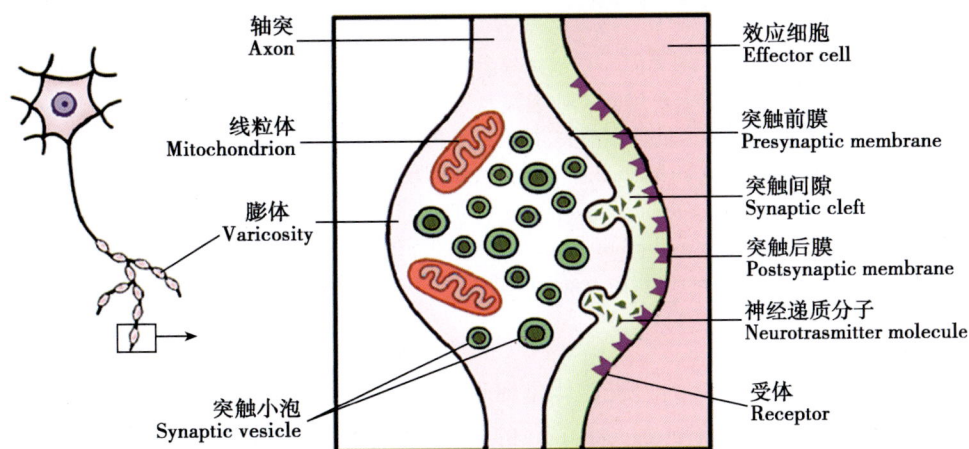

图 7-29　内脏运动神经纤维及其末梢与膨体超微结构示意图

Fig. 7-29　Diagram illustrating ultrastructures of a visceral motor nerve and its ending and varicosity

Notes

无髓鞘,轴突终末分支常呈串珠样膨体(varicosity),附着于平滑肌纤维或穿行于腺细胞间。膨体内有许多圆形或颗粒型突触小泡,圆形清亮突触小泡含乙酰胆碱,颗粒型突触小泡含去甲肾上腺素或肽类神经递质。当神经冲动传至末梢时,神经递质释放,作用于效应细胞膜上的相应受体,引起肌肉收缩和腺体分泌。

七、神经纤维的溃变与再生

神经元受到损伤后,其胞体及其发出的突起都会发生溃变反应。当胞体直接受到严重损伤时,可迅速导致整个神经元死亡。如果在靠近胞体处损伤其神经纤维,也同样会使神经元发生死亡,但在远离胞体处损伤其神经纤维,一般不会引起神经元死亡,甚至可以发生神经纤维再生。

(一) 溃变

当神经纤维受损伤如神经被切断后,切断处远侧段的神经纤维全长发生溃变(degeneration),轴突和髓鞘碎裂和溶解;而与胞体相连的近侧段神经纤维则发生逆行性溃变(retrograde degeneration),但一般只影响到靠近损伤处1~2节段的髓鞘和轴突处。自损伤处向神经纤维末端方向发生的溃变,称为顺行性溃变(anterograde degeneration,又称 Wallerian degeneration)。此时,神经元胞体肿胀,胞核移到胞体边缘,胞质内尼氏体溶解,故胞质着色浅淡(图7-30)。

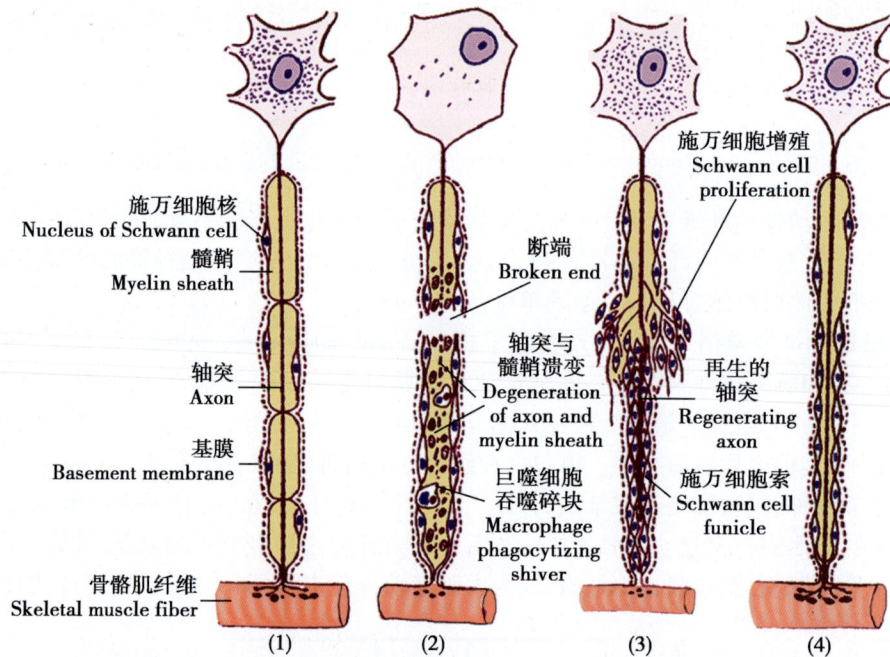

图 7-30　周围神经的溃变与再生示意图
(1)正常神经纤维;(2)神经纤维断离处远端及近端的一部分髓鞘及轴突溃变;(3)施万细胞增生,轴突生长;(4)多余的轴突消失,神经纤维再生完成
Fig. 7-30　Diagrams illustrating the degeneration and regeneration of peripheral nerve
(1)normal nerve fiber;(2)degeneration of a part of myelin sheath and axon nearby disjunct site of nerve fiber;(3)Schwann cell proliferation and axonal growth;(4)disappearance of unnecessary axons and complement of nerve fiber regeneration

(二) 再生

1. 周围神经纤维的再生　神经元胞体是细胞的营养和代谢中心,因此,受损伤神经元胞体的存活是其神经纤维再生(nerve regeneration)的必要条件。在切断神经纤维3周后,其神经元胞体内的尼氏体重新出现,胞体肿胀消失,胞核恢复中央位置。恢复中的胞体不断合成新的蛋白质及其他产物输向轴突,使残留的近侧段轴突末端生长出许多新生的轴突支芽(图7-30)。在髓

Notes

鞘和轴突发生溃变时,包裹神经纤维的基膜仍保留呈管状,施万细胞大量增殖,吞噬碎裂的髓鞘和轴突,并在基膜管内排列成细胞索。在靠近断口处的施万细胞形成细胞桥把两断端连在一起,让再生的轴突支芽越过施万细胞桥,进入基膜管内。当再生轴突沿着施万细胞索生长并到达原来支配的靶时,则再生成功(图7-30)。因此,施万细胞和基膜对轴突的再生起重要的诱导作用。

2. 中枢神经纤维的再生　虽然中枢神经纤维同周围神经纤维一样具有再生能力,但再生过程比周围神经困难。因为这种神经纤维没有施万细胞,也无基膜包裹,而且中枢神经微环境中存在有轴突再生抑制分子,如 Nogo-A、MAG 和硫酸软骨素蛋白聚糖(chondroitin sulfate protegly-can)等。此外,损伤处星形胶质细胞增生肥大,形成致密的胶质瘢痕,阻碍再生的轴突支芽越过损伤区,即使能越过,也没有如同周围神经纤维那样的基膜管和施万细胞索引导再生轴突到达目的地,因此,中枢神经纤维的损伤常导致脑或脊髓功能的永久性丧失。近年来的研究已寻找到一些能够促进中枢神经纤维再生的神经营养因子,如 NGF、NT-3、BDNF 和 CNTF 等。也有学者把周围神经、胚胎脑或脊髓组织、胚胎干细胞(embryonic stem cell,ESC)、神经干细胞、诱导性多能干细胞(induced pluripotent stem cells,iPS)或嗅鞘细胞(olfactory ensheathing cells,OECs)等移植到脑或脊髓内,以期促进受损伤的脑或脊髓结构和功能的修复。

专题讲座:隐藏在神经组织的神经干细胞

长期以来,人们认为成年后的中枢神经组织一成不变,生理性死亡或因病、伤死亡的神经元,不可能获得新生神经元的替换,但成年哺乳动物中枢神经组织神经干细胞(neural stem cells,NSCs)的发现,彻底打破了这一观念,成为开展中枢神经组织可塑性及其受损伤后再生修复研究的又一个里程碑。在过去的二十多年里,大量研究证实,成年哺乳动物的 NSCs 存在于中枢神经的大脑海马齿状回颗粒层下区(subgranular zone,SGZ)、侧脑室室管膜下区(subventricular zone,SVZ)和室管膜等部位,这些部位的微生态环境(niche architecture)非常有利于 NSCs 的存活、迁移及向有特定功能的神经元分化。

自我更新是 NSCs 的特性之一。NSCs 能够在有丝分裂原(mitogen)的作用下不断增殖,如应用表皮生长因子和碱性成纤维细胞生长因子作用体外培养的 NSCs,可促使其迅速分裂增殖,并可将其进行传代,且其数代的子细胞仍保持干细胞的特性。NSCs 的分裂方式呈现对称分裂和不对称分裂两种。在发育早期,大多数 NSCs 的分裂沟垂直于胚胎神经管表面,随后产生两个命运相同的子代细胞,这种方式称为对称分裂;到发育晚期,越来越多的 NSCs 表现出不对称分裂,其分裂沟平行于神经管表面,产生两个命运不同的子代细胞,即一个为干细胞,仍留在原位,另一个细胞则迅速迁移出去,最后分化为神经元或神经胶质细胞。

多向分化潜能(multipotentiality)是 NSCs 的另一特性。将 NSCs 置入有血清的培养液中培养,NSCs 能够分化为神经元、星形胶质细胞和少突胶质细胞。应用免疫组织化学染色法可以显示由NSCs 分化的神经元含有特异性标记物,如神经元特异性烯醇化酶(neuronspecific enolase,NSE)、神经丝蛋白(NF)、微管相关蛋白2(MAP2)、神经元特异性核蛋白(neuronal nuclei,NeuN)和 β-微管蛋白III(β-tubulin III)等,分化的星形胶质细胞含有特异性胶质原纤维酸性蛋白(GFAP)等,分化的少突胶质细胞含有的标记物髓鞘碱性蛋白(MBP)和髓鞘蛋白脂蛋白(PLP)等。

胚胎发育中的 NSCs 一方面通过自我更新不断产生大量的子代细胞以满足中枢神经组织生长发育的需要,另一方面按照严格的时空顺序迁移至中枢神经组织的不同部位,分化为不同类型的神经元和神经胶质细胞,参与相关神经元局部环路的形成。在成年动物中,位于侧脑室室管膜下区的 NSCs 沿着一条特定的迁移路线——嘴侧迁移流(rostal migrate stream,RMS)迁移至嗅球,并分化为嗅球神经元,不断地实施细胞的生理性置换。新生神经元具有嗅球特有的适应性,比如对一种新气味产生嗅觉感知。大脑海马齿状回颗粒层下区的 NSCs 迁移及分化为不同类型的神经元和神经胶质细胞,维持大脑结构的可塑性,从而参与大脑空间认知和学习记忆等

Notes

过程。因此人们已经在思考，高级脑功能的维护是否也需要有NSCs及其分化的细胞参与。

利用NSCs作为中枢神经组织一种后备细胞去替换自然死亡细胞来维持组织结构动态平衡，可进行中枢神经病伤后的修复以及神经退行性和创伤性疾病的治疗。这些疾病都伴有神经元的死亡，如肌萎缩性侧索硬化(amyotophic lateral sclerosis,ALS)是脊髓前角运动神经元死亡，老年性痴呆(Alzheimer's disease,AD)主要是胆碱能神经元死亡，帕金森氏病(Parkinson's disease,PD)是多巴胺神经元缺失，脑卒中(stroke)和脊髓损伤(spinal cord injury,SCI)伴有大量神经元死亡等。由于这些病伤后难以通过中枢神经自身的修复机制来替换死亡的神经元，一直以来人们都在积极探索激活内源性NSCs和移植外源性NSCs等策略来修复神经组织。但被激活的内源性NSCs分化成神经元的数量较少，修复的力度较为有限。研究提示，外源性NSCs移植对损伤神经组织的修复可能更为有效。将外源性NSCs移植到损伤的神经组织内后，移植的NSCs可整合到宿主的组织中，并发生迁移和分化，形成神经元、星形胶质细胞和少突胶质细胞，修复神经组织的结构与功能。作者曾将NSCs移植到大鼠脊髓全横断损伤处两个多月后观察到，移植的NSCs在受损伤脊髓内能够分化为神经元以及神经胶质细胞，能减轻脊髓继发性损伤，保护受损伤的神经元，改善瘫痪肢体的运动功能。如果对这些NSCs实施外源性神经营养因子基因修饰，再将其移植入中枢神经组织内，让移植的NSCs较长时间合成和分泌外源性神经营养因子，这样一方面通过自分泌或旁分泌方式增强移植的NSCs分化能力，另一方面可保护宿主受损神经元，促进其轴突再生。作者曾尝试用NSCs在体外成功构建了具有功能的人工神经支架，用携带神经营养素-3(*NT-3*)基因及其神经营养素-3受体(*TrkC*)基因的重组腺病毒分别转染NSCs，再将这些NSCs种植到聚乳酸-羟基乙酸共聚物(PLGA)支架中共培养。结果显示，该支架内充满由基因修饰NSCs分化的神经元，它们相互间还形成许多突触样结构，并具有可兴奋性。最近作者还用*NT-3*基因转染施万细胞，用*TrkC*基因转染NSCs，将这两种细胞种植到明胶海绵支架中共培养，通过激活NT-3/TrkC信号通路，促进NSCs更多地分化为具有突触形成潜能的神经元，结果形成一种具有功能的神经网络支架。再将这种支架移植到大鼠脊髓全横断损伤处，两个月后发现，外源性神经网络能够与宿主受损伤的神经网络整合，改善了脊髓神经传导和瘫痪肢体自主运动的功能。

NSCs在受损伤中枢神经组织的修复中已经显示出广阔的应用前景，但是，NSCs要用于治疗人类病伤之前，仍有许多问题需要解决；例如，是否可以从患者自身获得诱导性多能干细胞(iPS)源性NSCs，来解决供体来源困难或者移植免疫反应？是否可以应用iPS源性NSCs构建类脑或脊髓样组织来替换因受损伤而缺血坏死的脑或脊髓组织？对NSCs分化调控机制、再生医学技术和制备适合的中枢神经组织病伤模型的深入研究，将为NSCs成功应用于临床治疗相关的病伤提供新策略。

参考文献

1. Martínez-Morales PL,Revilla A,Ocana I,et al. Progress in stem cell therapy for major human neurological disorders. Stem Cell Rev,2013,9(5):685-699
2. Ma DM,Bonaguidi MA,Ming GL,et al. Adult neural stem cells in the mammalian central nervous system. Cell Res,2009,19(6):672-682
3. Xiong Y,Zeng YS,Zeng CG,et al. Synaptic transmission of neural stem cells seeded in 3-dimensional PLGA scaffolds. Biomaterials,2009,30(22):3711-3722
4. Wang JM,Zeng YS,Wu JL,et al. Cograft of Schwann cells and neural stem cells overexpressing neurotrophin-3 and TrkC respectively after rat spinal cord transection. Biomaterials,2011,32(30):7454-7468
5. Lai BQ,Wang JW,Duan JJ,et al. The integration of NSC-derived and host neural networks after rat spinal cord transection. Biomaterials,2013,34(12):2888-2901
6. Lai BQ,Wang JM,Ling EA,et al. Graft of a tissue engineered neural scaffold serves as a promising strategy to restore myelination after rat spinal cord transection. Stem Cells Dev,2014,23:910-921

（曾园山）

第8章 神 经 系 统

KEY POINTS

- General structure of the central nervous system
- Histological organization of the cerebral cortex, cerebellar cortex and spinal cord
- Histological feature of the cerebrospinal ganglia and autonomic ganglia
- Types and histological organization of the brain barriers

神经系统(nervous system)主要由神经组织构成,分为中枢神经系统和周围神经系统两部分。中枢神经系统由分别位于颅腔和椎管内的脑和脊髓组成,周围神经系统由神经节、神经及神经末梢共同构成。在功能上,神经系统又可分为躯体神经系统和自主神经系统,前者由中枢神经系统和周围神经系统的躯体部分组成,包括躯体中除内脏、心肌和腺体以外的运动和感觉神经;后者由中枢神经系统和周围神经系统中的自主部分组成,包括支配内脏、心肌和腺体的非随意运动传出系统,还包括感受内脏疼痛、自主反射的感觉传入系统。自主神经系统还可进一步分为交感神经系统和副交感神经系统以及独立于这两类之外的支配胃肠道的肠道神经系统。

神经系统的功能活动主要通过无数神经元建立的神经网络来实现。神经系统能对外环境中的变化产生应答,控制并整合各器官和系统的功能活性,在维持机体内环境稳态,保持机体完整统一性中起主导作用。

一、中枢神经系统

中枢神经系统(脑和脊髓)的实质分为灰质和白质。灰质(gray matter)主要由神经元胞体和神经胶质细胞构成,大量紧密交织的神经元突起和神经胶质细胞突起组成神经毡或神经纤维网(neuropil),包绕在神经元胞体周围。神经毡在光镜下呈丝网状,电镜下则为不同断面与大小的树突、无髓鞘的轴突以及结构各异的突触和胶质细胞突起。白质(white matter)内不含神经元胞体,主要由神经纤维束构成,多数是有髓神经纤维。髓鞘富含脂质,使白质有光泽呈白色而得名。白质中的有髓神经纤维主要由来自灰质内神经元的轴突与少突胶质细胞构成。除神经纤维外,白质内还含有星形胶质细胞、少突胶质细胞前体细胞及血管。大脑半球和小脑的灰质大部分居于浅表,又称为皮质(cortex),皮质深面为白质;在延髓、脑干和中脑的灰质与脊髓灰质相延续,呈分散的团块,称为神经核(nucleus);在其他一些特殊区域如延髓、脑干和中脑的深部及脊髓某些节段的侧索部分,白质与灰质相互交错,称为网状结构。脊髓的灰质位于中央,呈蝴蝶形或H形,被白质包围。

(一)大脑皮质

大脑皮质(cerebral cortex)为大脑表面的灰质,厚1.5~4.5mm,不同脑回区大脑皮质厚度不一,由排列有序的神经元、胶质细胞和神经纤维构成,二者的比例约为1:9。

1. **大脑皮质的神经元类型** 大脑皮质的神经元都是多极神经元,按其细胞的形态分为锥体细胞、颗粒细胞和梭形细胞3大类,其分布有明显分层特征(图8-1)。

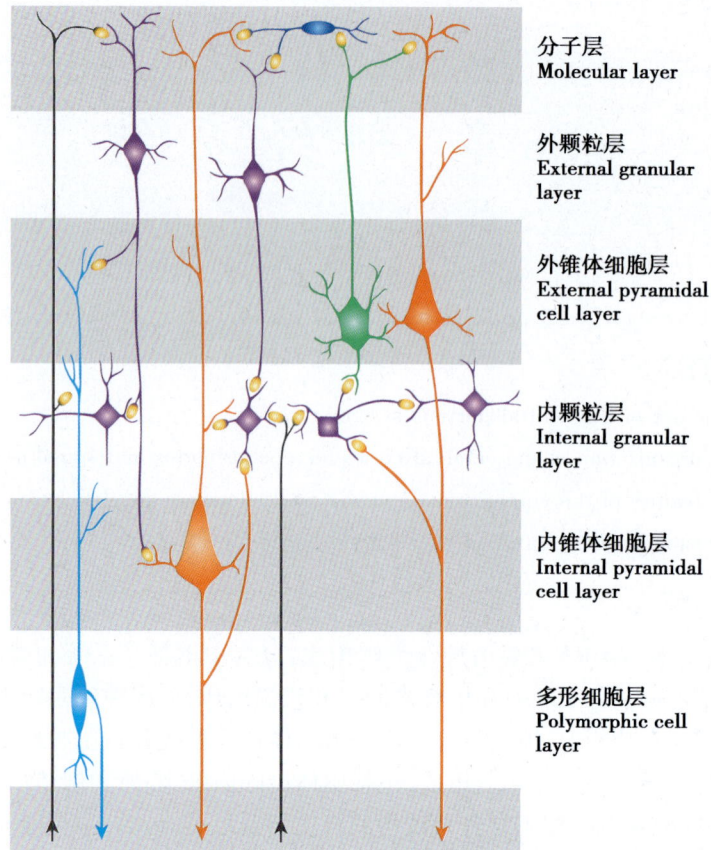

图 8-1　大脑皮质神经元类型与分布模式图

Fig. 8-1　Schematic diagram showing types and distribution of neurons in the cerebral cortex

（1）锥体细胞：锥体细胞（pyramidal cell）是大脑皮质内的主要投射（传出）神经元,数量较多,可分大、中、小 3 型。此外还有一类巨大的锥体细胞,胞体高 120μm,宽 80μm,称为贝兹细胞（Betz cell）。锥体细胞胞体呈锥形,顶端发出一条较粗的主树突,伸向皮质表面,沿途发出许多小分支,胞体还向四周发出一些水平走向的树突,并不断分支,与邻近神经元胞体或突起发生突触联系;所有树突表面都有丰富的树突棘（spine）,是形成轴-树（棘）突触之处（图 8-2）;轴突自锥体细胞胞体底部与主树突相对应位置上发出,细而均匀,长短不一,短者不超出所在皮质范围,长者离开皮质,进入白质,组成投射纤维（projection fiber）或联合纤维（association fiber）。投射纤维下行至脑干或脊髓,与运动神经元联系,联合纤维投射到同侧或对侧的皮质。部分锥体细胞还可变形为多形细胞（polymorphic cell）,其轴突伸入白质,树突广泛分布于皮质内。

（2）颗粒细胞：颗粒细胞（granular cell）数目最多,其胞体较小,呈颗粒状,包括星形细胞（stellate cell）、水平细胞（horizontal cell）、篮状细胞（basket cell）、吊灯样细胞（chandelier cell）、双刷样细胞（double bouquet cell）、神经胶质样细胞（neurogliaform cell）和上行轴突细胞（ascending axonic cell）等多个亚型,以星形细胞最多。多数星形细胞的轴突很短,终止于附近的锥体细胞或梭形细胞。有些星形细胞的轴突较长,上行走向皮质表面,与锥体细胞的顶树突或水平细胞发生突触联系。水平细胞的树突和轴突与皮质表面平行,与锥体细胞的顶树突联系。篮状细胞的树突表面仅有少量或没有树突棘,其轴突分支向水平方向伸展,呈篮状或网状包绕锥体细胞胞体及主树突起始段,并形成突触。神经胶质样细胞的轴突和树突均短小,树突有致密的分支而呈丛状,轴突丛与树突丛相互交织。上行轴突细胞又称马丁诺蒂细胞（Martinotti cell）,是小型多极神经元,其轴突垂直上行至皮质表面,树突短小有分支,并有少量树突棘。颗粒细胞是参与构成大脑皮质信息传递复杂微环路中的中间神经元,有兴奋性和抑制性之分,能将传入信息进行

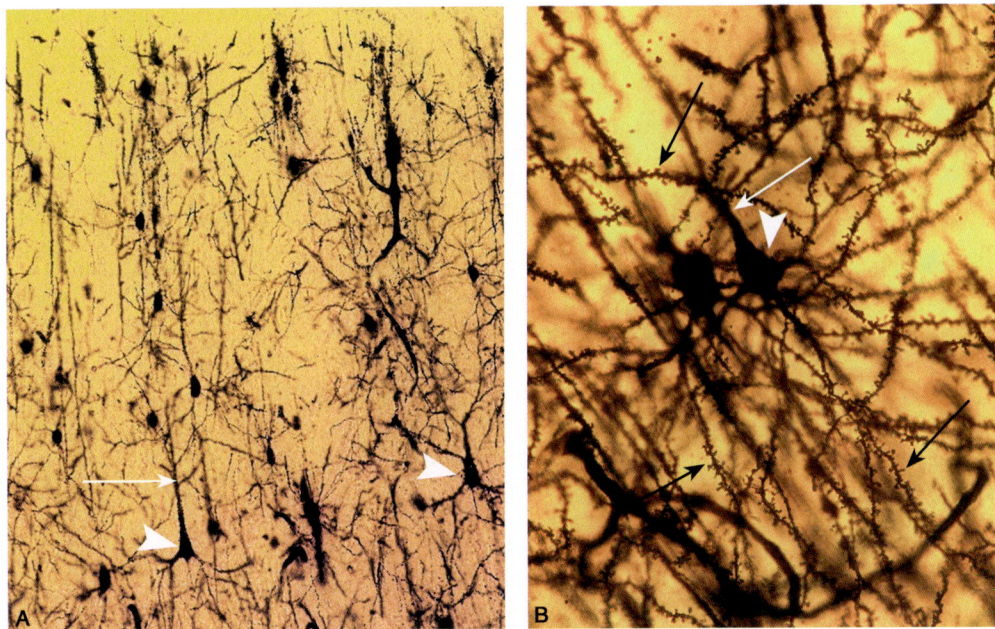

图 8-2　大脑皮质锥体细胞光镜像
A. Cox 染色　低倍　B. Golgi 染色　高倍(复旦大学上海医学院周国民供图)
白短箭头示锥体细胞胞体；白长箭头示锥体细胞主树突；黑长箭头示树突棘
Fig. 8-2　Light micrograph of the pyramidal neurons in the cerebral cortex
A. Cox stain　Low magnification B. Golgi stain　High magnification
White short arrows indicate somas of the pyramidal cells；white long arrows indicate the main dendrites of the pyramidal cells；black long arrows indicate the dendritic spines

处理后传递给其他神经元,如锥体细胞和梭形细胞。

（3）梭形细胞：梭形细胞(fusiform cell)数量较少,大小不一,胞体呈梭形,树突自细胞的上、下两端发出,上端树突多达皮质表面。轴突自下端树突的主干发出,其终末分支可与锥体细胞形成突触。部分大梭形细胞为 Golgi Ⅰ 型神经元,主要分布在皮质深层,其轴突较长,可伸入到白质,组成投射纤维或联合传出纤维。

2. **大脑皮质的分层**　从形态上看,大脑皮质神经元以分层方式排列,但各层之间分界不明显。除个别区域外,一般可分为6层,从表面至深层以此如下（图8-3）：

（1）分子层：分子层(molecular layer)神经元小而少,主要是水平细胞和星形细胞,还有许多与皮质表面平行的神经纤维。

（2）外颗粒层：外颗粒层(external granular layer)主要由许多星形细胞、篮状细胞和少量小型锥体细胞构成。

（3）外锥体细胞层：外锥体细胞层(external pyramidal layer)较厚,由许多中、小型锥体细胞和星形细胞组成。

（4）内颗粒层：内颗粒层(internal granular layer)细胞密集,多数是星形细胞。

（5）内锥体细胞层：内锥体细胞层(internal pyramidal layer)主要由中型和大型锥体细胞组成。在中央前回运动区,此层有巨大 Betz 细胞,其顶树突伸到分子层（图8-3）,轴突下行到脑干和脊髓。

（6）多形细胞层：多形细胞层(polymorphic layer)以梭形细胞为主,还有锥体细胞和颗粒细胞。

大脑皮质的6层结构因不同脑区而有差异,例如中央前回（运动皮质）的第4层不明显,第5层较发达,视皮质则第4层特别发达,第5层的细胞较小。

3. **大脑皮质神经元的联系**　神经元间的联系也称神经回路(neuronal circuit),指神经元通

Notes

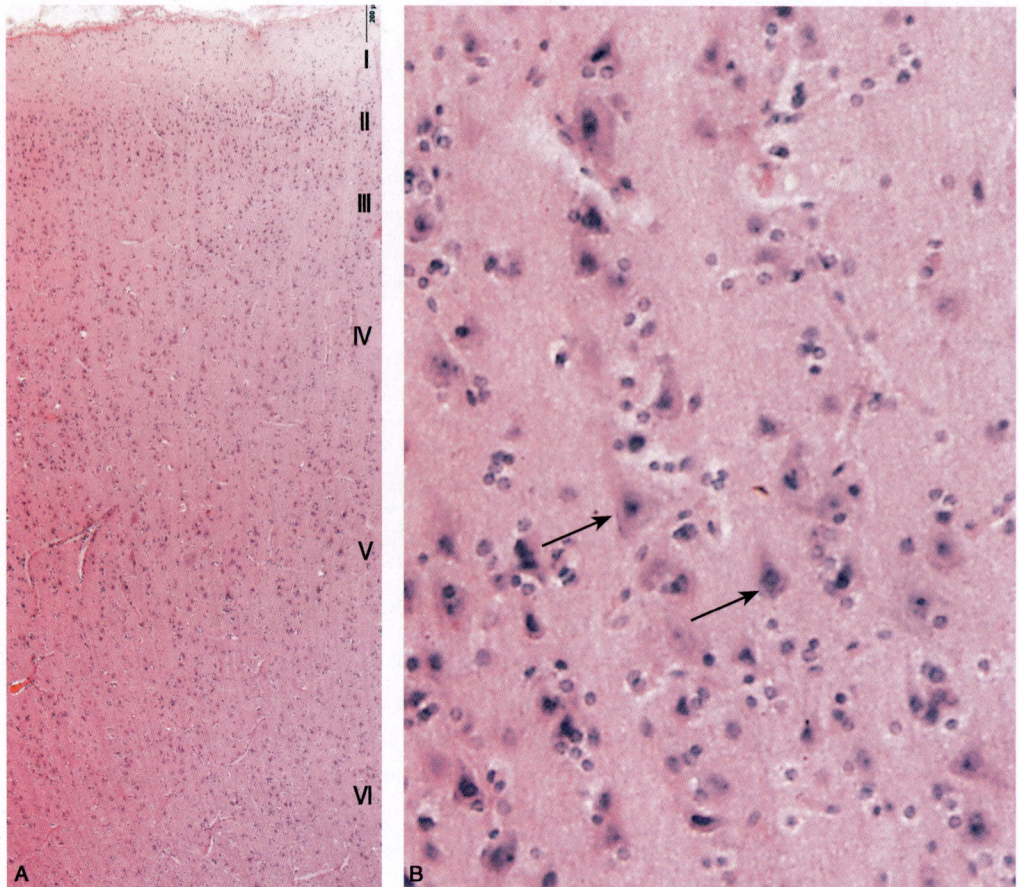

图 8-3   大脑皮质光镜像   HE 染色   低倍(A)与高倍(B)(复旦大学上海医学院周国民供图)
Ⅰ. 分子层;Ⅱ外颗粒层;Ⅲ. 外锥体细胞层;Ⅳ. 内颗粒层;Ⅴ. 内锥体细胞层;Ⅵ. 多形细胞层;箭头示锥体细胞
Fig. 8-3   Light micrographs of the cortex   HE stain   Low magnification (A) and High magnification (B)
Ⅰ. molecular layer;Ⅱ. external granular layer;Ⅲ. external pyramidal cell layer;Ⅳ. internal granular layer;Ⅴ. internal pyramidal cell layer;Ⅵ. polymorphic cell layer;arrows indicate the pyramidal cells

过突触联系形成的各种信息传导通路。大脑皮质的1~4层主要接受传入冲动,而传出纤维主要起自第3、5层的锥体细胞和第6层的大梭形细胞。脑皮质内的信息传递以垂直路径(vertical flow)方式进行,从第4层到第2、3层,再到第5层,最后到达第6层。各种信息传入大脑皮质,通过局部回路的传递和处理,产生高级神经活动并经锥体细胞传出,产生相应反应。如来自丘脑的感觉传入纤维主要进入第4层与星形细胞形成突触,星形细胞的轴突又与其他细胞建立广泛的联系,从而对传入皮质的各种信息进行分析,并作出反应。来自大脑半球同侧或对侧的联合传入纤维则进入第2、3层,与锥体细胞形成突触。大脑皮质的传出纤维分投射纤维和联合纤维两种。投射纤维主要起自第5层的锥体细胞和第6层的大梭形细胞,下行至脑干及脊髓。联合纤维起自第3、5、6层的锥体细胞和梭形细胞,分布于皮质的同侧及对侧脑区。皮质的第2、3、4层细胞主要与其他各层细胞相互联系,构成复杂的神经微环路,对信息进行分析、整合和贮存。

从功能上看,皮质内神经元呈纵向与皮质表面垂直的柱状排列,称为垂直柱(vertical column),是大脑皮质结构与功能的基本单位。皮质垂直柱贯穿皮质全厚,大小不等,直径约350~450μm,由传入纤维、传出神经元和中间神经元相互连接在一起,构成一个复杂的皮质内局部神经回路。同一垂直柱内的所有神经元都具有相同或相似的感受野,并对同一刺激发生反应。皮质垂直柱内,除垂直方向的反复回路外,还可通过星形细胞等中间神经元使兴奋横向扩散,影响

Notes

更多的垂直柱的神经活动。

　　大脑皮质神经元的结构、分布及其形成突触联系的数量和范围并不是一成不变的,当机体的内外环境发生变化或经过功能训练时,皮质神经元原有的结构及其形成的突触联系可出现一定程度的改变,这种现象称为皮质可塑性(cortical plasticity)。大脑皮质的可塑性变化实际上是神经元的可塑性变化,随大脑发育成熟而逐渐降低。某些特定的生物活性物质如神经营养因子等可促进神经元的可塑性,从而促进脑的发育。此外,大脑皮质神经元的数目也非一成不变,在特定状态下,脑内也有新的神经元的产生,称为神经元发生(neuron genesis),主要来源于脑内神经干细胞。

(二)小脑皮质

　　小脑表面有许多平行的横沟,把小脑分隔成许多小叶片。每一叶片表面是一层灰质,即小脑皮质,皮质下为白质(又称髓质)。

　　1. 小脑皮质的神经元和分层　小脑皮质由星形细胞、篮状细胞、浦肯野细胞(Purkinje cell)或称梨状细胞、颗粒细胞和高尔基细胞(Golgi cell)5 种组成,由表层到深层明显地分为分子层、浦肯野细胞层和颗粒层 3 层(图 8-4,图 8-5)。

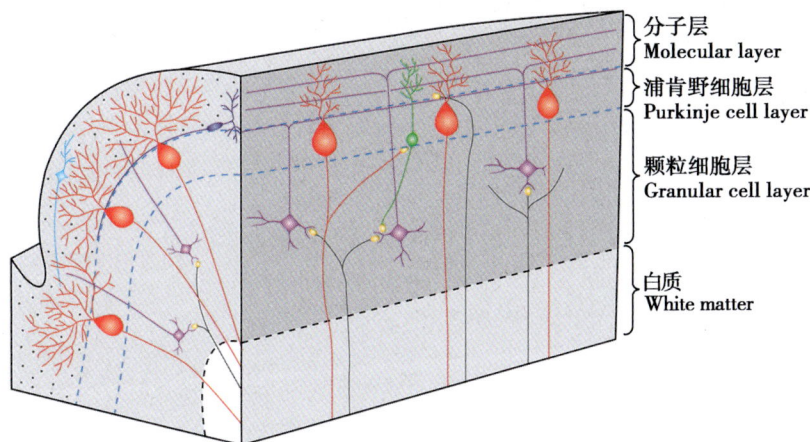

图 8-4　小脑皮质细胞构筑模式图

Fig. 8-4　Schematic diagram showing cytoarchitecture of the cerebellar cortex

　　(1) 分子层:分子层(molecular layer)此层较厚,神经元较少,主要有两种,一种是小型多突的星形细胞,轴突较短,分布于浅层。另一种是胞体较大的篮状细胞,分布于深层,其轴突较长,与小脑叶片长轴成直角并平行于小脑表面走行,沿途发出许多侧支,其末端呈篮状分支包绕浦肯野细胞的胞体并与之形成突触。

　　(2) 浦肯野细胞层:浦肯野细胞层(Purkinje cell layer)由一层排列规律的浦肯野细胞胞体组成。浦肯野细胞是小脑皮质中最大的神经元,胞体呈梨形,从顶端发出 2~3 条粗的主树突伸向分子层,树突的分支繁多(图 8-6),呈薄扇形状,沿小脑叶片的垂直轴方向展开,树突上有许多树突棘。轴突自胞体底部发出,离开皮质进入白质,终止于小脑内部的核群。

　　(3) 颗粒层:颗粒层(granular layer)由密集的颗粒细胞和一些高尔基细胞组成。颗粒细胞很小,胞体直径与淋巴细胞近似,有 4~5 个短树突,树突末端分支如爪状。轴突上行进入分子层呈 T 形分支,与小脑叶片长轴平行,称平行纤维(parallel fiber)。平行纤维穿行于浦肯野细胞的扇形树突间,与其树突棘形成大量突触。高尔基细胞的胞体较大,树突分支较多,大部分伸入分子层与平行纤维形成突触,轴突在颗粒层内呈现短而密的分支,与颗粒细胞的树突形成突触。

　　2. 小脑皮质神经元的联系　小脑的 5 种神经元中,浦肯野细胞是唯一的传出神经元。颗粒细胞是谷氨酸能的兴奋性神经元,其他中间神经元都是 GABA 能抑制性神经元。5 种神经元在皮质内构成复杂的环路,对浦肯野细胞起兴奋或抑制作用,最终调节浦肯野细胞的活动(图 8-6)。

Notes

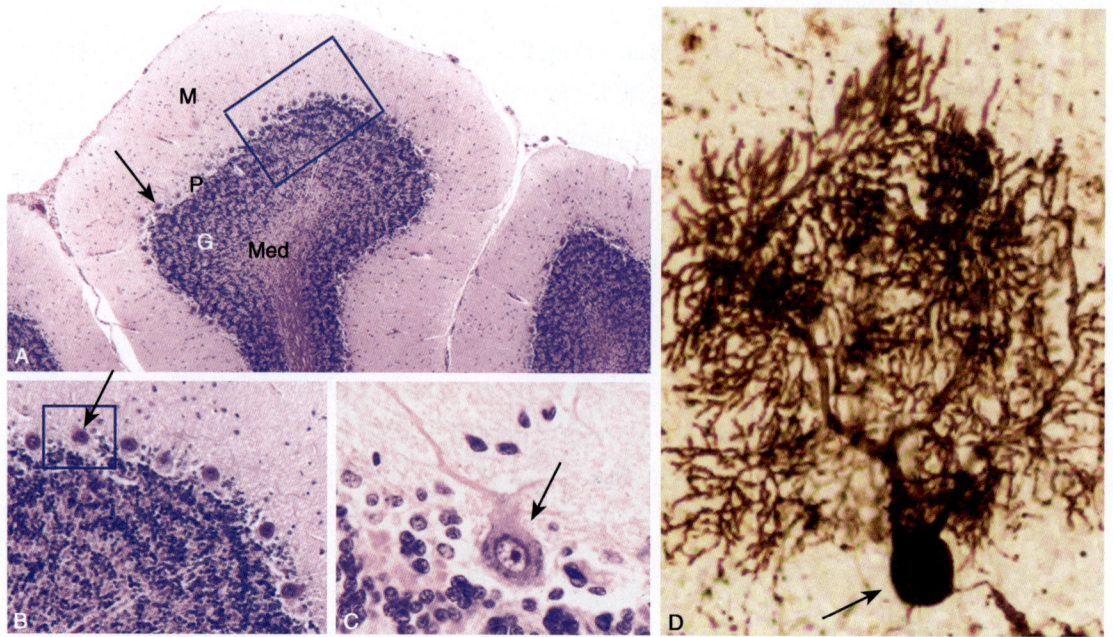

图 8-5　小脑皮质光镜像

A～C. HE 染色　低(A)、中(B)、高(C)倍(北京大学医学部唐军民供图)；D. 镀银染色　高倍(华中科技大学同济医学院李和供图)；M. 分子层；P. 浦肯野细胞层；G. 颗粒层；Med. 髓质；箭头示浦肯野细胞层胞体

Fig. 8-5　Light micrographs of the Cerebellar cortex

A to C. HE stain　Low（A），medium（B），high（C）magnification；D. silver stain　High magnification；M. molecular layer；P. Purkinje cell layer；G. granular layer；Med. medulla；arrows indcate the somas of the Purkinje cells

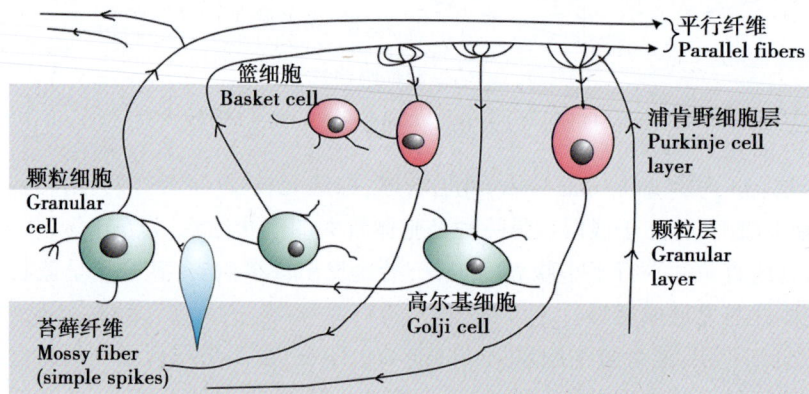

图 8-6　小脑皮质神经元与传入纤维的联系

Fig. 8-6　Connection between the neurons of the cerebellar cortex

　　小脑的传入纤维主要有 3 种：攀缘纤维（climbing fiber）、苔藓纤维（mossy fiber）和单胺能（monoaminergic fiber）纤维。攀缘纤维主要起源于延髓的下橄榄核，也可来自脑桥核和内侧网状结构，较细，进入小脑皮质后攀附在浦肯野细胞的树突上，与树突和树突棘形成突触。一条攀缘纤维与一个浦肯野细胞树突所形成的突触可达 300 多个，故一条攀缘纤维的神经冲动可引起一个浦肯野细胞强烈兴奋。苔藓纤维起源于脊髓和脑干的核群，较粗，进入小脑皮质后末端分支呈苔藓状。每一膨大的末端可与许多颗粒细胞的树突、高尔基细胞的轴突或近端树突形成复杂的突触群，形似小球，故称小脑小球（cerebellar glomerulus）。一条苔藓纤维的分支可分布于 2 个或 2 个以上的叶片内，可兴奋 800 多个颗粒细胞，每个颗粒细胞的平行纤维又与 400 多个浦肯野

Notes

细胞建立突触联系,因此一条苔藓纤维可引起几十万个浦肯野细胞兴奋。攀缘纤维和苔藓纤维把来自小脑外的神经冲动传到小脑皮质,最后都作用于浦肯野细胞。攀缘纤维直接强烈地兴奋单个浦肯野细胞,而苔藓纤维则通过颗粒细胞的平行纤维间接兴奋几十万个浦肯野细胞。另一方面,攀缘纤维的侧支及颗粒细胞的平行纤维还可以与其他抑制性中间神经元(星形细胞、篮细胞和高尔基细胞)形成突触,这些抑制性中间神经元又与浦肯野细胞形成突触,进而抑制浦肯野细胞。同样,苔藓纤维通过颗粒细胞的平行纤维兴奋许多浦肯野细胞的同时,亦可通过与抑制性中间神经元的连接,抑制浦肯野细胞的兴奋。此外,来自脑干蓝斑核与中缝核的单胺能纤维自小脑白质进入皮质,分布于皮质各层,与浦肯野细胞胞体和树突形成突触,发挥抑制作用。

(三) 脊髓灰质

脊髓灰质位于脊髓中央,在横断面上呈蝴蝶形或 H 形,分前角、后角和侧角(侧角主要见于胸腰段脊髓),其中的神经元均属多极神经元。灰质四周是脊髓白质,主要由神经束(nerve tract)构成(图 8-7)。

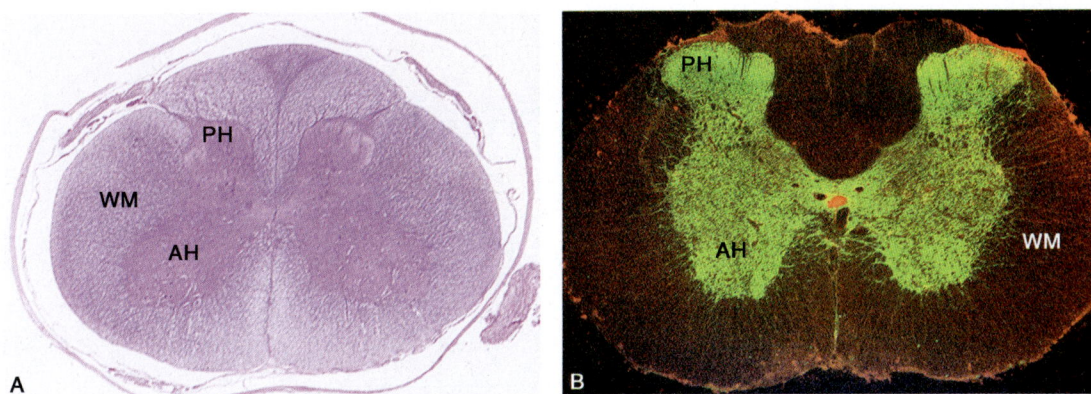

图 8-7　脊髓横切面光镜像　HE 染色(A)与免疫荧光染色(B)　低倍(中山大学中山医学院曾园山供图)

PH. 后角;AH. 前角;WM. 白质

Fig. 8-7　Light micrographs of the spinal cord　HE stain (A) and immunofluorescence stain (B) Low magnification

PH. posterior horn;AH. anterior horn;WM. white matter

1. **前角**　脊髓前角主要含有脊髓前角运动神经元,胞体大小不等,核周质内尼氏体粗大成虎斑状。体积大的前角运动神经元称 α 运动神经元(α motor neuron),胞体平均直径 25μm 左右,轴突较粗,分布到骨骼肌(梭外肌);体积小的称 γ 运动神经元(γ motor neuron),胞体平均直径 15~25μm,轴突较细,支配肌梭的梭内肌纤维。还有一种短轴突的小神经元称闰绍细胞(Ran-shaw cell),其轴突与 α 神经元的胞体形成突触,可能通过释放甘氨酸,抑制 α 运动神经元的活动。

2. **后角**　后角的神经元类型较复杂,多为小型神经元,主要接受后根纤维(感觉神经元的中枢突)传入的神经冲动,其轴突在白质内形成各种纤维束,上行投射到脑干、小脑和丘脑,所以这类神经元又称为束细胞(tract cell)。

3. **侧角**　侧角主要见于胸腰段脊髓,主要含有中型神经元,属于内脏运动神经元,是交感神经的节前神经元,其轴突(节前纤维)终止于交感神经节(节后神经元),与节细胞建立突触。前角的躯体运动神经元和侧角的内脏运动神经元都释放乙酰胆碱,是胆碱能神经元。

此外,脊髓灰质内还有许多中间神经元,它们的轴突长短不一,短轴突与同节段的束细胞和运动神经元联系,长轴突在白质上下穿行至相邻或较远的脊髓节段,与同侧或对侧的神经元形成突触。

(四) 脑脊膜、脉络丛和脑脊液

1. **脑脊膜**　脑脊膜(meninx)是包在脑和脊髓外面的结缔组织膜,由外向内分为硬膜、蛛网膜和软膜3层。

（1）硬膜：硬膜（dura mater）分为衬于颅腔表面的硬脑膜和衬于椎管腔面的硬脊膜，为致密结缔组织，厚而坚实，其内表面有一层间皮细胞覆盖。硬膜与蛛网膜之间有一狭窄的间隙，称硬膜下隙（subdural space），内含少量液体。

（2）蛛网膜：蛛网膜（arachnoid）由薄层纤细的结缔组织构成，结缔组织纤维形成许多小梁与软膜相连，与软膜之间有较宽大的腔隙称蛛网膜下隙（subarachnoid space），内含脑脊液。蛛网膜的外、内表面以及小梁的表面均被覆有单层扁平上皮。

（3）软膜：软膜（pia mater）是紧贴在脑和脊髓表面的薄层富含血管的结缔组织，外表面也被覆有单层扁平上皮。软膜的血管供应脑及脊髓。血管进入脑内时，软膜和蛛网膜也随之进入脑内，但软膜并不紧包血管，血管与软膜之间仍有空隙，称血管周隙（perivascular space），与蛛网膜下隙相通，内含脑脊液。当小血管进一步分支形成毛细血管时，其周围的软膜组织和血管周隙都消失，仅由胶质膜包裹（图8-8）。

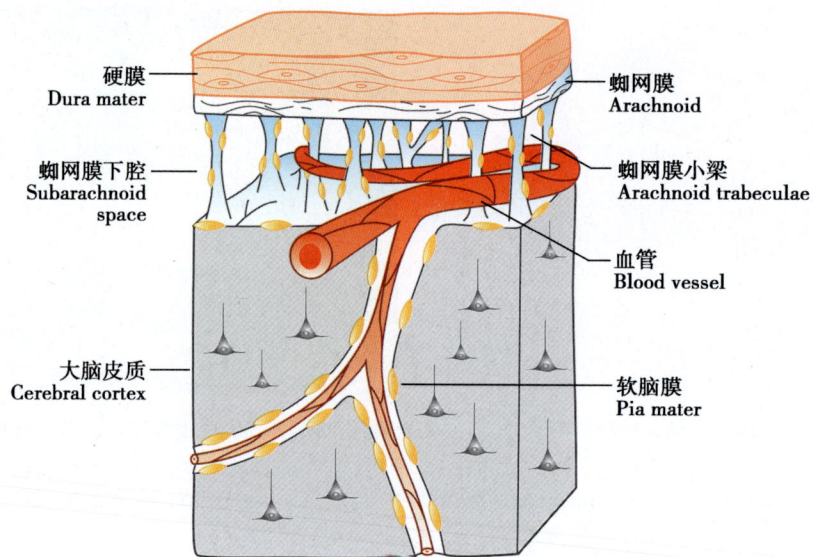

图 8-8　大脑脑膜模式图
Fig. 8-8　Schematic diagram of the cerebral meninges

2. 脉络丛和脑脊液　脉络丛（choroid plexus）是由富含血管的软膜与室管膜直接相贴并突入脑室而成的皱襞状结构，主要位于第Ⅲ、Ⅳ脑室顶和部分侧脑室壁。脉络丛上皮由一层立方形或矮柱形细胞组成，细胞表面有许多微绒毛，细胞核大而圆，胞质内线粒体较多。细胞侧面之间靠近游离面处有连接复合体。上皮下是基膜，基膜深部的结缔组织内含丰富血管和巨噬细胞（图8-9）。脉络丛的主要功能是分泌脑脊液。

脑脊液（cerebrospinal fluid，CSF）是充填于脑室、脊髓中央管、蛛网膜下隙和血管周隙的一种无色透明液体，含蛋白质少，而含 Na^+、K^+ 和 Cl^- 浓度高，还含有较多神经递质、激素或神经调质等多种生物活性物质，并有少许脱落细胞和淋巴细胞。脑脊液主要由脑室的脉络丛上皮细胞分泌产生，占80%~85%，其余由脑细胞外液经室管膜上皮渗出。成年男性约有100ml脑脊液，由脉络丛上皮不断分泌（每天约60~700ml），又不断通过蛛网膜粒（蛛网膜突入颅静脉窦内的绒毛状突起）吸收入血液（图8-9），形成脑脊液循环。脑脊液有营养和保护脑与脊髓的作用，并在神经内分泌系统的调节中发挥作用。

（五）脑屏障

中枢神经系统相对稳定的内环境保证了神经元正常功能活动，脑内内环境的稳定依赖于血

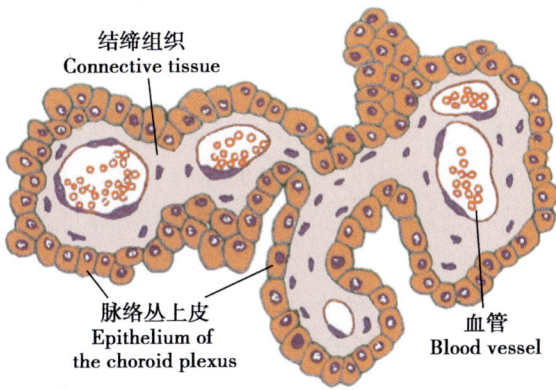

图 8-9　脉络丛模式图

Fig. 8-9　Diagram of the choroid plexus

液、脑脊液与脑组织间物质交换的调节。正常情况下,部分物质可以进入血液或组织液,但不能进入脑和脊髓组织中,这种限制是由于在中枢神经系统存在不同的屏障结构。目前已知的屏障包括血-脑屏障、血-脑脊液屏障和脑脊液-脑屏障 3 个屏障。这些屏障的位置和微细结构不同,但功能相互关联。

1. 血-脑屏障　血-脑屏障(blood-brain barrier,BBB)是介于血液与脑组织之间的屏障结构,主要由脑毛细血管内皮细胞、基膜和神经胶质膜构成。脑的毛细血管属连续型,其内皮细胞之间以紧密连接封闭,内皮外有基板、周细胞及星形胶质细胞突起的脚板围绕(图 8-10),其中内皮细胞及其间的紧密连接是血-脑屏障的主要结构。血-脑屏障能机械性阻止多种物质,如毒素、某些非脂溶性药物等物质进入脑内。但由于内皮细胞上还存在不同类型的转运器,可使大部分营养物质和代谢产物顺利通过,以维持神经系统内环境的相对稳定。在一些病理状态下,如脑肿瘤、脑炎等,血-脑屏障的通透性会增加,丧失屏蔽作用而导致脑内环境紊乱。

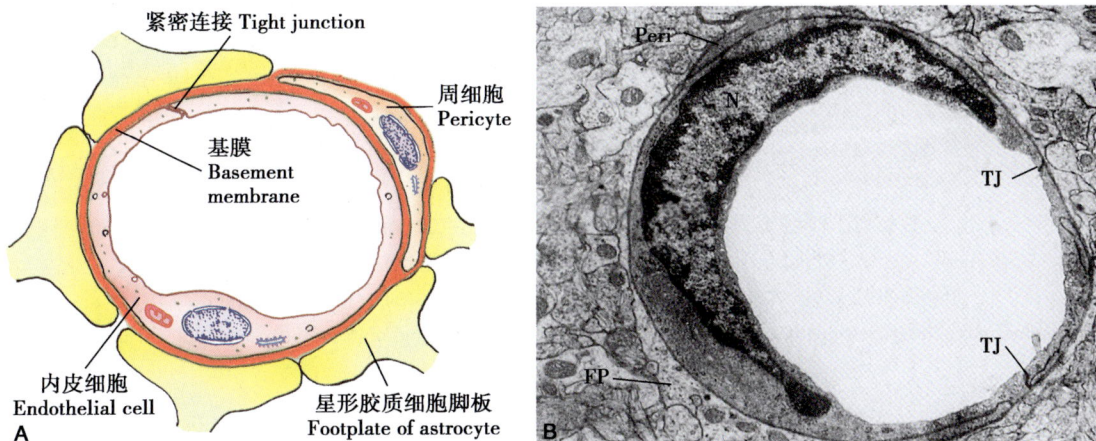

图 8-10　血-脑屏障超微结构

A. 模式图;B. 电镜像;N. 内皮细胞核;Peri. 周细胞;FP. 星形胶质细胞脚板;TJ. 紧密连接

Fig. 8-10　Ultrastructure of blood-brain barrier

A. schematic diagram;B. electron micrograph;N. nuclens of endothelial cell;Peri. perticyte;FP. foot plate of astrocyte;TJ. tight junction

2. 血-脑脊液屏障　血-脑脊液屏障(blood-cerebrospinal fluid barrier,BCB)是介于血液与脑脊液之间的屏障结构,主要由脉络丛上皮和脉络丛毛细血管内皮共同构成,脉络丛上皮间有紧密连接。该屏障能选择性阻止血液中某些物质进入脑脊液而保持脑脊液成分相对稳定。

3. 脑脊液-脑屏障　脑脊液-脑屏障(cerebrospinal fluid-brain barrier,CBB)是脑脊液和脑组织间选择性阻止某些物质由脑脊液进入脑的屏障结构,主要由脑表面的软脑膜、胶质膜和脑室的室管膜构成。室管膜上皮细胞间除某些特殊区(如脉络丛)外,一般无紧密连接,但其通透性、分泌功能和物质转运活动有一定选择性,在脑脊液和脑细胞外液间的选择性物质交换中发挥着重要作用。

Notes

二、周围神经系统

周围神经系统由大量神经节、神经以及神经末梢构成。神经节(ganglion)是周围神经系统神经元胞体聚集而成的结构，一般为卵圆形，与周围神经相连，外包结缔组织被膜。节内的神经细胞称节细胞，节细胞的胞体被一层扁平的卫星细胞包裹，卫星细胞外面还有一层基膜。除节细胞外，节内还有大量神经纤维以及少量结缔组织和血管。神经节可分脑脊神经节和自主神经节两大类。

1. 脑脊神经节 脑脊神经节(cerebrospinal ganglion)位于脊神经后根和某些脑神经干上，属感觉神经节(sensory ganglion)。节内含有许多假单极神经元和平行排列的有髓神经纤维束，神经纤维将神经元(节细胞)分隔成群，节细胞胞体及其盘曲的突起常被卫星细胞包裹。节细胞胞体呈圆形，大小不一，直径 15 ~ 100μm 不等，一条短而弯曲的突起从胞体发出后盘绕于胞体附近，然后呈 T 形分支，一支(中枢突)走向中枢，另一支(周围突)经脑、脊神经分布到外周组织(皮肤、肌肉、关节或内脏)，其终末部分形成感觉神经末梢(图8-11)。

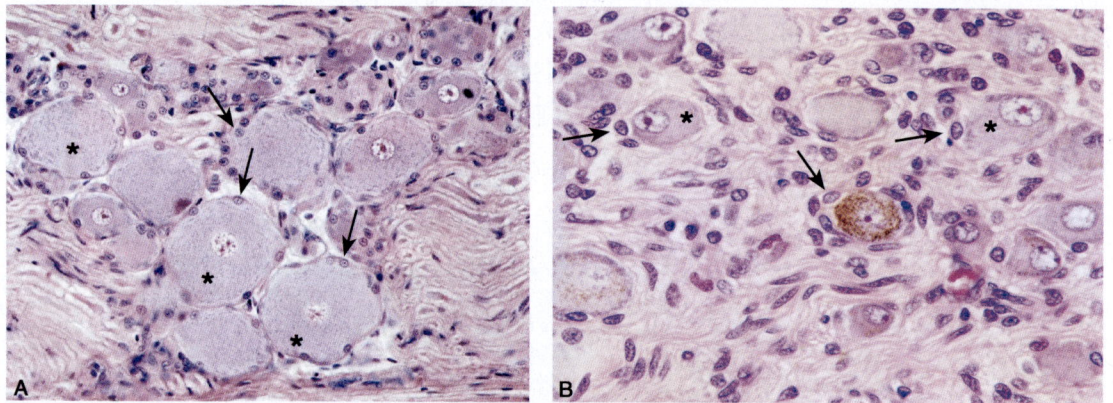

图 8-11　神经节光镜像　HE 染色　高倍(北京大学医学部唐军民供图)
A. 脊神经节；B. 交感神经节；星号示节细胞；箭头示卫星细胞
Fig. 8-11　Light micrographs of the ganglia　HE stain　High magnification
A. spinal ganglion；B. sympathetic ganglion；asterisks indicate the ganglionic cells；arrows indicate the satellite cells

2. 自主神经节 自主神经节(autonomic ganglion)的节细胞是自主神经系统的节后神经元，属多极运动神经元，细胞核常偏于细胞的一侧。卫星细胞数量较少，不完全包裹节细胞胞体。节内的神经纤维多为无髓神经纤维，较分散，其中有节前纤维和节后纤维。节前纤维与节细胞的树突和胞体建立突触，节后纤维离开神经节，其末梢分布到内脏及血管的平滑肌、心肌和腺上皮细胞，即内脏运动神经末梢。

自主神经节包括交感神经节和副交感神经节。交感神经节位于脊柱两旁及前方，副交感神经节则位于器官附近或器官内。在交感神经节内，大部分节细胞属肾上腺素能神经元，少数为胆碱能神经元，此外，还有一些聚集成群、体积较小的细胞，用甲醛处理后在紫外线下呈现强荧光，称小强荧光细胞(small intensely fluorescent cell, SIF)，为多巴胺能中间神经元。副交感神经节的节细胞一般属胆碱能神经元。自主神经节内还有释放肽类神经递质的肽能神经元。

消化道管壁中的肌间神经丛和黏膜下神经丛共同构成独立于中枢神经系统之外的特殊自主神经系统肠神经系统(enteric nervous system)，也称肠脑(gut brain)(详见消化管章节)。该系统中的神经元数量多达 10^7 ~ 10^8 个，包括一级感觉神经元、中间神经元和支配胃肠效应器的运动神经元。神经元主要被类似于星形胶质细胞的肠胶质细胞包裹，能合成多种神经递质或调质，如乙酰胆碱、去甲肾上腺素、5-羟色胺、脑肠肽和 NO 等。该系统接受交感或副交感神经的节

Notes

前支配,对胃肠肠运动、分泌和血流及其免疫、炎症反应等具有调控作用。

专题讲座: 神经纤维寻径

人脑有 10^{11} 个神经元,这些神经元并非"各行其是",而是以网络形式彼此协作,调控机体的功能。大脑的复杂功能都是建立在多个神经元相互连接并形成复杂的神经回路的基础上,而神经回路的基本单位是神经元轴突及其与另一神经元形成的连接结构,即突触。突触是神经元与其靶细胞相互通讯的位点,其形成是脑发育和脑功能的基础。一般来讲,轴突是神经元的信息传出端,而树突和胞体是信息传入端。神经元轴突生长锥在到达靶细胞之前需要沿特定的路线走行而到达靶细胞,与靶细胞形成接触,进而发生突触性分化。在这个复杂的过程中,神经纤维的寻径(pathfinding)保证了远距离神经元与神经元之间的准确联系,是神经发育中的重要事件。而神经纤维的寻径机制涉及细胞、电生理及生物信息学等一系列的神经科学前沿问题。本文侧重从神经系统分泌性导向分子方面讨论神经纤维寻径的分子机制。

(一) 生长锥与神经纤维寻径

早在 1880 年,Cajal 用镀银法研究单个神经纤维生长情况时发现,在轴突末梢有一个膨大的锥形结构,称为生长锥(growth cone),该结构具有能动性,可以引导轴突的延伸。随后的研究证明,在神经元发育过程中,生长锥可以感受不同的吸引和排斥分子并做出应答,从而调控轴突的延伸。在到达靶区域后,生长锥又能识别靶细胞并与之建立突触联系。生长锥内主要含微管、微丝等细胞骨架,其运动需要肌动蛋白和肌球蛋白密切配合加以实现。肌动蛋白微丝在近端解聚后,自由的肌动蛋白单体可以迁移至远端,这种不断重复的聚合与解聚循环过程最终导致整个微丝延伸和轴突生长。生长锥的生长也需要 ATP 提供能量。生长时的生长锥小,伸展性强,达到靶细胞后,生长锥变大,运动减慢,伸展性降低。

生长锥的高度能动性对周围环境做出应答,并通过改变方向来确定方位。一般认为轴突的寻径过程是多种导向分子(guidance cues)协同作用的结果。导向分子通常来自于周围组织和最终的靶神经元,当轴突导向分子与生长锥表面受体特异性结合后激活相应受体,并通过胞内一系列信号传导,引起生长锥前进、停止改向,最终导致神经纤维方向和长度的改变。因此,研究生长锥表面的受体特异性识别轴突导向分子的机制是揭开神经纤维寻径之谜的重要钥匙之一。

(二) 神经纤维寻径的分子机制

在神经纤维寻径过程中,轴突为找到正确的靶细胞,常常须延伸数十厘米甚至超过一米,穿越周围的组织,绕过许多障碍,最后生长锥与靶神经元形成突触。这一过程为何如此精确? 研究表明,神经纤维寻径主要是依靠识别局部环境中的化学信息来实现的。细胞黏附分子(cell adhesion molecules,CAM)是首先发现的位于神经元表面、与神经纤维寻径相关的导向蛋白。此外,生长锥的生长还可受细胞外基质及其周围的可溶性分子,如神经生长因子和靶细胞释放的可溶性分子的影响。这些物质可增强和吸引或抑制和排斥生长锥的生长。有人根据这些物质对生长锥的作用,把引导生长锥生长的机制至少分为下列 4 种:①接触介导吸引(contact mediated attraction)作用:如生长锥表面与其周围组织的 ECM 的吸引作用;②化学吸引作用(chemoattraction):靶组织和神经胶质细胞释放的某些可溶性物质对生长锥吸引的作用,如神经生长因子对感觉神经元生长锥的吸引作用;③接触介导排斥(contact mediated repulsion)或抑制作用:如中枢神经系统和外周神经系统的轴突之间的排斥作用、鼻侧视网膜节细胞和颞侧视网膜节细胞的轴突之间的排斥作用等;④化学排斥作用(chemorepulsion)或抑制作用:如在体外培养中胶原蛋白有抑制或排斥轴突生长的作用等。

随后的研究还发现,某些吸引性(attraction)分子通过一定的浓度梯度可以帮助确定轴突生长的路径,这些分子常常是从靶细胞扩散出去的长距离纤维导向因子(guidance cue)。与此相反,排斥性(repulsion)分子则对长距离和短距离纤维寻径都发挥作用,其目的是排斥生长中的轴突偏离原轨道。此外,排斥分子还可抑制轴突的生长。

(三) 神经纤维寻径的导向分子

在多种参与调节神经纤维寻径的化学信号中,目前已认识了一些对神经纤维寻径有明显引导作用的导向分子,按其化学结构大致可分为以下5类。

1. **Semaphorin 家族及其受体**　Semaphorin 是由发育中神经元产生的一个细胞表面蛋白和分泌蛋白大家族,高度保守,具有特征性的细胞外 Sema 域。根据种属以及结构的不同,可将 Semaphorin 分为8类:①在蝗虫发育中发现的 Sema;②在果蝇中发现的 Sema;③~⑦在人类发现的 Sema;⑧在鸡发现的萎陷蛋白(collapsin)。Semaphorin 家族作为化学排斥导向因子最早在发育中的果蝇神经系统中发现。Semaphorin 的受体已经鉴定,它们是 Plexins 和 Neuropilins,主要表达在新近分化的神经元、发育中的轴突和寻径通路中的附属细胞上。大多数 Semaphorins 通过和 Plexins 直接结合而介导 Semaphorins 分子对轴突的排斥作用,但是 Sema 3 较为特殊,它需要 Neuropilins 的参与才能与 Plexins 结合,通过构成三联体,由 Plexins 向细胞内传递抑制信息。Semaphorins 可能对某些区域如皮质树突和嗅球轴突生长具有化学吸引作用。最近也有研究提示,星形胶质细胞表达的 Semaphorin 3a 对运动神经元和感觉传入神经元的轴突延长和神经环路的形成具有决定性作用。

2. **Netrins 家族及其受体**　Netrins 是一类保守的层粘连蛋白相关分子,既可以是与细胞膜相连的锚定蛋白,也可以是可扩散的分泌蛋白。自从在线虫中首先发现 UNC-6 以来,已相继发现了多种 Netrins 家族成员,其中表达于人体的是 Netrin-1 和 Netrin-3。Netrins 家族的受体包括表达于神经轴突生长锥上的两个家族:DCC 家族和 UNC-5 家族。DCC(deleted in colorectal cancer)家族介导 Netrins 的吸引作用,能诱导发育中的轴突延伸较长的距离到达靶细胞。如在脊椎动物脊髓发育或无脊椎动物神经索发育过程中,轴突通常穿过正中线向对侧投射,而在 Netrins 基因敲除的动物模型中,轴突却不能穿过正中线到达对侧。与此同时,DCC 又可与 UNC-5 家族协同作用,介导脊椎动物 Netrins 的长程排斥,例如,鸡胚后脑的滑车运动神经元的轴突起自腹侧近底板处,却由于底板细胞分泌 Netrin-1 的排斥作用,轴突朝离开腹正中线的方向延伸,但果蝇的 UNC-5 家族却不需 DCC 的协同,单独介导 Netrins 的短程排斥作用。

3. **Ephrins 家族及其受体**　Ephrins 是一类神经元的膜结合蛋白,分为两大家族:一是固定于胞膜上的糖基磷酯酰肌醇(GPI),称为 Ephrin-A;二是具有跨膜片段的 Ephrin-B。Ephrins 受体是受体酪氨酸蛋白激酶(RTK)家族中的最大分支,结构上高度保守,主要存在于发育中的神经元轴突和生长锥,在成年神经系统则表达于树突。Ephrins 受体与 Ephrins 相同,也分为两大类:与 Ephrin-A 结合的受体称为 Eph-A 受体;与 Ephrin-B 结合的受体称为 Eph-B 受体。Ephrins/Ephs 的功效具有多能性(指导轴突和树突生长与分支)和双向性(化学吸引或化学排斥)。在神经系统发育过程中,Ephrins 可以参与中枢和周围的纤维寻径。Ephrins/Ephs 结合后对听神经的寻径有关键作用,参与导向听神经纤维准确进入靶器官,但同时也在导向视网膜节细胞向视觉顶盖的纤维寻径中扮演非常重要的角色。

4. **Slits/Robo 导向系统**　Slits 是首先在果蝇中发现的一种大分子分泌型蛋白,主要由神经管的腹侧中线、背侧中线和运动神经元前体区域以及果蝇腹侧中线处的胶质细胞产生。脊椎动物的 Slits 蛋白包括:Slit-1、Slit-2 和 Slit-3。Slits 蛋白的受体 Roundabout(Robo),是一种跨膜的蛋白质受体,属于免疫球蛋白超家族的成员,主要表达在非交叉投射的轴突生长锥上。Slits 通过与受体结合,可作为一种负调控,介导正中线处对轴突的排斥反应,因此 Robo 也被认为是神经纤维跨越中线的"门卫"。同时 Slits/Robo 对径向轴突和连接轴突也具有排斥作用;但在另一方面,Slits 在脊椎动物中还能作为正调控因子促进感觉神经的轴突延长和分支。

5. **成形素及其受体**　成形素(morphogens)是一类分泌蛋白,可引起生长锥产生应答反应,并引导生长锥顺着其浓度梯度生长。与传统的轴突导向分子(Netrins、Slits、Semaphorins 和

Ephrins)不同,成形素家族,特别是 BMP、Shh(sonic hedgehog)和 Wingless/Wnts,通过影响靶基因的核转录实现其引导生长锥的生长。

神经纤维寻径是多种因素参与调节的一个精密而复杂的过程,生长锥极性化本质上是微环境极性化的结果,即在不同方向上出现不同的或抑制或诱导性的信号,从而决定生长锥的生长方向。目前发现的导向分子仍不能完全解释神经发育中神经纤维寻径的所有问题。除分泌性信号分子及其受体外,细胞外基质成分、细胞间黏附分子,以及神经活动等均参与这个过程。神经纤维寻径不仅是神经发育中的重要事件,也涉及神经再生这一焦点问题。神经胶质在神经发育早期以脚手架的作用协助神经细胞的迁移和寻径,而在神经损伤再生中则形成胶质瘢痕或释放抑制分子阻断轴突的生长与再生。

在神经系统发育和再生过程中,神经纤维寻径即神经元的轴突要精确地寻找其靶细胞受到多种理化因素的调控,最终通过一系列特定的分子在特定时间、部位的表达、协同作用而完成。虽然现有的研究结果在一定程度上能解释一些神经轴突发育和再生中遇到的问题,但仍有许多问题尚待研究。相信随着分子生物学和分离技术的不断发展,将有更多的轴突导向分子及其作用机制被揭示,从而为神经再生提供新的思路。

参考文献

1. 蔡文琴. 发育神经生物学. 北京:科学出版社,2007
2. Lin L,Demetrius TG,Maraganore DM,et al. Axon guidance and synaptic maintenance:preclinical markers for neurodegenerative disease and therapeutics. Trends Neurosci,2009,32(3):142-149
3. Lowery LA,Vactor DV. The trip of the tip:understanding the growth cone machinery. Nat Rev Mol Cell Biol,2009,10(5):332-343
4. Killeen MT,Sybingco SS. Netrin,Slit and Wnt receptors allow axons to choose the axis of migration. Dev Biol,2008,323(2):143-151
5. Molofsky AV,Kelley KW,Tsai HH,et al. Astrocyte-encoded positional cues maintain sensorimotor circuit integrity. Nature 2014,509(7499):189-194
6. Tsai HH,Li H,Fuentealba LC,et al. Regional astrocyte allocation regulates CNS synaptogenesis and repair. Science2012,337(6092):358-362

（肖　岚）

第9章 循环系统

KEY POINTS

- General structure of blood vessel walls
- Structural and functional features of the small, medium-sized and large arteries
- Classification, ultrastructure and function of capillaries
- Structural features of the small, medium-sized and large veins
- Structure of the heart wall
- Cell types in the conducting system of the heart

　　循环系统是连续而封闭的管道系统,包括心血管系统和淋巴系统两个部分。心血管系统由心脏、动脉、毛细血管和静脉组成。心脏是促使血液流动的动力泵,它通过收缩和舒张将血液输送到动脉。动脉将血液输送到毛细血管。毛细血管广泛分布于体内的各种组织和器官内,其管壁极薄,血液在此与周围组织进行物质交换。毛细血管汇合移行为静脉,静脉起始端也参与物质交换,但主要是将物质交换后的血液导回心脏。

　　淋巴管系统由毛细淋巴管、淋巴管和淋巴导管组成,其主要功能是辅助静脉回流。毛细淋巴管以盲端起始于组织间隙,汇合形成淋巴管,淋巴管最后汇合成左淋巴导管(胸导管)和右淋巴导管,与大静脉连通。

一、血管壁的一般结构

　　除毛细血管外,血管壁从管腔面向外依次分为内膜、中膜和外膜(图 9-1)。

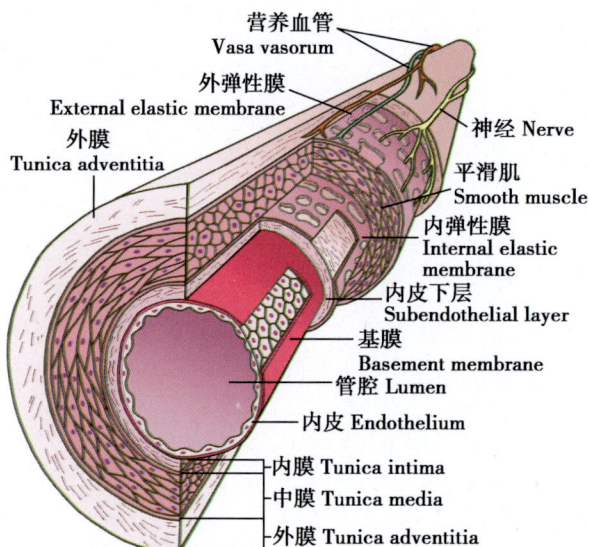

图 9-1　血管壁基本结构模式图

Fig. 9-1　Schematic diagram illustrating the general structure of the blood vessel wall

（一）内膜

内膜（tunica intima）是 3 层中最薄的一层,由内皮、内皮下层和内弹性膜组成。

1. 内皮 内皮（endothelium）是衬贴于血管腔面的一层单层扁平上皮。内皮细胞大多呈梭形,细胞核突出,细胞宽部与细胞窄部镶嵌排列,其长轴与血流方向一致,为血液的流动提供了一个光滑的平面（图 9-1）。在动脉分支处血流形成旋涡,内皮细胞可变成圆形,细胞上常见虫蚀样缺损,并可见片状脱落。电镜下,内皮细胞腔面可见稀疏而大小不等的胞质突起,表面覆以厚 30～60nm 的细胞衣,相邻细胞间有紧密连接和缝隙连接;细胞核居中,淡染,以常染色质为主,核仁大而明显;胞质内有发达的高尔基复合体、粗面内质网、滑面内质网以及丰富的质膜小泡,还可见成束的微丝和一种外包单位膜的杆状细胞器,称怀布尔-帕拉德小体（图 9-2）。

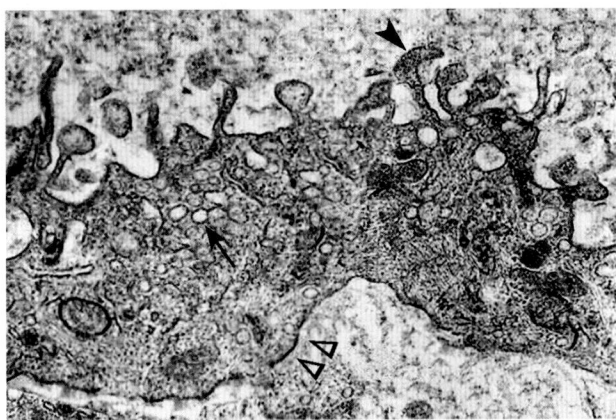

图 9-2　内皮细胞超微结构电镜像

长箭头示质膜小泡;短箭头示胞质突起;三角形示基膜

Fig. 9-2　Electron micrograph of ultrastructure of the endothelial cell

long arrow indicates the plasmalemmal vesicle;short arrow indicates a cytoplasmic process;triangles indicate basement membrane

（1）胞质突起:内皮细胞游离面伸出的胞质突起形态多样,有微绒毛状、片状、瓣状或圆柱状等,突起中可见质膜小泡。胞质突起扩大细胞的表面积,有助于内皮细胞的吸收作用及物质转运作用。同时,这些突起还对血液流体力学产生影响,如垂体门脉系统的内皮细胞具有高度发达的瓣状突起,可能具有类似瓣膜的作用。血流较快的大血管的胞质突起使近腔面的血流形成涡流,减缓血流速度,有利于物质交换。

（2）质膜小泡:质膜小泡（plasmalemmal vesicle）由细胞游离面或基底面的细胞膜凹陷,然后与细胞膜脱离形成,直径 60～70nm（图 9-2）。质膜小泡可互相连通,形成穿过内皮的暂时性管道,称为穿内皮性小管（transendothelial channel）。质膜小泡具有向血管内、外输送物质的作用,还可能作为膜储备,备用于血管的扩张或延长。

（3）怀布尔-帕拉德小体:怀布尔-帕拉德小体（Weibel-Palade body）简称 W-P 小体（W-P body）,又称细管小体（tubular body）,是内皮细胞特有的细胞器,长约 3μm,直径 0.1～0.3μm,外包单位膜,内有 6～26 条直径约 15nm 的平行细管,包埋于中等电子密度的基质中。W-P 小体可能是一种合成和储存与凝血有关的第Ⅷ因子相关抗原（factor Ⅷ related antigen,FⅧ RAg）的结构。当血管内皮损伤时,FⅧ RAg 能使血小板附着在内皮下的胶原纤维上面,在内皮的缺损处形成血小板血栓,防止血液外流。

（4）其他:内皮细胞中的微丝具有收缩功能。5-羟色胺、组胺和缓激肽可刺激内皮细胞内的微丝收缩,改变细胞间隙的宽度和细胞连接的紧密程度,影响和调节血管的通透性。

内皮细胞衬在心血管腔面,除了作为血液和组织之间物质转运的屏障外,还能合成和分泌多种生物活性物质,如血管内皮细胞生长因子（VEGF）、血小板源性生长因子（PDGF）、碱性成纤维细胞生长因子（bFGF）、胰岛素样生长因子Ⅰ（IGF-Ⅰ）、一氧化氮（NO）、前列环素（PGI_2）和内皮素（ET）等,在维持正常的心血管功能方面起重要的作用。内皮细胞表面有血管紧张素转换酶,能使血浆中的血管紧张素Ⅰ转变为血管紧张素Ⅱ,使血管收缩。内皮细胞还能降解 5-羟色胺、组胺和去甲肾上腺素等。内皮细胞的损伤脱落及生长快慢等变化与血流速度、毛细血管的通透性等有关。

Notes

2. 内皮下层　内皮下层(subendothelial layer)是位于内皮和内弹性膜之间的薄层结缔组织，内含少量胶原纤维和弹性纤维。

3. 内弹性膜　有的动脉内皮下层深面还有一层内弹性膜(internal elastic membrane)，由弹性蛋白组成，膜上有许多小孔。在血管横切面上，因血管壁收缩，内弹性膜常呈波浪状(图9-3)。

(二) 中膜

中膜(tunica media)位于内膜和外膜之间，其厚度及组成成分因血管种类而异：大动脉以弹性膜为主，其间有少许平滑肌；中动脉主要由平滑肌组成，其间有弹性纤维和胶原纤维。

血管平滑肌纤维较细，并常有分支，肌纤维间有中间连接和缝隙连接。肌纤维与内皮细胞之间形成肌内皮连接(myoendothelial junction)，借此与内皮细胞或血液进行化学信息交流。血管平滑肌可能是成纤维细胞的亚型，在中动脉发育中，平滑肌纤维可产生胶原纤维、弹性纤维和基质；在病理状况下，动脉中膜的平滑肌可移入内膜增生并产生结缔组织，使内膜增厚，是动脉硬化发生的重要病理过程。除已知的肾入球微动脉特化的平滑肌能产生肾素外，其他血管的平滑肌也具有分泌肾素和血管紧张素原的能力，与内皮细胞表面的血管紧张素转换酶共同构成肾外的血管肾素和血管紧张素系统。

中膜的弹性纤维具有使扩张的血管回缩的作用，胶原纤维起维持张力的作用，具有支持功能。管壁结缔组织中的无定形基质含蛋白聚糖，其成分和含水量因血管种类不同而略有不同。

(三) 外膜

外膜(tunica adventitia)由疏松结缔组织组成，其中含螺旋状或纵向分布的弹性纤维和胶原纤维，并有小血管和神经分布。血管壁的结缔组织细胞以纤维细胞为主，当血管受损伤时，成纤维细胞具有修复外膜的能力。有的动脉在中膜和外膜的交界处还有外弹性膜(external elastic membrane)，也由弹性蛋白构成，但较内弹性膜薄(图9-3)。

(四) 血管壁的营养血管和神经

管径1mm以上的动脉和静脉管壁中，都有小血管分布，称营养血管(vasa vasorum)。这些小血管进入外膜后分支成毛细血管，分布到外膜和中膜。内膜一般无血管，其营养由腔内血液直接渗透供给。

血管壁上包绕有网状神经丛，神经纤维主要分布于中膜与外膜交界处，有的伸入中膜平滑肌层。一般而言，动脉神经分布的密度较静脉丰富，以中小动脉最为丰富。血管的神经递质除了去甲肾上腺素和乙酰胆碱外，还有多种神经肽，其中以神经肽Y、血管活性肠肽和降钙素基因

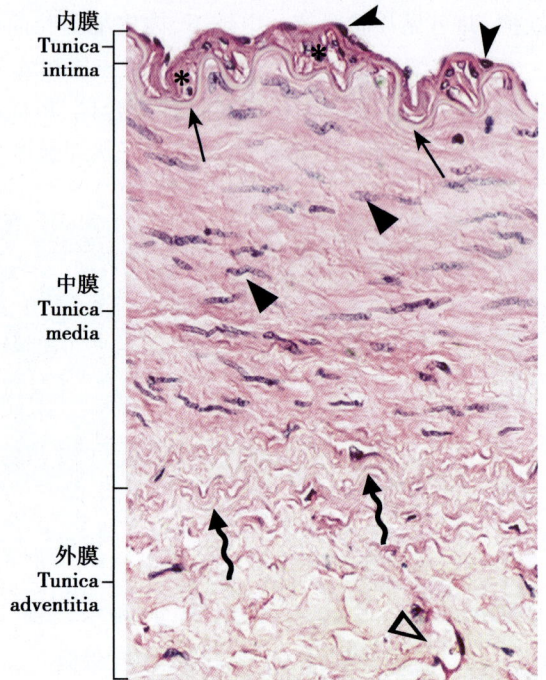

图9-3　中动脉横切面光镜像　HE 染色　中倍
短箭头示内皮细胞；星号示内皮下层；长箭头示内弹性膜；实心三角形示平滑肌细胞；弯箭头示外弹性膜；空心三角形示营养血管

Fig. 9-3　Light micrograph of a cross section of the medium-sized artery　HE stain　Medium magnification
Long arrows indicate endothelial cells; asterisks indicate the subendothelial layer; long arrows indicate the internal elastic membrane; filled triangles indicate smooth muscle cells; curved arrows indicate the external elastic membrane; empty triangle indicates vasa vasorum

相关肽最为丰富,它们有调节血管舒缩的作用。毛细血管是否存在神经分布尚有争议。

二、动　脉

　　动脉(artery)从心脏发出之后,反复分支,管径逐渐变细,管壁亦逐渐变薄。故根据管壁的结构特点和管径的大小,可将动脉分为大动脉、中动脉、小动脉和微动脉,各类动脉之间逐渐移行,没有明显的界限。

　　动脉在较高的血压下将血液从心脏输送到机体的各个部分,因此中膜比较厚,其中的弹性成分和平滑肌比较发达,这使得动脉管壁具有较强的收缩性和回缩能力。

（一）大动脉

　　大动脉(large artery)包括主动脉、肺动脉、无名动脉、颈总动脉、锁骨下动脉、椎动脉和髂总动脉等。因大动脉管壁的中膜有多层弹性膜和大量弹性纤维,平滑肌纤维则较少,故大动脉又称弹性动脉(elastic artery)。大动脉的内膜有较厚的内皮下层,内皮下层之外为多层弹性膜组成的内弹性膜,由于内弹性膜与中膜的弹性膜相连,故内膜与中膜的分界不明显。成人大动脉的中膜有40～70层弹性膜,各层弹性膜由弹性纤维相连,弹性膜之间有环行平滑肌和少量胶原纤维与弹性纤维;中膜基质的主要成分为硫酸软骨素。外膜较薄,由结缔组织构成,没有明显的外弹性膜,逐渐移行为周围的疏松结缔组织(图9-4)。

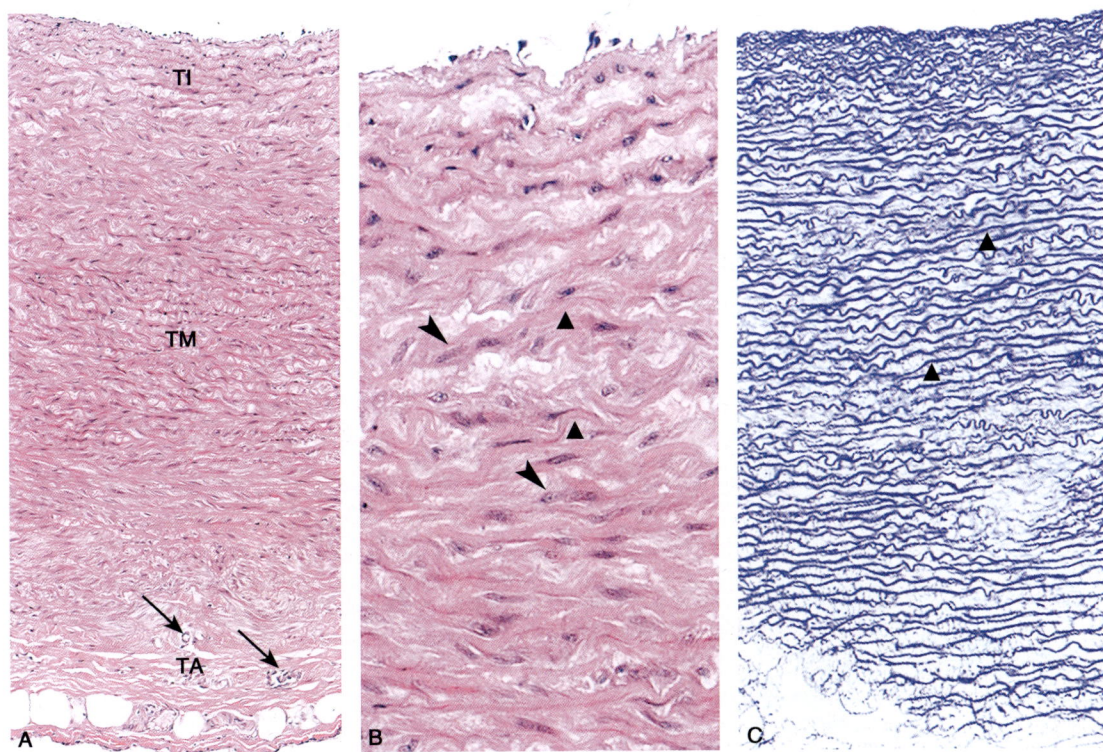

图9-4　大动脉横切面光镜像(华中科技大学同济医学院李和供图)
A. HE 染色　低倍;B. HE 染色示内膜和中膜　高倍;C. 地衣红染色　中倍;TI. 内膜;TM. 中膜;TA. 外膜;长箭头示营养血管;短箭头示平滑肌细胞;三角形示弹性膜
Fig. 9-4　Light micrograph of cross sections of the large arteries
A. HE stain　Low magnification;B. HE stain showing the tunica intima and media　High magnification;C. Orcein stain Medium magnification;TI. tunica intima;TM. tunica media;TA. tunica adventitia;long arrows indicate vasa vasorum;short arrows indicate smooth muscle cells. Triangles indicate elastic membranes

（二）中动脉

　　除上述大动脉外,凡在解剖学中有名称的动脉大多属于中动脉(medium-sized artery)。中动脉管壁中膜的平滑肌相当丰富,故又名肌性动脉(muscular artery)。中动脉管壁具有典型的3层结构:内膜的内皮下层较薄,内弹性膜明显;中膜较厚,由10~40层环行排列的平滑肌组成,肌间有一些弹性纤维和胶原纤维;外膜厚度与中膜相等,多数中动脉的中膜和外膜交界处有明显的外弹性膜(图9-3、图9-5)。

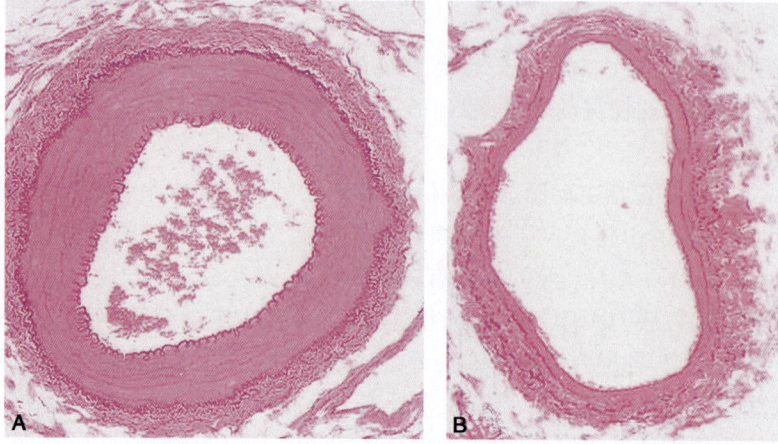

图9-5　中动脉和中静脉横切面光镜像　醛复红染色　低倍(武汉大学医学院汪琳供图)
A. 中动脉紫红色的内外弹性膜呈波浪状,使管壁三层分界明显;B:中静脉管壁三层分界不明显
Fig. 9-5　Light micrographs of cross sections of medium-sized artery and vein　Aldehyde-fuchsine stain　Low magnification
A. medium-sized artery. the wave-shaped internal and external elastic membranes are violet color. the boundaries of three layers are obvious;B. medium-sized vein. The boundaries of three layers are not obvious

(三) 小动脉

管径0.3~1mm的动脉称为小动脉(small artery),也属于肌性动脉。较大小动脉的内膜有明显的内弹性膜,随着管径变细,内弹性膜逐渐消失;中膜有几层平滑肌;外膜厚度与中膜相近,一般没有外弹性膜(图9-6)。

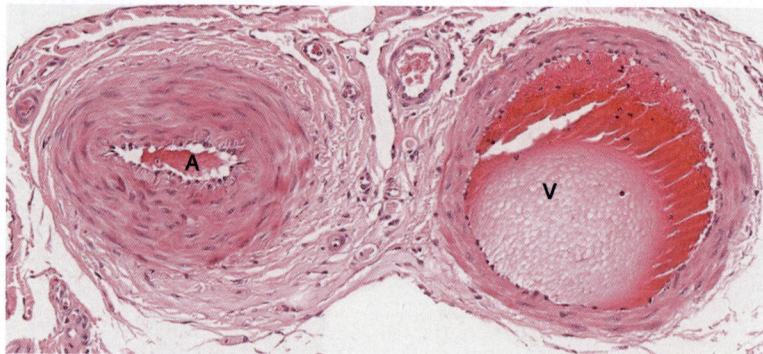

图9-6　小动脉(A)和小静脉(V)横切面光镜像　HE 染色　高倍
Fig. 9-6　Light micrograph of cross section of small artery(A)and vein(V)HE stain　High magnification

(四) 微动脉

管径在0.3mm 以下的动脉,称微动脉(arteriole)。其内膜无内弹性膜,中膜由1~2层平滑肌组成,外膜较薄(图9-7)。

(五) 过渡型和特殊型动脉

血管是连续的管道,从一种类型的动脉过渡到另一种类型的动脉,其管壁结构的变化是逐

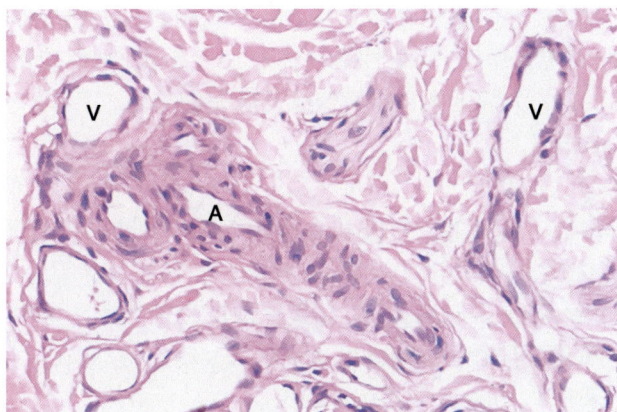

图 9-7　微动脉(A)和微静脉(V)光镜像　HE 染色　高倍
(华中科技大学同济医学院李和供图)
Fig. 9-7　Light micrograph of arterioles (A) and venules (V) HE stain　High magnification

渐移行的,因此对那些处于过渡部位的动脉,常常很难进行分类。如腘动脉和胫动脉的管径较细,但管壁的结构与大动脉相近;髂外动脉的管径较大,但管壁的结构与中动脉相近。在弹性动脉和肌性动脉之间存在混合型动脉,中膜的弹性膜和平滑肌都很丰富。

动脉中膜的厚度随其管腔压力不同而不同。如心脏的冠状动脉承受较高的压力,其管壁较相同管径的其他动脉厚;下肢动脉的中膜较上肢动脉的中膜厚。肺循环的血压较体循环低,故肺内血管壁较薄。

肺动脉在靠近心脏的起始段的管壁内含有心肌细胞。在颅腔内,血管受外压和血管张力的影响较小,硬脑膜动脉和脑动脉的管壁相对薄,内弹性膜明显,中膜较薄且缺乏弹性纤维。

在经常弯曲的部位,血管也随之弯曲和收缩,如膝关节后的动脉和腋窝处的腋动脉,其内膜中有较丰富的纵行平滑肌束。

(六) 动脉管壁结构与功能的关系

心脏规律地舒缩,将血液间断地射入动脉,但动脉的血流却是持续不断的。这是因为靠近心脏的大动脉管壁具有弹性,心脏收缩时其管壁扩张,而心脏舒张时,其管壁回缩。大动脉管壁的弹性使血管内血液的流动维持连续不断,起辅助泵的作用。

中动脉中膜平滑肌发达,平滑肌的收缩和舒张使血管管径缩小或扩大,可调节分配到身体各部和各器官的血流量,因此,中动脉又称分配动脉(distributing artery)。

小动脉和微动脉管壁的舒缩,能显著地改变血流的外周阻力,调节进入器官和组织的血流量,并维持正常血压,因此小动脉和微动脉又称外周阻力血管(peripheral resistance vessels)。

(七) 血管壁的特殊感受器

血管壁内有一些特殊的感受器,如颈动脉体、颈动脉窦和主动脉体。颈动脉体(carotid body)位于颈总动脉分支处的管壁,是直径 2~3mm 的扁平小体,主要由排列不规则的上皮细胞团或细胞索组成,细胞团或细胞索之间有丰富的血窦(图 9-8)。电镜下,上皮细胞可分为两型:Ⅰ型细胞聚集成群,胞质内含许多致密核心小泡,许多神经纤维终止于Ⅰ型细胞的表面;Ⅱ型细胞位于Ⅰ型细胞周围,胞质中颗粒少或无。颈动脉体是感受动脉血氧、二氧化碳含量和血液 pH 变化的化学感受器,可将这些信息传入中枢,对心血管系统和呼吸系统进行调节。

颈动脉窦是颈总动脉分支处的一个膨大部,该处管壁中膜薄,平滑

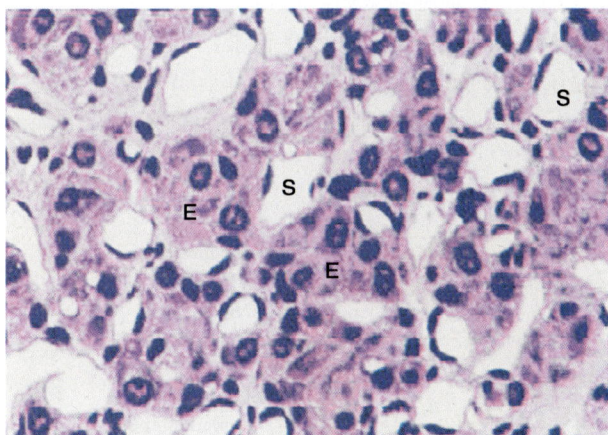

图 9-8　颈动脉体光镜像　碱性品红-甲苯胺蓝染色　高倍
E. 上皮细胞团;S. 血窦
Fig. 9-8　Light micrograph of a carotid body　Pararosaniline-toluidine blue stain　High magnification
E. epithelial cell group;S. sinusoid

Notes

肌较少,外膜较厚,外膜中有许多来源于舌咽神经的感觉神经末梢。颈动脉窦是压力感受器,能感受因血压上升致血管扩张的刺激,将冲动传入中枢,反射性地使内脏血管扩张,心率减慢,血压下降。在主动脉弓血管壁外膜和接近心脏的大静脉中也有类似颈动脉窦的结构。

主动脉体在结构和功能上与颈动脉体相似。

(八)动脉的年龄变化

动脉管壁结构的发育到成年时才趋完善。可能由于心脏和动脉始终不停地进行着舒缩活动,动脉较其他器官更易发生损伤和衰老变化,其中尤以主动脉、冠状动脉和基底动脉等的变化较明显。中年时,血管壁中结缔组织成分增多,平滑肌减少,使血管壁硬度逐渐增大。老年时,血管壁增厚,内膜出现钙化和脂类物质等的沉积,血管壁的硬度更加增大。因此,只有在血管壁结构的变化已超越该年龄组血管的变化标准时,方能认为是病理现象。

三、毛 细 血 管

毛细血管(capillary)是管径最细、分布最广的血管,其分支多并互相吻合成网(图9-9)。各器官和组织内毛细血管网的疏密程度差别很大,代谢旺盛的组织器官如骨骼肌、心肌、肺、肾和许多腺体等,毛细血管网很密,而代谢较低的组织如骨、肌腱和韧带等,毛细血管网则较稀疏。

(一)毛细血管的结构

毛细血管的管径一般为6~8μm,但随着组织或器官生理状况变化而变化:组织或器官的功能旺盛时,管壁扩张,通过的血流量较多;反之,则管径细,通过的血流量少。

毛细血管的管壁主要由内皮细胞和基膜组成(图9-10)。细的毛细血管仅由一个内皮细胞围成,较粗的毛细血管由2~3个内皮细胞围成(图9-11)。基膜外有少许结缔组织。在内皮细胞与基膜之间散在有一种扁平而有突起的细胞,细胞突起紧贴在内皮细胞基底面,称为周细胞(pericyte)(图9-12)。有人认为周细胞可能主要起机械性支持和调控管径大小的作用;也有人认为周细胞是一种未分化细胞,在血管生长或再生时可分化为平滑肌细胞和成纤维细胞。

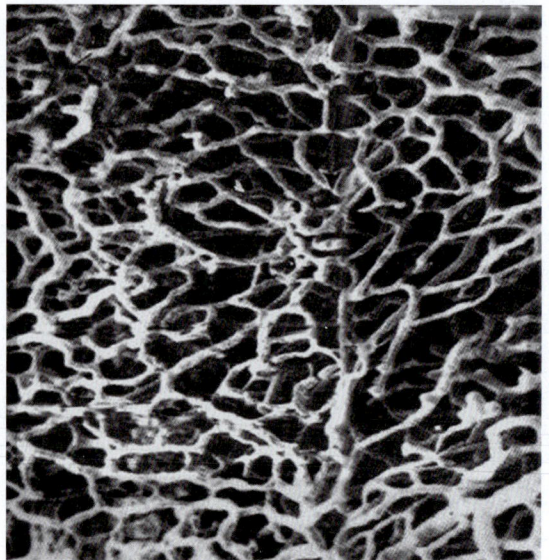

图 9-9 毛细血管扫描电镜像
Fig. 9-9 Scanning electron micrograph of capillary network

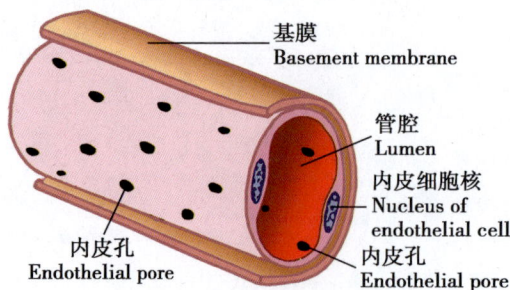

图 9-10 毛细血管结构模式图
Fig. 9-10 Schematic drawing illustrating the structures of the capillary

(二)毛细血管的分类

在光镜下观察,各种组织和器官中的毛细血管光镜结构相似,但在电镜下,根据内皮细胞等的结构特点,毛细血管可分为3型:连续毛细血管、有孔毛细血管和血窦(图9-13)。

1. 连续毛细血管 连续毛细血管(continuous capillary)的内皮细胞连续完整,细胞之间有紧密连接,基膜连续完整;内皮细胞有核部分较厚,突向管腔,无核部分很薄;胞质

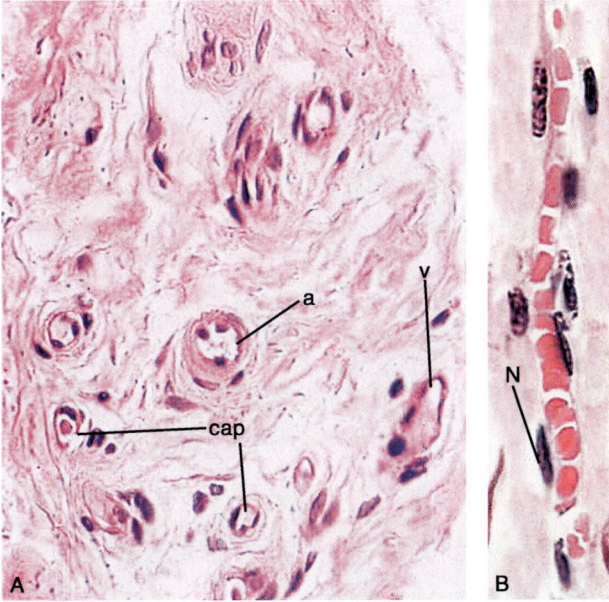

图 9-11　小血管光镜像　HE 染色
高倍（武汉大学医学院汪琳供图）

A. 小血管横切面；B. 毛细血管纵切
面；a. 微动脉；v. 微静脉；cap. 毛细血
管 . N. 内皮细胞核

Fig. 9-11　Light micrograph of small
blood vessels　HE stain　High
magnification

A.　cross sections of small blood vessels；
B.　longitudinal section of a capillary；
a.　arteriole；v.　venule；cap.　capillary；
N.　nucleus of a endothelial cell

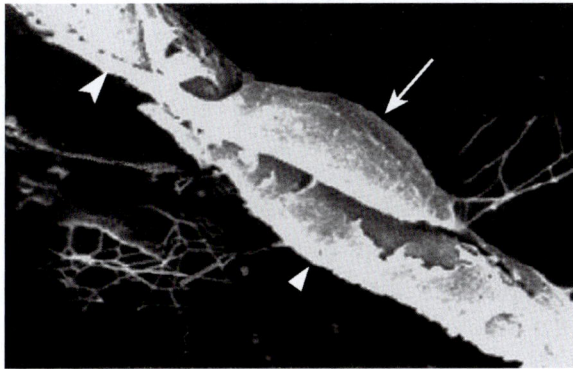

图 9-12　毛细血管扫描电镜像
长箭头示周细胞胞体；短箭头示周细胞突起；三角形示毛细血管

Fig. 9-12　Scanning electromicrograph of the capillary
Long arrow indicates the soma of the pericyte；short arrow indi-
cates the process of the pericyte；triangle indicates the capillary

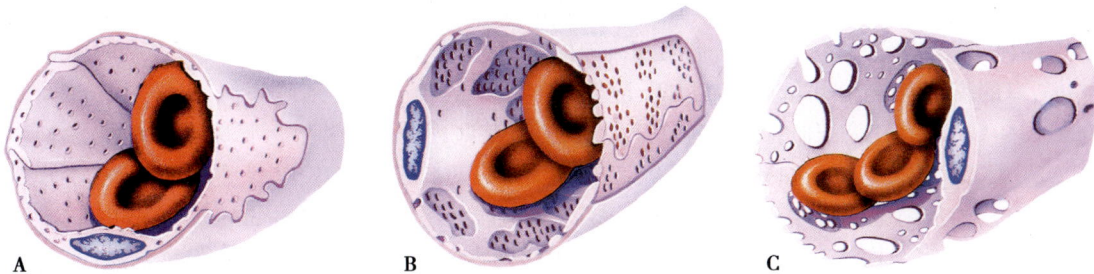

图 9-13　毛细血管分类模式图
A. 连续毛细血管；B. 有孔毛细血管；C. 血窦

Fig. 9-13　Diagram showing types of the capillaries
A.　continuous capillaries；B.　fenestrated capillaries；C.　sinusoid

Notes

中有许多吞饮小泡（图 9-13A，图 9-14A）。连续性毛细血管分布于结缔组织、肌组织、肺和中枢神经系统等处。

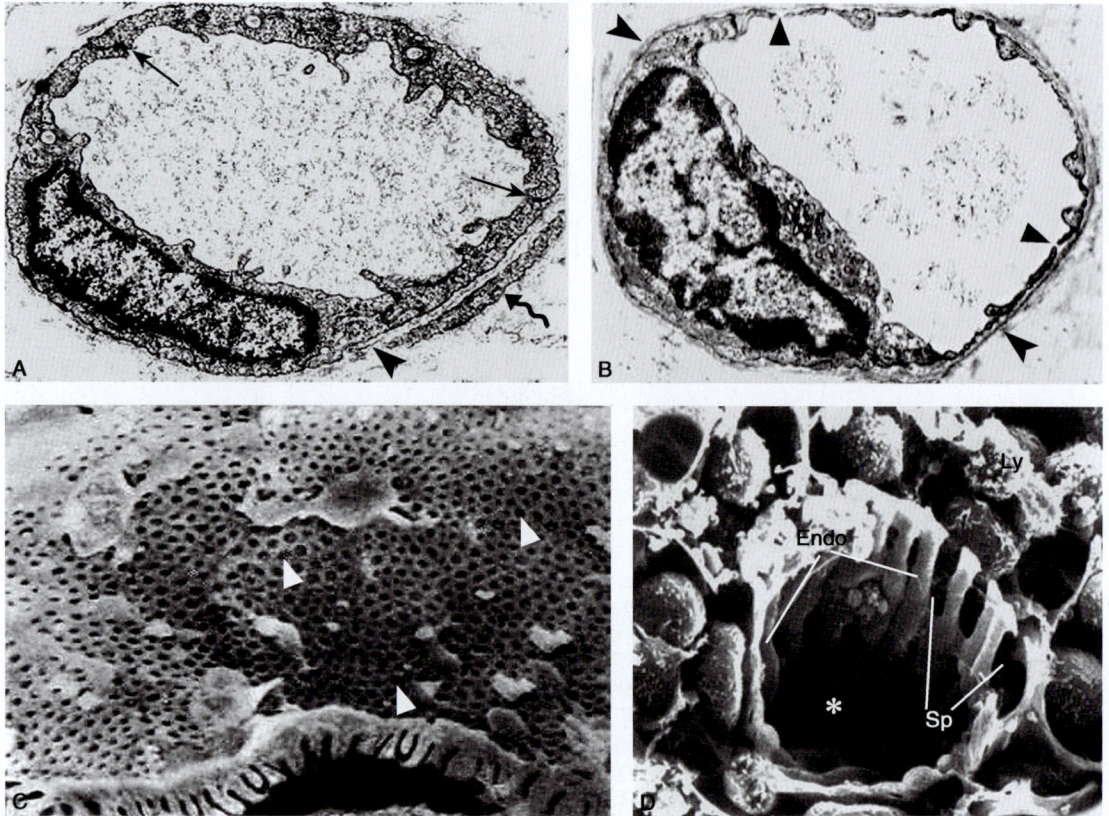

图 9-14 三种毛细血管超微结构

A. 连续毛细血管透射电镜像；B. 有孔毛细血管透射电镜像；C. 有孔毛细血管扫描电镜像；D. 脾血窦扫描电镜像；长箭头示紧密连接；短箭头示基膜；弯箭头示周细胞突起；三角形示内皮细胞孔；星号示血窦腔；Endo. 内皮细胞；Sp. 内皮细胞之间的间隙；Ly. 淋巴细胞

Fig. 9-14 Ultrastructures of three types of capillaries

A. transmission electron micrograph of a continuous capillary；B. transmission electron micrograph of a fenestrated capillary；C. scanning electron micrograph of a fenestrated capillary；D. scanning electron micrograph of the splenic sinus；long arrows point to tight junctions；short arrows indicate basement membrane；curved arrow indicates the process of the pericyte；triangles point to endothelial fenestrae；asterisks indicate the lumen of a sinusoid capillary；Endo. endothelial cells；Sp. spaces between endothelial cells

2. 有孔毛细血管 有孔毛细血管（fenestrated capillary）的内皮细胞相互连续，细胞间也有紧密连接，基膜也连续完整。内皮细胞无核部分很薄，有许多贯穿细胞的窗孔，其直径一般为 60～80nm，有的窗孔有隔膜（diaphragm）封闭，隔膜厚 4～6nm，较一般的细胞膜薄，见图 9-13B、图 9-14B、图 9-14C。有孔毛细血管主要存在于胃肠黏膜、某些内分泌腺和肾血管球等处。

3. 血窦 血窦（sinusoid）也称窦状毛细血管（sinusoid capillary），其管腔较大，形状不规则（图 9-15），内皮细胞之间常有较大的间隙，故又称不连续毛细血管（discontinuous capillary）。不同器官内的血窦结构常有较大差别，某些内分泌腺的血窦，内皮细胞有孔，有连续的基膜；肝血窦的内皮细胞有孔，细胞间隙较宽，基膜不连续或不存在；脾血窦的内皮细胞呈杆状，细胞间的间隙较大，内皮细胞外有网状纤维环绕形成的栅栏状结构，基膜不完整（图 9-13C、图 914D）。血窦主要分布于肝、脾、骨髓和一些内分泌腺中。

（三）毛细血管的功能

毛细血管是血液与周围组织进行物质交换的主要部位。人体毛细血管的总面积很大，体重

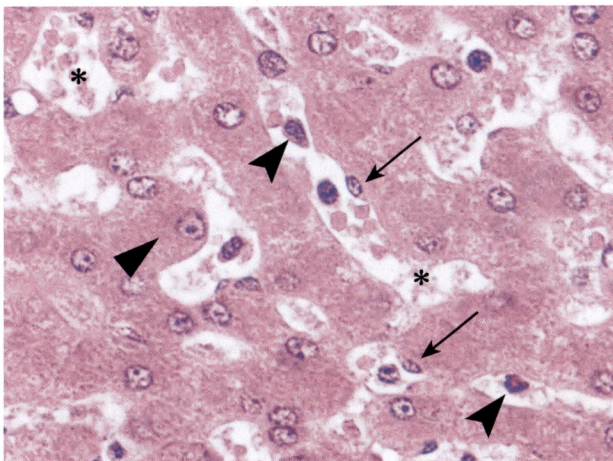

图 9-15　肝血窦光镜像　HE 染色　高倍(华中科技大学同济医学院李和供图)

星号示血窦腔;长箭头示血窦壁内皮细胞;短箭头示血窦腔内巨噬细胞;三角形示肝细胞

Fig. 9-15　Light micrograph of the hepatic sinusoid　HE stain　High magnification

Asterisks indicate the lumen of the sinusoid; long arrows indicate endothelial cells in the sinusoidal wall; short arrows indicate the macrophages in the lumen of the sinusoids; triangle indicates a hepatocyte

60kg 的人,毛细血管的总面积可达 6000m^2。毛细血管管壁很薄,并与周围的细胞相距很近,有利于物质交换。

毛细血管壁允许物质选择性通过的特性称毛细血管的通透性(capillary permeability),不同器官内的毛细血管的通透性有很大差异,例如,肾血管球的通透性比心肌组织中毛细血管的通透性约大 100 倍。毛细血管的结构与通透性关系的研究表明,内皮细胞的孔、质膜小泡和穿内皮性小管能透过液体和大分子物质;内皮细胞间隙在正常情况只允许小分子物质通过;基膜能透过较小的分子,但能阻挡一些大分子物质。另外一些物质,如 O_2、CO_2 和脂溶性物质等,可直接透过内皮细胞的胞膜和胞质。

无论是在生理情况还是在病理情况下,毛细血管的通透性都可以发生很大的变化,如体温升高、缺氧可使毛细血管通透性增高;某些血管活性物质如血管紧张素 Ⅱ、去甲肾上腺素和组胺等,可引起内皮细胞收缩,导致内皮细胞间隙增大,于是血浆中的大分子物质可透过内皮间隙;维生素 C 缺乏时引起毛细血管内皮细胞之间的连接开大、基膜和毛细血管周围的胶原纤维减少或消失,从而引起毛细血管性出血。

四、静　脉

静脉(vein)从毛细血管逐级汇合成为微静脉、小静脉、中静脉和大静脉,管径逐渐增大,管壁逐渐增厚,中静脉及小静脉常与相应的动脉伴行。静脉的数量比动脉多,管径较粗,管腔较大,故血容量较大。与伴行的动脉相比,静脉管壁薄而柔软,弹性也小,因此切片标本中的静脉管壁常呈塌陷状,管腔变扁或呈不规则形。静脉管壁大致也可分为内膜、中膜和外膜三层,但三层膜常无明显的界限。静脉管壁结构的变异比动脉大,甚至一条静脉的各段也常有较大的差别;平滑肌和弹性组织不及动脉丰富,结缔组织成分较多。

(一) 微静脉

微静脉(venule)管腔不规则,管径 50～200μm。紧接毛细血管的微静脉称毛细血管后微静脉(postcapillary venule),其管壁结构与毛细血管相似,但管径略粗;内皮细胞间的间隙较大,故通透性较大;内皮外只有薄层结缔组织,见图 9-7、图 9-11。随着微静脉的管径增大,内皮和结缔组织之间出现稀疏的平滑肌并逐渐增多。

(二) 小静脉

小静脉(small vein)的管径在 200μm～1mm 之间,内皮外平滑肌逐渐增多,较大的小静脉中膜有一层至数层平滑肌,外膜也逐渐变厚,见图 9-6。

(三) 中静脉

除大静脉以外,凡有解剖学名称的静脉都属于中静脉(medium-sized vein)。中静脉的管径

Notes

为 1 ~ 10mm,内膜薄,内弹性膜不发达或不明显;中膜比相伴行的中动脉的中膜薄得多,含有稀疏的环行平滑肌;外膜一般比中膜厚,由结缔组织组成,没有外弹性膜(图 9-15),有的中静脉外膜可少量有纵行平滑肌束。

(四) 大静脉

大静脉(large vein)管径在 10mm 以上,管壁的内膜较薄,中膜很不发达,为几层排列疏松的环行平滑肌,有时甚至没有平滑肌。外膜较厚,结缔组织内常有较多的纵行平滑肌束(图 9-16)。上腔静脉、下腔静脉、无名静脉和颈静脉等都属于大静脉。

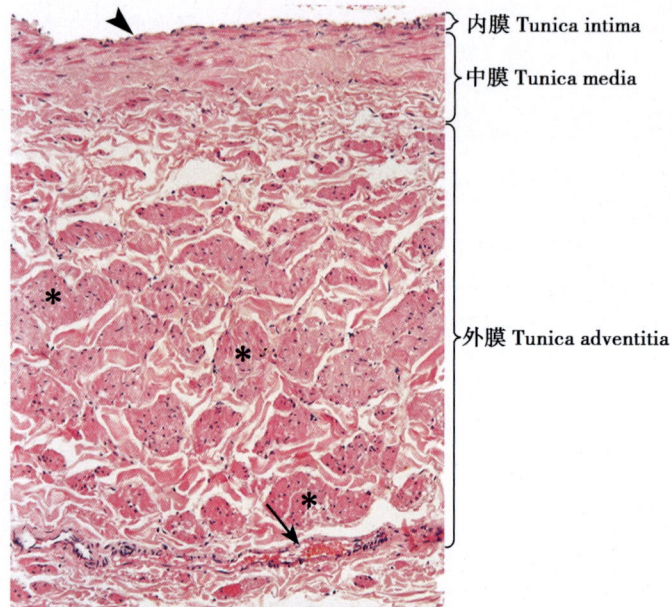

内膜 Tunica intima
中膜 Tunica media
外膜 Tunica adventitia

图 9-16　大静脉横切面光镜像　HE 染色　低倍(北京大学医学部唐军民供图)
短箭头示内皮细胞;星号示平滑肌束;长箭头示营养血管
Fig. 9-16　The cross section of large vein　HE staining　Low magnification
Short arrow indicates endomethelial cells;asterisks indicate smooth muscle fascicles;long arrow indicates vasa vasorum

(五) 静脉瓣

管径 2mm 以上的静脉常有静脉瓣(vein valve),由内膜凸入管腔折叠而成,为两个半月形薄片,彼此相对,其游离缘朝向血流方向,其中心为含弹性纤维的结缔组织,表面覆以内皮(图 9-17)。静脉瓣具有防止血液逆流的作用。

静脉的功能是将身体各部的血液导回心脏。静脉血回流的动力主要不是依靠管壁本身的收缩,而是靠管道内的压力差。影响静脉压力差的因素很多,如心脏的收缩力、重力和体位、呼吸运动以及静脉周围的肌组织收缩挤压作用等。

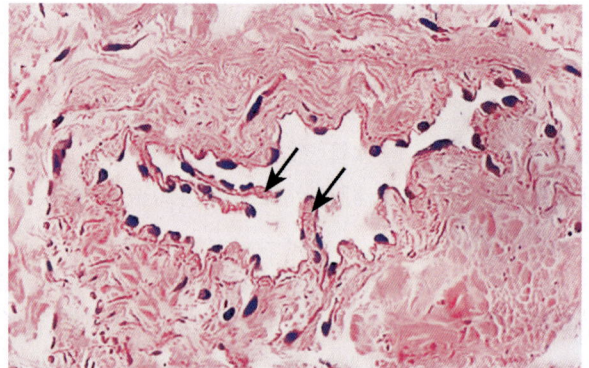

图 9-17　中静脉光镜像　HE 染色　低倍(武汉大学医学院汪琳供图)
箭头示静脉瓣
Fig. 9-17　Light micrograph of the medium-sized vein HE stain　Low magnification
Arrows indicate valves in the lumen of the vein

Notes

五、微 循 环

微循环(microcirculation)是指由微动脉到微静脉之间的血液循环,是血液循环的基本功能单位(图9-18、图9-19)。微循环可按组织的需要调节局部的血流量,使血流量与组织器官的代谢水平相适应。微循环功能障碍会导致组织器官功能不全或衰竭。

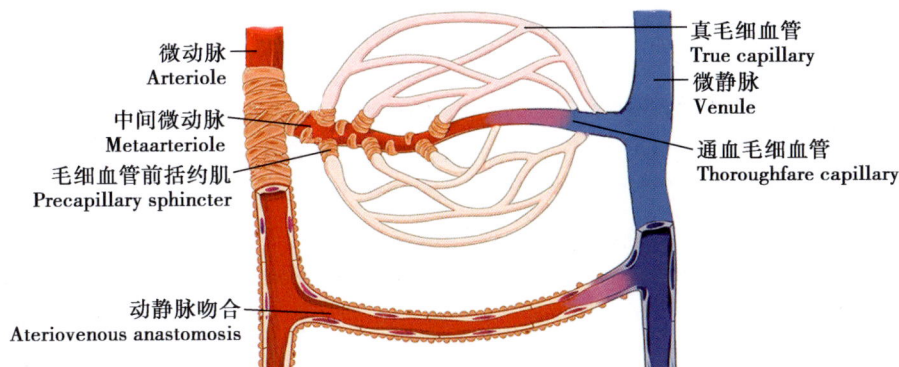

图9-18　微循环模式图
Fig. 9-18　Mode chart illustrating the microcirculation

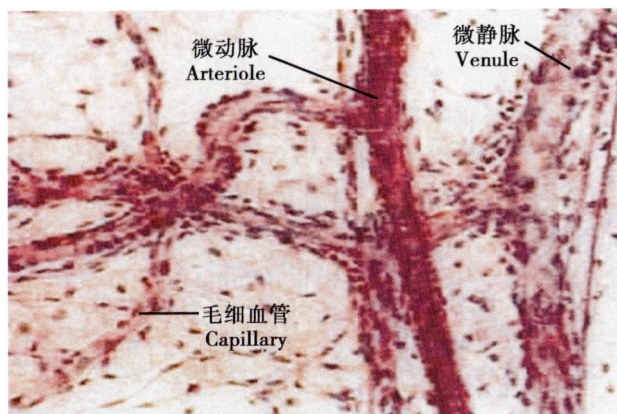

图9-19　微循环血管(肠系膜铺片)光镜像　HE 染色　低倍(武汉大学医学院汪琳供图)
Fig. 9-19　Blood vessel of microcirculation(spread preparation of mesentery)　HE stain　Low magnification

(一)微循环血管

1. 微动脉　微动脉管壁平滑肌的收缩活动,起控制微循环的总闸门作用。

2. 中间微动脉　微动脉首先分支形成毛细血管前微动脉(precapillary ateriole),继而分支为中间微动脉(metaarteriole)。后者管壁由一层内皮细胞和一层稀疏、不连续的平滑肌构成,可调节毛细血管网的血流量。

3. 通血毛细血管　中间微动脉延伸形成通血毛细血管(thoroughfare capillary),结构与真毛细血管相同,但管径略粗。

4. 真毛细血管　中间微动脉分支形成相互吻合的毛细血管网,称真毛细血管(true capillary),即通常所说的毛细血管。在真毛细血管的起点,有中间微动脉的少许环行平滑肌组成的毛细血管前括约肌(precapillary sphincter),是调节微循环的分闸门。

5. 微静脉　如前所述。

(二)微循环通路

微循环的通路包括迂曲通路、直捷通路和动静脉吻合 3 种。

1. 迂曲通路　血液从微动脉经真毛细血管网到微静脉。真毛细血管网行程迂回曲折,血流缓慢,有利于充分实现物质交换,是进行物质交换的主要部位。在一般生理状态下,体内约20%的血流量通过真毛细血管网。当组织处于功能活跃时,毛细血管前括约肌开放,大部分血液流经真毛细血管网,血液与组织之间进行充分的物质交换。

2. 直捷通路　直捷通路(thoroughfare channel)是指微动脉的血液经通血毛细血管到达微静

Notes

脉,路径较短而直,血流速度较快。在组织处于静息状态时,微循环的血流大部分经直捷通路快速入微静脉,这是一条经常开放的途径。

3. 动静脉吻合　由微动脉发出的侧支直接与微静脉相通,称动静脉吻合(arteriovenous anastomosis)。动静脉吻合主要分布在指、趾、唇和鼻等处的皮肤内及某些器官内。一般情况下,动静脉吻合常处于关闭状态,只在应急状况下才开放(如急性大出血),这样可缩短循环途径,使大部分血液由微动脉经动静脉吻合直接进入微静脉而迅速返回心脏。因此,动静脉吻合是调节局部组织血流量的重要结构。

(三) 其他微循环形式

1. 门动脉系统　门动脉系统(arterial portal system)是存在于肾小体内微动脉之间的血液循环,肾的一条入球微动脉分支并吻合形成一团盘曲的毛细血管球,然后汇集成一条出球微动脉(详见泌尿系统)。

2. 门静脉系统　门静脉系统(venous portal system)指存在于微静脉之间的血液循环,如肝的终末门微静脉与肝血窦相通,肝血窦的血汇入中央静脉。此外,还有垂体门脉系统(详见消化腺和内分泌系统)。

六、心　脏

心脏是一个中空肌性器官,是心血管系统的动力泵。构成心壁的心肌称工作心肌,具有节律性收缩和舒张的能力,能推动血液在血管中不断地循环流动,使身体各部分的组织和器官得到充分的血液供应。

(一) 心壁的结构

心壁也由3层组成,从内向外依次为心内膜、心肌膜和心外膜(图9-20)。

1. 心内膜　心内膜(endocardium)的表面是内皮,与大血管的内皮相连续;内皮下为内皮下层,其中除结缔组织外,还含有少许平滑肌;内皮下层与心肌膜之间是心内膜下层(subendocardial layer),由较疏松的结缔组织组成,其中含血管和神经,心室的心内膜下层还分布有心脏传导系的分支——浦肯野纤维(图9-20)。

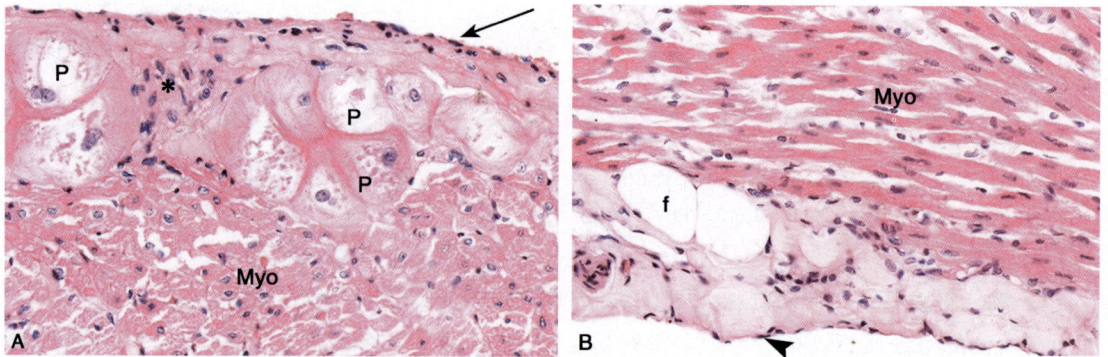

图9-20　心壁光镜像　HE染色　高倍(华中科技大学同济医学院李和供图)
A. 心内膜与心肌膜;B. 心肌膜与心外膜;长箭头示心内膜内皮;星号示内皮下层;P. 浦肯野纤维;Myo. 心肌膜;f. 脂肪细胞;短箭头示心外膜间皮

Fig. 9-20　Light micrographs of heart wall　HE stain　High magnification
A. endocardium and myocardium;B. myocardium and epicardium;long arrow indicates the endothelium of the endocardium;asterisk indicates the subendothelial layer;P. Pukinje fiber;Myo. Myocardium;f. fat cell;short arrow indicates the mesothelium of the epicardium

2. 心肌膜　心肌膜(myocardium)在心房较薄,在心室较厚,在左心室最厚,主要由心肌纤维构成。心肌纤维呈螺旋状排列,大致可分为内纵、中环和外斜3层,见图9-20。心肌纤维多集合成束,肌束间有较多的结缔组织和丰富的毛细血管。

心室的肌纤维较粗、较长,直径 10 ~ 15μm,长约 100μm;心房的肌纤维较细较短,直径 6 ~ 8μm,长 20 ~ 30μm,电镜下可见心房肌纤维中横小管很少,有些心房肌纤维的肌浆含有电子密度较大的颗粒,颗粒有膜包裹,直径 0.3 ~ 0.4μm,称心房特殊颗粒(specific atrial granule)。这些颗粒含肽类物质,称心房利钠多肽(atrial natriuretic polypeptide),简称心钠素,有很强的利尿、排钠、扩张血管和降血压作用。

心肌还能分泌多种其他生物活性物质,如与心钠素作用相似的脑钠素、抗心律失常肽和内源性洋地黄素(又称内洋地黄素)。心肌细胞还具有合成肾素和血管紧张素的能力,对促进心肌细胞生长、增强心肌收缩力等有重要作用。

在心房肌和心室肌之间,有由致密结缔组织组成的支持性结构,构成心脏的支架,也是心肌和心瓣膜的附着处,称心骨骼(cardiac skeleton)。心骨骼包括室间隔膜部、纤维三角和纤维环。心房和心室的心肌分别附着于心骨骼,两部分的心肌并不相连。

3. 心外膜 心外膜(epicardium)是心包膜的脏层,其结构为浆膜(serous membrane),它的表层是间皮,间皮下面是薄层结缔组织,与心肌膜相连,见图 9-20。心外膜中含血管和神经,并常有脂肪组织。心包膜壁层衬贴于心包内面,也是浆膜,与心外膜连续。壁层与脏层之间为心包腔,腔内有少量液体,使壁层与脏层湿润光滑,有利于心脏搏动。

4. 心瓣膜 在心脏的房室口和动脉口处分别有房室瓣、主动脉瓣和肺动脉瓣,统称为心瓣膜(cardiac value),是心内膜突向心腔而成的薄片状结构,与心骨骼的纤维环连接,瓣膜表面被覆以内皮,内部为致密结缔组织,瓣膜的基部可见少量平滑肌。其功能是阻止血液逆流。疾病侵犯瓣膜时,其内胶原纤维增生,致使瓣膜变硬或变形,有时还可造成瓣膜的粘连,使瓣膜不能正常地关闭和开放,影响血液的循环。

(二)心脏的传导系统

心壁内有由特殊心肌纤维组成的传导系统,其功能是发生冲动并将冲动传导到心脏的各部,使心房肌和心室肌按一定的节律收缩。这个系统包括窦房结、房室结、房室束、左右房室束分支以及分布到心室乳头肌和心室壁的许多细支(图 9-21)。除窦房结位于右心房心外膜深部外,其余各部分均分布在心内膜下层,由结缔组织把它们和心肌膜隔开。组成这个系统的心肌

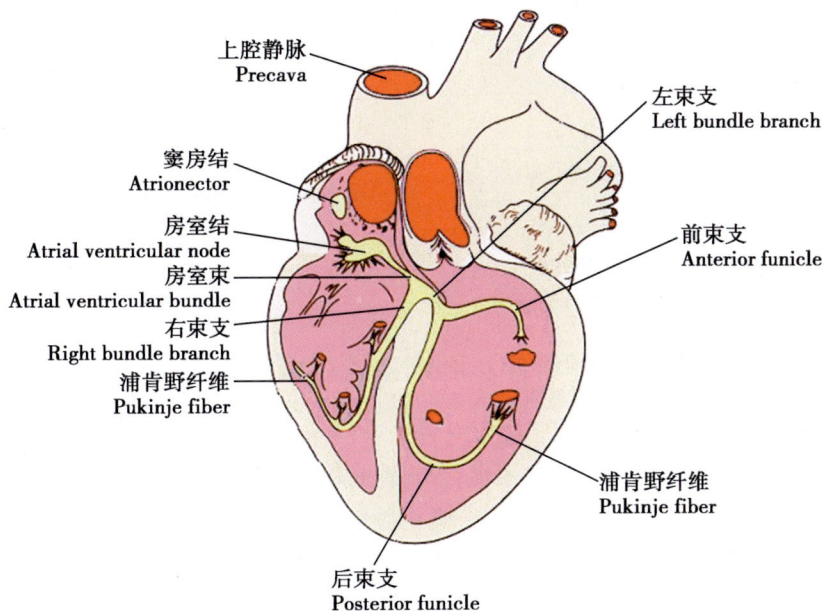

图 9-21　心脏传导系统分布模式图

Fig. 9-21　Schematic diagram showing the distribution of the heart conduction system

Notes

纤维聚集成结和束,受交感、副交感和肽能神经纤维支配,并有丰富的毛细血管。组成心脏传导系统的心肌纤维类型有以下3种:

1. **起搏细胞**　起搏细胞(pacemaker cell)简称P细胞,组成窦房结和房室结。细胞较小,呈梭形或多边形,包埋在一团较致密的结缔组织中。胞质内细胞器较少,有少量肌丝和吞饮小泡,但含糖原较多。起搏细胞是心肌兴奋的起搏点。

2. **移行细胞**　移行细胞(transitional cell)主要存在于窦房结和房室结的周边及房室束,起传导冲动的作用。位于窦房结的移行细胞,有的与心房的心肌纤维相连,将冲动传到心房,但窦房结的冲动如何传到房室结,尚不清楚。移行细胞的结构介于起搏细胞和工作心肌纤维之间,细胞呈细长形,比工作心肌纤维细而短,胞质内含肌丝较P细胞略多。

3. **浦肯野纤维**　浦肯野纤维(Purkinje fiber)也称束细胞(bundle cell),组成房室束及其分支。这种细胞比工作心肌纤维短而宽,细胞中央有1~2个核,胞质中有丰富的线粒体和糖原,肌丝较少,位于细胞周边,细胞彼此间有较发达的闰盘相连,见图9-20。此种细胞能快速传导冲动。房室束分支末端的细胞与心室肌纤维相连,将冲动传到心室各处。

七、淋巴管系统

人体中除中枢神经系统、软骨、骨髓、胸腺和牙等处没有淋巴管外,其余的组织和器官大多分布有淋巴管,其功能是将组织液中的水、电解质和大分子物质等输送到静脉。

1. **毛细淋巴管**　毛细淋巴管(lymphatic capillary)以盲端起始于组织内,互相吻合成网,然后汇入淋巴管。毛细淋巴管的管腔大而不规则,管壁薄,仅由内皮和极薄的结缔组织构成,无周细胞。电镜下,毛细淋巴管内皮细胞间有较宽的间隙,无基膜,故通透性大,大分子物质易进入其中。

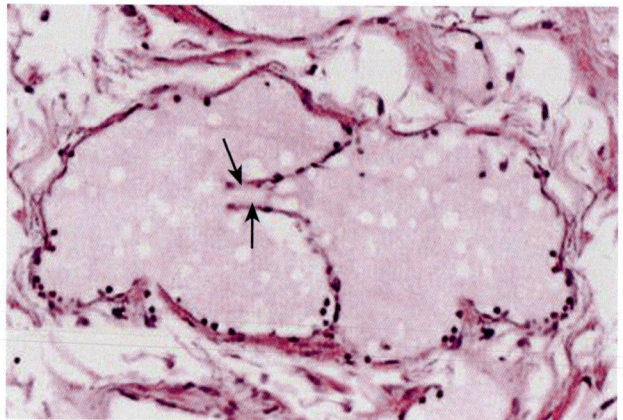

图 9-22　淋巴管光镜像　HE 染色　低倍
箭头示瓣膜
Fig. 9-22　Light micrograph of a lymphatic vessel
HE stain　Low magnification
Arrows indicate the lymphatic valve

2. **淋巴管**　淋巴管(lymphatic vessel)的结构与静脉相似,但管径大而壁薄,管壁由内皮、少量平滑肌和结缔组织构成,瓣膜较多(图9-22)。

3. **淋巴导管**　淋巴导管(lymphatic duct)的结构与大静脉相似,但管壁薄,3层膜分界不明显。

专题讲座：肿瘤血管生成拟态

肿瘤的生长、转移和复发都依赖于肿瘤血管生成(angiogenesis)。当人体内的实体瘤直径达2mm以上时,必须形成新的血管来获取血供,否则肿瘤就会因为缺血、缺氧而发生坏死。在恶性肿瘤中,除了有正常血管的增生外,还存在一类由肿瘤细胞直接形成的管道系统。这些管道类似血管的结构,具有微循环功能,但腔面没有内皮细胞,称为血管生成拟态(vasculogenic mimicry,VM)。1971年,Folkma提出肿瘤的生长和转移都依赖于血管新生的假说,开创了关于肿瘤血管生成研究的先河;1999年,Maniotis等在对人眼葡萄膜黑色素瘤微循环的研究中发现了一种由肿瘤细胞形成的无内皮血管,正式提出了血管生成拟态的新概念。

（一）肿瘤血管生成拟态的形态特征及病理学意义

1. 肿瘤血管生成拟态的形态特征　Maniotis 等的研究发现直径大于 1cm 的肿瘤很少出现坏死,但在普通病理切片上却难以见到由血管内皮构成的新生血管,取而代之的是条索状的肿瘤细胞形成的网状血管样管道,将这样的管道命名为 VM。在高浸润性黑素瘤中,肿瘤细胞去分化形成多样性细胞表型,表现出内皮细胞样特征,肿瘤细胞重排形成血管网样 VM。VM 腔面没有内皮,富含基质,衬贴 PAS 阳性基质—层粘连蛋白,将瘤细胞与血流分开,而正常血管中血液是直接与内皮细胞接触的。VM 可表达 UI-ex、CD31 和 CD34 等公认的血管标记物,与原有的微循环血管网相连。肿瘤内部也有正常结构的血管存在,这些血管腔内可见到微血栓形成,血管壁的内皮细胞有较大的窗孔,血管周围常有红细胞漏出。VM 内也可见到红细胞,但没有红细胞漏出现象存在,也很少见到腔内有微血栓形成。VM 的形成与肿瘤细胞的可塑性、细胞外基质的重建及 VM 管网连通微循环相关,即 VM 形成的三要素。

2. 肿瘤血管生成拟态的病理学意义　从理论上讲,由于没有内皮细胞的屏障作用,由 VM 生成的供血管道,可以为肿瘤的生长提供更好的血液供应。有 VM 的肿瘤,很少见中央性坏死,而无 VM 的肿瘤,则可常见中央性坏死。VM 是肿瘤快速生长早期的血供来源,能给快速生长的肿瘤提供有效的血液灌流途径。多普勒图像显示,移植人肿瘤赘生物 VM 与小鼠周围组织内皮性血管间有血液灌流。

VM 主要存在于高侵袭性的肿瘤中,低侵袭性肿瘤及良性肿瘤罕见。现已发现 VM 存在于肺癌、肝癌、卵巢癌、前列腺癌、炎性乳癌、骨肉瘤、黑色素瘤和恶性胶质瘤等中。此外,VM 的存在与肿瘤的转移和患者的预后密切相关。Shirakawa 等对 26 例形成 VM 与 305 例不形成 VM 的乳腺癌手术切除的标本检测发现,存在 VM 的病例比无 VM 的病例有更高的血行转移率和更低的 5 年生存率。究其原因,可能是形成管壁的肿瘤细胞释放的蛋白水解酶能直接进入血液,更有利于肿瘤的侵袭和转移。

（二）肿瘤血管生成拟态的生成机制

1. 肿瘤细胞的分化潜能　血管发生和血管生成是胚胎期形成血管的两个完全不同的过程,VM 的形成再现了胚胎期血管发生的过程。形成 VM 的肿瘤细胞具有高度可塑性,VM 与胚胎血管发生的结构相似性提示肿瘤细胞具有未分化胚胎样细胞表型。

Maniotis 等在培养恶性葡萄膜黑色素细胞时发现,在同样条件下,恶性程度高的瘤细胞能形成 VM,而恶性程度低的瘤细胞不能形成 VM。通过对高侵袭性与低侵袭性人黑色素瘤细胞 5000 个基因进行分析,发现有 210 个基因存在表达差异,这些基因与多种内皮细胞和造血干细胞的表型相关,表明恶性程度高的黑色素瘤细胞的基因型发生了向多能胚胎样干细胞方向的转化。基因表达分析结果显示,浸润性黑色素瘤细胞具有多样性细胞表型,同时表达内皮细胞、上皮细胞和成纤维细胞等特征基因。研究发现肿瘤组织中上调的基因表达与血管发生和血管形成相关,如 *VE-cadherin*、*EphA2* 和 *laminin5γ2* 等。Hendrix 等认为,基因的表达差异使肿瘤细胞共同表达肿瘤细胞和内皮细胞基因的某些特性,并且能够模拟原始内皮细胞的生物特性形成 PAS 阳性的血管样管道。

2. 肿瘤血管生成拟态的分子调节　VM 受多种分子的调节。

（1）血管内皮生长因子:血管内皮生长因子(vascular endothelial growth factor,VEGF)亦称血管通透因子(vascular permeability factor,VPF),是内皮细胞特异性的有丝分裂原,能促进内皮细胞增殖、迁移,从而促进新生血管的形成。肿瘤细胞由于缺氧,其低氧诱导因子-1(hypoxia inducing factor-1,HIF-1)与缺氧基因反应元件结合,促进靶基因 *VEGF* 的转录,VEGF 表达增加。高水平的 VEGF 与其他分子共同作用,促进 VM 形成。但当 VM 形成后,随着肿瘤恶性程度的增加,VEGF 表达并不增加,甚至下降,提示 VM 的存在有助于肿瘤细胞获得足够的血供和氧气,使得肿瘤细胞分泌 VEGF 的主要诱因减弱,导致 VEGF 的表达降低。VEGF 低表达的细胞株不出现 VM 现象,而有 VM 现象的细胞株 VEGF 表达高,说明只有 VEGF 表达高的细胞才有形成 VM 的潜能。

(2) 上皮细胞激酶:上皮细胞激酶(epithelial cell kinase,Epha2)是一种受体蛋白酪氨酸激酶,对细胞的增生、凋亡、迁移和血管生成具有调节作用。Epha2 在高侵袭性黑色素瘤细胞高表达,在低侵袭性黑色素瘤细胞低表达或不表达,而在正常黑色素细胞中则检测不到 Epha2 的表达;敲除 Epha2 基因后,高侵袭性黑色素瘤细胞不能在 3D 培养基中形成 VM;过表达 Epha2 导致 MMP-2 表达增加,而 MMP-2 是肿瘤浸润的重要分子。磷酸化 Epha2 通过激活 PI3K 上调 MMP-14 的表达,继而活化 MMP-2,MMP-14 和 MMP-2 裂解 Ln5y2 促进肿瘤细胞的转移、浸润和 VM 形成。

(3) 血管内皮钙黏蛋白:血管内皮钙黏蛋白(VE-cadherin)是一种介导细胞与细胞间相互黏附的钙依赖蛋白,正常情况下由内皮细胞特异表达,分布于内皮细胞连接处,是胚胎时期内皮细胞发生重新排列形成管道结构的重要分子条件。黑色素瘤的侵袭性与 VE-cadherin 的表达呈正相关,用反义寡核苷酸特异地阻断 VE-cadherin 表达后,黑色素瘤细胞失去在培养基上形成 VM 的能力,提示 VE-cadherin 可能具有启动 VM 形成的作用。VE-cadherin 通过介导肿瘤细胞相互黏附,促进肿瘤细胞围成管道样结构而发挥作用,并能通过调节 Epha2 在细胞膜的表达及磷酸化影响 VM 的生成。

(4) 基质金属蛋白酶:基质金属蛋白酶(matrix metalloproteinase,MMPs)是一类锌离子依赖性内肽酶,主要包括间质胶原酶、间质溶解素、明胶酶和膜型金属蛋白酶等,由多种细胞合成和分泌,如单核细胞、血管平滑肌细胞、血管内皮细胞及成纤维细胞等。明胶酶 A(MMP-2)是血管壁细胞表达和分泌的最主要的基质金属蛋白酶,能降解明胶、多种胶原和基底膜成分,一旦被激活,即可降解细胞外基质成分,在促进新生血管的形成中起作用。MMPs 在许多恶性肿瘤中高度表达,与肿瘤 VM 的形成高度相关,在卵巢癌细胞形成的网络样结构中发现散在表达的 MMP-1、MMP-2 和 MMP-9。MMPs 可能通过基质重塑来影响 VM 的形成。层粘连蛋白 5y2(Ln5y2)存在于肿瘤细胞外周,是低侵袭肿瘤细胞血管形成的促发信号。活化的 MMP-2 可以水解 Ln5y2 链,生成水解片段 Ln5y2 和 Ln5y2x,这两个片段对 VM 的形成具有重要的作用。肿瘤细胞通过在细胞外基质中沉积这些水解片段而重塑细胞外基质,为瘤细胞突破基底膜创造条件,从而形成 VM。

(5) 组织因子通路抑制因子:组织因子(tissue factor,TF)具有凝血效应,组织因子通路抑制因子(tissue factor pathway inhibitor,TFPI)则与其对抗,是启动和调控凝血途径的关键因子。在高侵袭性黑素瘤细胞中,TF、TFPI-1 和 TFPI-2 的基因表达水平均明显增高,提示 TFPI-1 和 TFPI-2 在 VM 形成中发挥重要作用。VM 周围的肿瘤细胞表达的 TFPI-1 可阻断组织因子相关的凝血通路,发挥抗凝作用,有利于血液在 VM 中流动,从而为肿瘤提供氧气和营养,防止肿瘤细胞坏死。肿瘤细胞在体外形成 VM 必需 TFPI-2 分子,而 TF、TFPI-1 与体外 VM 形成无直接关系。抗 TFPI-2 可抑制肿瘤细胞内源性 MMP-2 活性,肿瘤细胞分泌 TFPI-2 至细胞外基质,TFPI-2 作为丝氨酸蛋白酶抑制剂间接活化 MMP-2。

(三) 血管生成拟态在肿瘤治疗中的应用

肿瘤的生长和转移需要充分的血供以满足肿瘤细胞的生存和浸润,因此多年来抗血管形成是临床肿瘤治疗的一种主要策略,抗血管形成药物通过阻断生长因子及其受体的作用,抑制内皮细胞的增殖、迁移,以期抑制肿瘤组织中血管形成,导致肿瘤细胞缺氧、细胞死亡。然而,Hori 等在 1997 年发现抗血管形成药物有刺激肿瘤的生长转移的作用;体外实验发现,抑制内皮细胞增殖的抗血管形成药物 AGM-1470 不能抑制大鼠肉瘤细胞系 LY80 形成血管网样结构。VM 的发现解释了抗内皮细胞治疗肿瘤疗效不佳的原因。

肿瘤组织中有 3 种血供来源:内皮性血管、mosaic 血管和 VM。在肿瘤快速生长早期,主要的血供来源于 VM;之后,随着肿瘤组织的扩张内皮细胞增殖分化形成过渡性血管—mosaic 血管;在肿瘤生长晚期,内皮性血管取代 VM 和 mosaic 血管成为肿瘤组织的主要血供。3D 培养基上生长的肿瘤细胞可形成管网样结构表达内皮样分子,但抗血管形成药物并不能抑制浸润性恶性黑色素瘤形成血管网样管道,提示 VM 对抗血管形成药物不敏感。目前已经发现多种基因与肿瘤 VM 相关,单克隆抗体和反义寡核苷酸靶向作用于相关基因能抑制 VM。MMP 抑制剂、PI3K 抑制剂、PSMA 抑制剂、*EphA2* 基因敲除、下调 VE-cadherin 表达、Ln-5γ2 反义寡核苷酸等均能有效抑制 VM 形成。此外,去甲斑蝥素(NCTD)作为一种低毒性的具有抗肿瘤作用的药物,可作用于胆囊癌细胞系 GBC-SD 细胞系,下调 PI3-K、MMPs,Ln-5γ2 的表达,进而抑制 VM 形成及肿瘤细胞的增殖和转移。

肿瘤的血管形成是一个复杂的过程,与病人个体差异、肿瘤类型、肿瘤分级等多种因素相关。在正常生理状态下,VM 不发生,因此可将抑制 VM 的形成作为肿瘤治疗的新靶点,直接针对 VM 的治疗必定会提高对肿瘤的治疗效果,同时可能降低或消除对正常组织的副作用。抗 VM 治疗肿瘤应关注于 VM 形成的 3 要素,阻断 VM 发生的生化及分子路径,有效抑制肿瘤的生长、浸润和转移。

参考文献

1. Zhang JT, Sun W, Zhang W-Z, et al. Norcantharidin inhibits tumor growth and vasculogenic mimicry of human gallbladder carcinomas by suppression of the PI3-K/MMPs/Ln-5γ2 signaling pathway. BMC Cancer, 2014, 14: 193-210

2. Cao Z, Bao M, Miele L, et al. Tumour vasculogenic mimicry is associated with poor prognosis of human cancer patients: A systemic review and meta-analysis. Eur J Cancer, 2013, 49(18): 3914-3923

3. Dawn AK, Elisabeth AS, Katharine MH, et al. Molecular pathways: vasculogenic mimicry in tumor cells: diagnostic and therapeutic implications. Clin Cancer Res, 2012, 18(10): 2726-2732

4. Richard RE, Hess AR, Seftor EA, et al. Tumor cell vasculogenic mimicry from controversy to therapeutic promise. Am J Pathol, 2012, 181(4): 1115-1125

5. Plate KH, Scholz A, Dumont DJ. Tumor angiogenesis and anti-angiogenic therapy in malignant gliomas revisited. Acta Neuropathol, 2012, 124(6): 763-775

（汪　琳）

第10章 免疫系统

KEY POINTS

- Organization and function of immune system
- Types, structural features and functions of lymphocytes and antigen presenting cells
- Organization of diffuse lymphatic tissues and lymphatic nodules
- Microstructure and functions of thymus, lymph node, spleen and tonsils

免疫系统(immune system)是动物和人类长期适应外界环境进化而成的防御系统,由免疫细胞、淋巴组织和淋巴器官以及淋巴细胞产生的免疫球蛋白、补体、多种细胞因子等免疫活性分子构成。这些成分虽分散于全身各处,但可通过血液循环和淋巴循环相互联系,形成一个整体。

免疫系统的功能主要有3方面:①免疫防御(immunologic defence):识别和清除进入机体的抗原,包括病原生物、异体细胞和异体大分子,保护机体不被细菌、病毒等病原体感染;②免疫监视(immunologic surveillance):识别和清除体内表面抗原发生变异的细胞,包括肿瘤细胞和病毒感染细胞,防止肿瘤发生;③免疫稳定(immunologic homeostasis):识别和清除体内衰老死亡的细胞,维持机体内环境的稳定。

免疫系统这种外察诸异、内审诸己的分子基础是:①主要组织相容性复合分子(major histocompatibility complex molecules):简称MHC分子,机体内所有细胞表面均有表达。MHC分子具有种属特异性和个体特异性,即同一个体的所有细胞的MHC分子均相同,而不同的个体(单卵孪生儿除外)的MHC分子具有一定差别,因此,MHC分子成为自身细胞的标志。MHC分子又分为MHC-Ⅰ类分子和MHC-Ⅱ类分子,前者分布于个体的所有细胞,后者仅分布于某些免疫细胞表面,有利于免疫细胞之间的协作和互动,如抗原呈递等功能。②白细胞分化抗原分子(cluster of differentiation,CD):简称CD分子,是白细胞(还包括血小板、血管内皮细胞等)在正常分化成熟不同谱系和不同阶段以及活化过程中,出现或消失的细胞表面标记。不同发育阶段和不同亚类的淋巴细胞可表达不同的分化抗原,是区分淋巴细胞的重要标志。③T细胞表面抗原受体(T cell antigen receptor,TCR)和B细胞表面抗原受体(B cell antigen receptor,BCR):其种类可超过百万种,而每个细胞表面只有一种抗原受体。这样,淋巴细胞作为一个细胞群体,可以针对许多种类的抗原发生免疫应答;而每个淋巴细胞只参与针对一种抗原的免疫应答。

一、主要免疫细胞

机体的主要免疫细胞包括淋巴细胞和抗原呈递细胞。

(一)淋巴细胞

根据淋巴细胞的发生来源、形态特点和免疫功能的不同,一般可分为T细胞、B细胞和NK细胞3类,最新免疫学研究还发现了特殊的NKT细胞。

1. T细胞 在胸腺生成的处女型T细胞(virgin T cell)或初始T细胞(naive T cell)进入外周淋巴器官或淋巴组织后,保持静息状态。一旦接触了抗原呈递细胞呈递的、与其抗原受体相匹配的抗原肽,便转化为直径为 15~20μm、代谢活跃的大淋巴细胞,并发生增殖、分化,大部分形成具有免疫功能的效应 T 细胞(effector T cell),小部分恢复静息状态,称记忆性 T 细胞(memory T cell)。效应 T 细胞能迅速清除抗原,其寿命仅 1 周左右;而记忆性 T 细胞寿命可长达数年,甚至终生,当它们再次遇到相同抗原时,能迅速转化、增殖,形成大量效应 T 细胞,启动强度更大的免疫应答,并使机体长期保持对该抗原的免疫力。由于效应 T 细胞可直接杀灭靶细胞,故 T 细胞参与的免疫称细胞免疫(cellular immunity)。

按照 T 细胞表面抗原受体双肽链的构成不同,T 细胞分为 TCRαβ$^+$T 细胞和 TCRγδ$^+$T 细胞两大类。

(1) TCRαβ$^+$T 细胞:TCRαβ$^+$T 细胞也称 αβT 细胞,即通常所指的 T 细胞,其 TCR 由 α 和 β 链组成,多为 CD4 或 CD8 单阳性细胞,占外周血成熟 T 细胞的 90%~95%,是参与机体特异性免疫应答的主要 T 细胞群体。按照功能的不同,TCRαβ$^+$T 细胞可分为细胞毒性 T 细胞、辅助性 T 细胞和调节性 T 细胞 3 个亚群。

细胞毒性 T 细胞(cytotoxic T cell)简称 Tc 细胞,一般表达 CD8 膜分子(CD8$^+$T 细胞,能直接攻击进入体内的异体细胞、带有变异抗原的肿瘤细胞和病毒感染细胞等。当它们和靶细胞接触后,能释放穿孔素(perforin)。穿孔素嵌入靶细胞膜内形成多聚体穿膜管状结构,细胞外液便可通过此管状结构进入靶细胞,导致细胞溶解死亡。Tc 细胞分泌的颗粒酶(granzyme)从小孔进入靶细胞,诱发靶细胞凋亡。

辅助性 T 细胞(helper T cell)简称 Th 细胞,一般表达 CD4 膜分子(CD4$^+$T 细胞),能分泌多种细胞因子。其中,Th1 细胞参与细胞免疫及迟发性超敏性炎症反应,Th2 细胞可辅助 B 细胞分化为抗体分泌细胞,参与体液免疫应答。艾滋病病毒能特异性破坏 Th 细胞,导致患者免疫系统瘫痪。

调节性 T 细胞(regulatory T cell)简称 Treg 细胞,数量较少,一般表达 CD4、CD25 膜分子,其细胞核表达 Foxp3 转录因子,对机体免疫应答具有负调节功能。Treg 细胞可分为天然 Treg(natural Treg,nTreg)和诱导性 Treg(induced Treg,iTreg)细胞。nTreg 细胞产生于胸腺髓质,而 iTreg 细胞是在外周经周围微环境中接触抑制性的细胞因子(如 IL-10、TGF-β 等)和不成熟树突状细胞(immature dendritic cell,imDC)诱导产生。Treg 通过接触方式,或通过分泌抑制性细胞因子,直接或间接抑制抗原特异性 T 细胞的增殖、分化及其活性。调节性 T 细胞的免疫学特点是免疫无反应性和免疫抑制性,可以通过下调机体的免疫应答维持对自身和非自身抗原的免疫耐受,在母-胎免疫耐受中也发挥重要作用,但其数量和(或)功能异常往往导致自身免疫性疾病。另外,肿瘤微环境中的免疫抑制性细胞因子也可以诱导 naive CD4$^+$T 细胞分化成 Treg 细胞,从而促进肿瘤免疫逃逸。

(2) TCRγδ$^+$T 细胞:TCRγδ$^+$T 细胞又称 γδT 细胞,其 TCR 由 γ 和 δ 链组成,多为 CD4 和 CD8 双阴性细胞,仅占外周血成熟 T 细胞的 1%~5%,主要分布在皮肤和消化道、呼吸道、泌尿生殖道的黏膜部位,参与机体的固有免疫(innate immunity)。γδT 细胞能够利用细胞毒效应杀伤病毒感染细胞和肿瘤细胞,同时通过分泌多种细胞因子发挥免疫调节效应,在控制感染和抗肿瘤免疫过程中具有重要作用。

2. B 细胞　在骨髓生成的处女型 B 细胞(virgin B cell)或初始 B 细胞(naive B cell)离开骨髓,迁移到周围淋巴器官。遇到与其抗原受体匹配的抗原后,可在外周淋巴器官和淋巴组织中转化为大淋巴细胞,增殖、分化。其大部分子细胞称为效应 B 细胞(effector B cell),即浆细胞,分泌免疫球蛋白,即抗体。抗体与相应抗原结合后,既降低该抗原(如病毒)的致病作用,又加速巨噬细胞对该抗原的吞噬和清除;小部分子细胞称为记忆性 B 细胞(memory B cell),其作用和记忆性 T 细胞相同。由于 B 细胞以分泌抗体这一可溶性蛋白分子进入体液而执行免疫功能,故 B 细胞介导的免疫称体液免疫(humoral immunity)。

Notes

3. NK 细胞　即自然杀伤细胞(natural killer cell, NK cell)，起源于骨髓并在骨髓中发育，主要分布在肝、脾和外周血中，通常情况下成熟 NK 细胞的分子表型为 $CD56^+CD16^+CD3^-TCR^-BCR^-$，不表达 T 细胞和 B 细胞的膜分子及受体，无需抗原呈递细胞的中介即可活化，能分泌穿孔素等直接杀伤肿瘤细胞和某些病毒感染细胞，其杀伤活性无 MHC 限制性。活化的 NK 细胞还可以合成和分泌多种细胞因子(如 TNF-α、TNF-β 和 IFN-γ 等)，发挥重要的免疫调节作用等。

4. NKT 细胞　即自然杀伤 T 细胞(natural killer T cell, NKT cell)，在胸腺中分化发育，富集于肝脏和骨髓，脾和外周血中也有少量 NKT 细胞。细胞表面既有 T 细胞表面抗原受体 TCR，又有 NK 细胞受体的特殊 T 细胞亚群。NKT 细胞多数表达 Va14TCR，能特异性识别抗原呈递细胞表面 MHC Ⅰ 类样分子 CD1d 呈递的糖脂类抗原。NKT 细胞活化后分泌产生 IL-4、IL-13 和 GM-CSF 等细胞因子，参与 Th 细胞的分化，发挥免疫调节作用。同时 NKT 细胞活化后还具有 NK 细胞样细胞毒活性，可通过效应分子穿孔素，Fas 配体以及 IFN-γ 等，溶解靶细胞发挥细胞毒作用。因此，NKT 细胞是联系固有免疫(innate immunity)和获得性免疫(adaptive immunity)的桥梁。

(二)抗原呈递细胞

抗原呈递细胞(antigen presenting cell, APC)是指能捕获和处理抗原，形成抗原肽-MHC 分子复合物，将抗原肽呈递给 T 细胞，并激发后者活化、增殖的一类免疫细胞。专职性抗原呈递细胞主要有树突状细胞、巨噬细胞和 B 细胞。

1. 树突状细胞　树突状细胞(dendritic cell, DC)来源于骨髓多能干细胞，数量少，但分布很广，包括血液 DC，表皮和消化管上皮内的朗格汉斯细胞，心、肝、肺、肾、消化管内的间质 DC(interstitial dendritic cell)，淋巴内的面纱细胞(veiled cell)，淋巴器官和淋巴组织中的交错突细胞(interdigitating cell)等，是同一类细胞在不同阶段的表现形式。成熟 DC 具有大量树枝状突起(图 10-1)，高表达 MHC-Ⅱ类分子。DC 以吞饮和吞噬方式捕获可溶性蛋白抗原和颗粒抗原，经处理后，形成抗原肽-MHC 分子复合物，向 T 细胞呈递抗原并激发 Th 细胞活化。DC 的抗原呈递能力远强于其他抗原呈递细胞。

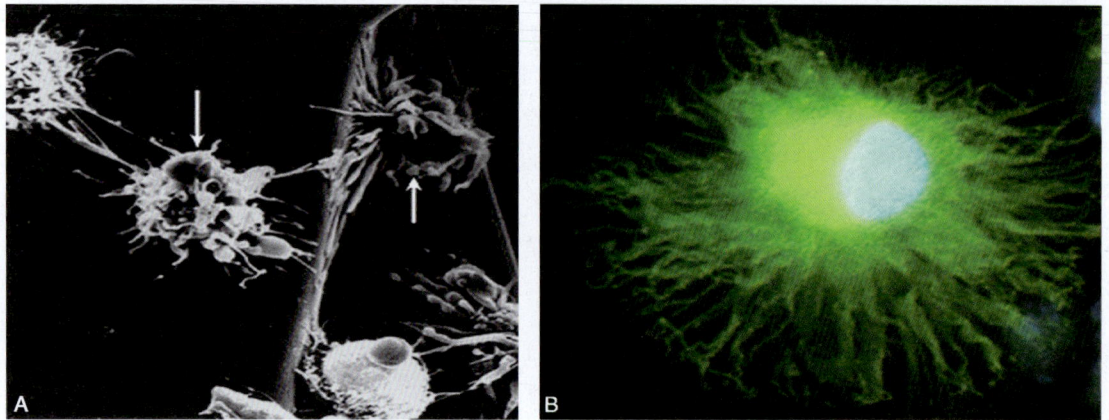

图 10-1　培养的骨髓来源树突状细胞(复旦大学上海医学院梁春敏供图)
A. 扫描电镜像(箭头)；B. 光镜像免疫细胞化学染色　高倍
Fig. 10-1　Cultured bone marrow derived dendritic cell
A. scanning electron micrograph (arrows)；B. lightmicrograph Immunocytochemical stain　High magnification

2. 巨噬细胞及单核吞噬细胞系统　巨噬细胞起源于骨髓中的造血干细胞，血液中的单核细胞是巨噬细胞的前体。单核细胞于不同部位穿出血管壁进入组织和器官内，分化为巨噬细胞，广泛分布于机体各处。以前把巨噬细胞、网状细胞和血窦内皮细胞统称为网状内皮系统，后来发现，网状细胞和血窦内皮细胞的吞噬能力很低，其来源也不同于巨噬细胞，因此，van Furth (1972)建议，把单核细胞和由其分化而来的具有吞噬功能的细胞称为单核吞噬细胞系统(mononuclear phagocytic system），不包括网状细胞和内皮细胞。该系统包括单核细胞、结缔组织和淋巴组织的巨噬细胞、骨组织的破骨细胞、神经组织的小胶质细胞、肝巨噬细胞和肺巨噬细胞等。

巨噬细胞吞噬能力强，活化巨噬细胞表面 MHC-Ⅱ类分子表达上调，处理和呈递抗原，分泌多种细胞因子，促进免疫应答，还具有直接杀伤肿瘤细胞的功能。其形态特征见"第 3 章固有结缔组织"。

二、淋 巴 组 织

淋巴组织（lymphoid tissue）以网状结缔组织为支架，网眼中充满大量淋巴细胞及其他免疫细胞，是免疫应答的场所。根据其形态、细胞成分和功能特点，一般将淋巴组织分为弥散淋巴组织和淋巴小结两种。

（一）弥散淋巴组织

弥散淋巴组织（diffuse lymphoid tissue）无明确的界限，组织中除有一般的毛细血管和毛细淋巴管外，还常有毛细血管后微静脉，因其内皮细胞为柱状，故又称高内皮微静脉（high endothelial venule），是淋巴细胞从血液进入淋巴组织的重要通道。抗原刺激可使弥散淋巴组织扩大，并出现淋巴小结。

（二）淋巴小结

淋巴小结（lymphoid nodule）又称淋巴滤泡（lymphoid follicle），为直径 1～2mm 的球形小体，有较明确的界限，含大量 B 细胞和一定量的 Th 细胞、滤泡树突状细胞、巨噬细胞等。淋巴小结受到抗原刺激后增大，并产生生发中心（germinal center）。无生发中心的淋巴小结较小，称初级淋巴小结（primary lymphoid nodule）；有生发中心的称次级淋巴小结（secondary lymphoid nodule）（图 10-2）。生发中心分为深部的暗区（dark zone）和浅部的明区（light zone）。暗区较小，主要由 B 细胞和 Th 细胞组成，由于细胞较大，嗜碱性较强，故暗区着色深；明区较大，除 B 细胞和 Th 细胞外，还多见滤泡树突状细胞和巨噬细胞。生发中心的周边有一层密集的小型 B 细胞，尤以顶部最厚，称为小结帽（nodule cap）。

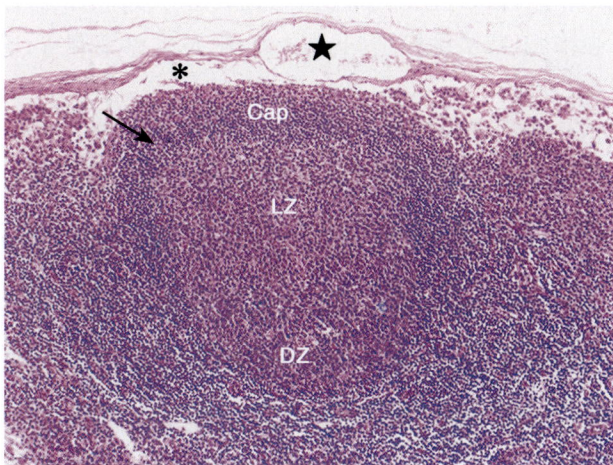

图 10-2　淋巴结皮质光镜像　HE 染色　低倍
箭头示淋巴小结；星号示被膜下淋巴窦；五角星示输入淋巴管；Cap. 帽；LZ. 明区；DZ. 暗区
Fig. 10-2　Light micrograph of cortex of the lymph node HE stain　Low magnification
Arrow indicates the lymphatic nodule；asterisk indicates the sub-capsular sinuses；pentagram indicates the afferentlymphatic vessel；LZ. light zone；DZ. dark zone

生发中心的形成过程如下：初始 B 细胞或记忆性 B 细胞识别抗原并与 Th 细胞相互作用后，迁移到初级淋巴小结并分裂增殖，形成大而幼稚的生发中心母细胞（centroblast）；生发中心母细胞紧密聚集，形成暗区。细胞继续增殖，生成体积较小的生发中心细胞（centrocyte）。生发中心细胞排列不甚紧密，与众多的滤泡树突状细胞接触，构成明区。部分 B 细胞经过不断分化、发育，形成浆细胞及记忆性 B 细胞，并迁移至髓质或进入淋巴后再迁移至机体其他部位的淋巴组织，不发生分裂增殖的 B 细胞被推向外侧，形成小结帽。

次级淋巴小结的发育一般在接触抗原后 2 周达高峰。在抗原刺激下，淋巴小结增大、增多是体液免疫

Notes

应答的重要标志,抗原被清除后淋巴小结又逐渐消失。

滤泡树突状细胞(follicular dendritic cell,FDC)与一般的树突状细胞在来源和功能上有很大差别。FDC虽然也有很多树枝状突起,但并非源于骨髓细胞,也不表达MHC-Ⅱ类分子,其细胞表面有丰富的抗体受体,可与抗原-抗体复合物结合。表达与抗原亲和力高的抗体的B细胞,可与FDC表面的抗原-抗体复合物结合,从而增殖、分化;不能与FDC相互作用的低亲和力B细胞则凋亡,被巨噬细胞清除。

三、淋巴器官

淋巴器官主要由淋巴组织构成,根据结构和功能不同,分为中枢淋巴器官(central lymphoid organ)和外周淋巴器官(peripheral lymphoid organ)。

中枢淋巴器官包括胸腺和骨髓,淋巴性造血干细胞在中枢淋巴器官特殊的微环境和多种细胞因子影响下,经历不同的分化发育途径,在胸腺形成初始T细胞,在骨髓形成初始B细胞。人在出生前数周,这两类细胞即源源不断地输送到外周淋巴器官和淋巴组织,在那里接受相应抗原激活,产生免疫应答。

外周淋巴器官包括淋巴结、脾、扁桃体等。在胚胎时期,外周淋巴器官即已开始生长,但发育较中枢淋巴器官晚,出生数月后才逐渐发育完善。

在中枢淋巴器官发育成熟的初始淋巴细胞随血液或淋巴迁移到外周淋巴器官,在其中接触抗原或接受抗原呈递,并增殖、分化为效应细胞,发生免疫应答。无抗原刺激时,这些淋巴器官较小,受抗原刺激后则迅速增大,形态和结构成分都发生剧烈变化,免疫应答过后又逐渐复原。

(一)胸腺

1. 胸腺的结构 胸腺分左右两叶,表面有薄层结缔组织被膜(capsule)。被膜结缔组织呈片状伸入胸腺内部形成小叶间隔(interlobular septum),将实质分隔成许多不完全分离的胸腺小叶(thymic lobule)。每个小叶都有皮质和髓质两部分,所有小叶的髓质都相互连续。皮质内胸腺细胞密集,故着色较深;髓质含较多胸腺上皮细胞(thymic epithelial cell),故着色较浅(图10-3A)。胸腺为T细胞发育提供了独特的微环境,除大量胸腺细胞以外,构成这一微环境的细胞主要是胸腺上皮细胞,还有树突状细胞、巨噬细胞、嗜酸性粒细胞、肥大细胞、成纤维细胞等,统称

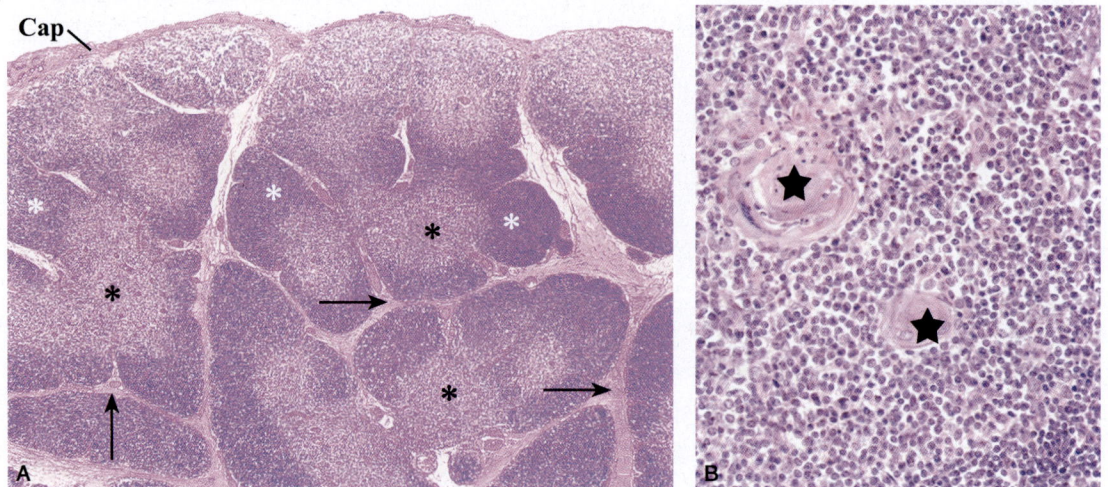

图 10-3 小儿胸腺光镜像 HE 染色

A. 低倍;B. 高倍;Cap. 被膜;箭头示小叶间隔;白星号示皮质;黑星号示髓质;五角星示胸腺小体

Fig. 10-3 Light micrograph of the infant thymus HE stain

A. low magnification;B. high magnification;Cap. capsule;arrows indicate the interlobular septum;white asterisks indicate the cortex;black asterisks indicate the medulla;pentagrams indicate the thymic corpuscles

胸腺基质细胞(thymic stromal cell)。

胸腺于幼儿期较大,进入青春期后,逐渐退化缩小。到老年时期,胸腺大部被脂肪组织代替,仅存少量皮质和髓质。

(1) 皮质:皮质(cortex)以胸腺上皮细胞为支架,间隙内含有大量胸腺细胞和少量基质细胞(图10-4)。

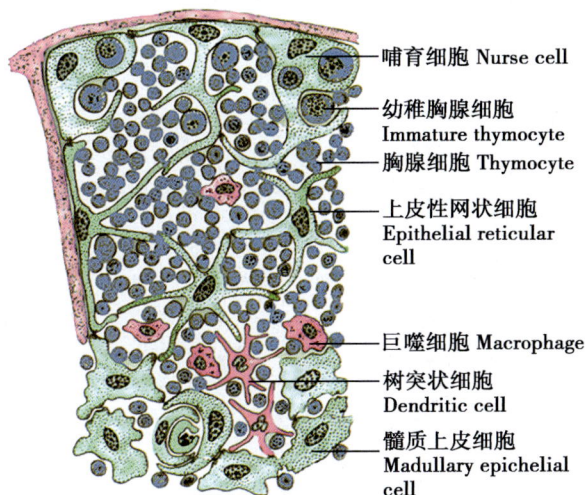

图 10-4　胸腺内细胞分布模式图
Fig. 10-4　Schematic diagram showing cell distribution in the thymus

哺育细胞 Nurse cell
幼稚胸腺细胞 Immature thymocyte
胸腺细胞 Thymocyte
上皮性网状细胞 Epithelial reticular cell
巨噬细胞 Macrophage
树突状细胞 Dendritic cell
髓质上皮细胞 Madullary epichelial cell

胸腺上皮细胞(thymic epithelial cell)又称上皮网状细胞(epithelial reticular cell)。皮质的胸腺上皮细胞分布于被膜下和胸腺细胞之间,多呈星形,有突起,相邻上皮细胞的突起间以桥粒连接成网,细胞表面表达大量 MHC 分子。某些被膜下上皮细胞的胞质丰富,包绕胸腺细胞,称哺育细胞(nurse cell)。胸腺上皮细胞能分泌胸腺素(thymosin)和胸腺生成素(thymopoietin),为胸腺细胞发育所必需。

胸腺细胞(thymocyte)即胸腺内处于不同分化发育阶段的 T 细胞,在皮质内高度密集,占皮质细胞总数的85% ~ 90%。

从骨髓来的淋巴细胞前体进入胸腺,在由被膜到皮质深层的纵行迁移发育过程中,在周围胸腺上皮细胞、胸腺 DC 和巨噬细胞参与下,经过两次选择,即阳性选择和阴性选择。阳性选择赋予 T 细胞分别具有 MHC- I 类分子和MHC- II类分子限制性识别能力;而阴性选择则淘汰了能与机体自身抗原发生反应的 T 细胞。最终只有 5% 左右的胸腺细胞发育成熟,称为初始 T 细胞,具有正常的免疫应答潜能;绝大部分胸腺细胞发生凋亡,被巨噬细胞吞噬清除。

(2) 髓质:髓质(medulla)内含大量胸腺上皮细胞,少量较成熟的胸腺细胞、巨噬细胞等。髓质胸腺上皮细胞呈多边形,胞体较大,细胞间以桥粒相连,也能分泌胸腺激素,部分胸腺上皮细胞构成胸腺小体。

胸腺小体(thymic corpuscle)是胸腺髓质的特征性结构,直径 30 ~ 150μm,散在分布,由胸腺上皮细胞呈同心圆状排列而成。胸腺小体外周的上皮细胞较幼稚,细胞核明显,细胞可分裂;近小体中心的上皮细胞较成熟,细胞核渐退化,细胞质内含有较多的角蛋白,胸腺小体中心的上皮细胞则已完全角质化,呈嗜酸性染色,有的已破碎呈均质透明状(图10-3B)。胸腺小体内还常见巨噬细胞、嗜酸性粒细胞和淋巴细胞。人类胸腺小体表达胸腺基质淋巴细胞生成素(thymic stromal lymphopoietin),其主要作用是刺激胸腺 DC 的成熟,后者能够诱导胸腺内调节性 T 细胞的增殖和分化。

(3) 胸腺的血液供应及血-胸腺屏障:小动脉穿越胸腺被膜沿小叶间隔至皮质与髓质交界处形成微动脉,然后发出分支进入皮质和髓质。在皮质内均为毛细血管,它们在皮髓质交界处汇合为毛细血管后微静脉;其中部分为高内皮微静脉,成熟的初始 T 细胞穿过高内皮进入血流。髓质的毛细血管常为有孔型,汇入微静脉后经小叶间隔及被膜出胸腺。

血-胸腺屏障(blood-thymus barrier)是血液与胸腺皮质间的屏障结构,由下列结构组成:①连续毛细血管:其内皮细胞间有完整的紧密连接;②内皮周围连续的基膜;③血管周隙:内含巨噬细胞;④上皮基膜;⑤一层连续的胸腺上皮细胞(图10-5)。这种屏障可阻止血液内的

Notes

大分子物质如抗体、细胞色素 C、铁蛋白、辣根过氧化物酶等进入胸腺皮质,血液内一般抗原物质和药物不易透过此屏障,这对维持胸腺内环境的稳定、保证胸腺细胞的正常发育起着极其重要的作用。

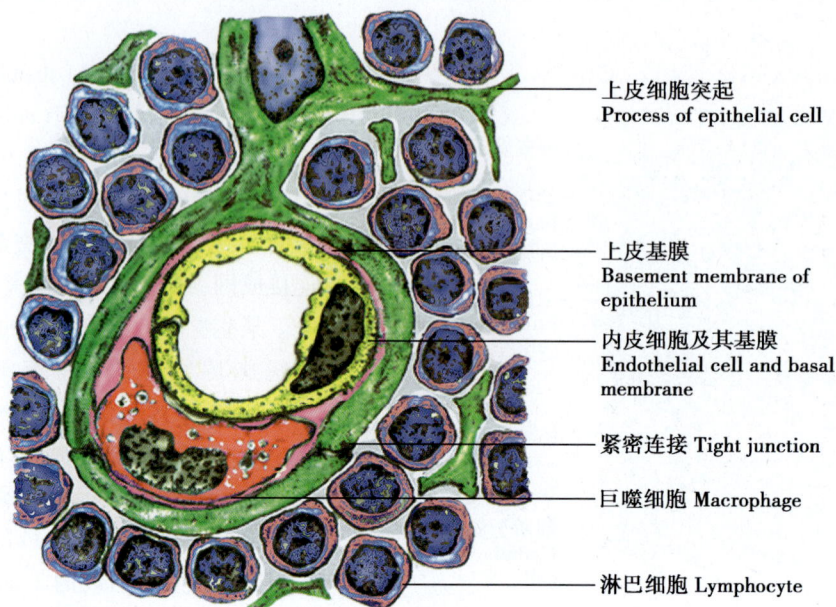

图 10-5　血-胸腺屏障模式图
Fig. 10-5　Schematic diagram of the blood-thymus barrier

上皮细胞突起
Process of epithelial cell

上皮基膜
Basement membrane of epithelium

内皮细胞及其基膜
Endothelial cell and basal membrane

紧密连接 Tight junction

巨噬细胞 Macrophage

淋巴细胞 Lymphocyte

2. 胸腺的功能　胸腺是形成初始 T 细胞的场所。实验证明,若切除新生小鼠的胸腺,该动物即缺乏 T 细胞,不能排斥异体移植物,周围淋巴器官及淋巴组织中无次级淋巴小结出现,机体产生抗体的能力也明显下降。若在动物出生后数周再切除胸腺,此时因已有大量初始 T 细胞迁至外周淋巴器官和淋巴组织,已能行使一定的免疫功能,故短期内看不出影响,但机体的免疫力仍会逐渐下降。若给切除胸腺的新生动物移植胸腺,则能明显改善该动物的免疫缺陷状态。

胸腺基质细胞及其分泌的细胞因子与细胞外基质在胸腺不同部位共同构成了胸腺内具有高度异质性的微环境,通过细胞间的直接作用或可溶性分子的作用,为发育中的胸腺细胞提供刺激信号。胸腺细胞本身也参与构成胸腺微环境的一部分,也会影响基质细胞的功能。在基质细胞中,胸腺上皮细胞数量最多、分布最广,它们不仅构成精细的网架,为胸腺细胞由皮质向髓质的分化迁移途径提供形态基础,而且分泌胸腺趋化素吸引干细胞,分泌胸腺素和胸腺生成素促进胸腺细胞的分化。胸腺上皮细胞和胸腺 DC 通过所表达的 MHC 分子介导对胸腺细胞的阳性选择和阴性选择。最终,髓质内成熟 T 细胞分化成 $CD4^+CD8^-$ 细胞或 $CD4^-CD8^+$ 细胞两大亚群。

(二)淋巴结

1. 淋巴结的结构　淋巴结表面有薄层致密结缔组织构成的被膜,数条输入淋巴管(afferent lymphatic vessel)穿越被膜与被膜下淋巴窦相连通(图 10-2)。淋巴结的一侧凹陷,为门部,有血管和输出淋巴管(efferent lymphatic vessel)。被膜和门部的结缔组织伸入淋巴结实质形成相互连接的小梁(trabecula),构成淋巴结的粗支架,血管行于其内。在小梁之间为淋巴组织和淋巴窦。淋巴结实质分为皮质和髓质两部分,两者无截然的界限(图 10-6)。

(1)皮质:皮质位于被膜下方,由浅层皮质、副皮质区及皮质淋巴窦构成。

浅层皮质(superficial cortex)含淋巴小结及小结之间的弥散淋巴组织,为 B 细胞区。

Notes

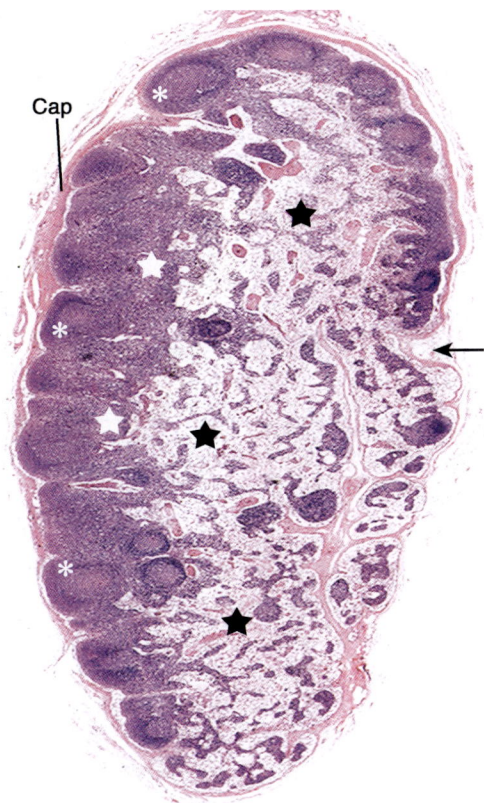

图 10-6　淋巴结光镜像　HE 染色　低倍(华中科技大学同济医学院李和供图)

Cap. 被膜;箭头示门部;白星号示淋巴小结;白五角星示副皮质区;黑星号示髓质

Fig. 10-6　Light micrograph of the lymph node HE stain　Low magnification

Cap. capsule;arrow indicates the hilum;white asterisks indicate the lymphatic nodule;pentagrams indicate the medulla

副皮质区(paracortex zone)位于皮质深层,为较大片的弥散淋巴组织,主要由 T 细胞组成。新生动物切除胸腺后,此区即不发育,故又称胸腺依赖区(thymus dependent area)。副皮质区还有很多交错突细胞(interdigitating cell)、巨噬细胞和少量 B 细胞等。在细胞免疫应答时,此区的细胞分裂象增多,区域范围迅速扩大。副皮质区有许多高内皮微静脉,是淋巴细胞再循环途径的重要部位。高内皮微静脉的内皮细胞的细胞质丰富,其中常见正在穿越的淋巴细胞(图 10-7B、图 10-7C),其内皮细胞核也较一般内皮细胞的大,异染色质少,核仁明显。血液流经此段时,约 10% 的淋巴细胞穿越内皮进入副皮质区,然后再迁移到淋巴结的其他部位。

皮质淋巴窦(cortical sinus)包括被膜下方和与其连通的小梁周围的淋巴窦,分别称被膜下窦和小梁周窦(图 10-7A)。被膜下窦(subcapsular sinus)为一宽敞的扁囊,包绕整个淋巴结实质,其被膜侧有数条输入淋巴管通入。小梁周窦(peritrabecular sinus)末端常为盲端,仅部分与髓质淋巴窦直接相通。淋巴窦壁由扁平的内皮细胞衬里,内皮外有薄层基质、少量网状纤维及一层扁平的网状细胞。淋巴窦内有呈星状的内皮细胞支撑窦腔,有许多巨噬细胞附着于内皮细胞。淋巴在窦内缓慢流动,有利

于巨噬细胞清除抗原。

（2）髓质:由髓索及其间的髓窦组成。髓索(medullary cord)是相互连接的索条状淋巴组织,也可见毛细血管后微静脉。髓索主要含浆细胞、B 细胞和巨噬细胞,其中浆细胞主要由皮质淋巴小结产生的幼浆细胞在此转变形成,能分泌抗体。髓窦(medullary sinus)与皮质淋巴窦的结构相似,但较宽大,腔内的巨噬细胞较多,故有较强的滤过功能(图 10-8)。

（3）淋巴结内的淋巴通路:淋巴从输入淋巴管进入被膜下窦和小梁周窦,部分渗入皮质淋巴组织,然后流入髓窦,部分经小梁周窦直接流入髓窦,继而汇入输出淋巴管。

淋巴流经一个淋巴结约需数小时,含抗原越多则流速越慢。淋巴经滤过后,其中的细菌等抗原绝大部分被清除。淋巴组织中的细胞和产生的抗体等也不断进入淋巴,因此,输出的淋巴常较输入的淋巴含较多的淋巴细胞和抗体。

2. 淋巴结的功能　淋巴结具有滤过淋巴液和免疫应答等功能。

（1）滤过淋巴液:进入淋巴结的淋巴液常带有各种抗原物质,如细菌、病毒、毒素等。在缓慢地流过淋巴结时,这些抗原物质可被巨噬细胞清除。正常淋巴结对细菌的滤过清除率可达 99.5%。

（2）免疫应答:淋巴结内的淋巴组织是最先与外来抗原相遇并激发免疫应答的场所。输入淋巴管内的淋巴液含多种免疫细胞,其中的面纱细胞就是在皮肤组织捕获抗原后迁移而来的朗

Notes

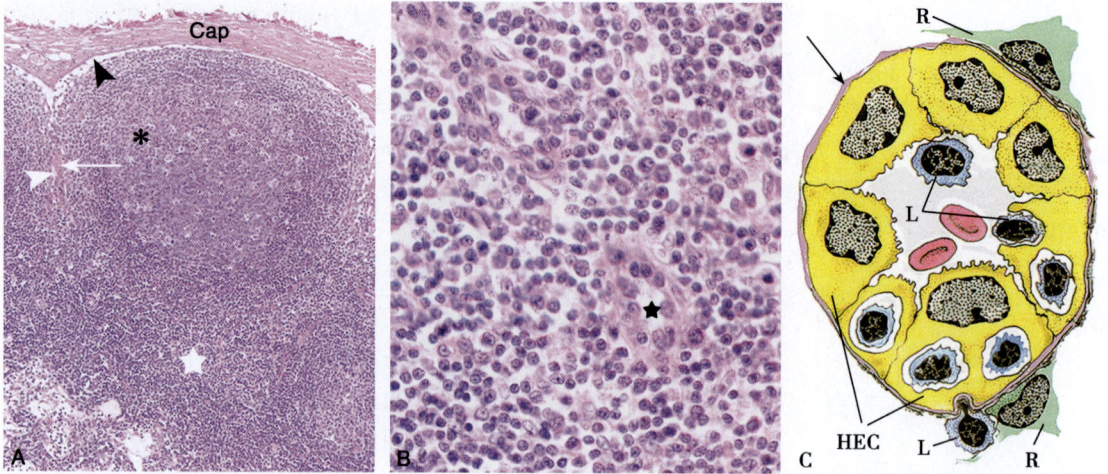

图 10-7　淋巴结皮质

A. 皮质光镜像　HE 染色　高倍；B. 副皮质区光镜像　HE 染色　高倍；C. 毛细血管后微静脉模式图；Cap. 被膜；长白箭头示小梁；短黑箭头示被膜下窦；短白箭头示小梁周窦；黑星号示淋巴小结；白五角星示副皮质区；黑五角星示毛细血管后微静脉；HEC. 高内皮细胞；R. 网状细胞；L. 淋巴细胞；黑长箭头示基膜

Fig. 10-7　The cortex of the lymph node

A. light micrograph of the cortex　HE stain　Low magnification；B. light micrograph of the paracortical zone HE stain　High magnification；C. schematic drawing of the postcapillary venule；Cap. capsule；white long arrow indicates the trabecule；black short arrow indicates the subcapsular sinus；white short arrow indicates the peritrabecular sinus；black asterisk indicates lymphatic nodule；white pentagram indicate the paracortical zone；black pentagram indicate the postcapillary venule；HEC. high endithelial cell；R. reticular cell；L. lymphocyte；long black arrow indicates the basementmembane

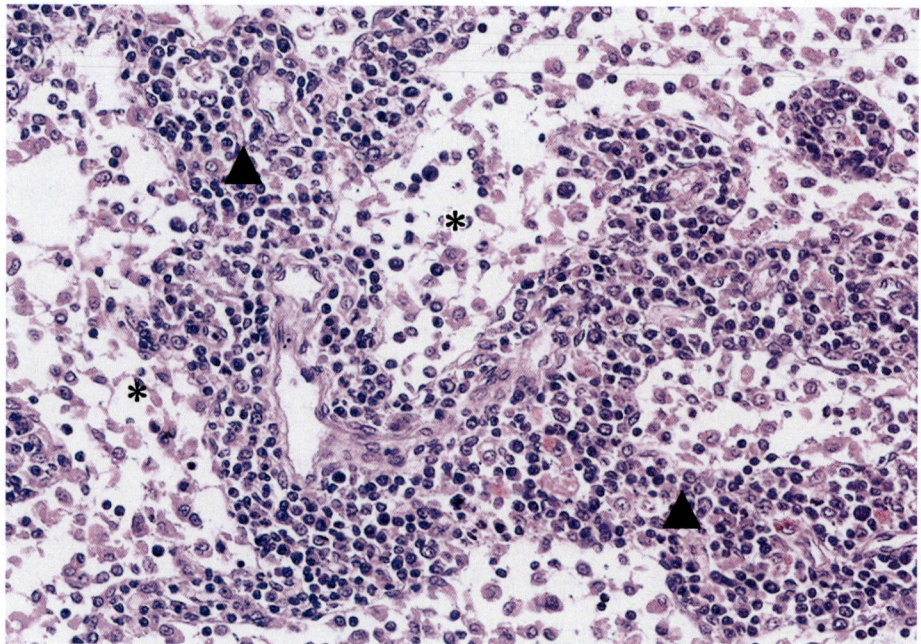

图 10-8　淋巴结髓质光镜像　HE 染色　低倍(华中科技大学同济医学院李和供图)

三角形示髓索；星号示髓窦

Fig. 10-8　Light micrograph of the medulla of the lymph node　HE stain　Low magnification

Triangles indicate the medullary cord；asterisks indicate the medullary sinus

Notes

格汉斯细胞,它们进入副皮质区,进一步分化为交错突细胞,向 T 细胞呈递抗原。后者于副皮质区增殖,形成大量效应 Th 细胞,引发细胞免疫。部分抗原刺激 B 细胞和 Th 细胞并迁入初级淋巴小结,迅速增殖、分化,促使次级淋巴小结增多,生发中心扩大,产生大量浆细胞。实验证明,输出淋巴管内含的抗体量明显上升。淋巴结内细胞免疫应答和体液免疫应答常同时发生。

3. 淋巴细胞再循环　外周淋巴器官和淋巴组织内的淋巴细胞可经淋巴管进入血流,循环于全身,它们又可通过弥散淋巴组织内的毛细血管后微静脉(高内皮微静脉),再返回淋巴器官或淋巴组织,如此周而复始,从一个淋巴器官到另一个淋巴器官,从一处淋巴组织至另一处淋巴组织不断周游,这种现象称为淋巴细胞再循环(recirculation of lymphocyte)(图 10-9)。

淋巴细胞再循环有利于识别抗原,促进免疫细胞间的协作,使分散于全身的免疫细胞成为相互关联的统一体。

（三）脾

脾是胚胎时期的造血器官,自骨髓开始造血后,脾演变成人体最大的淋巴器官。

1. 脾的结构　在新鲜的脾切面

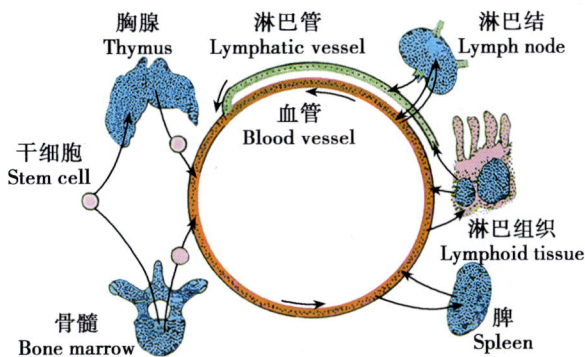

图 10-9　淋巴细胞再循环模式图
Fig. 10-9　Schematic diagram of lymphocyte recirculation

上,可见大部分组织为深红色,称红髓;其间有散在分布的灰白色点状区域,称白髓,两者构成脾的实质。脾富含血管,脾内淋巴组织形成的各种微细结构沿血管有规律地分布(图 10-10)。

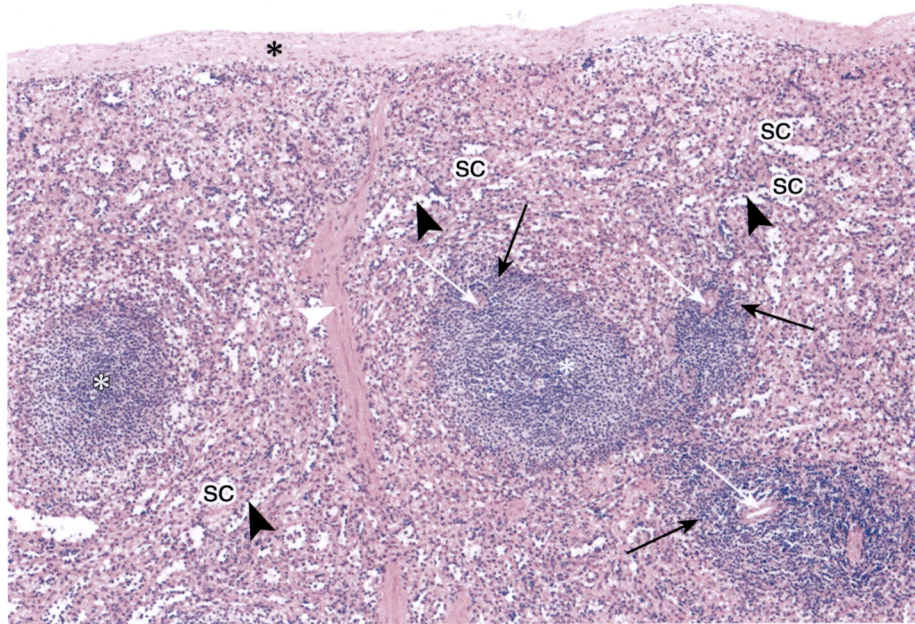

图 10-10　脾光镜像　HE 染色　低倍
黑星号示被膜;白短箭头示小梁;白星号示淋巴小结;白长箭头示中央动脉;黑长箭头示动脉周围淋巴鞘;SC. 脾索;黑短箭头示脾血窦
Fig. 10-10　Light micrograph of the Spleen　HE stain　Low magnification
Asterisk indicates the capsule; white short arrow indicates the trabecule; white asterisks indicate the lymphatic nodules; white long arrows indicate the central arteries; black long arrows indicate the periarterial lymphatic sheaths; SC. the splenic cords; black short arrows indicate the splenic sinus

Notes

（1）被膜与小梁：脾的被膜较厚，由富含弹性纤维及平滑肌纤维的致密结缔组织构成，表面覆有间皮。被膜结缔组织伸入脾内形成小梁，构成脾的粗支架（图 10-10）。在某些动物，结缔组织内的平滑肌纤维收缩可调节脾的血量。脾动脉从脾门进入后，分支随小梁走行，称小梁动脉（图 10-11，图 10-12A）。

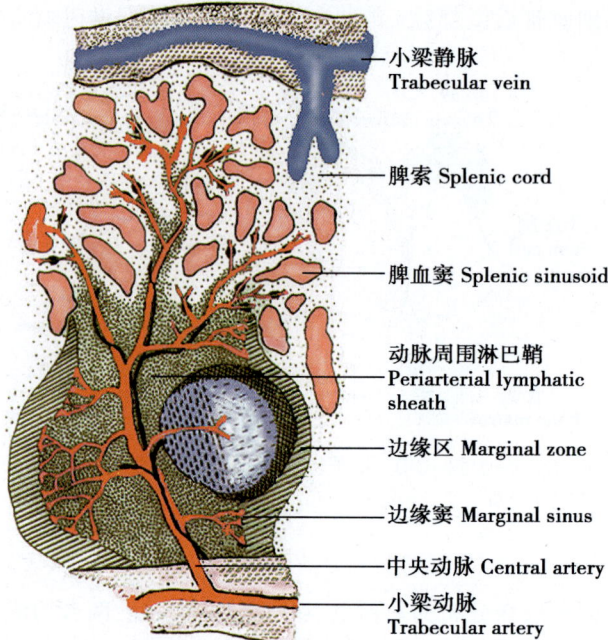

图 10-11　脾血液通路模式图

Fig. 10-11　Schematic diagram of splenic blood circulation

（2）白髓：白髓（white pulp）由动脉周围淋巴鞘、淋巴小结和边缘区构成，相当于淋巴结的皮质。

小梁动脉的分支离开小梁，进入白髓，形成中央动脉。中央动脉周围有厚层弥散淋巴组织，由大量 T 细胞和少量巨噬细胞与交错突细胞等构成，称动脉周围淋巴鞘（periarterial lymphatic sheath）（图 10-11，图 10-12A），相当于淋巴结的副皮质区，但无毛细血高内皮微静脉。当发生细胞免疫应答时，动脉周围淋巴鞘内的 T 细胞分裂增殖，淋巴鞘也增厚。中央动脉旁有一条伴行的小淋巴管，它是淋巴鞘内 T 细胞经淋巴迁出脾的重要通道。

动脉周围淋巴鞘的一侧可见淋巴小结，即脾小体（splenic corpuscle），主要由大量 B 细胞构成。初级淋巴小结受抗原刺激后形成生发中心，包括明区与暗区，小结帽朝向红髓（图 10-11、图 10-12A）。健康人脾内淋巴小结较少，当抗原侵入时，淋巴小结数量动脉周围淋巴鞘剧增。

在白髓与红髓交界的狭窄区域，称边缘区（marginal zone），宽约 $100\mu m$，含 T 细胞、B 细胞及较多的巨噬细胞。中央动脉的侧支末端在此区膨大，形成小的血窦，称边缘窦（marginal sinus）（图 10-11、图 10-12A），是血液内抗原及淋巴细胞进入白髓的通道。白髓内的淋巴细胞也可进入边缘窦，参与再循环。

（3）红髓：红髓（red pulp）分布于被膜下、小梁周围及白髓边缘区外侧的广大区域，由脾索和脾血窦组成（图 10-11、图 10-12）。

脾索（splenic cord）由富含血细胞的淋巴组织构成，呈不规则的索条状，并互相连接成网，脾索间的血液通路为脾血窦（图 10-12B）。脾索含较多 B 细胞、浆细胞、巨噬细胞和树突状细胞。中央动脉主干穿出白髓进入脾索后，分支形成形似笔毛的笔毛微动脉（penicillar arteriole），除少数直接注入脾血窦外，多数的末端扩大成喇叭状，开口于脾索（图 10-11）。这样，大量的血液可直接进入脾索。

脾血窦（splenic sinus）脾血窦位于相邻脾索之间，宽 $12\sim40\mu m$，形态不规则，也互相连接成网（图 10-12B）。纵切面上，血窦壁如同多孔隙的栏栅，由一层平行排列的长杆状内皮细胞围成，内皮外有不完整的基膜及环行网状纤维；横切面上，可见内皮细胞沿血窦壁排列，核突入管腔，细胞间有 $0.2\sim0.5\mu m$ 宽的间隙（图 10-13）。脾索内的血细胞可变形穿越内皮细胞间隙进入血窦。血窦外侧有较多巨噬细胞，其突起可通过内皮间隙伸向窦腔。脾血窦汇入小梁静脉，后于脾门汇合为脾静脉出脾。

图内标注：

小梁静脉 Trabecular vein
脾索 Splenic cord
脾血窦 Splenic sinusoid
动脉周围淋巴鞘 Periarterial lymphatic sheath
边缘区 Marginal zone
边缘窦 Marginal sinus
中央动脉 Central artery
小梁动脉 Trabecular artery

Notes

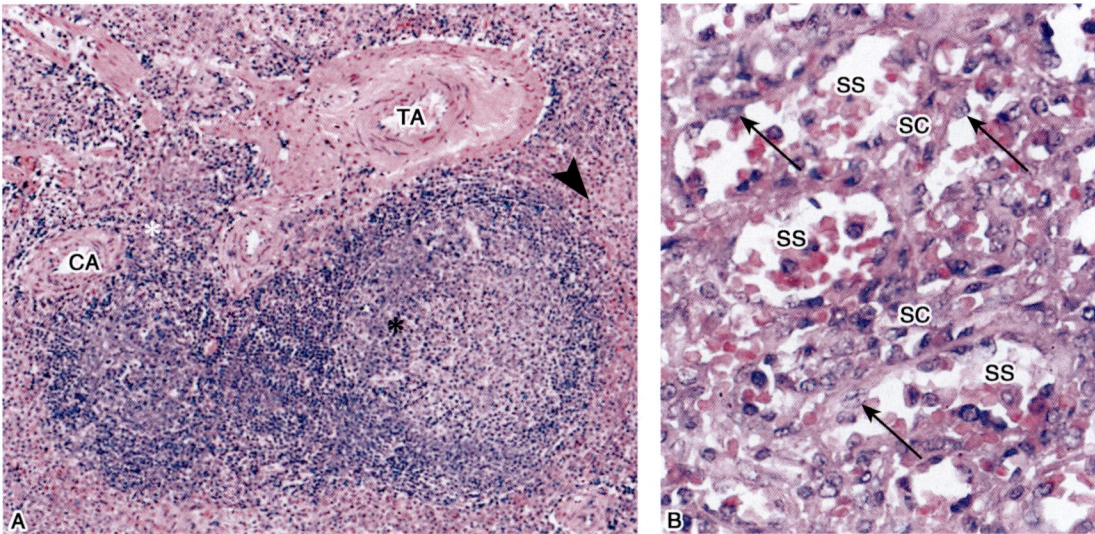

图 10-12　脾白髓与红髓光镜像　HE 染色(华中科技大学同济医学院李和供图)

A. 白髓　中倍;B. 红髓　高倍;TA. 小梁动脉;CA. 中央动脉;白星号示动脉周围淋巴鞘;黑星号示淋巴小结;短箭头示边缘区;SC. 脾索;SS. 脾血窦;长箭头示内皮细胞核

Fig. 10-12　Light micrograph of the white and red pulps of the spleen　HE stain

A. white pulp　Medium magnification;B. red pulp　High magnification;TA. trabecular artery;CA. central artery;white asterisk indicates the periarterial lymphatic sheathe;Black asterisk indicates the lymphatic nodule; short arrow indicates the marginal zone;SC. splenic cord;SS. splenic sinus;long arrows indicate the nuclei of the endothelial cells

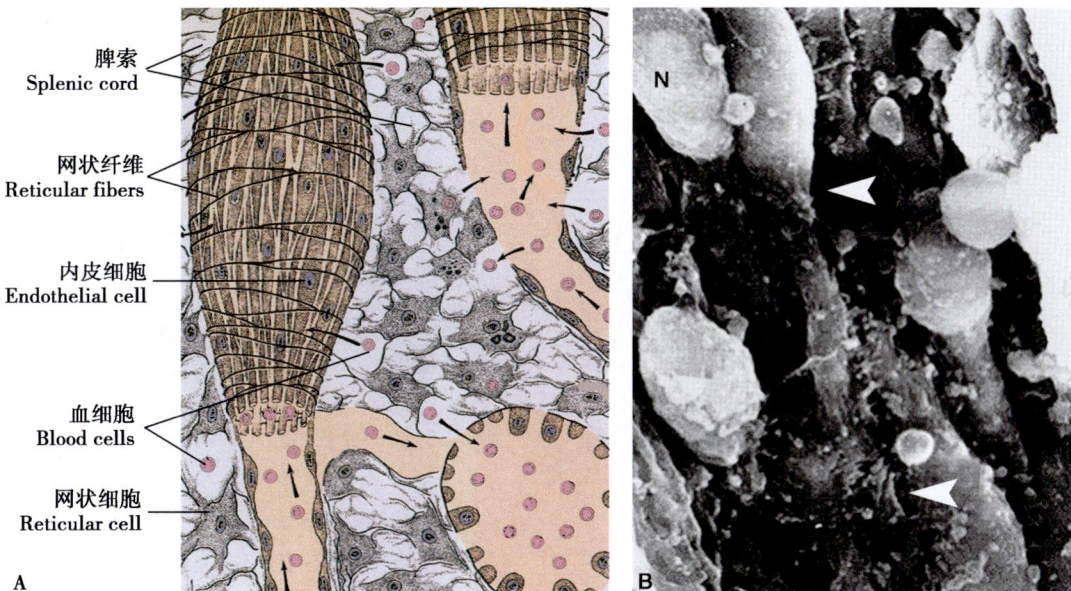

图 10-13　脾索与脾血窦

A. 脾索与脾血窦模式图;B. 脾血窦扫描电镜像(南京医科大学郭仁强供图);N. 内皮细胞核;短箭头示内皮细胞间隙

Fig. 10-13　splenic cords and splenic sinusoids

A. schematic diagram of the splenic cords and splenic sinusoids;B. scanning electron micrograph of the splenic sinusoid;N. nucleus of the endothelial cell;short arrows indicate the spaces between adjacent endothelial cells

Notes

2. 脾的功能 脾具有滤血、免疫应答和造血等功能。

（1）滤血：脾脏是清除进入血液中的抗原的主要场所，也是清除衰老红细胞的主要场所。进入脾索的血细胞大部分可变形穿越血窦内皮细胞间隙，回到血液循环。而衰老的血细胞，主要是红细胞，由于膜骨架蛋白变性，细胞的变形性降低，不能穿过内皮细胞间隙，滞留在脾索中而被巨噬细胞吞噬清除。当脾大或功能亢进时，红细胞破坏过多，可引起贫血。脾切除后，血内的异形衰老红细胞会大量增多。

（2）免疫应答：脾组织富含各类免疫细胞，是对血源性抗原物质产生免疫应答的主要部位。进入血液的病原体，如细菌、疟原虫和血吸虫等，可引起脾淋巴小结增多、增大，脾索内浆细胞增多；动脉周围淋巴鞘显著增厚，脾脏的体积增大。细胞放射标记实验显示，每天通过脾血流进行再循环的淋巴细胞数远超过通过全身淋巴结的总量。

（3）造血：胚胎早期的脾有造血功能，成年后，脾内仍含有少量造血干细胞，当机体严重缺血或某些病理状态下，脾可以恢复造血功能。

（四）扁桃体

扁桃体包括腭扁桃体、咽扁桃体和舌扁桃体，它们与咽黏膜内多处分散的淋巴组织共同组成咽淋巴环，构成机体重要的前沿防线。

腭扁桃体呈扁卵圆形，黏膜表面覆盖复层扁平上皮。上皮向下陷入形成数十个隐窝，隐窝周围的固有层有大量淋巴小结及弥散淋巴组织（图 10-14），隐窝上皮内含有淋巴细胞、浆细胞、巨噬细胞、朗格汉斯细胞等。在上皮细胞之间，有许多间隙和通道，它们相互连通并开口于隐窝上皮表面的小凹陷，淋巴细胞就充塞于这些通道内。这样的上皮称淋巴上皮组织（lymphoepithelial tissue）。

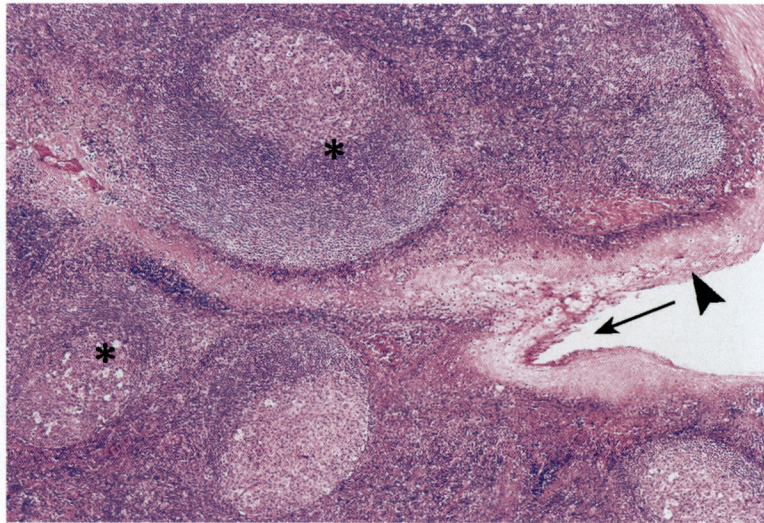

图 10-14 腭扁桃体 HE 染色 低倍（华中科技大学同济医学院李和供图）
长箭头示隐窝；短箭头示复层扁平上皮；星号示淋巴小结
Fig. 10-14 Palatine tonsil HE stain Low magnification
Long arrow indicates the crypt；short arrow indicates the stratified squamous epithelium；asterisks indicate the lymphoid nodules

咽扁桃体和舌扁桃体较小，结构与腭扁桃体相似。咽扁桃体无隐窝，舌扁桃体也仅有一个浅隐窝，故较少引起炎症。成人的咽扁桃体和舌扁桃体多萎缩退化。

专题讲座：肝的免疫功能

肝不仅是人体最大的消化腺和代谢器官,从免疫学角度看,肝也是人体最大的特殊"免疫器官"。肝内分布有不同类型、数目繁多的免疫细胞,包括各种类型的淋巴细胞、抗原呈递细胞和细胞因子等,在免疫防御和维持机体的免疫稳定方面发挥着重要作用。同时,肝在胚胎发生时期是造血器官,正常人肝内存在 $CD34^+CD45^+$ 的干细胞,并倾向于分化成 T 细胞、NKT 细胞和 NK 细胞等,因此肝也是胸腺之外淋巴细胞分化的重要场所。

肝位于血循环通路上,在接收肝动脉的含氧血流灌注的同时接收门静脉的血液,收集来自胃肠道的富含消化吸收营养物质的静脉血液,动脉血与静脉血相汇在肝小叶的肝血窦内。因此,肝有丰富的血液供应,正常人体的外周循环血液每天经过肝脏 360 次。从位置上来说,肝是入侵胃肠道黏膜的外来抗原进入血液后的必经之路,而肝血窦就是肝内免疫细胞清除外来抗原的"主战场"。

(一) 肝内免疫细胞

肝内分布的免疫细胞有两大类:淋巴细胞和抗原呈递细胞,主要位于肝血窦内及其附近。正常成人肝脏内常驻的淋巴细胞数量可达 $(0.75\sim1.5)\times10^{10}$ 个(按正常成人肝脏 1.5kg 计算),即每 100mg 正常人肝组织中,可以分离到 $5\times10^5\sim1\times10^6$ 个淋巴细胞。同时,肝血窦内驻有丰富的抗原呈递细胞。

1. 肝内淋巴细胞　肝内各类淋巴细胞的比例明显与外周不同,以不受抗原识别限制的主导固有免疫(innate immunity)的细胞为主,其中 NKT 细胞(50%)和 NK 细胞(20%~30%)比较丰富,远远高于它们在外周淋巴器官和外周血中的比例。T 细胞(23%)和 B 细胞(5%)比例相对较低。在 T 细胞中,$\alpha\beta$T 细胞 $\gamma\delta$T 细胞的比例也明显不同,主导固有免疫的 $\gamma\delta$T 细胞可高达 20%,明显高出在外周组织的分布(1%~5%)。这种优势分布状态与肝是机体早期接受来自门静脉的血液内多种抗原的场所,因而具有强大的固有免疫功能相关。肝内还富含免疫调节性 Treg 细胞,调解免疫稳态。肝内淋巴细胞可以通过分泌细胞因子(如 TNF-α,IFNγ,TGF-β,IL-10 等)发挥正性或负性相互调解作用。

2. 肝内抗原呈递细胞　肝内抗原呈递细胞主要分两类:传统抗原呈递细胞和非常规抗原呈递细胞,肝内巨噬细胞和肝内 DC 都属于传统抗原呈递细胞(classical antigen presenting cell),其中不成熟的 DC 数量较多。在慢性炎症或感染状态下,肝细胞、肝血窦内皮细胞、肝星状细胞和肝胆管内皮细胞等均表达 MHC-Ⅰ类分子和 MHC-Ⅱ类分子,发挥抗原呈递作用,这些细胞称为非常规抗原呈递细胞(nonconventional antigen presenting cell)。

(二) 肝内免疫抑制微环境

正常的生理状态下,肝组织内呈现一种特殊的"免疫抑制性"微环境。研究表明,肝组织内大量的 IL-10 和 TGF-β 等抑制性细胞因子、肝巨噬细胞和不成熟的 DC 以及调节性 T 细胞等都参与了肝脏免疫抑制状态的维持。在肝细胞癌的发生过程中,这一免疫抑制状态进一步加剧,表现为不成熟树突状细胞数量大大增加,并且诱导肿瘤组织内的其他抗肿瘤免疫细胞($CD8^+$T 细胞等)发生免疫失活;同时,调节性 T 细胞及骨髓来源抑制性细胞数量增多,并伴随抑制功能增强,而细胞毒性 $CD8^+$T 细胞明显减少。此外,肿瘤组织内抑制性细胞因子(IL-10 和 TGF-β 等)的含量显著升高。这些免疫细胞及细胞因子的失衡状态可以显著影响患者的预后。大量研究也表明,以各种方式纠正肿瘤组织内的免疫失衡状态,可以有效阻止肝细胞癌的进展。

(三) 肝内趋化因子

肝免疫微环境的稳态维持依赖于各种精细的调节机制,趋化因子系统在此过程中发挥非常重要的作用。趋化因子系统由趋化因子及受体构成,包括 50 多种趋化因子和 20 多种趋化因子受体。趋化因子是 8~14kDa 大小的分泌蛋白,可以由各种免疫细胞分泌,也可来自肝实质细胞

Notes

如肝细胞、肝血窦内皮细胞等。趋化因子受体是典型的 G 蛋白耦联受体,广泛表达于各种免疫细胞。趋化因子结合至受体后,对不同免疫细胞在肝内的发育、迁移、增殖及功能都有重要影响,趋化因子系统功能异常将会导致各种肝脏疾病的发生。

在肝细胞癌的发生进展过程中,趋化因子系统参与肝组织内免疫失衡,并以趋化因子为核心纽带形成肿瘤细胞/非肿瘤细胞—免疫细胞的调节网络。首先,趋化因子可以发挥直接的趋化作用,介导免疫细胞大量浸润至肿瘤组织。巨噬细胞和骨髓来源抑制性细胞浸润,加速肝细胞癌的进展;肿瘤组织内升高的调节性 T 细胞的数量,可恶化肿瘤的进程;瘤内增加的中性粒细胞浸润,可引起肿瘤血管新生,加速肿瘤生长。其次,趋化因子可直接影响肿瘤组织内各种免疫细胞的功能,进而对肿瘤的进展发挥作用。与此同时,部分趋化因子在肝细胞癌的进展过程中发挥有益的抗肿瘤效应,如 CCL21、CCL5、CXCL9 和 CXCL10 等可有效趋化 CD4$^+$和 CD8$^+$T 细胞进入肝细胞癌内,产生抗肿瘤免疫反应。

总之,肝脏不仅是机体重要的代谢器官,更是一个参与复杂免疫调节功能的器官。肝脏自身的免疫状态决定了很多疾病的发生和发展,并直接影响疾病的预后。

参考文献

1. Crispe IN. The liver as a lymphoid organ. Annu Rev Immunol,2009,27:147-163

2. Zlotnik A,Yoshie O. The chemokine superfamily revisited. Immunity 2012,36(5):705-771

3. Gao Q,Qiu SJ,Fan J,et al. Intratumoral balance of regulatory and cytotoxic T cells is associated with prognosis of hepatocellular carcinoma after resection. J Clin Oncol,2007,25(18):2586-2593

4. Han Y,Chen Z,Yang Y,et al. Human CD14+ CTLA-4+ regulatory dendritic cells suppress T-cell response by cytotoxic T-lymphocyte antigen-4-dependent IL-10 and indoleamine-2,3-dioxygenase production in hepatocellular carcinoma. Hepatology,2014,59(2):567-579

5. Wang YP,Yu GR,Lee MJ,et al. Lipocalin-2 negatively modulates the epithelial-to-mesenchymal transition in hepatocellular carcinoma through the epidermal growth factor (TGF-beta1)/Lcn2/Twist1 pathway. Hepatology,2013,58(4):1349-1361

6. Gao Q,Zhao YJ,Wang XY,et al. CXCR6 upregulation contributes to a proinflammatory tumor microenvironment that drives metastasis and poor patient outcomes in hepatocellular carcinoma. Cancer Res,2012,72(14):3546-3556

7. Chew V,Chen J,Lee D,et al. Chemokine-driven lymphocyte infiltration:an early intratumoural event determining long-term survival in resectable hepatocellular carcinoma. Gut,2012,61(3):427-438

（梁春敏）

第11章 皮　　肤

KEY POINTS

- Structure and function of the skin
- Structure of the epidermis
- Histological structure of the dermis
- Histological structure of the hypodermis
- Structure and function of the skin appendages

皮肤(skin)被覆于身体表面,总面积为 1.2 ~ 2.0m²,约占成人体重的16%,是人体面积最大的器官之一。皮肤由表皮和真皮两部分组成,借皮下组织与深部的组织相连(图 11-1)。表皮为角化的复层扁平上皮,真皮主要为致密结缔组织。皮肤内有丰富的神经末梢和血管网,还有由

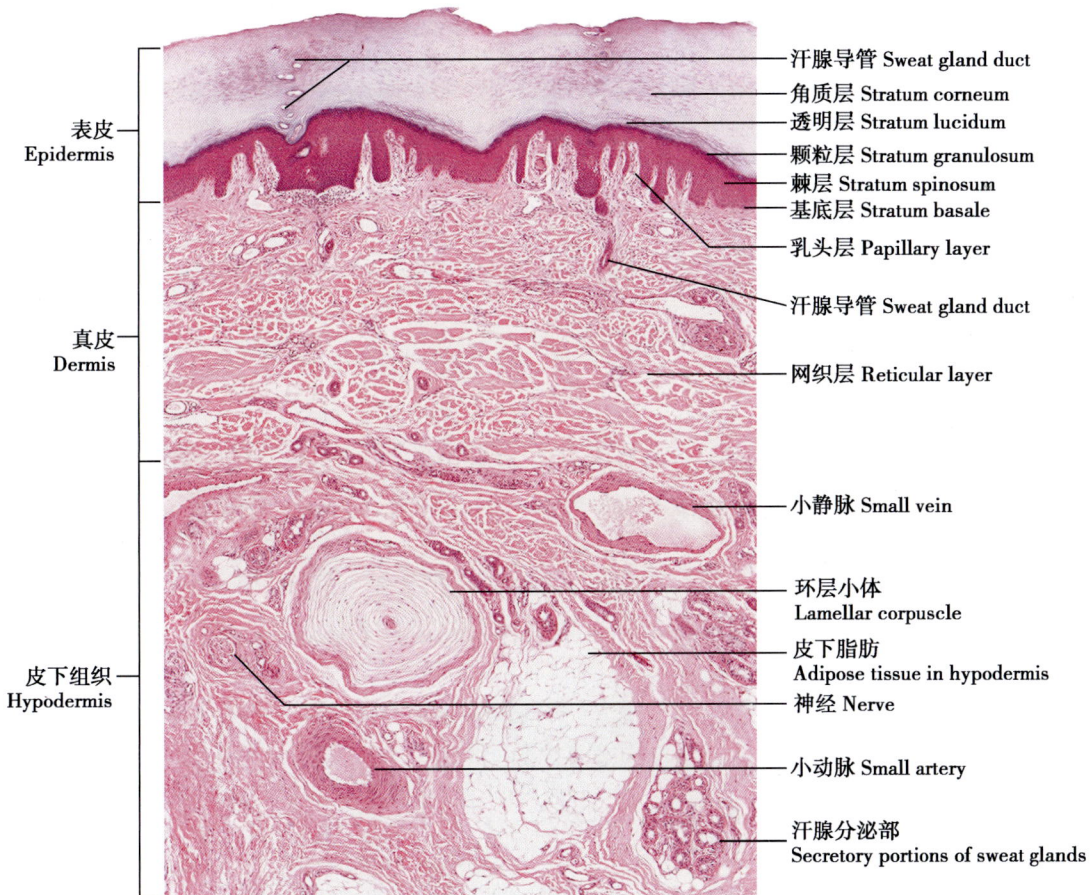

图 11-1　手掌皮肤光镜像　HE 染色　低倍(华中科技大学同济医学院李和供图)
Fig. 11-1　Light micrograph of the plam skin　HE stain　Low magnification

165

表皮衍生的毛发、皮脂腺、汗腺和指(趾)甲等附属器。

皮肤与外界直接接触,对于人体与外界沟通和维持内环境的稳定有重要意义。其功能主要表现在:①保护作用:皮肤具有屏障作用,能防护外界物理性损伤、化学性刺激和微生物入侵,还参加免疫应答,为人体免疫系统的重要组成部分;②感觉功能:皮肤内含有丰富的感觉神经末梢和特殊感受器,能感受痛、触、冷、热和机械性等外界刺激;③调节体温:通过皮下血管的舒缩、寒战和出汗等方式,维持体温恒定;④吸收功能:多种物质可以通过皮肤的角质层、毛囊和汗腺吸收;⑤分泌和排泄:汗腺、皮脂腺的分泌对于体内的电解质平衡等有重要作用。

一、表　皮

表皮(epidermis)位于皮肤浅层,由角化的复层扁平上皮组成。其细胞分为两类:一类是角质形成细胞,约占表皮细胞的80%以上,且分层排列;另一类细胞为非角质形成细胞,数量较少,散在分布于角质形成细胞之间。根据表皮厚度不同,皮肤分为厚皮和薄皮。厚皮主要位于手掌和足底,无毛,厚约0.8~1.5mm,其余大部为薄皮,有毛,厚约0.07~0.12mm。

(一)表皮的分层

厚皮的结构较典型,其表皮从基底到表面依次分为5层。角质形成细胞(keratinocyte)是构成表皮各层结构的主要细胞。

1. **基底层**　基底层(stratum basale)为表皮最深层,附着于基膜,与深层结缔组织的连接面凹凸不平,以扩大两者的接触面,利于物质交换。基底层由一层立方或矮柱状的基底细胞(basal cell)组成(图11-2)。光镜下,基底细胞核较大,呈圆形或椭圆形,染色较淡。细胞质较少,强嗜碱性。电镜下,胞质内含丰富的游离核糖体和分散或成束的角蛋白丝(keratin filament),又称张力丝(tonofilament)。细胞间有桥粒连接,基底面借半桥粒与基膜相连(图11-3)。基底细胞是表皮的干细胞,具有活跃的增殖和分化能力,新生的细胞不断向浅层推移,分化为其他各层细胞。

2. **棘层**　棘层(stratum spinosum)位于基底层上方,由4~10层细胞组成,细胞向四周伸出许多细短的棘状突起,故称棘细胞。棘细胞体积较大,深层细胞呈多边形,浅层细胞逐渐变扁。光镜下,胞核较大,圆形,位于细胞中央。胞质丰富,弱嗜碱性(图11-2)。电镜下,相邻细胞的突起相嵌,并通过桥粒相连,胞质内游离核糖体丰富,成束的角蛋白丝形成光

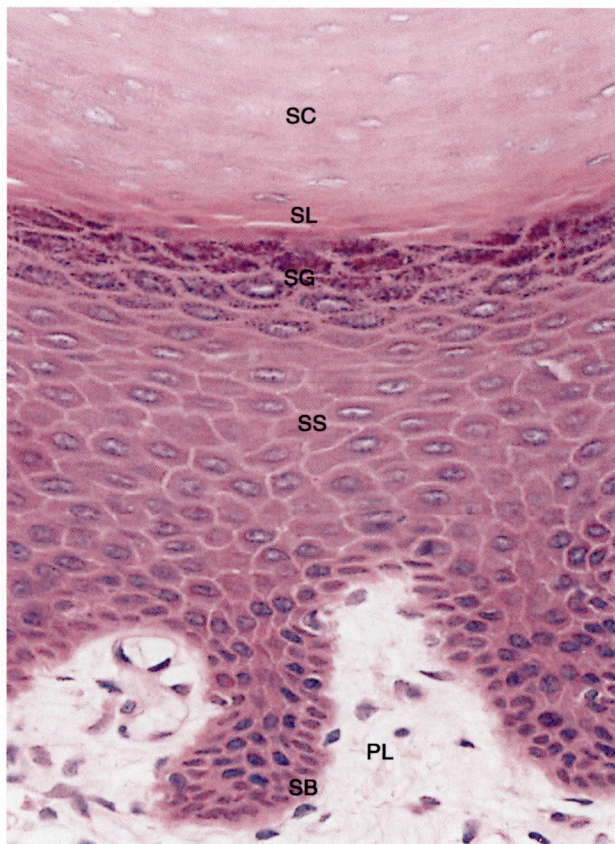

图11-2　表皮光镜像　HE染色　高倍(华中科技大学同济医学院李和供图)

SC. 角质层;SL. 透明层;SG. 颗粒层;SS. 棘层;SB. 基底层;PL. 乳头层

Fig. 11-2　*Light micrograph of the epidermis of the palm skin　HE stain　High magnification*

SC. stratum corneum;SL. stratum lucidum;SG. stratum granulosum;SS. stratum spinosum;SB. stratum basale;PL. papillary layer

镜下的张力原纤维(图11-3)。胞质内还含有卵圆形膜被颗粒,内有明暗相间的平行板层,故又称板层颗粒(lamellated granule),直径0.1～0.5μm,主要成分为糖脂和固醇。颗粒以胞吐方式排出,在细胞间形成膜状物,封闭细胞间隙。位于深层的棘细胞内还可见黑素颗粒。

3. 颗粒层　颗粒层(stratum granulosum)位于棘层上方,由3～5层梭形细胞组成,细胞核和细胞器渐趋退化。胞质内出现许多大小不等、强嗜碱性透明角质颗粒(keratohyalin granule)(图11-2),其本质是富含组氨酸的蛋白质。电镜下,透明角质颗粒形状不规则,呈致密均质状,无界膜包被,角蛋白丝常穿入颗粒中,是形成角蛋白的前体。颗粒层细胞内板层颗粒逐渐增多,多分布在细胞周边,与细胞膜融合后将其中的糖脂等物质释放到细胞间隙内,封闭细胞间隙(图11-3),构成阻止物质通过表皮的主要屏障。

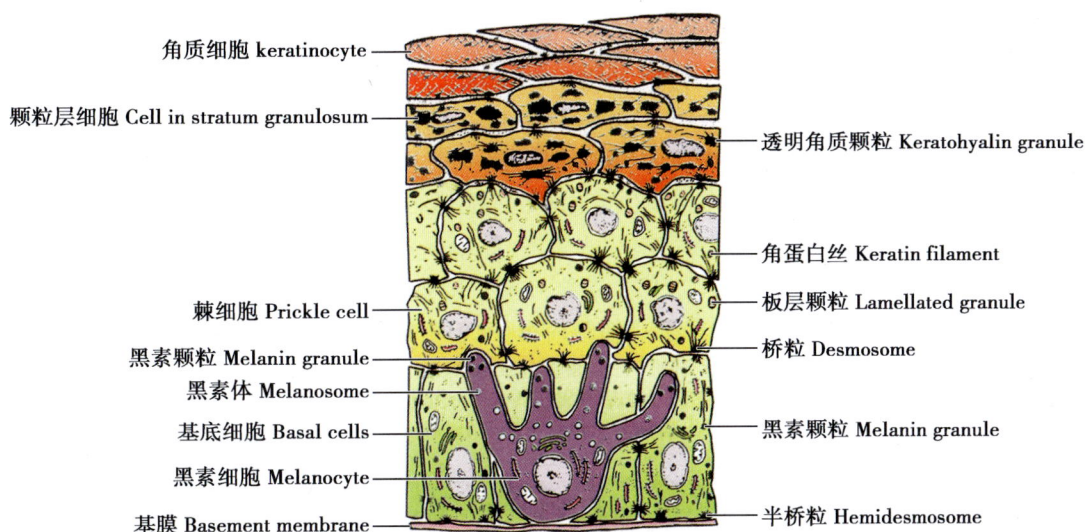

角质细胞 keratinocyte

颗粒层细胞 Cell in stratum granulosum

透明角质颗粒 Keratohyalin granule

角蛋白丝 Keratin filament

棘细胞 Prickle cell

板层颗粒 Lamellated granule

黑素颗粒 Melanin granule

桥粒 Desmosome

黑素体 Melanosome

基底细胞 Basal cells

黑素颗粒 Melanin granule

黑素细胞 Melanocyte

基膜 Basement membrane

半桥粒 Hemidesmosome

图 11-3　角质形成细胞和黑素细胞超微结构模式图

Fig. 11-3　Ultrastructure diagram of keratinocyte and melanocyte

4. 透明层　透明层(stratum lucidum)位于颗粒层上方,由2～3层更扁的梭形细胞组成。HE染色显示细胞界限不清,呈透明均质状,嗜酸性,折光性强。电镜下,细胞核及细胞器均消失,胞质内充满透明角质颗粒蛋白,大量的角蛋白丝浸埋其中。透明层只在无毛的手掌和足底皮中较为明显(图11-2)。

5. 角质层　角质层(stratum corneum)为表皮的表层,由多层扁平的角质细胞(horny cell)组成。角质细胞是一些角化干硬的死亡细胞,无细胞核和细胞器。HE染色显示细胞呈粉红均质状,细胞轮廓不清(图11-1、图11-2)。电镜下,可见细胞质中充满密集的角蛋白(keratin),是角蛋白丝浸埋在均质状透明角质颗粒蛋白中形成的复合体。细胞膜内面附有一层不溶性蛋白,使细胞膜增厚而坚固。细胞表面皱折不平,相邻细胞互相嵌合,细胞间隙中充满板层颗粒释放的脂类物质。浅层细胞间桥粒已解体,细胞连接松散,脱落后形成皮屑。

薄皮除基底层与厚皮相似外,棘层、颗粒层及角质层均较薄,无透明层。

基底细胞向表面迁移形成角质细胞的过程称为角化(keratinization)。表皮的角化过程由深层向浅层渐进,主要表现为细胞逐渐变扁,角蛋白丝不断增多,透明角质颗粒出现和融合。随着细胞的上移,角蛋白丝由垂直方向逐渐变成交错排列,并与透明角质颗粒的蛋白融合为角蛋白。板层颗粒先出现在棘细胞,越近表层越多。在颗粒层,板层颗粒向细胞间隙释放糖脂类物质,封闭细胞间隙,形成屏障,细胞与组织液的物质交换被阻断,以致表层细胞死亡,促进角化。

表皮的角化反映了角质形成细胞增殖、分化、向表面逐层推移、最后脱落的动态变化过程。表皮角质层的细胞不断脱落,而深层细胞不断增殖补充,脱落与增殖的动态平衡,保持了表皮的正常结构和厚度。角化过程是一个调控严密的生理过程,正常情况下,约30%基底层细胞处于核分裂期。角质形成细胞的更新周期为3~4周。

表皮是皮肤重要的保护层,特别是角质层细胞干硬,胞质内充满角蛋白,胞膜增厚,故其保护作用尤为明显;棘层至角质层的细胞间隙内充满脂类,构成一道屏障,可阻挡病原微生物入侵,还能防止体内组织液的丢失。近年发现,角质形成细胞在适当刺激下,可以产生多种参与炎症反应、调节免疫功能的细胞因子,为局部免疫反应创造了良好的微环境。

(二)非角质形成细胞

非角质形成细胞(nonkeratinocyte)包括黑素细胞、朗格汉斯细胞和梅克尔细胞,虽与表皮角化无直接关系,但各有其特定功能。

1. 黑素细胞 黑素细胞(melanocyte)是生成黑素的细胞,由源于胚胎早期的神经嵴细胞迁移至皮肤,分散存在于表皮基底层细胞之间和毛囊内,每10个基底细胞中约有1个黑素细胞。HE染色显示其不易与基底细胞区别,只是胞质着色略浅,银染法和多巴(DOPA)染色可显示细胞全貌。电镜下,黑素细胞有多个较长的分支突起伸向周围10~36个基底细胞和棘细胞之间,细胞质内含丰富的核糖体和粗面内质网,高尔基复合体发达,并可见微丝和微管伸至细胞突起内。其主要特征是胞质内含有许多由单位膜包被的椭圆形小体,称黑素体(melanosome)(图11-3)。黑素体内含酪氨酸酶,能将酪氨酸转化为黑素(melanin)。黑素体充满黑素后称为黑素颗粒(melanin granule)(图11-3、图11-4)。黑素颗粒移入突起末端,以胞吐方式释放,被邻近的基底细胞及棘细胞吞入,因而黑素颗粒在黑素细胞内很少,于角质形成细胞内反而更多。黑素细胞与相邻的角质形成细胞之间不形成桥粒连接,但其基底部以半桥粒连于基膜。

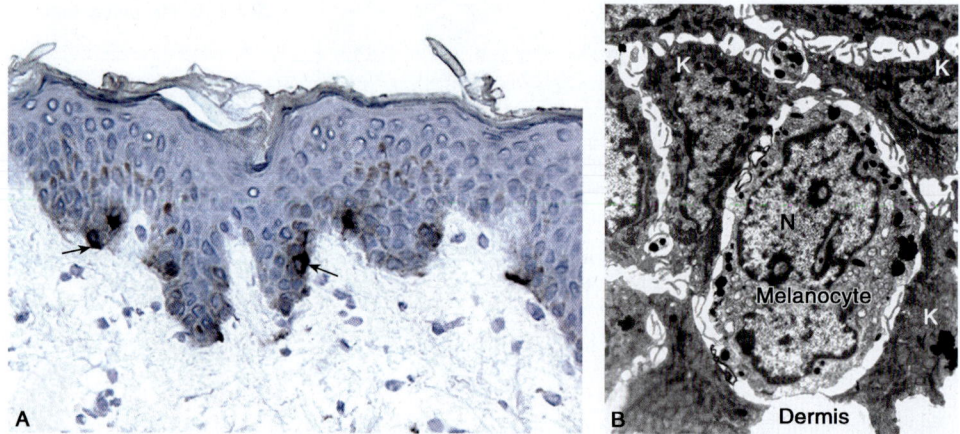

图 11-4 黑素细胞
A. 光镜像 ATP染色;B. 电镜像;箭头示黑素细胞;K. 角质形成细胞;N. 黑素细胞核
Fig. 11-4 Melanocyte
A. light micrograph ATP stain;B. electron micrograph;Grrows indicate melanocytes;K. keratinocyte;
N. nucleus of melanocyte

黑素是决定皮肤颜色的重要因素之一,但人种间黑素细胞数量差距并不明显,种族间肤色的差别主要取决于黑素颗粒的大小、稳定性、色素化程度及其在表皮细胞内的含量,肤色还与表皮厚度、血液供应及血液颜色等有关。身体不同部位黑素细胞的数量不同,脸部和颈部比四肢多。黑素合成的多少还受光照的影响,紫外线可促使酪氨酸酶活性增强,促进黑素合成,并向角质形成细胞内转运更多的黑素,使皮肤颜色加深。黑素能吸收和散射紫外线,保护深层组织免受辐射损伤。黑种人黑素颗粒多而大,且分布表皮全层,白种人黑素颗粒少而小,多分布在基底层,黄种人介于其间。当黑素细胞遭到破坏时,则局部皮肤呈现脱色性改变,如白癜风。

2. 朗格汉斯细胞 朗格汉斯细胞(Langerhans cell)由胚胎期骨髓发生,后迁移到皮肤,散在于棘细胞之间,占表皮细胞总数的 3% ～5%。朗格汉斯细胞在 HE 染色切片上不易辨认,用氯化化金或 ATP 酶法显示细胞体呈多角形,向周围伸出几个较粗的突起,粗突起上又分出几个细突起,穿插于棘细胞之间。电镜下可见胞核呈弯曲形或分叶状,胞质无角蛋白丝和桥粒,有膜包的伯贝克颗粒(Birbeck granule)。该颗粒呈盘状或扁囊形,长 15～30nm,宽 4nm,一端或中间常有小泡,颗粒的切面为杆状或网球拍形,内有纵向致密线(图 11-5),可能是细胞吞噬外来抗原时胞膜内陷形成,为吞噬体或抗原储存形式。

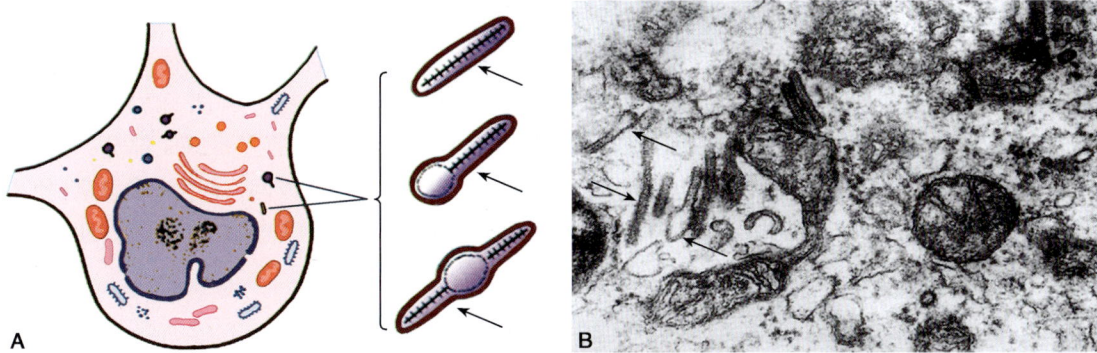

图 11-5　朗格汉斯细胞超微结构
A. 模式图;B. 电镜像;箭头示不同形状的伯贝克颗粒切面
Fig. 11-5　Ultrastructure of Langerhans cells
A. schematic diagram;B. electron micrograph;arrows indicate the section of Birbeck granule with different shapes

　　朗格汉斯细胞表面标志与巨噬细胞相似,是皮肤的抗原呈递细胞,能识别、结合和处理侵入皮肤的抗原,并把抗原传送给 T 细胞,参与皮肤的免疫功能,在接触性过敏、抗病毒感染、异体移植组织排斥及对表皮癌变细胞的免疫监视中发挥重要作用。

　　3. 梅克尔细胞　梅克尔细胞(Merkel cell)是一种具有短指状突起的细胞,数量少,散在于基底层或表皮与真皮连接处,在手掌、甲床,尤其是毛囊附近的表皮基底层内较多见。HE 染色不易辨认,需用特殊染色法显示。电镜下,梅克尔细胞呈圆形或卵圆形,细胞顶部伸出几个较粗短的突起到角质形成细胞之间,与相邻的角质形成细胞借桥粒相连接。细胞核常有深凹陷或呈分叶状,核仁不明显。胞质电子密度低,核周区和胞质边缘带可见一些角蛋白丝。基底部胞质内含许多质膜包被、电子密度高的分泌颗粒,直径约 80nm。细胞基底面与穿越基膜的传入神经盘状终末相接触,形成典型的化学性突触(图 11-6)。这种细胞在手掌面、口腔和生殖道的黏膜上皮中较多见,可能是一种感受触觉刺激的感觉上皮细胞。此外,在表皮中还存在一些不与神经末梢接触的梅克尔细胞,可能是APUD 细胞系统的成员,具有神经内分泌功能。部分梅克尔细胞可能是旁分泌细胞,对附近的角质形成细

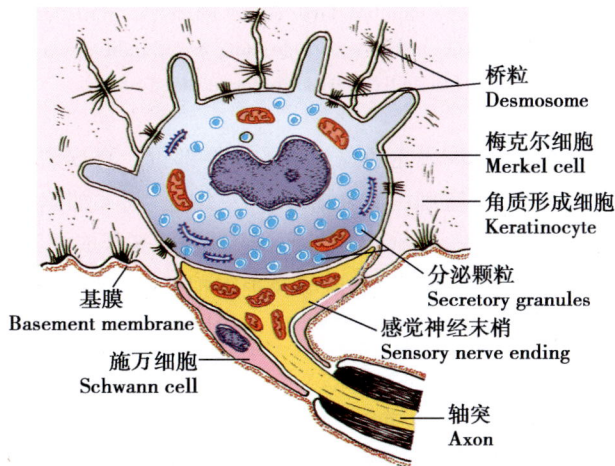

图 11-6　梅克尔细胞超微结构模式图
Fig. 11-6　Schematic diagram showing ultrastructure of a Merkel cell

Notes

胞和皮肤附属器的发生、对皮肤内神经纤维的生长起诱导和调节作用。

二、真　皮

真皮(dermis)位于表皮下,主要由致密结缔组织组成。身体各部位真皮厚薄不一,一般厚1~2mm。眼睑、腋窝及阴茎包皮部较薄,厚约0.6mm;手掌及足底部较厚,约3mm。真皮分为乳头层和网织层两层。

1. **乳头层** 乳头层(papillary layer)位于真皮浅层,紧邻表皮的基底层,为疏松结缔组织。乳头层突向表皮形成许多嵴状或乳头状凸起,称真皮乳头(dermal papilla)(图11-1、图11-2)。真皮乳头的形成扩大了表皮与真皮的连接面,有利于两者的牢固连接,利于表皮从真皮的血管中获得营养。具有丰富毛细血管襻的乳头称血管乳头,含游离神经末梢和触觉小体的乳头称神经乳头(图11-7)。

2. **网织层** 网织层(reticular layer)位于乳头层下方,较厚,是真皮的主要组成部分,与乳头层无明确分界。网织层由致密结缔组织组成,粗大的胶原纤维束交织成网,弹性纤维丰富,使皮肤具有较大的韧性和弹性。此层有许多血管、淋巴管和神经,还有毛囊、皮脂腺和汗腺,此外,还可见环层小体(图11-1、图11-7)。

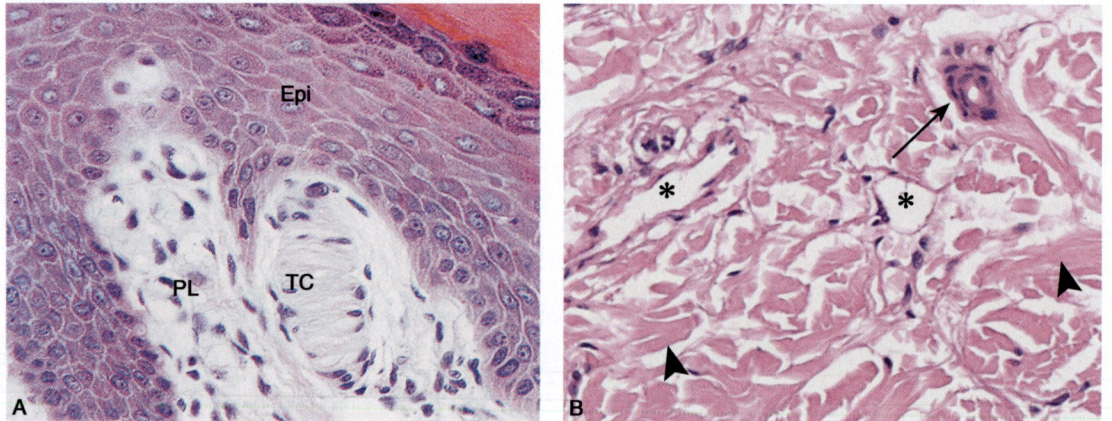

图11-7　真皮层光镜像　HE染色　高倍
A. 表皮与真皮乳头层;B. 真皮网织层;Epi. 表皮;PL. 乳头层;TC. 触觉小体;长箭头示汗腺导管;短箭头示胶原纤维束;星号示血管
Fig. 11-7　Light micrograph of the dermis　HE stain　High magnification
A. epidermis and papillary layer of the dermis;B. reticular layer of the dermis;Epi. epidermis;PL. papillary layer;TC. tactile corpuscle;long arrow indicates a sweat gland duct;short arrows indicate collagenous fiber fasciculi;asterisks indicate blood vessels

真皮是皮肤内发生免疫反应的主要部位。真皮内参与免疫反应的细胞包括树突状细胞(朗格汉斯细胞和巨噬细胞)、T细胞、内皮细胞、肥大细胞、成纤维细胞等。这些细胞分布在真皮浅层毛细血管周围。细胞间相互作用,并通过其合成的细胞因子相互调节,对免疫细胞的活化、游走、增殖、分化,免疫应答的诱导及炎症损伤和创伤修复等均有重要作用。

三、皮下组织

皮下组织(hypodermis)位于真皮下方,由疏松结缔组织和脂肪组织组成。皮下组织将皮肤与深部的组织连接在一起,使皮肤具有一定的活动性。皮下组织的厚度因个体、年龄、性别和部位而有较大差别,一般以腹部、臀部最厚,可达3cm以上,眼睑、阴茎和阴囊等部位最薄。分布到皮肤的血管、淋巴管和神经均从皮下组织中通过,毛囊和汗腺常延伸至此层。皮下组织可保持体温、储存能量、缓冲机械压力。

四、皮肤的附属器

（一）毛

除手掌和足底等部位外,人体大部分皮肤都长有毛(hair)(图 11-8、图 18-9)。身体各部毛的长短、粗细和寿命各不相同。胎儿体表覆盖着柔软、细小、色淡的毛,称为胎毛。成人和儿童体表大部区域的细毛称为毳毛,头发、胡须、眉毛、腋毛和阴毛等长而黑的毛称为终毛。

1. 毛的结构　毛由毛干、毛根和毛球三部分组成。露在皮肤外面的部分称毛干(hair shaft),埋在皮肤以内的部分称毛根(hair root)。毛干和毛根由呈同心圆排列的角化上皮细胞组成,上皮细胞内充满角蛋白并含黑素。包裹在毛根周围的上皮和结缔组织形成毛囊(hair folli-cle);毛根与毛囊末端合为一体,形成膨大的毛球(hair bulb);毛球底面内凹,内含毛细血管和神经丰富的结缔组织,称毛乳头(hair papilla)(图 11-9、图 11-10)。毛球是毛和毛囊的生长点,毛乳头对其生长起诱导和营养作用。

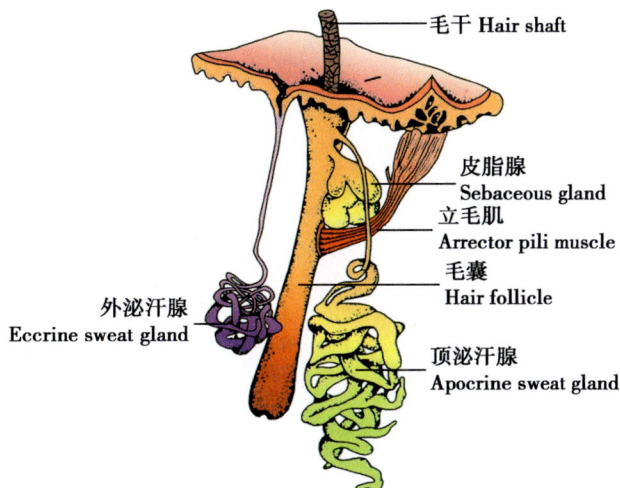

图 11-8　皮肤附属器示意图
Fig. 11-8　Diagram of the skin appendages

毛囊分内外两层:内层为上皮根鞘(epithelial root sheath),包裹毛根,与表皮相延续,其结构也与表皮相似;外层为结缔组织鞘(connective tissue sheath),由致密结缔组织构成(图 11-10)。毛根和上皮根鞘与毛球的细胞相延续。毛球的上皮细胞为幼稚细胞,称毛母质细胞(hair matrix cell),能不断分裂增生,向上移动,逐渐分化为毛根和上皮根鞘的细胞。毛的色素由分布在毛母质细胞间的黑素细胞生成,然后将色素输入新生的毛根上皮细胞中。

毛和毛囊斜长在皮肤内,在其与皮肤表面呈钝角的一侧,有一束斜行平滑肌,称立毛肌(arrector pili muscle)。立毛肌一端附着在毛囊上,另一端与真皮乳头层的结缔组织相连(图 10-9),受交感神经支配,收缩时可使毛竖起,皮肤呈现鸡皮样,并可帮助皮脂腺排出分泌物。

2. 毛的生长和更新　毛有一定的生长周期,身体各部位毛的生长周期长短不等。头发的生长周期为 4 ~ 5 年,其他部位只有数月。毛的生长周期包括生长期、退化期和静止期。生长期的毛囊长,毛球和毛乳头大,局部血液供应丰富,毛母质细胞分裂活跃,使毛生长。由生长期转入退化期,即为换毛的开始,此时毛囊变短,毛球和毛乳头萎缩变小,毛母质细胞停止分裂并发生角化,毛与毛球

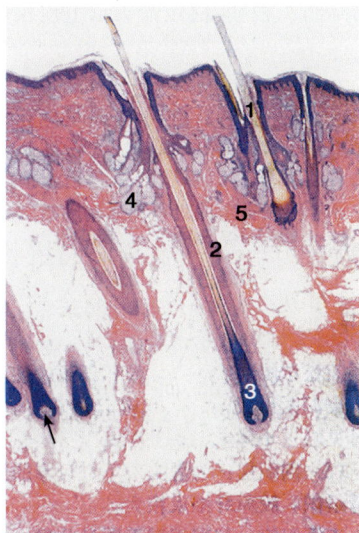

图 11-9　头皮光镜像　HE 染色低倍

1. 毛根;2. 毛囊;3. 毛球;4. 皮脂腺;5. 立毛肌;箭头示毛乳头

Fig. 11-9　A photomicrograph of a section of human scalp HE stain Low mag-nification

1. hair root;2. hair follicle;3. hair bulb;4. sebaceous gland;5. arrec-tor pili muscle;arrow indicates a hair papilla

Notes

和毛囊连接不牢,毛易脱落,进入静止期。在下一个周期开始时,毛囊底端形成新的毛球和毛乳头,开始生长新毛。新毛长入原有的毛囊内,逐渐伸到皮肤外面。头发的生长期约为4年,退化期为3~4周,静止期为3~4个月,健康成人约85%的毛发处于生长期,头皮平均有100 000个毛囊,每天至少有70~100根毛发脱落。

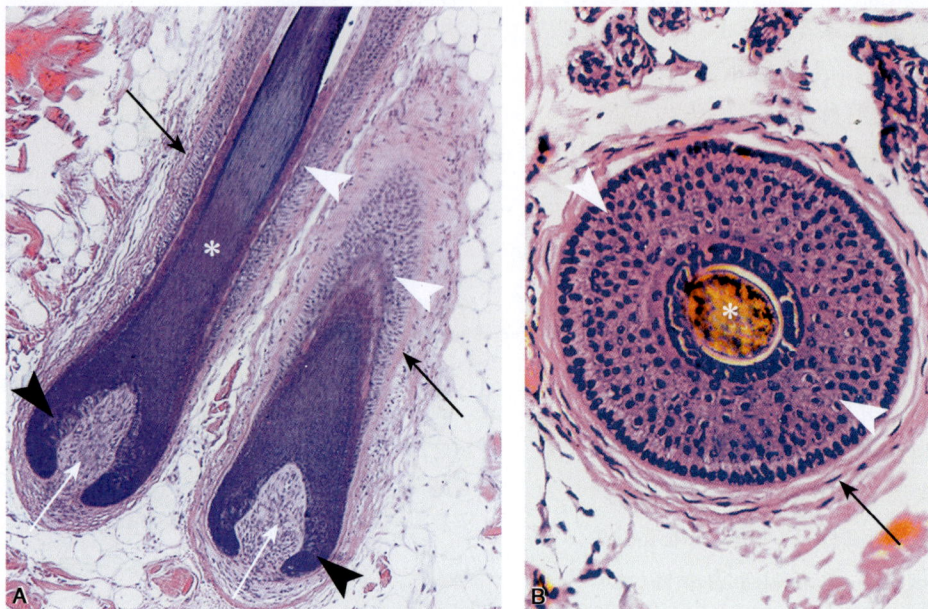

图 11-10 毛囊与毛根光镜像 HE 染色

A. 纵切面 低倍;B. 横切面 高倍;星号示毛根;黑长箭头示结缔组织根鞘;白短箭头示上皮根鞘;黑短箭头示毛球;白长箭头示毛乳头

Fig. 11-10 Photomicrograph of the hair follicles and roots HE stain

A. longitudinal section Low magnification; B. cross section High magnification; asterisks indicate hair roots; black long arrows indicate connective tissue sheath; white short arrow indicate epithelial root sheath; black short arrows indicate hair bulb; white long arrows indicate hair papilla

不同人种、个体间毛发的颜色差异明显,毛发的颜色取决于毛干角质细胞的黑素含量。黑素丰富时毛发呈黑色和棕黑色,黑素颗粒很少时毛发呈灰色或棕黄色,完全缺乏时呈白色。

3. 毛囊干细胞 毛囊干细胞并非像通常所认为的是位于毛囊的毛球部,而是存在于毛囊隆起部(皮脂腺开口处和立毛肌毛囊附着处之间的外根鞘部位)(图11-11)。位于隆起部的毛囊干细胞被称为隆起细胞(bulge cell)。隆起细胞比其他细胞体积小,核卷曲,胞质内充满核糖体,但无角蛋白丝束,细胞表面有大量微绒毛。近年来,由于克隆定位技术的发展,越来越显现出毛囊在皮肤自身稳定、创伤愈合及肿瘤形成中起着重要作用。隆起细胞可能是毛母质细胞、表皮基底细胞和皮脂腺基底细胞的祖细胞。

(二) 皮脂腺

皮脂腺(sebaceous gland)为产生脂质的结构,除掌、趾和足背外,皮脂腺遍及全身各处皮肤,头皮和面部皮肤皮脂腺密集,产生皮脂也最多。皮脂腺多位于毛囊和立毛肌之间,为泡状腺,由一个或几个腺泡与一个共同的短导管构成(图11-12)。腺泡常无腺泡腔,导管为复层扁平上皮,大多开口于毛囊上段,也有的直接开口于皮肤表面。腺泡周边为一层较小的幼稚细胞,称基细胞,其核染色淡,胞质嗜碱性。基细胞具有很强的增殖能力,可不断生成新的腺细胞。新生的腺细胞体积增大,并向腺泡中心移动,胞质中形成越来越多的小脂滴。腺细胞成熟时,大多位于腺泡中央,胞体呈多边形,胞质内充满脂滴和溶酶体,细胞核固缩,细胞器消失。最后,由于溶酶体

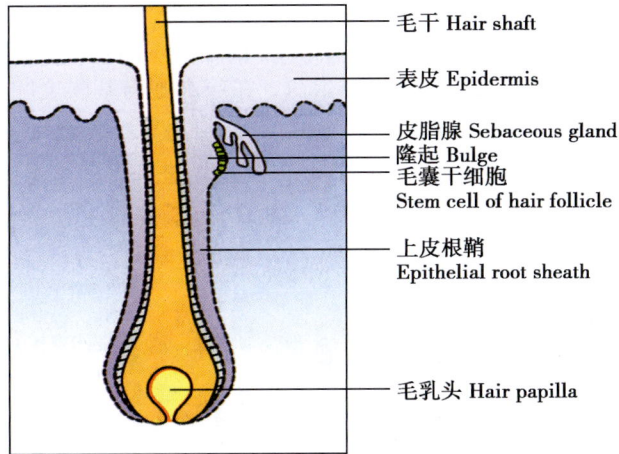

图 11-11　毛及毛囊示意图,示毛囊干细胞
Fig. 11-11　Diagram of hair and hair follicle illustrating the stem cell of hair follicle

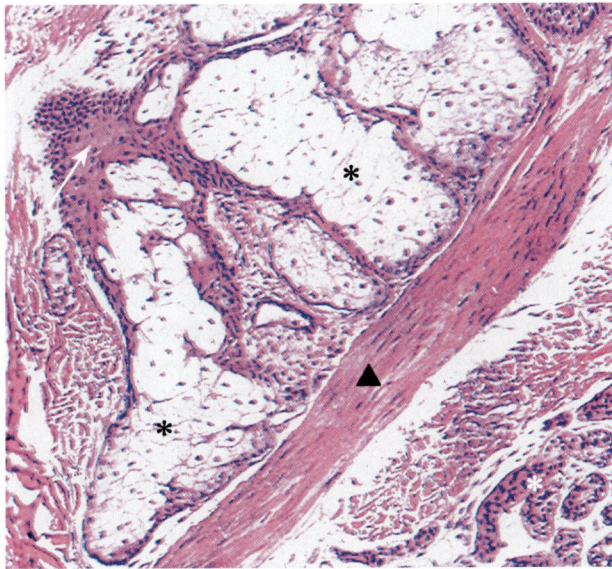

图 11-12　皮脂腺光镜像　HE 染色　高倍
黑星号示皮脂腺分泌部;白长箭头示皮脂腺导管;三角形示立毛肌;白星号示外泌汗腺
Fig. 11-12　Light micrograph of sebaceous gland　HE stain　High magnification
Black asterisks indicate secretory portions of sebaceous glands;white long arrow indicates a sebaceous gland duct;triangle indicates arrector pili muscle;white asterisk indicates exocrine sweat gland

的作用,腺细胞解体,连同脂滴一起排出,即为皮脂(sebum),此种分泌方式为全浆分泌(holocrine)。皮脂有润滑皮肤和保护毛发的作用。此外,皮脂在皮肤表面形成脂质膜,有抑菌作用。皮脂腺的发育和分泌主要受雄激素的调节,青春期分泌活跃。皮脂分泌过多时,腺导管若被阻塞则易形成痤疮。老年时,皮脂分泌减少,皮肤和毛发干燥,失去光泽,易开裂。

(三) 汗腺

汗腺(sweat gland)为弯曲的单管状腺,可分为外泌汗腺和顶泌汗腺两种。

1. 外泌汗腺　外泌汗腺(exocrine sweat gland)又称局泌汗腺(merocrine sweat gland),即通常所称的小汗腺,遍布全身大部分皮肤中,手掌、足底和腋窝处最多。外泌汗腺由分泌部和导管组成(图 11-13)。分泌部位于真皮深层和皮下组织中,盘曲成团,管腔较小,管壁由单层锥体形、立方形或矮柱状细胞组成,HE 染色标本上能见到明、暗两种细胞。明细胞(clear cell)较大,顶部

Notes

窄、底部宽,底部附着于基膜上;细胞核圆形,位于细胞基底部,胞质弱嗜酸性。暗细胞(dark cell)较小,夹在明细胞之间,顶部宽,占据了腺腔的大部分;底部较窄,核近腔面,胞质弱嗜碱性。明细胞是主要的汗液分泌细胞,暗细胞分泌黏蛋白。在腺细胞与基膜之间,有肌上皮细胞(myo-epithelial cell),其收缩能帮助排出汗液(图11-13B)。汗腺的导管较细,由两层小立方形细胞组成,胞质嗜碱性,染色深(图11-13)。导管由真皮深层上行,进入表皮呈螺旋形上升,直接开口于皮肤表面的汗孔。

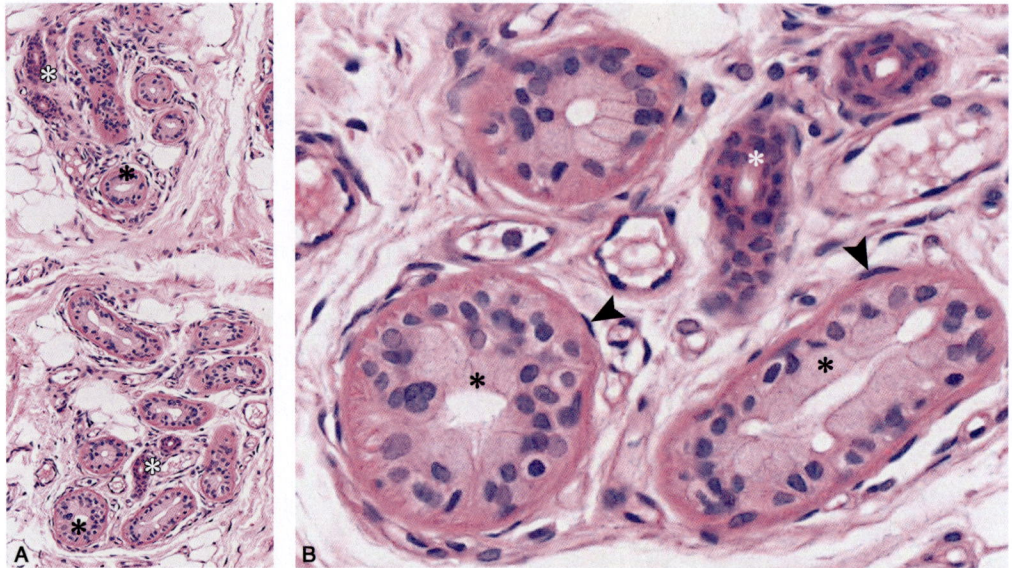

图 11-13　外泌汗腺光镜像　HE 染色(华中科技大学同济医学院李和供图)
A. 低倍;B. 高倍;黑星号示分泌部;白星号示导管;箭头示肌上皮细胞
Fig. 11-13　Light micrograph of the exocrine sweat gland
Black asterisks indicate secretory portions;white asterisks indicate duct;arrows indicate myoepithelial cells

　　腺细胞分泌的汗液除含大量水分外,还含钠、钾、氯、乳酸盐及尿素。导管能吸收分泌物中的一部分钠和氯。汗液分泌是身体散热的主要方式,对调节体温起重要作用。

　　2. 顶泌汗腺　顶泌汗腺(apocrine sweat gland)又称大汗腺,主要分布在腋窝、乳晕、肛门及会阴等处。这种腺的分泌部管径粗,管腔大,也盘曲成团(图11-8)。腺细胞呈单层扁平、立方或矮柱状,胞质色浅,嗜酸性;电镜下,可见腺细胞胞质内有许多分泌颗粒和溶酶体。腺细胞分泌时顶部胞质连同分泌颗粒一起脱落进入腺腔。腺细胞与基膜之间也有肌上皮细胞。导管细而直,由两层上皮细胞组成,开口于毛囊上段。分泌物为较黏稠的乳状液,含蛋白质、碳水化合物和脂类,分泌物被细菌分解后产生特别的气味。分泌过盛而致气味过浓时,则发生狐臭。腺体分泌活动受性激素影响,青春期分泌较旺盛。

(四) 指(趾)甲

　　指(趾)甲(nail)为指(趾)端背面的硬角质板。甲的外露部分称甲体(nail body),为坚硬透明的长方形角质板(图11-14),由多层连接牢固的角化细胞构成,细胞内充满角蛋白丝。支持甲体的皮肤为甲床(nail bed),由非角化的复层扁平上皮和真皮组成,真皮内富含血管,并有特别的动-静脉吻合,称血管球(glomus body)。甲体的近侧埋于皮肤内的部分称甲根(nail root),甲根周围为复层扁平上皮,其基底层细胞分裂活跃,称甲母质(nail matrix),是甲的生长区。甲母质细胞分裂增生,不断向指(趾)的远端移动,角化后构成甲体的细胞。甲体两侧和近侧的皮肤为甲襞(nail fold)。甲襞与甲体之间的沟为甲沟(nail groove)。甲对指(趾)末节起保护作用。甲床真皮中有丰富的感觉神经末梢,故指甲能感受精细触觉。

Notes

指甲的生长速度约每 3 个月 1cm,趾甲的生长速度约每 9 个月 1cm。疾病、营养状况、环境和生活习惯的改变可影响甲的形状和生长速度。

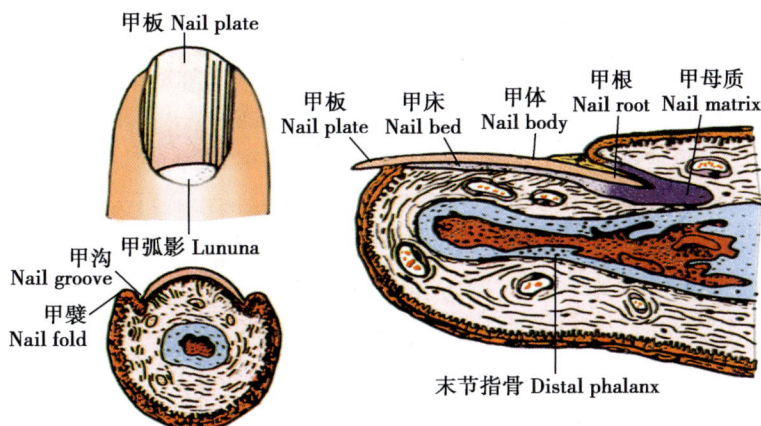

图 11-14　指甲模式图
Fig. 11-14　Diagram of the nail

五、皮肤的再生

　　正常情况下皮肤表皮、真皮和皮肤附属器不断更新,为皮肤的生理性再生。皮肤受到损伤后的再生和修复,称为补偿性再生。补偿性再生和修复的时间,因损伤的面积和深度不同而异。小面积损伤,数天即可愈合,不留瘢痕。较大而深的损伤的再生过程是:损伤处发生凝血,单核细胞进入创伤组织中转变成巨噬细胞;巨噬细胞清除损坏组织,并释放趋化物质吸引成纤维细胞和内皮细胞至创伤部位,成纤维细胞活跃地产生纤维和基质,填充缺损的空间;毛细血管长入新生成的基质内,这种新生成的富含毛细血管的组织称肉芽组织。这种组织作为一种供应营养的底物,使表皮细胞在其上面生长。残存的毛囊和汗腺上皮均可提供表皮再生的幼稚细胞,形成覆盖创面的上皮小岛。新生的表皮基底细胞继续增生分化形成表皮其他各层细胞。如损伤面积大而深时,如大面积烧伤,伤口内无汗腺或毛囊残存,伤口边缘相距太远,新生的表皮细胞难以覆盖,常需植皮以协助修复。伤口修复后常留下瘢痕,其表面虽有角化表皮覆盖,但缺乏汗腺、毛发和真皮乳头。

专题讲座：组织工程皮肤

　　皮肤是人体抵御外界伤害的第一道屏障,极易受创伤、烧伤等过程破坏。皮肤移植是治疗大面积皮肤缺损最理想的办法。用于移植的皮肤来源有三种:自体皮、同种异体皮和异种皮。由于机体天然的免疫排斥反应,一般异种皮于移植后 10 天左右、异体皮于 3~4 周左右在患者细胞毒细胞、抗体等攻击后逐渐溃烂脱落。大面积皮肤缺损时自体皮肤来源又受到限制,因而人们一直在寻找理想的皮肤替代物,组织工程皮肤也就应运而生。

(一)组织工程皮肤的分类

　　组织工程皮肤(tissue engineering skin)是指应用组织工程方法体外再造的皮肤组织。体外再造皮肤组织首先要培养种子细胞,然后接种到真皮替代物上培养形成人工皮肤(皮肤替代物)。皮肤种子细胞是指能够发育成皮肤组织或其细胞成分的培养细胞,包括角质形成细胞、成纤维细胞、黑素细胞、朗格汉斯细胞、血管内皮细胞、表皮干细胞(epidermal stem cells)等。理想的皮肤替代物应具有以下基本特征:易加工处理、细胞容易黏附、有适当的物理或机械稳定性、无毒、无抗原性、易于血管再生、创伤小、尽可能地减少瘢痕形成等。根据研究目的和种子细胞

Notes

的不同,近年来有多种组织工程皮肤的尝试。

1. 组织工程表皮　当皮肤受到病理损伤时,表皮干细胞通过分裂、增殖、分化可促进创面愈合。但当创面较大,创面基底又缺乏表皮干细胞时,单靠创缘的表皮细胞爬行生长则无法使创面完整修复。此时,如在创面上移植表皮细胞,让其在创面生长、爬行而使创面得以封闭,从而达到治疗的目的。表皮细胞向创面移植的方法主要有表皮细胞悬液移植和表皮细胞膜片移植两种。表皮细胞悬液移植由于细胞移植后抗感染能力差,脆性大,不耐摩擦,现在已经较少使用。表皮细胞膜片移植是将分离的表皮细胞在培养瓶中培养,使细胞生长形成多层的表皮细胞膜片,并出现分化,然后将膜片表面暴露于空气中培养,表层的细胞可分化为角质细胞,膜片的细胞分层状态较为接近真实的表皮,将其移植到伤口上,可以获得较好的效果。但培养表皮移植物由于缺少真皮成分支撑,移植后在创面上成活困难,表皮易结痂收缩,与创面结合不稳固,移植成功率低。例如,角质形成细胞膜片应用于慢性创面时只有15%左右的细胞能够锚定于创面并且继续增殖和扩增;移植于新鲜肉芽创面或者清创后创面,则有28% ~47%细胞能够维持生长。因此目前多结合培养于生物可降解材料(如胶原或透明质酸)、人或猪脱细胞真皮基质,以及人工合成的多聚高分子材料上,形成复合结构再移植于创面。

2. 组织工程真皮　真皮主要由胶原纤维构成支架,含有毛细血管、毛细淋巴管等附属结构和细胞成分(成纤维细胞等)。它对表皮及整个皮肤的外观、弹性、韧性等起着重要作用。因此,在皮肤的重建过程中,真皮的重建是一个重要的环节。理想的真皮替代物应具有如下特性:①与生物体能很好地相容;②适当的生物降解性;③具有一定的强度、弹性、韧性,便于外科操作及植入生物体内后不至于撕裂、破溃、塌陷;④一定的孔隙率及良好的表面亲和性;⑤很好的可塑性,易于加工;⑥便于消毒、储存和运输。组织工程真皮(tissue engineering dermal scaffold)主要用来充当修复愈合过程中创面缺失的真皮模版,引导自身修复细胞迁移、增殖和分化,完成真皮的重构和血管化,一般由异体/异种脱细胞真皮和生物合成材料构成。根据真皮替代物应用材料的不同可分为天然材料真皮替代物和合成材料真皮替代物。

(1) 天然材料真皮替代物:此类真皮替代物是用他人的皮肤(如人尸体皮)去除表皮,并杀死真皮中的所有细胞后获得的无细胞真皮。这种真皮替代物在组织成分上与自体皮肤最相近,移植后可见自体细胞长入,并有新生血管形成,是一种较好的皮肤替代物,可明显减少对供者皮肤的需要量。不足之处为真皮中缺乏活性成纤维细胞,导致临床应用中真皮移植后血管生长缓慢且不充分。未去除细胞的异体/异种真皮材料一般只能存活10 ~15 天,多用于创面的暂时覆盖。

(2) 合成材料真皮替代物:随着材料科学和工程技术的发展,高分子生物可降解材料逐渐被应用于组织工程真皮的构建。人工合成真皮主要采用胶原糖胺聚糖、胶原凝胶、聚羟基乙酸/聚乳酸网等作为真皮支架,结合成纤维细胞、表皮细胞培养成皮肤替代物,并初步试用于临床取得一定效果。此种人工真皮可永久性地修复创面,瘢痕形成少,且不引发明显的免疫反应。

3. 组织工程复合皮肤　单纯的表皮或真皮替代物均有不足,较为理想的皮肤替代物是能将真皮及表皮同时修复,即所谓的组织工程复合皮肤(tissue engineering composite skin)。复合皮肤不仅可恢复皮肤的功能和外观,而且表皮和真皮基质成分相互影响,促进彼此分化,促进创面愈合。由 Organogenesis 公司生产的 Apligraf 是目前最成熟的既含表皮层又含真皮层的组织工程全层皮肤,其细胞成分均来源于新生儿包皮。采用异体成纤维细胞接种于牛胶原凝胶中形成细胞胶原凝胶,后接种角质形成细胞,共同体外培养而成。目前临床应用复合皮肤移植修复创面常采用两步法,即先将真皮支架移植于创面,3 周左右待完全血管化后再移植自体厚皮片或角质形成细胞膜片,可以有效提高移植成功率。

(二) 组织工程皮肤研究展望

在人体各器官组织工程研究中,皮肤组织工程是发展比较快的领域,国外许多产品已经被批准进入临床应用,如表皮替代物 Epicel(美国 Genzyme 公司)、MySkin(英国 Altrika 公司),真皮替代物 Dermagraf(美国 Advanced Bio 公司)、Hyallomatrix(法国 Addmedica 公司)和 Alloderm(美国 Lifecell 公司),复合皮肤 Apligraf(美国 Organogenesis 公司)、OrCel(美国 Ortec 公司)均已在临床使用。2007 年中国第一个组织工程皮肤产品——安体肤,由第四军医大学研发并成功用于临床。但所有这些产品与临床期望相比仍有很大差距,主要是缺乏汗腺、皮脂腺等皮肤附属器,血管化与神经再生不理想,以及移植后免疫排斥、人工合成材料的降解速率不可控等问题尚待解决。因而,今后的组织工程皮肤研究仍然将集中于种子细胞、支架材料以及细胞与支架材料相互作用的方式几个方面。

1. 皮肤干细胞　多年来人们一直希望在体外培养具有巨大增殖潜能、永生化、免疫原性弱的种子细胞来进行人工皮肤的构建。而干细胞所具有的高增殖潜能、多向分化能力和在适宜的微环境生长情况下可发育成皮肤结构等生物学特性正好符合人们的需要。胚胎干细胞的研究为获得表皮干细胞提供了新的来源,特别是体细胞克隆和诱导的胚胎干细胞(iPS)的研究成功,为从胚胎干细胞诱导出表皮干细胞提供了更大的来源,后者不仅能分化出表皮,还可分化出毛发、汗腺等皮肤附属器。

2. 种子细胞的基因改造　角质形成细胞和成纤维细胞是皮肤的主要组成细胞,其细胞膜上有许多细胞因子受体,包括表皮生长因子(EGF)、血小板源性生长因子(platelet derived growth factor,PDGF)、转化生长因子(transforming growth factor,TGF)、白细胞介素(interleukin,IL)、肿瘤坏死因子(tumor necrosis factor,TNF)、集落刺激因子(colony stimulation factor,CSF)等的受体。这些细胞因子在细胞与细胞、细胞与基质相互作用中起重要作用。在细胞培养中可通过基因修饰来影响细胞因子的合成和分泌,可增强细胞促进创面愈合的能力。用 EGF 基因处理的人角质形成细胞接种于无细胞真皮,显示有明显的促增殖作用,并增加血管内皮生长因子(VEGF)的分泌。

异体角质形成细胞在移植后易导致排斥反应,因此,利用基因敲除技术降低角质形成细胞表达 MHC 抗原可望解决异体人工皮肤移植中的排斥反应问题。有研究显示,敲除 MHC 抗原的角质形成细胞对细胞毒 T 淋巴细胞的敏感性降低。

近年来的研究证实,一定条件下胚胎干细胞、成体干细胞、骨髓基质干细胞、脐带间充质干细胞、脂肪干细胞、毛囊干细胞等均可分化为角质形成细胞和皮肤附属器。角质形成细胞和成纤维细胞的基因修饰和基因敲除技术也有助于种子细胞的改造。

3. 支架材料的优化设计、构建及功能定位　组织工程皮肤支架不但可以单独作为"真皮再生模板"诱导组织再生,还可以作为种子细胞接种的载体和生长因子修饰的对象,为种子细胞提供黏附、迁移、增殖、分化的微环境,并引导新生皮肤的组织重构。因而针对潜在的生物材料进行优选、合理搭配及结构优化等仍是目前的研究热点。随着细胞成分、生长因子等的引入,探讨细胞与细胞、与基质材料、与生长因子之间的相互作用将成为可能;运用计算机辅助高通量分析技术,可对不同条件下细胞与细胞外基质相互作用方式进行量化;运用纳米技术和智能化可控研究技术,可将生长因子微囊或微球整合于支架材料中,通过对微囊/微球的可控性设计,达到移植创面后依据愈合修复时相不同而"有序"释放所需生长因子,从而特异性调控种子细胞的迁移、增殖和分化;而目前如火如荼的 3D 生物打印技术,则为人类模仿机体皮肤的生理结构和功能,如汗腺、皮脂腺等皮肤附属器及黑素细胞等,使愈合后的皮肤与在体皮肤融为一体展示了光明的前景。

参考文献

1. 胡大海,王洪涛,王耘川,等.组织工程皮肤研究现状.创伤与急危重病医学,2013,1(1):13-16,24
2. 韩春茂,王新刚.组织工程皮肤与创面再生性修复.中华烧伤杂志,2013,29(2):122-125

Notes

3. Cerqueira MT, Marques AP, Reis RL. Using stem cells in skin regeneration：possibilities and reality. Stem Cells Dev,2012,21(8):1201-1214

4. Mohamed A, Xing MM. Nanomaterials and nanotechnology for skin tissue engineering. Int J Burn Trauma,2012；2(1):29-41

5. Wang HM, Chou YT, Wen ZH, et al. Novel Biodegradable Porous Scaffold Applied to Skin Regeneration. PLoS ONE,2013,8(6):e56330. doi:10. 1371/journal. pone. 0056330

6. Fisher MB, Mauck RL. Tissue engineering and regenerative medicine：recent Innovations and the transition to translation. Tissue Eng Part B Rev,2013,19(1):1-13

7. Bellas E, Seiberg M, Garlick J, et al. In vitro 3D full thickness skin equivalent tissue model using silk and collagen biomaterials. Macromol Biosci,2012,12(12):1627-1636

（周瑞祥）

Notes

第 12 章 眼 和 耳

KEY POINTS

- Structure of the eyeball wall
- Structure of the sclera, cornea, iris, ciliary body and choroid
- Structure and function of the specialized regions of the retina
- Structure of the osseous and membranous labyrinths
- Structure and functions of the crista ampullaris, macula acustica and organ of Corti

一、眼

　　眼是人体的感光器官,其核心结构为眼球(eyeball),具有屈光成像和感光功能。眼睑、结膜、泪腺和眼外肌等为眼的辅助装置,起支持、保护和运动等作用。眼球近似球形,由眼球壁和眼内容物组成(图 12-1、图 12-2)。眼球壁分为 3 层,从外至内为纤维膜(fibrous tunic)、血管膜(vascular tunic)和视网膜。纤维膜前 1/16 为透明的角膜,后 15/16 为瓷白色的巩膜,主要成分为致密结缔组织,起支持保护作用。血管膜又叫葡萄膜(uvea),从前至后分为虹膜、睫状体与脉络

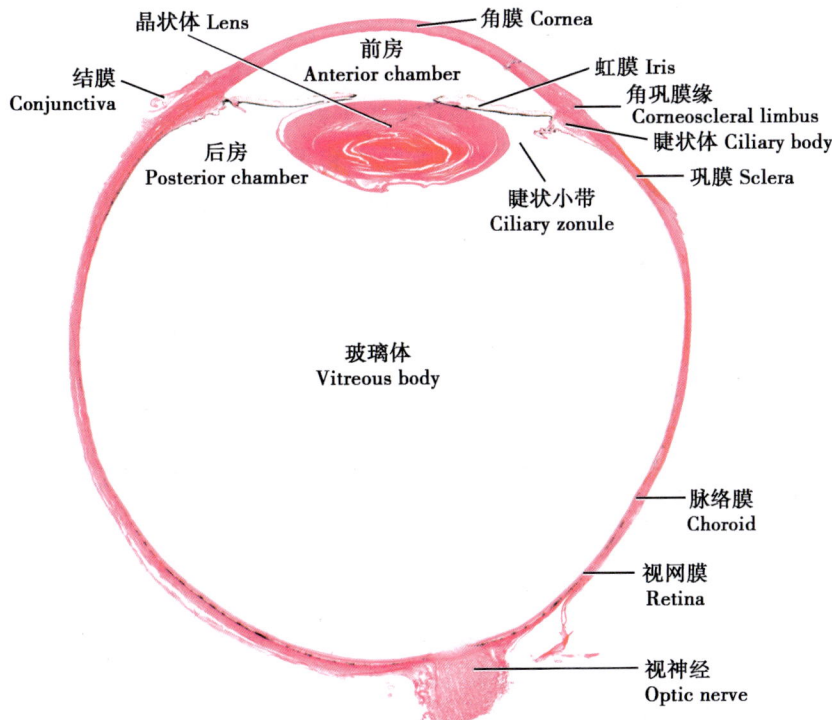

图 12-1　眼球水平切面光镜像　HE 染色(复旦大学上海医学院周国民供图)

Fig. 12-1　Light micrograph of horizontal section of the eyeball　HE stain　Low magnification

膜,主要成分为富含血管和色素细胞的疏松结缔组织,具有营养和遮光等作用。视网膜是脑的外延部分,覆盖在眼球壁内表面,以锯齿缘(ora serrata)为界分为视部与盲部。眼内容物有房水、晶状体和玻璃体等,均无色透明,与角膜一起组成眼球的屈光介质。眼球的内腔被虹膜不完全分隔为前房和后房,两者之间通过瞳孔沟通。

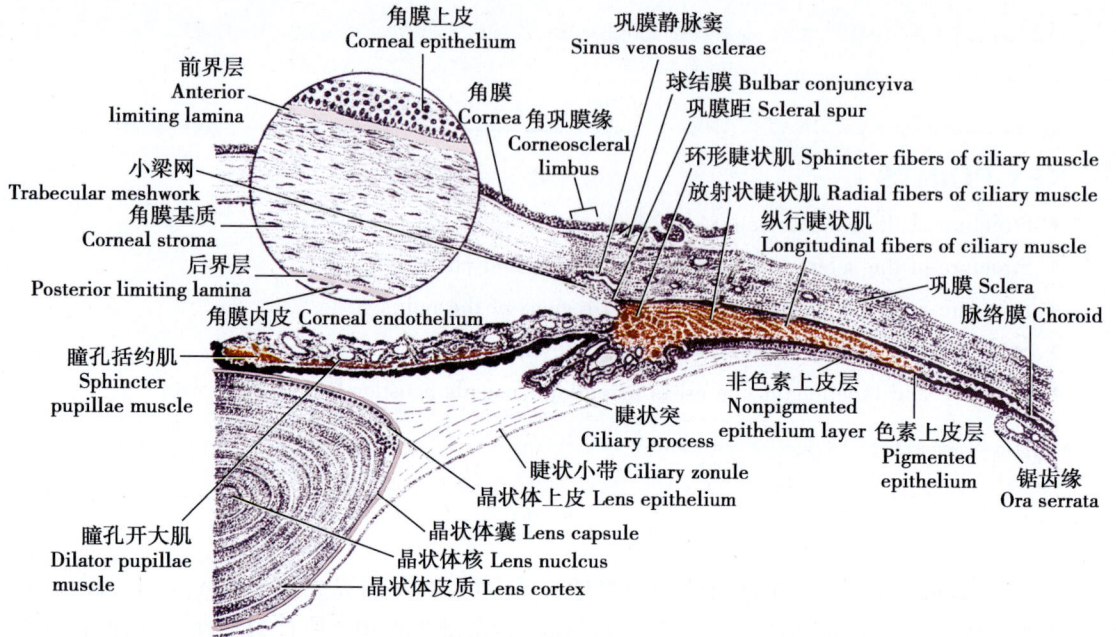

图 12-2　眼球前部模式图

Fig. 12-2　Schematic diagram of the anterior segment of the eye

(一) 眼球壁

1. 角膜　角膜(cornea)呈透明的圆盘状,似一凸凹透镜,边缘以角巩膜缘与巩膜相连。角膜的边缘较厚,约1mm,中央较薄,约0.5mm。角膜无血管和淋巴管分布,但有丰富的游离神经末梢,感觉非常敏锐。临床上,通过角膜移植能使患者复明,成功率在90%以上,与角膜缺乏 MHC Ⅱ、分泌免疫抑制因子、朗格汉斯细胞较少和无血管、淋巴管等因素有关。角膜的营养主要由房水和角巩膜缘毛细血管渗透供给。角膜的结构层次分明,自外向内可分为5层(图12-3)。

(1) 角膜上皮:角膜上皮(corneal epithelium)为未角化的复层扁平上皮,与周边的结膜上皮相延续,由5~7层排列整齐的细胞组成,约占整个角膜厚度的1%。上皮的表面有泪液膜覆盖,基底面平整,通过基膜与深层的结缔组织相连。角膜上皮细胞可分为3种类型:①基底细胞:为位于上皮基底部的一层柱状细胞,常见分裂相,表明角膜上皮细胞更新较快,有较强的再生能力;②翼状细胞:为中间2~3层的多角形细胞;③扁平细胞:位于上皮表面,有1~2层,细胞游离面有许多短小的微绒毛,细胞之间有桥粒相连。正常情况下,上皮内偶见散在的淋巴细胞和朗格汉斯细胞,角膜炎症时,这些细胞的数量增多。

(2) 前界层:前界层(anterior limiting lamina)又叫 Bowman 层,是一层透明的均质层,厚10~16μm,由固有层分化而来,故认为没有再生能力。前界层内含由Ⅰ型胶原蛋白构成的胶原原纤维,直径16~24nm,排列散乱,深部纤维聚集呈斜行排列,与固有层浅部纤维方向一致。前界层对损伤和细菌等具有屏障保护作用。

(3) 角膜基质:角膜基质(corneal stroma)又叫固有质(substantia propria),约占角膜厚度的9/10,主要由规则的致密结缔组织组成,其中胶原含量在70%以上,以Ⅰ型和Ⅴ型胶原蛋白为

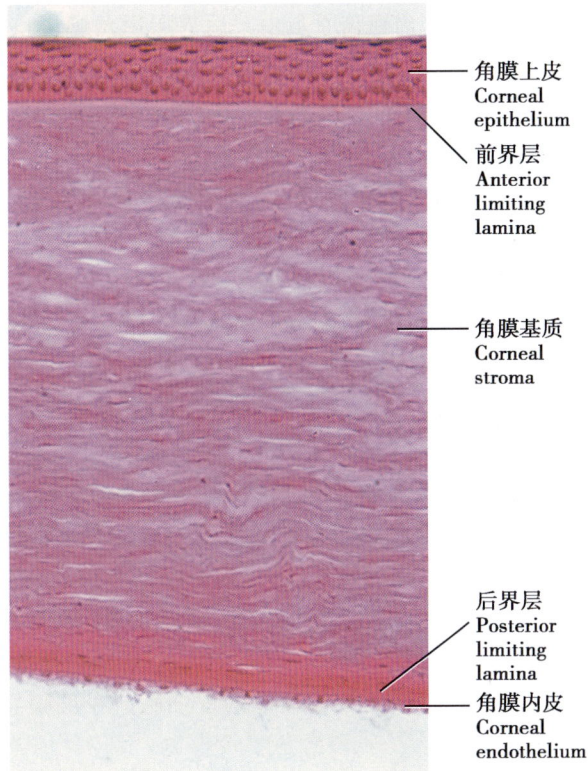

角膜上皮
Corneal epithelium

前界层
Anterior limiting lamina

角膜基质
Corneal stroma

后界层
Posterior limiting lamina

角膜内皮
Corneal endothelium

图 12-3　角膜光镜像　HE 染色　高倍 (复旦大学上海医学院周国民供图)
Fig. 12-3　Light micrograph of the cornea　HE stain　High magnification

主。电镜下,可见角膜基质由 200～500 个板层状结构所构成,同一板层内的胶原原纤维呈平行排列,但相邻板层纤维的排列却呈互相垂直的关系(图 12-4),此种结构形式具有高度抗损伤及抗变形能力。板层之间有角膜细胞(keratocyte)分布,为一种有细长突起的成纤维细胞,具有形成纤维和基质的能力,并参与角膜创伤的修复。角膜基质中还含有透明质酸、硫酸软骨素 A、硫酸角质素和纤维连接蛋白等成分,他们起粘合和保持水分的作用。角膜基质中无血管分布,因此其营养主要来源于房水和角巩膜缘的血管。角膜基质的结构特点是角膜保持透明的重要因素。

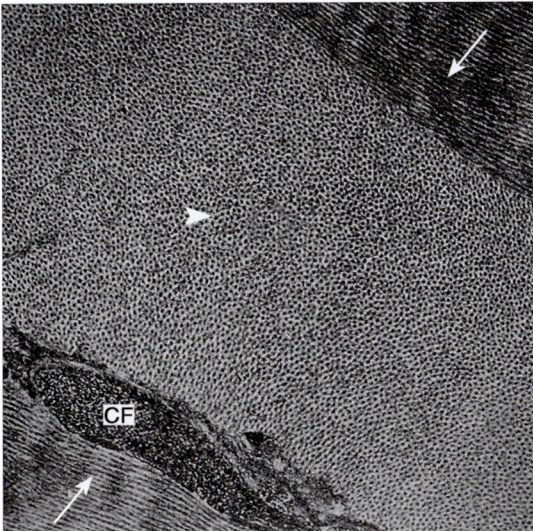

图 12-4　角膜基质电镜像
同一板层内胶原原纤维呈平行排列,而相邻板层的胶原原纤维互相垂直;长箭头示胶原纤维的横截面;短箭头示胶原纤维的纵截面;CF. 角膜成纤维细胞

Fig. 12-4　Electron micrograph of the corneal stroma
The collagen fibrils areparallelly arranged in the same lamella but perpendicularly with those in the adjacent lamella;long arrows indicate the longitudinal sections of collagen fibrils;short arrow indicates the cross sections of collagen fibrils; CF. corneal fibroblast

Notes

（4）后界层：后界层（posterior limiting lamina）又叫 Descemer 膜，为一层透明的均质膜，厚约 $5\sim10\mu m$，由胶原原纤维和基质组成，含Ⅶ胶原蛋白。后界层由角膜内皮分泌形成，属于角膜内皮的基膜，会随年龄增长而增厚。

（5）角膜内皮：角膜内皮（corneal endothelium）为单层扁平上皮，细胞之间连接紧密，其基底部附着于后界层，游离面与房水接触。角膜内皮细胞具有合成和分泌蛋白质的超微结构特点，胞质内还含有大量线粒体和吞饮小泡，表明其具有活跃的物质转运功能。在内皮细胞侧面的胞膜上有 Na^+, K^+-ATP 酶，能主动将角膜基质中的水分转运至前房，以维持基质水分的恒定，保障角膜的透明与折光率恒定。

2. 巩膜　巩膜（sclera）呈瓷白色，厚约 $0.4\sim1mm$，前、后端分别与角膜基质和硬脑膜相延续，在视盘处则为筛板样结构，是巩膜最薄弱的部位。巩膜由致密结缔组织构成，其粗大的胶原纤维和弹性纤维交织成网，有少量成纤维细胞和色素细胞等，并有少量血管、神经穿行其中。

3. 角巩膜缘　巩膜与角膜的交界处称角巩膜缘（corneoscleral limbus），又称角膜缘（corneal limbus）。位于角巩膜缘内侧的巩膜静脉窦和小梁网是房水循环的重要结构（图 12-5），与眼内压的稳定密切相关。巩膜静脉窦（sinus venosus sclerae）为一环形管道，腔内充满房水，其管壁由内皮、不连续的基膜和薄层结缔组织构成。小梁网（trabecular meshwork）位于巩膜静脉窦的内侧，呈筛网状，小梁之间的间隙叫小梁间隙（trabecular space）。小梁网由角膜基质纤维、后界膜及角膜内皮向后扩展而成，其轴心为胶原纤维，表面覆以内皮细胞。在巩膜静脉窦内侧的巩膜组织略向前突，称巩膜距（scleral spur）。

4. 虹膜　虹膜（iris）为一环状肌性薄膜，中央为圆形的瞳孔（pupil），可调节进入眼球的光线。虹膜的周边与睫状体相连，其与角巩膜缘之间所夹之角叫前房角（图 12-5）。虹膜由基质和上皮两部分组成（图 12-6）。

（1）虹膜基质：虹膜基质（iris stroma）为含大量色素细胞和血管的疏松结缔组织，在其前表面，扁平的成纤维细胞和色素细胞较多，形成不连续的前缘层（anterior border layer）。基质中的色素细胞呈星形或圆形，胞质中有大量色素颗粒，但在不同人种，甚至不同个体的色素颗粒的形状、密度和分布均有一定差异。

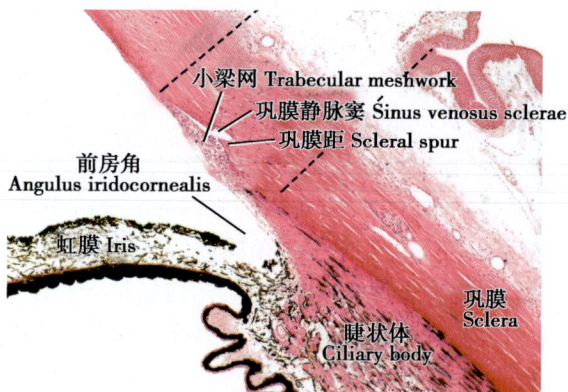

图 12-5　眼角巩膜缘和虹膜光镜像　HE 染色　低倍
（复旦大学上海医学院周国民供图）

Fig. 12-5　Light micrograph of corneoscleral limbus and iris of the eye　HE stain　Low magnification

（2）虹膜上皮：虹膜上皮由两层色素上皮细胞组成，为视网膜盲部的一部分。前层色素上皮细胞已特化为肌上皮细胞，具有收缩功能。其中，近瞳孔缘的细胞呈环形排列，叫瞳孔括约肌，见图 12-6，受副交感神经支配，收缩时使瞳孔缩小；而位于瞳孔括约肌外侧的细胞则呈放射状排列，叫瞳孔开大肌，受交感神经支配，收缩时使瞳孔开大。后层色素上皮细胞呈立方形或矮柱状，胞质内富含较大的黑素颗粒，细胞间有紧密连接和中间连接。细胞基底部有薄层基膜附着，并可见质膜内褶。细胞顶部与前层色素上皮细胞相贴，两者之间的间隙很小，有微绒毛突出。

5. 睫状体　睫状体（ciliary body）位于虹膜与脉络膜之间，其前部较厚并伸出放射状的睫状突，后部渐平坦，终止于锯齿缘。睫状体由睫状肌、基质与上皮组成（图 12-7）。

Notes

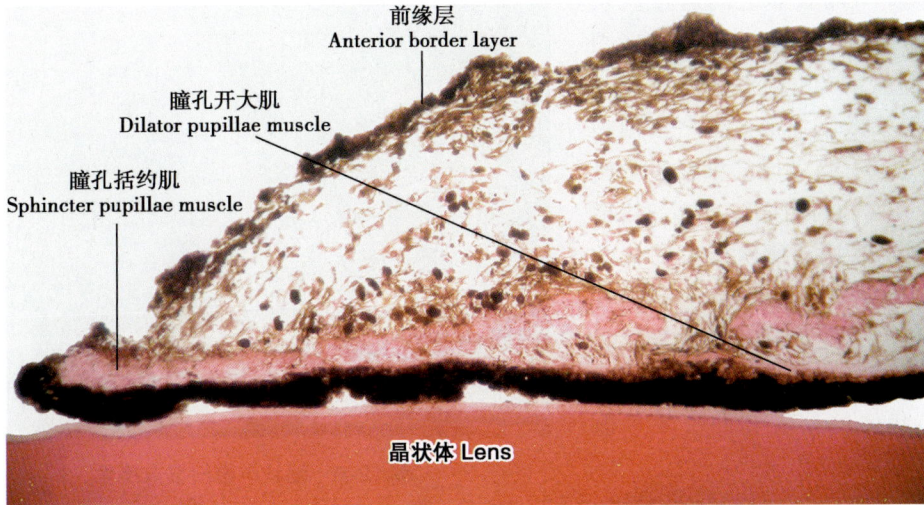

图 12-6　虹膜和晶状体光镜像　HE 染色　低倍（复旦大学上海医学院周国民供图）
Fig. 12-6　Light micrograph of the iris and lens　HE stain　Low magnification

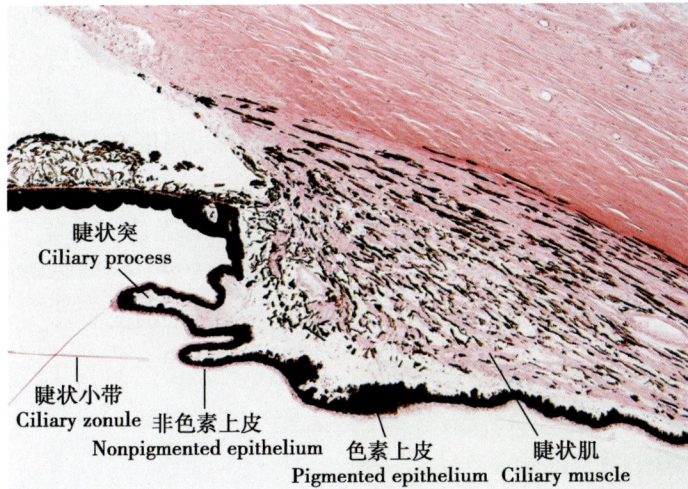

图 12-7　睫状体光镜像　HE 染色　低倍（复旦大学上海医学院周国民供图）
Fig. 12-7　Light micrograph of the ciliary body　HE stain　Low magnification

睫状肌为平滑肌，密集分布于睫状体的外 2/3 区域。肌纤维的排列方向为外纵、中斜和内环：纵行纤维紧靠巩膜走行，前端附着于巩膜距，后端附着于脉络膜；斜行纤维的前端也附着于巩膜距，后端则呈放射状伸入睫状体内；环形纤维位于最内侧，环绕睫状体。睫状体基质为富含血管和色素细胞的结缔组织，主要分布在睫状体内侧和睫状突内，在睫状肌纤维之间也有少量分布。

睫状体上皮由外层的色素上皮细胞和内层的非色素上皮细胞组成，与虹膜上皮一样同属于视网膜盲部，后端在锯齿缘与视网膜视部相延续。色素上皮细胞为立方形，内有粗大的色素颗粒。非色素上皮细胞为立方形或矮柱状，有较发达的内质网和高尔基复合体。这两层上皮细胞的游离面彼此相对紧靠在一起，之间或有狭小的缝隙出现，称为睫状通道（ciliary channel）。两层上皮细胞的基底面则分别面向后房和睫状体基质，均附着在各自的基膜上，有丰富的质膜内褶。上皮细胞的侧面可见缝隙连接与桥粒。睫状突的上皮具有产生房水的功能，其成分以水为主，还含有氨基酸、葡萄糖、Na^+、Cl^- 和抗坏血酸等物质，其中 Na^+、Cl^- 等由上皮细胞主动转运至后房，水和其他成分等则由基质中的有孔毛细血管渗透入后房。

Notes

　　睫状突与晶状体之间通过丝状的睫状小带（ciliary zonule）相连（图12-8）。睫状小带由许多直径为11～12nm的管状微原纤维借蛋白多糖粘合、包被而成。当微原纤维聚集紧密时，可见9nm的周期横纹，松散时，横纹周期则不规则。睫状小带的化学成分为非胶原性酸性蛋白，可被弹性蛋白酶α-胰凝乳蛋白酶消化。睫状肌收缩时，睫状小带松弛，反之，则紧张，使晶状体的位置和曲度发生改变，对屈光起调节作用。

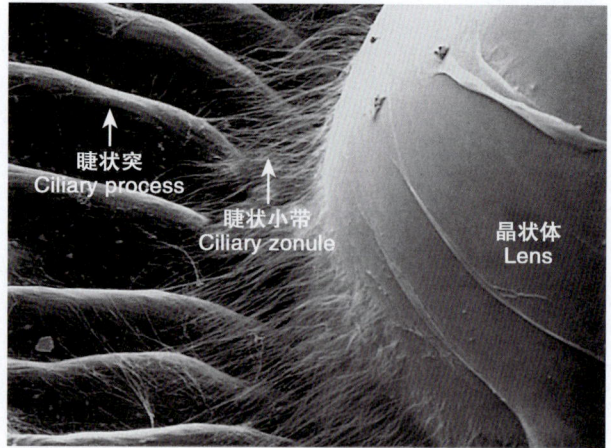

图 12-8　睫状小带扫描电镜像
Fig. 12-8　Scanning electron micrograph of the ciliary zonule

　　6. 脉络膜　脉络膜（choroid）填充在巩膜与视网膜视部之间，为富含血管和色素细胞的疏松结缔组织（图12-9），从内至外可分为玻璃膜、脉络膜毛细血管层和脉络膜固有层。玻璃膜又叫 Bruch 膜，是一层均质透明的夹芯样薄膜，膜的两侧分别为视网膜色素上皮细胞和脉络膜毛细血管内皮细胞的基板，中间为胶原纤维和弹性纤维层。脉络膜毛细血管层（choriocapillaris）含丰富的有孔型毛细血管网，为外层视网膜提供氧与营养。脉络膜固有层（choroidal stroma）中主要有后睫状动脉的分支和涡静脉分布，周围有胶原纤维、弹性纤维、成纤维细胞、平滑肌细胞、植物性神经元和黑素细胞等。

　　7. 视网膜　视网膜（retina）衬贴于血管膜的内侧，根据有无感光功能，可分为视网膜视部（pars optica retina）和盲部（pars caeca retina），两者以锯齿缘为界。视网膜常指视部而言。视网膜由色素上皮和神经层组成，分别由胚胎时期视杯的外层和内层演变而来。

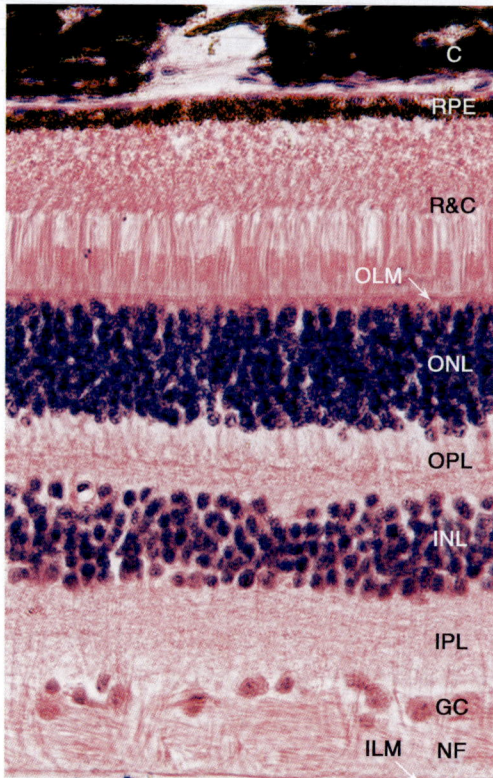

图 12-9　视网膜光镜像　HE 染色　低倍（复旦大学上海医学院周国民供图）
C. 脉络膜；RPE. 视网膜色素上皮；R & C. 视锥视杆层；OLM. 外界膜；ONL. 外核层；OPL. 外网层；INL. 内核层；IPL. 内网层；GC. 节细胞层；NF. 视神经纤维层；ILM. 内界膜

Fig. 12-9　Light micrograph of the retina HE stain　High magnification
C. choroid；RPE. retinal pigment epithelium；R & C. layer of rods and cones；OLM. outer limiting membrane；ONL. outer nuclear layer；OPL. outer plexiform layer；INL. inner nuclear layer；IPL. inner plexiform layer；GC. layer of gangliong cells；NF. layer of optic fibers；ILM. inner limiting membrane

（1）视网膜色素上皮：视网膜色素上皮（retinal pigment epithelium）为单层矮柱状上皮（图 12-8），细胞之间有紧密连接、中间连接和缝隙连接等。细胞基部附着在玻璃膜上，有发达的质膜内褶。细胞顶部与视细胞相接触，并有大量指状突起伸入视细胞外节之间，两者之间填充有无定形的细胞外基质，但并无牢固的连接结构（图 12-9），因此，视网膜剥离疾病常发生在这两层之间。色素上皮细胞内有大量粗大的黑素颗粒和吞噬体，黑素颗粒具有保护视细胞免受强光损伤的作用，吞噬体内则常见视细胞的膜盘，表明其具有吞噬衰老膜盘的功能。色素上皮细胞还具有储存维生素 A 和参与视紫红质合成的功能。

（2）视网膜神经层：为薄层透明的神经组织，由神经元和神经胶质细胞组成。在 HE 染色切片中，神经层呈层状结构，从外至内可分为 3 个核层：外核层（outer nuclear layer）、内核层（inner nuclear layer）和节细胞层（layer of ganglion cells），见图 12-9，分别为视细胞、中间神经元和节细胞聚集的部位。中间神经元除双极细胞外，还有水平细胞、无长突细胞和网间细胞。在外核层与内核层以及内核层与节细胞层之间分别为外网层（outer plexiform layer）和内网层（inner plexiform layer），是神经元突起之间形成突触的区域。

1）视细胞：视细胞（visual cell）是具有光电信号转换功能的特殊感觉细胞，故又称感光细胞（photoreceptor cell）。细胞呈长杆状，可分为胞体、外侧突和内侧突 3 部分。胞体稍膨大，位于外

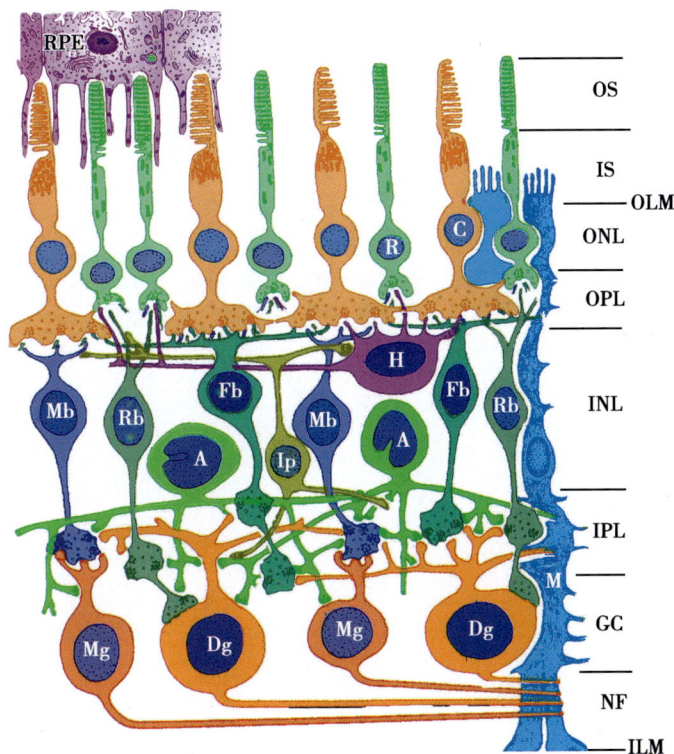

图 12-10　视网膜结构模式图

RPE. 视网膜色素上皮；R. 视杆细胞；C. 视锥细胞；Mb. 侏儒双极细胞；Fb. 扁平双极细胞；Rb. 杆状双极细胞；H. 水平细胞；A. 无长突细胞；Ip. 网间细胞；Mg. 侏儒节细胞；Dg. 弥散节细胞；M. Müller 细胞；OS. 外节；IS. 内节；OLM. 外界膜；ONL. 外核层；OPL. 外网层；INL. 内核层；IPL. 内网层；GC. 节细胞层；NF. 视神经纤维层；ILM. 内界膜

Fig. 12-10　Schematic diagram of the structure of the retina

RPE. retinal pigment epithelium；R. rod cell；C. cone cell；Mb. midget bipolar cell；Fb. flat bipolar cell；Rb. rod bipolar cell；H. horizontal cell；A. amacrine cell；Ip. interplexiform cell；Mg. midget ganglion cell；Dg. diffuse ganglion cell；M. Müller cell；OS. outer segment；IS. inner segment；OLM. outer limiting membrane；ONL. outer nuclear layer；OPL. outer plexiform layer；INL. inner nuclear layer；IPL. inner plexiform layer；GC. layer of ganglion cells；NF. layer of optic fibers；ILM. inner limiting membrane

Notes

核层;外侧突呈圆柱或圆锥形,与色素上皮细胞紧贴;内侧突延伸入外网层,末梢膨大成小球或足状,与双极细胞的树突和水平细胞的突起形成突触。电镜下,外侧突可区分为外节(outer segment)与内节(inner segment),两者交界处狭小,具有连接纤毛的结构特征。外节为视细胞的感光部位,内部充满平行排列的膜盘(membranous disk),由外节基部胞膜不断内陷形成(图12-10、图12-11),膜盘上镶嵌有感光色素。内节是合成蛋白质的部位,含丰富的线粒体、粗面内质网和高尔基复合体。

根据分布、结构与功能的差异,将视细胞分为视杆细胞(rod cell)和视锥细胞(cone cell)两种。

人每只眼球内约有12 000万个视杆细胞和700万个视锥细胞,但在黄斑中央凹处只有视锥细胞,而无视杆细胞,从中央凹边缘至视网膜周边,视杆细胞逐渐增多,而视锥细胞则逐渐减少。

视杆细胞的胞体居外核层的内侧,细胞核较小,染色较深。外节呈杆状,叫视杆(rod),内侧突末梢膨大成小球状,叫杆小球(rod spherule)。其膜盘与表面细胞膜完全分离而独立存在,不与胞外相通,顶端衰老破损的膜盘脱落后被色素上皮细胞所吞噬。膜盘上的感光色素为视紫红质(rhodopsin),由11-顺视黄醛(11-cisretinae)和视蛋白(opsin)组成,能感受弱光的刺激。维生素A是合成视紫红质的原料,当其不足时,视紫红质合成减少或缺乏,将导致弱光视觉减退,出现夜盲症。

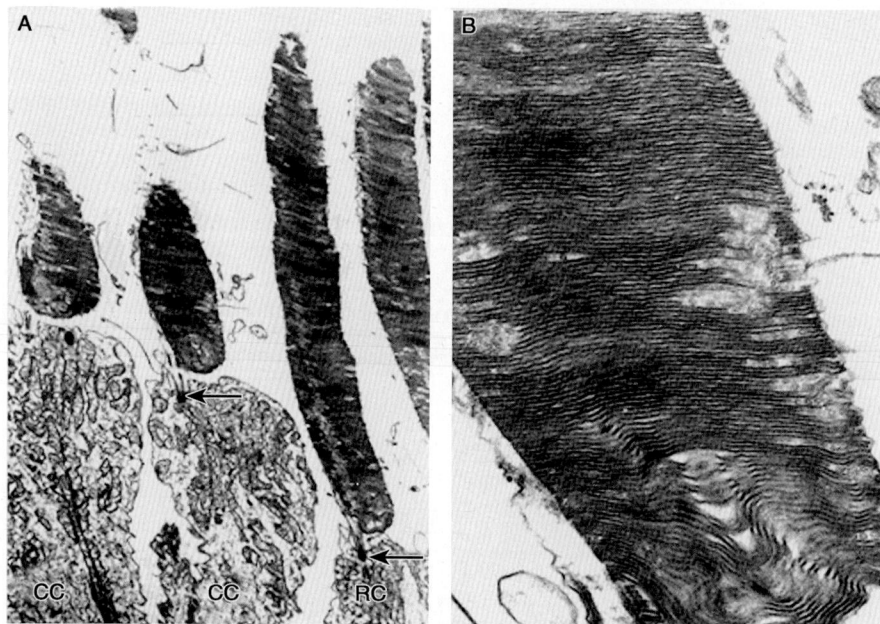

图 12-11　眼感光细胞电镜像

A. 感光细胞电镜像,显示视锥细胞(CC)、视杆细胞(RC)和连接纤毛根部(箭头);B. 视锥细胞外节膜盘

Fig. 12-11　Electron micrograph of the photoreceptor cell of the eye

A. electron micrograph of the photoreceptor cell showing cone cell (CC),rod cell (RC) and the basal body of the connecting cilium;B. membranous disks in the outer segment of the cone cell

视锥细胞的胞体分布在外核层外侧,细胞核较大,染色较浅。外节为圆锥形,叫视锥(cone),与视杆一起构成视杆视锥层(layer of rods and cones)。内侧突末梢膨大呈足状,叫锥小足(cone pedicle)。视锥的膜盘与胞膜不分离,顶端膜盘也不脱落,其感光色素为视紫蓝质(iodopsin),能感受强光和色觉,也由11-顺视黄醛和视蛋白组成,但视蛋白的分子结构有差异。人和大多数哺乳类动物有3种视锥细胞,分别有感红、绿和蓝光的色素,若缺少感红光或绿光的视锥细胞,则不能分辨红或绿色,为红或绿色盲。

2)视网膜中间神经元:中间神经元的胞体位于内核层,以双极细胞为主,此外还有水平细胞、无长突细胞和网间细胞,在视网膜内构成局部环路,发挥调控作用。

双极细胞(bipolar cell):为连接视细胞和节细胞的纵向联络神经元,其胞体位于内核层,树突、轴突分别与视细胞和节细胞形成突触。大多数双极细胞可与多个视细胞和节细胞连接,叫扁平双极细胞(flat bipolar cell)或杆状双极细胞(rod bipolar cell),但在中央凹边缘的双极细胞只与视锥细胞和节细胞形成一对一的连接,称侏儒双极细胞(midget bipolar cell),见图 12-10。

水平细胞(horizontal cell):胞体位于内核层的外侧缘,发出许多水平走向的突起伸入外网层,与视细胞、双极细胞及网间细胞形成突触,相邻的水平细胞突起之间有缝隙连接。

无长突细胞(amacrine cell):胞体较大,呈烧瓶形,在内核层的内侧缘排成 2～3 行,其突起兼有树突和轴突的结构特点,在内网层内与双极细胞的轴突、节细胞树突及网间细胞的突起形成突触。

网间细胞(interplexiform cell):数量较少,胞体位于无长突细胞之间,突起在内网层和外网层广泛伸展,与无长突细胞和水平细胞形成突触。

3) 节细胞:节细胞(ganglion cell)为长轴突的多极神经元,也是视网膜内唯一的传入神经元。节细胞多排列成单层,其胞体较大,直径 $10～30\mu m$,树突伸入内网层,与双极细胞、无长突细胞和网间细胞形成突触,轴突构成视神经纤维层(layer of optic fibers),并向眼球后极汇集形成视神经。节细胞也可分为两类,即侏儒节细胞(midget ganglion cell)和弥散节细胞(diffuse ganglion cell),前者胞体较小,只接受单一的视锥细胞和双极细胞的信息,这种一对一的通路能精确地传导视觉信息,后者胞体较大,与多个双极细胞形成突触联系(图 12-10)。

4) 视网膜神经胶质细胞:以放射状胶质细胞(radial neuroglia cell)为主,是视网膜特有的一种胶质细胞,又称 Müller 细胞。放射状胶质细胞呈细长不规则形状,几乎贯穿整个视网膜神经部,其胞体位于内核层的中部,细胞核呈卵圆形,染色较深。细胞的外侧端穿插在感光细胞之间,并与内节形成连接复合体,构成视网膜的外界膜(outer limiting membrane)。细胞的内侧突末端常膨大分叉,在神经纤维层内表面相互连接成内界膜(inner limiting membrane),见图 12-10。

细胞体及内、外侧突起上发出很多细小的叶片状分支,包绕在神经元的胞体和突起周围。放射状胶质细胞具有营养、支持、绝缘和保护作用。除放射状神经胶质细胞外,视网膜内还有星形胶质细胞和小胶质细胞等。

综上所述,在光镜下观察视网膜,自外向内可细分为 10 个层次,即色素上皮层、视杆视锥层、外界膜、外核层、外网层、内核层、内网层、节细胞层、视神经纤维层和内界膜。

(3) 黄斑和视盘:黄斑(macula lutea)为视网膜后极部一浅黄色区域,其中央有一小凹称中央凹(central fovea)。中央凹的视网膜最薄,此处除色素上皮外,只有视锥细胞,与之相连的双极细胞和节细胞均斜向中央凹周边排列,使光线可直接落在视锥细胞上,且由于该处视锥细胞与双级细胞和节细胞形成一对一的传导通路,故是视觉最敏锐的区域(图 12-12)。视神经穿行眼

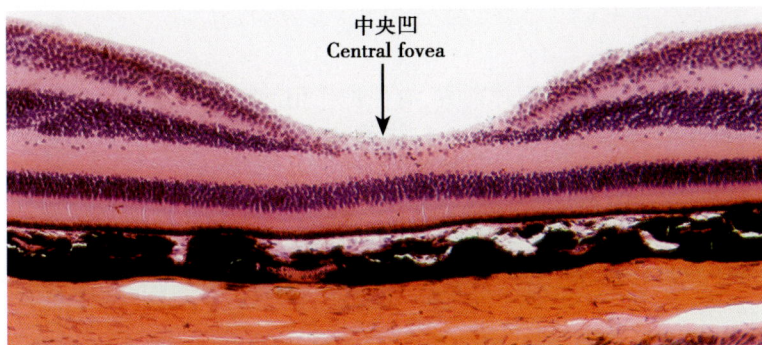

中央凹
Central fovea

图 12-12　视网膜黄斑光镜像　HE 染色　低倍(复旦大学上海医学院周国民供图)
Fig. 12-12　Light micrograph of the macula lutea of the retina　HE stain　Low magnification

Notes

球壁的部位,称视盘(opticdisc)也称视神经乳头(papilla of optic nerve),直径约 1.5mm,位于黄斑的鼻侧(图 12-13),由于此处缺乏视细胞,故无感光功能,为生理性盲点。

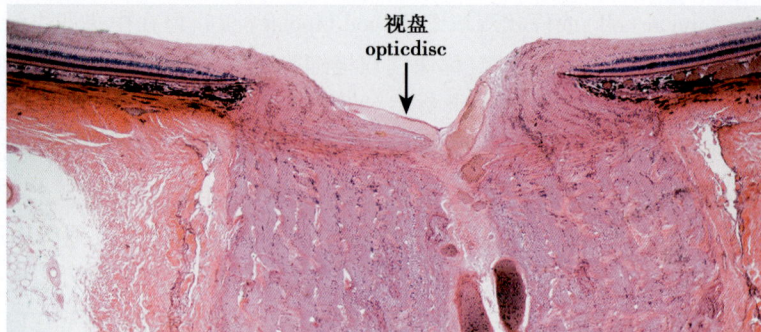

图 12-13 视盘光镜像 HE 染色 低倍(复旦大学上海医学院周国民供图)
Fig. 12-13 Light micrograph of the papilla of optic nerve of the retina HE stain Low magnification

(二)眼球内容物

1. 晶状体 晶状体(lens)是一个具有弹性的双凸透明体,主要由纤维状的上皮细胞构成。晶状体外包一均质的薄膜,叫晶状体囊(lens capsule),由增厚的基膜及胶原原纤维组成。晶状体的前表面至赤道部覆盖一层立方形的晶状体上皮(lens epithelium),其中,赤道部的上皮细胞仍保持分裂能力,并向晶状体中央移行,分化演变为长柱状的晶状体纤维(lens fiber)。晶状体浅层的纤维构成晶状体的皮质,纤维与表面平行,有的纤维内仍可见细胞核;晶状体中心部位的纤维构成晶状体核,纤维内充满均质状的晶体蛋白(crystallin),细胞核消失。晶状体无血管和神经分布,营养由房水供给。老年人晶状体的弹性减弱,透明度往往降低,甚至混浊,为老年性白内障。

2. 玻璃体 玻璃体(vitreous body)位于晶状体和视网膜之间,中央有一个从晶状体后极至视盘的玻璃体管(vitreous canal),是胚胎时期玻璃体动脉的遗迹。玻璃体为无色透明的胶状物,其中水分占 99%,含有少量透明质酸、玻璃蛋白及胶原原纤维等。玻璃体内还有一些透明细胞(hyalocyte),胞质内含有空泡和颗粒。玻璃体流失后不能再生,由房水填充。

3. 房水 房水(aqueous humor)充盈于眼房内,为含少量蛋白质的透明液体。房水是由睫状体血管内的血液渗透及非色素上皮细胞分泌而成的。房水从后房经瞳孔至前房,继而沿前房角经小梁网间隙流入巩膜静脉窦,最终从静脉导出。房水的产生和排出保持动态平衡,使眼压维持正常,并有营养晶状体和角膜等作用。若房水回流受阻,眼球内压增高,则导致青光眼。

(三)眼辅助装置

1. 眼睑 眼睑(eyelid)覆盖于眼球前方,有保护作用。眼睑由前向后分为 5 层 (图 12-14)。

(1)皮肤:薄而柔软,在睑缘部有 2~3 列睫毛,睫毛根部的皮脂腺称睑缘腺,又称 Zeis 腺。睑缘处还有一种腺腔较大的汗腺,称睑腺,又称 Moll 腺,开口于睫毛毛囊或睑缘。

(2)皮下组织:为薄层疏松结缔组织。

(3)肌层:主要为骨骼肌,包括眼轮匝肌和提上睑肌。在上睑板上部还有由平滑肌组成的睑肌。

(4)睑板:由致密结缔组织构成,质如软骨,是眼睑的支架。睑板内有许多平行排列的分支管泡状皮脂腺,称睑板腺(tarsal gland),其导管开口于睑缘,分泌物有润滑睑缘和保护角膜的作用。

Notes

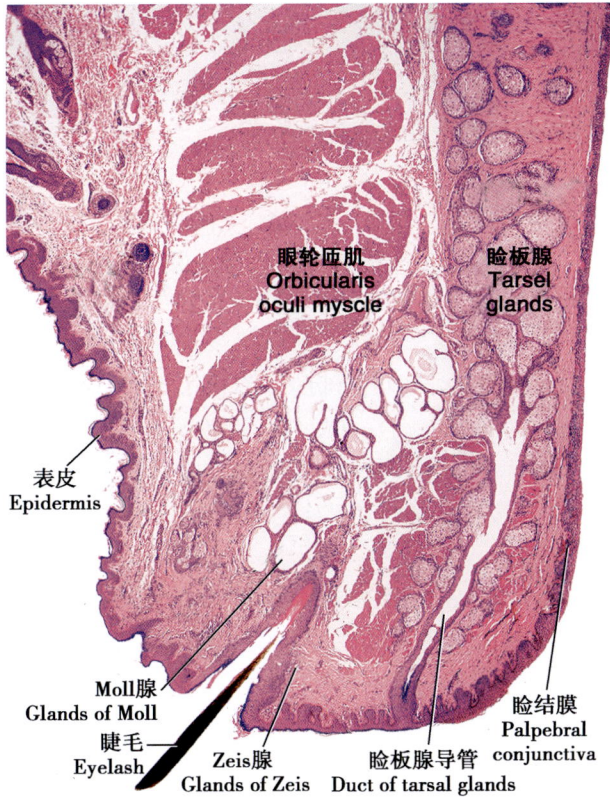

图 12-14　眼睑光镜像　HE 染色　低倍(复旦大学上海医学院周国民供图)
Fig. 12-14　Light micrograph of the eyelid　HE stain　Low magnification

（5）睑结膜：为薄层黏膜，表面被覆含杯状细胞的复层柱状上皮，上皮下为薄层结缔组织。睑结膜反折覆盖于巩膜表面称球结膜。

2. **泪腺**　泪腺(lacrimal gland)为浆液性复管状腺，被结缔组织分隔成小叶(图 12-15)。腺上皮为单层立方或柱状，胞质内有分泌颗粒。腺上皮外有基膜和肌上皮细胞。泪腺分泌的泪液经导管排至结膜上穹隆部，有润滑和清洁角膜的作用。

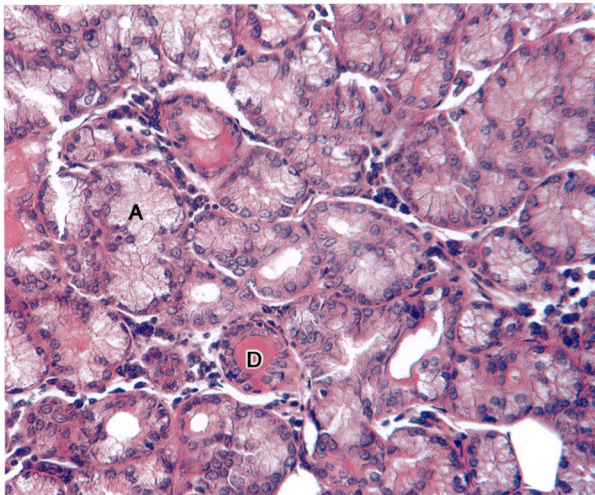

图 12-15　泪腺光镜像　HE 染色　低倍(复旦大学上海医学院周国民供图)
A. 腺泡；D. 导管
Fig. 12-15　Light micrograph of the lacrimal gland　HE stain　Low magnification
A. acinus；D. duct

Notes

二、耳

耳是听觉和位觉器官,由外耳、中耳和内耳组成。外耳、中耳起收集和传导声波的作用,内耳则具有接受声波刺激和感知头部及身体位置的功能。

(一)外耳

外耳包括耳廓、外耳道和鼓膜。

1. **耳廓**　耳廓表面有薄层皮肤,中有弹性软骨及软骨膜。在耳廓的皮下结缔组织中可见动静脉吻合,与耳廓的体温维持有关。耳廓的软骨组织血液供应不够丰富,伤后不易愈合,常发生坏死,愈合后常留有畸形。

2. **外耳道**　外耳道分外侧的软骨部和深部的骨部。软骨部皮肤稍厚,内有耳毛、皮脂腺和顶泌汗腺,后者又称耵聍腺(ceruminous gland),分泌黏稠的液体,有阻止异物侵入外耳道的作用。骨部皮肤较薄,仅0.1mm,耳毛和耵聍腺较少,顶部有少量皮脂腺。外耳道皮肤的皮下组织很少,紧贴软骨膜与骨膜,且外耳道上皮内游离神经末梢比较丰富,因此外耳道的发炎肿胀可引起剧烈疼痛。

3. **鼓膜**　鼓膜(tympanic membrane)是半透明的薄膜,周缘略厚。鼓膜的结构分为3层:外层为复层扁平上皮,与外耳道表皮相延续;中层为薄层的固有层;内层为黏膜层,与中耳黏膜相延续,表面为单层扁平上皮。

(二)中耳

中耳包括鼓室、听小骨、乳突小房和咽鼓管等(图12-16)。

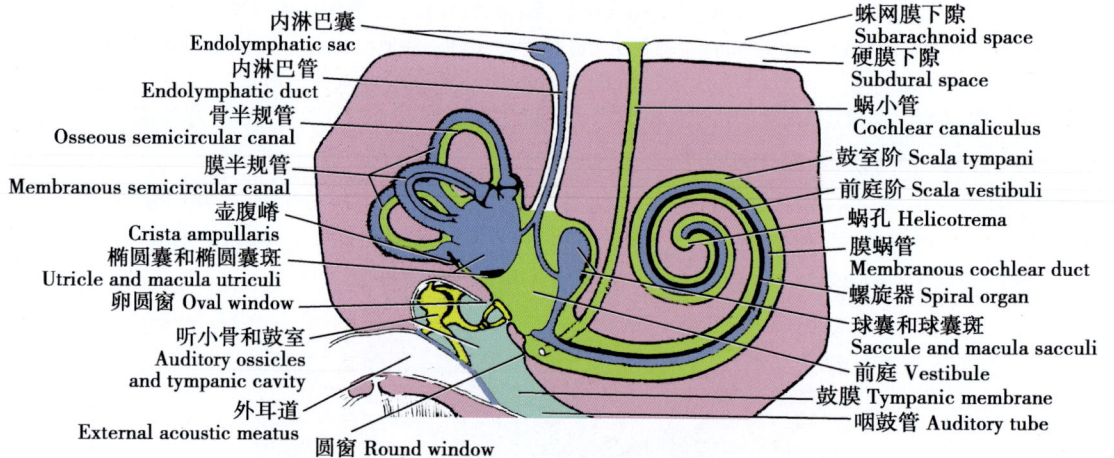

图 12-16　骨迷路和膜迷路模式图

Fig. 12-16　Schematic diagram of osseous labyrinth and membranous labyrinth

1. **鼓室**　鼓室为一不规则含有空气的小室,表面有黏膜皱襞,听小骨、肌肉、韧带、神经和血管等随黏膜皱襞突入鼓室。鼓室的黏膜由上皮和较薄的固有层组成,与深部骨膜连接紧密。上皮的类型有多种,如外侧壁和内侧壁为单层扁平上皮,后壁为单层立方或单层纤毛低柱状上皮,前壁和下壁则为单层纤毛柱状上皮和假复层纤毛柱状上皮,并有杯状细胞。固有层为细密结缔组织,内含神经纤维、血管和淋巴管。中耳炎时,杯状细胞增多,产生的黏液积存在鼓室内,可使听力受损。

2. **咽鼓管**　咽鼓管管壁的前2/3为软骨部,后1/3为骨部,前者表面覆盖假复层纤毛柱状上皮,纤毛朝咽部摆动,后者表面覆盖单层柱状上皮。

(三)内耳

内耳位于颞骨岩部深部,又称迷路,因其形状不规则和结构复杂而得名,由套叠在一起的骨迷路和膜迷路组成。骨迷路(osseous labyrinth)为弯曲如隧道的骨性管道,腔面覆有骨膜,分骨半规管、前庭和耳蜗 3 部分。膜迷路(membranous labyrinth)悬吊在骨迷路之中,由一些相互连通的膜性管道和囊腔组成,包括膜半规管、椭圆囊和球囊及蜗管 3 部分。膜迷路的腔面有黏膜覆盖,大部分黏膜很薄,表面为单层扁平上皮,局部黏膜增厚,上皮为立方或柱状。骨迷路和膜迷路之间的间隙称外淋巴间隙(perilymphatic space),内充满外淋巴(perilymph),而膜迷路内所含的液体叫内淋巴(endolymph)。外淋巴与内淋巴之间互不相通,外淋巴主要从骨膜内的毛细血管过滤产生,经由蜗小管(cochlear canaliculus)入蛛网膜下隙,而内淋巴由蜗管外侧壁的血管纹产生,通过内淋巴管及其末端膨大的内淋巴囊导入硬脑膜下隙(图 12-16)。

1.半规管与壶腹嵴 半规管由 3 个互相垂直的管道组成,位于前庭的后上方,每个半规管弯曲成 2/3 的环状,其一端膨大,称壶腹(ampulla)。膜半规管悬吊在骨半规管内,直径只有骨半规管的 1/4,其一端也有相应的膨大,一侧局部黏膜呈鞍状增厚并凸向腔内,形成一横行隆起,称壶腹嵴(crista ampullaris)(图 12-17、图 12-18)。

壶腹嵴的上皮由支持细胞和毛细胞组成。支持细胞(supporting cell)坐落在基膜上,细胞呈高

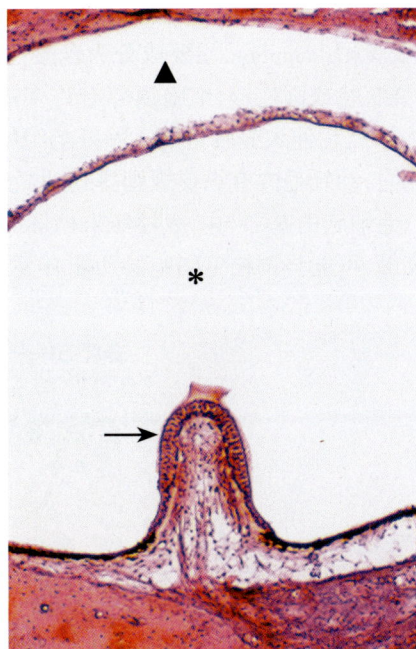

图 12-17　豚鼠内耳壶腹嵴光镜像　HE 染色　低倍
三角形示骨迷路;星号示膜半规管壶腹;箭头示壶腹嵴
Fig. 12-17　Light micrograph of the crista ampullaris of the guinea pig inner ear　HE staining　Low magnification
Triangle indicates the osseous labyrinth; asterisk indicates the ampulla of the membranous semicircular duct; arrow indicates the crista ampullaris

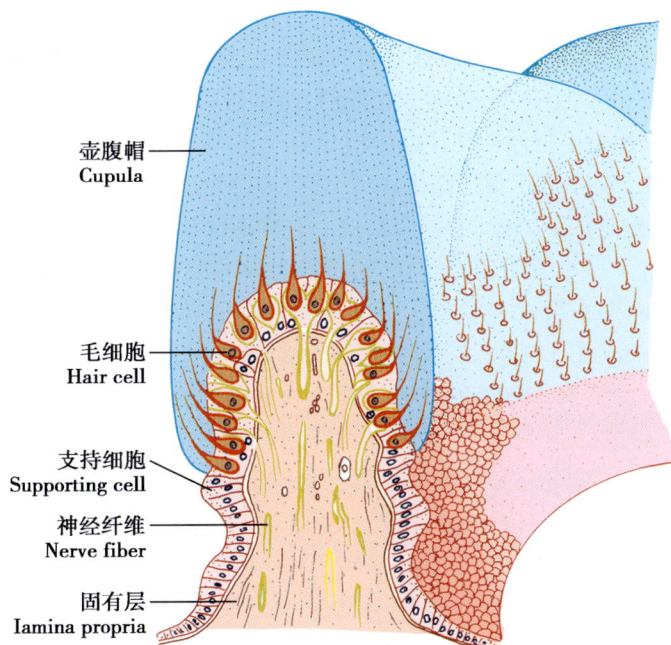

壶腹帽
Cupula

毛细胞
Hair cell

支持细胞
Supporting cell

神经纤维
Nerve fiber

固有层
lamina propria

图 12-18　壶腹嵴模式图
Fig. 12-18　Schematic diagram of crista ampullaris

Notes

柱状,游离面有微绒毛,顶部胞质中可见分泌颗粒。分泌物在壶腹嵴表面形成一圆锥形帽状结构,叫壶腹帽(cupula),主要成分为含酸性黏多糖的胶状物。毛细胞(hair cell)位于支持细胞之间,呈烧瓶状或圆柱形,细胞顶部有许多静纤毛(stereocilium)和一根较长的动纤毛(kinocilium)(图12-19),均伸入壶腹帽内。静纤毛为特殊分化的微绒毛,中轴内有纵行排列的微丝。与纤毛结构相同,动纤毛内有纵形规则排列的微管,即中央为2条单独的微管,周围为9组成队的二联微管。毛细胞的基部与前庭神经末梢形成突触(图12-19),部分毛细胞基部还与传出神经末梢形成突触,可能与调控毛细胞的功能有关。

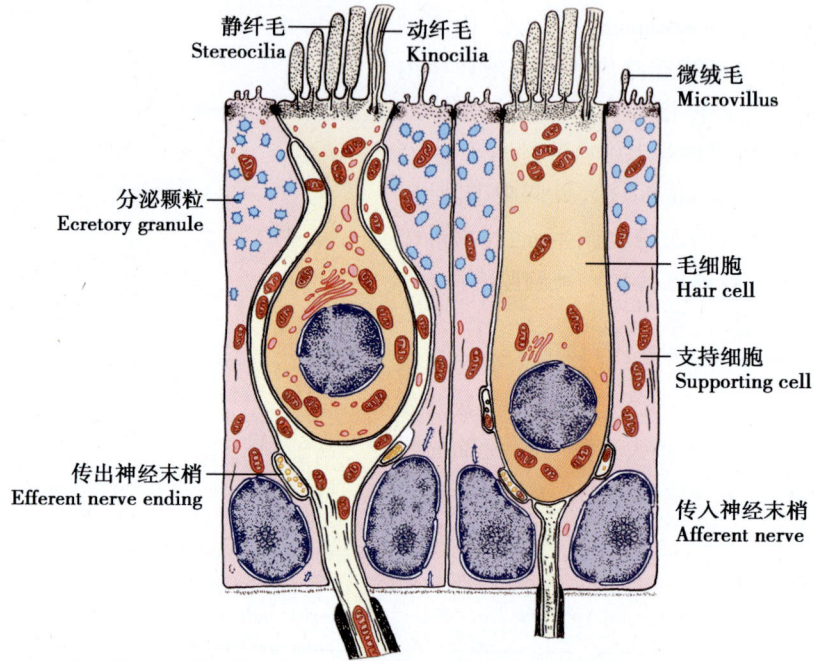

图 12-19 壶腹嵴毛细胞超微结构模式图

Fig. 12-19 Schematic diagram of ultrastructure of the hair cells in the crista ampullaris

　　壶腹嵴感受头部旋转运动的开始或终止时的刺激。当头部进行各方向的旋转时,膜半规管的内淋巴由于惯性作用而发生流动,使壶腹帽倾斜,引起静纤毛向动纤毛侧弯曲,使毛细胞受刺激而发生兴奋,经前庭神经将神经冲动传向中枢。

　　2. 前庭与位觉斑　前庭位于骨迷路的中部,为一椭圆形膨大骨腔,前方与耳蜗相通,后方与3个半规管相连,外侧壁是鼓室内壁的一部分,壁上有卵圆窗和圆窗。前庭内的膜迷路包括椭圆囊与球囊,两者之间由Y形小管相连,延伸出的小管叫内淋巴管(endolymphatic duct),管的末端膨大形成内淋巴囊(endolymphatic sac)(图12-16)。椭圆囊外侧壁和球囊前壁的黏膜增厚,构成位觉斑(maculae staticae)(图12-20),分别称为椭圆囊斑(macula utriculi)和球囊斑(macula sacculi),两者呈互相垂直的关系。椭圆囊斑和球囊斑的上皮也由支持细胞和毛细胞组成,上覆有胶质状的位砂膜(statoconic membrane),膜的表面有碳酸钙和蛋白质组成的晶体颗粒,称位砂或耳石(otolith)(图12-21)。由于位砂比重比内淋巴大,当头部直线加速运动开始或终止时,内淋巴发生的惯性流动对毛细胞纤毛的刺激,以及静止时地心引力对毛细胞的作用,均能引起毛细胞的兴奋,经前庭神经将神经冲动传向中枢。

　　3. 耳蜗与螺旋器

　　(1) 耳蜗:耳蜗(cochlea)形似蜗牛壳,由中央的蜗轴和围绕蜗轴盘旋约两周半的蜗螺旋管构成。蜗轴(modiolus)为蜗底至蜗顶之间的骨组织,内有血管、神经和神经节等。蜗螺旋管(cochlear spiral duct)被横贯其中的蜗管分隔为上、下两个部分,分别为前庭阶(scala vestibuli)和鼓

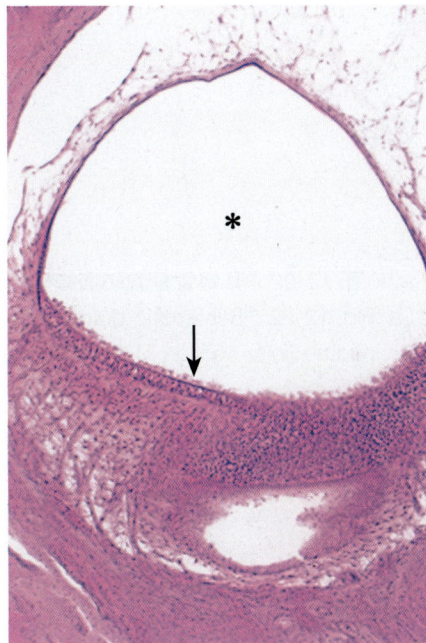

图 12-20　豚鼠内耳位觉斑光镜像
HE 染色　低倍

星号示球囊；箭头示球囊斑

Fig. 12-20　Light micrograph of the maculae staticae of the guinea pig inner ear　HE stain　Low magnification

Asterisk indicates the saccule；arrow indicates the macula sacculi

室阶（scala tympani）（图 12-22），腔面均覆有单层扁平上皮，腔内充满外淋巴。

蜗管（cochlear duct）是耳蜗的膜迷路部分，为三角形的膜性管道，有上、下、外 3 个壁（图 12-23、图 12-24）。

1）上壁：为从内下向外上分隔蜗管与前庭阶的薄膜，叫前庭膜（vestibular membrane），膜两面均被覆单层扁平上皮，中间为薄层结缔组织。

2）外壁：紧贴骨螺旋管外壁，表面为复层上皮，因内有连续型毛细血管分布，故叫血管纹（stria vascularis），具有分泌内淋巴的功能。上皮深部为增厚的骨膜，叫螺旋韧带（spiral ligament）。

3）下壁：由内侧的骨螺旋板和外侧的膜螺旋板组成，分隔蜗管和鼓室阶。

骨螺旋板（osseous spiral lamina）为从蜗轴伸出的一螺旋形薄骨片，其表面的骨膜增厚，并突入蜗管，形成螺旋缘（spinal limbus）。从螺旋缘表面向蜗管伸出一舌状胶质盖膜（tectorial membrane），覆盖在螺旋器的上方。盖膜由螺旋缘表面立方形上皮分泌形成，主要成分为糖蛋白和细纤维。

膜螺旋板（membranous spiral lamina）为连接骨螺旋板和螺旋韧带之间的膜性结构，中间有薄的纤维层，又叫基底膜（basilar membrane），膜的两面均被覆有上皮。基底膜中的纤维为胶原样细丝束，又叫听

弦（auditory string），从内向外呈放射状排列。从蜗底至蜗顶，听弦逐渐延长，因此蜗底的共振频率高，而蜗顶的共振频率低。

（2）螺旋器：螺旋器（spiral organ）为基底膜表面上皮细胞增厚所形成的接受声波刺激的装置，又称 Corti 器。与位觉感受器类似，螺旋器也由支持细胞和毛细胞组成（图 12-25、图 12-26）。

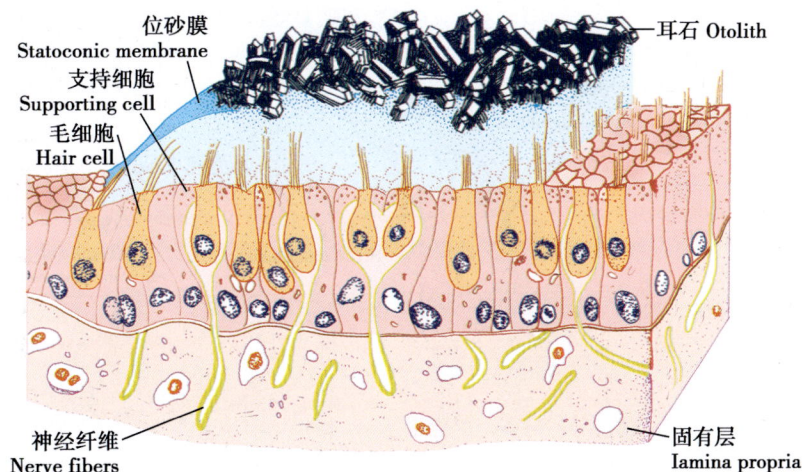

图 12-21　位觉斑模式图
Fig. 12-21　Schematic diagram of the maculae staticae

Notes

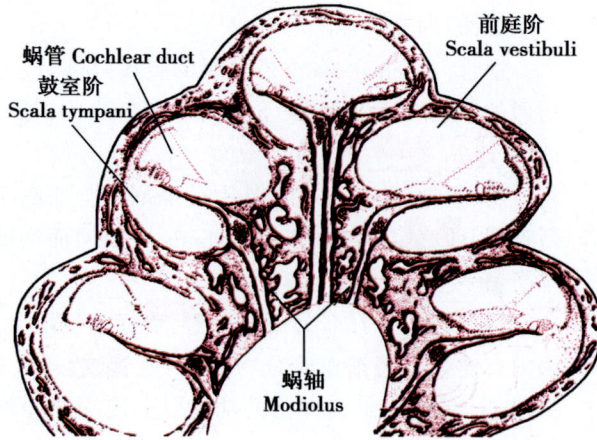

蜗管 Cochlear duct
鼓室阶 Scala tympani
前庭阶 Scala vestibuli
蜗轴 Modiolus

图 12-22　耳蜗管垂直切面模式图
Fig. 12-22　Schematic diagram of a midmodiolar section of the cochlea

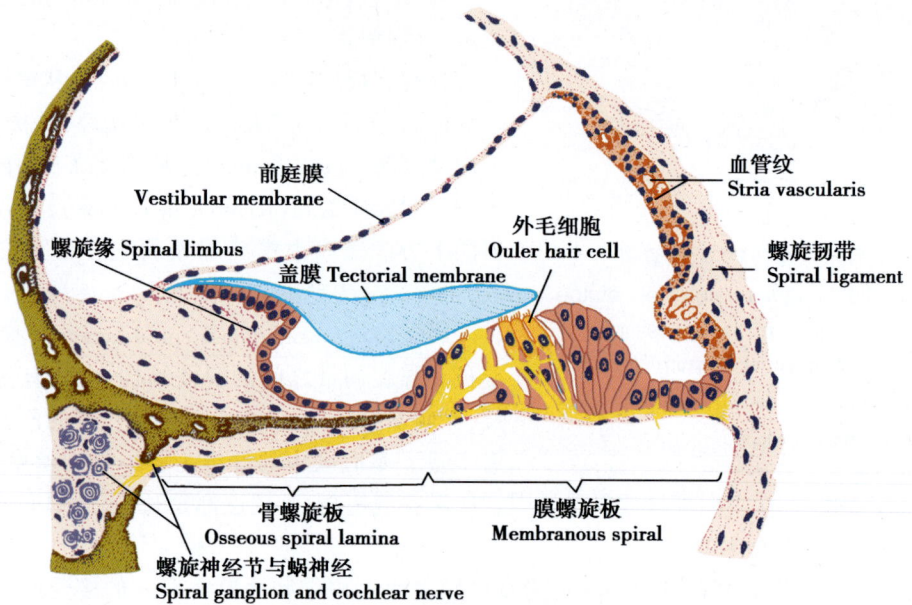

前庭膜 Vestibular membrane
螺旋缘 Spinal limbus
盖膜 Tectorial membrane
外毛细胞 Ouler hair cell
血管纹 Stria vascularis
螺旋韧带 Spiral ligament
骨螺旋板 Osseous spiral lamina
螺旋神经节与蜗神经 Spiral ganglion and cochlear nerve
膜螺旋板 Membranous spiral

图 12-23　蜗管结构模式图
Fig. 12-23　Schematic diagram of the cochlear duct

图 12-24　豚鼠内耳蜗管光镜像　HE 染色　低倍 (复旦大学上海医学院周国民供图)
Fig. 12-24　Light micrograph of the cochlear duct of the guinea pig inner ear HE stain Low magnification

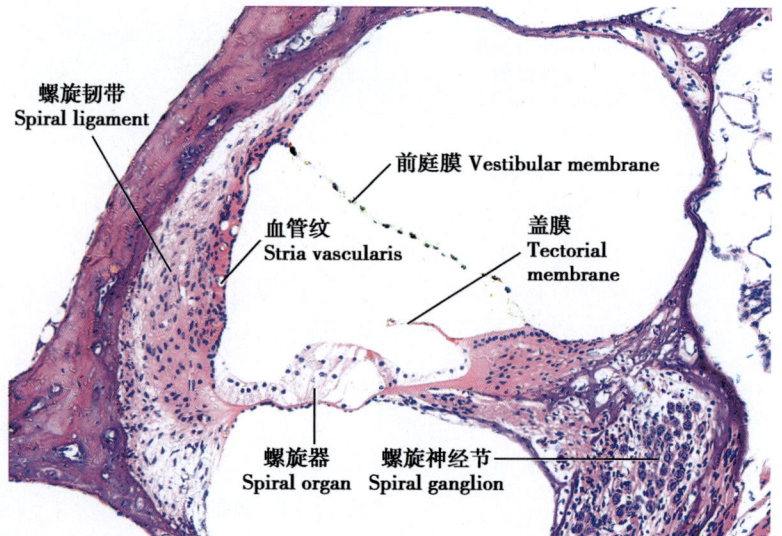

螺旋韧带 Spiral ligament
血管纹 Stria vascularis
前庭膜 Vestibular membrane
盖膜 Tectorial membrane
螺旋器 Spiral organ
螺旋神经节 Spiral ganglion

Notes

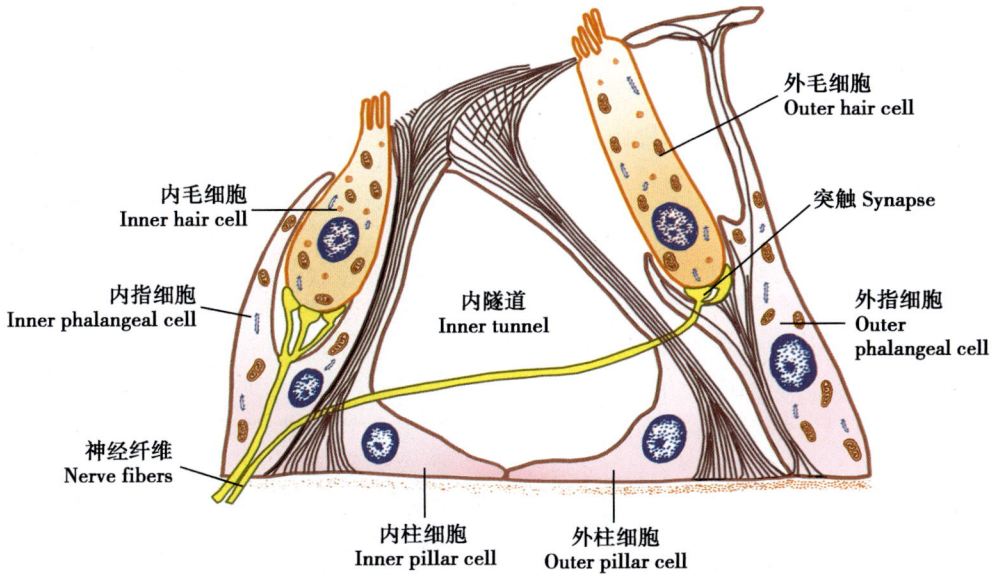

图 12-25　螺旋器模式图

Fig. 12-25　Schematic diagram of the spiral organ

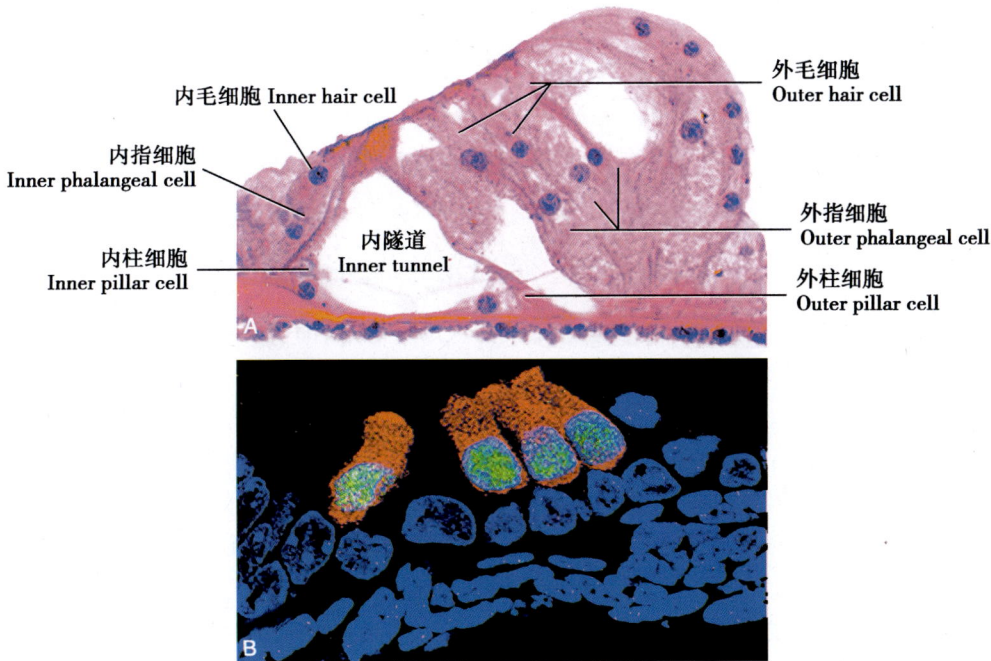

图 12-26　内耳螺旋器光镜像(复旦大学上海医院周国民供图)

A. 豚鼠内耳螺旋器　HE 染色　高倍;B. 小鼠内耳螺旋器　免疫荧光染色　高倍;红色荧光和绿色荧光分别示毛细胞细胞质和细胞核;DAPI 衬染细胞核(蓝色荧光)

Fig. 12-26　Light micrograph of the spiral organ

A. spiral organ of the guinea pig inner ear　HE stain　High magnification;B. spiral organ of the mouse inner ear Immunofluorescent stain High magnification;red fluorescence indicates expression of myosin 7a in the cytoplasm of the hair cells;green fluorescence indicates expression of math1 in the nuclei of the hair cells;Nuclei were counterstained by DAPI (blue fluorescence)

1) 支持细胞:种类较多,以柱细胞和指细胞为主。柱细胞(pillar cell)有两列,分别称内柱细胞和外柱细胞,均坐落在基底膜上。柱细胞呈中间细长、两端宽阔的"工"字形状,细胞的基底部和顶端均紧贴在一起,中间分开形成一底部朝下的三角形管道,称内隧道。柱细胞的核呈圆

Notes

形,位于细胞基部,胞质内有丰富的张力原纤维,起支持作用。指细胞(phalangeal cell)呈柱状,也坐落在基膜上,排列于内柱细胞的内侧和外柱细胞的外侧,分别称内指细胞和外指细胞,因细胞顶部有一承托毛细胞的指状突起而得名,前者仅 1 列,后者有 3~5 列。

2)毛细胞:分内毛细胞和外毛细胞,分别坐落于内指细胞和外指细胞的上方,并被指细胞的指状突起所包绕。与指细胞相对应,内毛细胞(inner hair cell)仅 1 列,约有 3500 个,外毛细胞(outer hair cell)有 3~5 列,约有 12 000 个。毛细胞呈柱状,核近基部,细胞的顶部有许多排列成 V 或 W 形的静纤毛,称听毛(trichobothrium)(图 12-27)。毛细胞的基部与双极神经元的周围突形成突触,其中枢突穿出蜗轴形成蜗神经。

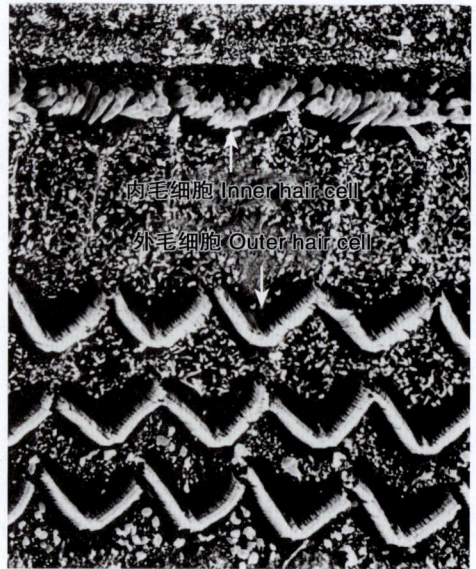

内毛细胞 Inner hair cell
外毛细胞 Outer hair cell

图 12-27　豚鼠螺旋器顶部扫描电镜像
Fig. 12-27　Scanning electron micrograph of the apical surface of spiral organ in guinea pig inner ear

声波从外耳道传递至毛细胞,要经过一系列的机械振动和传导,并最终在毛细胞进行换能,将声波信号转换为电信号。首先,外耳道收集的声波通过鼓膜及其相连的听小骨,传送至卵圆窗,使前庭阶中的外淋巴振动。随之,前庭阶外淋巴振动不仅通过前庭膜引起蜗管内淋巴振动,还可经蜗孔传至鼓室阶内外淋巴,使基底膜中与声波频率相对应的听弦发生共振。最终,由于基底膜的振动,毛细胞因听毛与盖膜的接触而受到刺激,将声波的机械刺激转换为电信号,并经蜗神经传至听觉中枢。

专题讲座:能感光的节细胞

一般认为,哺乳动物的感光细胞仅存在于视网膜的外核层,即视杆细胞和视锥细胞。然而,1998 年有学者在部分节细胞中发现了一种新的感光色素,即黑视蛋白(melanopsin),由此揭开了感光节细胞的神秘面纱。与视杆细胞和视锥细胞的感光成像功能不同,这类感光节细胞主要根据环境中的光亮程度,给大脑传递信息,与昼夜生理节律等非视觉成像功能有关,参与睡眠、激素分泌、体温和血压等调节。众所周知,许多疾病的发生均与昼夜节律的紊乱、体内激素水平的异常变化等有关,所以对黑视蛋白的深入了解可以帮助人们进一步认识这一类疾病的发生机制。

(一)黑视蛋白的发现与分布

黑视蛋白最早由 Provencio 等于 1998 年报道,他们在非洲爪蟾感光性皮肤的载黑素细胞内发现了这种新型的感光分子,以后相继有报道在哺乳动物视网膜中也有少量细胞表达这种蛋白质,如在啮齿类动物,大约可见 1000~2000 个黑视蛋白阳性细胞。在分布上,绝大多数黑视蛋白阳性细胞分布于视网膜节细胞层,另有 5% 散布于内核层无长突细胞之间。表达黑视蛋白节细胞的树突和近端轴突呈串珠状,与邻近细胞的树突广泛交织成网状(图 12-28)。

(二)黑视蛋白基因及结构

哺乳动物的黑视蛋白由 Opn4 基因编码,包含 10 个外显子。人类黑视蛋白基因位于染色体 10q22 位点,有 534 个氨基酸残基,包括 7 次跨膜结构域的 G 蛋白偶联受体。从种系发生上看,与哺乳动物的其他视蛋白相比,黑视蛋白结构与非脊椎动物的视蛋白更为接近,故推测黑视蛋白的进化可能早于脊椎动物。光刺激也可以使黑视蛋白分子上的辅基视黄醛分子构象发生改变,即由原来的 11-顺型视黄醛转变为 11-反型视黄醛,这一转变促使黑视蛋白与 G 蛋白的 α-亚

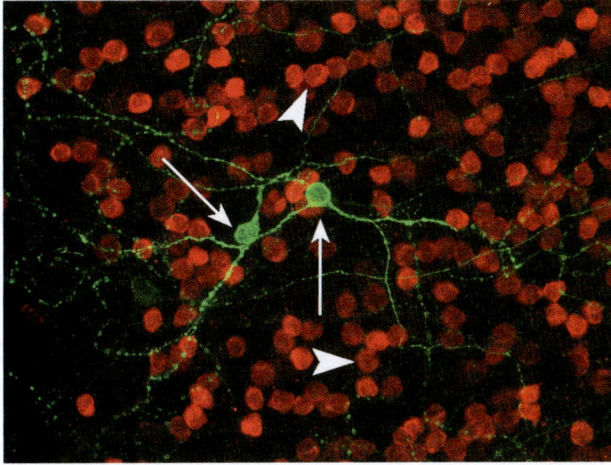

图 12-28　小鼠视网膜黑视蛋白阳性节细胞(复旦大学上海医学院周国民供图)

长箭头示 melanopsin 阳性节细胞(绿色)；短箭头示 Brn3a 阳性节细胞(红色)

Fig. 12-28　Melanopsin positive retinal ganglion cells of the mouse

Long arrows indicate the expression of melanopsin in the cytoplasm (green) of the retinal ganglionic cells；short arrows indicate the expression of Brn3a in the nucleus (red) of the retinal ganglionic cells

基结合,从而启动光信号传递过程。

(三) 黑视蛋白节细胞的感光特性及与视锥、视杆细胞的关系

黑视蛋白节细胞可以直接感光,并通过视网膜下丘脑束等通路,将光刺激信号传递到昼夜节律调控中心视交叉上核(SCN),从而调节视交叉上核的活动。Berson 等通过逆行标记方法,找到了与视交叉上核相联系的这类节细胞,当阻断这类细胞与其他细胞的突触联系后,结果发现这些节细胞在光刺激作用下仍然发生去极化并产生动作电位,表明黑视蛋白节细胞可以直接感光。

黑视蛋白节细胞还表现出明适应和暗适应的特点。在持续光照情况下,这类细胞的光反应敏感性逐渐减弱,当转到黑暗状态下,其对光反应敏感性又恢复正常。

黑视蛋白节细胞的感光特性与视杆和视锥细胞有较大的区别(见表 12-1)。其一是相对独立性,即黑视蛋白节细胞可以不依赖于视杆、视锥细胞直接感光,如利用药物将视锥、视杆细胞破坏后,光刺激仍可使黑视蛋白节细胞产生电位变化。其二是其感光的相对稳定性,其对光刺激的敏感性远低于视杆细胞和视锥细胞,对光照刺激产生反应开始时间也比视杆细胞和视锥细胞慢,对光刺激电位变化持续时间则要长得多。这些对光反应的特性保证了昼夜节律的相对稳定,防止了瞬时光照对节律的影响。

表 12-1　视杆细胞、视锥细胞与黑视蛋白节细胞结构及感光特性的比较

	视杆细胞、视锥细胞	黑视蛋白节细胞
分布	外核层	主要在节细胞层
感光色素	视紫红质、视紫蓝质	黑视蛋白
与色素上皮关系	感光色素再生必需	无明显关系
对光敏感性	中、高	低
对光反应	快速超极化	慢速去极化
动作电位	无	有
传出	双极细胞、水平细胞	中枢

参考文献

1. Gartner LP，Hiatt JL. Concise histology. Philadelphia：Elsevier Saunders，2012

2. Provencio I，Jiang G，De Grip WJ，et al. Melanopsin：an opsin in melanophores，brain and eye. Proc Nat Acad Sci，1998，95：340-345

3. Hattar S，Liao HW，Takao M，et al. Melanopsin-containing retinal. ganglion cells：Architecture，projections，and intrinsic photosensitivity. Science，2002，295（5557）：1065-1070

4. 万瑾，郑华，韩秀引，等. 感光细胞缺失对视网膜节细胞 melanopsin 表达的影响. 解剖学杂志，2006，29（1）：18-21

5. Hankins MW，Peirson SN，Foster RG. Melanopsin：an exciting photopigment. Trend in neurosciences，2008，31（1）：27-36

6. Bailes HJ. Lucas RJ. Melanopsin and inner retinal photoreception. Cellular & Molecular Life Sciences，2010，67（1）：99-111

（周国民）

第13章　内分泌系统

KEY POINTS

- Composition of endocrine system
- General structures of endocrine glands and endocrine cells
- Histological structure and function of the thyroid gland, parathyroid gland, adrenal gland and hypophysis
- Composition and function of the hypophyseal portal system
- Structural and functional relationship between the hypothalamus and the hypophysis
- Basic knowledge about the pineal body and the diffuse neuroendocrine system

内分泌系统（endocrine system）是机体的重要调节系统，由内分泌腺（如甲状腺、甲状旁腺、肾上腺、垂体、松果体等）和分布于其他器官内的内分泌细胞组成。在内分泌腺中，腺细胞排列成索状、网状、团状或围成滤泡状，无输送分泌物的导管，有孔或窦状毛细血管丰富。分布于其他器官中的内分泌细胞有的聚集成群，如胰腺中的胰岛细胞、卵巢黄体细胞、睾丸间质细胞等；有的分散存在，如消化道、呼吸道、肾等器官内散在分布的内分泌细胞。

内分泌细胞的分泌物称激素（hormone）。根据其化学性质，激素分为含氮激素（包括氨基酸衍生物、胺类、肽类和蛋白质类激素）和类固醇激素两大类。机体内绝大部分内分泌细胞为分泌含氮激素的细胞，其超微结构特点与蛋白质分泌细胞相似，即胞质内含有丰富的粗面内质网和发达的高尔基复合体，以及膜被的分泌颗粒等。分泌类固醇激素的细胞仅包括肾上腺皮质和分布于性腺的内分泌细胞，其超微结构特点是：胞质内含有与合成类固醇激素相关的丰富的滑面内质网，管状嵴线粒体较多，并含有较多的脂滴，无分泌颗粒，胆固醇等为合成激素的原料。

大多数内分泌细胞分泌的激素通过血液循环到达并作用于远处的特定细胞而发挥作用，少部分内分泌细胞的激素可直接作用于邻近的特定细胞，称旁分泌（paracrine）。每种激素作用的特定细胞或特定器官，称为这种激素的靶细胞（target cell）或靶器官（target organ）。靶细胞具有与相应激素结合的受体（receptor），激素与特定受体结合后产生生物学效应。内分泌系统通过其产生的激素，与神经系统相辅相成，共同维持机体内环境的稳定，调节机体的生长发育和物质代谢，控制生殖，影响免疫功能和行为。

一、甲　状　腺

甲状腺（thyroid gland）位于下颈部前方，分左、右两叶，中间以峡部相连。成人甲状腺平均重约25g，女性的甲状腺略重。甲状腺表面被覆薄层结缔组织被膜。结缔组织伸入腺实质，将其分成许多大小不一、界限不清的小叶，每个小叶内约有20~40个滤泡，滤泡之间为疏松结缔组织（图13-1）。

（一）滤泡

滤泡（follicle）大小不等，呈圆形、椭圆形或不规则形，由滤泡上皮细胞（follicular epithelial cell）围成，滤泡腔内充满均质嗜酸性的胶质（colloid）。滤泡上皮细胞通常为单层立方形（图13-

1），随着功能状态的不同，其形态会发生变化。功能活跃时，细胞增高呈立方状，滤泡腔内胶质减少；反之，细胞变矮呈扁平状，腔内胶质增多。胶质由滤泡上皮细胞分泌的甲状腺球蛋白构成。甲状腺球蛋白是一种糖蛋白，经碘化后以碘化的甲状腺球蛋白的形式储存在滤泡内。

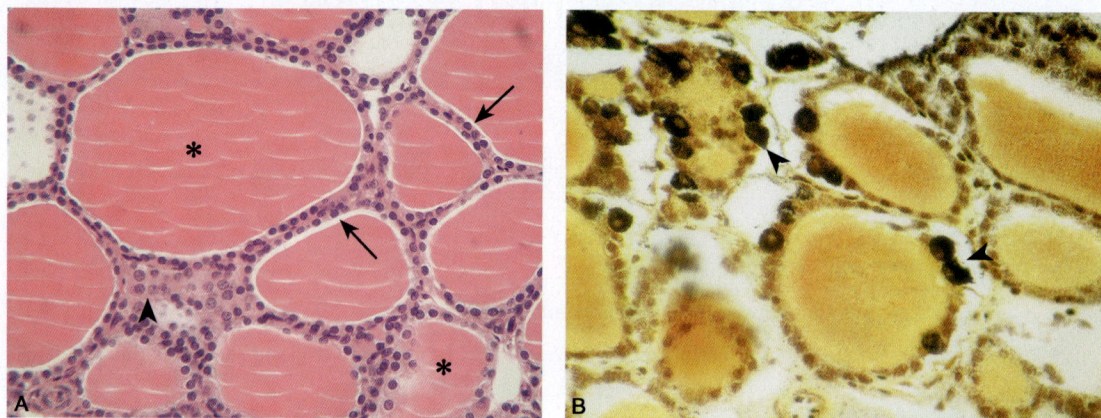

图 13-1　甲状腺光镜像

A. HE 染色　低倍；B. 镀银染色　高倍；长箭头示滤泡上皮；短箭头示滤泡旁细胞；星号示胶质

Fig. 13-1　Light micrograph of the thyroid gland

A. HE stain　Low magnification；B. Silver stain　High magnification；long arrows indicate follicular epithelial cells；short arrows point to parafollicular cells；asterisks indicate colloid

电镜下可见滤泡上皮细胞游离面有微绒毛，胞质内有较发达的粗面内质网和较多的线粒体，高尔基复合体位于核上区，溶酶体散在于胞质中。细胞顶部胞质内有体积和电子密度不同的小泡，体积较小、电子密度中等的是分泌小泡，内含甲状腺球蛋白；体积较大、电子密度低的是胶质小泡，内有从滤泡腔重吸收的胶质。胶质小泡与溶酶体融合后，形成体积大、电子密度不均匀的次级溶酶体。滤泡上皮基底面有完整的基膜，邻近的结缔组织内富含有孔毛细血管和毛细淋巴管（图 13-2）。

甲状腺滤泡上皮细胞合成和分泌甲状腺素（thyroid hormone）。甲状腺素的形成要经过合成、碘化、贮存、重吸收、分解和释放等过程。滤泡上皮细胞从血中摄取氨基酸，在粗面内质网合成甲状腺球蛋白，继而在高尔基复合体加糖并浓缩形成分泌颗粒，即电镜下的分泌小泡，再以胞吐方式排放到滤泡腔内（图 13-2）。滤泡上皮细胞有很强的摄碘能力，甲状腺是机体含碘最多的器官。在滤泡上皮细胞内，从血中摄取的 I^- 在过氧化物酶活化后排入滤泡腔。在滤泡上皮细胞的微绒毛与滤泡腔交界处，活化碘与甲状腺球蛋白的酪氨酸残基结合，形成碘化的甲状腺球蛋白，并贮存在滤泡腔内。在腺垂体分泌的促甲状腺激素作用下，滤泡上皮细胞以胞吞方式将滤泡腔内碘化的甲状腺球蛋白吸收入胞质，成为胶质小泡。胶质小泡与溶酶体融合，溶酶体内的蛋白水解酶将碘化的甲状腺球蛋白水解为大量的四碘甲腺原氨酸（T4）和少量的三碘甲腺原氨酸（T3）2 种甲状腺素。T3 和 T4 于滤泡上皮细胞的基底部释放入毛细血管（图 13-2）。滤泡上皮细胞的蛋白质合成、分泌活动也受到腺垂体分泌的促甲状腺激素的调节。此外，有研究发现，交感神经终末和肽能神经终末与滤泡上皮细胞相接触，故滤泡上皮细胞的分泌活动不仅受到促甲状腺激素的调节，还受到神经系统的调节。

T3 和 T4 广泛作用于机体的多种细胞，其主要功能是促进机体的新陈代谢，提高神经兴奋性，促进生长发育，尤其对婴幼儿的骨骼发育和中枢神经系统的发育影响很大。婴幼儿甲状腺功能低下时，脑发育障碍、长骨生长停滞，表现为智力低下、身材矮小等，称为呆小症。成人甲状腺功能低下则引起新陈代谢率和中枢神经系统兴奋性降低，表现为精神呆滞、记忆力减退、毛发稀少以及黏液性水肿等。甲状腺功能亢进时，出现明显的中枢神经系统兴奋性增高的表现，同

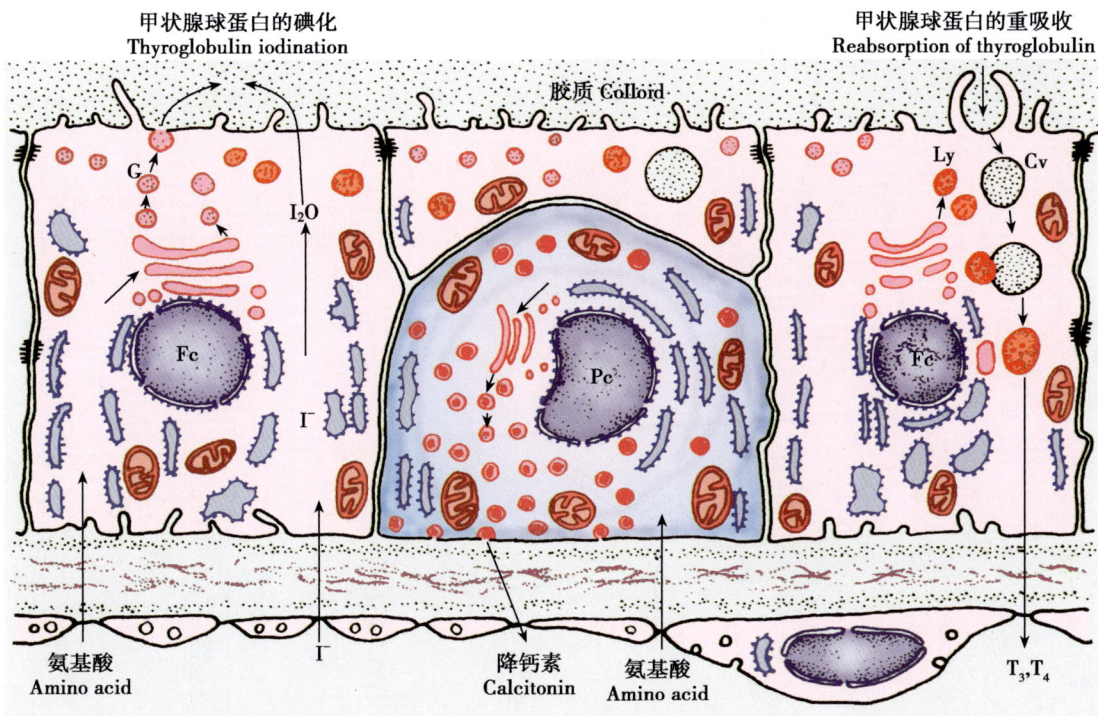

图 13-2　甲状腺滤泡上皮细胞和滤泡旁细胞超微结构及激素合成与分泌模式图
Cv. 胶质小泡；Fc. 滤泡上皮细胞；G. 分泌颗粒；Ly. 溶酶体；Pc. 滤泡旁细胞
Fig. 13-2　Schematic diagram showing ultrastructure of follicular epithelial cells and parafollicular cells and the processes of hormone synthesis and secretion
Cv. colloid vesicle；Fc. follicular cells；G. secretory granule；Ly. lysosome；Pc. parafollicular cells

时引起心血管、消化等系统功能的紊乱，即临床上常见的甲状腺功能亢进症，简称甲亢。

（二）滤泡旁细胞

滤泡旁细胞（parafollicular cell）位于滤泡之间和滤泡上皮细胞之间，其顶部被相邻滤泡上皮细胞所覆盖，并不与滤泡腔接触。滤泡旁细胞稍大，在 HE 染色标本上胞质着色略淡，银染法可见胞质内有嗜银颗粒（图 13-1）。滤泡旁细胞以胞吐方式释放颗粒内的降钙素（calcitonin）。降钙素是一种多肽，能促进成骨细胞的活动，使钙盐沉着于类骨质，并抑制胃肠道和肾小管吸收 Ca^{2+}，从而使血钙下降。此外，滤泡旁细胞还能分泌降钙素基因相关肽（calcitonin gene-related peptide）和生长抑素（somatostatin），后者可能对甲状腺素和降钙素的分泌具有抑制作用。

二、甲状旁腺

甲状旁腺（parathyroid gland）有上下两对，分别位于甲状腺左、右两叶的背面。单个腺体呈扁椭圆形，腺表面包有薄层结缔组织被膜，实质内腺细胞排列成索团状，其间有丰富的有孔毛细血管、散在的脂肪细胞以及少量结缔组织。腺细胞有主细胞和嗜酸性细胞 2 种（图 13-3）。

（一）主细胞

主细胞（chief cell）是腺实质的主要细胞成分，数量最多，呈圆形或多边形，核圆，位于细胞中央，HE 染色胞质着色浅，见图 13-3。电镜下，其胞质内粗面内质网较多，高尔基复合体较发达，并有膜被颗粒，还有一些糖原和脂滴（图 13-4A）。主细胞合成和分泌甲状旁腺激素（parathyroid hormone）。甲状旁腺激素是一种肽类激素，它作用于骨细胞，刺激骨细胞性溶骨；促进破骨细胞生成并增强破骨细胞的溶骨作用，使骨盐溶解；增加肠和肾小管对钙的吸收，使血钙升高。甲状旁腺激素与降钙素共同调节和维持机体血钙的稳定。

Notes

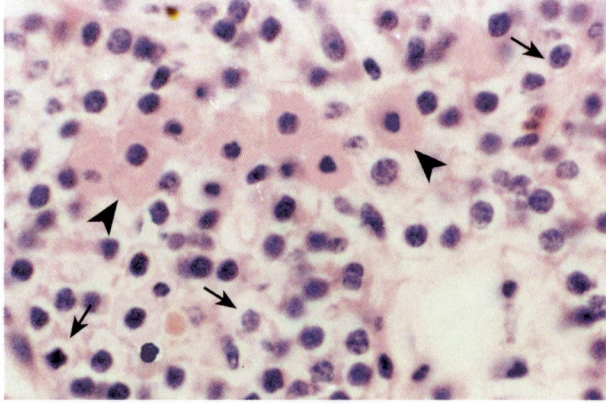

图 13-3　甲状旁腺光镜像　HE 染色 高倍(华中科技大学同济医学院李和供图)

长箭头示主细胞;短箭头示嗜酸性细胞

Fig. 13-3　Light micrograph of parathyroid gland　HE stain　High magnification

Long arrows indicate chief cells;short arrows point to oxyphil cells

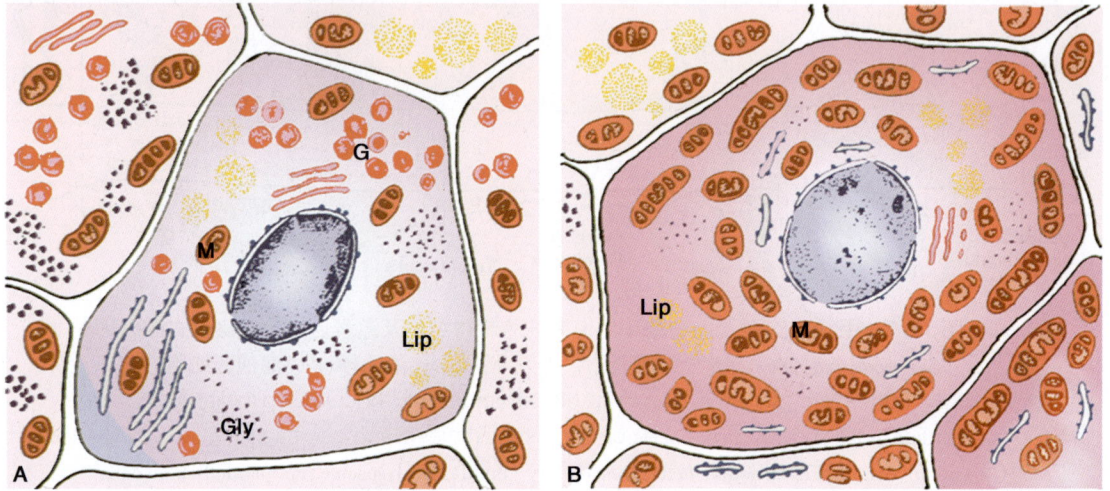

图 13-4　甲状旁腺主细胞(A)和嗜酸性细胞(B)超微结构模式图

G. 膜被颗粒;Gly. 糖原;Lip. 脂滴;M. 线粒体

Fig. 13-4　Schematic diagram illustrating ultrastructure of chief cell (A) and oxyphil cell (B) in the parathyroid gland

G. membrane-coating granule;Gly. glycogen;Lip. lipid droplet;M. mitochondria

(二) 嗜酸性细胞

嗜酸性细胞(oxyphil cell)单个或成群分布于主细胞之间,细胞较大,核小深染,胞质嗜酸性,见图 13-3。电镜下,细胞内可见密集的线粒体,其他细胞器不发达(图 13-4B)。嗜酸性细胞在 7~10 岁时出现,随年龄增长而增多,但其功能仍不清楚。有文献报道,在甲状旁腺增生或发生肿瘤时,该细胞可合成和分泌甲状旁腺激素。

三、肾 上 腺

肾上腺(adrenal gland)是一对重要的内分泌腺,分别位于两侧肾的上方。成人每侧肾上腺重 4~5g。肾上腺表面包以较厚的结缔组织被膜,少量结缔组织伴随血管和神经伸入腺实质内。肾上腺实质由周边的皮质和中央的髓质两部分构成,二者在结构、功能和发生上均不同,皮质来自中胚层,髓质来自外胚层。

(一) 皮质

肾上腺皮质(adrenal cortex)占肾上腺体积的 80%~90%,由皮质腺细胞、血窦和少量结缔组织构成。根据细胞的形态结构和排列等特征,可将皮质分为 3 个带,即球状带、束状带和网状带(图 13-5)。

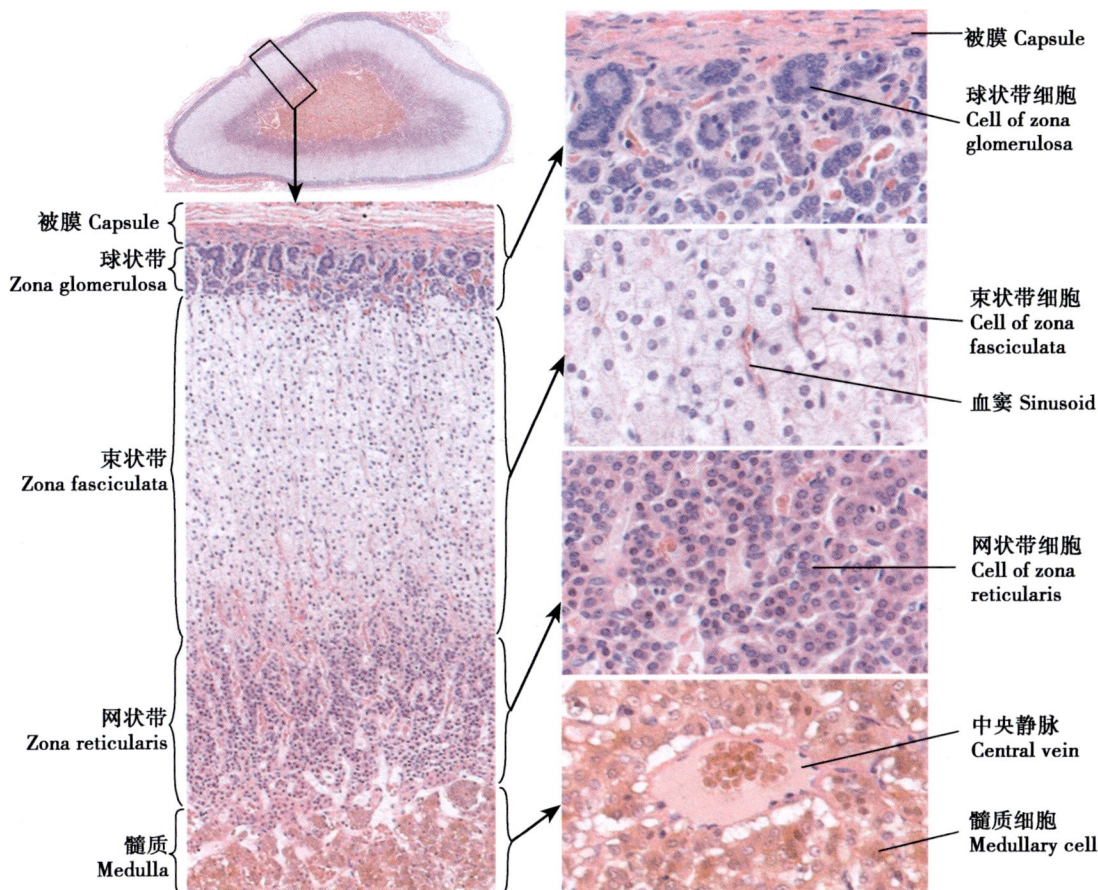

图 13-5　肾上腺光镜像　HE 染色(华中科技大学同济医学院李和供图)

Fig. 13-5　Light micrographs of the adrenal gland　HE stain

1. 球状带　球状带(zona glomerulosa)位于被膜的下方,较薄,占皮质总体积的 15%。其细胞排列呈球团状,细胞较小,呈矮柱状或锥形,核小染色深,胞质较少,嗜酸性,含少量脂滴(图 13-5)。球状带细胞分泌盐皮质激素(mineralocorticoid),如醛固酮(aldosterone),能促进肾远曲小管和集合管重吸收 Na^+ 及排出 K^+,同时也刺激胃黏膜、唾液腺分泌管和汗腺导管吸收 Na^+,从而使血 Na^+ 浓度升高、K^+ 浓度降低,维持血容量于正常水平。盐皮质激素的分泌受肾素-血管紧张素系统的影响:肾球旁细胞分泌的肾素(renin)可使血浆中的血管紧张素原(angiotensinogen)变成血管紧张素(angiotensin),后者可刺激球状带细胞分泌盐皮质激素。

2. 束状带　束状带(zona fasciculata)是皮质中最厚的部分,占皮质总体积的 78%,其细胞体积较大,呈多边形,排列成单行或双行细胞索。细胞核圆,较大,着色浅。胞质内含有大量的脂滴,在 HE 染色标本中,脂滴被溶解,故胞质染色浅而呈泡沫状或空泡状(图 13-5)。束状带细胞分泌糖皮质激素(glucocorticoid),主要为皮质醇(cortisol)和皮质酮(corticosterone)。糖皮质激素可促使蛋白质和脂肪分解并转变成糖,并有抑制免疫反应、减轻炎症反应等作用。束状带细胞的分泌活动受腺垂体细胞分泌的促肾上腺皮质激素的调控。

3. 网状带　网状带(zona reticularis)位于皮质的最内层,紧靠髓质,占皮质总体积的 7%。其细胞排列成索,相互吻合成网。网状带细胞较束状带细胞小,胞核也小,着色较深,胞质嗜酸性,内含较多脂褐素和少量脂滴(图 13-5)。网状带细胞主要分泌雄激素,也分泌少量雌激素和糖皮质激素,因此也受垂体促肾上腺皮质激素的调节。

肾上腺皮质三个带的腺细胞产生和分泌的激素都是类固醇激素,因此这些细胞都具有分泌

Notes

类固醇激素细胞的超微结构特点,尤以束状带细胞最为典型,即胞质内均含有丰富的滑面内质网、管状嵴线粒体和脂滴,无分泌颗粒(图 13-6)。

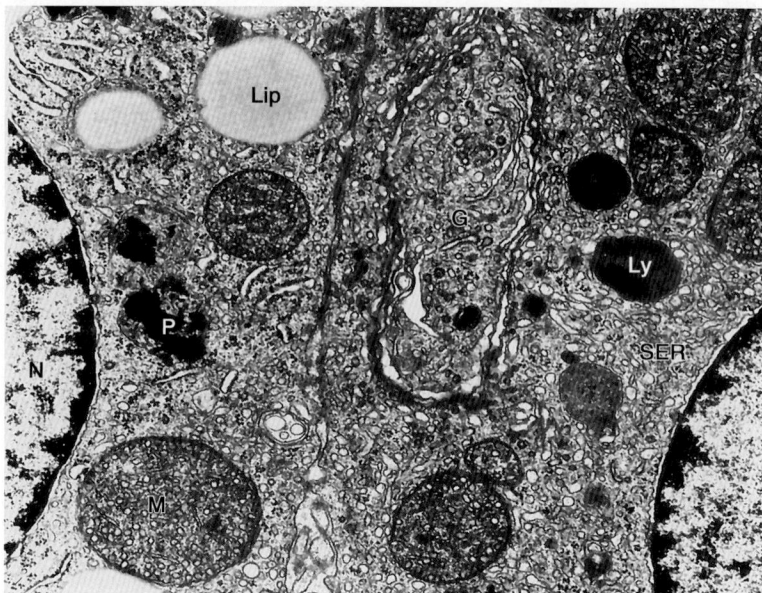

图 13-6　肾上腺皮质束状带细胞电镜像

G. 高尔基复合体;Lip. 脂滴;Ly. 溶酶体;M. 线粒体;N. 细胞核;P. 脂褐素;SER. 滑面内质网

Fig. 13-6　Electron micrograph of zona fasciculata cell in the adrenal cortex

G. Golgi complex;Lip. lipid droplet;Ly. lysosome;M. mitochondria;N. nucleus;P. lipofuscin; SER. smooth endoplasmic reticulum

(二) 髓质

肾上腺髓质(adrenal medulla)位于肾上腺的中央,主要由排列成索或团的髓质细胞组成,细胞间为窦状毛细血管和少量结缔组织。髓质细胞较大,呈多边形,核圆着色浅,胞质嗜碱性(图 13-7A)。含铬盐的固定液固定的标本中,髓质细胞胞质内呈现出黄褐色的嗜铬颗粒,故其又称为嗜铬细胞(chromaffin cell)。另外,髓质内还有少量交感神经节细胞,胞体较大,散在分布(图 13-7A)。

电镜下,根据嗜铬颗粒的特点,髓质细胞可分为两种:一种为肾上腺素细胞,分泌肾上腺素(adrenaline 或 epinephrine),数量多,占人肾上腺髓质细胞的 80% 以上,其膜包颗粒的致密核芯电子密度低,颗粒内含肾上腺素(图 13-7B);另一种为去甲肾上腺素细胞,分泌去甲肾上腺素(norepinephrine),数量较少,颗粒的致密核芯电子密度高,颗粒内含去甲肾上腺素。

髓质细胞以酪氨酸为原料,在多种酶的作用下合成肾上腺素和去甲肾上腺素。酪氨酸在酪氨酸羟化酶作用下羟化成多巴,继而被多巴脱羧酶脱羧形成多巴胺;多巴胺 β-羟化酶使多巴胺羟化成为去甲肾上腺素,后者被苯乙醇胺-N-甲基转移酶甲基化为肾上腺素。

髓质细胞的分泌活动受交感神经节前纤维的调控,后者兴奋时,其末梢释放乙酰胆碱,作用于髓质细胞,使之释放肾上腺素或去甲肾上腺素。肾上腺素可使心脏收缩力增强、心率加快、心输出量增加,使心脏、肝脏和骨骼肌的血管扩张;去甲肾上腺素也可使心脏收缩加强、心率加快,且能使除心脏冠状动脉以外的全身各器官小动脉广泛和强烈地收缩,外周阻力明显增加,血压升高。

此外,髓质细胞还合成和分泌甘丙肽、脑啡肽和神经肽 Y 等多肽。

(三) 肾上腺的血管分布

肾上腺动脉进入被膜后,大部分分支进入皮质,形成与髓质的血窦相连续的窦状毛细血管网。少数小动脉分支穿过皮质直接进入髓质,分支形成血窦。髓质的小静脉汇合成一条中央静脉,经肾上腺静脉离开肾上腺。肾上腺皮质的血液流经髓质时,所含较高浓度的糖皮质激素可

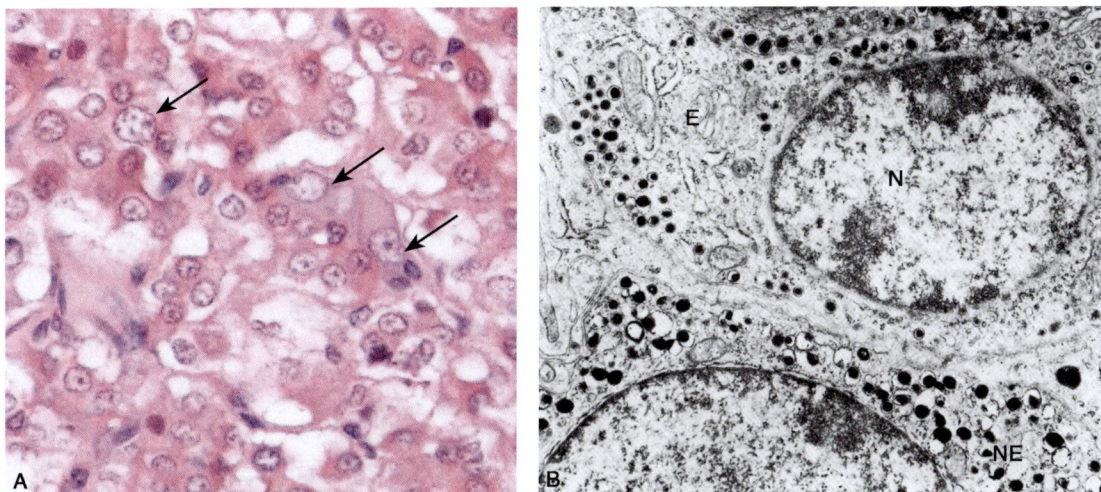

图 13-7 肾上腺髓质细胞

A. 光镜像 HE 染色 高倍(华中科技大学同济医学院李和供图);B. 电镜像;箭头示交感神经
节细胞;E. 肾上腺素细胞;NE. 去甲肾上腺素细胞;N. 细胞核

Fig. 13-7 Cells in the adrenal medulla

A. Light micrograph HE stain High magnification;B. electron micrograph;long arrows indicate sympathetic ganglionic cells;E. epinephrine cell;NE. norepinephrine cell;N. nucleus

增强髓质嗜铬细胞苯乙醇胺-*N*-甲基转移酶的活性,促进去甲肾上腺素甲基化为肾上腺素,所在细胞成为肾上腺素细胞,以致髓质肾上腺素细胞远多于去甲肾上腺素细胞。由此可见,肾上腺皮质可明显影响髓质细胞激素的生成。

四、垂 体

垂体(hypophysis,pituitary gland)位于颅骨蝶鞍垂体窝内,为一椭圆形小体,体积约有 1cm×1cm×0.5cm,重约 0.5g,表面包以结缔组织被膜。垂体是机体内最重要的内分泌腺,能分泌多种激素,调控多种其他内分泌腺,其自身还受下丘脑的调控。

垂体由腺垂体和神经垂体两部分组成,二者在发生上不同。腺垂体来自胚胎口凹的外胚层上皮,神经垂体由间脑底部的神经外胚层向腹侧突出的神经垂体芽发育而来。腺垂体(adenohypophysis)分为远侧部、中间部及结节部三部分,远侧部最大,中间部位于远侧部和神经部之间,结节部围在漏斗柄周围;神经垂体(neurohypophysis)分为神经部和漏斗两部分,漏斗又由漏斗柄和正中隆起组成,后者与下丘脑相连(图 13-8)。腺垂体远侧部位置居前又称垂体前叶,中间部与神经部合称垂体后叶。

(一)腺垂体

腺垂体的腺细胞排列成团索状或围成滤泡,细胞间有丰富的有孔毛细血管和少量结缔组织。

1. 远侧部 远侧部(pars distalis)是腺垂体的主要组成部分,腺细胞大多排列成团索状,少数围成滤泡。在 HE 染色标本中,根据对染料的亲和力不同,腺细胞被分为嗜色细胞(chromophil cell)和嫌色细胞(chromophobe cell)2 大类。嗜色细胞又分为嗜酸性细胞(acidophilic cell)和嗜碱性细胞(basophilic cell)(图 13-9),均具有分泌含氮类激素细胞的超微结构特征。应用电镜免疫细胞化学技术,依据嗜色腺细胞所分泌激素的不同以及各自分泌颗粒的特征,可以区分出不同的腺细胞,并按所分泌的激素进行命名。

(1)嗜酸性细胞:嗜酸性细胞数量较多,约占远侧部腺细胞总数的 40%,细胞呈圆形或卵圆形,胞质内含嗜酸性颗粒。嗜酸性细胞有两种:

1)生长激素细胞:生长激素细胞(somatotroph)数量较多,常聚集成群。电镜下,该细胞胞质

Notes

- 垂体
  - 腺垂体
    - 远侧部(前叶)
    - 结节部
    - 中间部 }后叶
  - 神经垂体
    - 神经部 }后叶
    - 漏斗
      - 正中隆起
      - 漏斗柄

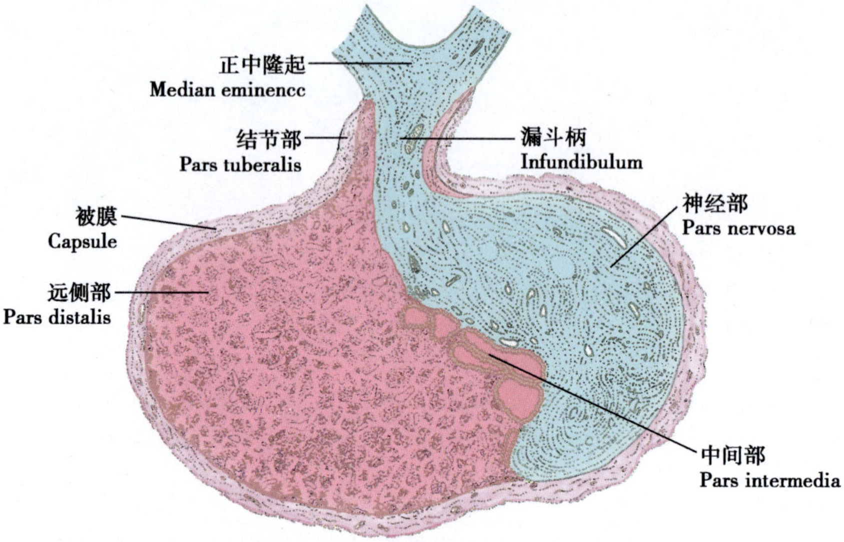

图 13-8 垂体矢状切面模式图

Fig. 13-8 Schematic drawing of sagital section of the hypophysis

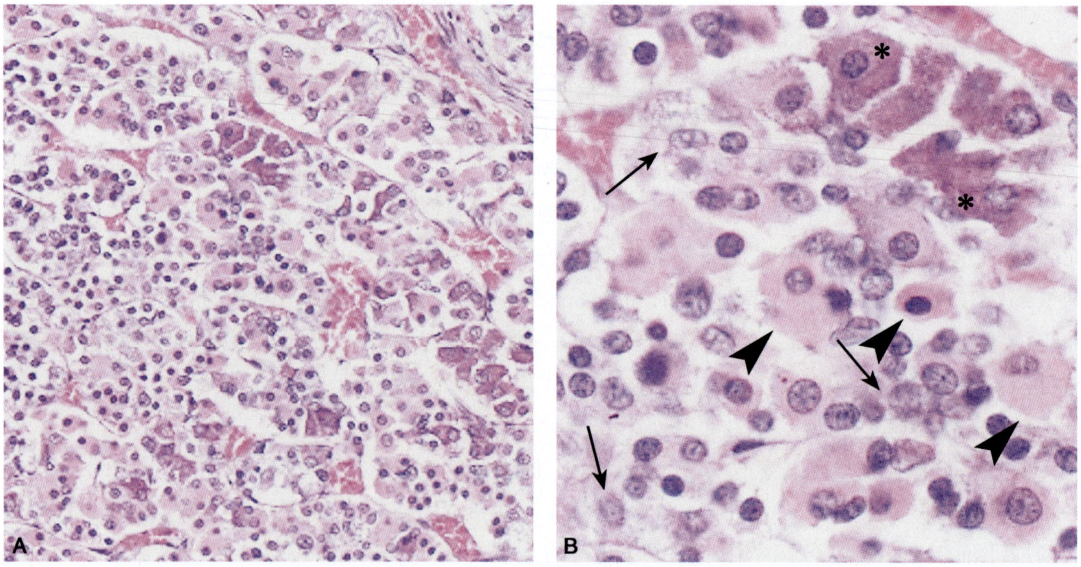

图 13-9 腺垂体远侧部光镜像 HE 染色(华中科技大学同济医学院李和供图)

A. 低倍;B. 高倍;长箭头示嫌色细胞;短箭头示嗜酸性细胞;星号示嗜碱性细胞

Fig. 13-9 Light micrograph of the pars distalis of the adenohypophysis HE stain

A. low magnification;B. high magnification;long arrows indicate chromophobe cells;short arrows indicate acidophilic cells;Asterisks indicate basophilic cells

内含有大量电子密度高而均匀的分泌颗粒(图 13-10A)。生长激素细胞分泌生长激素(somatotropin 或 growth hormone)。生长激素是一种蛋白质激素,广泛影响机体多种器官和组织的代谢过程,在蛋白质、脂类和糖代谢中起重要调节作用。生长激素促进骨骼肌的发育,刺激骺软骨的生长,使骨增长。在未成年时期,生长激素分泌不足可导致垂体性侏儒症,分泌过多则引起巨人症;成年后生长激素分泌亢进则会发生肢端肥大症。

2)催乳激素细胞:男女两性的垂体前叶均有催乳激素细胞(mammotroph 或 prolactin cell),但在女性较多,尤其在妊娠期和哺乳期妇女的腺垂体,此种细胞功能旺盛,细胞体积也较大,胞质内的分泌颗粒也显著增多、增大,呈椭圆形或不规则形(图 13-10B);而在非妊娠期或哺乳期的女性以及男性的垂体此种细胞较少。该细胞分泌的催乳激素(mammotropin 或 prolactin)也是蛋白质类激素,能促进乳腺发育和乳汁分泌。

(2)嗜碱性细胞:嗜碱性细胞数量少于嗜酸性细胞,约占远侧部腺细胞总数的 10%。细胞椭圆形或多边形,胞质内含嗜碱性颗粒,所分泌的激素都属于糖蛋白类激素,分泌颗粒 PAS 反应阳性。远侧部有 3 种嗜碱性细胞:

1)促甲状腺激素细胞:促甲状腺激素细胞(thyrotroph 或 thyroid stimulating hormone cell,TSH cell)呈多角形,胞质内颗粒较小,多分布在细胞的边缘(图 13-10C)。此细胞分泌促甲状腺激素(thyrotropin 或 thyroid stimulating hormone,TSH)。TSH 能促进甲状腺的发育,并作用于甲状腺滤

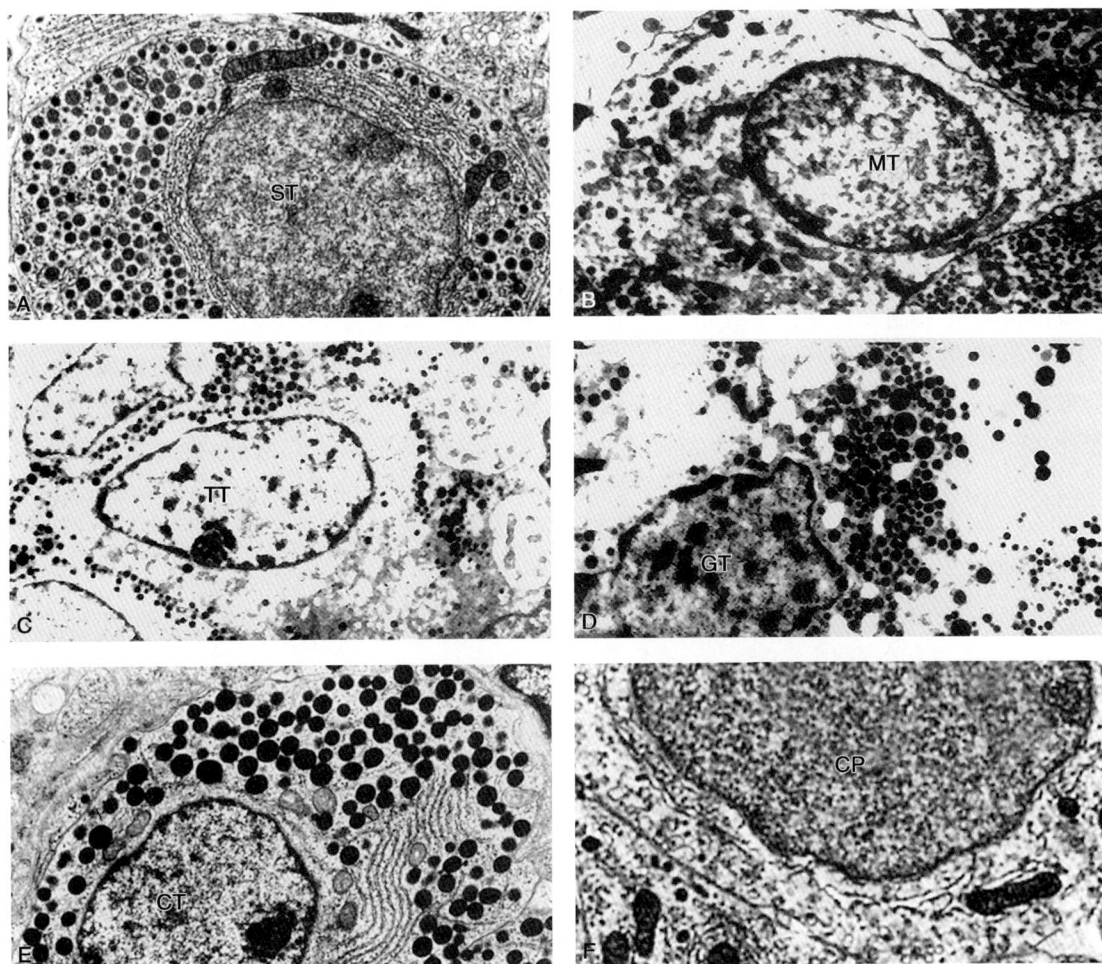

图 13-10　腺垂体远侧部腺细胞电镜像
A. 生长激素细胞(ST);B. 催乳激素细胞(MT);C. 促甲状腺激素细胞(TT);D. 促性腺激素细胞(GT);E. 促肾上腺皮质激素细胞(CT);F. 嫌色细胞(CP)
Fig. 13-10　Electron micrographs of glandular cells in the pars distalis of the adenohypophysis
A. somatotropin(ST);B. mammotropin(MT);C. thyrotroph(TT);D. gonadotroph(GT);E. corticotroph(CT);F. chromophobe cell(CP)

Notes

泡上皮,促进甲状腺素的合成和释放。

2）促性腺激素细胞:促性腺激素细胞(gonadotroph)胞体大,圆形或椭圆形,胞质内颗粒大小中等(图13-10D)。此细胞分泌卵泡刺激素(follicle stimulating hormone,FSH)和黄体生成素(luteinizing hormone,LH)。应用免疫细胞化学双标法、免疫金双标电镜法研究发现,促性腺激素细胞有3种,即FSH细胞、LH细胞和两种激素共存的FSH/LH细胞。卵泡刺激素在女性促进卵泡发育,在男性则促进生精小管的支持细胞合成雄激素结合蛋白,以促进精子的发生。黄体生成素在女性促进排卵和黄体形成,在男性则促进睾丸间质细胞分泌雄激素,故又称间质细胞刺激素(interstitial cell stimulating hormone,ICSH)。当儿童的促性腺激素分泌亢进时,可发生性早熟;分泌低下时则导致肥胖性生殖无能症。

3）促肾上腺皮质激素细胞:促肾上腺皮质激素细胞(corticotroph或adrenocorticotropic hormone cell,ACTH cell)体积较小,呈不规则形,胞质内的分泌颗粒较大,数量较少,分布于胞质的周边(图13-10E)。这种细胞分泌促肾上腺皮质激素(adrenocorticotropin;adrenocorticotropic hormone,ACTH)和促脂素(lipotropin或lipotropic hormone,LPH)。ACTH促进肾上腺皮质束状带分泌糖皮质激素;LPH作用于脂肪细胞,促进甘油三酯分解产生脂肪酸。

（3）嫌色细胞:嫌色细胞约占远侧部腺细胞总数的50%。细胞体积小,呈圆形或多角形,胞质少,着色浅,故其外形不清楚。电镜下观察,部分嫌色细胞胞质内含少量分泌颗粒,因此认为这些细胞可能是脱颗粒的嗜色细胞,或是形成嗜色细胞进程中尚处于初级阶段的细胞(图13-10F)。

2. **中间部**　中间部(pars intermedia)位于远侧部和神经部之间,为一纵行狭窄区域。人垂体中间部退化,仅占垂体的2%左右。中间部有嫌色细胞、嗜碱性细胞和少量大小不等的滤泡(图13-11)。滤泡由单层立方或柱状上皮细胞围成,内含胶质,呈嗜酸性或嗜碱性,其功能不明。中间部的嗜碱性细胞分泌黑素细胞刺激素(melanocyte stimulating hormone,MSH)。MSH作用于皮肤黑素细胞,促进黑色素的生成和扩散,使皮肤颜色变深。

3. **结节部**　结节部(pars tuberalis)包围在神经垂体的漏斗柄周围(图13-8),在漏斗柄的前方较厚,后方较薄或缺如。结节部的腺细胞呈索状排列于血管之间,细胞较小,主要为嫌色细胞,还有少量的嗜酸性和嗜碱性细胞。由于垂体门微静脉从结节部通过,故此处血管相当

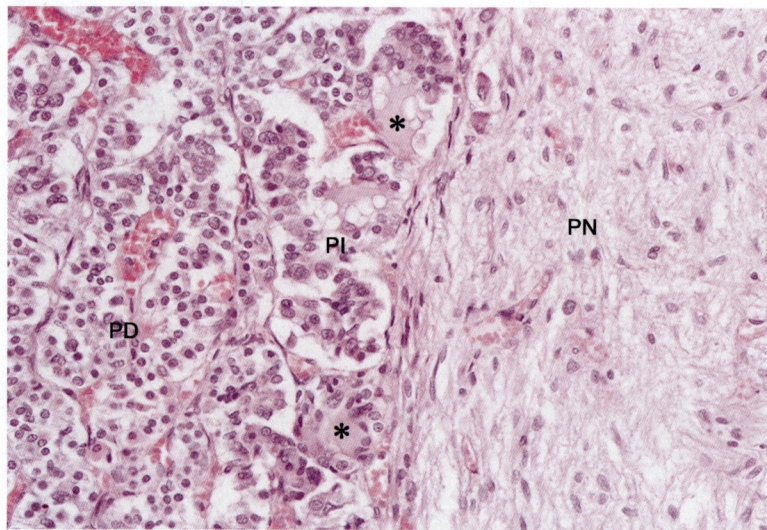

图13-11　垂体光镜像　HE染色　低倍(华中科技大学同济医学院李和供图)

PD. 远侧部;PI. 中间部;PN. 神经部;星号示滤泡

Fig. 13-11　Light micrograph of the hypophysis　HE stain　Low magnification

PD. pars distalis;PI. pars intermedia;PN. pars nervosa;asterisks indicate follicles

丰富。

4. 腺垂体的血管分布 垂体的血液供给主要来自垂体上动脉和垂体下动脉。其中垂体上动脉起源于大脑基底动脉环,它首先从结节部上端进入神经垂体的漏斗部,在该处分支并吻合形成有孔毛细血管网,称为第一级(初级)毛细血管网。这些毛细血管继续延伸下行到结节部下端汇集形成多条垂体门微静脉,后者继续下行到达远侧部,再次分支形成有孔毛细血管,称为第二级(次级)毛细血管网。两级毛细血管网及二者之间的垂体门微静脉共同构成垂体门脉系统(hypophyseal portal system)。远侧部的第二级毛细血管网最后汇集成小静脉,注入垂体周围的静脉窦(图 13-12)。

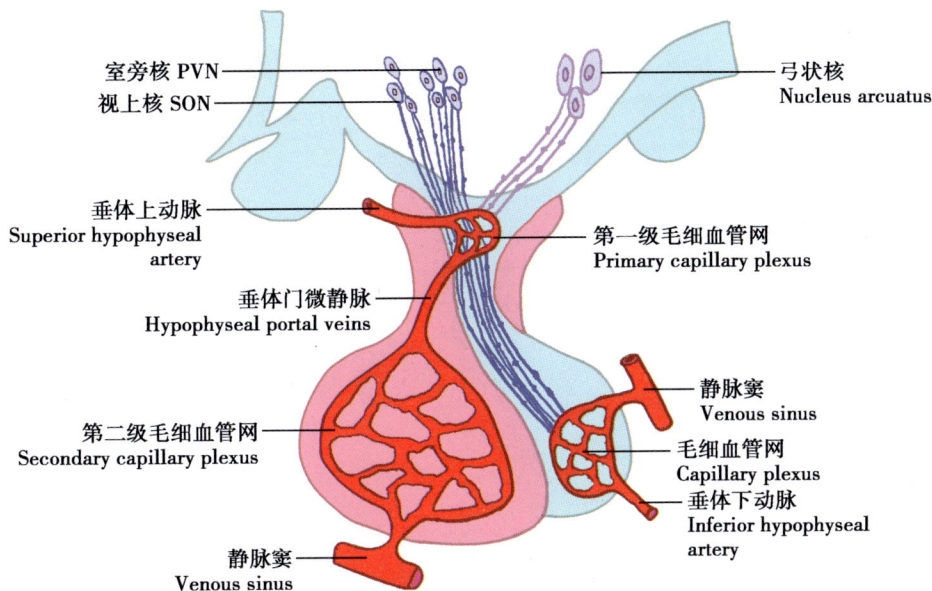

图 13-12 下丘脑-垂体系统及其血管分布、激素产生和储存部位模式图
Fig. 13-12 Schematic diagram showing the hypothalamo-hypophyseal system, with vascular distribution and sites of hormone production and storage

5. 下丘脑与腺垂体的关系 下丘脑结节区(如弓状核等)的一些神经细胞,除了具有神经细胞的特性之外,还具有内分泌功能,也能释放激素,称为神经内分泌细胞(neuroendocrine cell)。这些细胞的轴突伸至神经垂体的漏斗,构成下丘脑腺垂体束,参与下丘脑对腺垂体功能的调节。细胞合成的多种激素在神经纤维束的轴突末端释放,进入漏斗处的第一级毛细血管网,继而经垂体门脉系统到达腺垂体远侧部的第二级毛细血管网,分别调节远侧部各种腺细胞的分泌活动(图 13-13)。其中对腺细胞分泌起促进作用的激素,称释放激素(releasing hormone,RH);对腺细胞分泌起抑制作用的激素,则称释放抑制激素(release inhibiting hormone,RIH)。

目前已知的释放激素有:生长激素释放激素(growth hormone releasing hormone,GRH)、催乳激素释放激素(prolactin releasing hormone,PRH)、促甲状腺激素释放激素(thyrotropin releasing hormone,TRH)、促性腺激素释放激素(gonadotropin releasing hormone,GnRH)、促肾上腺皮质激素释放激素(corticotropin releasing hormone,CRH)及黑素细胞刺激素释放激素(melanocyte stimulating hormone releasing hormone,MSRH)等。释放抑制激素有:生长激素释放抑制激素也称生长抑素(somatostatin,SOM)、催乳激素释放抑制激素(prolactin inhibiting hormone,PIH)和黑素细胞刺激素释放抑制激素(melanocyte stimulating hormone inhibiting hormone,MSIH)等。

下丘脑通过所产生的释放激素和释放抑制激素,经下丘脑腺垂体束和垂体门脉系统,调节

Notes

腺垂体内各种细胞的分泌活动,它们形成一个功能整体,称为下丘脑-腺垂体系统(hypothalamus-adenohypophysis system)。

6. **下丘脑和腺垂体与其他内分泌腺的相互关系**　在正常生理情况下,体内各类激素的分泌量是相对稳定的。内分泌腺或内分泌细胞活动的稳定性,除了受神经系统的调节控制外,某些内分泌腺或内分泌细胞之间的相互协调和反馈性调节也起着重要的作用,其中下丘脑和腺垂体与其他几种内分泌腺之间的相互调节尤为重要。下丘脑神经内分泌细胞分泌的释放激素和释放抑制激素调节腺垂体相应腺细胞的分泌活动,腺垂体分泌的各种激素又调节相应靶细胞的分泌和其他功能活动;靶细胞的分泌物或某种活性物质(如血糖、血钙等)的浓度变化,又反过来影响腺垂体和下丘脑的分泌活动(图13-13)。这种反馈性调节机制使机体内环境保持相对稳定,正常的生理活动得以进行。例如,下丘脑的神经内分泌细胞分泌 TRH,促进腺垂体远侧部的促甲状腺激素细胞分泌 TSH,后者又促进甲状腺滤泡上皮细胞合成和分泌甲状腺素。当血液中的甲状腺素达到一定水平时,则反馈性抑制腺垂体和下丘脑相应激素的分泌,这样又使甲状腺的分泌功能和血液中的甲状腺素水平下降。当激素下降到一定水平时,再通过反馈性调节使激素分泌增多,血中甲状腺素水平升高。

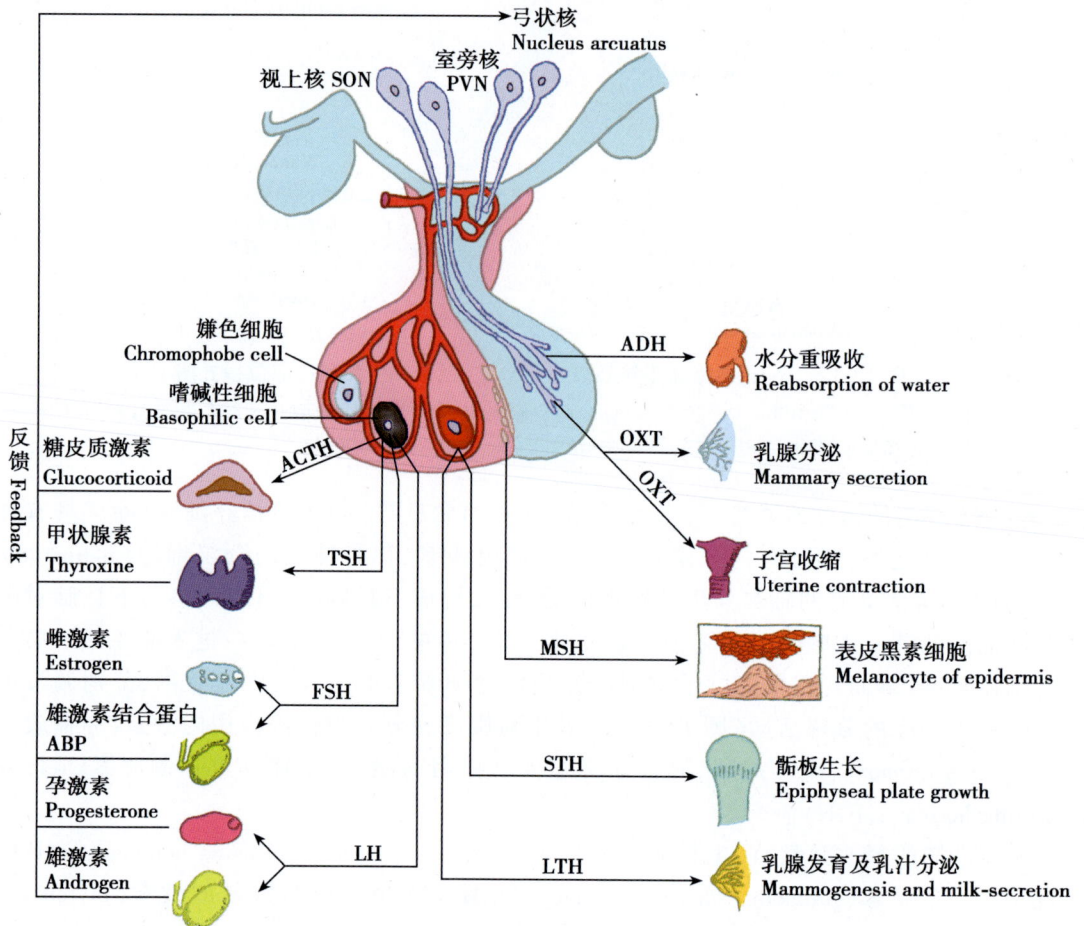

图 13-13　下丘脑、垂体激素对靶器官的作用及其反馈调节示意图

Fig. 13-13　Schematic diagram showing effects of hypothalamic and hypophyseal hormones on target organs and the feedback mechanisms that control their secretion

7. **腺垂体的神经支配**　关于腺垂体的神经支配一直存在一些争议。传统认为,腺细胞的分泌活动主要受到下丘脑各种激素的调节,并无直接神经支配。在腺垂体内仅有少量自主神经纤维调节前叶内血管的舒缩。对腺垂体内存在神经纤维的报道都因为技术限制而受到质疑。国

外学者(Friedman 和 Payette 等)分别在大鼠、小鼠及蝙蝠腺垂体发现5-羟色胺神经纤维;我国学者(鞠躬等)采用光镜和免疫电镜技术,也发现人、猴、犬、大鼠腺垂体有若干种肽能神经纤维分布,其中以 P 物质和降钙素基因相关肽免疫阳性神经纤维数量最多,并发现其与多种腺细胞形成突触。据此,鞠躬等提出了哺乳动物腺垂体的神经-体液双重调节假说,对传统的腺垂体的体液调节学说作了重要的补充。

腺垂体内肽能神经纤维的起源还不清楚,究竟是来自下丘脑或周围神经系统,还是两者兼有,尚未确定。

(二) 神经垂体

神经垂体与下丘脑直接相连,主要由大量无髓神经纤维和胶质细胞组成,并含有丰富的有孔毛细血管。

1. 神经纤维和垂体细胞 下丘脑视上核和室旁核的神经内分泌细胞的轴突经漏斗下行进入神经垂体神经部,组成下丘脑神经垂体束,为无髓神经纤维。神经内分泌细胞内的分泌颗粒沿轴突运输下行,途中分泌颗粒局部聚集,使轴突呈串珠状膨大,即膨体。这些膨体在 HE 染色的标本中显示为大小不等的嗜酸性团块,称为赫林体(Herring body)(图 13-14)。

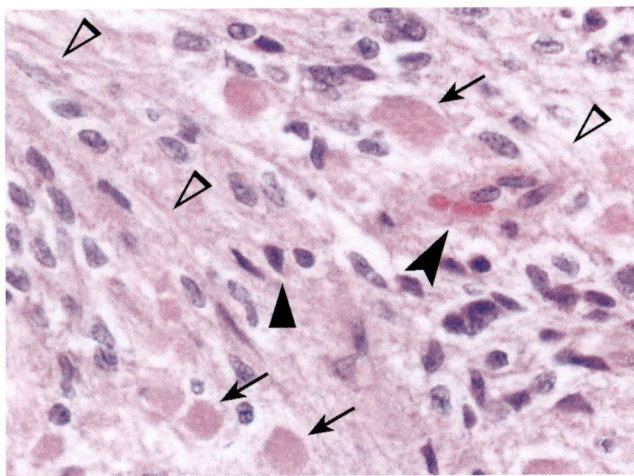

图 13-14　垂体神经部　HE 染色　高倍(华中科技大学同济医学院李和供图)
长箭头示赫林体;短箭头示毛细血管;空三角形示无髓神经纤维;实三角形示垂体细胞
Fig. 13-14　Pars nervosa of the hypophysis　HE stain　High magnification
Long arrows indicate Herring bodies;short arrow indicates a capillary;empty triangles indicate unmyelinated nerve fibers;filled triangle indicates a pituicyte

垂体细胞(pituicyte)是神经部的胶质细胞,是神经部内的主要细胞成分,分布于神经纤维之间(图 13-14)。垂体细胞具有支持、营养、吞噬、保护作用,还参与神经纤维活动和激素释放的调节。

2. 神经垂体与下丘脑的关系 下丘脑视上核和室旁核的神经内分泌细胞能合成和分泌抗利尿激素和缩宫素。抗利尿激素(antidiuretic hormone,ADH)的主要作用是促进肾远曲小管和集合管重吸收水,使尿量减少。分泌超过生理剂量时,可导致小动脉平滑肌收缩,血压升高,所以又称血管升压素(vasopressin)。缩宫素(oxytocin)也称催产素,可引起子宫平滑肌收缩,并促进乳腺分泌。

含抗利尿激素和缩宫素的分泌颗粒经下丘脑神经垂体束运输,到达神经部后贮存,进而释放入毛细血管内,见图 13-12,再随血液循环到达靶器官和靶细胞发挥作用。因此,神经垂体是下丘脑激素的贮存和释放部位,与下丘脑在结构和功能上都是一个整体。

Notes

五、松　果　体

松果体(pineal body)又称脑上腺,形似松果,呈扁圆锥形。人的松果体长 5~8mm,宽 3~5mm,重 120~200mg,位于间脑顶端后上方,以细柄与间脑相连,第三脑室凸向柄内形成松果体隐窝。松果体表面包以软脑膜,软膜结缔组织伴随血管和无髓神经纤维伸入腺实质,将实质分成许多小叶。松果体实质主要由松果体细胞、胶质细胞和无髓神经纤维等组成。

1. **松果体细胞**　松果体细胞(pinealocyte)约占腺实质细胞总数的 90%,在形态结构和功能上属于神经内分泌细胞。在 HE 染色切片中,胞体呈圆形或不规则形,核大,有一个或数个核仁,胞质少,弱嗜碱性(图 13-15A)。在银染标本中,可见细胞具有突起,短而细的突起终止于邻近细胞之间,长而粗的突起多终止在血管周间隙(图 13-15B)。电镜下可见松果体细胞具有分泌含氮激素细胞的特点,胞质内线粒体和游离核糖体较多,高尔基复合体较发达;还常见小圆形分泌颗粒(图 13-16)。松果体细胞主要合成和分泌褪黑素(melatonin)。

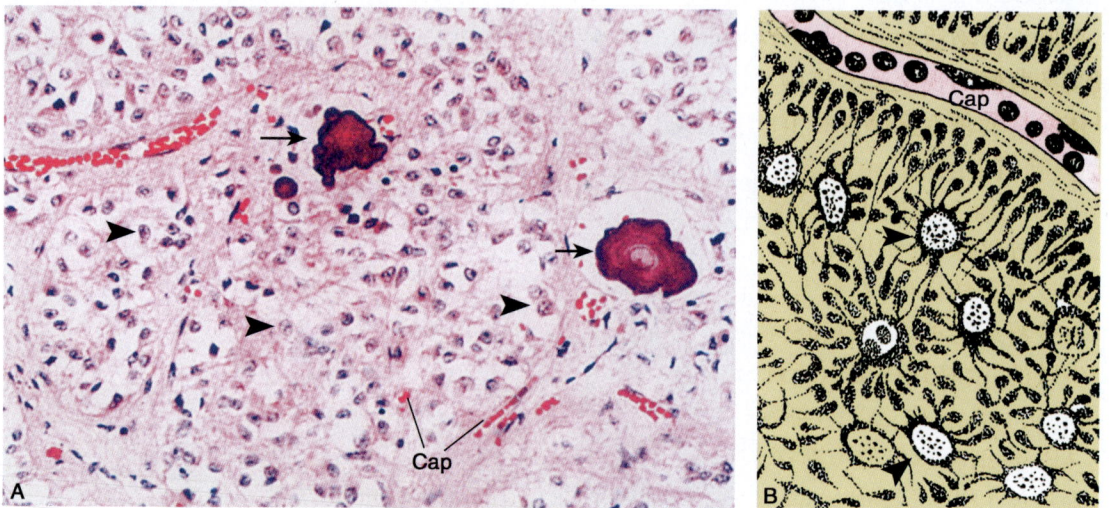

图 13-15　松果体

A. HE 染色　低倍;B. 模式图　镀银染色　短箭头示松果体细胞;长箭头示脑砂;Cap. 毛细血管

Fig. 13-15　Pineal body

A. HE stain　Low magnification;B. schematic diagram silver stain　Short arrows point to pinealocytes;long arrows indicate brain sands;Cap. capillaries

松果体细胞的胞质内还有一种称突触带(synaptic ribbon)的特征性细胞器,由电子致密的杆状体及其周围的许多小泡组成(图 13-16)。在哺乳动物,突触带沿胞膜分布,并多数分布于相邻松果体细胞相互接触的界面旁,因此突触带可能与松果体细胞的同步活动有关。突触带的数目有昼夜节律变化,与褪黑素量的节律变化相一致,因此还可能与褪黑素的合成和储存相关。

2. **胶质细胞和神经纤维**　松果体的神经胶质细胞约占实质细胞总数的 5%,位于松果体细胞之间,胞体较小,核小着色深。松果体内的神经纤维主要为无髓神经纤维,也有少量的有髓神经纤维。这些纤维主要是来自交感颈上神经节的节后纤维,另外还有来自下丘脑等脑区的中枢神经纤维以及副交感神经纤维。这些纤维控制着松果体细胞的分泌活动。在成人的松果体内常见脑砂(brain sand)(图 13-15A),它是松果体细胞分泌物钙化而成的同心圆结构,其功能意义不明。

3. **松果体的功能**　在哺乳动物,松果体在交感颈上神经节和中枢神经系统的神经调控下分泌褪黑素。褪黑素是一种胺类激素,即 *N*-乙酰基-5-甲氧基色胺,对机体发挥广泛的影响:①抑制

Notes

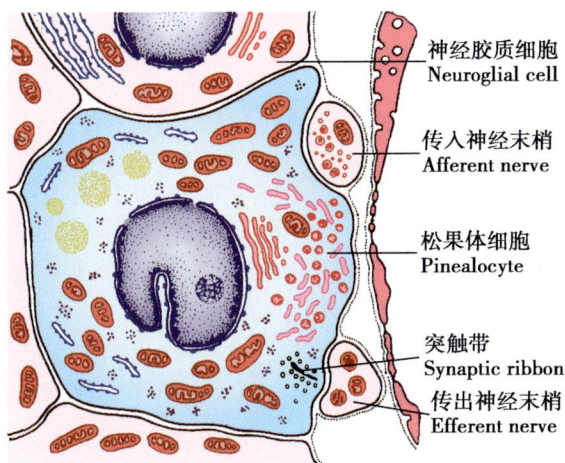

图 13-16　松果体细胞超微结构模式图

Fig. 13-16　Schematic diagram showing ultrastructure of the pinealocyte

性腺、甲状腺、肾上腺皮质等内分泌腺功能；褪黑素的抗性腺作用可能通过抑制垂体黄体生成素释放而产生。②镇静作用：褪黑素在中脑和下丘脑分布较多，能促进抑制性神经递质 γ-氨基丁酸和 5-羟色胺的产生，从而起到镇静和促进睡眠等作用。③增强免疫力：褪黑素调节免疫反应的作用可能与其分泌具有昼夜节律有关。

　　松果体的激素分泌活动表现出明显的昼夜节律、月节律和年节律。松果体活动的昼夜节律表现为白天几乎不分泌褪黑素，而夜间则分泌显著增加。松果体功能的节律性主要是由于褪黑素的关键合成酶-N-乙酰转移酶的活性具有自主性昼夜节律。此外，哺乳动物松果体细胞节律性活动还受到光照周期的影响。

六、弥散神经内分泌系统

　　除了上述内分泌腺之外，还有大量的内分泌细胞分布于其他器官之内。这些细胞分泌多种激素或激素样物质，在调节机体生理活动方面起着很重要的作用。1966 年，Pearse 根据这些内分泌细胞都是从细胞外摄取胺前体、经脱羧后产生胺（如多巴胺、5-羟色胺等）的特点，将这些细胞统称为摄取胺前体脱羧细胞（amine precursor uptake and decarboxylation cell，APUD 细胞）。

　　随着 APUD 细胞研究的不断深入，发现许多 APUD 细胞不仅产生胺，而且还产生肽，或者有的细胞只产生肽；APUD 细胞也存在于内分泌腺，如甲状腺、肾上腺、腺垂体、松果体内，而不仅仅限定于其他器官散在分布的细胞。还发现神经系统内的许多神经元也合成和分泌与 APUD 细胞相同的胺和（或）肽类物质。因此学者们将这些具有分泌功能的神经元和 APUD 细胞统称为弥散神经内分泌系统（diffuse neuroendocrine system，DNES）。

　　组成 DNES 的细胞分中枢和周围两大部分。中枢部分包括下丘脑-垂体轴的细胞和松果体细胞；周围部分包括分布在胃、肠、胆道、胰、呼吸道、排尿管道和生殖管道内的内分泌细胞，以及甲状腺的滤泡旁细胞、肾上腺髓质的嗜铬细胞、交感神经节的小强荧光细胞、颈动脉体细胞、血管内皮细胞、胎盘内分泌细胞、部分心肌细胞和平滑肌细胞等。这些细胞产生胺类物质，如 5-羟色胺、组胺、去甲肾上腺素、肾上腺素、多巴胺、褪黑素等；产生肽类物质更多，如下丘脑的释放激素、释放抑制激素、血管升压素和缩宫素、腺垂体分泌的各种激素，以及许多内分泌细胞分泌的胃泌素、P 物质、生长抑素、蛙皮素、促胰液素、胆囊收缩素、神经降压素、胰高血糖素、胰岛素、胰多肽、脑啡肽、血管活性肠肽、降钙素、甲状旁腺激素、肾素、血管紧张素、心钠素、内皮素等。

Notes

弥散神经内分泌系统将全身所有通过分泌胺类或肽类激素发挥调节作用的细胞归集在一起,进一步扩大了传统内分泌系统的作用范围。

专题讲座:神经-内分泌-免疫网络

神经系统、内分泌系统与免疫系统如同网络一般,广泛分布于全身各处,其作用无处不在,故称神经-内分泌-免疫网络(neuroendocrine-immune network)。三大系统各司其职,又相互作用和调节,其中内分泌系统起着重要的枢纽作用。神经系统与内分泌系统的相互作用已在本章多有述及,这里仅就它们与免疫系统的相互作用做一简要介绍。

(一)神经系统与免疫系统的相互作用

1. **神经系统调节免疫系统**　临床观察和实验研究都表明神经系统能影响免疫系统的功能状态。人处于紧张、劳累或情绪低落或处于恐惧状态时,其免疫能力将大大降低。神经系统调节免疫系统功能最著名的例子是炎症反射(inflammatory reflex)。这种反射是指当内脏发生炎症或损伤时,细胞因子等炎症产物刺激内脏传入纤维将信息传入脑干、下丘脑等中枢部位,中枢整合信息经迷走神经传至脾等淋巴器官,反射性调节免疫反应,不使炎症反应过强。2011 年,Rosas-Ballina 等在《科学》杂志上发表的研究报告揭示了炎症反射的神经免疫机制。他们的研究结果表明,迷走神经终末分布于脾的白髓和边缘区,与 T 细胞形成突触样联系。当迷走神经兴奋时,其终末释放去甲肾上腺素,后者促使 T 细胞分泌乙酰胆碱;同时,动物内毒素血症引起的肿瘤坏死因子(TNF)水平显著降低;还观察到分泌乙酰胆碱的 T 细胞向迷走神经突触样终末聚集。

一系列研究为神经系统调节免疫系统功能提供了形态学依据:胸腺、脾、淋巴结等淋巴器官存在内脏运动性和感觉神经纤维的分布,包括胆碱能、肾上腺素能纤维以及 P 物质、脑啡肽、神经肽 Y 等多种肽能纤维;淋巴细胞、巨噬细胞、单核细胞、中性粒细胞、胸腺细胞等免疫细胞膜上分布有去甲肾上腺素、乙酰胆碱、多巴胺、组胺、5-羟色胺等多种活性物质的受体,有的是单一受体,有的几种受体共存。

除了直接的内脏运动性传出以外,神经系统调节免疫系统功能多数情况下是通过内分泌系统实现的。下丘脑-垂体-肾上腺轴是中枢神经系统调节免疫应答的主要途径。刺激下丘脑可通过 CRH 引起垂体前叶分泌 ACTH,ACTH 进而促进肾上腺皮质释放糖皮质激素,而后者几乎对所有免疫细胞都有抑制作用。

2. **免疫系统作用于神经系统**　长期以来,由于血脑屏障的存在,中枢神经系统一直被认为是一处免疫细胞不能涉足、免疫反应不会发生的免疫豁免区。但近些年研究发现,中枢神经系统还是要受到免疫系统的影响。研究表明,脑内存在白介素-1(IL-1)、IL-2、IL-6、IL-10、TNF-α、TNF-β、干扰素-α(IFN-α)、IFN-β、IFN-γ 等多种细胞因子的特异性受体。如大脑皮质、海马、下丘脑、小脑就分布有 IL-1 受体。活化的免疫细胞分泌细胞因子,后者能通过血脑屏障进入脑内与神经细胞上相应的受体结合,从而调节神经系统的功能。

免疫细胞能不能进入中枢神经系统?近几年的研究显示答案是肯定的。Xin 等的研究表明,在敲除了 T、B 淋巴细胞功能的免疫缺陷小鼠,颅外切断其面神经,其面神经核内存活的运动神经元比野生型小鼠显著减少了;重新给动物淋巴细胞功能,切断面神经后存活的运动神经元数量又与野生型小鼠一样了,其中 CD4$^+$T 细胞起主要作用。这说明面神经损伤后面神经核内发生了免疫反应,并且这种反应对运动神经元具有保护作用。进一步研究显示,激活 CD4$^+$T 细胞的抗原呈递细胞是脑内的小胶质细胞;在脑内趋化因子的作用下,活化的 CD4$^+$T 淋巴细胞进入脑内,一方面直接合成和分泌脑源性神经营养因子(BDNF),后者发挥神经保护作用;另一方面,通过分泌 IL-6 作用于星形胶质细胞,使之增加 IL-10 的分泌,通过 IL-10 的免疫抑制功能,对神经元起到抗炎保护作用。

值得一提的是,淋巴细胞、巨噬细胞等免疫细胞也能分泌神经活性物质,如乙酰胆碱、内啡肽、ACTH、BDNF 等;脑内的神经细胞、星形胶质细胞、小胶质细胞也能分泌细胞因子,如 IL-1、IL-10、TNF 等。

(二) 内分泌系统与免疫系统的相互作用

1. **内分泌系统对免疫系统的调节作用**　已经证实,在多种免疫细胞上有 ACTH、TSH、TRH、促性腺激素、褪黑素、生长激素、催乳激素、甲状腺素的受体,以及糖皮质激素、雄激素、雌激素、孕激素、盐皮质激素的受体。实验研究表明,糖皮质激素几乎对所有免疫细胞和所有免疫反应都有抑制作用。雄激素具有抑制免疫反应的能力,而雌激素则具有增强免疫反应的功能。此外,TRH、TSH、褪黑素、生长激素、催乳激素、甲状腺素等均有增强免疫反应的作用。催乳激素能促进 Th1 辅助 T 淋巴细胞合成 IFN-γ 和 IL-2,并且还能激活 Th2 T 细胞产生自身免疫性抗体。许多自身免疫性疾病与内分泌激素分泌异常有关,已报道系统性红斑狼疮患者血中催乳激素水平显著增高。

2. **免疫系统对内分泌系统的作用**　细胞因子受体除了分布于脑内细胞,还分布于垂体前叶细胞、胰岛细胞、睾丸间质细胞等内分泌细胞。因此,免疫细胞释放的细胞因子既可直接作用于内分泌腺,又可作用于脑,通过下丘脑-垂体轴间接影响内分泌功能。在大鼠中观察到,注入羊红细胞诱导的免疫反应达高峰时,血中糖皮质激素含量上升而甲状腺激素含量下降。这一机制可能是一种负反馈调节,使免疫反应受到一定程度的抑制而不致过强。进一步研究已证实 IL-1 能作用于下丘脑而增加血中 ACTH 和糖皮质激素的含量。

参考文献

1. Rosas-Ballina M,Olofsson PS,Ochani M,et al. Acetylcholine-synthesizing T cells relay neural signals in a vagus nerve circuit. Science,2011,334(6052):98-101
2. Xin J,Wainwright DA,Mesnard NA,et al. IL-10 within the CNS is necessary for CD4[+] T cells to mediate neuro-protection. Brain Behav Immun,2011,5(5):820-829

(齐建国)

第14章 消 化 管

KEY POINTS

- General structure of the digestive tract
- Histology of the lingual papille and teeth
- Microstructural features of the esophagus
- Microstructural features of four different regions of the stomach
- Microstructural features of the doudenum, the jejunum and the ileum
- Histology of the large intestine and the appendix
- The gut-associated lymphoid tissue
- The endocrine cells in digestive tract

消化系统由消化管和消化腺组成,主要对食物进行物理性和化学性消化、吸收,提供机体生长和代谢所需的营养。消化管(digestive tract)是从口腔至肛门的连续性管道,依次分为口腔、咽、食管、胃、小肠和大肠。这些器官的管壁结构既具有某些共同的分层规律,又各具有与其功能相适应的特点。

一、消化管壁的一般结构

消化管壁(除口腔与咽外)自内向外分为黏膜、黏膜下层、肌层与外膜四层(图 14-1)。

(一) 黏膜

黏膜(mucosa)由上皮、固有层和黏膜肌层组成,是消化管各段结构差异最大、功能最重要的部分。

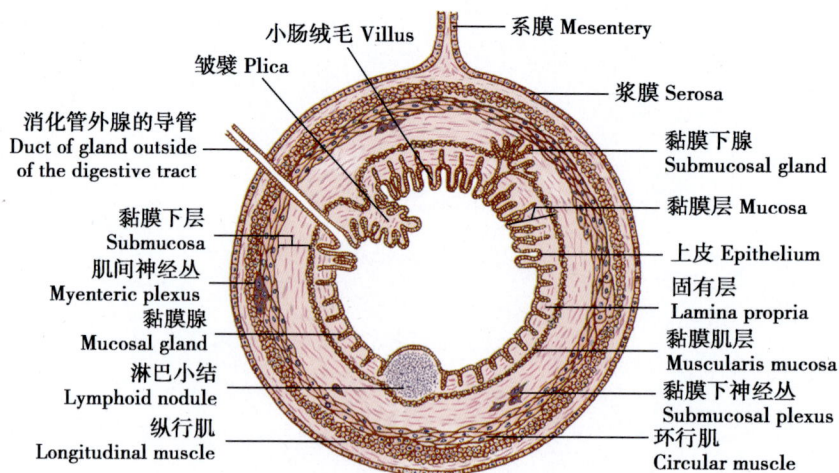

图 14-1 消化管一般结构模式图

Fig. 14-1 Diagram showing general structure of the digestive tract

1. 上皮　　上皮的类型依部位而异。消化管的两端(口腔、咽、食管及肛门)为复层扁平上皮,以保护功能为主;余为单层柱状上皮,以消化吸收功能为主。上皮与管壁内的腺体相连续。上皮细胞间隙有散在分布的淋巴细胞,尤以在小肠上皮中多见。

2. 固有层　　固有层(lamina propria)为疏松结缔组织,细胞成分较多,纤维较细密,有丰富的毛细血管和毛细淋巴管。胃肠固有层内富含腺体和淋巴组织。

3. 黏膜肌层　　黏膜肌层(muscularis mucosa)为薄层平滑肌,其收缩可促进固有层内的腺体分泌物排出和血液运行,利于物质吸收和转运。

(二) 黏膜下层

黏膜下层(submucosa)为较致密的结缔组织,含小动脉、小静脉与淋巴管。在食管及十二指肠的黏膜下层内分别有食管腺和十二指肠腺。黏膜下层中还有黏膜下神经丛(submucosal plexus,Meissner's plexus),由多极神经元与无髓神经纤维构成,可调节黏膜肌的收缩和腺体分泌。在食管、胃和小肠等部位,黏膜与黏膜下层共同向管腔面突起,形成皱襞(plica)。

(三) 肌层

除食管上段与肛门处的肌层(muscularis)为骨骼肌外,其余大部分为平滑肌。肌层一般分为内环行、外纵行两层,有肌间神经丛(myenteric plexus,Auerbach's plexus),结构与黏膜下神经丛相似(图 14-2),调节肌层平滑肌的运动。在肌间的结缔组织中有间质卡哈尔细胞(interstitial Cajal cell),呈多突起状,核椭圆形,胞质较少,需用特殊染色进行鉴定(图 14-3),可能是胃肠自主节律的起搏细胞。

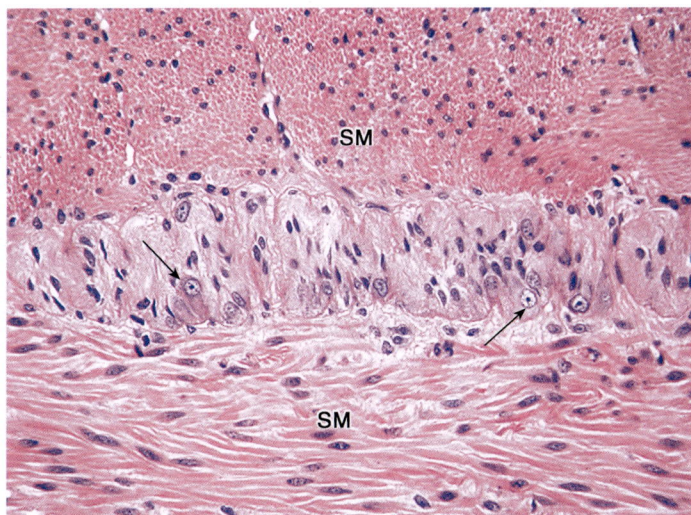

图 14-2　小肠肌间神经丛光镜像　HE 染色　高倍(南方医科大学邹仲之供图)
箭头示神经元胞体;SM. 平滑肌
Fig. 14-2　Light micrograph of the myenteric plexus in the small intestine　HE stain　High magnification
Arrows indicate cell bodies of the neurons;SM. smooth muscle

(四) 外膜

外膜(adventitia)由薄层结缔组织构成者称纤维膜(fibrosa),主要分布于食管和大肠末段,与周围组织无明确界限;由薄层结缔组织与间皮共同构成者称浆膜(serosa),见于腹膜内位的胃、大部分小肠与大肠,其表面光滑,利于胃肠活动。

Notes

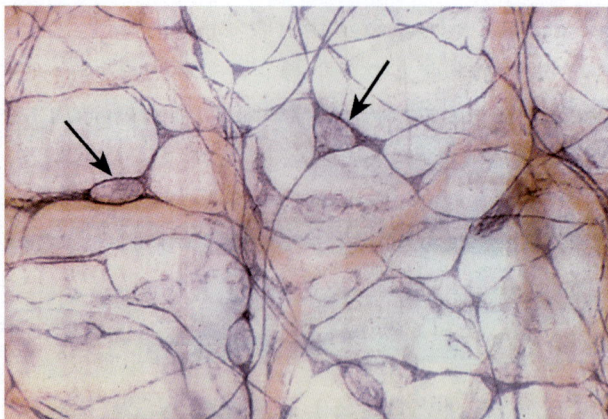

图 14-3　小肠肌层的间质卡哈尔细胞光镜像　波形蛋白免疫组织化学染色　高倍（首都医科大学周德山供图）

箭头示卡哈尔细胞胞体

Fig. 14-3　The interstitial Cajal cells in the muscularis of small intestine　Immunohistochemical staining for vimentin filament protein　High magnification

Arrows indicate the cell bodies of Cajal cells

二、口 腔 与 咽

（一）口腔黏膜的一般结构

口腔黏膜只有上皮和固有层，无黏膜肌层。上皮为复层扁平，仅在硬腭部出现角化。固有层结缔组织突向上皮形成乳头，其内富有毛细血管，故黏膜呈红色。乳头及上皮内有许多感觉神经末梢。在口腔底部的上皮菲薄，通透性高，有利于某些化学物质的吸收，如治疗心绞痛的硝酸甘油。固有层中存有小唾液腺。固有层下连骨骼肌（于唇、颊等处）或骨膜（于硬腭）。

（二）舌

舌由表面的黏膜和深部的舌肌组成。舌肌由纵行、横行及垂直走行的骨骼肌纤维束交织构成。黏膜由复层扁平上皮与固有层组成。舌根部黏膜内有许多淋巴小结，构成舌扁桃体。舌背部黏膜形成许多乳头状隆起，称舌乳头（lingual papillae），主要有 3 种（图 14-4、图 14-5）。

1. 丝状乳头　丝状乳头（filiform papillae）数量最多，遍布于舌背。乳头呈圆锥形，尖端略向

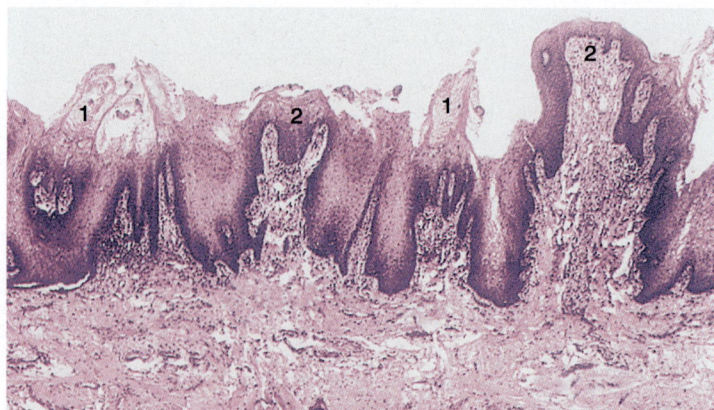

图 14-4　舌乳头光镜像　HE 染色　低倍（复旦大学上海医学院供图）

1. 丝状乳头；2. 菌状乳头

Fig. 14-4　Light micrograph of lingual papillae　HE stain　Low magnification

1. filiform papillae；2. fungiform papillae

咽部倾斜,浅层上皮细胞角化,外观白色,称舌苔。

2. 菌状乳头　菌状乳头(fungiform papillae)数量较少,多位于舌尖与舌缘,散在于丝状乳头之间,呈蘑菇状,上皮不角化,内有味蕾。固有层富含毛细血管,使乳头外观呈红色。

3. 轮廓乳头　轮廓乳头(circumvallate papillae)有 10 余个,位于舌界沟前方,形体较大,顶部平坦。乳头周围的黏膜凹陷形成环沟,沟两侧的上皮内有较多味蕾。固有层中有浆液性的味腺,导管开口于沟底。味腺分泌的稀薄液体不断冲洗味蕾表面的食物碎渣,以利味蕾不断接受新的物质刺激。

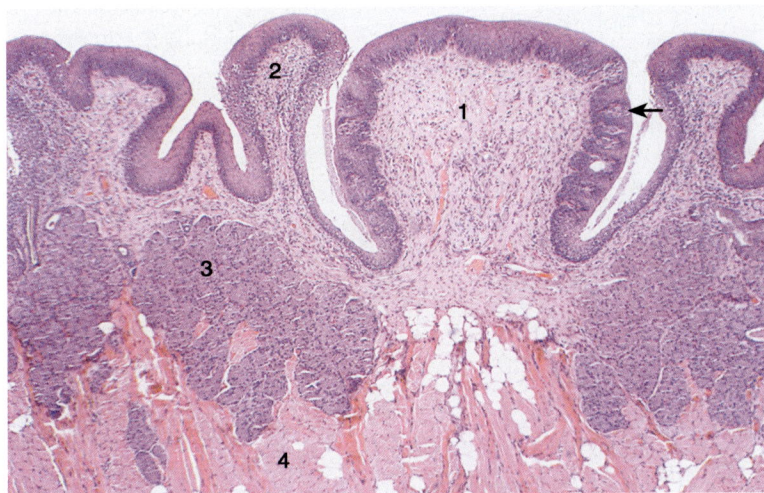

图 14-5　舌轮廓乳头光镜像　HE 染色　低倍(南方医科大学邹仲之供图)
1. 轮廓乳头;2. 菌状乳头;3. 浆液性腺;4. 骨骼肌;箭头示味蕾
Fig. 14-5　Light micrograph of circumvallate papillae　HE staining　High magnification
1. circumvallate papillae;2. fungiform papillae;3. serous gland;4. striated muscle;arrow indicates taste bud

味蕾(taste bud)为卵圆形小体,成人约有 3000 个,主要分布于菌状乳头和轮廓乳头,少数散在于软腭、会厌及咽等部上皮内。其表面有味孔,内部有大量长梭形的味细胞并列簇集成团(图 14-6)。味细胞(taste cell)属于感觉性上皮细胞,电镜下,其游离面有微绒毛(也称味毛)伸入味孔,胞质基底部含突触小泡样颗粒,而基底面与味觉神经末梢形成突触。味蕾深部还有锥体形

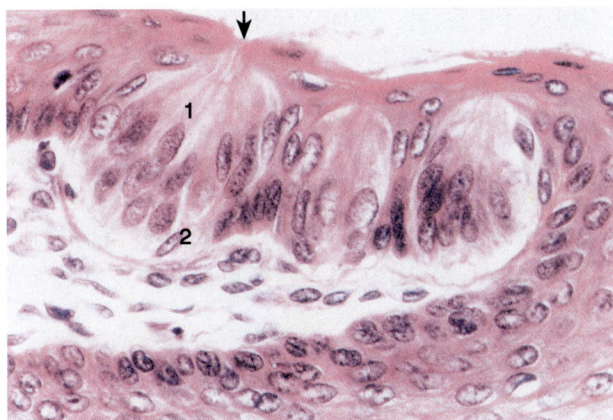

图 14-6　味蕾光镜像　HE 染色　高倍(河北北方学院周济远供图)
1. 味细胞;2. 基细胞;箭头示味孔
Fig. 14-6　Light micrograph of taste bud　HE staining　High magnification
1. taste cell;2. basal cell;arrow indicates gustatory pore

Notes

的基细胞,属未分化细胞,可分化为味细胞。味蕾是味觉感受器。

(三) 牙

牙分 3 部分,露在外面的为牙冠,埋在牙槽骨内的为牙根,两者交界部为牙颈。牙中央有牙髓腔,开口于牙根底部的牙根孔。牙由牙本质、釉质、牙骨质三种钙化的硬组织和牙髓软组织构成。牙根周围的牙周膜、牙槽骨骨膜及牙龈则统称牙周组织(图 14-7)。

1. 牙本质　牙本质(dentine)构成牙的主体,包绕着牙髓腔。牙本质主要由牙本质小管(dentinal tubule)与间质构成。牙本质小管从牙髓腔面向周围呈放射状走行,越向周边越细,且有分支吻合。牙本质的内表面有一层成牙本质细胞(odontoblast),其突起伸入牙本质小管。牙本质小管之间为间质,由胶原原纤维与钙化的基质构成,其化学成分与骨质相似,但无机成分约占 80%,较骨质坚硬。有机成分由成牙本质细胞产生。

2. 釉质　釉质(enamel)包在牙冠部的牙本质表面,其中无机物约占 96%,有机物很少,是人体最坚硬的结构。釉质由釉柱和极少量的间质构成。釉柱呈棱柱状,主要成分为羟基磷灰石结晶。釉柱从与牙本质交界处向牙冠表面成放射状紧密排列。

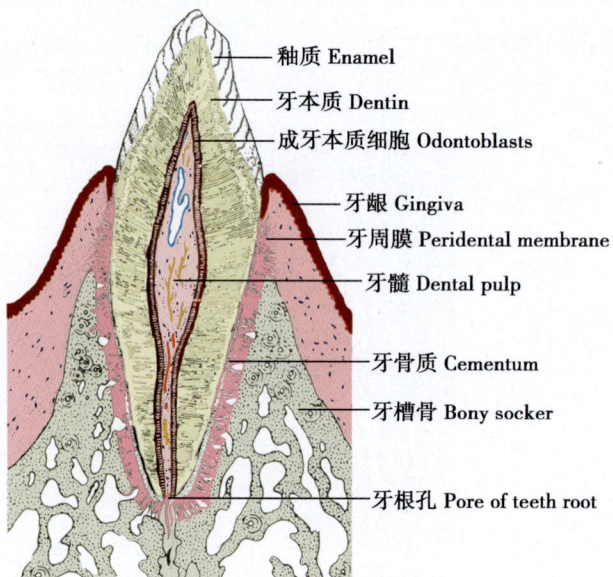

釉质 Enamel
牙本质 Dentin
成牙本质细胞 Odontoblasts
牙龈 Gingiva
牙周膜 Peridental membrane
牙髓 Dental pulp
牙骨质 Cementum
牙槽骨 Bony socker
牙根孔 Pore of teeth root

图 14-7　牙结构模式图
Fig. 14-7　Diagram illustrating structure of the teeth

3. 牙骨质　牙骨质(cementum)包在牙根部的牙本质外面,其组成及结构与骨组织相似。近牙颈部的牙骨质较薄,无骨细胞。

4. 牙髓　牙髓(dental pulp)为疏松结缔组织,内含自牙根孔进入的血管、淋巴管和神经纤维,对牙本质和釉质具有营养作用。牙髓与牙本质间有一层排列整齐的成牙本质细胞。感觉神经末梢包绕成牙本质细胞,并有极少量进入牙本质小管。

5. 牙周膜　牙周膜(peridental membrane)是位于牙根与牙槽骨间的致密结缔组织,内含较粗的胶原纤维束,其一端埋入牙骨质,另一端伸入牙槽骨,将两者牢固连接。

6. 牙龈　牙龈(gingiva)是由复层扁平上皮及固有层组成的黏膜。牙龈包绕着牙颈。老年人的牙龈常萎缩,牙颈外露。

(四) 咽

咽是消化管和呼吸道的交叉部位,分为口咽、鼻咽和喉咽 3 部分。

1. 黏膜　由上皮和固有层组成。口咽表面覆以未角化的复层扁平上皮,鼻咽和喉咽主要为假复层纤毛柱状上皮。固有层的结缔组织内有丰富的淋巴组织及黏液性腺或混合性腺,深部有一层弹性纤维。

2. 肌层　由内纵行与外斜或环行的骨骼肌组成,其间可有黏液性腺。

3. 外膜　为富有血管及神经纤维的结缔组织(纤维膜)。

三、食　　管

食管腔面有纵行皱襞,食物通过时皱襞消失(图 14-8、图 14-9)。

1. 黏膜　上皮为复层扁平,其表面细胞不断脱落,由基底层细胞增殖补充。食管下端的复

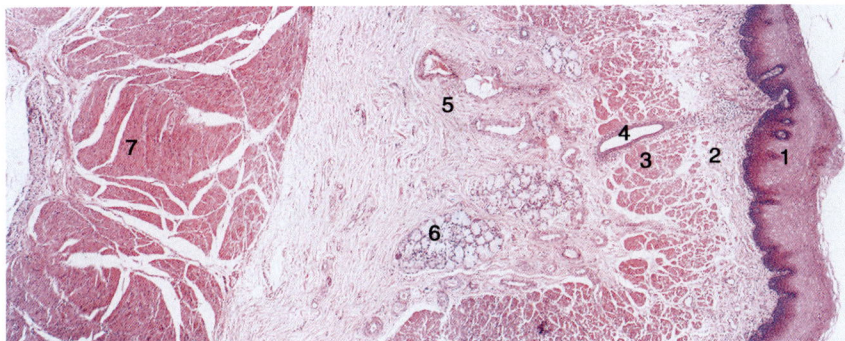

图 14-8　食管光镜像　HE 染色　低倍(南方医科大学邹仲之供图)

1. 上皮；2. 固有层；3. 黏膜肌层；4. 食管腺导管；5. 黏膜下层；6. 食管腺腺泡；7. 肌层
（内环行肌）

Fig. 14-8　Light micrograph of esophagus　HE stain　Low magnification

1. epithelium；2. lamina propria；3. muscularis mucosa；4. duct of esophageal gland；
5. submucosa；6. acini of esophageal gland；7. muscularis（inner circular layer）

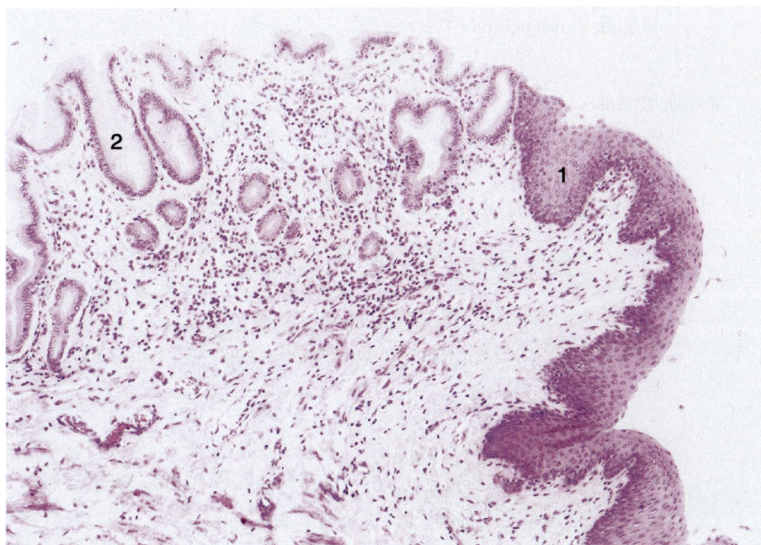

图 14-9　食管贲门连接部光镜像　HE 染色　低倍(南方医科大学董为人供图)

1. 食管上皮；2. 胃小凹

Fig. 14-9　Light micrograph of the conjunction between esophagus and cardia HE stain　Low magnification

1. epithelium of esophagus；2. gastric pit

层扁平上皮与胃贲门部的单层柱状上皮骤然相接,是食管癌的易发部位。固有层为细密的结缔组织,并形成乳头突向上皮。在食管上端与下端的固有层内可见少量黏液性腺。黏膜肌层由纵行平滑肌束组成。

2. 黏膜下层　结缔组织中含较多黏液性的食管腺,其导管穿过黏膜开口于食管腔。食管腺周围常有较密集的淋巴细胞及浆细胞,甚至淋巴小结。

3. 肌层　肌层分内环行与外纵行两层。上 1/3 段为骨骼肌,下 1/3 段为平滑肌,中 1/3 段则兼具两者。食管两端的内环行肌稍厚,分别形成食管上、下括约肌。

4. 外膜　为纤维膜。

Notes

四、胃

食物入胃后，与胃液混合为食糜。胃可贮存食物，初步消化蛋白质，吸收部分水、无机盐和醇类。

（一）黏膜

胃空虚时腔面可见许多纵行皱襞，充盈时皱襞几乎消失。黏膜表面有许多浅沟，将黏膜分成许多直径 2～6mm 的胃小区（gastric area）。黏膜表面还遍布约 350 万个不规则形的小孔，称胃小凹（gastric pit）。每个胃小凹底部与 3～5 条腺体通连（图 14-10、图 14-11）。

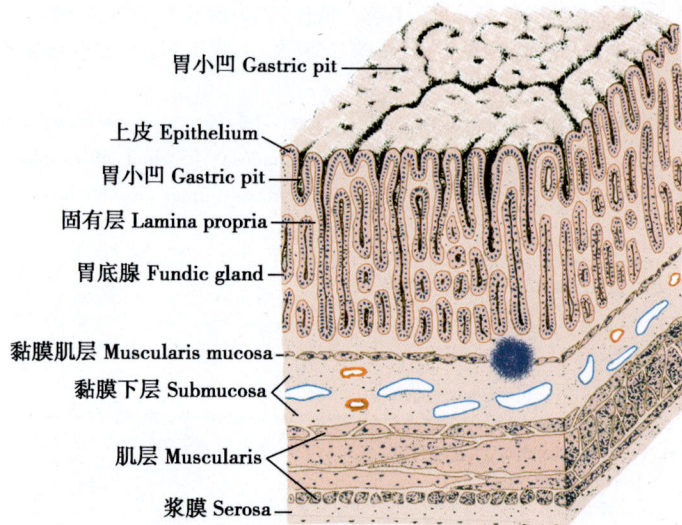

图 14-10　胃底与胃体部立体模式图
Fig. 14-10　Tri-dimensional diagram of the fundus and the body of stomach

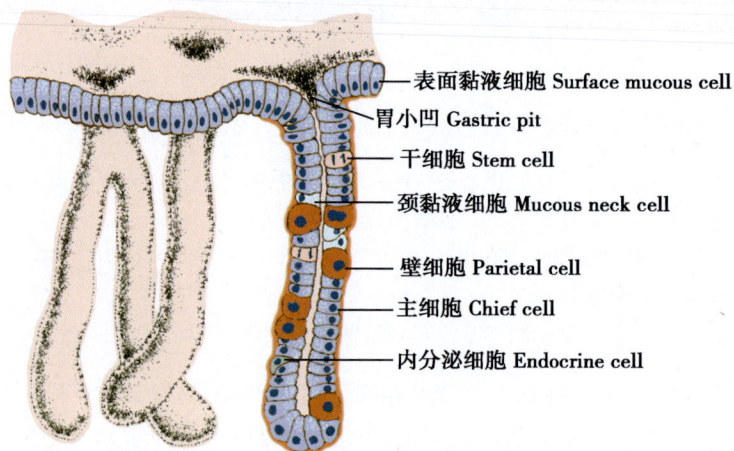

图 14-11　胃上皮和胃底腺立体模式图
Fig. 14-11　Tri-dimensional diagram of the epithelium and the fundic glands of stomach

1. 上皮　为单层柱状，主要由表面黏液细胞（surface mucous cell）组成。该细胞椭圆形的核位于基部，顶部胞质充满黏原颗粒，在 HE 染色切片上着色浅淡以至透明；细胞间有紧密连接。此细胞分泌含高浓度碳酸氢根的不可溶性黏液，覆盖于上皮表面，有重要保护作用（见后述）。表面黏液细胞不断脱落，由胃小凹底部的干细胞增殖补充，3～5 天更新一次。正常胃上皮没有如肠道中的杯状细胞；如果出现这种细胞，病理学称此现象为胃的肠上皮化生，可为胃癌的前期表现。

2. 固有层 内有紧密排列的大量管状腺,根据所在部位和结构的不同,分为胃底腺、贲门腺和幽门腺。腺之间及胃小凹之间有少量结缔组织,其细胞成分中除成纤维细胞外,还有较多淋巴细胞及一些浆细胞、肥大细胞、嗜酸性粒细胞,以及散在的平滑肌细胞。

(1) 胃底腺:胃底腺(fundic gland)又称泌酸腺(oxyntic gland),分布于胃底和胃体部,约有1500万条,是胃黏膜中数量最多、功能最重要的腺体。胃底腺呈分支管状,由主细胞、壁细胞、颈黏液细胞、干细胞和内分泌细胞组成(图 14-12、图 14-13);越接近贲门部的胃底腺中主细胞越多,而越毗邻幽门部的腺中壁细胞越多。

1) 主细胞:主细胞(chief cell)又称胃酶细胞(zymogenic cell),数量最多,主要分布于腺的下半部。细胞呈柱状,核圆形,位于基部;胞质基部呈强嗜碱性,顶部充满酶原颗粒,但在普通固定染色的标本上,颗粒多溶失,使该部位呈色浅淡。此细胞具有典型的蛋白质分泌细胞的超微结

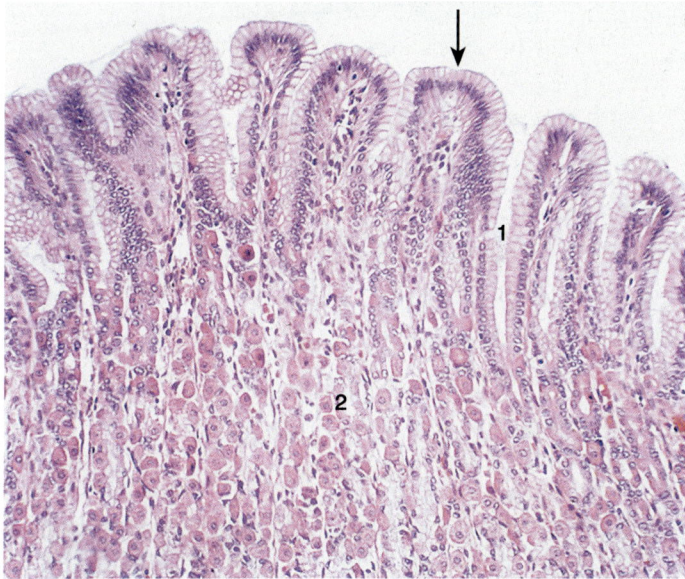

图 14-12　胃底部黏膜光镜像　HE 染色　低倍(南方医科大学邹仲之供图)
箭头示表面黏液细胞;1. 胃小凹;2. 固有层(胃底腺)
Fig. 14-12　Light micrograph of mucosa in the fundus　HE stain　Low magnification
Arrow indicates surface mucous cells;1. gastric pit;2. lamina propria (fundic glands)

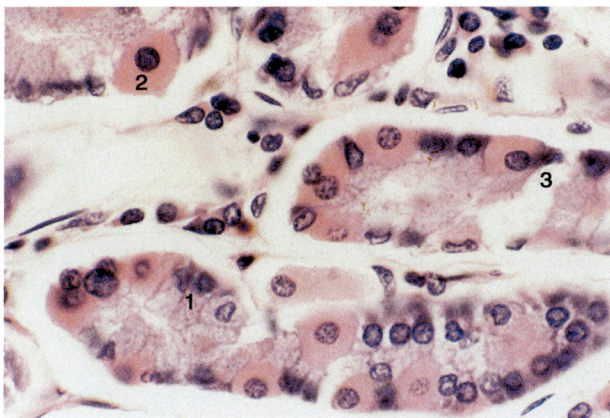

图 14-13　胃底腺光镜像　HE 染色　高倍(南方医科大学傅俊贤供图)
1. 主细胞;2. 壁细胞;3. 颈黏液细胞
Fig. 14-13　Light micrograph of the fundic glands　HE stain　High magnification
1. chief cells;2. parietal cell;3. mucous neck cell

Notes

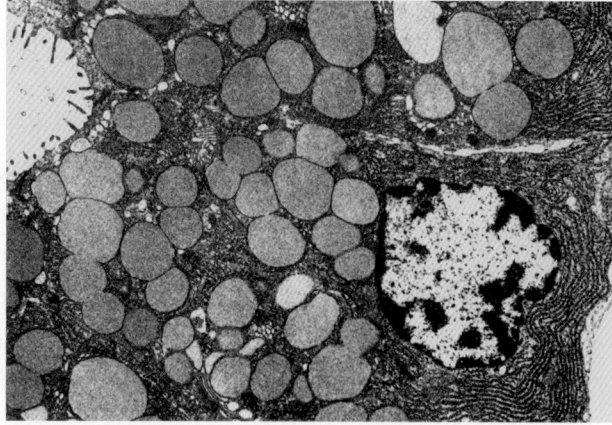

图 14-14　胃主细胞电镜像（Ito S 图）

Fig. 14-14　Electron micrograph of the chief cell

构特点（图 14-14）。主细胞分泌胃蛋白酶原（pepsinogen）。

　　2）壁细胞：壁细胞（parietal cell）又称泌酸细胞（oxyntic cell），在腺的上半部较多。此细胞体积大，多呈圆锥形。核圆而深染，居中，可有双核；胞质呈均质而明显的嗜酸性。电镜下，胞质中有迂曲分支的细胞内分泌小管（intracellular secretory canaliculus），管壁和细胞顶面质膜相连，并都富有微绒毛。分泌小管周围有表面光滑的小管和小泡，称微管泡（tubulovesicule），其膜结构与分泌小管相同。壁细胞的此种特异性结构于不同分泌时期而呈显著差异（图 14-15、图 14-16）。在静止期，分泌小管多不与腺腔相通，微绒毛短而稀疏，微管泡却极发达；在分泌期，分泌小管开放，微绒毛增多增长，而微管泡数量锐减。这表明微管泡实为分泌小管膜的储备形式。壁细胞还有极丰富的线粒体。

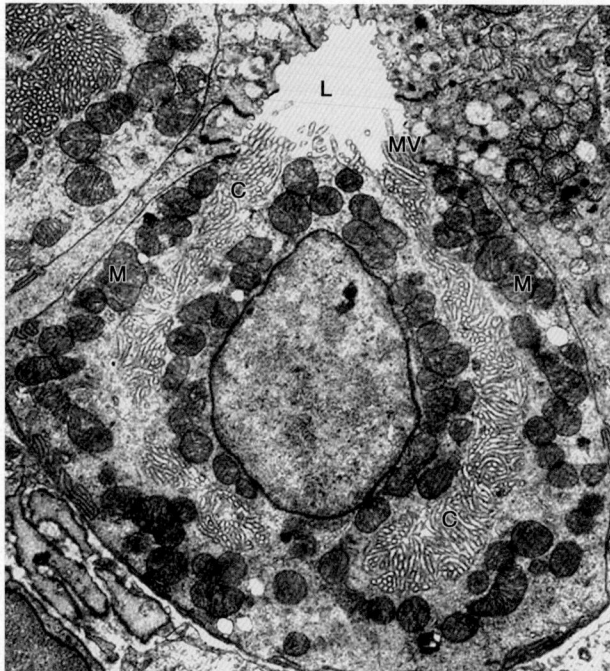

图 14-15　壁细胞电镜图（Ito S 图）

L. 胃底腺腔；M. 线粒体；MV. 微绒毛；C. 细胞内分泌小管

Fig. 14-15　Electron micrograph of the parietal cell

L. lumen of the fundic gland；M. mitochondia；MV. microvilli；C. intracellular secretory canaliculi

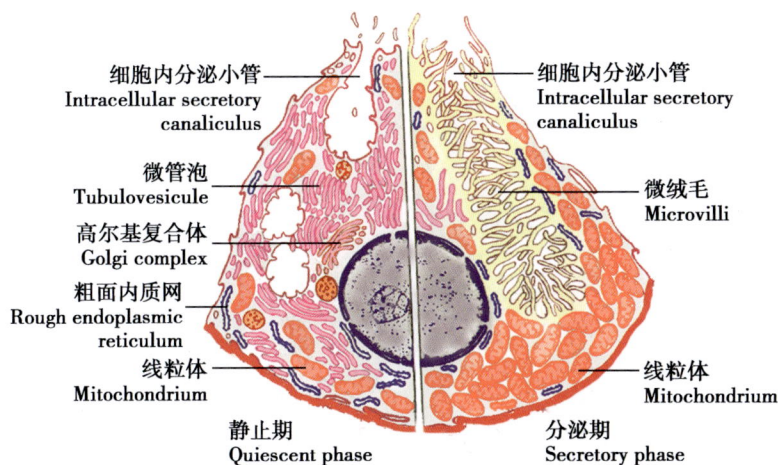

图 14-16 壁细胞超微结构模式图

Fig. 14-16 Diagram showing ultrastructure of the parietal cell

分泌小管膜中有大量质子泵(H^+,K^+-ATP 酶)和 Cl^- 通道,能分别把壁细胞内形成的 H^+ 和从血液摄取的 Cl^- 输入小管,二者结合成盐酸后进入腺腔。线粒体为这一耗能过程提供了大量 ATP。盐酸(也称胃酸)能激活胃蛋白酶原,使之转变为胃蛋白酶,并为其活性提供所需的酸性环境,以对食物蛋白质进行初步分解;盐酸还有杀菌作用。人的壁细胞分泌内因子(intrinsic factor),这种糖蛋白在胃腔内与食物中的维生素 B_{12} 结合成复合物,使其在肠道内不被酶分解,并能促进回肠对其的吸收,供红细胞生成所需。在萎缩性胃炎发展过程中,由于壁细胞减少,内因子缺乏,维生素 B_{12} 吸收障碍,可出现恶性贫血。

3)颈黏液细胞:颈黏液细胞(mucous neck cell)较少,位于胃底腺顶部,常呈楔形夹在其他细胞之间。核扁平,居细胞基底,核上方有很多黏原颗粒,HE 染色浅淡。其分泌物为可溶性的酸性黏液。

4)干细胞:干细胞(stem cell)存在于从胃底腺顶部至胃小凹深部一带,胞体较小,呈低柱状。增殖的子细胞,有的向上迁移,分化为表面黏液细胞,有的停留在局部或向下迁移,分化为其他胃底腺细胞。主细胞和壁细胞的寿命约为 200 天,颈黏液细胞为一周。

5)内分泌细胞:内分泌细胞主要为 ECL 细胞和 D 细胞。ECL 细胞分泌的组织胺主要作用于邻近的壁细胞,强烈促进其泌酸功能。D 细胞分泌的生长抑素既可直接抑制壁细胞的功能,又可通过抑制 ECL 细胞而间接地作用于壁细胞。

(2)贲门腺:贲门腺(cardiac gland)分布于近贲门处宽 1～3cm 的区域,为黏液性腺。

(3)幽门腺:幽门腺(pyloric gland)分布于幽门部宽 4～5cm 的区域,此区胃小凹很深;幽门腺为分支较多而弯曲的管状黏液性腺,可有少量壁细胞。幽门腺中还有很多 G 细胞,产生胃泌素(gastrin),可刺激壁细胞分泌盐酸,还能促进胃肠黏膜细胞增殖(图 14-17)。

3 种腺体的分泌物混合,统称胃液。成人每日分泌量为 1.5～2.5L,pH 为 0.9～1.5,除含有盐酸、胃蛋白酶、黏蛋白外,还有大量水、NaCl、KCl 等。

3. 黏膜肌层 由内环行与外纵行两薄层平滑肌组成。

胃液含高浓度盐酸,腐蚀力极强,胃蛋白酶能分解蛋白质,而胃黏膜却像陶瓷般耐腐蚀、不受破坏,这主要由于其表面存在黏液-碳酸氢盐屏障(mucous-HCO_3^- barrier)自我保护机制。胃上皮表面覆盖的黏液层厚 0.25～0.5mm,主要由不可溶性黏液凝胶构成,并含大量 HCO_3^-。黏液层将上皮与胃蛋白酶隔离,而高浓度 HCO_3^- 使局部 pH 为 7,既抑制了酶的活性,又可中和渗入的 H^+,形成 H_2CO_3,后者被胃上皮细胞的碳酸酐酶迅速分解为 H_2O 和 CO_2。此外,胃上皮细胞的快速更新也使胃能及时修复损伤。正常时,胃酸的分泌量和黏液-碳酸氢盐屏障保持平衡。乙醇、

Notes

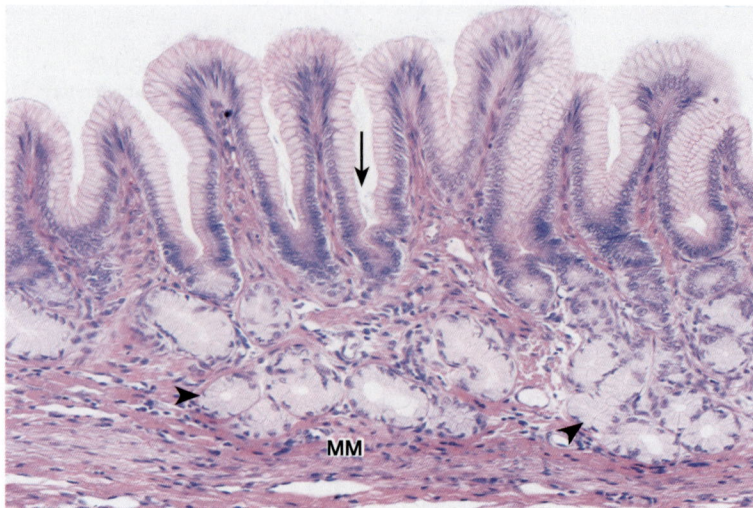

图 14-17   胃幽门部光镜像   HE 染色   低倍(华中科技大学同济医学院李和供图)

长箭头示胃小凹;短箭头示幽门腺;MM. 黏膜肌

Fig. 14-17   Light micrograph of pylorus of stomach   HE stain   Low magnification

Long arrow indicates a gastric pit;short arrows indicate pyloric glands;MM. muscularis mucosa

阿司匹林类药物、幽门螺旋杆菌感染等因素,能导致胃酸分泌过多或黏液产生减少,屏障受到破坏,引发胃组织的自我消化,形成胃炎或胃溃疡。

(二) 黏膜下层

胃壁的黏膜下层为较致密的结缔组织,内含较粗的血管、淋巴管和神经,还可见成群的脂肪细胞。

(三) 肌层和外膜

胃壁的肌层较厚,一般由内斜行、中环行和外纵行 3 层平滑肌构成。环行肌在贲门和幽门部增厚,分别形成贲门括约肌和幽门括约肌。外膜为浆膜。

五、小 肠

小肠是消化和吸收的主要部位,分为十二指肠、空肠和回肠。

(一) 黏膜

小肠腔面的皱襞可为环行、半环行或螺旋状走行,从距幽门约 5cm 处开始出现,在十二指肠末段和空肠头段极发达,向下逐渐减少、变短,至回肠中段以下基本消失。黏膜表面有许多细小的肠绒毛(intestinal villus),是由上皮和固有层向肠腔突起而成,长 0.5 ~ 1.5mm,形状不一,以十二指肠和空肠头段最发达(图 14-18 ~ 图 14-22)。绒毛于十二指肠呈宽大的叶状,于空肠如长指状,于回肠则为短的锥形。皱襞和肠绒毛使小肠内表面积扩大约 30 倍。绒毛根部的上皮和下方固有层中的小肠腺上皮相连续。小肠腺(small intestinal gland)又称 Lieberkuhn 隐窝(crypts of Lieberkuhn),呈单管状,直接开口于肠腔。

1. 上皮   小肠黏膜的上皮为单层柱状。绒毛部上皮由吸收细胞、杯状细胞和少量内分泌细胞组成;小肠腺除上述细胞外,还有 Paneth 细胞和干细胞。

(1) 吸收细胞:吸收细胞(absorptive cell)最多,呈高柱状,核椭圆形,位于基部。细胞游离面在光镜下可见纹状缘,电镜下由密集而规则排列的微绒毛构成。每个吸收细胞有 2000 ~ 3000 根微绒毛,使细胞游离面面积扩大约 20 倍。微绒毛表面尚有一层厚 0.1 ~ 0.5μm 的细胞衣,主要由细胞膜内镶嵌蛋白的胞外部分构成,其中有参与消化碳水化合物和蛋白质的双糖酶和肽酶;此外还有吸附的胰蛋白酶、胰淀粉酶等,故细胞衣是消化的重要部位。胞质含丰富的滑面内质网和高尔基复合体,可将细胞吸收的脂类物质结合形成乳糜微粒,然后在细胞侧面释出。相

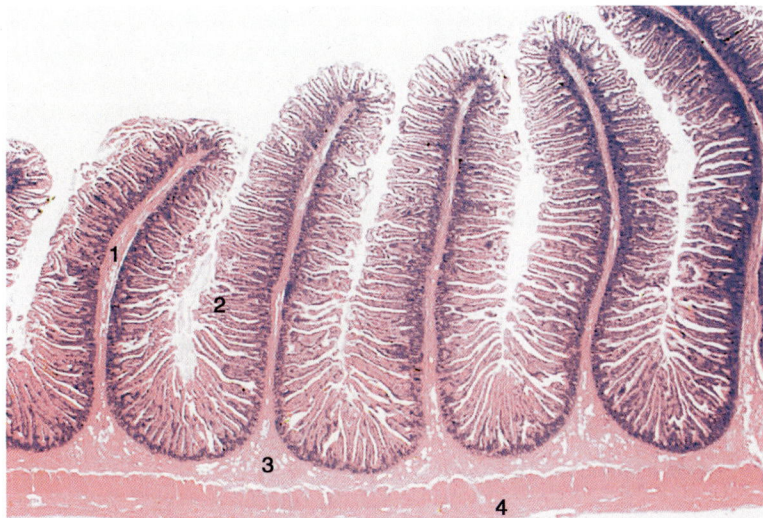

图 14-18 空肠(纵切面)光镜像 HE 染色 低倍(复旦大学上海医学院供图)

1. 皱襞;2. 绒毛;3. 黏膜下层;4. 肌层

Fig. 14-18 Light micrograph of the jejunum (longitudinal section) HE stain Low magnification

1. plica;2. villi;3. submucosa;4. muscularis

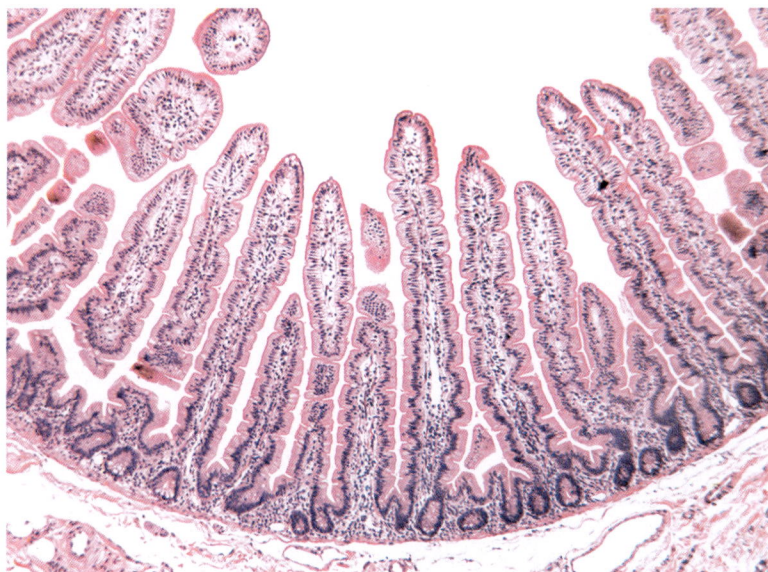

图 14-19 空肠黏膜光镜像 示小肠绒毛 HE 染色 低倍(南方医科大学邹仲之供图)

Fig. 14-19 Light micrograph of mucosa of the jejunum showing plenty of intestinal villi HE stain Low magnification

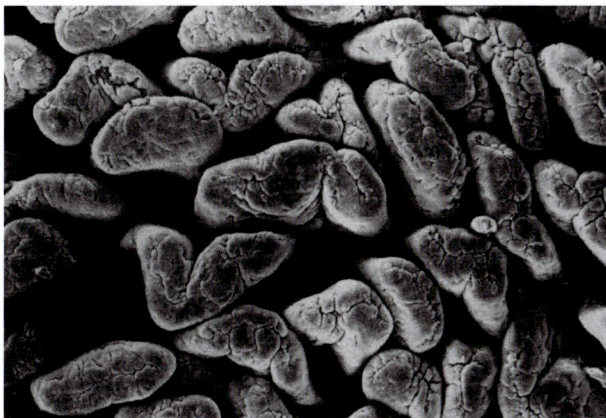

图 14-20 十二指肠绒毛扫描电镜像(广东医学院陈东供图)

Fig. 14-20 Scanning electron micrograph of the villi in the duodenum

Notes

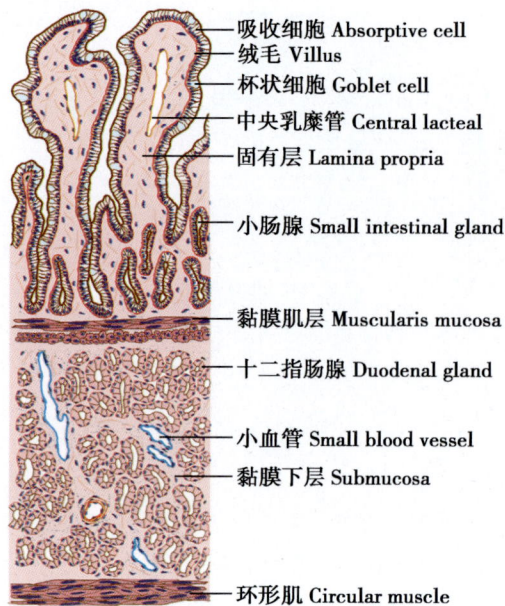

吸收细胞 Absorptive cell
绒毛 Villus
杯状细胞 Goblet cell
中央乳糜管 Central lacteal
固有层 Lamina propria
小肠腺 Small intestinal gland
黏膜肌层 Muscularis mucosa
十二指肠腺 Duodenal gland
小血管 Small blood vessel
黏膜下层 Submucosa
环形肌 Circular muscle

图 14-21 十二指肠模式图
Fig. 14-21 Diagram of the duodenum

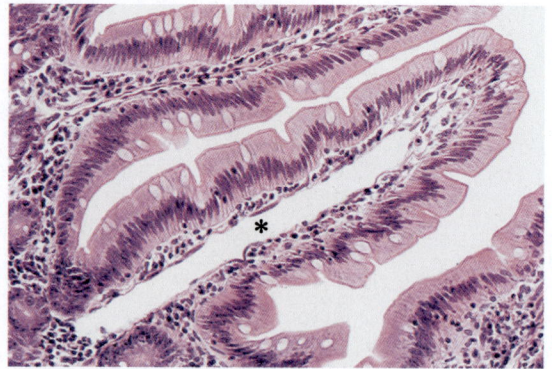

图 14-22 小肠绒毛光镜像 HE 染色 高倍(华中科技大学同济医学院李和供图)
星号示中央乳糜管
Fig. 14-22 Light micrograph of intestinal villi HE stain High magnification
Asterisk indicates central lacteal

邻细胞顶部有完善的紧密连接,可阻止肠腔内物质由细胞间隙进入组织,保证选择性吸收的进行。小肠的吸收细胞可将摄入的营养物质几乎全部吸收。

除消化吸收作用外,吸收细胞也参与分泌性免疫球蛋白 A 的释放过程(见后述);十二指肠和空肠上段的吸收细胞还向肠腔分泌肠激酶(enterokinase),可以激活胰腺分泌的胰蛋白酶原,使之转变为具有活性的胰蛋白酶。

(2) 杯状细胞:散在于吸收细胞间,分泌黏液,有润滑和保护作用。从十二指肠至回肠末端,杯状细胞逐渐增多。

(3) 帕内特细胞:帕内特细胞又称潘氏细胞(Paneth cell),是小肠腺的特征性细胞,常三五成群位于腺底部。细胞呈锥体形,顶部胞质充满粗大嗜酸性的分泌颗粒,具有蛋白质分泌细胞的超微结构特点(图 14-23)。帕内特细胞分泌防御素(defensin)或称隐窝素(cryptdin)和溶菌

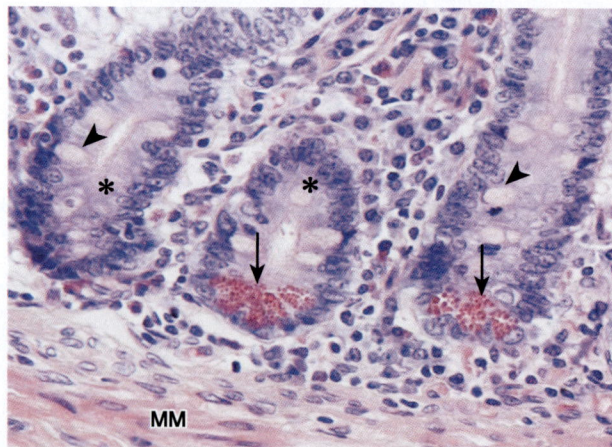

图 14-23 小肠腺光镜像 HE 染色 高倍(南方医科大学董为人供图)
星号示小肠腺;长箭头示帕内特细胞;短箭头示杯状细胞;MM. 黏膜肌
Fig. 14-23 Light micrograph of small intestinal glands HE stain High magnification
Asterisks indicate small intestinal glands;long arrow indicates Paneth cells;short arrows indicate the goblet cells;MM. muscularis mucosa

Notes

酶,对肠道微生物有杀灭作用。

(4) 内分泌细胞:种类很多(表14-1),其中I细胞产生缩胆囊素-促胰酶素(cholecystokinin-pancreozymin,CCK-PZ),兼有促进胰腺腺泡分泌胰酶和促进胆囊收缩、胆汁排出的作用;S细胞产生促胰液素(secretin),可刺激胰导管上皮细胞分泌水和碳酸氢盐,导致胰液分泌量剧增。这两种细胞分布在十二指肠和空肠,当酸性食糜从胃排入肠时,刺激它们的分泌活动;其最终效果主要是促进了碱性的胆汁和胰液中和胃酸,并为胰酶的消化作用提供碱性环境。

表14-1 主要的胃肠内分泌细胞

细胞名称	分布部位		分泌物	主要作用
	胃	肠		
D	大部	小肠、结肠	生长抑素	抑制其他内分泌细胞和壁细胞
EC	大部	小肠、结肠	5-羟色胺 P物质	促进胃肠运动 促进胃肠运动、胃液分泌
ECL	胃底腺		组胺	促进胃酸分泌
G	幽门部	十二指肠	胃泌素	促进胃酸分泌、黏膜细胞增殖
I		十二指肠、空肠	缩胆囊素-促胰酶素	促进胰酶分泌、胆囊收缩
K		空肠、回肠	抑胃肽	促进胰岛素分泌、抑制胃酸分泌
M_0		空肠、回肠	胃动素	参与控制胃肠的收缩节律
N		回肠	神经降压素	抑制胃酸分泌和胃运动
PP	大部	小肠、结肠	胰多肽	抑制胰酶分泌、松弛胆囊
S		十二指肠、空肠	促胰液素	促进胰导管分泌水和 HCO_3^-

(5) 干细胞:位于小肠腺下半部,胞体较小,呈柱状。细胞不断增殖、分化、向上迁移,补充在绒毛顶端脱落的吸收细胞和杯状细胞;也可分化为帕内特细胞和内分泌细胞。绒毛上皮细胞的更新周期为3~6天。

2. 固有层 由疏松结缔组织组成,除有大量小肠腺外,还有丰富的淋巴细胞、浆细胞、巨噬细胞、嗜酸性粒细胞和肥大细胞。绒毛中轴的结缔组织内,有1~2条纵行毛细淋巴管,称中央乳糜管(central lacteal),它以盲端起始于绒毛顶部,向下穿过黏膜肌层进入黏膜下层形成淋巴管丛。中央乳糜管管腔较大,内皮细胞间隙宽,无基膜,通透性大。吸收细胞释出的乳糜微粒入中央乳糜管后输出。此管周围有丰富的有孔毛细血管,肠上皮吸收的氨基酸、单糖等水溶性物质主要经此入血。绒毛内还有少量平滑肌细胞,其收缩使绒毛变短,利于淋巴和血液运行。固有层中除有大量分散的淋巴细胞外,尚有淋巴小结。在十二指肠和空肠多为孤立淋巴小结,在回肠(尤其下段)多为若干淋巴小结聚集形成的集合淋巴小结,可穿过黏膜肌层抵达黏膜下层(图14-24)。

3. 黏膜肌层 由内环行和外纵行两薄层平滑肌组成。

(二) 黏膜下层

在较致密的结缔组织中有较多血管和淋巴管。十二指肠的黏膜下层内有大量十二指肠腺(duodenal gland),为黏液性腺,其导管穿过黏膜肌层开口于小肠腺底部。此腺分泌黏稠的碱性黏液(pH 8.2~9.3),保护十二指肠免受胃酸侵蚀(图14-25)。

小肠上皮及腺体的分泌物统称小肠液,成人每日分泌量为1~3L,pH约为7.6,除含上述分泌物外,还有大量水、NaCl、KCl等。

(三) 肌层和外膜

肌层由内环行和外纵行两层平滑肌组成。外膜除部分十二指肠壁为纤维膜外,余均为浆膜。

Notes

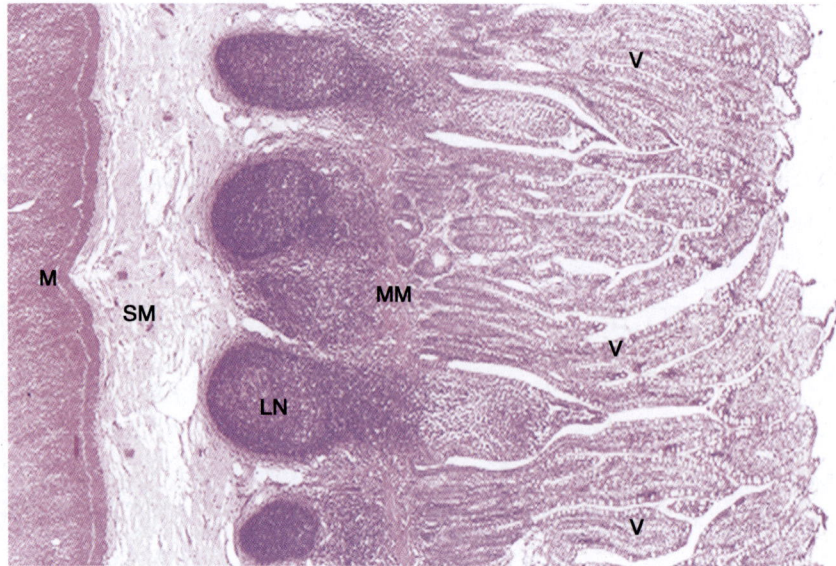

图 14-24　回肠光镜像　HE 染色　低倍(华中科技大学同济医学院李和供图)

V. 绒毛;MM. 黏膜肌;SM. 黏膜下层;M. 肌层;LN. 淋巴小结

Fig. 14-24　Light micrograph of the ileum　HE stain　Low magnification

V. villi;MM. muscularis mucosa;SM. submucosa;M. muscularis;LN. lymphoid nodule

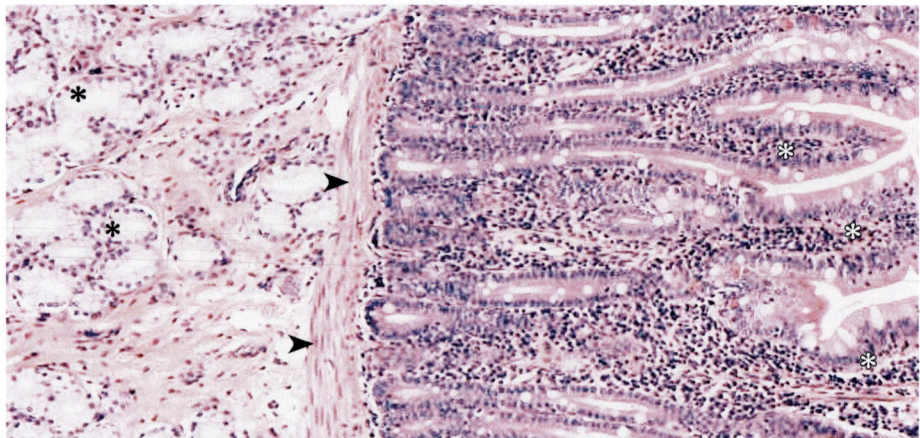

图 14-25　十二指肠黏膜与黏膜下层光镜像　HE 染色　低倍(华中科技大学同济医学院李和供图)

黑星号示十二指肠腺;白星号示绒毛;箭头示黏膜肌层

Fig. 14-25　Light micrograph of the mucosa and submucosa of duodenum HE stain　Low magnification

Black asterisks indicate the acini of duodenal glands;white asterisks indicate the villi;arrows indicate the muscularis mucisa

六、大　肠

大肠分为盲肠、阑尾、结肠、直肠和肛管,主要功能是吸收水分和电解质,将食物残渣形成粪便。

(一)盲肠、结肠与直肠

这三部分大肠的组织学结构基本相同(图 14-26)。

1. **黏膜**　表面光滑,无绒毛;在结肠袋之间的横沟处有半月形皱襞,在直肠下段有 3 个横行的皱襞(直肠横襞)。上皮为单层柱状,由吸收细胞和杯状细胞组成。大肠的吸收细胞主要吸收水分和电解质,以及大肠内细菌产生的 B 族维生素和维生素 K。固有层内有稠密的大肠腺,呈单管状,含吸收细胞、大量杯状细胞、少量干细胞和内分泌细胞,无帕内特细胞。分泌黏液、保护

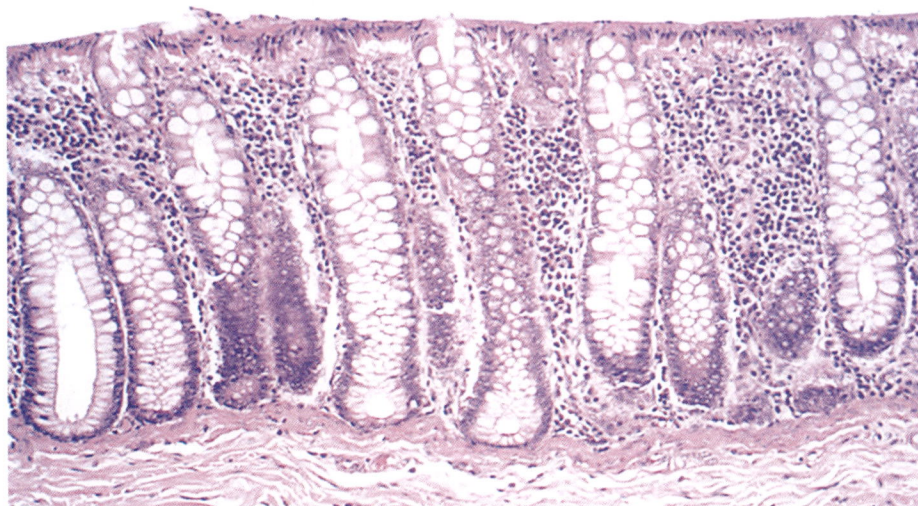

图 14-26　结肠黏膜光镜像　HE 染色　高倍（南方医科大学邹仲之供图）
Fig. 14-26　Light micrograph of mucosa of the colon　HE stain　High magnification

黏膜是大肠腺的重要功能。固有层内可见孤立淋巴小结。黏膜肌层同小肠。

2. 黏膜下层　在结缔组织内有小动脉、小静脉和淋巴管，可有成群脂肪细胞。

3. 肌层　由内环行和外纵行两层平滑肌组成。内环行肌节段性局部增厚，形成结肠袋；外纵行肌局部增厚形成三条结肠带，带间的纵行肌菲薄，甚至缺如。

4. 外膜　在盲肠、横结肠、乙状结肠为浆膜；在升结肠与降结肠的前壁为浆膜，后壁为纤维膜；在直肠上 1/3 段的大部、中 1/3 段的前壁为浆膜，余为纤维膜。外膜结缔组织中常有脂肪细胞聚集构成的肠脂垂。

（二）阑尾

阑尾的管腔小而不规则，大肠腺短而少。固有层内有极丰富的淋巴组织，大量淋巴小结可连续成层，并突入黏膜下层，致使黏膜肌层不完整。肌层很薄，外覆浆膜（图 14-27）。

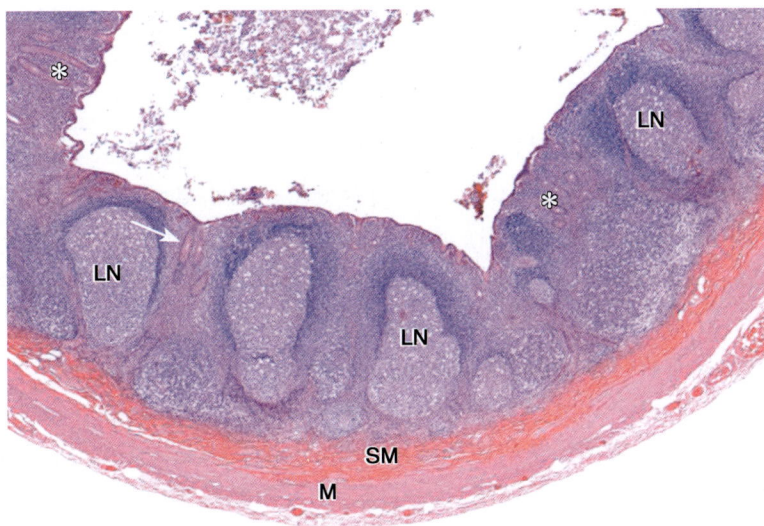

图 14-27　阑尾壁光镜像　HE 染色　中倍
星号示黏膜；SM. 黏膜下层；M. 肌层；LN. 淋巴小结；箭头示大肠腺
Fig. 14-27　Light micrograph of the appendix wall　HE stain　Medium magnification
Asterisks indicate mucosa；SM. submucosa；M. muscularis；LN. lymphoid nodule；arrow indicates large intestinal glands

（三）肛管

在齿状线以上的肛管黏膜结构和直肠相似,仅在肛管上段有纵行皱襞(肛柱)。在齿状线处,单层柱状上皮骤变为轻度角化的复层扁平上皮,大肠腺和黏膜肌消失(图 14-28、图 14-29)。白线以下为和皮肤相同的角化复层扁平上皮,含有很多黑色素;固有层中出现了环肛腺(大汗腺)和丰富的皮脂腺。肛管黏膜下层的结缔组织中有密集的静脉丛,如静脉瘀血扩张则形成痔。肌层由两层平滑肌构成,其内环行肌增厚形成肛门内括约肌。近肛门处,外纵行肌周围有骨骼肌形成的肛门外括约肌。

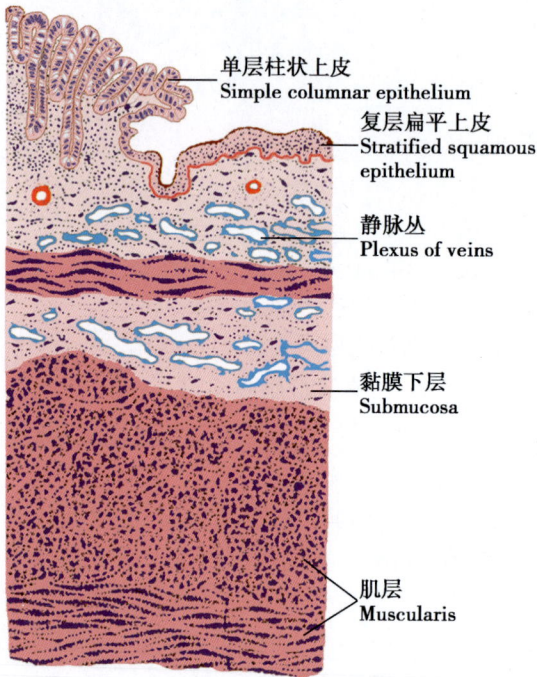

图 14-28 肛管齿状线部模式图
Fig. 14-28 Diagram of the pectinate line area of the anal canal

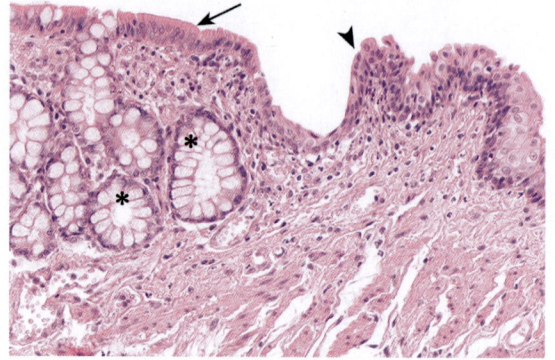

图 14-29 直肠肛管交界处黏膜上皮移行性变化光镜像 HE 染色 中倍
长箭头示单层柱状上皮;短箭头示复层扁平上皮;星号示大肠腺
Fig. 14-29 Light micrograph of recto-anal junction showing transitional change of the mucosa epithelia HE stain Medium magnification
Long arrow indicates the simple columnar epithelium;short arrow indicates the stratified squamous epithelium;asterisks indicate the large intestinal glands

七、消化管的淋巴组织

消化管与体外环境直接相通,各种细菌、病毒、寄生虫(卵)等病原微生物不可避免地随饮食进入。它们大多被胃酸、消化酶以及 Paneth 细胞分泌的防御素和溶菌酶所破坏,其余或以原形排出体外,或受到消化管淋巴组织的免疫抵御。消化管淋巴组织又称肠相关淋巴组织(gut-associated lymphoid tissue),主要包括黏膜淋巴小结(尤以咽、回肠和阑尾处发达),固有层中弥散分布的淋巴细胞、浆细胞、巨噬细胞、间质树突状细胞,上皮内的淋巴细胞。消化管淋巴组织能接受消化管内病原微生物的抗原刺激,主要通过产生和向消化管腔分泌免疫球蛋白作为应答。

在肠集合淋巴小结处,局部黏膜向肠腔呈圆顶状隆起,无绒毛和小肠腺。此部位上皮内有散在的微皱褶细胞(microfold cell,M 细胞),因其游离面有微皱褶而得名。M 细胞基底面质膜内陷形成一较大的穹隆状凹腔,内含多个淋巴细胞和少量巨噬细胞。M 细胞在光镜下难于分辨,只能根据其基底部是否包含淋巴细胞来推断。电镜下可见其胞质中有丰富的囊泡。M 细胞可摄取肠腔内抗原物质,以囊泡的形式转运并传递给下方的巨噬细胞,后者将抗原处理后提呈给淋巴细胞。淋巴细胞进入黏膜淋巴小结和肠系膜淋巴结内增殖分化为幼浆细胞,然后经淋巴细胞再循环途径,大部分返回消化管黏膜,并转变为浆细胞。浆细胞除产生少量免疫球蛋白 G

Notes

（IgG）进入血液循环外，主要产生免疫球蛋白A（IgA）。IgA能和吸收细胞基底面和侧面膜中的受体（亦称分泌片）相结合，形成分泌性IgA（secretory IgA，sIgA）。sIgA被吸收细胞内吞后释入肠腔（图14-30）。sIgA可特异性地与抗原结合，从而抑制或杀灭细菌，中和病毒，防止抗原黏附和穿入上皮。部分幼浆细胞还随血液进入唾液腺、呼吸道黏膜、女性生殖道黏膜和乳腺等部位，产生sIgA，发挥相似的免疫作用，使消化管免疫成为全身免疫的一部分。

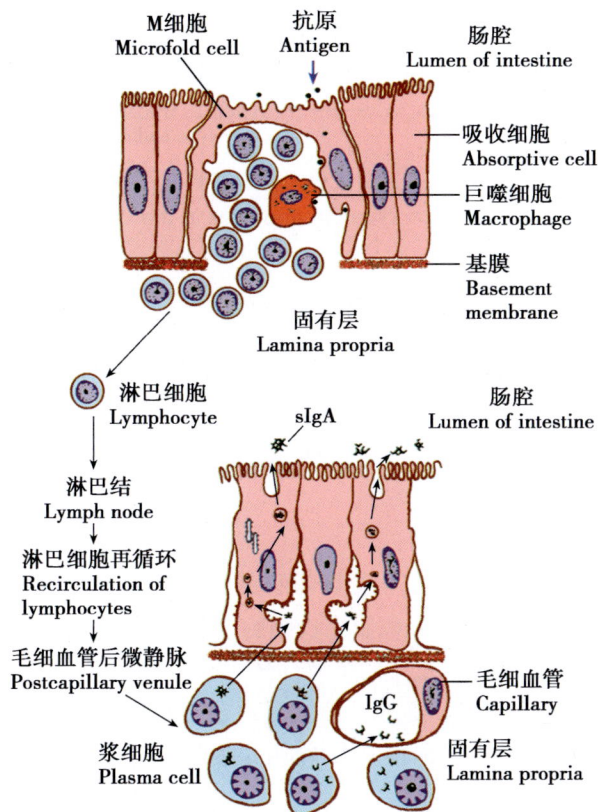

图14-30　消化管黏膜的免疫功能示意图

Fig. 14-30　Schematic drawing illustrating immune function of the mucosa in digestive tract

八、胃肠的内分泌细胞

在胃、肠的上皮及腺体中散布着四十余种内分泌细胞，见表14-1，尤以胃幽门部和十二指肠上段为多。由于胃肠道黏膜面积巨大，这些细胞的总量估计为$3×10^9$个，超过所有内分泌腺腺细胞的总和。因此，在某种意义上，胃肠是体内最大、最复杂的内分泌器官。所分泌的激素主要协调胃肠道自身的消化吸收功能，也参与调节其他器官的生理活动。

胃肠的内分泌细胞大多单个夹于其他上皮细胞之间，呈不规则的锥形；基底部附于基膜，并可有基底侧突与邻近细胞相接触；底部胞质有大量分泌颗粒，分泌颗粒的大小、形状与电子密度依细胞种类而异。绝大多数种类的细胞具有面向管腔的游离面，称开放型，游离面上有微绒毛，对管腔内食物和pH等化学信息有较强感受性，从而引起其内分泌活动的变化。少数细胞（主要是D细胞）被相邻细胞覆盖而未露出腔面，称封闭型，主要受胃肠运动的机械刺激或其他激素的调节而改变其内分泌状态（图14-31）。分泌颗粒含肽和（或）胺类激素，多在细胞基底面释出，经血循环运送并作用于靶细胞；少数激素直接作用于邻近细胞，以旁分泌方式调节靶细胞的生理功能。在HE染色切片上，内分泌细胞多较圆，核圆、居中，胞质染色浅淡；目前主要用免疫组织化学法显示这些细胞。

Notes

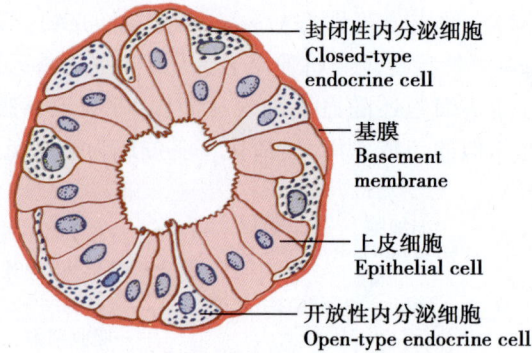

图 14-31　消化管内分泌细胞模式图
Fig. 14-31　Diagram of endocrine cells in the digestive tract

专题讲座：肠黏膜屏障

肠黏膜屏障(intestinal mucosal barrier)由机械屏障、化学屏障、生物屏障及免疫屏障等组成。肠黏膜屏障的主要作用是有效地阻止肠道内细菌和内毒素等有害物质进入机体内环境,以维持机体内环境稳定。一旦肠黏膜屏障损伤,肠道中的微生物和毒素便可突破肠黏膜,诱发多种疾病。

(一) 肠黏膜屏障的构成

肠黏膜屏障由机械屏障、化学屏障、生物屏障和免疫屏障构成。

1. 机械屏障　主要由黏液凝胶层、黏膜上皮细胞、细胞间紧密连接和上皮组织与结缔组织之间的基膜等构成,是肠黏膜屏障最重要的组成部分。

(1) 黏液凝胶层:由杯状细胞分泌的黏液糖蛋白被覆在肠黏膜表面形成,其主要功能是:①发挥润滑作用,避免肠内容物摩擦损伤上皮;②阻止消化酶对上皮细胞的损害;③黏附和包裹细菌。

(2) 上皮:肠上皮由吸收细胞、杯状细胞及帕内特细胞等组成。吸收细胞可以阻止大分子物质进入组织。杯状细胞主要是分泌黏液。帕内特细胞能分泌溶菌酶、天然抗生素肽和防御素等,对微生物具有杀灭作用。

(3) 紧密连接:存在于上皮细胞侧面,一般情况下,只容许水和无机盐等极小分子的水溶性物质通过。

(4) 基膜:基膜具有重要的半透膜作用,可以防止大分子物质和细菌病毒等进入到深层的结缔组织。

2. 化学屏障　由消化腺运输到肠道的分泌物(如胆汁、各种消化酶)及肠道自身的分泌物(胃酸、溶菌酶、黏液等)构成了肠道的化学屏障。例如,胆汁酸盐能与内毒素结合,形成难以吸收的复合物,从而阻止其吸收;消化液可稀释毒素并使条件致病菌难以黏附于肠上皮;胃酸能杀灭部分细菌,抑制细菌在肠道上皮的黏附和定植;溶菌酶能裂解细菌;黏液中含有的补体成分可增加溶菌酶及免疫球蛋白的抗菌作用。

3. 生物屏障　肠道寄居着大约 $10^{13} \sim 10^{14}$ 个种类各异的细菌。肠道细菌的数量、寄居部位和各菌群之间比例的恒定形成一个相互依赖又相互作用的微生态系统,这种微生态平衡构成了肠道的生物屏障。特别是深层的双歧杆菌和乳酸杆菌等专性厌氧菌通过黏附作用与肠上皮紧密结合,形成菌膜屏障,可以竞争抑制肠道中致病菌的过度生长及其与肠上皮的结合,避免对肠黏膜屏障的破坏。

4. 免疫屏障　由肠黏膜固有层浆细胞分泌的分泌型免疫球蛋白 A(sIgA)、黏膜淋巴小结和固有层中弥散分布的各类免疫细胞共同构成。其中各类细胞的分布及功能在本章正文中已有详细介绍。肠道内大量淋巴组织的存在既是肠黏膜的一道的免疫屏障,同时也是全身免疫的一部分。

（二）肠黏膜屏障功能的评估

肠通透性检测和血液指标检测是目前最直接而准确的评估肠黏膜屏障功能的方法。

1. **肠通透性检测**　通过口服一定量的大分子糖类物质后,定时检测尿样中该物质的含量,计算出该物质的吸收率以反映肠黏膜对该物质的通透性。因为不同肠段对各种糖类的通透性不一致,故单独或联合使用不同糖类可检测各肠段的通透性。

2. **血液指标检测**　通常是检测外周血中细菌、内毒素、D-乳酸、二胺氧化酶和脂肪酸结合蛋白等的含量,以推测肠黏膜屏障完整性或破坏程度。

（三）肠黏膜屏障功能障碍与疾病

1. **诱发肠黏膜屏障功能障碍的因素**　肠黏膜屏障功能障碍主要有营养障碍、肠道菌群失调、损伤与感染、化学治疗等。

（1）营养障碍:营养障碍可引起肠上皮细胞增生减缓,导致肠黏膜萎缩,黏液糖蛋白、免疫球蛋白和 sIgA 等分泌减少。这些变化都会导致肠黏膜通透性增高。

（2）肠道菌群失调:当机体有重大创伤或长期服用抗生素,机体与正常菌群之间、各正常菌群之间的平衡就会遭到破坏,特别是致病菌过度繁殖,产生大量内毒素,进而导致肠黏膜通透性增加,机械屏障受损。

（3）损伤与感染:在严重创伤、烧伤、大出血及重症全身性疾病等应激情况下,机体为了保护心脑等重要脏器会重新分布全身血液量使得胃肠道容易处于缺血缺氧状态,从而导致肠黏膜上皮水肿、坏死及脱落,黏膜通透性增加。

（4）化学治疗:某些化疗药物可能从多方面的破坏肠黏膜屏障的完整性,如导致肠上皮细胞凋亡加速,增值与修复减慢,细胞间紧密连接部分受损;损伤毛细血管内皮造成组织缺血,释放大量氧自由基;引起菌群失衡和免疫调控异常,等等。

2. **肠黏膜屏障功能障碍诱发的疾病**　黏膜屏障功能障碍时肠道内的内毒素被大量吸收进入到血液,从而造成全身性的内毒素血症。内毒素血症会加重肝脏的负担,是肝损伤的重要致病因素,可引起肝纤维化、肝性脑病、肝肾综合征、多器官功能不全综合征甚至多器官功能衰竭。另外,由于肠黏膜通透性增高后容易出现细菌移位、大分子蛋白质直接进入血液,这样就可能导致炎症性肠病、肠源性感染和食物过敏症等疾病。

参考文献

1. 田景华. 肠黏膜屏障的研究进展. 医学理论与实践,2013,26(15):1992-1994
2. 曹霞,于成功. 肠黏膜屏障功能异常与炎症性肠炎. 胃肠病学,2011,16(6):379-381
3. 李琴,刘立新. 肠黏膜屏障与肠源性内毒症的关系研究进展. 中华消化病与影像杂志(电子版),2012,2(4):36-39
4. Turner JR. Intestinal mucosal barrier function in health and disease. Nat Rev Immunol,2009,9(11):799-809
5. Wardill HR,Bowen JM. Chemotherapy-induced mucosal barrier dysfunction:an updated review on the role of intestinal tight junctions. Curr Opin Support Palliat Care,2013,7(2):155-161

（邹仲之）

第15章 消 化 腺

KEY POINTS

- Components and structure of the salivary glands
- Structure and functions of the pancreas
- Structure and functions of the liver
- Gall bladder and bile duct

消化腺包括分布在消化管壁内的许多小消化腺(如口腔黏膜小唾液腺、胃腺、肠腺等)和构成器官的大消化腺(如大唾液腺、胰腺和肝)。大消化腺位于消化管壁之外,形成独立的器官,外包以结缔组织被膜。被膜的结缔组织伸入腺内,将腺分隔为若干叶和(或)小叶,血管、淋巴管和神经也随同进入腺内。腺分实质和间质两部分。由腺细胞组成的腺泡以及腺的导管为实质,被膜和叶间与小叶间结缔组织为间质。

大消化腺的分泌物经导管排入消化管内,对食物进行化学消化。此外,胰腺还有内分泌功能。

一、唾 液 腺

唾液腺(salivary gland)是导管开口于口腔的许多外分泌腺的总称,可分为小唾液腺和大唾液腺2类。小唾液腺有唇腺、颊腺、腭腺等,腺体小,位于口腔黏膜的固有层、黏膜下层或肌层内。大唾液腺有腮腺、下颌下腺和舌下腺3对,其导管开口于口腔。

(一)大唾液腺的一般结构

大唾液腺均为复管泡状腺,被膜较薄。被膜伸入结缔组织将腺实质分隔为许多大小不等的小叶。分支的导管,伴行的血管、淋巴管和神经也随同进入腺小叶内。

1. 腺泡　腺泡(acinus)呈泡状或管泡状,由单层立方或锥形腺细胞组成,为腺的分泌部。在腺细胞与基膜之间,以及部分导管上皮与基膜之间,有扁平多突起的肌上皮细胞(myoepithelial cell),其胞质内含有肌动蛋白丝。肌上皮细胞具有收缩能力,其收缩有助于腺泡分泌物的排出。腺泡根据腺细胞分泌物性质的不同,可分为浆液性、黏液性和混合性3种类型(图15-1、图15-2)。

(1)浆液性腺泡:浆液性腺泡(serous acinus)由浆液细胞组成。在HE染色的组织切片中,核圆形,位于基部,胞质染色较深。在顶部胞质内,含有嗜酸性较强的分泌颗粒,称酶原颗粒(zymogen granule);基部胞质呈强的嗜碱性。电镜下可见胞质核上区含有发达的高尔基复合体,参与蛋白质的分泌;核下区富含与蛋白质合成有关的细胞器,如粗面内质网和核糖体。浆液性腺泡分泌物较稀薄,含唾液淀粉酶和溶菌酶等,具有消化食物和抵御细菌入侵的作用。

(2)黏液性腺泡:黏液性腺泡(mucous acinus)由黏液细胞组成。在HE染色的组织切片中,胞质着色较浅,分泌颗粒不能显示,核扁圆形,居细胞底部。电镜下则可见顶部胞质内有粗大的黏原颗粒(mucinogen granule)和高尔基复合体,基部和胞质两侧有粗面内质网和线粒体。黏液

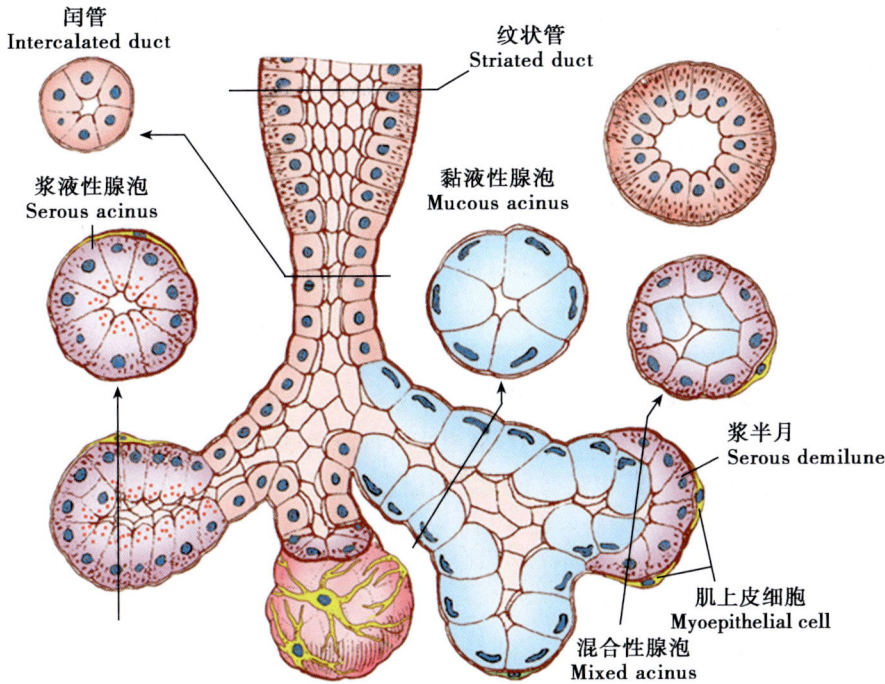

图 15-1　唾液腺结构模式图

Fig. 15-1　Diagram of the structure of the salivary gland

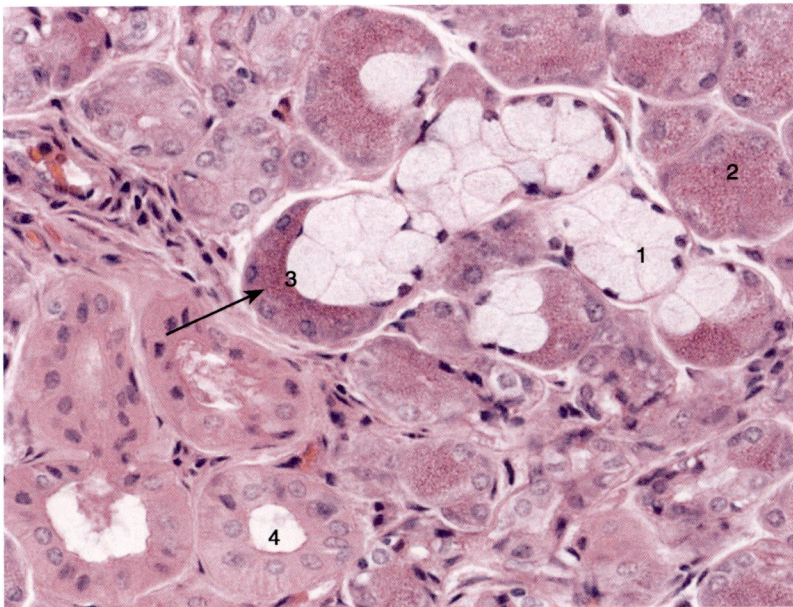

图 15-2　下颌下腺光镜图　HE 染色　高倍(华中科技大学同济医学院李和供图)

1. 黏液性腺泡　2. 浆液性腺泡　3. 混合型腺泡　4. 纹状管;箭头示浆半月

Fig. 15-2　Light micrograph of the submandibular gland　HE stain　High magnification

1. mucous acinus;2. serous acinus;3. mixed acinus;4. striated duct;arrow indicates a serous demilune

性腺泡的分泌物较黏稠,主要含糖蛋白与水结合形成的黏液。

（3）混合性腺泡:混合性腺泡(mixed acinus)由浆液细胞和黏液细胞共同组成。大部分混合性腺泡主要由黏液细胞组成,几个浆液细胞排列成半月形帽状结构,附着在腺泡的底部或末端,故称浆半月(serous demilune)。黏液细胞间隙局部扩大,形成分泌小管,浆半月的分泌物可经分泌小管释放入腺泡腔内。

Notes

2. 导管　导管(duct)反复分支,末端与腺泡相连,管壁由单层或复层上皮组成,是腺体输送分泌物的管道。按其形态特点和分布部位,可分为闰管、纹状管、小叶间导管和总导管等部分,见图 15-1。

(1) 闰管:闰管(intercalated duct)是导管的起始部,直接与腺泡相连,管径细,管壁为单层立方或单层扁平上皮。

(2) 纹状管:纹状管(striated duct)或称分泌管(secretory duct),位于小叶内,与闰管相连接,管径粗,管壁为单层高柱状上皮,细胞核圆位于细胞顶部,胞质嗜酸性。细胞基部可见垂直纵纹,电镜下为质膜内褶和纵行排列的线粒体,此种结构使细胞基部表面积增大,便于细胞与组织液间进行水和电解质的转运。在醛固酮的调节下,纹状管上皮细胞能主动吸收分泌物中的 Na^+,将 K^+ 排入管腔,并可重吸收或排出水,故可调节唾液中的电解质含量和唾液量。

(3) 小叶间导管和总导管:纹状管汇合形成小叶间导管,行走于小叶间结缔组织内。小叶间导管较粗,初为单层柱状上皮,以后管径变大,移行为假复层柱状上皮。小叶间导管逐级汇合并增粗,最后形成一条或几条总导管开口于口腔,导管近口腔开口处渐变为复层扁平上皮,与口腔上皮相连续。

(二) 3 对大唾液腺的结构特点

1. 腮腺　腮腺(parotid gland)为人体最大的唾液腺,位于耳前下方,口腔颊部有其导管的开口。腮腺为纯浆液性腺,闰管长,纹状管较短;腺间质内有较多的脂肪细胞。分泌物含唾液淀粉酶。

2. 下颌下腺　下颌下腺(submandibular gland)位于下颌骨下缘内侧,导管开口于舌下。下颌下腺为混合性腺,浆液性腺泡多,黏液性和混合性腺泡少;闰管短,纹状管发达(图 15-2)。分泌物含唾液淀粉酶较少,黏液较多。

3. 舌下腺　舌下腺(sublingual gland)较小,位于腭舌骨肌上方,总导管单独或与下颌下腺总导管汇合后开口于舌系带根部两侧。舌下腺为混合性腺,但以黏液性和混合性腺泡为主,浆半月较多,无闰管,纹状管也较短,分泌物以黏液为主。

(三) 唾液

唾液由大、小唾液腺分泌的混合液组成,95% 以上来自 3 对大唾液腺。唾液中的水分(99%)和黏液起润滑口腔作用,唾液淀粉酶可使食物中的淀粉分解为麦芽糖。唾液中还含有溶菌酶,具有杀菌作用。另外,唾液腺间质内有淋巴细胞和浆细胞,后者分泌的 IgA 与腺细胞产生的蛋白质分泌片结合,形成分泌性 IgA,随唾液排入口腔,具有免疫作用。

(四) 下颌下腺分泌的生物活性多肽

在鼠和人的下颌下腺发现或分离提取出近 30 种生物活性多肽,有的已被提纯,其分子结构也已清楚。这些多肽物质或直接分泌入血,或随唾液进入消化道,再由胃、肠吸收入血,对多种组织和细胞的生理活动起重要调节作用。根据多肽的不同化学性质和生理作用,可将其分为 4 大类:①促细胞生长与分化的因子:如神经生长因子,表皮生长因子,内皮生长刺激因子、红细胞生成素、骨髓集落刺激因子等;②内环境稳定因子:如肾素、激肽释放酶、生长抑素、胰岛素和高血糖素样物质等;③消化酶:如淀粉酶、酸性磷酸酶、核糖核酸酶等;④细胞内调节因子:如酯肽酶等。有的多肽物质已制成商品试剂,如从小鼠下颌下腺提纯的神经生长因子和表皮生长因子已广泛用于实验研究。

二、胰　腺

胰腺(pancreas)表面覆以薄层结缔组织被膜,结缔组织伸入腺内将实质分隔为许多小叶。新生儿胰腺内的结缔组织较多,占胰腺总体积的 30%。胰腺主要由腺泡和导管组成,血管、淋巴管、神经和较大的导管行走于小叶间结缔组织内。腺实质由外分泌部和内分泌部两部分组成

（图 15-3）。外分泌部构成腺的大部分,是重要的消化腺,分泌的胰液经导管排入十二指肠,在食物消化中起重要作用。内分泌部称胰岛,分泌的激素进入血液或淋巴,主要参与调节糖代谢。

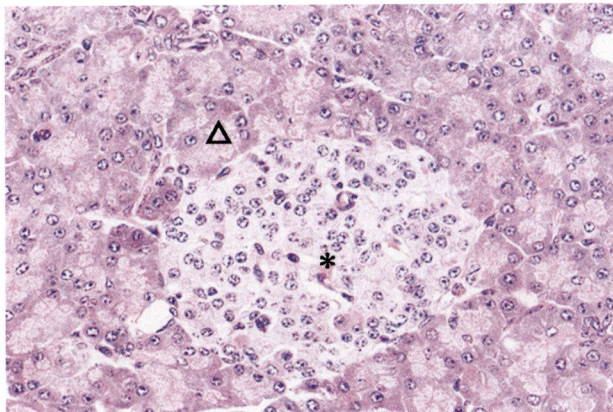

图 15-3　胰腺光镜图　HE 染色　低倍
三角形示外分泌部(腺泡);星号示内分泌部(胰岛)
Fig. 15-3　Photomicrograph of human pancreas　HE stain　Low magnification
Triangle indicates the exocrine portion（acinus）;asterisk indicates the endocrine portion（pancreas islet）

（一）外分泌部

胰腺的外分泌部为纯浆液性复管泡状腺,但腺泡无肌上皮细胞,导管部无分泌管。小叶间结缔组织中走行有导管、血管、淋巴管和神经。胰腺的腺泡细胞数量最多,占 82%。成人胰腺每 24h 分泌胰液 1500～2000ml(每天约 25ml/kg 体重)。

1. **腺泡**　胰腺腺泡(pancreatic acinus)是外分泌部的分泌单位,由一层锥体形的腺泡细胞组成。细胞分布在 15～40μm 厚的基膜上,基膜外包以少量纤细的网状纤维和丰富的毛细血管。腺泡腔的大小,随腺泡细胞之功能状态不同而变化,细胞分泌之前腺泡腔较小,直径仅 1μm;细胞分泌之后则腺泡腔较大,直径约 3μm。腺泡腔内常见染色较浅的泡心细胞。泡心细胞是延伸到腺泡腔内的闰管上皮细胞,它们以不同的方式分布于腺泡腔(图 15-4)。在腺泡的切面上常见泡心细胞位于腺泡腔内或腺细胞之间,腺泡细胞的分泌物通过泡心细胞之间的间隙流入腺泡腔。

（1）腺泡细胞:胰腺的腺泡细胞为浆液细胞,细胞的底部位于基膜上,顶部接腺泡腔。腺细

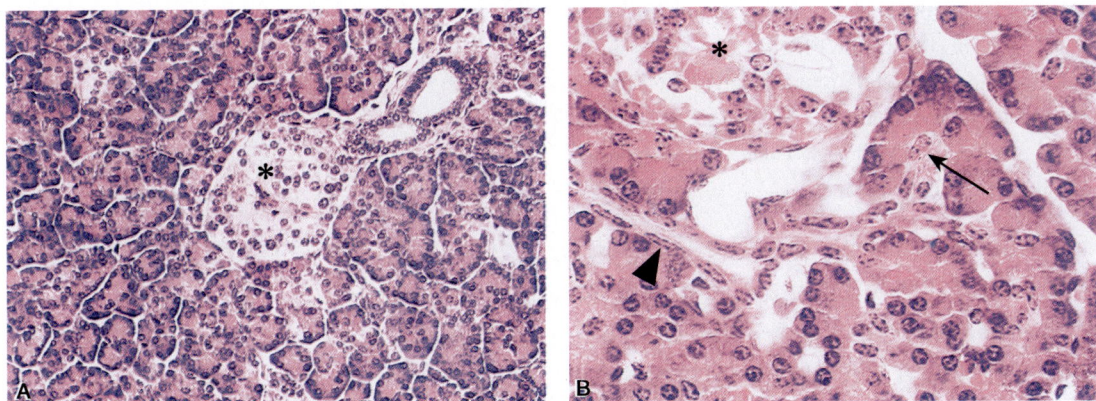

图 15-4　胰腺泡心细胞和闰管光镜像　HE 染色
A. 低倍;B. 高倍;星号示胰岛;三角形示闰管;箭头示泡心细胞
Fig. 15-4　Photomicrograph of pancreatic centroacinar cell and intercalated duct　HE stain
A. low magnification;B. high magnification;asterisks indicate the pancreas islets;triangle indicates an intercalated duct;arrow indicates the centroacinar cells

Notes

胞呈锥体形,细胞核较大,圆形,大多位于细胞的基部,有 1 ~ 2 个核仁,有的腺细胞有双核。新鲜胰腺的细胞,其顶部胞质内有很多折光性强的颗粒,称酶原颗粒。酶原颗粒的含量变化很大,有些小叶内的腺泡细胞含丰富的酶原颗粒,且有很强的摄取氨基酸能力;有的腺泡细胞酶原颗粒很少或无。这种差异表明,各小叶腺细胞的功能状态不是同步的。

电镜观察腺泡细胞,可见胞质基底部粗面内质网丰富,呈板层状排列,并伸向核周围,游离核糖体和多聚核糖体散布于粗面内质网之间,故基底部胞质在 HE 染色的切片上呈嗜碱性。高尔基复合体也很发达,位于细胞质的核上区;当细胞顶部充满酶原颗粒时,高尔基复合体移至线粒体的旁侧。线粒体丰富,分布于粗面内质网之间或分散在细胞质内,并有中心粒、溶酶体和多泡体等细胞器。酶原颗粒是包有界膜的、密度高而均质的圆形颗粒,平均直径为 0.6μm(图 15-5)。用免疫组织化学和免疫荧光法证明酶原颗粒内含有多种酶,如胰蛋白酶原、胰凝乳酶原、羧肽酶和 RNA 酶等。酶原颗粒以胞吐的方式排出,使酶原颗粒向外释放至腺泡腔,而始终不与胞质接触。当急性胰腺炎时,由于腺泡腔变窄,分泌物有可能通过腺泡之间及腺泡周围的间隙逆流入毛细血管和淋巴管而破坏胰腺组织,导致胰腺炎。

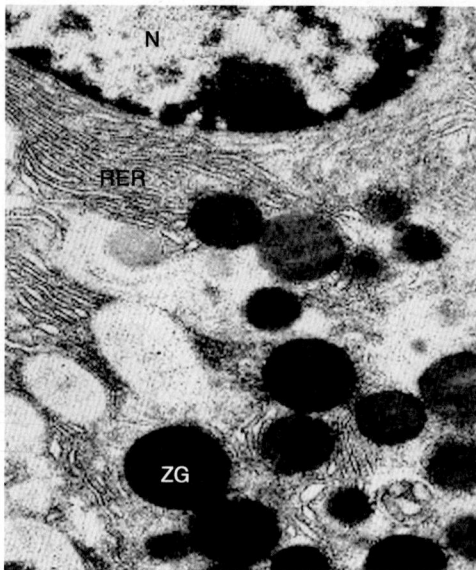

图 15-5　胰腺腺泡细胞电镜像(浙江大学医学院李继承供图)

N. 细胞核;RER. 粗面内质网;ZG. 酶原颗粒

Fig. 15-5　electron micrograph of a pancreatic acinar cell

N. nucleus;RER. rough endoplasmic reticulum;ZG. zymogen granule

(2) 泡心细胞:泡心细胞(centroacinar cell)是位于腺泡腔内的闰管起始部的上皮细胞,体积小于腺泡细胞,扁平或立方形,细胞质染色淡,核圆形或卵圆形(图 15-4)。电镜下可见泡心细胞与腺泡细胞相邻的质膜较平直,近腔面处有闭锁小带,在其深部偶见桥粒,腔面的质膜形成少量的微绒毛。泡心细胞的胞质较少,细胞器很少,线粒体小而稀少,高尔基复合体和内质网都不发达,少量的核糖体常成群地散布于胞质内。

2. **导管**　与腺泡相连的一段细而长的导管称闰管,其起始部位于腺泡腔内,由泡心细胞组成,另一端汇入小叶内导管。小叶内导管出小叶后,在小叶间结缔组织内汇成小叶间导管,后者再汇合成一条主导管,在胰头部与胆总管汇合,开口于十二指肠乳头。闰管腔小,为单层扁平上皮,细胞结构与泡心细胞相同,其基膜与泡心细胞的基膜相连接(图 15-4)。小叶内导管的上皮为单层立方上皮,与闰管上皮细胞有相同的超微结构。上皮的基膜厚 20 ~ 40nm,外包薄层结缔组织。上皮游离面有少量纤毛,基部胞膜有许多吞饮小泡。小叶间导管的上皮为单层柱状上皮,在柱状上皮细胞之间有杯状细胞。导管的上皮表面覆盖有一层黏液,可保护深层组织免受胰蛋白酶的消化。

Konok(1969)等提出了胰管黏膜屏障(pancreatic ductal mucosal barrier,PDMB)的概念,认为胰管上皮细胞及其黏液对胰管内容物有屏障作用,在正常生理状态下可防止胆汁、胰蛋白酶等反流入胰实质,防止胰液中的 HCO_3^- 反流至血流。因此,PDMB 有保护胰组织免受外源性和内源性物质损伤的功能。每天分泌的胰液对胰管进行冲洗,也有保护 PDMB 的作用。在胰管内高压和有胆汁、酒精和某些药物的情况下,PDMB 的屏障作用可受到损害,这可能也是急性胰腺炎的发病机制之一。

3. **腺泡细胞酶原颗粒的形成与释放**　胰腺腺泡细胞的分泌颗粒富含酶蛋白,进食后颗粒减少,饥饿时颗粒增多,同时细胞基部的嗜碱性物质减少。电镜观察分泌期间的腺泡细胞,其粗面内质网呈扁平的板层状结构。在合成蛋白质时,粗面内质网腔扩大成池,在粗面内质网的核糖体上合成的糖蛋白前体进入内质网小池,含前体的内质网以出芽方式形成运输小泡,移至高尔基复合体的形成面并与其膜融合,前体物质进入高尔基囊泡内。前体物质在囊泡内被浓缩后电子密度增高,这种浓缩可能是膜上离子泵的作用,使阳离子进入及水分渗出的结果。含有高密度物质的囊泡脱离高尔基复合体的分泌面形成大泡,并融合成较大的分泌颗粒。成熟的酶原颗粒聚集于腺泡细胞的顶部。在腺泡细胞分泌时,酶原颗粒移至细胞表面,颗粒的界膜与腔面的胞膜融合,以胞吐方式将其中的酶蛋白释放入腺泡腔。

4. **胰液** 胰腺外分泌部每天分泌 1500~2000ml 胰液,为弱碱性液体,pH 值为 8.2~8.5,含水分约 97.5%,有机物约 1.8%,无机物约 0.6%。有机物主要为多种消化酶,在分解食物中起重要作用,如蛋白分解酶为胰蛋白酶(trypsin)、糜蛋白酶(chymotrypsin)、弹性蛋白酶(elastase)等;脂肪分解酶为脂酶(lipase)、胆固醇酯酶(cholestertol esterase)、磷脂酶 A_2(phospholipase A_2);糖分解酶为淀粉酶(amylase);核酸分解酶为核糖核酸酶(ribonuclease)、去氧核糖核酸酶(deoxyribonuclease)。

胰液中的水和电解质主要由导管上皮细胞(包括泡心细胞)分泌,以碳酸氢盐含量最高,能中和进入十二指肠的胃酸,以保持小肠黏膜的正常生理活动。胰蛋白酶原在小肠内被肠激酶激活,成为活化的胰蛋白酶;腺细胞还分泌一种胰蛋白酶抑制因子,能防止胰蛋白酶原在胰腺内被激活,若这种内在机制失调或某些致病因素使胰蛋白酶原在胰腺内被激活,可致胰腺组织分解破坏,导致急性胰腺炎。

5. **胰液分泌的调节** 胰腺的分泌受神经和体液的调节。①神经调节:交感和副交感神经随血管进入胰腺,其末梢分布于腺泡。副交感神经兴奋促进胰酶分泌,交感神经兴奋使分泌减少。②体液调节:消化管内分泌细胞分泌的某些激素也参与对胰腺分泌的调节,如促胰液素主要作用于小导管上皮细胞,使其分泌大量的水和碳酸氢盐,胰液量增多;胆囊收缩素-促胰酶素可促进腺泡细胞分泌大量消化酶,但胰液量不增多;胃泌素也有促进胰酶分泌作用。

(二)内分泌部-胰岛

胰岛(pancreas islet)又称朗格汉斯岛(islet of Langerhans),是由内分泌细胞组成的细胞团,分布于胰腺小叶内,HE 染色浅淡(图 15-5)。估计人胰约有 17 万~200 万个胰岛,约占胰腺总体积的 1% 左右,胰尾部的胰岛较多。胰岛大小不一,直径 75~500μm,小的仅由 10 多个细胞组成,大的由数百个细胞组成,也可见单个胰岛细胞散在于腺泡或导管的上皮细胞之间。胰岛与腺泡之间有少量网状纤维分隔。胰岛细胞呈团索状分布,细胞间有丰富的有孔型毛细血管。胰岛细胞朝向血管的一侧有基膜,它与毛细血管的基膜贴近,其间仅有极少的网状纤维和间充质细胞,有利于激素的通过。

人胰岛主要有 A、B、D、PP、D_1 5 种类型的细胞。在 HE 染色的切片中,胞质着色浅,难以区分。特殊染色可区分 A、B、D 三种主要细胞(图 15-6)。电镜下,可根据各类细胞分泌颗粒的形态特征区分各类细胞(图 15-7)。

1. **B 细胞** B 细胞(B cell)又称 β 细胞(β cell),为胰岛的主要细胞,在人约占胰岛细胞总数的 75%,主要位于胰岛的中央部(图 15-6A)。电镜下可见 B 细胞的分泌颗粒大小不等,内含杆状或不规则形致密核芯,颗粒被膜与核芯之间有宽而明显的低电子密度亮晕(图 15-7);线粒体较小,散在分布,圆形或细长状;粗面内质网多呈短管或小泡状,均匀分布在胞质内。B 细胞分泌胰岛素(insulin),故又称胰岛素细胞。胰岛素是 51 个氨基酸组成的多肽,对 3 大营养物质代谢均有影响,但主要作用是调节糖的代谢,能促进细胞吸收血液内的葡萄糖,加速葡萄糖合成为糖原,储存于肝和肌肉中,作为细胞代谢的主要能量来源。同时也促进葡萄糖转化为脂肪,储存于脂肪组织。若胰岛发生病变,B 细胞退化,胰岛素分泌不足,可致血糖升高,并从尿中排出,即为糖尿病。胰岛 B 细胞肿瘤或细胞功能亢进,则胰岛素分泌过多,可导致低血糖症。

2. **A 细胞**　A 细胞(A cell)又称 α 细胞(α cell),在人约占胰岛细胞总数的 20%,在胰体和胰尾部的胰岛内较多。成人的 A 细胞体积较大,常呈多边形,分布在胰岛周边部(图 15-6B)。电镜下,A 细胞的分泌颗粒数量多,较大,呈圆形或卵圆形,致密核芯常偏于一侧,颗粒被膜与核芯之间亮晕窄,常呈半月形(图 15-7);线粒体较少,细长形,粗面内质网常扩大成池,游离的核糖体丰富,高尔基复合体不发达。A 细胞分泌高血糖素(glucagon),故又称高血糖素细胞。高血糖素是 29 个氨基酸的多肽,当外源性营养物质不足时,它可以促进糖原分解和脂肪分解,把储存在肝细胞、脂肪细胞内的能源动员起来,满足机体活动的能量需要,防止低血糖的发生。高血糖素对肝细胞的作用,主要是通过激活细胞膜上的腺苷酸环化酶,使细胞内的 cAMP 增多,而促进糖原的分解,阻止糖原的合成,使血糖升高。低血糖、氨基酸能刺激高血糖素的分泌;而高血糖、脂肪酸则抑制高血糖素的分泌。胰高血糖素和胰岛素两者的相互拮抗和协调维持了血糖的稳定。患 A 细胞肿瘤的病人,高血糖素分泌过多,血糖升高而从尿中排出,出现葡萄糖尿。

3. **D 细胞**　D 细胞(D cell)又称 δ 细胞(δ cell),数量少,约占胰岛细胞总数的 5%,散在于 A、B 细胞之间(图 15-6C)。电镜下,D 细胞与 A、B 细胞紧密相贴,细胞间有缝隙连接;胞质内分泌颗粒较大,圆形或卵圆形,内容物呈低密度均质状,无明显的致密核芯(图 15-7)。D 细胞分泌生长抑素(somatostatin)。生长抑素的作用方式有:①通过血液循环对胰岛以及远处的靶细胞(如消化道)起作用;②以旁分泌作用释放入细胞间隙内,通过弥散作用而调节邻近胰岛细胞的

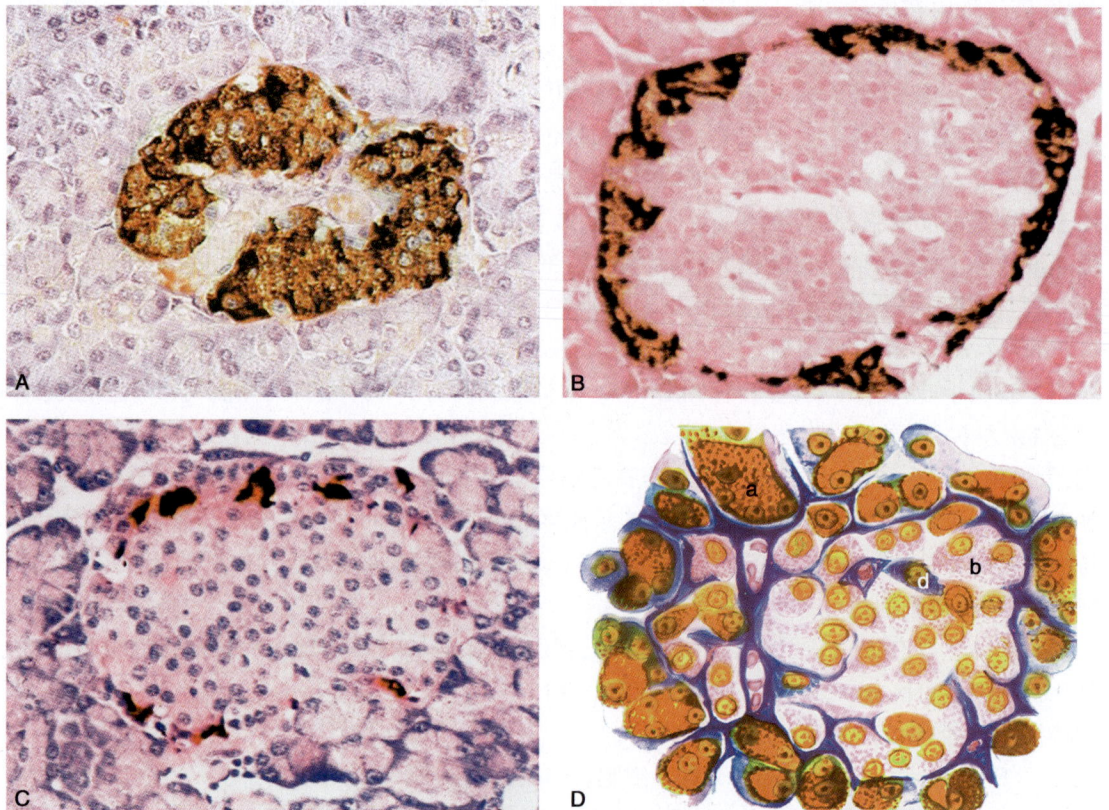

图 15-6　胰岛细胞(吉林大学白求恩医学部供图)
A. 胰岛素免疫细胞化学染色示 B 细胞;B. 胰高血糖素免疫细胞化学染色示 A 细胞;C. 生长抑素免疫细胞化学染色示 D 细胞;D. 胰岛 3 种细胞模式图:a. A 细胞;b. B 细胞;d. D 细胞
Fig. 15-6　Pancreas islet cells
A. immunocytochemical staining of insulin indicates B cells;B. immunocytochemical staining of gluca-gen indicates A cells;C. immunocytochemical staining of somatostatin indicates D cells;D. diagram of 3 kinds of cells in pancreas islets:a. A cell;b. B cell;d. D cell

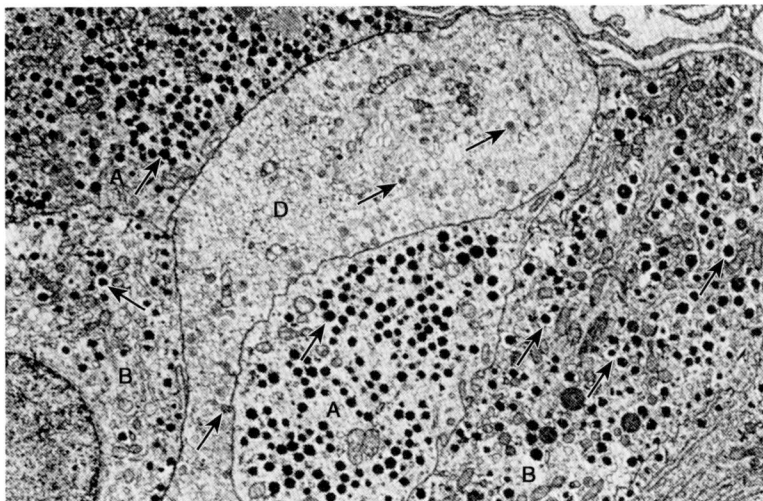

图 15-7　胰岛细胞电镜像
A. A 细胞；B. B 细胞；D. D 细胞
Fig. 15-7　Electron micrograph of cells in the pancreas islet
A. A cell；B. B cell；D. D cell

活动；③经缝隙连接而抵达邻近的 A、B、PP 等细胞，抑制这些细胞的分泌活动。

4. PP 细胞　数量很少，除存在于胰岛内，在外分泌部的中、小导管上皮内及腺泡细胞之间也有发现。PP 细胞的分泌颗粒较小，内含胰多肽（pancreatic polypeptide）。胰多肽是一种抑制性激素，对消化系活动主要起抑制作用，如抑制胰液的分泌，特别是碳酸氢盐和胰蛋白酶的分泌，减弱胆囊的收缩和加强总胆管的紧张度，以及抑制小肠的运动等。在炎症、肿瘤或糖尿病等胰腺实质性疾病时，PP 细胞数量可有不同程度的增多，血中胰多肽含量也升高。

5. D_1 细胞　在人的胰岛内较少，约占胰岛细胞总数的 2% ～ 5%，主要分布在胰岛的周边部，少数分布在胰外分泌部和血管周围。D_1 细胞形态不规则，光镜下不易辨认，电镜下可见胞质内有细小分泌颗粒。D_1 细胞分泌血管活性肠肽（vasoactive interstinal polypeptide，VIP）。VIP 能促进胰腺腺泡细胞分泌，抑制胃酶的分泌，刺激胰岛素和高血糖素的分泌。

除以上几种细胞外，某些动物的胰岛内还存在少量不含分泌颗粒的 C 细胞，后者是未分化的细胞，可分化为 A、B、D 等细胞。此外，还有分泌胃泌素的 G 细胞。胰岛细胞中除 B 细胞外，其他几种细胞也见于胃肠黏膜内，它们的形态也相似，在接受刺激、产生肽类和胺类激素及癌变等方面均有相似之处，在发生上也有共同性。因此，Fujita（1973）将胃、肠、胰中这些功能类似的内分泌细胞归纳为胃肠胰内分泌系统（gastro-entero-pancreatic endocrine system），简称 GEP 系统。

（三）胰腺的神经调节和内、外分泌部的关系

来自内脏神经和迷走神经的交感和副交感神经纤维在腺泡周围和胰岛周围形成腺泡细胞周围丛和胰岛周围丛，并分别深入腺细胞之间和胰岛细胞之间。交感神经兴奋，使胰液分泌减少，并促进 A 细胞分泌，使血糖升高；副交感神经兴奋，促进胰酶分泌，并使 B 细胞分泌，导致血糖降低。

胰腺的内、外分泌部关系十分紧密。电镜观察下，腺泡细胞与胰岛细胞之间没有明显的结缔组织被膜分隔，表明两者的组织液或代谢产物可相互沟通。胰岛素能促进胰腺腺泡细胞合成蛋白质，并刺激腺泡细胞的生长和分化，如邻近胰岛的腺泡细胞的分裂较其他部位的腺泡细胞活跃；B 细胞释放胰岛素越多，腺泡细胞的分裂像就越多。胰岛素也可影响胰蛋白酶和胰脂肪酶的合成，在胰岛素的作用下，腺泡细胞的内质网弯曲和扩大，高尔基复合体变化不明显，但是酶原颗粒增大和酸性磷酸酶的活性剧增，表明胰岛素有促进腺泡细胞分泌的作用。胰多肽对胰腺的外分泌部有抑制作用，尤其是影响碳酸氢盐和胰蛋白酶的分泌，使胰液量减少，但不会导致胰腺腺泡萎缩。

Notes

三、肝

肝(liver)是机体最大的腺体,成人肝约占体重的2%。肝细胞产生的胆汁经胆管输入十二指肠,参与脂类和脂溶性物质的消化,故通常将肝列为消化腺。但肝的结构和功能与其他消化腺明显不同,其主要特点是:①肝细胞的排列特殊,不形成类似胰腺和唾液腺的腺泡;②肝内有丰富的血窦,肝动脉血以及由胃、肠、胰、脾的静脉汇合而成的门静脉血,均汇入肝血窦内;③肝细胞既产生胆汁排入胆管,又合成多种蛋白质和脂类物质直接分泌入血;④由胃、肠吸收的物质除脂质外,全部经门静脉进入肝内,在肝细胞内进行合成、分解、转化、贮存;⑤胚胎时期的肝有造血功能,成人肝除具有潜在的造血功能外,还参与造血调节。此外,肝内还有大量的巨噬细胞,它能清除从胃、肠进入机体的微生物等有害物质。

肝的表面除裸区外,大部分有浆膜覆盖,其下方为一层富含弹性纤维的致密结缔组织被膜。在肝门处,结缔组织随门静脉、肝动脉和肝管的分支深入肝实质,将实质分隔成许多肝小叶。

(一) 肝小叶

肝小叶(hepatic lobule)是肝的基本结构单位,呈多角棱柱体(图15-8),高约2mm,宽约1mm。成人肝约有50万~100万个肝小叶。小叶之间以少量结缔组织分隔。有的动物(如猪)的肝小叶分界明显,而人的肝小叶间结缔组织很少,相邻肝小叶常连成一片,分界不清(图15-9)。肝小叶中央有一条沿其长轴走行的中央静脉(central vein),中央静脉周围是大致呈放射状排列的肝细胞和肝血窦。构成肝小叶的主要成分是肝细胞和肝血窦。肝细胞以中央静脉为中心,向周围呈放射状排列成板状结构,称肝板(hepatic plate),相邻肝板吻合连接,形成迷路样结构。在切片中,肝板的断面呈索状,称肝索(hepatic cord)。肝板的空隙为肝血窦,血窦经肝板上的孔互相通连,形成网状管道(图15-10)。相邻肝细胞膜凹陷形成的微细管道称胆小管,它以盲端起始于中央静脉附近,其主干在肝板内呈放射状走向肝小叶周边,并分支环绕每个肝细胞,在肝板内构成网格状细管。肝细胞分泌的胆汁进入胆小管内(图15-10、图15-11)。

1. 肝细胞 肝细胞(hepatocyte)是构成肝小叶的主要成分,是肝内数量最多、体积密度最大的细胞群。成人肝的肝细胞总数约250×10^9个,约占肝小叶体积的80%,占肝内所有细胞的90%。肝细胞体积较大,直径20~30μm,成多面体形。肝细胞大小有差别,肝板孔附近的细胞体积较小,肝板相互连接处的细胞体积较大,并且随不同生理状况、血液动力变化及肝板的功能活动而有一定形态大小的变化。肝细胞有3种不同的功能面:血窦面、细胞连接面和胆小管面。

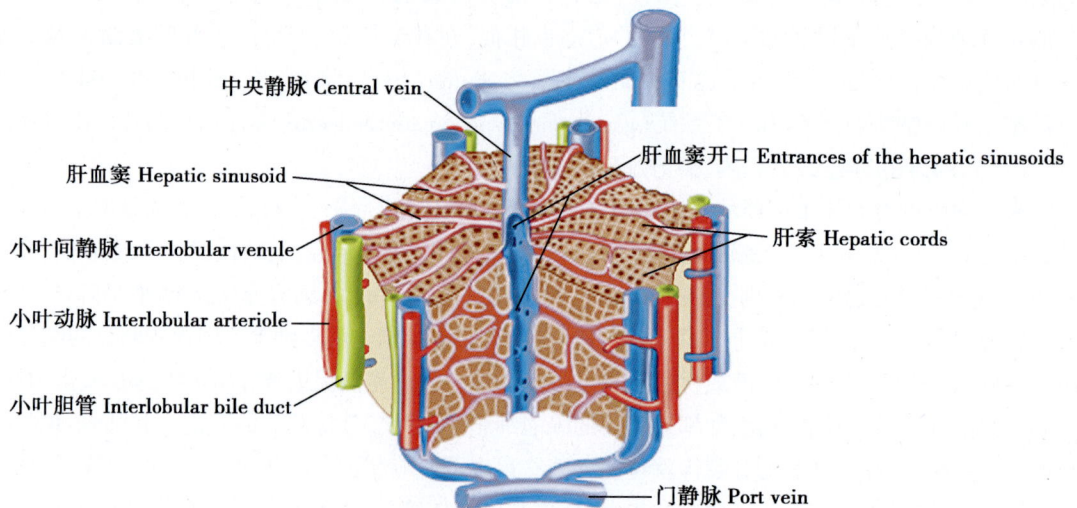

中央静脉 Central vein
肝血窦 Hepatic sinusoid
小叶间静脉 Interlobular venule
小叶动脉 Interlobular arteriole
小叶胆管 Interlobular bile duct
肝血窦开口 Entrances of the hepatic sinusoids
肝索 Hepatic cords
门静脉 Port vein

图 15-8　肝小叶模式图
Fig. 15-8　Diagram illustrating the hepatic lobule

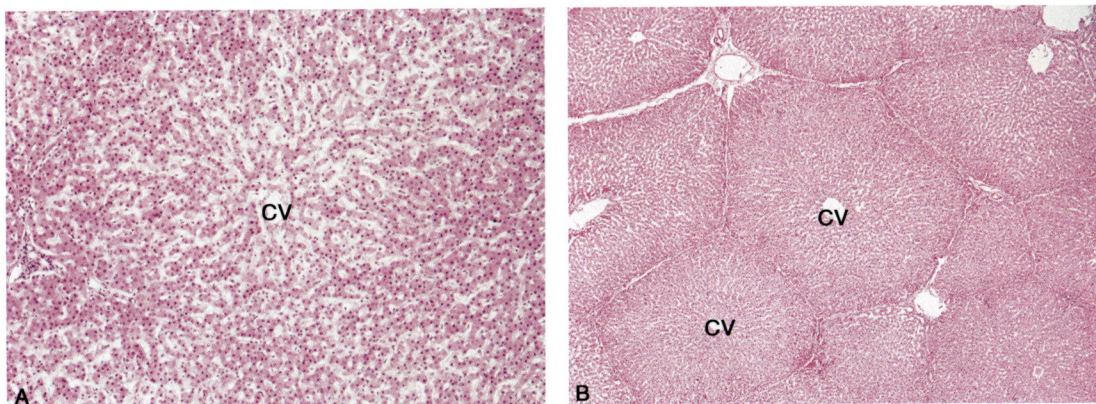

图 15-9　肝小叶横切面光镜像　HE 染色　低倍

A. 人肝；B. 猪肝；CV. 中央静脉

Fig. 15-9　Light micrograph of transverse section of the hepatic lobules　HE stain　Low magnification

A.　human liver；B.　pig liver；CV.　central vein

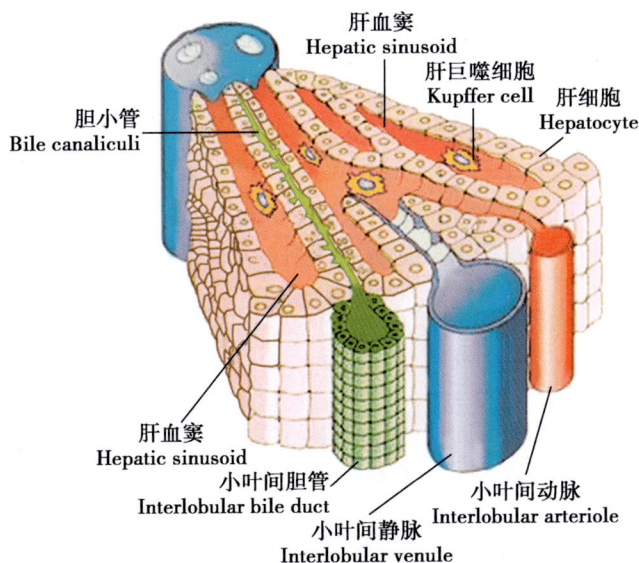

图 15-10　肝板、肝血窦与胆小管关系模式图

Fig. 15-10　Diagram showing the relation of hepatic plates to hepatic sinusoids and bile canaliculi

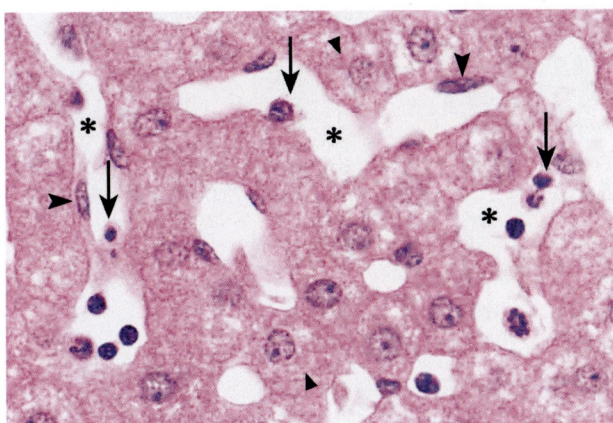

图 15-11　肝索与肝血窦光镜像　HE 染色　高倍(华中科技大学同济医学院李和供图)

三角形示肝细胞；星号示肝血窦；短箭头示内皮细胞；长箭头示巨噬细胞

Fig. 15-11　Light micrograph of the hepatic cords and sinusoids　HE stain　High magnification

Triangles indicate the hepatocytes；asterisks indicate hepatic sinusoids；short arrows indicate endothelial cells；long arrows indicates macrophages

Notes

血窦面和胆小管面有发达的微绒毛,使细胞表面积增大;相邻肝细胞之间的连接面有紧密连接、桥粒和缝隙连接等结构(图15-12、图15-13)。

肝细胞核大而圆,居中,常染色质丰富,染色浅,核膜清楚,核仁一至数个,是细胞合成蛋白质功能活跃的指征。部分肝细胞(约25%)有双核或多核,虽然其生理和病理意义尚不清楚,但一般认为这是与肝细胞长期保持活跃的功能活动及旺盛的物质更新有关。肝细胞胞质丰富,多呈嗜酸性,当蛋白质合成旺盛时,胞质出现散在的嗜碱性物质。胞质内还含有较多的糖原颗粒和少量的脂滴(图15-11)。

电镜下,可见胞质内含有丰富的细胞器和内涵物(图15-12、图15-13),各种细胞器在肝细胞的功能活动中起重要作用。

(1)线粒体:肝细胞富含线粒体,为肝细胞的功能活动提供能量。每个肝细胞约有2000个左右,遍布于胞质内。不同动物和不同部位的肝细胞线粒体数目有差别,其大小和形状常因细胞所在位置的血供不同而变化。

(2)内质网:肝细胞内质网发达,广泛分布在胞质内。肝细胞的许多重要功能活动均在内质网上进行,诸如多种蛋白质的合成、糖基化和分泌,脂类物质的生物合成与代谢,胆固醇、固醇类及胆酸的合成和代谢,糖代谢,毒物和药物代谢等。

肝细胞粗面内质网(RER)成群分布于核周、近血窦面及线粒体附近,并有密集的核糖体,构成光镜下散在的嗜碱性颗粒,是合成蛋白质的场所,还可将多余的氨基酸转变为另一种较少的氨基酸。内质网膜蛋白、其他细胞器较大的蛋白、多种血浆蛋白等多种蛋白质均在粗面内质网上合成。在机体感染或创伤时,还分泌α和β球蛋白等急性反应物质。肝细胞粗面内质网合成的蛋白质经内质网池转移到高尔基复合体,组装形成运输小泡或直接经胞质的基质,从血窦面排出。

肝细胞滑面内质网(SER)广泛分布于胞质内,其膜上有多种酶系规律分布,如氧化还原酶、水解酶、转移酶、合成酶等。肝细胞摄取的各种有机物可在SER进行连续的合成、分解、结合和

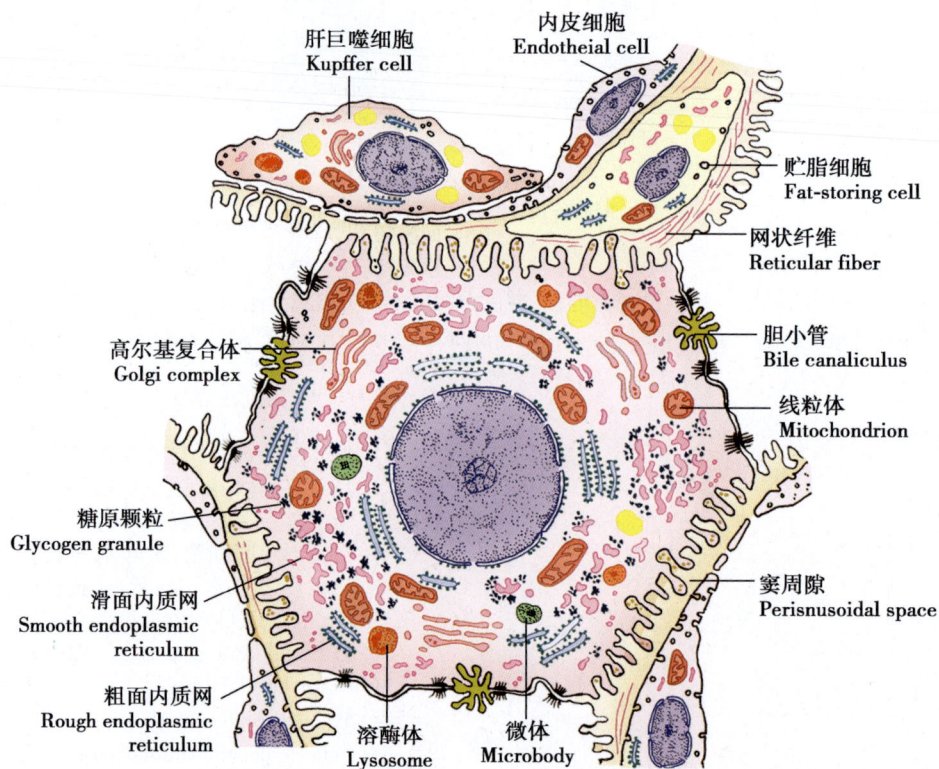

图 15-12　肝细胞、肝血窦、窦周隙及胆小管结构模式图

Fig. 15-12　Diagram showing hepatocyte, hepatic sinusoid, perisinusoidal space and bile canaliculi

转化等反应,肝细胞的胆汁合成、脂类物质代谢、糖代谢、激素代谢和由肠道吸收的有机异物(药物、腐败产物等)的生物转化等都在 SER 上进行。

(3) 高尔基复合体:肝细胞内的高尔基复合体发达,数量多,每个肝细胞约有 50 个,主要分布在胆小管周围及核附近。其形成面朝向核和内质网,与 SER 相连,在内质网与高尔基复合体之间常见许多运输小泡,粗面内质网合成的蛋白质经运输小泡转移到高尔基复合体。高尔基复合体的分泌面经高尔基过渡网形成许多分泌小泡和大泡,泡内富含脂蛋白,还有内质网合成的蛋白质和脂蛋白,一部分转移到高尔基复合体内储存加工,再经分泌小泡由血窦面排出。近胆小管处的高尔基复合体尤为发达,与胆小管面质膜的更新及胆汁的排出有关。

(4) 溶酶体:肝细胞内溶酶体数量和大小不一,占细胞总体积的 1% ~2%。溶酶体功能活跃,不断与吞饮小泡融合,消化异物,并自噬细胞内退化的线粒体、内质网等结构和某些过剩的物质(如糖原)。因此,溶酶体结构多样,内部呈均质状、颗粒状或含有色素及退化的细胞器等。溶酶体在肝细胞结构更新及正常功能的维持中起重要作用,它还参与胆色素的代谢转运和铁的储存过程。

(5) 过氧化物酶体:肝细胞内的过氧化物酶体(微体)发达,其数量和体积较其他细胞的大。过氧化物酶体为圆形小体,大小不一,内含多种消化酶,其中以过氧化氢酶和过氧化物酶为主,两者占过氧化物酶体总蛋白的 40%。此外,还有 D-氨基酸氧化酶、L-氨基酸氧化酶和黄嘌呤氧化酶等。过氧化物酶体内的氧化酶可以利用氧分子直接氧化底物,产生 H_2O_2,后者受过氧化氢酶的作用形成氧和水,可以消除 H_2O_2 对细胞的毒性作用。肝是酒精代谢的重要器官,酒精大部分被肝细胞基质内的乙醇脱氢酶分解,5% ~25% 的酒精受过氧化物酶体内酶的氧化作用转变为醛缩醇。过氧化物酶体内还有黄嘌呤氧化酶等,它们能将核酸的代谢产物嘌呤氧化为尿酸,由尿中排出。因此,过氧化物酶体有保护肝细胞的作用。

(6) 内涵物:肝细胞内有糖原、脂滴、色素等内涵物,它们的含量因机体的生理和病理状况的不同而异。进食后糖原增多,饥饿时糖原减少。正常肝细胞内脂滴少,肝病时脂滴多。肝细胞胞质的色素有胆红素、含铁血黄素、脂褐素等,它们也可以贮存在溶酶体内,脂褐素的含量随机体年龄的增长而增多。

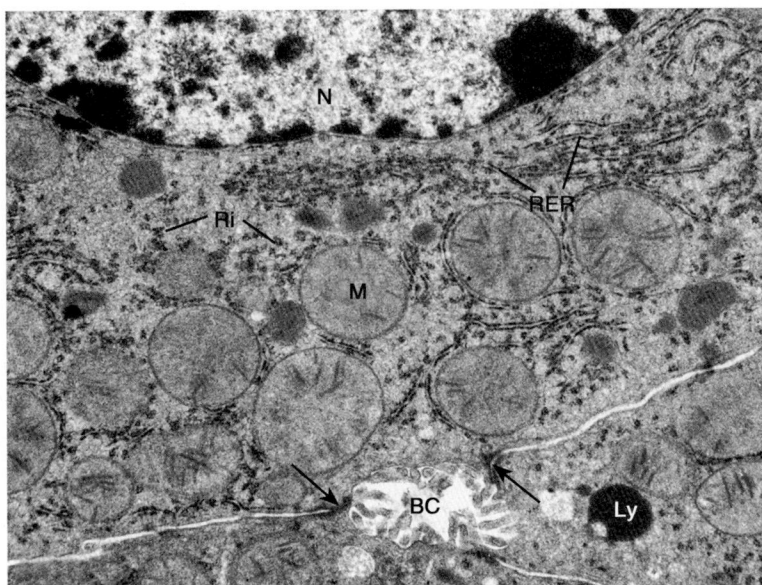

图 15-13 肝细胞电镜像(浙江大学医学院李继承供图)

N. 细胞核 RER. 粗面内质网 Mi. 线粒体 Ri. 游离核糖体;BC. 胆小管;箭头示连接复合体

Fig. 15-13 Electron micrograph of a hepatocyte

N. nucleus;RER. rough endoplasmic reticulum;Mi. mitochondrion;Ri. free ribosome;BC. bile canaliculus;arrow indicates junctional complex

2. **肝血窦** 肝血窦(hepatic sinusoid)位于肝板之间，腔大而不规则，血液从肝小叶的周边经血窦汇入中央静脉(图 15-10、图 15-11)。血窦壁由内皮细胞构成，窦内可见肝巨噬细胞和肝大颗粒淋巴细胞。肝细胞与血窦壁之间有一狭小的间隙，称为窦周隙。

(1) 肝血窦内皮细胞：肝血窦内皮细胞是构成肝血窦壁的主要成分，细胞扁而薄，含核的部分凸向窦腔(图 15-11)，腔面可见少量微绒毛和小凹陷。细胞间连接松散，常有 0.1~0.5μm 宽的间隙。胞质内细胞器较少，但吞饮小泡较多，表明肝血窦内皮细胞具有较强的物质摄取能力。肝血窦内皮细胞的明显特征是在细胞不含核的扁薄部分有许多窗孔，孔上无隔膜。内皮外无基膜，仅见少量散在的网状纤维。因此，肝血窦的通透性大，有利于肝细胞与血液间的物质交换，血液中除乳糜微粒外，其他大分子物质均可自由通过血窦壁。

(2) 肝巨噬细胞：肝巨噬细胞(hepatic macrophage)又称库普弗细胞(Kupffer cell)，是定居于组织内巨噬细胞中最大的细胞群体，约占巨噬细胞总数的 50% 以上。细胞形态不规则，从胞体伸出许多板状或丝状伪足附在内皮细胞上，或穿过内皮窗孔和细胞间隙伸入窦周隙内(图 15-11、图 15-12)。细胞表面有许多皱褶和微绒毛，并有较厚的糖衣。细胞核较大，胞质内溶酶体发达，并常见吞噬体和残余体，其他细胞器较少。肝巨噬细胞来自骨髓造血干细胞，后者分化为单核细胞，进而分化为肝巨噬细胞。肝巨噬细胞具有吞噬和清除从胃肠进入门静脉的细菌、病毒和异物的功能，还能吞噬和清除衰老、破碎的红细胞和血小板等。此外，肝巨噬细胞还有识别肿瘤细胞特异性抗原及抑制和杀伤肿瘤细胞的作用。

(3) 肝大颗粒淋巴细胞：肝大颗粒淋巴细胞(hepatic large granular lymphocyte)是肝特有的 NK 细胞，位于肝血窦内，直接与血液相接触，并牢固地附着在内皮细胞或肝巨噬细胞上。细胞表面有伪足样突起，突起穿过内皮进入窦周隙，与肝细胞表面的微绒毛相接触。胞质内除含有少量线粒体、内质网、高尔基复合体、中心粒、多泡体、微丝及微管外，还有较多的致密颗粒。肝大颗粒淋巴细胞具有 NK 细胞活性，能溶解和杀伤多种肿瘤细胞和被病毒感染的肝细胞。

3. **窦周隙与贮脂细胞** 窦周隙(perisinusoidal space)又称迪塞间隙(Disse space)，是肝血窦内皮细胞与肝细胞之间的狭小间隙(图 15-12)，其内充满血浆，肝细胞血窦面的微绒毛伸入窦周隙，浸于血浆之中，因此窦周隙是肝细胞和血液之间进行物质交换的场所。

贮脂细胞(fat-storing cell)又称伊藤细胞(Ito cell)，也称肝星状细胞(hepatic stellate cell)，位于窦周隙和肝细胞间陷窝内。细胞形态不规则，有突起附于内皮细胞外表面及肝细胞表面，相邻的细胞突起相互接触，形成网架结构(图 15-12)。HE 染色切片中不易辨认贮脂细胞，用氯化金浸染或免疫细胞化学法可显示。电镜下，贮脂细胞的结构特征是胞质内含有许多大小不一的脂滴，粗面内质网和高尔基复合体较发达。贮脂细胞在肝内维生素 A 的摄取、贮存和释放方面起主要作用。当给动物大量维生素 A 后，贮脂细胞数及其脂滴显著增多，细胞体积增大，脂滴内贮有维生素 A。贮脂细胞还有产生胶原的功能，在肝纤维化病变中，贮脂细胞增多，结构类似于成纤维细胞，并产生大量网状纤维。故认为贮脂细胞是一种特殊的成纤维细胞，在肝正常微环境中，细胞内形成脂滴，以摄取和贮存维生素 A 功能为主，而合成胶原功能受抑制；在病理状况下，贮脂细胞增多并转化为成纤维细胞，合成胶原的功能增强，与肝纤维化的发生有关。

4. **胆小管** 胆小管(bile canaliculi)是相邻 2 个肝细胞连接面局部细胞膜凹陷形成的微细管道，以盲端起始于中央静脉附近，其主干在肝板内呈放射状走向肝小叶周边，并分支环绕每个肝细胞，在肝板内构成网格状管道。在 HE 染色中不易看到，用银染法或 ATP 酶组化染色法可清楚显示(图 15-14)。电镜下观察，胆小管腔面有肝细胞形成的微绒毛突入管腔，胆小管周围的肝细胞膜形成紧密连接、桥粒等连接复合体封闭胆小管，见图 15-13。正常情况下，肝细胞分泌的胆汁排入胆小管，胆汁不会从胆小管溢出至窦周隙；病理情况下，如肝细胞发生变性、坏死或胆道堵塞内压增大时，胆小管的正常结构被破坏，胆汁则溢入窦周隙，进而进入血窦，出现黄疸。

(二) 门管区

肝小叶之间隔以疏松结缔组织，从肝门进出的门静脉、肝动脉、肝管、淋巴管和神经在肝内反复分支,并伴行于小叶间结缔组织内。因此,在相邻肝小叶之间的三角形或不规则形的结缔组织内,可见到3种主要的管道分支,即小叶间静脉、小叶间动脉和小叶间胆管,称为门管区 (portal area) (图 15-15)。每个肝小叶周围一般有 3~5 个门管区。

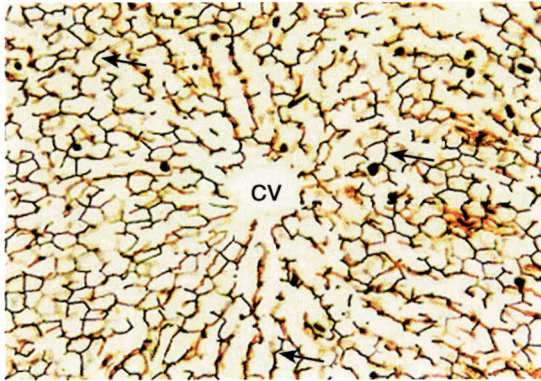

图 15-14　胆小管光镜像　硝酸银浸染　高倍
CV. 中央静脉;箭头示胆小管
Fig. 15-14　Light micrograph of the bile canaliculi　Silver nitrate stain　High magnification
CV. central veine; arrows indicate the bile canaliculi

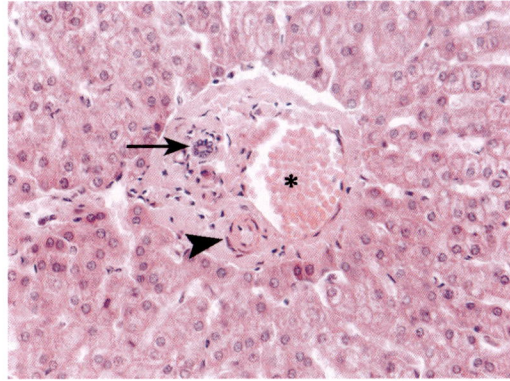

图 15-15　肝门管区光镜像　HE 染色　高倍
星号示小叶间静脉;长箭头示小叶间胆管;短箭头示小叶间动脉
Fig. 15-15　Light micrograph of the hepatic portal area　HE stain　High magnification
Asterisk indicates an interlobular venule; long arrow indicates an interlobular bile duct; short arrow indicates an interlobular arteriole

小叶间静脉是门静脉的分支,管腔较大而不规则,壁薄,内皮外仅有少量散在的平滑肌;小叶间动脉是肝动脉的分支,管径较细,腔较小,管壁相对较厚,内皮外有几层环行平滑肌;小叶间胆管是肝管的分支,管腔狭小,管壁由单层立方或低柱状上皮构成。

(三) 肝内血液循环

肝与血液内的物质代谢关系密切,其血供通常分为功能性血管和营养性血管。进入肝的血管有门静脉和肝动脉,门静脉是肝的功能性血管,主要收集胃肠静脉和脾静脉的血流,将胃肠道吸收的营养和某些有毒物质输入肝内进行代谢和加工处理。肝动脉是肝的营养性血管,为肝提供氧及其他器官的代谢产物。肝血供丰富,成人肝每分钟血流量为 1500~2000ml,占心搏出量的 30%~40%。

门静脉在肝门处分为左、右 2 支,分别进入肝左、右叶,继而在肝小叶间反复分支,形成小叶间静脉。小叶间静脉分出小支,称终末门微静脉(terminal portal venule),行走于相邻两个肝小叶之间。终末门微静脉的分支与血窦相连,将门静脉血输入肝小叶内。肝动脉的分支与门静脉的分支伴行,依次分为小叶间动脉和终末肝微动脉(terminal hepatic arteriole),最后也汇入血窦。小叶间动脉还分出小支,供应被膜、间质和胆管。因此,肝血窦内含有门静脉和肝动脉的混合血液。肝血窦的血液从小叶周边流向中央,汇入中央静脉。若干中央静脉汇合成小叶下静脉,单独行走于小叶间结缔组织内,进而汇合成 2~3 支肝静脉,出肝后汇入下腔静脉。

肝血液循环:

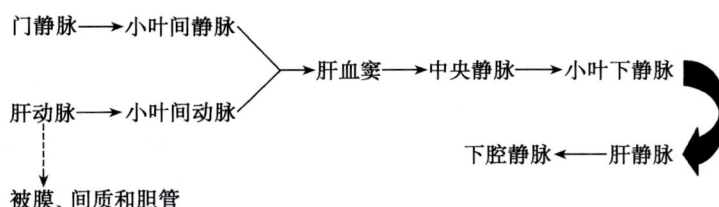

（四）肝的胆汁形成和排出途径

肝细胞吸收血浆中的胆红素后,经滑面内质网内的葡萄糖醛酸转移酶的作用,转化为水溶性的结合胆红素,释放入胆小管,与胆盐和胆固醇等共同组成胆汁。成人每天可分泌胆汁600~1000ml。胆小管内的胆汁从肝小叶的中央流向周边,于小叶边缘处进入闰管或Hering管,然后经小叶间胆管依次流入肝管、肝总管、胆囊管,最后进入胆囊或经胆总管入十二指肠。闰管较细,上皮由立方细胞组成,细胞着色浅,胞质内的细胞器较少。

肝内胆汁排出途径：

肝细胞合成胆汁──→胆小管──→小叶间胆管──→左右肝管──→肝总管

十二指肠←──胆总管

胆囊

（五）肝的神经

肝动脉和门静脉周围有丰富的交感及副交感神经丛,来自内脏神经和迷走神经的一些分支和一些膈神经分支。生理实验证明,刺激交感神经或给予肾上腺素能药物,肝内血管收缩,血流量减少,门静脉压升高;刺激副交感神经或给予胆碱能药物,肝血管也有收缩和扩张变化,但对门静脉血管的影响很小。在多数动物包括灵长类,肝实质内有单胺类神经分布在肝细胞上,而胆碱能神经仅限于门管区,肝小叶内尚未发现。

（六）肝的淋巴

肝淋巴管分布于被膜内和小叶间管道周围,形成淋巴管丛,肝小叶内无淋巴管。肝产生大量的淋巴,胸导管内的淋巴有25%~50%来自肝。肝的淋巴主要来自窦周隙的血浆。窦周隙的血浆从小叶中央流向周边,在小叶边缘沿血管周围间隙流至小叶间结缔组织内,继而被吸入小叶间淋巴管内,形成淋巴。肝硬化患者,血窦壁增厚,窦壁通透性下降,肝淋巴的蛋白质含量显著减少。阻塞性黄疸患者,肝淋巴的胆色素含量增多,部分是血清中与蛋白质结合的胆红素,部分是肝细胞分泌后从胆小管溢出的胆红素。

（七）门管小叶和肝腺泡

作为肝的结构和功能单位,除了以中央静脉为中心的经典肝小叶外,有人还提出了门管小叶和肝腺泡的概念。

1. 门管小叶　有人主张肝小叶的划分也应与其他外分泌腺一样以排泄导管为中轴,提出以门管区为中轴的小叶结构,称门管小叶(portal lobule)。门管小叶为三角形柱状体,其长轴中心为小叶间胆管及伴行血管,周围以3个相邻经典肝小叶的中央静脉连线为界(图15-16)。胆汁从周围流向中央的小叶间胆管。门管小叶强调了肝的外分泌功能。

2. 肝腺泡　肝腺泡(hepatic acinus)是根据肝微循环与病理和再生关系而提出的。这种划分认为,经典肝小叶的血供来自周围多个终末血管,其分泌的胆汁也是分别汇入周边的几个小叶间胆管。因此,经典肝小叶既不是肝的最小循环单位,也不是肝外分泌功能的最小结构单位。在肝发生缺血性病变时,病变应最先出现在血供的末端部分,而经典肝小叶表现为"中央坏死",表明经典肝小叶单位与肝微循环和肝病理过程不符。肝腺泡体积较小,立体形态似橄榄,纵切面呈卵圆形。它以门管区血管发出的终末门微静脉和终末肝微动脉及胆管分支为中轴,两端以相邻的两个中央静脉为界(图15-16)。故一个肝腺泡是由相邻两个经典肝小叶各1/6部分组成,其体积只相当于经典肝小叶的1/3,肝腺泡是肝最小的微循环结构单位。

肝腺泡内的血流是从中轴单向性流向两端的中央静脉,根据血流方向及肝细胞获得血供先后优劣的微环境差异,可将肝腺泡分为3个带(图15-16)：①近中轴血管的部分为Ⅰ带,肝细胞优先获得富含氧和营养成分的血供,细胞代谢活跃,再生能力强;②Ⅰ带的外侧为Ⅱ带,肝细胞

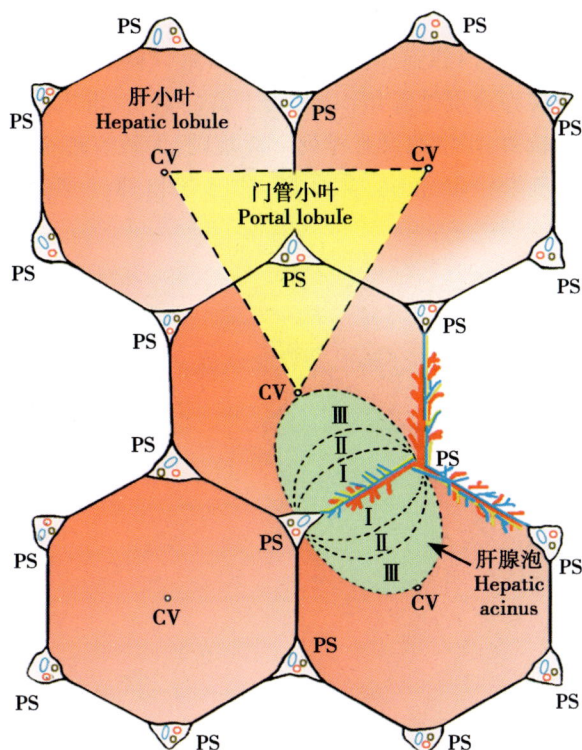

图 15-16　肝小叶、肝腺泡和门管小叶示意图
PS. 门管区；CV. 中央静脉
Fig. 15-16　Diagram of the hepatic lobule，hepatic acinus and portal lobule
PS.　portal space；CV.　central vein

的血供不如Ⅰ带；③近中央静脉的两端部分为Ⅲ带，肝细胞获得的血供是继Ⅰ带和Ⅱ带之后，血液成分也发生变化，血供条件最差，肝细胞对某些有害物质的作用较为敏感，易发生病理损害，肝细胞再生能力较弱。在某些病理情况下，肝细胞损伤呈现带状差异，Ⅲ带肝细胞首先出现病变。

（八）肝的再生

肝的重要特征之一是具有强大的再生能力。正常人体的肝细胞是一种长寿命细胞，极少见分裂相。但在肝受损害后，尤其在肝大部分（2/3）切除后，在残余肝不发生炎症和纤维增生的情况下，肝细胞迅速出现快速活跃的分裂增殖，并能精确地调控自身体积的大小。动物实验证明，肝被切除 3/4 后，肝的生理功能仍可维持，并逐渐恢复原来的重量。肝病患者施行大部或部分肝切除后也有再生能力，但因病变情况而异，一般可在半年内恢复正常肝体积。肝的再生受肝内外诸多因子的调控，在肝受损害或部分切除后，这些因子通过肝细胞相应受体作用于肝细胞，启动并促进肝细胞的增殖。

在肝病理情况下，可出现一种圆形小细胞，称卵圆细胞（oval cell）。后者在正常情况下难以见到，但在肝病理性损害后的再生过程中常见卵圆细胞的增生。卵圆细胞的结构与终末胆管上皮细胞相似。目前认为，卵圆细胞是肝内的干细胞增殖而成的未分化细胞，参与形成肝细胞和胆管细胞。现在已从致癌作用后的肝内分离出卵圆细胞，并制备出特异性抗原的单克隆抗体，用以检测卵圆细胞，研究它与肝的分化、再生和癌变的关系。

四、胆囊与胆管

（一）胆囊

胆囊（gall bladder）分底、体、颈 3 部，颈部连胆囊管。胆囊壁由黏膜、肌层和外膜 3 层组成。黏膜有许多高而分支的皱襞突入腔内。胆囊收缩排空时，皱襞高大而分支；胆囊充盈扩张时，皱

Notes

襞减少变矮。黏膜上皮为单层柱状。细胞游离面有许多微绒毛,细胞核位于基部,核上区胞质内线粒体和粗面内质网较发达,顶部胞质内可见少量黏原颗粒。上皮细胞有一定的分泌作用,但以吸收功能为主。固有层为薄层结缔组织,有较丰富的血管、淋巴管和弹性纤维。肌层厚薄不一,胆囊底部较厚,颈部较薄,平滑肌纤维排列不甚规则,大致有环行、斜行、纵行,肌束间弹性纤维较多。外膜较厚,为疏松结缔组织,含血管、淋巴管和神经等,外膜表面大部覆以浆膜(图 15-17)。

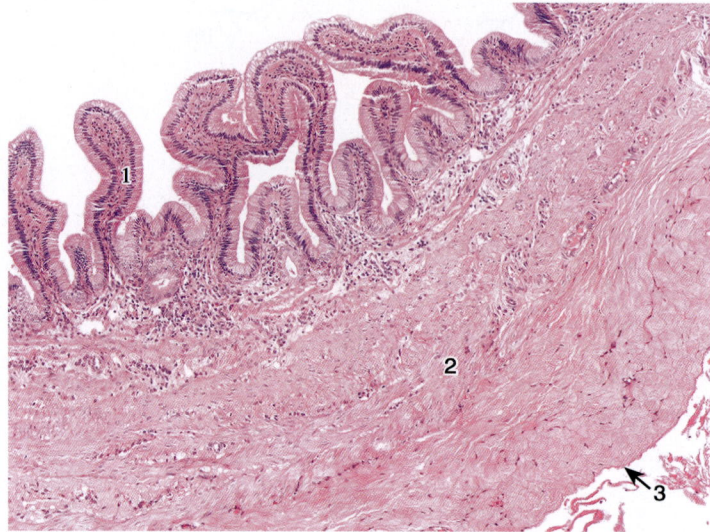

图 15-17　胆囊光镜像　HE 染色　低倍(大连医科大学郝立宏供图)
1. 黏膜;2. 肌层;3. 外膜
Fig. 15-17　Light micrograph of the gall bladder　HE stain　Low magnification
1. mucosa;2. muscularis;3. adventitia

胆囊的功能是贮存和浓缩胆汁。胆囊上皮细胞主动吸收胆汁中的水和无机盐,主要是 Na^+、Ca^{2+}、Cl^- 和重碳酸盐。胆囊每小时吸收水 3ml,使胆汁浓缩 4～10 倍。胆囊的收缩可使胆汁排出,并调节胆管内的压力。从肝排出的胆汁,由于胆总管括约肌呈收缩状态,胆汁流入舒张的胆囊内贮存浓缩。进食后,胆囊持续收缩 30～60min,胆总管括约肌松弛,将胆汁排入肠腔。胆囊的分泌、吸收和收缩功能受神经和体液的调节。交感神经兴奋可促进胆囊吸收水,并使胆囊肌松弛;迷走神经兴奋使胆囊肌收缩,排出胆汁。在胃大部分切除后的患者,由于迷走神经损伤,胆囊肌松弛,容易发生胆石症。胆囊的收缩排空也受激素的调节,进食后尤其在高脂肪食物后,小肠内分泌细胞分泌胆囊收缩素,经血流至胆囊,刺激胆囊肌层收缩,排出胆汁。

(二) 胆管

肝管与胆总管的管壁较厚,由黏膜、肌层和外膜组成。胆总管黏膜的上皮为单层柱状,有杯状细胞,固有层内有黏液腺。肌层平滑肌呈斜行和纵行肌束,较分散。外膜为疏松结缔组织。胆总管的下端与胰管汇合之前,环行平滑肌增厚,形成发达的胆总管括约肌,或称 Boyden 括约肌。胆总管与胰管汇合穿入十二指肠壁,局部扩大形成肝胰壶腹,或称 Vater 壶腹,此处的环行平滑肌增厚,形成壶腹括约肌,或称 Oddi 括约肌。括约肌的舒缩作用,控制胆汁和胰液的排出。

胆管壁内也有交感和副交感神经分布。刺激交感神经,可使括约肌收缩,总胆管内压升高;刺激迷走神经,可使括约肌松弛,括约肌内压低于总胆管内压,胆汁排入肠腔。

专题讲座:肝细胞再生的调控

肝是机体最重要的器官之一,在正常生理状态下,成熟的肝细胞处于静息而高度分化状态,具有微弱复制能力。当部分肝切除(partial hepatectomy,PH)、损伤或肝移植后,剩余肝组织或移植肝组织可再生至原有的重量和体积,以保持最佳的肝脏重量/体重比。

肝细胞再生进程是一个多步骤、多因子、涉及多种信号相互作用的精确而有序的调节过程,依赖于实质细胞、非实质细胞、细胞外基质及某些肝外组织来源因子,通过自分泌、旁分泌和内分泌的协同作用,最终通过调控基因的表达和细胞的生理、生化、代谢过程实现。

(一)肝再生反应的效应细胞

肝再生反应至少涉及两类细胞:肝实质细胞及非实质细胞。前者占肝实质的 70% ~ 80%,是肝最主要的功能细胞,也是肝再生主要的效应细胞。生理状态下,成熟的肝细胞大多处于高度分化的静息状态,一般只有 0.0012% ~ 0.01% 的肝细胞在进行有丝分裂。但在肝组织受损时,肝细胞会迅速表现出强大的增殖和自我调控能力,修复损伤组织。

各种非实质细胞,如 Kupffer 细胞、内皮细胞及星状细胞(satellites cells)在肝再生进程中也扮演着重要的角色,这些非实质细胞的增殖本身就是肝再生的重要组成部分。另外,这些非实质细胞活化后,可以分泌多种细胞因子和生长因子,精确地调控肝再生进程。

值得关注的是,在人和动物肝内还存在具有干细胞性质的肝干细胞(hepatic stem cell,HSC),最初被命名为肝卵圆细胞(hepatic oval cell,HOC),它能分化为成熟的肝细胞或胆管上皮细胞。在正常成人肝脏,肝卵圆细胞处于静息状态,仅维持很低的数量,部分肝切除后,残肝再生反应也不涉及这些细胞的激活,但在某些情况下,如严重的中毒损害、大面积坏死、肿瘤等,肝细胞增殖复制被阻断或延误时,肝组织就会启动干细胞增生反应。肝卵圆细胞介导的肝再生,由肝卵圆细胞、Kupffer 细胞、星状细胞共同完成,并通过细胞因子调控。当肝细胞由于切除、中毒等原因受损,肝细胞再生受阻时,在干细胞因子等趋化因子作用,骨髓间充质干细胞可通过 Hering 管迁移到肝小叶,并在 Kupffer 细胞和贮脂等细胞分泌的细胞因子作用下分化成肝卵圆细胞。其中 Kupffer 细胞分泌产生的受肿瘤坏死因子(TNF)具有促进肝卵圆细胞增殖的功能;而 TGF-α、HGF 等来源于肝星状细胞的生长因子具有促进肝卵圆细胞生长的功能,并能通过 TGF-β 调节肝卵圆细胞凋亡,从而使肝卵圆细胞介导的肝脏再生终止。

(二)肝再生进程的调控

肝再生是由多种调控因子协同调控的有序进程,可分为三个阶段:1. 启动阶段:G_0 期-G_1 期;2. 增殖阶段:G_1-S 期;3. 终止阶段:G_1-G_0 期。

1. 启动阶段 目前认为肝再生启动是受 TNF 和白介素(IL)-6 家族的细胞因子的控制。肝是炎症介质如 TNF-α 和 IL-6 等细胞因子识别的靶器官,这些细胞因子在部分肝切除后数分钟内由非实质性细胞释放。

启动阶段为部分肝切除后 4h 内,首先有约 70 种基因表达,包括转录基因、细胞周期调控基因、应激和炎症反应相关基因、调节细胞骨架和细胞外基质基因等,它们在部分肝切除后约 30min 表达,并持续 4h 左右,促使肝细胞由静止期(G_0 期)进入细胞周期(G_1 期)。

细胞启动后便开始复制,但这阶段容易被逆转,其到细胞分裂的过程取决于一些因子如肝细胞生长因子(HGF)、表皮生长因子(EGF)及转移生长因子 α(TGF-α)的持续刺激。若这些因子不存在,细胞便重新转入静止期。

2. 增殖阶段 增殖阶段由 HGF、TGF-α 等生长因子调控下,促进一些基因表达,使肝细胞不可逆进入 S 期进而增殖。

部分肝切除后 4 ~ 8h,紧接即刻早期基因之后表达的基因属延迟早期基因(delayed early gene,DEG),是进展阶段早期特异性表达的基因,如 *bcl-x1* 和 *cdc2* 等,它们在 G_0 期到 G_1 期的转变过程中表达,并依赖于蛋白质的合成,是肝再生的重要调节因子。

细胞周期基因(cell cycle gene,CCG)是继延迟基因后被激活的特异性基因,产物包括细胞周期素(cyclin)和细胞周期蛋白依赖性激酶(cycle-dependent kinase,CDK)等。CDK 的激活对细胞周期进程是必需的,CDK 与其调节亚基 cyclin 结合后形成的 cyclin-CDK 复合物能促使与细胞周期有关的蛋白基因表达。

3. 终止阶段　当再生肝的细胞数目恢复至正常水平后,肝再生活动立即停止,而不会无限制的增殖,这与凋亡机制和肝细胞生长抑制因子的作用有关。

凋亡在维持器官正常重量和功能中起重要作用,同时也参与肝再生调控。多数研究表明,Fas/FasL 在再生终止阶段启动细胞凋亡,终止肝再生。在肝再生中,TGF-β、激活素(activin,ACT)和 IκB 可抑制肝细胞增殖,参与终止肝再生的调控。

(三) 辅助性因子对肝细胞再生的调控

许多物质本身不具备直接刺激肝复制的作用,但能增强刺激性物质的作用,降低抑制性物质的作用,包括一些激素和神经递质,如胰岛素、肾上腺素、甲状腺素及钙和维生素 D 等。此外,营养也可改变 DNA 合成,如大鼠肝细胞再生取决于喂食行为,这种作用可能由某些特别的氨基酸所激发,具体机制尚待进一步研究。

(四) 应用前景

目前肝移植仍然是治疗终末期肝病的主要治疗措施,而肝供体缺乏等限制了其应用,行肝干细胞移植治疗成为最佳治疗手段,使许多传统医学方法难治疗的绝症发生革命性的变化。

现在这方面研究主要是致力于进一步阐明肝干细胞的增殖和调控分化的机制,同时建立一个优化的肝干细胞分离培养系统,以求在体外进行干预肝干细胞增殖和分化,实现稳定的细胞治疗;在器官移植方面,肝干细胞为人工肝或组织工程肝脏提供优质的种子细胞;在新药研发方面,为新药的研发提供了稳定的细胞模型,解决目前肝病治疗药物研发中有效性评价体系缺乏的限制。

肝再生过程复杂,许多详细机制需要明确,进一步研究细胞因子及其与其他调控因素相互作用并阐明肝细胞增殖及其终止的调控机制,对于揭示许多肝病,如肝炎、肝功能衰竭、肝硬化、肝纤维化和肝肿瘤的病因及其发病机制将具有重要的意义,为肝硬化等难治性肝病的治疗提供了一个新思路,相信随着对肝再生研究的不断深入,许多难治性肝病治愈将成为可能。

参考文献

1. Lin SD ,Kawakami T ,Ushio A ,et al. Ratio of circulating follistatin and activin A reflects the severity of acute liver injury and prognosis in patients with acute liver failure. J Gastroenterol Hepatol,2006,21（2）:374 -380

2. Hiromitsu Hayashi,Keiko Saka,Hideo Baba,et al. Thrombospondin-1 is a novel negative regulator of liver regeneration after partial hepatectomy through transforming growth factor-beta1 activation in mice. Hepatology,2012, 55（5）:1562-1573

3. Gridelli B,Vizzini G,Pietrosi G,et al. Efficient human fetal liver cell isolation protocol based on vascular perfusion for liver cell-based therapy and case report on cell transplantation. Liver transpl,2012,18（2）:226-237

4. Soto-Gutierrez A,Navarro-Alvarez N,Yagi H,et al. Stem cells for liver repopulation. Curr Opin Organ Transplant,2009,14（6）:667-673

5. Yanger K,Knigin D,Zong Y,et al. Adult hepatocytes are generated by self-duplication rather than stem cell differentiation. Cell Stem Cell,2014,15（3）:340-349

（李继承）

第 16 章 呼 吸 系 统

KEY POINTS

- Structure of the trachea
- Composition and transitional change in structures of pulmonary conducting portion
- Composition and structure of pulmonary respiratory portion
- Structure and function of alveolus

呼吸系统(respiratory system)由鼻、咽、喉、气管、主支气管和肺组成。从鼻腔到肺内终末细支气管司传导气体,为导气部;从肺内的呼吸性细支气管至末端的肺泡是气体交换的部位,为呼吸部。呼吸系统各器官共同完成从外界摄入氧气,排出二氧化碳的功能。此外,鼻还有嗅觉功能,喉有发音功能,肺还有非呼吸功能,即参与多种物质的分泌合成与代谢。

一、鼻　腔

鼻腔各部的内表面为黏膜,均由上皮和固有层构成。黏膜下方与软骨膜、骨膜或骨骼肌相连。根据结构和功能的不同,鼻黏膜可分为前庭部、呼吸部和嗅部。

(一) 前庭部

前庭部(vestibular region)为鼻腔的入口处,是邻近外鼻孔的部分。鼻翼内表面为未角化的复层扁平上皮,近外鼻孔处上皮出现角化,与皮肤的表皮相移行。此处生有鼻毛和皮脂腺,鼻毛可阻挡吸入空气中的尘粒,是过滤吸入空气的第一道屏障。固有层为细密结缔组织,发生鼻疖肿时疼痛剧烈。其深层与鼻的软骨膜相连。

(二) 呼吸部

呼吸部(respiratory region)占鼻黏膜的大部分,包括下鼻甲、中鼻甲、鼻道及鼻中隔中下部的黏膜,因富含血管而呈淡红色。黏膜表面覆盖假复层纤毛柱状上皮,杯状细胞较多,基膜较厚。固有层为疏松结缔组织,内含混合腺,称鼻腺(nasal gland)。分泌物经导管排入鼻腔,与上皮内杯状细胞分泌物共同形成一层黏液覆于黏膜表面。固有层有丰富的静脉丛和淋巴组织,常见嗜酸性粒细胞、嗜碱性粒细胞、淋巴细胞和肥大细胞等,有时可见淋巴小结。淋巴细胞常侵入上皮组织或进入鼻腔分泌物,固有层深部与骨膜相连。

鼻中隔前部与下鼻甲处的上皮细胞纤毛向咽部摆动,能将黏着的细菌或尘埃颗粒等异物推向咽部而经口咳出。此处的固有层内有丰富的静脉丛,使黏膜表面形成许多小隆起并随动静脉吻合的开放和关闭而呈现周期性的充血变化,对吸入的空气有加温和加湿作用,同时这也是损伤时黏膜容易出血的原因。

(三) 嗅部

嗅部(olfactory region)位于鼻中隔上部两侧、上鼻甲和鼻腔顶部。活体黏膜呈棕黄色,该部黏膜上皮称嗅上皮,故嗅部黏膜由嗅上皮和固有层组成(图 16-1)。人嗅黏膜总面积约为 $2cm^2$,有些动物的嗅黏膜面积大,如犬约为 $100cm^2$,故嗅觉特别发达,可训练成为警犬。嗅上皮为假复

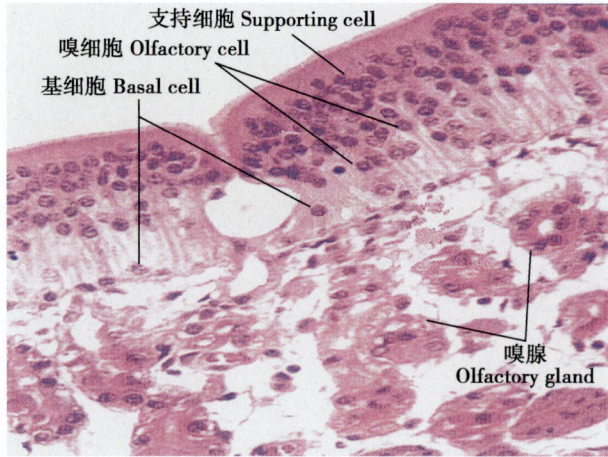

图 16-1　嗅黏膜光镜像　HE 染色　高倍
Fig. 16-1　Light micrograph of olfactory mucosa　HE stain　High magnification

层柱状上皮,比呼吸部上皮略厚。

1. 嗅上皮　嗅上皮(olfactory epithelium)由支持细胞、嗅细胞和基细胞组成(图 16-2),无纤毛细胞和杯状细胞。

(1) 嗅细胞:嗅细胞(olfactory cell)呈梭形,夹在支持细胞之间,为双极神经元,细胞核位于细胞中部,细胞树突长,伸至上皮表面,末端膨大成球状的嗅泡。从嗅泡发出数十根不动纤毛,称为嗅毛(olfactory cilia),由于其所含微管主要为单微管,故不能摆动,而是倾斜浸埋于上皮表面的嗅腺分泌物中,可接受有气味物质的刺激。胞体基部伸出一条细长的轴突,穿过上皮基膜进入固有层内,被施万细胞包裹,构成无髓神经纤维,许多条无髓神经纤维组成嗅神经(olfactory nerve)。嗅毛为嗅觉感受器,有不同的受体接受不同化学物质的刺激,使嗅细胞产生神经冲动,传入中枢,产生嗅觉。

(2) 支持细胞:支持细胞(supporting cell)数目最多,呈高柱状,顶部宽大,基部较细,细胞游离面有许多微绒毛。核呈卵圆形,位于胞质的上部,胞质内线粒体较多,常见黄色色素颗粒。细

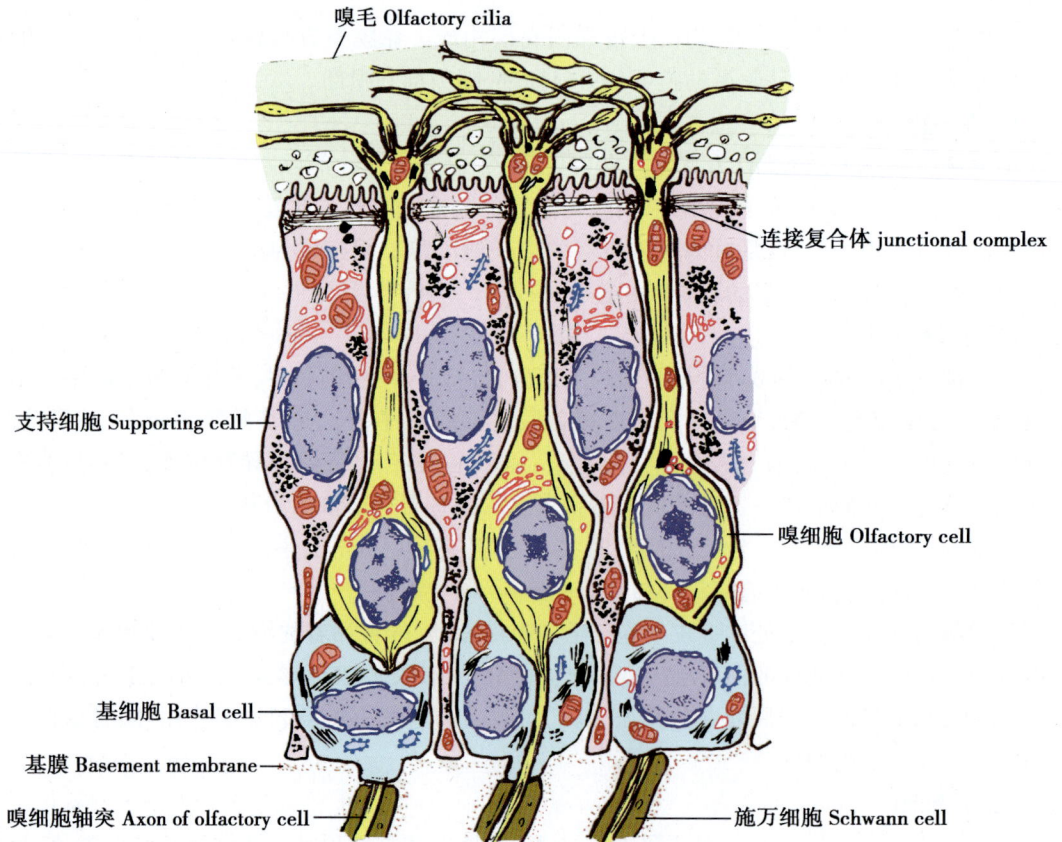

图 16-2　嗅上皮超微结构模式
Fig. 16-2　Diagram illustrating the ultrastructure of olfactory epithelium

胞侧面与相邻的嗅细胞之间有连接复合体。支持细胞有支持、保护和分隔嗅细胞的作用。

（3）基细胞：基细胞（basal cell）呈圆形或锥体形，位于上皮基底部。基细胞具有干细胞的功能，可分裂、分化为支持细胞和嗅细胞。

2. 固有层 嗅黏膜固有层为薄层结缔组织，其深部与骨膜相连。固有层富含血管、淋巴管和神经，并有许多浆液性嗅腺（olfactory gland），又称鲍曼腺（Bowman gland）。嗅腺导管细而短，嗅腺腺泡分泌的浆液经导管排出至上皮表面，可溶解空气中有气味的物质，刺激嗅毛，引起嗅觉。嗅腺不断分泌浆液，可清洗上皮表面，保持嗅细胞感受刺激的敏感性。

二、喉

喉是气体通道和发音器官，上接咽腔，下连气管。喉以软骨为支架，软骨之间以韧带和肌肉相连。会厌表面为黏膜，会厌舌面及喉面上的黏膜覆以复层扁平上皮，其舌面的上皮内有味蕾，会厌喉面基部的黏膜上皮为假复层纤毛柱状上皮。会厌各部黏膜的固有层均为疏松结缔组织，内有较多的弹性纤维、混合腺和淋巴组织，深部与会厌软骨（弹性软骨）的软骨膜相连。

喉侧壁黏膜形成两对皱襞，上为室襞，下为声襞，二者之间为喉室（图 16-3）。室襞与喉室的黏膜及黏膜下层结构相似。其上皮为假复层纤毛柱状上皮，夹有杯状细胞，其固有层为细密结缔组织，黏膜下层为疏松结缔组织，含有较多混合性腺和淋巴组织。声襞即声带，分为膜部和软骨部，其较薄的游离缘为膜部，基部为软骨部。膜部覆有复层扁平上皮，固有层较厚，其浅层疏松，炎症时

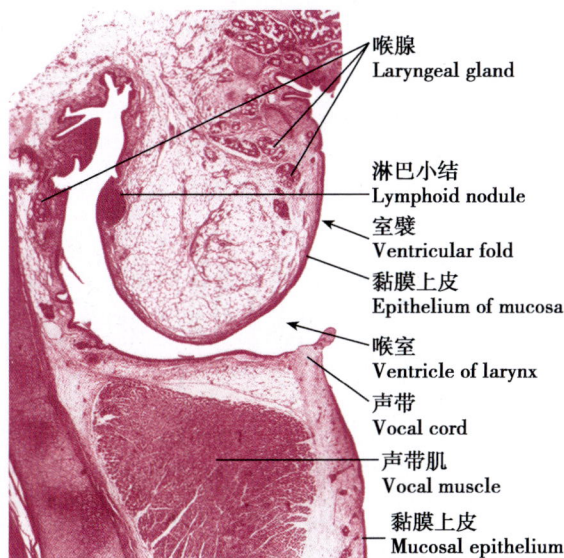

图 16-3　喉纵切面光镜像　HE 染色　低倍
Fig. 16-3　Light micrograph of longitudinal section of the larynx　HE stain　Low magnification

易发生水肿，深层为致密结缔组织，内含大量弹性纤维，与表面平行排列，形成了致密板状结构，称声韧带。固有层下方的骨骼肌构成声带肌。声带振动主要发生在膜部。声带的软骨部黏膜结构与室襞相仿，表面衬有假复层纤毛柱状上皮，黏膜下层含有混合腺，外膜中有软骨和骨骼肌。喉黏膜炎症时，发生水肿，致喉痛，严重时声音嘶哑。

三、气管和主支气管

气管和主支气管为肺外的气体通道，其管壁由内向外依次分为黏膜、黏膜下层和外膜 3 层（图 16-4）。

（一）黏膜

黏膜（mucosa）由上皮和固有层组成，上皮为假复层纤毛柱状上皮，由纤毛细胞、杯状细胞、基细胞、刷细胞和小颗粒细胞组成。

1. 纤毛细胞 纤毛细胞（ciliated cell）数量最多，呈柱状，游离面有密集的纤毛（图 16-5、图 16-6）。纤毛向咽部定向快速摆动，将黏液及其黏附的尘埃和细菌等异物推向咽部咳出，因而纤毛细胞有清除异物和净化吸入空气的作用。吸入有害气体或患慢性支气管炎，均能使纤毛减少、变形、膨胀或消失。

2. 杯状细胞 杯状细胞（图 16-5）较多，散在于纤毛细胞之间，其分泌的黏蛋白与气管腺的

Notes

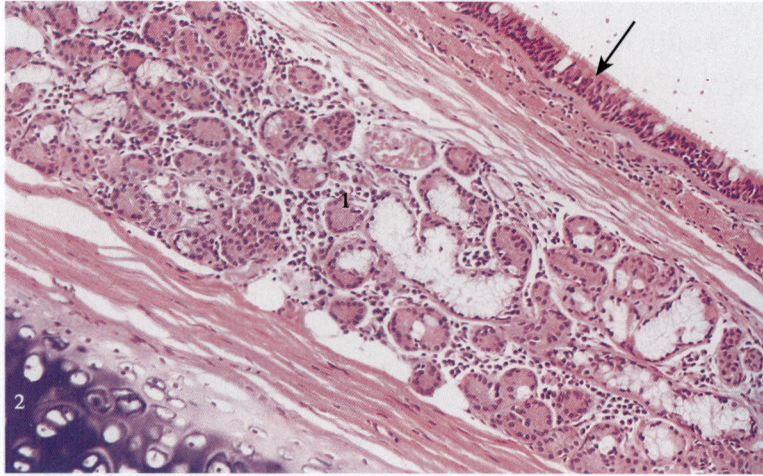

图 16-4　气管光镜像　HE 染色　低倍
箭头示黏膜上皮；1. 黏膜下层气管腺；2. 外膜透明软骨
Fig. 16-4　Light micrograph of the trachea　HE stain　Low magnification
Arrow indicates the epithelium of mucosa；1. tracheal gland of submucosa；2. hyaline cartilage of adventitia

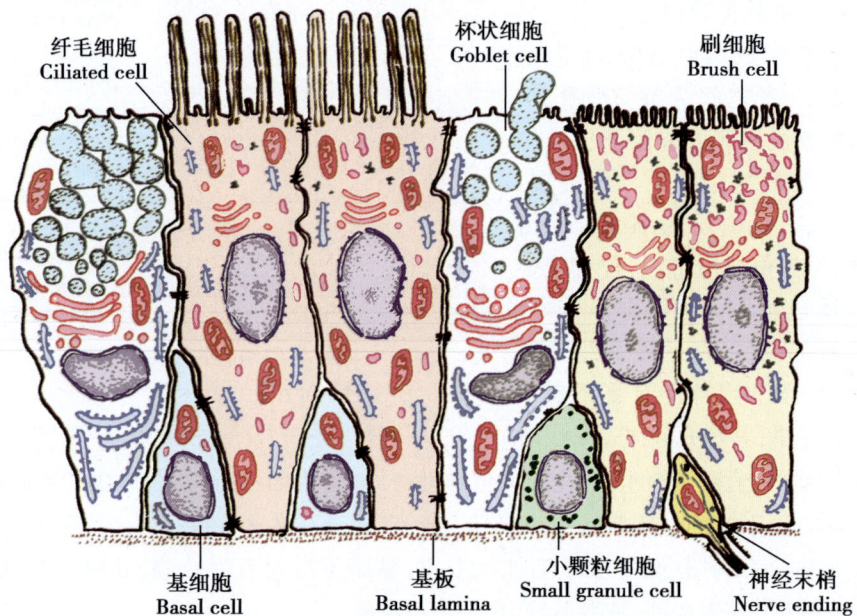

图 16-5　气管黏膜上皮超微结构模式图
Fig. 16-5　Diagram illustrating ultrastructure of mucosal epithelium of the trachea

分泌物覆盖在黏膜上皮表面共同构成黏液性屏障，可黏附溶解吸入空气中的尘埃颗粒、细菌和其他有害物质。

3. 基细胞　基细胞位于上皮的深部，细胞矮小、锥体形，细胞顶部未达到上皮的游离面（图16-5）。基细胞是一种未分化的细胞，有增殖、分化的能力，可分化形成纤毛细胞和杯状细胞。

4. 刷细胞　刷细胞（brush cell）为无纤毛的柱状细胞，游离面有许多排列整齐、长而直的微绒毛，形如刷状（图16-6）。胞质内粗面内质网发达，无分泌颗粒。刷细胞的功能尚无定论，有人认为是过渡阶段的细胞，可分化为纤毛细胞；有人报道其基部与感觉神经末梢形成上皮树突突触（epitheliodendritic synapse），故认为该细胞可能具有感受刺激的功能。

5. 小颗粒细胞　小颗粒细胞（small granule cell）数量少，呈锥体形，散在于上皮深部，HE 染色标本中不易与基细胞相区别。电镜下胞质内有许多膜包致密核心颗粒，所以称小颗粒细胞。

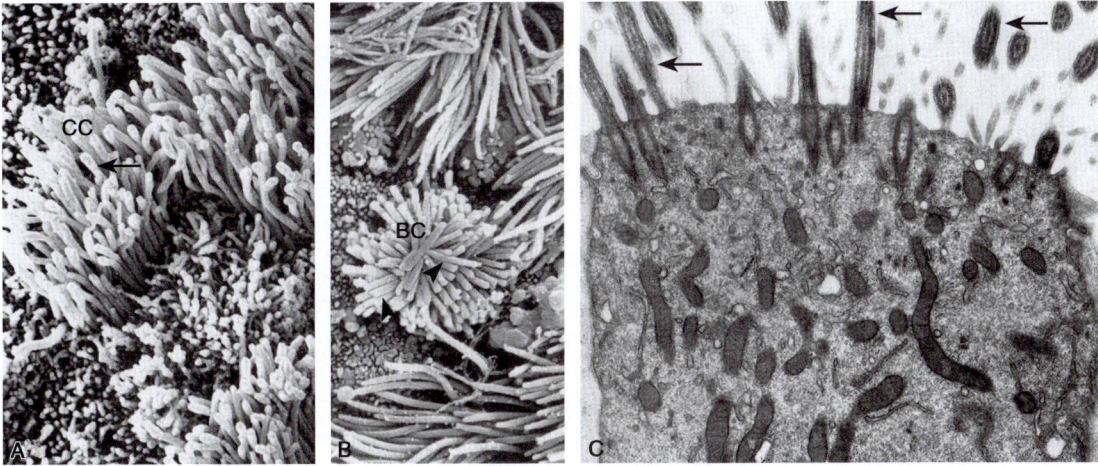

图 16-6 气管黏膜上皮超微结构

A 与 B. 扫描电镜像;C. 透射电镜像;CC. 纤毛细胞;BC. 刷细胞;长箭头示纤毛;短箭头示微绒毛

Fig. 16-6 Ultrastructures of mucosal epithelium of the trachea

A and B. scanning electron micrographs; C. transmission electron micrograph; CC. ciliated cell;
BC. brush cell;long arrows indicate cilia;short arrows indicate microvilli

在叶支气管至细支气管的上皮内,特别是小支气管分支处,小颗粒细胞成群分布,与神经纤维构成神经上皮小体(neuroepithelial body)。小颗粒细胞的功能尚不清楚,因细胞内含有 5-羟色胺、蛙皮素、降钙素、脑啡肽等物质,分泌物可能通过旁分泌或经血液循环,调节呼吸道和血管壁平滑肌的收缩及腺体的分泌,故是一种弥散神经内分泌细胞(diffuse neuroendocrine cell)。

上皮与固有层之间有明显的基膜,是气管上皮的特征之一。固有层为细密结缔组织,含有许多淋巴细胞、浆细胞和肥大细胞。在固有层和黏膜下层的移行处弹性纤维较丰富,但在 HE 染色切片上不易分辨。固有层内尚有较多的血管和淋巴管。

(二) 黏膜下层

黏膜下层为疏松结缔组织,与固有层及外膜之间没有明显界限,含有血管、淋巴管、神经和较多的气管腺(tracheal gland)。气管腺为混合性腺,其黏液性腺泡所分泌的黏液与杯状细胞分泌的黏液共同形成厚的黏液层,覆盖在黏膜表面;浆液性腺泡分泌的稀薄液体,位于黏液层下方,有利于纤毛的正常摆动。黏膜下层内还有弥散淋巴组织和淋巴小结等,其中的浆细胞能合成 IgA,当 IgA 通过黏膜上皮时,与上皮细胞产生的分泌片结合形成分泌性免疫球蛋白 A(sIgA),释放入管腔内,对细菌、病毒有杀灭作用,发挥免疫防御作用。

(三) 外膜

气管和支气管的外膜由 16 ~ 20 个 C 形的透明软骨环和疏松结缔组织构成,软骨环之间以弹性纤维构成的膜状韧带相连接,它们共同构成管壁的支架,使气管保持通畅并有一定弹性。软骨环的缺口处为气管后壁,气管后壁为膜性部,其中有弹性纤维组成的韧带、平滑肌束和较多的气管腺。咳嗽反射时平滑肌收缩,使气管腔缩小,有助于清除痰液。

主支气管壁的结构与气管相似,随着管腔变小、管壁变薄,三层分界不明显;环状软骨逐渐变为不规则的软骨片,而平滑肌纤维逐渐增多,呈螺旋形排列。

四、肺

肺的表面被覆一层光滑的浆膜(胸膜脏层),浆膜深部的结缔组织伸入肺内,将肺分成许多小叶。肺组织可分为实质和间质两部分,实质即肺内支气管的各级分支及其终末的大量肺泡,间质包括肺内结缔组织及其中的血管、淋巴管和神经。主支气管由肺门进入肺后,顺序分支为叶支气管(左肺 2 支,右肺 3 支)、段支气管、小支气管、细支气管(管径为 1mm 左右)、终末细支

Notes

气管(直径约为0.5mm)、呼吸性细支气管、肺泡管、肺泡囊和肺泡。其中从叶支气管到终末细支气管称为肺的导气部。自呼吸性细支气管以下为肺的呼吸部。因主支气管在肺内的反复分支呈树枝状,故称为支气管树(bronchial tree)。每一细支气管连同它的各级分支和肺泡,组成一个肺小叶(pulmonary lobule)(图16-7)。肺小叶是肺的结构单位,呈锥体形,其尖端朝向肺门,底面向着肺表面,在肺表面可见肺小叶底部的轮廓,直径为1.0~2.5cm。每叶肺有50~80个肺小

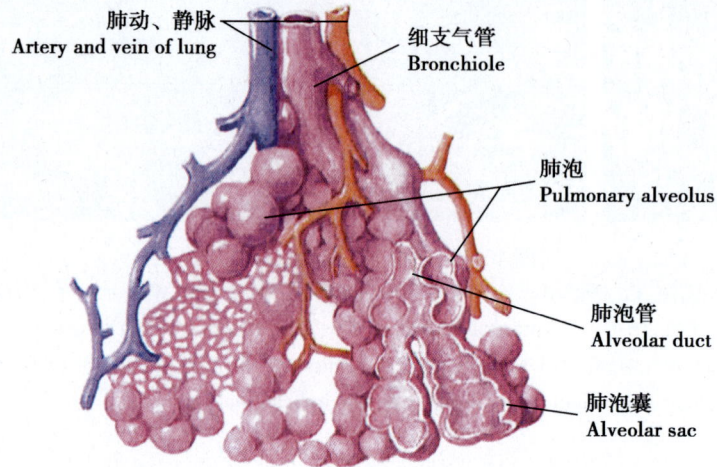

图 16-7　肺小叶模式图

Fig. 16-7　Diagram of the pulmonary lobule

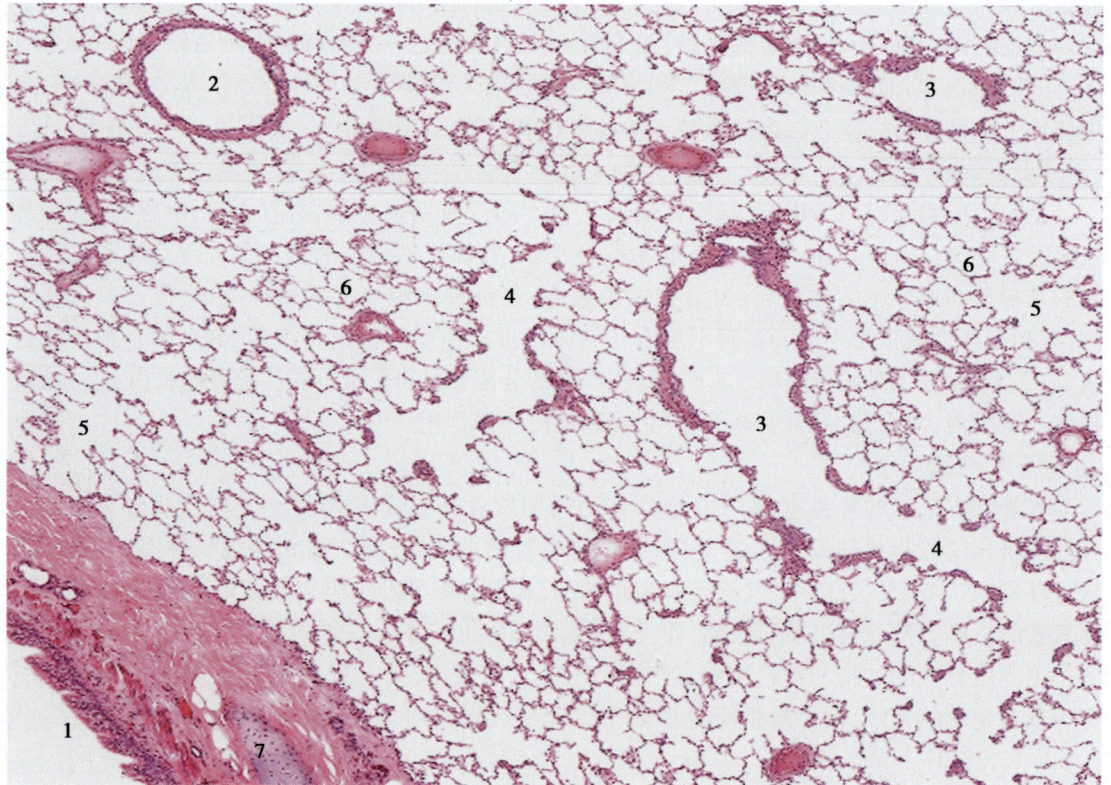

图 16-8　肺光镜像　HE 染色　低倍(华中科技大学同济医学院李和供图)

1. 小支气管;2. 终末细支气管;3. 呼吸性细支气管;4. 肺泡管;5. 肺泡囊;6. 肺泡;7. 透明软骨

Fig. 16-8　Light micrograph of the lung

1. small bronchus;2. terminal bronchiole;3. respiratory bronchiole;4. alveolar duct;5. alveolar sac;

6. pulmonary alveolus;7. hyaline cartilage

叶。临床上称仅累及若干肺小叶的炎症为小叶性肺炎。

(一) 肺导气部

肺导气部的各段管道随支气管分支,管径逐渐变小,管壁变薄,结构愈趋简单。

1. 叶支气管至小支气管　叶支气管至小支气管管壁结构与主支气管基本相似,但管径渐细,管壁渐薄,管壁 3 层结构分界渐不明显(图 16-8、图 16-9A)。其结构变化规律如下:

(1) 黏膜上皮:为假复层纤毛柱状上皮,随着管径变细,上皮由高变低,杯状细胞逐渐减少。

(2) 固有层:变薄,其外侧出现少量环行平滑肌束。

(3) 黏膜下层:气管腺逐渐减少。

(4) 外膜:结缔组织内的软骨由完整的气管软骨变为不规则的软骨片。

2. 细支气管　细支气管(bronchiole)直径约为 1mm,黏膜上皮由起始段的假复层纤毛柱状上皮逐渐变为单层柱状纤毛上皮,杯状细胞很少或消失。管壁内腺体和软骨片逐渐减少甚至消失,环行平滑肌逐渐增加,黏膜皱襞逐渐明显(图 16-9B)。

3. 终末细支气管　终末细支气管(terminal bronchiole)直径约为 0.5mm,内衬单层柱状纤毛上皮,无杯状细胞(图 16-8、图 16-9C)。管壁内腺体和软骨片完全消失,出现完整的环行平滑肌层,黏膜皱襞更明显。电镜下,终末细支气管的上皮由两种细胞组成,即纤毛细胞和分泌细胞。纤毛细胞数量少,分泌细胞数量多。分泌细胞又称为克拉拉细胞(Clara cell),游离面略高于纤

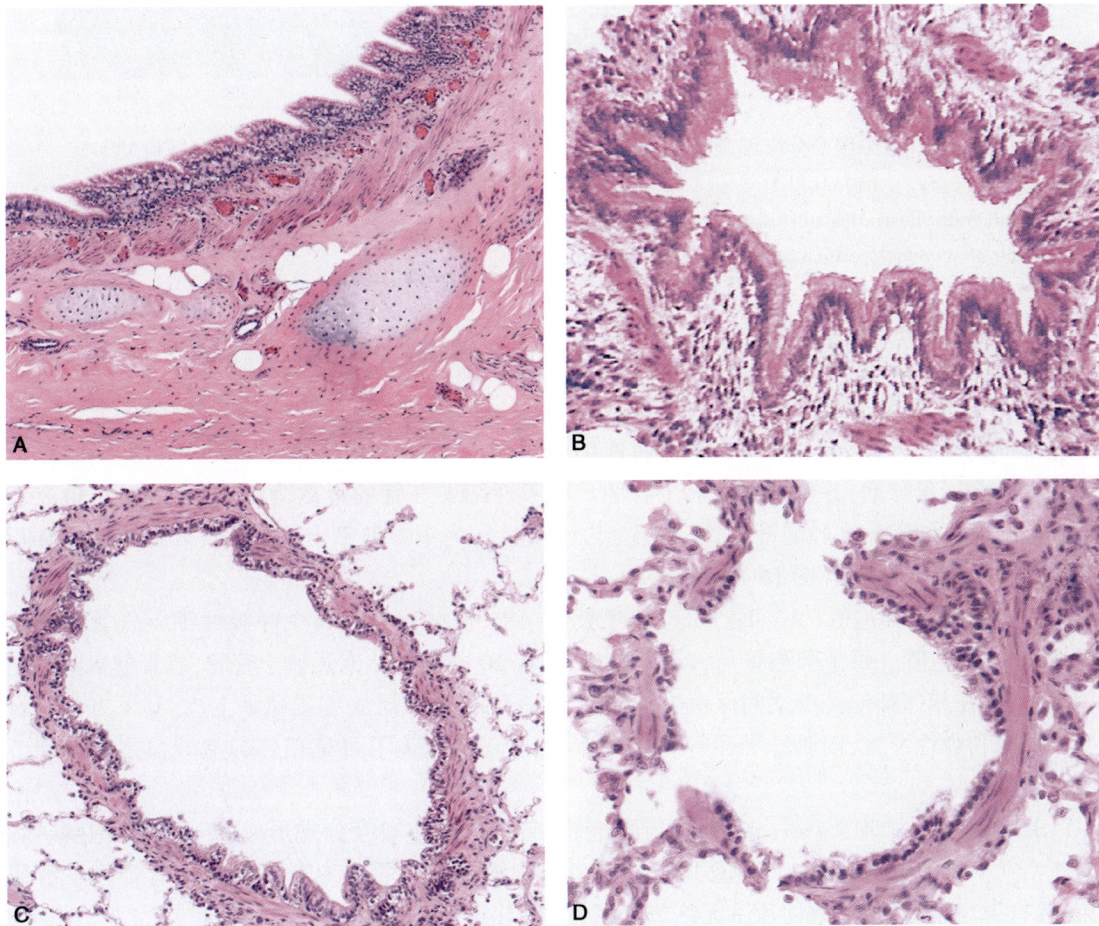

图 16-9　肺光镜像　HE 染色　低倍

A. 小支气管;B. 细支气管;C. 终末细支气管;D. 呼吸性细支气管

Fig. 16-9　Light micrographs of the lung　HE stain　Low magnification

A. small bronchus;B. bronchiole;C. terminal bronchiole;D. respiratory bronchiole

Notes

毛细胞,呈圆顶状凸向管腔,顶部胞质内可见发达的滑面内质网和分泌颗粒。克拉拉细胞分泌物稀薄,含有蛋白水解酶,可分解管腔中黏液,降低分泌物的黏稠度,利于排出。克拉拉细胞内尚有较多的氧化酶系,可对吸入的毒物或某些药物进行生物转化和解毒。上皮损伤时克拉拉细胞增殖分裂,分化为纤毛细胞(图16-10)。

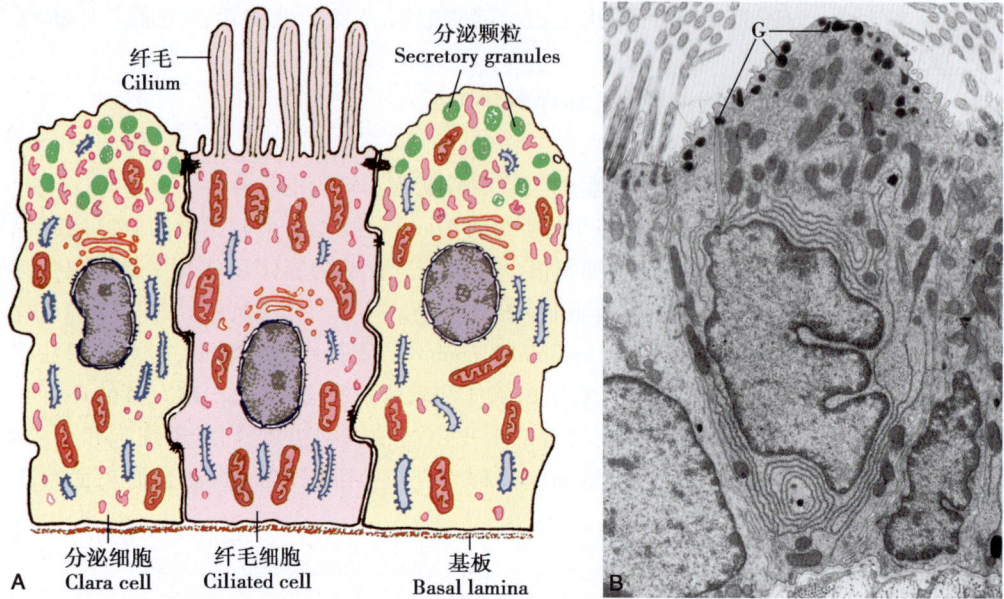

图16-10 终末细支气管黏膜上皮
A. 纤毛细胞及分泌细胞超微结构模式图;B. 分泌细胞透射电镜像;G. 分泌颗粒
Fig. 16-10 Mucosal epithelial cells of the terminal bronchiole
A. diagram illustrating ultrastructure of ciliated cell and secretory cell;B. transmission electron micrograph of secretory cell(Clara cell);G. secretory granules

(二)肺呼吸部

肺呼吸部是呼吸系统完成换气功能的部位,其各部的共同特点是都有肺泡。

1. **呼吸性细支气管** 呼吸性细支气管(respiratory bronchiole)是终末细支气管的分支。每个终末细支气管可分支形成2~3个呼吸性细支气管,其管壁结构与终末细支气管结构相似,但管壁上连着少量肺泡,并且肺泡开口于管腔。呼吸性细支气管的上皮为单层立方上皮,也有纤毛细胞和分泌细胞。在肺泡开口处,单层立方上皮移行为单层扁平上皮。上皮外面有少量环行平滑肌纤维和弹性纤维(图16-8、图16-9D)。

2. **肺泡管** 肺泡管(alveolar duct)是呼吸性细支气管的分支,每个呼吸性细支气管分支形成2~3个肺泡管。每个肺泡管与大量肺泡相连,有20~60个肺泡开口于管腔,故管壁自身的结构很少,仅在相邻肺泡开口之间保留少许管壁,其表面覆以单层立方或扁平上皮,其下方为少量平滑肌束和弹性纤维,因肌纤维环行围绕于肺泡开口处,故镜下可见相邻肺泡开口之间有结节状膨大(图16-8)。

3. **肺泡囊** 肺泡囊(alveolar sac)与肺泡管相连,每个肺泡管分支形成2~3个肺泡囊。肺泡囊由几个肺泡围成,是许多肺泡共同开口而成的囊腔。相邻肺泡开口之间没有环行平滑肌束,仅有少量结缔组织,故切片中无结节状膨大(图16-8)。

4. **肺泡** 肺泡(pulmonary alveolus)是支气管树的终末部分,为多面体形有开口的囊泡,开口于肺泡囊、肺泡管或呼吸性细支气管的管腔,直径约为$200\mu m$。成人每侧肺内有3亿~4亿个肺泡,总表面积可达$140m^2$。肺泡壁由单层肺泡上皮组成(图16-8、图16-11)。相邻肺泡之间有少量结缔组织,称肺泡隔。

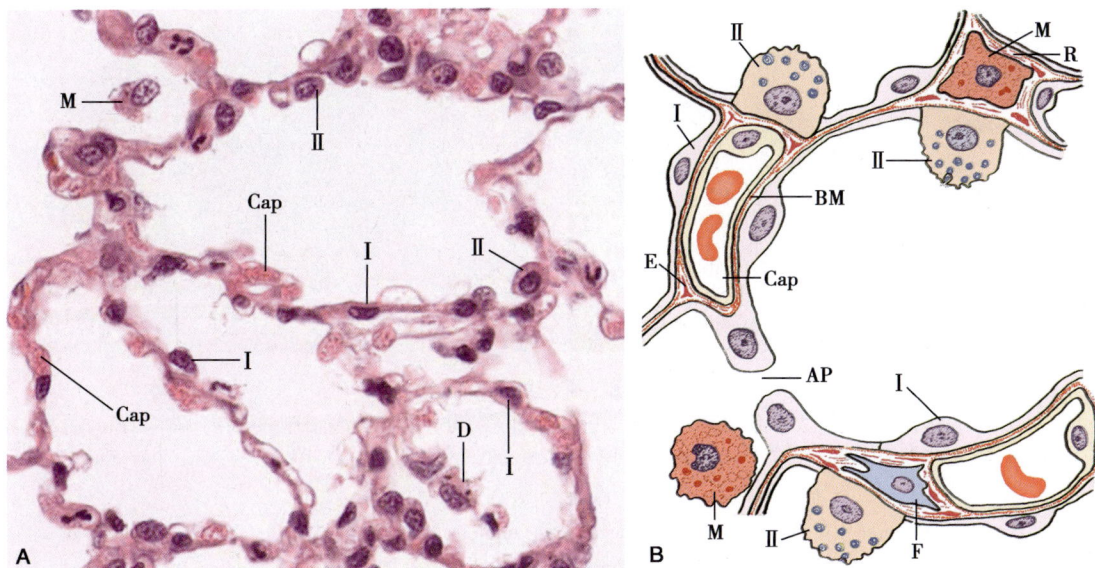

图 16-11　肺泡与肺泡隔

A. 光镜像　高倍(华中科技大学同济医学院李和供图);B. 模式图;Ⅰ.Ⅰ性肺泡细胞;Ⅱ.Ⅱ型肺泡
细胞;Cap. 毛细血管;BM. 基膜;F. 成纤维细胞;E. 弹性纤维;R. 网状纤维;AP. 肺泡孔;M/D. 巨噬
细胞/尘细胞

Fig. 16-11　Pulmonary alveoli and alveolar septum

A. light micrograph High magnification; B. diagram; Ⅰ. type Ⅰ alveolar cell; Ⅱ. type Ⅱ alveolar cell;
Cap. capillary; BM. basement membrane; F. fibroblast; E. elastic fiber; R. reticular fiber; AP. alveolar
pore; M/D. macrophage/dust cell

(1) 肺泡上皮:肺泡上皮(alveolar epithelium)是指肺泡表面的一层完整的上皮,由Ⅰ型和Ⅱ
型肺泡细胞构成,见图 16-11,偶见刷细胞。

Ⅰ型肺泡细胞(type Ⅰ alveolar cell)呈扁平状,覆盖肺泡约 95% 的表面积,细胞含核部分较
厚并向肺泡腔内突出,无核部分胞质菲薄,厚约 0.2μm,参与构成气-血屏障,是进行气体交换的
部位(图 16-12A)。电镜下,相邻的Ⅰ型肺泡细胞或与Ⅱ型肺泡细胞及刷细胞之间有紧密连接。
Ⅰ型肺泡细胞细胞器少,胞质内有较多的吞饮小泡,小泡内含有表面活性物质和细胞吞入的微
小尘粒,细胞能将这些物质转运到肺泡外的间质内清除。Ⅰ型肺泡细胞无分裂增殖能力,损伤
后由Ⅱ型肺泡细胞增殖、分化补充。

Ⅱ型肺泡细胞(type Ⅱ alveolar cell)较小,呈立方形或圆形,顶端突入肺泡腔,细胞核圆形,胞
质着色浅,呈泡沫状。Ⅱ型细胞散在凸起于Ⅰ型肺泡细胞之间,数量较Ⅰ型肺泡细胞多,但仅覆
盖肺泡约 5% 的表面积。电镜下,细胞游离面有少量微绒毛,胞质内富含线粒体和溶酶体,有较
发达的粗面内质网和高尔基复合体。核上方有较多的高电子密度的分泌颗粒,颗粒大小不等,
直径为 0.1~1.0μm,内含有平行排列的板层状结构,故又称为嗜锇性板层小体(osmiophilic mul-
tilamellar body)(图 16-12)。小体内的物质称为表面活性物质(surfactant),其内容物成分多为磷
脂(主要是二棕榈酰卵磷脂)、蛋白质、糖胺聚糖等。细胞以胞吐方式将表面活性物质释放出来,
铺展于肺泡内面,形成一层薄膜。表面活性物质有降低肺泡表面张力、维持稳定肺泡大小与结
构的重要作用。呼气时肺泡缩小,表面活性物质密度增加,表面张力降低,使肺泡不致过度塌
陷;吸气时肺泡扩张,表面活性物质密度减小,表面张力增大,可防止肺泡过度膨胀。表面活性
物质由Ⅱ型肺泡细胞不断产生,经Ⅰ型肺泡细胞吞饮转运,保持不断的更新。Ⅱ型肺泡细胞有
分裂、增殖并分化为Ⅰ型肺泡细胞的潜能。

表面活性物质的缺乏或变性均可引起肺不张,过度通气可造成表面活性物质缺乏;吸入毒

Notes

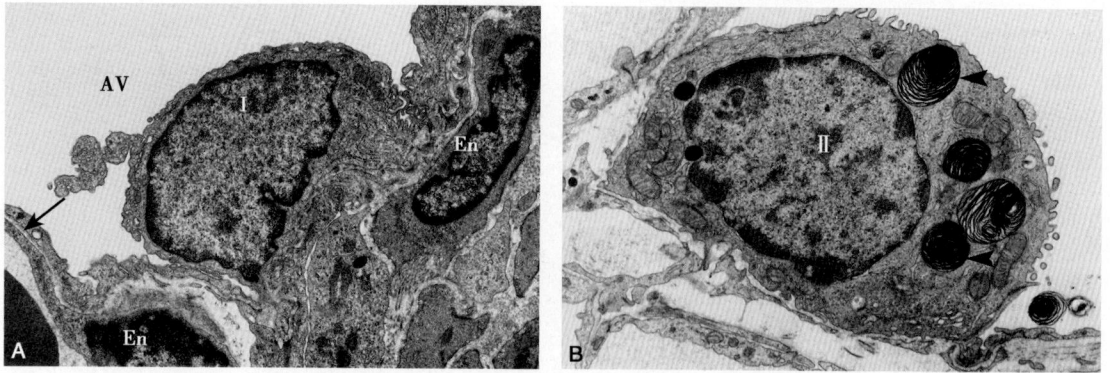

图 16-12　肺泡细胞电镜像

A. Ⅰ型肺泡细胞;B. Ⅱ型肺泡细胞;Ⅰ. Ⅰ型肺泡细胞核;Ⅱ. Ⅱ型肺泡细胞核;AV. 肺泡;En. 内皮细胞;长箭头示基膜;短箭头示嗜锇性板层小体

Fig. 16-12　Electron micrographs of alveolar cells

A. type Ⅰ Alveolar cell;B. type Ⅱ alveolar cell;Ⅰ. nucleus of type Ⅰ alveolar cell;Ⅱ. nucleus of type Ⅱ alveolar cell;AV. pulmonary alveolus;En. endothelium;long arrow indicates the basement membrane;short arrows point to osmiophilic multilamellar bodies

气可直接破坏表面活性物质。若早产儿或新生儿因先天缺陷致Ⅱ型肺泡细胞发育不良,表面活性物质合成和分泌障碍,使肺泡表面张力增大,婴儿出生后肺泡不能扩张,出现新生儿呼吸窘迫症。患儿可因血氧不足,肺毛细血管通透性增加,血浆蛋白漏出,在肺泡上皮表面形成一层透明膜样物质,故又称新生儿透明膜病。

刷细胞极少见,形态与支气管上皮内的刷细胞相似,可能作为感受器起到监测入肺空气质量的作用。

(2) 肺泡隔:肺泡隔(alveolar septum)是相邻肺泡之间的薄层结缔组织,是肺的间质,见图16-11。肺泡隔内有连续毛细血管网与肺泡壁相贴,有丰富的弹性纤维,起回缩肺泡的作用。老年人的弹性纤维发生退化变性,吸烟可加速退化进程,肺的炎症病变可破坏弹性纤维,肺泡弹性会降低,使回缩较差,影响肺的换气功能,久之肺泡扩大导致肺气肿。此外,肺泡隔内还有成纤维细胞、肺巨噬细胞、浆细胞和肥大细胞,此外,还有毛细淋巴管和神经纤维。

(3) 肺泡孔:肺泡孔(alveolar pore)是相邻肺泡之间气体流通的小孔,见图16-11,直径为$10 \sim 15\mu m$。一个肺泡壁上有1个或数个肺泡孔,其数目随着年龄增长而增加。当某个终末细支气管或呼吸性细支气管阻塞时,可通过肺泡孔建立侧支通道起通气作用,防止肺泡萎陷。肺部感染时,肺泡孔也是炎症扩散的渠道。

(4) 气-血屏障:肺泡腔内的 O_2 与肺泡隔毛细血管内血液中的 CO_2 之间进行气体交换所通过的结构称气-血屏障(blood-air barrier),由肺泡表面液体层、Ⅰ型肺泡细胞与基膜、薄层结缔组织、毛细血管基膜与连续内皮构成(图16-13)。有的部位两层基膜之间没有结缔组织,上皮基膜和毛细血管基膜相贴而融合为一层。气-血屏障厚$0.2 \sim 0.5\mu m$。当肺纤维化或肺水肿

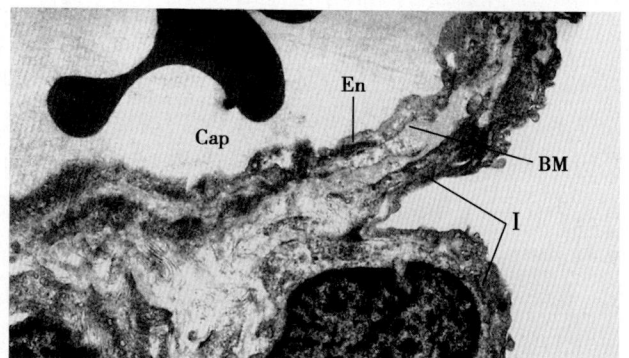

图 16-13　气-血屏障电镜像

Cap. 毛细血管;En. 内皮;BM. 基膜;Ⅰ. Ⅰ型肺泡细胞

Fig. 16-13　Electron micrograph of the blood-air barrier

Cap. capillary;En. endothelium;BM. basement membrane;Ⅰ. type Ⅰ alveolar cell

时,气-血屏障增厚,肺的气体交换功能障碍,导致机体缺氧。

(三) 肺间质和肺巨噬细胞

肺内结缔组织及其中的血管、淋巴管和神经构成肺间质(pulmonary stroma)。肺间质主要分布于支气管树的周围,随着支气管树分支增加,间质逐渐减少。肺间质的组成与一般疏松结缔组织相同,但有较多的弹性纤维和巨噬细胞。

肺巨噬细胞(pulmonary macrophage)来源于血液中的单核细胞,数量较多,广泛分布于间质内(图 16-11),肺泡隔中最多。有的游走进入肺泡腔,称为肺泡巨噬细胞(alveolar macrophage)。肺巨噬细胞有十分活跃的吞噬功能,能清除进入肺泡和肺间质的尘粒、细菌等异物,并能产生多种生物活性物质,发挥重要的免疫防御作用。肺巨噬细胞吞噬了大量进入肺内的尘埃颗粒后,称为尘细胞(dust cell)。在心力衰竭导致肺淤血时,大量红细胞穿过毛细血管壁进入肺间质内,被肺巨噬细胞吞噬,此时肺巨噬细胞胞质中含大量血红蛋白分解产物——含铁血黄素颗粒,称为心力衰竭细胞(heart failure cell)。

(四) 肺的血管、淋巴管和神经

肺的血液供应有两个来源,即肺动脉和支气管动脉。肺动脉是肺的功能血管,管径较粗,为弹性动脉。肺动脉从右心室发出,至肺门进入肺,其分支与各级支气管伴行直至肺泡隔内形成毛细血管网。毛细血管内的血液与肺泡进行气体交换后,汇入小静脉。小静脉行于肺小叶间结缔组织内而不与肺动脉的分支伴行。小静脉汇集成较大的静脉后,与支气管分支及肺动脉分支伴行,最终汇合成肺静脉出肺门回到左心房。支气管动脉是肺的营养血管,管径较细,为肌性动脉。该动脉发自胸主动脉或肋间动脉,与支气管伴行入肺,沿途在导气部各段管壁内分支形成毛细血管网,营养管壁组织。支气管动脉的终末分支主要分布于呼吸性细支气管周围,部分分支形成肺泡隔内毛细血管网。管壁内的毛细血管一部分汇入肺静脉,另一部分则形成支气管静脉,与支气管伴行经肺门出肺。支气管动脉的分支还供应肺淋巴结、浆膜、肺间质及血管壁。

肺内淋巴管分为深丛和浅丛两组。深丛分布于肺支气管树的管壁内、肺泡隔内及肺血管周围,最后汇合成几支淋巴管,伴随肺静脉向肺门方向走行,入肺门淋巴结;浅丛分布于胸膜下结缔组织内,由毛细淋巴管网汇合成几支较大的淋巴管,也注入肺门淋巴结。在走行中,深丛淋巴管和浅丛淋巴管有吻合,淋巴液可从前者流入后者,但不能逆流,因浅丛淋巴管内有瓣膜存在。

肺的传出神经纤维和传入神经纤维在肺门形成肺丛,神经纤维随支气管分支和血管分支入肺。传出神经纤维末梢分布于支气管树管壁的平滑肌、血管壁平滑肌和腺体。传出神经包括交感神经和副交感神经。交感神经为肾上腺素能神经,兴奋时,使支气管平滑肌弛缓、血管平滑肌收缩、抑制腺体分泌;副交感神经为胆碱能纤维,兴奋时,支气管平滑肌收缩、血管平滑肌松弛、腺体分泌增强。肺的传入神经纤维走行在迷走神经内,其末梢分布于支气管树管壁黏膜内、肺泡上皮及胸膜的结缔组织内,将肺内的刺激传入呼吸中枢。

专题讲座: Ⅱ 型肺泡细胞研究进展

Ⅱ型肺泡细胞又称颗粒肺泡细胞(granular alveolar cell),散在分布于Ⅰ型肺泡细胞之间及其与相邻肺泡间隔结合处。Ⅱ型肺泡细胞是肺泡上皮干细胞,对维持肺泡正常结构和功能具有重要作用。

(一) Ⅱ型肺泡细胞的生物学特性与功能

Ⅱ型肺泡细胞能特异性表达肺泡表面活性物质相关蛋白等,可做为Ⅱ型肺泡细胞的重要标志蛋白;Ⅱ型肺泡细胞并能合成和分泌多种细胞因子参与调控免疫应答;还能合成细胞外基质,维持Ⅱ型肺泡细胞形态结构;此外,Ⅱ型肺泡细胞为肺泡上皮的干细胞,具有增殖分化

Notes

潜能。

1. **特异性标志物表达** Ⅱ型肺泡细胞特异性表达肺泡表面活性物质相关蛋白（surfactant associated protein，SP）和碱性磷酸酶，SP 分为 SP-A、SP-B、SP-C 和 SP-D 4 种。这些蛋白既对肺发育和维持肺稳态起重要作用，也是Ⅱ型肺泡细胞的重要标志蛋白。此外，板层小体膜蛋白及黏蛋白 Mucin-1 也为Ⅱ型肺泡细胞的特异性标记物，并已制备出相应的单克隆抗体，已用于Ⅱ型肺泡细胞的研究。

2. **合成和分泌细胞因子** 在人和动物原代培养的Ⅱ型肺泡细胞以及肺标本中，证实Ⅱ型肺泡细胞能合成和分泌细胞因子，如表皮生长因子（EGF）、白细胞介素 3（IL-3）、IL-6、干扰素（IFN）、肿瘤生长因子、肿瘤坏死因子（TNF）α、粒细胞-巨噬细胞集落刺激因子（GM-CSF）、粒细胞集落刺激因子（G-CSF）、转化生长因子 β（TGF-β）、中性粒细胞趋化活化物（NCA）、巨噬细胞趋化活化物（MCA）、单核细胞趋化活化因子（MCP-1）、巨噬细胞炎性蛋白Ⅱ（MIP-2）等。这些因子在调控Ⅱ型肺泡细胞、肺炎症反应和免疫反应中起重要作用。

Ⅱ型肺泡细胞分泌的肺表面活性物（pulmonary surfactant，PS）能降低肺泡表面张力，维持肺泡结构相对稳定，调节肺顺应性，保持呼气末肺泡扩张状态，并具有增高间质静水压、维持肺内液体平衡、防止肺水肿和增强肺防御的功能。正常情况下的 PS 是不断更新的，当肺循环障碍时，PS 分泌减少，肺泡表面张力增大，引起肺不张。

在Ⅱ型肺泡细胞分泌的 SP 中，SP-A 约占 SP 总量的 50%，是 SP 中最主要的一种。SP-A 通过与Ⅱ型肺泡细胞结合，促使Ⅱ型肺泡细胞摄取和利用磷脂，并可增强肺泡巨噬细胞对病原微生物的吞噬作用，促进巨噬细胞产生活性氧，杀灭病原体。SP-A 能直接与肺炎球菌表面糖蛋白及感染单纯疱疹病毒的细胞结合，作为调理素促进巨噬细胞对单纯疱疹病毒的吞噬，可介导巨噬细胞和病原微生物之间的相互作用。

Ⅱ型肺泡细胞分泌的 EGF 可通过自分泌作用促使细胞内板层小体增多。EGF 还可刺激成纤维细胞合成并释放一种成纤维细胞-肺细胞因子（fibroblast-pneumonocyte factor，FPF），调节Ⅱ型肺泡细胞分化及 PS 合成。

3. **合成许多细胞外基质成分** Ⅱ型肺泡细胞还能合成许多细胞外基质成分，包括纤维黏连蛋白、Ⅳ型胶原、纤维蛋白溶解酶原激活因子、黏连蛋白、花生四烯酸、血小板激活因子及某些溶酶体酶等。细胞外基质在维持Ⅱ型肺泡细胞形态结构和分化中起重要作用。

正常成人Ⅱ型肺泡细胞的更新周期为 4～5 周，当Ⅰ型肺泡细胞损伤后，局部基膜裸露，Ⅱ型肺泡细胞分裂加快，重建肺泡上皮的完整性，恢复肺正常结构和功能。

4. **干细胞特性与调控** 近年研究Ⅱ型肺泡细胞为肺泡上皮的干细胞，具有很强的增殖、分化潜能。体内、外实验证明，Ⅱ型肺泡细胞受多种生长因子的调控，其中 EGF、肿瘤生长因子、肝细胞生长因子（HGF）、角质细胞生长因子（KGF）、成纤维细胞生长因子（FGF）等促进Ⅱ型肺泡细胞的增殖，而 TGF-β 家族生长因子则对Ⅱ型肺泡细胞起抑制作用。

（二）Ⅱ型肺泡细胞的临床意义

肺泡Ⅱ型上皮细胞在抗肺损伤、肺泡修复和逆转肺纤维化的过程中起关键作用。

1. **调节肺部炎症反应** 传统认为肺泡上皮细胞是肺炎症反应的靶细胞，具有调节炎症发展及预后的能力，Ⅱ型肺泡细胞尤为重要。Ⅱ型肺泡细胞通过分泌细胞因子和炎症介质参与炎性细胞间的相互作用。Ⅱ型肺泡细胞通过分泌 TGF-β 来抑制淋巴细胞增生。肺炎症反应中，Ⅱ型肺泡细胞通过合成分泌细胞间黏附分子加强巨噬细胞的黏附作用而增强其免疫和吞噬能力；Ⅱ型肺泡细胞释放的 NCA、MCA、白三烯 B4、G-CSF 等诱导巨噬细胞聚集于肺泡中，从而调控进入肺泡中的炎性细胞量，并能抑制巨噬细胞、淋巴细胞、中性粒细胞的功能，避免炎症反应太强造成组织损伤。

2. **抗肺损伤** Ⅱ型肺泡细胞不但能合成和分泌肺表面活性物质，促进肺泡表面液体和电解质的跨上皮运输,补充和分化成Ⅰ型肺泡细胞,并且在药物和毒物的代谢、解毒等方面均具有重要的功能。John等研究证实Ⅱ型肺泡细胞的正常功能有赖于其正常形态的维持,而Stephen等也发现Ⅱ型肺泡细胞内板层小体数目和形态的相对稳定是Ⅱ型肺泡细胞发挥正常生理功能的重要基础。体外实验证明,长时期的体外培养使Ⅱ型肺泡细胞失去原有的形态结构特征,细胞内板层小体逐渐减少直至消失,细胞功能发生明显异常。这些研究说明,致病因素对Ⅱ型肺泡细胞的损伤和影响,是急性肺损伤发病的重要环节。

肺移植已成功实施于临床应用,据报道肺移植的最长存活时间可达10年以上,这显示了肺移植的诱人前景。但由于肺耐受缺血时间较其他实质器官短,因而缺血再灌注损伤已经成为肺移植术后高死亡率的主要原因之一,Ⅱ型肺泡细胞的损伤是影响肺移植存活时间的关键因素之一。缺血再灌注致肺泡上皮细胞损伤后,若Ⅱ型肺泡细胞明显增多,肺表面活性物质产生丰富,特别是SP-A分泌增多,则可逆转上述病理过程。

3. 阻止肺纤维化 成人呼吸窘迫综合征(ARDS)的预后与Ⅱ型肺泡细胞的功能恢复亦有很大关系,Ⅱ型肺泡细胞活跃,肺泡壁迅速修复,阻止成纤维细胞进入肺泡,从而避免其产生胶原沉积于肺内,阻止ARDS肺纤维化发生。

由于Ⅱ型肺泡细胞对于维持肺稳态和肺损伤修复都非常重要,因此调节Ⅱ型肺泡细胞数量及功能状态对肺部疾病治疗有重要意义。如用KGF、EGF、HGF等促进Ⅱ型肺泡细胞增殖并分泌PS,增加Na^+转运系统的活性及Ⅱ型肺泡细胞成熟分化,有利于肺损伤后的修复。科学家试图在体外获得Ⅱ型肺泡细胞以用于组织工程的研究,并取得一定的成果。有学者将胚胎干细胞诱导分化成Ⅱ型肺泡细胞,并证明其具有分泌SP-C的功能。随着科学技术的进步,人造肺将成为可能,而人造肺的成功植入将为患有肺气肿或其他严重呼吸系统疾病的患者带来福音。

参考文献

1. Li Y, Xu W, Yan J, et al. Differentiation of human amniotic fluid-derived mesenchymal stem cells type Ⅱ alveolar epithelial cells in vitro. Int J Mol Med, 2014, 33(6):1507-1513

2. Sunil VR, Vayas KN, Cervelli JA, et al. Pentoxifylline attenuates nitrogen mustard- induced acute lung injury, oxidative stress and inflammation. Exp Mol Pathol, 2014, 97(1):89-98

3. Guillamat-Prats R, Gay-Jordi G, Xaubet A, et al. Alveolar type Ⅱ cell transplantation restores pulmonary surfactant protein levels in lung fibrosis. J Heart Lung Transplant, 2014, 33(7):758-765

4. Wittwer T, Rahmanian P, Choi YH, et al. Mesencymal stem cell pretreatment of non-heart-beating-donors in experimental lung transplantation. J cardiothorac Surg, 2014, 9(1):151

5. Schmeckebier S, Mauritz C, Katsirntaki K et al. Keratinocyte growth factor and dexamethasone plus elevated cAMP levels synergistically support pluripotent stem cell differentiation into alveolar epithelial type Ⅱ cells. Tissue Eng Part A, 2013, 19(7-8):938-951

(石玉秀)

第17章 泌尿系统

KEY POINTS

- General structure of the kidney
- Composition of the nephron
- Structure and function of the renal corpuscle
- Filtration membrane
- Structure and function of the renal tubule and the collecting duct
- Composition, structural features and functions of the juxtaglomerular complex
- Blood supply of the kidney
- Structures of the ureter and urinary bladder

泌尿系统由肾、输尿管、膀胱及尿道组成,是体内重要的排泄系统。肾是具有排泄作用的主要器官。机体在新陈代谢过程中产生的废物,主要通过血液循环运至肾,通过滤过、重吸收和分泌等复杂的生理过程,形成尿液,经输尿管、膀胱和尿道排出体外。肾通过对尿生成过程的调节,改变水及无机离子的排出量,可维持机体的水和电解质平衡;通过排出氨和氢离子,可调节机体的酸碱平衡。另外,肾还能产生多种生物活性物质,如产生肾素,参与调节血压;产生红细胞生成素,促进红细胞生成;活化维生素 D_3 等。因此,泌尿系统参与维持机体内环境的相对稳定。

一、肾

肾(kidney)呈豆形,其外侧缘隆凸,内侧缘中部凹陷。凹陷处称肾门,是肾血管、淋巴管、神经和输尿管出入之处。肾表面包有被膜,由致密结缔组织构成,又称肾纤维膜。在冠状剖面上,肾实质分为浅层的皮质和深层的髓质两部分。皮质呈红褐色,颗粒状;髓质色淡,内有 10 ~ 18 个肾锥体(renal pyramid)。锥体底部与皮质相连,顶部突入肾小盏(minor renal calices),称肾乳头(renal papillae)。肾乳头顶端有许多小孔,为乳头孔,肾内产生的尿液经此孔排入肾小盏。伸入肾锥体间的皮质称肾柱(renal column)。每个肾锥体及其周围的皮质组成一个肾叶。髓质的结构呈放射状伸入皮质,构成髓放线,髓放线之间的皮质称皮质迷路(图 17-1)。每条髓放线及其周围的皮质迷路组成一个肾小叶,小叶之间有血管走行。

肾实质由大量的肾单位和集合管系构成,二者具有不同的胚胎发生来源。肾单位来自生后肾组织,集合管系则来自输尿管芽(详见第 25 章)。每个肾单位包括一个肾小体和一条与其相连的肾小管,肾小管汇入集合管,与其构成泌尿小管(uriniferous tubule)。肾单位的起始部膨大,由肾小管起始端膨大内陷形成的双层肾小囊包绕血管球构成,称肾小体,位于皮质迷路和肾柱内。泌尿小管为弯曲走行的上皮性管道,与尿液形成密切相关。泌尿小管之间为少量结缔组织、血管及神经,称间质。泌尿小管各段在肾实质内有一定的分布及走行。肾小管分为近端小管、细段和远端小管。近端小管可分为曲部和直部,曲部与肾小体相连,并盘曲在肾小体周围;直部位于髓放线,沿髓放线直行进入髓质,然后其管径骤然变细,称为细段。细段在髓质内反折

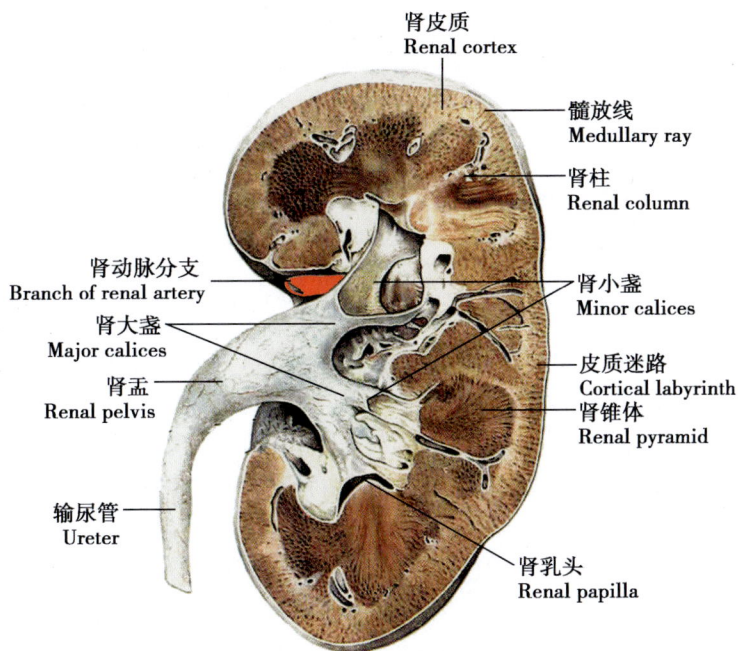

图 17-1 肾的冠状切面图

Fig. 17-1 Coronal section of the kidney

肾皮质 Renal cortex

髓放线 Medullary ray

肾柱 Renal column

肾动脉分支 Branch of renal artery

肾小盏 Minor calices

肾大盏 Major calices

皮质迷路 Cortical labyrinth

肾盂 Renal pelvis

肾锥体 Renal pyramid

输尿管 Ureter

肾乳头 Renal papilla

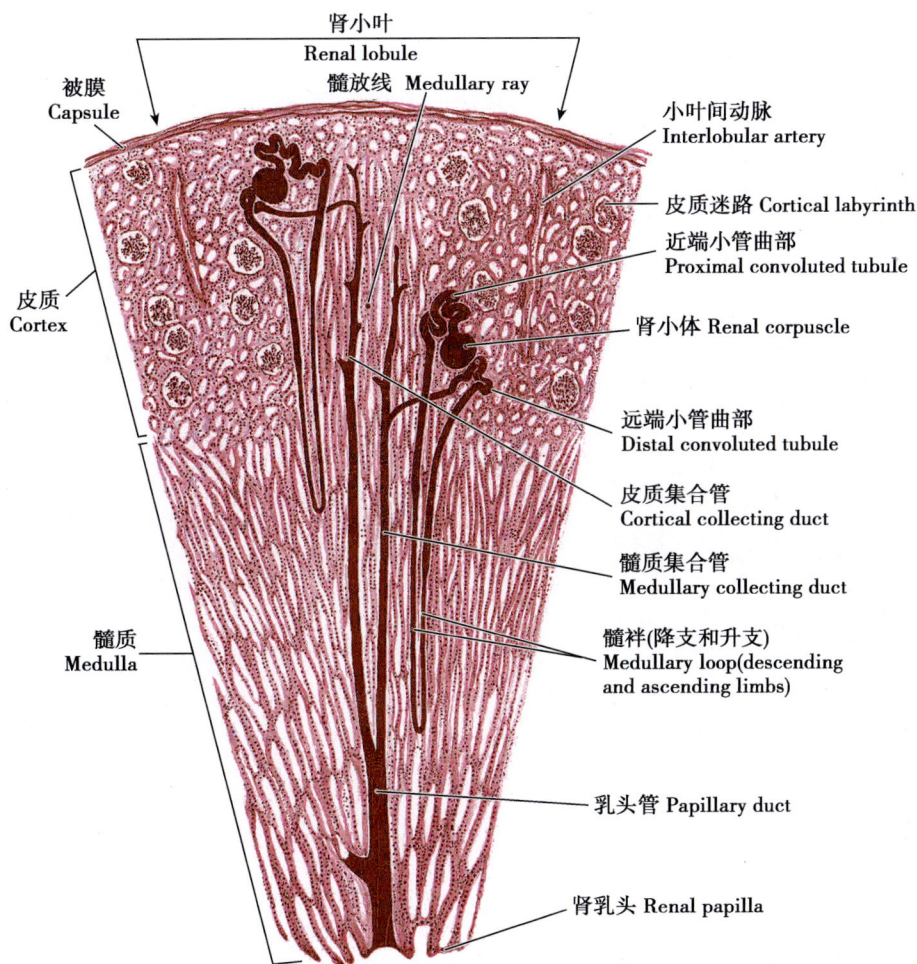

图 17-2 肾实质微细结构模式图

Fig. 17-2 Schematic diagram of renal parenchymal microstructure

肾小叶 Renal lobule

髓放线 Medullary ray

被膜 Capsule

小叶间动脉 Interlobular artery

皮质迷路 Cortical labyrinth

近端小管曲部 Proximal convoluted tubule

皮质 Cortex

肾小体 Renal corpuscle

远端小管曲部 Distal convoluted tubule

皮质集合管 Cortical collecting duct

髓质集合管 Medullary collecting duct

髓质 Medulla

髓袢(降支和升支) Medullary loop(descending and ascending limbs)

乳头管 Papillary duct

肾乳头 Renal papilla

Notes

上行,管径增粗,延续为远端小管。远端小管也分两段,直行于髓质及髓放线的一段称直部,离开髓放线、蟠曲于所属肾小体周围的一段称曲部。近端小管直部、细段和远端小管直部构成的U形袢称髓袢(medullary loop)或肾单位袢(nephron loop),也称亨利袢(Henle loop)。由皮质向髓质方向下行的一段称髓袢降支(descending limb),由髓质向皮质方向上行的一段为髓袢升支(ascending limb)。远端小管的末端通入集合管系(collecting duct system)。集合管系起始段与远端小管曲部相连,称弓形集合小管(arched collecting tubule),位于皮质迷路。弓形集合小管呈弧形弯入髓放线,与直集合管相通。直集合管(straight collecting duct)在髓放线和肾锥体内下行,其中直行于皮质的一段称皮质集合管(cortical collecting duct),走行于髓质、直达肾锥体乳头处的一段称髓质集合管(medullary collecting duct)。在肾乳头处,集合管管径变粗,改称乳头管(papillary duct),开口于肾小盏(图17-2),其开口处即为乳头孔。

(一) 肾单位

肾单位(nephron)是肾结构和功能的基本单位,由肾小体和与其相连的肾小管组成。每侧肾有100万~140万个肾单位。根据肾小体在皮质内的分布部位,可将肾单位分为2种,即浅表肾单位(superficial nephron)和髓旁肾单位(juxtamedullary nephron)。前者数量多,约占肾单位总数的85%。其肾小体体积较小,位于皮质浅层和中层,髓袢较短。这种肾单位在尿液形成中起重要作用。后者数量少,约占肾单位总数的15%。其肾小体体积较大,靠近髓质分布,髓袢较长,可伸至近乳头处。这种肾单位与尿液浓缩密切相关。

1. 肾小体 肾小体(renal corpuscle)呈球形,又称肾小球,直径约为200μm,由血管球及肾小囊组成。每一肾小体均有两个极,血管出入端称血管极(vascular pole),相对的一端与近端小管曲部相连,称尿极(urinary pole)(图17-3、图17-4)。

(1) 血管球:血管球(glomerulus)是一团蟠曲的毛细血管,外包肾小囊(renal capsule),由入球微动脉(afferent arteriole)分支而成(图17-4)。入球微动脉从血管极进入肾小体,分成2~5条初级分支,每支再分成毛细血管袢,构成血管球。血管袢之间有血管系膜(mesangium)相连。毛

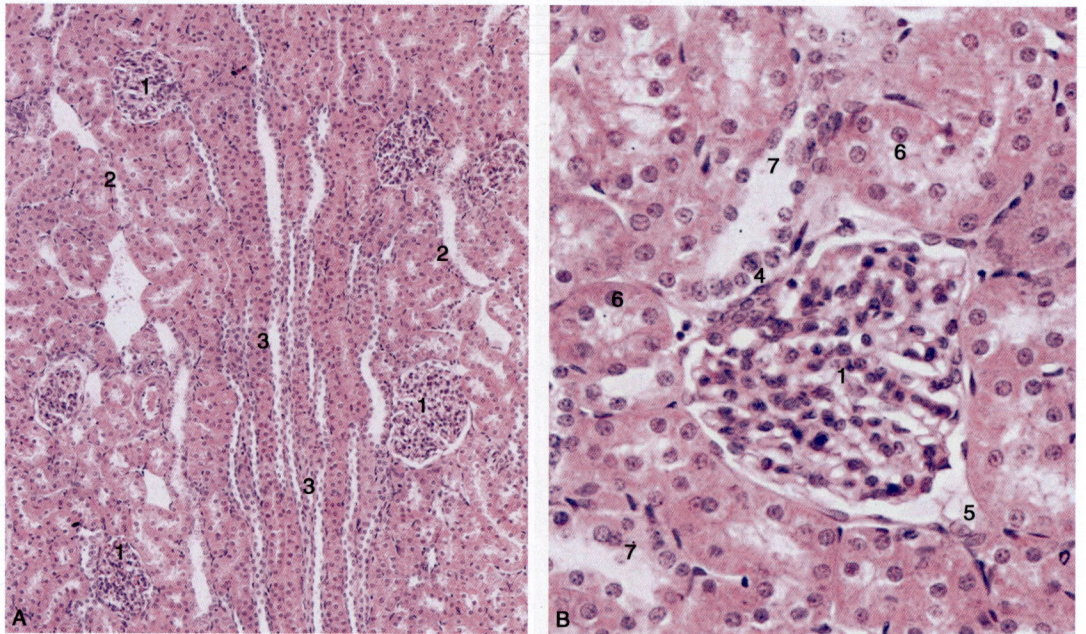

图 17-3　肾皮质光镜像　HE 染色(华中科技大学同济医学院李和供图)

A. 低倍;B. 高倍;1. 肾小体;2. 皮质迷路;3. 髓放线;4. 血管极;5. 尿极;6. 近曲小管;7. 远曲小管

Fig. 17-3　Light micrograph of kidney cortex　HE stain

A. low magnification;B. high magnification;1. renal corpuscle;2. cortical labyrinth;3. medullary ray;
4. vascular pole;5. urinary pole;6. proximal convoluted tubule;7. distal convoluted tubule

Notes

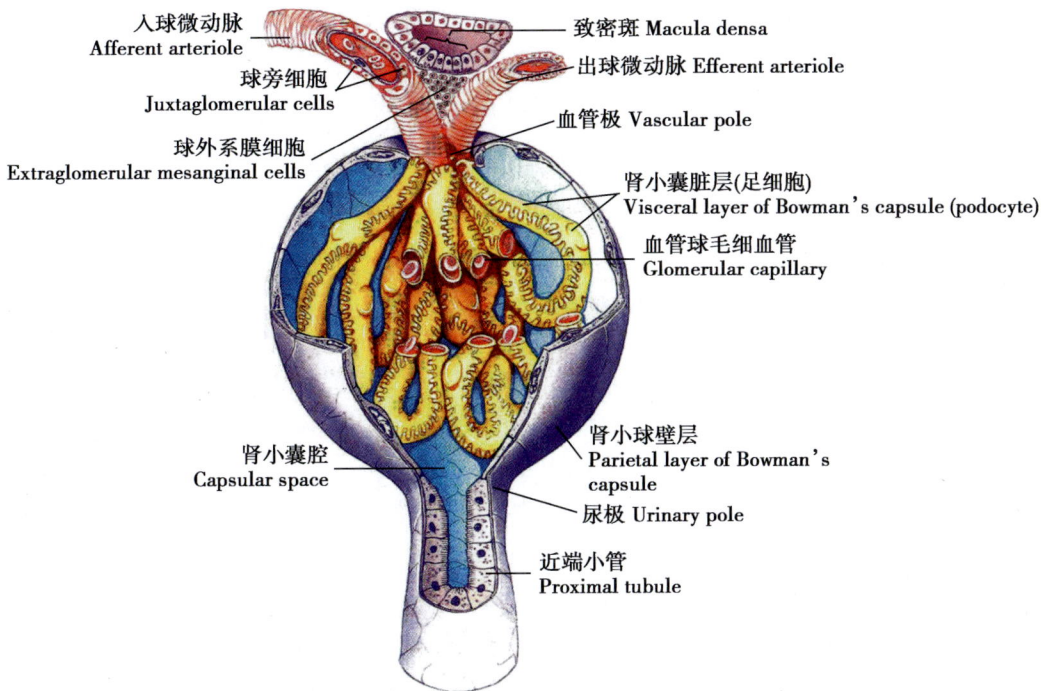

图 17-4 肾小体结构模式图

Fig. 17-4 Schematic diagram of the renal corpuscle

细血管汇合成一条出球微动脉(efferent arteriole),由血管极处离开肾小体。入球微动脉管径较出球微动脉粗,因此血管球毛细血管内压力较高。当血液流经血管球时,大量水分和小分子物质通过血管壁滤入肾小囊。血管球毛细血管为有孔型,孔径 50 ~ 100nm,孔上无隔膜(图 17-5),有利于血液滤过。内皮细胞腔面覆有一层细胞衣,富含带负电荷的唾液酸;其基底面大部分包有较厚的血管球基膜(glomerular basement membrane),仅在血管系膜侧缺如,此处内皮细胞与系

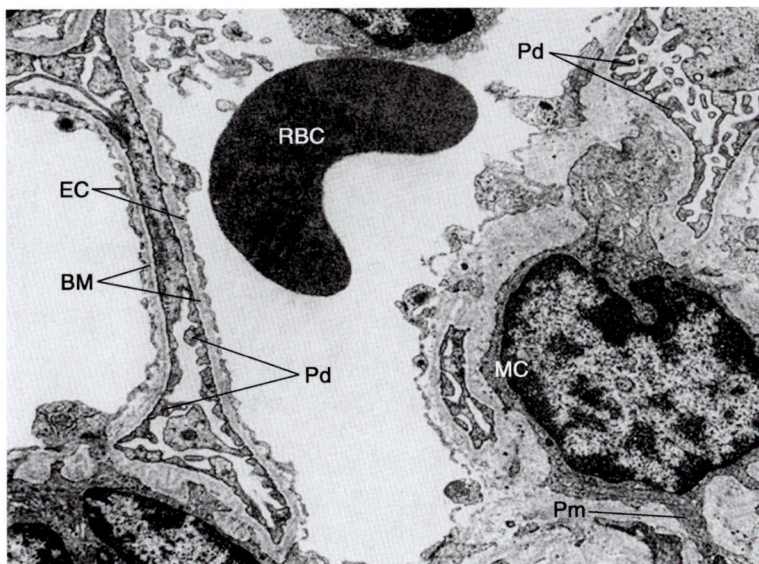

图 17-5 肾小体电镜像

EC. 毛细血管内皮细胞;BM. 基膜;Pd. 足突;MC. 系膜细胞;Pm. 系膜细胞突起;RBC. 红细胞

Fig. 17-5 Electron micrograph of the renal corpuscle

EC. endothelial cell of capillary;BM. basement membrane;Pd. pedicel;MC. mesangial cell;Pm. process of mesangial cell;RBC. red blood cell

Notes

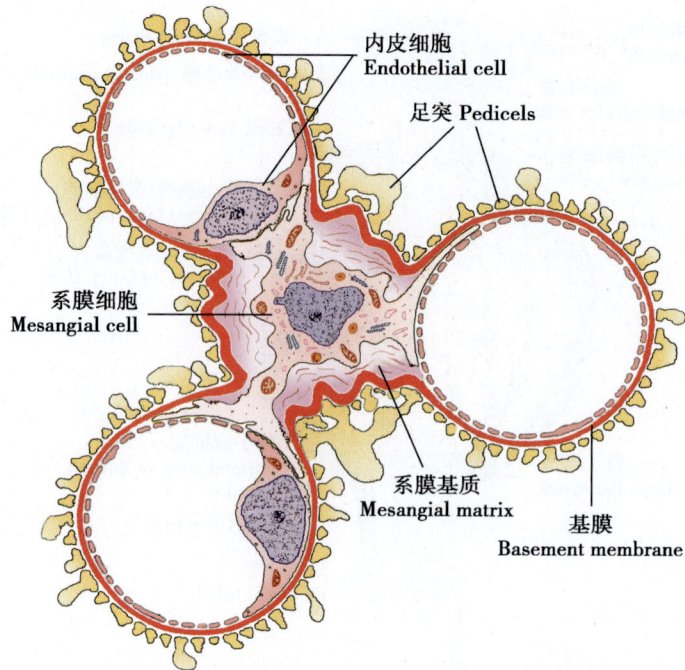

图 17-6 血管系膜细胞与毛细血管示意图
Fig. 17-6 Schematic diagram of an intraglomerular mesangial cell and capillaries

膜直接接触(图 17-6)。电镜下,基膜可分为内疏层(lamina rara interna)、致密层(lamina densa)和外疏层(lamina rara externa)3 层。致密层较厚,电子密度较高。内疏层、外疏层薄,电子密度较低(图 17-7)。基膜内主要含有Ⅳ型、Ⅴ型、Ⅵ型胶原蛋白,硫酸乙酰肝素蛋白多糖和包括层粘连蛋白、巢蛋白及纤连蛋白在内的糖蛋白成分,形成以Ⅳ型胶原蛋白为骨架的分子筛(图 17-8)。

血管系膜又称球内系膜(intraglo-merular mesangium),由系膜细胞和基质组成(图 17-5、图 17-6)。光镜下,系膜细胞(mesangial cell)与内皮细胞不易区分,尤其在病理状况下,内皮细胞增生,两者更相似。电镜下,系膜细胞形态不规则,其突起可伸至内皮与基膜之间,或经内皮细胞之间伸入毛细血管腔内。细胞核小,染色深,胞质内粗面内质网及核糖体较丰富,高尔基复合体明显,有散在的溶酶体和大小不一的吞噬泡等,有时还可见少量分泌颗粒。胞体和突起内有微丝、微管和中间丝。系膜细胞上有血管紧张素Ⅱ及心房钠尿多肽的受体,当前者被激活时,血管球血流减少;心房钠尿多肽为舒血管物质,能使系膜细胞松弛,从而增加血管球血流量。系膜细胞还有几种其他的功能:①合成细胞外基质成分;②吞噬和清除滤入基质及基膜内的大分子物质,防止免疫复合物沉积,以维持基膜的通透性;③细胞的收缩可防止毛细血管因管内

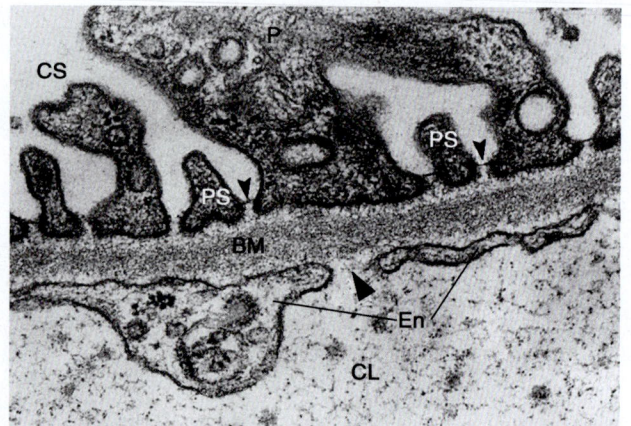

图 17-7 滤过膜电镜像
En. 内皮细胞;BM. 基膜;P. 足细胞;PS. 足细胞次级突起;箭头示裂孔膜;三角形示内皮细胞窗孔;CL. 毛细血管腔;CS. 肾小囊腔
Fig. 17-7 Electron micrograph of filtration membrane
En. endothelial cell;BM. basement membrane;P. podocyte;PS. secondary process of the podocyte;arrows point to the slit membrane;triangle indicates a fenestra in the endothelial cell;CL. capillary lumen;CS. capsular space

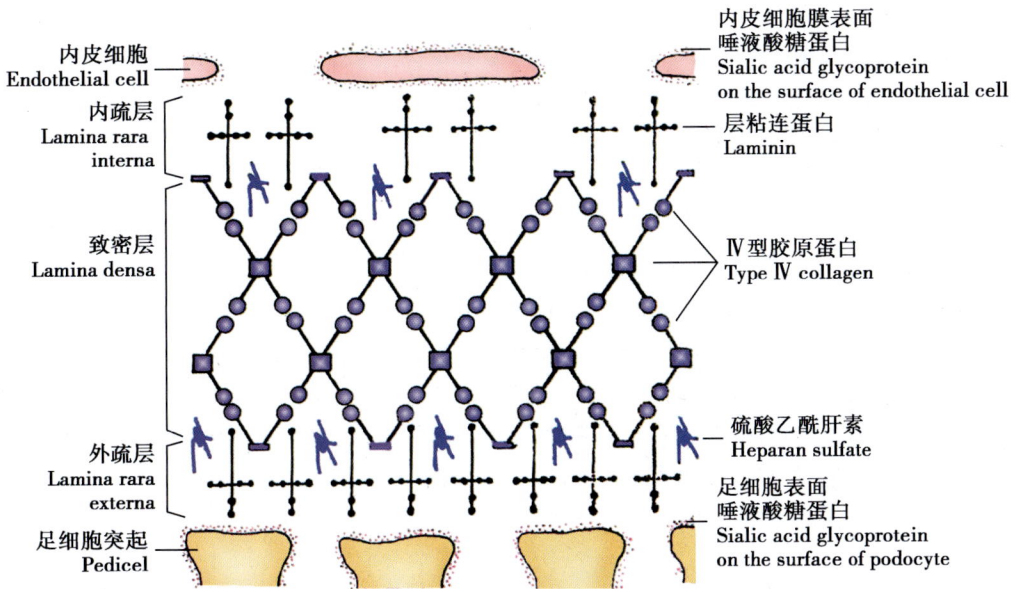

图 17-8　血管球基膜分子结构示意图

Fig. 17-8　Schematic diagram showing molecular structure of glomerular basement membrane

静水压较高而扩张;④合成多种酶及生物活性物质,如肾素、中性蛋白酶、胰岛素样生长因子、血小板激活因子、前列腺素等。系膜基质(mesangial matrix)填充在系膜细胞之间,富含Ⅳ型胶原蛋白。Ⅳ型胶原蛋白在基质内形成疏松的网状结构,对血管球毛细血管起支持作用,并有利于液体及大分子物质滤过。基质内还含丰富的蛋白聚糖,其中的糖胺聚糖主要有硫酸乙酰肝素、硫酸软骨素及硫酸皮肤素,这些糖胺聚糖侧链带有高密度的负电荷,能选择性地滤过带有正电荷的血浆物质。滤入系膜基质内的血浆成分可经邻接系膜的基膜等结构滤入肾小囊腔,也可经系膜基质回流至近出球微动脉端的血管球毛细血管,极少部分经肾小体血管极离开肾小体,可能汇入淋巴循环。血管系膜内还有少量吞噬细胞,可吞噬经内皮细胞转运至基质内的较大的蛋白质分子。

(2) 肾小囊:肾小囊又称鲍曼囊(Bowman's capsule),由肾小管起始部膨大凹陷而成,是具有双层壁的杯形上皮囊(图 17-4)。其外层称壁层(parietal layer),上皮为单层扁平状,在肾小体尿极处与近端小管上皮相延续;在血管极处,上皮向内反折成为囊的内层,又称脏层(visceral layer),两层之间的腔隙为肾小囊腔(capsular space),内含由血管球滤出的滤液,也称原尿。脏层上皮细胞形态特殊,由高度特化的足细胞(podocyte)构成。足细胞胞体较大,胞质内粗面内质网和游离核糖体丰富、高尔基复合体体积较大,还常见内吞小泡、多泡体及溶酶体等。由胞体伸出若干大的初级突起,每个初级突起又分出许多指状的次级突起,又称足突(foot process, pedicel)。相邻足突互相穿插镶嵌成栅栏状,紧贴在毛细血管基膜外。足突之间的间隙称裂孔(slit pore),宽约25nm,孔上覆盖一层薄膜,称裂孔膜(slit membrane),厚4～6nm。足细胞突起内含较多的微管及微丝,微丝收缩可使突起活动而改变裂孔的宽度(图 17-9)。足细胞朝

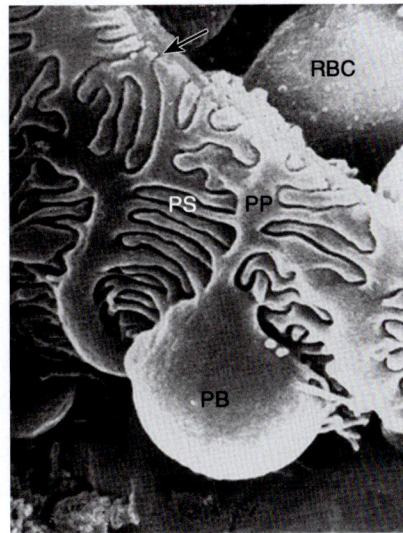

图 17-9　足细胞扫描电镜像

PB. 足细胞体;PP. 初级突起;PS. 次级突起;RBC. 红细胞;箭头示裂孔

Fig. 17-9　Scanning electron micrograph of podocyte

PB. podocyte cell body;PP. primary process;PS. secondary process;RBC. red blo-od cell;arrow indicates a slit pore

Notes

向肾小囊腔面的细胞膜表面覆有一层糖衣,内含多种带负电荷的唾液酸糖蛋白,可防止足细胞与肾小囊壁层上皮贴附,维持足突的指状镶嵌构型及足突间裂孔的宽度。足细胞有多种重要的功能,如:合成基膜的所有蛋白成分,参与基膜的更新;有较强的胞吞活动,参与清除沉积在基膜上的沉淀物,以维持基膜的通透性;对血管球毛细血管起支持作用;借助于血管活性物质,调节血管球的滤过率等。

血管球毛细血管内的血浆成分滤入肾小囊腔必须经过有孔内皮、基膜和足突之间的裂孔膜,这3层结构构成滤过膜(filtration membrane)或滤过屏障(filtration barrier)(图7-10)。滤过膜形成分子大小和电荷双重选择性屏障,对血浆成分具有双重选择性通透作用。一般情况下,分子量在70kD以下的物质可通过滤过膜,如水、电解质、多肽、葡萄糖和尿素。分子量为69kD的白蛋白可少量通过,而分子量在150~200kD的免疫球蛋白则不能通过。毛细血管内皮表面和足细胞表面带负电荷的唾液酸糖蛋白,基膜内带负电荷的硫酸乙酰肝素蛋白聚糖均可阻止血浆内带负电荷的物质通过,防止血浆蛋白滤出。若唾液酸糖蛋白丢失,或基膜内阴离子位点丧失,均会引起蛋白尿。在成人,每24h两肾可产生原尿约180L(每分钟约125ml)。

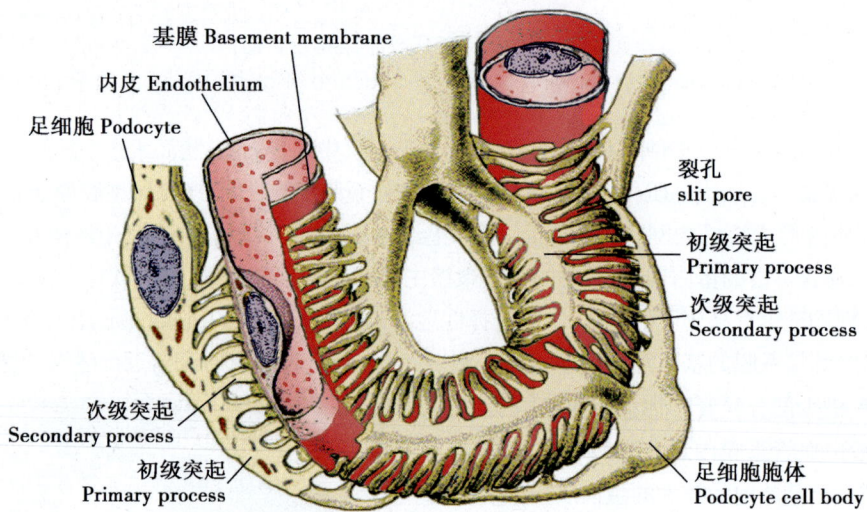

图17-10 血管球毛细血管、足细胞结构模式图
Fig. 17-10 Schematic diagram of the glomerular capillary and podocytes

2. 肾小管 肾小管(renal tubule)管壁由单层上皮围成,上皮外为基膜及少量结缔组织。

(1)近端小管:近端小管(proximal tubule)是肾小管中最粗、最长的一段,管径50~60μm,长约14mm。其曲部简称近曲小管(proximal convoluted tubule)。在生理状况下,由于滤液进入管腔,近曲小管呈扩张状态,若血流受阻,则滤液减少,管腔缩小或闭合。光镜下观察,近曲小管管壁由单层立方或锥体形细胞围成。细胞体积较大,分界不清,核圆形,靠近细胞基底部,胞质强嗜酸性,染成红色(图17-3)。细胞游离面有刷状缘(brush border),基部有纵纹(longitudinal striation)。电镜下可见,细胞游离面的刷状缘为密集排列的微绒毛。每个细胞约有6500根微绒毛,极大地增加了细胞的表面积。微绒毛表面覆有一层糖衣,内含多肽酶、ATP酶、碱性磷酸酶等。微绒毛基部之间有许多小管及细胞膜内陷形成的吞饮小泡。这些结构均与滤液中大分子物质的重吸收有关。细胞侧面有许多指状侧突(lateral interdigitation),相邻细胞的侧突相互交叉,故光镜下上皮细胞分界不清。细胞基底部有发达的质膜内褶(plasma membrane infolding),内褶之间有大量纵行排列的线粒体,质膜内褶和线粒体共同构成光镜下的纵纹。侧突及质膜内褶增大了细胞侧面及基底面的面积,有利于与间质之间进行物质交换(图17-11、图17-12)。细胞基部质膜上含有丰富的 Na^+-K^+-ATP酶(钠泵),可将细胞内钠离子泵入周围的间质。近端小管直部

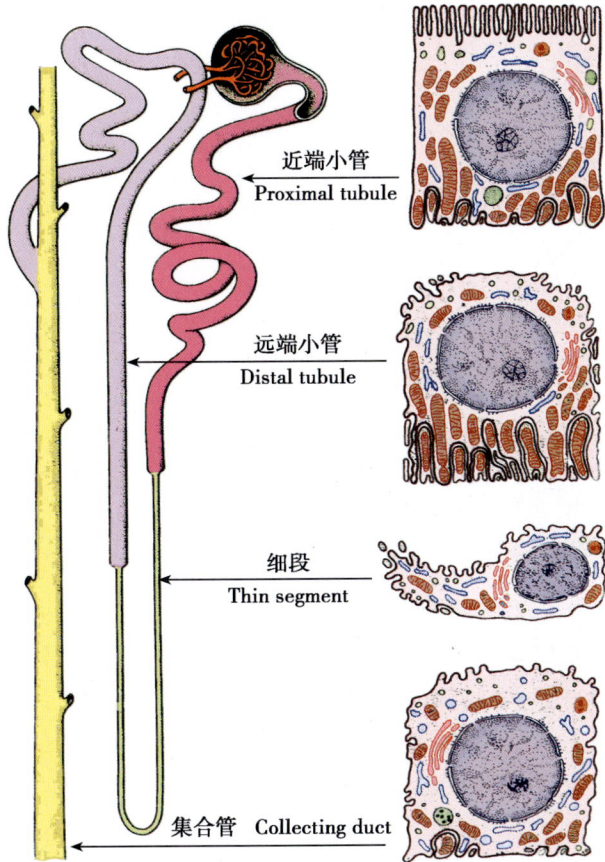

图 17-11　泌尿小管各段上皮超微结构模式图

Fig. 17-11　Schematic diagram showing the segments of the uriniferous tubule and their ultrastructure

的结构与曲部相似,只是上皮细胞略矮,微绒毛、侧突及质膜内褶等不如曲部发达。近端小管是原尿重吸收的重要场所。原尿中85%的钠离子和水分,几乎全部的葡萄糖、小分子蛋白质、多肽、氨基酸,50%的碳酸氢盐、磷酸盐,以及维生素等均在此处重吸收。另外,近端小管还通过分泌或排泄等方式将体内的某些代谢终产物及药物排入管腔,如氢离子、氨、肌酐、马尿酸、青霉素等。

（2）细段:浅表肾单位的细段（thin segment）较短,参与组成髓袢降支,髓旁肾单位细段长,由降支再反折上行,又参与构成升支。细段管径细,直径12~15μm,管壁由单层扁平上皮构成,细胞含核部分突向管腔（图17-13）。电镜下,细胞游离面有少量微绒毛,基底面有少量质膜内褶。细段上皮薄,利于水和离子通透。

（3）远端小管:远端小管（distal tubule）较近端小管细,由一层立方细胞围成（图17-13）。由于细胞体积较小,管腔相对较大。细胞质弱嗜酸性,染色较浅,核圆,位于细胞中央或靠近腔面。细胞游离面无刷状缘,基部纵纹明显。远端小管直部是髓袢升支的重要组成部分。电镜下观察,管壁上皮细胞表面有少量短小的微绒毛,基部质膜内褶发达,褶间有许多纵行排列的线粒体（图17-11）。内褶的质膜上有许多 Na$^+$-K$^+$-ATP 酶,可将钠离子泵入管外间质。近年来发现,细胞游离面和侧面的膜上有一种酸性糖蛋白,称 T-H 蛋白（Tamm-Horsfall protein）。该蛋白呈凝胶状,可阻止水分子通过管壁,故管腔内液体呈低渗状态。重吸收的 NaCl 排入间质,因此,

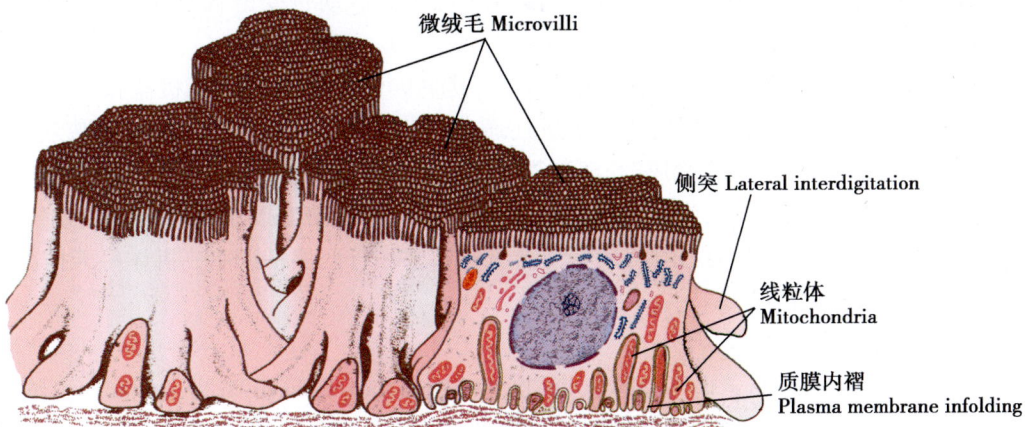

图 17-12　近曲小管上皮细胞立体结构模式图

Fig. 17-12　Schematic diagram showing three-dimensional aspects of proximal convoluted tubule cells

Notes

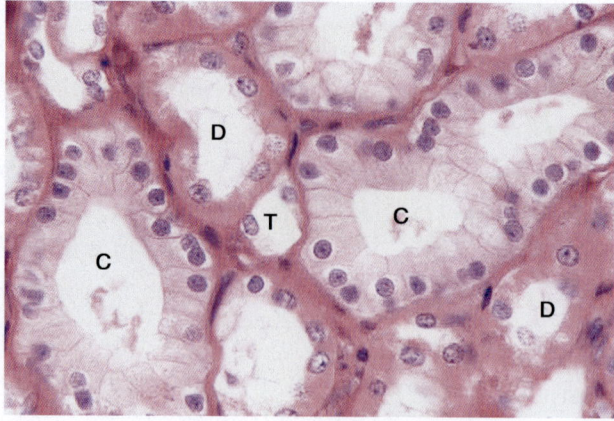

图 17-13　肾髓质光镜像　HE 染色　高倍
D. 远直小管；T. 细段；C. 集合管
Fig. 17-13　Light micrograph of renal medulla　HE stain High magnification
D. distal straight tubule；T. thin segment；C. collecting duct

从肾锥体至肾乳头，间质内的渗透压逐步增高，有利于集合小管内尿液的浓缩。远端小管曲部简称远曲小管（distal convoluted tubule），其超微结构与直部基本相似，只是质膜内褶和线粒体不如直部发达。远曲小管是离子交换的部位，细胞可吸收 Na^+，分泌 K^+、H^+ 和 NH_3，以调节机体的水盐平衡及维持体液的酸碱平衡。远曲小管的功能活动受激素的调节，肾上腺皮质分泌的醛固酮能促进其重吸收 Na^+；神经垂体分泌的抗利尿激素可促进其对水的重吸收，以使尿液浓缩，尿量减少。

（二）集合管系

从皮质到肾乳头，集合管系（collecting duct system）的管径由细逐渐变粗（40～200μm）。随着管径增粗，管壁上皮由单层立方逐渐增高为单层柱状，至乳头管处为高柱状上皮。集合管上皮细胞界限清晰，胞质着色浅，核圆，位于细胞中央（图 17-13）。电镜观察，集合管上皮由主细胞和闰细胞组成，在集合管的不同部位，两种细胞所占比例不同。主细胞（chief cell）又称亮细胞（light cell），其数量多，细胞游离面有少量微绒毛，胞质内细胞器少。闰细胞（intercalated cell）又称暗细胞（dark cell），单个存在于主细胞之间。皮质集合管内闰细胞数量较多，随着集合管下行，其数量逐渐减少至消失。电镜下可见闰细胞游离面有明显的微皱褶和微绒毛，胞质内线粒体较多。集合管也可重吸收 H_2O、Na^+，排出 K^+、H^+ 和 NH_3 等，对尿液浓缩和维持体液的酸碱平衡起重要作用。其功能活动也受醛固酮及抗利尿激素的调节。

肾小体形成的原尿，经肾小管各段及集合管后，其中99％左右的水分、无机盐和几乎全部的营养物质都被重新吸收入血，同时肾小管上皮还通过主动分泌排出机体的部分代谢废物，经集合管系进一步浓缩后，最终形成终尿，经乳头管依次进入肾盏及肾盂。乳头管上皮为高柱状，肾盏的上皮与乳头管上皮相移行，为薄的变移上皮，由 2～3 层细胞组成，上皮外有少量结缔组织和环行平滑肌。肾盂的变移上皮稍厚，肌层为内纵行和外环行两层平滑肌。机体每天排出 1～2L 终尿，仅占原尿的1％。

（三）球旁复合体

球旁复合体（juxtaglomerular complex）又称血管球旁器（juxtaglomerular apparatus），由球旁细胞、致密斑和球外系膜细胞组成，位于肾小体血管极处的三角区内。致密斑构成三角区的底，入球微动脉和出球微动脉为三角区的两边，球外系膜细胞位于三角区中心（图 17-14）。

1. 球旁细胞　球旁细胞（juxtaglomerular cell）位于入球微动脉管壁上，由入球微动脉管

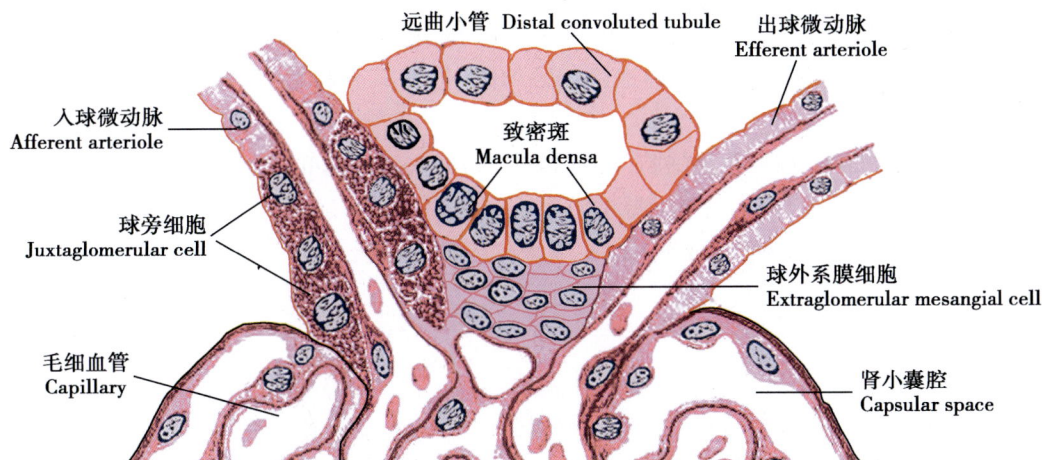

图 17-14 球旁复合体模式图
Fig. 17-14 Schematic diagram of juxtaglomerular complex

壁中膜的平滑肌细胞转变而成。细胞体积较大,呈立方形,核大而圆。胞质丰富,弱嗜碱性,内含许多分泌颗粒(图 17-15)。电镜下,细胞内粗面内质网丰富,高尔基复合体发达,分泌颗粒呈均质状,内含肾素(renin)。肾素是一种蛋白水解酶,能使血浆中的血管紧张素原(angiotensinogen)转变成血管紧张素 I(angiotensin I),后者在血管内皮细胞分泌的转换酶(converting enzyme)作用下,失去 2 个氨基酸,转变为血管紧张素 II(angiotensin II)。血管紧张素 II 可使血管平滑肌收缩,导致血压升高;同时,该活性物质还刺激肾上腺皮质分泌醛固酮,促进远曲小管和集合管重吸收 Na^+ 和 Cl^-,致使血容量增加,血压升高,血管球滤过率增强。

2. 致密斑 远端小管靠近肾小体血管极一侧的上皮细胞增高、变窄,形成椭圆形的斑块状隆起,称致密斑(macular densa)(图 17-14、图 17-15)。致密斑的细胞呈高柱状,排列

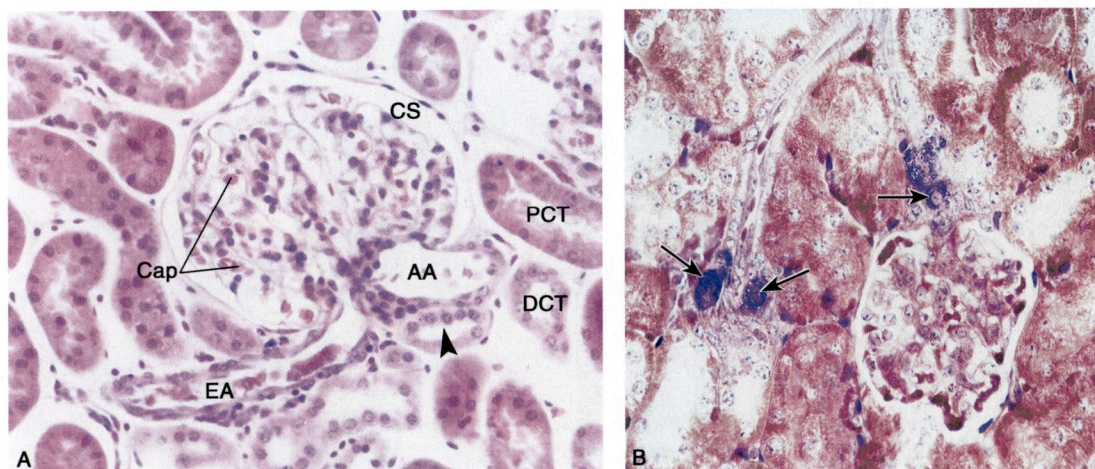

图 17-15 球旁细胞光镜像 高倍
A. HE 染色(大连医科大学郝立宏供图);B. Bowie 染色(北京大学医学部唐军民供图);AA. 入球微动脉;EA. 出球微动脉;PCT. 近曲小管;DCT. 远曲小管;长箭头示球旁细胞;短箭头示致密斑;Cap. 毛细血管;CS. 肾小囊腔
Fig. 17-15 Light micrograph of the juxtaglomerular cells High magnification
A. HE stain;B. Bowie stain. AA. afferent arteriole;EA. efferent arteriole;PCT. proximal convoluted tubule;DCT. distal convoluted tubule;long arrows indicate juxtaglomerular cells;short arrow indicates the macula densa;Cap. capillary;CS. capsular space

Notes

紧密;核椭圆形,靠近细胞顶部。上皮基膜不完整,细胞基部有许多细小的突起,可伸至球外系膜细胞和球旁细胞。致密斑是一种离子感受器,可感受远端小管内 Na^+ 浓度的变化。当 Na^+ 浓度降低时,致密斑将信息传递给球旁细胞,促使其分泌肾素,增强远端小管和集合管中 Na^+ 的重吸收。

3. 球外系膜细胞　球外系膜细胞(extraglomerular mesangial cell)又称极垫细胞(polar cushion cell),位于入球微动脉、出球微动脉和致密斑围成的三角形区域内,见图17-14。细胞体积小,有突起,与球内系膜细胞相延续。这些细胞位于球旁复合体的中央,既与致密斑相贴,又与球旁细胞、血管系膜细胞及小动脉的平滑肌细胞之间形成缝隙连接,因此可能起信息传递作用。

(四) 肾间质

泌尿小管之间的结缔组织称肾间质(renal interstitium)。皮质内间质较少,髓质内增多。间质内的纤维主要由Ⅰ型、Ⅲ型和Ⅵ型胶原蛋白组成。Ⅰ型胶原蛋白分子上结合着糖胺聚糖,构成带状的胶原纤维。Ⅲ型胶原蛋白构成网状纤维,位于泌尿小管周围。Ⅵ型胶原蛋白参与构成基膜。基质主要由糖胺聚糖和间质液组成,前者包括硫酸乙酰肝素、硫酸皮肤素和透明质酸等。后者内含由肾小管和集合管重吸收并向毛细血管输送的水和营养物质。间质细胞(interstitial cell)有多种,主要为成纤维细胞、巨噬细胞和载脂间质细胞。成纤维细胞数量较多,可合成间质内的纤维和基质;巨噬细胞数量较少,除有吞噬功能外,还参与降解髓质内的硫酸糖胺聚糖;载脂间质细胞是髓质间质内的重要细胞成分,细胞呈不规则形或星形,胞质内含嗜锇性脂滴及多种细胞器。这种细胞可合成间质内的纤维和基质,产生前列腺素、肾髓质血管降压脂,细胞突起的收缩可促进周围血管内的血液流动,以利于重吸收水分的转运,促进尿液浓缩。

(五) 肾的血液循环

肾动脉自肾门入肾后,分支走行于肾锥体之间,称叶间动脉(interlobar artery)。在皮质与

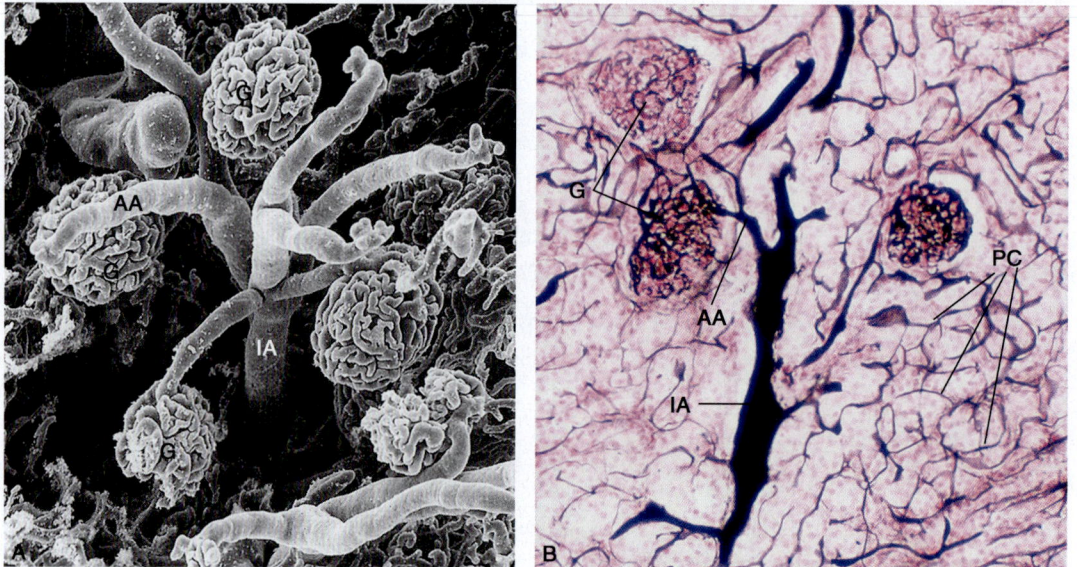

图 17-16　肾皮质血管

A. 扫描电镜像(北京大学医学部唐军民供图);B. 光镜像　肾动脉墨汁灌注法(广西医科大学谢小薰供图);IA. 小叶间动脉;AA. 入球微动脉;G. 血管球;PC. 球后毛细血管

Fig. 17-16　Blood vessels in the cortex of the kidney

A. scanning electron micrograph;B. light micrograph　preparation by injection of prepared Chinese ink into renal artery;IA. interlobular artery;AA. afferent arteriole;G. glomerulus;PC. postglomerular capillary

髓质交界处,叶间动脉分支,呈弓状走行,称弓形动脉(arcuate artery)。弓形动脉分支成小叶间动脉(interlobular artery),呈放射状走行于皮质迷路内。小叶间动脉的终末支进入被膜,分支成毛细血管网,而后汇入静脉,此处静脉形如星状,故称星形静脉(stellate vein)。星形静脉汇入小叶间静脉(interlobular vein)。小叶间动脉沿途向周围不断分出许多侧支,进入肾小体,即入球微动脉。入球微动脉分支成血管球,继而汇合成出球微动脉,离开肾小体,再次形成毛细血管网,称球后毛细血管网(postglomerular capillary network),分布在相应的肾小管周围,又称管周毛细血管网(peritubular capillary network)。球后毛细血管网汇集成小叶间静脉,并依次汇入弓形静脉、叶间静脉,最后经肾静脉离开肾。髓旁肾单位的出球微动脉除形成球后毛细血管网外,还分支直行降入髓质,称直小动脉。直小动脉反折上行变为直小静脉。由直小动脉和直小静脉形成的这种 U 形血管祥,与相应的髓祥伴行,构成了尿液浓缩的结构基础(图 17-16、图 17-17)。

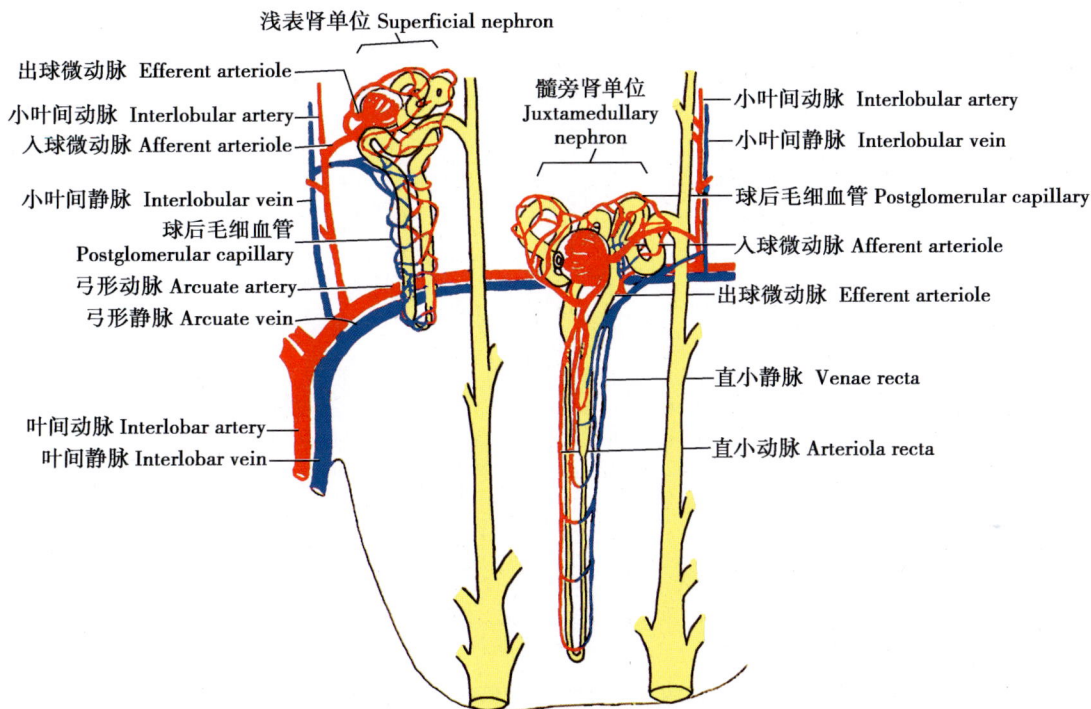

图 17-17　肾血液循环结构模式图
Fig. 17-17　Schematic diagram of renal vascular circulation

肾的血液循环与尿液的形成和浓缩密切相关,其特点为:①肾动脉粗短,直接起于腹主动脉,故肾内血流量大,流速快。另外,肾内血管走行较直,血流很快抵达血管球,每 4～5min 人体血液就全部流经肾内而被滤过一次。②入球微动脉比出球微动脉粗,因而血管球内压力较高,有利于血液滤过。③肾内动脉血管两次形成毛细血管网,即入球微动脉分支形成血管球毛细血管网,出球微动脉分支形成球后毛细血管网。由于血液流经血管球时,大部分水分、无机离子被滤出,因此球后毛细血管网内胶体渗透压高,有利于肾小管重吸收的物质进入血液。④髓质的 U 形血管祥与髓祥伴行,有利于尿液浓缩。⑤皮质血流量大(约占肾血流量的90%),流速快,当急性肾衰竭时,常由于小叶间动脉发生痉挛性收缩,使皮质浅层供血不足,导致浅表肾单位滤过功能低下,患者出现少尿甚至无尿等症状。

(六)肾的淋巴管和神经

肾有两组淋巴丛,即肾内淋巴丛和被膜淋巴丛。肾内的毛细淋巴管分布于肾单位周围,沿血管逐级汇合成小叶间淋巴管、弓形淋巴管和叶间淋巴管,经肾门淋巴管出肾。被膜内的毛细淋巴管汇合成淋巴管后,与肾内淋巴丛吻合,或汇入邻近器官的淋巴管。

肾的神经来自于肾丛,包括交感神经和副交感神经,神经纤维由肾门入肾,分布于肾血管、肾间质和球旁复合体。

二、输 尿 管

输尿管(ureter)管壁结构分为3层,由内向外依次为黏膜、肌层和外膜。黏膜常形成许多纵行皱襞,故管腔呈星形。近膀胱开口处的黏膜折叠成瓣,当膀胱充盈时,瓣膜受压封闭输尿管开口,以防止尿液倒流。黏膜上皮为变移上皮(transitional epithelium),有4~5层细胞,固有层为细密结缔组织。肌层主要由内纵、外环两层平滑肌组成。在输尿管下1/3段,肌层增厚为内纵、中环和外纵3层。外膜为疏松结缔组织,与周围结缔组织互相移行(图17-18)。

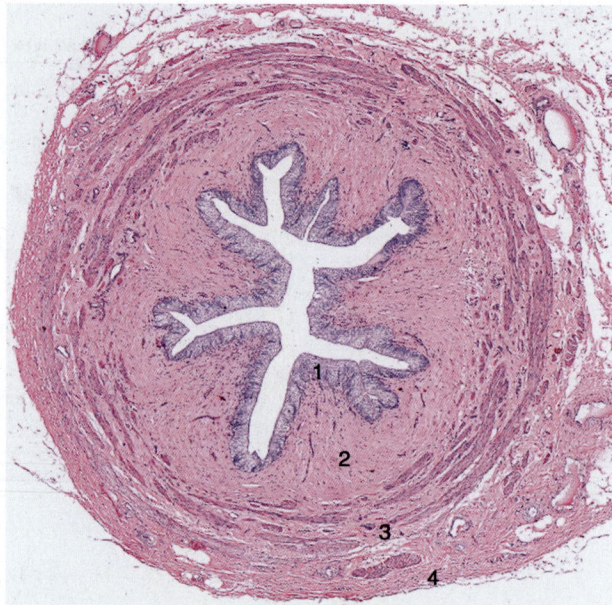

图 17-18　输尿管壁横切面光镜像　HE 染色　低倍(华中科技大学同济医学院李和供图)
1. 变移上皮;2. 固有层;3. 肌层;4. 外膜
Fig. 17-18　Light microscope of the wall of the ureter in transverse section　HE stain　low magnification
1. transitional epithelium;2. lamina propria;3. muscularis;4. adventitia

三、膀　　胱

膀胱(urinary bladder)是贮存尿液的器官,其结构与输尿管相似,但肌层较厚。黏膜有许多皱襞,膀胱充盈时皱襞减少或消失。黏膜上皮为变移上皮。当膀胱空虚时,上皮有8~10层细胞,表层细胞大,呈立方形;膀胱充盈时,上皮变薄,仅有3~4层细胞,表层细胞变扁。电镜下,表层细胞游离面胞膜有内褶和囊泡,膀胱充盈时内褶可展平。细胞之间存在着广泛的紧密连接和桥粒,可防止尿液渗漏。固有层内有较多胶原纤维和弹性纤维。肌层由内纵行、中环行和外纵行3层平滑肌组成,中层环行平滑肌在尿道内口处增厚为内括约肌。外膜大部分为纤维膜,由疏松结缔组织构成,仅膀胱顶部为浆膜(图17-19)。

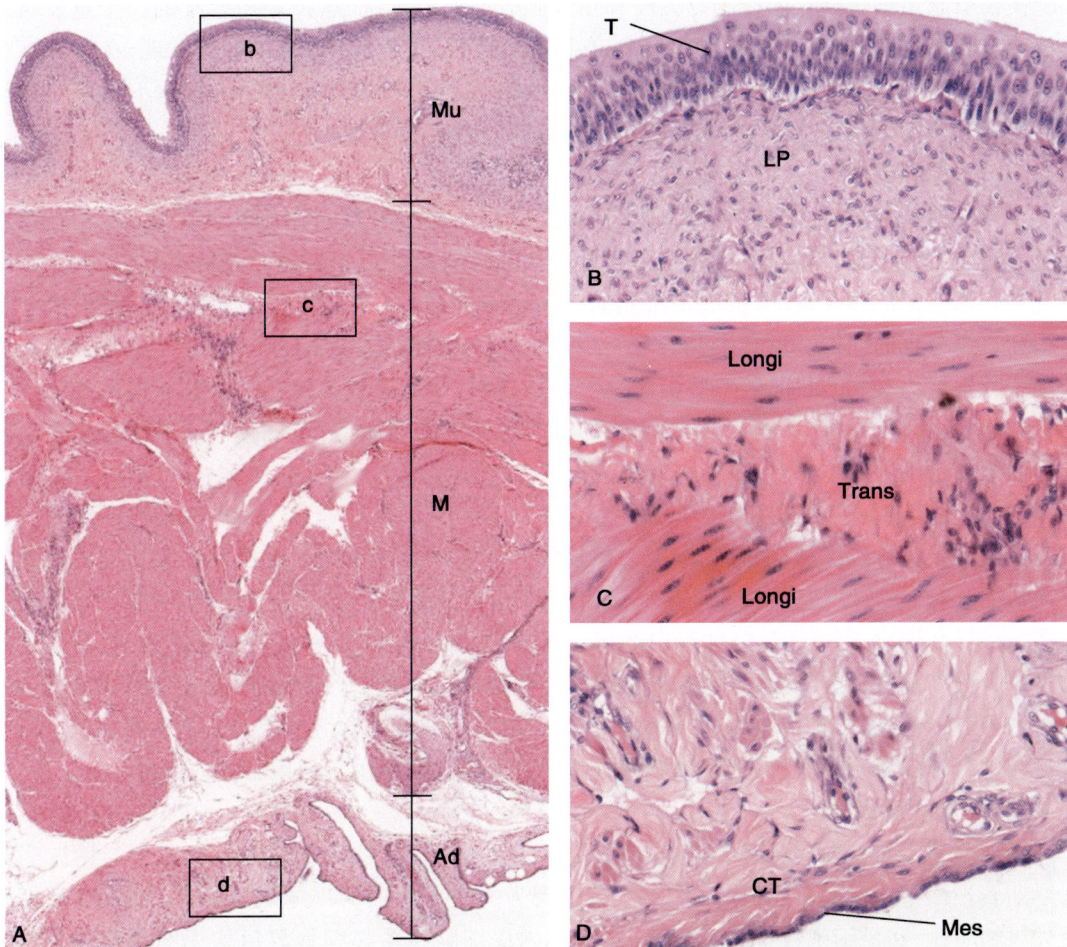

图 17-19　膀胱壁光镜像　HE 染色(华中科技大学同济医学院李和供图)

A. 低倍;B ~ D. 中倍;B. A 中方框 b 的放大,示黏膜(Mu)变移上皮(T)和固有层(LP);C. A 中方框 c 的放大,示肌层(M)平滑肌纵(longi)、横(trans)切面;D. A 中方框 d 的放大,示外膜(Ad)疏松结缔组织(CT)和间皮(Mes)

Fig. 17-19　Light micrograph of the wall of the bladder　HE stain

A. Low magnification;B ~ D. medium magnification;B. enlargement of rectangular box b in A,showing the transitional epithelium (T) and lamina propria (LP);C. enlargement of rectangular box c in A, showing the longitudinal (longi) and transverse (trans) sections of smooth muscle cells;D. enlargement of rectangular box d in A,showing loose connective tissue (CT) and the mesothelium (Mes) in the adventitia

专题讲座:足细胞与肾小球疾病

足细胞位于血管球基膜的最外侧,参与构成滤过膜,是避免机体蛋白等大分子物质丢失的最后一道屏障。随着对足细胞分子生物学水平的研究,特别是发现了一些特异性蛋白分子在足细胞表达之后,足细胞已成为研究各种肾小球疾病病程进展的关键细胞。临床及动物实验研究均发现,毒性物质的氧化损伤、炎症性疾病、免疫介导的疾病、机械应激和人类免疫缺陷病毒(Human Immunodeficiency Virus,HIV)感染等,会引起足细胞损伤并发生一系列的表型改变。在足细胞损伤的早期,可见足细胞的足突融合,随后发生一系列的改变,如足细胞胞体缩小,表面的阴离子电荷减少,最终使足细胞从血管球基膜上分离剥脱到肾小囊中,随尿液排出。足细胞损伤与以下不同病理类型的肾小球疾病有关。

(一) 局灶性节段性肾小球硬化

足细胞损伤或丢失在局灶性节段性肾小球硬化的启动和发展中起关键性作用。原发性足

Notes

细胞损伤引起足细胞分化的标志物丢失和足细胞表型调控紊乱,这种调控紊乱的一个重要结果是诱导足细胞凋亡,而足细胞凋亡是该病变中足细胞丢失的直接原因。研究发现,在局灶性节段性肾小球硬化患者的尿沉渣中,可检测到足细胞,这提示检测尿沉渣的足细胞不仅可作为该疾病鉴别诊断的重要指标,同时也可作为判断其病情进展的重要标志。

(二) 膜性肾病

膜性肾病又称膜性肾小球肾炎,临床上以无症状性蛋白尿为主要表现。在大鼠实验性膜性肾病的研究中,研究人员发现,足细胞可通过增加细胞周期蛋白的表达而获得有丝分裂能力,并呈现细胞因子形成调控紊乱;呈现足细胞有丝分裂异常,这可能是实验性肾病足细胞形成多核细胞和丧失增生的原因。还有研究发现,足细胞上免疫球蛋白 G(IgG)沉积物可促使足细胞内的细胞骨架活化,使 nephrin 等一些蛋白分子表达异常,导致足细胞裂孔隔膜整体性的改变。此外,足细胞表面存在补体受体,免疫复合物的沉积可造成补体激活,通过补体受体形成膜攻击复合物而损伤足细胞。

(三) 免疫球蛋白 A 肾病

免疫球蛋白 A(IgA)肾病在临床上以反复发作性肉眼血尿或镜下血尿及伴有不同程度蛋白尿为特征。对 IgA 肾病患者进行肾穿刺,取活组织进行光镜和电镜下检查,可以观察到足细胞的损伤,肾组织以 IgA 为主的免疫球蛋白沉积;尽管在 IgA 肾病中,系膜细胞也直接受损,但足细胞数量减少程度和肾功能减退及球性肾小球硬化明显相关。当每个肾小球的足细胞数少于 250个时,疾病将会急剧恶化,提示 IgA 肾病患者出现足细胞脱落为病情加重的一个重要现象。研究人员在进行了多元分析后,提出足细胞的损害可为 IgA 肾病提供新的预后评估信息。

(四) 糖尿病肾病

足细胞损害与糖尿病肾病的形成与发展密切相关。研究发现足细胞数量减少与糖尿病肾病早期表现微量尿蛋白有明显的相关性,在表现为大量尿蛋白的糖尿病肾病患者中,其足细胞丢失更加明显,和足细胞数目减少相比,肾小球内皮细胞和系膜细胞数目均无明显变化。对糖尿病肾病动物模型的研究发现,在高糖环境下可引起足细胞受损,血管内皮生长因子(vascular endothelial growth factor,VEGF)表达增加,尿蛋白排泄升高,细胞外基质(extracellular matrix,ECM)沉积增多,单核巨噬细胞明显浸润,促进了局灶性节段性肾小球硬化的发生。糖尿病肾病患者早期尿中可检测到足细胞,且尿中足细胞排泄与糖尿病肾病病理改变程度相关。可见,足细胞损伤和数目减少在糖尿病肾病的发生发展中起着重要作用。

足细胞是终末分化细胞,一旦损伤脱落则缺乏修复能力。足细胞的特殊结构造成了足细胞在肾小球中的重要地位,并决定了足细胞在肾小球疾病的发生和发展过程中扮演重要角色,随着研究的不断深入,足细胞在肾小球疾病中的作用将得到进一步阐明。通过对足细胞功能的探究,将为肾小球疾病的临床诊治提供新的思路。

参考文献

1. D'Agati V. Podocyte injury can be catching. J Am Soc Nephrol,2011,22(7):1181-1183

2. Mathieson PW. Podocyte actin in health,disease and treatment. Nephrol Dial Transplant,2010,25(6):1772-1773

3. Kriz W,Gretz N,Lemley KV. Progression of glomerular diseases:Is the podocyte the culprit. Kidney Int,1998,54(3):687-697

4. Mundel P,Reiser J. Proteinuria:an enzymatic disease of the podocyte. Kidney Int,2010,77(7):571-580

(谢小薰)

Notes

第18章 男性生殖系统

KEY POINTS

- Structure of the seminiferous tubules
- Spermatogenic cells and spermatogenesis
- Structure and function of the Sertoli cell
- Structure and function of the Leydig cell
- Endocrine regulation of the testicular function
- Structure and function of the reproductive duct system
- Structure and function of the accessory glands

男性生殖系统由睾丸、生殖管道、附属腺及外生殖器组成。睾丸是产生精子和分泌雄激素（主要是睾酮）的器官。附睾、输精管、射精管和尿道是运输精子的生殖管道，附睾还有暂时贮存、营养精子和促进精子成熟的作用。附属腺包括前列腺、精囊和尿道球腺。附属腺和生殖管道的分泌物共同构成精浆的主要成分，精浆与精子构成精液。外生殖器为阴囊和阴茎。阴囊为精子的发生提供适宜的温度。阴茎有勃起功能，是性交器官。

一、睾 丸

睾丸（testis）位于阴囊中，表面覆以睾丸被膜，睾丸被膜包括鞘膜脏层、白膜（tunica albuginea）和血管膜3层。白膜为致密结缔组织，在睾丸后缘增厚形成睾丸纵隔（mediastinum testis）。纵隔的结缔组织呈放射状伸入睾丸实质，形成小叶隔（septum），将睾丸实质分成约250个锥体形小叶，每个小叶内有1~4条弯曲细长的生精小管，生精小管在近睾丸纵隔处汇入，变为短而直的直精小管。直精小管进入睾丸纵隔后相互吻合形成睾丸网。血管膜位于睾丸白膜深层，薄而疏松，富含血管。生精小管之间的组织称睾丸间质（图18-1）。

（一）生精小管

成人的生精小管（seminiferous tubule）为高度蟠曲的细长管道，长30~70cm，直径150~250μm，壁厚60~80μm，主要由生精上皮（spermatogenic epithelium）构成。生精上皮由支持细胞和5~8层生精细胞组成（图18-2），上皮下的基膜明显，基膜外侧有胶原纤维和一些梭形的肌样细胞（myoid cell）。肌样细胞收缩时有助于精子的排出。

1. **生精细胞** 生精细胞（spermatogenic cell）包括精原细胞、初级精母细胞、次级精母细胞、精子细胞和精子。在青春期前，生精小管管腔很小或缺如，管壁中只有支持细胞和精原细胞。自青春期开始，在垂体促性腺激素的作用下，生精细胞不断增殖、分化，形成精子，生精小管壁内可见不同发育阶段的生精细胞（图18-3）。由精原细胞形成精子的过程称精子发生（spermatogenesis），在人类需64±4.5天，经历精原细胞的增殖、精母细胞的减数分

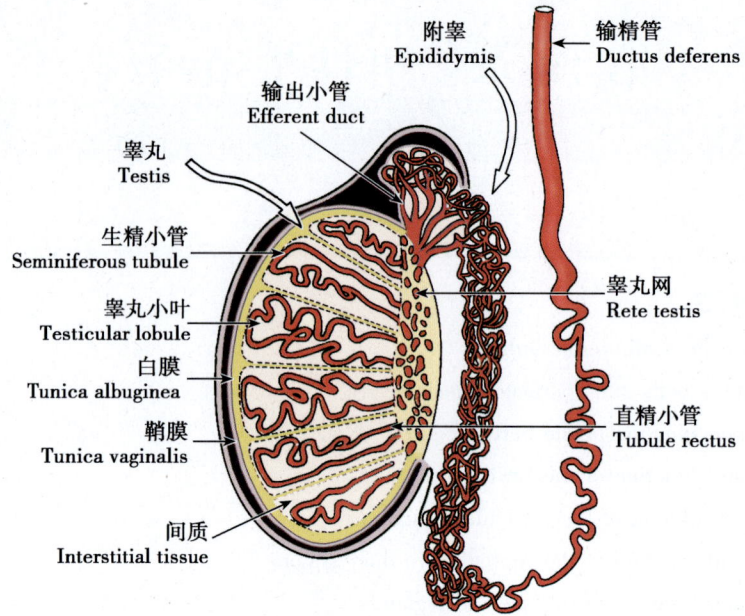

图 18-1　睾丸与附睾模式图

Fig. 18-1　Schematic diagram of the testis and epididymis

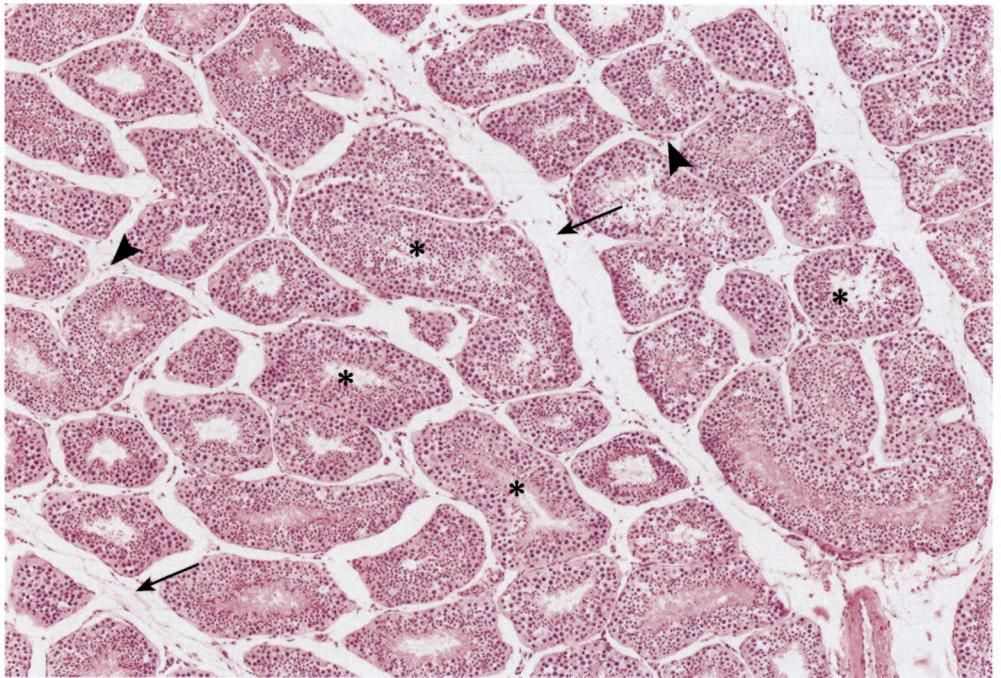

图 18-2　生精小管光镜像　HE 染色　低倍(华中科技大学同济医学院李和供图)

星号示生精小管;长箭头示小叶隔;短箭头示睾丸间质

Fig. 18-2　Light micrograph of the seminiferous tubule　HE Stain　Low power

Asterisks indicate the seminiferous tubules;long arrows indicate the septa;short arrows indicate the testicular interstitial tissue

Notes

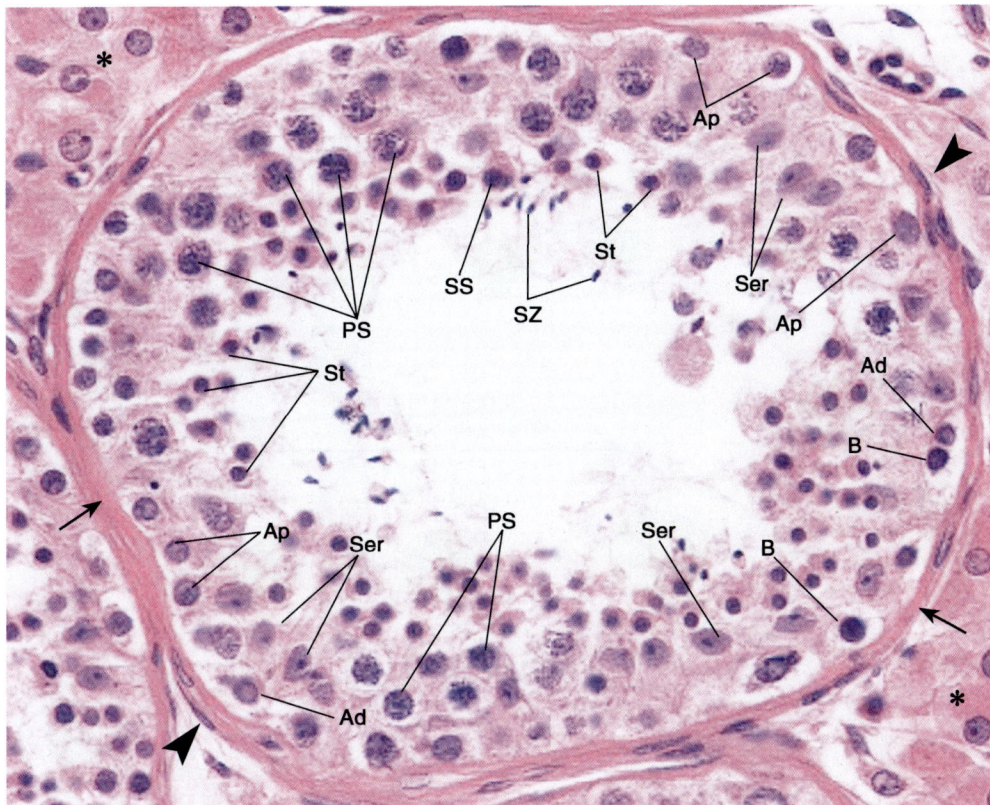

图 18-3　生精小管光镜像　HE 染色　高倍(华中科技大学同济医学院李和供图)

Ad. 暗 A 型精原细胞;Ap. 亮 A 型精原细胞;B. B 型精原细胞;PS. 初级精母细胞;SS. 次级精母细胞;St. 精子细胞;SZ. 精子;Ser. 支持细胞;星号示间质细胞;长箭头示基膜;短箭头示肌上皮细胞

Fig. 18-3　Light micrograph of the seminiferous tubule　HE Stain　High magnification

Ad. type A dark spermatogonia;Ap. type A pale spermatogonia;B. type B spermatogonia;PS. primary spermatocyte;SS. secondary spermatocyte;St. spermatid;SZ. spermatozoon;Ser. sertoli cell;asterisks indicate the Leydig cells;long arrow indicates the basement membrane;short arrows point to the myoepithelial cells

裂和精子形成 3 个阶段(图 18-4)。

(1) 精原细胞:精原细胞(spermatogonium)紧贴生精上皮基膜,体积小,圆形或椭圆形,直径约 12μm,胞质内除核糖体外,其他细胞器不发达。人的精原细胞分 A、B 两型,A 型精原细胞又分为暗 A 型精原细胞(type A dark spermatogonia,Ad)和亮 A 型精原细胞(type A pale spermatogonia,Ap)(图 18-3)。Ad 型精原细胞的核呈椭圆形,核染色质深染,核中央常见淡染的小泡;Ap 型精原细胞核染色质细密,有 1 ~ 2 个核仁附在核膜上。Ad 型精原细胞是生精细胞中的干细胞。经过不断的分裂增殖,一部分 Ad 型精原细胞继续作为干细胞,另一部分分化为 Ap 型精原细胞,再分化为 B 型精原细胞(type B spermatogonia)。B 型精原细胞核圆形,核膜上附有较粗的染色质颗粒,核仁位于中央,见图 18-3。B 型精原细胞分裂生成初级精母细胞。

(2) 初级精母细胞:初级精母细胞(primary spermatocyte)位于精原细胞近腔侧,体积较大,直径约 18μm,核大而圆,含或粗或细的染色质丝,染色体核型为 46,XY(图 18-3)。初级精母细胞经过 DNA 复制后(4n DNA),进行第一次成熟分裂,同源染色体分离,形成两个次级精母细胞。由于第一次成熟分裂的分裂前期历时较长(大约持续 22 天),所以在生精小管的切面中常可见到处于分裂前期的初级精母细胞。

(3) 次级精母细胞:次级精母细胞(secondary spermatocyte)更靠近管腔,直径约 12μm,核圆

Notes

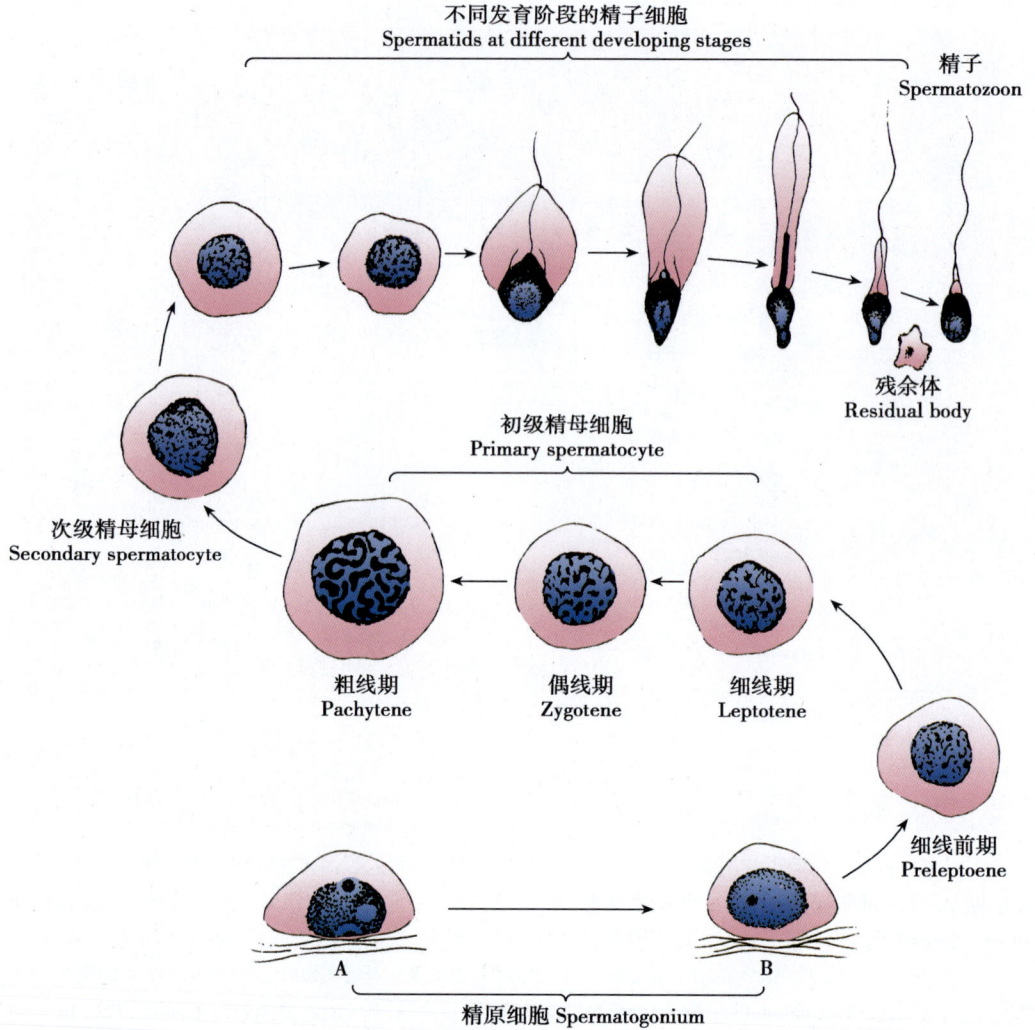

图 18-4　精子发生示意图

Fig. 18-4　Schematic diagram of spermatogenesis

形,染色较深,染色体核型为 23,X 或 23,Y(2n DNA)(图 18-3)。每条染色体由 2 条染色单体组成,通过着丝粒相连。次级精母细胞不进行 DNA 复制,即进入第二次成熟分裂,染色体的着丝粒分裂,染色单体分离,移向细胞两极,形成两个精子细胞。由于次级精母细胞存在时间短(6 ~ 8h),故在生精小管切面中不易见到。

　　成熟分裂又称减数分裂(meiosis),只发生在生殖细胞。经过 2 次成熟分裂后的生殖细胞,染色体数目减半,由二倍体的细胞变成单倍体细胞。在第一次成熟分裂的前期,同源染色体发生联会和交叉,进行遗传基因的交换,从而使配子(精子或卵子)具有不同的基因组合。在成熟分裂过程中,若同源染色体不分离或基因交换发生差错,将导致配子染色体数目及遗传构成异常,异常的配子受精后,将导致子代畸形。

　　(4) 精子细胞:精子细胞(spermatid)位于近管腔处,直径约 8μm,核圆,染色质致密(图 18-3)。精子细胞的染色体核型为 23,X 或 23,Y(1n DNA),细胞不再分裂。经过复杂的形态变化,由一个圆形的精子细胞逐渐转变为蝌蚪形的精子,这个过程称精子形成(spermiogenesis)(图 18-4)。精子形成的主要变化是:①细胞核染色质极度浓缩,核变长并移向细胞的一侧,构成精子的头部;②高尔基复合体形成顶体泡,逐渐增大,凹陷为双层帽状覆盖在核的头端,称为顶体(acrosome);③中心粒迁移到细胞核的尾侧(顶体的相对侧),其中一个中心粒的微管延长,形成轴丝,随着轴丝逐渐增长,精子细胞变长,形成尾部(或称鞭毛);④线粒体从细胞周边汇聚于轴丝近段

Notes

的周围,盘绕成螺旋形的线粒体鞘;⑤在细胞核、顶体和轴丝的表面仅覆有细胞膜和薄层细胞质,多余的细胞质逐渐汇集于尾侧,形成残余体,最后脱落(图 18-4、图 18-5)。

(5) 精子:精子(spermatozoon)位于生精小管的管腔面,形似蝌蚪,长约 60μm,分头、尾两部(图 18-6)。人的精子头部正面观呈卵圆形,侧面观呈梨形,长 4~5μm。头内有一个高度浓缩的细胞核,核的前 2/3 有顶体覆盖。顶体是特殊的溶酶体,内含多种水解酶,如顶体素、透明质酸酶、磷酸酯酶等,统称顶体酶系。在受精时,精子释放顶体酶,分解卵子外周的放射冠与透明带,进入卵子内。尾部是精子的运动装置,可分为颈段、中段、主段和末段四部分。颈段短,其内主要是中心粒,由中心粒发出 9+2 排列的微管,构成鞭毛中心的轴丝。在中段,轴丝外侧有 9 根纵行外周致密纤维,外侧再包有一圈线粒体鞘,线粒体为鞭毛摆动提供能量,使精子得以快速向前运动。主段最长,轴丝外周无线粒体鞘,代之以纤维鞘。末段短,仅有轴丝。

精子发生中,除早期的几次精原细胞分裂是完全分裂外,以后的多次细胞分裂,其胞质分裂不完全,因此由同一精原细胞来源的生精细胞之间有 2~3μm 宽的胞质桥(cytoplasmic bridge)相连。精子细胞完成形态改变后,胞质桥断裂,细胞释放于管腔中,成为游离精子。胞质桥有利于信息传递,保证同源生精细胞严格的同步发育。精子发生过程中,这种以胞质桥相连的同源细胞同步发育、同时成熟和释放的现象,称同源群(isogenous group)现象。

生精细胞在生精上皮中的排列并非随机的,而是严格有序的。处于不同发生阶段的生精细胞形成特定的细胞组合,从生精小管某一局部来看,隔一定时间又会再现相同的细胞组合。将这种从某一特定的细胞组合开始,到下一次出现同一细胞组合所经历的时程,称为一个生精上皮周期(the cycle of the seminiferous epithelium)。从空间上看,同一细胞组合在生精小管上周期性出现的现象称生精波。一个生精上皮周期经历的不同细胞组合称为期(stage)。根据不同的细胞组合,人的一个生精上皮周期可分为 6 期,由于人的精子发生过程在生精小管上呈螺旋形推进,故在人的睾丸

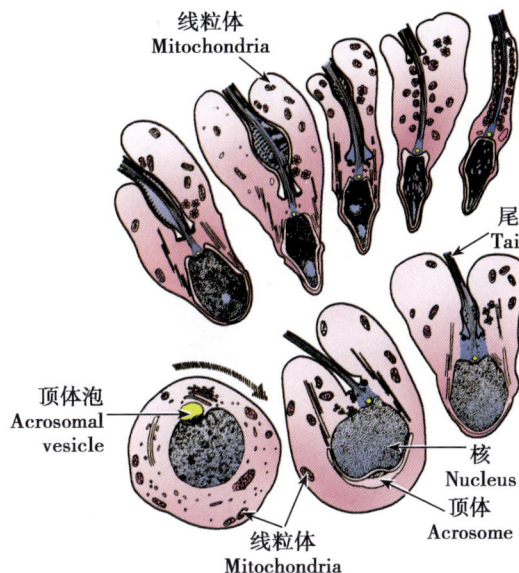

图 18-5　精子形成示意图
Fig. 18-5　Schematic diagram of spermiogenesis

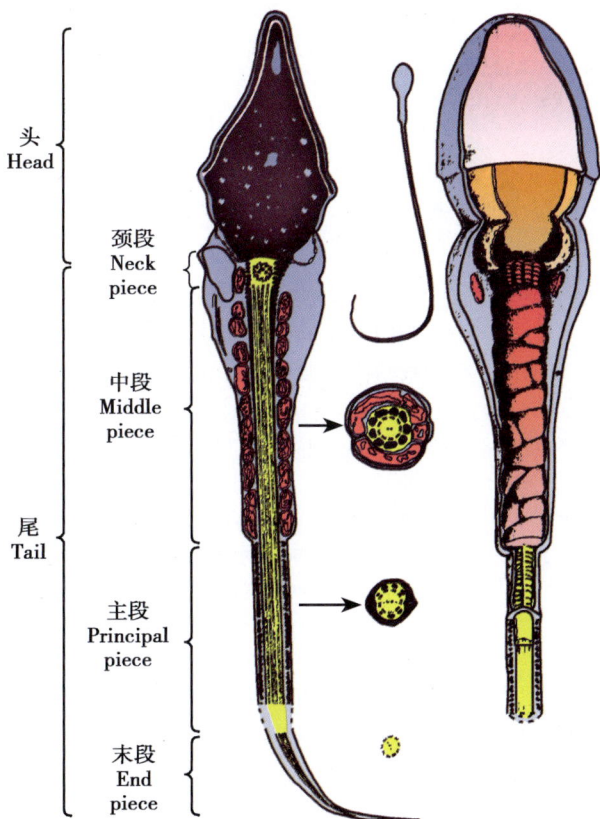

图 18-6　精子超微结构模式图
Fig. 18-6　Diagram of ultrastructure of the spermatozoon

切片中,一个生精小管的横断面可见两个或更多不同发育阶段的生精细胞组合(图18-7)。人的精子发生一般需要4个或4个半生精上皮周期,每一个生精上皮周期历时16天,故人的精子发生需64~70天,生精小管产生的精子进入附睾约需14天,因此,应用抗精子发生药物或物理抗生育等方法后进行起效观察,至少需要80天。

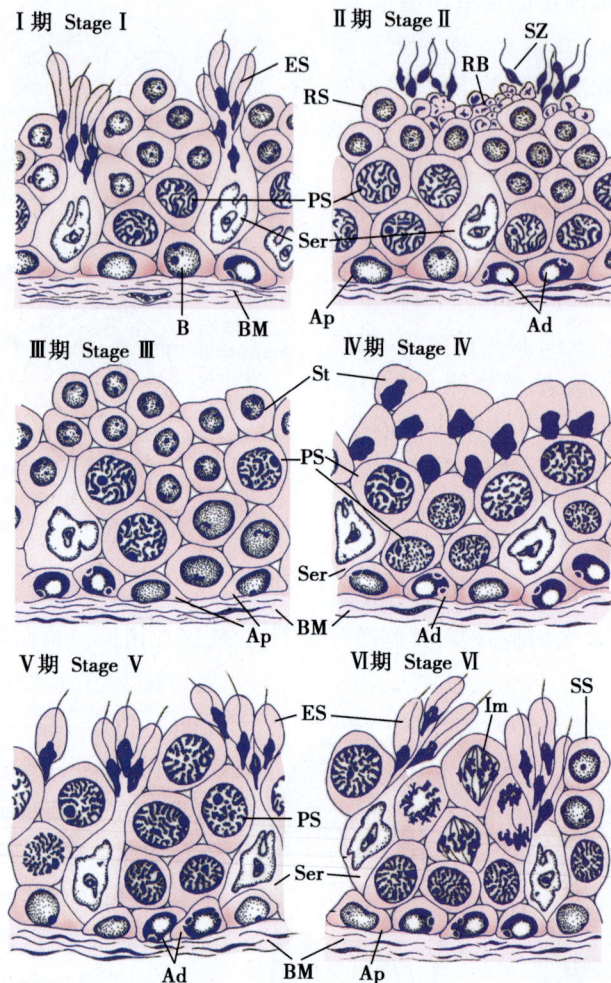

图 18-7　人生精小管精子发生 6 期细胞组合模式图

BM. 基膜;Ser. 支持细胞;Ad. 暗 A 型精原细胞;Ap. 亮 A 型精原细胞;B. B 型精原细胞;PS. 初级精母细胞;Im. 初级精母细胞分裂象;SS. 次级精母细胞;St. 精子细胞;RS. 圆形精子细胞;ES. 长形精子细胞;SZ. 精子;RB. 残余体

Fig. 18-7　Diagram illustrating cell associations at six stages of spermatogenesis in the human seminiferous tubule

BM. basement membrane;Ser. Sertoli cell;Ad. type A dark spermatogonia;Ap. type A pale spermatogonia;B. type B spermatogonia;PS. primary spermatocyte;Im. meiosis of a primary spermatocyte;SS. secondary spermatocyte;St. spermatid;RS. round spermatid;ES. elongated spermatid;SZ. spermatozoon;RB. residual body

精子发生和形成需在低于体温 2~3℃ 的环境中进行,故隐睾患者因睾丸温度较高、精子发生障碍而不育。在精子发生和形成过程中,有可能出现由于不同原因导致的一些畸形精子,如光镜可见的双头或双核、大头、小头、不规则形头、无尾、双尾、短尾等异常形态的精子,电镜则可见无顶体或小顶体以及线粒体鞘等结构异常的精子。在生育力正常男子的精液中,畸形精子比例也较高,可占 20%~40%,其原因不明。机体感染、创伤、辐射、内分泌失调等因素可增加畸形精子的比率,如果超过40%,可导致不育。

Notes

2. 支持细胞　支持细胞(sustentacular cell)又称塞托利细胞(Sertoli cell)。每个生精小管的横切面上有 8～11 个支持细胞。细胞呈不规则长锥形,从生精上皮基底一直伸达腔面。由于其侧面镶嵌着各级生精细胞,故光镜下细胞轮廓不清。核常呈三角形或不规则形,染色浅,核仁明显,见图 18-3。电镜下,支持细胞侧面和腔面有许多不规则凹陷,其内镶嵌着各级生精细胞。胞质内高尔基复合体较发达,有丰富的粗面内质网、滑面内质网、线粒体、溶酶体和糖原颗粒,并有许多微丝和微管。相邻支持细胞侧面近基部的胞膜形成紧密连接,将生精上皮分成基底室(basal compartment)和近腔室(adluminal compartment)两部分。基底室位于生精上皮基膜和支持细胞紧密连接之间,内有精原细胞及早期初级精母细胞;近腔室位于紧密连接上方,与生精小管管腔相通,内有较晚期初级精母细胞、次级精母细胞、精子细胞和精子(图 18-8)。生精小管与血液之间,存在着血-睾屏障(blood-testis barrier),其组成包括毛细血管内皮及其基膜、结缔组织、生精

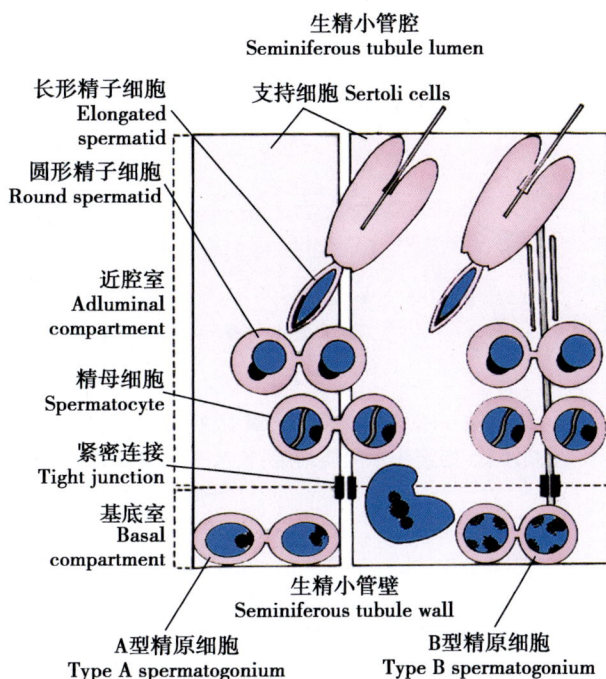

图 18-8　支持细胞与生精细胞关系模式图

Fig. 18-8　Schematic diagram of the relationship of Sertoli cells to spermatogenic cells

上皮基膜和支持细胞之间的紧密连接,其中紧密连接是构成血-睾屏障的主要结构。

支持细胞具有多方面的功能:①对生精细胞起支持和营养作用,其微丝和微管的收缩可使不断成熟的生精细胞向腔面移动,并促使精子释放入管腔。②吞噬和消化精子形成过程中脱落下来的残余胞质。③分泌抑制素(inhibin)和激活素(activin),调节腺垂体远侧部合成和分泌FSH。抑制素是一种糖蛋白,能抑制 FSH 的分泌,但对 LH 的分泌无影响。激活素与抑制素的作用相拮抗。在男性早期胚胎时期,支持细胞能够分泌抗米勒管激素(anti-Müllerian hormone, AMH),也称抗中肾旁管激素。AMH 可抑制米勒管(Müllerian duct)(又称中肾旁管)的生长发育,使其退化消失。④在 FSH 和雄激素的作用下,合成和分泌雄激素结合蛋白(androgen binding protein, ABP),这种蛋白可与雄激素结合,以保持生精小管内有较高的雄激素水平,促进精子发生。⑤分泌睾网液,利于精子向着附睾方向运送,而高浓度的 ABP 随着睾网液流向附睾,对维持附睾的结构和功能具有重要意义。⑥支持细胞之间的紧密连接参与构成血-睾屏障,可阻止某些物质进出生精上皮,形成并维持有利于精子发生的微环境,还能防止精子抗原物质逸出到生精小管外而发生自体免疫反应。⑦能将孕烯醇酮及黄体酮转化为睾酮,并将睾酮转化为雌二醇。分泌雌二醇的量与年龄有关,幼年和老年者分泌较多,青春期和性成熟期分泌较少。

(二)睾丸间质

生精小管之间富含血管和淋巴管的疏松结缔组织即睾丸间质,内含间质细胞。间质细胞(interstitial cell)又称莱迪希细胞(Leydig cell),成群分布,体积较大,圆形或多边形,核圆居中,胞质嗜酸性较强(图 18-9A),组织化学显示胞质中有 3β-羟类固醇脱氢酶、葡萄糖-6-磷酸脱氢酶、乳酸脱氢酶、酸性磷酸酶等。电镜观察,间质细胞具有分泌类固醇激素细胞的超微结构特点(图18-9B)。

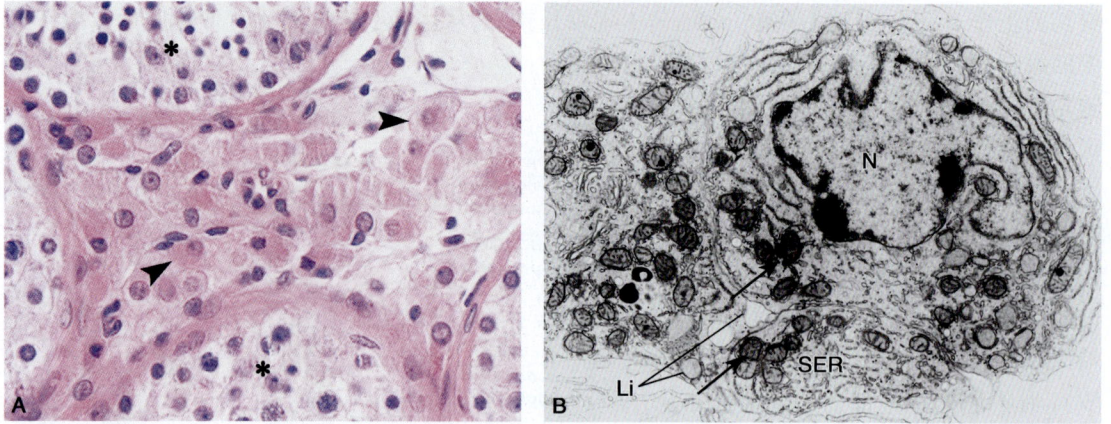

图 18-9 睾丸间质

A. 光镜像 HE 染色 高倍(华中科技大学同济医学院李和供图);B. 间质细胞电镜像;星号示生精小管;短箭头示间质细胞;长箭头示线粒体;SER. 滑面内质网;Li. 脂滴;N. 核

Fig. 18-9   Interstitial tissue

A. light micrograph HE stain High magnification;B. electron micrograph of the interstitial cell; asterisks indicate the seminiferous tubules;short arrows indicated the Leydig cells;long arrows indicate mitochondria;SER. smooth endoplasmic reticulum;Li. lipid droplet;N. nucleus

间质细胞的主要功能是合成、分泌雄激素(androgen),包括睾酮(testosterone)、雄烯二酮、双氢睾酮等。血液中的睾酮有 90% 以上是由间质细胞分泌的,其余的是由肾上腺皮质网状带细胞分泌的脱氢表雄酮、雄烯二酮转化而成。间质细胞合成和分泌,雄激素的功能主要受腺垂体远侧部分泌的黄体生成素(又称间质细胞刺激素)和催乳素的调节。间质细胞膜上存在间质细胞刺激素受体,而该受体基因的表达受催乳素的诱导。

自青春期开始,间质细胞功能活跃,分泌睾酮启动和维持精子发生,促进外生殖器和性腺的发育与成熟,激发男性第二性征的发育,维持性功能。成年期,睾酮分泌稳定,以维持精子发生、男性第二性征和性功能。睾酮还能促进蛋白质合成、骨骺融合,并刺激骨髓造血。此外,雄激素对机体免疫功能有调节作用。

间质细胞还能分泌少量的雌激素,并能合成和分泌多种生长因子和生物活性物质,参与睾丸功能的局部调节。

(三) 直精小管和睾丸网

生精小管近睾丸纵隔处变成短而直的直精小管(tubule rectus),管径较细,管壁上皮由单层支持细胞构成,无生精细胞(图 18-10)。直精小管内的支持细胞由柱状逐渐变为立方形,细胞之间的紧密连接由细胞基部移至细胞顶部。直精小管进入睾丸纵隔内分支吻合成网状的管道,即睾丸网(rete testis),其管腔大而不规则,衬有单层立方上皮,细胞之间也有紧密连接。生精小管产生的精子经直精小管和睾丸网出睾丸进入附睾。

(四) 睾丸功能的内分泌调节

下丘脑的神经内分泌细胞分泌促性腺激素释放激素(GnRH),GnRH 促进腺垂体远侧部的促性腺激素细胞分泌卵泡刺激素(FSH)和黄体生成素(LH)。在男性,FSH 促进支持细胞合成 ABP;LH 又称间质细胞刺激素(ICSH),可刺激间质细胞合成和分泌雄激素。雄激素和靶细胞受体结合,调节靶细胞的功能活动。ABP 可与雄激素结合,从而维持生精小管含有高浓度的雄激素,促进精子发生。支持细胞分泌的抑制素和间质细胞分泌的雄激素,又可反馈抑制下丘脑 GnRH 和腺垂体 FSH 及 LH 的分泌,而支持细胞分泌的激活素的作用与抑制素相反(图 18-11)。在正常情况下,各种激素的分泌量是相对恒定的,其中某一种激素分泌量升高或下降,或某一种激

Notes

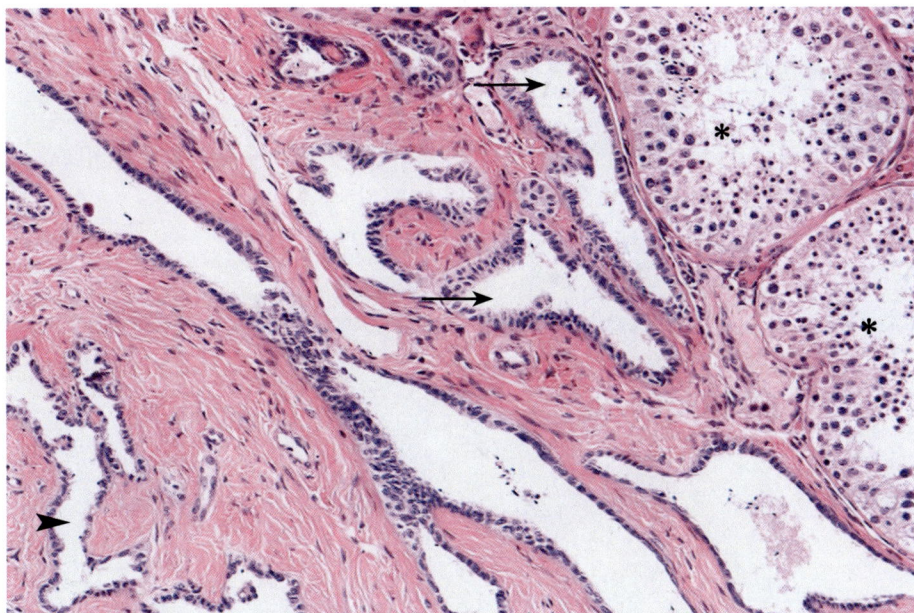

图 18-10　生精小管和直精小管　HE 染色　低倍(华中科技大学同济医学院李和供图)

星号示生精小管;长箭头示直精小管;短箭头示睾丸网

Fig. 18-10　Light micrograph of the seminiferous tubule and tubule rectus　HE stain　Low power

Asterisks indicate the seminiferous tubule;long arrows indicate the tubule rectus ;short arrow indicates the rete testis

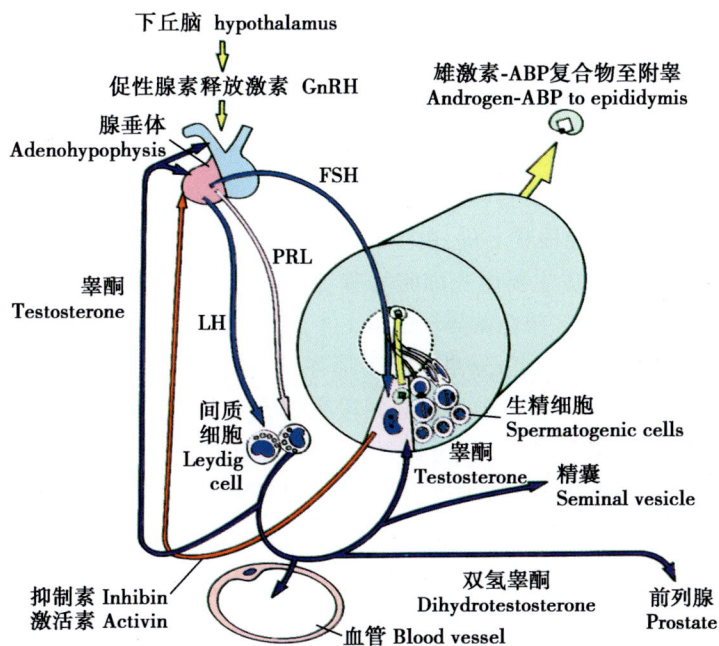

图 18-11　睾丸功能内分泌调节示意图

FSH. 卵泡刺激素;LH. 黄体生成素;PRL. 催乳素;ABP. 雄激素结合蛋白

Fig. 18-11　Diagrammatic representation of the endocrine regulation of the testicular function

FSH. follicle stimulating hormone;LH. luteinizing hormone;PRL. prolactin;

ABP. androgen binding protein

Notes

素的相应受体改变,将影响精子发生,可能导致第二性征的改变及性功能障碍。

二、生 殖 管 道

男性生殖管道包括附睾、输精管及尿道,能为精子成熟、储存和运输提供有利环境。

(一) 附睾

附睾(epididymis)位于睾丸后外侧,分头、体和尾3部,由输出小管和附睾管组成。头部主要由输出小管,体部和尾部主要由附睾管组成(图18-12)。

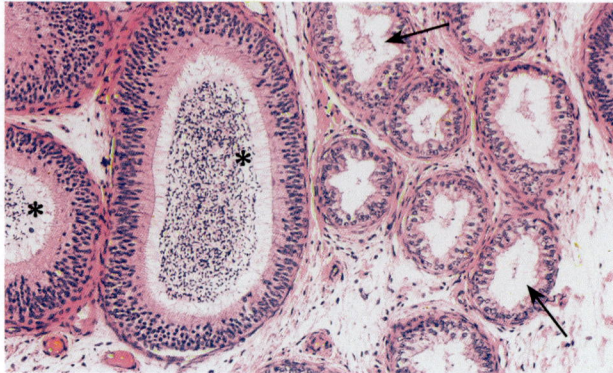

图 18-12　附睾光镜像　HE 染色　低倍
箭头示输出小管;星号示附睾管
Fig. 18-12　Light micrograph of the epididymis　HE stain　Low magnification
Long arrows indicate efferent ducts;asterisks indicate epididymal ducts

1. **输出小管**　输出小管(efferent duct)是与睾丸网连接的8~12根弯曲小管,其远端与附睾管相连。管壁内衬纤毛柱状上皮,由高柱状纤毛细胞和低柱状细胞相间排列构成,故管腔不规则。管周由薄层环行平滑肌围绕。输出小管可对管腔中液态和固态的物质进行重吸收。纤毛摆动还有助于管腔内液体及精子向附睾管方向移动。

2. **附睾管**　附睾管(epididymal duct)为一条极度盘曲的管道,长4~6m,直径约为0.5mm。近端与输出小管相连,远端与输精管相连。管腔规则,腔内充满精子和分泌物。附睾管的管腔整齐,上皮较厚,属假复层纤毛柱状上皮,由主细胞、基细胞、顶细胞、狭窄细胞、亮细胞和晕细胞6种细胞组成;人附睾管的上皮主要由主细胞和基细胞组成。附睾管各段所含的上述细胞的比例不尽相同,表现出分布上的区域性差异(图18-13)。

(1) 主细胞:主细胞(chief cell)分布于附睾管各段,数目最多,占所有附睾管细胞的65%~80%,其形态结构有较明显的区域性差异。起始段主细胞形态高而窄,游离面仅有少量微绒毛,胞质中有线粒体、溶酶体、糖原、微丝、微管以及顶部小管、有衣小凹和有衣小泡;细胞核呈长圆形,常见凹陷;核上区高尔基复合体较发达,核下区有丰富的粗面内质网、多聚核糖体。体部至尾部的主细胞逐渐变矮,管腔渐大,基底部足突与基膜相接触;游离面微绒毛多而长(形似纤毛,但不能运动,又称静纤毛),顶区高尔基复合体发达。

(2) 基细胞:基细胞(basal cell)分布于附睾管各段,位于相邻主细胞基部之间。细胞呈锥体形,基底部与基膜有较大接触面,细胞的顶部被其他细胞覆盖而不露于腔面,但有时其细胞突起可达到腔面。基细胞核为卵圆形,染色质呈细颗粒状,核内有时可见内容物;细胞器很少,有粗面内质网、高尔基复合体、线粒体及少量脂滴。基细胞与主细胞之间有许多桥粒。

(3) 顶细胞:顶细胞(apical cell)狭长,顶部稍宽,游离面有少量微绒毛,基底面不与基膜接触。顶部胞质内含有大量线粒体。除了可以内吞管腔中的物质之外,顶细胞的其他功能尚不

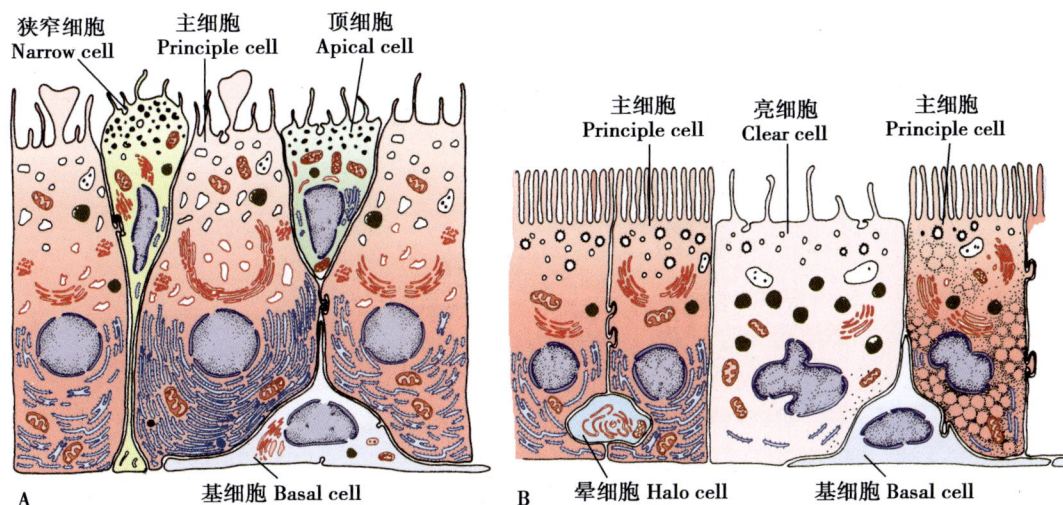

图 18-13　附睾上皮细胞模式图

A. 附睾管起始部上皮细胞组成；B. 附睾体部上皮细胞组成

Fig. 18-13　Diagram of epithelial cells in the epididymal duct

A. composition of epithelial cells in the initial part of the epididymal duct；B. composition of epithelial cells in the caput of the epididymis

明了。

（4）狭窄细胞：狭窄细胞（narrow cell）数量较少，呈高柱状，较其他细胞窄。细胞核长而致密，位于近细胞游离面。游离面有少量短的微绒毛，顶部胞质有丰富的小泡和多泡体，线粒体丰富。基部窄，贴于基膜上。

（5）亮细胞：亮细胞（clear cell）顶部胞质内充满大小不等的囊泡和空泡、有衣小凹、顶部小管、溶酶体和致密颗粒。细胞核位于靠近基底部，圆形，浅染，核仁明显。游离面有少量微绒毛。亮细胞有很强的吞饮功能，可内吞当精子成熟时脱落的胞质残余体及某些管腔内的蛋白质。

（6）晕细胞：晕细胞（halo cell）多见于附睾尾部，位于主细胞之间。细胞体积小，光镜下见该细胞胞质有一圈透亮的环状区域，故称晕细胞。晕细胞位于上皮基部，胞质内有致密的核心颗粒。晕细胞可能参与附睾局部的免疫屏障，能阻止精子抗原与循环血液的接触。

附睾管上皮基膜外侧有薄层平滑肌围绕，并从管道的头端至尾端逐渐增厚，肌层的收缩有助于管腔内的精子向输精管方向缓慢移动。管壁外为富含血管的疏松结缔组织。

精子在附睾内停留 8～17 天，并经历一系列成熟变化，获得运动能力，达到功能上的成熟。这不仅依赖于雄激素的存在，而且与附睾上皮细胞（主要是主细胞）分泌的离子、甘油磷酸胆碱和唾液酸等密切相关。附睾上皮还可分泌数十种与精子成熟有关的蛋白质和多肽。附睾头部远端和体部上皮细胞能摄取血液中的肉毒碱并转运至腔内，使附睾液内的肉毒碱浓度由头部至尾部逐渐增高。相邻细胞近腔面的紧密连接，是构成血-附睾屏障的结构基础，能保护成熟中的精子不受外界干扰，并将精子与免疫系统隔离。附睾的功能异常也会影响精子的成熟，导致不育。

（二）输精管

输精管是壁厚腔小的肌性管道，管壁由黏膜、肌层和外膜三层组成。黏膜表面为较薄的假复层柱状上皮，固有层结缔组织中弹性纤维丰富。肌层厚，由内纵、中环、外纵行排列的平滑肌纤维组成（图 18-14）。在射精时，肌层强力收缩，将精子快速排出。

Notes

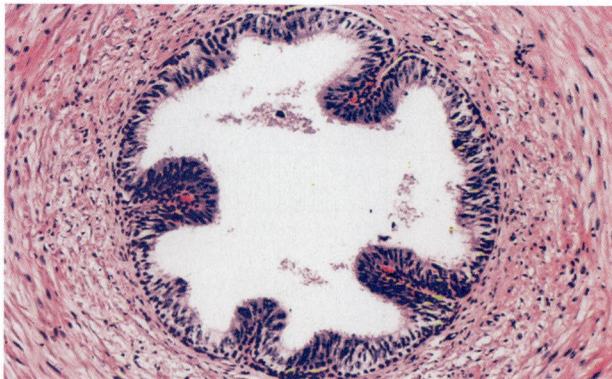

图 18-14　输精管横切面光镜像　HE 染色　低倍
Fig. 18-14　Light micrograph of cross section of a ductus deferens　HE stain　Low magnification

三、附　属　腺

附属腺和生殖管道的分泌物与精子共同组成精液(semen)。正常成年男性每次射出 2 ~ 6ml 精液,每毫升精液含 0.2 亿 ~ 2 亿个精子。若精液量少于 1ml,或每毫升精液所含精子数低于 400 万个,或精子活力低下等,均可导致不育症。

(一) 前列腺

前列腺(prostate)呈栗形,环绕于尿道起始段。腺的被膜与支架组织均由富含弹性纤维和平滑肌的结缔组织组成。腺实质主要由 30 ~ 50 个复管泡腺组成,有 15 ~ 30 条导管开口于尿道精阜的两侧。腺实质可分 3 个带:尿道周带(又称黏膜腺)最小,位于尿道黏膜内;内带(又称黏膜下腺),位于黏膜下层;外带(又称主腺),构成前列腺的大部(图 18-15)。腺分泌部由单层立方、单层柱状及假复层柱状上皮构成,故腺腔很不规则。腔内可见分泌物浓缩形成的圆形嗜酸性板层状小体,称前列腺凝固体(prostatic concretion),其随着年龄的增长而增多,甚至钙化形成前列腺结石(图 18-16)。

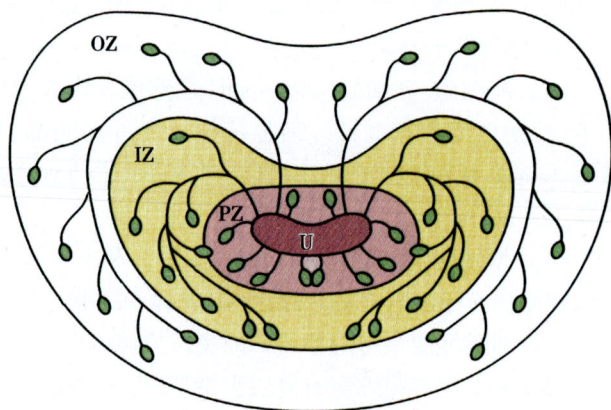

图 18-15　前列腺模式图
OZ. 外带;IZ. 内带;PZ. 尿道周带;U. 尿道
Fig. 18-15　Schematic diagram of the prostate
OZ. outer zone;IZ. inner zone;PZ. periurethral zone;
U. urethra

从青春期开始,前列腺在雄激素的刺激下分泌增强,分泌物为稀薄的乳白色液体,富含酸性磷酸酶和纤维蛋白溶酶,还有柠檬酸和锌等物质。老年人的前列腺常呈增生肥大,是由于前列腺的尿道周带和内带小结状增生,压迫尿道,造成排尿困难,此时分泌物中的锌含量增多。慢性前列腺炎易出现纤维蛋白溶酶异常,继而引起精液不液化,影响精子的运动及受精能力。前列腺癌主要发生在腺的外带,此时分泌物中的酸性磷酸酶含量增多,血液中的前列腺特异抗原(prostate specific antigen,PSA)升高,而锌的含量下降。

(二) 精囊

精囊是一对盘曲的囊状器官。黏膜向腔内突起形成高大的皱襞,皱襞又彼此融合,黏膜表面是假复层柱状上皮,胞质内含有许多分泌颗粒和黄色的脂色素。黏膜外有薄的平滑肌层和结

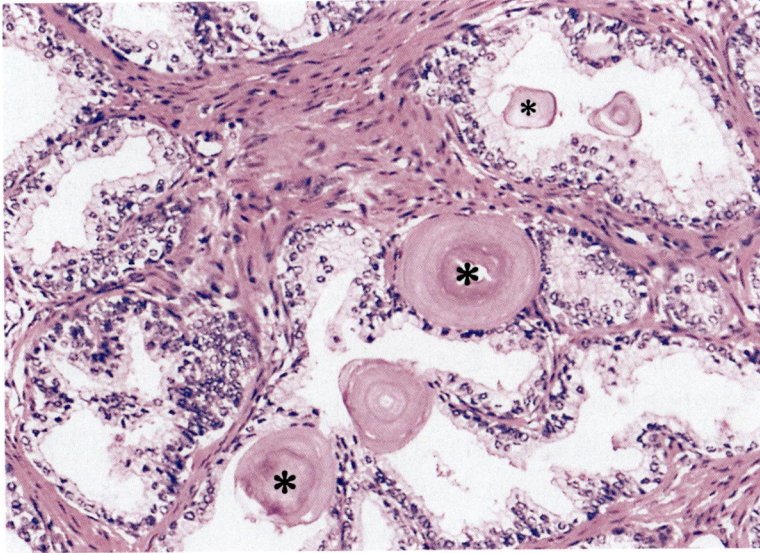

图 18-16　前列腺光镜像　HE 染色　高倍 (华中科技大学同济医学院李和供图)
星号示前列腺凝固体
Fig. 18-16　Light micrograph of the prostate　HE stain　High magnification
Asterisks indicate the prostatic concretion

缔组织外膜。在雄激素刺激下,精囊分泌弱碱性的淡黄色液体,内含果糖、前列腺素等成分。果糖为精子的运动提供能量。

(三) 尿道球腺

尿道球腺是一对豌豆状的复管泡状腺,其上皮为单层立方或单层柱状,上皮细胞内富含黏原颗粒。腺体分泌的黏液于射精前排出,以润滑尿道。

四、阴　茎

阴茎主要由两个阴茎海绵体和一个尿道海绵体构成(图 18-17),尿道行于尿道海绵体内。阴茎外表被覆以活动度较大的皮肤。海绵体主要由勃起组织构成,外包以致密结缔组织组成的坚韧白膜。勃起组织是以具有大量不规则的血窦为特征的海绵状组织,血窦彼此连通,血窦之间是富含平滑肌纤维的结缔组织小梁。阴茎深动脉的分支螺旋动脉穿行于小梁中,与血窦连

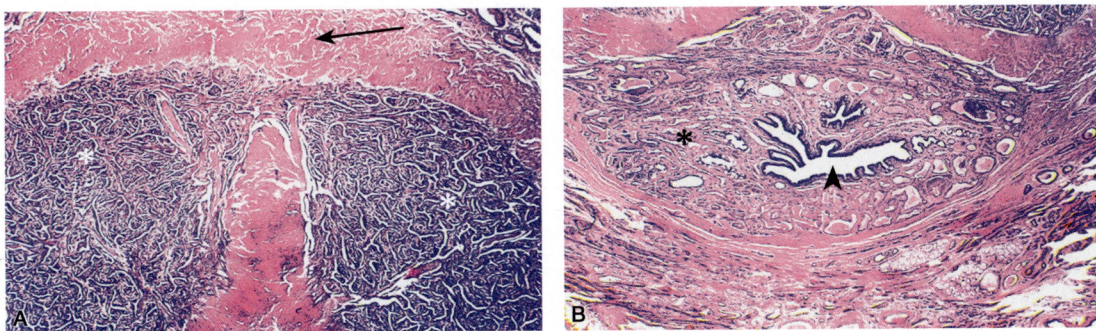

图 18-17　阴茎横断面光镜像　HE 染色　低倍
A. 阴茎海绵体(白星号);B. 尿道海绵体(黑色星号);长箭头示白膜;短箭头示尿道
Fig. 18-17　Light micrograph of transverse section of the penis　HE stain　Lower magnification
A. corpora cavernosum penis(white asterisks);B. corpora cavernosum urethra (black asterisk);Long arrow indicates the tunica albuginea;short arrow indicates the urethra

Notes

通。静脉多位于海绵体周边部白膜下方。白膜结构坚韧,具有限制海绵体及其内的血窦过分扩张的作用。一般情况下,流入血窦的血液很少,血窦呈裂隙状,海绵体柔软。当大量血液流入血窦时,血窦充血而胀大,白膜下的静脉受压,血液回流暂时受阻,海绵体变硬,阴茎勃起。阴茎勃起受到肾上腺素能神经、副交感神经等多种因素的调控。一氧化氮(NO)可以通过弥散作用进入阴茎海绵体血管平滑肌纤维,激活平滑肌胞质内的鸟苷酸环化酶,产生 cGMP,引起平滑肌舒张、血管充血、阴茎勃起。阴茎组织富含磷酸二酯酶(PDE),它能降解海绵体平滑肌纤维内的 cGMP,最终使平滑肌松弛作用终止,阴茎从勃起状态回复到疲软状态。

专题讲座:环境激素与睾丸间质细胞功能

环境激素(environmental hormones)是指由于人类的生产和生活活动而排放到周围环境中的某些化学物质。这些化学物质进入生物体内可扰乱机体内正常的内分泌平衡,影响到包括人类在内的各种生物的生殖功能,诱发生殖器官肿瘤形成。因此,这类具有激素作用的环境激素也称为内分泌干扰素(endocrine disruptor)或内分泌干扰物质(endocrine disrupting chemicals)。环境激素类物质种类繁多,并且广泛存在于生活和工作环境中,可通过饮食或者食物链进入动物和人体内,对人类、家畜、野生动物的健康和繁衍产生极大影响。早期对环境激素的研究主要集中在其对女性生殖系统的损伤。近年来,不断增加的男性性欲下降、阳痿、精子数量下降等现象,引起了人们对环境激素影响男性生殖健康的重视。

(一)环境激素的性质、种类与来源

随着工业发展,新生的化学物质层出不穷,大量化学物质在人类生活环境中不断释放。据目前研究,通过鉴定得知影响人类健康的化学物质已有 200 余种,其中已有近 70 种化学物质被鉴定为环境激素,大多数是人工合成化合物。根据化学结构,环境激素主要分为以下3 类:

1. 含氯化合物　含氯化学物类环境激素主要有长期广泛用于农业的有机氯杀虫药,如DDT、六六六等,以及塑料氯苯乙烯焚烧后产生的二氯化物等。它们或者经水源和食物链进入人体,或者直接被吸入体内。

2. 重金属类　重金属类环境激素主要有镉、铅、汞及其化合物。这些物质化学结构稳定,不易降解,可在环境和生物体内蓄积。其在环境中含量不高,甚至不易被检测到,却能影响激素信号作用,尤其在胎儿和儿童发育的关键时期,危害作用巨大。生殖系统对重金属及其化合物的作用尤为敏感,以铅为例,往往在其他系统尚无反应时,即出现了生殖功能障碍。

3. 化工产品　化工产品是以甲基苯、苯胺、硝基类化合物为基础的各种塑料用品,如氯化维尼龙、邻苯二甲酸双己酯(DEHP)、制造碳酸酯树脂的双酚 A 等。塑料制品并不像人们原来想象的那样稳定,有些从塑料里渗透出来的化合物具有激素活性。其中双酚 A 类是一种重要的化工原料,被用在瓶子和收纳罐等的生产中,其广泛的应用导致无处不在的暴露。低剂量的双酚 A也可影响男性生殖系统的发育。

(二)环境激素对男性生殖功能的影响

环境激素可以造成男性生殖功能异常,除造成精子数量、密度下降之外,精子质量也在不断下降。近数十年来,畸形、劣质的精子比例增多,致使男性不育症的发生率逐年增高。男性胎儿若与内分泌干扰物质接触,可能会造成一系列男性生殖系统疾病,包括睾丸癌、隐睾、少精症等。此外,环境激素还可造成新生儿的男性比例下降。1976 年 7 月 10 日,意大利塞维索的化工厂爆炸,导致三氯苯酚大量扩散,进而导致附近农药厂除草剂的 3500 余桶废物泄漏。据检测,废物中含二噁英(TCDD)浓度达 40mg/kg,污染面积达数平方公里,涉及居民 5000 多人。事发后 5天,当地鸟、鱼等死亡,儿童和成人出现痤疮等炎症,表层土壤中均检测到高浓度有毒物质。影响更加深远的是,此后 8 年中,当地新生儿男性的比例仅占 36.8%,且畸形儿出生率大为增加,在父亲血清 TCDD 高水平的家庭中,出生的婴儿全部为女性。消除污染后,1985—1994 年,当地新生儿性别比例恢复正常。

(三) 环境激素影响睾丸间质细胞功能以及生育力的机制

环境激素可直接或间接地损害男性生殖器官的发育以及生育能力。直接损伤是指对不同生精细胞的细胞毒性作用,间接损伤是指间质细胞功能改变或血-睾屏障受到破坏。睾丸间质细胞能够产生雄激素,而内分泌干扰物质通过抑制睾丸间质细胞合成类固醇激素以及抑制雄激素与雄激素受体的结合,从而可能导致男性生殖管道不完全女性化和其他畸形。例如,在间质细胞内,孕酮是合成睾酮的前体物质,而环腺苷酸(cAMP)可触发细胞内的级联反应促进睾酮分泌,当环境激素影响孕酮或 cAMP 表达水平时,都会影响到睾酮的合成。胎儿时期若缺乏雄激素将影响中肾旁管的分化,严重影响内生殖器官的形成和发育。环境激素对睾丸间质细胞的功能以及对生殖潜能的影响是一个复杂的过程,这些过程取决于接触环境激素的途径、剂量、被接触机体的发育阶段以及其他很多因子。这些因素可能对男性生殖功能造成长期不利后果。环境激素通过影响睾丸间质细胞功能从而造成男性生育能力下降的机制包括:①直接影响类固醇激素合成因子的基因表达;②抑制调控某些目标蛋白磷酸化及其活性的上游信号通路,这些蛋白质与运输胆固醇进入线粒体相关;③直接干扰雄激素受体的功能,从而阻断雄激素的作用。

参考文献

1. Wilcox AJ, Bonde JP. On environmental threats to male infertility. Asian J Androl, 2013, 15(2): 199-200
2. Svechnikov K, Izzo G, Landreh L, et al. Endocrine disruptors and Leydig cell function. J Biomed Biotechnol, 2010: 1-10
3. 解玮, 朱惠刚. 环境雌激素的男性生殖健康效应. 上海环境科学, 2003, 22(2): 132-136

（徐　晨）

第 19 章　女性生殖系统

KEY POINTS

- Structure of the follicles at the successive stages of maturation
- Ovulation
- Formation, structure and function of the corpus luteum
- Structure of the oviduct
- Structure of the uterine wall
- Menstrual cycle and cyclic changes of the endometrium
- Structure of the uterine cervix and vagina
- Structure of the mammary gland

女性生殖系统由卵巢、输卵管、子宫、阴道和外生殖器组成。卵巢是卵子发育和贮存的部位,也是分泌性激素的主要器官;输卵管是生殖细胞的输送管道和受精的部位;子宫则是孕育胎儿的器官。由于乳腺是分泌乳汁、哺育婴儿的器官,其腺组织的形态结构变化与女性激素密切相关,故通常列入女性生殖系统介绍。

女性生殖系统有明显的年龄性变化,生育期则呈现不同程度的周期性改变。青春期前,生殖器官生长缓慢;从青春期开始,生殖器官迅速发育成熟,卵巢开始排卵并分泌性激素,月经来潮和第二性征出现,并开始具有生育能力;进入更年期(45~55岁),卵巢功能逐渐减弱,月经渐停,生殖器官逐渐萎缩;进入绝经期,生殖器官进一步萎缩,周期性变化停止。

一、卵　巢

卵巢表面被覆单层扁平或立方上皮,在卵巢门处与腹膜脏层的间皮相延续。上皮下方为薄层致密结缔组织,称白膜(tunica albuginea)。卵巢实质的周围部称皮质,较厚,主要特点是含大量卵泡;中央部称髓质,主要由疏松结缔组织构成,含较多弹性纤维和血管。近卵巢门处的结缔组织中有少量平滑肌束及门细胞,卵巢的血管、淋巴管和神经由此出入(图19-1)。

卵泡数量随着年龄增长而逐渐减少。新生儿两侧卵巢皮质中共有70万~200万个原始卵泡,7~9岁时减少到约30万个,青春期开始时有4万个左右,至更年期仅剩几百个。从青春期到更年期的整个生育期内(30~40年),卵巢在脑垂体周期性分泌的促性腺激素的影响下,一般每隔28天左右有15~20个卵泡生长发育,但通常只有1个卵泡发育成熟并排卵。一生中两侧卵巢共排卵400~500个,其余卵泡均在发育的不同阶段退化。绝经期以后,卵巢一般不再排卵,其结缔组织增生,体积变小。

(一) 卵泡的发育

卵泡呈球形,由一个卵母细胞(oocyte)和包绕在其周围的多个卵泡细胞(follicular cell)组成。卵泡的发育过程一般分为原始卵泡、初级卵泡、次级卵泡和成熟卵泡4个阶段,见图19-1,初级卵泡和次级卵泡常合称为生长卵泡(growing follicle)。

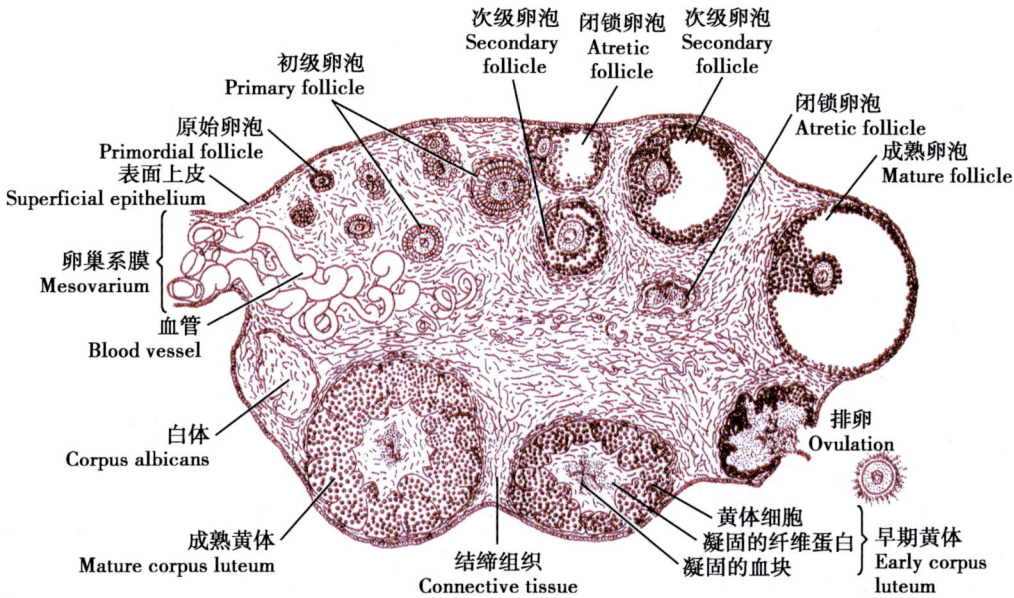

图 19-1　卵巢模式图

Fig. 19-1　Schematic drawing of the ovary

1. 原始卵泡　原始卵泡(primordial follicle)是卵泡发育的最初阶段,处于静止状态,位于卵巢皮质的浅层,体积小,数量多。其中央为一个初级卵母细胞(primary oocyte),周围有多个单层扁平的卵泡细胞(图 19-2)。初级卵母细胞由胚胎时期的卵原细胞(oogonium)发育分化而成,呈圆形,直径 30~40μm,核大而圆,染色质稀疏,核仁大而明显,胞质嗜酸性。电镜下可见核周围存在成层排列的滑面内质网,称环层板(annulate lamellae),与核膜外层连续,可能与核和胞质间的物质传递有关。初级卵母细胞停滞于第一次成熟分裂前期。卵泡细胞呈扁平形,胞体小,核扁圆,着色深,与卵母细胞之间存在缝隙连接,与周围结缔组织之间有薄层基膜,具有支持和营养卵母细胞的作用。

2. 初级卵泡　青春期开始,在脑垂体分泌的卵泡刺激素(FSH)的作用下,原始卵泡分批生长发育为初级卵泡(primary follicle)。在此过程中,主要结构变化包括:①初级卵母细胞体积增大,核也变大,核仁深染,核孔增多;胞质内高尔基复合

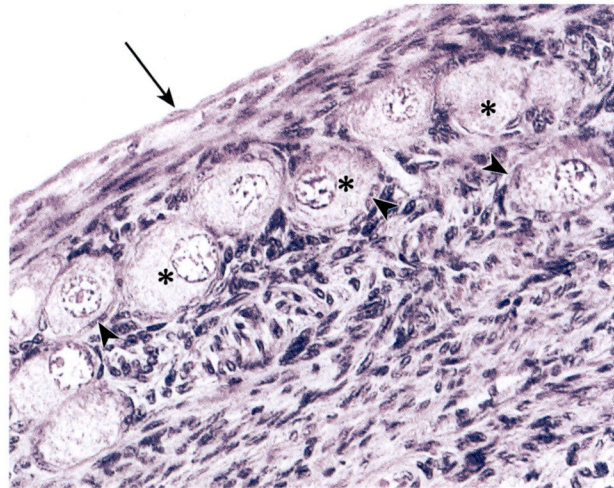

图 19-2　原始卵泡光镜像　HE 染色　高倍(华中科技大学同济医学院李和供图)

长箭头示表面上皮;短箭头示卵泡细胞;星号示初级卵母细胞

Fig. 19-2　Light micrograph of the primordial follicle　HE stain　High magnification

Long arrows indicate the superficial epithelium;short arrows indicate the follicular cells;asterisks indicate the primary oocytes

体、粗面内质网、游离核糖体等均增多;浅层胞质内还出现皮质颗粒(cortical granule),它是一种溶酶体,在受精时起着重要作用。②卵泡细胞同步增大,由扁平形变成立方形,进而变成柱状,并逐渐由单层(早期)增殖为复层(晚期)。③在卵泡细胞增生的过程中,初级卵母细胞与最内层的卵泡细胞间出现一层均质状、折光性强的嗜酸性膜,称透明带(zona pellucida)(图 19-3、图 19-

4）。透明带由特异性糖蛋白构成,至少含有 4 种糖蛋白分子,即 ZP1、ZP2、ZP3 和 ZP4,由初级卵母细胞和卵泡细胞共同分泌。电镜下可见初级卵母细胞和卵泡细胞皆有微小突起伸入透明带,两者之间以桥粒和缝隙连接相连。这些结构有利于卵泡细胞和卵母细胞间的物质交换、信息沟通和功能协调。在受精过程中,透明带上的精子受体(特别是 ZP3 和 ZP2)对精子与卵细胞之间的相互识别和特异性结合具有重要作用,最近也发现因 ZP1 基因缺失而导致不孕的家系。

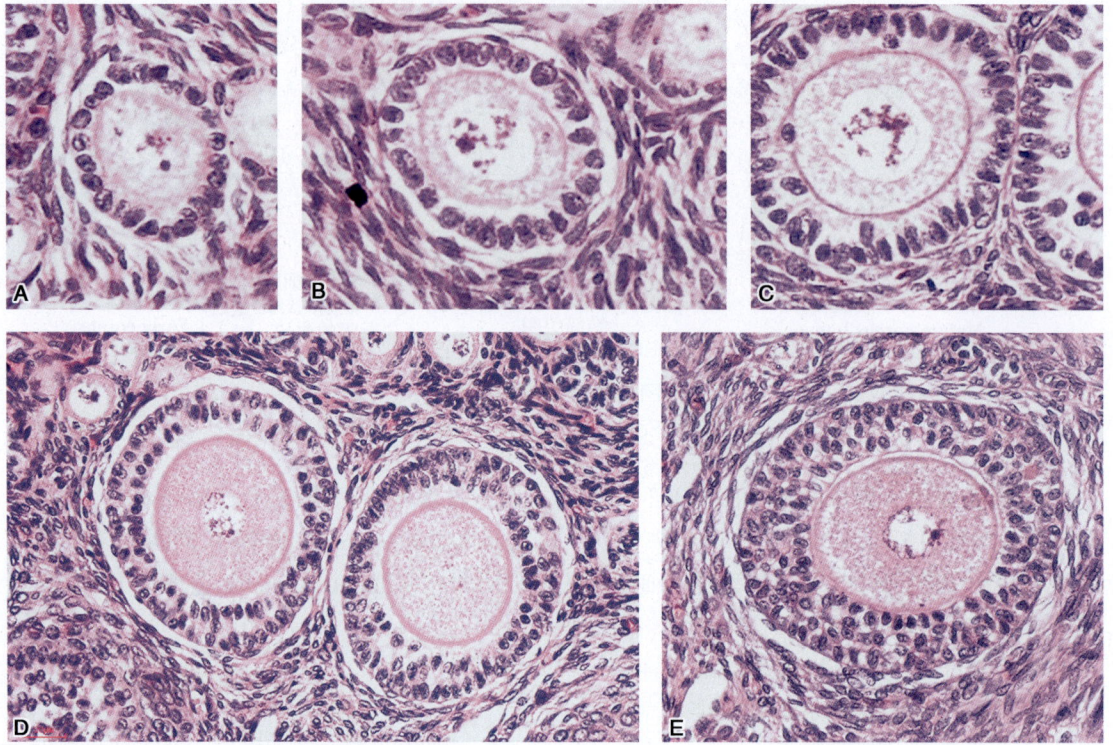

图 19-3　早期和晚期初级卵泡光镜像　HE 染色　高倍(中南大学湖雅医学院文建国供图)
A—C. 早期初级卵泡,卵泡细胞呈单层立方(A)、单层矮柱状(B)或单层高柱状(C);D 和 E. 晚期初期卵泡,卵泡细胞呈复层
Fig. 19-3　Light micrographs of early and late primary follicles　HE stain　High magnification
A to C. Early primary follicles with unilaminar cuboidal (A), short columnar (B) or tall columnar (C) follicular cells; D and E. late primary follicles with multilayered follicular cells

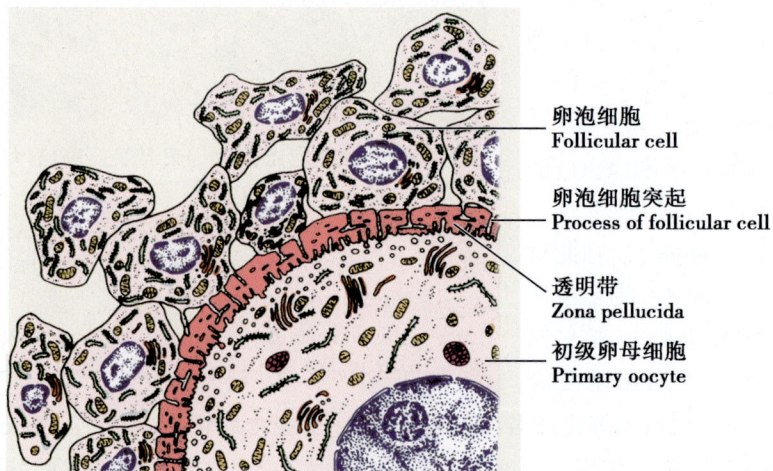

卵泡细胞
Follicular cell

卵泡细胞突起
Process of follicular cell

透明带
Zona pellucida

初级卵母细胞
Primary oocyte

图 19-4　初级卵母细胞与卵泡细胞超微结构模式图
Fig. 19-4　Schematic drawing of ultrastructure of primary oocyte and follicular cells

Notes

随着初级卵泡体积增大,卵泡周围结缔组织内的梭形基质细胞也增殖分化,逐渐形成卵泡膜(follicular theca),与卵泡细胞之间以基膜相隔。

3. **次级卵泡** 初级卵泡继续发育,卵泡细胞之间出现液腔时,称为次级卵泡(secondary follicle),又称囊状卵泡(vesicular follicle),其直径可达10~20mm。次级卵泡结构的主要变化为:①当卵泡直径达到0.2mm时,卵泡细胞分裂增殖到6~12层,在卵泡细胞间出现大小不等的液腔,继而汇合成一个大的卵泡腔(follicular cavitg),卵泡腔内充满卵泡液(follicular fluid);卵泡液由卵泡细胞分泌以及血浆渗入而成,液内含有垂体分泌的促性腺激素和卵巢分泌的类固醇激素及多种生物活性物质等;由于卵泡腔扩大,致使初级卵母细胞与其周围的卵泡细胞居于卵泡腔的一侧,形成一个圆形隆起突入卵泡腔,称为卵丘(cumulus oophorus)。②初级卵母细胞达到最大体积,直径为125~150μm,其周围包裹一层较厚的透明带。紧靠透明带的一层高柱状卵泡细胞呈放射状排列,称放射冠(corona radiata)。分布在卵泡腔周围的卵泡细胞排列密集,呈颗粒状,故称颗粒层(stratum granulosum),构成卵泡壁。③卵泡膜分化成内、外两层:内膜层(theca interna)含有较多的血管和多边形的膜细胞(theca cell);膜细胞具有分泌类固醇激素细胞的结构特点,既有丰富的滑面内质网、管状嵴的线粒体以及较多的脂滴,又含有与类固醇激素合成有关的酶类;外膜层(theca externa)的纤维多,血管少,还有少量平滑肌(图19-5、图19-6)。

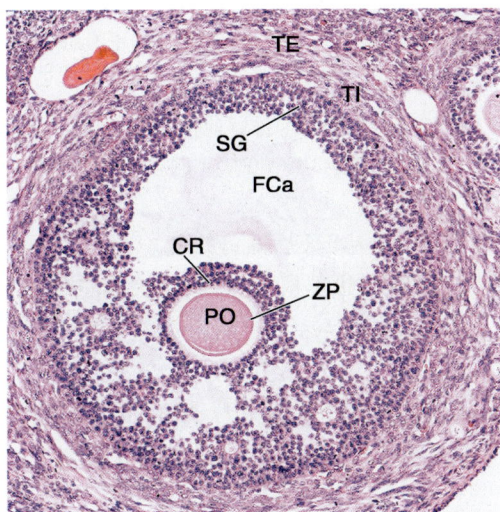

图 19-5 次级卵泡光镜像 HE 染色 中倍(中南大学湘雅医学院文建国供图)
PO. 初级卵母细胞;ZP. 透明带;CR. 放射冠;FCa. 卵泡腔;SG. 颗粒层;TI. 内膜层;TE. 外膜层
Fig. 19-5 Light micrograph of secondary follicle HE stain Medium magnification
PO. primary oocyte;ZP. zone pellucida;CR. corona radiata;FCa. follicular cavity;SG. stratum granulosum;TI. theca interna;TE. theca externa

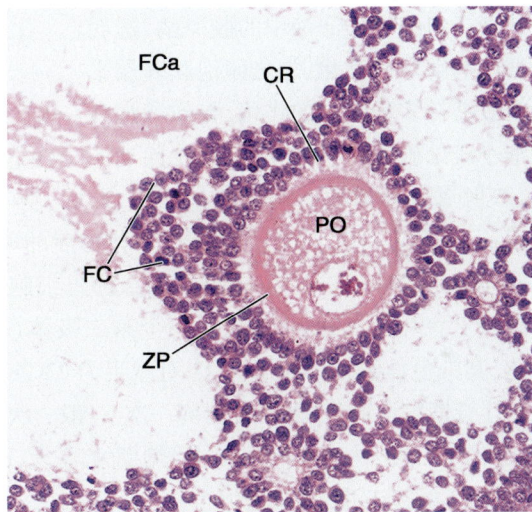

图 19-6 卵丘光镜像 HE 染色 高倍(中南大学湘雅医学院文建国供图)
PO. 初级卵母细胞;ZP. 透明带;CR. 放射冠;FC. 卵泡细胞;FCa. 卵泡腔
Fig. 19-6 Light micrograph of the cumulus oophorus HE stain High magnification
PO. primary oocyte;ZP. zone pellucida;CR. corona radiata;FC. follicular cell;FCa. follicular cavity

4. **成熟卵泡** 成熟卵泡(mature follicle)是卵泡发育的最后阶段,其直径可达20mm以上,占据皮质全层并突向卵巢表面(图19-1);卵泡腔进一步增大,颗粒层细胞停止增殖,卵泡壁变薄,卵丘根部的卵泡细胞间出现裂隙。近排卵时,卵丘与卵泡壁分离,漂浮在卵泡液中。在排卵前36~48h,初级卵母细胞完成第一次成熟分裂,形成一个大的次级卵母细胞和一个很小的第一极体(first polar body)。第一极体是一个很小的球形细胞,位于次级卵母细胞和透明带之间的卵周间隙

Notes

(perivitelline space)内。随后,次级卵母细胞迅速进行第二次成熟分裂,但停滞于分裂中期。

次级卵泡与成熟卵泡具有内分泌功能,主要分泌雌激素。雌激素由膜细胞和颗粒细胞在脑垂体分泌的 FSH 和 LH 的作用下协同生成。膜细胞合成的雄激素透过基膜进入颗粒细胞,在芳香化酶系的作用下,雄激素转变为雌激素。这是雌激素合成的主要方式,称为"两细胞学说"。合成的雌激素小部分进入卵泡腔,大部分释放入血,调节子宫内膜等靶器官的生理活动。

卵泡的发育速度较缓慢,从一个原始卵泡启动发育直到成熟,并非在一个月经周期内完成,而是需要几个月经周期才完成,大约需 90 天。

(二) 排卵

成熟卵泡在 LH 分泌高峰的作用下,于排卵前体积增至最大,卵泡液剧增,卵泡张力增加,致使卵泡突向卵巢表面。隆起部分的卵泡壁以及卵巢的白膜和表面上皮变薄、缺血,形成局部透明的卵泡小斑(follicular stigma)(图 19-7),继而小斑处的薄层组织被卵泡液中的胶原酶、透明质酸酶等解聚和消化,加之卵泡膜外层平滑肌收缩等多种因素的作用,导致卵泡在卵泡小斑处破裂,次级卵母细胞连同透明带、放射冠及卵泡液一起从卵巢排出,此

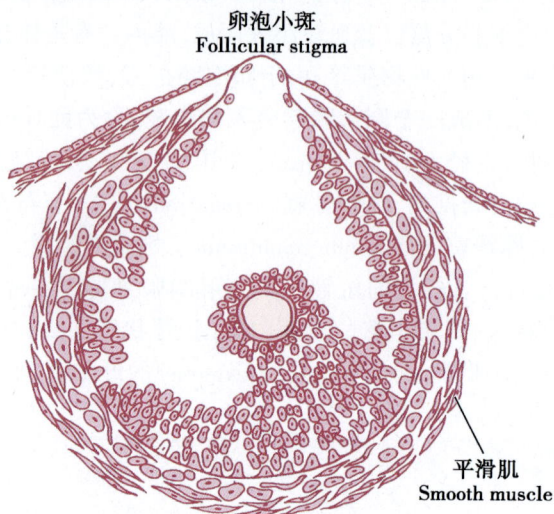

图 19-7　成熟卵泡排卵前模式图
Fig. 19-7　Schematic drawing of mature follicle before ovulation

过程称为排卵(ovulation)(图 19-1)。排卵后的卵巢表面裂口 2~4 天后即可修复。

若排出的卵于 24h 内未受精,次级卵母细胞退化并被吸收;如受精,则继续完成第二次成熟分裂,产生一个成熟的卵细胞和一个第二极体(secondary polar body)。经两次成熟分裂后的卵细胞,其染色体数目由原来的 23 对减半为 23 条。

生育期妇女每个月经周期排卵一次,一般一次只排一个卵,且两侧卵巢交替排卵,偶见一次排两个或两个以上者。大多数妇女的月经周期为 28 天,正常排卵大多发生在月经周期的第 14 天左右。

(三) 黄体的形成与退化

排卵后,残留于卵巢内的卵泡壁连同卵泡膜向卵泡腔塌陷,在 LH 的作用下逐渐发育成一个体积较大又富有血管的内分泌细胞团,新鲜时呈黄色,故称黄体(corpus luteum)。其中由颗粒细胞衍化来的黄体细胞占多数,位于黄体的中部,此即颗粒黄体细胞(granulosa lutein cell),胞体较大,呈多边形,染色较浅。由膜细胞分化来的黄体细胞较颗粒黄体细胞小,染色较深,数量也少,位于黄体的周边,此即膜黄体细胞(theca lutein cell)。这两种黄体细胞都具有分泌类固醇激素细胞的超微结构特征(图 19-8),颗粒黄体细胞分泌孕激素,两者协同作用产生雌激素。

黄体的发育程度取决于排出的卵是否受精。如卵未受精,黄体仅维持 2 周左右即退化,称月经黄体(corpus luteum of menstruation);如卵受精,在绒毛膜分泌的人绒毛膜促性腺激素(human chorionic gonadotropin,HCG)的作用下,黄体在 2 周后继续发育增大,直径可达 4~5cm,其黄体细胞更多,分泌激素能力更强,以维持妊娠,称妊娠黄体(corpus luteum of pregnancy)。妊娠黄体可维持 6 个月或更长一段时间。两种黄体最终都退化消失,被增生的结缔组织取代,变成一团白色瘢痕组织,称白体(corpus albicans)。白体被吸收消失需数月或数年。

(四) 优势卵泡、闭锁卵泡和间质腺

卵泡的发育是分批进行的,在 1 个月经周期内,卵巢中虽有若干不同发育阶段的卵泡,但其中通常只有 1 个发育为较大的优势卵泡(dominant follicle),它在垂体促性腺激素的作用下将进

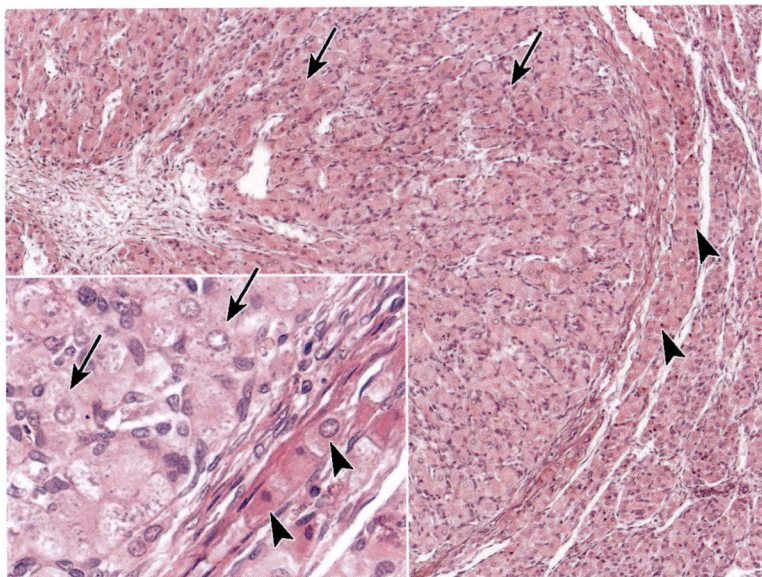

图 19-8　黄体光镜像　HE 染色　低倍和高倍(左下插图) (中南大学湘雅医学院文建国供图)
长箭头示颗粒黄体细胞；短箭头示膜黄体细胞
Fig. 19-8　Light micrographs of the corpus luteum　HE stain　Low and high magnification (the bottom left insert)
Long arrows indicate the granulosa lutein cells；short arrows indicate the theca lutein cells

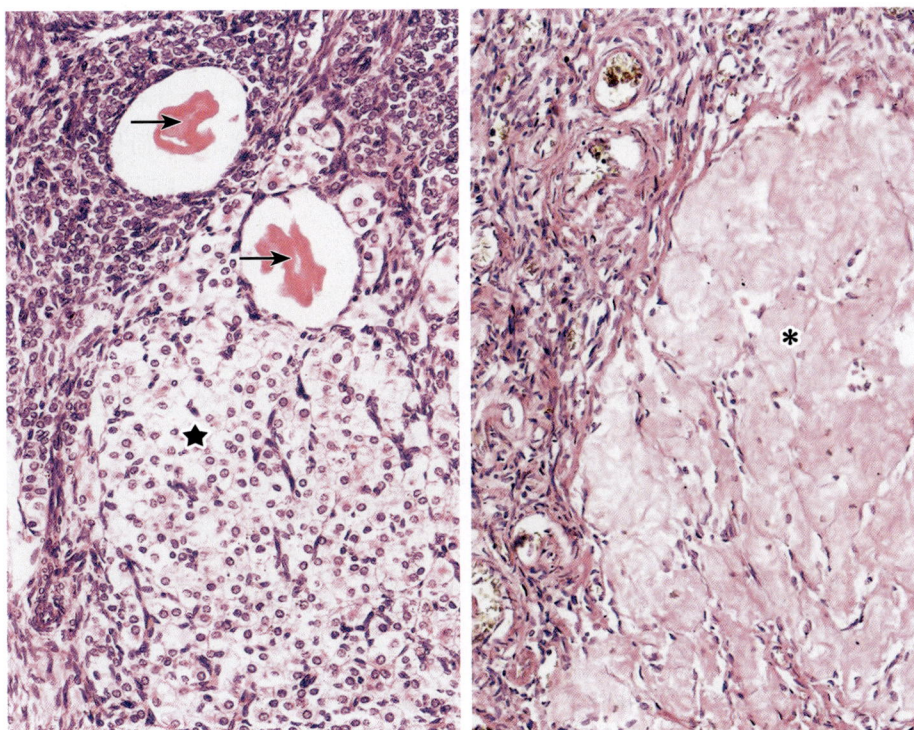

图 19-9　闭锁卵泡、间质腺和白体光镜像　HE 染色　中倍(中南大学湘雅医学院文建国供图)
箭头示闭锁卵泡；五角星示间质腺；星号示白体
Fig. 19-9　Light micrographs of the atretic follicle，the interstitial gland and the corpus albicans　HE stain　Medium magnification
Arrows indicate the atretic follicle；pentagram indicates the interstitial gland；asterisk indicates the corpus albicans

Notes

一步发育为成熟卵泡直至排卵,临床上一般采用超声进行判定和监测。与优势卵泡不同的是,大多数卵泡会中途退化,不能发育至成熟卵泡阶段。退化的卵泡称为闭锁卵泡(atretic follicle)。卵泡的闭锁自胎儿期已开始,出生后一直持续于生育期。原始卵泡和初级卵泡退化时,卵母细胞形态变为不规则,染色质固缩成块状,卵泡细胞变小而分散,最后两种细胞自溶,被巨噬细胞和中性粒细胞吞噬。次级卵泡或成熟卵泡退化(多在初级卵母细胞完成第一次成熟分裂阶段)时,有的卵母细胞先退化死亡,透明带先皱缩为不规则的嗜酸性环状物,后退化消失,同时卵泡塌陷,颗粒细胞松散,陷入卵泡腔,被巨噬细胞和中性粒细胞吞噬;有的卵母细胞和卵泡细胞同时退化,仅剩皱缩的透明带。晚期次级卵泡退化时,卵泡塌陷,卵泡膜的血管和结缔组织长入颗粒层和卵丘,膜细胞不立即退化,而是一度肥大,形成类似于膜黄体细胞的多边形细胞,并被结缔组织和血管分隔成分散的细胞团索,称为间质腺(interstitial gland)。间质腺在人卵巢较少,在猫和啮齿类动物卵巢内较多。间质腺比黄体小,能分泌雌激素,最终也退化,由结缔组织代替(图19-9)。

(五) 门细胞

门细胞(hilus cell)是位于卵巢门近系膜处的一些具有分泌雄激素的内分泌细胞,结构与睾丸间质细胞相似,为多边形或卵圆形,直径14~25μm,核圆形,核仁清楚,胞质呈嗜酸性,含有脂滴和脂色素等,具有分泌类固醇激素细胞的超微结构特征。在妊娠期和绝经期,门细胞较为显著。若门细胞增生或发生肿瘤,患者可出现男性化症状。

二、输　卵　管

输卵管的管壁由内向外依次分为黏膜、肌层和浆膜。黏膜形成许多纵向且有许多分支的皱襞,以壶腹部最为发达,因而管腔极不规则(图19-10)。黏膜上皮为单层柱状,由纤毛细胞和分泌细胞组成。纤毛细胞在漏斗部和壶腹部最多,峡部和子宫部则逐渐减少,纤毛向子宫方向的摆动有助于卵子的运送。分泌细胞的分泌物为输卵管液的主要来源,其中含有氨基酸、葡萄糖、果糖及少量乳酸等。输卵管液不仅对卵子和发育中的胚泡有一定的营养作用,而且还有助于卵子的输送和防止病菌从子宫经输卵管入腹腔的作用。黏膜上皮在卵巢激素的影响下呈现与月经周期相

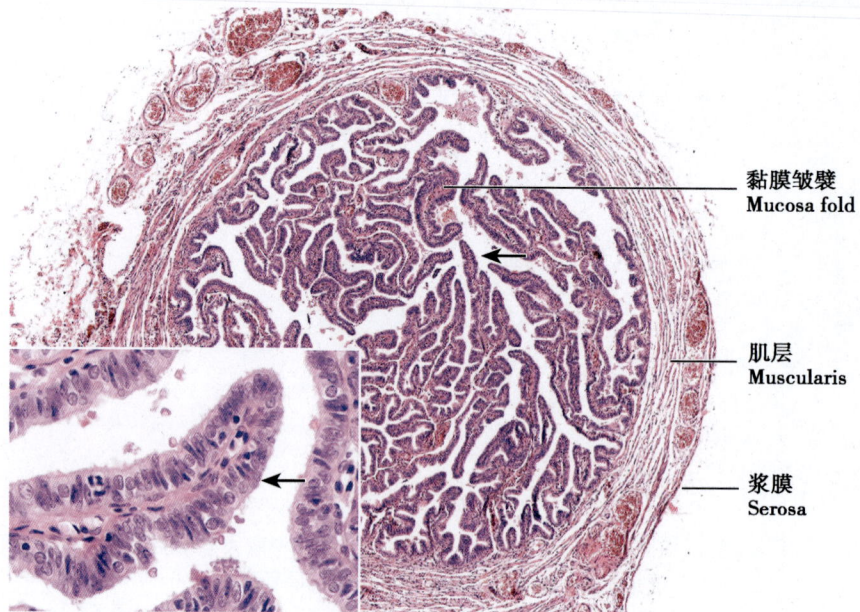

图19-10　输卵管壶腹部光镜像　HE染色　(左下插图)(中南大学湘雅医学院文建国供图)
箭头示黏膜皱襞
Fig. 19-10　Light micrographs of the ampullar potion of the oviduct　HE stain(the bottom left insert)
Arrows indicate the mucosa fold

黏膜皱襞
Mucosa fold

肌层
Muscularis

浆膜
Serosa

Notes

一致的周期性变化。在子宫内膜增生期(排卵前),上皮细胞变高,分泌细胞胞质内充满分泌颗粒;在子宫内膜分泌期,分泌细胞以顶浆分泌方式释放其分泌物,因而上皮细胞变低;在月经期和妊娠期,上皮细胞更为矮小。固有层为薄层结缔组织,内含较多的血管和少量平滑肌。肌层为内环、外纵两层平滑肌,峡部最厚,漏斗部最薄。浆膜由间皮和富含血管的疏松结缔组织构成。

三、子　宫

子宫为肌性器官,腔小壁厚,分底部、体部和颈部 3 部分。子宫壁由内向外依次分为子宫内膜、子宫肌膜和子宫外膜。其中,生育期子宫内膜在卵巢激素的作用下呈现周期性变化。此外,子宫腔大小和子宫壁厚度与妊娠和分娩活动密切相关。

(一)子宫壁的结构

1. **子宫内膜**　子宫内膜(endometrium)由单层柱状上皮和固有层组成。上皮与输卵管黏膜上皮相似,也由纤毛细胞和分泌细胞构成,但分泌细胞多于纤毛细胞。固有层很厚,由疏松结缔组织构成,含有较多网状纤维、巨噬细胞、淋巴细胞和浆细胞,丰富的血管、淋巴管和神经,此外,还有大量分化程度较低的梭形或星形细胞,称基质细胞(stromal cell)。基质细胞核大而圆,胞质较少,可随妊娠与月经周期变化而增生分化。固有层内还有由内膜上皮内陷形成的子宫腺(uterine gland)(图 19-11)。子宫腺为单管状腺体,即末端常有分支,主要由分泌细胞构成,纤毛细胞少。

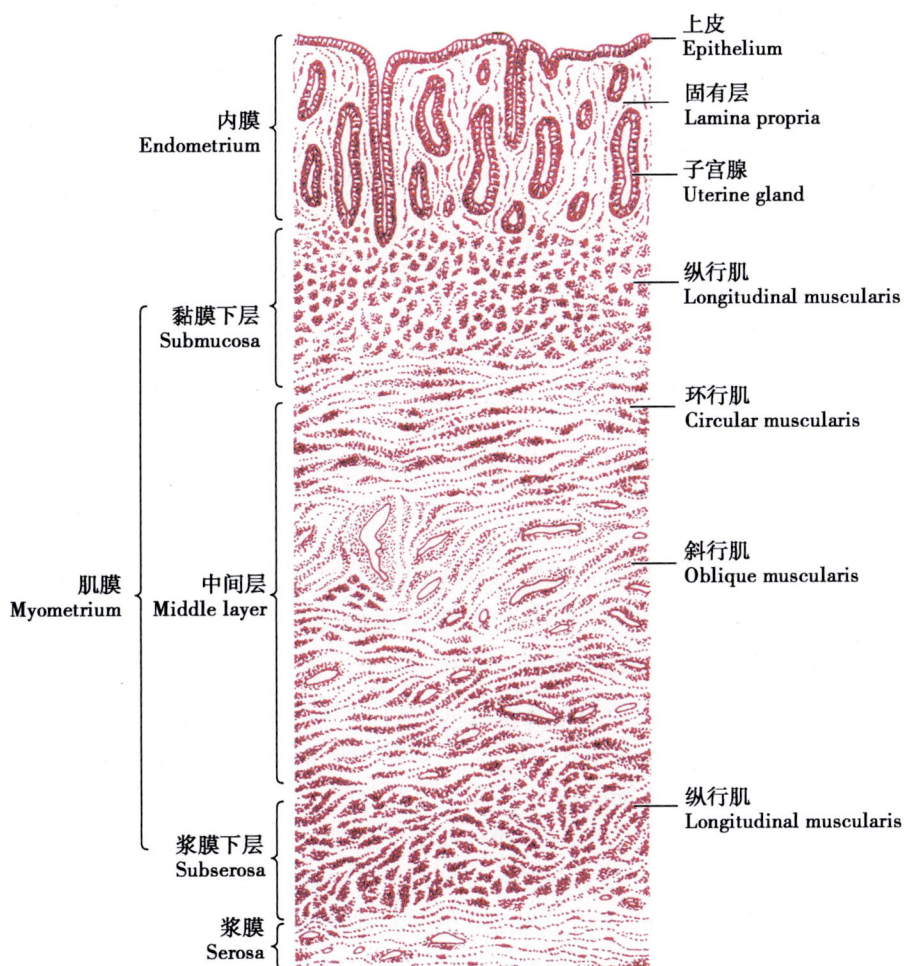

图 19-11　子宫壁切面模式图

Fig. 19-11　Schematic drawing of section of uterine wall

Notes

子宫底部和体部的内膜,按其结构和功能特点可分为浅层的功能层和深层的基底层。功能层(functional layer)是受精卵植入的层次,厚度随月经周期变化,在月经期间会发生块状脱落、分娩时发生整体剥离;基底层(basal layer)的厚度较稳定,在月经和分娩时均不脱落,且有较强的增生和修复能力,能产生新的功能层(图 19-11)。

子宫内膜的血管来自子宫动脉的分支。子宫动脉进入子宫壁后,分支走行至肌膜,在其中间层分支形成与子宫腔面垂直的放射状小动脉。在进入内膜之前,每条小动脉又分为两支:短的分支称直动脉(straight artery)或基底动脉(basal artery),营养内膜基底层,不受性激素影响;长的分支为主支,在内膜内螺旋状走行,称螺旋动脉(spiral artery),营养内膜功能层,对卵巢激素的周期性变化敏感,反应迅速(图 19-12)。螺旋动脉行至功能层浅层时,分支形成毛细血管网,然后汇入小静脉,经肌膜汇合为子宫静脉。

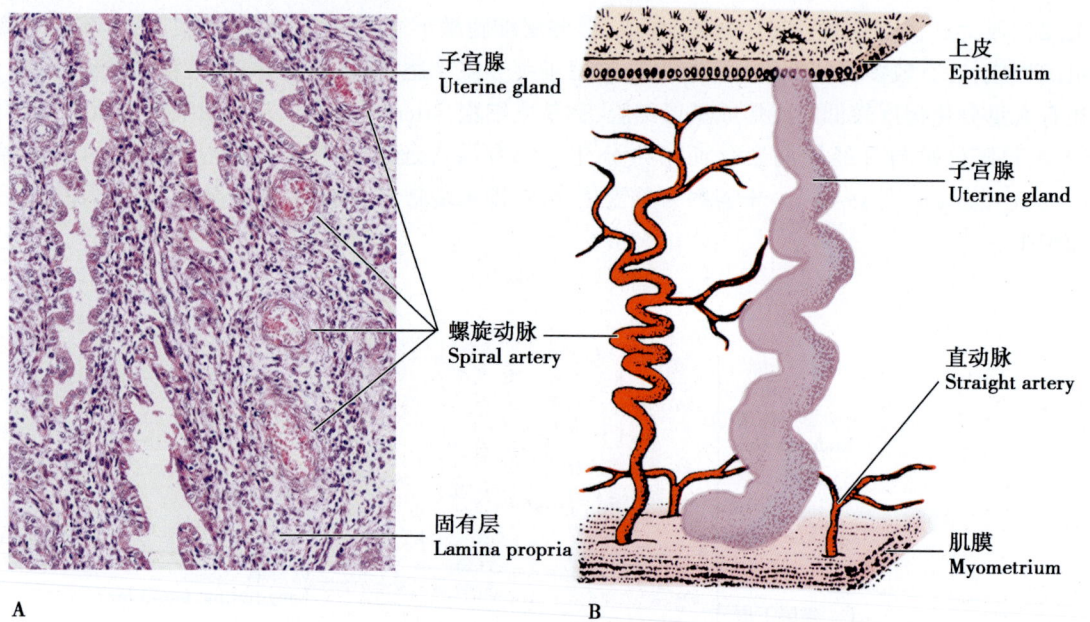

图 19-12 子宫内膜(中南大学湘雅医学院文建国供图)
A. 内膜光镜像 HE 染色 低倍;B. 子宫腺及螺旋动脉模式图
Fig. 19-12 Endometrium
A. light micrograph of the endometrium HE stain Low magnification;B. schematic drawing of the uterine gland and the spiral artery

2. 子宫肌膜 子宫肌膜(myometrium)很厚,由大量的平滑肌束和少量结缔组织构成。结缔组织中有较多未分化的间充质细胞,能增殖分化为平滑肌细胞。子宫肌膜自内向外大致可分 3 层,即黏膜下层、中间层和浆膜下层。黏膜下层和浆膜下层主要由纵行的平滑肌束组成;中间层较厚,由环行和斜行肌束组成,并含有丰富的血管(图 19-11)。子宫平滑肌纤维长 30 ~ 50μm,在妊娠时肌纤维明显增生肥大,可增长数十倍,长达 500 ~ 600μm。妊娠时,平滑肌纤维数量也明显增加,它们来自未分化间充质细胞或平滑肌自身的分裂。雌激素可促使平滑肌纤维数量增加,孕激素可促使平滑肌纤维体积增大,并能抑制平滑肌的收缩。分娩后子宫平滑肌纤维逐渐变小,恢复原状,部分平滑肌纤维自溶分解而被吸收。子宫肌层的收缩是分娩的主要力量来源,也有助于精子向输卵管运行、分娩后子宫止血和经期的经血排出。

3. 外膜 子宫外膜(perimetrium)大部为浆膜,只有子宫颈部分为纤维膜。

(二)子宫内膜的周期性变化

从青春期开始,子宫底部和体部的内膜功能层在卵巢激素作用下,开始出现周期性变化,即每28天左右发生一次内膜剥脱出血、增生、修复过程,称为月经周期(menstrual cycle)。每个月经周期是从月经第1天起至下次月经来潮前一天止,分为月经期、增生期和分泌期三个时期(图19-13、图19-14)。

1. 月经期　月经期(menstrual phase)指周期的第1~4天。由于排出的卵未受精,卵巢内的月经黄体大约在排卵后第14天退化,故雌、孕激素含量骤降,导致子宫内膜螺旋动脉持续性收缩,内膜功能层缺血,并萎缩、坏死。当坏死组织中的酸性达到一定程度时,刺激螺旋动脉突然短暂扩张,致使功能层血管破裂,血液流出并积聚在内膜浅层,最后与剥落的内膜一起经阴道排出,即为月经(menstruation)(图19-13、图19-14A)。在月经期末,内膜基底层残留的子宫腺上皮开始增生,内膜表面上皮逐渐修复并进入增生期。

2. 增生期　增生期(proliferative phase)指周期的第5~14天。此时,卵巢内若干原始卵泡开始生长发育,另有启动于前面周期的许多生长卵泡也在继续发育,故此期又称卵泡期(follicular phase)。在生长卵泡分泌的雌激素的作用下,剥脱的子宫内膜由基底层增生修复,并逐渐增厚到2~4mm;固有层内的基质细胞分裂增殖,产生大量的纤维和基质。增生早期,子宫腺短、直而细,较稀疏。增生中期子宫腺增多、增长并稍弯曲,腺细胞胞质内核糖体、粗面内质网和高尔基复合体增多,线粒体增大,胞质内出现糖原;增生晚期的子宫腺继续增长且更弯曲,腺腔扩大(图19-13、图19-14B)。腺细胞顶部有分泌颗粒,核下区糖原集聚,在HE染色切片上因糖原被溶解,显示核下空泡特点。增生末期,子宫腺开始分泌,腺腔变宽;同时螺旋动脉亦伸长和弯曲。至月经周期第14天时,通常卵巢内有一个卵泡发育成熟并排卵,子宫内膜随之转入分泌期。

3. 分泌期　分泌期(secretory phase)指周期第15~28天。此时由于排卵,卵巢内黄体形成,故此期又称黄体期(luteal phase)。在黄体分泌的孕激素和雌激素作用下,子宫内膜继续增生变

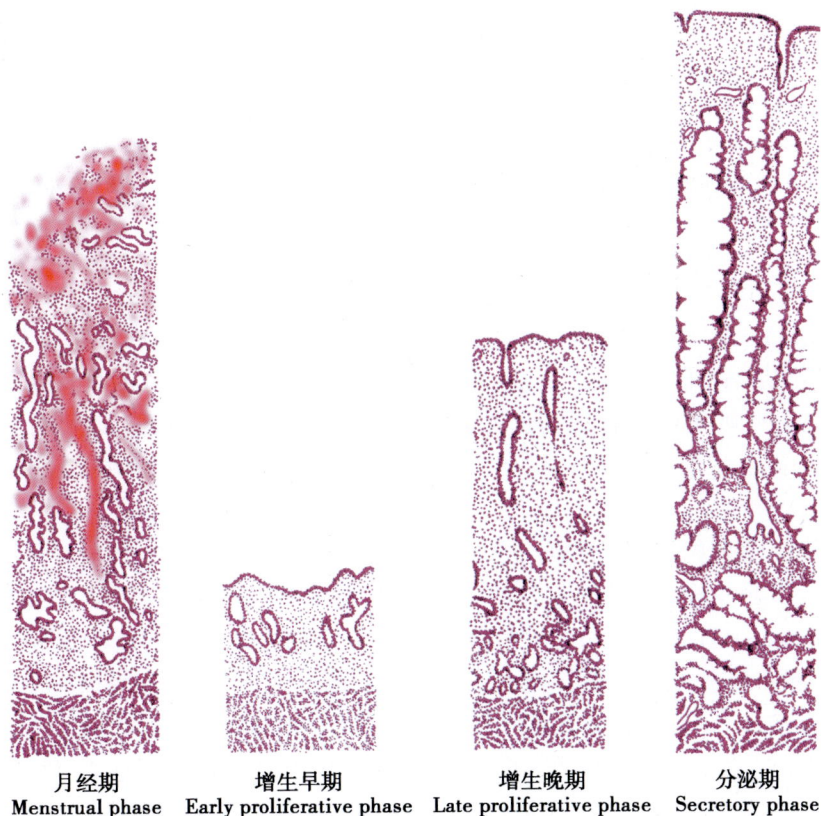

| 月经期
Menstrual phase | 增生早期
Early proliferative phase | 增生晚期
Late proliferative phase | 分泌期
Secretory phase |

图 19-13　子宫内膜周期性变化示意图

Fig. 19-13　Diagram illustrating periodical changes of endometrium

Notes

厚,可达 5~7mm;此期子宫腺进一步变长、弯曲、腺腔扩大,糖原由腺细胞核下区转移到核上区,并以顶浆分泌方式排入腺腔,腺腔内充满含有糖原等营养物质的黏稠液体(图 19-13、图 19-14C)。固有层内组织液增多呈水肿状态。螺旋动脉继续增长变得更弯曲,并伸入内膜浅层。基质细胞继续分裂增殖,胞质内充满糖原和脂滴,称前蜕膜细胞(predecidual cell)。妊娠时,此细胞继续发育增大变为蜕膜细胞(decidual cell)。如未妊娠,月经黄体退化,雌激素和孕激素水平迅速下降,导致内膜功能层脱落,转入下一个周期的月经期。

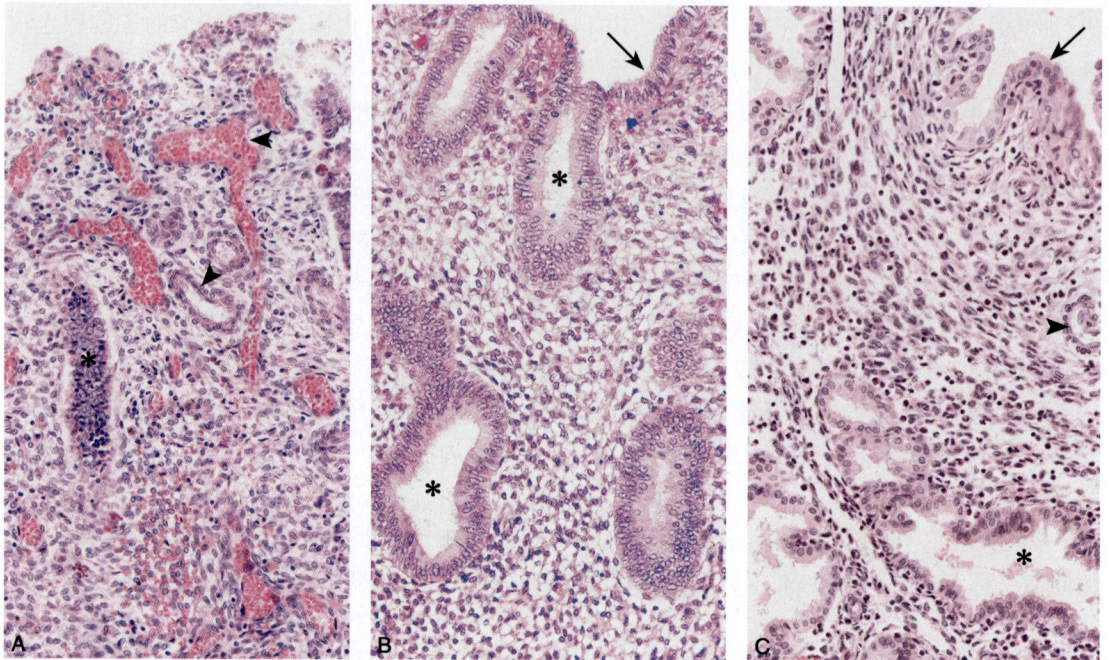

图 19-14　子宫内膜周期性变化光镜像　HE 染色　中倍(华中科技大学同济医学院李和供图)
A. 月经期;B. 增生期;C. 分泌期;长箭头示表面上皮;短箭头示血管;星号示子宫腺
Fig. 19-14　Light micrographs of periodical changes of the endometrium
A. menstrual phase;B. proliferative phase;C. secretory phase;long arrows indicate the superficial epithelium;short arrows indicate blood vessels;asterisks indicate the uterine glands

上述月经周期的时间长短因人而异,即使同一个妇女,也因身体和精神状况等多种因素而有波动变化。由于青春期内分泌调节尚未完善,故进入性成熟之前的月经周期通常不够稳定。进入更年期后,由于卵巢功能衰退,月经周期也变得不规则,子宫内膜发生局限性变化,子宫腺可出现不规则增生,腺体的高度及上皮高度和成熟度差异显著。绝经后,子宫内膜失去卵巢激素的作用,逐渐萎缩,周期性变化停止;上皮细胞变矮,腺体变小、变少,分泌物逐渐减少或缺如。

(三) 卵巢和子宫内膜周期性变化的神经内分泌调节

下丘脑-垂体-卵巢轴可调节子宫内膜的周期性变化。下丘脑神经内分泌细胞产生的促性腺激素释放激素(GnRH)使腺垂体分泌 FSH 和 LH。FSH 可促进卵泡生长、成熟和雌激素分泌。卵巢分泌的雌激素可使子宫内膜转入增生期。当血中的雌激素达到一定浓度时,又反馈作用于下丘脑和垂体,并通过下丘脑和腺垂体的作用抑制 FSH 的分泌,促进 LH 的分泌。当 LH 和 FSH 的水平达到一定比例关系时,卵巢排卵并形成黄体。黄体产生孕激素和雌激素,使子宫内膜进入分泌期。当血中的孕激素增加到一定浓度时,又反馈作用于下丘脑和垂体,抑制 LH 的释放,于是黄体退化,血中孕激素和雌激素减少,子宫内膜进入月经期。由于血中雌激素、孕激素的减少,反馈性地作用于下丘脑使腺垂体释放的 FSH 又开始增加,卵泡又开始生长发育,重复另一周

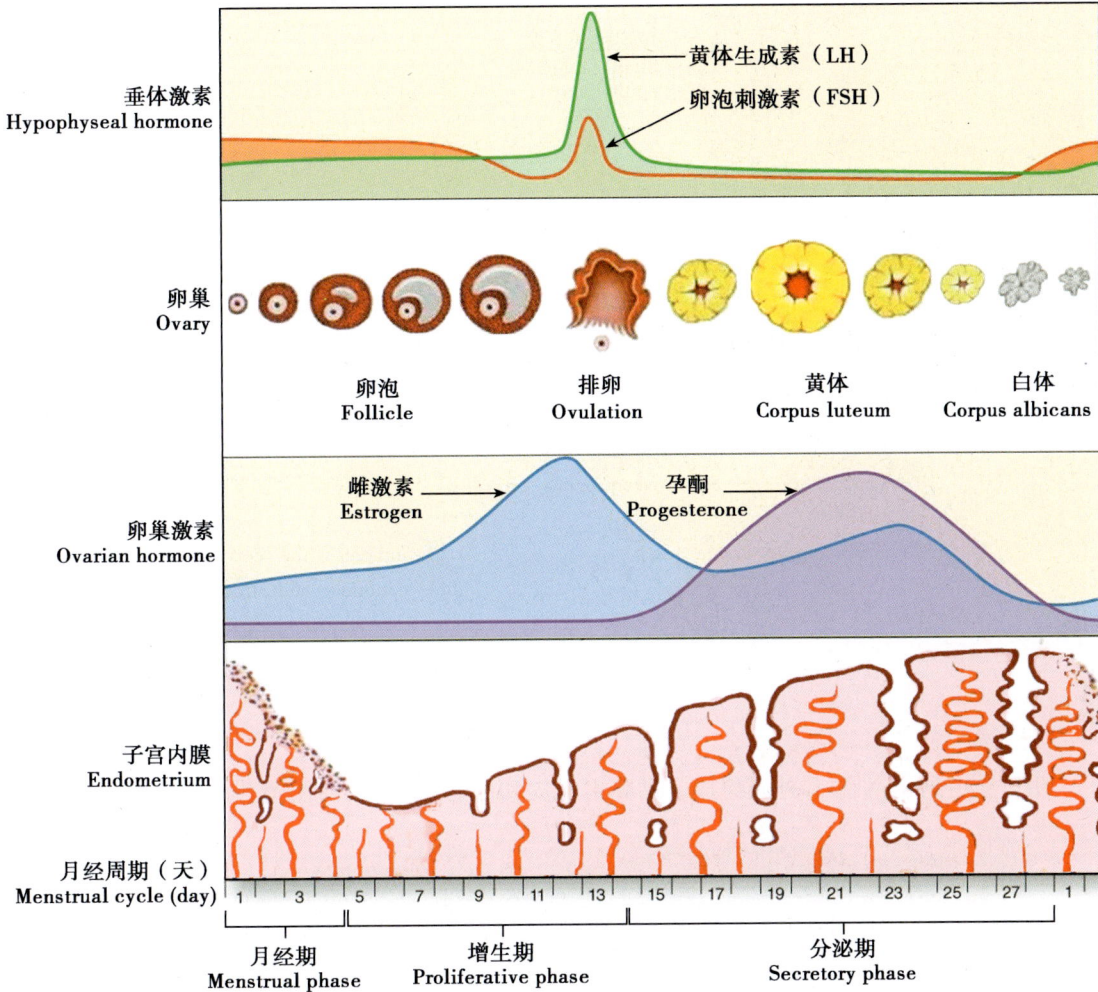

图 19-15 卵泡发育和子宫内膜变化与激素的关系

Fig. 19-15 Relation of follicle development and endometrium changes with hormones

期(图 19-15)。

(四)子宫颈

虽然子宫颈是子宫的一部分,但其结构与功能皆有特别之处。其管壁自外向内分为外膜、肌层和黏膜。外膜为纤维膜;肌层平滑肌较少且分散,结缔组织较多;黏膜形成许多大而分支的皱襞,相邻皱襞之间的裂隙形成腺样隐窝,在切面上形似分支管状腺,称为子宫颈腺(cervical gland)。黏膜上皮为单层柱状,由少量纤毛细胞和较多分泌细胞以及储备细胞(reserve cell)构成。储备细胞较小,散在于柱状细胞和基膜之间,分化程度较低,有增殖修复功能。此细胞在有慢性炎症时易癌变。上皮纤毛向阴道摆动,可促使相邻分泌细胞的分泌物排出并使分泌物流向阴道。宫颈阴道部的黏膜光滑,上皮为复层扁平,细胞内含有丰富的糖原。宫颈外口处,单层柱状上皮移行为复层扁平上皮,此处是宫颈癌好发部位。

宫颈黏膜虽无周期性剥落,但其分泌的黏液却随着卵巢活动周期发生变化。排卵期间,在高浓度雌激素作用下,黏液分泌增多,黏稠度降低,有利于精子穿过;排卵后黄体形成,在孕激素作用下,宫颈黏液分泌减少,黏稠度增加,使精子难以通过;妊娠时,分泌物黏稠度更高,可起到阻止精子和微生物进入宫腔的屏障作用(图 19-16)。

Notes

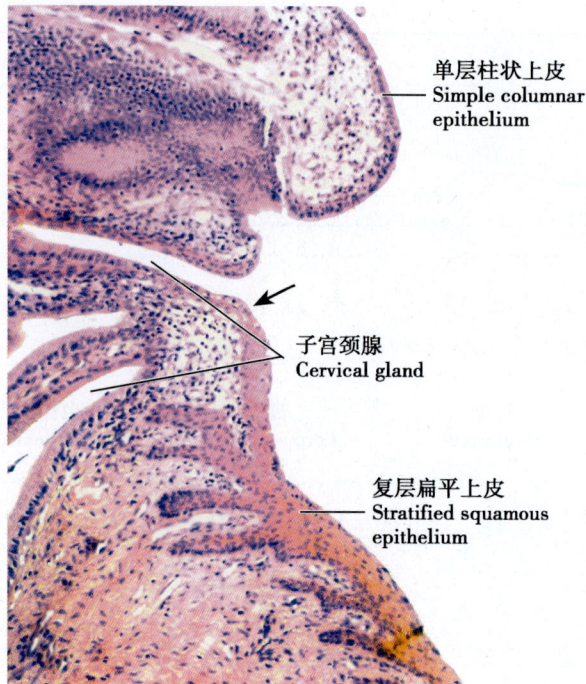

图 19-16 子宫颈与阴道光镜像 HE 染色 低倍(中南大学湘雅医学院文建国供图)
箭头示子宫颈单层柱状上皮与复层扁平上皮连接处
Fig. 19-16 Light micrograph of the cervix and the vagina HE stain Low magnification
Arrow indicates the cervical junction between simple columnar and stratified squamous epithedia

四、阴 道

阴道壁由黏膜、肌层和外膜组成。黏膜由上皮和固有层构成,向阴道腔内形成许多横行皱

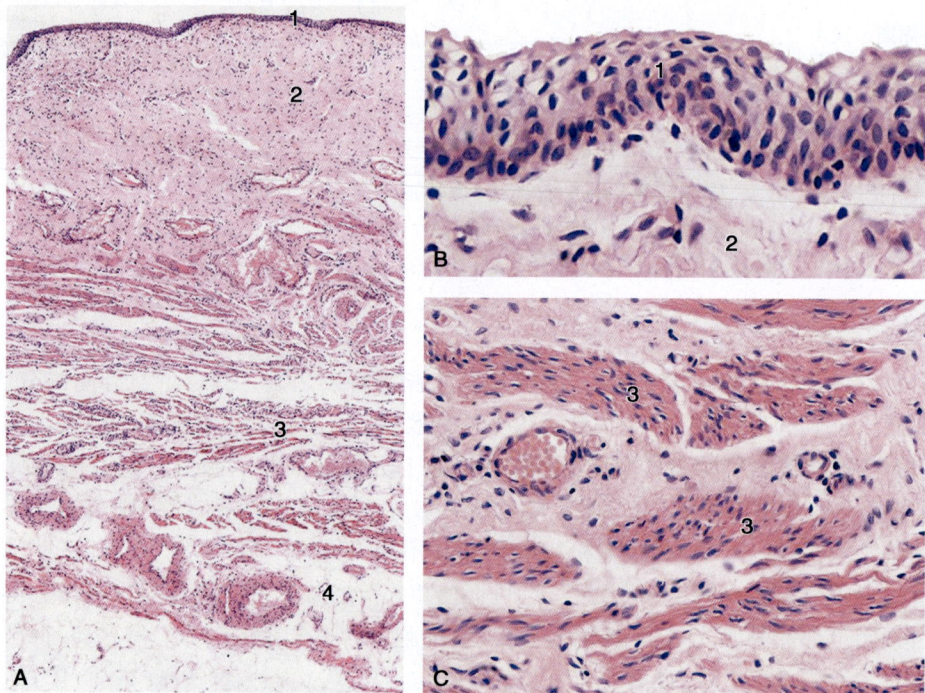

图 19-17 阴道壁光镜像 HE 染色(中南大学湘雅医学院文建国供图)
A. 阴道壁横切面(低倍);B. 阴道黏膜(高倍);C. 阴道壁肌层(高倍);1. 阴道上皮;
2. 固有层;3. 平滑肌束;4. 阴道外膜
Fig. 19-17 Light micrographs of the vagina wall HE stain
A. a cross section of the vaginal wall(low magnification);B. vagina mucosa(high magnification);C. muscular layer of the vagina (high magnification);1. vaginal epithelium;
2. lamina propria;3. vaginal smooth muscle bundle;4. vaginal adventitia

Notes

襞。上皮较厚,为非角化的复层扁平上皮。在雌激素作用下,上皮细胞内聚集大量糖原。浅层细胞脱落解体后,糖原在阴道杆菌作用下转变为乳酸,使阴道保持酸性环境,具有一定的抗菌作用。老年或其他原因导致雌激素水平下降时,阴道上皮细胞内的糖原减少,阴道内 pH 上升,细菌容易生长繁殖,易于发生阴道感染。阴道上皮细胞的脱落和更新与卵巢激素的分泌有密切关系,因而根据阴道脱落上皮细胞类型可推知卵巢的功能状态。固有层富含弹性纤维和血管,浅层较致密,深层较疏松。肌层内平滑肌呈较为松散的束状分布,呈螺旋形排列,分为左旋和右旋两个方向,两者交错成网格状。松散的肌束和网格状的排列构造使阴道壁易于扩大,有利于分娩时的产道扩张。在阴道外口处有骨骼肌构成的括约肌。外膜是富含弹性纤维的致密结缔组织(图 19-17)。

五、乳　腺

乳腺是乳房中的主要结构成分,以乳头为中心呈放射状分布于乳房组织中,于青春期受卵巢激素的影响而开始发育。妊娠期和授乳期的乳腺有泌乳活动,称活动期乳腺;无分泌功能的乳腺,称静止期乳腺。

(一)乳腺的一般结构

乳腺属于外分泌腺,由腺泡和导管构成。乳腺的实质被结缔组织分隔成 15 ~ 25 个乳腺叶,每个乳腺叶又被分隔成若干个乳腺小叶,每个小叶为一个复管泡状腺。小叶间结缔组织内含有大量的脂肪细胞。乳腺的腺泡上皮为单层立方或柱状,腺上皮与基膜之间有肌上皮细胞。导管包括小叶内导管、小叶间导管和总导管(输乳管)。小叶内导管多为单层立方或柱状上皮,小叶间导管则为复层柱状上皮,总导管开口于乳头,管壁为复层扁平上皮,与乳头表皮相连续。

(二)静止期乳腺

静止期乳腺(inactive mammary gland)是指性成熟未孕女性的乳腺,其结构特点是:导管和腺体均不发达,腺泡小而少,腺体之间有大量的脂肪组织和结缔组织。静止期乳腺随月经周期有一定变化,月经来潮前,腺泡与导管增生和充血,因而乳腺可略为增大,但月经停止后该现象消失(图 19-18)。

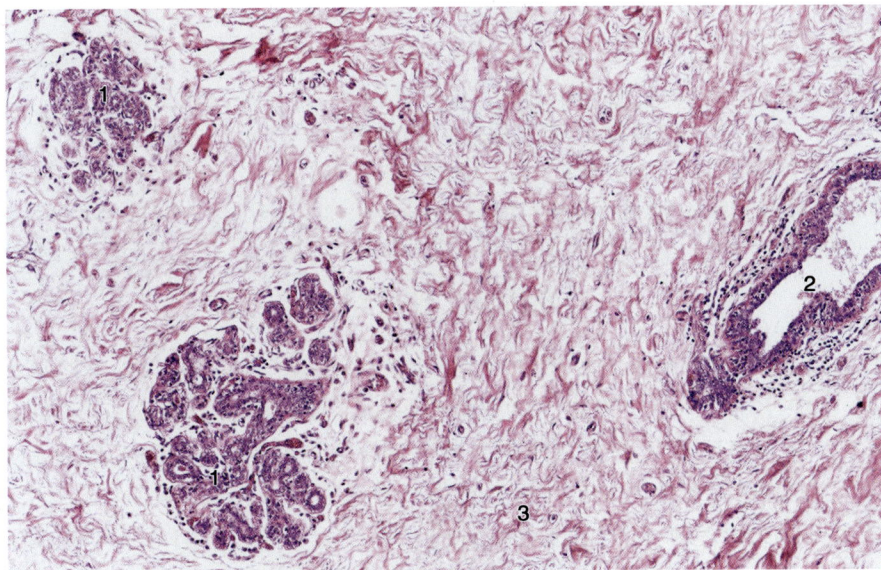

图 19-18　静止期乳腺光镜像　HE 染色　低倍(中南大学湘雅医学院文建国供图)
1. 乳腺腺泡;2. 小叶间导管;3. 结缔组织
Fig. 19-18　Light micrograph of the inactive mammary gland　HE stain　Low magnification
1. alveolus of the mammary gland;2. interlobular duct;3. connective tissue

Notes

（三）活动期乳腺

妊娠期和哺乳期的乳腺称活动期乳腺（active mammary gland）。妊娠期间，在雌、孕激素作用下，乳腺的小导管和腺泡迅速增生，腺泡增大，使结缔组织和脂肪组织相对减少（图 19-19）。在妊娠后期，由于垂体分泌的催乳激素的作用，腺泡开始分泌。乳腺为顶浆分泌腺，分泌物中含有脂滴、乳蛋白、乳糖和抗体等，称为初乳（colostrum）。初乳中还常含有吞噬脂滴的巨噬细胞，称初乳小体（colostrum corpuscle）。哺乳期间，乳腺在妊娠期的基础上进一步发育，腺体和腺腔更大，分泌活动更强，腺腔内充满乳汁。不同腺泡的分泌时相及其结构并不一致，分泌前的腺泡细胞呈高柱状，分泌后则变矮成立方形或扁平形（图 19-19）。断乳后，由于催乳激素水平下降，乳腺停止分泌，腺组织逐渐萎缩，结缔组织和脂肪组织逐渐增多，乳腺又回复到静止期。绝经后，体内雌激素和孕激素水平下降，乳腺亦逐渐萎缩退化。

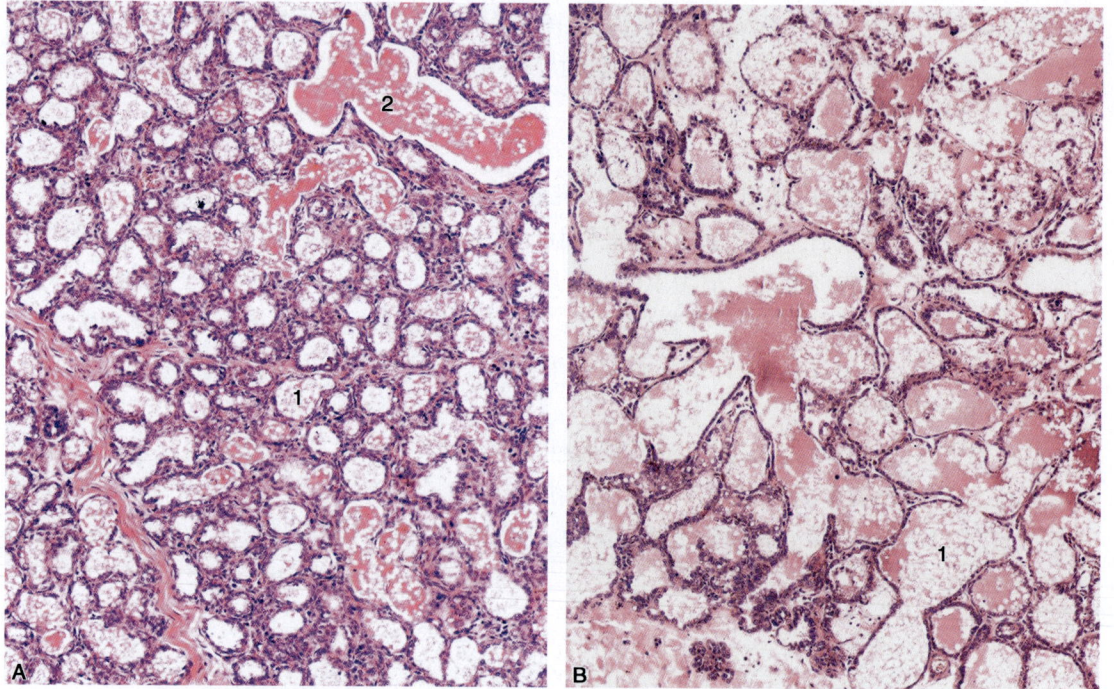

图 19-19　活动期乳腺　HE 染色　低倍（中南大学湘雅医学院文建国供图）
A. 妊娠期乳腺；B. 哺乳期乳腺；1. 乳腺腺泡；2. 小叶间导管
Fig. 19-19　Active mammary gland　HE stain　Low magnification
A. mammary gland during pregnancy；B. lactating mammary gland；1. alveolus of mammary gland；
2. interlobular duct

专题讲座：卵巢早衰

女性的生殖周期呈现明显的年龄性变化，绝经年龄大多在 40～60 岁之间，平均 51 岁。早于 40 岁绝经在临床上一般被认为是病理性的。卵巢早衰（premature ovarian failure，POF）是涉及卵巢功能过早衰退的一种综合征，一般是指原本月经和第二性征皆正常的女性，在 40 岁之前出现持续性闭经、性器官萎缩、雌激素水平降低和促性腺激素水平异常增高的现象。不孕通常是卵巢早衰患者就诊的主要原因，部分患者因不孕就诊而发现卵巢早衰。患者还可出现不同程度的低雌激素症状，如潮热、阴道干涩、性交困难，以及尿频和尿痛等。

POF 发病率呈逐年上升和低龄化趋势。POF 严重危害妇女健康，患者可能面临不育、更年期综合征、精神和心理压力等一系列健康问题。

（一）病因及发病机制

导致 POF 的病因很多,主要包括遗传、自身免疫、环境因素和医源性损伤等。

1. **遗传因素**　一般认为,遗传因素是导致 POF 的主要病因之一。流行病学调查显示,家族性 POF 发病率在不同人群中分别为 4%～31% 不等,绝经年龄也有明显的遗传性。染色体异常、特别是 X 染色体异常是引起 POF 的主要原因。在由 X 染色体异常引起的 POF 中,以"Turner 综合征"和"脆性 X 染色体综合征"最为常见。

2. **自身免疫**　许多 POF 患者合并有自身免疫性疾病,如自身免疫性甲状腺炎、Addison 综合征、干眼综合征、系统性红斑狼疮、风湿性关节炎等。现在认为,这些疾病或多或少与 POF 有关。在所有伴随 POF 的自身免疫疾病中,甲状腺疾病最为常见,POF 患者中,有较高的甲状腺疾病检出率。

3. **环境污染物**　影响生殖的环境因素复杂多样,已在动物中被证实可导致 POF 的环境毒物就有 30 余种,上百种具有雌激素活性的环境污染物中,相当部分具有生殖毒性和胚胎毒性。出生前和出生后的有害环境接触,皆可导致生殖系统的诸多损害。

4. **医源性损伤**　多见于肿瘤化疗和放疗,以及卵巢切除术患者。化疗对卵巢的损害可能主要涉及增生的颗粒细胞和卵泡膜细胞,化疗后卵巢功能失调可能与此有关。卵巢对放射线非常敏感,放疗的卵巢损害与患者的年龄、放疗的部位与剂量以及放疗周期频率有关。有些手术虽不切除双侧卵巢,但术后有可能发生 POF,因为手术过程中有可能会伤及卵巢周围的血液供应,甚至是直接损伤了卵巢组织本身而导致 POF。

除上述因素外,许多其他因素也可导致 POF,如生殖系统感染、酶缺陷,以及长期的焦虑忧伤等负性情绪等。总之,引起卵巢早衰的因素是多方面的。在卵巢形成和卵泡发育过程中,任何一个环节的异常都有可能导致 POF。

（二）生殖器官形态学改变

由于 POF 的类型不同,组织结构的损害并不完全相同,但多数情况有着相似的结构性损害,且主要是卵巢的损害。

1. **一般性结构改变**　尽管 POF 主要体现在卵巢功能的降低,但仍被发现有一定的生殖结构方面的改变,如偏小的子宫和双侧明显萎缩的卵巢,多数 POF 患者能间断地产生足够的雌激素来维持正常的阴道黏膜结构。部分患者可表现为外阴和阴道萎缩,阴道黏膜苍白、变薄或有点状充血出血等。

2. **卵巢的形态学改变**　POF 相关的生殖器官损害主要是在卵巢。常见的改变是卵巢体积缩小,B 超检查可能都很难发现发育中卵泡和排卵痕迹,也无黄体形成。放疗损伤通常会引起卵巢体积缩小,皮质萎缩。皮质中不仅少见卵泡,基质细胞也大量丢失,颗粒细胞表现为急性坏死损伤,细胞内、细胞间水肿,线粒体肿胀、空泡化及溶酶体显著增生等。化疗药物引起的卵巢损伤特征为卵巢萎缩,可有组织缺氧、水肿和空泡化表现。免疫功能异常所致 POF 的卵泡周围可有淋巴细胞浸润,早期自身免疫性卵巢炎的病理改变主要发生在生长卵泡及其周围,以单核-巨噬细胞、浆细胞浸润为主,生长卵泡和黄体数目减少,闭锁卵泡增多。

（三）防治策略

POF 病因复杂,且因人而异,应尽可能明确其具体病因,进行必要的相关检查,以便采取针对性治疗。同时,应对易感人群展开针对性的防范措施,以减少 POF 的发生。

1. **治疗**　替代疗法是目前最常用的治疗方法。脱氢表雄酮(DHEA)是合成雄烯二酮、睾酮和雌二醇的原料,其含量高低直接影响这些激素的水平,故可用 DHEA 提高患者的内源性雌激素水平,有助于改善症状。促排卵也是比较常见的治疗方法,特别是对于有生育要求的患者尤为重要。对免疫因素引起的 POF 患者可进行免疫抑制治疗。临床上用到的其他方法还包括赠卵胚胎移植和卵巢移植等,应根据患者的病情和诉求进行选择。

2. 预防 应针对 POF 的病因采取相应的预防措施。一方面要大力加强对 POF 病因及其发病机制的研究,另一方面要对已知病因进行针对性干预,这对继发性 POF 尤为重要。对 POF 高危人群(化疗和放疗患者、有 POF 家族史者),可通过一系列的措施保护其卵巢的生殖功能来防范 POF 发生;对可能导致 POF 的医源性因素进行有效防范,对因疾病治疗需要考虑切除卵巢者进行 POF 危险性评估;利用日趋成熟的卵母细胞冻存技术,为 POF 高危人群建立生育力保存平台等。

相信随着医学的发展,人们对 POF 的研究将更加深入。在充分探明病因的基础上,能更准确地进行早期诊断和针对性治疗,并在预防 POF 的发生方面取得长足地进步。如发明新的技术方法准确地估计卵细胞池的大小,预测卵细胞丢失的速率,并借助于灵敏的无创性技术方法检测卵泡的储备,就能对 POF 进行早期预测和诊断,从而采取针对性的防治措施。

参考文献

1. Leticia Cox,James HL. Primary ovarian insufficiency:an update. Int J Women's Health,2014,6:235-243
2. Jiao X,Qin C,Li J,et al. Cytogenetic analysis of 531 Chinese women with premature ovarian failure. Hum Reprod,2012,27(7):2201-2207
3. Fleischer R,Vollenhoven B,Weston G. The effects of chemotherapy and radiotherapy on fertility in premenopausal women. Obstet Gynecol Surv,2011,66:248-254
4. Rafique S,Sterling E,Lawrence N. A new approach to primary ovarian insufficiency. Obstet Gynecol Clin N Am,2012,39:567-586
5. Simpson JL. Genetic and phenotypic heterogeneity in ovarian failure:overview of selected candidate genes. An N Y Acad Sci,2008,1135:146-154
6. Persani L,Rossetti R,Cacciatore C,et al. Genes involved in human premature ovarian failure. J Mol Endocrinol,2010,45(5):257-279

(文建国)

Notes

下篇 胚胎学

第 20 章　胚胎学绪论

第 21 章　胚胎发生总论

第 22 章　颜面、颈和口腔相关器官的发生

第 23 章　消化系统和呼吸系统的发生

第 24 章　体腔和系膜的发生

第 25 章　泌尿系统和生殖系统的发生

第 26 章　心血管系统的发生

第 27 章　神经系统的发生

第 28 章　眼和耳的发生

第 29 章　骨骼、肌肉和四肢的发生

第 30 章　内分泌腺的发生

第 31 章　免疫系统的发生

第 32 章　胚胎发育机制概要

第 33 章　畸形学概论

第 20 章　胚胎学绪论

KEY POINTS

- General procedure of human body development
- Historical background and development of human embryology
- Methods used in the study of embryonic development
- Significance and methods of learning human embryology

人体的发生起源于单个细胞——受精卵,受精卵是由带有父体遗传信息的精子和带有母体遗传信息的卵子相互融合产生,这一过程称为受精。受精卵经过增殖、分化和若干复杂的生物学过程,发育成为一个成熟的胎儿。人体的这一发生过程称为个体发生(ontogenesis),研究个体发生过程及其规律的科学称为人体胚胎学(human embryology)。人体的正常发生过程如果受到内在或外来因素的干扰,就可能出现发育异常,导致各种先天畸形,研究先天畸形发生的原因、机制和预防措施的科学称为畸形学(teratology)。

一、人体发生的基本过程

人体胚胎发生历时 38 周(约 266 天),分为 3 个阶段,即胚前期、胚期和胎儿期。胚前期从受精卵形成至 2 周,此阶段主要是胚胎细胞的早期增殖和分化。胚期是从受精后的第 15 天至第 8 周末,此阶段主要是细胞的进一步增殖和分化,胚胎已具人形,各器官的雏形已经形成。胎儿期是从第 9 周开始,直至分娩,此阶段主要是组织和器官的继续发育,多数器官出现不同程度的功能活动。由于胚期是胚胎细胞增生、分化活跃,器官原基发生的阶段,如果受到致畸因子的干扰,易发生先天畸形。

二、人体胚胎学的发展历史

人体胚胎学是人类在生存发展、繁衍生息的历史长河中客观实践和主观认识的结晶,经历了从大体到微细再到分子、从静态到动态、从客观描述到主动干预的过程。胚胎学研究技术的发展,特别是分子生物学技术和干细胞技术的建立,使得人们甚至可以改变胚胎发育的过程,并将其用于相关疾病的治疗,这表明胚胎学的发展不仅使人类逐渐破译了生殖过程的奥秘,而且逐渐实现了人类对生殖过程的改善和调控。

(一)先成论与渐成论

早在公元 4 世纪,古希腊的医学之父希波克拉底就曾对生殖过程有过认真的观察和正确的描述,标志着人类对生殖的认识开始从迷信和臆测转向实际的观察。显微镜的发明扩大了人的视野,发现了精子和卵子,观察了鸡胚的发育,积累了大量生殖和胚胎发生方面的知识,开始把生殖和胚胎发生与精子和卵子联系起来。但是,受当时科学发展水平的限制,人们对精子和卵子在胚胎发生中的真正意义还不认识,因而出现了两派臆测:一派认为精子内存在一个微小的个体,卵子只为这个微小的个体提供营养,使其生长为胎儿;另一派则认为卵子内存在一个微小个体,受到精子的刺激后生长为胎儿,这就是胚胎学发展史上的"精原论"和"卵原论"。两种观点之间的争论虽然延续了多年,但都认为精子或卵子内存在一个预先形成的微小个体,因此后人将其统称为"先成论"或"预成论"。在先成论的基础上,又发展出了"套装论",认为精子或卵子中存在的微小个体中还套装着下一代的微小个体,如此一代一代地套装下去,绵延不绝,永无止境。随着显微镜的不断改进和相关学科的发展,人们有条件深入观察精子和卵子的微细结构和胚胎的发育过程,发现精子和卵子内没有预成的微小个体。胚胎的各器官结构都是从无到有,从简单到复杂逐渐形成的,从而提出了与先成论及套装论完全相反的"渐成论"。从先成论到渐成论是人类对生殖认识的一大飞跃,是胚胎发展史上的一个里程碑,但是,渐成论存在太多的理论推导和想象,对胚胎发生的过程仍然缺乏深刻的认识。

(二)描述胚胎学

19 世纪细胞学的创立和达尔文进化论的问世为胚胎学的发展提供了坚实的基础,胚胎学得到了快速发展。在这一时期,胚胎学家对多种动物的胚胎发生和各种器官结构的发生及其演变进行了全面的观察和系统的描述,形成了"描述胚胎学"(descriptive embryology)。

(三)化学胚胎学、比较胚胎学和实验胚胎学

随着化学、生物化学和组织学的发展,有些学者利用相关技术研究胚胎发生过程中细胞及组织内某些化学物质的变化和形态发生的化学基础,形成了化学胚胎学(chemical embryology)。另有学者研究多种动物的胚胎发生过程,比较和分析不同物种在胚胎发生中的异同,找出了若干共同的规律,这就是比较胚胎学(comparative embryology)。随着实验条件的改善和实验技术的进步,有些学者用胚胎切割、细胞移植、放射性核素标记示踪、体外培养等实验方法研究了胚胎发生的各种机制,这就是实验胚胎学(experimental embryology)。

(四)分子胚胎学

进入 21 世纪后,胚胎学得到了长足的发展,随着分子生物学理论和技术的兴起,人们开始用分子生物学的理论和技术研究受精、植入、细胞分化、组织诱导、细胞迁移等生物学过程的分子基础,研究胚胎发生的基因调控和各器官形态发生及其演变的分子机制,形成了分子胚胎学(molecular embryology)。分子胚胎学研究显示,胚胎发生过程是各种发育相关基因程序性时空表达的结果,这些基因的程序性表达受着调节基因的调控,也受环境因素的影响。基因敲除和转基因技术的建立使得人们可以获得各种表型的动物模型,为研究基因功能和建立各种疾病动物模型创造了条件,标志着分子胚胎学发展到了新的高度。分子胚胎学与实验胚胎学、分子遗传学、细胞生物学等学科互相渗透,形成了交叉学科发育生物学(developmental biology)。

(五)新理论和新技术的诞生

随着胚胎学的长足发展,衍生出了一大批新理论和新技术,其中最令人振奋的是干细胞理论、干细胞工程、体细胞核移植、诱导多能干细胞、生殖工程等。这些新理论和新技术的出现,既依托于胚胎学的发展,又革新了胚胎学的一些传统概念,极大地丰富了胚胎学的内涵,延展了胚胎学的研究领域,铸就了胚胎学发展史上的一段佳话。

1. **胚胎干细胞**　胚胎干细胞(embryonic stem cell,ESC)来源于着床前的胚泡内细胞群(inner cell mass,ICM),是一类未分化的二倍体多能干细胞,具有无限增殖、自我更新和多向分化潜能;在体内,内细胞群细胞通过增殖和分化,发育成新的个体,包括体内所有的细胞、组织和器官。因此,如果在体外能够使胚胎干细胞分化成需要的细胞或器官,就可解决移植治疗中的供体短缺问题,这也是众多科学家热衷于胚胎干细胞研究的主要原因,并取得了令人鼓舞的成就。1998 年,Thomson 等首次报道在体外受精 5 天的人胚泡中成功分离出胚胎干细胞,并建立了人胚胎干细胞系。以后的研究证明,用这些胚胎干细胞可以分化出神经细胞、心肌细胞、血细胞等,为移植治疗展示了美好的未来。但由于胚胎干细胞的获得是以破坏正常的胚胎为代价,涉及伦理等问题,正常人胚胎也难以获得,极大地限制了胚胎干细胞的研究。由胚胎干细胞分化得到

的细胞或器官移植同样遇到免疫排斥的问题,也缩小了应用范畴。

干细胞增殖、分化的研究显示,受精卵经过最初的数次有丝分裂后形成胚胎干细胞,以后随着发育的进程胚胎干细胞开始分化。不同干细胞内启动的基因表达差异决定了它们不同的发育命运,从而最终分化为具有不同形态特征和生理功能的终末分化的体细胞和少数的成体干细胞。因此,个体发育是从全能的受精卵到多能或单能干细胞或不具分化潜能的体细胞、并逐步丧失增殖和分化能力的过程。在胚胎发育早期维持干细胞全能性的主要作用来自于卵细胞的一些成分。

2. 体细胞核移植　将成熟体细胞的细胞核移植入去核的卵细胞,可使移入的细胞核去分化,这一作用称为细胞核的重编程,获得的细胞具有受精卵的特点,这一过程称为体细胞核移植(somatic cell nuclear transfer,SCNT)。1997 年,英国科学家将成年绵羊乳腺细胞的核移植到去细胞核的羊卵母细胞中,获得了全世界第一只存活的哺乳类克隆动物,即著名的"多莉羊"。之后,人们相继成功克隆了小鼠、奶牛、猪和大鼠等哺乳动物。但由于效率低,该技术在应用方面发展缓慢,目前仅在濒危动物保护和优良品种家畜的繁殖等方面被采用。对于人的克隆,由于涉及伦理和法律等问题而被严格禁止。但由于克隆技术可以获得胚泡,进而可以获得胚胎干细胞。结合人胚胎干细胞的研究,提出了"治疗性克隆"的概念,即通过体细胞核移植技术,将患者来源的体细胞移植入去核的卵细胞中,获得具有发育能力的早期胚胎,分离其中的内细胞群细胞,建立胚胎干细胞系,进一步使其分化为需要的细胞或器官,可用于移植治疗。由于采用的是患者自身来源的体细胞,因此,将干细胞分化获得的体细胞回输到患者体内不会产生免疫排斥,从而可以治愈疾病。但由于体细胞核移植效率较低,人的卵母细胞获取困难,应用体细胞核移植方法来治疗疾病尚有很多困难。

3. 诱导多能干细胞　体细胞核移植可以使细胞核重编程,恢复早期胚胎的未分化特征,使得人们对寻找新的重编程方法充满了希望。2006 年,Yamanaka 筛选到 4 个转录因子(*Oct4*、*Sox2*、*Klf4* 和 *c-Myc*),将这些基因导入胎鼠成纤维细胞可以将其诱导为与胚胎干细胞特性相似的诱导多能干细胞(induced pluripotent stem cells,iPS cells),2007 年又用同样的技术构建了人 iPS 细胞系。2009 年,中国科学家获得了 iPS 小鼠,证明了 iPS 诱导是与体细胞核移植具有同等重编程能力的一种有效的重编程手段。相对于体细胞核移植,iPS 诱导更为简单,且不受卵母细胞来源的限制,因此有更大的临床应用前景。

4. 生殖工程　随着社会的进步和科学的发展,人们越来越多地利用胚胎学的理论和技术去改善人类的自然生殖过程,这就是各种形式的辅助生殖技术,统称为生殖工程(reproductive engineering),如人工授精(artificial insemination)、体外受精-胚胎移植(*in vitro* fertilization and embryo transfer,IVF-ET)、单精子卵浆内注射(intracytoplasmic sperm injection,ICSI)、胚胎植入前遗传学诊断(preimplantation genetic diagnosis,PGD)、生殖细胞和胚胎冷冻等。1978 年世界首例"试管婴儿"(IVF-ET 婴儿)在英国诞生,科学家 Edwards 也因此被称为"试管婴儿之父",并于 2010 年获得诺贝尔医学奖。1992 年比利时诞生了人类首例 ICSI 婴儿。1990 年英国将 PGD 技术应用于临床并获得健康婴儿。以上技术目前已被广泛地用于男性不育和女性不孕的治疗,表明胚胎学的发展不仅使人类逐渐破译了生殖过程的奥秘,而且逐渐实现了人类对生殖过程的改善和调控。我国的"试管婴儿"研究始于 20 世纪 80 年代。1985 年,台湾地区诞生了第一例"试管婴儿"。1988 年,我国大陆第一例"试管婴儿"在北京医科大学第三医院出生。中国大陆首例 ICSI 婴儿于 1996 年在广州出生。1999 年中山大学附属第一医院成功完成了我国首例 PGD。目前,在国内 IVF-ET、ICSI 已成为不孕不育的常规治疗手段,无论数量还是成功率均达到了世界先进水平。国内多个生殖中心也已建立了 PGD 技术,并用于临床治疗。

（六）胚胎学发展史上的中国科学家

人类胚胎学的发展是众多科学家努力的结果,华人科学工作者在其中也做出了重要的贡

Notes

献。朱洗是我国细胞学和实验胚胎学的开拓者,长期从事两栖类、鱼类、家蚕等动物卵子成熟、受精等研究,发现了卵子成熟程度与胚胎的正常发育有密切关系,输卵管产生的胶膜对受精有重要作用,创立了蟾蜍卵巢离体排卵的方法,为探讨卵子成熟、受精和发育问题开辟了新途径;1961 年,将人工雌性发育的雌蟾蜍与雄蟾蜍交配,繁殖出后代,证明了单性生殖的高等动物仍保有传代的能力。童第周一生致力于实验胚胎学、细胞生物学和发育生物学的研究,在对棕蛙卵子受精面与对称面的关系的研究中,证明了对称面不完全决定于受精面,而决定于卵子内部的两侧对称结构状态;在对海鞘早期发育的研究中,证明了在受精卵子中已经存在着器官形成物质,而且有了一定的分布,精子的进入对此没有决定性的影响;此外,他观察到内胚层和外胚层似乎有相当的等能性。这些研究成果是具有开创性的,使他成为中国实验胚胎学的创始人之一。美籍华人生物学家张民觉于 1959 年和 Pincus 合作,开始进行兔精子的体外受精研究,发现了精子的获能现象,同年,澳大利亚学者奥斯汀(C. R. Austis)在兔和大鼠精子的研究中也发现了相同的现象,国际生殖界将他们的研究成果命名为"张-奥斯汀原理",即从兔交配后回收的精子和卵子在体外受精结合,而且还将受精卵移植到其他兔的输卵管中,生出正常的幼兔。这是世界上首批体外受精-胚胎移植获得的动物,标志着体外受精技术的建立,为日后实现人的体外受精-胚胎移植奠定了基础,使之成为体外受精研究的先驱。近年来,我国科学家在克隆和胚胎干细胞这一胚胎学研究热点领域也取得了引人注目的成绩,如 2009 年,我国科学家研究完成的世界首例由 iPS 细胞发育成熟的小鼠子代在北京出生,证明了 iPS 的全能性,具有发育为正常后代的潜能。2013 年,我国学者应用单细胞基因组测序等技术研究了人受精卵发育到胚泡阶段的基因表达,标志着从分子水平、全景式分析胚胎早期发生的调控机制和遗传变异进入了新的阶段。

三、人体胚胎学的研究方法

人体胚胎学的研究方法有多种,从简单的肉眼观察到借助于显微镜分析、从静态观察到动态的分析,从形态学描述到应用分子生物学技术进行研究,从客观的描述到主动干预胚胎发育的过程,均依赖于不同的研究方法,实验方法的改善也极大地推动了胚胎学研究的进展,特别是显微操作技术的发展,为人为改善和调控人类的生育过程奠定了基础。

(一) 早期鸡胚的实验胚胎学技术

早在 1908 年鸡就被用来研究胚胎发育的过程,为研究高等脊椎动物的发育及其伴随的形态发生提供了很好的模式系统。其优点在于:鸡胚可以常年获得,可以很经济地获得任意一种品种;鸡胚的孵化周期短,可以在短期内获得研究结果;研究人员也可根据实验要求,将鸡胚孵化至特定的发育阶段;获得的鸡胚是半透明的,有利于在显微镜下观察其内部结构,还可以在形态发生的早期对胚胎进行显微操作。目前已有大量的数据描述早期鸡胚的正常和异常发育,也设计出了许多鸡胚实验操作的技术,大大增加了鸡胚作为胚胎发育研究模型的价值。随着生物技术的发展,如 RNA 干扰、基因转染、基因组测序和胚胎干细胞等,加上鸡胚的易得性和早期胚胎的易操作性,使得研究胚胎发育中众多基因的功能变得简单容易,因此,鸡胚也成为众多对基因功能感兴趣的科研人员首选的研究系统。

(二) 胚胎切片的观察

应用制片技术可以观察胚胎的微细结构,包括光镜和电镜技术。与普通切片制作不同的是,胚胎标本常需制作连续切片,将每张切片观察到的结果进行叠加,就可获得胚胎的立体结构图像。数码成像技术和图像分析软件的发展,使得胚胎标本的立体成像更为便捷和可靠。利用组织化学与免疫组织化学方法,可以分析胚胎内部特定化学物质的分布和含量,进而分析其在胚胎发育中的作用,并可检测胚胎发育过程中某些活性大分子物质的存在和变化状况。

(三) 活体胚胎的观察

用肉眼或体视显微镜对活体胚胎进行直接观察,是最古老也是最经典、最适用的一种胚学研究方法,这不仅可以直接观察到胚胎的整体发育状况,还可观察到活体胚胎的动态活动状况。随着科学技术的进步,人们开始用微型电影摄像技术(microcinamatography)和整胚体外培养技术,对整胚的发育过程进行长时程的连续动态观察。

(四)示踪技术

为了研究胚胎发育过程中特定细胞分化的动态过程,人为地使这些细胞带上特有的标记,然后用相应的技术方法观察标记细胞的分布和分化状况,从而确认这些标记细胞在胚胎发育过程中的迁移途径、定居位置和分化结局。常用的标记物是无细胞毒性的活体染料,如台盼蓝、尼罗蓝、辣根过氧化物酶(HRP)、无细胞毒性的荧光染料、标记 DNA 的放射性核素。随着细胞分裂,标记细胞中的标记物会逐渐稀释,示踪效果会逐渐降低。所以,此方法只适用于短时间内观察。

随着转基因技术的发展,人们将带有绿色荧光蛋白报告基因的逆转录病毒导入胚胎细胞,观察胚胎发育过程中表达绿色荧光蛋白细胞的迁移、定居和分化状况。由于基因表达可以一直进行,所以可长时间的存在,不会随时间而消减。

(五)转基因动物的制作技术

转基因是将改建后的目的基因(或基因组片段)用显微注射等方法注入实验动物的受精卵,然后将此受精卵植入受体动物的输卵管(或子宫)中,使其发育成携带有外源基因的转基因动物,该方法已被广泛用于基因功能分析、遗传病研究、疾病动物模型建立和家畜改良培育等方面。

(六)显微操作技术

在进行胚胎发育机制的研究中,特别是胚胎组织之间相互诱导作用的研究中,常常利用显微手术进行组织移植或组织切除,有的进行胚胎自体组织移植,有的进行同种异体组织移植,有的甚至进行异种组织移植。在试管婴儿的培育中,也常用显微操作技术分离切割早胚的卵裂球,以便进行植入前的遗传学检测。当妊娠中晚期的胎儿患有先天性疾病时,也常用显微操作技术进行宫内治疗,例如宫内胎儿输血甚至换血,先天性膈疝、梗阻性脑积水等的显微外科治疗,这些显微操作均可通过微创技术完成。

四、学习人体胚胎学的意义和方法

人体胚胎学是一门重要的医学基础课,是医学生的必修课程。通过胚胎学的学习,可以使学生真正知道人体是如何诞生的,其外形和体内各器官是如何发生演变的,从而建立唯物主义的世界观,用唯物主义的观点去观察人体、认识疾病。胚胎学学习还具有重要的应用价值:①加深对解剖学、组织学、病理学、妇产科学、儿科学中某些知识的理解,如组织学中干细胞的概念,病理学中肿瘤分类与胚层发育的关系,儿科中先天畸形的形成机制等。②促进对出生缺陷的认识。只有了解人体各器官的发生过程、调控机制和影响因素,才能分析出生缺陷的病因,为出生缺陷的诊断、治疗和预防创造条件。③对临床生殖辅助技术的发展具有极大的推动作用。目前,辅助生殖技术已成为男性不育和女性不孕的重要治疗手段,而每一项技术的建立和发展都是以胚胎学研究成果为基础的,如精子的体外获能使得体外受精成为可能。配子和胚胎冷冻为生育力保存创造了条件。④胚胎干细胞及其衍生研究为移植治疗展示了美好的应用前景。

胚胎学属于形态学范畴,因而在学习时应特别注意观察,包括胚胎标本的观察、模型的观察、切片的观察和图谱的观察等。要结合书本上的描述进行观察,更要启动形象思维。尽管胚胎学是一门形态学科,但与解剖学、组织学等其他形态学科有所不同,其最大的特点是胚胎的各种形态结构在不断变化,且变化速度快、变化程度大,有些结构在几天内,甚至几小时内就变得面目全非,甚至完全消失,因此,在观察、理解、记忆和描述各种胚胎器官的形态结构、位置方位时,除了三维概念外,还要有时间概念。学习胚胎学还应结合临床应用,掌握其实用价值。胚胎的发生过程、各器官结构的形态发生和演变过程是非常复杂的生物学过程,一旦受到内在或外来因素的干扰,就会出现异常发育,导致先天畸形。先天畸形的形态学改变和发生机制是人体胚胎学的重要内容,在学习这部分内容时,应对照正常发育去解析异常发育,只有真正明白了某一器官的正常发育过程,才能深刻理解这一器官所出现的先天畸形。胚胎学的学习还应掌握最新的研究动态。人体胚胎学的研究发展迅速,特别是早期胚胎发育的基因调控、胚胎干细胞的分化、辅助生殖技术的发展、早期的遗传学诊断均取得了突破性进展,新的研究成果也将不断涌现,因此,对于胚胎学的学习不能仅限于教科书的内容,应当通过文献的阅读,掌握胚胎学的最新发展动态。

(周作民)

Notes

第 21 章　胚胎发生总论

KEY POINTS

- Gametogenesis and fertilization
- Development in pre-embryonic period
- Development in embryonic period
- Development in fetal period
- Fetal membrane and placenta
- Twins, multiple births and conjoined twins

人体胚胎发生过程开始于受精卵,终止于胎儿出生,历时约 266 天,通常分为 3 个发育阶段,即胚前期(pre-embryonic period)、胚期(embryonic period)和胎期(fetal period)。配子的正常发生和受精是胚胎发生的前提,胎膜和胎盘是胚胎发育的重要辅助结构,双胎、多胎和连体双胎是胚胎发生中的特殊事件。本章将按时间顺序,讲述胚胎发生的基本过程和重要事件。

一、配子发生、受精和胚前期发育

(一) 配子发生

配子(gamete)是指具有受精能力的生殖细胞。男性配子为精子(spermatozoon),女性配子为卵子(ovum)。配子起源于卵黄囊壁上的原始生殖细胞(primordial germ cell,PGC),通过变形运动迁至生殖嵴(genital ridge),并在此分化为精原细胞或卵原细胞。配子发生(gametogenesis)是指具有受精能力的生殖细胞的成熟过程,主要通过两次特殊的细胞分裂而完成,称减数分裂或成熟分裂(meiosis or meiotic division)。在第一次减数分裂(meiosis Ⅰ)之前的分裂间期,初级精/卵母细胞进行 DNA 合成和染色体复制,其所含 23 对染色体中的每一个染色体都由两条姊妹染色单体(sister chromatid)构成,致使每个初级精/卵母细胞都含有 2 倍数的染色体和 4 倍量的 DNA(4n DNA)。在第一次减数分裂中,成对的同源染色体(homologous chromosome)配对联会(synapsis),姊妹染色单体间发生基因交换。然后,同源染色体分离并分别进入分裂后的两个子细胞,即次级精/卵母细胞。这样,每个次级精/卵母细胞就含有 23 条即单倍数的染色体和二倍量的 DNA(2n DNA)。次级精/卵母细胞几乎不经过分裂间期便进入了第二次减数分裂(meiosis Ⅱ)。此时,两条姊妹染色单体赖以连在一起的着丝粒分裂,于是两姊妹染色单体分离并分别进入两个子细胞,即精子细胞或卵子。这样,每个精子细胞或卵子中既含单倍数的染色体,又含单倍量的 DNA(1n DNA),成为真正的单倍体细胞(haploid cell)。精子细胞经过形态结构的变化而成为只含少量细胞质、由头尾构成的蝌蚪形的精子。卵子不再发生形态结构的变化。一个初级精母细胞经过两次减数分裂和复杂的形态结构变化,可生成 4 个男性配子——精子,其中 2 个精子的性染色体为 X,其余 2 个精子的性染色体为 Y。一个初级卵母细胞经过两次减数分裂,只生成一个女性配子——卵子,另外 3 个细胞为极体(polar body),其性染色体均为 X(图 21-1)。

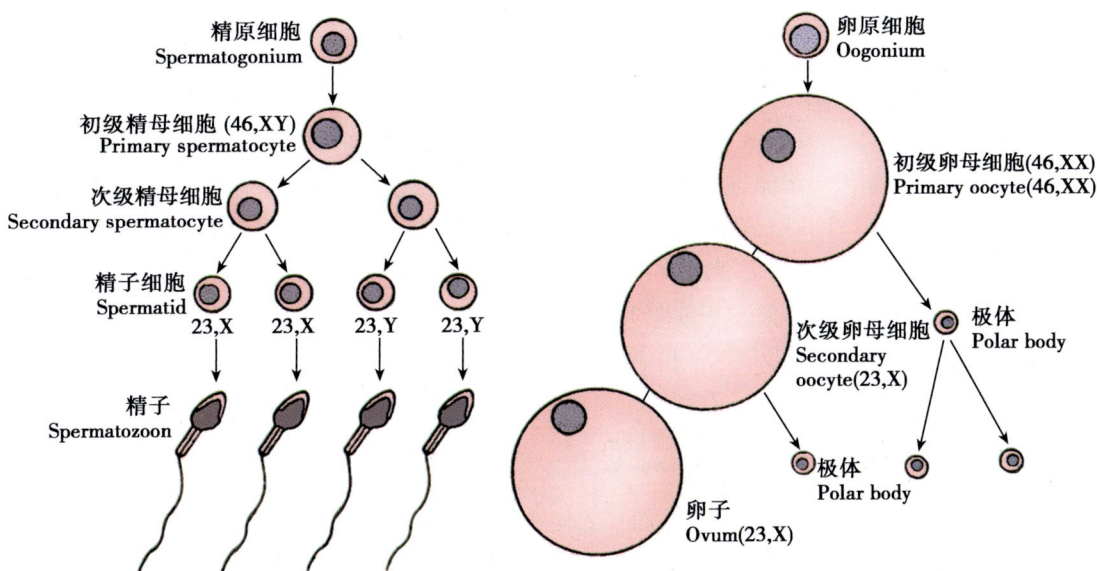

图 21-1　精子和卵子的发生示意图

Fig. 21-1　Schematic diagram showing development of the sperm and ovum

　　减数分裂是配子发生中必须经历的两次特有的细胞分裂。由于在第一次减数分裂中发生同源染色体的联会和姊妹染色单体之间的基因交换,因而染色体上的基因产生新的组合。由于同源染色体的分离和自由组合,以及第二次减数分裂中姊妹染色单体的分离和自由组合,便产生了多种不同染色体组合的配子。可见,两次减数分裂不仅生成了单倍体的配子,从而为受精后恢复二倍体奠定了基础,而且产生了遗传构成多样性的男性配子和女性配子(图 21-2)。在减数分裂过程中,若同源或姊妹染色体不分离,可形成染色体数目异常的配子,最终导致受精失败、胚胎发育异常或死亡,常见的因染色体数目异常导致的先天畸形有 21-三体综合征(先天愚型或唐氏综合征,Down syndrome)、18-三体综合征(爱德华氏综合征,Edward syndrome)等。

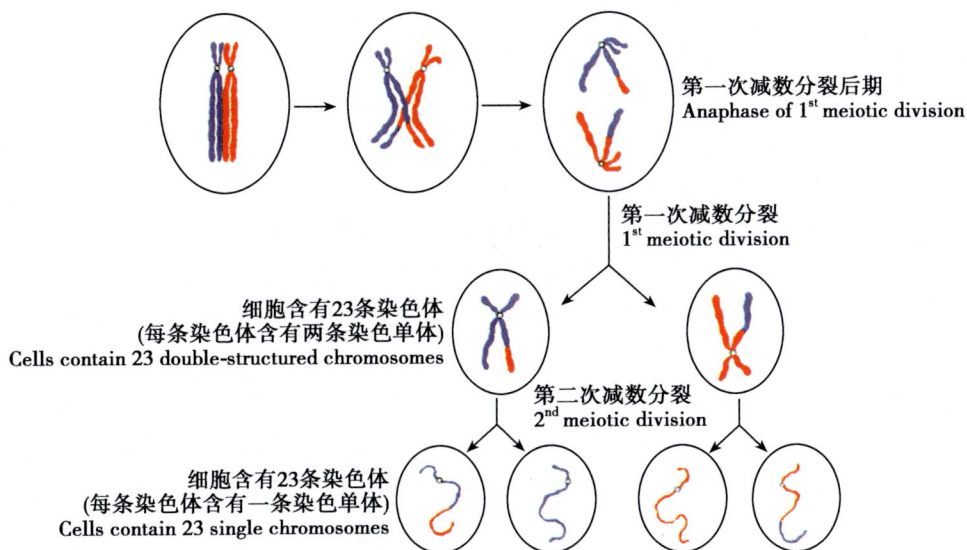

图 21-2　减数分裂示意图

Fig. 21-2　Schematic diagram of meiotic division

(二)受精

　　受精(fertilization)是精子与卵子相互融合生成受精卵的过程,于排卵后的 24 小时内发生于

Notes

输卵管的壶腹部。

　　成熟卵泡破裂、卵细胞从卵巢表面排至腹膜腔的过程称为排卵(ovulation)。包绕卵细胞的透明带和放射冠与卵细胞一起被排出。排卵前的 36 ~ 48 小时,初级卵母细胞完成了第一次减数分裂,并开始了第二次减数分裂,停止在第二次减数分裂的中期。所以,排出的卵细胞是处于第二次减数分裂中期的次级卵母细胞。排卵时,受高水平雌激素的调节,输卵管伞部的突起伸长,其中的平滑肌节律性收缩,在卵巢表面扫描样运动;同时,输卵管上皮表面的纤毛向子宫腔方向快速摆动,输卵管壁上的平滑肌节律性收缩,输卵管腔内的液体向子宫腔方向流动。这些因素使排出的卵细胞连同其周围的透明带和放射冠进入输卵管并向子宫腔方向运转(图 21-3)。当卵细胞到达壶腹部时,因此处管腔大、液流速度慢,其运转速度减缓,受精就在此处进行。

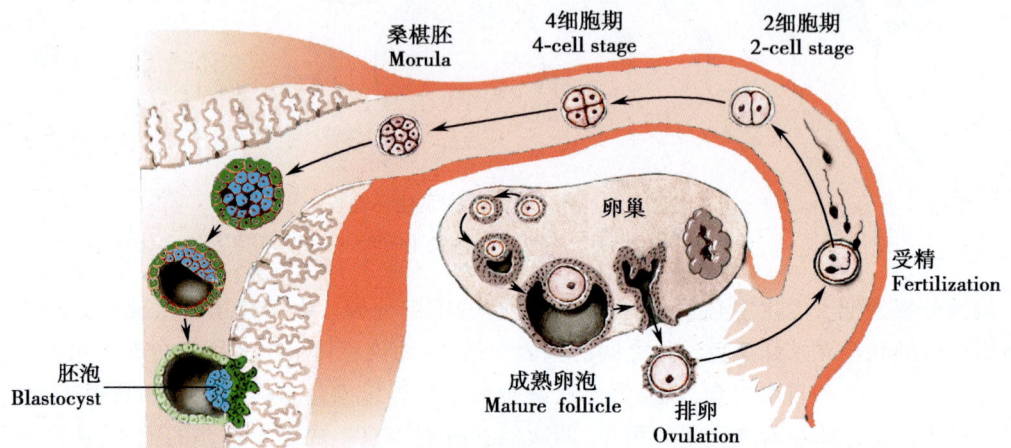

图 21-3　排卵、受精、卵裂与植入示意图

Fig. 21-3　Schematic diagram illustrating ovulation, fertilization, cleavage and implantation

　　在生精小管内发生并在附睾内完成成熟发育的精子仍不能使卵子受精,必须经过获能后才具有受精能力。精子获能(sperm capacitation)是指精子在女性生殖管道,特别是在输卵管运行中获得受精能力的过程。此时,精子表面的一些糖蛋白衣和精浆蛋白从精子头部脱落,于是顶体表面的细胞膜裸露。当获能后的精子遇到卵细胞周围的放射冠时,便释放顶体酶,溶解放射冠颗粒细胞之间的基质,穿越放射冠,这一过程称为顶体反应(acrosome reaction)。在透明带蛋白-3(zona protein 3,ZP3)与精子细胞膜上的相应受体的介导下,精子与透明带黏附并释放顶体酶。在顶体酶的作用下,精子穿越透明带与卵细胞膜接触并融合(图 21-4)。精子与卵细胞膜的接触和融合引发了卵浆内皮质颗粒(cortical granule)溶解,溶解产物进入透明带,改变了透明带的性质,灭活了透明带表面的精子特异性受体,从而阻止了其他精子的穿越,这一过程称透明带反应(zona reaction)。透明带反应使一个精子进入卵浆后,其他精子不能进入,从而保证了单精受精,防止了多精入卵(polyspermy)。

　　由于在顶体反应中覆盖在顶体前膜上的质膜已经消失,精子头部后份的质膜与卵膜融合,精子头部的细胞核及头尾部的少量细胞质进入卵细胞质,精子的细胞膜变成了卵细胞膜的一部分(图 21-4)。精子的进入不仅引发了透明带反应,而且启动了静息在分裂中期的第二次减数分裂,很快完成了第二次成熟分裂,生成了一个成熟的女性配子——卵子和一个几乎不含细胞质的极体细胞(polar cell)。卵子的细胞核呈泡状,称卵原核(ovum pronucleus)或女性原核(female pronucleus)。精子的细胞核紧靠卵原核并胀大呈泡状,称精原核(sperm pronucleus)或男性原核(male pronucleus)(图 21-5)。两个原核中均含有 23 条染色体,并通过合成 DNA,复制染色单体,每个染色体均由两个姊妹染色单体构成。两原核进一步贴近,核膜消失,染色体释放到卵浆中,来自两个原核的染色体相互混合,形成了一个由精子与卵子融合而成的、含有 46 条染色体的二

Notes

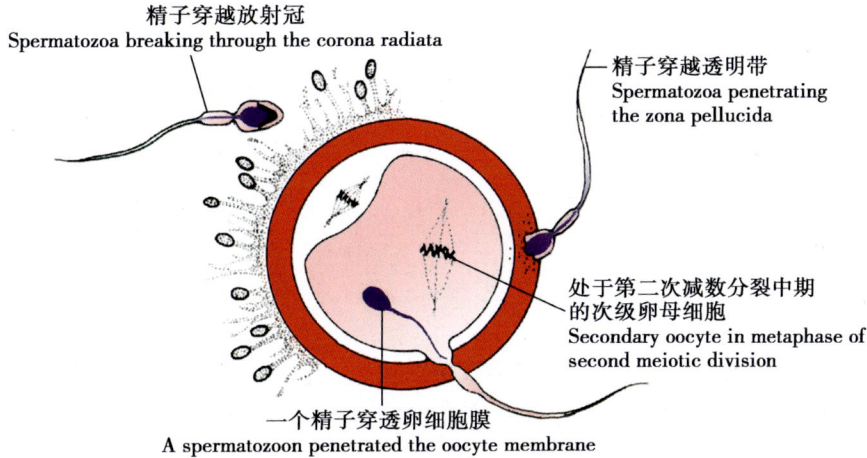

精子穿越放射冠
Spermatozoa breaking through the corona radiata

精子穿越透明带
Spermatozoa penetrating the zona pellucida

处于第二次减数分裂中期的次级卵母细胞
Secondary oocyte in metaphase of second meiotic division

一个精子穿透卵细胞膜
A spermatozoon penetrated the oocyte membrane

图 21-4　精子穿入卵细胞的过程示意图
Fig. 21-4　Schematic diagram showing the process of one spermatozoon penetration into the ovum

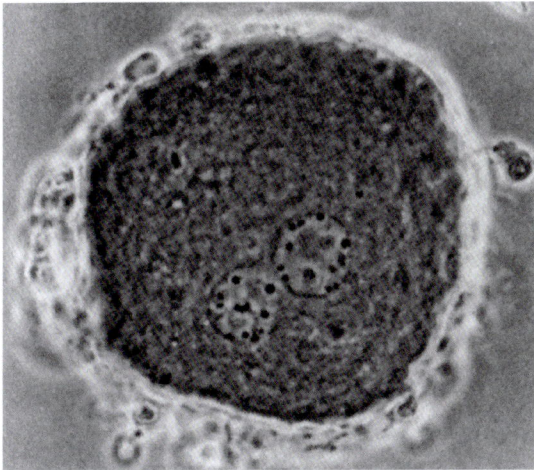

图 21-5　受精过程中的原核期,示卵原核和精原核光镜像
Fig. 21-5　A microphotograph of fertilizing ovum showing female and male pronuclei

倍体细胞——受精卵。至此,受精过程完成。

受精是生殖过程中的一个关键环节,受精卵是精子和卵子相互融合的产物,是新个体的开端。受精使父系和母系的遗传物质融合,形成了新的染色体组合和基因组合,促进了个体的遗传多样性。受精决定了新个体的遗传性别。如果性染色体为 X 的精子与卵子受精,新个体的遗传性别就会是女性(46,XX);如果性染色体为 Y 的精子与卵子受精,新个体的遗传性别就会是男性(46,XY)。受精激活了卵细胞的代谢过程,启动了受精卵的卵裂。没有受精的卵细胞不能完成第二次减数分裂,排卵 24 小时后即退变、死亡。但受精后的卵 30 小时就会完成第一次卵裂,40 小时左右达到 4 个卵裂球,3 天左右便形成由 12~16 个卵裂球构成的桑葚胚。

(三)胚前期发育

受精完成后,受精卵发生连续的有丝分裂,14 天后形成二胚层胚盘。15 天后,二胚层胚盘分化为胚体原基——三胚层胚盘。三胚层胚盘出现之前的这段时间,即受精之后的前 2 周,称胚前期。

1. 卵裂和胚泡形成　受精卵形成后便开始了连续的细胞分裂,其分裂形式虽然属于有丝分裂,但与通常的有丝分裂相比,有若干特点,故称卵裂(cleavage),分裂后的子细胞称卵裂球(blastomere)。卵裂最大的特点是:随着卵裂的进行,卵裂球之间出现了越来越明显的差异,即细胞分化;卵裂始终在透明带内进行,因而随着卵裂球数目的增加,每个卵裂球的体积逐渐减少。受精后 30 小时第一次卵裂完成,进入 2 细胞期。受精后第 3 天,卵裂球达到 16 个左右,细胞排列紧密,外观似桑葚,故称桑葚胚(morula)(图 21-6)。桑葚胚已出现明显的细胞分化:位居中央的卵裂球为成胚细胞,周边的卵裂受球为成滋养层细胞。桑葚胚进入子宫腔后,卵裂球很快增至 100 个左右,细胞分化更加明显。细胞间先是出现了一些小间隙,后融合为一个大腔,使整个

Notes

胚呈泡状,故称胚泡(blastocyst)(图21-6)。胚泡中央的腔为胚泡腔(blastocoele),包绕胚泡腔的一层扁平细胞为滋养层(trophoblast),胚泡腔一端有一团细胞,称内细胞群(inner cell mass)。这群细胞是多能干细胞(pluripotent stem cell),未来分化为胚胎的各种组织结构和器官系统,故又称成胚细胞(embryoblast)(图21-7A)。

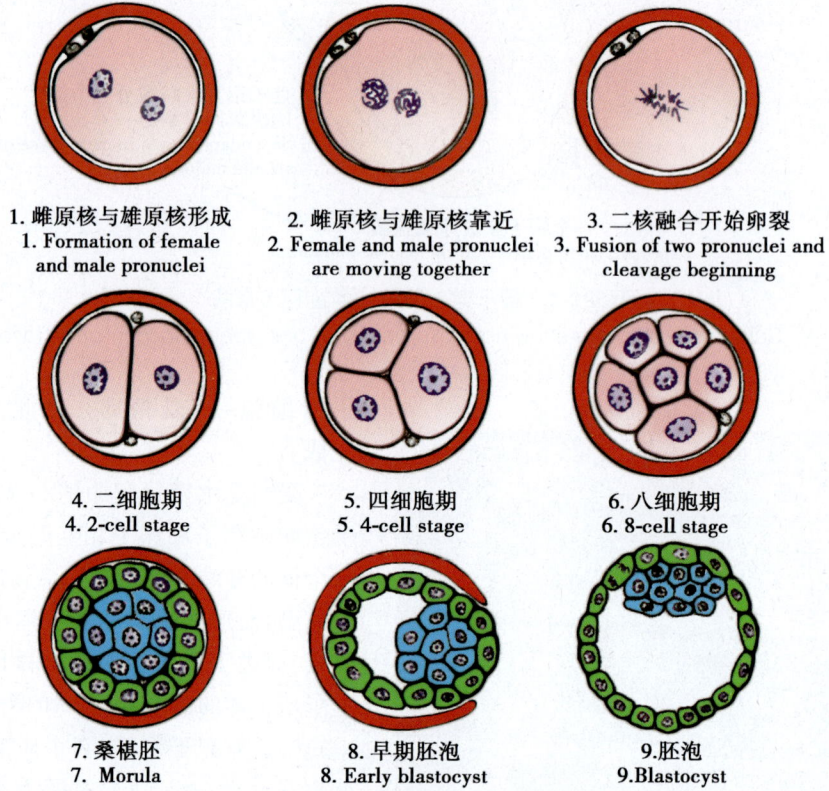

1. 雌原核与雄原核形成
1. Formation of female and male pronuclei

2. 雌原核与雄原核靠近
2. Female and male pronuclei are moving together

3. 二核融合开始卵裂
3. Fusion of two pronuclei and cleavage beginning

4. 二细胞期
4. 2-cell stage

5. 四细胞期
5. 4-cell stage

6. 八细胞期
6. 8-cell stage

7. 桑椹胚
7. Morula

8. 早期胚泡
8. Early blastocyst

9. 胚泡
9. Blastocyst

图 21-6　卵裂和胚泡形成示意图
Fig. 21-6　Schematic diagram illustrating the cleavage and blastocyst formation

2. **植入**　胚泡进入子宫内膜的过程称植入(implantation),开始于受精后第5天末或第6天初,完成于受精后第11~12天左右。

受精后第4天末,包绕胚泡的透明带开始解体,于是胚泡逐渐从透明带中孵出。第5天末,滋养层完全裸露。此时,覆盖内细胞群的胚端滋养层细胞首先与子宫内膜的表面上皮黏附并率先进入子宫内膜(图21-7A)。进入子宫内膜的滋养层细胞分裂增殖并分化为两层,即内面的细胞滋养层(cytotrophoblast)和外面的合体滋养层(syncytiotrophoblast)。合体滋养层无细胞界限,呈合胞体样;细胞滋养层的细胞略呈立方形,细胞界限清楚,细胞不断分裂增殖并加入合体滋养层,使合体滋养层逐渐加厚(图21-7B)。

受精后第9天,胚泡已深入子宫内膜,表面上皮的植入口由纤维蛋白凝栓(fibrin coagulation plug)封堵(图21-7C)。与此同时,合体滋养层增厚并形成若干陷窝,称滋养层陷窝(trophoblastic lacunae)(图21-7C)。

受精后第12天左右,胚泡已完全进入子宫内膜,内膜表面的植入口已被表面上皮完全覆盖,从子宫腔内可以看到一个轻微突起。此时,合体滋养层内的陷窝增多,并相互沟通成网。子宫内膜中的小血管被合体滋养层侵蚀而破裂,血液流入陷窝网(图21-7D)。

植入是遗传构成不同的两种组织——胚泡和子宫内膜相互识别、相互黏附、相互容纳的过程,是生殖过程中继受精之后的又一个关键环节。这一复杂的生物学过程受着雌激素、孕激素的调控和多种细胞因子的介导,同时还受到宫腔内环境的影响,这些因素中的任何一个环节出

Notes

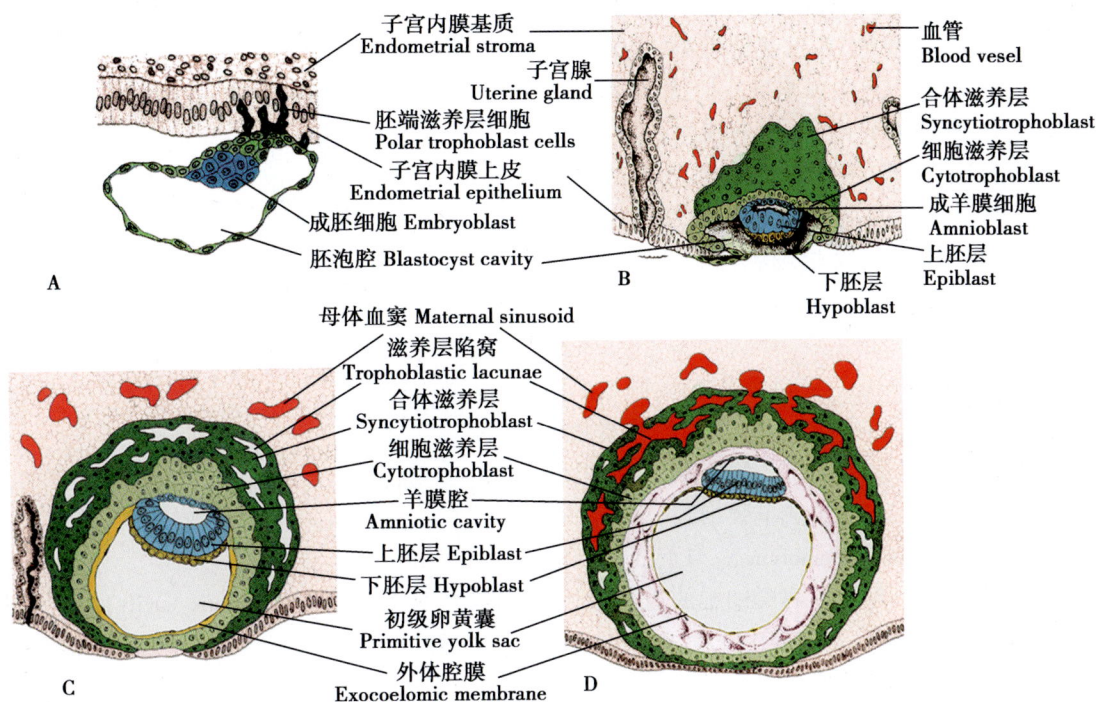

图 21-7　植入过程示意图

A. 胚泡开始植入；B. 第 8 天胚泡部分进入子宫内膜；C. 第 9 天胚泡植入即将完成；D. 第 12 天胚泡已完全进入子宫内膜

Fig. 21-7　Schematic diagram of the process of implantation

A. blastocyst begins to implant；B. blastocyst implants endometrium partially at 8th day；C. implantation is about to complete at 9th day；D. blastocyst has implanted into endometrium completely at 12th day

现异常，都会引起植入不能性不孕。人为地干扰其中的某一个环节，就会达到避孕的效果。

植入最常发生于子宫体的前壁和后壁。偶尔也会植入在子宫颈内口附近，并在此形成胎盘，称前置胎盘（placenta praevia）。这种情况常常会在分娩时发生大出血，因而多行剖宫产。植入也会发生在子宫以外，称宫外孕（extrauterine pregnancy，or ectopic pregnancy）。有大约95%的宫外孕发生于输卵管，其中大部在输卵管的壶腹部。宫外孕也可发生于卵巢，称卵巢妊娠（ovarian pregnancy）；也可发生于腹膜上，特别是子宫直肠窝处。在宫外孕中，多数胚胎早期死亡并被吸收，少数发育较大后破裂而引起大出血。

3. 蜕膜和初级绒毛的形成　在植入过程中，子宫内膜和滋养层也发生复杂的变化。

（1）蜕膜的形成：植入部位的子宫内膜首先发生反应性变化，后逐渐扩展至整个子宫内膜。这些变化统称为蜕膜反应（decidua reaction）。经蜕膜反应之后的子宫内膜称蜕膜（decidua）。子宫内膜的变化主要有：子宫内膜进一步增厚，血管增生，血供更加丰富；子宫腺扩大、分泌旺盛，腺腔内充满分泌物；基质细胞肥大，胞质内富含糖原颗粒和脂滴，这种细胞称蜕膜细胞（decidual cell）；细胞间隙增大，呈"水肿状态"。

根据蜕膜与植入胚泡的位置关系，通常将蜕膜分为 3 个部分：位居胚泡深面的部分称底蜕膜（decidua basalis），覆盖胚泡的浅层部分称包蜕膜（decidua capsularis），其余部位的蜕膜称壁蜕膜（decidua parietalis）。底蜕膜未来参与胎盘的形成，包蜕膜和壁蜕膜则逐渐退化、变薄，随着胚胎的逐渐增大，包蜕膜逐渐靠近壁蜕膜，最终两者相互融合，子宫腔随之消失（图21-8）。

（2）初级绒毛的形成：受精后第 2 周末，合体滋养层及其下方的细胞滋养层向蜕膜内突出，形成一些绒毛样突起，称初级绒毛（primary villus）或初级干绒毛（primary stem villus），其轴心为

Notes

细胞滋养层,外周为合体滋养层(图21-9)。

4. 二胚层胚盘的发生　胚泡开始植入后,内细胞群的细胞分裂增殖,并于受精后第 7～8 天分化为上、下两层细胞:上层细胞呈高柱状,来自内细胞群中央部位的非极性细胞,称上胚层(epiblast);下层细胞呈低立方形,来自内细胞群外围的极性细胞,称下胚层(hypoblast)。两层细胞紧密相贴,中间有一层基膜相隔。这两层细胞构成的椭圆形盘状结构,称二胚层胚盘(bilaminar germ disc)(图 21-7B)。

5. 羊膜囊的形成　受精后第 8 天,随着上胚层细胞的增生,在细胞间出现了一个小的腔隙并逐渐扩大,于是上胚层被分隔成了两层细胞:贴近细胞滋养层内面的一层细胞为成羊膜细胞(amnioblast),后形成羊膜(amniotic membrane);与下胚层相贴的

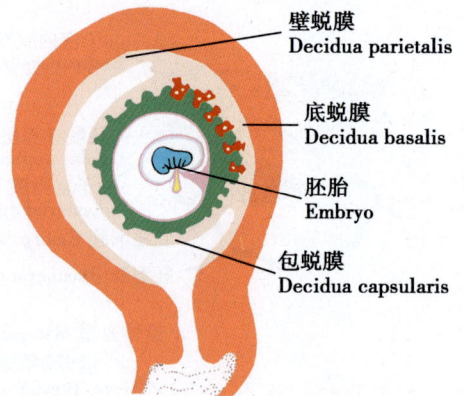

图 21-8　胚胎和子宫蜕膜的关系示意图
Fig. 21-8　Schematic diagram shows the relationship between embryo and uterine decidua

一层细胞仍为上胚层。这两层细胞的边缘相延续,环绕中央的羊膜腔(amniotic cavity),共同构成了羊膜囊(amnion),羊膜腔中充满了羊水(amniotic fluid)(图21-7B)。也有人认为,成羊膜细胞来自上胚层顶部的细胞滋养层。

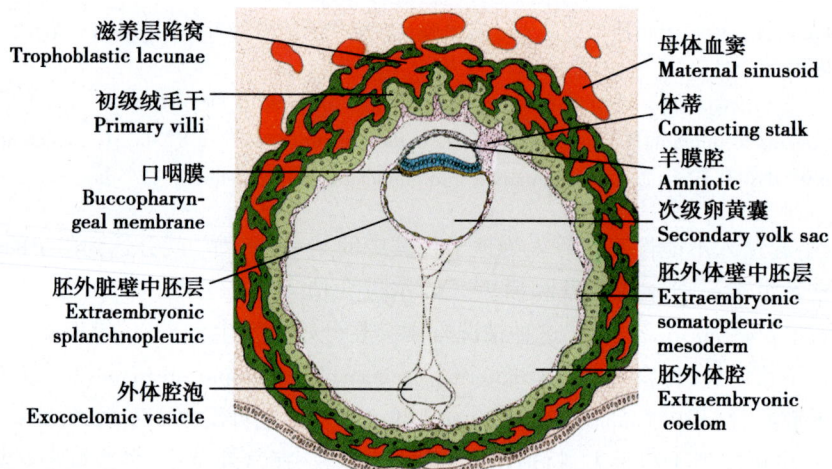

图 21-9　初级绒毛的形成示意图
Fig. 21-9　Schematic diagram showing formation of the primary villus

6. 初级卵黄囊的形成　受精后第 9 天,下胚层边缘的细胞增生并沿细胞滋养层内面向下迁移,形成了一层扁平细胞,称外体腔膜(exocoelomic membrane),又称 Heuser 膜。这层细胞在腹侧遇合后,便与下胚层共同构成了一个囊,称外体腔囊(exocoelomic sac),即初级卵黄囊(primary yolk sac),其囊腔就是原来的胚泡腔,下胚层就是其顶(图21-7)。

7. 胚外中胚层、胚外体腔及体蒂的形成　受精后第 11 天,在细胞滋养层内面与外体腔膜及羊膜之间出现了一层疏松的网状结构,称胚外中胚层(extraembryonic mesoderm)(图21-7D),其细胞呈星状,有人认为来自上胚层尾端,有人认为来自外体腔膜,多数人认为来自细胞滋养层,至今仍无定论。受精后第 12 天,随着胚外中胚层的增厚,其中出现了一些小的腔隙,后融合为一个大腔,称胚外体腔(extraembryonic coelom)(图21-9)。胚外体腔的出现,将胚外中胚层分隔成了两部分:一部分铺衬在滋养层的内表面并覆盖在羊膜囊的外表面,称胚外体壁中胚层(extraembryonic somatopleuric mesoderm);另一部分覆盖在卵黄囊的表面,称胚外脏壁中胚层(extraembryonic splanchnopleuric mesoderm)(图21-9)。此时,二胚层胚盘连同其上方的羊膜囊和下方的卵黄囊大部被胚外体腔所环绕,只有一束胚外中胚层将其悬吊在滋养层上,这就是连接蒂(connecting stalk),又称体蒂(body stalk)(图21-9)。

8. 次级卵黄囊的形成 受精后第2周末,下胚层周缘的细胞增生,并沿外体腔膜向下迁移,最终在初级卵黄囊内形成一个较小的囊,这就是次级卵黄囊(secondary yolk sac),简称卵黄囊(yolk sac)。次级卵黄囊的出现掐断了初级卵黄囊与下胚层的连接,使其脱离胚盘并逐渐萎缩退化为若干小泡,位于胚外体腔中,称外体腔泡(exocoelomic vesicle)(图21-9)。

二、胚期发育

从受精后的第15天至56天为胚期,历时6周。通过此期的分化发育,胚胎已初具人形,各种组织和器官结构从无到有,明显可见。这一时期的胚胎发育最复杂,对环境有害因素的影响也最敏感,受到致畸因素的作用而发生先天畸形的几率也最大。

(一) 三胚层的发生

受精后第15天,上胚层细胞增生并向胚盘尾端中线迁移,于是在胚盘尾端中轴线上出现一条纵行的细胞柱,称原条(primitive streak)。原条的头端膨大,称原结(primitive node)。原结的背侧凹陷,称原凹(primitive pit)。增生的上胚层细胞继续向原条方向迁移,并经原条下陷(invagination)。下陷的细胞首先迁入下胚层,并逐渐置换了下胚层细胞,从而形成了一层新细胞,称内胚层(endoderm)。经原条迁移的另一部分上胚层细胞在上胚层与新形成的内胚层之间扩展,逐渐形成了一层新细胞,称为胚内中胚层(intraembryonic mesoderm),即中胚层(mesoderm)。形成内胚层和中胚层之后的上胚层,改称外胚层(ectoderm)。可见,内、

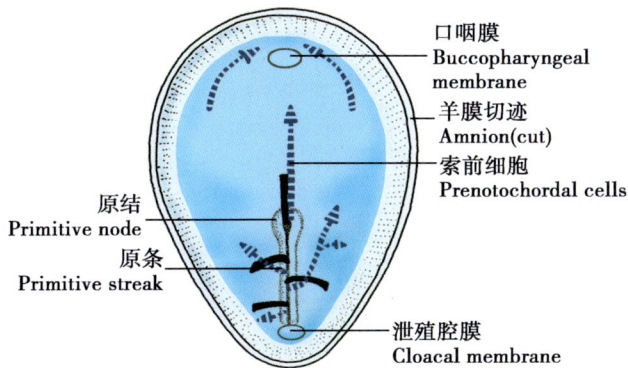

图 21-10 细胞迁移形成三胚层胚盘示意图(背面观)

Fig. 21-10 Schematic diagram showing formation of the trilaminar germ disc by cell migration(dorsal view)

中、外三个胚层均来自上胚层。由三个胚层构成的头端较宽、尾端较窄的椭圆形盘状结构称为三胚层胚盘(trilaminar germ disc),此乃人体发生的原基,构成人体的各种细胞、组织、器官、结构均来源于此(图21-10、图21-11)。

(二) 脊索的发生

经原凹迁移的上胚层细胞在上胚层与形成中的内胚层之间向头侧扩展而形成一个细胞柱,称头突(head process),又称脊索突(notochordal process)。头突镶嵌在刚形成的中胚层的中轴线上,但其头侧有一个圆形区域没有中胚层组织,只有直接相贴的内、外两个胚层组织,这一区域称口咽膜(buccopharyngeal membrane)。在原条的尾侧也有一个这样的圆形区域,称泄殖腔膜(cloacal membrane)(图21-10)。

随着原凹向头突中延伸,头突由实心的细胞索变成了空心的细胞管,称脊索管(notochordal tube)。受精后第20天左右,脊索管的腹侧壁与其下方的内胚层融合并破裂,于是脊索管向背侧通过原凹与未来的神经管相通,向腹侧则通过破裂的腹侧壁与未来的肠管相通,故称为神经肠管(neurenteric canal)(图21-12A)。至受精后的22~24天,原始肠管的背侧壁愈合,脊索管的背侧壁形成一条细胞索,称脊索(notochord)(图21-12)。

Notes

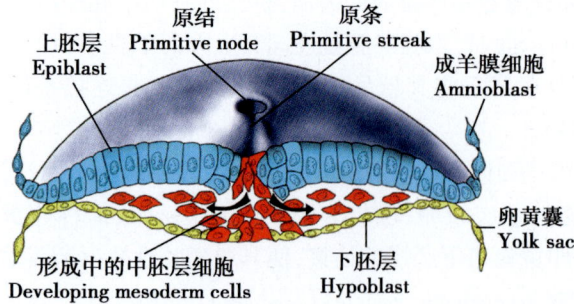

图 21-11　细胞迁移形成三胚层胚盘示意图(冠状切面观)
Fig. 21-11　Schematic diagram showing formation of the trilaminar germ disc by cell migration(coronal section)

脊索形成后逐渐向尾端延伸,原条则逐渐向尾端退缩,最后完全消失。如果原条未完全消失,残存部分可形成畸胎瘤。在人体发生中,脊索的出现只是生物进化过程的重演,已失去在脊索动物中的那种支持功能,并很快退化,退化后的遗迹留在椎间盘中央,称髓核。尽管如此,脊索及脊索突的出现对神经管、体节等中轴结构的发生仍有着重要的诱导作用。

(三)尿囊的发生

受精后第 16 天,卵黄囊尾侧的内胚层细胞增生,形成一囊状突起,伸入体蒂中,这就是尿囊(allantois),见图 21-12A。关于尿囊的演变及其生物学意义,将在胎膜中讲述。

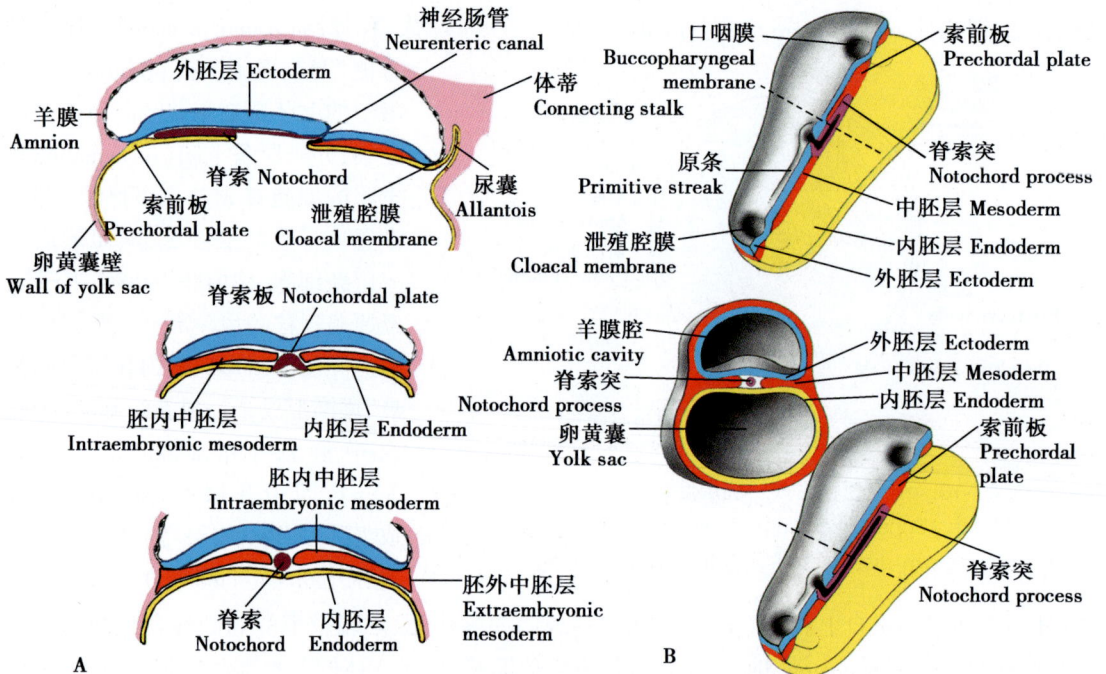

图 21-12　脊索形成示意图
Fig. 21-12　Schematic diagram showing formation of the notochord

(四)绒毛膜的形成和演变

受精后第 2 周末,滋养层表面出现了由合体滋养层及细胞滋养层突出而成的初级干绒毛(primary stem villus)。第 3 周初,胚外中胚层长入初级干绒毛的中轴部,于是形成了次级干绒毛(secondary stem villus)。滋养层与其内面的胚外中胚层构成的板状结构,即包绕整个胚胎并长出次级干绒毛的板状结构,称为绒毛膜板(chorionic plate)。绒毛膜板及由此发出的绒毛,统称为绒毛膜(chorion)。第 3 周末,在绒毛膜板中的胚外中胚层内发生了小血管并长入次级干绒毛,具有血管的绒毛称三级干绒毛(tertiary stem villus),又称固有胎盘绒毛(definitive placental villus)(图 21-13)。干绒毛生长并发出若干分支绒毛,游离于绒毛间隙(intervillous space)的母血中,称游离绒毛(free villus)(图 21-14)。干绒毛的末端固定于底蜕膜上,称固定绒毛(anchoring

Notes

villus)。在固定绒毛的末端,原位于合体滋养层内面的细胞滋养层细胞穿过合体滋养层而长入底蜕膜中,形成细胞滋养层细胞柱(cytotrophoblast column)。细胞柱的细胞继续增生,在合体滋养层的外面扩展,形成一层分隔合体滋养层与底蜕膜的细胞,称细胞滋养层壳(cytotrophoblast shell)。干绒毛主要通过细胞滋养层柱和细胞滋养层壳固定在底蜕膜上。绒毛间隙是干绒毛之间的一些腔隙,由滋养层陷窝(trophoblastic lacunae)扩大融合而成,与蜕膜中的小血管相通,因而充满了母体血液(图 21-15)。

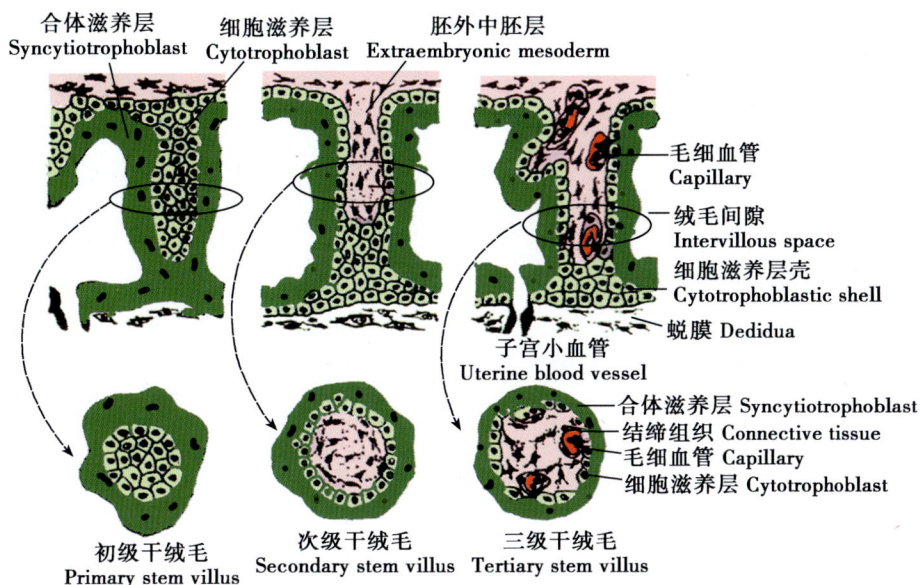

图 21-13　干绒毛的结构和演变示意图

Fig. 21-13　Schematic diagram showing structure and development of the stem villus

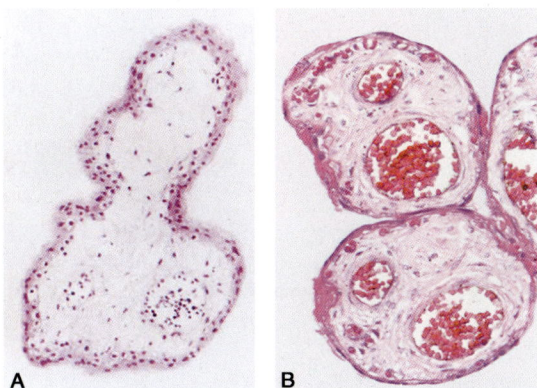

图 21-14　绒毛光镜像　HE 染色　高倍

A. 早期(吉林大学白求恩医学部供图);B. 晚期(35 周龄)

Fig. 21-14　Microphotographs of the villus　HE stain　High magnification

A. early stage;B. late stage(at 35th week)

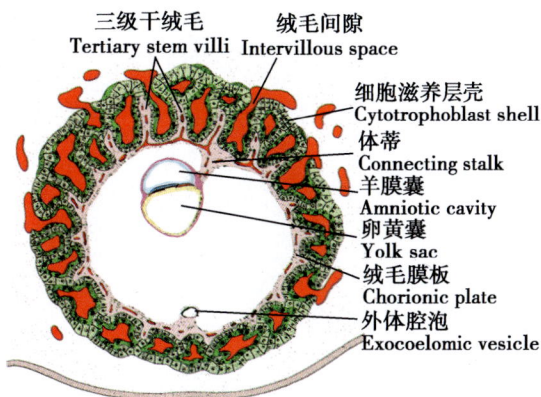

图 21-15　第 3 周的人胚示意图,示绒毛膜

Fig. 21-15　Schematic diagram of human embryo at 3rd week,showing the chorion

在胚胎发育的前 6 周,绒毛膜的表面均匀分布着绒毛。6 周后,伸入底蜕膜中的绒毛由于营养丰富而生长茂盛,此处的绒毛膜称丛密绒毛膜(chorion frondosum)。伸入包蜕膜的绒毛因缺乏营养而逐渐萎缩退化,故此处的绒毛膜称平滑绒毛膜(chorion laeve)。丛密绒毛膜与底蜕膜共同形成胎盘。

(五) 三胚层的分化

1. 外胚层的分化　在脊索突和脊索的诱导下,受精后第 19 天左右,胚盘中轴线两侧的外胚层细胞增生,由单层先后变为假复层和复层,于是形成了一个头端宽、尾端窄的椭圆形细胞板,称神经板 (neural plate)。构成神经板的这部分外胚层组织,称神经外胚层 (neural ectoderm)。第 20~21 天,神经板两侧高起,形成神经褶 (neural fold);中央凹陷成沟,称神经沟 (neural groove)。第 22 天时,神经沟开始闭合。最先从第 4~5 对体节平面开始闭合,然后向头尾方向延续。至第 24 天时,头端和尾端各留有一个未闭合的孔,分别称为前神经孔 (anterior neuropore) 和后神经孔 (posterior neuropore)。第 25 天前神经孔闭合,第 27 天后神经孔闭合,形成了一条完全封闭的神经上皮管,称神经管 (neural tube) (图 21-16~图 21-18)。神经管的头段将分化为脑,尾段将分化为脊髓。如果神经管未完全闭合,就会引起多种类型的神经管畸形 (neural tube defect)。

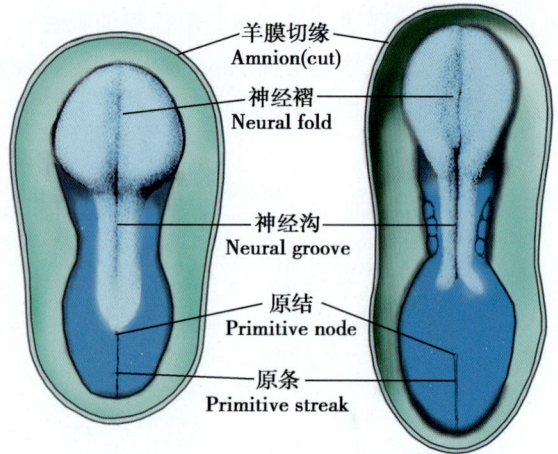

图 21-16　神经板和神经褶发生示意图

Fig. 21-16　Schematic diagram showing development of the neural plate and neural fold

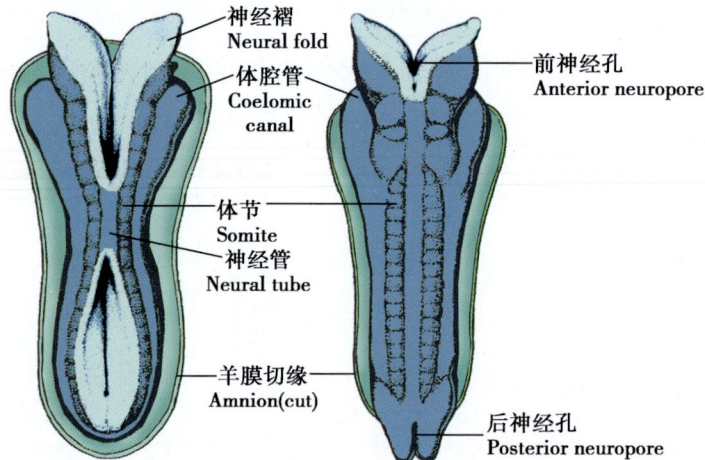

图 21-17　神经管形成示意图

Fig. 21-17　Schematic diagram showing formation of the neural tube

在神经沟闭合为神经管时,神经上皮外侧缘的细胞不进入神经管壁,而是游离于神经管外,形成神经管背外侧的两条纵行细胞索,称神经嵴 (neural crest) (图 21-18)。神经嵴是周围神经系统的原基,可分化为脑神经节、脊神经节、交感节和副交感神经节及外周神经。另外,神经嵴细胞还远距离迁移,分化为肾上腺髓质中的嗜铬细胞、黑色素细胞、甲状腺滤泡旁细胞、颈动脉体 I 型细胞。还可迁至头部,参与头面部骨、软骨、肌肉、结缔组织的形成,并可参与大动脉根部管壁组织的形成。

神经沟闭合后,神经管及神经嵴脱离外胚层,并被表面外胚层覆盖。表面外胚层将分化为表皮及其衍生结构,如毛发、指(趾)甲、皮脂腺、汗腺、乳腺,还分化为眼、耳、鼻中的感觉上皮,脑垂体,牙釉质,口腔及肛门部的黏膜上皮等。

Notes

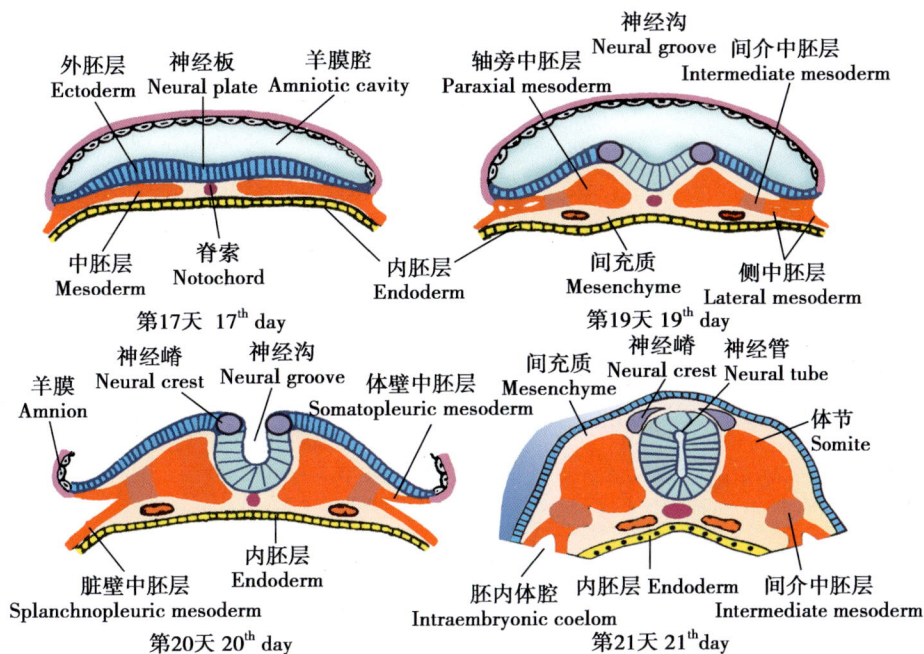

图 21-18　胚体横断面模式图示神经管形成与中胚层早期分化

Fig. 21-18　Schematic diagrams of cross section of embryo showing formation of the neural tube and differentiation of the mesoderm in the early stage

2. 中胚层的分化　受精第 16 天左右,胚盘中轴线两侧的中胚层细胞增生,形成了两条增厚的中胚层组织带,称轴旁中胚层(paraxial mesoderm)。胚盘两侧边缘的中胚层仍然较薄,称侧中胚层(lateral mesoderm)。轴旁中胚层与侧中胚层之间的中胚层组织称间介中胚层(intermediate mesoderm)(图 21-18)。

(1) 轴旁中胚层的分化:受精后第 17 天,轴旁中胚层细胞局部增生,并围绕中心放射状排列成涡轮状,称体节球(somitomere)。体节球首先出现于头区,然后向尾端延续。头区的体节球是头部间充质的主要来源。从枕区至尾端的体节球进一步衍化为体节(somite)。第一对体节于第 20 天出现于颈区,之后以每天 3 对的速度向尾端进展。直到第 5 周末,先后共出现 42 ~ 44 对体节,包括 4 对枕节、8 对颈节、12 对胸节、5 对腰节、5 对骶节和 8 ~ 10 对尾节。

体节的横断面略呈三角形,中央有一腔隙,称体节腔(somitic cavity)(图 21-19)。体节的内侧壁和腹侧壁为生骨节或巩节(sclerotome),细胞迁至脊索和神经管周围并包绕这些结构,后分化为脊椎骨。体节腔的外侧壁为生皮节(dermatome),将分化为真皮和皮下结缔组织。在生皮节分化之前,在其内侧产生了一层新细胞,称生肌节(myotome),将分化为四肢和体壁上的骨骼肌。并列存在的生皮节和生肌节合称皮肌节(dermomyotome)(图 21-19)。每个皮节和肌节的衍化结构无论距离其来源皮节和肌节多么遥远,都会保持其来源皮节和肌节的神经支配。因此,可以根据某一皮区或某块肌肉的神经支配推断其体节来源。同样,也可根据某一皮区或某块肌肉的体节来源而推断其神经支配。

(2) 间介中胚层的分化:间介中胚层是位于轴旁中胚层和侧中胚层之间的一个狭窄的中胚层带,其靠近头侧的部分呈节段性增生,称生肾节(nephrotome),后分化为前肾;靠尾侧的部分不分节,称生肾索(nephrogenic cord);由于生肾索继续增生,从胚胎后壁突向体腔,沿中轴线两侧形成左右对称的一对纵形隆起,称尿生殖嵴(urogenital ridge)。以后尿生殖嵴的中部出现一纵沟,将其分成外侧粗而长的中肾嵴(mesonephric ridge)和内侧细而短的生殖嵴(genital ridge)。中肾嵴是中肾和后肾发生的原基,生殖嵴又称生殖腺嵴(gonadal ridge),未来分化为生殖腺(gonad)。可见,泌尿系统和生殖系统的主要器官和结构来自间介中胚层。

Notes

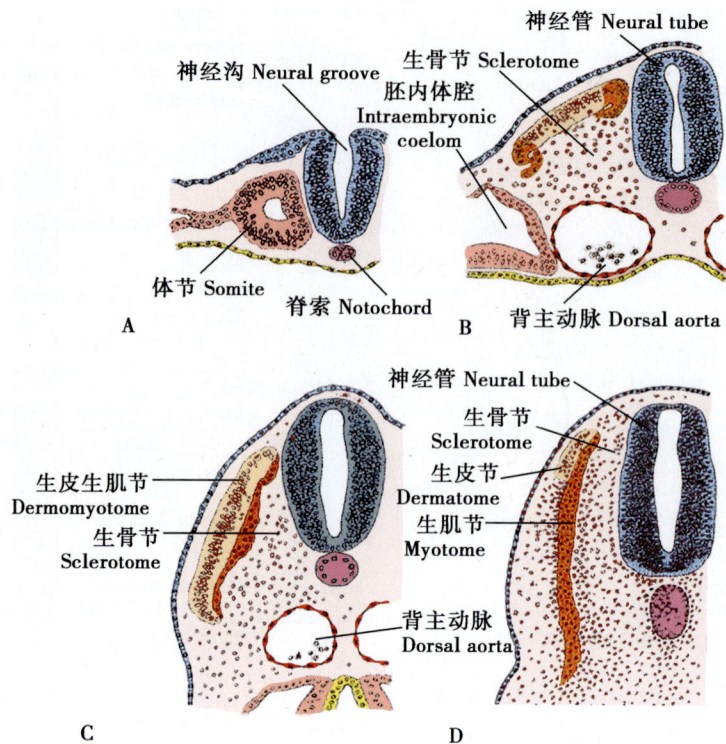

图 21-19　体节的形成和分化示意图

Fig. 21-19　Schematic diagram showing formation and differentiation of the somite

（3）侧中胚层的分化：侧中胚层是中胚层的边缘部分。随着胚内体腔的出现，侧中胚层被分隔成了脏壁中胚层（splanchnopleuric mesoderm）和体壁中胚层（somatopleuric mesoderm）两层，前者覆盖着内胚层，并与卵黄囊壁上的胚外脏壁中胚层相延续，未来分化为消化管壁上的平滑肌、结缔组织和腹膜、胸膜、心包膜的脏层；后者铺衬在外胚层内面，与羊膜囊外面的胚外体壁中胚层相延续，未来分化为腹壁和外侧体壁中的肌肉、结缔组织和腹膜、胸膜、心包膜的壁层。此时，胚内体腔与胚外体腔相通。

心脏、血管和淋巴管也来自中胚层。最早的血管和造血干细胞出现于卵黄囊壁上胚外中胚层中的血岛（blood island）。心脏、血管和血液的发生和演变将在相关章节中讲述。

3. 内胚层的分化　在受精后第 3 周末或第 4 周初，胚盘开始卷折。随着头褶（cephalic fold）、尾褶（caudal fold）和侧褶（lateral fold）的形成和加大，胚体由盘状逐渐变成了圆柱状或圆筒状，内胚层被卷入胚体内，形成一个内胚层管，即原始消化管（primitive digestive duct），又称原肠（primitive gut），与内胚层相连的卵黄囊被卷至胚体外，通过卵黄蒂（vitelline stalk）与原肠相通。卵黄蒂又称卵黄管（vitelline duct），随着胚胎发育而逐渐变细。与卵黄管相对的原肠部称中肠（midgut），中肠之前的原肠部称前肠（foregut），中肠之后的原肠部称后肠（hindgut）（图 21-20）。卵黄管退化后，卵黄囊与消化管分离。前肠、中肠、后肠分化为消化管的各段，内胚层分化为消化管各段的黏膜上皮和管壁上的消化腺。肝、胆、胰和呼吸系统中的各器官结构都是原肠的衍化物，因而这些器官结构中的上皮也都来自内胚层。由第一对咽囊衍化来的咽鼓管和鼓室的铺衬上皮、鼓膜的鼓室面上皮，由第三对和第四对咽囊衍化来的甲状旁腺中的上皮，由第三对咽囊衍化来的胸腺中的上皮，来自咽腹侧壁的甲状腺滤泡上皮，都是内胚层的分化产物。膀胱、尿道、前列腺、尿道球腺等都是尿生殖窦的衍化物，尿生殖窦又是泄殖腔和尿囊的一部分，因而这些器官结构内的上皮也都来自内胚层。

（六）胚期胚胎外形的变化

第三周初的胚呈椭圆形盘状，直径 0.1～0.2mm，其上方有羊膜囊，下方有卵黄囊，由宽阔的

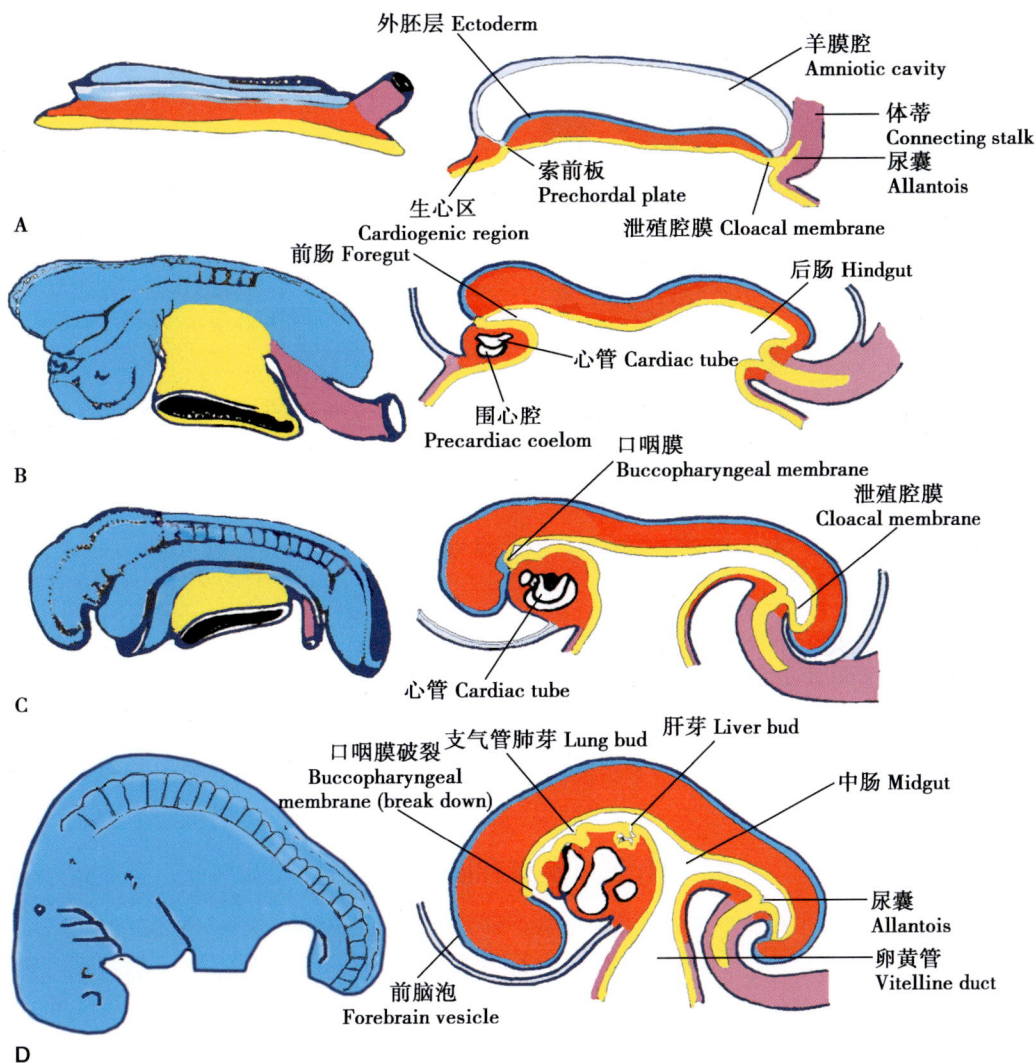

图 21-20 胚体外形的演变和胚体内的相应变化模式图

A. 体节前胚；B. 7 体节胚；C. 14 体节胚；D. 4 周末胚　左列为整体外观，右列为相应矢状断面观

Fig. 21-21 Schematic diagram shows changes of the embryonic form and intraembryonic structures

A. presomite embryo；B. 7-somite embryo；C. 14-somite embryo；D. 4th week embryo Left：profile of embryo；Right：sagittal section of embryo

体蒂将其连接至绒毛膜内面，并悬吊在胚外体腔中。

第 20 天的胚已开始向腹侧卷折，形成头褶、尾褶和侧褶，神经沟形成，体节开始出现，胚的最大径为 1.0～2.0mm。

第 23 天的胚长达 3.0mm 左右，神经褶明显，胚盘卷折加大，胚体略呈球状，神经沟已部分融合，体节达 12 对左右，第 1 对和第 2 对鳃弓形成，心隆突出现。

第 25 天的胚已卷折成柱状，前神经孔闭合，后神经孔仍存在，体节达 18 对左右，视泡形成，嗅板出现，心隆突明显，胚长 4.5mm 左右。

第 27 天的胚已出现 3 对鳃弓，体节达 24 对左右，后神经孔闭合，上肢芽出现，胚长 5.0mm 左右。

第 30 天的胚出现了 4 对鳃弓，体节 33 对左右，嗅泡和晶状体板形成，后肢芽出现，胚长达 6.0mm 左右。

第 35 天的胚已弯曲成 C 字形，上肢呈桨状，鼻窝清晰可见，体节难以计数，胚长达 10mm 左右（图 21-21）。

Notes

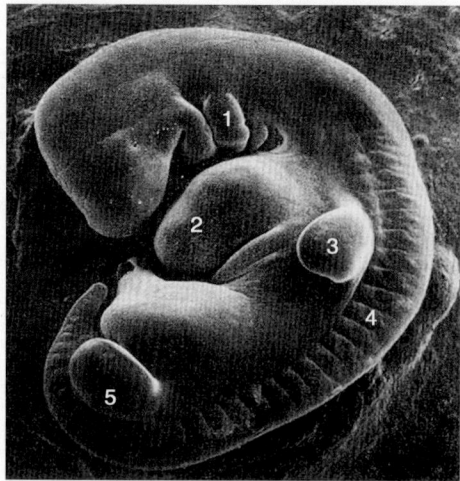

图 21-21　5 周龄人胚扫描电镜像
1. 腮弓;2. 心突;3. 上肢芽;4. 体节;5. 下肢芽(Tamarin A 图)
Fig. 21-21　A SEM photograph of human embryo at 5th week
1. pharyngeal arch; 2. cardiac bulge; 3. upper limb bud;4. somite;5. lower limb bud

第 42 天的胚,长达 14mm 左右,手板和足板上出现了指(趾)放线,脑泡明显,耳丘正在形成耳廓,脐疝开始出现。

第 49 天的胚,胚长 22mm 左右,视网膜上出现色素,指(趾)放线分隔,乳头出现,眼睑形成,上颌突与内侧鼻突融合而形成上唇,脐疝增大。

第 56 天是胚期的最后一天,胚长达 31mm 左右,胚胎已具人形。胚头与躯体的比例明显偏大,四肢长,肘和膝屈曲,指(趾)游离分节,面部五官俱全,眼睑未闭,肛膜破裂,脐疝仍存在,尾消失。

三、胎期的发育和胚胎龄推算

胎期始自第 9 周,止于胎儿出生,历时约 210 天。此期的胚胎发育主要是组织和器官的成熟及胎儿的快速生长。第 3~5 个月,胎儿的身长增长特别显著;而妊娠的最后 2 个月,胎儿的体重增长特别明显。在胎儿期,胎儿头部的生长逐渐减缓,而躯体的生长则逐渐加快。

(一) 胎期发育

胚胎发育至第 3 个月,其面部更像人脸,眼从头部两侧移至面部近中,眼睑闭合。耳从胎头下部上移至眼鼻平面。四肢长度与躯体长度的比例变小,上肢发育比下肢快且较长。长骨和颅骨的初级骨化中心均已出现。外生殖器官出现了明显的性别分化,可通过超声扫描辨认出性别。肠袢已退回腹腔,脐疝消失。胎儿已有了反射活动,并能引发肌肉收缩,出现各种协调性动作,可以在超声影屏上观察到,但母体仍不能察觉。胎头与胎体的比例很大,胎头长几乎是胎儿顶臀长的一半。

胎儿发育的第 4~5 个月,是胎儿身长增长最快的时期,但体重增加缓慢,第 5 个月末胎儿体重仍不足 500g。此时胎头的生长相对减缓,胎体的生长相对加快,使胎头与胎体的长度之比逐渐减小。至第 5 个月末,胎头只是胎儿顶臀长的 1/3。此时,胎儿全身覆盖胎毛(lanugo hair),眉毛和头发也明显可见,孕妇可清楚地感到胎动。

第 6~7 个月的胎儿,由于缺少皮下组织,皮肤多皱褶,体瘦色红。指甲全出现,眼睑张开,睫毛出现。此时多数器官系统已具有功能,但呼吸系统尚无功能。

胎儿出生前的最后 2 个月,体重增长最快,胎儿出生时的体重有近半数是在此期增加的。胎头增长进一步趋缓,躯体生长相对加快,致使出生前胎儿的头长仅是其顶臀长的 1/4。皮下脂肪大量沉积,致使胎儿外观丰满圆滑。皮脂腺分泌旺盛,皮肤表面覆盖一层白色脂类物质,即胎脂(vernix caseosa)。一般情况下,胎儿出生时的体重约为 3200g,顶臀长为 36cm 左右,顶跟长约为 50cm。

（二）胚胎龄的推算

胚胎龄的表示方法有两种：一种是以孕妇怀孕前最后一次月经的第一天作为胚胎龄的起始日，胎儿娩出日为胚胎龄的最后一天，共 280 天左右，如此计算出的胚胎龄称月经龄。另一种方法是以受精之日为胚胎龄的起始日，至胎儿娩出时，共 266 天左右，如此计算出的胚胎龄称受精龄。月经龄的起始日容易准确记忆，常用于临床预产期的计算，但常因月经周期的个体差异而出现一定的误差，用此方法计算出的胚胎龄也并非胚胎发育的真正时间。受精龄表达了胚胎发育的确切时间，故常用于科学研究，学术专著、教科书及参考书中的胚胎发育时间也都是用受精龄表示。但是，受精时间难以准确测定，因而受精龄的应用受到一定限制。

根据受精龄的概念和胚胎发育的时限，推导出了预产期的计算公式：年 +1，月 -3，日 +7，即末次月经的年份加 1，月份减 3，日加 7。例如，某孕妇末次月经的第一天为 2014 年 8 月 1 日，其预产期就应该是 2014 年 +1＝2015 年，8 月 -3＝5 月，1 日 +7＝8 日，即 2015 年 5 月 8 日分娩。

在临床实践和法医办案中，常常需要对早产、流产和意外伤害中的胚胎进行胚胎龄的认定。认定的方法是测量胚胎的身长和体重，观察其典型的外部特征，然后与大样本测量和观察得出的参数对照，就会从中查出待查胚胎的受精龄（表 21-1、表 21-2）。常用的测量径线有：最大长度（greatest length，GL）；冠臀长（crown-rump length，CRL），又称坐高或顶臀长；冠踵长（crown-heel length，CHL），又称立高或顶跟长（图 21-22）。

表 21-1　胚前期和胚期胚胎体节、外形特征及长度与胚胎龄的对应关系

胚龄 （周）	体节 （对）	长度 （mm）	外 形 特 征
1	0		胚泡形成并植入
2	0	0.2 ~ 0.4GL	二胚层胚盘出现
3	1 ~ 4	0.5 ~ 1.5GL	三胚层胚盘、原条、神经沟和脊索形成
4	4 ~ 29	1.5 ~ 5CRL	胚体卷折和弯曲、神经管形成，视泡和听板出现，1、2、3 对鳃弓出现
5	30 ~ 40	5 ~ 8CRL	第 4 对鳃弓出现、上肢芽、听泡、晶状体板及桨状上肢形成，肢体呈 C 字形
6		9 ~ 13CRL	手板和足板中出现指（趾）放线，脑泡明显，外耳正在形成，脐疝出现
7		13 ~ 21CRL	视网膜色素明显，指（趾）放线正在分离，乳头和眼睑形成，上唇形成，脐疝明显
8		21 ~ 35CRL	四肢增长，肘屈和膝屈形成，指和趾游离，脸更具人形，尾消失，脐疝仍存

表 21-2　胎期胎儿长度、体重及外形特征与胎龄的对应关系

胎龄 （周）	长度 （CRL, mm）	体重 （g）	外 形 特 征
9	50	8	眼睑闭合，脐疝消失，神经反射出现
10	61	14	指甲出现，无脐疝
12	87	45	性别可辨，眼、耳已接近固有位置
14	120	110	趾甲出现，下肢发育良好

Notes

胎龄 (周)	长度 (CRL,mm)	体重 (g)	外 形 特 征
16	140	200	耳竖起
18	160	320	胎脂出现
20	190	460	胎毛出现
22	210	630	皮肤红润、皱褶
24	230	820	指甲发育良好,胎体消瘦
26	250	1000	眉毛出现,眼睑开始睁开
28	270	1300	眼睑完全睁开,头发出现
30	280	1700	趾甲发育良好,睾丸开始下降
32	300	2100	皮肤红润、光滑,胎体浑圆
34 ~ 36	340	2900	胎毛开始消失,皮肤被胎脂覆盖
38	360	3400	性别特征明显,睾丸降入阴囊,指甲完全覆盖指尖

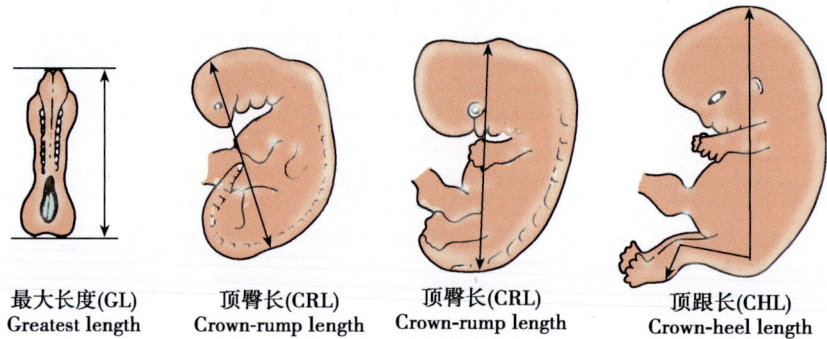

最大长度(GL)　　　　顶臀长(CRL)　　　　顶臀长(CRL)　　　　顶跟长(CHL)
Greatest length　　Crown-rump length　　Crown-rump length　　Crown-heel length

图 21-22　胚胎长度测量方法示意图
Fig. 21-22　Schematic diagram of calculation of the embryonic length

四、胎膜、胎盘、双胎、多胎和连体双胎

(一) 胎膜

　　胎膜主要包括绒毛膜、卵黄囊、羊膜、尿囊和脐带,均来源于胚泡,与胚体有着共同的来源,但不参与胚体的构成,只是对胚体发挥营养、保护等辅助作用,胎儿娩出时,均退化并脱离胎儿。有的胎膜只是生物进化过程中的重演。胎盘由子体部和母体部构成,前者来自胚泡,与胚体有着共同的来源,后者来自母体的子宫内膜。因此,胎盘是胎儿的重要辅助结构,但不属于胎膜。

　　1. 绒毛膜　绒毛膜(chorion)的形成和演变过程、绒毛膜板、固定绒毛、游离绒毛的微细结构以及绒毛膜与蜕膜的结构关系已在本章前面讲述,在此不再赘述。

　　绒毛膜的功能十分重要。绒毛浸浴在绒毛间隙的母血中,从母血中吸收氧气和营养物质,并排出 CO_2 和代谢废物。绒毛膜还有重要的内分泌功能,可分泌多种激素。绒毛膜促性腺激素(HCG)是最早分泌的一种激素,可维持母体卵巢黄体继续存在并分泌黄体激素,从而维持妊娠的正常进行。临床上正是利用这一激素设计出了妊娠试验。

　　2. 卵黄囊　卵黄囊(yolk sac)的发生和演变过程已在本章前面讲述,在此不再赘述。卵生动物的卵黄囊很发达,囊内贮存了大量卵黄物质,为胚胎发育提供全部营养物质。包括人胚在

Notes

内的哺乳动物胚胎靠胎盘从母体吸收营养物质,其卵黄囊的营养功能丧失,尽管仍然出现,但很快退化,囊内也几乎不含卵黄物质。从这个意义上来说,人胚卵黄囊的出现只是生物进化过程的重演。但是,随着卵黄囊的出现,其壁上的胚外中胚层中出现了血岛,这是人胚发育过程中最早发生血管和造血干细胞的部位。另外,卵黄囊尾侧壁是原始生殖细胞的发生部位,这些细胞最早也是从上胚层迁来的。

正常情况下,卵黄管(vitelline duct)于第 5~6 周闭锁为实心的细胞索,卵黄囊也随之退化。退化后的残迹位于脐带中,有的留在胎盘的胎儿面的羊膜下。如果在胎儿出生时卵黄管仍未闭锁,肠管的内容物便可通过此管从脐部溢出体外,这种先天畸形称脐肠瘘(omphalomesenteric fistula)或称脐瘘(umbilical fistula)。如果卵黄管远端闭锁,与回肠相连的根部未闭锁,仍留有一深浅不等的盲囊,称麦克尔憩室(Meckel's diverticulum)。如果卵黄管的脐端和回肠端均已闭锁,但中间一段未闭锁,便在卵黄韧带中留有一囊泡,称卵黄管囊肿(vitellointestinal cyst)。

3. 尿囊　尿囊(allantois)是卵黄囊的尾侧壁与胚盘交界处向体蒂内突出形成的一个内胚层盲囊。卵生动物胚胎的尿囊很发达,有气体交换和贮存代谢产物的功能。有些哺乳动物胚胎的尿囊也很发达,参与绒毛膜尿囊胎盘的形成。人胚的尿囊发生于第 3 周初,很不发达,仅存数周便退化,且没有气体交换和排泄功能。从这个意义上说,人胚尿囊的出现只是生物进化过程的重演。但是,随着尿囊的出现,在其壁上的胚外中胚层出现了两对大血管,即一对尿囊动脉和一对尿囊静脉。这两对血管并不随尿囊的退化而退化,而是越来越发达,最终演变成了脐动脉和脐静脉。尿囊大部退化,只有其根部演变成了膀胱的一部分。尿囊先是退化为一条细管,称脐尿管(urachus),后闭锁为一条细胞索,称脐中韧带。如果脐尿管在出生时仍未闭锁,尿液就会从膀胱通过此管溢出脐部体外,这种畸形称脐尿瘘(urachal fistula)。如果连于膀胱的根部未闭锁,形成一个从膀胱突出的盲囊,称脐尿憩室(urachal diverticulum)。如果脐尿管的脐端和膀胱端均已闭合,但中段未闭锁,形成一囊泡,称脐尿囊肿(urachal cyst)。

4. 羊膜囊　羊膜囊(amnion)是羊膜(amniotic membrane)环绕羊膜腔(amniotic cavity)而形成的一个囊状结构,腔内充满羊水(amniotic fluid)。其胚胎发生过程已在前面讲述,在此不再赘述。早期的羊膜囊位于胚盘背侧,胚盘的上胚层和之后的外胚层就是羊膜囊的底。随着胚盘向腹侧包卷和羊膜囊的快速生长扩大,胚体逐渐被羊膜囊所包绕。当胚胎由盘状变为筒状时,整个胚体游离于羊水之中。

羊膜薄而透明,厚 0.2~0.5mm,由单层羊膜上皮和薄层胚外中胚层构成,胚外中胚层内有小血管。羊水是羊膜腔内的液体,早期的羊水无色透明,主要由羊膜上皮分泌和羊膜的转运而产生。大约在 16 周之后,越来越多的胎儿尿液成了羊水的重要来源。胎儿的皮肤黏膜脱落上皮及胎毛、胎脂、胎便也进入羊水,因而羊水逐渐变浑浊。羊水不断产生,也不断通过胎儿吞咽而被肠道吸收,从而形成动态平衡。随着妊娠时间的延续,羊膜囊逐渐增大,羊水量也逐渐增多。妊娠第 10 周只有 30ml,第 20 周增至 350ml,第 7 个月达最高峰,最后 2 个月略有减少。出生前的羊水量一般在 1000ml 左右。如果超过 2000ml,则为羊水过多(polyhydramnios)。如果羊水少于 500ml,则为羊水过少(oligohydramnios)。羊水过多往往预示胎儿神经系统发育障碍或上消化道闭锁。羊水过少往往预示胎儿肾缺如或发育不全,或有尿路阻塞。羊水过少和羊膜腔过小还会阻碍胎儿的正常生长发育,引起各种先天畸形。

羊膜囊和羊水为胎儿的生长发育提供了适宜的微环境,并具有保护胎儿免受外力损伤、防止与周围组织粘连的作用。分娩时,羊水还可促进宫颈扩张、冲洗软产道。

5. 脐带　脐带(umbilical cord)为一圆柱状结构,一端连于胎儿脐环,另一端连于胎盘的胎儿面,外包光滑的羊膜,内含黏液性结缔组织、脐动脉、脐静脉和退化的卵黄囊、尿囊遗迹,是胎儿与母体间进行物质转运的唯一通道。

脐带的形成与胚盘的卷折密切相关,见图 21-20。当胚盘向腹侧卷折时,其背侧的羊膜囊也迅速生长并随胚盘的卷折而向腹侧包卷。当胚盘卷成筒状胚时,胚盘的周缘形成了宽大的原始脐环(primitive umbilical ring),卵黄囊被卷折于原始脐环之外并缩窄成卵黄管。此时,连于胚盘周缘的羊膜囊完全包裹了整个胚体,将卵黄管、体蒂以及体蒂内的尿囊、尿囊壁上的尿囊动脉、尿囊静脉等挤压在一起并包被成一条圆柱状结构,这就是脐带。与胚内体腔相通的胚外体腔的残存部分也被包裹在脐带中。随着胚胎的发育,脐带逐渐加长,脐带内的胚外中胚层形成了黏液性结缔组织,尿囊动脉、静脉变成了脐动脉、静脉,卵黄管和脐尿管逐渐闭锁,残存的胚外体腔也在10周后逐渐闭锁。妊娠末期,脐带长达40~60cm,平均50cm左右,直径2cm左右。长度超过80cm称脐带过长,可发生脐带绕颈、打结、缠绕肢体等异常,可能引起受损部位发育不良、畸形。如果长度不足35cm,则称脐带过短,可引起胎盘早期剥离等异常。

(二)胎盘

胎盘(placenta)由丛密绒毛膜和底蜕膜构成,前者为胎盘的子体部,后者为胎盘的母体部。胎盘是胎儿与母体进行物质交换的重要结构,同时还具有内分泌和屏障功能。

1. 胎盘的形态结构 胎盘呈圆盘状,中央略厚,边缘稍薄。足月胎儿胎盘的直径为15~20cm,平均厚2.5cm左右。胎盘有两个面,即胎儿面和母体面。胎儿面表面光滑,覆盖羊膜,脐带多附着于该面的偏中央,少数附着于中央或边缘。透过羊膜可以看到脐血管的分支血管由脐带附着处向四周呈放射状走行。母体面粗糙不平,是胎盘从子宫壁剥离后的残破面,由若干不规则走行的沟分隔为15~25个小区,即胎盘小叶(cotyledon)(图21-23)。

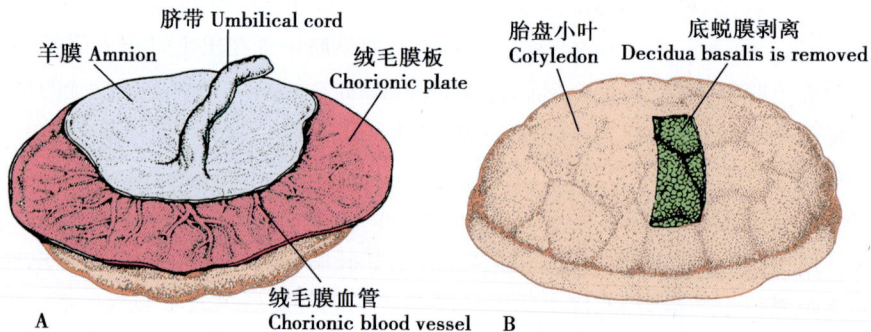

图 21-23   足月胎盘模式图
A. 胎盘的胎儿面;B. 胎盘的母体面
Fig. 21-23   Schematic diagram of the full-term placenta
A. fetal side;B. maternal side

在胎盘的垂直断面上,可见胎盘由三明治样三层结构构成:胎儿面为绒毛膜板,母体面为滋养层壳和蜕膜构成的基板(basal plate),中层为绒毛和绒毛间隙,间隙中流动着母体血(图21-24)。从绒毛膜板发出大约60个干绒毛,每个干绒毛又分出数个游离绒毛。从底蜕膜上发出若干楔形小隔伸入绒毛间隙,将胎盘分为15~25个小区,每个小区内含有1~4个干绒毛及其分支。这些小区就是在母体面上看到的胎盘小叶,分隔这些小叶的隔称胎盘隔(placental septum)。胎盘隔的远端游离,不与绒毛膜板接触,因而胎盘小叶之间的分隔是不完全的,母体血液可以从一个小叶流入相邻小叶(图21-24)。

2. 胎盘的血液循环和胎盘膜 胎盘内存在母体和子体两套血液循环通路。母体血液循环通路起自子宫动脉的分支,经螺旋动脉和绒毛间隙的血池汇入子宫静脉的属支。胎儿血液循环通路起自脐动脉,经绒毛内毛细血管最终汇入脐静脉。在胎盘小叶内,流经绒毛毛细血管的胎儿血与流经绒毛间隙的母体血并不沟通,两者之间隔着一薄层结构,称胎盘膜(placental membrane),胎儿血与母体血之间的物质交换就是通过这层膜进行的,见图21-24。胎盘膜是一层选择性透过膜,对一些有害物质具有屏障作用,因此又称胎盘屏障(placental barrier)。胎盘膜最初

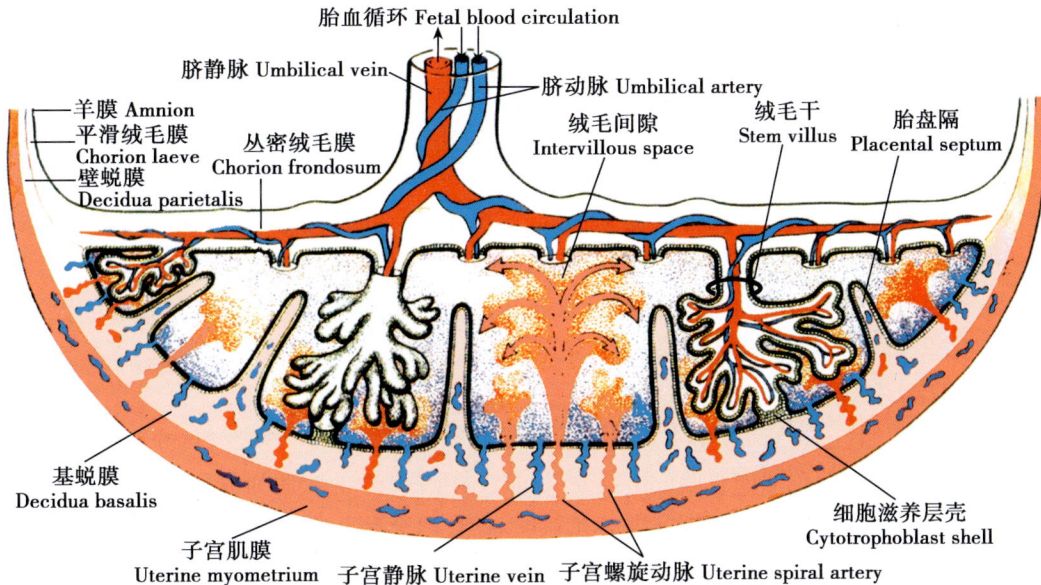

图 21-24　胎盘的结构和血循环模式图

箭头示血流方向,红色示富含营养和 O_2 的血,黑色示含代谢废物与 CO_2 的血

Fig. 21-24　Schematic diagram of the placental structure and fetal blood circulation

Arrows show the direction of blood stream;red color shows blood which is rich in nutrients and oxygen;blue color shows blood which is rich in metabolic wastes and carbon dioxide

由绒毛内毛细血管内皮及其基膜、合体滋养层和细胞滋养层上皮及其基膜,以及两基膜之间的少量结缔组织基质构成。随着胎儿的发育长大,胎盘膜变得越来越薄,主要是细胞滋养层逐渐消失,合体滋养层变薄。

3. 胎盘的生理功能　胎盘具有物质交换、内分泌及屏障功能。

(1) 物质交换和防卫屏障:妊娠期间,胎儿生长发育所需要的氧气和营养物质均通过胎盘从母体获得;胎儿代谢所产生的 CO_2 和代谢废物也都是通过胎盘而排至母体。胎儿与母体之间的这种物质交换是通过胎盘膜实现的。随着胎儿的不断生长发育,胎盘膜的结构越来越薄,其物质交换功能也越来越强。胎儿血与母体血之间通过胎盘膜的这种物质交换过程的机制十分复杂,虽有不少研究成果,但至今仍有不少问题还未能阐明。一般认为,气体、水和电解质的交换通过简单扩散的方式进行,葡萄糖通过易化扩散进行,氨基酸通过主动运输进行,蛋白质通过胞饮和胞吐进行。脂肪酸可自由通过胎盘膜并参与胎儿的脂肪合成,脂溶性维生素以简单扩散的方式通过胎盘膜,水溶性维生素以主动转运的方式通过胎盘膜。

大多数药物都可通过胎盘膜而进入胎儿体内,因而妊娠期间不可轻易服用未经医生核准的药物,以免影响胎儿的正常发育。

胎盘膜对多数细菌具有防卫屏障功能,但不能阻止病毒的通过,因而胎盘膜的这种屏障防卫功能是有限的。有些具有致畸作用的病毒、药物、化学物质通过胎盘膜进入发育中的胚胎后,可引起多种先天畸形。

(2) 内分泌功能:胎盘可分泌多种内分泌激素,对于妊娠的正常进行和胎儿的正常生长发育有着非常重要的作用。

HCG 是合体滋养层合成和分泌的一种糖蛋白类激素。受精后第 2 周末便出现于母血中,逐渐增多,第 9～11 周达到高峰,随之逐渐下降,近 20 周时降至最低点。孕妇尿中 HCG 的浓度变化曲线与血中的浓度变化曲线相平行。HCG 有多种生理功能,其主要功能类似黄体生成素,可促进孕妇卵巢黄体的继续存在和旺盛分泌,以维持妊娠的正常进行。其还具有抑制母体对胎儿及胎盘的免疫排异功能。

Notes

　　人胎盘催乳素（human placental lactogen）是一种蛋白类激素，其分子结构与人生长激素相似，其生物学作用也有相似之处。该激素由合体滋养层合成和分泌，其分泌曲线与胎盘的重量增长曲线及胎儿的生长曲线相平行。妊娠初期便出现于母血中，以后持续升高，妊娠末期达到高峰。这种激素具有促进孕妇乳腺生长发育和促进胎儿生长发育的功能。

　　人胎盘孕激素（human placental progesterone）和人胎盘雌激素（human placental estrogen）是由合体滋养层合成和分泌的两种固醇类激素，于妊娠第4个月开始分泌，以后逐渐增多并逐渐替代了母体卵巢孕激素和雌激素的功能。至妊娠第5～6个月后，即使因病切除卵巢也不会影响妊娠的继续进行。胎盘分泌的雌激素、孕激素多数进入母体血液，发挥作用后，在肝内代谢，经肾脏随尿排出。

（三）双胎、多胎和连体双胎

　　1. 双胎　双胎（twins）又称孪生。来自一个受精卵的双胎称单卵双胎（monozygotic twins），来自两个受精卵的双胎称双卵双胎（dizygotic twins）。几乎2/3的双胎为双卵双胎，其发生率为7‰～11‰，且随孕妇年龄的增长而升高。在双卵双胎，两个胎儿有各自独立的胎膜和胎盘，但有时也会因两个胚胎在子宫中的植入部位很近而使2个胎盘及2个羊膜相互融合。由于双卵双胎的两个个体具有不同的遗传构成，因而在表型方面与一般兄弟姐妹相比，并无更多的相似性。单卵双胎的发生率只有3‰～4‰，是一个早胚一分为二的结果。分离最早发生于2细胞期，多

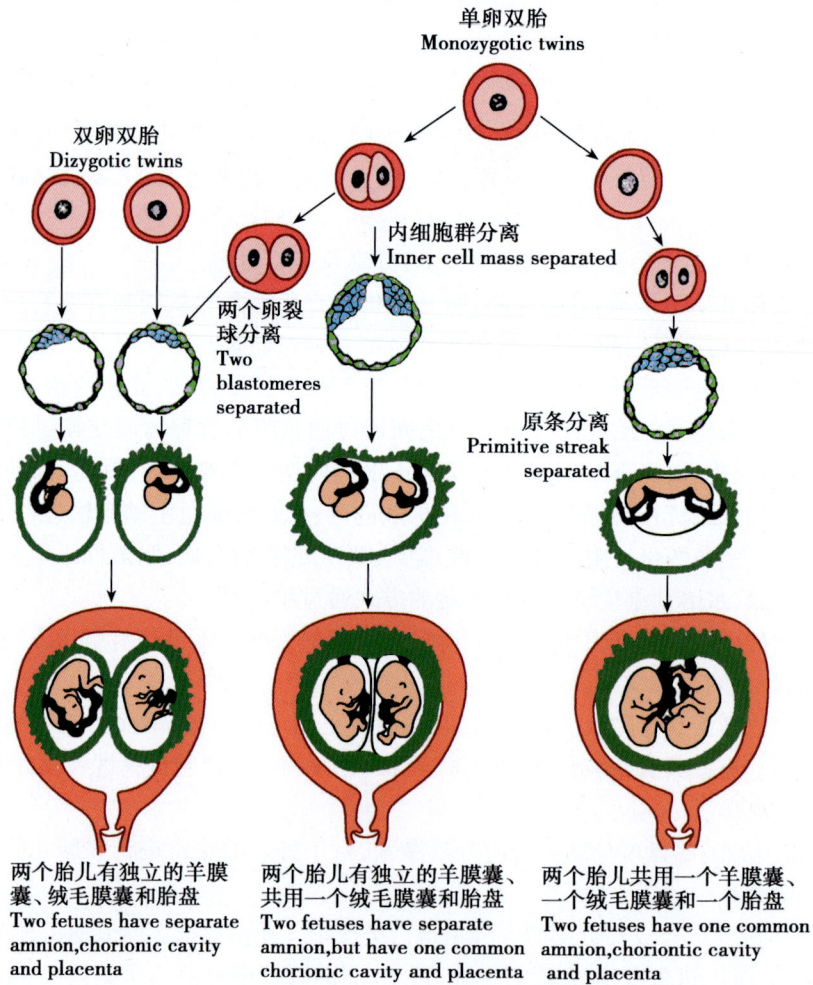

图 21-25　双胎的形成类型及其与胎膜、胎盘的关系模式图

Fig. 21-25　Schematic diagram showing the types of twins and relationship between twins, fetal membrane and placenta

Notes

见于胚泡早期,偶尔也会发生于原条形成期。根据两个单胚分离的时间不同,两者与胎盘和胎膜的关系也不同。如果在卵裂早期分裂,两胎儿就会有各自独立的胎盘、绒毛膜囊和羊膜囊。如果在胚泡早期的内细胞群分裂为二,两个胎儿就会共用一个胎盘和一个绒毛膜囊,但具有各自独立的羊膜囊。如果在原条形成期分离,两个胎儿就会共用一个胎盘、一个绒毛膜囊和一个羊膜囊。由于单卵双胎具有完全相同的遗传构成,因而两个个体的性别和遗传表型都完全相同,两者之间进行组织移植或器官移植时,不会发生免疫排异现象(图 21-25)。

　　2. 多胎　多胎(multiple births)的发生率很低。据统计,三胎的发生率约为 1/7600,四胎以上的发生率更低,且出生后的死亡率很高。但是,近年来由于促性腺激素在不孕症治疗中的应用,多胎的发生率升高。从理论上讲,来自一个受精卵的多胎称单卵多胎(monozygotic multiple births),来自多个受精卵的多胎称多卵多胎(polyzygotic multiple births),如果多胎中既有单卵性也有多卵性,称混合性多胎(mixed multiple births)。但在实际生活中,这种分类并无多大意义,因为多胎的发生率太低了。

　　3. 连体双胎　连体双胎(conjoined twins)是指两个未完全分离的单卵双胎。根据相连部位的不同,可分为头连双胎、臀连双胎、胸连双胎、腹连双胎等(图 21-26、图 21-27)。连接的深度和广度也有所不同,有的只有肌肉、骨骼相连,有的内脏相连,有的肢体内脏融为一体。如果两个连体胎儿发育相当、大小一致,称对称性连体双胎。如果两个连体胎儿的发育不相当,称不对称性连体双胎,如果其中的一个胎儿很小且发育不完整,常称为寄生胎(parasite);如果小而不完整的胎儿被包裹在大胎儿体内,常称胎内胎;如果小的胚胎被挤压成薄片,常称纸样胎。连体双

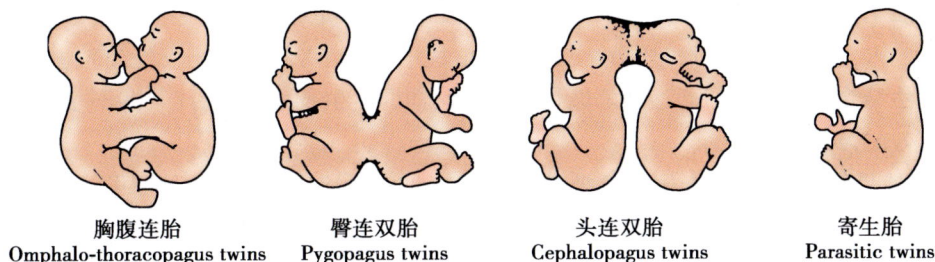

胸腹连胎	臀连双胎	头连双胎	寄生胎
Omphalo-thoracopagus twins	Pygopagus twins	Cephalopagus twins	Parasitic twins

图 21-26　连体双胎模式图

Fig. 21-26　Schematic diagram of the conjoined twins

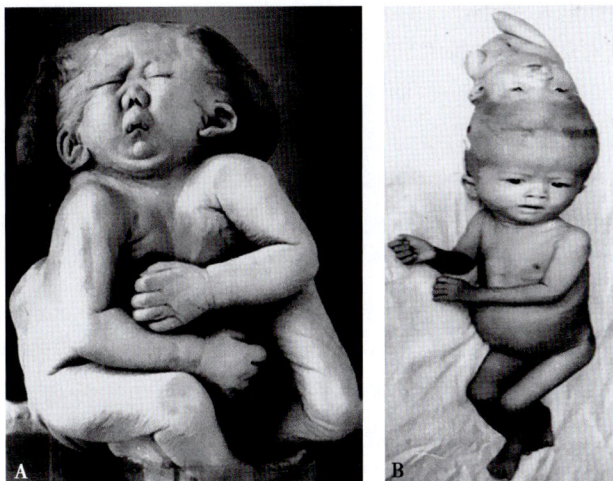

图 21-27　连体双胎

A. 头胸连双胎;B. 头连双胎

Fig. 21-27　Conjoined twins

A. cephalothoracopagus;B. cephalopagus

胎皆为一个胎盘、一个绒毛膜囊和一个羊膜囊。

专题讲座：生殖工程

随着周围环境恶化、生育年龄推后以及生活方式的改变,不孕不育的发生率呈明显上升趋势,已达育龄夫妇的 10% ~ 15%,其中大部分需借助于辅助生殖技术获得新生命。

辅助生殖技术(assisted reproductive technique,ART)是指对配子、胚胎或者染色质进行体外系统操作而获得新生命的技术。ART 是 20 世纪 70 年代兴起的一种治疗不孕不育症的新方法,至今,ART 已发展成为多学科交叉结合的新技术称为人类生殖工程学技术(human reproductive engineering technique),即不经过两性性生活而借助于人工方法促进精子和卵子结合,产生新一代个体的生殖技术。狭义的生殖工程技术主要指体外受精-胚胎移植(in vitro fertilization-embryonic transfer,IVF-ET)及其衍生技术,如卵浆内单精子注射、植入前遗传学诊断等。广义的生殖工程技术则囊括了所有通过非自然性交途径对人类生殖过程进行干预的助孕技术或优生技术,除 IVF-ET 及其衍生技术外,还包括人工授精、人类胚胎干细胞以及克隆技术等。1978 年诞生的世界上第 1 例"试管婴儿"Louise Brown,揭开了人类生殖工程研究和临床应用的序幕。

(一) 人类生殖工程学技术

通常生殖工程技术主要指体外受精-胚胎移植(in vitro fertilization-embryonic transfer,IVF-ET)及其衍生技术,另外还包括较早应用的人工助孕技术人工授精。

1. **人工授精技术**　人工授精(artificial insemination,AI)是人类生殖工程领域中实施较早的技术之一。人工授精技术是通过非性交的方法将丈夫或供精者精子置于女性生殖道内,使精子与卵子自然结合形成受精卵而达到妊娠目的的一种辅助生殖技术,是治疗某些不孕症的一种最为简便有效的方法。

2. **体外受精-胚胎移植(IVF-ET)技术**　IVF-ET 是将不孕症患者夫妇的卵子与精子取出,在体外培养系统中,使卵子受精并发育到一定阶段的早胚,再将优质早胚移植到母体子宫内发育直到分娩的技术。由此诞生的婴儿通常称为"试管婴儿"。IVF-ET 主要包括诱发超排卵、卵母细胞的采集和培养、体外受精和早胚培养、胚胎移植四个程序(图 21-28)。

3. **体外受精-胚胎移植技术的衍生技术**　借助不断发展的细胞和分子生物学技术,IVF-ET 技术日趋成熟,同时由该技术派生出了许多新的生殖工程技术,如卵浆内单精子注射、植入前遗传学诊断、生殖冷冻技术和胚泡培养等。

(1) 卵浆内单精子注射助孕技术:卵浆内单精子注射(intracytoplasmic sperm injection,ICSI)是直接将精子注射入卵子内,以帮助卵子受精的显微技术。1992 年布鲁塞尔自由大学的 Palermo 等在显微镜下将单个精子直接注射到卵浆内,并获得世界上首例 ICSI 试管婴儿。ICSI 适用于严重男性不育、体外受精失败和不明原因不育等患者。然而,ICSI 技术避开了人类生殖的自然选择过程,可能会增加后代出生缺陷的发生率。

(2) 植入前遗传学诊断:植入前遗传学诊断(preimplantation genetic diagnosis,PGD)是现代分子生物学技术与显微操作技术相结合的产物,通过对配子或植入前胚胎的部分细胞进行遗传学分析筛查,选择性地将无遗传缺陷的胚胎进行移植,从而避免遗传病患儿的发生及出生。然而,由于人类胚胎中存在高比例的染色体嵌合型,因此单个卵裂球是否能代表整个胚胎的情况还需要人们进一步研究。

(3) 生殖冷冻技术:人类精子、卵子或卵巢组织和胚胎冷冻技术等生殖冷冻技术是生殖工程技术中非常重要的一部分。人类精子和卵子包括卵巢组织冷冻技术的成功,不仅使长期保存生殖细胞或生殖组织成为可能,还能为化疗或放疗前的年轻未育肿瘤患者储存生育力。胚胎冷冻可以将患者 IVF-ET 周期中多余胚胎保存起来,以利选择合适的时机移植。2004 年,意大利学

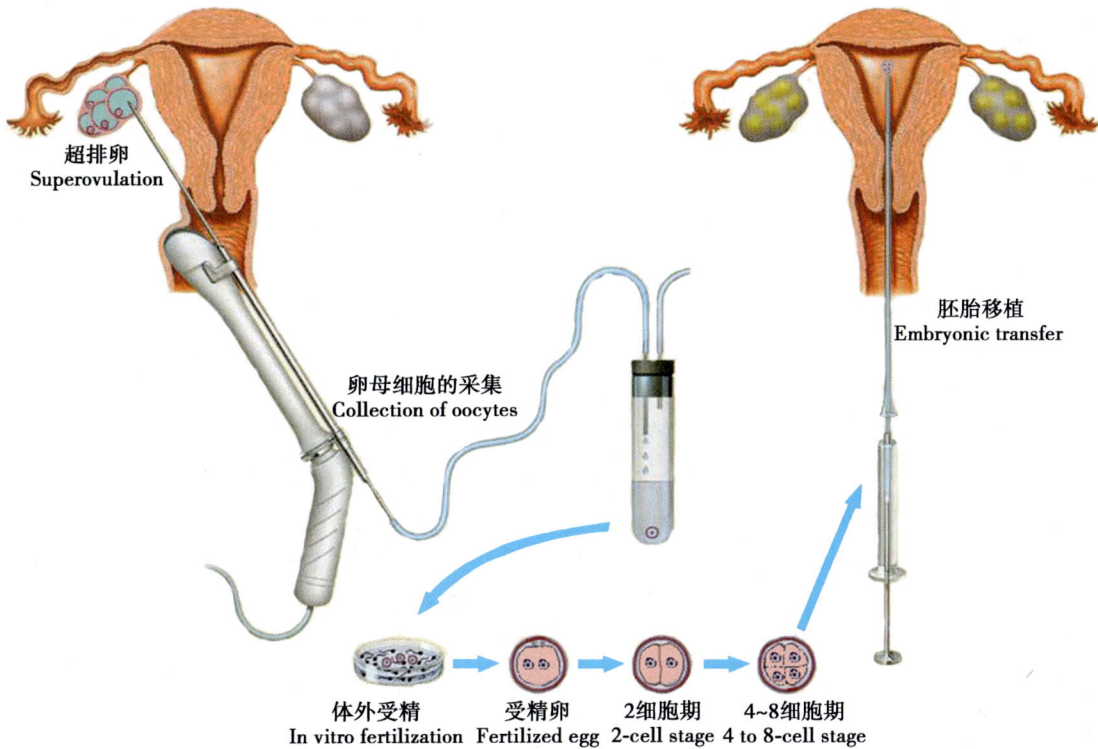

图 21-28　体外受精-胚胎移植过程

Fig. 21-28　Procedure for in vitro fertilization-embryonic transfer

者应用 ICSI 对慢速冷冻卵母细胞与冻融睾丸精子受精后再次冻存多余胚胎,解冻胚胎移植后分娩一健康女婴,为世界首例"3 冻"试管婴儿。由于卵母细胞对低温非常敏感,冷冻后的卵子会发生不同程度的细胞损伤、染色体异常和受精率下降等。因此,卵子及卵巢组织的冷冻技术还有待进一步完善。

（4）胚泡培养:胚泡培养（blastocyst culture）是指将体外受精的胚胎在特定的培养液中培养至胚泡阶段,再进行宫腔内移植的一种辅助生殖技术。序贯培养是近年来采用的胚泡培养方法,可获得活力高和植入潜能高的胚泡。虽然胚泡培养的成功使单胚移植成为可能,并为植入前遗传学诊断提供了时间,但体外培养时间的延长可能对胚胎有一定的负面影响。

（二）生殖工程技术的安全性

目前全世界出生的试管婴儿已超过 5 百万,在西方部分国家,"试管婴儿"占每年新生儿的1% ~3%。但是 IVF-ET 过程中药物对卵巢的刺激和对胚胎的一些非生理性的显微操作,是否会影响母亲及胎儿健康?生殖工程技术的安全性问题已经受到广泛关注。超排卵过程引发的卵巢过度刺激综合征、多胎妊娠率和低出生体重率等问题亟待解决。因此,寻找安全的促排卵药物,改善促排卵方案,减少卵巢过度刺激的发生;改进胚胎培养条件和胚胎移植技术,提高单胚胎移植成功率,减少多胎妊娠的发生率,从而减少与之相关的妊娠并发症,减少早产及出生缺陷的风险已成为当今学术界的共识。

（三）生殖工程技术的发展

近年来,生殖工程技术的发展已经超越了治疗不孕不育的范围,进入了胚胎干细胞和克隆等领域,使无精子生殖、单性生殖以及胚胎切割克隆等技术的成功成为可能。

1. 人类胚胎干细胞　胚胎干细胞（embryonic stem cell,ESC）是分离胚泡内细胞群或原始生殖细胞,经体外分化抑制培养,获得的一种具有自我更新和多分化潜能的细胞。1998 年,美国Wisconsin 大学的 Thomson 实验室从体外受精剩余的 14 个胚泡中,最早建立了 5 个人 ESC 系。

Notes

ESCs 可在体外一定的诱导条件下,分化形成各种三胚层来源的细胞,用于临床难治疾病的细胞替代治疗。如 ESCs 定向分化的神经胶质细胞,已进入脊髓损伤细胞替代治疗的临床试验阶段。但 ESCs 移植后的排异反应和肿瘤形成的潜在危险是限制其临床应用的重要因素。另外,ESCs 已作为发育生物学的细胞模型,用于基因功能的研究;ESCs 也可作为评价新药及化学产品效能及毒性的检测系统。

2. 克隆　　克隆是英文"clone"的音译,是在哺乳动物中利用生物技术由无性生殖产生与原个体有完全相同基因组后代的过程。克隆的研究历史中,最具轰动效应的事件莫过于 1997 年"多利"(Dolly)羊的诞生,它延伸了传统的生殖理论和实践,具有不可估量的生殖生物学和医学价值。克隆羊"多利"是英国罗斯林研究所的 Wilmut 用一头母羊的乳腺上皮细胞核移植入另一头母羊的去核卵母细胞,经过体外培养后,再移植到第三头母羊的子宫内发育而成。成年哺乳动物体细胞生殖克隆的成功,说明高度分化的细胞核移植到去核卵细胞后,仍能去分化形成"全能性"细胞。生殖克隆技术的成功在家畜优良品种和濒危生物的繁衍方面发挥重要作用。人类生殖克隆违背伦理道德,世界各国均禁止克隆人的研究。

在以体细胞为核供体的核移植技术和胚胎干细胞研究的基础上,人们提出了治疗性克隆(therapeutic clone)的策略,将患者自身正常体细胞的细胞核,移入去核的卵母细胞中,待胚胎发育到胚泡期,建立 ESCs 系,ESCs 系与患者具有相同的遗传背景,最后再通过诱导该 ESCs 定向分化获得所需要的细胞类型,进行细胞移植治疗。因为移植细胞与患者的遗传构成相同,可以消除受体对供体的免疫排斥反应,所以治疗性克隆在临床细胞替代治疗中具有很大的应用潜能。

参考文献

1. 乔杰. 人类辅助生殖技术的新进展. 中国实用妇科与产科杂志,2008,24(1):33-34
2. Wong KM,Mastenbroek S,Repping S. Cryopreservation of human embryos and its contribution to in vitro fertilization success rates. Fertil Steril,2014,102(1):19-26
3. Shankaran S. Outcomes from infancy to adulthood after assisted reproductive technology. Fertil Steril,2014,101(5):1217-1221
4. Ho PJ,Yen ML,Yet SF,et al. Current applications of human pluripotent stem cells:possibilities and challenges. Cell Transplant,2012,21(5):801-814

(郝　晶)

第 22 章　颜面、颈和口腔相关器官的发生

KEY POINTS

- Derivatives of the pharyngeal arches and the pharyngeal pouches
- Formation of the face and neck
- Development of the tongue, palate, salivary gland and teeth
- Congenital malformations of the face, neck and teeth

在头颈部的发育过程中,鳃器的发生最具有特征性,它参与颜面、颈、口腔主要结构的形成和胚胎外形的建立。

一、鳃器的发生和演变

(一) 鳃器的发生

胚第 4 周时,扁平状的胚盘卷折为圆柱状。因脑泡(brain vesicle)的发生及其腹侧间充质的增生,胚体头端弯向腹侧并在口咽膜(buccopharyngeal membrane)上方形成一个较大的圆形隆起,称额鼻突(frontonasal prominence)。与此同时,心脏的发育使口咽膜下方也形成一个较大的隆起,称心隆起(heart bulge)(图 22-1)。大约在第 22～29 天,原始咽(primitive pharynx)两侧的间充质迅速增生,在额鼻突和心隆起之间,由头端至尾端先后形成 6 对背腹走向且左右对称的弓状隆起,称鳃弓(pharyngeal arch),鳃弓之间的凹沟称鳃沟(pharyngeal cleft)。人胚前 4 对鳃弓明显,第 5 对出现不久即消失或不出现,第 6 对则很小。与此同时,原始咽的内胚层向外侧膨出,形成与鳃沟相对应的 5 对咽囊(pharyngeal pouch)。鳃沟外胚层、咽囊内胚层及二者之间的少量间充质构成的薄膜称鳃膜(branchial membrane)(图 22-1、图 22-2)。

鳃弓、鳃沟、鳃膜和咽囊统称为鳃器(branchial apparatus)。鱼类和两栖类幼体的鳃器发育为呼吸器官——鳃。人胚早期鳃器的出现是重演种系发生的现象,也是生物进化的佐证之一。

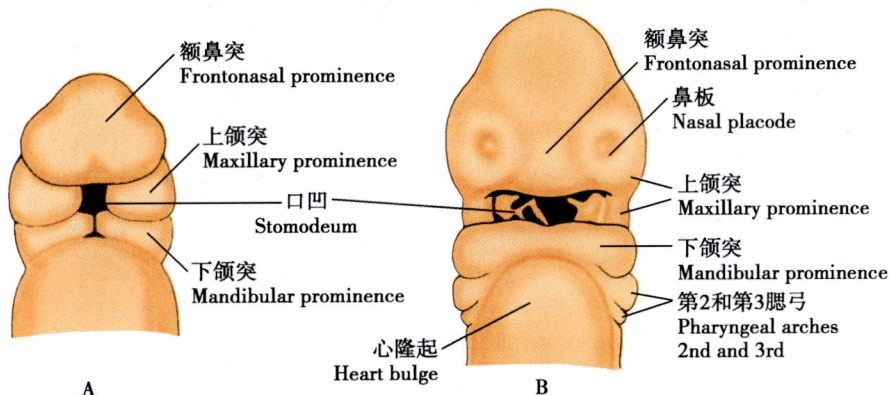

图 22-1　第 4 周人胚头部模式图

Fig. 22-1　Diagrams showing the heads of embryos during at 4th week

（二）鳃弓的演变

鳃弓外表面为表面外胚层,内表面为咽壁内胚层,中轴为间充质。随着胚胎发育,每个鳃弓内均出现一条弓动脉、一条神经和一条软骨(图22-2)。这些软骨有的将发育为骨,有的一直保持为软骨,有的则退化消失。另外,鳃弓中轴的间充质还将分化形成一些骨骼肌。

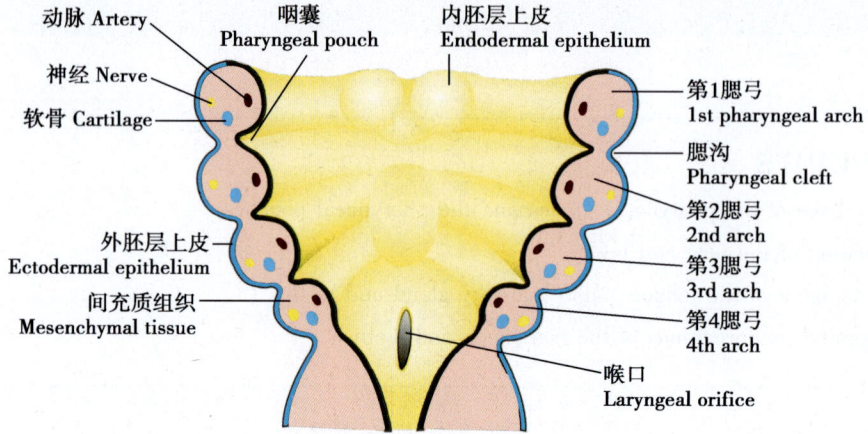

动脉 Artery
咽囊 Pharyngeal pouch
内胚层上皮 Endodermal epithelium
神经 Nerve
软骨 Cartilage
第1腮弓 1st pharyngeal arch
腮沟 Pharyngeal cleft
外胚层上皮 Ectodermal epithelium
第2腮弓 2nd arch
间充质组织 Mesenchymal tissue
第3腮弓 3rd arch
第4腮弓 4th arch
喉口 Laryngeal orifice

图 22-2　咽囊和鳃弓模式图

Fig. 22-2　Schematic diagram of the pharyngeal pouches and arches

第1对鳃弓将参与面部的形成,第2~6对鳃弓将参与颈的形成,这将在后文中叙述。

第1鳃弓由头侧的上颌突(maxillary prominence)和尾侧的下颌突(mandibular prominence)组成。上颌突内的间充质将形成上颌骨、颧骨和颞骨鳞部。下颌突内有一根软骨,称 Meckel 软骨(Meckel's cartilage)。Meckel 软骨周围的间充质将形成下颌骨,而 Meckel 软骨则大部退化,仅背侧端一小部分形成砧骨和锤骨(图22-3)。由第1鳃弓间充质衍生的肌肉包括咀嚼肌(颞肌、咬肌和翼状肌)、二腹肌的前腹、下颌舌骨肌、鼓张肌和腭张肌,支配上述肌肉的神经为三叉神经。

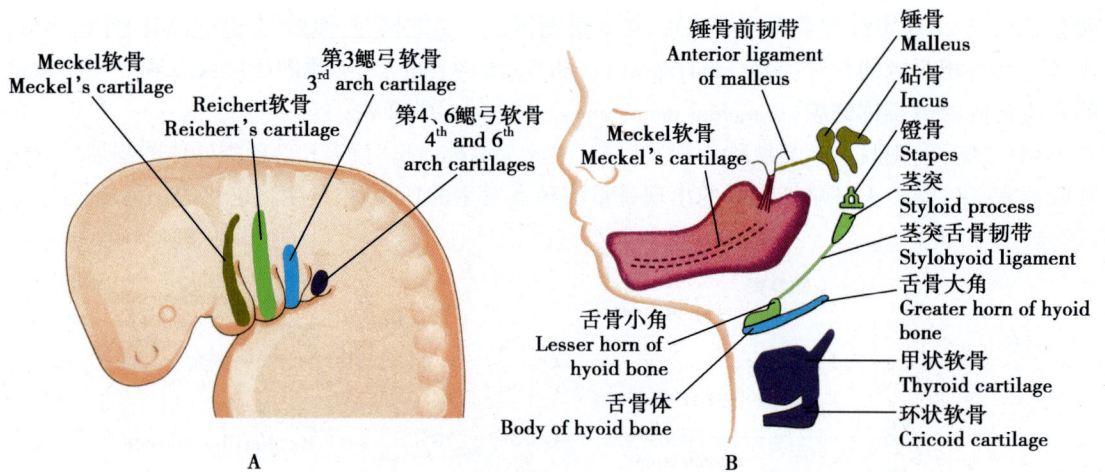

Meckel 软骨 Meckel's cartilage
第3鳃弓软骨 3rd arch cartilage
Reichert 软骨 Reichert's cartilage
第4、6鳃弓软骨 4th and 6th arch cartilages
锤骨前韧带 Anterior ligament of malleus
锤骨 Malleus
砧骨 Incus
镫骨 Stapes
Meckel 软骨 Meckel's cartilage
茎突 Styloid process
茎突舌骨韧带 Stylohyoid ligament
舌骨小角 Lesser horn of hyoid bone
舌骨大角 Greater horn of hyoid bone
甲状软骨 Thyroid cartilage
舌骨体 Body of hyoid bone
环状软骨 Cricoid cartilage

A　B

图 22-3　鳃弓来源的骨和软骨示意图

A. 4 周;B. 24 周

Fig. 22-3　Diagrams showing the definitive structures formed by the cartilaginous components of the various pharyngeal arches

A. 4 weeks;B. 24 weeks

Notes

第 2 鳃弓又称舌骨弓(hyoid arch),其中的软骨称 Reichert 软骨(Reichert's cartilage)。该软骨将形成镫骨、颞骨茎突和茎突舌骨韧带、舌骨的小角和舌骨体的上段(图 22-3)。由第 2 鳃弓衍生的肌肉包括镫骨肌、茎突舌骨肌、二腹肌的后腹、耳肌和面部表情肌,支配上述肌肉的神经是面神经。

第 3 鳃弓的软骨将形成舌骨大角和舌骨体的下段(图 22-3)。由第 3 鳃弓衍生的肌肉仅为茎突咽肌,支配此肌肉的神经是舌咽神经。

第 4 和第 6 鳃弓内的软骨将形成喉的甲状软骨、环状软骨、杓状软骨、角状软骨和楔状软骨(图 22-3)。由第 4 鳃弓衍生的肌肉有环甲肌、腭提肌和咽缩肌,这些肌肉由迷走神经的分支喉上神经支配。喉内肌来自第 6 鳃弓,由迷走神经的分支喉返神经支配。

(三) 咽囊的演变

随着胚胎发育,咽囊将演变为一些重要器官(图 22-4)。

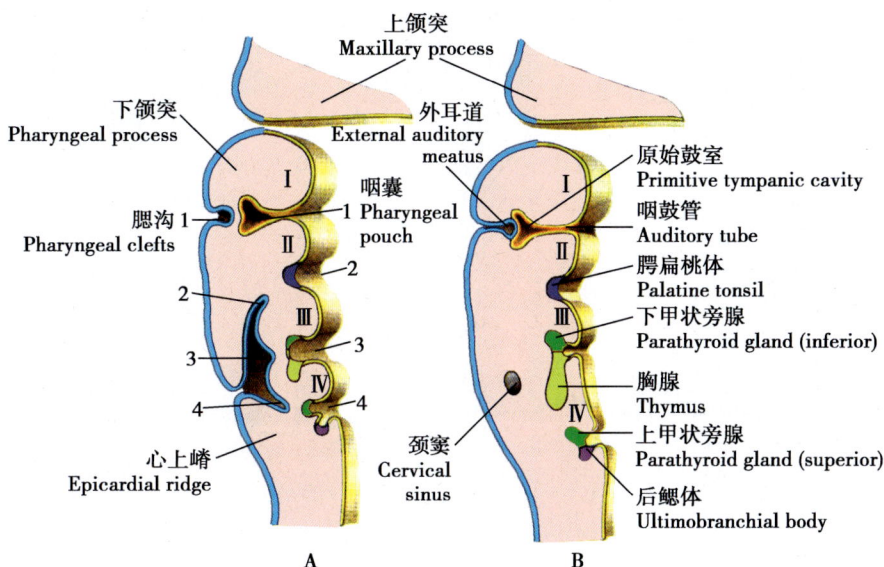

图 22-4　鳃沟和咽囊演变示意图
Fig. 22-4　Diagrams illustrating development of the pharyngeal clefts and pouches

第 1 对咽囊:外侧份膨大,形成中耳鼓室;内侧份伸长,形成咽鼓管;鳃膜形成鼓膜。第 1 鳃沟形成外耳道。

第 2 对咽囊:与来自第 2 鳃膜和第 1、2 鳃弓的中胚层组织共同形成腭扁桃体,其内胚层主要分化为扁桃体表面上皮。

第 3 对咽囊:腹侧份上皮细胞增生,形成一对向尾侧生长的细胞索,其尾段在胸骨背侧合并,形成胸腺。背侧份上皮细胞增生并随胸腺迁移至甲状腺背侧,形成下一对甲状旁腺。

第 4 对咽囊:腹侧份退化;背侧份上皮细胞增生并迁移至甲状腺背侧,形成上一对甲状旁腺。

第 5 对咽囊:形成一小团细胞,称后鳃体(ultimobranchial body)。后鳃体的细胞将迁入甲状腺,分化为滤泡旁细胞(parafollicular cell)。但也有人认为,滤泡旁细胞由迁移来的神经嵴细胞分化而成。

二、颜面的形成

颜面的形成与额鼻突及第 1 对鳃弓密切相关。第 1 鳃弓发生后不久,其腹侧份即分为上、下两支,分别称上颌突和下颌突。左、右两侧的上颌突、下颌突及其上方的额鼻突围成一个宽大的

Notes

凹陷,称口凹(stomodeum),即原始口腔(图22-5)。口咽膜介于口凹与原始咽之间,大约于第24天破裂,口凹即与原始咽相通。

在第4周末,额鼻突下缘两侧外胚层增生,形成两个椭圆形的增厚区,称鼻板(nasal placode)。第5周时,鼻板中央凹陷,形成鼻窝(nasal pit),其下方以一细沟与口凹相通。鼻窝的内、外侧缘高起,分别称内侧鼻突(medial nasal prominence)和外侧鼻突(lateral nasal prominence)(图22-5A、B)。外侧鼻突与上颌突之间有一浅沟,称鼻泪沟(nasolacrimal groove),其底壁外胚层将发育形成鼻泪管(nasolacrimal duct),其上端膨大,发育形成泪囊(lacrimal sac)。

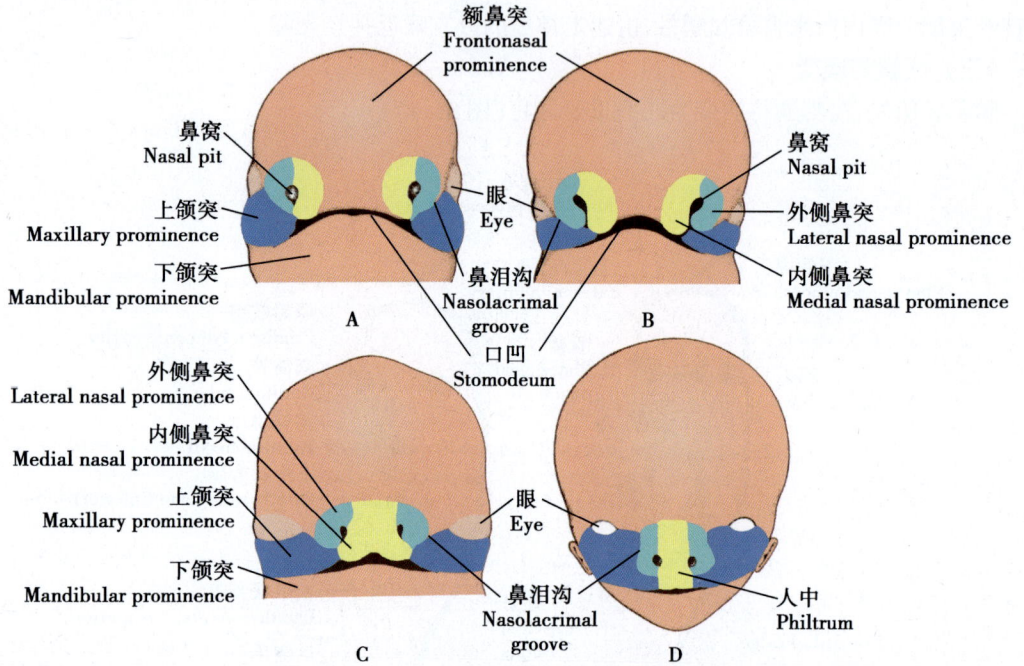

图22-5 颜面形成过程示意图

A. 第5周;B. 第6周;C. 第7周;D. 第10周

Fig. 22-5 Diagrams of formation of the face

A. 5th week; B. 6th week; C. 7th week; D. 10th week

左、右下颌突向中线生长,于第5周融合,将形成下颌和下唇。第6周,左、右内侧鼻突向中线生长并相互融合,将形成鼻梁、鼻尖、人中和上唇的正中部分。第6~7周,左、右上颌突也向中线生长并先后与同侧的外侧鼻突和内侧鼻突融合。这样,鼻窝与口凹间的细沟被封闭,鼻窝与口凹即被分开;上颌突将形成上颌和上唇的外侧部,外侧鼻突将形成鼻翼和鼻外侧壁大部,额鼻突将形成前额及鼻根,原来朝向前方的鼻窝渐朝向下方,形成鼻孔(图22-5C、D)。第6周末,左、右鼻窝向深部扩大并融合为一个大腔,即原始鼻腔(primitive nasal chamber)(图22-6A)。起初,原始鼻腔与原始口腔之间隔以很薄的口鼻膜(oronasal membrane)。该膜于第7周破裂,在原发腭的稍后方形成原始鼻后孔(primitive choana),使原始鼻腔与原始口腔相通(图22-6B、C)。随着继发腭的形成,原始鼻腔与原始口腔被分隔为永久性鼻腔和口腔,原始鼻后孔后移,形成永久性鼻后孔(definitive choana)(图22-6D)。

上、下颌形成后,两者间的裂隙称口裂(oral fissure)。口裂起初很宽大,在第2个月,上颌突和下颌突的外侧部逐渐融合,形成颊,使口裂逐渐缩小。

眼的原基发生于额鼻突的外侧,相距较远。随着脑的发育及上颌与鼻的形成,两眼逐渐向中线靠近并转向前方。第1鳃沟演变为外耳道,其周围的间充质形成耳廓。耳廓最初位于下颌的下方,随着下颌的发育逐渐移向后上方。至第2个月末,颜面初具人貌。

Notes

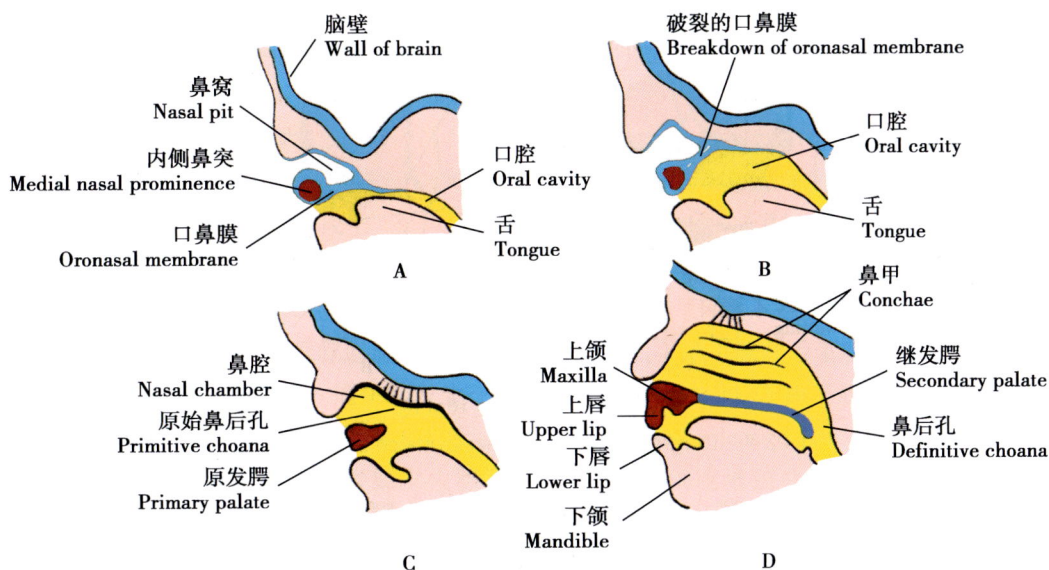

图 22-6　鼻腔发育示意图

A. 第 6 周；B. 第 7 周（口鼻膜破裂）；C. 第 7 周（原始鼻腔与口腔相通）；D. 第 9 周

Fig. 22-6　Schematic diagrams showing development of the nasal cavity

A. 6th week; B. 7th week(breakdown of the oronasal mewbrane); C. 7th(the primitive nasal cavity in open connetion with the oral cavity); D. 9th week

三、颈 的 形 成

颈由第 2、3、4、6 对鳃弓发育而成。第 4～5 周，第 2 鳃弓迅速向尾侧生长并越过第 3、4、6 鳃弓，最后与心隆起上缘即心上嵴（epicardial ridge）融合。这样，在第 2 鳃弓深部形成了一个由第 2、3、4 鳃沟构成的封闭腔隙，称颈窦（cervical sinus）（图 22-4）。颈窦很快即闭锁消失。随着鳃弓的分化、食管和气管的伸长及心脏位置的下降，颈部逐渐延长、成形。

四、口腔相关器官的发生

（一）舌的发生

第 4 周末，咽底中央形成一个较小的隆起，称奇结节（tuberculum impar）或正中舌芽（median tongue bud），在奇结节前方两侧各形成一个较大的隆起，称侧舌膨大（lateral lingual swelling）或远侧舌芽（distal tongue bud）。这 3 个隆起均由第 1 对鳃弓的间充质增生而成。在奇结节的背侧，由第 2、3、4 对鳃弓的间充质增生形成的另一个隆起称联合突（copula）或鳃下隆起（hypobranchial eminence）。两个侧舌膨大生长迅速，越过奇结节并在中线融合，形成舌的前 2/3 即舌体，奇结节仅形成盲孔前舌体的一小部分或退化消失。第 5～6 周，联合突的第 3 对鳃弓来源部分生长迅速，覆盖于第 2 对鳃弓来源部分的上方，形成舌的后 1/3 即舌根。舌体与舌根的融合处留有一个 V 形沟，称界沟（terminal sulcus），其顶点有一浅窝，称盲孔（foramen cecum），是甲状舌管（thyroglossal duct）的起始端（图 22-7）。舌体上皮来自口凹外胚层，舌根上皮则来自咽壁内胚层；舌内结缔组织来自鳃弓间充质；舌肌主要来自枕部体节的生肌节。

（二）腭的发生

腭起源于两个部分，即正中腭突（median palatine process）和外侧腭突（lateral palatine process）。

大约于第 6 周，左、右内侧鼻突融合处内侧面的间充质增生，形成一个突向原始口腔的三角

或称星网(stellate reticulum)。胚胎 7 个月时,内釉上皮细胞分化为成釉质细胞(ameloblast)并开始分泌釉质(enamel)。釉质位于成釉质细胞与深部的牙本质之间。随着釉质的增厚,成釉质细胞渐向浅部迁移。最后,釉网退化消失,成釉质细胞与外釉上皮相贴,形成牙小皮(dental cuticle)。牙小皮在胎儿出生时退化消失。

2. 牙本质的形成　第 10 周时,牙乳头内靠近内釉上皮的间充质细胞分化为一层成牙本质细胞(odontoblast)。胚胎 7 个月时,成牙质细胞开始分泌原牙质(predentin),钙化后即为牙本质(dentine)。随着牙本质的增厚,成牙质细胞渐向深部迁移,其后方留下的细长突起即牙本质纤维(dentinal fiber),它们在牙本质中占据的管道即牙本质小管(dentinal tubule)。牙乳头的其余部分分化为牙髓。

3. 牙骨质和牙周膜的形成　第 8 周时,造釉器及牙乳头周围的间充质形成一个结缔组织囊,称牙囊(dental sac),后来分化为牙骨质和牙周膜。

第 10 周时,在每枚乳牙牙蕾浅部,由牙板形成恒牙牙蕾。无乳牙对应的恒牙牙蕾在出生后才发生。恒牙与乳牙的发生过程相似。

五、颜面、颈和牙的常见畸形

1. 特雷彻·柯林斯综合征　特雷彻·柯林斯综合征(Treacher Collins syndrome)又称下颌颜面发育不全(mandibulofacial dysostosis),主要表现为颧骨和下颌骨发育不全、睑裂外侧下倾、下睑缺损和外耳畸形。

2. 罗班序列征　罗班序列征(Robin sequence)又称皮埃尔·罗班综合征(Pierre Robin syndrome),由小颌、腭裂和舌后坠组成的三联畸形。其原发缺陷是下颌骨发育不良,使得舌位置后移,不能从两外侧腭突间下降,从而阻碍外侧腭突的融合而导致腭裂。

3. 迪格奥尔格综合征　迪格奥尔格综合征(DiGeorge syndrome)是兼具腭、心、面部畸形的一种多发性畸形,因 22 号染色体长臂(22q11)缺失引起。

4. 戈尔登哈尔综合征　戈尔登哈尔综合征(Goldenhar syndrome)又称眼—耳—椎骨畸形综合征(oculo-auriculo-vertebral spectrum),一种以眼、耳、颜面和脊柱发育异常为主的多发畸形,通常表现为上颌骨、颞骨和颧骨发育不良,无耳或小耳,眼球内肿瘤或皮样囊肿,椎骨融合,椎骨缺损或脊柱裂。有些病例还伴有法洛四联症、室间隔缺损等心脏畸形。

5. 唇裂　唇裂(cleft lip)是最为常见的一种颜面畸形,多见于上唇,表现为人中外侧的垂直裂隙(图 22-10A),系上颌突未与同侧的内侧鼻突融合所致,多为单侧,但也可见于双侧(图 22-10B)。上唇正中裂(median cleft of upper lip)比较少见,是由于双侧内侧鼻突未能在中线完全融合所致,常伴有鼻梁正中的裂沟。患儿常伴有大脑正中结构的缺失,严重者可出现左

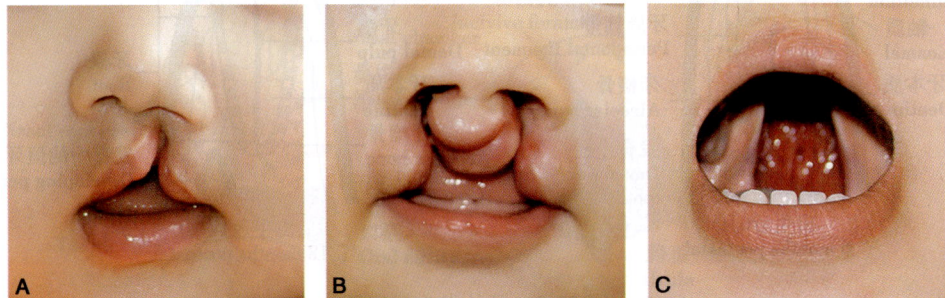

图 22-10　唇裂和腭裂(汕头大学医学院唐世杰供图)
A. 单侧唇裂;B. 双侧唇裂;C. 后腭裂
Fig. 22-10　Clefts of lip and palate
A. unilateral cleft lip;B. bilateral cleft lip;C. posterior cleft palate

右侧脑室融合即前脑无裂畸形（holoprosencephaly）。下唇正中裂罕见，系双侧下颌突未在中线融合所致。

6. **面斜裂** 面斜裂（oblique facial cleft）是位于上唇至下睑之间的裂隙，大多起自人中外侧边缘，绕过鼻翼外侧，止于内眦，因上颌突与同侧的外侧鼻突未融合所致。在有些病例，起点可位于上唇外侧或口角，止点可位于下睑中部甚至外眦。对这种畸形的发生机制尚难作出满意解释。

7. **腭裂** 腭裂（cleft palate）也较常见，有多种类型。若外侧腭突未能与正中腭突融合，就会在切齿孔至切齿间留有一斜行裂隙，称前腭裂（anterior cleft palate）。严重者可伴有上唇裂及上颌裂。若左、右外侧腭突未能在中线融合，则会在切齿孔至腭垂间留有一矢状裂隙，称后腭裂（posterior cleft palate）（图 22-10C）。若前腭裂和正中腭裂同时存在，则称全腭裂（complete cleft palate），多伴有唇裂（图 22-11）。

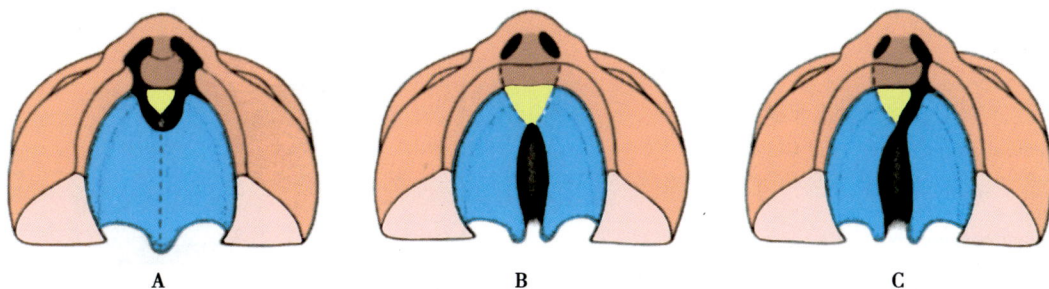

图 22-11　腭裂示意图
A. 双侧前腭裂伴双侧唇裂；B. 后腭裂；C. 后腭裂伴单侧前腭裂和唇裂
Fig. 22-11　Diagram of the cleft palate
A. bilateral cleft of the anterior palate and the lip；B. posterior cleft palate；C. posterior cleft palate combined with unilateral anterior cleft palate and cleft lip

8. **颈囊肿和鳃瘘** 颈窦若未完全闭锁消失，就会在胸锁乳突肌前缘处留有一个封闭的囊泡，称颈囊肿（cervical cyst）。若颈囊肿有开口与咽腔（内口）或体表（外口）相通，则称鳃瘘（branchial fistula）。仅有内口或外口者称不完全性鳃瘘，内、外口兼有者称完全性鳃瘘。

9. **牙畸形** 牙的数量、形态和大小等都可能出现异常，也可因外源性物质如四环素的影响而出现颜色异常，也可因维生素 D 缺乏（佝偻病）而引致牙釉质发育不全。有的婴儿出生时已有牙萌出，称胎萌牙（natal tooth），常见于下颌门齿。胎萌牙形态常有异常，而且釉质很少。

专题讲座：唇腭裂

唇裂（cleft lip）、腭裂（cleft palate）或唇腭裂是人类最常见的出生缺陷之一，我国为唇腭裂高发国家，发病率1‰～2‰。胚胎学家关注唇腭裂的畸形程度、致病因素和机制，临床学家则关注唇腭裂的流行度、诊断、治疗、预后和预防。将基础研究和临床实践结合起来可以建立理想而完整的唇腭裂治疗目标。

（一）唇腭裂发生机制
唇腭裂分为综合征性唇腭裂与非综合征性唇腭裂两大类。

1. **综合征性唇腭裂** 综合征性唇腭裂（syndromic cleft lip with or without palate，SCLP）为唇腭裂合并其他畸形。目前的研究已明确至少有 275 种综合征伴有唇腭裂（http://www. ncbi. nlm. nih. gov/OMIM），主要的病因包括单基因位点突变、染色体异常和环境致畸因子的作用。75% 的 SCLP 具有已知的遗传因素，其中大部分是单基因病（表 22-1）。

Notes

表 22-1　综合征性唇腭裂的致病基因

综合征	唇腭裂类型	致病基因
Ankyloblepharon-ectodermal dysplasia-clefting	CL/P	*TP63*
Apert	CP	*FGFR2*
Bamforth-Lazarus	CP	*FOXE1*
Bartsocas-Papas	CL/P	*RIPK4*
Branchio-oculo-facial	CL/P	*TFAP2A*
Campomelic dysplasia	CP	*SOX9*
CHARGE	CP	*CHD7*
CLP ectodermal dysplasia	CL/P	*PVRL1*
Cornelia de Lange	CP	*NIPBL*
Crouzon	CP	*FGFR2*
DiGeorge	CP	*TBX1*
Ectrodactyly-ectodermal dysplasia-clefting	CL/P	*TP63*
Familial gastric cancer and CLP	CL/P	*CDH1*
Gorlin	CL/P	*PTCH1*
Holoprosencephaly	CL/P	*GLI2*, *SHH*, *SIX3*, *TGIF*
Isolated cleft palate	CP	*SATB2*
Kabuki	CL/P	*MLL2*, *KDM6A*
Kallmann	CL/P	*FGFR1*
Lethal and Escobar multiple pterygium	CP	*CHRNG*
Loeys-Dietz	CP	*TGFBR1*, *TGFBR2*
Miller	CP	*DHODH*
Oculofaciocardiodental	CP	*BCOR*
Opitz G/BBB	CL/P	*MID1*
Oro-facial-digital	CL/P	*GLI3*
Oro-facial-digital type 1	CL/P	*OFD1*
Otopalatodigital types 1 and 2	CP	*FLNA*
Pierre Robin	CP	*SOX9*
Popliteal pterygium	CL/P	*IRF6*
Saethre-Chotzen	CP	*TWIST1*
Stickler type 1	CP	*COL2A1*
Stickler type 2	CP	*COL11A1*, *COL11A2*
Tetra-amelia with CLP	CL/P	*WNT3*
Tooth agenesis with or without cleft	CL/P	*MSX1*
Treacher Collins	CP	*TCOF1*
Van der Woude	CL/P	*IRF6*
X-Linked cleft palate and ankyloglossia	CP	*TBX22*
Siderius X-linked mental retardation	CL/P	*PHF8*

注：CL，唇裂（DL, cleft lip）；CP，腭裂（CP, cleft palate）；CL/P 唇裂伴或不伴腭裂（CL/P, cleft lip with or without cleft palate）

Notes

2. **非综合征性唇腭裂**　非综合征性唇腭裂(nonsyndromic cleft lip with or without palate, NSCLP)是指不伴发其他系统器官畸形的唇腭裂,包括唇裂伴或不伴腭裂和单纯腭裂。NSCLP 占全部唇腭裂的 50% ~70%,是一种环境因素和多基因相互作用的复杂异质性疾病。环境因 素包括母亲怀孕早期吸烟,饮酒,维生素等营养物质缺乏,病毒感染,服用非甾体抗炎药、止痛 药,接触某些化学物质、毒物、杀虫剂等均可能导致胎儿 NSCLP 的发生。通过运用连锁分析、 基因重组、候选基因筛选、全基因组关联分析等多种研究策略发现多个与 NSCLP 相关的基因 和基因位点,如 *IRF6*、*MAFB*、*ABCA4*、*ARHGAP29*、*8q24*、*VAX1*、*PAX7*、*MSX1*、*FOXE1*、*MYH9*、 *BMP4*、*FGFR2* 等。

　　NSCLP 是一种多基因影响的复杂异质性疾病,其确切的致病机制迄今尚不清楚。近来的研 究发现 Wnt、BMP、FGF、EGF 等信号通路参与唇腭裂的发病过程。以 Wnt 信号通路为例,*Wnt5a* 基因通过 Ror2 介导的非经典通路调节小鼠腭部发育。在原发腭发育过程中,间充质细胞将向侧 方定向迁移,而在继发腭发育过程中,间充质细胞则向前方定向迁移。当缺乏 *Wnt5a* 基因时,间 充质细胞的这种定向迁移将消失并导致腭裂。还有研究证明,*IRF6* 和 *P63* 都是唇腭裂的易感基 因,在 Pbx-Wnt-p63-Irf6 调控网络中,Pbx 控制 Wnt 信号,Wnt 效应物反式激活 p63,而 p63 直接调 控 Irf6,通过控制表皮增殖、分化和凋亡之间的平衡控制面部形态发生。当 Wnt 信号通路异常, 能显著影响面部形态发生,形成包括唇腭裂在内的多种畸形。

　　维 A 酸是新生儿颌面畸形的较常见环境因素之一,维 A 酸与 Wnt、FGF、TGF 及 SHH 等信号 分子通路共同参与颌面部发育的调控,在模式发育、面突和鳃弓的分化及融合过程中有严格的 时间和空间顺序。正常水平的维 A 酸信号对胚胎早期细胞的定向、分化和存活极为重要,过多 量或过少的维 A 酸都会引起发育畸形。维 A 酸导致畸形机制主要是影响神经嵴细胞的迁移;通 过干扰 DNA 合成而抑制间充质细胞的增殖,并导致腭突间充质的异常凋亡,引起包括腭裂在内 的颅颌面先天性发育缺陷。也有研究认为,维 A 酸可能会引起腭部细胞外糖基质含量减少,腭 间充质细胞吸收水分减少,导致腭突上抬延迟,不能在中线接触融合。叶酸能够有效地预防维 A 酸的这种致畸作用。

　　吸烟是公认的导致 NSCLP 发生的环境高危因子,吸烟对胎儿唇腭裂发病的影响可能与谷胱 甘肽 S-转移酶 T1(glutathione S-transferase theta,GSTT1)及一氧化氮合酶基因等特异的解毒基因 变异有关。此外,*IRF6* 基因变异可与母体吸烟协同作用,共同促进 NSCLP 发生。母体孕期大量 饮酒致胎儿 NSCLP 的可能机制是在乙醇竞争视黄醛脱氢酶,抑制胚胎维 A 酸合成。尤其是携带 乙醇脱氢酶 1C 基因变异的母体或胎儿,对乙醇的分解代谢能力低,更增加乙醇引发 NSCLP 发生 的风险。

　　唇腭裂是由环境和遗传因素共同作用而导致的一种多基因遗传病。环境与遗传因素之间 存在着紧密的交互调节,环境因素能影响机体生长发育,而某些基因变异会影响机体对环境因 素的敏感性。多种相关基因、分子和信号通路之间存在错综复杂的相互作用,单个因子或多个 因子作用积累达到一定阈值才导致唇腭裂的发生。进一步研究需要阐明相关基因的序列变化、 功能调节,并以整体的视角在一个网络调控框架内研究单个因子的作用。此外,表观遗传调控 是连接环境因素、基因型、表型、和疾病发生之间的桥梁,表观遗传学的发展开启了唇腭裂发病 机制研究的新方向。

(二)唇腭裂防治

　　对于目前已知的唇腭裂致病因素,应积极开展病因预防(一级预防),重视健康教育和遗传 咨询。引导围产期妇女及其配偶采取更加健康的行为和生活方式,远离有害的环境暴露因素。 孕母在围孕期避免服用抗癫痫药物、皮质激素类药物和卡马西平等药物;尽量避免吸烟或被动 吸烟,远离杀虫剂等农药。而且妇女妊娠前应尽量将体重控制在正常范围,孕母超重或肥胖也 将导致新生儿唇腭裂发病率增加。妇女从计划怀孕开始到怀孕后 12 周,每天额外补充 400μg

Notes

叶酸,能有效预防神经管缺陷(neural tube defect,NTD)和唇腭裂的发生。同时,在二级预防阶段通过超声波产前检查,尽早发现胎儿的面部缺陷状态,及早采取干预措施。一旦唇腭裂患儿娩出,应适时进行手术治疗。

　　唇腭裂的治疗不仅要重建唇、腭部形态,更重要的是恢复语言、咀嚼、吞咽、听力及通气等功能,同时还需要关注患者的心理,最终使患者能够以完美的容貌、完善的功能和完好的心态融入社会,是一项需要在多学科医师共同协作下才能完成的复杂工作。同时,治疗过程贯穿患者从出生到成人后的多个生长发育期,在适宜的年龄选择适合的治疗方法,以达到最佳的治疗效果,是有计划的系统治疗,即序列治疗。虽然每个治疗中心对序列治疗的部分内容还存在差异,但是多数理念已经趋于一致。

　　唇腭裂序列治疗时间表:

　　1. 出生前:孕妇的健康、营养;孕18～28周超声产前诊断;获取唇腭裂治疗资讯。

　　2. 出生到3个月:出生登记,全面体检;安慰父母,指导喂养;制订治疗计划;术前腭护板佩戴;了解医疗机构及唇腭裂慈善组织。

　　3. 3～12个月:3个月单侧唇裂修复;6月大可行双侧唇裂修复;6～12个月可行腭裂修复,同时检查听力,确定是否有中耳积液。

　　4. 1～5岁:唇部手术瘢痕防治;鼻撑佩戴;语音评估、语音训练;手术效果评估及后续手术方案制订;心理治疗。

　　5. 6～12岁:唇鼻继发畸形整复;腭咽闭合功能不全手术治疗;牙槽嵴裂植骨;正畸治疗。

　　6. 13～18岁:正畸治疗及其他牙科治疗。

　　7. 成人:正颌外科治疗及遗传咨询。

参考文献

1. Farronato G,Cannalire P,Martinelli G,et al. Cleft lip and/or palate:review. Minerva Stomatol,2014,63(4):111-126

2. Leslie EJ,Marazita ML. Genetics of cleft lip and cleft palate. Am J Med Genet Part C Semin Med Genet,2013,163C(4):246-258

3. Dixon MJ,Marazita ML,Beaty TH,et al. Cleft lip and palate:understanding genetic and environmental influences. Nat Rev Genet,2011,12(3):167-178

4. Stuppia L,Capogreco M,Marzo G,et al. Genetics of syndromic and nonsyndromic cleft lip and palate. J Craniofac Surg,2011,22(5):1722-1726

5. Buchanan EP,Xue AS,Hollier LH Jr. Craniofacial syndromes. Plast Reconstr Surg,2014,134(1):128e-153e

6. de Ladeira PR,Alonso N. Protocols in cleft lip and palate treatment:systematic review. Plast Surg Int,2012,2012:562-892

（陈海滨　刘凯）

第23章 消化系统和呼吸系统的发生

KEY POINTS

- Development and evolution of the primitive gut
- Development of the esophagus and stomach
- Development of the liver, gallbladder and pancreas
- Evolution of the midgut
- Septation of the cloaca
- Development of the respiratory system
- Congenital malformations of the digestive and respiratory systems

消化系统和呼吸系统的大多数器官的原基(primordium or rudiment)来自原始消化管。

人胚第 3～4 周,胚盘向腹侧卷折,形成圆柱状胚体,内胚层被卷入胚体内,形成一条头尾走向的封闭管道,称原始消化管或原肠(primitive gut)。其头端起自口咽膜(oropharyngeal or bucco-pharyngeal membrane),尾端止于泄殖腔膜(cloacal membrane),它们分别于第 4 周和第 8 周破裂、消失,原始消化管遂与外界相通。从头端至尾端,原始消化管分为 3 段。与卵黄囊相连的一段称为中肠(midgut),其头侧与尾侧部分分别为前肠(foregut)和后肠(hindgut)。

随着胚体和原始消化管的增长,卵黄囊相对变小,它与中肠的连接部逐渐变细,形成卵黄蒂(vitelline stalk),或称卵黄管(vitelline duct)(图 23-1)。卵黄蒂于第 6 周闭锁并逐渐退化消失。

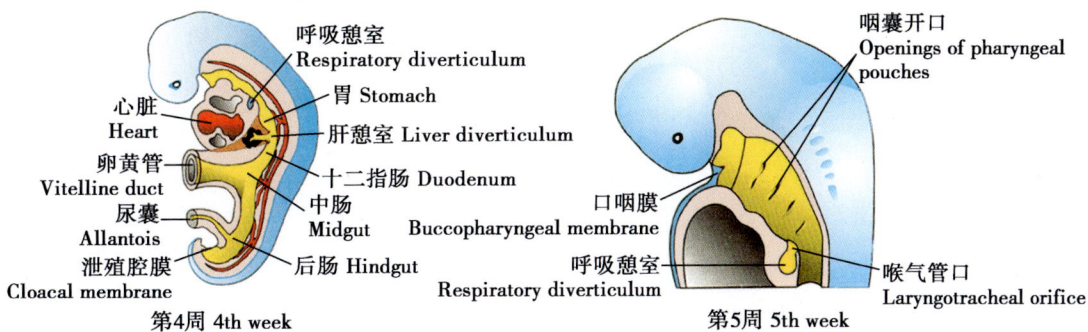

图 23-1 原始消化管的形成和早期分化示意图
Fig. 23-1 Diagrams showing formation of the primitive gut and its early differentiation

前肠将分化为部分口腔底、舌、咽至十二指肠乳头之间的消化管、肝、胆囊、胆管、下颌下腺、舌下腺、胰腺、喉及其以下的呼吸道、肺、胸腺、甲状腺和甲状旁腺等器官。中肠将分化为自十二指肠乳头至横结肠右 2/3 段之间的消化管。后肠将分化为自横结肠左 1/3 段至肛管上段的消化管以及膀胱和尿道的大部。

消化管与呼吸道的上皮及腺的实质大多来自原始消化管的内胚层,而结缔组织和肌组织则来自脏壁中胚层。

一、消化系统的发生

(一) 前肠的演变

前肠的颅侧段即从口咽膜至呼吸憩室(respiratory diverticulum)之间的一段又称为咽肠(pharyngeal gut)或咽(pharynx),见图23-1,该段与头颈部许多重要器官的发生相关见第22章。

1. 食管和胃的发生   第4周时,随着气管食管隔的形成,呼吸憩室与其背侧的前肠分离,该段前肠即食管的原基。第5周时食管还很短,后来,随着颈的出现和心、肺的下降而迅速增长。食管上皮最初为单层,后来变为复层。上皮周围的间充质分化为食管壁的结缔组织和肌组织。

胃原基出现于第4周,是前肠尾段形成的梭形膨大,恰位于原始横膈的下方,以腹、背系膜与体壁相连。第5周时,其背侧壁生长迅速,形成胃大弯;腹侧壁生长缓慢,形成胃小弯(图23-2C)。第7~8周时,胃大弯头端向上膨出,形成胃底。由于胃背系膜生长迅速以形成突向左侧的网膜囊,致使胃沿头尾轴顺时针方向旋转90度,即胃大弯由背侧转至左侧,胃小弯由腹侧转至右侧(图23-2A、B)。胃的头端因肝的增大而被推向左侧,胃的尾端则因十二指肠紧贴于腹后壁而被固定。这样,胃又沿其前后轴顺时针方向旋转一定角度,使胃由原来的垂直方位变成了由左上至右下的斜行方位(图23-2D、E)。

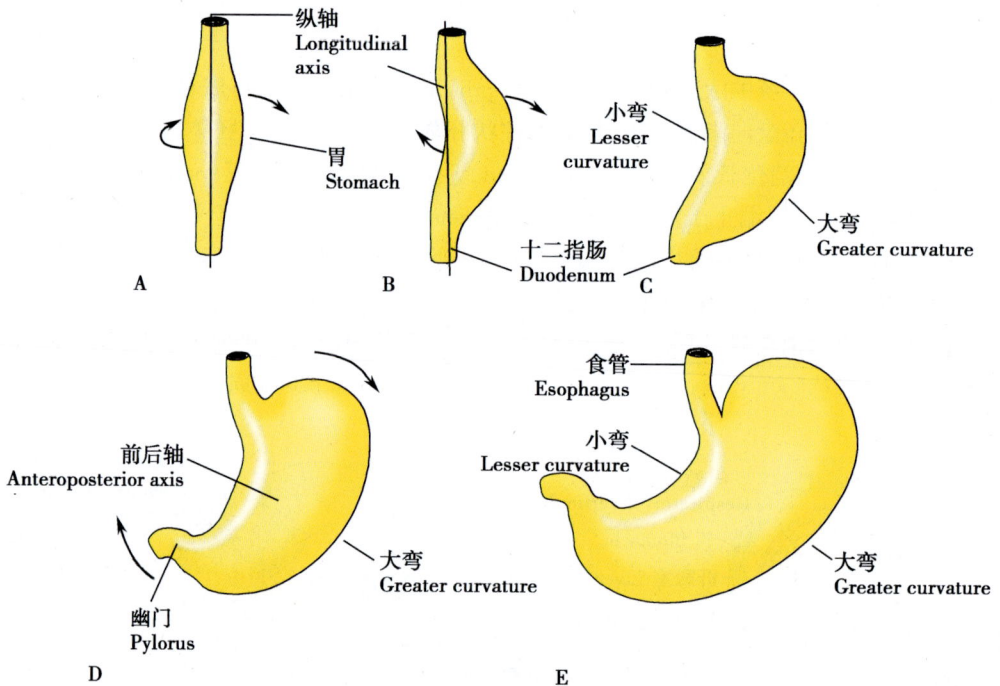

图23-2　胃的形成和旋转示意图

Fig. 23-2　Diagrams showing formation and rotation of the stomach

2. 十二指肠的发生   十二指肠由前肠尾段和中肠头段共同形成,两段的交界点即肝憩室(hepatic diverticulum)的发生处。十二指肠最初位于腹腔正中,呈C形突向腹侧。而后,随着胃的旋转和胰头的迅速生长而转向右侧。后来,由于受到十二指肠和胰头的压迫,十二指肠背系膜渐与相邻的腹膜融合并最终消失,致使十二指肠大部固定于腹膜后位。

3. 肝和胆囊的发生   第4周初,前肠末端腹侧壁内胚层上皮增生,形成一个囊状突起,称肝憩室或肝芽(hepatic bud),是肝和胆囊的原基。肝憩室迅速增大,很快长入心脏与卵黄蒂之间的间充质即原始横膈(septum transversum)内。肝憩室末端膨大,很快分为头、尾两支(图23-3)。头支较大,为肝的原基;尾支较小,为胆囊的原基,又称胆囊憩室(cystic diverticulum)。头支生长

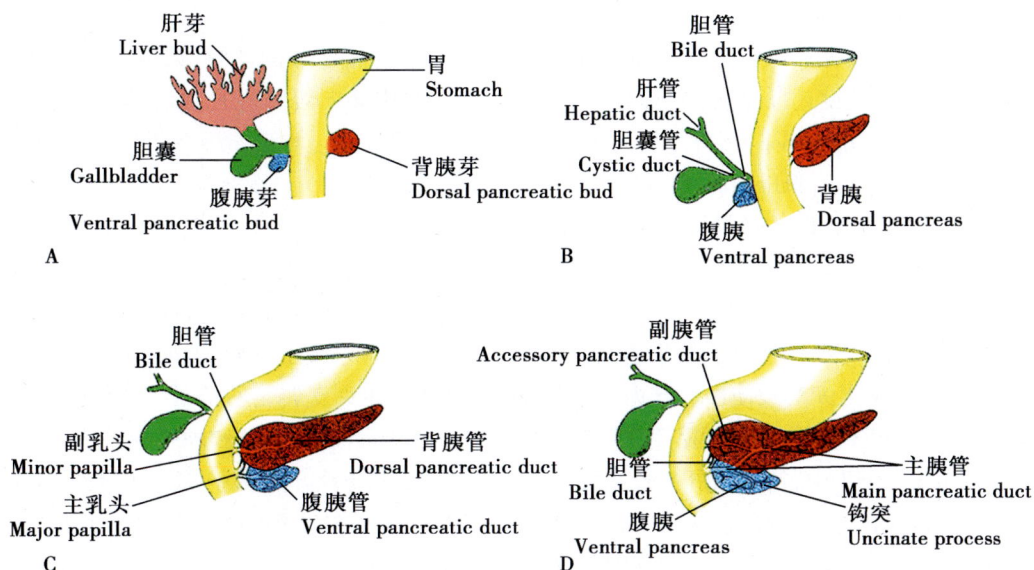

图 23-3　肝、胆囊和胰腺的发生示意图
Fig. 23-3　Diagrams showing development of the liver, gallbladder and pancreas

迅速,上皮细胞增殖,形成许多分支并相互吻合成网状的细胞索,即肝索。后来,肝索分化为肝板、界板及肝内各级胆管。穿行于原始横膈内的卵黄静脉和脐静脉也反复分支并相互吻合,在肝索间形成毛细血管网,即肝血窦。肝板最初由 2～3 层肝细胞构成,至胎儿后期才变为由单层肝细胞构成。大约第 6 周,肝细胞间出现胆小管,第 9～10 周出现肝小叶。第 12 周时,肝细胞开始分泌胆汁。原始横膈中的间充质分化为肝内结缔组织和肝被膜。第 6 周时,造血干细胞从卵黄囊壁迁入肝,在肝血窦和肝细胞之间形成大量造血组织并开始造血。肝的体积因此而迅速增大,第 10 周时已占据腹腔大部。肝主要产生红细胞,也产生少量粒细胞和巨核细胞。肝的造血功能在第 6 个月之后逐渐降低,至出生时基本停止。目前已可分离胎肝的造血干细胞并用于某些血液病的治疗。

　　肝憩室尾支发育为胆囊和胆囊管,肝憩室根部则发育为胆总管。最初,胆总管开口于十二指肠的腹侧壁。以后,因十二指肠右侧壁发育快于左侧壁,以及十二指肠的转位,胆总管的开口逐渐移至十二指肠的背内侧(图 23-3)。

　　4. 胰腺的发生　第 4 周末,前肠尾端内胚层细胞增生,形成两个憩室。先出现的一个位于背侧,位置稍高,与腹侧的肝憩室相对,称背胰芽(dorsal pancreatic bud)。晚出现的一个位于腹侧,紧靠肝憩室的尾侧缘,体积略小,称腹胰芽(ventral pancreatic bud)(图 23-3A)。背、腹胰芽的上皮细胞增生,形成细胞索。这些细胞索反复分支,其末端形成腺泡,与腺泡相连的各级分支形成各级导管。于是,背、腹胰芽分化成了背胰(dorsal pancreas)和腹胰(ventral pancreas)(图 23-3B),它们各有一条贯穿腺体全长的总导管,分别称背胰管(dorsal pancreatic duct)和腹胰管(ventral pancreatic duct)。第 5 周,当肝憩室基部伸长,形成胆总管时,腹胰管便成了胆总管上的一个分支(图 25-3B)。由于胃和十二指肠方位的变化和肠壁的不均等生长,第 6 周时,腹胰经右侧转向背侧并与背胰融合成一个胰腺。腹胰形成胰头的下份和钩突(uncinate process),背胰形成胰头上份、胰体和胰尾。腹胰管与背胰管远侧段沟通,形成主胰导管(main pancreatic duct),与胆总管汇合后,开口于十二指肠乳头。背胰管的近侧段大多退化消失,在少数个体形成副胰导管(accessory pancreatic duct),开口于十二指肠副乳头(minor duodenal papilla)(图 23-3C、D)。

　　第 3 个月时,部分细胞脱离上皮细胞索,形成腺泡间的细胞团。这些细胞团后来分化为胰岛并于第 5 个月开始行使内分泌功能。

（二）中肠的演变

第 4 周时，中肠为一条与胚体长轴平行的直管，借背系膜连于背侧体壁，见图 23-1。第 5 周时，由于中肠增长速度比胚体快，致使十二指肠以下的一段中肠向腹侧弯曲，形成矢状位的 U 形肠袢，称中肠袢（midgut loop）或原始肠袢（primary intestinal loop）。中肠袢顶部与卵黄蒂相连并以此为界分为头支（cephalic limb）和尾支（caudal limb）（图 23-4A）。肠系膜上动脉行于中肠袢背系膜的中轴部位，此时中肠袢腹系膜已消失。

第 6 周时，中肠袢生长迅速，加之肝和中肾的增大，腹腔容积相对变小，迫使中肠袢突入脐带中的胚外体腔即脐腔（umbilical coelom）内，形成生理性脐疝（physiological umbilical herniation）（图 23-4A）。第 6～8 周，中肠袢在脐腔内继续增长，同时以肠系膜上动脉为轴，逆时针方向（由胚胎腹侧观察）旋转 90°，致使中肠袢由矢状位变为水平位，即头支转至右侧，尾支转至左侧（图 23-4B）。这时，尾支上出现一个囊状突起，称盲肠芽（caecal bud），是盲肠和阑尾的原基。

第 10 周时，由于中肾萎缩，肝生长减缓和腹腔的增大，中肠袢开始从脐腔退回腹腔，脐腔随之闭锁。中肠袢在退回腹腔时，头支在前，尾支在后，同时，逆时针方向再旋转 180°，使头支转至左侧，尾支转至右侧（图 23-4C）。中肠袢退回腹腔及旋转过程至第 11 周才完成。在这一过程中，中肠袢继续发育。头支生长快，形成空肠和回肠的大部。尾支变化较小，盲肠芽以前的部分形成回肠尾段，盲肠芽以后的部分形成升结肠和横结肠的右 2/3。盲肠芽的近段形成盲肠，远段则形成阑尾。退回腹腔初期，空肠和回肠位居腹腔中部；盲肠和阑尾位置较高，位居肝右叶下方；横结肠则位居上腹部，横过十二指肠腹侧（图 23-4C）。后来，盲肠和阑尾降至右髂窝，升结肠遂形成（图 23-4D）。

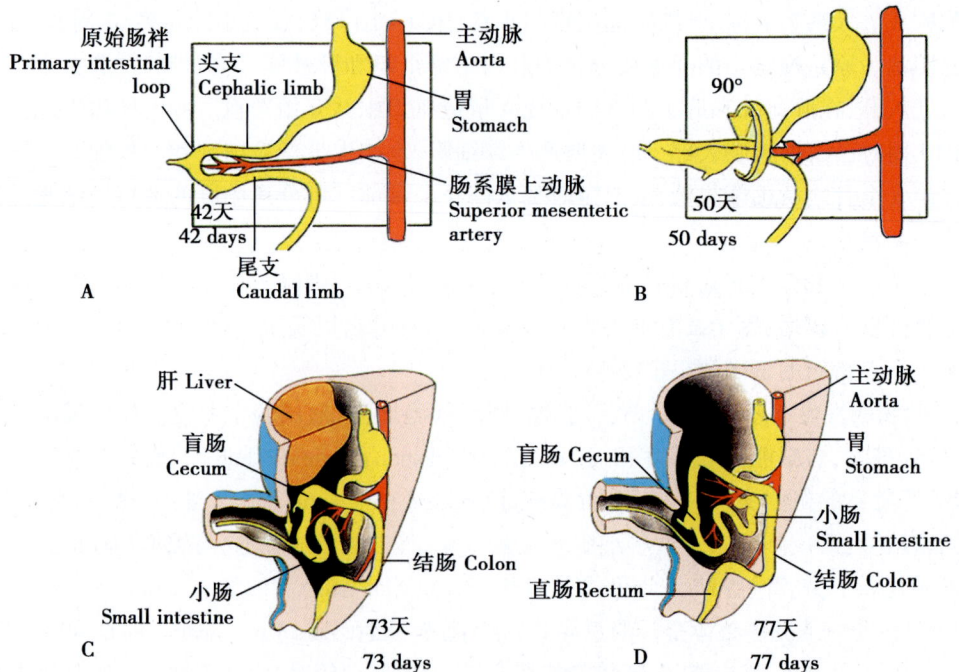

图 23-4　中肠袢的旋转示意图

Fig. 23-4　Diagrams illustrating rotation of the midgut loop

（三）后肠的演变

当中肠袢退回到腹腔时，后肠的大部被推向左侧，形成横结肠的左 1/3、降结肠和乙状结肠，见图 23-4D。后肠的末段膨大，称泄殖腔（cloaca），其腹侧与尿囊（allantois）相连，末端为泄殖腔膜（cloacal membrane）封闭（图 23-5A）。第 6～7 周，尿囊与后肠之间的间充质增生，由头侧向尾侧，由两侧向中线生长，形成一个突入泄殖腔的镰状隔膜，称尿直肠隔（urorectal septum）（图 23-

5A、B)。当尿直肠隔与泄殖腔膜接触后,泄殖腔即被分为腹、背两份。腹侧份称尿生殖窦(uro-genital sinus),主要发育为膀胱和尿道。背侧份称肛直肠管(anorectal canal),发育为直肠和肛管上段。泄殖腔膜被分为腹侧的尿生殖膜(urogenital membrane)和背侧的肛膜(anal membrane),尿直肠隔的尾侧端则形成会阴体(perineum)(图 23-5C)。肛膜外方为一浅凹,称肛凹(anal pit)或原肛(proctodeum)。肛膜第 8 周破裂,肛凹加深并演变为肛管的下段。肛管上段的上皮来自内胚层,下段的上皮来自外胚层,两者的分界线为齿状线。

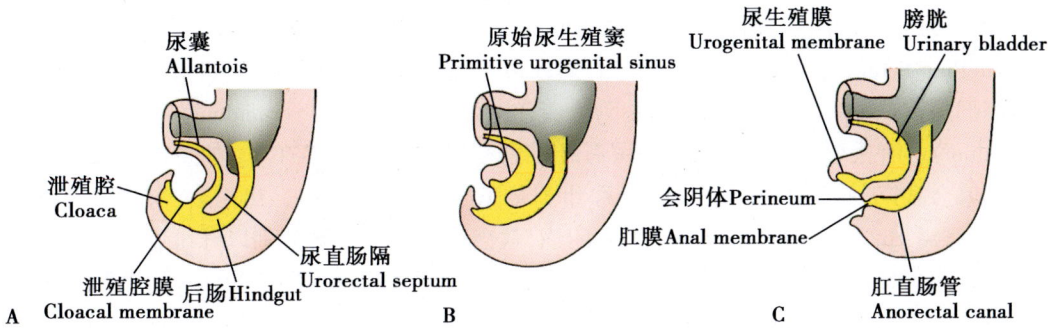

图 23-5　泄殖腔分隔示意图

Fig. 23-5　Diagrams illustrating sepration of the cloaca

(四) 消化系统的常见畸形

1. 消化管闭锁、狭窄和重复畸形　第 6 周时,消化管上皮细胞过度增生,致使管腔完全闭塞。后来,过度增生的细胞发生凋亡,使闭塞的管腔内出现许多小腔。至第 8 周,这些小腔相互融合,才使管腔重新出现(图 23-6)。若上述管腔重建过程受阻,致使某一段消化管管腔过细,即称为消化管狭窄(stenosis)(图 23-6);若完全无管腔,则称为消化管闭锁(atresia);若管腔内留有纵行隔膜,将某一段消化管分为并列的两份,则称为消化管重复畸形(duplication of the digestive tract)(图 23-6)。尽管上述畸形可发生于消化管任何部分,但闭锁和狭窄多见于食管和十二指肠,而重复畸形则多见于小肠,尤其是回肠。

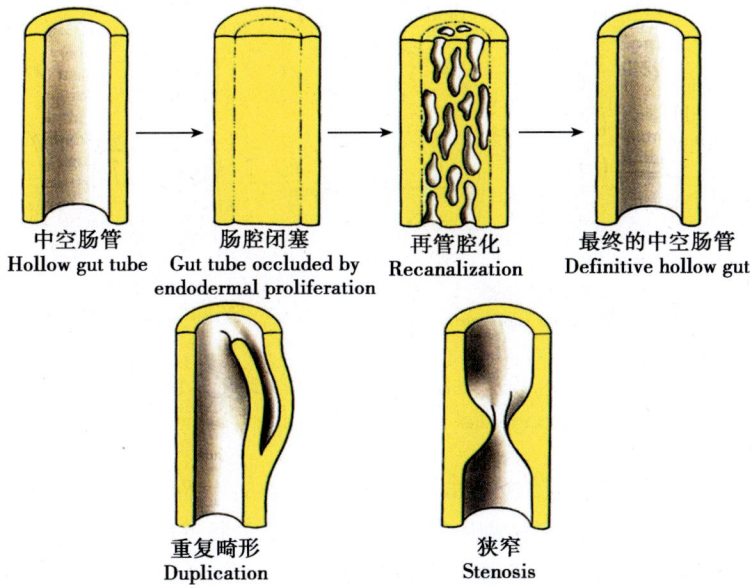

图 23-6　消化管狭窄和重复畸形模式图

Fig. 23-6　Schematic diagrams showing formation of the duplication of the lumen or stenosis of the digestive tract

Notes

2. 先天性幽门狭窄 先天性幽门狭窄(congenital pyloric stenosis)是一种最为常见的先天性消化管畸形,是因为胃幽门部环行平滑肌过度肥厚并突向管腔所致。患儿主要症状为进食后出现的严重呕吐。在少数病例可出现幽门闭锁(pyloric atresia)。

3. 先天性脐疝 胎儿出生时,肠管或其他腹腔脏器通过扩大的脐环膨出体外,称先天性脐疝(congenital umbilical hernia)或脐膨出(omphalocele),因形成生理性脐疝的中肠袢未从脐腔退回腹腔所致(图23-7A)。

4. 卵黄蒂相关畸形 卵黄蒂未闭锁、闭锁不全或未与消化管分离都可能造成先天性畸形。如果卵黄蒂全长均未闭锁,则回肠与脐之间会保留一条瘘管,称脐瘘(umbilical fistula),或卵黄蒂瘘(vitelline fistula)(图23-7B)。出生后,粪便可通过该瘘管从脐溢出。如果卵黄蒂远段已闭锁,但基部保留一段盲囊连于回肠,则称为麦克尔憩室(Meckel's diverticulum)或回肠憩室(ileal diverticulum)。有些憩室的游离端还保留有纤维索与脐相连(图23-7C)。如果卵黄蒂仅远端没有闭锁,就会残留一个与脐相连的凹陷,称卵黄蒂窦(vitelline sinus)。出生后,窦内常有黏性分泌物并从脐溢出。如果卵黄蒂仅中段没有闭锁,就会残留一个两端分别以纤维索连于脐和回肠的囊泡,称卵黄蒂囊肿(vitelline cyst)或小肠囊瘤(enterocystoma)(图23-7D)。如果卵黄蒂虽已完全闭锁,但未消失,就会在脐与回肠间残留一条纤维索,称卵黄蒂韧带(vitelline ligament),常会引致肠扭转。

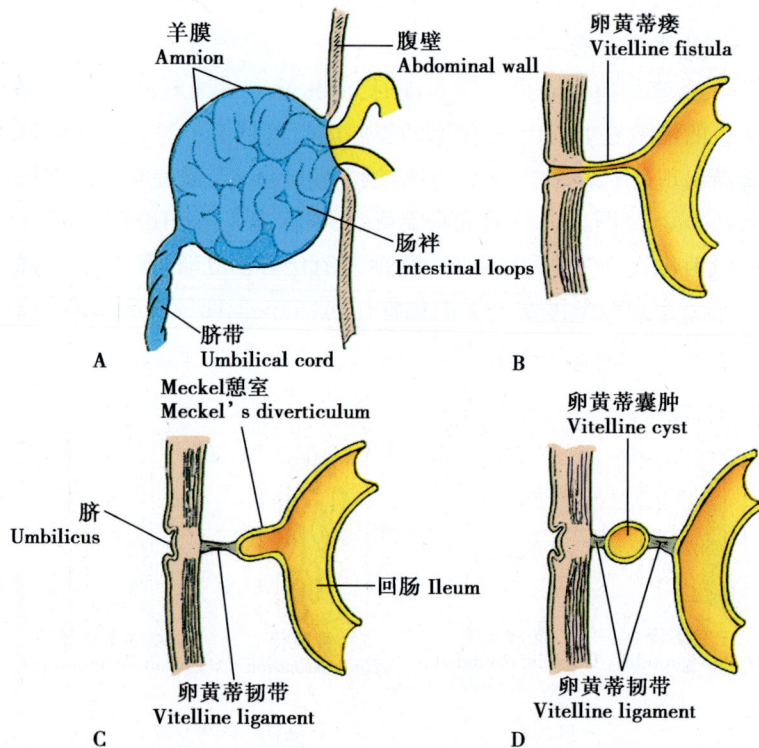

图23-7 先天性脐疝和卵黄蒂相关畸形示意图
Fig. 23-7 Diagrams showing congenital umbilical hernia and abnormalities of the vitelline duct

5. 先天性巨结肠 先天性巨结肠(congenital megacolon)又称 Hirschsprung 病(Hirschsprung disease),多见于乙状结肠。因神经嵴细胞未能迁移至受损段肠壁内,使肠壁内副交感神经节细胞缺如所致。由于受损段结肠处于不能蠕动的麻痹状态,致使近段结肠内粪便淤积,久之造成肠壁极度扩张而成为巨结肠。

6. 肛门闭锁和直肠闭锁 肛管与外界不通称肛门闭锁(imperforate anus)(图23-8A),因肛膜未破或肛凹未形成所致。尿直肠隔向背侧的偏移可导致直肠闭锁(rectal atresia)并常伴有各

Notes

种直肠瘘（rectal fistula），如直肠会阴瘘（rectoperineal fistula）（图 23-8B）、直肠阴道瘘（rectovaginal fistula）（图 23-8C））及直肠尿道瘘（rectourethral fistula）（图 23-8D）等。

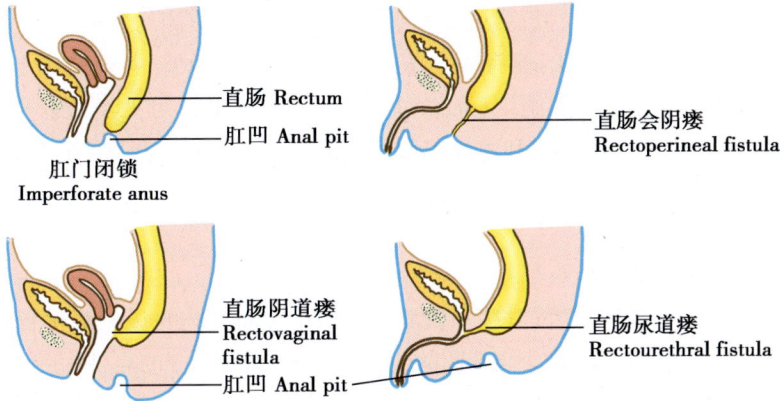

图 23-8　肛门闭锁和直肠瘘

Fig. 23-8　Imperforate anus and rectal fistula

7. 中肠袢旋转异常　中肠袢从脐腔退回腹腔时，应逆时针方向旋转 180°。如果该旋转过程出现异常，就会形成各种各样的消化管异位。例如，中肠袢从脐腔退回腹腔时根本不发生旋转，结果中肠袢头支位居腹腔右侧，而尾支位居腹腔左侧（图 23-9A）。这种畸形称中肠不转位（nonrotation of the midgut）或根据结肠的位置称为左位结肠（left-side colon）。若中肠袢退回腹腔时不是逆时针方向，而是顺时针方向旋转 180°，结果中肠和后肠的空间关系虽正常，但十二指肠

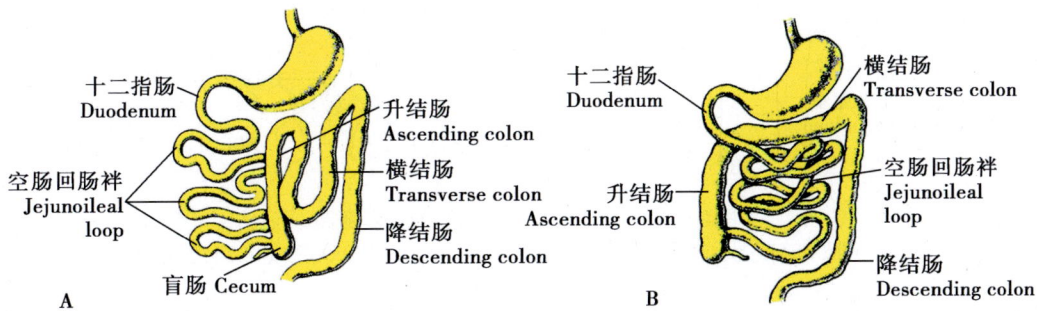

图 23-9　肠旋转异常示意图

Fig. 23-9　Diagrams showing abnormal rotation of the midgut loop

和横结肠的关系却出现差错，即十二指肠位居横结肠的腹侧（图 23-9B）。这种畸形称中肠反向转位（reversed rotation of the midgut）。

中肠袢旋转异常可伴有其他内脏器官的镜像性易位，如肝位于左侧，脾和心脏位于右侧等，统称为内脏逆位（situs inversus viscerum）。

8. 胆管闭锁　肝内和肝外胆管在发生过程中也有一个管腔暂时闭塞，而后再重新管腔化的过程。如果其管腔重建过程受阻，就可能出现肝

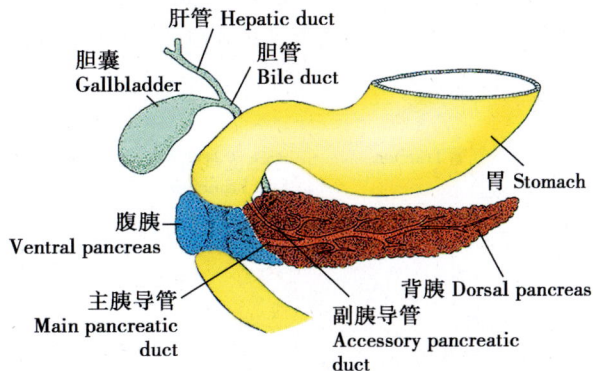

图 23-10　环状胰示意图

Fig. 23-10　Diagram of the annular pancreas

Notes

内或肝外胆管闭锁(intra-or extra-hepatic biliary atresia),从而导致先天性新生儿阻塞性黄疸。

9. 环状胰　腹胰芽有时分为左、右两个叶。如果两个叶分别沿左、右不同的方向绕到十二指肠背侧,与背胰融合,就会形成一个环绕十二指肠的胰腺即环状胰(annular pancreas)。另一种可能是,腹胰经右侧转向背侧与背胰融合,而背胰则经左侧转向腹侧与腹胰融合,从而形成环状胰(图23-10)。环状胰大多无症状,但有时会压迫十二指肠和胆总管,甚至造成十二指肠梗阻。

10. 异位胰腺组织　异位胰腺组织(accessory pancreatic tissue)可见于从食管远端至中肠襻末端的任何部位,最常见的部位是胃和麦克尔憩室的黏膜层,具有正常胰腺组织的结构特征。

二、呼吸系统的发生

(一)喉、气管和肺的发生

除鼻腔上皮来自表面外胚层外,呼吸系统其他部分的上皮均来自原始消化管的内胚层。

第4周初,原始咽底壁正中,鳃下隆起(hypobranchial eminence)的尾侧,由前肠向腹侧形成一个囊状突起,称呼吸憩室(respiratory diverticulum)(图23-1、23-11A),是喉、气管、支气管和肺的原基。起初呼吸憩室与前肠相通。后来,随着呼吸憩室向尾侧不断增长,呼吸憩室及前肠周围的间充质形成两条纵行嵴,称气管食管嵴(tracheoesophageal ridge)(图23-11A、B),它们向中线生长,最终融合为气管食管隔(tracheoesophageal septum),遂将呼吸憩室与前肠完全分开,腹侧为呼吸憩室,背侧的一段前肠为食管(图23-11C)。

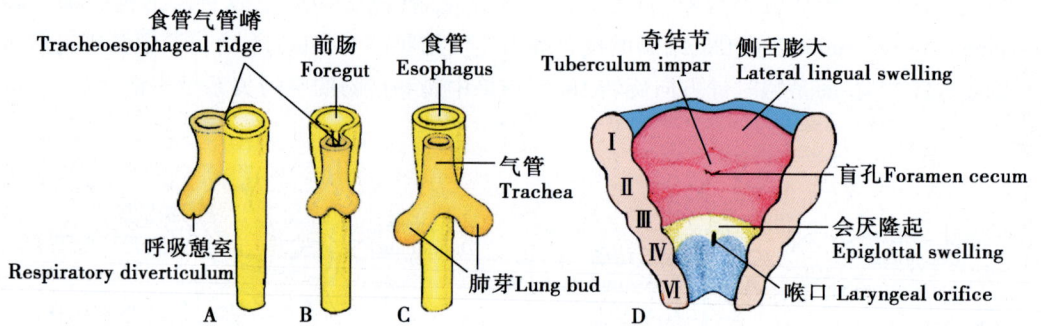

图 23-11　呼吸憩室的发生和演变示意图
Fig. 23-11　Schematic diagrams illustrating development and evolution of the respiratory diverticulum

呼吸憩室开口于咽的部分发育为喉,其余部分发育为气管(图23-11C、D)。第4周末,呼吸憩室末端膨大并分为左、右两支,称肺芽(lung bud)(图23-11C、图23-12A),是支气管和肺的原基。至第5周,左、右肺芽分别分为两支和3支,将分别形成左、右肺的肺叶支气管。至第2个月末,肺叶支气管分支形成肺段支气管,左肺8~9支,右肺10支(图23-12B、C)。第6个月末,支气管分支已达17级,出现终末性细支气管、呼吸性细支气管和少量肺泡。至第7个月,肺泡数量

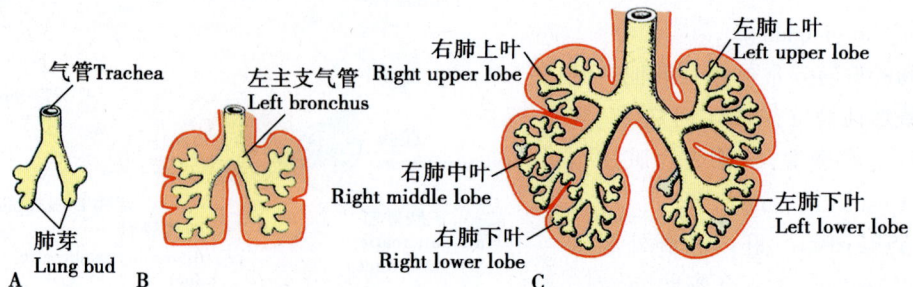

图 23-12　肺的发生模式图
Fig. 23-12　Diagrams showing development of the lung

增多。肺泡上皮除Ⅰ型细胞外,还出现了可分泌表面活性物质(surfactant)的Ⅱ型细胞;另外,肺泡隔内已具备丰富的毛细血管,因而这时出生的早产儿已可存活。在出生前数周,肺将经历一个快速成熟阶段。这时肺泡加大、肺泡壁变薄,肺泡内液体逐渐被吸收,Ⅱ型肺泡细胞增多,表面活性物质的分泌量增加。出生后直至幼儿期,肺仍继续发育,肺泡数量仍在不断增多。

呼吸憩室和肺芽周围的脏壁中胚层分化为喉、气管、支气管管壁及肺内间质中的结缔组织、软骨组织和平滑肌。

(二) 呼吸系统的常见畸形

1. **喉气管狭窄或闭锁** 和消化管发生过程类似,喉和气管在发生过程中也有一个管腔暂时闭塞,而后再重新管腔化的过程。如果其管腔重建过程受阻,就可能出现喉、气管的狭窄(stenosis)或闭锁(atresia)。

2. **气管食管瘘** 在呼吸憩室发育过程中,如果气管食管隔发育不良,致使气管与食管分隔不完全,两者间有瘘管相连,称气管食管瘘(tracheoesophageal fistula)。气管食管瘘常伴有食管闭锁(esophageal atresia),其原因尚不清楚(图23-13)。

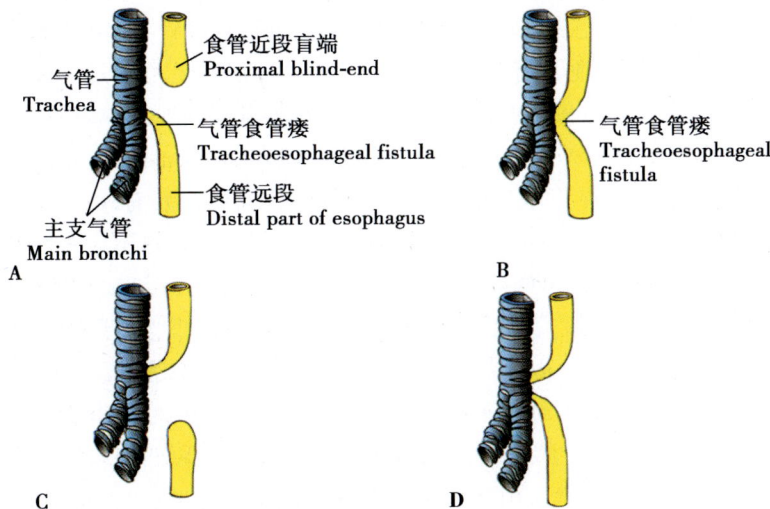

图23-13 气管食管瘘示意图
Fig. 23-13 Schematic drawing showing tracheoesophageal fistula

3. **透明膜病** 由于肺泡Ⅱ型细胞分化不良,不能产生足够的表面活性物质,致使肺泡表面张力增大。胎儿出生后,因肺泡不能随呼吸运动扩张而出现呼吸困难,故称新生儿呼吸窘迫综合征(respiratory distress syndrome of newborn)。显微镜检查显示肺泡萎缩、间质水肿,肺泡上皮表面覆盖一层透明状血浆蛋白膜,故又称透明膜病(hyaline membrane disease)。该病多见于早产儿,尤其是孕28周前的早产儿。

4. **肺缺如和肺发育不全** 如果呼吸憩室的尾端没有分化为左、右肺芽,或左、右肺芽未能继续发育,则会造成双侧或单侧肺缺如(pulmonary agenesis)。若左、右肺芽虽已形成,但其后的发育过程部分受阻,以至造成肺叶、肺段的缺失,或者支气管树虽已形成,但不能最终形成肺泡,这类畸形统称为肺发育不全(pulmonary hypoplasia)。尽管造成肺发育不全的原因有多种,但最为常见的原因是先天性膈疝(congenital diaphragmatic hernia),系因受损侧肺受到突入胸腔的腹腔脏器的压迫所致。

专题讲座:内脏左右不对称性的分子调控机制

从外表看,人体以中线为轴,左右呈镜像性对称(mirror symmetry),但内脏器官却呈现左-右不对称性。这种不对称性并非是随机发生的,而是遵循恒定的规律,如心尖朝向左侧,阑尾和肝位于右侧,脾位于左侧。内脏方位的确定是某些基因调控的结果。如果这一调控过程出现差错就可能造成内脏方位的异常,如在完全性内脏逆位(situs inversus viscerum totalis)患者,所有内脏的左右方位与正常人完全相反。但大多情况下,内脏逆位常是不完全性的,即仅表现为某个或某几个器官方位的异常,如右位心、左位肝、中肠襻旋转异常等。某些基因突变动物模型可能有助于说明这类畸形的发病机制。

内脏逆位(inversus viserum,iv)突变小鼠的突变基因定位于 12 号染色体,属常染色体单基因隐性遗传。纯合的这种突变小鼠半数出现内脏逆位,而另外半数却是内脏正位(situs solitus)。这说明,野生型 iv 的表达产物使内脏按正常方位发育,若该基因产物缺失,则正常和异常方位发育随机进行,即各占一半。研究发现,该突变基因与左-右动力蛋白基因(left-right dynein gene,Lrd)相关。动力蛋白(dynein)是一种分子驱动因子,可通过 ATP 水解产生的能量驱动微管的单向运动,从而使纤毛定向摆动。

研究发现,在鼠胚发育早期,原结上皮含有两种不同的细胞,即位于中央的原凹细胞(pit cell)和位于周边的冠细胞(crown cell)。原凹细胞在游离缘尾侧均有一根动纤毛。在纤毛转录因子 FOXJ1 的诱导下,原凹细胞表达动力蛋白,促使动纤毛沿顺时针方向做旋转性拍击运动,从而形成从右向左的液流。冠细胞具有非极性的静纤毛,这些静纤毛可通过钙离子通道 PKD2 感知上述左向液流的切力,并通过表达 Nodal 启动一系列调控基因在原结左侧的偏向性表达,进而调节左-右不对称性发育。这就是所谓原结液流模型(nodal flow model),由 Supp 等人于 2000 年提出,并为后人证实且不断完善。有人发现,在小鼠早胚原结区只要有两根动纤毛的拍击就足以产生左向液流,同样也仅需少量静纤毛就足以感知液流并启动左-右不对称性发育。至于如此微弱的液流何以能被冠细胞如此少的静纤毛感知并做出正确反应仍令人迷惑不解。

某些基因剔除模型小鼠为该模型提供了有力证据。研究发现,原凹细胞动纤毛的组装与 Kif、Foxj 和 Rfx 等多种基因有关。Kif3A 和 Kif3B 突变小鼠的原凹细胞均没有纤毛;Foxj1 和 Lrd 突变小鼠的原凹细胞虽有纤毛,但纤毛不能运动;而 Rfx3 突变小鼠的原凹细胞纤毛短小。同源盒基因 Noto 是 Foxj1 和 Rfx3 的上游基因,该基因突变小鼠可导致原凹细胞 Foxj1 和 Rfx3 表达水平的下降,从而导致纤毛发生异常。由于纤毛形态和功能上的缺陷,上述转基因动物的原结均没有左向液流的发生,从而导致左-右不对称性发育的障碍。上述结果提示,原凹纤毛不仅须存在,而且须能正常运动才能保证正常的左-右不对称性发育。

上述左向液流诱发的一系列基因的连锁表达过程称为 Nodal 级联反应(Nodal cascade)。该反应由冠细胞产生的 NODAL 启动,发生于左向液流出现后几小时,并很快由原结扩散至左侧的侧板中胚层(lateral plate mesoderm,LPM)。NODAL 是转化生长因子 β(transforming growth factor β,TGF β)家族的成员,能诱导包括 Lefty 和 Pitx2 在内的多种下游基因在左侧 LPM 中的转录。在人类,Pitx2 基因的单拷贝突变可导致 Rieger 综合征,患者主要表现为眼和耳的畸形。在正常小鼠,右肺分为 4 叶,左肺却仅有 1 叶,但 Pitx2 基因剔除小鼠的双肺均为 4 叶。这是因为,由于左侧没有 Pitx2 的表达而出现了一个错构的右肺。有证据表明,FGF8 可激活 Nodal 和 left-2 的表达。这提示,FGF8 很可能也参与对左-右不对称性发育的调控。

来自鱼类、两栖类和小鼠、兔等哺乳动物以及人类的研究资料都支持上述原结液流模型。然而,来自鸡和猪的研究资料却不支持这一模型。尽管许多学者对鸡胚和猪胚进行了大量研究,但迄今均未发现在原结有动纤毛存在,也没有左向液流发生。鸡胚研究发现,在脊索发生前,原结在离子泵 ATP4 的作用下发生逆时针方向旋转,使位于原结头端的 Nodal 表达区偏转到左侧,而脊索则将在原结的右肩部发出,从而使 Nodal 的表达限于脊索左侧。上述研究为近年提出的决定子/离子流模型(determinants/ion-flux model)提供了佐证。该模型认为,胚胎对称性发育的逆转早在卵裂早期就已发生,而启动这一过程的早期决定子,尤其是离子通道,通过电压梯度的建立使一些小分子物质呈不对称性分布。这些小分子物质如五羟色胺,直到原肠胚期才会发挥作用,诱发在左侧 LPM 中的 Nodal 级联反应。

声猬基因(*Shh*)可能在左-右不对称发育中也发挥重要作用。鸡胚相关研究发现,最初 *Shh* 在原条左侧表达,而一种类活化素分子(activin-like molecule,Act)及活化素受体(activin receptor)cAct-RIIa 则在原条的右侧表达。稍后,原结相关基因(nodal-related gene,*Cnr-1*)在原条左侧表达(图 23-14)。包括加入外源性活化素在内的实验证实,上述类活化素分子在右侧的表达不仅能诱导 *cAct-RIIa* 在右侧的表达,而且可以抑制 *Shh* 在右侧的表达。*Shh* 在左侧的表达不会被中线右侧表达的类活化素分子所抑制,因为这些分子不会穿越原条或脊索到达左侧。原条和脊索这种阻止单侧表达因子向对侧扩散的作用称为中线屏障(midline barrier)。据上述实验结果推测,*Cnr-1* 在原条左侧的表达可能是 *Shh* 诱导的结果。下列实验证实了上述推测。将一个用活化素浸泡过的小珠埋植到鸡胚的左侧,结果抑制了 *Shh*,但诱导了 *cAct-RIIa* 在左侧的表达,最终导致这些鸡胚心管弯曲和折叠的方向呈随机性,即左位心和右位心各占一半。这应该是原条双侧都含有活化素的缘故——右侧为内源性,左侧为外源性。另外,将预先导入 *Shh* 基因的鸡成纤维细胞移植到鸡胚的右侧,结果 *Cnr-1* 在胚右侧表达,最终也导致这些鸡胚心管弯曲和折叠的方向呈随机性。这应该是原条双侧都含有 *Shh* 的缘故——左侧为内源性,右侧为外源性。

现有资料显示,在人类双头联体畸形,左侧个体的内脏都是正位的,而右侧个体的内脏则可能是正位,也可能是逆位。蝾螈胚孪生实验研究显示,如果将桑椹胚中间结扎,它将发育为两个联体个体。左侧个体的内脏总是正位,而右侧个体的半数出现内脏逆位。这种联体胚两个原条的位置非常接近,因此,右侧个体原条左侧 *Shh* 基因(或 *Nodal* 基因)的表达被左侧个体原条右侧表达的活化素所抑制。这样,右侧个体原条的两侧将都没有 *Shh* 基因(或 *Nodal* 基因)的表达(图 23-15),因而导致右侧个体内脏方位的随机性。

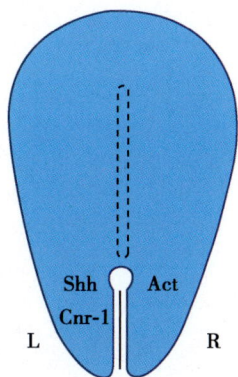

图 23-14　*Shh* 及其相关基因表达示意图
Fig. 23-14　Schematic diagram showing the expression of *Shh* and other related genes

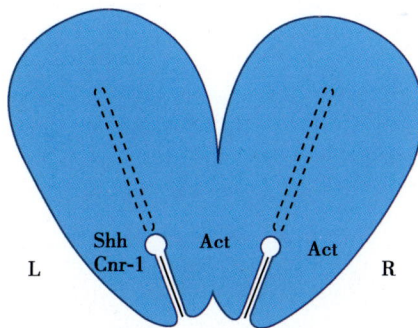

图 23-15　联体畸形个体内脏逆位发生机制示意图
Fig. 23-15　Schematic diagram showing the development mechanism of inversus viscerum in conjoined twins

虽然近年来在内脏左右不对称性分子调控机制的研究方面取得了一些进展,但对于这一调控机制的启动过程及各种信号分子间相互作用的细节至今仍然知之不多。

参考文献

1. Blum M,Feistel K,Thumberger T,et al. The evolution and conservation of left-right patterning mechanisms. Development,2014,141(8):1603-1613

Notes

2. Supp DM, Potter SS, Brueckner M. Molecular motors: the driving force behind mammalian left-right development. Trends Cell Biol,2000,10(2):41-45

3. Vandenberg L. N, Lemire J. M, Levin M. Serotonin has early, cilia-independent roles in Xenopus left-right patterning. Dis Model Mech,2013,6(1):261-268

4. Vandenberg L. N, Levin M. A unified model for left-right asymmetry? Comparison and synthesis of molecular models of embryonic laterality. Dev Biol,2013,379(1):1-15

5. Yoshiba S,Hamada H. Roles of cilia,fluid flow, and Ca^{2+} signaling in breaking of left-right symmetry. Trends Genet,2014,30(1):10-17

（刘凯　郝立宏）

Notes

第 24 章　体腔和系膜的发生

KEY POINTS

- Formation of the primitive body cavity and the primitive septum transversum
- Septation of the primitive body cavity
- Formation of the diaphragm
- Formation of the primitive mesentery
- Development of the ventral and dorsal mesenteries
- Congenital malformations of the body cavity and the mesentery

体腔是介于体壁和内脏器官之间的腔隙,包括心包腔、胸膜腔和腹膜腔,其内表面均衬有浆膜。体腔的发生和发育既为胚胎内脏的发生、发育及位置变化等提供了适宜的空间,又对发育中的内脏器官具有保护作用。系膜的发生和演变使内脏器官在体腔内可保持相对稳定的位置,并有一定的活动度。同时,系膜也是血管和神经进出这些器官的通道。

一、体腔的发生

体腔由早期胚胎的原始体腔(primitive body cavity)发育、演变、分隔而来。

(一)原始体腔的形成

人胚第 3 周末,第 1 对体节两侧的侧中胚层内出现一些分散的小裂隙。随着胚胎发育,这些小裂隙从胚盘头端向尾端逐渐增多,并扩大、融合,形成一对管状体腔,左右对称,称体腔管(coelomic duct),又称胸膜管(pleural canal)(图 24-1A)。体腔管的出现将侧中胚层分为体壁中胚层和脏壁中胚层,二者表面均衬有一层体腔上皮,将来发育为浆膜的间皮。体壁中胚层与外胚层相贴,构成体壁;脏壁中胚层与内胚层相贴,以后发育成内脏壁及系膜。

与此同时,胚盘头端生心区的中胚层内也出现许多小裂隙,并逐渐扩大、相互融合,形成围心腔(pericardial coelom)。由于胚盘头褶及侧褶的形成,围心腔由胚盘头端转移到前肠的腹侧,体腔管则移向胚体的背外侧。随后,左、右体腔管的头端与围心腔的背外侧互相连通,形成一个马蹄形的腔隙,称原始体腔,其头端横列部分为围心腔,以后发育成心包腔(pericardial cavity);两侧纵行部分为体腔管(图 24-1A),以后发育成胸膜腔(pleural cavity)。体腔管的尾端向胚体尾端延伸,形成左、右初级腹膜腔(primary peritoneal coelom),并在卵黄蒂周围与胚外体腔相通。在肠袢从脐腔退回腹腔后,胚内体腔与胚外体腔完全分开。随着胚体的发育,卵黄蒂逐渐变细退化,中肠及后肠的腹系膜也退化消失,左、右初级腹膜腔遂相通并不断扩大,发育成腹膜腔(peritoneal cavity)。至此,胚体内的原始体腔由相互连通的 3 个部分组成,即 1 个围心腔、1 对体腔管和 1 个较大的初级腹膜腔(图 24-1B)。

(二)原始横膈的形成

当围心腔转移到前肠腹侧并与初级腹膜腔靠近时,原来位于生心区头端的间充质也随之转移到围心腔的尾端,介于围心腔和初级腹膜腔之间,并增生变厚,形成原始横膈(septum transver-

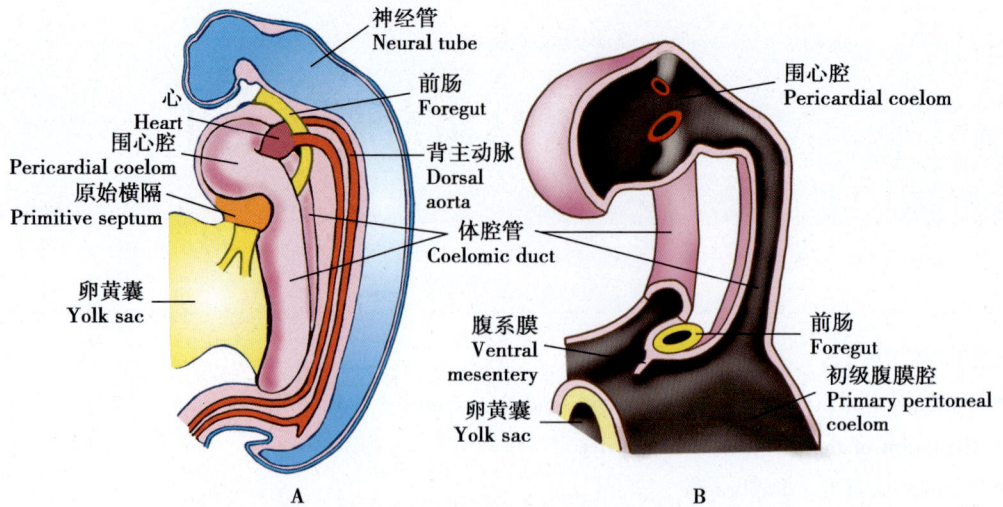

图 24-1 原始体腔形成示意图
A. 9 个体节期；B. 第 4 周胚
Fig. 24-1 Schematic diagram showing formation of primitive body coelom
A. 9-somite stage；B. embryo at the 4th week

sum）（图 24-2）。原始横隔从腹侧体壁向正中线和背外侧延伸，逐渐与发育中的前肠系膜融合。原始横隔背侧左、右各有一通道，与体腔管及初级腹膜腔相连，称胸腹膜管（pleuroperitoneal canal）（图 24-2）。胚第 4 周初，原始横隔尾侧部即靠近初级腹膜腔的一侧有肝芽长入。肝芽在原始横隔内发育，逐渐增大，于是便从原始横隔突入腹膜腔。由于心脏位于原始横隔的头侧，胚体早期的卵黄静脉、脐静脉和总主静脉的根部穿过原始横隔进入心脏。

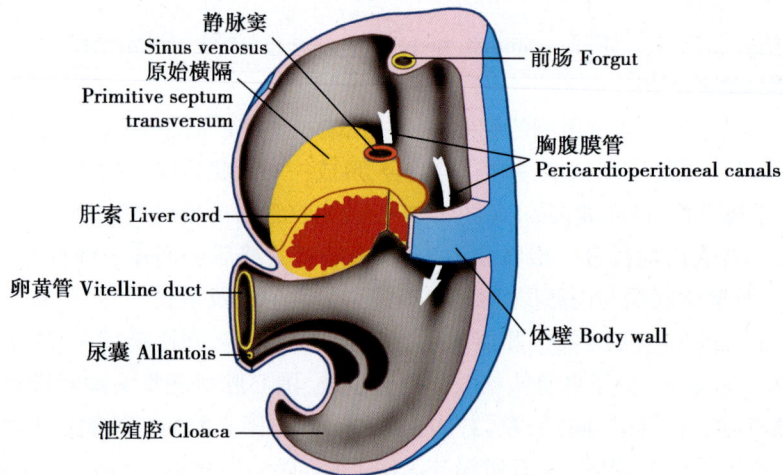

图 24-2 第 5 周胚部分模式图示原始横隔及胸腹膜管
Fig. 24-2 Diagram of portion of an embryo at 5th week showing the primitive septum transversum and pleuroperitoneal canal

（三）原始体腔的分隔及膈的形成

1. 心包腔与胸膜腔的分隔 原始体腔形成时，左、右体腔管通入围心腔的通道称胸膜心包管（pleuropericardial canal）。胚胎早期，左、右总主静脉环行于体腔管背外侧体壁内，然后穿过原始横隔进入心脏的静脉端。肺芽形成后突入体腔管，并逐渐向外侧和尾侧扩展；体腔管随着肺的生长而扩大，称为初级胸膜腔（primary pleural coelom）。肺尖的形成使总主静脉移位于肺和初级胸膜腔的内侧。随着初级胸膜腔的扩大,左、右总主静脉向中线移位,并携带初级胸膜腔外侧体壁的间充质突向胸膜心包管,形成两片半月形隔膜,称胸心包隔膜(pleuropericardial membrane)。随着心和大血管、肺和气管、食管等周围器官的生长和增大,胸膜心包管逐渐变细。到胚胎第 7 周,两侧的胸心包隔膜与食管腹侧的间充质(食管系膜)融合,使心包腔与胸膜腔完全分开(图 24-3)。在成人,胸心包隔膜形成纤维性心包。

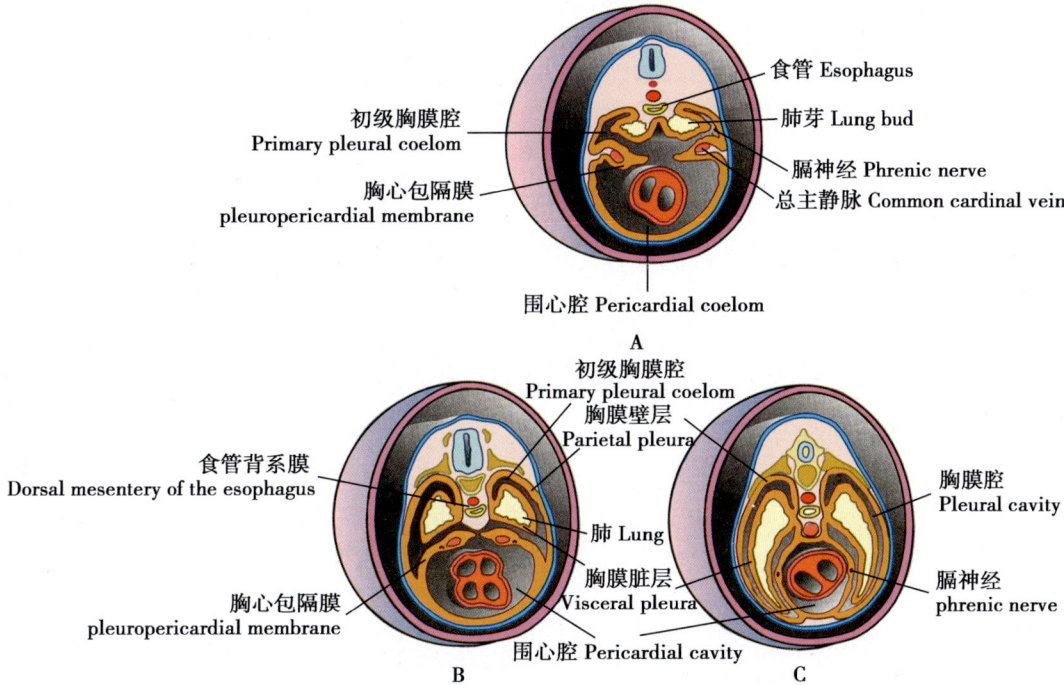

图 24-3 心包腔与胸膜腔分隔示意图
Fig. 24-3 Diagrams illustrating separation of pericardial cavity and pleural cavity

2. 胸膜腔与腹膜腔的分隔 当胸膜腔与心包腔分隔后,胸膜腔的尾端仍通过胸腹膜管与腹膜腔相通。胚发育第 4 周末,由于肺芽的迅速生长及扩展,体腔管扩大为胸膜腔,其尾端与腹膜腔交界处,即在原始横隔的背外侧缘,左、右各发生一新月状皱襞,突向胸腹膜管,称胸腹隔膜(pleuroperitoneal membrane)(图 24-4A)。胚胎发育第 6 ~ 7 周,肺不断扩张,肝逐渐下降,胸膜腔和腹膜腔相继扩大,胸腹隔膜也逐渐向腹内侧伸展,使胸腹膜管不断缩小。第 7 周时,胸腹隔膜与食管背系膜、腹系膜和原始横隔的背外侧缘融合,胸腹膜管封闭,胸膜腔与腹膜腔完全分开(图 24-4B、图 24-4C)。右侧胸腹膜管封闭早于左侧,因此,左侧胸膜腔、腹膜腔之间的不正常交通更为常见。

3. 膈的形成 胸腹膜管完全封闭后,胸腔脏器和腹腔脏器便由间充质隔膜分隔开,此隔膜即为未来膈(diaphragm)的框架。膈由以下 4 部分形成:①原始横隔:形成膈的腹侧中央部,将来分化为膈的中心腱;②胸腹隔膜:形成膈的背外侧部;③食管背系膜:形成膈的背正中部;④两侧及背外侧体壁向内侧伸展,形成膈的周缘部(图 24-4B、图 24-4C)。胚胎早期,原始横隔的位置较高,位于颈部体节的对侧。膈神经(第 3、4、5 颈神经的分支)和相应生肌节的成肌细胞长入隔膜。以后,由于肺的发育和心的下降,原始横隔也向胚体尾端移动,至胚第 3 个月初,移到第 1 腰节水平。膈神经支配膈的中心腱部;膈的周缘部由体壁的间充质形成,故由肋间神经支配。膈内肌组织的发生是多源性的,一部分来自颈部的生肌节,另一部分由局部间充质分化而成,胸部生肌节也可能参与膈内肌组织的形成。成肌细胞逐渐分化形成肌性膈及其纤维性中心腱,其纤维分层交叉排列,以加强膈的升降运动。

Notes

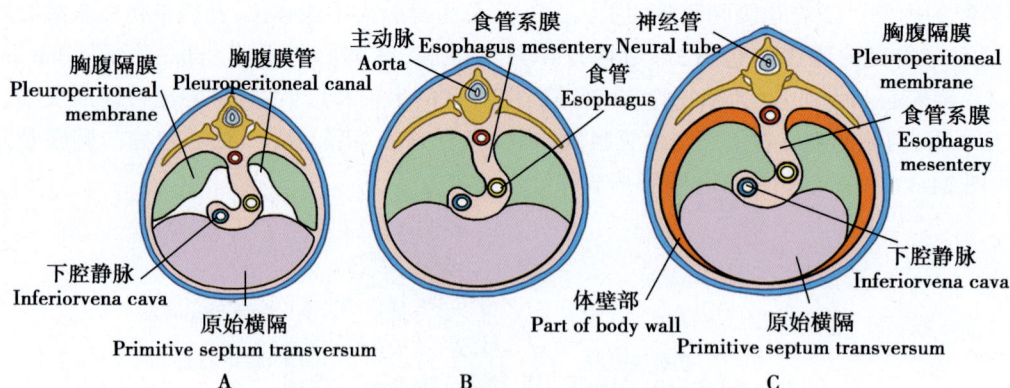

图 24-4　胸膜腔与腹膜腔分隔及膈形成模式图
A. 第 5 周初；B. 第 7 周；C. 第 16 周
Fig. 24-4　Schematic drawing illustrating separation of pleural cavity and peritoneal cavity and formation of diaphragm
A. beginning of 5th week；B. 7th week；C. 16th week

二、系膜的发生

（一）原始系膜的形成

胚胎发育第 3 周末，当胚体由盘状卷折成圆柱状时，内胚层被卷入胚体内，形成原肠。紧贴内胚层的脏壁，中胚层包围原肠并在其背侧和腹侧逐渐向中线靠拢，最后相贴形成双层膜状结构，称原始系膜（primitive mesentery）。原始系膜将原肠悬系在背侧和腹侧体壁之间，位于原肠与背侧体壁之间者称背系膜（图 24-5），位于原肠与腹侧体壁之间者称腹系膜。系膜的两面均覆有体腔上皮，以后发育成浆膜。

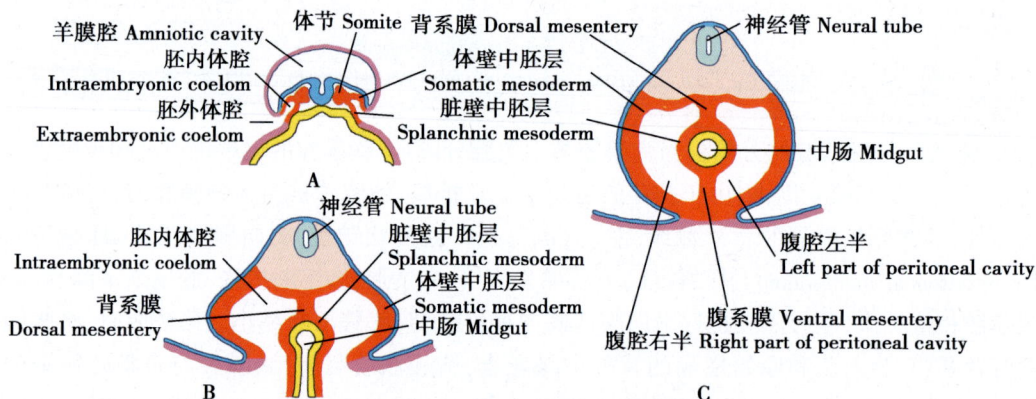

图 24-5　原始系膜形成示意图
A. 第 20 天胚胎；B. 第 25 天胚胎；C. 第 28 天胚胎
Fig. 24-5　Schematic diagram showing formation of primitive mesentery
A. embryo at the 20th day；B. embryo at the 25th day；C. embryo at the 28th day

（二）原始系膜的演变

原始系膜形成后，各段发生复杂的演变，有的退化消失或与体壁融合，有的不同程度地保留，从而决定了腹腔脏器的相对位置和活动度。

1. 腹系膜的演变　由于咽和食管的上段没有体腔，故无系膜发生。十二指肠中部以下的腹系膜在胚胎发育早期就退化消失了，故腹系膜只存在于食管中、下段，胃及十二指肠上段（图 24-6）。由于心脏存在于食管腹系膜内，食管腹系膜又分为心背系膜和心腹系膜。人胚的心腹系膜很早就退化消失或并未发生，心背系膜存在一段时间后，其中央部分退化消失（详见图 26-4）。因此，人胚的心脏较早地游离于心包腔内，这有利于心脏外形的改变和节律性搏动。肺最初发生于心脏背侧的食管腹系

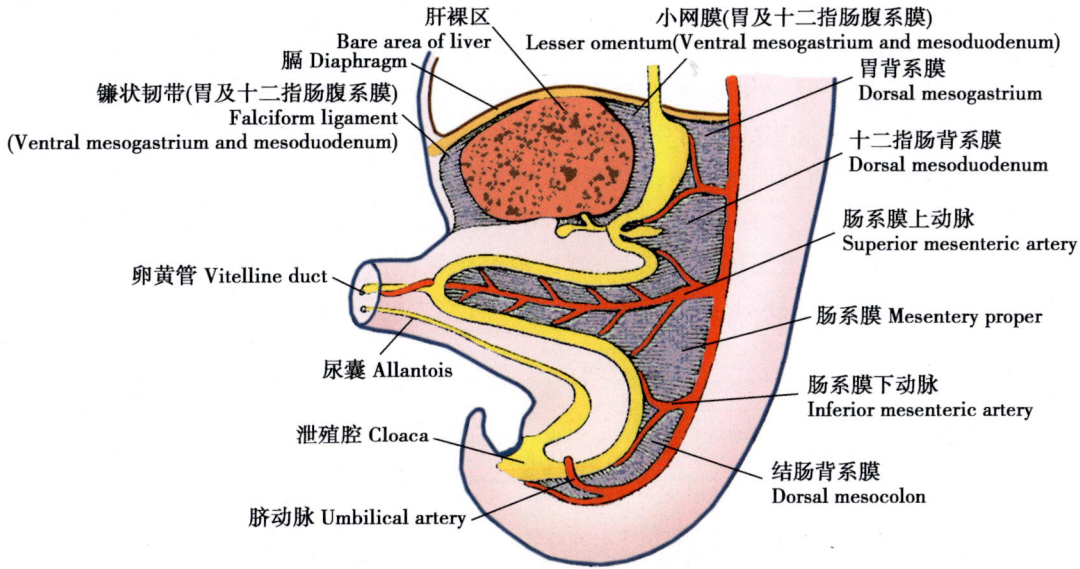

图 24-6　原始系膜示意图

Fig. 24-6　Schematic diagram showing primitive mesentery

膜内,当两肺向背腹和两外侧扩展时,食管腹系膜夹于两肺之间,最后扩展形成纵隔。

　　胃和十二指肠上段的腹系膜分别称胃腹系膜(ventral mesogastrium)和十二指肠腹系膜(ventral mesoduodenum)。在胚发育早期,当胃向胚体尾侧迁移、肝从原始横隔突入腹腔时,胃和十二指肠腹侧即出现明显的系膜,其内包有肝。此段系膜可分为两部分,位于肝和胃、十二指肠之间的部分称小网膜(lesser omentum),位于肝和腹侧体壁之间的部分,由膈的原始横隔部延伸到脐,形似镰刀状,称镰状韧带(falciform ligament)。在小网膜中,位于肝和胃之间的部分称肝胃韧带(gastrohepatic ligament)(图 24-6、图 24-7),位于肝和十二指肠之间的部分称肝十二指肠韧带

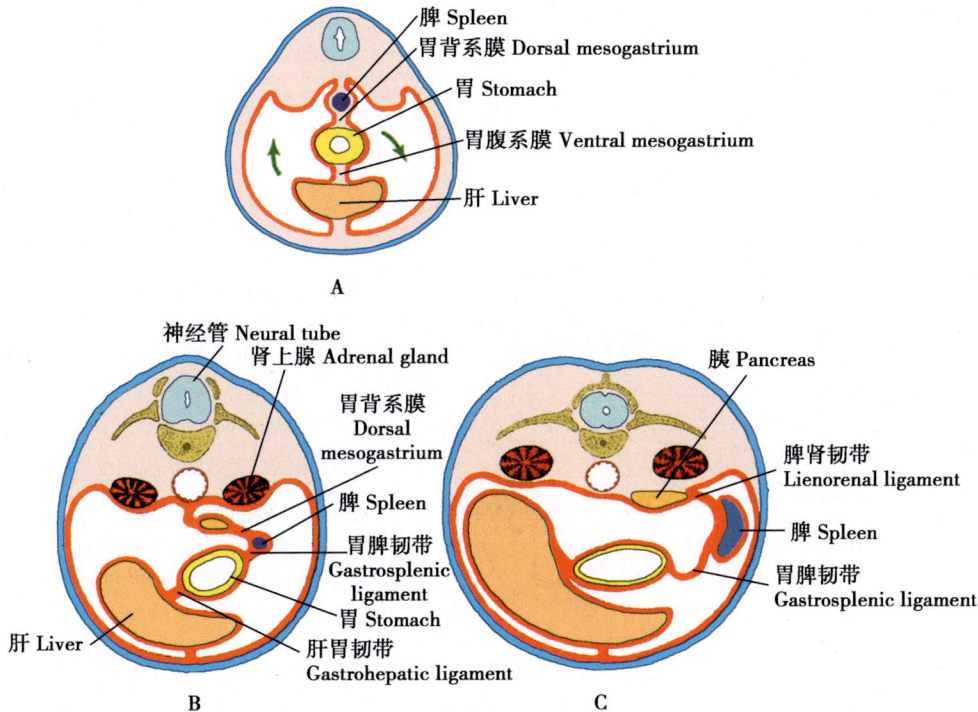

图 24-7　胃腹系膜和胃背系膜演变模式图

Fig. 24-7　Diagrams illustrating development of ventral and dorsal mesogastrium

Notes

（duodenohepatic ligament）。肝的上面与膈紧密相贴，为肝裸区（bare area of liver）。在肝裸区的边缘，腹系膜反折，形成冠状韧带（coronary ligament）（图24-8）和左、右三角韧带。

2. 背系膜的演变　食管背系膜较宽厚，其中包容除心、肺以外的胸部器官（图24-4），以后演变成纵隔的背侧部和膈的一部分。胃背系膜（dorsal mesogastrium）的演变过程比较复杂。胚4周时，随着胃大弯由背侧转向左侧，胃背系膜突向左侧，并逐渐在胃的背侧形成一个较大的盲囊，称网膜囊（omental bursa）（图24-8）。当胃的纵轴从头尾方向转为由左上斜向右下时，网膜囊也相应地向胚体尾侧继续扩大，越过横结肠腹侧面向下悬垂，呈帷幕状覆盖小肠。网膜囊的背侧壁和腹侧壁分别称背叶和腹叶，二者合称大网膜（greater omentum）。网膜囊与

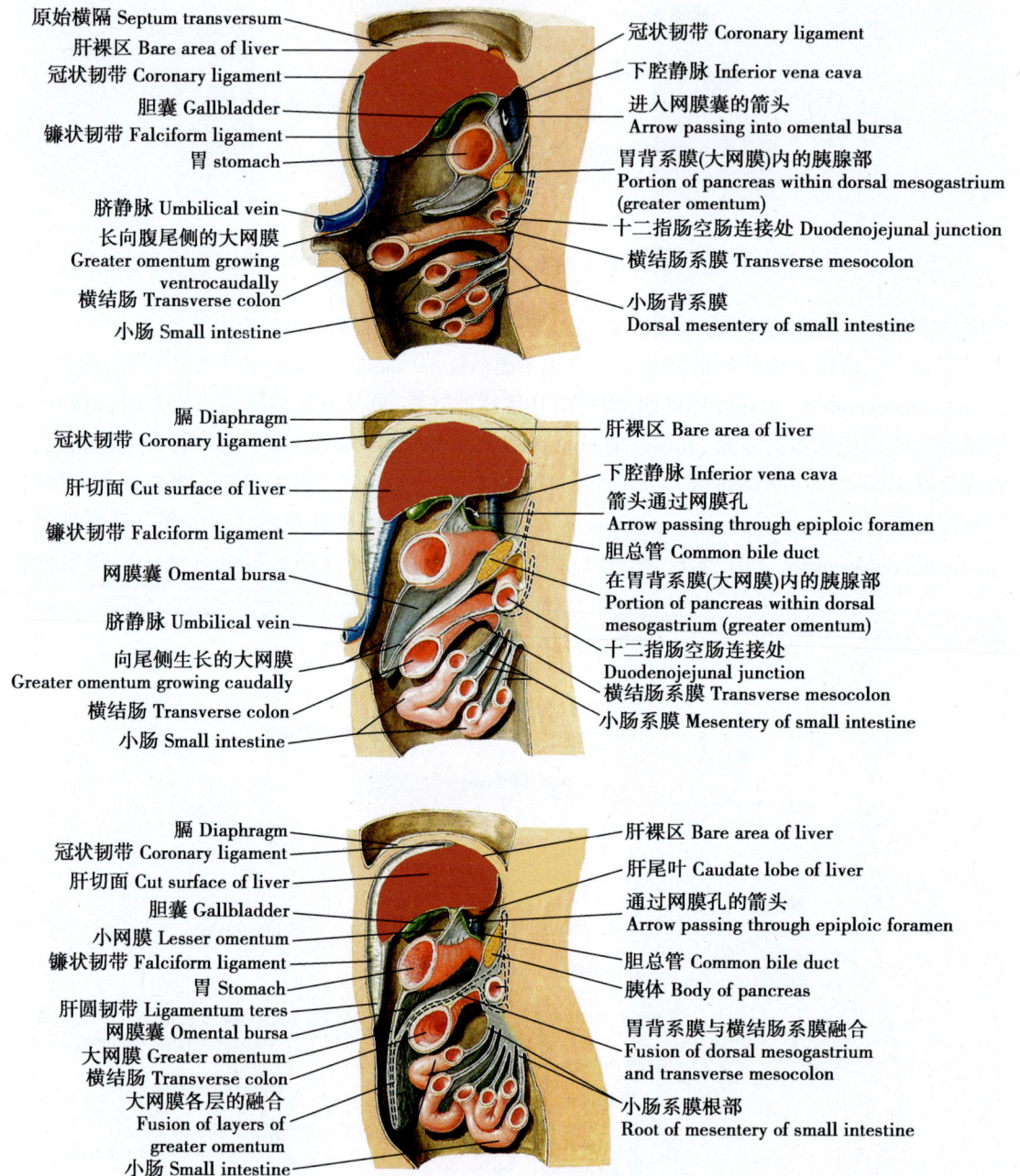

图 24-8　大网膜及网膜囊的演变

A. 第 8 周胚胎；B. 第 4 个月胎儿；C. 成人

Fig. 24-8　Development of greater omentum and omental bursa

A. embryo at the 8th week；B. fetus at the 4th month；C. adult

腹膜腔交通处称网膜孔（epiploic foramen），网膜孔的前界为肝十二指肠韧带，后界为下腔静脉，上界为肝的尾状叶，下界为十二指肠上部。进入网膜孔后的狭窄部为网膜囊前庭，其余囊腔则为网膜腔（图 24-8）。胚胎第 3 个月时，网膜囊背叶在体后壁的附着点由正中线移向左侧，并覆盖左肾和左肾上腺的一部分。网膜囊越过横结肠时，其背叶与横结肠系膜融合；在横结肠以下，网膜囊的背叶、腹叶相互贴近、融合，囊腔消失。所以，网膜腔只存在于胃和大网膜背叶之间（图 24-8C）。

脾发生于胃背系膜头段，由于胃的旋转和胃背系膜突向左侧，脾也移向腹膜腔的左侧。脾的存在将胃背系膜分为两部分，脾与胃之间的部分称胃脾韧带（gastrosplenic ligament），脾与左肾之间的部分称脾肾韧带（lienorenal ligament）（图 24-7）。

肠背系膜的演变也很复杂。胚胎早期，当肠管仍为一直管时，肠背系膜连于肠管与背侧体壁中线之间。以后，随着肠管增长、弯曲并突入脐腔，肠背系膜也随之增长、加宽，同时随肠管的旋转而发生扭转。当肠管从脐腔退回腹膜腔后，有些区段的肠背系膜与体后壁粘连融合而消失，肠背系膜根的附着处也随之发生变化。①十二指肠背系膜（dorsal mesoduodenum）：由于十二指肠不断增长和弯曲，其系膜由正中线移向右侧，并与体后壁融合，因而十二指肠背系膜大部分消失，十二指肠大部固定于体后壁，成为腹膜外器官。胰芽随十二指肠的转位突入十二指肠背系膜和大网膜背叶内，由于这部分系膜与体后壁融合，胰也变为腹膜外器官（图 24-7、图 24-8）。②空肠和回肠的背系膜：随着空肠和回肠的显著增长和盘曲，其系膜也增宽并形成许多皱褶，使空肠和回肠在腹膜腔内保持活动状态。由于肠的旋转，回盲部位于右侧并下降至右髂窝，加之

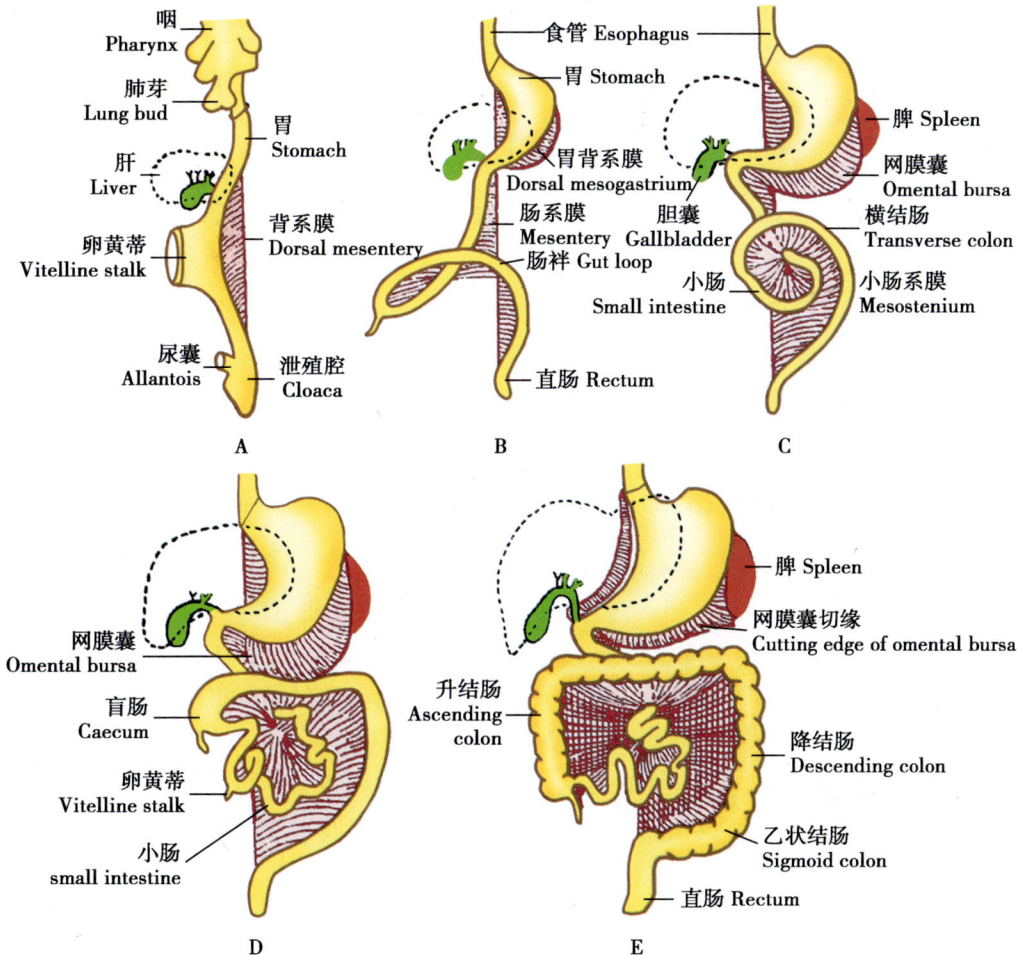

图 24-9　肠系膜演变模式图

Fig. 24-9　Schematic diagrams illustrating development of mesentery

十二指肠和升结肠背系膜与体后壁融合,空肠和回肠的背系膜从原来的背正中线改变为从十二指肠空肠曲斜向右下至回盲部为止(图24-9)。③结肠系膜:结肠各段的系膜变化不同。升结肠和降结肠的背系膜与体后壁融合而消失,故该段肠管位置比较固定。但阑尾的系膜仍然保留。横结肠系膜大部分保留,但其在腹后壁的附着线从纵列变为横行。乙状结肠的系膜保留,不与体后壁融合,保持活动状态。直肠背系膜完全消失,故直肠呈固定状态(图24-9)。

　　肠系膜经过上述复杂的变化,最后十二指肠上段、空肠和回肠、横结肠大部分和乙状结肠的系膜不同程度地保留,使这些肠管有不同程度的活动度。其余肠管,如十二指肠降部和下部、升结肠、降结肠和直肠的系膜与体后壁融合,使这些肠管固定于体后壁。

三、体腔和系膜的先天性畸形

(一)先天性膈疝

　　先天性膈疝(congenital diaphragmatic hernia)是新生儿较常见的畸形之一,其发生率约为0.05%。该畸形的形成原因为:在胚胎发育中,膈的某一组成部分发育停止或发育不全,致使膈缺损。由于腹膜腔的压力大于胸膜腔,腹腔器官可穿过膈的缺损处突入胸膜腔,形成膈疝。进入胸膜腔的器官可推压心脏使其移位,并可压迫肺影响其发育(图24-10B)。

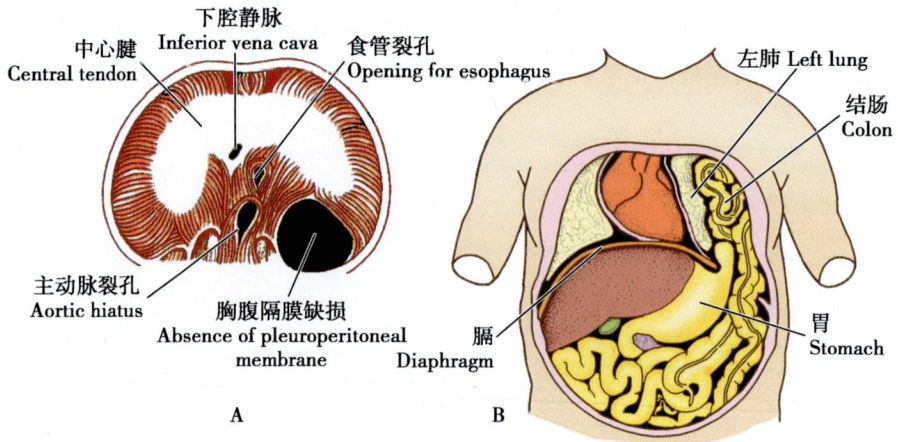

图 24-10　先天性膈疝示意图
A. 膈的腹腔面,示胸腹隔膜缺损;B. 示腹腔器官疝入左侧胸膜腔,心脏推向右侧,左肺被压缩
Fig. 24-10　Diagrams illustrating congenital diaphragmatic hernia
A. abdominal surface of the diaphragm showing a defect of the pleuroperitoneal membrane; B. hernia of the abdominal organs into the left pleural cavity. the heart is pushed to the right, and the left lung is compressed

　　根据缺损部位不同,先天性膈疝可分以下几种类型。

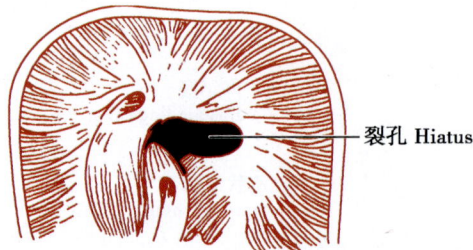

图 24-11　先天性食管旁裂孔模式图
Fig. 24-11　Diagram of congenital paraesophageal hiatus

1. 胸腹裂孔疝　胸腹裂孔疝(pleuroperitoneal opening hernia)是先天性膈疝中最常见的类型,其发生率约占膈疝的59%,主要由于胸腹隔膜发育障碍,胸腹膜管未完全封闭所致(图24-4A、图24-10A)。其疝孔位于膈的背外侧部,常单侧发生,85%～90%见于左侧,这可能与右胸腹膜管关闭较早有关。疝内容物多为小肠、胃、脾、结肠,也可见肝、肾等。在较大的裂孔疝,由于腹腔脏器进入胸膜腔,常引起心脏和纵隔移位、肺发育不良和萎缩。胸腹裂孔疝是新生儿出生时不能建立呼吸或呼吸困难的重要原因。

2. **食管裂孔疝**　食管裂孔疝(esophageal hiatal hernia)约占膈疝的23%,多由于膈脚和膈食管韧带发育不良或松弛,形成宽大的食管裂孔所致(图24-11);少数病例是由于食管过短或由于食管旁隐窝未消失而形成。根据发生原因不同,食管裂孔疝又可分为3种:①滑动性食管裂孔疝(sliding esophageal hiatus hernia):约占食管裂孔疝总数的70%,其疝内容物可随腹腔压力的升高和降低而上下滑动。当平卧或腹内压增高时,食管下段、贲门和胃底可依次经宽大的食管裂孔进入胸腔,当直立或腹压减低、饱食时又可返回腹腔。②短食管型食管裂孔疝(short esophagus hiatus hernia):由于食管过短致使胃的上部进入胸膜腔。这种畸形较少见,常由于胃酸反流,出现反流性食管炎症状,可行手术治疗。③食管旁裂孔疝(paraesophageal hiatus hernia):胚发育早期,食管两旁各有一隐窝,随着胚胎发育,隐窝封闭。若隐窝未封闭,则胃大弯或胃底的一部分向上突出形成疝。这种病例极少见。

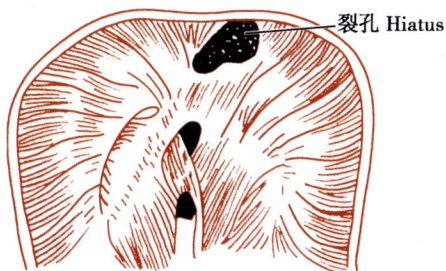

图 24-12　先天性胸骨后裂孔模式图
Fig. 24-12　Diagram of congenital retrosternal hiatus

3. **胸骨后疝**　胸骨后疝(retrosternal hernia)是由于胸骨后方膈肌发育不全,或未能与肋骨部膈肌相连,造成膈部分缺损所致。其疝孔称胸肋裂孔(sternocostal hiatus),常位于胸骨后偏右侧(图24-12)。疝内容物多为大网膜和横结肠,有时小肠、胃、肝等腹腔脏器也可进入胸膜腔。这种异常发病率很低,约占膈疝的2.6%。

(二)先天性膈膨升

膈的肌层或纤维层发育不良,使膈呈半透明薄膜状,膈顶位置显著升高,称先天性膈膨升(congenital eventration of diaphragm)。多数病例膈膨升仅发生在一侧,一般左侧多于右侧。严重者膈顶可达第4到第2肋间平面,常因压迫心肺而影响其功能。薄弱的膈也可破裂,使腹腔脏器突入胸膜腔。

(三)副膈

在正常膈的胸腔面,一部分膈组织斜行伸入胸膜腔,附着于胸腔侧壁,形成一隔膜,称副膈(accessory diaphragm)。副膈的存在将肺分成两部分(图24-13)。这种异常多在胸透时被发现。

(四)十二指肠旁疝

由于肠背系膜发育和演变异常,致使十二指肠和空肠交界处的下后方形成隐窝,小肠突入该隐窝,导致十二指肠旁疝(paraduodenal hernia)。疝表面覆有薄层结肠系膜(图24-14)。这种异常若伴有肠梗阻症状时,应手术治疗,效果良好。

(五)肠系膜裂孔疝

肠系膜裂孔疝(mesenteric hiatal hernia)是胚胎发育过程中肠背系膜局部退化消失、出现裂孔所致。肠袢可穿过裂孔形成疝(图24-15)。其发生原因可能为肠背系膜局部缺血坏死而形成裂孔,或盲肠下降时,回盲系膜延伸过快,两层上皮之间由于缺少基质而融合成孔。80%的裂孔发生于回肠系膜,也可发生于空肠系膜、横结肠系膜、乙状结肠系膜及阑尾系膜。裂孔一般呈圆形或椭圆形,大小不等,边缘光滑,稍增厚。裂孔可单发,

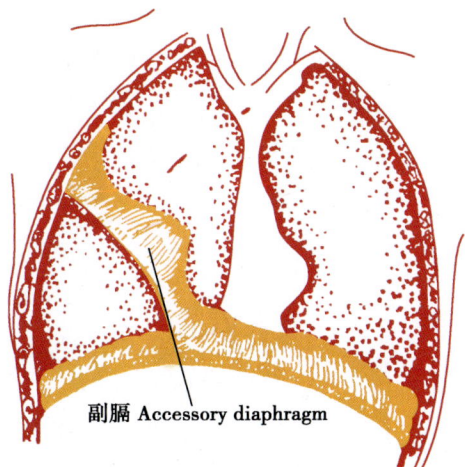

图 24-13　副膈示意图
Fig. 24-13　Diagram of accessory diaphragm

Notes

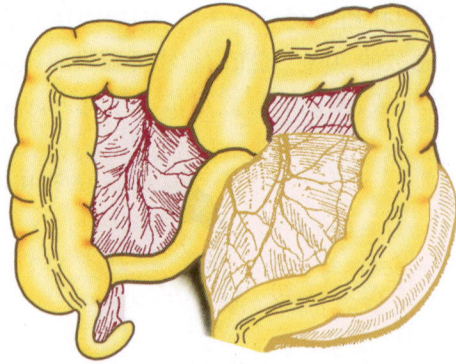

图 24-14　十二指肠旁疝示意图
Fig. 24-14　Diagram of paraduodenal hernia

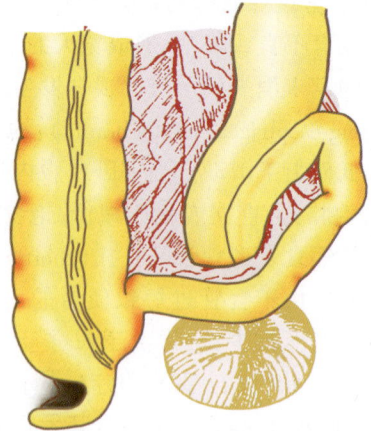

图 24-15　肠系膜裂孔疝示意图
Fig. 24-15　Diagram of mesenteric hiatal hernia

也可多发。裂孔越小，疝入的肠管越易出现缩窄、坏死及肠扭转。

（六）活动性结肠

在胚胎发育过程中，由于升结肠系膜不同程度地保留，使升结肠和盲肠呈活动状态，称活动性结肠（mobile colon）。当肠蠕动异常时，这种情况可导致肠扭转和肠梗阻。另外，由于结肠系膜过长，在结肠后方形成结肠后系膜袋，小肠易突入袋内，形成结肠后疝。

（七）系膜囊肿和网膜囊肿

胚胎发育时，原始淋巴组织在肠系膜或网膜内异常增生形成的囊肿称系膜囊肿和网膜囊肿（mesenteric cyst and omental cyst）。囊肿位于肠系膜或网膜的两层之间。囊壁由纤维性结缔组织构成，其内表面光滑，衬以单层扁平上皮。囊腔内充满浆液性或乳糜样液体。约有 20% 的系膜囊肿发生于小肠系膜，30% 见于结肠系膜内。当囊肿发展到一定程度出现临床症状时，可手术切除，预后良好。

（八）先天性心包缺损

先天性心包缺损（congenital pericardial defect）是由于胸心包隔膜形成障碍，致使心包腔和胸膜腔相通所致。心包缺损常见于左侧，可能与左总主静脉比右总主静脉细，产生的胸心包隔膜较小有关。当患者在心脏搏动时，部分心房可突入胸膜腔。

（九）心包囊肿

在围心腔形成时，有的裂隙未与大的围心腔融合，形成心包囊肿（pericardial cyst）。囊肿附于心包外层壁，以右侧心包前方多见。囊肿壁较薄，呈半透明状，囊腔内含清亮的液体。若囊肿腔与心包腔相通，则称心包憩室。患者一般无明显症状，但当囊肿较大时，可压迫心、肺而出现循环系统或呼吸系统的症状。

（十）腹裂

当胚盘卷折时，若左右侧褶不能在腹前正中线相遇融合，则在脐旁形成一纵行裂口，腹腔内容物可通过裂口直接疝入羊膜腔，这种异常称腹裂（gastroschisis）（图24-16）。裂口一般长 2~3cm，通常发生在脐带的右侧，可能与右脐静脉退化有关。疝出物多为小肠，其表面无

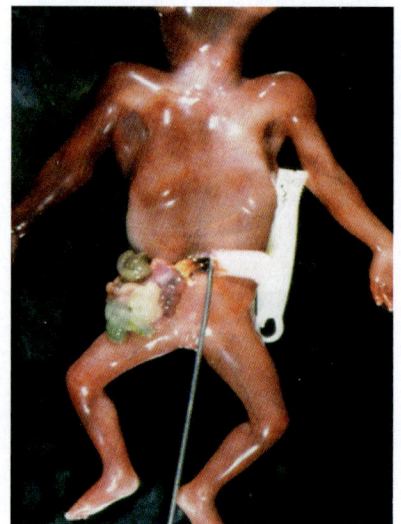

图 24-16　腹裂
Fig. 24-16　Gastroschisis

腹膜和羊膜覆盖。据国外资料报道,腹裂占出生婴儿的 1/10 000,近年来其发生率在年轻妇女所生的婴儿中有所升高,可能与可卡因的应用增加有关。腹裂较少伴有其他脏器畸形,因此,该异常患者的生存率较高。

(十一) 脐膨出

胚发育第 10 周时,若肠管未从脐腔返回腹腔,即造成脐带周围的腹壁发育不全,致使内脏通过腹壁缺损处膨出体外,这种异常称脐膨出(omphalocele)。膨出物包括肝、小肠、大肠、胃、脾或膀胱,其表面有羊膜覆盖(图 24-17)。脐膨出发生率占出生婴儿的 2.5/10 000,常伴有其他脏器的严重缺陷(如心脏异常、神经管缺陷),故死亡率较高,占 25%。50% 的脐膨出新生儿存在染色体异常。

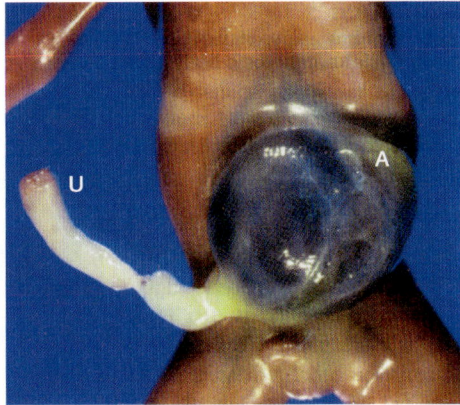

图 24-17　脐膨出
A. 羊膜;U. 脐带
Fig. 24-17　Omphalocele
A. amniotic membrane;U. umbilical cord

(雷蕾　郝立宏)

第 25 章 泌尿系统和生殖系统的发生

KEY POINTS

- Development of the kidney and ureter
- Development of the bladder and urethra
- Congenital malformations of the urinary system
- Development and sex differentiation of the gonad
- Development and sex differentiation of the genital ducts and external genitalia
- Congenital malformations of the genital system

泌尿系统和生殖系统的主要器官均起源于胚胎早期的间介中胚层。人胚第 4 周初,体节外侧的间介中胚层随胚体侧褶的形成,逐渐向腹侧移动、并与体节分离、形成两条纵行的细胞索,称生肾索(nephrogenic cord),其头侧呈分节状,称生肾节(nephrotome)。第 5 周时,由于生肾索继续增生,从胚体后壁突向体腔,沿中轴线两侧形成左右对称的一对纵行隆起,称尿生殖嵴(urogenital ridge),是泌尿、生殖系统发生的原基。以后尿生殖嵴的中部出现一纵沟,将其分成外侧粗而长的中肾嵴(mesonephric ridge)和内侧细而短的生殖腺嵴(gonadal ridge)(图25-1)。

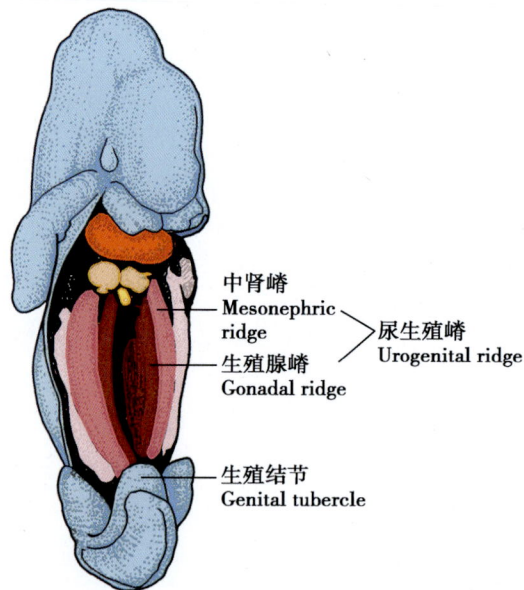

图 25-1 中肾嵴与生殖腺嵴发生模式图(第 6 周人胚腹面观)

Fig. 25-1 Schematic diagram showing the development of mesonephric ridge and gonadal ridge(ventral view of the human embryo at the 6th week)

一、泌尿系统的发生

(一)肾和输尿管的发生

人胚肾的发生可分为三个阶段,即前肾、中肾和后肾,前肾和中肾是生物进化过程的重演,后肾是人的永久肾。

1. **前肾**　前肾(pronephros)发生于人胚第 4 周初,第 7 ~ 14 体节外侧的生肾节形成数条横行的上皮性小管,称前肾小管(pronephric tubule),其内侧端开口于胚内体腔,外侧端向尾部延伸,互相连接形成一条纵行的管道,称前肾管(pronephric duct)。前肾管与前肾小管构成前肾。前肾在人类无泌尿功能。前肾小管很快退化消失,但前肾管大部分保留,并向尾端延伸,开口于泄殖腔(图 25-2)。

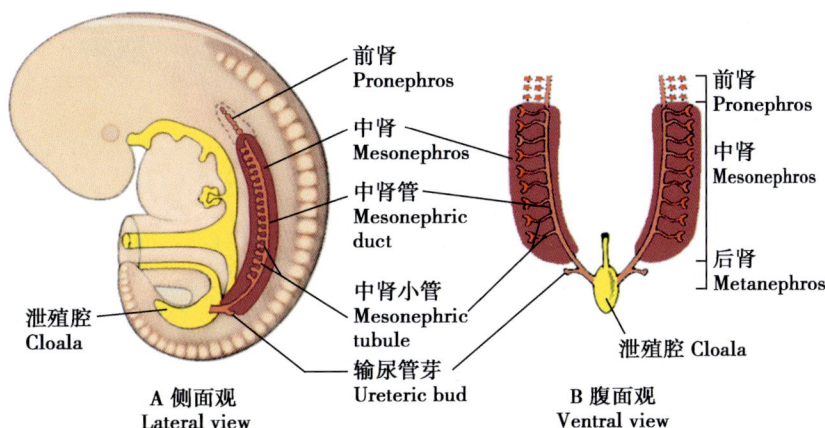

图 25-2　前肾、中肾、后肾发生示意图

Fig. 25-2　Schematic diagram showing the development of pronephros, mesonephros and metanephros

2. **中肾**　中肾(mesonephros)发生于第 4 周末,当前肾小管退化时,中肾开始发生。首先在第 14 对体节外侧的生肾索和而后形成的中肾嵴内,从头端至尾端先后发生约 80 对横行小管,称中肾小管(mesonephric tubule)。当尾端的中肾小管形成时,头端的中肾小管已退化,因此任何时候中肾小管只会保持大约 30 对。中肾小管起初为泡样结构,后演变为 S 形小管,其内侧端膨大并凹陷形成双层杯状的肾小囊,内有从背主动脉分支而来的毛细血管球。肾小囊与毛细血管球共同形成肾小体;中肾小管的外侧端汇入正向尾侧延伸的前肾管,此时原来的前肾管改称中肾管(mesonephric duct)(图 25-2、图 25-3)。中肾管及与其相连的中肾小管共同形成中肾。人胚的中肾在后肾出现之前可能有短暂的泌尿功能。后肾发生后,中肾小管大部分退化。在男性胚胎,中肾管演化为附睾管、输精管和射精管,部分未退化的中肾小管演变为睾丸输出小管。

3. **后肾**　后肾(metanephros)是人体的永久肾,发生于第 5 周初,起源于输尿管芽及生后肾组织。

(1) 输尿管芽:输尿管芽(ureteric bud)是中肾管末端近泄殖腔处发出的一个盲管并向胚体的背外侧和头侧方向伸长,长入中肾嵴尾端的中胚层内。输尿管芽反复分支,其主干部分形成输尿管,各级分支形成肾盂、肾大盏、肾小盏和集合小管(图 25-4)。

(2) 生后肾组织:生后肾组织(metanephrogenic tissue)又称生后肾原基(metanephrogenic blastema)。中肾嵴尾端的中胚层在输尿管芽的诱导下,形成许多密集的细胞团,呈帽状包围在输尿管芽末端的周围,形成生后肾组织。

Notes

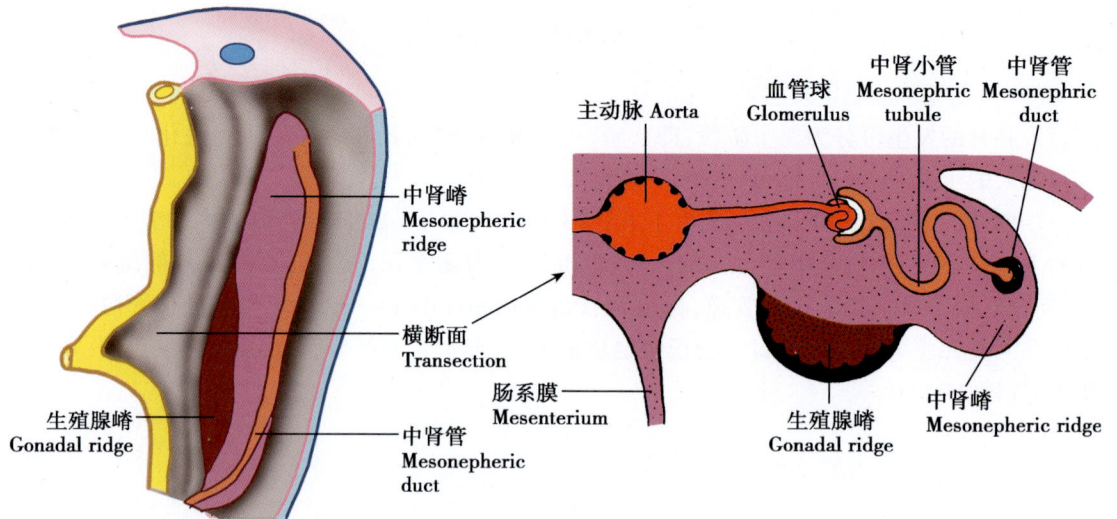

图 25-3　中肾的发生(第 5 周胚体横切面)

Fig. 25-3　Development of mesonephros(transverse section of the 5th week embryo)

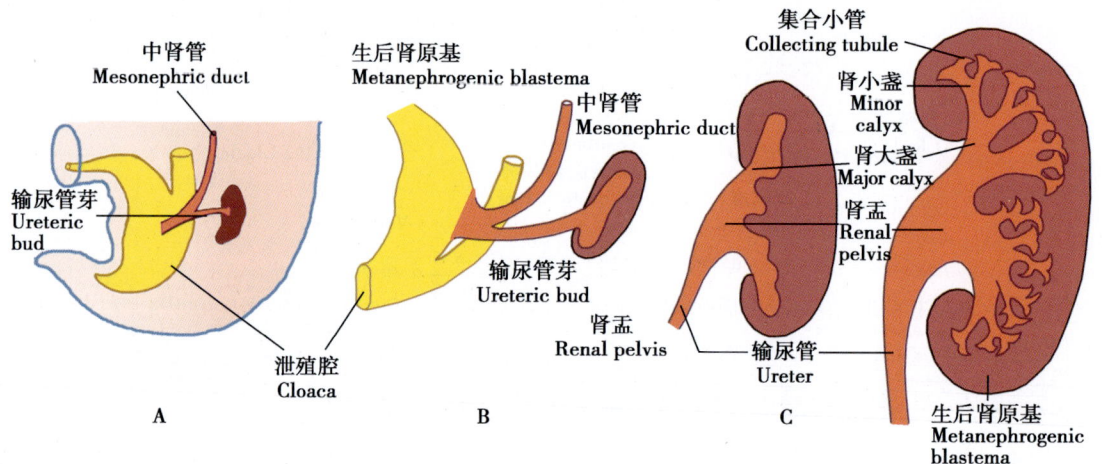

图 25-4　后肾发生示意图

Fig. 25-4　Diagrams showing development of the metanephros

　　生后肾组织内部的细胞团在由输尿管芽反复分支形成的集合小管盲端处演化为 S 形肾小管。肾小管一端与集合小管的盲端接通,另一端膨大并凹陷,形成肾小囊,毛细血管伸入囊中形成血管球,肾小囊与血管球共同组成肾小体。

　　S 形肾小管逐渐弯曲增长,分化成近端小管、细段和远端小管。肾小管与肾小体共同组成肾单位。

　　集合小管呈 T 形,并不断向皮质浅层生长并分支,陆续诱导生后肾组织不断地形成新的肾单位,因此,髓旁肾单位先发生,表浅肾单位后形成。生后肾组织的外周部分形成肾的被膜。出生后,集合小管停止分支,肾单位不再发生,肾的增大是由于肾单位的生长而不是数目的增多(图 25-5)。

　　人胚 3 个月时,后肾已能分辨出皮质与髓质并具有微弱的泌尿功能。胎儿的尿液排入羊膜腔,构成羊水的主要成分。由于胚胎的代谢产物主要通过胎盘排至母血,故胎儿时期的肾几乎没有排泄代谢产物的作用。

　　肾的原始位置低,位于盆腔内。随着胎儿的生长及输尿管的伸展,肾逐渐移至腰部。肾上升的同时,也沿纵轴旋转,肾门从朝向腹侧转向内侧。

Notes

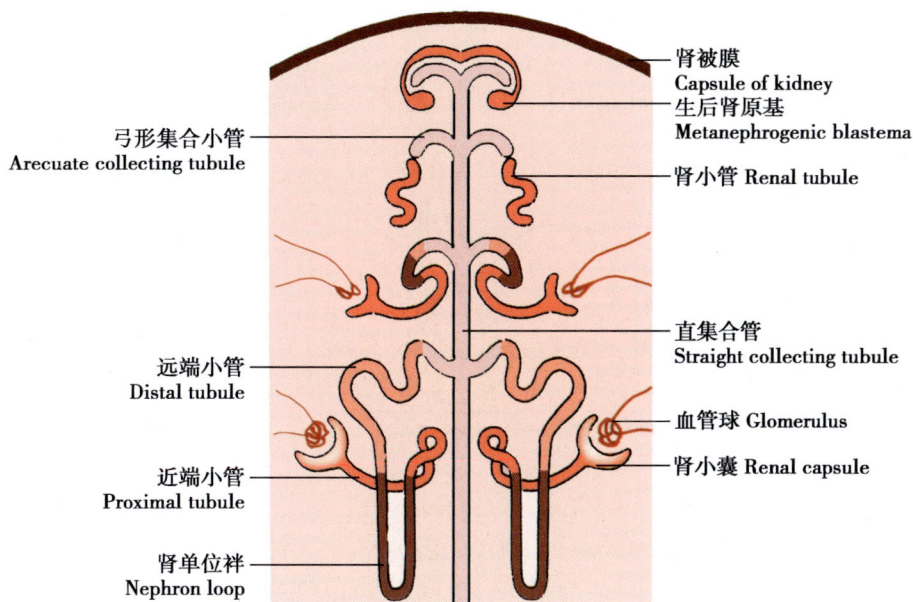

图 25-5 肾单位发生示意图

Fig. 25-5   Schematic diagram showing the development of nephron

（二）膀胱和尿道的发生

人胚第 4～7 周时,泄殖腔被尿直肠隔分隔为两部分:背侧的直肠和腹侧的尿生殖窦。膀胱和尿道均由尿生殖窦演变而来。尿生殖窦分为三段:①上段:较大,发育为膀胱,其顶端与尿囊相连,位于膀胱与脐之间的尿囊部分缩窄,称脐尿管(urachus),胎儿出生前,脐尿管闭锁成纤维索,称脐中韧带。随着膀胱的扩大,输尿管起始部以下的一段中肾管逐渐并入膀胱,于是输尿管与中肾管分别开口于膀胱(图 25-4)。由于膀胱各部发育速度的差异,致使中肾管的开口下移到尿道起始部。②中段:保持管状,在女性形成尿道的大部分,在男性形成尿道前列腺部和尿道膜部。③下段:在女性形成尿道下段和阴道前庭,在男性则形成尿道海绵体部。

（三）泌尿系统的先天性畸形

1. 多囊肾   多囊肾(polycystic kidney)是一种常见畸形。主要成因是集合小管未能与远端小管接通,或者是由于集合小管发育异常,管腔阻塞,致使肾单位产生的尿液不能排出,肾内出现大小不等的囊泡(图 25-6A)。

2. 异位肾   异位肾(ectopic kidney)是肾上升过程受阻所致。出生后的肾未达到正常位置者,均称异位肾。异位肾多是位于骨盆腔内,也有位于腹腔低位处(图 25-6B)。

3. 马蹄肾   马蹄肾(horseshoe kidney)是由于左右肾的下端互相融合所致,呈马蹄形。由于肾上升时被肠系膜下动脉根部所阻,故肾的位置常较正常为低。由于两侧输尿管受压,易发生尿路阻塞及感染(图 25-6C)。

4. 肾缺如   肾缺如(renal agenesis)的成因是中肾管未长出输尿管芽,或者输尿管芽未能诱导生后肾原基分化出后肾。单侧肾缺如发生率占出生婴儿的 1/1000,两侧肾缺如者少见。单侧肾缺如由于功能上的代偿可能无症状。

5. 双输尿管   双输尿管(double ureters)是由于在同一侧发生两个输尿管芽或一个输尿管芽过早分支所致。此时一侧肾有两个肾盂,各连一条输尿管,两条输尿管分别开口于膀胱,或两条输尿管合并后开口于膀胱。

6. 脐尿管相关畸形

（1）脐尿瘘:脐尿瘘(urachal fistula)的成因是膀胱顶端与脐之间的脐尿管未闭锁,出生后腹压增高时,膀胱内的尿液可经此瘘从脐部漏出。

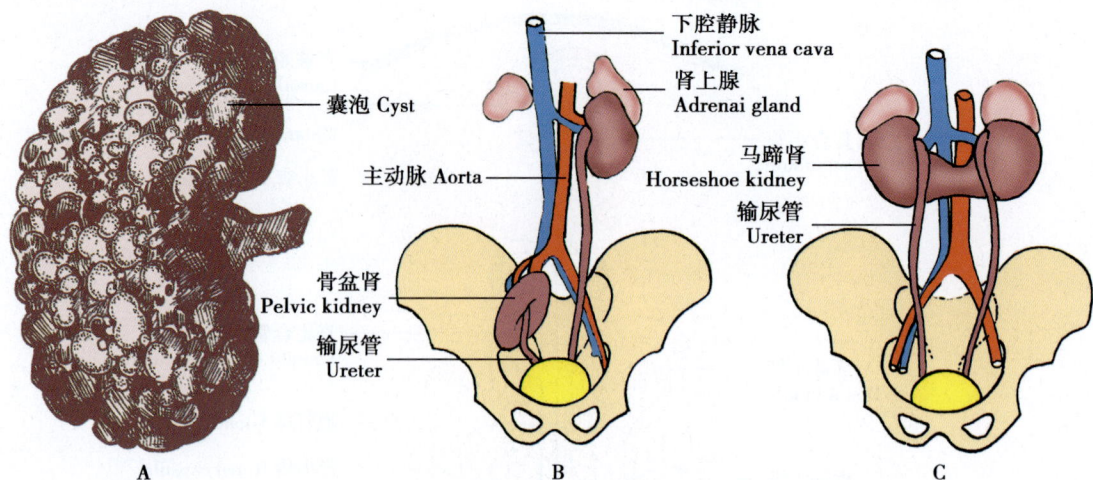

图 25-6　肾畸形示意图

A. 多囊肾；B. 异位肾（骨盆肾）；C. 马蹄肾

Fig. 25-6　Schematic diagram showing the malformations of the kidney

A. polycystic kidney；B. ectopic kidney(pelvic kidney)；C. horseshoe kidney

（2）脐尿囊肿：脐尿囊肿（urachal cyst）是由于脐尿管中段局部未闭锁并扩张所致，囊内有上皮分泌的液体。

（3）脐尿憩室：脐尿憩室（urachal diverticulum）是脐尿管连于膀胱根部未闭锁所形成的一个盲管，开口于膀胱。

7. 膀胱外翻　膀胱外翻（exstrophy of bladder）主要是由于尿生殖窦与表面外胚层之间没有间充质长入，膀胱前壁与脐下腹壁之间无肌组织发生，致使腹壁和膀胱前壁变薄而破裂，膀胱黏膜外露。多见于男性。

二、生殖系统的发生

人胚的遗传性别虽在受精时已确定，但直至胚胎第 7 周，生殖腺才能分辨出性别，而外生殖器性别至第 12 周才能分辨。因此，生殖腺、生殖管道和外生殖器的发生过程可分为性未分化期和性分化期两个阶段。

（一）生殖腺的发生

生殖腺是由生殖腺嵴表面的体腔上皮、上皮下方的间充质及迁入的原始生殖细胞共同发育形成。

1. 未分化期　人胚第 5 周时，生殖腺嵴表面上皮长入其下方的间充质，形成许多不规则的上皮细胞索，称初级性索（primary sex cord）。人胚第 3～4 周，在靠近尿囊根部的卵黄囊内胚层内，出现大而圆的细胞，称原始生殖细胞（primordial germ cell）。第 6 周时，原始生殖细胞沿着后肠的背系膜迁入生殖腺嵴的初级性索（图 25-7）。此时的生殖腺尚无性别分化，称未分化性腺。

2. 睾丸的发生　性腺的分化决定于迁入的原始生殖细胞是否含有 XY 染色体。Y 染色体的短臂上有性别决定的基因，称 Y 性别决定区（sex determining region of the Y，SRY），而 SRY 基因的产物为睾丸决定因子（testis determining factor，TDF）。人胚第 7 周时，在 TDF 的影响下，初级性索进一步向生殖腺嵴深部增殖，并与表面上皮分离，发育为睾丸索（testicular cord），并由此分化为细长弯曲的袢状生精小管。此时的生精小管为实心细胞索，内含两种细胞，即由原始生殖细胞分化来的精原细胞和初级性索分化来的支持细胞。其末端断裂吻合成睾丸网。第 8 周时，表面上皮下方的间充质分化为一层较厚的致密结缔组织，即白膜。生精小管之间的间充质分化为睾丸的间质和间质细胞，后者分泌雄激素。生精小管的这种结构状态持续至青春期前（图 25-8）。

Notes

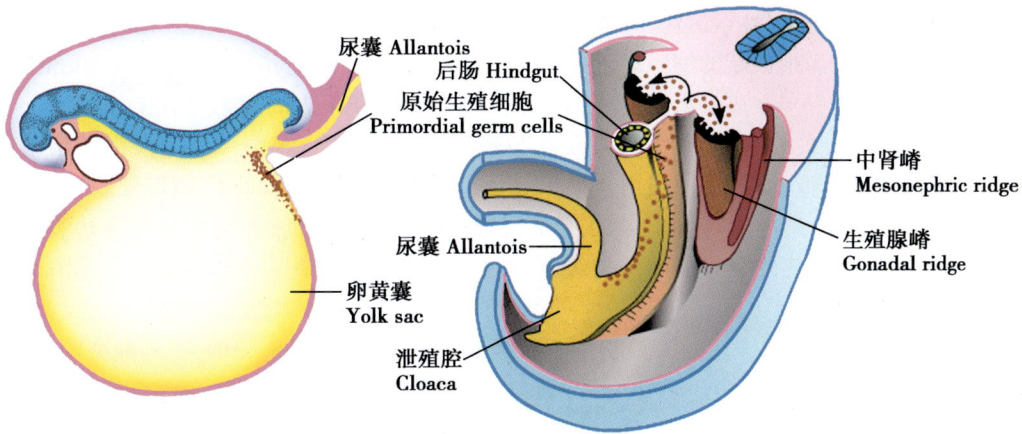

图 25-7　原始生殖细胞迁移示意图

Fig. 25-7　Schematic diagram showing the migration of the primordial germ cells

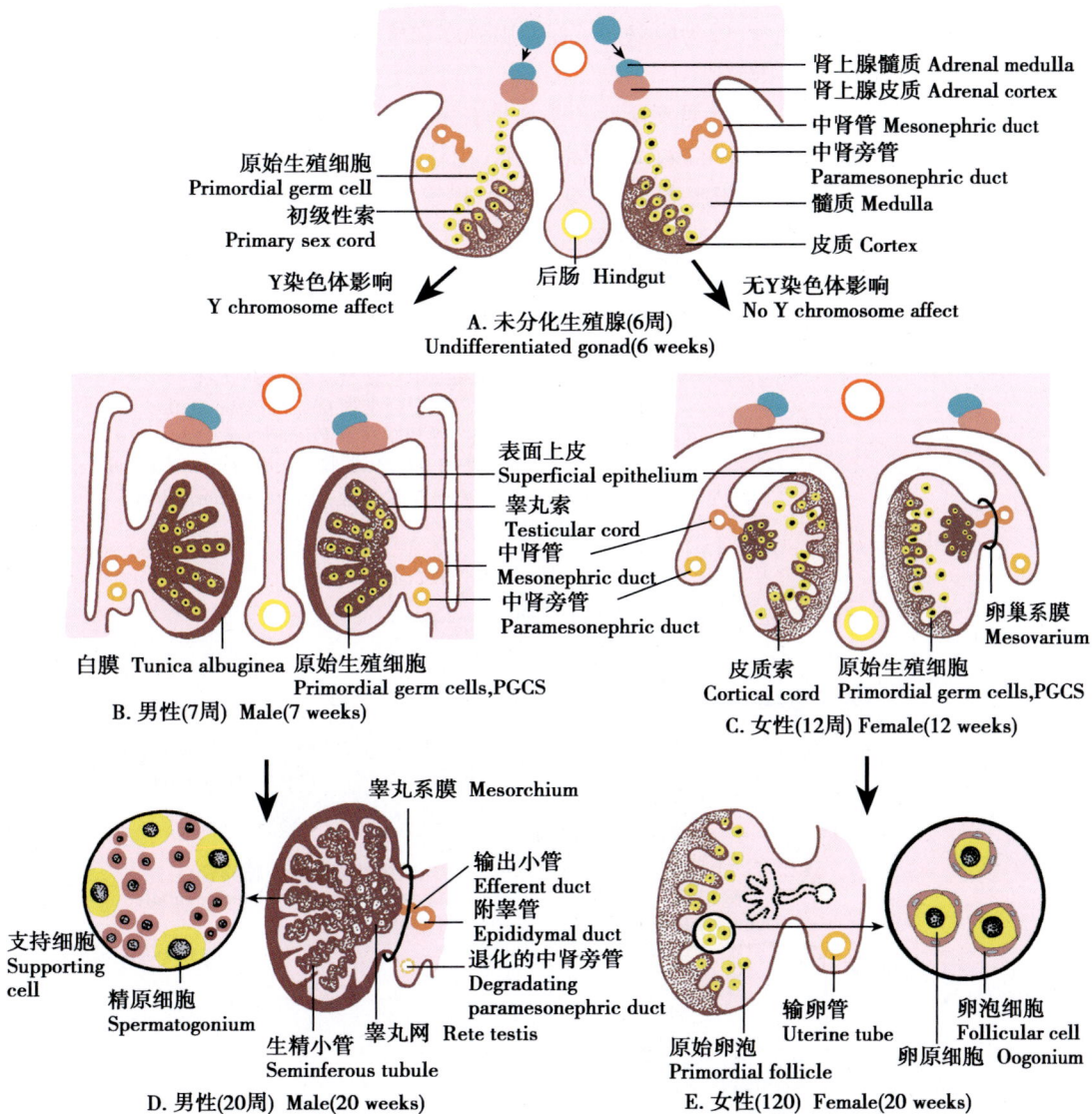

图 25-8　生殖腺的发生与分化模式图

Fig. 25-8　Schematic diagram showing the development and differentiation of the gonads

Notes

3. 卵巢的发生 原始生殖细胞含有 XX 染色体时,未分化性腺自然发育为卵巢。人胚第 10 周后,深入未分化性腺的初级性索退化,被基质和血管代替,成为卵巢髓质。此后,未分化性腺的表面上皮又一次向深层增殖形成新的细胞索,称次级性索(secondary sex cord)或皮质索(cortical cord)。皮质索继续增殖扩大并与上皮分离,构成卵巢的皮质。表面上皮下方的间充质形成白膜。

人胚第 16 周时,次级性索开始断裂,形成许多孤立的细胞团,其中央是一个由原始生殖细胞分化而来的卵原细胞,周围是一层由皮质索细胞分化而来的小而扁平的卵泡细胞,二者构成原始卵泡。出生时,卵巢内约有 100~200 万个原始卵泡,其中的卵原细胞已分化为初级卵母细胞,并停止在第一次成熟分裂的前期。初级卵母细胞不能自我复制,因此出生后卵巢内的初级卵母细胞不再增多(图 25-8)。

4. 睾丸和卵巢的下降 生殖腺最初位于后腹壁的上部,随着生殖腺增大,逐渐突向腹腔,以系膜悬于腹腔。自生殖腺尾端到阴囊或大阴唇之间,有一条由中胚层形成的索状结构,称为引带(gubernaculum)。随着胚体逐渐长大,引带相对缩短,导致生殖腺下降。第 3 个月时,卵巢停留在骨盆缘下方,睾丸则继续下降,于胚胎第 7~8 个月时抵达阴囊。当睾丸下降通过腹股沟管时,腹膜沿腹股沟管向阴囊方向突出形成一盲囊,称睾丸鞘突。鞘突包在睾丸的周围,并随同睾丸进入阴囊,形成鞘膜腔。睾丸降入阴囊后,腹膜腔与鞘膜腔之间的通道逐渐闭锁。若出生后 3~5 个月内睾丸仍未降至阴囊,即为隐睾症。促性腺激素和雄激素对睾丸下降有调节作用。

(二)生殖管道的发生和分化

1. 未分化期 人胚第 6 周时,男女两性胚胎均具有两套生殖管道,一对中肾管和一对中肾旁管。中肾旁管(paramesonephric duct)又称 Müller 管,由体腔上皮先凹陷形成纵沟,然后沟缘闭合成管。其头端呈漏斗形,开口于腹腔;上段纵行于中肾管的外侧;中段弯曲向内,越过中肾管的腹侧;下段与对侧中肾旁管在中线合并;尾端为盲端,突入尿生殖窦的背侧壁,在窦腔内形成一小隆起,称窦结节(sinus tubercle),又称 Müller 结节(图 25-9)。

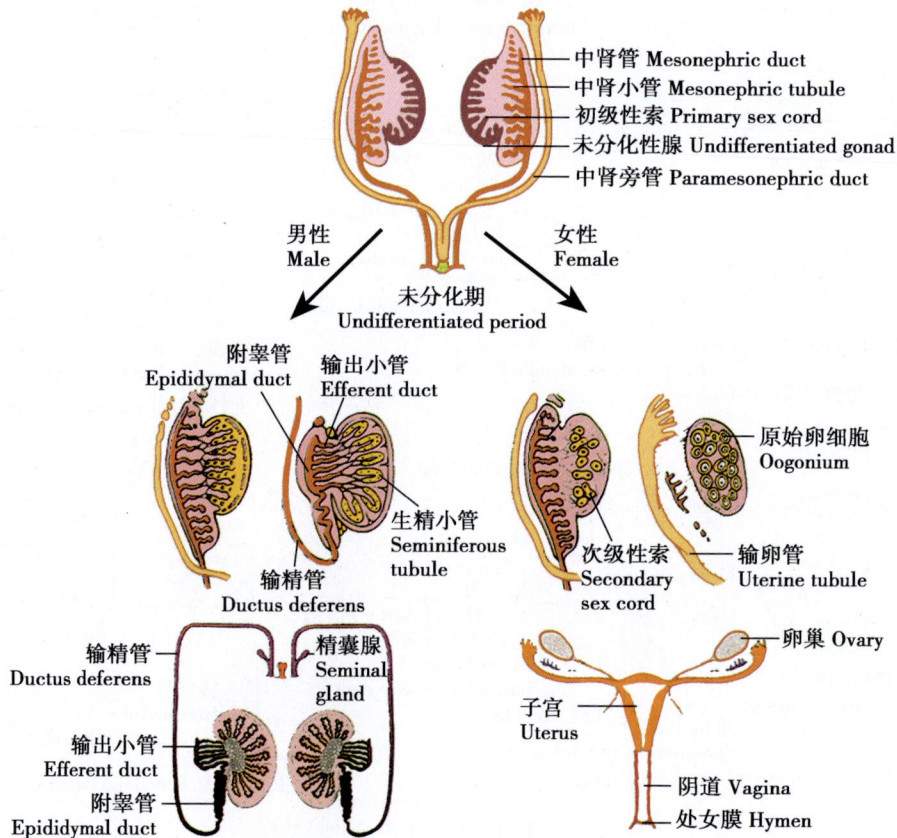

图 25-9 生殖管道的演变模式图

Fig. 25-9 Schematic diagram showing the change of the genital ducts

2. 男性生殖管道的分化　如果生殖腺分化为睾丸,支持细胞产生中肾旁管抑制物质(Müllerian inhibiting subsance,MIS),又称抗中肾旁管激素,抑制中肾旁管的发育,使其退化。同时睾丸间质细胞分泌雄激素,促进中肾管发育,其头端增长弯曲成为附睾管,中段形成输精管,尾段形成射精管和精囊(图 25-9)。中肾小管大多退化,与睾丸相邻的中肾小管发育为附睾的输出小管。

3. 女性生殖管道的分化　如果生殖腺分化为卵巢,由于缺乏雄激素,中肾管退化。由于没有中肾旁管抑制物质的抑制作用,中肾旁管则发育。其上段和中段演变成输卵管,左右中肾旁管的下段在中线合并形成子宫及阴道穹隆部(图 25-9、图 25-10)。窦结节增生形成阴道板(vaginal plate),阴道板起初为实心结构,在胚胎第 5 个月时,演变成管状,形成阴道。其内端与子宫相通,外端与尿生殖窦之间有处女膜(hymen)相隔。

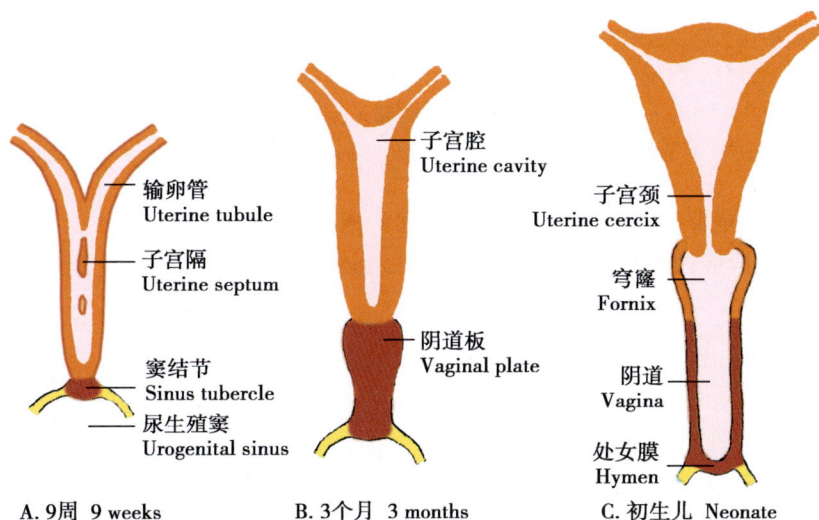

图 25-10　子宫与阴道形成示意图

Fig. 25-10　Schematic diagram showing the formation of the uterus and vagina

（三）外生殖器的发生

1. 未分化期　胚胎第 9 周前,外生殖器不能分辨男、女性别。胚胎第 4 周初,在尿生殖窦膜的头侧间充质增生形成一个隆起,称生殖结节(genital tubercle),在尿生殖窦膜的两侧间充质增生,又形成两对隆起,内侧的较小,为尿生殖褶(urogenital fold);外侧的较大,为阴唇阴囊隆起(labioscrotal swelling)。尿生殖褶之间凹陷,为尿道沟,沟底为尿生殖窦膜(图 25-11)。

2. 男性外生殖器的分化　在睾丸产生的雄激素作用下,生殖结节伸长形成阴茎;两侧尿生殖褶随生殖结节伸长向前生长,并在中线愈合,形成尿道海绵体部。两侧阴唇阴囊隆起相互靠拢并在中线愈合形成阴囊(图 25-11)。

3. 女性外生殖器的的分化　因无雄激素的作用,外生殖器便分化为女性。生殖结节略增大,形成阴蒂。两侧的尿生殖褶不合并,形成小阴唇。两侧阴唇阴囊隆起形成大阴唇,并在阴蒂前方愈合,形成阴阜,后方愈合形成阴唇后联合(图 25-11);尿道沟扩展,并与尿生殖窦下段共同形成阴道前庭。

（四）生殖系统的先天性畸形

1. 隐睾　睾丸未降入到阴囊,称隐睾(cryptorchidism)。未降的睾丸多停在腹腔内或腹股沟管等处。隐睾可发生在一侧或双侧,双侧隐睾由于腹腔内温度高于阴囊,生精细胞不能发育成熟,可造成男性不育。据统计,约有 30% 的早产儿及 3% 的新生儿有此畸形,多数患儿的睾丸在 1 岁左右降入阴囊。

Notes

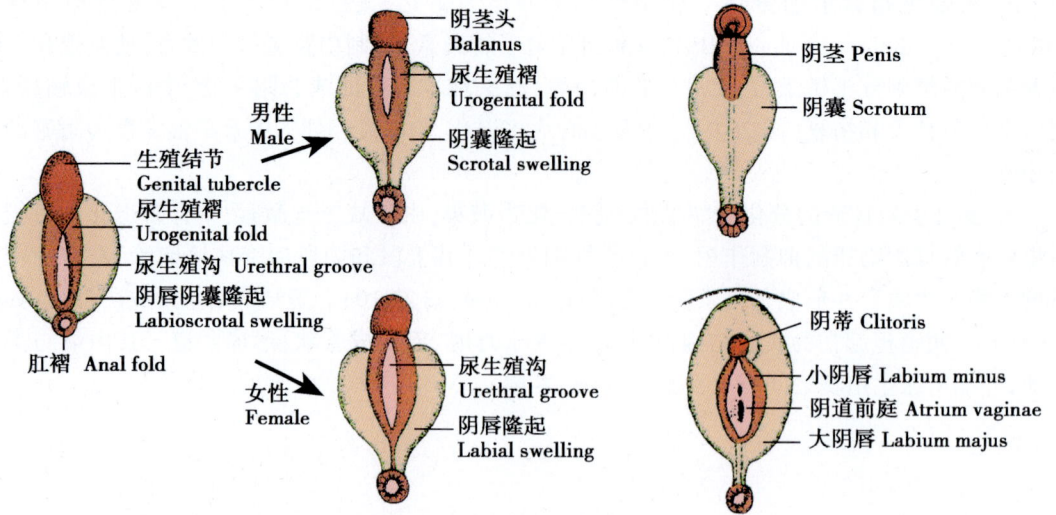

图 25-11 外生殖器发生示意图

Fig. 25-11 Schematic diagram showing development of external genitalia

2. 先天性腹股沟疝 若腹膜腔与鞘膜腔之间的通道没有闭合或闭合不全,当腹压增大时,部分小肠可突入鞘膜腔内,导致先天性腹股沟疝(congenital inguinal hernia)(图 25-12)。

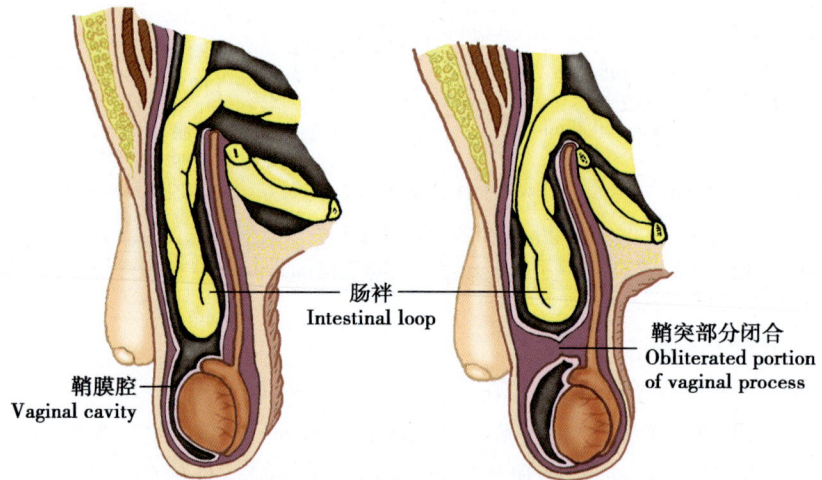

图 25-12 先天性腹股沟疝

Fig. 25-12 Congenital inguinal hernia

3. 子宫畸形 多由左右中肾旁管的下段合并异常所致,常形成以下畸形:①双子宫(double uterus):左右中肾旁管的下段完全未合并,形成了完全分开的两个子宫(图 25-13A、B),双子宫常伴有双阴道。②双角子宫(bicornuate uterus):左右中肾旁管下段部分合并,致使子宫呈分叉状,形成双角子宫(图 25-13D)。③中隔子宫(uterus septus):由于两中肾旁管的下段合并时,合并的管壁未消失,形成子宫中隔(图 25-13C)。

4. 阴道闭锁 阴道闭锁(vaginal atresia)是窦结节未形成阴道板,或阴道板未能形成管道,导致阴道闭锁(图 25-13E)。有的是处女膜无孔,外观见不到阴道,此称处女膜闭锁(atresia of hymen)。

5. 两性畸形 两性畸形(hermaphroditism)又称"两性同体",亦称半阴阳。是因为性分化异常导致的性别畸形,患者外生殖器的形态介于男女两性之间,不易辨别。两性畸形可分为两大类:

Notes

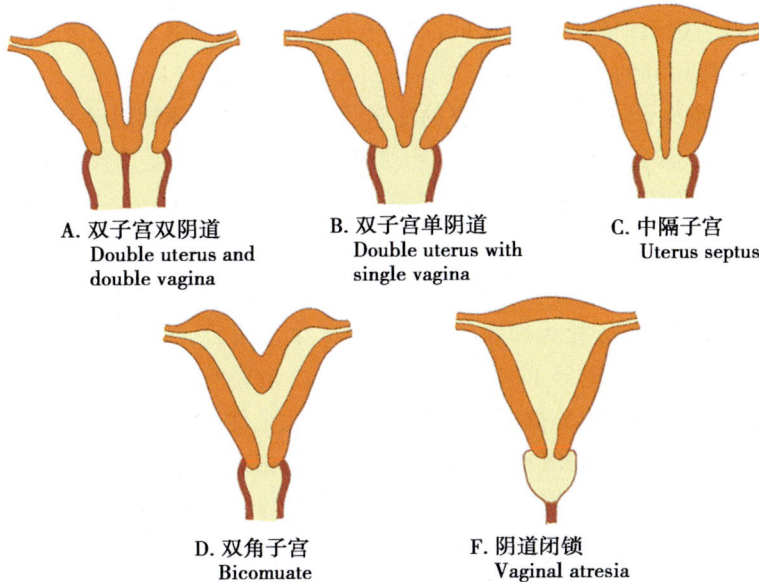

图 25-13　子宫、阴道畸形模式图
Fig. 25-13　Schematic diagram showing the malformations of the uterus and vagina

（1）真两性畸形：真两性畸形（true hermaphroditism）极为少见，患者体内同时具有卵巢和睾丸，其体细胞染色体核型为 46，XX 和 46，XY 嵌合体。患者的外生殖器的性别难以鉴别。

（2）假两性畸形：假两性畸形（pseudohermaphroditism）的外生殖器介于男女性别之间，但生殖腺只有一种。如体内只有睾丸，染色体核型为 46，XY，由于雄激素产生不足，导致外生殖器介于两性之间，称男性假两性畸形（male pseudohermaphroditism）。如体内只有卵巢，染色体组型为 46，XX，由于肾上腺皮质分泌过多雄激素，导致外生殖器介于两性之间，称女性假两性畸形（female pseudohermaphroditism）。

6. 雄激素不敏感综合征　雄激素不敏感综合征（androgen insensitivity syndrome）又称睾丸女性化综合征（testicular feminization syndrome）。患者体内有睾丸，染色体核型为 46，XY，能产生雄激素，但由于体细胞及中肾管细胞缺乏雄激素受体，使其生殖管道和外生殖器均未能向男性方向分化。由于支持细胞产生的 MIS 抑制了中肾旁管的发育分化，致使输卵管及子宫也不发育。因此，患者的外生殖器及第二性征均呈女性。

7. 尿道下裂　尿道下裂（hypospadias）是两侧尿生殖褶不能在正中愈合，致使阴茎腹侧面有尿道开口。

专题讲座：原始生殖细胞

人的受精卵是能够发育形成人体所有类型的细胞，是最初的全能干细胞。特定部位的干细胞为何能够特化为原始生殖细胞（primordial germ cells，PGCs），而原始生殖细胞又如何远距离定向迁移，这些都是发育生物学中值得探讨的问题。

（一）原始生殖细胞的特化

PGCs 的特化是生殖细胞发生的第一个关键步骤，可能通过两种途径实现。一种是通过卵母细胞中的特殊细胞质——生殖质（idioplasm）；另一种是通过胚胎发育过程中多能性细胞产生的特定信号调控。生殖质是指卵母细胞中决定胚胎细胞分化成生殖细胞的细胞质成分。随着受精卵的分裂，这种成分分布在胚胎特定细胞中，含有这种成分的细胞将发育为 PGCs。生殖质的存在已在很多无脊椎动物和脊椎动物中得到证实。但目前还不了解它是何时、如何在卵子中形

Notes

成的。在哺乳动物,PGC$_s$是由近端上胚层细胞在周边细胞特定的信号诱导下特化而成。目前的研究已经发现一些与生殖细胞特化有关的信号分子、关键转录调控因子,并观察到特化后生殖细胞获得的与体细胞不同的生物特性。

PGC$_s$的特化是涉及了体细胞发育程序的抑制、细胞多能性程序的启动和全基因组表观遗传重编程三个方面的动态的复杂过程,但在哺乳动物胚胎研究中,究竟是什么因素决定了某些干细胞发育为原始生殖细胞,至今尚未有明确的答案。

（二）原始生殖细胞的性分化

PGC$_s$特化后,需通过迁移到达生殖腺的部位并在那里分化。在未进入生殖嵴之前,PGC$_s$既可分化为精原细胞,又可分化为卵原细胞。当迁入生殖嵴后,或发育为精原细胞,或卵原细胞。如睾丸决定因子(TDF)诱导PGC$_s$形成精原细胞。也曾有学者认为,组织相容性Y抗原(histocompatibility Y antigen,H-Y抗原)是只存在于雄性个体细胞膜上的特有蛋白质,是睾丸发生的定向抗原。具有XY或XX性染色体的PGC$_s$,其细胞膜上均无H-Y抗原,但都有H-Y抗原的受体。如果PGC$_s$的H-Y抗原受体和生殖嵴细胞的H-Y抗原结合,则PGC$_s$形成精原细胞;若生殖嵴的细胞膜上无H-Y抗原,PGC$_s$则形成卵原细胞。PGC$_s$性分化与生殖嵴细胞相互作用密切相关。

（三）原始生殖细胞迁移

不同物种PGC$_s$迁移情况不尽相同。在哺乳类关于这个问题观点迥异。形式上可能有被动迁移和主动迁移,途径上可能沿着肠背系膜以变形运动或进入血流而沿肠壁迁移,但最终停留在生殖嵴。参与迁移的因素很复杂,可能是①生殖嵴细胞释放趋化因子:如转化生长因子(TGFβ-1)等;②生殖嵴周边组织的细胞外基质(extracellular matrix,ECM):如纤维黏连蛋白(fibronectin,FN)、层黏连蛋白(laminin,LN)、Ⅳ型胶原、硫酸软骨素、肌腱蛋白(tenasin-C,TN-C)等;③PGC$_s$质量:通过调控PGC$_s$黏附能力、增殖能力和运动能力,如血小板内皮细胞黏附分子、E-钙黏蛋白、SLF/c-kit系统、SDF-1/CXCR$_4$系统等;④PGC$_s$之间相互作用。如何维持正常状态的PGC$_s$特异性迁移也是当今研究热点之一。

（四）原始生殖细胞与疾病

PGC$_s$若迁移没有到达生殖嵴,则可分化为其最终到达的那个胚层的细胞,或者退化消失。在男性,若未分化的性腺无PGC$_s$,患者生精小管上皮仅有支持细胞而没有生殖细胞,导致无精症而不育。生殖细胞瘤(germinoma)是一组来源于未分化的原始生殖细胞肿瘤。PGC$_s$无论是通过何种方式迁移,在迁移过程中会遍布整个胚胎,当这些迁移的全能干细胞未完成正常演化而停留时,很可能变成肿瘤,即形成生殖细胞瘤,可以发生颅内生殖细胞瘤(如松果体瘤)、睾丸的精原细胞瘤和卵巢的恶性胚胎瘤。目前有学者从脊椎动物体内获取PGC$_s$,体外将PGC$_s$转化为多能性干细胞,用后者体外培育分化为皮肤样、神经细胞样、肌细胞样等细胞;或者将PGC$_s$植入生殖腺索,诱导分化精原细胞或卵原细胞,以期治疗临床疾病,如不育症、老年痴呆症等。

当然,有关人类PGC$_s$的很多基本问题仍需深入研究,尤其是有关PGC$_s$发育分化的特异性决定因子的时序调控、实验技术上PGC$_s$分离纯化及培养等急待解决,这些问题一旦突破,人类有望防治多种疾病,延长寿命。

参考文献

1. 刘厚奇,蔡文琴. 医学发育生物学. 第3版. 上海:科学出版社,2012

2. Attari F,Sepehri H,Ansari H,et al. Efficient induction of pluripotency in primordial germ cells by dual inhibition of TGF-β and ERK signaling pathways. Stem Cells Dev,2014,23(10):1050-1061

3. Messerschmidt DM,Knowles BB,Solter D. DNA methylation dynamics during epigenetic reprogramming in the

germline and preimplantation embryos. Genes Dev,2014,28(8):812-828

4. Hayashi K,Saitou M. Perspectives of germ cell development in vitro in mammals. Anim Sci J,2014,85(6):617-626

5. Chieffi P,Chieffi S. An up-date on newly discovered immunohistochemical biomarkers for the diagnosis of human testicular germ cell tumors. Histol Histopathol,2014,29(8):999-1006

（刘　皓）

Notes

第 26 章　心血管系统的发生

KEY POINTS

- Establishment of primitive cardiovascular system
- Development and evolution of cardiac tube
- Separation of cardiac chamber
- Development and evolution of aortic arches
- Fetal circulation and its change after birth
- Congenital malformations of cardiovascular system

心血管系统由中胚层分化而来。由于胚胎生长迅速,单纯依赖简单扩散方式已不能使胚体获得足够营养,心血管系统随之形成,并于第 4 周末开始定向血液循环,是胚胎发生过程中结构和功能形成最早的系统。胚胎早期的心血管左右对称,以后通过合并、扩大、萎缩、退化和新生等过程,演变成为非对称布局。

一、原始心血管系统的建立

人胚第 3 周,卵黄囊、体蒂和绒毛膜等处的胚外中胚层细胞密集成细胞团,形成血岛(blood island)。这些血岛细胞由成纤维细胞生长因子-2(fibroblast growth factor2,FGF-2)诱导形成造血成血管细胞(hemangioblast),是形成血细胞和血管细胞的前体细胞。血岛中央的细胞分化为造血干细胞,周边的细胞分化为成血管细胞(angioblast),后者在其周围中胚层分泌的血管内皮生长因子(vascular endothelial growth factor,VEGF)诱导下增殖形成内皮细胞(图 26-1)。相邻的内皮细胞相互连接,形成胚外毛细血管网,这一过程除需要血管内皮生长因子调节外,还需血小板源性生长因子(platelet-derived growth factor,PDGF)和转化生长因子 β(transforming growth factor

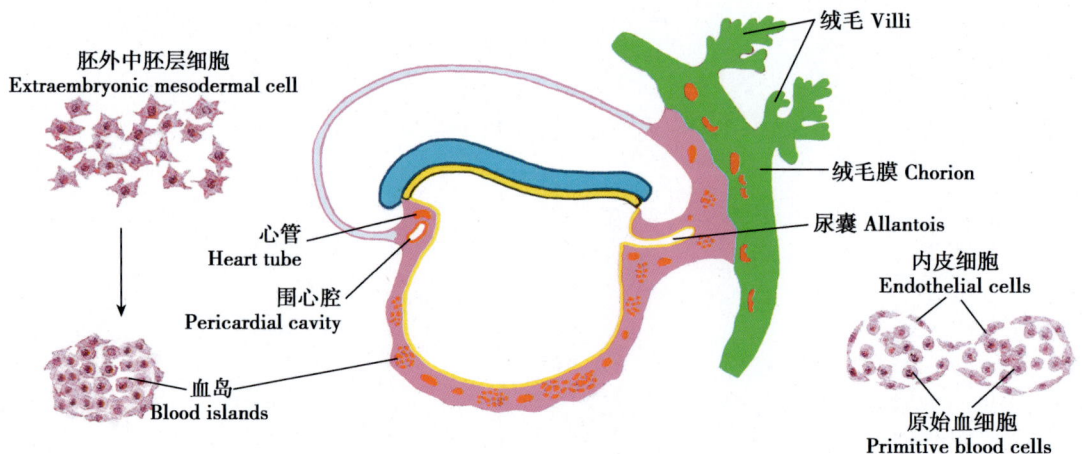

图 26-1　血岛和血管的形成

Fig. 26-1　The formation of blood islands and blood vessels

β,TGF-β)的共同调节。

在人胚第 18~20 天,胚体内间充质中出现许多裂隙,裂隙周围的细胞分化为内皮细胞,形成胚内毛细血管。相邻血管以出芽方式相互连通,形成胚体内原始血管网。第 3 周末,胚内和胚外血管彼此相连,并经过改建逐渐形成胚体本身、卵黄囊与胚体以及绒毛膜与胚体的原始血管通路,即原始心血管系统(primitive cardiovascular system)(图 26-2)。第 4 周末,心脏开始节律性跳动,开始了定向的功能性血液循环。

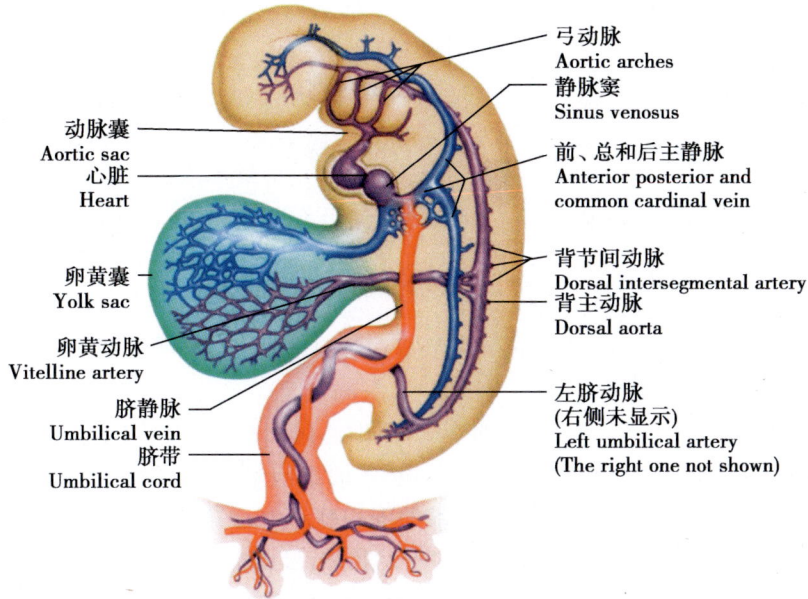

图 26-2 胚胎早期血液循环通路

Fig. 26-2 The pathway of blood circulation in early embryo

原始心血管系统左右对称,由心管、动脉和静脉组成。

心管:原始心血管系统的心管位于前肠腹侧,开始为 1 对,称为左右心管。胚胎第 4 周时,左右心管融合并逐渐形成 4 腔心管(图 26-3~图 26-5)。

动脉:胚体内最早出现的动脉为左右原始主动脉,位于脊索两侧,头端分别与左右心管相连。按所处位置,原始主动脉分为背主动脉、弓动脉和腹主动脉。背主动脉(dorsal aorta)位于原始消化管背侧,左、右各一,以后从咽至尾端背主动脉合并为一条,沿途发出许多分支:从腹侧发出的数对卵黄动脉(vitelline artery)分布于卵黄囊壁,一对脐动脉(umbilical artery)经体蒂分布于绒毛膜;从背侧发出的数对节间动脉穿行于体节之间;从两侧还发出其他一些分支。腹主动脉(abdominal aorta)位于前肠腹侧,与心管头端相连,左、右各一。当两条心管合并为一条心管时,两条腹主动脉融合,形成主动脉囊。弓动脉(aortic arch)是连接腹主动脉和背主动脉之间的弓形部分,有 6 对,分别穿行于相应的鳃弓内。

静脉:早期的静脉也左右成对,包括:①前主静脉(anterior cardinal vein)和后主静脉(posterior cardinal vein)各一对,分别收集上半身和下半身的血液;②左、右总主静脉(common cardinal vein)由两侧的前、后主静脉分别汇合而成,分别开口于心管尾端静脉窦的左、右角;③卵黄静脉(vitelline vein)和脐静脉(umbilical vein)各一对,分别来自卵黄囊和绒毛膜,均回流于静脉窦。

上述原始心血管形成下列 3 个胚胎早期的循环通路:胚体循环、卵黄囊循环和脐循环。

```
                              胚体循环
                      ┌──→ 胚体各部血管 ──────┐
                      │                        │
                      │                   左前、后  主静脉
                      │                   右前、后
           背主动脉                           │
              ↑                               │
           弓动脉 ←── 主动脉干 ←── 心 ←────────┘

            脐循环                          卵黄囊循环
       ┌──→ 绒毛膜中毛细血管 ──┐        ┌──→ 卵黄囊毛细血管 ──┐
       │                        │        │                      │
    脐动脉                   脐静脉    卵黄动脉              卵黄静脉
       │                        │        │                      │
   背主动脉                     │    背主动脉                    │
       │                        │        │                      │
   弓动脉 ← 主动脉干 ← 心 ←──────┘    弓动脉 ← 主动脉干 ← 心 ←────┘
```

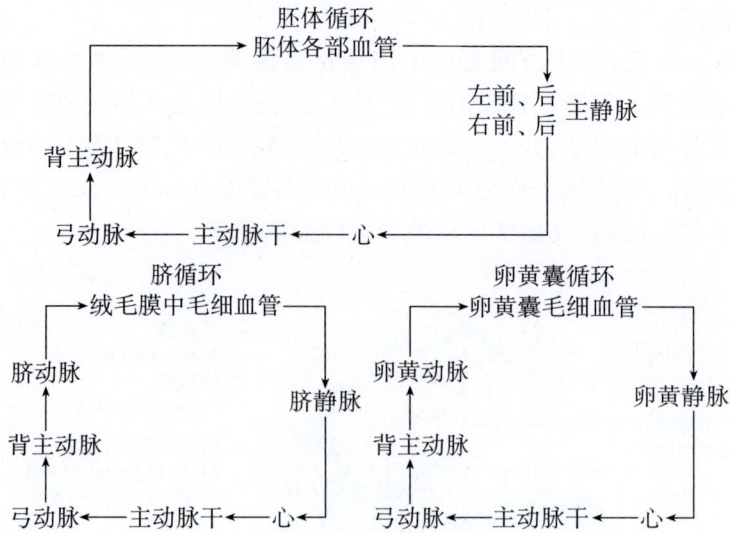

二、心脏的发生

心脏发生于生心区(cardiogenic area),即胚盘边缘口咽膜前方的中胚层。

(一) 心管的发生

在胚胎发育第 18～19 天,位于口咽膜头端的生心区出现腔隙,称围心腔(pericardial coelom)。围心腔腹侧的间充质细胞集聚形成一对长条的细胞索,称生心索(cardiogenic cord)(图26-3)。随着头褶的发生,原来位于口咽膜头端的围心腔和生心索逐渐转向咽的腹侧,生心索由围心腔的腹侧转向背侧。与此同时,生心索内出现腔隙,形成头尾方向纵行、左右并列的两条纵管,称心管(cardiac tube)(图26-3)。随着胚胎侧褶的发育,左、右心管逐渐向中央靠拢,于 22 天时,融合成一条心管。围心腔不断扩大并向心管的背侧扩展,致使心管背侧与前肠腹侧之间的间充质由宽变窄,形成心背系膜(dorsal mesocardium)(图26-4),心管借该系膜悬于围心腔的背侧壁。不久,系膜中部退化消失,心管游离于围心腔内,而心管的头端和尾端仍保留有心背系膜,于是围心腔发育为心包腔。

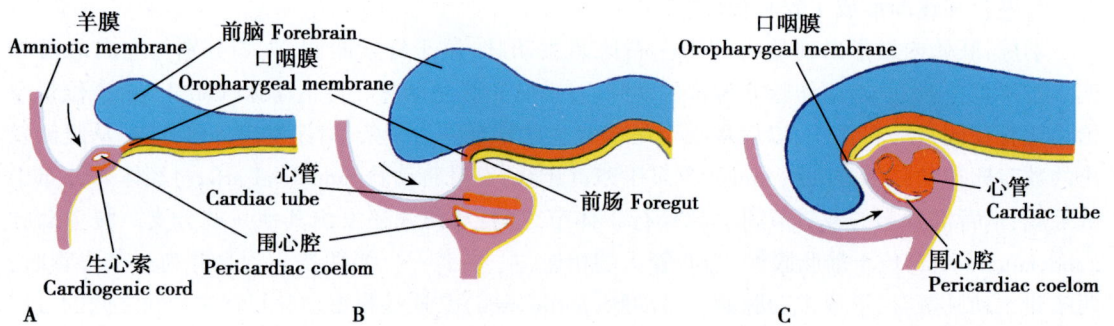

图26-3　心管和围心腔位置变化示意图

Fig. 26-3　Diagrams illustrating position change of the cardiac tube and pericardiac coelom

(二) 心脏外形的演变

心管的头端与动脉相连,尾端与静脉相接,头尾两端相对固定。由于心管各段生长速度不同,先后出现 4 个膨大,由头端向尾端依次为心球(bulbus cordis)(又称动脉球)、心室(ventricle)、心房(atrium)和静脉窦(sinus venosus)。心球的头端连于动脉干(truncus arteriosus),动脉干又与弓动脉的起始端相连。静脉窦的末端分为左、右角,两角分别与同侧脐静脉、总主静脉和卵黄静脉相连。

Notes

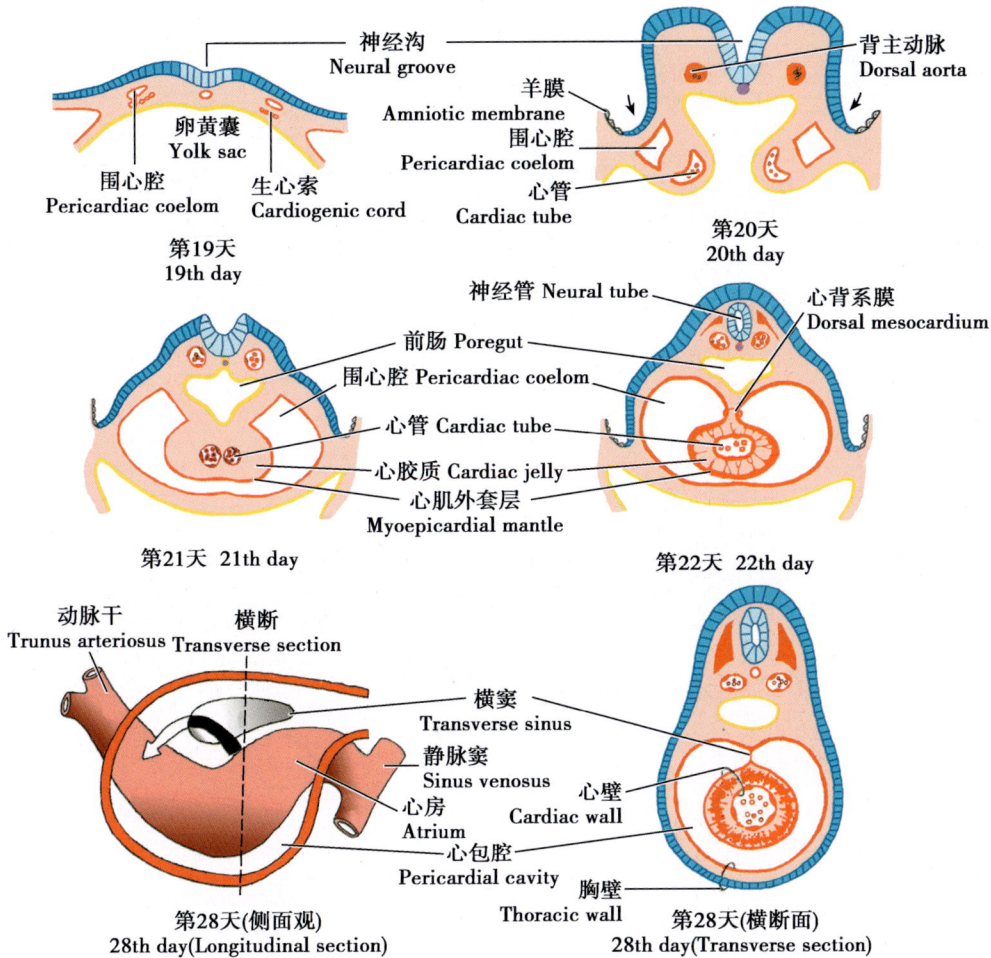

图 26-4　心管发生示意图

Fig. 26-4　Schematic diagrams showing development of cardiac tube

在心管的发生过程中,由于心管两端固定,其游离端的生长比围心腔快,致使心管弯曲成 U 形,进而变成 S 形。之后,心房和静脉窦移至心球和动脉干的后方,并逐渐上移和扩大,膨出于心球和动脉干的两侧(图 26-5、图 26-6)。

当左、右心管合并时,心管内皮形成心内膜的内皮层。心管周围间充质增厚,形成心肌外套层(myoepicardial mantle),以后分化为心肌膜和心外膜。最初,在心管内皮和心肌外套层之间有一层疏松的间充质,称为心胶质(cardiac jelly)。心胶质将形成内皮下层及心内膜下层的结缔组织。

(三) 心脏的内部分隔

在心脏外形建立的同时,心脏内部分隔已经开始,于第 4 周,由一个管状心脏分隔成由 4 个腔构成的心脏。

1. 房室管的分隔　从心脏外形可见心房和心室之间有一缩窄环,与其相应的心腔也形成一狭窄的管道,称房室管(atrioventricular canal)。在房室管的背侧壁和腹侧壁的正中线上,心内膜组织增厚形成背侧、腹侧心内膜垫(endocardial cushion)。第 5 周时,背侧、腹侧两个心内膜垫相互靠拢愈合,将房室管分隔成左、右房室管(图 26-7)。左、右房室管处的心内膜局部增厚,形成左侧两个隆起、右侧三个隆起,分别成为左侧的二尖瓣、右侧的三尖瓣。

2. 心房的分隔　在心内膜垫发生的同时,心房头端背侧壁的正中线处发生一个镰状薄膜,称原发隔(septum primum)或第一房间隔。第一房间隔向心内膜垫方向生长。第一房间隔的下

Notes

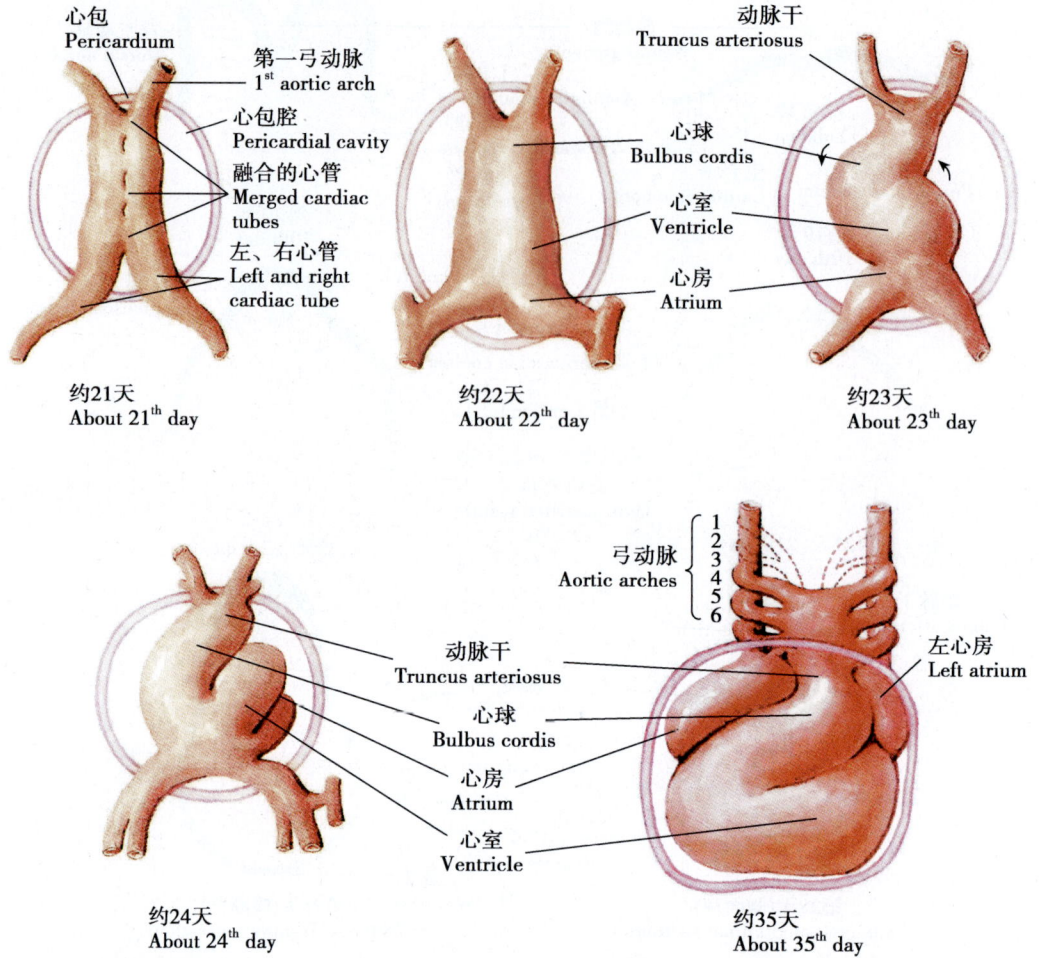

图 26-5　心脏外形演变示意图

Fig. 26-5　Diagrams showing the change of cardiac appearance

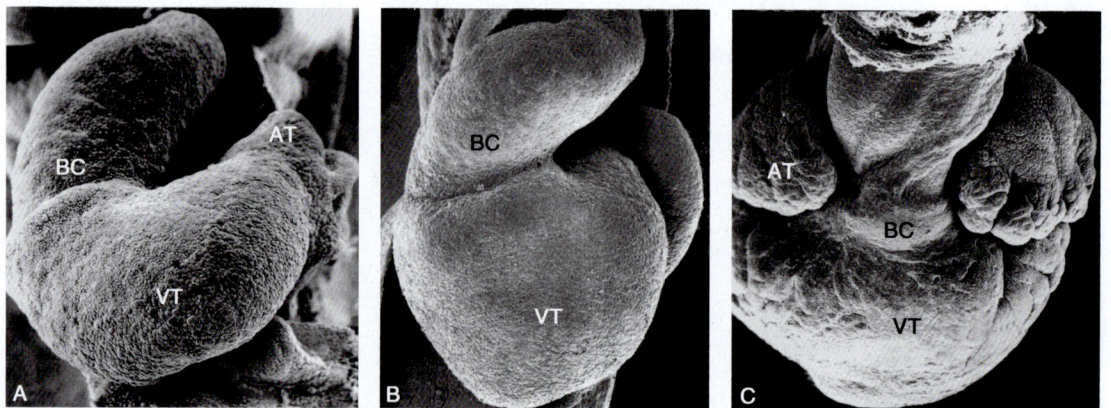

图 26-6　鸡胚心脏外形演变扫描电镜图像(吉林大学白求恩医学部周莉供图)

A. 第 3 天的心管,BC 示心球,VT 示心室,AT 示心房;B. 第 4.5 天的心管,心室(VT)扩大,心房(AT)向后移位;C. 第 7 天的心脏,心室(VT)占据腹侧大部位置,心房(AT)位于背侧,心耳突向腹侧

Fig. 26-6　Scanning electron micrographs of cardiac appearance change of the chick embryo

A. cardiac tube in chick embryo on 3rd day, BC:bulbus cordis, VT:ventricle, AT:atrium;B. Cardiac tube in chick embryo on 4.5th day, enlarging ventricle(VT), atrium(AT)of posterior displacement;C. heart in chick embryo on 7th day, ventricle(VT)occupy nearly all of the ventral part, atrium(AT)located the dorsal part, auricle of heart in the ventral part

Notes

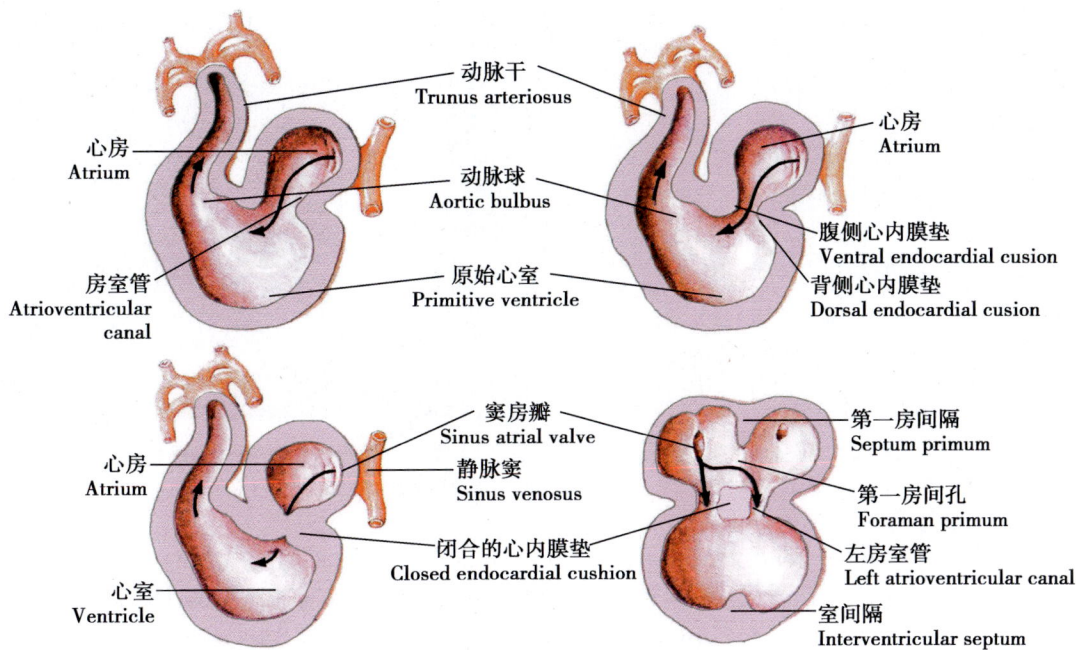

图 26-7　房室管分隔示意图

Fig. 26-7　Diagrams illustrating separation of the atrioventricular canal

缘与心内膜垫之间的孔,称原发孔(foramen primum)或第一房间孔。随着第一房间隔的增长,第一房间孔逐渐变小,在第一房间孔封闭之前,于第一房间隔上部又出现一个孔,称继发孔(foramen secundum)或第二房间孔,与此同时,第一房间隔的下缘与心内膜垫愈合,使第一房间孔封闭(图 26-8、图 26-9)。

第 5 周末,于第一房间隔右侧又发生一镰状隔膜,称继发隔(septum secundum)或第二房间

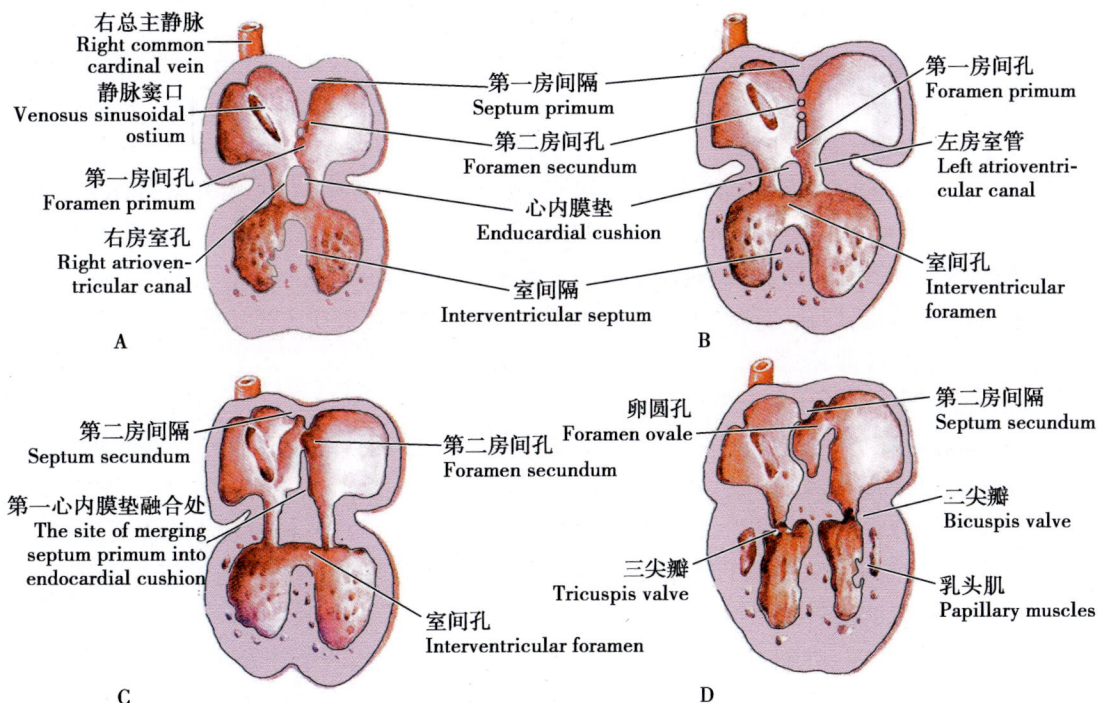

图 26-8　心房和心室分隔示意图

Fig. 26-8　Diagrams showing separation of the atrium and ventricle

Notes

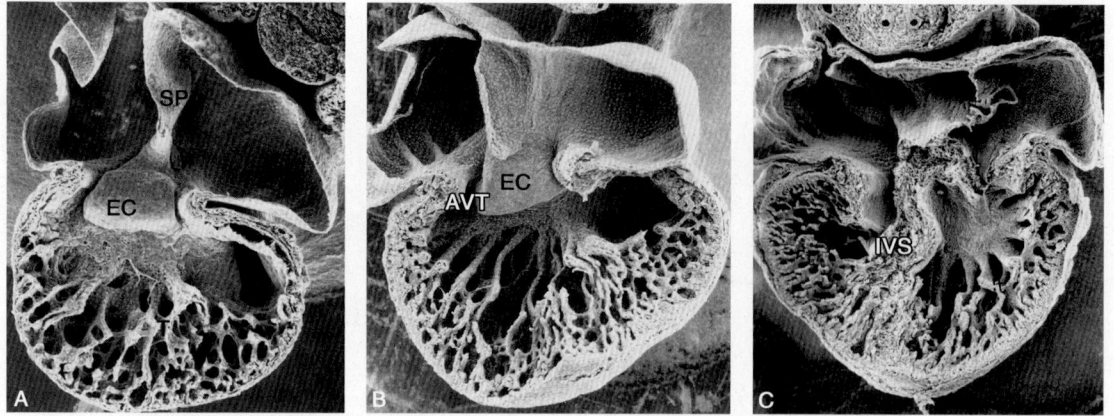

图 26-9　鸡胚心脏内部分隔扫描电镜像(吉林大学白求恩医学部周莉供图)
A. 第 4.5 天的心脏,EC:心内膜垫,SP:第一房间隔,T:心室壁小梁;B. 第 5.5 天的心脏,AVT:房室管;
C. 第7 天的心脏,IVS:室间隔
Fig. 26-9　Scanning electron micrographs showing separation of primitive heart of the chick embryo
A. heart in chick embryo on 4.5th day, EC:endocardial cushion, SP:septum primum, T:trabecula of ventricular wall; B. heart in chick embryo on 5.5th day, AVT:atrioventricular canal; C. heart in chick embryo on 7th day, IVS: interventricle septum

隔,向心内膜垫方向生长,逐渐遮盖第一房间隔上的第二房间孔。第二房间隔上留有一卵圆形孔,称卵圆孔(foramen ovale)。卵圆孔位于第二房间孔尾侧,两孔上下交错,第一房间隔由左侧下方遮盖卵圆孔(图 26-8),由于第一房间隔薄而软,所以第一房间隔相当于卵圆孔的瓣膜。出生前,右心房的血液可经卵圆孔流入左心房,但左心房的血液不能进入右心房,出生后,卵圆孔闭锁,成为完全的房间隔。

3. **心室的分隔**　胚胎第 4 周末,于心室底壁的心尖处发生一半月形肌性隔膜,称室间隔肌部(muscular part of interventricular septum)。室间隔肌部向心内膜垫方向生长,其游离缘与心内膜垫之间留有一半月形孔,称室间孔(interventricular foramen),借此孔左、右心室相通,这种状态一直维持到第 7 周末。继而,室间孔由室间隔膜部所封闭。室间隔膜部是由心球嵴向下延伸,室间隔肌性部向上延伸,心内膜垫向下延伸,并相互愈合而成(图 26-8、图 26-9)。室间孔封闭后,形成一个完整的室间隔,肺动脉干与右心室相通,主动脉与左心室相通。

4. **心球与动脉干的分隔**　第 5 周,在动脉干和心球内面出现两条由心内膜局部增厚形成的纵嵴,称为动脉干嵴(truncal ridge)和心球嵴(bulbar ridge)。嵴呈螺旋状走行,两个相对的嵴相互愈合便形成主动脉肺动脉隔(aortico-pulmonary septum),此螺旋状纵隔将动脉干和心球分隔成互相缠绕的两条管道,即肺动脉干和升主动脉(图 26-10)。这两条动脉起始处的心内膜组织增厚形成三个薄片状隆起,逐渐演变为半月瓣(semilunar valve)。

(四) 静脉窦及其相连静脉的演变

1. **静脉窦的演变**　起初,静脉窦开口于心房的中央部,窦两侧的左、右角分别与同侧的总主静脉、脐静脉和卵黄静脉相连。后来,由于血液多经右角流回心脏,故右角逐渐扩大,致使窦房口右移。在胚胎发育第 7~8 周时,心房扩展很快,右角并入右心房,形成右心房固有部(平滑部),原始的右心房则变为右心耳(粗糙部)。静脉窦左角逐渐萎缩变小,其近端形成冠状窦,远端形成左房斜静脉的根部(图 26-11)。

2. **肺静脉的演变**　原始左心房最初只有 2 条肺静脉汇入,这两条肺静脉根部又分出左、右 2 条属支。后来,由于左心房扩大,逐渐把 2 条肺静脉根部吸收并入左心房,形成左心房固有部(平滑部),如此则有 4 条肺静脉开口于左心房,原始的左心房变为左心耳(粗糙部)(图 26-12)。

3. **卵黄静脉的演变**　卵黄静脉左、右各一,起自卵黄囊,穿过原始横隔进入静脉窦。卵黄静

弓动脉
Aortic arches

动脉干
Truncus arteriosus

心球
Bulbus cordis

①

动脉干嵴
Truncus arteriosus ridge

心球嵴
Bulbuscordis ridge

左房室管
Left atrioventricular canal

室间隔
Interventricular septum

②

主动脉
Arteriae aorta

肺动脉
Pulmonary artery

主动脉
Arteriae aorta

③

肺动脉干
Pulmonary artery trunk

主动脉肺动脉隔
Aortico-pulmonary septum

肺动脉
Pulmonary artery

主动脉肺动脉隔
Aortico-pulmonary septum

室间隔
Interventricular septum

右房室管
Right atrioventricular canal

④

主动脉
Arteriae aorta

主动脉肺动脉隔
Aortico-pulmonary septum

肺动脉干
Pulmonary artery trunk

⑤

主动脉
Arteriae aorta

肺动脉干
Pulmonary artery trunk

⑥

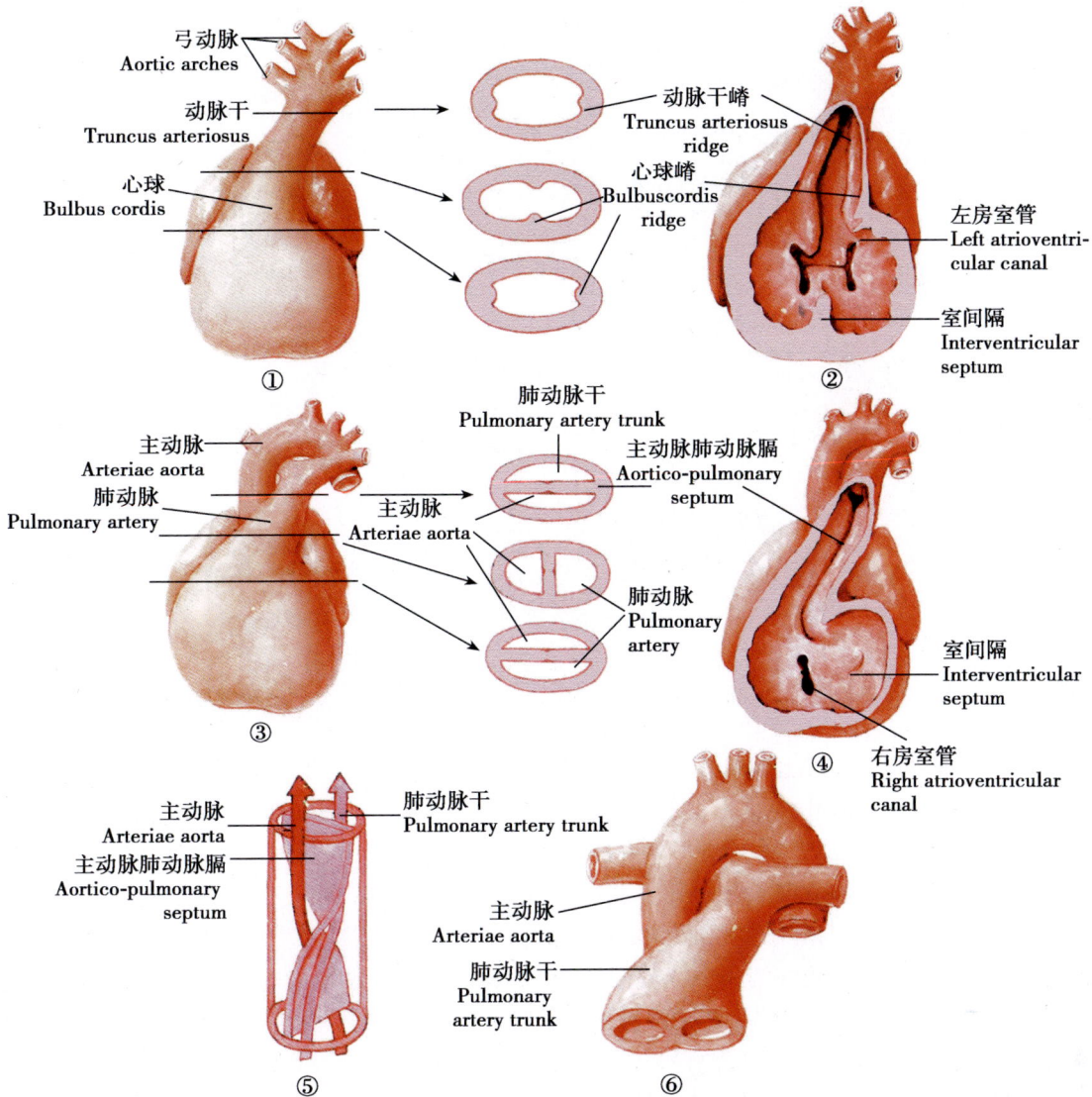

图 26-10　心球和动脉干分隔示意图

Fig. 26-10　Diagrams showing separation of bulbus cordis and truncus arteriosus

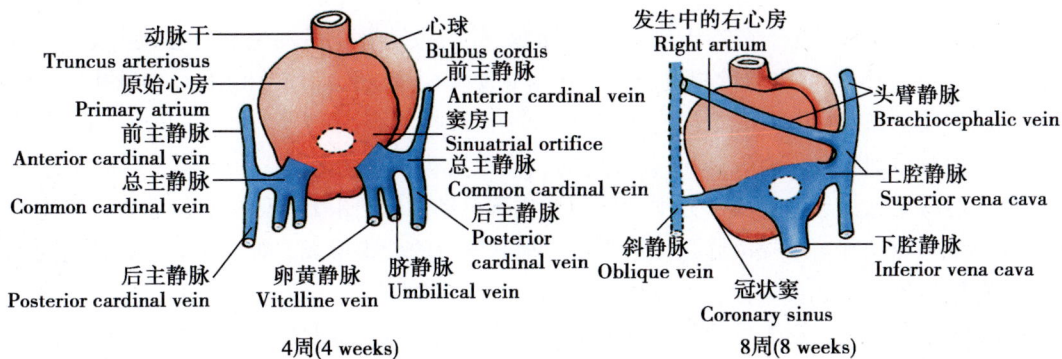

动脉干
Truncus arteriosus

原始心房
Primary atrium

前主静脉
Anterior cardinal vein

总主静脉
Common cardinal vein

后主静脉
Posterior cardinal vein

心球
Bulbus cordis

前主静脉
Anterior cardinal vein

窦房口
Sinuatrial ortifice

总主静脉
Common cardinal vein

后主静脉
Posterior cardinal vein

卵黄静脉
Vitclline vein

脐静脉
Umbilical vein

4周(4 weeks)

发生中的右心房
Right artium

头臂静脉
Brachiocephalic vein

上腔静脉
Superior vena cava

下腔静脉
Inferior vena cava

斜静脉
Oblique vein

冠状窦
Coronary sinus

8周(8 weeks)

图 26-11　原始心房与静脉窦演变示意图

Fig. 26-11　Diagrams showing evolution of primary atrium and sinus venosus

Notes

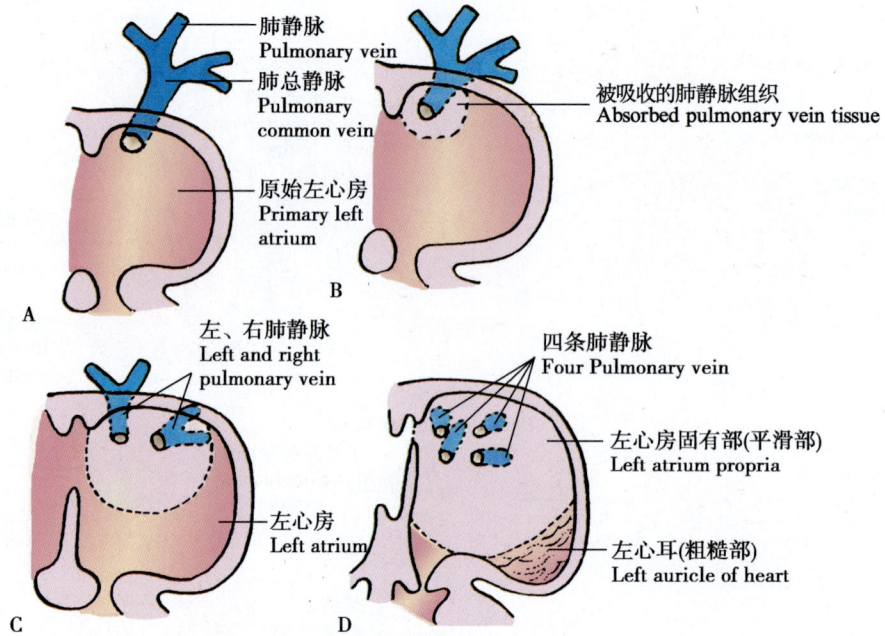

图 26-12　原始肺静脉被吸收并入左心房示意图

Fig. 26-12　Diagrams illustrating absorption of primary pulmonary vein into left atrium

脉的发生和演变与肝的发生相关。当肝在原始横隔内迅速生长时,原来的卵黄静脉分成三段:与肝相邻的一段被并入肝内,入肝前的远心段和出肝后的近心段。肝内的一段卵黄静脉形成肝血窦;近心段的左侧支消失,右侧支形成肝静脉和下腔静脉的近心段;远心段形成门静脉。

4. 脐静脉和主静脉的演变　胚胎早期左、右脐静脉起于胎盘,经脐带入胚体,沿腹壁经肝两侧穿过原始横隔入肝,与肝血窦相通。由于从胎盘流回的血液主要经左脐静脉入肝,于是右脐静脉和左脐静脉近心端萎缩消失,左脐静脉的远心段增粗并通过肝内的静脉导管汇入下腔静脉。胎儿出生后,静脉导管闭锁,形成静脉韧带,肝外的一段脐静脉(原左脐静脉远心段)形成肝圆韧带。

胚胎早期,有一条前主静脉位于胎体头端。在胚体尾端有一对后主静脉,两侧的前、后主静脉分别汇合成左、右总主静脉,分别通入静脉窦左、右角。几对主静脉经过复杂的演变,变为上腔静脉和下腔静脉等。

三、弓动脉的发生与演变

胚胎第 4 周鳃弓发生。分布于鳃弓内的动脉,称为弓动脉。弓动脉起自主动脉囊,在鳃弓内走向背侧,与同侧的背主动脉相连。弓动脉相继发生 6 对,胚胎第 6 ~ 8 周,弓动脉相继演变为成体动脉的基本布局(图 26-13)。

第 1、2 对弓动脉退化消失,但与其相连的一段背主动脉不退化。

第 3 对弓动脉其近侧段及部分主动脉囊形成颈总动脉,远侧段以及与第 3 弓动脉相连的背主动脉形成颈内动脉。颈外动脉是由第 3 对弓动脉发生的分支形成。第 3、4 对弓动脉之间的背主动脉萎缩消失。

第 4 对弓动脉左侧第 4 弓动脉形成主动脉弓的一段,主动脉弓的近侧段来自主动脉囊左侧半,远侧段来自左侧背主动脉。右侧第 4 弓动脉变成右锁骨下动脉的近侧段。右锁骨下动脉的远侧段来自右侧背主动脉和右侧第 7 节间动脉。左锁骨下动脉来自左侧第 7 节间动脉,后来其起点向颅侧移位,最后定位于左颈总动脉起点附近。

第 5 对弓动脉发育不全并很快退化。

Notes

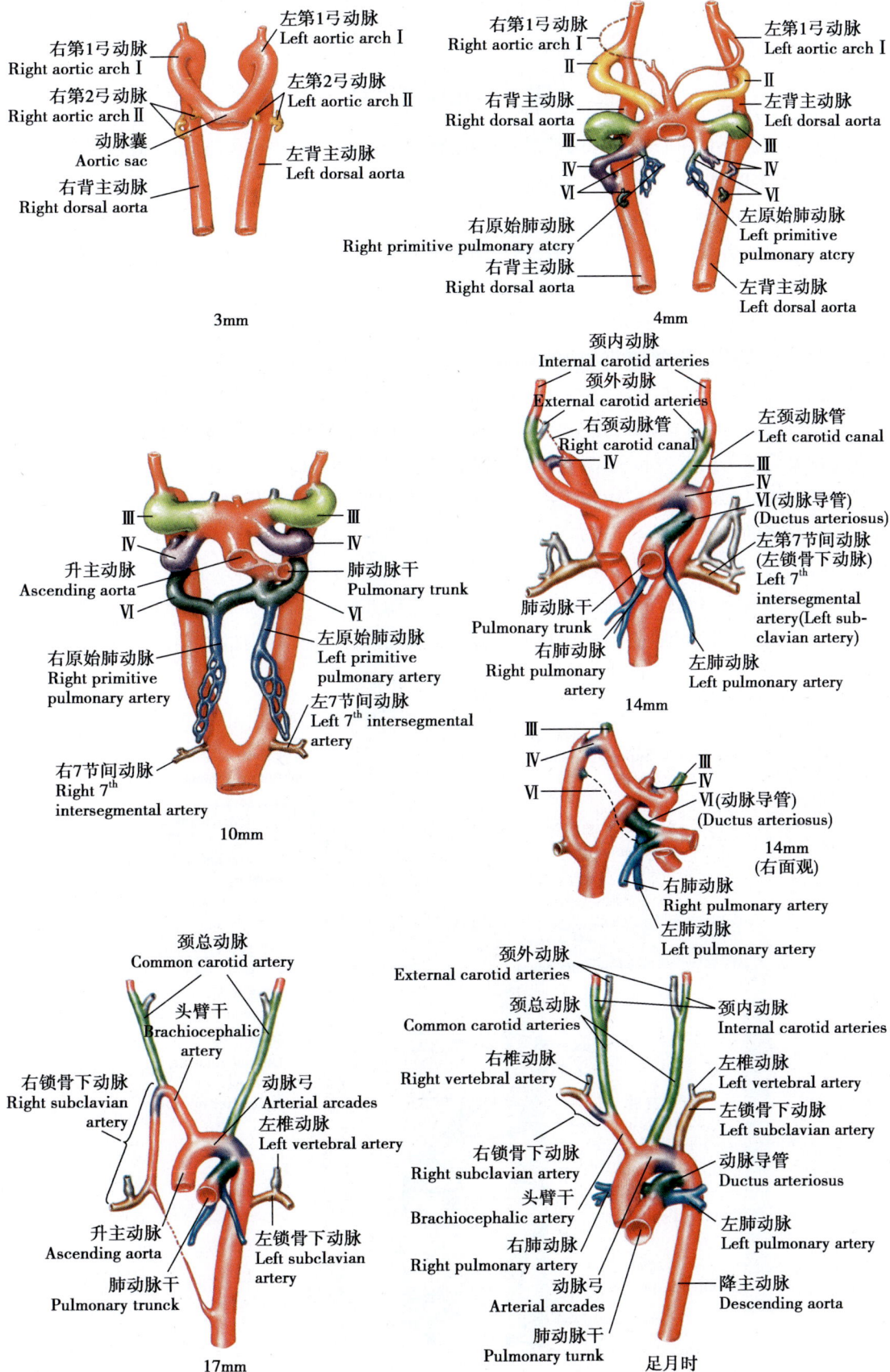

右第1弓动脉
Right aortic arch I
右第2弓动脉
Right aortic arch II
动脉囊
Aortic sac
右背主动脉
Right dorsal aorta
左第1弓动脉
Left aortic arch I
左第2弓动脉
Left aortic arch II
左背主动脉
Left dorsal aorta

3mm

右第1弓动脉
Right aortic arch I
右背主动脉
Right dorsal aorta
右原始肺动脉
Right primitive pulmonary atcry
右背主动脉
Right dorsal aorta
左第1弓动脉
Left aortic arch I
左背主动脉
Left dorsal aorta
左原始肺动脉
Left primitive pulmonary atcry
左背主动脉
Left dorsal aorta

4mm

升主动脉
Ascending aorta
右原始肺动脉
Right primitive pulmonary artery
右7节间动脉
Right 7th intersegmental artery
肺动脉干
Pulmonary trunk
左原始肺动脉
Left primitive pulmonary artery
左7节间动脉
Left 7th intersegmental artery

10mm

颈内动脉
Internal carotid arteries
颈外动脉
External carotid arteries
右颈动脉管
Right carotid canal
左颈动脉管
Left carotid canal
VI(动脉导管)
(Ductus arteriosus)
左第7节间动脉
(左锁骨下动脉)
Left 7th intersegmental artery(Left subclavian artery)
肺动脉干
Pulmonary trunk
右肺动脉
Right pulmonary artery
左肺动脉
Left pulmonary artery

14mm

VI(动脉导管)
(Ductus arteriosus)
右肺动脉
Right pulmonary artery
左肺动脉
Left pulmonary artery

14mm
(右面观)

颈总动脉
Common carotid artery
头臂干
Brachiocephalic artery
右锁骨下动脉
Right subclavian artery
动脉弓
Arterial arcades
左椎动脉
Left vertebral artery
升主动脉
Ascending aorta
肺动脉干
Pulmonary trunck
左锁骨下动脉
Left subclavian artery

17mm

颈外动脉
External carotid arteries
颈总动脉
Common carotid arteries
右椎动脉
Right vertebral artery
颈内动脉
Internal carotid arteries
左椎动脉
Left vertebral artery
左锁骨下动脉
Left subclavian artery
右锁骨下动脉
Right subclavian artery
动脉导管
Ductus arteriosus
头臂干
Brachiocephalic artery
右肺动脉
Right pulmonary artery
动脉弓
Arterial arcades
肺动脉干
Pulmonary turnk
左肺动脉
Left pulmonary artery
降主动脉
Descending aorta

足月时

图 26-13　弓动脉演变示意图
Fig. 26-13　Diagrams showing evolution of aortic arches

Notes

第 6 对弓动脉其近侧段形成左、右肺动脉的基部,左侧的远侧段保留形成动脉导管,右侧的远侧段退化消失。

四、胎儿血液循环

胎儿血液循环也由心脏、动脉、静脉和毛细血管组成,但其循环途径与成体血液循环明显不同,出生后发生明显变化。

(一)胎儿血液循环途径

来自胎盘富含氧和营养物质的血液,经脐静脉进入胎儿体内,其中大部分血液经肝内静脉导管入下腔静脉,少量血液进入肝血窦。下腔静脉还汇集来自胎儿下肢、腹腔、盆腔的静脉血。由于来自胎盘的血量较来自胎儿下肢、腹腔、盆腔的静脉血多若干倍,因而汇入右心房的血液仍然是含氧量很高的动脉血,在下腔静脉血注入右心房时,下腔静脉的入口正对卵圆孔,所以血液大部分通过卵圆孔进入左心房,与来自肺静脉的少量静脉血混合。左心房的血液经左房室口入左心室,并由此注入升主动脉,经主动脉弓上的三大分支分布到胎儿头、颈和上肢,以充分供应胎儿头部发育所需的营养和氧,只有少量血液流入降主动脉。胎儿头、颈和上肢的静脉血汇入上腔静脉,然后注入右心房。由于上腔静脉在右心房的入口正对右房室口,因而来自上腔静脉含有一定量氧的血液几乎全部经右房室口入右心室,然后注入肺动脉干。此时胎儿肺尚未执行功能,血流阻力大,因而只有少量血液(5% ~ 10%)进入肺内;大部分肺动脉的血液(90%以上)经动脉导管注入降主动脉,其血液除经各级分支供应胎儿腹腔、盆腔器官及下肢外,大部分经脐动脉注入胎盘,与母体血液进行物质交换后,再由脐静脉返回胎儿体内(图 26-14)。

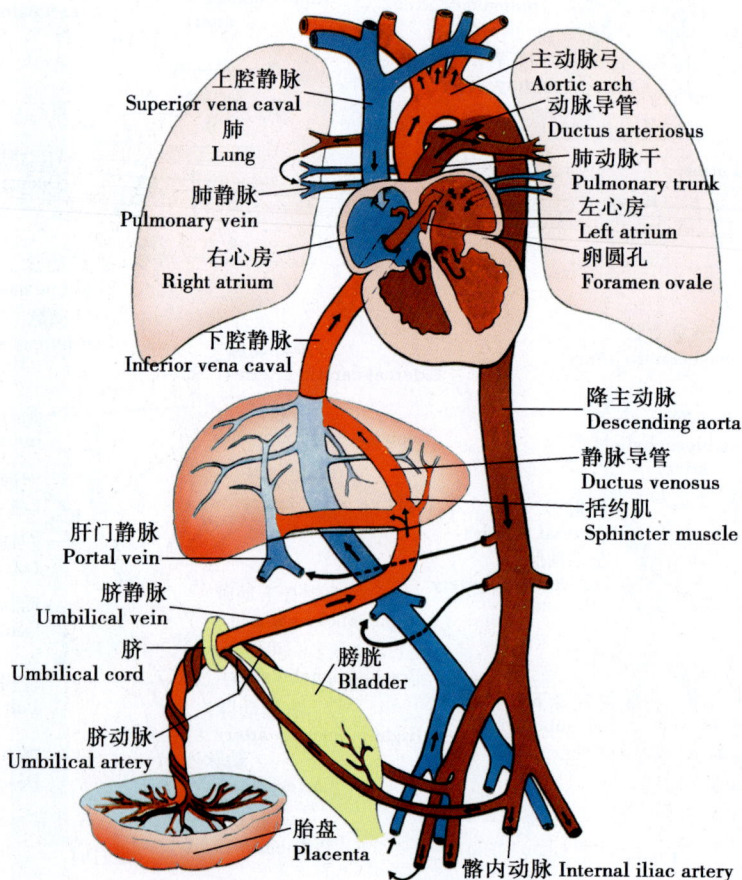

图 26-14　胎儿血液循环模式图
Fig. 26-14　Diagram of fetal circulation

（二）胎儿出生后血液循环的变化

胎儿出生后,胎盘血液循环中断,肺开始执行气体交换功能,血液循环途径发生一系列改变:①肺动脉血液大量进入肺内,动脉导管呈功能性关闭状态,2~3 个月后结构性闭锁,成为动脉韧带;②由于脐静脉闭锁,从下腔静脉注入右心房的血液减少,右心房压力降低,同时,肺血液循环量大幅度增加,从肺静脉回流入左心房的血量增加,左心房压力增大,卵圆孔瓣紧贴第二房间隔,使卵圆孔生理性关闭,出生后约 1 年卵圆孔结构完全闭锁;③胎儿腹腔内的脐动脉大部分闭锁,形成脐侧韧带,仅靠近膀胱段保留成为膀胱上动脉;④胎儿腹腔内的脐静脉也闭锁,形成由脐至肝的肝圆韧带;⑤肝内的静脉导管闭锁,形成静脉韧带。

五、心血管系统先天性畸形

心血管系统发生过程复杂,在发生过程中形态变化明显,在遗传和(或)环境因素作用下,易发生先天性畸形。据统计,每 100 个新生儿中就有一个先天性心脏疾病,其中以房间隔缺损最为常见。

（一）心脏畸形

1. 异位心　异位心(ectopia cordis)主要包括右位心、胸外心和腹位心。

（1）右位心:右位心(dextrocardia)由心管向右弯曲造成,整个心脏与正常位心脏呈镜像改变。如没有相连血管的畸形,心脏可完全正常。但右位心常伴有结构的异常。此外,肠扭转反位亦可造成右位心。

（2）胸外心:由于胸骨发育受阻,未能在中线融合,以致心脏的一部分或整个心脏暴露于胸部之外,称为胸外心(extrathoracic heart)。该畸形较罕见,常伴有其他畸形。

（3）腹位心:由于膈缺损,心脏移于上腹部腹膜腔内,称为腹位心(abdominal heart)。有时心脏的一部分位于胸膜腔,另一部分位于腹膜腔上部。常伴有胸骨下端分裂或缺损以及膈部分缺损,极罕见。

2. 房间隔缺损　房间隔缺损(atrial septal defect,ASD)为最多见的先天性心脏畸形,主要为卵圆孔未闭,可由下列原因导致:①卵圆孔瓣上出现许多穿孔;②第一房间隔在形成第二房间孔时吸收过多,导致卵圆孔瓣太小,不能完全遮盖卵圆孔;③第二房间隔发育异常,形成过大的卵圆孔,不能完全被卵圆孔瓣遮盖;④第一房间隔过度吸收,同时第二房间隔又形成过大的卵圆孔,导致更大的房间隔缺损。此外,心内膜垫发育不全,第一房间隔不能与其融合,也可造成房间隔缺损(图 26-15A)。

3. 室间隔缺损　室间隔缺损(ventricular septal defect,VSD)有室间隔膜部缺损和室间隔肌部缺损两种,其中以室间隔膜部缺损最多见,多因心内膜垫组织增生和伸延不良,从而不能与主动脉肺动脉隔及室间隔肌部愈合,导致室间隔膜部发育不全。室间隔肌部缺损比较少见,其原因是室间隔肌部在形成时,组织过度吸收所致(图 26-15A)。

4. 法洛四联症　法洛四联症(tetralogy of Fallot)包括 4 种缺陷:①肺动脉狭窄;②室间隔缺损;③主动脉骑跨在室间隔缺损处;④右心室肥大。此种畸形发生的主要原因是分隔主动脉和肺动脉的螺旋状隔偏位,造成肺动脉狭窄和室间隔膜部缺损,粗大的主动脉骑跨在缺损部位,肺动脉狭窄使右心室射血阻力增大,从而引起右心室代偿性肥大(图 26-15B)。

5. 法洛三联症　法洛三联症(trilogy of Fallot)兼有肺动脉狭窄、房间隔缺损并伴有右至左分流、右心室肥大三种改变。由于发育产生障碍,肺动脉三个瓣膜融合产生狭窄,使右心室压力增大而逐渐肥大,由于房间隔缺损产生右至左分流,故肺循环血量减少,患者常出现发绀。

6. 艾森曼格综合征　艾森曼格综合征(Eisenmenger syndrome)指室间隔缺损合并肺动脉显著高压,使血液由右向左分流。本病与法洛三联症的不同之处在于无肺动脉狭窄。

7. 埃布斯坦畸形　埃布斯坦畸形(Ebstein anomaly)又称三尖瓣下移。由于三尖瓣下移,畸

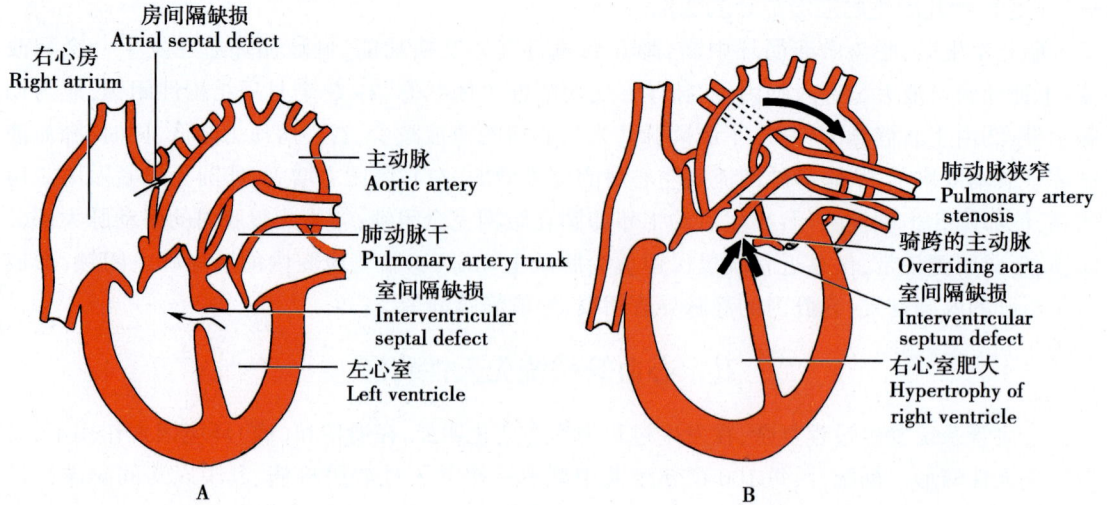

图 26-15　心脏先天性畸形示意图
A. 房间隔与室间隔缺损伴有大动脉易位；B. 法洛四联症
Fig. 26-15　Schematic diagrams showing congenital malformations of heart
A. atrial and ventricular septal defect with transposition of large artery；B. Tetralogy of Fullot

形瓣膜以上的部分室壁较薄,与右心房相连,称心房化石室,起到右心室的作用,常伴有三尖瓣关闭不全。

8. **心脏隔膜缺如**　心脏隔膜缺如(absence of cardiac septa)指心房与心室内部均无隔膜,形成单个心房与心室的两腔心。

(二) 动脉畸形

1. **动脉干永存**　动脉干永存(persistent truncus arteriosus)是由于分隔动脉干的螺旋状隔严重缺损或未发生,使动脉干未能分隔为肺动脉干和主动脉,动脉干骑跨在左、右心室之上,左、右肺动脉直接从动脉干两侧发出。由于左、右心室均注入动脉干,使入肺的血量大大增加而造成肺动脉高压,另一方面由于进入循环的血是混合性的,故供氧不足,患儿出生后,出现衰竭和发绀,多在出生后 1 年内死亡,存活至成年者极少。

2. **动脉干分隔不匀**　动脉干分隔不匀(unequal division of the truncus arteriosus)较罕见,常发生在半月瓣附近,多由于主动脉肺动脉隔的发生部位偏向一侧,造成主动脉和肺动脉的不均等分隔。如果分出一条细小的主动脉和粗大的肺动脉,即称为主动脉狭窄。反之,称为肺动脉狭窄。此畸形常伴有室间隔膜部缺损。

3. **大血管易位**　大血管易位(transposition of great vessels)是由于分隔心球和动脉干的螺旋状隔反方向进行或是直行,造成主动脉发自右心室和肺动脉干发自左心室所致,常伴有房间隔和(或)室间隔缺损、动脉导管未闭(图 26-15、图 26-16)。如果不接受手术治疗,90% 的患儿在出生 1 年内死亡。近年来随着完全性大血管错位矫正手术的开展,患儿死亡率下降。

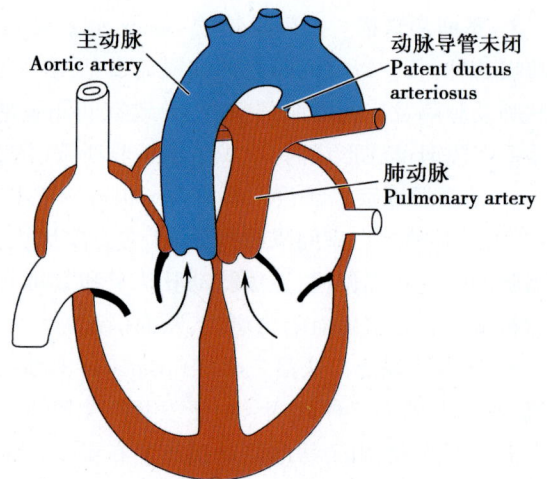

图 26-16　大血管易位模式图
Fig. 26-16　Diagram illustrating transposition of the great vessels

Notes

4. 主动脉缩窄　主动脉缩窄(coarctation of the aorta)是一种多见的畸形,其特点是主动脉局部缩窄,缩窄部位一般在动脉导管与主动脉连接处的稍前或稍后,故常分为导管前缩窄和导管后缩窄,也有部分病例位于动脉导管连接处的对侧。导管后缩窄多见。导管前缩窄少见,常伴有动脉导管未闭。

5. 双主动脉弓　双主动脉弓(double aortic arch)是由于右侧第 7 背节支以下至左、右背主动脉相融合处的这段背主动脉没有退化所造成,其位置包绕食管和气管,使两者受压,影响呼吸和吞咽活动。

6. 右主动脉弓　右侧第 4 号动脉及其相连的背主动脉均保留,而左侧相应部分的血管消失,形成右主动脉弓(right aortic arch)。

7. 动脉导管未闭　动脉导管未闭(patent ductus arteriosus)较多见,女性为男性的 2～3 倍。未闭的主要原因可能是动脉导管过于粗大或出生后动脉导管肌不能收缩。未闭合的动脉导管有管状型、漏斗型和窗孔型,后者少见。由于动脉导管未闭,主动脉的血流必然经动脉导管向右分流,造成肺循环量大大增加,体循环量减少,引起肺动脉高压、右心室肥大等,影响患儿发育和活动,并可发生心力衰竭(图 26-17)。

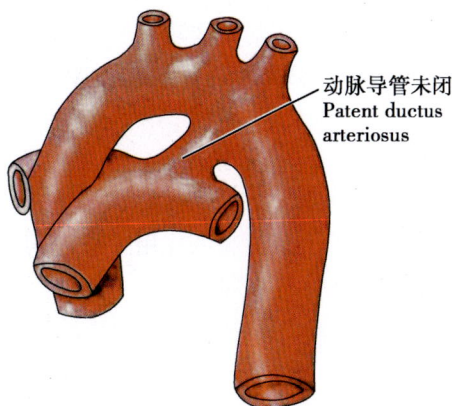

动脉导管未闭
Patent ductus
arteriosus

图 26-17　动脉导管未闭示意图
Fig. 26-17　Diagram showing patent ductus arteriosus

专题讲座：先天性心脏病与转录因子

对先天性心脏病病因学的认识,以往人们多集中在环境致畸因子上,如孕妇受风疹病毒感染、服用沙利度胺(反应停)等药物或高热等因素。近几十年来,对许多病例的研究结果表明,先天性心脏病与遗传有关,个体遗传素质、基因和(或)环境因素相互作用均可引起先天性心脏病。现已确立了先天性心脏病多因素致病的病因学。

高等脊椎动物心脏发生是一个复杂的过程,此过程在胚胎发生早期就已经开始。第一阶段,在原肠胚形成以前,中胚层侧板前部受其下方内胚层信号的诱导,细胞迁移形成心板,诱导信号包括骨形态发生蛋白(bone morphogenetic protein,BMP),碱性成纤维细胞生长因子(basic broblast growth factor,bFGF)和 Wnt 蛋白。第二阶段,特化为心板的祖细胞沿着腹中线迁移、融合形成有搏动功能的直形心管,是胚胎发生中第一个出现的功能性器官。心脏发生过程中复杂的形态学变化和组织重建伴随着同等复杂的基因表达变化。复杂的基因时空表达需要大量的调节转录因子,其中 GATA-4、Nkx2.5、Tbx5 和 MEF2 为心脏形态发生和细胞特化不可缺少。

GATA 属于锌指蛋白超家族成员,能与 DNA 中 A/G GATA A/T 位点结合。在哺乳动物中有 6 个成员,其中 3 个在心脏中表达,即 *GATA-4*、*GATA-5* 和 *GATA-6*。它们在心脏的不同细胞和不同区域表达也不同,其中转录因子 *GATA-4* 是最早被发现的心脏发生调节因子。现已证实,*GATA-4* 直接调节的基因数量有 30 多个。人和小鼠编码的 *GATA-4* 基因变异可引起心脏房室管不分隔,右心室双流出道和心室肌发育不良;*GATA-4* 还能与另一个转录因子 *Nkx2.5* 结合,介导 BMP 信号传导通路。*GATA-4* 与 Smad 蛋白(TGF/BMP 信号传导通路的细胞内效应因子)协同作用再激活 Nkx2.5 转录。在体外,把胚胎干细胞移植于蟾蜍胚胎外胚层中,*GATA-4* 异位表达可诱导心脏发生。所以,*GATA-4* 是一个能启动心脏发生,增强反馈回路的重要角色。*GATA-4* 对心脏的活性还表现在它与 T-box 成员 Tbx5 联合,影响心室肌和心房隔的发育。由此可见,*GATA-4* 与几种其他转录因子相互作用控制不同的遗传程序和心肌细胞发育。

Notes

Nkx2.5 是一种 NK 同源盒转录因子,对其分子结构分析显示,*Nkx2.5* 分子中十分保守的区域参与蛋白质之间的相互作用,如通过同源域与 GATA 和 Tbx5 相互作用。从果蝇到小鼠的动物实验研究显示,*Nkx2.5* 作为心脏发生特定的同源盒基因,早期在将要发生心脏的中胚层表达,并且在以后的成体心肌中持续表达。在心管发生阶段,靶向性干扰 *Nkx2.5* 可使小鼠胚胎致死。1998 年 Schott 等人报道了杂合子的 *Nkx2.5* 变异导致房室传导阻滞,许多显性基因型个体出现第二房间隔缺损。随后对许多家族的研究发现,还有室间隔缺损、法洛四联症、右心室双流出道和三尖瓣异常,说明此基因表现度变化范围颇大。许多显性基因型个体在人类发生的 *Nkx2.5* 同源域变异,多数能引起心脏隔缺损和传导异常。这些结果提示,*Nkx2.5* 的功能是心房、心室和隔发生的基础。

Tbx5 蛋白属于 T-box 家族的一个重要发育调节因子,此家族已有 20 多个成员。其分子中的 T-box(180AA 区)能与 DNA 结合。在研究基因变异导致霍尔特-奥拉姆综合征(Holt-Oram syndrome)时,*Tbx5* 对心脏发育的作用才被发现。此综合征表现为家族性心脏和上肢均发育异常。现已证实,*Tbx5* 表达不足可造成心管和心房发育不良。而 *Tbx5* 过表达可抑制心室发育。*Tbx5* 还与 *Nkx2.5* 相互作用控制心脏传导系的细胞内基因表达。这些发现使人们理解了不同基因变异能引起类似的心脏畸形。

MEF2 蛋白是由 4 个基因通过不同拼接衍生为几个亚型而成。它能与 GATA-4 蛋白相互作用,激活靶基因。在小鼠和果蝇的靶向基因实验中提示,MEF2 在心肌细胞和血管细胞分化后期起作用。

心脏发生时心房、心室隔和瓣膜缺损是最常见的先天性心脏病。从最轻微的畸形如卵圆孔未闭,到最严重的畸形如法洛四联症或三尖瓣闭锁,无不威胁着生命。虽然最轻微的亚临床畸形如房间隔缺损,最初不会干扰心脏功能,随着时间的推移,它将影响运动的耐力。所以,先天性心脏病的早期诊断对于预防心血管并发症非常重要。人类遗传学、基因组学以及单核苷酸多态性的研究成果阐明了两个重要发现,一是除常染色体显性基因疾病,如霍尔特-奥拉姆综合征仅由 *Tbx5* 变异引起外,心脏某个结构缺损往往涉及几个基因异常;二是尽管有些先天性心脏病常常由一个特定基因变异引起,但是,患有先天性心脏病家族的基因表现多样,其原因可能与修饰基因有关,如患霍尔特-奥拉姆综合征家族,其成员从无症状的心脏传导系统异常到严重的结构异常均会出现。伴有杂合子 *Tbx5* 变异小鼠具有霍尔特-奥拉姆综合征的全部表现型。在探索先天性心脏病发生机制的研究中,阐明正常心脏发生的生物化学分子基础和理解基因型和表现型之间的关系仍然是我们面临的主要挑战,特别是转录因子以组合的方式发挥调节作用。在这方面,分析已知的几个与先天性心脏病相关的转录因子,特别是 *GATA-4*、*Nkx2.5* 和 *Tbx5*,包括其上游调节因子,以及与其相互作用的因子和下游效应因子,将可能发现引起先天性心脏病的新基因,也能帮助理解不同的畸形组合(如霍尔特-奥拉姆综合征)。例如,连接蛋白-40(缝隙连接的组分之一)是 *Tbx5* 的下游效应分子,*Tbx5* 基因变异时,影响连接蛋白-40 的功能。因此,霍尔特-奥拉姆综合征患者出现心脏传导缺损等畸形。

理解不同类型转录因子在心脏的分布与结构缺损的关系可以加深对先天性心脏病表现度变化的认识。例如,*GATA-4* 或 *Tbx5* 在心内膜和心肌膜内表达,心脏的心房、心室隔和心瓣膜组织均由心内膜细胞演变而来。由于心肌细胞分泌许多生长因子可以改变心内膜的增殖和分化,如果 *GATA-4* 或 *Tbx5* 发生变异,由心内膜细胞演变而来的心房、心室隔和心瓣膜可发生异常。阐明 *GATA-4*、*Nkx2.5* 和 *Tbx5* 心脏发生关键调节因子作用的分子途径,可能会发现其他潜在引起疾病的基因调节因子和效应因子。这些因子的组合调节模式和现有的研究证实了修饰基因的存在。理解基因之间、基因和环境相互作用将会对先天性心脏病的多因素病因学产生有价值的见解,这对患者出生后和成年期间的治疗以及预防并发症有重要意义。

Notes

参考文献

1. McCulley DJ,Black BL. Transcription factor pathways and congenital heart disease. Curr Top Dev Biol,2012, 100:253-277

2. Benson DW. Genetic origins of pediatric heart disease. Pediatr Cardiol,2010,31(3):422-429

3. He A,Kong SW,Ma Q,et al. Co-occupancy by multiple cardiac transcription factors identifies transcriptional enhancers active in heart. Proc Natl Acad Sci,2011,108(14):5632-5637

4. Butler TL,Esposito G,Blue GM,et al. GATA4 mutations in 357 unrelated patients with congenital heart malformation. Genet Test Mol Biomarkers,2010,14(6):797-802

5. Chen Y,Mao J,Sun Y,et al. A novel mutation of GATA4 in a familial atrial septal defect. Clin Chim Acta,2010, 411(21-22):1741-1745

6. Pizard A,Burgon PG,Paul DL. Connexin 40,a target of transcription factor Tbx5,patterns wrist,digits,and sternum. Mol Cell Biol,2005,25(12):5073-5083

7. Reamon-Buettner SM,Borlak J. NKX2.5:an update on this hypermutable homeodomain protein and its role in human congenital heart disease(CHD). Hum Mutat,2010,31(11):1185-1194

（周　莉）

Notes

第 27 章　神经系统的发生

KEY POINTS

- Development and differentiation of neural rube and neural crest
- Development of spinal cord
- Development of brain
- Development ganglion and peripheral never
- Common malformations nervous system

　　神经系统起源于神经外胚层,由神经管和神经嵴分化而成。神经管分化为中枢神经系统(脊髓、脑)、神经垂体和松果体等;神经嵴分化为周围神经系统(神经节、周围神经)和肾上腺髓质等。神经垂体、松果体和肾上腺髓质等内分泌器官将另章介绍。

一、神经管和神经嵴的发生及早期分化

(一) 神经管的发生

　　人胚第 3 周初,在脊索突和脊索的诱导下,出现了由神经外胚层构成的神经板。随着脊索的延长,神经板也逐渐长大并形成神经沟。在相当于枕部体节的平面上,神经沟首先愈合成管,愈合过程向头、尾两端进展,最后在头、尾两端各有一开口,分别称前神经孔(anterior neuropore)和后神经孔(posterior neuropore)。人胚第 25 天左右,前神经孔闭合;第 27 天左右,后神经孔闭合,完整的神经管形成(图 27-1、图 27-2)。神经管的前段膨大,衍化为脑;后段较细,衍化为脊髓。

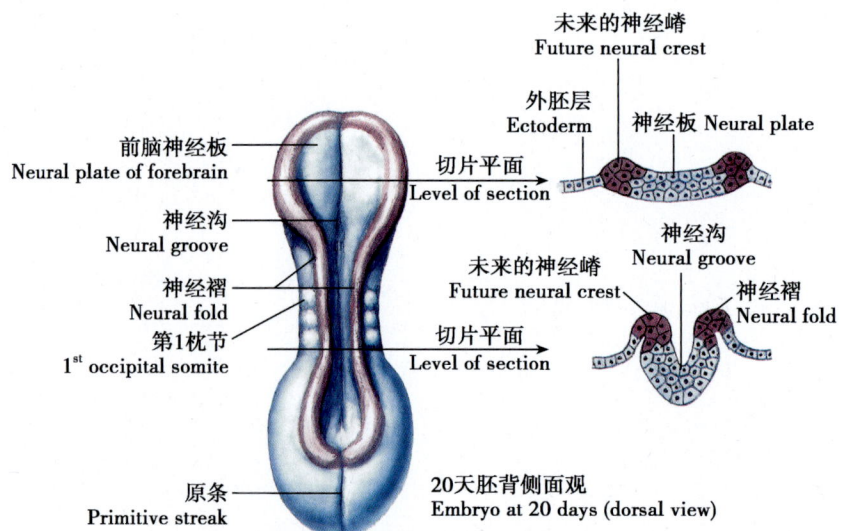

图 27-1　神经板和神经沟发生示意图

Fig. 27-1　Schematic diagram of neural plate and neural groove development

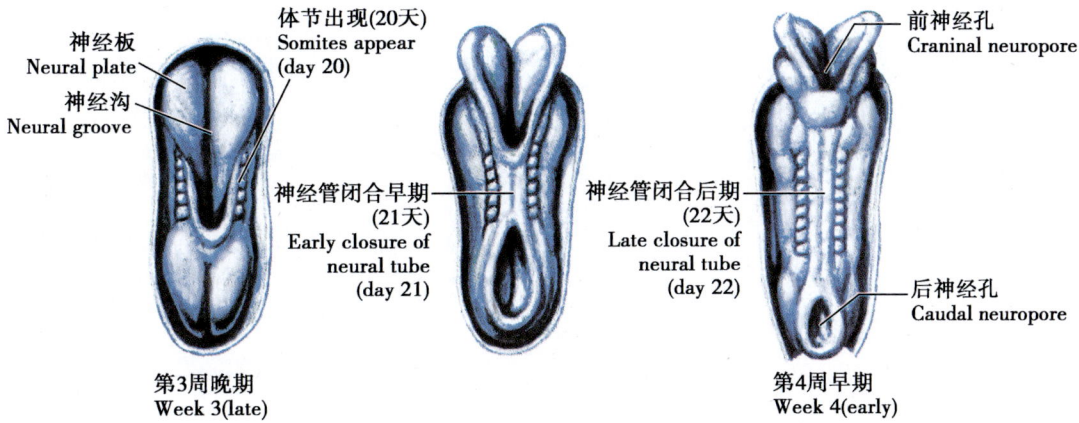

图 27-2　神经管形成示意图
Fig. 27-2　Schematic diagram of neural tube formation

（二）神经嵴的发生

在由神经沟愈合为神经管的过程中,神经沟边缘与表面外胚层相延续处的神经外胚层细胞游离出来,形成左、右两条与神经管平行的细胞索,位于表面外胚层的下方和神经管的背外侧,称神经嵴(neural crest)(图 27-1)。神经嵴分化为周围神经系统的神经节和神经胶质细胞、肾上腺髓质的嗜铬细胞、黑色素细胞、滤泡旁细胞、颈动脉体 I 型细胞等。另外,神经嵴头段的部分细胞还可分化为间充质细胞,并参与靠近心脏的大血管根部管壁组织和头颈部的部分骨、软骨、肌肉及结缔组织的形成。因此,这部分神经嵴组织又称中外胚层(mesoectoderm)(图 27-3、图 27-4)。

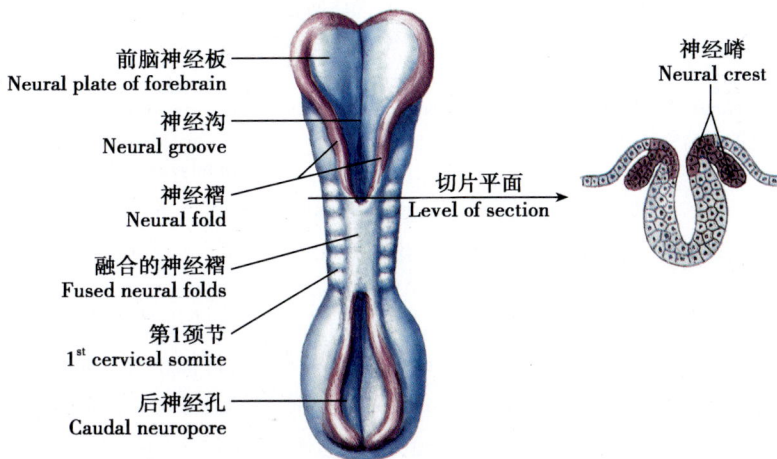

21天胚背侧面观 Embryo at 21 days (dorsal view)

图 27-3　神经嵴发生示意图
Fig. 27-3　Schematic diagram of neural crest development

（三）神经管的早期分化

神经板由单层柱状上皮构成,称神经上皮(neuroepithelium)。当神经管形成后,管壁变为假复层柱状上皮,上皮的基膜较厚,称外界膜(external limiting membrane)。神经上皮细胞不断分裂增殖,部分细胞迁至神经上皮的外周,称成神经细胞(neuroblast)。之后,神经上皮细胞又分化出成神经胶质细胞(glioblast),也迁至神经上皮的外周。于是,在神经上皮的外周由成神经细胞和成神经胶质细胞构成了一层新细胞层,称套层(mantle layer)。此时原位的神经上皮停止分化,

Notes

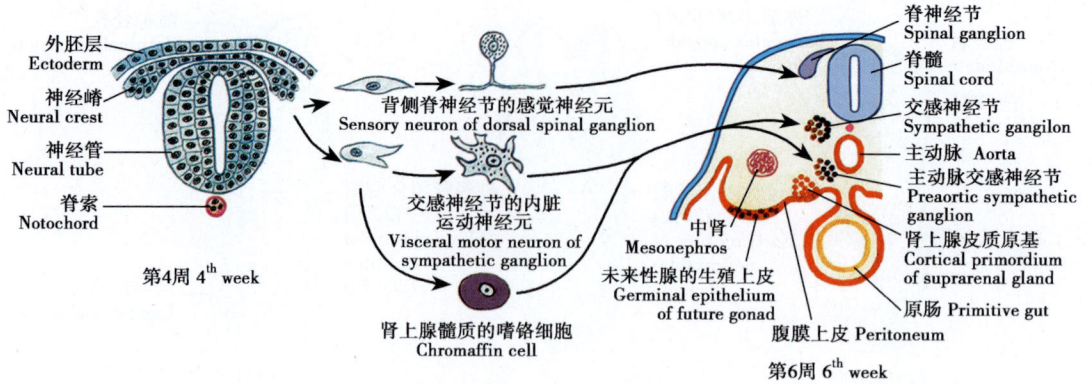

图 27-4 神经嵴分化示意图

Fig. 27-4 Schematic diagram illustrating development of neural crest differentiation

变成一层立方形或矮柱状细胞,称室管膜层(ependymal layer)。套层的成神经细胞起初为圆球形,很快长出突起,突起逐渐增长并伸至套层外周,形成一层新的结构,称边缘层(marginal layer)。随着成神经细胞的分化,套层中的成神经胶质细胞也分化为星形胶质细胞和少突胶质细胞,并有部分细胞进入边缘层(图 27-5、图 27-6)。

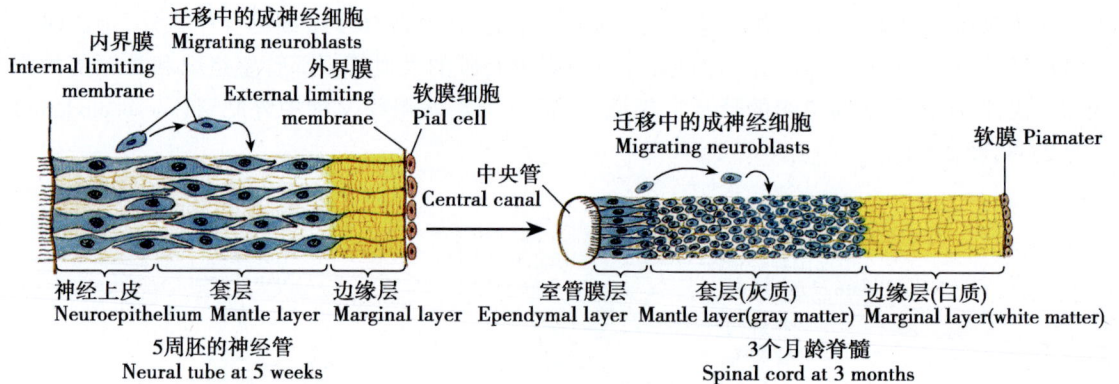

图 27-5 神经管壁中细胞的迁移和分层示意图

Fig. 27-5 Schematic diagram illustrating migration and lamination of the cells in neurotube

成神经细胞一般不再分裂增殖,起初为圆形,称为无极成神经细胞(apolar neuroblast),以后发出两个突起,称双极成神经细胞(bipolar neuroblast)。双极成神经细胞朝向神经管腔一侧的突起退化消失,称单极成神经细胞(unipolar neuroblast);伸向边缘层的一个突起迅速增长,形成原始轴突。单极成神经细胞内侧端又形成若干短突起,为原始树突,称多极成神经细胞(multipolar neuroblast)。

在神经元的发生过程中,最初生成的神经细胞数目远比以后存留的数目多,那些未能与靶细胞或靶组织建立连接的神经元都在一定时间内死亡。这说明神经元的存活与其靶细胞或靶组织密切相关。

神经胶质细胞的发生晚于神经细胞。成神经胶质细胞首先分化为各类神经胶质细胞的前体细胞,即成星形胶质细胞(astroblast)和成少突胶质细胞(oligodendroblast)。然后,成星形胶质细胞分化为原浆性和纤维性星形胶质细胞,成少突胶质细胞分化为少突胶质细胞。最近有人在体外培养的研究中发现,两种星形胶质细胞分别由两种不同的前体细胞分化而来,少突胶质细胞与纤维性星形胶质细胞来自同一种前体细胞。也有人提出,少突胶质细胞并非来自神经上皮细胞,而是来自神经管周围的间充质。对于小胶质细胞的起源问题,至今尚有争议,有人认为这

Notes

种胶质细胞来源于神经管周围的间充质细胞,更多人认为来源于血液中的单核细胞。神经胶质细胞始终保持分裂增殖能力。

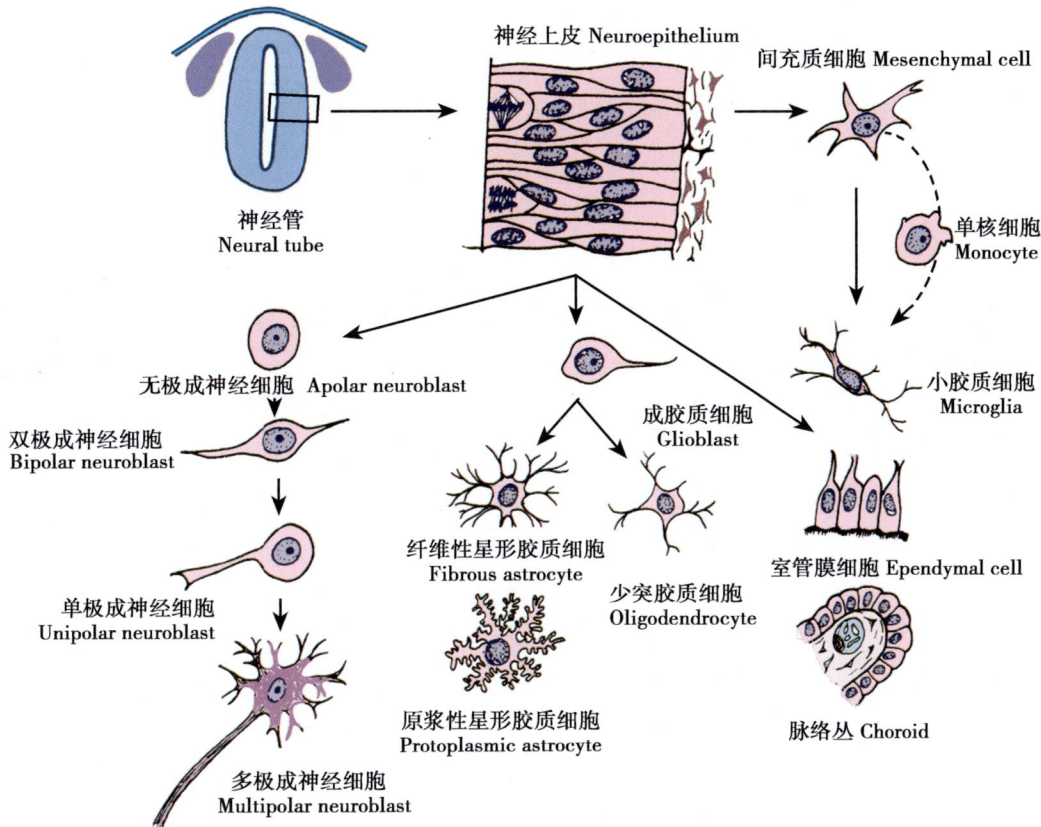

图 27-6　神经上皮的分化示意图
Fig. 27-6　Schematic diagram showing neuroepithelium differentiation

二、脊髓的发生

神经管的下段分化为脊髓,其管腔演化为脊髓中央管,套层分化为脊髓的灰质,边缘层分化为白质。神经管的两侧壁由于套层中成神经细胞和成胶质细胞的增生而迅速增厚,侧壁的腹侧部增厚形成左、右两个基板(basal plate),背侧部增厚形成左、右两个翼板(alar plate)。神经管的顶壁和底壁都薄而窄,分别形成顶板(roof plate)和底板(floor plate)。由于基板和翼板的增厚,在神经管的内表面出现了左、右两条纵沟,称界沟(sulcus limitans)(图 27-7)。

由于成神经细胞和成神经胶质细胞的增多,左、右两基板向腹侧突出,致使在两者之间形成了一条纵行的裂隙,位居脊髓的腹侧正中,称前正中裂或腹侧裂。同样,左、右两翼板也增大,但主要是向内侧推移并在中线愈合形成一隔膜,称后正中隔。基板形成脊髓灰质的前角(或前柱),其中的成神经细胞分化为躯体运动神经元。翼板形成脊髓灰质后角(或后柱),其中的神经细胞分化为中间神经元。若干成神经细胞聚集于基板和翼板之间,形成脊髓侧角或中间角,其内的成神经细胞分化为内脏传出神经元。至此,神经管的尾端分化成脊髓,神经管周围的间充质分化成脊膜(图 27-7)。

人胚胎第 3 个月之前,脊髓与脊柱等长,其下端可达脊柱的尾骨平面。第 3 个月后,由于脊柱增长比脊髓快,脊柱逐渐超越脊髓向尾端延伸,脊髓的位置相对上移。至出生前,脊髓下端与第 3 腰椎平齐,仅以终丝与尾骨相连。由于节段性分布的脊神经均在胚胎早期形成,并从相应

Notes

节段的椎间孔穿出,当脊髓位置相对上移后,脊髓颈段以下的脊神经根便越来越斜向尾侧,至腰、骶和尾段的脊神经根则在椎管内垂直下行,与终丝共同组成马尾(图27-8)。

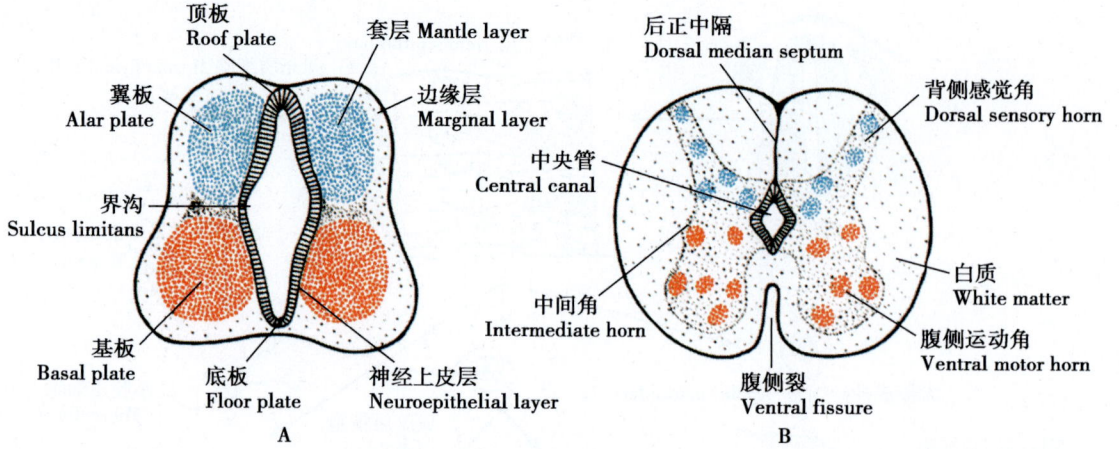

图 27-7　脊髓分化示意图
Fig. 27-7　Diagrams showing differentiation of the spinal cord

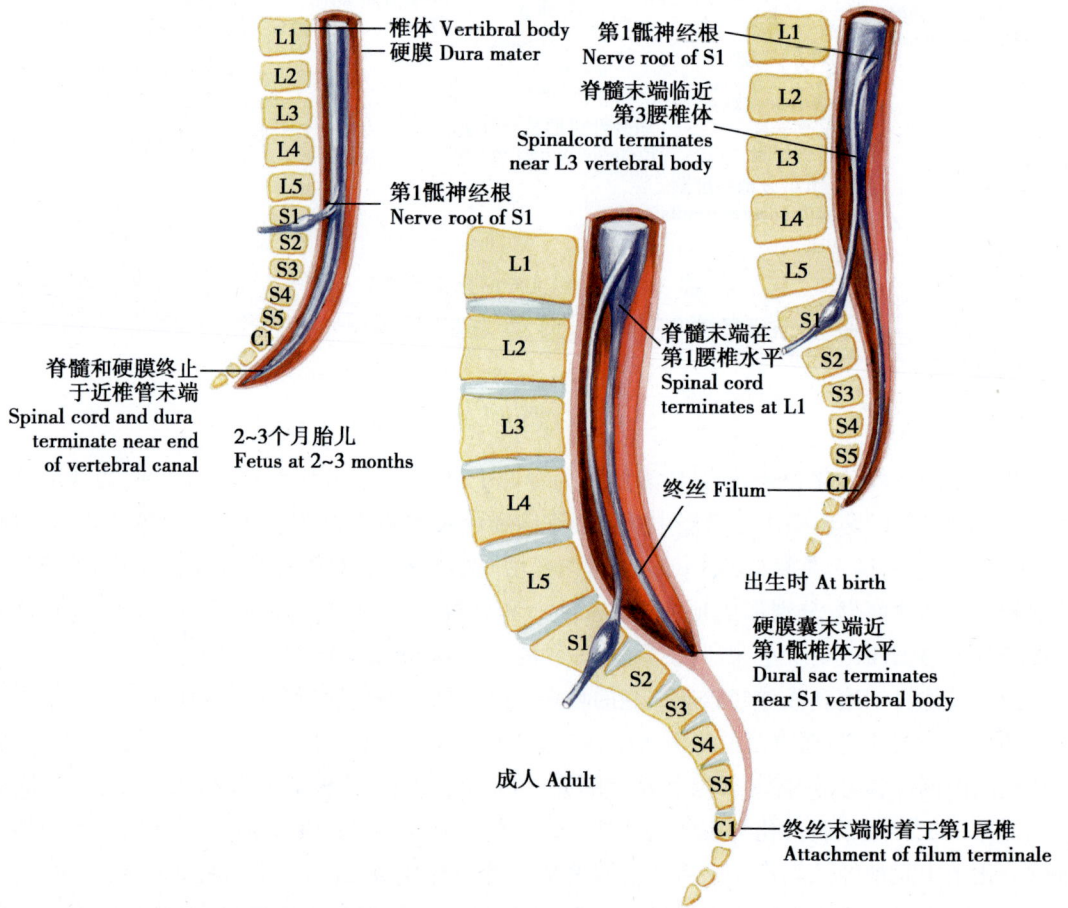

图 27-8　在胚胎发育中脊髓与脊柱关系的变化示意图
Fig. 27-8　Diagrams showing changes of relationship between spinal cord vertebral column during developing

Notes

三、脑 的 发 生

脑起源于神经管的头段,尽管其形态发生和组织分化过程与脊髓有一些相同或相似之处,但比脊髓更为复杂。

(一) 脑泡的形成和演变

人胚第 4 周末,神经管头段形成 3 个膨大,即脑泡(brain vesicle),由前向后分别为前脑泡、中脑泡和菱脑泡。至第 5 周时,前脑泡的头端向两侧膨大,形成左、右两个端脑(telencephalon),以后演变为大脑两半球,而前脑泡的尾端则形成间脑。中脑泡变化不大,演变为中脑。菱脑泡演变为头侧的后脑(metencephalon)和尾侧的末脑(myelencephalon),后脑演变为脑桥和小脑,末脑演变为延髓。随着脑泡的形成和演变,神经管的管腔也演变为各部位的脑室。前脑泡的腔演变为左、右两个侧脑室和间脑中的第三脑室;中脑泡的腔很小,形成狭窄的中脑水管;菱脑泡的腔演变为宽大的第四脑室(图 27-9、图 27-10)。

在脑泡的形成和演变过程中,同时出现了几个不同方向的弯曲。首先出现的是凸向背侧的颈曲(cervical flexure)和头曲(cephalic flexure)。前者位于脑与脊髓之间,后者位于中脑部,故又称中脑曲。之后,在脑桥和端脑处又出现了两个凸向腹侧的弯曲,分别称脑桥曲和端脑曲。

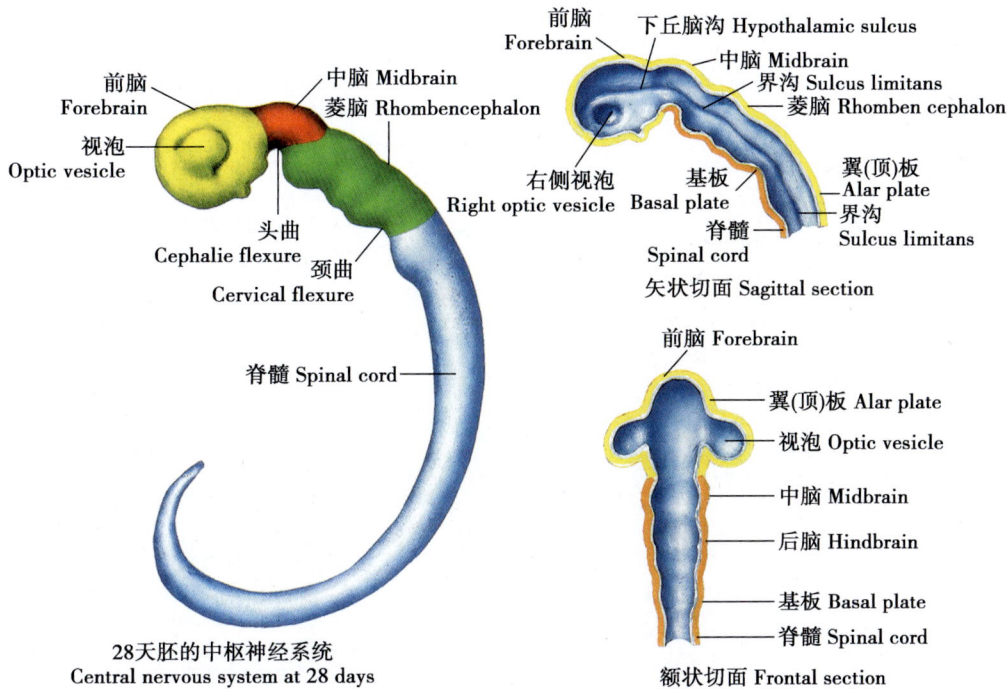

前脑 Forebrain
中脑 Midbrain
菱脑 Rhombencephalon
视泡 Optic vesicle
头曲 Cephalie flexure
颈曲 Cervical flexure
脊髓 Spinal cord
28天胚的中枢神经系统
Central nervous system at 28 days

前脑 Forebrain
下丘脑沟 Hypothalamic sulcus
中脑 Midbrain
界沟 Sulcus limitans
菱脑 Rhomben cephalon
右侧视泡 Right optic vesicle
基板 Basal plate
界沟 Sulcus limitans
翼(顶)板 Alar plate
脊髓 Spinal cord
矢状切面 Sagittal section

前脑 Forebrain
翼(顶)板 Alar plate
视泡 Optic vesicle
中脑 Midbrain
后脑 Hindbrain
基板 Basal plate
脊髓 Spinal cord
额状切面 Frontal section

图 27-9　脑泡和脑曲的形成示意图
Fig. 27-9　Diagrams showing the formation of the brain vesicle and brain flexure

脑壁的演化与脊髓相似,其侧壁上的神经上皮细胞增生并向外侧迁移,分化为成神经细胞和成胶质细胞,形成套层。由于套层的增厚,使侧壁分成了翼板和基板。端脑和间脑的侧壁大部分形成翼板,基板甚小。端脑套层中的大部分细胞都迁至外表面,形成大脑皮质;少部分细胞聚集成团,形成神经核。中脑、后脑和末脑中的套层细胞多聚集成细胞团或细胞柱,形成各种神经核。翼板中的神经核多为感觉中继核,基板中的神经核多为运动核(图 27-11)。

(二) 大脑皮质的组织发生

大脑皮质由端脑套层的神经细胞迁移和分化而成。大脑皮质的种系发生分为 3 个阶段,最早出现的是原皮质,继之出现旧皮质,最晚出现的是新皮质。人类大脑皮质的发生过程重演了

Notes

矢状切面 Sagittal section　　　　　　额状切面 Frontal section

终板 Lamina terminalis　第三脑室 3rd ventricle

后脑(小脑、脑桥)
Metencephalon(cerebellum,pons)

翼板 Alar plate
基板 Basal plate
界沟 Sulcus limitans
中脑 Midbrain
中脑导水管
Mesencephalic
aqueduct
间脑
Diencephalon
第三脑室
3rd ventricle
右侧端脑泡打开
Opening of right
telencephalic
vesicle

末脑的薄顶部(延髓)
Thin root of myelencephalon

第四脑室 4th ventricle
中央管 Central canal
脊髓
Spinal cord

下丘脑沟
Hypothalamic sulcus
漏斗 Infundibulum
右侧视柄打开
Opening of right optic stalk
终板 Lamina terminalis

端脑泡 Telencephalic vesicle
侧脑室 Lateral ventricle
翼板 Alar plate
第三脑室 3rd ventricle
视柄 Optic stalk
视杯 Optic cup
漏斗隐窝 Infundibular recess
间脑 Diencephalon
中脑 Mesencephalon
中脑导水管
Mesencephalic aqueduct
基板 Basal plate
后脑(小脑、脑桥)
Metencephalon
第四脑室
4th
ventricle
末脑(延髓)
Myelencephalon
脊髓 Spinal cord
中央管 Central canal

菱脑 Rhombencephalon

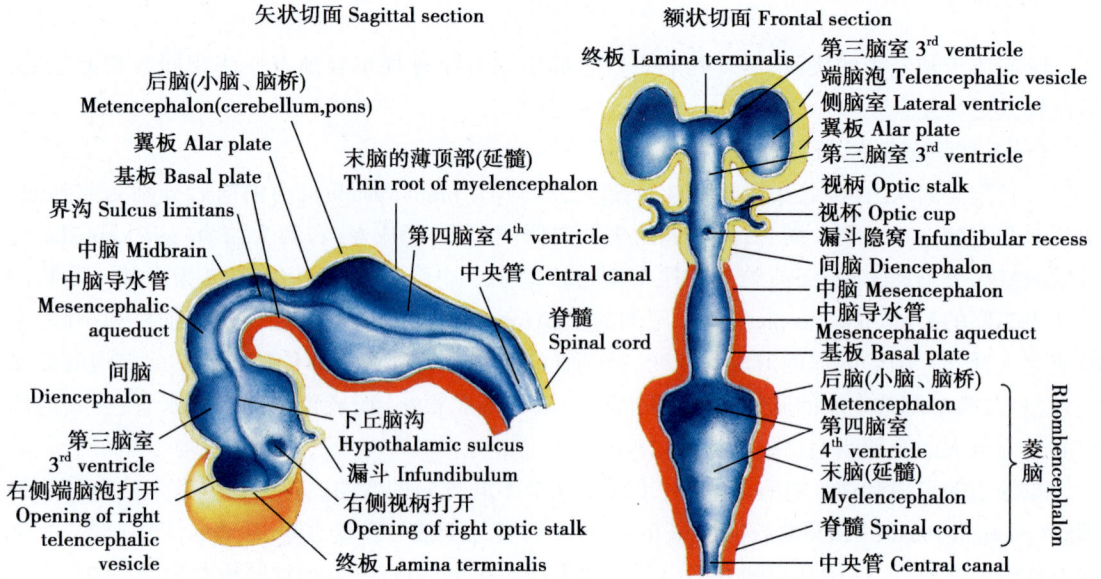

图 27-10　脑泡和脑室初步分化示意图
Fig. 27-10　Diagrams showing the initial differentiation of the brain vesicle and ventricle

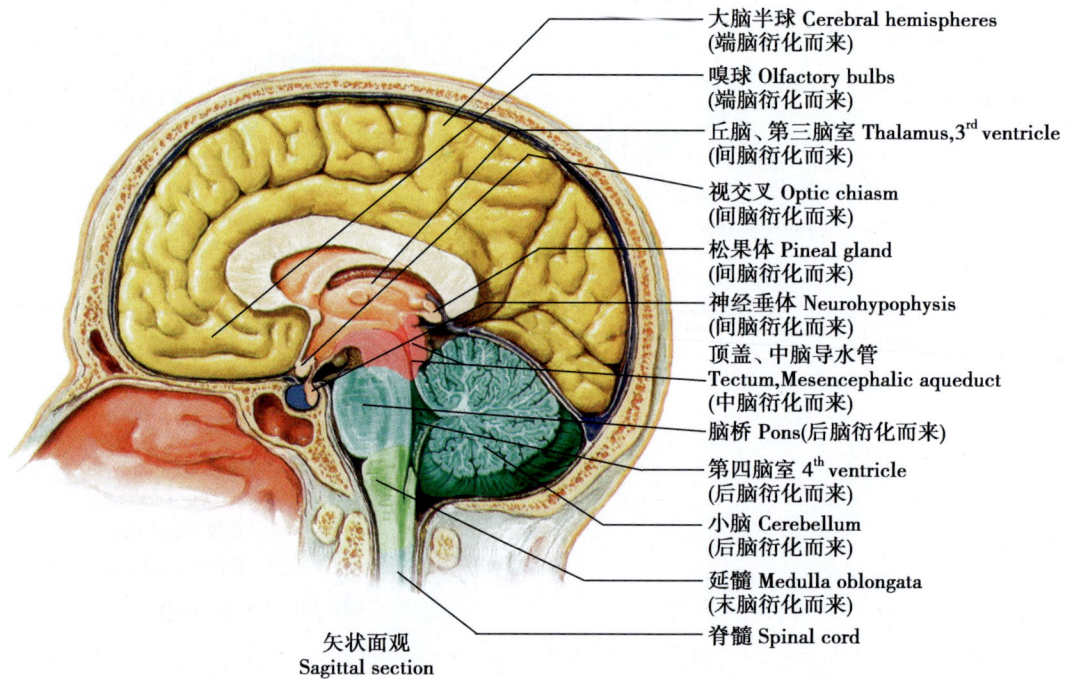

大脑半球 Cerebral hemispheres
(端脑衍化而来)
嗅球 Olfactory bulbs
(端脑衍化而来)
丘脑、第三脑室 Thalamus,3rd ventricle
(间脑衍化而来)
视交叉 Optic chiasm
(间脑衍化而来)
松果体 Pineal gland
(间脑衍化而来)
神经垂体 Neurohypophysis
(间脑衍化而来)
顶盖、中脑导水管
Tectum,Mesencephalic aqueduct
(中脑衍化而来)
脑桥 Pons(后脑衍化而来)
第四脑室 4th ventricle
(后脑衍化而来)
小脑 Cerebellum
(后脑衍化而来)
延髓 Medulla oblongata
(末脑衍化而来)
脊髓 Spinal cord

矢状面观
Sagittal section

图 27-11　脑泡最终分化示意图
Fig. 27-11　Diagram showing final differentiation of the brain vesicle

皮质的种系发生。海马和齿状回是最早出现的皮质结构,相当于种系发生中的原皮质(archicortex)。人胚第7周时,在纹状体的外侧,大量成神经细胞聚集并分化,形成梨状皮质(pyriform cortex),相当于种系发生中的旧皮质(paleocortex)。旧皮质出现不久,神经上皮细胞分裂增殖、分批分期地迁至表层并分化为神经细胞,形成了新皮质(neocortex),这是大脑皮质中出现最晚、面积最大的部分。由于成神经细胞分批分期地产生和迁移,因而皮质中的神经细胞呈层状排列。越早产生和迁移的细胞,其位置越深;越晚产生和迁移的细胞,其位置越表浅,即越靠近皮质表层。胎儿出生时,新皮质已形成6层结构。原皮质和旧皮质的分层无一定规律性,有的分层不明显,

Notes

有的分为 3 层。

（三）小脑皮质的组织发生

小脑起源于后脑翼板背侧部的菱唇（rhombic lip）。左、右两菱唇在中线融合，形成小脑板（cerebellar plate），即小脑的始基。人胚胎第 12 周时，小脑板的两外侧部膨大，形成小脑半球；板的中部变细，形成小脑蚓。之后，由一条横裂从小脑蚓分出了小结，从小脑半球分出了绒球。由绒球和小结组成的绒球小结叶是小脑种系发生中最早出现的部分，故称原小脑（archicerebellum），仍然保持着与前庭系统的联系。

起初，小脑板由神经上皮、套层和边缘层组成。之后，神经上皮细胞增殖并通过套层迁至小脑板的外表面，形成了外颗粒层（external granular layer）。这层细胞仍然保持分裂增殖的能力，在小脑表面形成一个细胞增殖区，使小脑表面迅速扩大并产生皱褶，形成小脑叶片。至人胚胎第 6 个月，外颗粒层细胞开始分化出不同的细胞类型，部分细胞向内迁移，分化为颗粒细胞，位居浦肯野细胞层深面，构成内颗粒层。套层的外层成神经细胞分化为浦肯野细胞和高尔基细胞，构成浦肯野细胞层；内层的成神经细胞则聚集成团，分化为小脑白质中的神经核团，如齿状核。外颗粒层因大量细胞迁出而变得较少，这些细胞分化为篮细胞和星形细胞，形成了小脑皮质的分子层，原来的内颗粒层则改称颗粒层。

四、神经节和周围神经的发生

（一）神经节的发生

神经节起源于神经嵴。神经嵴细胞向两侧迁移，分列于神经管的背外侧并聚集成细胞团，分化为脑神经节和脊神经节。这些神经节均属于感觉神经节。神经嵴细胞首先分化为成神经细胞和卫星细胞，再由成神经细胞分化为感觉神经细胞。成神经细胞最先长出两个突起，称为双极神经元，由于细胞体各面的不均等生长，使两个突起的起始部逐渐靠拢，最后合二为一，于是双极神经元变成假单极神经元。卫星细胞是一种神经胶质细胞，包绕在神经元的细胞体周围。神经节周围的间充质分化为结缔组织的被膜，包绕整个神经节。

位于胸段的神经嵴，部分细胞迁至背主动脉的背外侧，形成两列节段性排列的神经节，即交感神经节。这些神经节借纵行的神经纤维彼此相连，形成两条纵行的交感链。神经节内的部分细胞迁至主动脉腹侧，形成主动脉前交感神经节。神经节内的神经嵴细胞首先分化为交感成神经细胞（sympathetic neuroblast），再由此分化为多极的交感神经节细胞。神经节内的另一部分神经嵴细胞分化为卫星细胞。

交感神经节的外周也有间充质分化来的结缔组织被膜。副交感神经节的起源问题尚有争议。有人认为副交感神经节中的神经细胞来自中枢神经系统的原基，即神经管，也有人认为来源于脑神经节中的成神经细胞。

（二）周围神经的发生

周围神经由感觉神经纤维和运动神经纤维构成，神经纤维由神经细胞的突起和施万细胞构成。感觉神经纤维是感觉神经节细胞的周围突；躯体运动神经纤维是脑干及脊髓灰质前角运动神经元的轴突；内脏运动神经的节前纤维是脊髓灰质侧角和脑干内脏运动核中神经元的轴突，节后纤维则是自主神经节细胞的轴突。施万细胞由神经嵴细胞分化而成，并与发生中的轴突或周围突同步增殖和迁移。施万细胞与突起相贴处凹陷，形成一条深沟，沟内包埋着神经元的轴突。当沟完全包绕轴突时，施万细胞与轴突间形成一扁平系膜。在有髓神经纤维，此系膜不断增长并不断环绕轴突，于是在轴突外周形成了由多层细胞膜环绕而成的髓鞘。在无髓神经纤维，一个施万细胞可与多条轴突相贴，并形成多条深沟包绕轴突，也形成扁平系膜，但系膜不环绕，故不形成髓鞘。人胚 36 天时，12 对脑神经和 31 对脊神经已清晰可见（图27-12）。

Notes

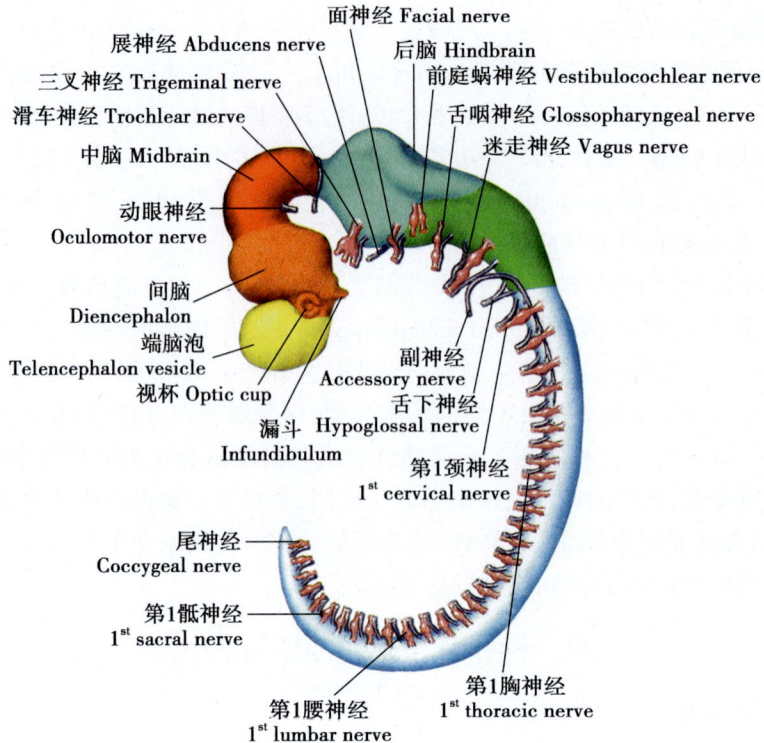

面神经 Facial nerve
后脑 Hindbrain
前庭蜗神经 Vestibulocochlear nerve
展神经 Abducens nerve
三叉神经 Trigeminal nerve
舌咽神经 Glossopharyngeal nerve
滑车神经 Trochlear nerve
迷走神经 Vagus nerve
中脑 Midbrain
动眼神经 Oculomotor nerve
间脑 Diencephalon
端脑泡 Telencephalon vesicle
副神经 Accessory nerve
视杯 Optic cup
舌下神经 Hypoglossal nerve
漏斗 Infundibulum
第1颈神经 1st cervical nerve
尾神经 Coccygeal nerve
第1骶神经 1st sacral nerve
第1胸神经 1st thoracic nerve
第1腰神经 1st lumbar nerve

图 27-12　36 天人胚的脑神经和脊神经示意图
Fig. 27-12　Diagrams showing the cranial nerves and spinal nerves of embryo at the 36th days

五、神经系统的常见畸形

（一）神经管缺陷

这是由于神经管闭合和发育不全所引起的一类先天畸形,主要表现为脑和脊髓的异常,并常伴有颅骨和脊柱的异常。正常情况下,人胚第 4 周末,神经管应完全闭合,如果失去了脊索的诱导作用或受到环境致畸因子的影响,神经沟就不能正常地闭合为神经管。如果头侧的神经沟未闭,就会形成无脑畸形（anencephaly）；如果尾侧的神经沟未闭,就会形成脊髓裂（myeloschisis）。无脑畸形常伴有颅顶骨发育不全,称露脑（exencephaly）。脊髓裂常伴有相应节段的脊柱裂（spina bifida）。脊柱裂可发生于脊柱各段,常见于腰骶部。脊柱裂的严重程度不同,轻者只有少数几个椎弓未在背侧中线愈合,留有一小的裂隙,脊髓、脊膜和神经根均正常,称隐性脊柱裂（spina bifida occulta）。患者的局部皮肤表面常有一小撮毛发,多无任何症状。严重的脊柱裂大范围的椎弓未发育,伴有脊髓裂,表面皮肤裂开,神经组织暴露于外。中度的脊柱裂比较多见,在患处常形成一个大小不等的皮肤囊袋。如果囊袋中只有脊膜和脑脊液,称脊膜膨出（meningocele）；如果囊袋中既有脊膜和脑脊液,又有脊髓和神经根,则称脊膜脊髓膨出（meningomyelocele）（图 27-13）。由于颅骨的发育不全,也可出现脑膜膨出和脑膜脑膨出（meningoencephalocele）,多发生于枕部,枕骨鳞未发生,缺口常与枕骨大孔相连通。如果脑室也随之膨出,则称积水性脑膜脑膨出（meningohydroencephalocele）。

（二）脑积水

脑积水（hydrocephalus）是一种比较多见的先天畸形,多由脑室系统发育障碍、脑脊液生成和吸收失去平衡所致,以中脑导水管和室间孔狭窄或闭锁最常见。由于脑脊液不能正常流通循环,致使脑室中积满液体或在蛛网膜下隙中积存大量液体,前者称脑内脑积水（internal hydro-

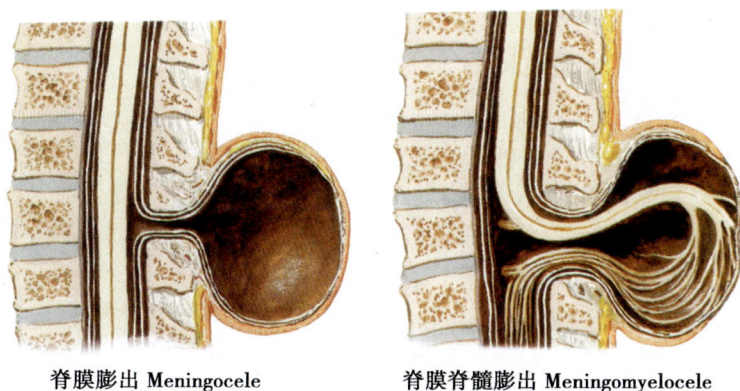

脊膜膨出 Meningocele　　　　脊膜脊髓膨出 Meningomyelocele

图 27-13　脊膜膨出和脊膜脊髓膨出示意图
Fig. 27-13　Schematic diagram of meningocele and meningomyelocele

cephalus），后者称脑外脑积水（external hydrocephalus）。其临床特征主要是颅脑增大、颅骨变薄、颅缝变宽。

专题讲座：神经营养因子

神经营养因子（neurotrophin，NT）是一类对神经元的发育、存活和凋亡起重要作用的蛋白质。NT 通常是以受体介导入胞方式进入神经末梢，再经逆向轴浆运输抵达神经元的细胞体，促进神经元合成有关的蛋白质，从而发挥其支持神经元生长、发育和功能完整性的作用。近年来，也发现有些 NT 由神经元产生，经顺向轴浆运输到达神经末梢，对突触后神经元的形态和功能完整性起支持作用。

随着神经生长因子和表皮生长因子的发现以及无血清培养神经元等技术的应用，在许多组织液和细胞外基质中陆续发现一些新的特异蛋白质分子，如脑源性神经营养因子、睫状神经营养因子、胶质细胞源神经营养因子、类胰岛素生长因子，也能促进神经元的增殖、分化和存活。

（一）神经生长因子和表皮生长因子

神经生长因子（nerve frowth factor，NGF）是人类发现的第一个神经营养因子，由意大利神经科学家 Rita Levi-Montalcini 和美国生物化学家 Stanley Cohen 于 1953 年第一次分离成功。Levi-Montalcini 在华盛顿大学 Viktor Hamburger 实验室的实验证明，移植到小鸡胚胎中的小鼠肿瘤组织能诱发神经生长，甚至并不直接与胚胎发生的神经组织接触。1962 年，Cohen 又发现了决定皮肤年龄的表皮生长因子（epidermal growth factor，EGF），并证明 EGF 的缺失是导致皮肤衰老的根本原因，给皮肤补充 EGF，可以使衰老的皮肤再年轻。为此，Levi-Montalcini 和 Cohen 于 1986 年共同获得了诺贝尔生理学或医学奖。

神经生长因子和表皮生长因子的发现使人类进一步认识了肿瘤、心血管疾病、阿尔茨海默症、痴呆和孤独症等医学难题。同时开辟了神经生物学研究的新领域-细胞生长因子研究。

（二）脑源性神经营养生长因子

脑源性神经营养因子（brain-derived neurotrophic factor，BDNF）是 1982 年由德国神经化学家 Barde 等首先在猪脑中发现的一种具有神经营养作用的蛋白质。1989 年 BDNF 的基因被克隆。1990 年，根据 BDNF 和 NGF 中保守性最强部分的序列，利用 PCR 技术几个实验室几乎同时发现了 NGF 基因家族的第三个成员，如脑源性神经营养因子、神经营养物质-4/5、神经营养物质-6、睫状神经营养因子、胶质细胞源神经营养因子等。由于它们的氨基酸序列相似，因此统称为 NGF 家族或神经营养因子。

脑源性神经营养因子及其受体广泛分布于中枢神经系统内，在中枢神经系统发育过程中，对神经元的存活、分化、生长发育起重要作用,并具有防止神经元受损伤死亡、改善神经元的病理状态、促进受损伤神经元再生及分化等生物效应,而且也是成熟的中枢及周围神经系统的神经元维持生存及正常生理功能所必需。

(三) 睫状神经营养因子

睫状神经营养因子(ciliary neurotrophic factor,CNTF)是由 Helfand 等 1976 年发现,1984 年 Barbin 等从鸡睫状神经元提取获得,并于 1989 年获得 CNTF cDNA。最初是从鸟的睫状神经节中提取出来,可维持副交感神经节活性而得名,它不属于 NTFs 家族成员,与其无同源性,属非靶源性神经营养因子。

睫状神经营养因子阳性细胞主要分布在大脑皮质、嗅球、小脑皮质下区、髓鞘/施万细胞、睫状神经节,表明 CNTF 对神经细胞的生长、分化具有明显的营养作用。

Rory 在 1993 年发现,感觉、运动神经元能经轴突逆转运 CNTF 至细胞体,当神经受到损伤时这种逆转运将迅速增多,这一反应可被外源性白血病抑制因子(leukaemia inhibitor factor,LIF)所抑制;因此可推测,CNTF 的逆转运由膜受体介导。神经损伤后施万细胞提高 CNTF 的表达,大脑中动脉缺血后,缺血侧脑皮质和海马区的 CNTF 水平明显升高。

(四) 胶质细胞源神经营养因子

胶质细胞源神经营养因子(glial cell line-derived neurotrophic factor,GDNF)由 Lin 等于 1993 年从大鼠神经胶质细胞系 B49 的培养液中首先纯化并命名。目前已在多种神经细胞和神经相关细胞的培养中发现 GDNF 表达,并有靶源性神经营养因子的作用。

GDNF 能够保护和恢复轴索损伤或者 1-甲基-4-苯基-1,2,3,6-四氢吡啶损伤的 DA 能神经元的功能。研究表明,腺病毒介导的 *GDNF* 基因脑内直接转移可阻止 6-OHDA 诱发的大鼠 DA 能神经元进行性变性,在 PD 保护治疗方面起到重要作用;另外 GDNF 直接注入黑质附近也能促进存活 DA 能神经纤维发芽及功能恢复。

经 GDNF 处理后的纹状体 DA 能神经元酪氨酸羟化酶免疫活性可以升高。同时 GDNF 能够阻止或逆转 PD 动物模型中黑质纹状体 DA 系统的进行性退变,含有 *GDNF* 基因的质粒注射到 PD 病鼠的纹状体内,可以明显改善大鼠的功能。因此 GDNF 是迄今为止所鉴定出的对中脑 DA 能神经元神经营养作用最强大的营养因子之一。

(五) 类胰岛素生长因子

类胰岛素生长因子(insulin like-growth factor,IGF)又称生长介素,是一组生长激素(GH)依赖性多肽,是生长激素产生生理作用过程中必须的一种活性蛋白多肽物质。其主要功能是介导 GH 的蛋白同化作用和促有丝分裂作用。IGF 是通过研究垂体 GH 的作用模式而获得的。1957 年,Salmon 和 Daughaday 发现,正常大鼠的血清可以明显促进 35S-硫酸盐进入培养的软骨细胞中,而垂体切除大鼠的血清则不能。他们在培养基质中加入了 GH 也不能促进 35S-硫酸盐进入软骨细胞。说明正常血清中含有某种能促进细胞生长的因子,GH 的作用是通过这种因子实现的。后来的研究证明,血清中的这种因子具有与胰岛素类似的结构和功能,并且其功能不受抗胰岛素血清的抑制。1978 年正式命名这种因子为类胰岛素生长因子(IGF)。

IGF 包括 IGF-1 和 IGF-2 两种。IGF-1 主要由人肝细胞合成和分泌,是一类促进细胞生长、具有胰岛素样代谢效应的因子,在婴儿的生长和在成人持续进行合成代谢作用上具有重要意义。IGF-1 受营养状态、激素、遗传等多因素的调节,在心血管疾病、内分泌代谢病及肿瘤等的病理生理过程中发挥重要作用。重组 IGF-1 生物制品的出现,又为其在疾病诊断和治疗方面的研究开辟更为广阔的视野。

参考文献

1. Barde YA,Edge RD,Thoenen H. Purification of a new neurotrophic factor from mammalian brain. EMBO J,

1982,1(5):549-553

2. Rory C,Krystyna MA,Yuan Z,et al. Retrograde axonal transport of ciliary neurotrophic factor is increased by peripheral nerve injury. Nature,1993,365: 253-255

3. Hu J,Saito J,Abe K,et al. Increase of CNTF in the ischemic rat brain as determined by a sensitive enzyme-linked immunoassay. Neurol Res,1997,19(6):593-598

4. Lin LF, Doherty DH, Lile JD, et al. GDNF: a glial cell line-derived neurotrophic factor for midbrain dopaminergic neurons. Science,1993,260(5111): 1130-1132

5. Andereggen L,Meyer M,Guzman R,et al. Effects of GDNF pretreatment on function and survival of transplanted fetal ventral mesencephalic cells in the 6-OHDA rat model of Parkinson's disease. Brain Res,2009,1276:39-49

6. Salvatore MF,Gerhardt GA,Dayton RD,et al. Bilateral effects of unilateral GDNF administration on dopamine- and GABA-regulating proteins in the rat nigrostriatal system. Exp Neurol,2009,219(1):197-207

（唐军民）

第 28 章　眼和耳的发生

KEY POINTS

- Formation of the optic vesicle and the optic cup
- Development of the retina, the optic nerve, and the lens
- Development of the external, middle, and inner ear
- Congenital malformations of the eye and the ear

眼和耳是机体内两个结构最为精细和复杂的感觉器官,胚层来源多,发生过程复杂,对致畸因素敏感,易出现发育障碍,形成多种先天畸形。

一、眼 的 发 生

眼是人体的视觉器官,由眼球和眼睑、眼肌、结膜、泪器官等附属结构组成,其发生早,持续时间长。除神经外胚层来源外,表面外胚层、神经嵴和中胚层也参与眼的发生。

(一) 眼球的发生

眼球主要由角膜、巩膜、虹膜、睫状体、视网膜、晶状体、玻璃体、房水等结构构成。

人胚第 3 周,神经管前端尚未闭合前,其两侧发生一对视沟(optic groove)。第 4 周,当神经管前端闭合成前脑时,视沟向外膨出形成左、右一对视泡(optic vesicle)。表面外胚层在视泡的诱导下增厚,形成晶状体板(lens placode)(图 28-1)。视泡腔与脑室相通,视泡远端膨大,贴近表面外胚层,并内陷形成双层杯状结构,称视杯(optic cup)。视泡近端变细,称视柄(optic stalk),与前脑分化成的间脑相连。晶状体板内陷入视杯内,形成晶状体凹(lens pits),且渐与表面外胚层脱离,形成晶状体泡(lens vesicle)(图 28-2)。眼球的各部分即由视杯、视柄、晶状体泡及它们周围的间充质等分化发育形成。

1. 视网膜的发生　视网膜由视杯内、外两层共同分化而成。视杯外层较薄,分化为视网膜色素上皮层。第 5 周,此层为假复层柱状,胞质清亮无色素颗粒,随后出现色素颗粒。至第 14 周,色素上皮层从中央到周边逐渐全部转变为单层立方或柱状。视杯内层增厚,为神经上皮层,自第 6 周起,先后分化出节细胞、视锥细胞、无长突细胞、水平细胞、视杆细胞和双极细胞(图 28-3)。视杯两层之间的腔变窄,最后消失,于是两层直接相贴,构成视网膜视部。在视杯边缘部,内层上皮不增厚,与外层分化的色素上皮相贴,并向晶状体泡与角膜之间的间充质内延伸,形成视网膜盲部,即视网膜的睫状体部和虹膜部。

2. 视神经的发生　胚胎第 5 周,视杯及视柄下方向内凹陷,形成一条纵沟,称脉络膜裂(choroid fissure)。脉络膜裂内除含间充质外,还有玻璃体动、静脉,为玻璃体和晶状体的发育提供营养。玻璃体动脉发出分支营养视网膜。脉络膜裂于胚胎第 7 周封闭,玻璃体动、静脉穿经玻璃体的一段退化,并遗留一残迹称玻璃体管(hyaloid canal),近段成为视网膜中央动、静脉(图 28-3)。视柄与视杯相连,也分内、外两层,两层之间夹一腔隙。随着视网膜的分化发育,逐渐增多的节细胞轴突向视柄内层聚集,视柄内层逐渐增厚,并与外层融合,两层之间的腔隙消失。视

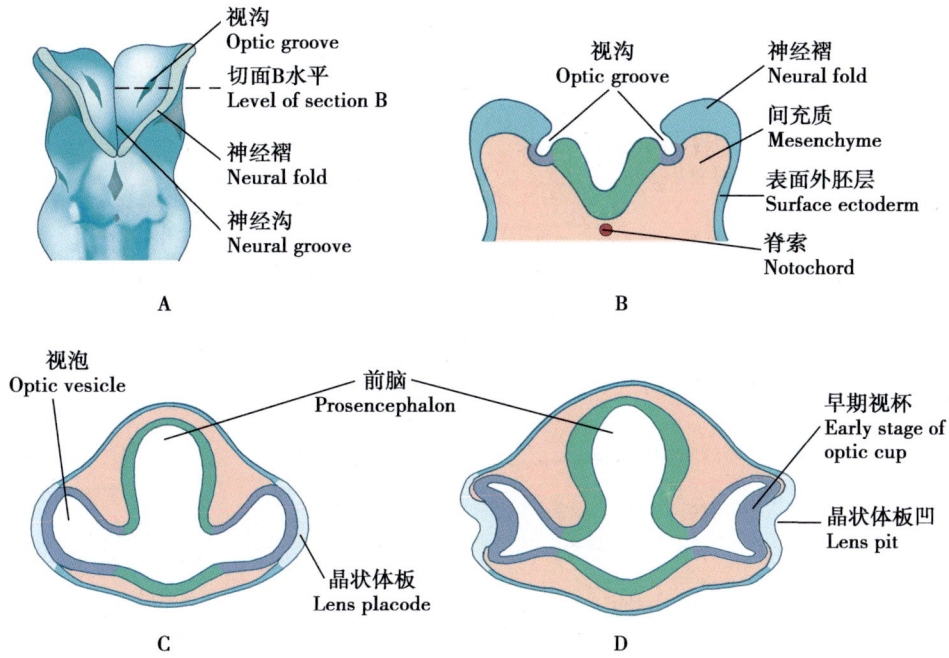

图 28-1　视沟、视泡和晶状体板发生示意图

A. 22 天胚胎颅端背面观示视沟；B. 神经褶横切面示视沟；C. 24 天胚胎前脑横切面；D. 28天胚胎前脑横切面

Fig. 28-1　Diagram showing development of the optic groove, optic vesicle and lens placode

A. dorsal view of the cranial end of an embryo of 22th days showing the optic grooves；B. transverse section of the neural folds showing the optic grooves；C. transverse section through the forebrain of 24th days embryo；D. transverse section through the forebrain of 28th days embryo

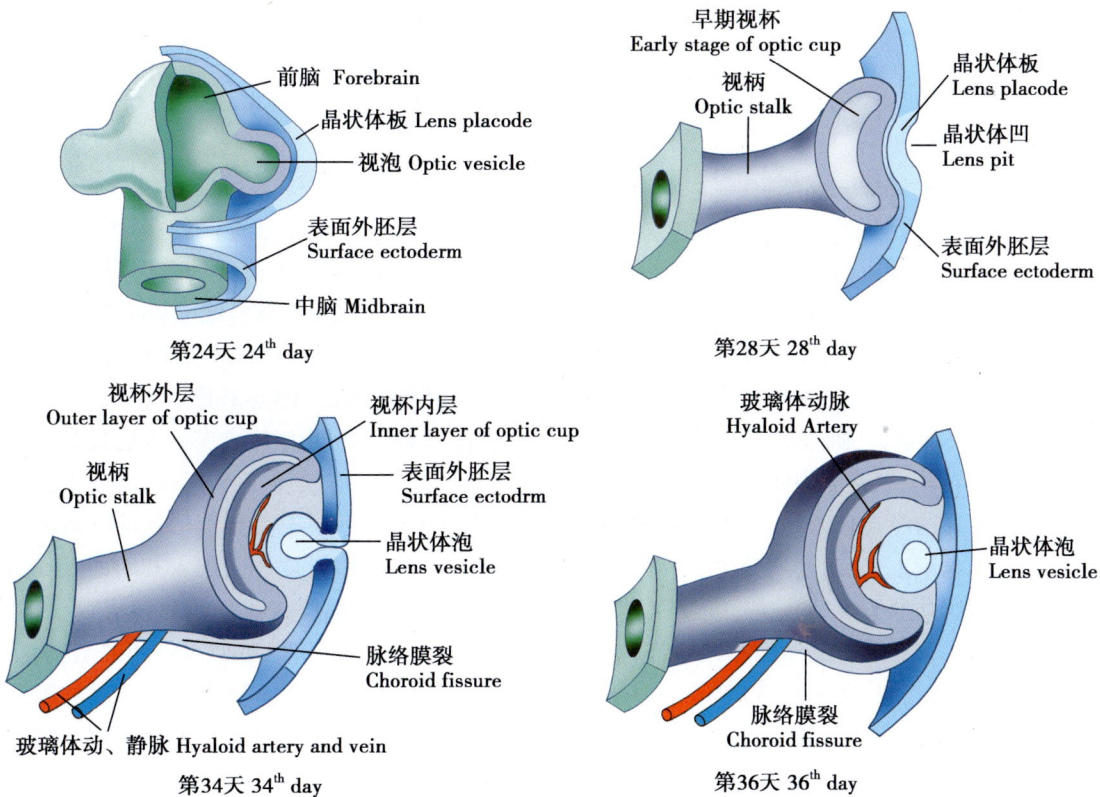

图 28-2　视杯与晶状体发生示意图

Fig. 28-2　Diagram showing development of optic cup and lens

Notes

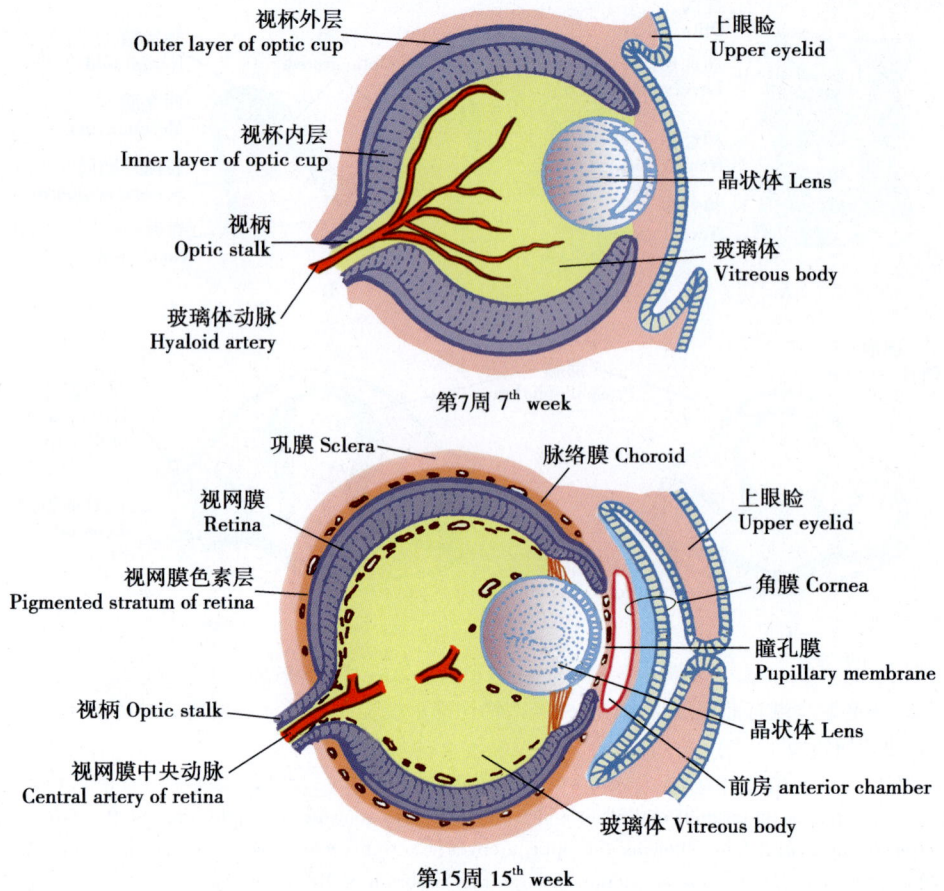

图 28-3　眼球与眼睑发生示意图
Fig. 28-3　Diagram showing development of eye ball and eyelid

柄内、外层细胞演变为星状胶质细胞和少突胶质细胞,并与节细胞轴突混杂在一起,于是视柄演变为视神经(图 28-4)。

3. **晶状体的发生**　晶状体由表面外胚层的衍生物—晶状体泡演变而成。最初,晶状体泡由单层上皮组成。泡的前壁细胞呈立方形,分化为晶状体上皮;后壁细胞呈高柱状,逐渐向前壁方向伸长,形成初级晶状体纤维(primary lens fiber),泡腔逐渐缩小,直到消失,晶状体变为实体的结构(图 28-3、图 28-5)。此后,晶状体赤道区的上皮细胞不断增生、变长并形成新的次级晶状体纤维(secondary lens fiber),原有的初级晶状体纤维及其胞核逐渐退化形成晶状体核。新的晶状体纤维逐层添加到晶状体核的周围,晶状体及晶状体核逐渐增大。此过程持续终生,但随年龄的增长而速度减慢。

4. **角膜、睫状体、虹膜和眼房的发生**　在晶状体泡的诱导下,与其相对的表面外胚层分化为角膜上皮,角膜上皮后面的间充质分化形成角膜其余各层。近年有实验显示,角膜内皮来自由神经嵴经视杯前缘迁来的神经嵴细胞。靠近视杯前缘处的内、外两层上皮分别形成睫状体的非色素上皮和色素上皮,间充质分化形成睫状肌和结缔组织。睫状体上皮连同进入其间的毛细血管和结缔组织共同形成睫状突,其后侧逐渐变成平坦的睫状环,睫状突和睫状环合成睫状体。晶状体前面的间充质与迁至的神经嵴细胞共同形成一层膜,周边部厚,以后形成虹膜的基质;中央部薄,封闭视杯口,称为瞳孔膜(pupillary membrane)。视杯两层上皮的前缘部分形成虹膜上皮层,其中内层分化为色素上皮,外层分化为虹膜的平滑肌,即瞳孔括约肌和瞳孔开大肌。虹膜上皮与虹膜的基质共同发育成虹膜。在晶状体泡与角膜上皮之间充填的间充质内出现一个腔隙,即前房。虹膜与睫状体形成后,虹膜、睫状体与晶状体之间形成后房。出生前瞳孔膜被吸收,前、后房经瞳孔相连通(图 28-3)。

Notes

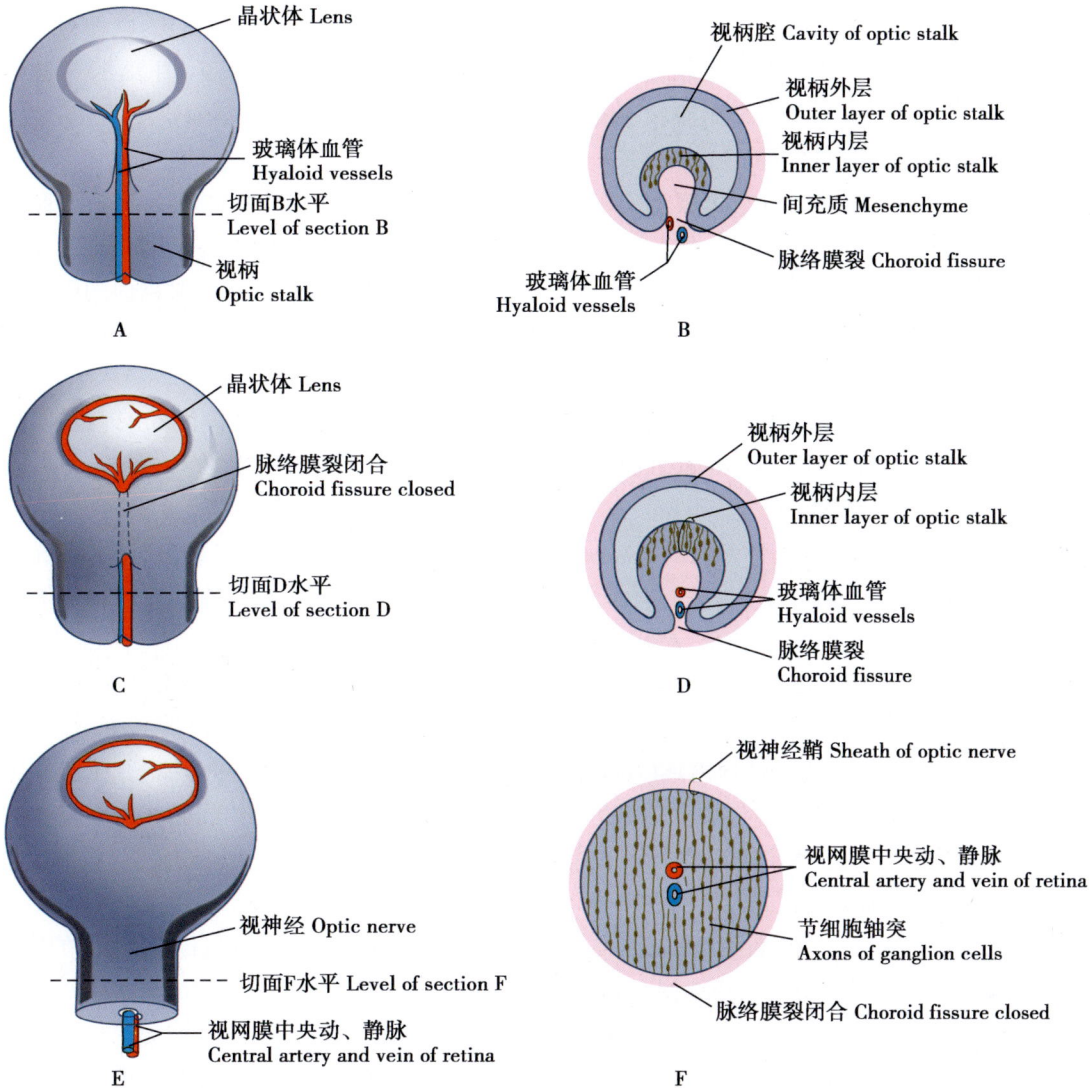

图 28-4　脉络膜裂闭合和视神经形成示意图

A、C 和 E. 视杯和视柄腹侧表面观；B、D 和 F. 不同阶段视柄横切面

Fig. 28-4　Diagram showing the closure of the choroid fissure and formation of the optic nerve

A，C and E.　views of the ventral surface of the optic cup and stalk；B，D and F.　transverse sections of stalk at successive stages

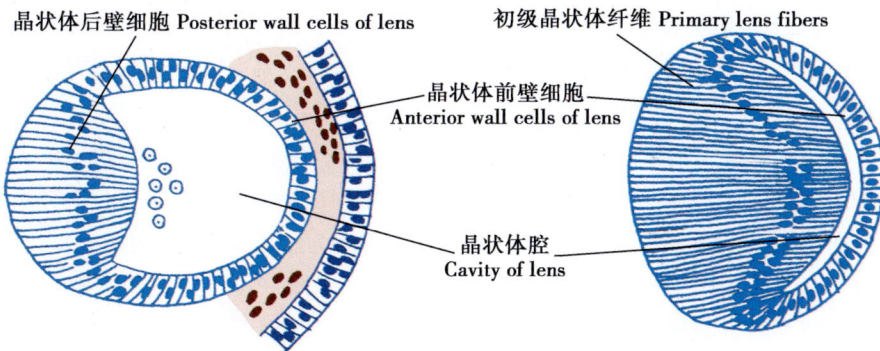

图 28-5　晶状体纤维发育示意图

Fig. 28-5　Schematic drawing showing development of lens fibers

Notes

5. 血管膜和巩膜的发生　第 6～7 周,视杯周围的间充质分为内、外两层。内层富含血管和色素细胞,分化成眼球壁的血管膜。血管膜的大部分贴在视网膜外面,即为脉络膜;贴在视杯口边缘部的间充质则分化为虹膜基质和睫状体的主体。外层较致密,分化为巩膜(图 28-3)。脉络膜与巩膜分别与视神经周围的软脑膜和硬脑膜相连续。

(二)眼睑和泪腺的发生

胚胎第 7 周时,眼球前方与角膜上皮毗邻的表面外胚层形成上、下两个皱褶,为眼睑原基(primordium of eye lids),分别发育成上、下眼睑。反折到眼睑内表面的体表外胚层分化为复层柱状的结膜上皮,与角膜上皮相延续。眼睑外面的表面外胚层则分化为表皮。皱褶内的间充质分化为眼睑的其他结构。第 10 周时,上、下眼睑的边缘互相融合,至第 7 或第 8 个月时才重新张开。

上眼睑外侧部表面外胚层上皮下陷形成实心细胞索。第 3 个月,细胞索中央出现腔隙,形成由腺泡和导管构成的泪腺(lacrimal gland),泪腺在出生后 6 周才分泌泪液。

(三)眼的先天畸形

1. 先天性无虹膜　先天性无虹膜(congenital aniridia)属常染色体显性遗传性异常,多为双侧。其形成的确切机制不明,可能是视杯前缘生长和分化障碍,虹膜不能发育所致。由于无虹膜,瞳孔特别大。常伴有角膜、前房、晶状体、视网膜和视神经异常。

2. 瞳孔膜残留　瞳孔膜残留(persistent pupillary membrane)是因为瞳孔膜吸收不全,在瞳孔处有薄膜或蛛网状细丝遮盖在晶状体前面所致。轻度残留通常不影响视力和瞳孔活动。

3. 先天性白内障　先天性白内障(congenital cataract)指晶状体的透明度异常,其发生原因有内源性、外源性两种,内源性为染色体基因异常,有遗传性;外源性为母体或胎儿的全身性病变对晶状体的损害,如母体在妊娠前 2 个月内感染风疹病毒、母体甲状腺功能低下、营养不良和维生素缺乏等均可造成胎儿先天性白内障。

4. 先天性青光眼　先天性青光眼(congenital glaucoma)属常染色体隐性遗传性疾病,在胎儿发育过程中,由于巩膜静脉窦或小梁网-Schlemm 管系统发育障碍不能发挥有效的房水引流功能所致。患儿房水排出受阻,眼内压增高,眼球胀大,角膜突出,故又称牛眼。

5. 先天性眼睑缺损　先天性眼睑缺损(congenital coloboma of the eyelid)少见,患者往往上辈有近亲结婚史。常发生于上睑的内 1/2 处或下睑的外 1/2 处。轻者导致睑裂异常,重者则使角膜或球结膜暴露于外。

6. 先天性睑内翻　先天性睑内翻(congenital entropion)主要发生于下睑,大多由于内眦赘皮和睑缘部轮匝肌过度发育或睑板发育不全所引起,常与无眼球和小眼球等畸形并存。

7. 内眦赘皮　内眦赘皮(epicanthus)为较常见的先天畸形,东方人较多见,尤其是蒙古人。为常染色体显性遗传,有家族史。可能是由于颅骨和鼻骨发育不良,使过多的皮肤形成皱褶所致。常为双侧,是内眦部的上睑皮肤向下延伸到内眦处形成皱褶,遮盖内眦,使部分鼻侧巩膜不能充分显露。

8. 先天性睑裂狭窄综合征　先天性睑裂狭窄综合征(congenital blepharophimosis syndrome)又称先天性小睑裂,是一种常染色体显性遗传病。可能为胚胎 3 个月前后,上颌突发育抑制因子量增加,与外鼻突发育促进因子间平衡失调所致。表现为上睑下垂、逆向内眦赘皮、内眦距离过远,下睑外翻、睑裂窄小,鼻梁低平,上眶缘发育不良等,呈现一种十分特殊的面容。

9. 囊状眼球　囊状眼球(cystic eye)是由于视杯两层未能贴附甚至停滞在视泡阶段所致。视泡腔中充满液体,使眼球呈大小不一的囊状,小者肉眼检查时不易发现,大者可大于正常眼球,并常引起眼睑膨出。可发生于单眼或双眼,也常与脉络膜裂未闭等畸形并存。

10. 先天性无眼球或小眼　先天性无眼球或小眼(anophthalmia or microphthalmia)是由于视

杯没有发生或虽然发生但未能继续发育所致,常伴有严重的颅脑异常。

11. **独眼**　独眼(cyclopia)是胚胎早期左、右侧视沟在正中线融合而形成的单眼,位于颜面正中。

12. **脉络膜裂关闭异常**　可发生在眼球的不同部位而引起不同部位的组织缺损,如虹膜缺损(coloboma iridis or iridoschisis)、脉络膜缺损(coloboma chorioideae)、视网膜缺损(coloboma of retinae)、玻璃体缺损(coloboma of vitreous or coloboma of corporis vitrei)以及视神经缺损(coloboma of optic nerve)等。

13. **先天性无晶状体**　先天性无晶状体(congenital aphakia)分两种,一种是因晶状体板没有发生所致,为原发性无晶状体;另一种是因晶状体形成后退化变性,致其结构消失,仅遗留其残迹,为继发性无晶状体。先天性无晶状体常伴有小眼球或角膜异常。

14. **先天性晶状体异位**　先天性晶状体异位(congenital dislocation of lens)是由于睫状小带发育不全或松弛无力而造成的晶状体半脱位或全脱位。如果双侧脱位且伴有瞳孔移位、视网膜分离,则称 Marfan 综合征。

15. **玻璃体动脉永存**　正常情况下,玻璃体动脉的远端部分全部退化消失。如果不退化消失,则可从视乳头至玻璃体内有一条自由飘动的血管,称为玻璃体动脉永存(perpetuity of the hyaloid artery)。这种畸形多伴有小眼。

16. **先天性视网膜剥离**　先天性视网膜剥离(congenital retinodialysis)是由于视杯内、外两层上皮生长速率不相等、发育不同步所致。有时,视杯两层上皮先黏合而后又分离。这种畸形常伴有眼和头部的其他畸形。

17. **先天性视网膜不贴附**　先天性视网膜不贴附(congenital detachment of retina)是因视杯凹陷不深所致,此时视网膜增厚,隆起至晶状体后面。视网膜内因胶质增生而呈白色膜块状。

18. **先天性视网膜动静脉畸形**　先天性视网膜动静脉畸形(congenital retinal arteriovenous malformations,racemose angioma,Wyburn-Mason syndrome)可为单个的动静脉交通,或复杂的吻合系统,病变为单侧、非遗传性,位于视网膜或视盘。可伴有同侧脑、面、眶的异常。多数无症状,但若病变范围大时,可有渗出和视网膜下积液。

19. **泪腺瘘**　泪腺瘘(lacrimal fistula)是由于在眼睑形成时,上睑外侧部的部分表面上皮细胞向深部增生成上皮细胞索并与泪腺相连接,当细胞索管化后就形成瘘管,泪液由此瘘管流出,开口处可能有少量睫毛。

20. **泪腺导管闭锁**　泪腺导管闭锁(lacrimal duct atresia)是由于泪腺导管的全部或局部停滞在实心的上皮细胞索状态,泪液不能外流,逐渐蓄积形成局部囊肿所致。

21. **鼻泪管闭锁**　鼻泪管闭锁(nasolacrimal duct atresia)是因形成鼻泪管的上皮细胞索未能形成中空的管道所致,闭锁可发生于局部或全程,但多见于下段,并常开口在面部。

22. **圆锥角膜**　圆锥角膜(keratoconus)是一种先天性角膜发育异常,为常染色体隐性遗传病。表现为角膜中央部进行性变薄,向前呈圆锥状突出。多在青春期发病,女性多见,发展缓慢,多为双侧,但可先后发生,程度也可不一。严重影响视力,也可伴有先天性白内障、晶状体异位、无虹膜、视网膜色素变性等。

二、耳　的　发　生

耳由内耳、中耳和外耳组成,在其胚胎发生过程中,内耳主要来源于菱脑水平的表面外胚层,中耳和外耳则是第 1 和第 2 鳃弓及其间的第 1 鳃沟和第 1 咽囊的衍生物。

(一)内耳的发生

胚胎第 4 周初,菱脑两侧的表面外胚层在菱脑的诱导下增厚,形成听板(otic placode),继

Notes

之向下方间充质内下陷,形成听窝(otic pit),最后听窝闭合并与表面外胚层分离,形成一个囊状的听泡(otic vesicle)(图28-6、图28-7)。听泡初为梨形,以后向背腹方向延伸增大,形成背侧的前庭部和腹侧的耳蜗部,并在背端内侧长出一小囊管,为内淋巴管(endolymphatic duct)。前庭部形成三个半规管和椭圆囊的上皮;耳蜗部形成球囊和耳蜗管的上皮。这样,听泡及其周围的间充质便演变为内耳膜迷路。在听泡的诱导下,膜迷路周围的间充质从胚胎第8周开始形成软骨基质,胚胎第3个月时,成一个软骨性听囊(cartilaginous otic capsule),包绕膜迷路。随着膜迷路的增大,软骨性听囊内出现空泡,空泡互相融合形成外淋巴间隙。约在胚胎第5个月时,软骨性听囊骨化成骨迷路,于是膜迷路完全被套在骨迷路内,两者间仅隔以狭窄的外淋巴间隙(图28-8)。

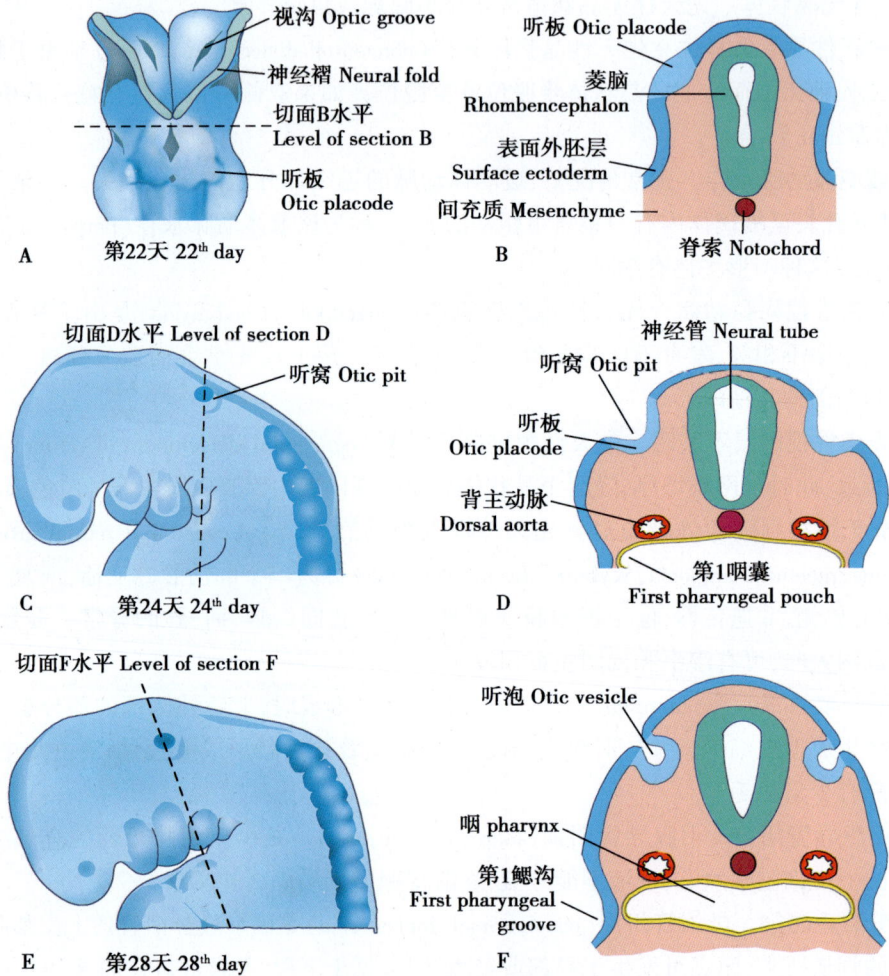

图28-6　内耳发生示意图
Fig. 28-6　Diagram illustrating genesis of the internal ear

(二) 中耳的发生

胚胎第9周时,第1咽囊向背外侧扩伸,远侧盲端膨大成咽鼓管鼓室隐窝(tubotympanic recess),近端细窄形成咽鼓管。咽鼓管鼓室隐窝上方的间充质密集形成3个听小骨原基。第6个月时,3个听小骨原基先后经软骨内成骨,形成3个听小骨。与此同时,咽鼓管鼓室隐窝的末端扩大形成原始鼓室(primary tympanic cavity),3个听小骨周围的结缔组织被吸收而形成腔隙并向上部扩展而形成鼓室,3个听小骨渐入鼓室内(图28-7)。咽鼓管鼓室隐窝顶部的内胚层与第1鳃沟底部的外胚层相对,分别形成鼓膜内、外上皮,两者之间的中胚层间充质形成鼓膜内的结缔组织,于是形成了具有3个胚层来源的鼓膜,位于鼓室和外耳道底之间(图28-7)。

菱脑壁
Wall of rhombencephalon

听泡
Otic vesicle

第1鳃膜
First branchial membrane

第1鳃沟
First branchial cleft

表面外胚层
Surface ectoderm

第1咽囊
First pharyngeal pouch

第4周 4th week

听泡
Otic vesicle

听小骨原基
Auditory ossicle fundament

咽鼓管鼓室隐窝
Tubotympanic Recess

咽鼓管
Auditory tube

第2鳃弓
second branchial arch

第5周 5th week

砧骨 Incus

锤骨
Malleus

外耳道
External acoustic meatus

外耳道栓
Meatal plug

颞骨
Temporal bone

颞骨鳞部
Squamous part of temporal bone

听泡 Otic vesicle

镫骨
Stirrup bone

原始鼓室
Primary tympanic cavity

咽鼓管 Auditory tube

发育后期 Later stage of development

外淋巴间隙
Perilymphatic space

膜迷路
Membranous labyrinth

鼓室 Tympanic cavity

鼓膜
Tympanic membrane

颞骨岩部
Petrous part of temporal bone

发育末期 Final stage of development

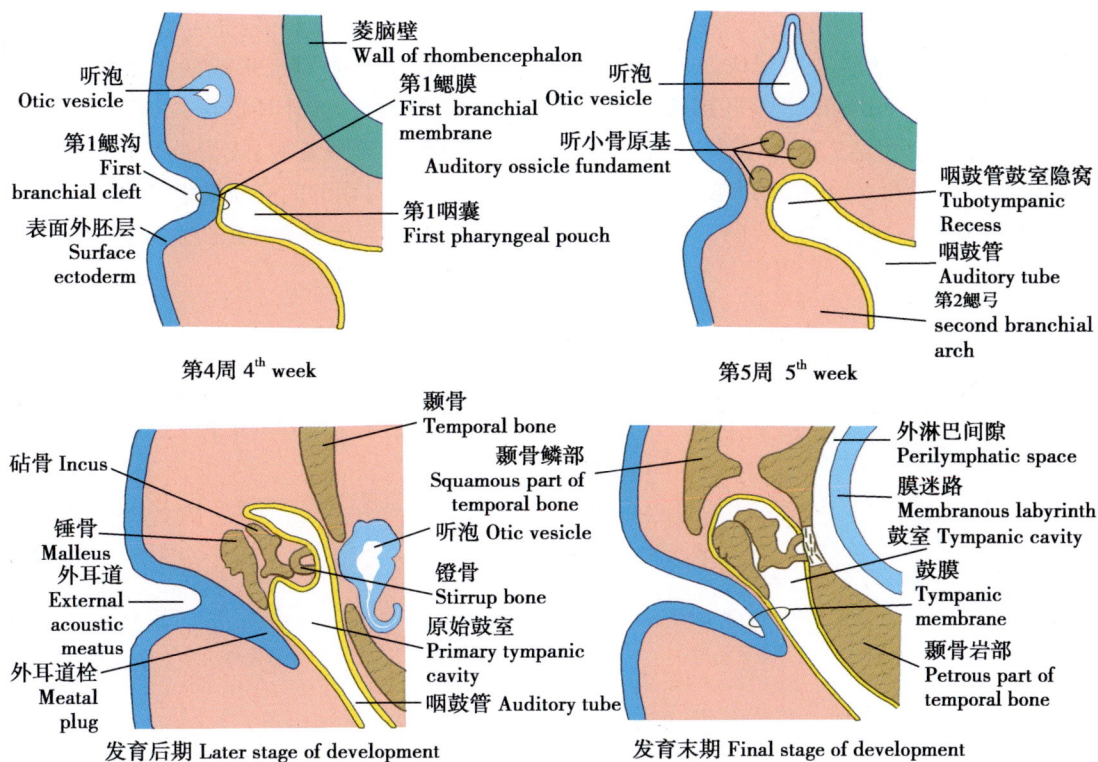

图 28-7　外耳与中耳发生示意图

Fig. 28-7　Diagram showing genesis of the external and middle ear

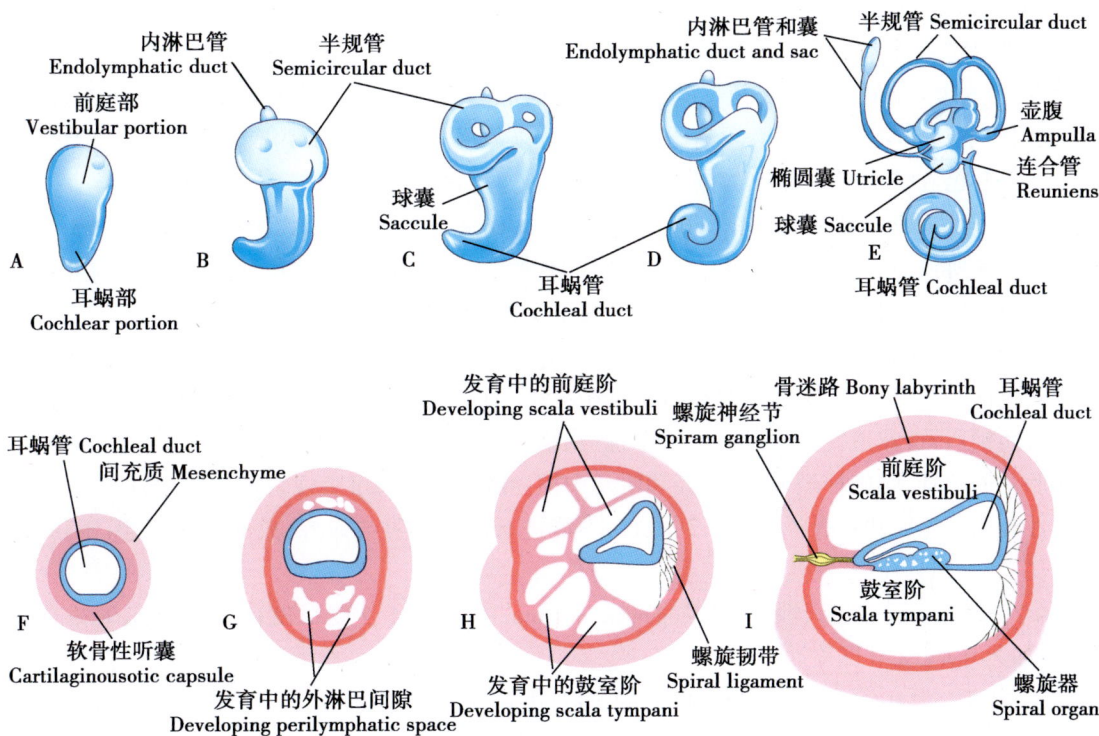

内淋巴管
Endolymphatic duct

半规管
Semicircular duct

前庭部
Vestibular portion

耳蜗部
Cochlear portion

球囊
Saccule

耳蜗管
Cochleal duct

内淋巴管和囊
Endolymphatic duct and sac

半规管 Semicircular duct

壶腹
Ampulla

椭圆囊 Utricle

连合管
Reuniens

球囊 Saccule

耳蜗管 Cochleal duct

A　B　C　D　E

耳蜗管 Cochleal duct

间充质 Mesenchyme

软骨性听囊
Cartilaginousotic capsule

F　G

发育中的外淋巴间隙
Developing perilymphatic space

发育中的前庭阶
Developing scala vestibuli

螺旋神经节
Spiram ganglion

发育中的鼓室阶
Developing scala tympani

骨迷路 Bony labyrinth

耳蜗管
Cochleal duct

前庭阶
Scala vestibuli

鼓室阶
Scala tympani

螺旋韧带
Spiral ligament

螺旋器
Spiral organ

H　I

图 28-8　内耳膜迷路和骨迷路发生示意图

A ~ E. 胚胎第 5 周至第 8 周听泡发育为膜迷路的连续过程；F ~ I. 胚胎第 8 周至第 20 周膜蜗管和骨蜗管发育的连续过程

Fig. 28-8　Diagram showing development of membranous and bony labyrinths of the internal ear

A ~ E. successive stages in the development of the otic vesicle into the membranous labyrinth from the 5th to 8th weeks；F ~ I. successive stages in the development of the cochlear duct and bony cochlear canal from 8th to 20th weeks

Notes

（三）外耳的发生

外耳道由第 1 鳃沟演变形成。胚胎第 2 个月末,第 1 鳃沟向内深陷,形成漏斗状管,演变成外耳道外侧段。管道的底部外胚层细胞增生形成一上皮细胞索,称外耳道栓(external acoustic meatus plug)。胚胎第 7 个月时,外耳道栓中央细胞退化吸收,形成管腔,成为外耳道的内侧段(图 28-7)。胚胎第 6 周时,围绕第 1 鳃沟周围的第 1 和第 2 鳃弓内的间充质增生,形成 6 个结节状隆起,称耳丘(auricular hillock)。这些耳丘围绕外耳道口,随后融合为耳廓(图 28-9)。

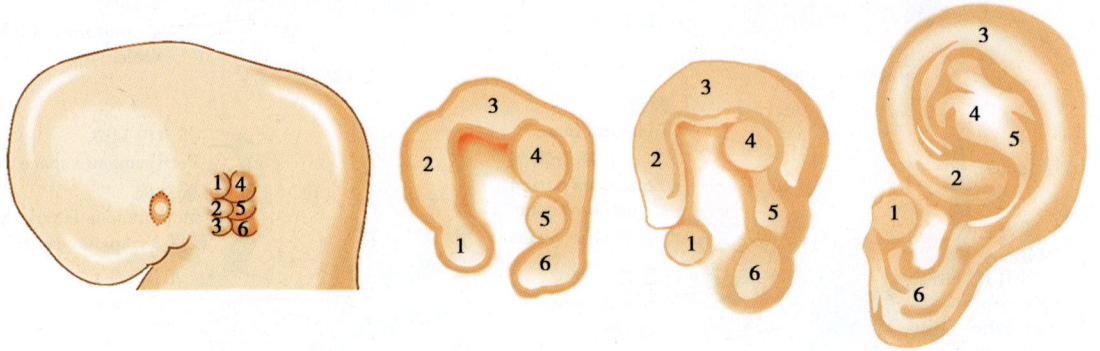

图 28-9　耳廓发生示意图

1～6 示 6 个耳丘的发生与演变

Fig. 28-9　Diagram showing development of the auricle

1 to 6 indicates the genesis and development of 6 auricular hillocks

（四）耳的先天畸形

1. 先天性耳前瘘管　先天性耳前瘘管(congenital preauricular fistula)是一种常见的先天性耳畸形,由 6 个耳丘融合不良或第 1 鳃沟封闭不全所致。常发生于耳轮脚前方,先为一皮肤性盲管,继续向下延伸与鼓室相通。可有分支,管壁衬以复层扁平上皮,腔内有脱落上皮及角化物,挤压时有白色乳酪状液体流出,容易感染发炎。

2. 外耳道闭锁　外耳道闭锁(atresia of external acoustic meatus)是由于第 1 鳃沟和第 1、2 鳃弓发育异常所致,外耳道局部闭锁或全部闭锁,闭锁常发生在外耳道近表面部分,被骨或纤维结缔组织阻塞。可伴有因第 1 咽囊发育不全所致的鼓室、咽鼓管甚至乳突畸形。

3. 先天性耳聋　先天性耳聋(congenital deafness)分遗传性和非遗传性两类。遗传性耳聋属常染色体隐性遗传,主要由程度不同的内耳发育不全、耳蜗神经发育不良、听小骨发育缺陷和外耳道闭锁所致;非遗传性耳聋与药物中毒、感染、新生儿溶血性黄疸等因素有关。这些因素可损伤胎儿的内耳、螺旋神经节、蜗神经和听觉中枢。两类耳聋均可表现为导音性、感觉神经性或混合性耳聋。先天性耳聋者因听不到语言,不能进行语言学习与锻炼,故形成聋哑症(deafmutism)。

4. 先天性小耳　先天性小耳(congenital microtia)常为第 1、2 鳃弓发育不良引起,耳廓部分缺如,如无耳垂、无耳屏等。

5. 大耳　大耳(macrotia)为耳廓的一部分过度发育,如耳垂过大、耳屏过大等。若耳轮后上方特别高,称为尖形耳或三角形耳。常伴发先天性耳聋。

6. 招风耳　招风耳(protruding ear)为耳舟和耳轮后上部过于向前下方倾斜,使耳廓突起所成的角度大于正常人。

7. 中耳畸形　中耳的鼓室壁、听小骨、鼓窦、乳突和咽鼓管等均可单独发生异常,并可与内、外耳畸形并发共存。

8. 无耳　无耳(anotia)是指无耳廓,可发生于单侧或双侧。这是由于耳结节没有发生或是

Notes

停滞在早期阶段。完全无耳廓者少见,多为具有一些发育不良的耳结节。常伴有外耳道或中耳畸形。

9. **鼓膜缺损** 鼓膜缺损(defect of tympanic membrane)为鼓膜没有发生或局部缺损。

10. **先天性耳前窦** 先天性耳前窦(congenital preauricular sinus)可能是因第1鳃沟的背部闭合不全,或第1、2鳃弓发生的耳结节融合不良所致,为一种皮肤性的狭窄盲管或是点形小凹,常开口于耳屏前方或其附近。有些耳前窦的基底部有软骨遗迹。

11. **副耳廓或耳廓附件** 副耳廓(accessory auricle)或耳廓附件(auricular appendages)是由于耳结节的发生过多所致,常发生在耳屏前方或颈部。

专题讲座:内耳发育的分子调控

内耳是结构复杂而精细的听觉和位觉感受器,其形成起始于菱脑两侧的表面外胚层,先后经过听板、听窝、听泡等阶段而发育为背侧的前庭部和腹侧的耳蜗部,最后形成完整的内耳结构。在内耳发育过程中,多种分子相互作用、密切配合,发挥重要的调控作用。

(一)听板的诱导

从表面外胚层中的前基板区(preplacodal region)诱导形成听板是内耳形态发生的起始事件。前基板区呈 U 形,位于神经板前端周围,可形成所有颅面部感觉器官的基板。多种因子,如 FGFs、Wnts 拮抗剂、骨形态发生蛋白(BMPs)等参与前基板区的建立。以后,U 形前基板区在不同信号分子的调节下特化、分裂成几个外胚层增厚区,这些增厚区统称为颅面部感觉基板(cranial sensory placodes),其中在后脑第4或5菱脑节水平形成的基板即为听板。听板的诱导受周围组织产生的 FGFs、Wnts、Pax-2 等信号分子的调节。后脑产生的 FGF-3 诱导表面外胚层表达 Pax-2,继而 Wnt 信号刺激表达 Pax-2 的细胞形成听板;第4周末,在 FGF-3 的影响下,听板向下方的间充质凹陷,继而与表面外胚层分离,形成囊状听泡。在听泡发育早期,特定分子的局部表达预示听泡特定形态衍生物的形成。

(二)内耳轴向的建立

听泡形成后,继续受周围组织信号的影响以获取前后(anterior-posterior)轴、背腹(dorsal-ventral)轴和内外(medial-lateral)轴的位置信息。当内耳组织的位置身份(positional identity)对外源信号的改变不再敏感时,特定的轴向即得以建立。内耳轴向建立是一种渐进性过程,前后轴早于背腹轴,非感觉组织晚于感觉组织。

前后轴向的建立与多种基因的区域差异表达有关,如 *lunatic fringe*、*fgf10*、*six1* 和 *sox2* 强烈表达于听窝的前部,但在听窝后部表达弱而弥散。听窝前部的神经-感觉-潜能区(neural-sensory-competent domain,NSCD)主要分化为成神经细胞并形成耳蜗前庭神经节(cochleovestibular ganglion,CVG)神经元,也形成感觉细胞;听窝后部则产生大多数的非感觉组织和唯一的感觉器官后壶腹嵴。这种特化与 NSCD 细胞表达 *Ngn1* 和 *Delta* 有关,如听窝最前端的细胞表达神经元素1(neurogenin1),Delta1 能抑制周围发育为成神经细胞。视黄酸(retinoic acid,RA)是早期胚胎发育的关键形态发生素(morphogen),也是内耳前后轴向建立必不可少的分子。RA 在听窝前后活性的差异导致其前端主要形成神经成分和感觉组织,后端主要形成非感觉组织。此外,FGF8 和 BMPs 也在前后轴特化上起重要作用。

内耳有明显的背腹极性,前庭器官位于听囊背侧(前庭部),而检测声音的耳蜗则以听囊的一个腹侧突起出现(耳蜗部)。前庭部以 3 个半规管和 1 个内淋巴导管为特征,而耳蜗部则以卷曲的耳蜗为特征。后脑背侧分泌 Wnts,腹侧底板与脊索分泌 Shh,Wnts 与 Shh 信号的背腹梯度与平衡介导内耳背腹轴的建立,如使 NSCD 主要定位于腹侧;Shh 还可通过调节转录因子 Gli3 抑制剂的背腹浓度梯度影响内耳背腹轴向模式。听泡背侧 Dlx-5 与 Gbx-2 的表达调控前庭器官的形成,腹侧 Pax-2 的表达则与耳蜗管和内淋巴管形成的调控有关。此外,BMPs 和 hedgehog 信号不仅在内耳的前后轴向建立中发挥作用,也参与背腹轴向建立的调节。

目前对内耳内外轴向建立的分子调控所知不多。研究显示,后脑信号可通过影响听上皮 Gbx-2 的表达来介导内外轴的特化;听泡内侧最早特化,早于前后、背腹和外侧特化,听板期 Pax-2 和 Gbx-2 的早期表达与听泡内侧首先特化有关。

(三) 半规管和壶腹嵴的形成

半规管和壶腹嵴的形成受多种外源性信号的调节。来自后脑背部的 Wnts 是半规管和壶腹嵴形成的重要外源信号,其下游基因 *Dlx5* 缺失可导致半规管和壶腹嵴发育障碍。半规管的形成需要 Hmx3 表达,FGF 可通过调节 Hmx3 表达影响半规管的发生。后脑腹侧底板与脊索分泌的 Shh 参与半规管的形成与正常形态发生。此外,周围间充质信号也参与半规管正常形态发生的调节,如将听窝后部的间充质用前部的替代,则形成的后半规管和后壶腹嵴具有前半规管和前壶腹嵴的特征。间充质信号调节半规管形成的分子尚不清楚,但有研究提示,间充质基因 *Pou3f4*(也称 *brn4*)和 *Prx* 可能参与半规管发育的调节。

3 个半规管来源于听泡的两个囊状隆突:垂直小管囊(vertical canal pouch)和水平小管囊(horizontal canal pouch)。随着小管囊的增大,囊中央相对的上皮彼此汇聚,形成融合板(fusion plate)。融合板最终被吸收。免疫球蛋白超家族跨膜蛋白 Lrig3 通过抑制融合板吸收区 *Netrin1* 的表达调控融合板的吸收,*Netrin1* 突变可导致融合板的吸收异常,如不吸收,或过度吸收,半规管管径因此过大或过小。

(四) 耳蜗管的形成

多种外源信号因子控制耳蜗管的生长和形态发生。如前所述,后脑腹侧的 Shh 和听泡腹侧的 Pax-2 通过调节背腹定向影响耳蜗的发生。后脑中的 *Noggin* 通过控制后脑与耳雏形的特有空间排布影响耳蜗管的发育,*Noggin* 突变不仅使耳蜗管的大小、形态异常,还引起其内外排列颠倒。此外,间充质中表达的一些转录因子 Tbx1 和在耳间充质(otic mesenchyme)特异性表达的 Pou3f4 对耳蜗管的形成具有调控作用,间充质中 Tbx1 和 Pou3f4 表达的缺乏可导致耳蜗管异常螺旋和缩短。Tbx1 和 Pou3f4 通过诱导 RA 降解酶 Cyp26 的表达耳蜗管的发育起调控作用。

MicroRNA(miRNA)对许多发育过程起调节作用。发育中的耳蜗内至少表达 100 种 miRNA,但目前仅明确 miR-183 家族(miR-96、miR-182 和 miR-183)对耳蜗的发育具有重要的调节作用。miR-96 突变可抑制毛细胞的成熟而导致耳聋,增加 miR-183 家族的表达可使听泡增大甚至复制听泡,miR-96 突变可上调耳蜗组织内 Aqp5 和 Celsr2 的表达而导致听力丧失。

参考文献

1. Saint-Jeannet JP, Moody SA. Establishing the pre-placodal region and breaking it into placodes with distinct identities. Dev Biol, 2014, 389(1): 13-27

2. Chen J, Streit A. Induction of the inner ear: stepwise specification of otic fate from multipotent progenitors. Hear Res, 2013, 297: 3-12

3. Wu DK, Kelley MW. Molecular mechanisms of inner ear development. Cold Spring Harb Perspect Biol, 2012, 4 (8): a008409

4. Groves AK, Fekete DM. Shaping sound in space: the regulation of inner ear patterning. Development, 2012, 139 (2): 245-257

（李和　郝立宏）

Notes

第 29 章　骨骼、肌肉和四肢的发生

KEY POINTS

- Development of the cranium
- Development of the vertebral column
- Development of the skeletal muscle
- Development of the limbs
- Congenital malformations of the cranium, vertebral column and limbs

一、骨骼系统的发生

骨骼系统由轴旁中胚层、侧中胚层的壁层和神经嵴发育而来。轴旁中胚层在耳泡头端的部分呈连续性涡轮状，称头节或体节球（somitomere），共 7 对；从耳泡至尾端的部分呈分节状，称体节（somite），共约 44 对。体节又分化成几部分，腹内侧份称生骨节（sclerotome），背外侧份称生皮

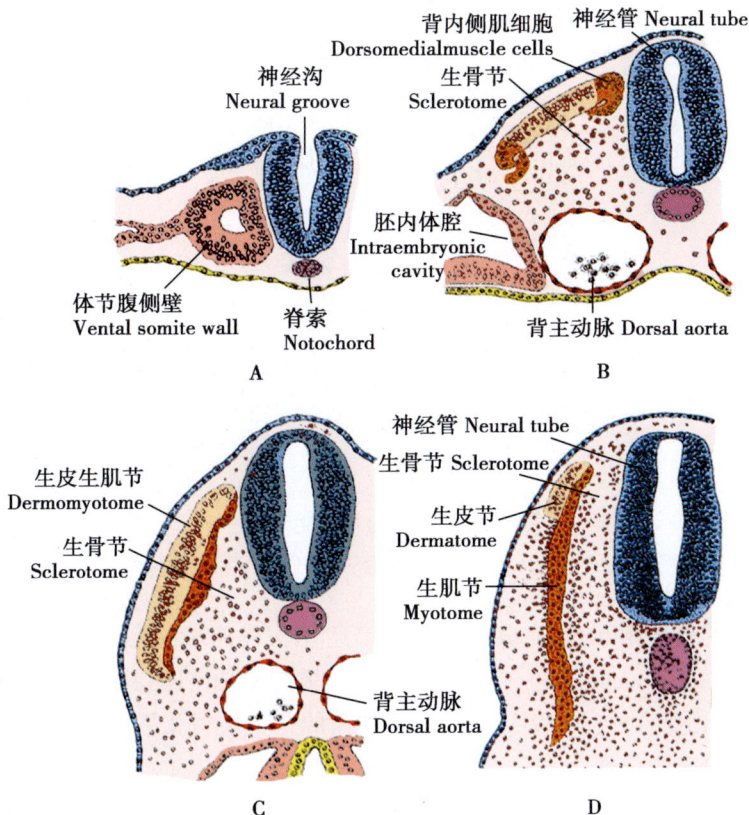

图 29-1　体节形成和演变模式图

Fig. 29-1　Schematic diagram showing formation and evolution of the somates

生肌节(dermomyotome),后来生皮生肌节又分化成外侧的生皮节(dermotome)和内侧的生肌节(myotome)。在 4 周末,生骨节细胞的形态呈现多样性并形成蜂窝状组织,称间充质(mesenchyme)或称胚胎性结缔组织(embryonic connective tissue)(图 29-1)。间充质细胞的特点是可以迁移并分化为多种细胞,如成纤维细胞、成软骨细胞和成骨细胞等。除生骨节的细胞之外,侧中胚层壁层的细胞也具有成骨能力,它们将参与骨盆、肩带和四肢长骨的形成。头部的神经嵴细胞也可分化为间充质细胞,它们与头节和枕部体节共同参与头、面部骨的发生。骨发生有两种不同的方式,一种叫膜内成骨(membranous ossification),即间充质直接分化为骨,如颅部的一些扁骨就是以这种方式发生。另一种叫软骨内成骨(endochondral ossification),即间充质先形成透明软骨雏形,而后软骨再形成骨,人体大多数骨以这种方式发生。

(一) 颅骨的发生

颅可分为脑颅(neurocranium)和面颅(viscerocranium)两部分。前者围成颅腔,其中容纳脑;后者是呼吸器和消化器起始部的支架。

1. 脑颅　据骨发生方式的不同,脑颅又可分为膜性脑颅(membranous neurocranium)和软骨性脑颅(cartilaginous neurocranium or chondrocranium)两部分。前者环绕在脑的周围,形成颅盖;后者则形成颅底。

(1) 膜性脑颅:颅顶和颅侧面的大部分骨由神经嵴细胞分化而来,仅枕部及耳周囊(periotic capsule)的背侧部分由轴旁中胚层细胞分化而来。这两种不同来源的间充质细胞环绕在脑的周围,以膜内成骨的方式形成扁骨。这种扁骨的特点是,骨内有许多细小的骨针(bone spicule)。这些骨针从初级骨化中心呈放射状向周围逐渐扩展(图 29-2)。在胎儿期和出生后,这些骨会不断增长。伴随着外层新生骨质的沉积和内层骨质的吸收,这些骨将不断增大。

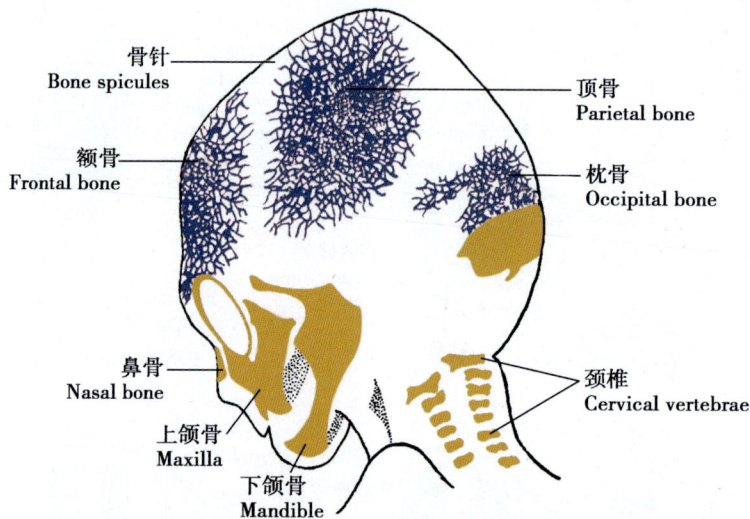

图 29-2　膜性脑颅发生示意图

Fig. 29-2　Schematic diagram showing development of the membranous neurocranium

在出生时,颅的扁骨相互分离,其间为由结缔组织构成的颅缝(suture)。在数块颅骨汇合处,颅缝变宽,称为颅囟(fontanelle),包括前囟、后囟、蝶囟和乳突囟,其中最明显的是前囟,位于两块额骨和两块顶骨汇合处(图 29-3)。颅缝和颅囟的存在使得相邻的颅骨在分娩时能部分重叠,分娩后又回到原来的位置。

颅缝和颅囟在出生后还会保留相当长的一段时间,有些颅缝直到成年期才完全闭合。前囟触诊对于判断婴幼儿颅骨发育状况及颅压是否正常很有帮助。

(2) 软骨性脑颅:最初,软骨性脑颅主要由 3 对相互分离的软骨组成(图 29-4A),由前向后

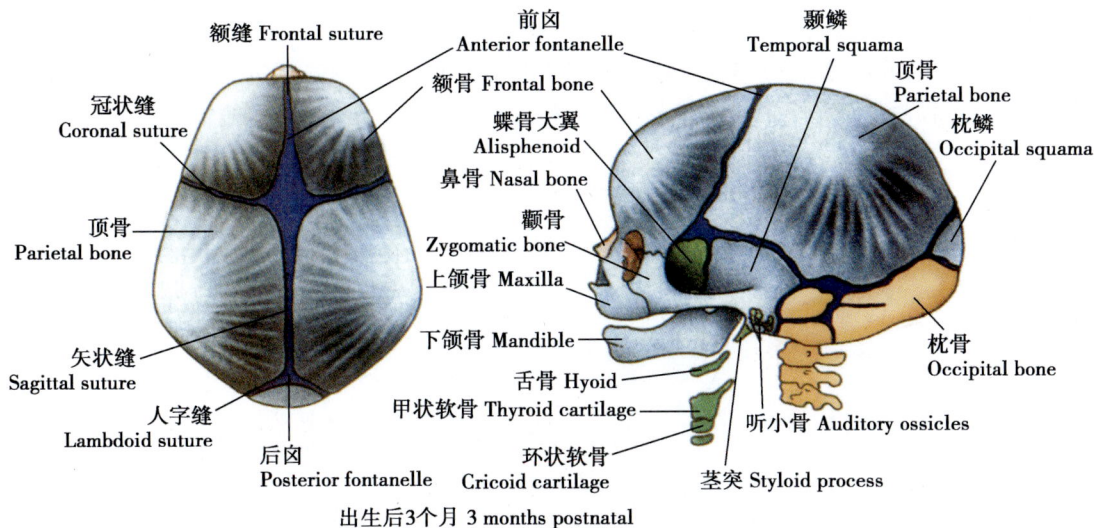

图 29-3　颅缝和颅囟模式图

Fig. 29-3　Diagrams showing sutures and fontanelles

依次是脊索前软骨（prechordal cartilage）又叫颅小梁（trabeculae cranii）；垂体软骨（hypophyseal cartilage）又叫脊索软骨（chordal cartilage）和脊索旁软骨（parachordal cartilage）。脊索前软骨来自神经嵴细胞，垂体软骨和脊索旁软骨则来自头节和枕部体节的生骨节。枕骨的基底部由脊索旁软骨和来自 3 对枕部生骨节的软骨共同形成。后来枕骨基底部向背侧延伸，形成枕骨鳞部，其内侧部位环绕脊髓上端，形成枕骨大孔。枕骨基底部前方的垂体软骨和脊索前软骨将很快融合，分别形成蝶骨体和筛骨。这样就在颅底中央形成了一个从鼻区直至枕骨大孔前缘的正中软骨板（median plate of cartilage）（图 29-4B）。

在正中软骨板形成的同时，其两侧出现数个致密的间充质组织块。最前端的一对称眶翼（ala orbitalis），将形成蝶骨小翼；其尾侧的一对称颞翼（ala temporalis），将形成蝶骨大翼。另一对间充质块称耳周囊，将形成颞骨岩部和乳突部。上述结构形成的软骨将相互融合并与正中软骨板融合，经软骨内成骨，共同形成颅底（图 29-4B）。

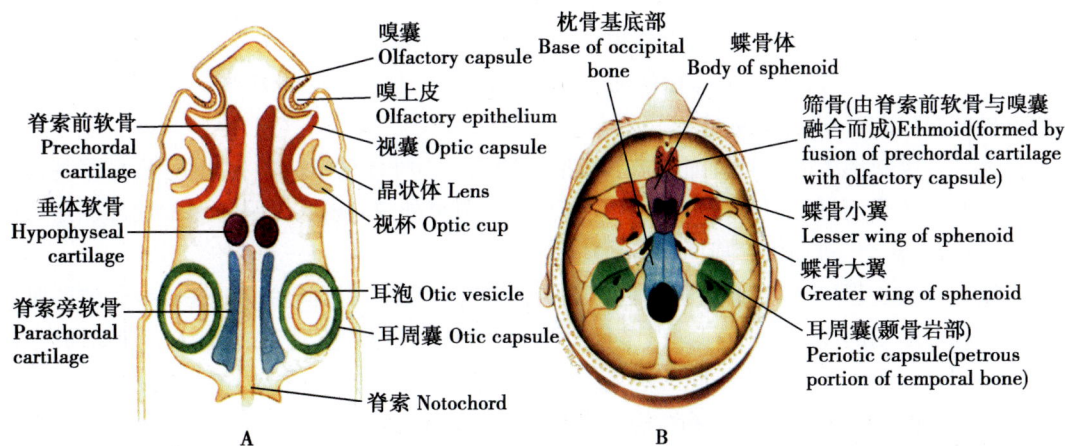

图 29-4　软骨性脑颅发生示意图

Fig. 29-4　Diagrams showing development of the cartilaginous neurocranium

2. 面颅　面颅主要由第 1 对和第 2 对鳃弓来源的骨构成。第 1 对鳃弓形成上颌突和下颌突。上颌突将向前延伸，直至眼下方，将形成上颌骨、颧骨和颞骨鳞部（图 29-5）。下颌突内形成一条软骨,称 Meckel 软骨(Meckel's cartilage)。后来,Meckel 软骨周围的间充质致密化并以膜内成骨的方式形成下颌骨,Meckel 软骨的大部将退化消失,其背侧端残存部分和第 2 对鳃弓背侧端间充质将共同形成砧骨、锤骨和镫骨(图 29-5)。这三块小骨于胚胎第 4 个月开始骨化,是人体首批完成骨化过程的骨。形成面颅的间充质,其中包括形成鼻骨和泪骨的间充质,均来自神经嵴细胞。

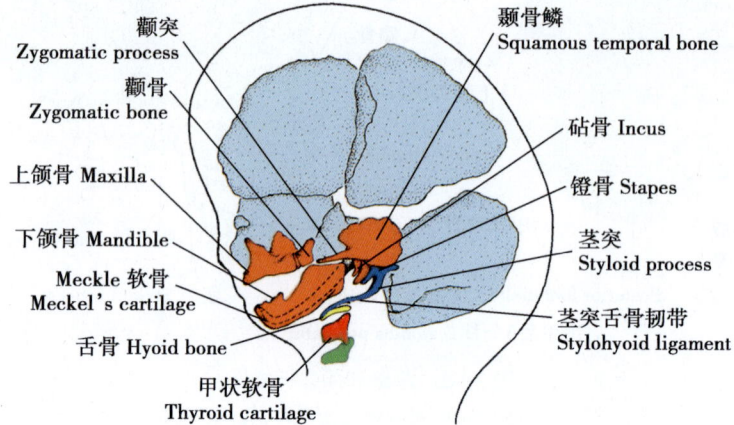

图 29-5　面颅发生示意图
Fig. 29-5　Diagram showing development of the viscerocranium

和脑颅相比,最初的面颅相对较小,这是因为鼻旁窦尚未发生,而且构成面颅的骨,尤其是上颌骨和下颌骨均较小。随着牙和鼻旁窦的发生,面颅才逐渐失去婴儿型特征。

(二) 脊柱的发生

在胚胎第 4 周,来自双侧生骨节的细胞向中线迁移到脊索和神经管的周围,见图 29-1。迁移到脊索周围的细胞将形成椎体的原基。这些细胞首先形成一条环绕在脊索周围的间充质柱。由于来自相邻生骨节的细胞团被含有节间动脉的间充质所分割,故该间充质柱仍保留节段性结构特征,即由生骨节节段(sclerotome segment)和节间间充质(intersegmental mesenchyme)构成(图 29-6A)。在进一步发育过程中,每一个生骨节节段均分裂为头、尾两份。尾侧份通过细胞增殖向尾侧扩展,并穿越节间间充质与下一个生骨节节段的头侧份融合,形成前软骨椎体(precartilaginons vertebral body)(图 29-6A、图 29-6B,箭头所示)。这样便使重组的椎体恰位于原先上、下两个体节之间的位置(图 29-6B)。脊索被椎体包围的部分将完全退化消失,但在椎体间的部分却保留下来并增大,形成髓核(neuclus pulposus)。后来,髓核周围的间充质形成纤维环,两者共同构成椎间盘(图 29-6B、图 29-6C)。

迁移到神经管周围的生骨节细胞将形成椎弓原基。与椎体的形成过程相仿,椎弓原基也经历了一个类似的重组过程。除了形成横突、棘突和关节突外,在胸段,椎弓原基的腹外侧还形成肋突(costal process),进而发育成肋骨。

在脊柱形成过程中,椎骨的重组过程使得生肌节恰好骑跨在椎间盘上。这使该部位的肌肉具有了使脊柱运动的能力。同样道理,节间动脉最初位于相邻的生骨节之间,而后来却横穿椎体的中段。脊神经也变为靠近椎间的位置,并通过椎间孔离开脊柱(图 29-6B、图 29-6C)。

上述椎骨的发育需要周围相关结构如脊索、神经管和表面外胚层的诱导,这种诱导作用的缺失是造成椎骨发育缺陷的重要原因。例如,神经管发育缺陷可导致其诱导作用缺失,从而造成脊柱裂等脊柱的先天性缺陷。

胎儿出生前,脊柱仅形成两个初级弯曲(primary curve),即胸曲(thoracic curvature)和骶曲(sacral curvature)。出生后,脊柱的两个次级弯曲(secondary curve)才相继出现。小儿能抬头时才出现颈曲(cervical curvature),学走路时才出现腰曲(lumbar curvature)。

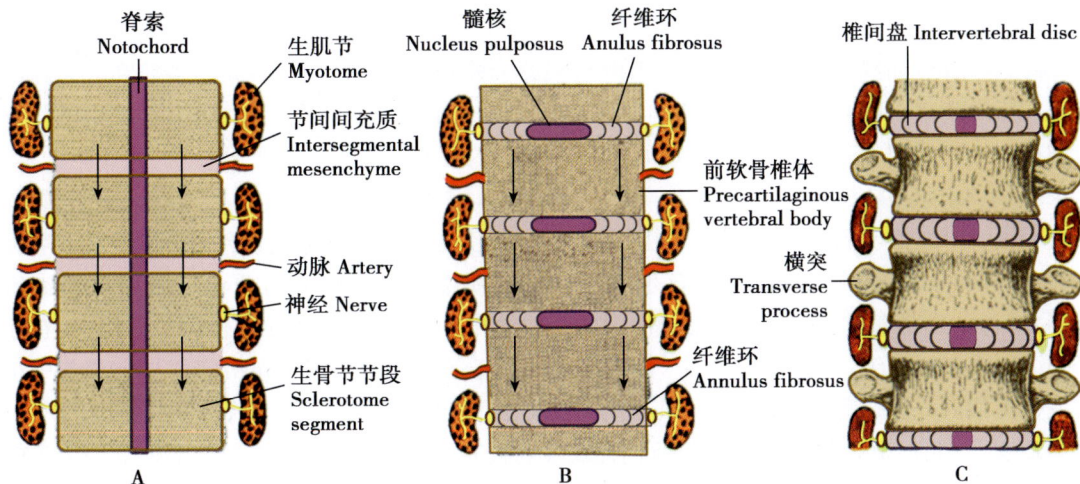

图 29-6　脊柱形成模式图

Fig. 29-6　Diagrams showing formation of the vertebral column

（三）肋骨和胸骨的发生

肋骨由胸椎的肋突发育而成，故源自轴旁中胚层的生骨节。胸骨由体壁腹侧的体壁中胚层发育而来。其发生过程是，首先间充质细胞在正中线的两侧各形成一条胸骨带（sternal band）（图29-7）。在第7周，当头端肋骨与胸骨带接触时，两条胸骨带开始在中线融合。融合从头端开始，逐渐向尾端扩展。在第9周，两胸骨带完全融合，自上而下分别形成胸骨柄、胸骨体和剑突。肋骨和胸骨的发生也均先形成软骨雏形，而后再形成骨。

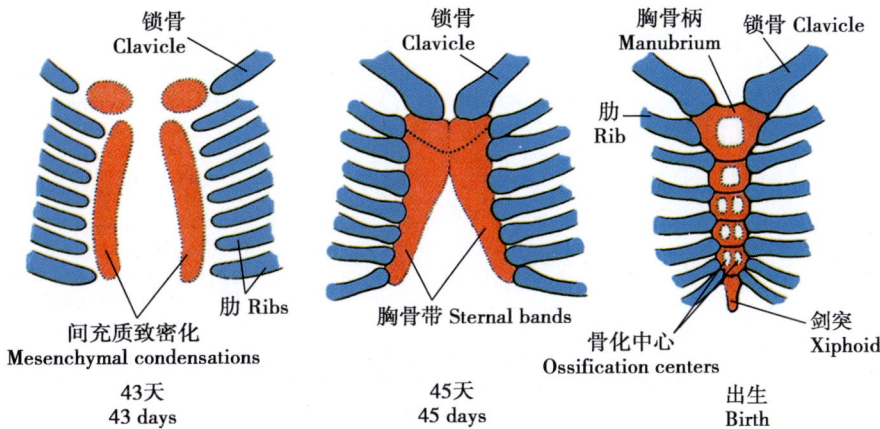

图 29-7　肋骨和胸骨发生示意图

Fig. 29-7　Schematic diagrams showing development of the ribs and sternum

（四）四肢骨的发生

肢骨的发生方式属软骨内成骨。在四肢外形开始建立的同时，肢芽内的间充质开始致密化。第6周时，预示肢骨发生的第一批软骨雏形开始出现。第12周时，所有肢骨的骨干都出现了初级骨化中心。在出生时，肢骨骨干的骨化大多完成，但两端的骨骺仍为软骨。出生后不久，骨骺内出现次级骨化中心。在骨干和骨骺间暂留的软骨板即骺板，在骨增长过程中将发挥重要作用。最终骺板消失，骨骺与骨干融合，骨不再增长。

发育中长骨的两端均可见到骺板，但在较短的骨，例如指（趾）骨，仅一端有骺板。在不规则骨，例如椎骨，可能含有一个或多个初级骨化中心，而且通常会出现数个次级骨化中心。

Notes

二、肌肉系统的发生

除某些部位如瞳孔、乳腺和汗腺的平滑肌来源于外胚层外,包括骨骼肌、平滑肌和心肌在内的肌肉系统均来自中胚层。骨骼肌来自头节和自枕部直至尾部的体节,平滑肌来自原始消化管及其衍生结构周围的脏壁中胚层,心肌则来自心管周围的脏壁中胚层。

(一) 骨骼肌的发生

中轴、体壁、四肢和头部的骨骼肌由头节和体节形成。从枕部至尾部,体节均分化出生骨节、生皮节和生肌节(图 29-1)。来自生肌节的间充质细胞先分化为肌前体细胞即成肌细胞(myoblast)。成肌细胞迁移到预定形成肌肉的部位并相互融合,形成多核的骨骼肌纤维,并在肌纤维内出现肌原纤维。至第 3 个月末,具有横纹的典型的骨骼肌出现。在头部的 7 个头节中也将发生类似的分化过程,但头节的组织一直比较疏松,也从不分化出生骨节和生皮生肌节。

1. 躯干部肌肉的发生 胚胎第 5 周末,来自生肌节的成肌细胞集中于两个部位。一个是较小的背侧区,称上肌节(epimere),另一个是较大的腹侧区称下肌节(hypomere)(图 29-8A)。相应节段的脊神经也分为两支,支配上肌节的是原始背支(dorsal primary ramus),支配下肌节的是原始腹支(ventral primary ramus)(图 29-8B)。在以后肌肉迁移过程中,这些神经一直保持其最初的分节支配特征。

上肌节的成肌细胞将形成脊柱的伸肌。下肌节的成肌细胞将形成四肢和体壁的肌肉(图 29-8B),在颈部将形成斜角肌、颏舌肌和椎前肌,在胸部将分化为 3 层,分别形成肋间外肌、肋间内肌和肋间最内肌(或称胸横肌),在腹部则形成腹外斜肌、腹内斜肌和腹横肌。在胸部,由于肋骨的存在,肌肉仍保持其分节特征。在腹部,这些分节状的肌肉则相互融合,形成较大的片状肌肉。腰部的下肌节的成肌细胞将形成腰方肌,而在骶部和尾部,则分别形成盆膈和直肠的骨骼肌。

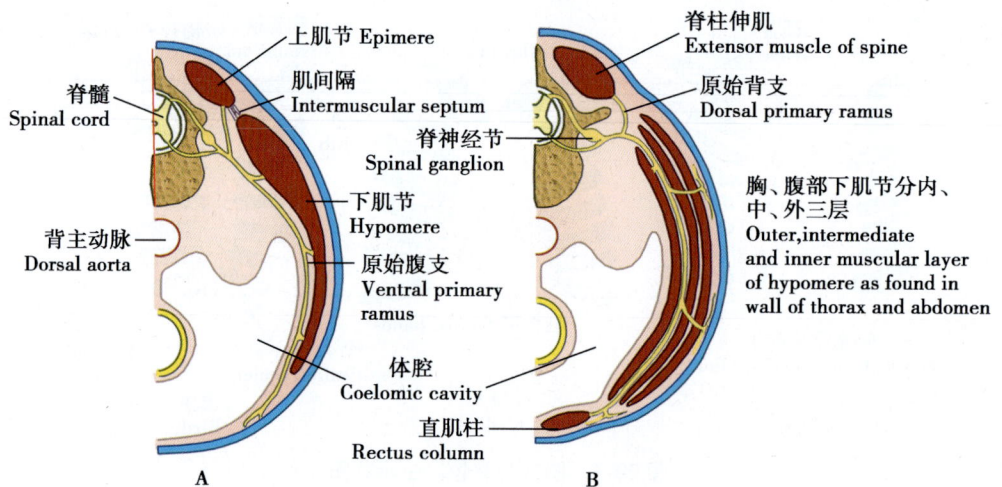

图 29-8 第 5 周人胚胸部横断面

Fig. 29-8 Schematic drawings of transverse section through the thoracic region of 5th week embryo showing the evolution of the myotome

除了腹外侧的 3 层肌肉之外,下肌节的腹侧尽端还在腹部形成腹直肌,在颈部形成舌骨下肌。在胸部,这种纵行的肌肉通常完全消失,但偶尔也会保留下来,称为胸骨肌。

2. 头部肌肉的发生 头部所有的肌肉,包括舌肌、眼肌(不包括虹膜肌,它来自视杯外胚层)和与鳃弓有关的肌肉,都来自包括头节和枕部体节在内的轴旁中胚层(图 29-9A)。

3. 四肢肌肉的发生 胚第 7 周,从下肌节迁移来的间充质细胞在肢芽近根部呈现致密化(图 29-9A),这是四肢肌肉发生的最早征兆。而后这些细胞迁移至肢芽内,形成肌肉。

随着四肢的增长,肌组织分裂为屈肌和伸肌两部分(图 29-9B)。尽管四肢肌在最初也呈分节状,但后来则形成由几个相邻节段的肌组织相互融合而成的肌肉。

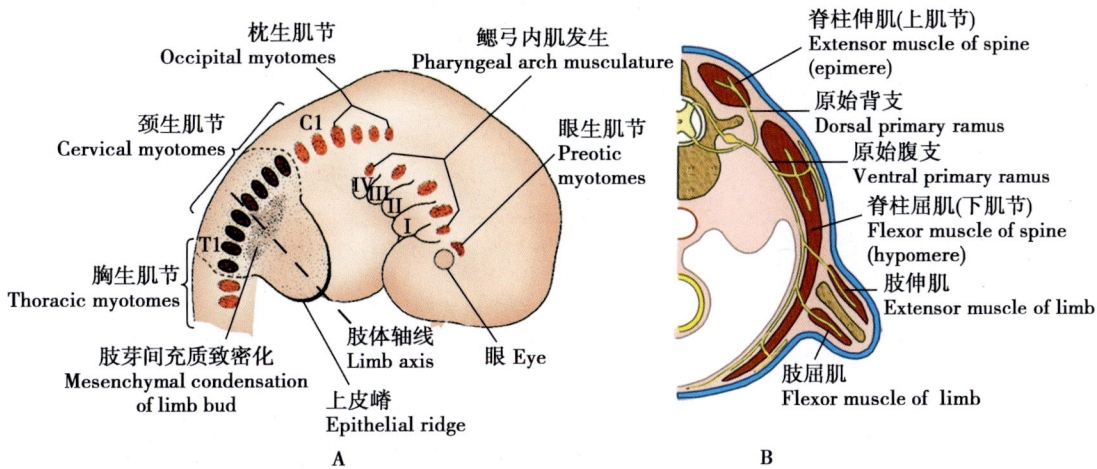

图 29-9　四肢肌肉发生示意图
Fig. 29-9　Schematic diagrams illustrating development of the muscular components of the limbs

上肢芽与下 5 对颈节和上 2 对胸节相对,下肢芽则与 4 对腰节和上两对骶节相对。伴随着肢芽的发生,来自相应节段的脊神经的原始腹支侵入肢芽间充质。最初,侵入肢芽的原始腹支又分为腹、背两支,但后来,这些分支相互联合,形成四肢的背侧神经和腹侧神经。

脊神经不仅支配四肢肌的运动,还进入生皮节,支配四肢的感觉。尽管随着四肢的发育,最初的感觉支配模式会发生一些改变,但在成体,这种分节支配模式依然可辨。

(二) 心肌和平滑肌的发生

心肌由心管周围的脏壁中胚层发育而来,在分化过程中,成肌细胞以特殊方式相互连接,连接部位以后发育为闰盘。这些成肌细胞不会像在骨骼肌那样相互融合,但细胞内也出现肌原纤维。后来,出现了一些肌原纤维分布很不规则的心肌细胞,这些细胞将发育为心传导系统的 Purkinje 纤维。

消化管及其他原始消化管衍生器管管壁的平滑肌来自脏壁中胚层。血管壁的平滑肌由内皮周围的中胚层分化而来。瞳孔括约肌和瞳孔开大肌、乳腺和汗腺的平滑肌则来自外胚层。

三、四肢的发生

人胚第 4 周末,由于体壁中胚层的局部增殖,在胚体左、右外侧壁上先后出现两对小隆起,即上肢芽和下肢芽(图 29-10A)。肢芽(limb bud)由深部的中胚层芯(mesodermal core)和表面的外胚层帽(ectodermal cap)构成。在肢芽远端的边缘,外胚层增厚,形成一条嵴状结构,称外胚层顶嵴(apical ectodermal ridge, AER)。在 AER 的诱导下,其周围的间充质保持着未分化和可快速增殖的特性,称进展带(progress zone)。随着肢芽的发育,进展带不断扩展,其先期增殖生成的组织将分化为四肢的近侧部分,而后增殖生成的组织则分化为四肢的远侧部分,这样,四肢由近及远不断发育。

第 6 周时,肢芽的终末部分变扁,形成手板(hand plate)和足板(foot plate)并且由一个缩窄环和近段分开(图 29-10B)。后来又出现一个缩窄环,把近段又分为两部分,这样肢的三段主要结构即可辨认(图 29-10C)。后来,由于部分细胞凋亡,AER 分裂为 5 份,手指和足趾开始分化(图 29-11A)。在 AER 的诱导下,手板和足板内的间充质分别形成 5 条软骨性指(趾)放线(cartilaginous digital ray)。伴随着指(趾)放线间细胞的凋亡,渐渐形成相互分离的指(趾)(图 29-11B、图 29-11C)。

Notes

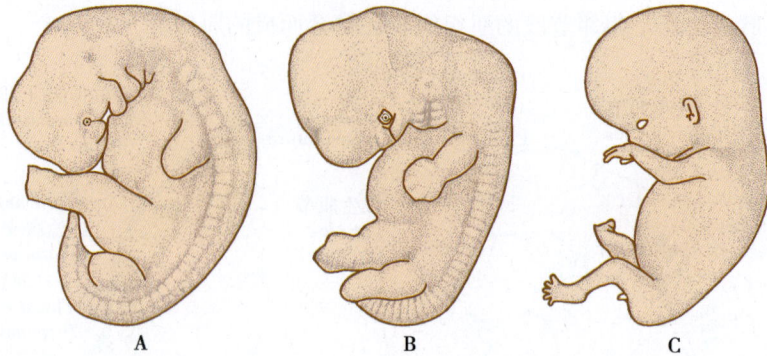

图 29-10　四肢发生模式图

Fig. 29-10　Diagrams showing development of the limbs

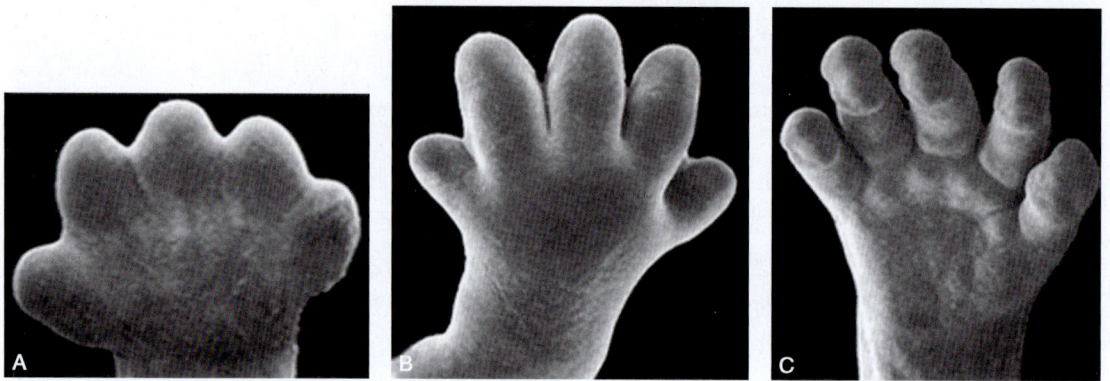

图 29-11　手的形态演变扫描电镜像

Fig. 29-11　Scanning electron micrographs showing morphological evolution of the hands

　　上肢和下肢的发育过程相似,但下肢较上肢稍晚大约 1～2 天。在第 7 周,上、下肢发生方向相反的旋转。上肢向外侧旋转 90°,使伸肌位于背面和外侧面,而拇指位于外侧。下肢则向内侧旋转 90°,使伸肌位于前面,而拇趾位于内侧。

四、骨骼和四肢的常见畸形

　　1. **颅裂畸形**　颅顶各骨没有发生或发育不全而致的畸形称颅裂畸形(craniochisis),是因前神经孔未闭合所致。若颅骨缺损较大,脑组织因暴露于羊水中而退化,则会出现无脑畸形(anencephaly)。如果患儿颅骨缺损较小,那么脑膜或脑组织就会从缺损处膨出,分别称脑膜膨出(cranial meningocele)和脑膜脑膨出(meningoencephalocele)。

　　2. **颅缝早闭**　颅缝早闭(craniosynostosis)可发生于各个颅缝,但以矢状缝早闭最为常见。这种患儿的头颅向额和枕部扩展,呈现前后径大,左右径小的形状,称为舟状颅(scaphocephaly)(图 29-12A、图 29-12B)。冠状缝早闭会使颅成高耸状,称尖颅(acrocephaly)或塔状颅(tower skull)(图 29-12C)。如果仅单侧冠状缝和人字缝早闭,则会出现左右不对称性的斜颅(plagiocephaly)(图 29-12D)。

　　3. **侏儒**　侏儒(dwarfism)是一类主要累及长骨发育的遗传性疾病,主要表现为四肢短小。软骨发育不全(achondroplasia)是最为常见的一种侏儒,除四肢短小外,还有大头、小脸、短指和脊柱弯曲等缺陷。

　　4. **小头畸形**　小头畸形(microcephaly)患儿头颅明显小于常人,因颅骨发育迟缓所致。因脑发育受阻,患儿多有严重智力障碍。

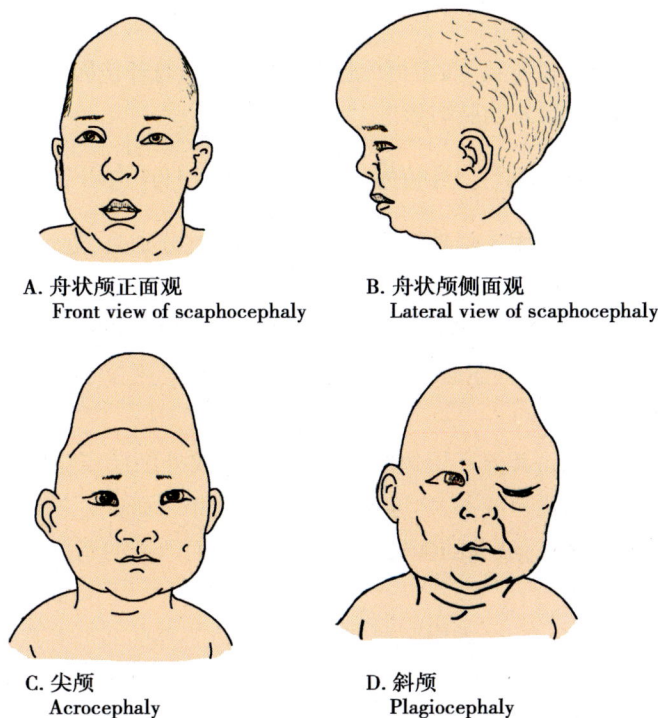

A. 舟状颅正面观
Front view of scaphocephaly

B. 舟状颅侧面观
Lateral view of scaphocephaly

C. 尖颅
Acrocephaly

D. 斜颅
Plagiocephaly

图 29-12　头颅畸形示意图
Fig. 29-12　Illustration of abnormalities of the neurocranium

5. 脊柱畸形　脊柱裂（cleft vertebra or spina bifida）是一种最为严重的脊柱畸形,因椎弓融合不全或不融合所致。轻者仅累及椎弓,脊髓正常,椎骨缺损处覆以皮肤,称隐性脊柱裂（spina bifida occulta）,患者多无神经学损害。重者表现为椎弓缺如,神经管未闭,神经组织外露,称囊性脊柱裂（spina bifida cystica）,患者多有神经学损害。相邻的两个椎骨发生不对称性融合或某一椎骨出现单侧缺失,会导致脊柱侧弯（scoliosis）。

6. 四肢常见畸形　四肢畸形种类甚多,一般可分为以下 3 大类:

（1）缺失性畸形:缺失性畸形（reduction defect）可表现为肢某一部分的缺失,称残肢畸形（meromelia）,如手、脚直接连于躯干的海豹肢畸形（phocomelia）（图 29-13）;也可表现为整个肢的缺失,称无肢畸形（amelia）;也可表现为指（趾）的缺失,称缺指（趾）畸形（ectrodactyly）。

（2）重复性畸形:重复性畸形（duplication defect）表现为肢某一部分的重复发生,如多指（趾）畸形（polydactyly）。

（3）发育不全:发育不全（dysplasia）有表现为肢（指、趾）各节段均较短小的短肢畸形（micromelia）和短指（趾）畸形（brachydactyly）,

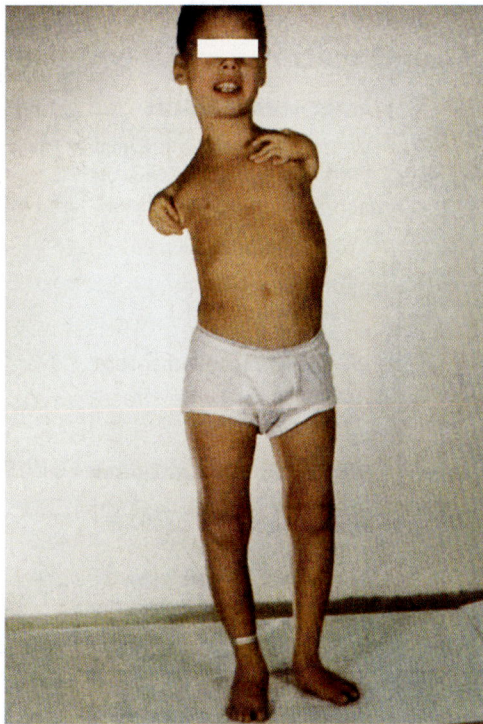

图 29-13　海豹肢畸形
Fig. 29-13　Phocomelia

Notes

也有表现为双下肢合为一体的并肢畸形(sirenomelus or sympodia)和相邻指(趾)未完全分离的并指(趾)畸形(syndactyly)。

四肢畸形有些是遗传因素所致,如多指(趾)畸形,有些则与环境因素有关,如药物沙利度胺(反应停)(thalidomide)可导致海豹肢畸形。

专题讲座:四肢发育分子调控机制的研究

上肢和下肢的立体结构均由3个轴线确定。这3个轴线分别是:近远轴(proximodistal axis)即由肩(髋)到指(趾)的轴线;前后轴(anteroposterior axis)即由拇指侧到小指侧的轴线;背腹轴(dorsoventral axis)即由伸面到屈面的轴线。在四肢发育过程中,间充质细胞不仅必须在特定的时间分化为特定类型的细胞,而且还必须在特定的时间到达上述3个轴线所确定的正确位置,以形成不同部位的不同结构。

如前文所述,肢芽发生后,其外胚层边缘部分增厚,形成外胚层顶嵴(AER),其下方中胚层芯中的间充质保持着旺盛的增殖状态,称进展带(PZ)。近年来研究证实,在 AER 和 PZ 间有一个极为复杂的分子调控网络,对肢芽的生长、分化进行精细而严密的调控。

(一)肢芽发生的启动

鸡胚移植实验显示,把含有 PZ 的中胚层芯移植到胚体胁部的非肢芽发生区外胚层下,该区外胚层即会形成 AER,进而形成额外肢。这提示,在 PZ 间充质中含有可诱导肢芽发生的物质。若将一枚在成纤维细胞生长因子4(FGF4)中浸泡过的多孔小珠埋植到鸡胚上、下肢芽间的肋部,该部位也会长出一条额外肢。该异位肢与邻近肢的类型(翅或腿)一致,但其前后轴极性却与正常相反,即所谓镜像性异位肢(mirror-image ectopic limb)(图29-14)。这提示,FGF4 可诱导肢芽的发生。

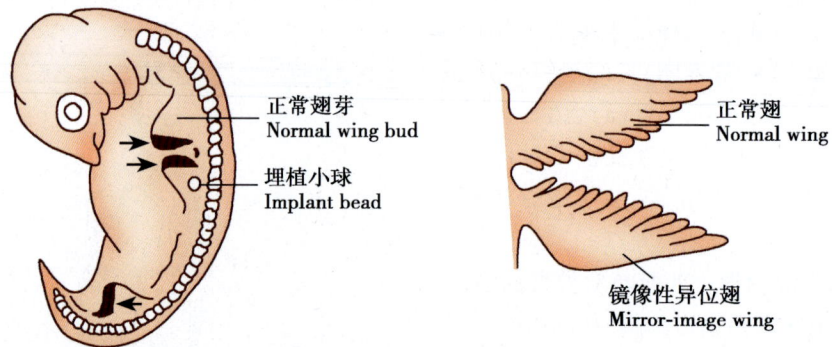

图 29-14　镜像性异位肢发生示意图箭头示 Shh 表达区

Fig. 29-14　Schematic diagram showing the development of a mirror-image ectopic wing Arrows show shh expressing regions

近年来研究证实,肢芽的发生是在 FGF(FGF4、FGF8、FGF10)和 WNT(WNT2B 和 WNT8C)/β-Catenin 等信号分子共同作用下启动的。

(二)沿近远轴分化的调节

鸡胚翅芽移植实验证实,在四肢由近及远各节段的分化中起决定作用的是中胚层芯中的间充质,而且与其接受 AER 作用时间的长短有关,即早形成的位于肢芽基部的间充质分化为近侧节段,而晚形成的位于肢芽末端的间充质则分化为远侧节段。用新生翅芽的中胚层芯和任何发育阶段的翅芽外胚层帽构建的人工翅芽,移植后可发育成一个完整的翅;而用晚期翅芽的中胚层芯和任何发育阶段的翅芽外胚层帽构建的人工翅芽则只能形成翅的远侧部分(图29-15)。

Notes

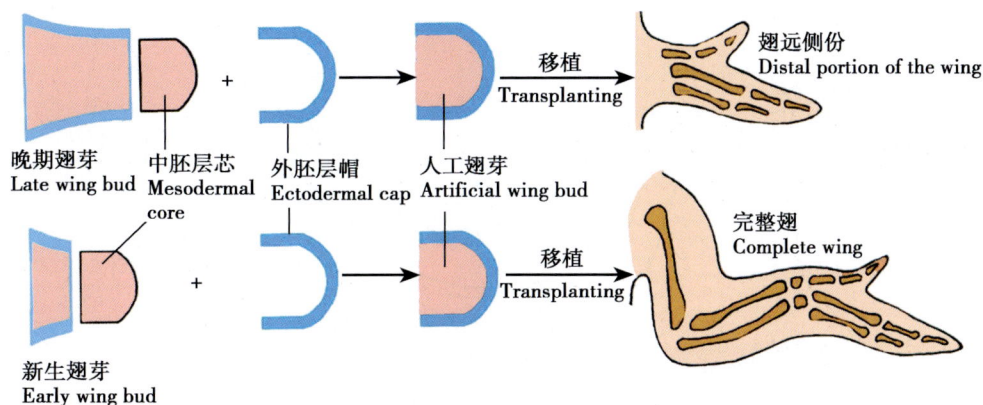

图 29-15　人工翅芽移植实验示意图

Fig. 29-15　Schematic drawing of transplantation of artificial wing bud

实验证明,同源盒基因,即 *Hox* 基因在肢芽近远轴分化中发挥重要作用。*Hoxd*(和 *Hoxa*)基因群中那些更接近 5′端的成员在肢芽内由近及远依次表达,而且与上、下肢各节段内骨的发生相关。例如在上肢,*Hoxd9* 在形成肩胛骨的节段内表达,*Hoxd9-10* 在形成肱骨的节段内表达,*Hoxd9-11* 在形成尺骨、桡骨和近侧腕骨的节段内表达,*Hoxd9-12* 在形成远侧腕骨的节段内表达,*Hoxd9-13* 则在形成掌骨和指骨的节段内表达。

Hox 基因在肢芽近远轴分化中的作用也为小鼠的基因剔除(gene knockout)实验所证实。如果将 *Hoxa11* 或 *Hoxd11* 剔除,对小鼠骨骼的发育仅有轻微影响;如果将二者均剔除,则可导致小鼠尺骨和桡骨的缺失。另一个有力证据是人类 *Hoxd13* 基因的自然突变,这类患者表现为掌骨和跖骨发育不全,这些骨的形态类似腕骨和跗骨。

中胚层芯中的维甲酸(retinoid acid,RA)和由 AER 产生的 FGF 在肢芽近远轴分化中也发挥重要作用。前者以调控近侧段发育为主,而后者,主要是 FGF4 和 FGF8,则以调控远侧段发育为主。小鼠相关研究证实,造成这两种信号系统在肢芽发育过程中调控作用发生分离的原因有两个。①FGF8 可通过促进 RA 代谢酶 Cyp26b1 的表达,使 RA 在肢芽远侧间充质中的浓度降低。②RA 可促进 RA 受体的表达,RA 与 RA 受体的饱和性结合可限制 RA 从近端向远端的扩散。这样,造成了近端高,远端低的 RA 浓度梯度,从而划定了四肢近侧部分(肱骨和股骨发生区)和远侧部分(尺、桡骨和胫、腓骨发生区)的分化方向。

转基因鼠相关研究证实,FGF8 失活会导致肢芽生长迟缓,并引起趾缺失畸形,FGF4 和 FGF8 同时失活,会导致肢缺失,而 FGF 家族其他成员的失活却不会导致肢发育障碍。

(三)沿前后轴分化的调节

鸡胚翅芽移植实验证实,供体翅芽尾侧缘组织片能诱导受体翅芽头侧缘发生一套额外趾,它们与尾侧缘的正常趾呈镜像性对称(图 29-16)。实验者认为,这与移植组织产生的决定形态发生的物质即形态发生素(morphogen)有关。这类物质沿翅芽弥散,形成一定的浓度梯度。从高浓度至低浓度,依次诱导第 4、第 3 和第 2 趾的发生(鸡翅不发生第 1 和第 5 趾)。由于肢芽尾侧缘区不仅能诱导趾(指)的发生,而且还决定各趾(指)的排列顺序即极性,故被称为极化活性区(zone of polarizing activity,ZPA)。

一种比较明确的与 ZPA 极化功能有关的形态发生素是声猬蛋白(sonic hedgehog,SHH)。在鸡和小鼠正常肢芽,Shh 仅在中胚层芯尾侧缘 ZPA 区表达;而在经 FGF4 浸泡小珠诱发的异位肢芽,Shh 则表达于头侧缘,见图 29-14。在 Luxoid 小鼠和其他几种出现镜像性多肢畸形的突变小鼠,Shh 则在肢芽的头、尾侧缘均有表达。上述实验支持如下观点:来自 AER 的 FGF4 诱导 Shh 在 ZPA 区的间充质内表达。Shh 再通过某种特定机制介导四肢前后轴发育模式,尤其是对指

Notes

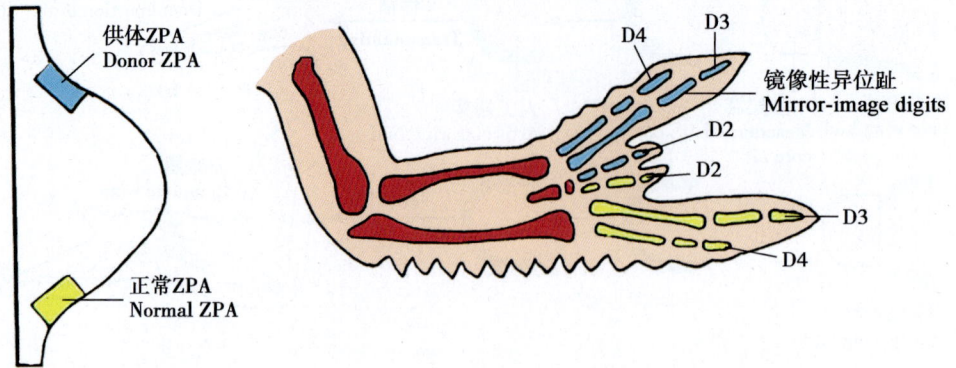

图 29-16　ZPA 移植实验示意图

Fig. 29-16　Schematic diagram of the transplantation of ZPA

（趾）分化过程的调节。

Gli3 是一种由 SHH 调控的转录效应因子（transcriptional effector），SHH 可阻止其由活性态（activator form，Gli3A）向抑制态（repressor form，Gli3R）的转化。Gli3A 和 Gli3R 的精确平衡可能是趾形成区对 SHH 信号形成梯度性反应的基础。小鼠相关研究证实，若 Shh 和 Gli3 同时失活，会出现甚至多达 10 个趾的多趾畸形，这些趾的外观几乎完全一样。这提示，SHH 信号对于指（趾）的发生并非必需，但对于指（趾）的分化却是不可或缺的。

（四）沿背腹轴分化的调节

研究证实，Wnt-7a 在肢芽的表达仅限于背侧外胚层。这提示，它可能与四肢背腹轴分化有关。若用手术方法将鸡胚肢芽的背、腹面外胚层互换，肢内骨骼的背腹极性将会发生翻转。在 Wnt-7a 基因剔除小鼠，鼠爪也呈现背腹翻转特征。尽管其腹侧结构相对正常，但背侧结构却明显"腹侧化"，如腹背两面的皮肤均出现足垫；各趾本应位于腹侧的中心肌腱异位到背侧；正常仅出现于腹侧的籽骨也见于背侧。很显然，由于这种基因剔除小鼠仅表现为鼠爪异常，故背腹信号机制还应涉及 Wnt-7a 以外的其他因子。

（五）前肢和后肢的确定

尽管前肢和后肢的发育信号中心相同，都是 AER 和 ZPA，但它们最终的发育结果却不同。这种差异在鸡则更为明显，前、后肢芽将分别发育为截然不同的翅和腿。Tbx 基因家族编码一组转录因子，其中两个成员 Tbx-5 和 Tbx-4 的表达分别局限于前肢和后肢，这可能是导致前、后肢发育差异性的重要原因。这两种基因的错位表达研究证实，它们确与鸡胚前、后肢的发育命运有关。当 Tbx-5 在后肢芽表达时，后肢会出现翅的某些特征，如其中仅有 3 个而又不是 4 个趾，而且表面覆以羽毛而不是鳞片。与之相反，如果 Tbx-4 在前肢芽表达，翅也会出现某些腿的特征。在上述实验中，鸡翅和鸡腿的特征并没有完全改变。这提示，还有未知的其他因子与前肢和后肢特征的确定有关。

在人类，Tbx-5 基因突变可导致 Holt-Oram 综合征，患者会出现上肢畸形。目前尚未发现 Tbx-4 突变的病例。

参考文献

1. Cooper KL, Hu JKH, ten Berge D, et al. Initiation of proximal-distal patterning in the vertebrate limb by signals and growth. Science, 2011, 332(6033): 1083-1086

2. Cunningham TJ, Zhao X, Sandell LL, et al. Antagonism between retinoic acid and fibroblast growth factor signaling during limb development. Cell Rep, 2013, 3(5): 1503-1511

3. Iber D, Tanaka S, Fried P, Germann P. How do digits emerge? - mathematical models of limb development. Birth

Defects Res C Embryo Today,2014,102(1):1-12

4. Mariani FV,Ahn CP,Martin GR. Genetic evidence that FGFS have an instructive role in limb proximal-distal patterning. Nature,2008,453(7193):401-405

5. Zhu J,Nakamura E,Nguyen MT,et al. Uncoupling Sonic hedgehog control of pattern and expansion of the developing limb bud. Dev Cell,2008,14(4):624-632

（刘　凯）

第 30 章　内分泌腺的发生

KEY POINTS

- Embryonic origins of the endocrine glands and the hypothalamus
- Development of the endocrine glands and the hypothalamus
- Congenital malformations of the endocrine glands

内分泌腺主要包括甲状腺、甲状旁腺、肾上腺、垂体和松果体。不同的内分泌腺具有不同的胚层起源,有些内分泌腺还来源于两个胚层。下丘脑虽然不是独立的内分泌器官,但具有重要的内分泌功能,故其发生也在本章介绍。

一、甲状腺的发生

甲状腺起源于内胚层,在胚胎内分泌腺中发生最早。胚胎第 4 周初,在原始咽底正中处(相当于第 1 对咽囊平面的奇结节尾端)的内胚层细胞增殖,并向腹侧突出,形成甲状腺原基(thyroid primordium)。它向尾端生长,末端分为左、右两个芽突。约在胚胎第 4 周末,芽突继续向颈部生长,其根部借细长的甲状舌管(thyroglossal duct)与原始咽底壁相连。该细管在胚胎第 6 周开始

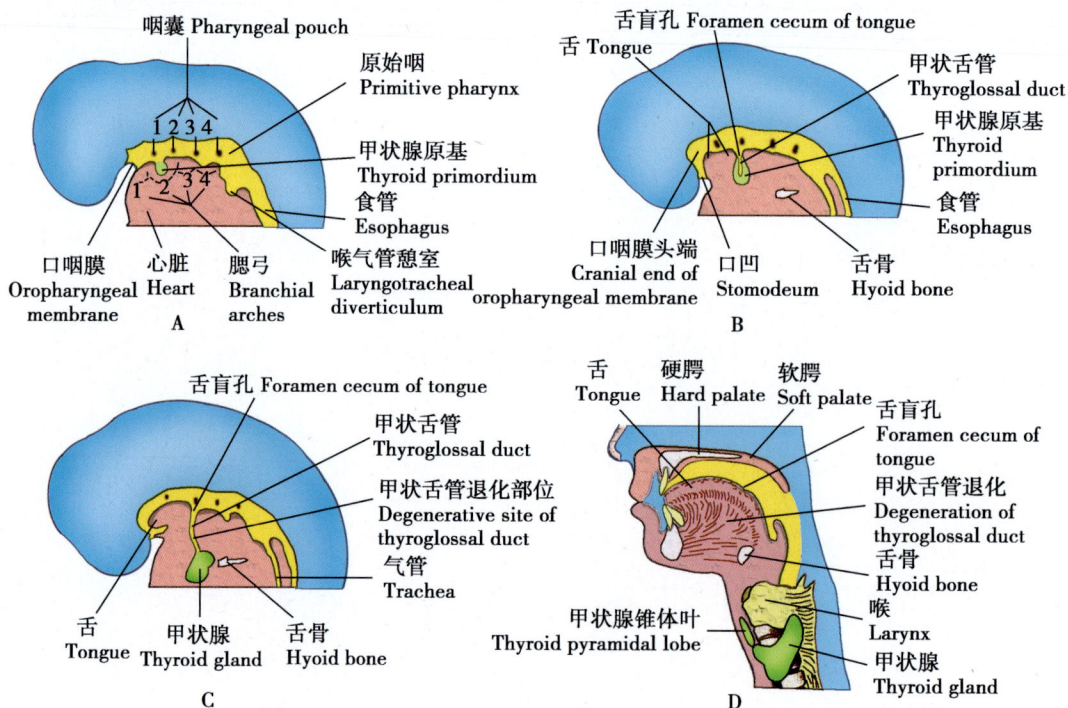

图 30-1　甲状腺发生示意图

Fig. 30-1　Diagrams illustrating development of the thyroid gland

446

萎缩退化,在舌根部留有一痕迹,称为舌盲孔。左、右芽突的末端细胞增生,演变为甲状腺的两个侧叶,其中间部为峡部。有时甲状舌管末端会保留并发育为一条锥体形的组织与峡部相连,即甲状腺的锥体叶。至胚胎第 7 周时,甲状腺抵达其最后位置(图 30-1 图 30-2)。来自第 5 对咽囊的部分后鳃体细胞迁至甲状腺内分化形成滤泡旁细胞,也有人认为滤泡旁细胞来自神经嵴的外胚层细胞。

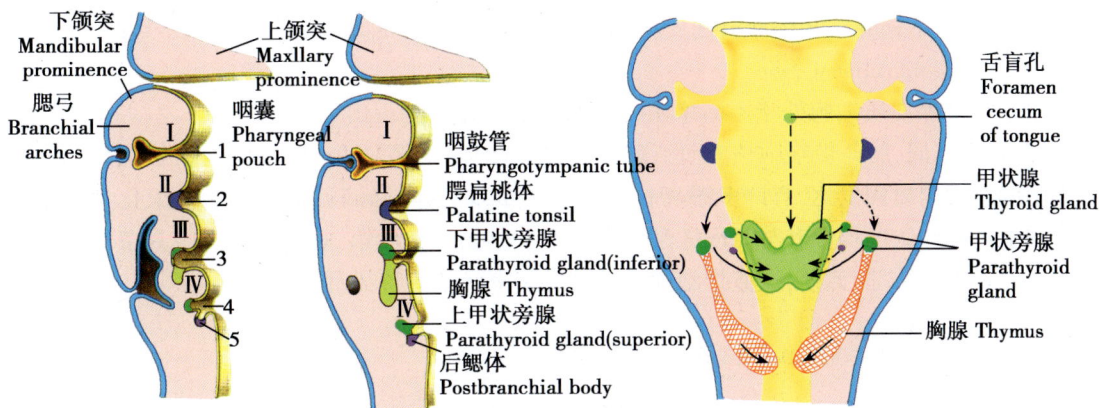

图 30-2　甲状腺和甲状旁腺发生模式图

Fig. 30-2　Schematic diagrams showing development of the thyroid gland and parathyroid gland

甲状腺原基的左、右两个芽突初为盘曲的细胞索。胚胎第 10 周后,细胞索相继断裂,形成若干细胞团。之后,细胞之间出现间隙并逐渐融合成大的腔隙(滤泡腔),细胞团演变成小滤泡。胚胎第 13～14 周,滤泡腔明显增大,腔内充满嗜酸性的胶样物质,滤泡上皮呈立方形,滤泡周围的结缔组织中有丰富的血管。细胞聚碘能力在滤泡形成前即已开始,碘化过程则出现在滤泡细胞分化之后。胎儿甲状腺已有合成和分泌甲状腺激素的能力,主要是促进胎儿骨骼和中枢神经系统的发育。

二、甲状旁腺的发生

胚胎第 5 周,第 3 对咽囊的背侧壁细胞增生成细胞团,最初与胸腺原基相接,于胚胎第 7 周脱离咽壁,随腹侧胸腺下移而至甲状腺下端背侧,为下甲状旁腺。与此同时,第 4 对咽囊背侧壁的细胞增生,并随甲状腺下移,附着在甲状腺的上端背侧,为上甲状旁腺。由于上甲状旁腺移动距离较下甲状旁腺短,故原来这两对原基起始部位的上、下关系,经迁移后发生了颠倒(图 30-2)。

胚胎第 7 周,甲状旁腺原基细胞迅速增殖,排列成索,其间有大而不规则的血窦和少量结缔组织,形成实心的结节状结构。此期的甲状旁腺细胞较大,胞质弱嗜酸性,为原始细胞。胚胎 3～4 个月时,腺体明显增大,细胞分化为主细胞,核染色深,胞质内有丰富的粗面内质网、线粒体,高尔基复合体发达。处于分泌期的主细胞还含有分泌颗粒,而处于休止期的主细胞,各种细胞器少,胞质着色浅。胎儿期甲状旁腺无嗜酸性细胞。

胎儿期的甲状旁腺已出现功能活动,其所分泌的甲状旁腺激素与甲状腺滤泡旁细胞分泌的降钙素相互协调,调节胎儿体内钙的代谢及骨的发育平衡。雌激素可抑制骨组织对甲状旁腺激素的反应,肾上腺分泌的皮质醇可促进甲状旁腺激素的分泌。

三、肾上腺的发生

肾上腺皮质和髓质的起源、结构和功能均不相同。皮质来源于中胚层,髓质来源于外胚层。

胚胎期的肾上腺体积较大,主要为皮质,髓质部分不明显。其大小在第 2 个月初约为肾的 2 倍,第 3 个月时与肾等大,第 6 个月时与成年人肾上腺等大。出生后肾上腺体积迅速变小,至青

Notes

春期,又增长到出生时的大小。

(一) 肾上腺皮质的发生

胚胎第4周,生殖嵴和肠背系膜之间的体腔上皮增生,并向头端和内侧迁移,伸入其深部的间充质中形成细胞索,细胞索之间有丰富的血管,形成肾上腺皮质原基。第5周,这些细胞分化为大的嗜酸性细胞,形成肾上腺皮质的胎儿带(fetal zone),又称原发性皮质(primary cortex)。第7周,胎儿带表面的体腔上皮再次增生,产生体积较小的嗜碱性细胞,并沿胎儿带增生扩展,形成永久带(definitive zone),又称继发性皮质(secondary cortex)。胎儿带与永久带之间有一较薄的区域为过渡带(transitional zone)。

胎儿肾上腺皮质细胞处于不断增殖、分化的过程,逐渐呈现出类固醇激素分泌细胞的特征。胚胎第16~20周,胎儿带细胞核大而清楚,胞质内滑面内质网发达,线粒体多,有核糖体。永久带细胞内滑面内质网发达,有许多游离核糖体及少量线粒体,脂滴逐渐增加。组织化学显示胎儿带和永久带细胞内均含有与类固醇激素合成有关的酶。胚胎第30周时永久带具备成年肾上腺皮质球状带的特征,此期,过渡带细胞也具有成年束状带的特征(图30-3)。

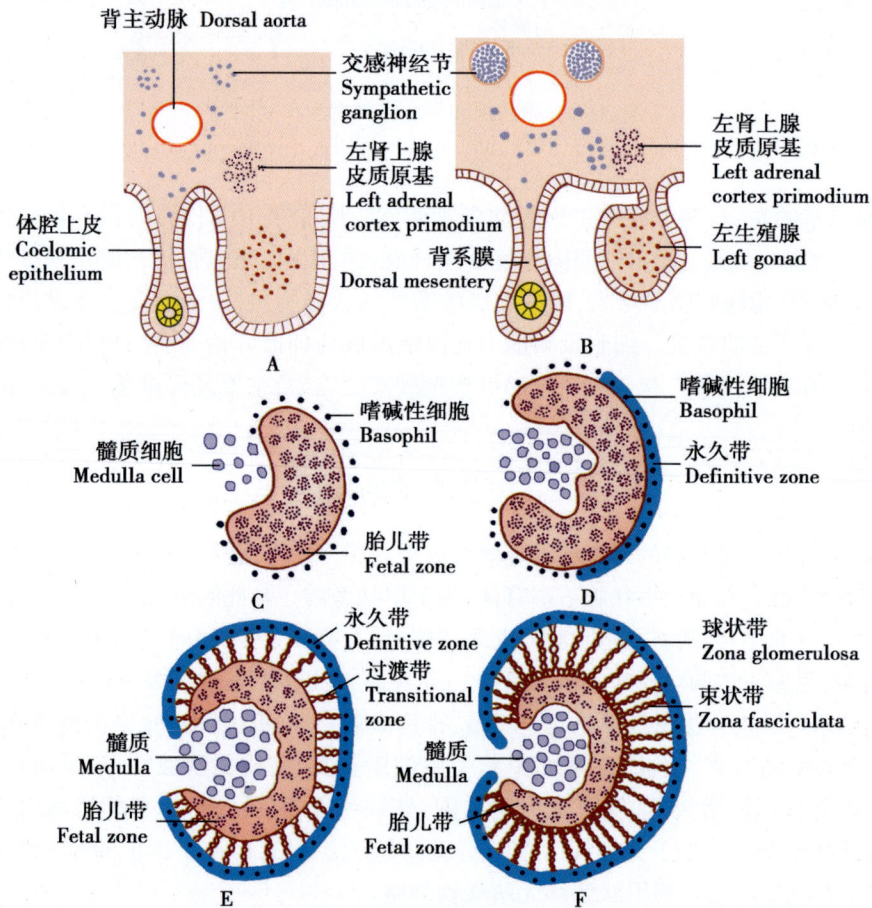

图30-3　肾上腺发生示意图

Fig. 30-3　Schematic drawings illustrating development of the adrenal gland

出生后前3个月,胎儿带细胞开始凋亡,1岁时几乎全部消失,而永久带和过渡带不断增殖和增厚。网状带在出生后出现,3岁以后逐渐明显。10~20岁时,肾上腺皮质的球状带、束状带和网状带逐渐发育成熟,具备成年肾上腺皮质的细胞特征。

胎儿带仅存在于胚胎期,并且特别发达,或许是由于胚胎垂体所分泌的促肾上腺皮质激素(ACTH)所致。没有垂体的无脑儿,其肾上腺也萎缩。胎儿带分泌的激素可促使肺泡表面活性物质的形成,促进肝及心肌储存糖原,并抑制胸腺的发育。胎儿带在胎盘所含酶的协同作用下,产生雄激素与雌激素(主要是雌三醇),由母尿中排出。胚胎第 10 周,过渡带细胞可利用孕酮合成糖皮质激素,但合成的量较少。到胚胎第 28 周以后,胎儿肾上腺的永久带和过渡带可以用胆固醇合成糖皮质激素和盐皮质激素,并随着妊娠进程其合成糖皮质激素的能力逐步增强。

(二)肾上腺髓质的发生

肾上腺髓质的发生较皮质稍晚。胚胎第 6 周,由腹腔神经丛迁移出来的神经嵴细胞逐渐移向皮质内侧(图 30-3),与肾上腺皮质接触的细胞分化为髓质细胞,其余少量细胞分化为交感神经节细胞。最初髓质细胞混杂在皮质细胞之间,胚胎第 12 周,髓质细胞 5～8 个聚集成团,呈岛状夹杂于胎儿带细胞之间,以后逐渐向中心迁移集中,至 18～22 周,多数髓质细胞迁移至肾上腺中轴。出生后 12～18 个月,髓质具备成年形态。

胚胎期,肾上腺髓质仅分泌去甲肾上腺素;至妊娠末期,去甲肾上腺素甲基化而成为肾上腺素。此时的髓质与成体相同,分泌去甲肾上腺素和肾上腺素。

四、下丘脑和垂体的发生

下丘脑尽管不是一个独立的内分泌器官,但具有重要的内分泌功能,而且在发生、结构及功能方面与垂体密切相关,共同构成神经内分泌下丘脑-垂体系统(neuroendocrine hypothalamo-hypophyseal system)。

(一)下丘脑的发生

下丘脑来源于间脑的基板,此处细胞不断增殖并向外迁移,构成下丘脑。一些神经元集中在一起,形成下丘脑的核团。胚体长 9mm 时,形成乳头核的雏形,继而视窝附近的成神经细胞集中形成视上核。胚体 34mm 时,分别形成腹内侧核和视上垂体束。50mm 时,形成室旁核、乳头内侧核、乳头外侧核及背内侧核,最后形成的是结节区的弓状核等。

(二)垂体的发生

垂体来源于外胚层,由两个独立的原基融合而成。腺垂体来自原始口腔,神经垂体来自间脑。

1. 腺垂体的发生 胚胎第 4 周,在原始口腔顶部与口咽腔上方交界处,外胚层上皮细胞增生,向顶端突出形成拉特克囊(Rathke pouch)。此后该囊的头部膨大变圆,逐渐向间脑底部(即神经垂体起始部)伸展,柄逐渐萎缩、退化,与原始口腔之间的通道封闭。随着原始口腔的发育,拉特克囊的起点最终移至鼻中隔后缘的背侧。拉特克囊的前壁细胞生长旺盛,分化为腺垂体的远侧部;后壁形成腺垂体的中间部;囊腔则逐渐完全封闭或遗留一个窄缝。拉特克囊的另一部分围绕垂体漏斗部,形成腺垂体结节部(图 30-4)。

胚胎第 7～8 周,腺垂体远侧部细胞开始分化。嗜碱性细胞分化最早,雷锁辛-复红能使其染色。胚胎第 9～10 周,出现嗜酸性细胞,可被偶氮胭脂染色。嫌色细胞在胚胎时期的总数比成体多。

胚胎第 7～8 周出现促肾上腺皮质激素细胞,第 12 周出现生长激素细胞,第 13～16 周出现促甲状腺激素细胞,第 14 周出现促黑激素细胞,第 16～18 周出现催乳素细胞,第 15～16 周女胚出现促性腺激素细胞,而男胚第 20 周时该类细胞才出现。各类细胞出现的时间与胚胎垂体的分泌能力相符合。

2. 神经垂体的发生 在拉特克囊发生的同时,间脑底部(即第三脑室底)的脑壁向下凹陷,形成漏斗,即神经垂体的原基(图 30-4)。该原基逐渐向下伸长,与拉特克囊后壁融合处形成垂体神经部,与下丘脑相连部分形成正中隆起。下丘脑神经元(主要是视上核和室旁核)的轴突自胚胎第 10 周进入漏斗,第 12 周末到达垂体神经部。在漏斗与神经部分化形成的同时,神经胶质细胞分化为垂体细胞。胚胎第 4 个月时,垂体各部分已基本形成。

Notes

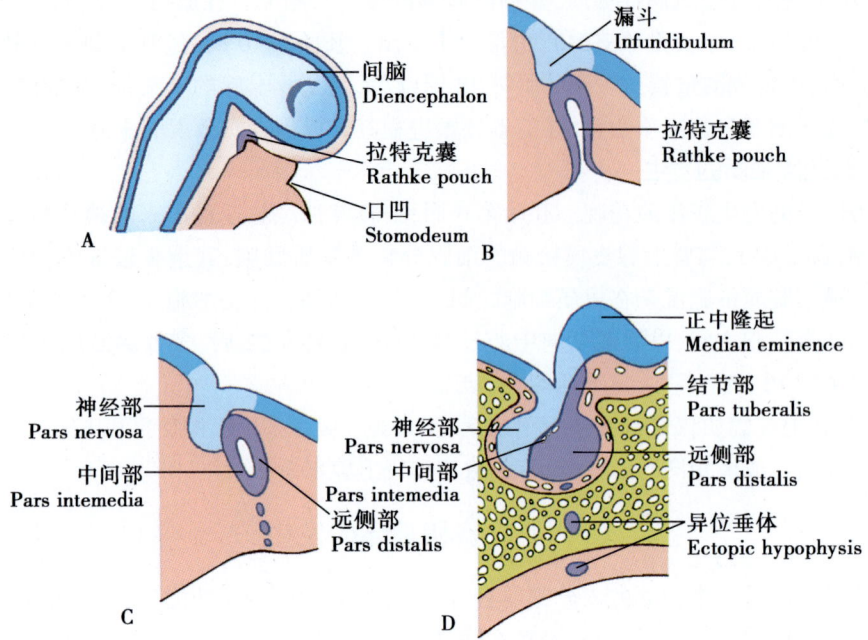

图 30-4　垂体发生模式图

Fig. 30-4　Diagrams illustrating development of the hypophysis

五、松果体的发生

（一）松果体的胚胎发生

胚胎第 6 周初，间脑顶部第三脑室正中线末端向外突起，形成松果体原基（epiphyseal primordium）。此处室管膜上皮增厚，形成松果体板，以后逐渐成为一个薄壁的憩室。胚胎第 7 周，憩室发育为松果体囊，分为前壁和后壁，前、后壁之间为松果体室。胚胎第 8 周，松果体囊的前、后壁增厚形成前叶及后叶，两叶逐渐融合并且变薄。松果体室最终消失，形成松果体隐窝，与第三脑室相通（图 30-5）。

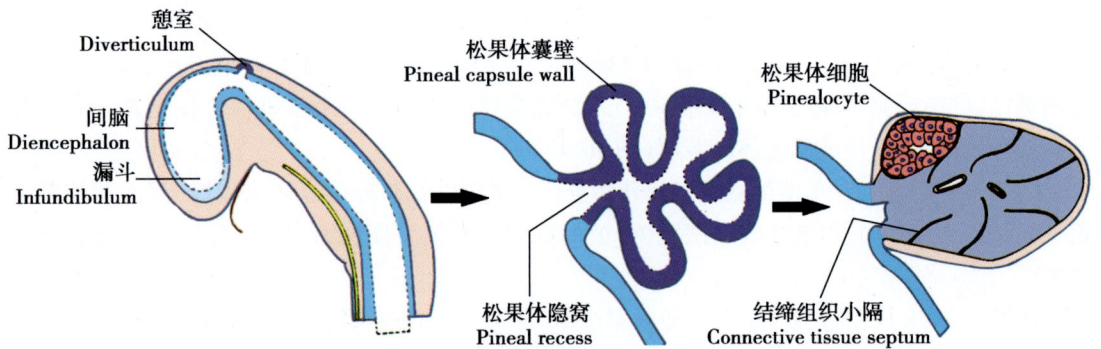

图 30-5　松果体发生示意图

Fig. 30-5　Schematic drawings showing development of the pineal body

胚胎第 8 周，松果体细胞开始出现；第 5 个月，细胞明显增生，排列成团索状；第 6 个月，松果体细胞分化明显，胞质内含有线粒体、内质网、高尔基体、中心粒、脂肪内含物与糖原颗粒；随着胚胎龄的增大，细胞器随之增加，第 8 个月，已近似成年型，细胞之间出现中间连接与桥粒，能分泌褪黑素、加压素、催产素等物质。

胚胎第 3 个月初，交感神经的分支开始长入松果体，第 5 个月进入腺实质，其轴突末端与松

Notes

果体细胞发生接触。胚胎第 82～85 天，松果体内开始出现神经胶质细胞，其属于星形胶质细胞，核呈长椭圆形，染色质浓密，胞质嗜碱性强，有丰富的游离核糖体和微丝，微管稀少。

（二）松果体的生后发育

生后 2～3 周内，松果体的实质由弱嗜铬性的大细胞和强嗜铬性的小细胞（未成熟型）组成，前者形成明区，后者形成暗区，两个区域重叠，使新生儿的松果体实质呈镶嵌状，这种形态一直维持到出生后的 6 个月。第 9 个月时，小细胞明显减少（在幼年后期消失），松果体细胞长出细长的突起，具嗜银性，此时可见到一些纤维性星形胶质细胞。3～5 岁时，松果体接近成人的重量；7～8 岁，松果体发育达到高峰，以后逐渐减慢。青春期后松果体细胞明显退化，结缔组织增生，神经胶质细胞相对增加。通常在 10 岁前后，由于基质的钙化，开始出现大小不一的脑砂，并随年龄的增加而增多。

六、内分泌腺的先天畸形

（一）甲状腺的先天畸形

1. **家族性甲状腺肿性功能低下症**　家族性甲状腺肿性功能低下症（familial goitrous hypothyroidism）由家族性基因缺陷引起。由于甲状腺激素碘化障碍，致甲状腺激素分泌少，甲状腺功能低下。甲状腺激素缺乏可反馈性地引起甲状腺滤泡增生，甲状腺肿大。

2. **甲状腺发育不全或缺如**　甲状腺发育不全或缺如（thyroid gland hypoplasia or absence）亦由基因缺陷引起。多数患者可存在残余的甲状腺组织，内含少量已分化的滤泡，或仅见仍处于胚胎发育阶段的上皮细胞索。出生后即为克汀病（cretinism），主要表现为智能低下，身体矮小，眼距宽、鼻梁塌陷、鼻孔朝前、头大，近似胎儿面容。

3. **甲状舌管囊肿**　由于某种原因致甲状舌管退化不全，则在颈部正中甲状腺下降途径的任何部位残留，即甲状舌管囊肿（thyroglossal cyst）。出生前后还可能发生囊肿穿孔，开口于皮肤或舌盲孔处，则为甲状舌管瘘（thyroglossal fistula）。

4. **异位甲状腺和异位甲状腺组织**　甲状腺下降过程中滞留，则形成异位甲状腺（ectopic thyroid），常见于舌盲孔处的舌黏膜下、舌肌内、舌骨附近和胸部；若有部分甲状腺组织在迁移过程中滞留于异常部位，则形成异位甲状腺组织（ectopic thyroid tissue），可出现在喉、气管和心包等处。

5. **甲状腺形态异常**　甲状腺形态异常（thyroid paramorphia）可有多种表现，如腺体一侧叶很小或缺如、无峡部、锥体叶很大或很长或连接于侧叶上。

（二）甲状旁腺的先天畸形

1. **甲状旁腺异位**　一般情况下，上甲状旁腺的位置较恒定，而下甲状旁腺的位置变化甚大，故甲状旁腺异位（ectopic parathyroid）以下甲状旁腺较常见，发生率约有 10%。异位的下甲状旁腺可位于其下降途中的任何部位，可附着在胸腺组织表面，甚至包裹在胸腺内，也可埋于甲状腺内；还可位于胸骨后，或气管食管沟内，或食管后。故在临床手术探查时应十分注意，避免损伤异位的甲状旁腺。

2. **甲状旁腺数目变异**　在甲状旁腺迁移过程中，往往有小块组织游离出去，形成多达 8～12 个或更多的额外甲状旁腺。

3. **甲状旁腺功能低下**　甲状旁腺功能亢进的妊娠妇女，其胎儿受母体高血钙的影响，甲状旁腺的发育和成熟受到抑制，引起出生后婴幼儿甲状旁腺功能低下。

4. **特发性家族性甲状旁腺功能低下症**　特发性家族性甲状旁腺功能低下症（familial idiopathic hypoparathyroidism）是一种 X 性染色体隐性遗传或常染色体隐性遗传性疾病，50% 有家族史，多幼年发病。常在白色念珠菌感染后显现甲状旁腺功能低下，故又名多发性内分泌腺自身免疫白色念珠菌病综合征。血清中往往有抗甲状旁腺抗体。

Notes

5. **迪格奥尔格综合征**　迪格奥尔格综合征(DiGeorge syndrome)因第 3、4 对咽囊发育不良,致使甲状旁腺和胸腺未能正常发育所致,其主要表现是低血钙和免疫功能低下。常伴有眼距宽、耳位低和小额等其他畸形,某些患者还伴有法洛四联症等心血管畸形。

6. **假性甲状旁腺功能低下症**　假性甲状旁腺功能低下症(pseudohypoparathyroidism)是一种常染色体或 X 性染色体遗传性疾病。由于靶组织(如骨和肾)对甲状旁腺激素不敏感,致使甲状旁腺代偿性增生。患儿常伴有躯体发育畸形,如侏儒、指骨和掌骨粗短、软组织钙化等。

(三) 肾上腺的先天畸形

1. **肾上腺发育不全**　肾上腺发育不全(suprarenal gland hypoplasia)多见于无脑儿,由于下丘脑未发育或垂体缺如,无 ACTH 分泌,引起皮质退化。

2. **先天性肾上腺皮质增生症**　先天性肾上腺皮质增生症(congenital adrenal cortical hyperplasia,CAH)是一组由肾上腺皮质激素合成过程中酶的缺陷所致的常染色体隐性遗传性疾病,其中 21-羟化酶缺如占 90% 以上,还有 17-羟化酶和 11-羟化酶缺如等。患者糖/盐皮质激素合成减少,雄性激素合成增加,引起一系列水、电解质及物质代谢紊乱和雄性激素过多症候群,如女孩假两性畸形、男孩假性性早熟,以及低钾血症和高血压等。

3. **副肾上腺**　副肾上腺(accessory suprarenal gland)多位于主肾上腺附近,多数为仅有皮质而无髓质,称为副皮质团块,少数只发生髓质而无皮质,为副髓质团块。在女性其可出现在阔韧带,在男性可随睾丸降至阴囊内。

4. **肾上腺并合**　肾上腺并合(suprarenal coalescence)由胚胎时期左、右肾融合所致。

5. **肾上腺异位**　肾上腺出现在肾被膜下方或其他部位称肾上腺异位(ectopic suprarenal gland)。

(四) 垂体的先天畸形

1. **咽垂体**　拉特克囊与原始口腔顶部之间形成的细柄未消失,并有一定程度的分化,即形成咽垂体(pharyngeal hypophysis)。其位置多在咽壁内,亦可出现在蝶骨的蝶鞍内或蝶骨的骨质内。

2. **垂体发育不良或缺如**　由于前脑泡不闭合造成前脑缺损,往往伴有垂体发育不良或缺如(hypophyseal dysplasia or absence),多与遗传有关,有家族史。患儿甲状腺、肾上腺和睾丸均发育不良,有时伴有面部或腭的畸形。

3. **颅咽管瘤**　颅咽管瘤(craniopharyngioma)又称拉特克囊瘤,表现为垂体功能低下和(或)伴有下丘脑病变综合征,是一种易发生于儿童期的异质性蝶鞍内肿瘤。瘤内常见一部分为实质性组织,另一部分为囊肿并伴有角化区域与坏死灶,可见胆固醇结晶与钙化。

4. **漏斗瘤**　漏斗瘤(infundibular tumor)又称类垂体细胞性肿瘤,由第三脑室底部发育障碍所致。极少见,往往在儿童时期发病。

(五) 松果体的先天畸形

1. **松果体旁器囊肿**　在胚胎发育过程中松果体原基前方曾出现另一个同源突起,即松果体旁器,其在胚胎早期即萎缩消失。若出生后仍继续存在,则在松果体前方形成一个小的囊肿,称松果体旁器囊肿(cyst of parapineal organ)。

2. **松果体畸胎瘤**　松果体畸胎瘤(teratoma of pineal body)内含有异位滋养层细胞,故能产生具有黄体生成素活性的绒毛膜促性腺激素,使睾丸间质细胞分泌睾酮及促使生精小管发育。该病多见于少年男性患者,伴有性早熟。由于卵巢的卵泡发育需要 FSH 和 LH 的双重作用,故此种畸形一般不引起女孩性早熟。

3. **精原细胞性松果体瘤**　精原细胞性松果体瘤(seminomatous pinealoma)又名生殖细胞瘤(germinoma),来源于早期胚胎的原始生殖细胞。若原始生殖细胞迁至松果体并在此居留下来,便可转变为生殖细胞瘤。

4. 松果体胚细胞瘤　松果体胚细胞瘤(pineoblastoma)多见于青少年。由于松果体细胞大量增殖,功能亢进,致使血中褪黑素浓度升高。褪黑激素在青春期前起着抑制性成熟的功能,故导致患儿性发育延缓。部分肿瘤细胞可以逆分化,形成视网膜胚细胞瘤、光感型松果体细胞瘤等。

专题讲座：糖皮质激素在胚胎肺发育中的作用

糖皮质激素在胚胎第10周时,由胎儿肾上腺过渡带细胞利用孕酮合成,到第28周以后,由胎儿肾上腺利用胆固醇合成。随着肾上腺的进一步发育,胎儿肾上腺合成糖皮质激素的能力也逐步增强。同时,妊娠期间母体分泌的糖皮质激素随着孕期不断增加,这些由母体产生的糖皮质激素也可通过胎盘作用于胎儿。

在人类和许多动物中,胎儿发育过程中皮质醇水平与各器官的成熟程度相平行。糖皮质激素对促进胎儿肺、脑、胸腺、胃肠道、肝和肾等器官的发育和成熟具有重要作用,现以肺为例简述如下。

(一) 促进肺上皮细胞分化和肺泡的形成

糖皮质激素在胎儿肺上皮细胞的分化中发挥关键作用,糖皮质激素受体(glucocorticoid receptor, GR)为正常胚胎发育所必需。在肺发育的肺泡囊阶段,肺泡上皮细胞有3种,包括扁平的Ⅰ型肺泡上皮细胞(AECⅡ)、立方形的Ⅱ型肺泡上皮细胞(AECⅡ)和未分化的胞质内富含糖原的肺泡上皮细胞。糖皮质激素诱导的亮氨酸拉链(glucocorticoid-induced leucine zipper, GILZ)在肺泡上皮细胞内表达,而敲除 GR 基因的小鼠(GRDermo1)的肺上皮内 GILZ 的表达显著下调,表明糖皮质激素引起肺泡上皮细胞内 GILZ 表达的升高,是形成正常的肺泡上皮所必须。GR 的缺失抑制肺泡上皮细胞的分化,使正常成熟的 AECⅠ 和 AECⅡ 数量减少,未分化上皮细胞的数量增加,并导致细胞形态异常。GR 缺失还导致胚胎肺从肺泡管向肺泡囊发育受阻,表现为肺泡囊小而不成熟,囊泡之间的间质增厚。此外,GRDermo1 小鼠肺匀浆中的糖皮质激素合成酶 11β-羟类固醇脱氢酶的 mRNA 表达水平显著低于野生鼠。GR 的表达对肺泡上皮分化和形成正常的肺泡囊必不可少。GR 的缺失是 GRDermo1 小鼠出生后高致死率的主要因素。

(二) 促进肺表面活性物质的成熟

肺表面活性物质是脂类和蛋白质的复杂混合物,能够降低肺泡表面张力,对新生儿出生后的第一次呼吸至关重要。糖皮质激素可以增加羊水中卵磷脂与鞘磷脂的比例,该比率正是胎儿肺成熟和肺表面活性物质合成的标志。在鸡胚的缺氧实验中,分别给予地塞米松、三碘甲状腺原氨酸(T_3)及它们的组合(地塞米松+T_3),灌洗液中总磷脂(PL)、双饱和磷脂(DSP)和胆固醇(CHOL)增加,从而加速了表面活性物质中脂质的成熟。单独使用地塞米松与联合应用地塞米松和 T_3 的结果相似。缺氧后第16天血浆中皮质酮的水平增加,而 T_3 的水平并没有受到影响。实验结果表明,在缺氧状态下表面活性物质的成熟是通过增加产生皮质酮而引起。许多实验表明,糖皮质激素可以促进胎儿Ⅱ型肺泡细胞的成熟,刺激脂肪酸的合成,并增加脂肪酸合成酶的活性,增加饱和的磷脂酰胆碱的浓度,促进板层小体的发育,分泌表面活性物质入肺泡腔。1972年,Lisgins Howie 报道了产前应用糖皮质激素降低新生儿呼吸窘迫综合征(neonatal respiratory distress syndrome, NRDS)发生率,由此引起了国内外学者对糖皮质激素对胚胎发育作用的广泛研究。在妊娠第24～34周,7天之内有早产倾向的孕妇,使用糖皮质激素以降低早产儿 NRDS 的发生率和死亡率已在临床广泛应用。

(三) 促进肺间质的发育

弹性蛋白在出生后肺泡的正常功能中发挥重要作用,通过观察弹性蛋白有助于研究肺不张。GRDermo1 小鼠肺间充质和肺泡囊壁内的弹性纤维显著减少或缺如,小血管的管壁结构不连续,其皮肤和肺组织的弹性蛋白 mRNA 的表达水平明显降低。在 GRDermo1 小鼠中,尽管肌成纤维细胞和血管平滑肌细胞数量正常,但细胞内弹性蛋白的合成严重不足。弹性蛋白 mRNA 的表达由糖皮质激素调节,弹性蛋白的表达合成缺陷或成纤维细胞的成熟障碍可能导致肺泡囊发育受阻和血管形成的延迟。

正常情况下,糖皮质激素对由肺成纤维细胞生成的细胞外基质的调控也起重要作用。GR 表达缺失,也可能使成纤维细胞合成的其他主要基质组分如胶原蛋白和原纤蛋白-1 等受到破坏,从而导致肺泡囊的级数和正常肺泡结构缺陷。

参考文献

1. Bird AD, Choo YL, Hooper SB, et al. Mesenchymal glucocorticoid receptor regulates the development of multiple cell layers of the mouse lung. Am J Respir Cell Mol Biol, 2014, 50(2): 419-428

2. Blacker HA, Orgeig S, Daniels CB. Hypoxic control of the development of the surfactant system in the chicken: evidence for physiological heterokairy. Am J Physiol Regul Integr Comp Physiol, 2004, 287 (2): R403-410

3. Hodyl NA, Stark MJ, Butler M, et al. Placental P-glycoprotein is unaffected by timing of antenatal glucocorticoid therapy but reduced in SGA preterm infants. Placenta, 2013, 34(4): 325-330

4. Li A, Hardy R, Stoner S, et al. Deletion of mesenchymal glucocorticoid receptor attenuates embryonic lung development and abdominal wall closure. PLoS One, 2013, 8(5): e63578

5. Romaní-Pérez M, Outeiriño-Iglesias V, Gil-Lozano M, et al. Pulmonary GLP-1 receptor increases at birth and exogenous GLP-1 receptor agonists augmented surfactant-protein levels in litters from normal and nitrofen-treated pregnant rats. Endocrinology, 2013, 154(3): 1144-1155

(郝立宏)

第31章　免疫系统的发生

KEY POINTS

- Development of the main immune cells
- Development of the thymus, lymph nodes, spleen and tonsils
- Primary immunodeficiency disorder and congenital malformation of immune organ

免疫系统由免疫细胞、淋巴组织和淋巴器官组成。免疫细胞来源于多能造血干细胞(multi-potential hemopoietic stem cell, MHSC),淋巴器官的来源则较复杂。免疫系统的发生遵循从先天性免疫(非特异性免疫)到获得性免疫(特异性免疫)的规律,机体出生时即拥有先天性免疫,而获得性免疫须待出生后接触抗原后才产生,是免疫系统进化的高级形式。免疫系统的功能在机体不断受到抗原的刺激下逐步发育完善,并受遗传机制及神经内分泌的调控。

一、免疫细胞的发生

随着胚胎血液循环的建立,胚胎第3周发生于卵黄囊壁血岛内的 MHSC 在第6周迁入肝内并在此造血;第7周,血液内出现淋巴祖细胞,后者于第8周进入胸腺;第9周,肝内 B 淋巴细胞开始分化;第12周,淋巴结出现淋巴细胞,其中阑尾内的淋巴细胞尤为明显;第29周,胎儿若受到抗原刺激能出现免疫应答,B 淋巴细胞可分化形成浆细胞(图31-1)。T 细胞和 B 细胞由同一种前体细胞分别在胸腺和骨髓逐步发育分化形成,尽管在发育过程中二者有许多相似之处,但不同的分化方向使它们成为具有截然不同免疫功能的细胞。免疫球蛋白基因位点上的基因重组,使每一个 B 细胞都能表达独特的免疫球蛋白受体,而 T 细胞受体基因位点的基因重组则使每一个 T 细胞表达独特的 T 细胞受体。淋巴细胞特有的 RAG 1 和 RAG 2 重组蛋白与 B 细胞或 T 细胞特有的调控蛋白之间的协调,对 B 细胞或 T 细胞的分化起着重要作用。

(一) T 细胞的分化发育

MHSC 首先分化为髓性造血干细胞和淋巴系造血干细胞,于胚胎第7周时,淋巴造血干细胞定向发育成原 T(pro-T)细胞。原 T 细胞最初来自卵黄囊,而后来自胎肝,在胚胎后期和出生后则来自骨髓。原 T 细胞在胸腺内分化和成熟。在胸腺原基分泌趋化因子的吸引下,血液循环中的原 T 细胞进入胸腺内,在从胸腺皮质迁移至髓质的过程中进一步分化和成熟,最终分化为成熟的初始 T 细胞后输送至外周淋巴器官,分布于胸腺依赖区,并在体内进行再循环。因此,胸腺是 T 细胞发育的关键器官。

原 T 细胞进入胸腺的机制尚不完全清楚。有人认为是经皮-髓质交界处的毛细血管后微静脉进入胸腺实质的,也有观点认为是随组织液从胸腺被膜进入实质的。被膜下上皮细胞能分泌 β-微球蛋白(β-microglobulin),吸引和调节原 T 细胞进入胸腺。原 T 细胞进入胸腺被膜下而未到达胸腺皮质之前,称前 T(pre-T)细胞。前 T 细胞进入胸腺皮质后即称为胸腺细胞(thymocyte)。胸腺细胞从皮质外层到皮质深层,进而经过皮质与髓质交界处进入髓质,在胸腺微环境的作用下逐渐分化成熟,它们的分化程序受到严格的调控。T 细胞的成熟包括迁移和增殖、分化和选择

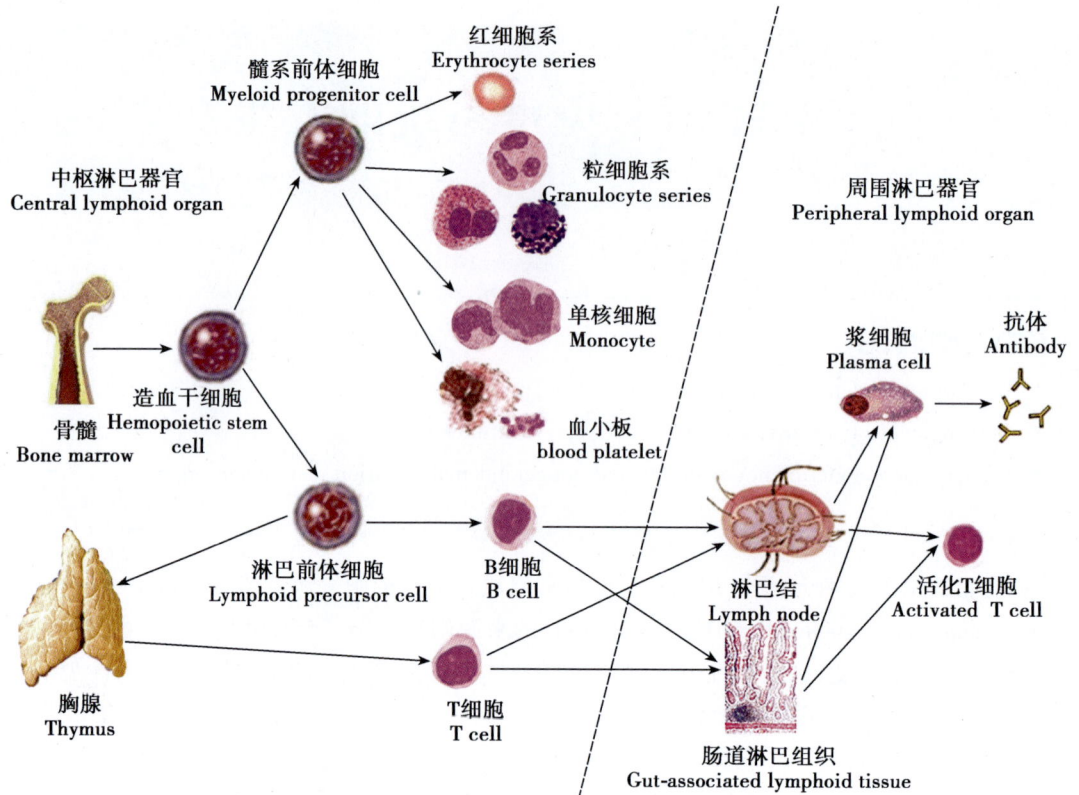

图 31-1　淋巴细胞分化过程示意图

Fig. 31-1　Schematic diagram illustrating differentiation of the lymphocytes

3 个过程。

1. 迁移和增殖　骨髓产生的原 T 细胞离开骨髓进入胸腺,从胸腺皮质迁移至髓质,最终分化为成熟 T 细胞,并输送至外周淋巴器官。在胸腺内的迁移过程中,一些细胞进入胸腺皮质后迅速增殖,另一些则在皮质内凋亡,这些细胞的凋亡保证了仅有 MHC 限制和自身耐受的 T 细胞离开胸腺。

2. 分化　T 细胞的分化是指 T 细胞在胸腺内发育为成熟的表型。在胸腺内,T 细胞成熟时期除了表达 TCR/CD3 复合物外,也表达其他各种分化抗原,包括 CD4 和 CD8 分子,它们在 T 细胞抗原识别和激活过程中起重要作用。功能性成熟是指免疫辅助或细胞毒性等功能的形成,这些功能的产生依赖于 T 细胞上大部分表面分子的表达。根据胸腺不同部位胸腺细胞的表型分析,胸腺细胞的分化分为 4 个阶段(图 31-2)。

(1) 前 T 细胞:前 T 细胞主要位于胸腺被膜下,细胞体积较大,胞质内细胞器较少,表面尚未出现 T 细胞标志,但表达末端脱氧核苷酸转移酶,部分细胞表达 CD7,但尚未表达 CD3、CD4 和 CD8,因此又称三阴性细胞(triple negative cell,TN cell)。

(2) 早期胸腺细胞:早期胸腺细胞主要分布在被膜下、小叶间隔附近及胸腺皮质浅层。细胞体积大,核圆形,电子密度较低,染色质呈细沙状,核仁不明显;胞质少,呈带状,细胞器少,仅见少量游离核糖体和球形线粒体。在胎龄 10 ~ 14 周时,这种细胞是构成胸腺的主要细胞成分。15 ~ 20 周时,该类细胞数量相对减少,30 周至足月则更少。早期胸腺细胞表达 CD2、CD5 和 CD3,但缺乏 CD4 和 CD8,因此又称双阴性细胞(double negative cell,DN cell)。

(3) 普通型胸腺细胞:早期胸腺细胞经数次分裂后移向皮质深层发育形成普通型胸腺细胞。其胞体中等大小,胞核呈圆形或椭圆形,核染色质呈斑块状,功能活跃者核仁较多见,趋向退化者核浓染。在胚胎 20 周后,这种细胞是胸腺皮质的主要成分。细胞表达 CD3、CD1 和 T 细

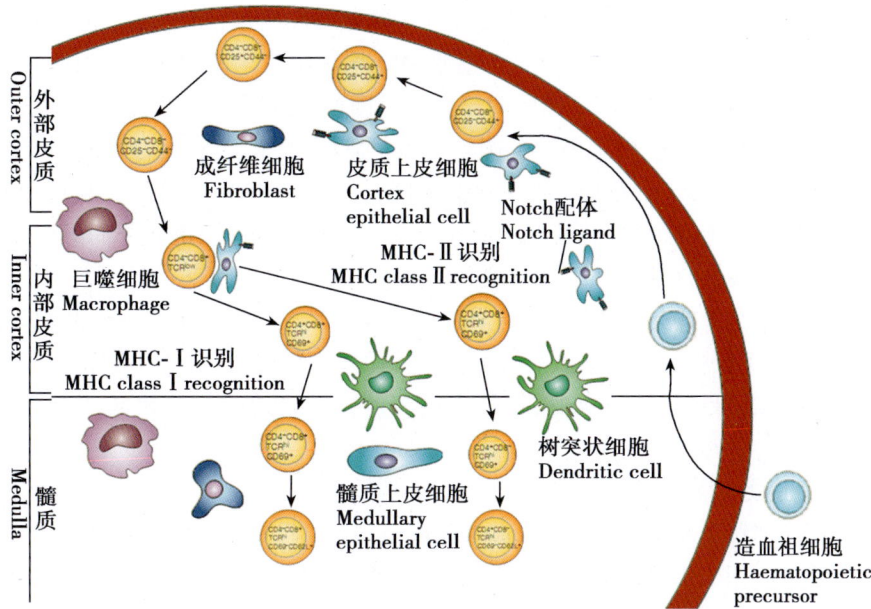

图 31-2　胸腺内 T 细胞发育过程的示意图
Fig. 31-2　Schematic diagram of intrathymic T-cell development

胞抗原受体(TCR),随即出现 CD4 和 CD8,因此又称双阳性细胞(double positive cell,DP cell),占此类细胞总数的 80% ~ 85%。普通胸腺细胞中只有少部分继续分化为成熟胸腺细胞,绝大部分在阳性和阴性选择中凋亡(apoptosis)而被清除。

(4)成熟胸腺细胞:成熟胸腺细胞主要位于皮质深层或胸腺髓质。其体积相对较小,光镜与电镜下均难与普通胸腺细胞区分。此类细胞的免疫学特点是表达 CD4$^+$ 或 CD8$^+$,因此又称单阳性细胞(single positive cell,SP cell),同时高表达 TCR。

成熟的胸腺细胞大部分通过皮质与髓质交界处的高内皮毛细血管后微静脉进入血液,少数通过淋巴管入血。成熟胸腺细胞迁出胸腺后,即成为处女型 T 细胞(virgin T lymphocyte),或称初始 T 细胞(naive T cell),它们依靠细胞表面的归巢受体迁移到外周淋巴器官的胸腺依赖区定居。遍布全身各处的 T 细胞共同构成 T 细胞库(T cell repertoire)。

3. 选择　胸腺可针对外来抗原的特异性成熟和自身 MHC 的限制,对 T 细胞进行选择。胸腺选择包括阳性选择和阴性选择。通过阳性选择,T 细胞形成自身 MHC 限制性,也称胸腺教育。通过阴性选择,去除和灭活潜在的自我活化克隆,以确保成熟 T 细胞是自身耐受的。

T 细胞发育成熟后,获得识别自我与非我的能力,其关键步骤是双阳性胸腺细胞向单阳性胸腺细胞分化阶段所发生的胸腺选择。进入胸腺的前 T 细胞直至早期胸腺细胞,CD4 和 CD8 均为阴性。从普通型胸腺细胞开始表达 CD4 和 CD8(DP 细胞),随后功能性 TCR 也开始表达。在胸腺皮质中,在 TCR 介导下,同胸腺上皮细胞表达的 MHC-Ⅰ类或 MHC-Ⅱ类分子/自身肽复合物以适当亲和力进行特异结合的 DP 细胞可以继续分化为 SP 细胞,其中与Ⅰ类分子结合的 DP 细胞高水平表达 CD8,CD4 表达水平下降直至不表达;与Ⅱ类分子结合的 DP 细胞,CD4 表达水平升高,CD8 表达水平下降直至不表达;不能与自身肽/MHC 分子复合物发生有效结合或发生亲和力过高结合的 DP 细胞在胸腺皮质中发生凋亡,占 DP 细胞的 95% 以上。此过程称胸腺的阳性选择(positive selection)。经阳性选择的 DP 细胞存活,并分化为 SP 细胞,结果使 CD4$^-$CD8$^+$T 细胞具有识别自身 MHC-Ⅰ类分子/异抗原复合物的能力,而 CD4$^+$CD8$^-$T 细胞则具有识别自身 MHC-Ⅱ类分子/异抗原复合物的能力,从而使 T 细胞获得了在识别过程中自身 MHC 限制能力。阳性选择可消除所有非己 MHC 限制性 T 细胞克隆,而保存自身 MHC 限制性 T 细胞克隆,包括潜在的有害的自身反应性 T 细胞克隆。

阴性选择(negative selection)发生在皮质髓质交界处及髓质区,是 SP 细胞与胸腺树突状细胞或巨噬细胞之间的相互作用。胸腺树突状细胞和巨噬细胞表达高水平的 MHC-Ⅰ 类和 MHC-Ⅱ 类分子,它们与自身抗原结合成复合物,对已经历过阳性选择的 SP 细胞进行阴性选择。能识别 MHC-自身抗原复合物的 SP 细胞即发生凋亡而被清除,不能识别该复合物的 SP 细胞则继续发育。经阴性选择后,排除了自身反应性 T 细胞克隆,只有那些识别非己抗原与自身 MHC 分子复合物的 T 细胞克隆才能存活,并分化成为有功能的 SP 细胞,以保证进入外周淋巴器官的 T 细胞中不含有高亲和力结合自身成分的 T 细胞。

胸腺细胞在经历了上述与 MHC 相关的阳性选择和阴性选择过程后,约有 95% 以上的胸腺细胞被灭活或淘汰,少量胸腺细胞成熟为可与特异抗原发生反应的 CD4$^+$CD8$^-$ 或 CD4$^-$CD8$^+$ 的 SP 细胞,这些成熟 T 细胞可迁移离开胸腺,定居于周围淋巴器官的胸腺依赖区,以执行 T 细胞的功能。

(二) B 细胞的分化发育

鸟类的 B 细胞在腔上囊或法氏囊(Fabricius Bursa)内发育成熟。目前认为,哺乳动物和人胚胎期的肝和骨髓可能相当于腔上囊。哺乳动物的 B 细胞由胎肝(胚胎早期)和骨髓(胚胎中、晚期直至出生后以至终生)中的 MHSC 发育分化成熟而来。人胚胎第 7 周至第 18 周,MHSC 在肝内发育,成熟为 B 细胞。在这期间,肝内的干细胞还不断地输入骨髓,在骨髓内分化为各类造血细胞。18 周后,B 细胞主要在骨髓内发育分化,直至终生。

B 细胞分化的主要变化是免疫球蛋白(Ig)基因重排和表达膜表面标志,在发育中也经历选择过程,除去非功能性基因重排的 B 细胞和自身反应性 B 细胞。其分化过程主要分为抗原非依赖期和抗原依赖期两个阶段。

1. 抗原非依赖期　在抗原非依赖期,B 细胞的分化发育与抗原刺激无关,主要在中枢淋巴器官即骨髓内进行,由淋巴祖细胞先后发育成原 B(pro-B)细胞和前 B(pre-B)细胞;前 B 细胞与骨髓造血组织中的基质细胞(stromal cell)相互作用,在多种 B 细胞分化因子的调节下,经不成熟 B(immature B)细胞逐步分化为对抗原具有应答能力的成熟 B(mature B)细胞。

(1) 原 B 细胞:原 B 细胞约在人胚胎第 9 周开始发生,尚未表达 B 细胞系的特异性表面标志,也未发生 Ig 基因重排,仍处于胚系基因阶段。但原 B 细胞的晚期则出现 B 细胞系特异性标志分子如 Thy-1、TdT、B220、Mb-1 等的表达。

(2) 前 B 细胞:前 B 细胞由原 B 细胞分化而来,约占成人骨髓有核细胞的 5%。前 B 细胞能检出的最早标志是 Ig 重链(H 链)基因重排,在这一分化阶段,轻链(L)基因仍处于静止状态,不发生基因重排现象,故前 B 细胞无 Ig 表达,因此缺乏对抗原的反应能力,不表现免疫功能。前 B 细胞可表达 TdT 以及 CD10,进入不成熟 B 细胞后这两种标志即消失。CD19、CD20 和 MHC Ⅱ 类分子在此阶段开始表达。

(3) 不成熟 B 细胞:不成熟 B 细胞开始丧失 TdT 和 CD10 的表达,但可表达 CD22、CD21 及 Fc 受体。同时 CD19、CD20 和 MHC Ⅱ 类分子表达量增加。在此阶段,细胞已能组装 IgM 分子,并表达于细胞表面。但此时如果与抗原结合,易使膜受体交联,产生负信号,使 B 细胞处于受抑制状态,不能继续分化为成熟 B 细胞。这样,那些对自身抗原产生反应的 B 细胞克隆就不能形成,这也是 B 细胞自身免疫耐受的机制之一。

(4) 成熟 B 细胞:骨髓中发育成熟的 B 细胞经血液迁移至外周淋巴器官。此时细胞膜表面表达膜 IgM 和膜 IgD,同时也表达其他多种膜标志分子,如丝裂原受体、补体受体、Fc 受体、细胞因子受体、病毒受体以及一些其他分化抗原等,这阶段的细胞对抗原已有反应性。尽管从不成熟 B 细胞发育到成熟 B 细胞不需要明显的抗原刺激,但成熟 B 细胞如果没有抗原刺激,一周左右即死亡。

2. 抗原依赖期　B 细胞抗原依赖期分化主要在周围淋巴器官内进行。成熟 B 细胞离开中枢淋巴器官,迁居至周围淋巴器官,在此与抗原接触后活化并大量增殖,大多数细胞分化为能合成和分泌 Ig 的浆细胞(plasma cell),少部分细胞停止分化而成为记忆性 B 细胞(memory B cell)。

(1) 浆细胞:位于周围淋巴器官中的成熟 B 细胞受抗原刺激后,在抗原呈递细胞和 Th 细胞及细胞因子的作用下,成为活化 B 细胞,活化 B 细胞体积增大,细胞表面失去 mIgD。在抗原与细胞因子作用下,活化 B 细胞增殖,并进一步分化为浆细胞。一种浆细胞只能产生一种类别的 Ig 分子,但此阶段 B 细胞可发生 Ig 类别转换,从产生 IgM 转换为产生 IgG、IgA 或 IgE,同时获得一些新的浆细胞特有标志,如浆细胞抗原-1(PCA-1)等分子,而 B 细胞表面的部分标志,如 mIg、MHC Ⅱ 类抗原、CD19、CD20、CD21 等则消失。

(2) 记忆 B 细胞:活化 B 细胞在分化成浆细胞的同时,另一小部分可分化为小淋巴细胞,停止增殖和分化,当再次与相同抗原接触时,该细胞易于活化和分化,且产生抗体的潜伏期短,抗体水平高,维持时间长。记忆 B 细胞在无再次抗原刺激的情况下可存活数周至数月,并在血液、淋巴液和淋巴器官之间活跃地再循环。在抗原刺激下记忆细胞发生二次抗体反应。

(三) NK 细胞的分化发育

NK 细胞与 T、B 细胞源于同样的前体细胞,但不表达 TCR 和 BCR 等表面标志,人的 NK 细胞表达 CD16 和 CD56(NKH-1,LEU-19)。在胚胎时期,肝是 NK 前体细胞的重要来源,但在成人是否如此尚不明确。NK 细胞主要起源于骨髓中 CD34$^+$CD7$^+$前体细胞。骨髓有促进 NK 细胞成熟的基质细胞,可分泌大量的细胞因子和生长因子,为 NK 细胞发育和成熟提供适宜的微环境。胸腺、肝、脾等有可能对 NK 细胞多样化和异质性起作用。NK 细胞在体内分化发育大致经历原始细胞、前体细胞和成熟细胞三个阶段。随着 NK 细胞发育成熟,其表型有一定改变,细胞活性也逐渐增强。根据表型可将人的 NK 细胞分为 3 个亚群,分别代表不同的分化发育时期:①胎儿期:主要分布在胎儿骨髓,为原始细胞和前体细胞,表型为 CD56$^+$、CD3$^-$、CD11b$^-$,细胞质内含颗粒含量很少,细胞活性很弱;②新生儿期:主要在新生儿外周血中分布,表型为 CD56$^+$、CD3$^+$、CD11b$^-$,胞质内已有较多颗粒,细胞活性较强;③成人期:分布在成人外周血中,表型为 CD56$^+$,CD3$^-$、CD11b$^+$,胞质内含颗粒最多,细胞活性也最强。

(四) 抗原呈递细胞的分化发育

1. 树突状细胞　树突状细胞(dendritic cell,DC)均来源于骨髓 MHSC,但不同类型的 DC 来源于不同的前体细胞,经过不同的途径发育和分化。CD34$^+$ MHSC 是 DC 的前体细胞。在不同的微环境中,不同分化阶段的淋巴系干细胞、髓系干细胞和单核细胞前体等均可分别发育成各种类型的 DC,分布于机体的不同部位。体外培养用 GM-CSF/TNF-α 或干细胞因子刺激造血祖细胞后,可诱导其转化为 DC。血液中的单核细胞在 GM-CSF 和 IL-4 诱导下可转化为 DC。一般认为,根据 DC 起源的前体不同,可将 DC 分为髓样 DC 和淋巴样 DC。

骨髓 MHSC 首先分化为不同的前体细胞,然后离开骨髓通过血液循环进入淋巴组织和非淋巴组织,并继续分化为未成熟 DC(immature DC,imDC),包括表皮、部分呼吸道及消化道黏膜上皮的郎格汉斯细胞、脾边缘区的 DC 及非淋巴组织中的间质 DC 等。这些细胞不断地呈递自身抗原以维持 T 细胞的自身免疫耐受。同时 imDC 能识别、捕获未来抗原,并迁移至淋巴结,被激活为成熟 DC(mature DC,mDC)。mDC 向 T 细胞呈递抗原多肽,激活 T 细胞介导的免疫应答。故 DC 一般经过或处于 DC 前体、未成熟 DC 和成熟 DC 3 个阶段或状态。

(1) DC 前体:目前,虽然对 DC 前体(precursor of DC,pDC)的发育、分化途径及功能尚不清楚,但已能从人骨髓、脐带血、外周血、胸腺和人胚肝等多种器官内分离出 pDC。根据其表型和分化方向,pDC 可分为髓系 pDC 和淋巴系 pDC。髓系 pDC 通过血流进入非淋巴组织,淋巴系 pDC 进入中枢淋巴器官(胸腺),分化并参与 T 细胞的阴性选择,辅助完成对 T 细胞的培育。pDC 继续发育分化产生各类 imDC。

（2）未成熟 DC：imDC 主要分布于外周组织和器官内,如郎格汉斯细胞、间质 DC、交错突细胞等。imDC 接触、摄取和处理抗原后迅速成熟,并通过血液或淋巴选择性地迁移至周围淋巴器官的胸腺依赖区。

（3）成熟 DC：imDC 在迁移的过程中成熟为 mDC,主要分布于淋巴结、脾和肠道 Peyer's patches 中 T 细胞富集区。

2. 巨噬细胞　组织中的巨噬细胞主要来源于血液中的单核细胞。MHSC 经过原单核细胞(monoblast)、幼单核细胞(promonocyte)发育成为单核细胞。单核细胞在不同部位穿出血管壁进入组织和器官内,分化为巨噬细胞,一般不再返回血液。

（1）原单核细胞:原单核细胞在正常骨髓中很难与原粒细胞区别,但急性单核细胞性白血病中常见。胞体圆形,直径为 $15 \sim 20 \mu m$,核较大,呈圆形或卵圆形,或有折叠凹陷,染色质纤细,呈疏网状,有 $1 \sim 3$ 个核仁。胞质较其他原始细胞丰富,无颗粒。此阶段的细胞无吞噬能力。

（2）幼单核细胞:胞体直径 $15 \sim 25 \mu m$,呈椭圆形或不规则,可伸出伪足。胞核卵圆形或不规则、呈扭曲折叠状,可见凹陷或切迹。染色质纤细,呈疏网状,核仁可有可无。胞质较多,含细小、弥散的嗜天青颗粒。此阶段细胞已有吞噬能力,并且具有很强的增殖能力。

（3）单核细胞和巨噬细胞(见前血液和结缔组织)。

二、免疫器官的发生

中枢淋巴器官与周围淋巴器官的发生具有显著区别:①中枢淋巴器官发生较早,周围淋巴器官发生稍晚。②中枢淋巴器官(仅指胸腺)的微细支架为来自胚胎内胚层的上皮性网状细胞,周围淋巴器官的微细支架由来自间充质的网状细胞及其产生的网状纤维构成。③淋巴干细胞在中枢淋巴器官内增殖、迁移与分化,产生特异的 T 细胞或 B 细胞类群,但这些细胞仍处于静息状态,称为初始型 T 细胞或 B 细胞。中枢淋巴器官能连续不断地向周围淋巴器官及淋巴组织输送初始型淋巴细胞;在周围淋巴器官中,初始型淋巴细胞受到相应抗原的激活而转化、增殖,产生大量免疫效应细胞和抗体,以消灭抗原,同时产生大量记忆细胞,增强机体的免疫力。④中枢淋巴器官不受抗原刺激的直接影响;周围淋巴器官则是进行免疫应答的主要场所,在无抗原刺激时体积相对较小,受抗原刺激后迅速增大,结构也发生变化,抗原被清除后又逐渐恢复原状。

（一）胸腺的发生

目前最普遍接受的胸腺发生模式认为,人胸腺原基源于第 3 对咽囊的内胚层及其相对应的鳃沟外胚层(图 22-4、图 30-2)。内胚层细胞可能分化形成胸腺皮质的上皮细胞,而外胚层细胞则分化为被膜下上皮和髓质的上皮细胞,而 T 细胞源于胸腺外的细胞。但也有一些实验认为胸腺上皮只起源于第三咽囊内胚层。

胸腺的发生约始于妊娠第 5 周末,和甲状旁腺的发生密切相关。在此阶段,第 3 咽囊内胚层分为一个腹侧份的胸腺裂片和背侧份的下甲状旁腺原基,甲状旁腺和胸腺已经从结构上分开。每个部分都被来源于神经嵴细胞的间质囊所包围,它们支持原基的生长发育并可能影响胸腺上皮细胞的分化。胸腺裂片及与第三鳃沟外胚层上皮细胞增生,形成左右两条细胞索,两侧细胞索向胚体尾端伸长,可能是在 NCC 的引导下,从咽开始向原始胸腔迁移,其根部则退化消失,细胞索沿胸骨后降入纵隔,与心包膜壁层相接触并在甲状腺和甲状旁腺的尾侧向中线靠拢、愈合;内胚层细胞被间充质细胞和外胚层细胞所包绕,形成胸腺原基(thymic anlage)。

第 $6 \sim 8$ 周时,胸腺实质尚未分成小叶,也无皮质和髓质之分,仅表面被一层基膜包裹。胸腺原基最初呈中空管状,由于上皮细胞增殖迅速,管腔被堵塞变为实心细胞索。细胞索在其周围的间充质内分支生长,上皮索间的间充质形成不完整的小隔,每一旁支即为一个胸腺小叶的始基。此时,索样胸腺上皮基质中逐渐出现分泌性滤泡,上皮细胞内及细胞间开始出现胸腺素,说明上皮细胞已具有分泌活性,胸腺已具有内分泌功能。随着胸腺的下降,小叶间结缔组织内的血管和与之相伴的神经纤维逐渐向胸腺内部生长。第 8~9 周时,胸腺基质进一步发育并分泌多种激素样物质和趋化因子,吸引淋巴祖细胞和原 T 细胞迁入,这是淋巴细胞开始在胸腺定居的一个特征时期。淋巴祖细胞迁入胸腺,分布于上皮细胞之间的间隙内,并迅速分裂增殖,分化为胸腺细胞。第 10~12 周时,胸腺的小叶状结构及皮质和髓质分界已渐明显,皮质分内、外二区,外皮质色浅,内皮质色深。胸腺小叶分隔不完整,相邻小叶的髓质在深部相互连接。血管和神经已到达分化中的髓质,巨噬细胞的前体也进入胸腺。这时,在胸腺分泌的激素样物质的作用下,CD2$^+$T 细胞占胸腺总淋巴细胞的 5%,T 细胞上绵羊红细胞受体数明显高于肝脏中 T 细胞上的受体数值,12~15 周,胸腺淋巴细胞数量达到高峰,细胞有丝分裂活跃,胸腺细胞总数是第 8~9 周的 30 余倍,CD2$^+$T 细胞占淋巴细胞总数的 85%。从此时起,T 细胞在诱导剂的作用下开始迁移到周围淋巴器官,到第 16 周,几乎所有的周围淋巴器官均出现 T 细胞和 B 细胞。第 20 周,胎儿胸腺发育成熟,此后逐渐长大,一直延续到青春期,而后退化。

第 12~13 周时,髓质内出现散在的胸腺小体。第 17~20 周,胸腺小体数量增多,体积大小不等,有的小体互相融合,小体内含细胞碎片、巨噬细胞及粒细胞等。第 25 周至足月,小体的外层细胞含角蛋白增多,细胞器不发达,中层细胞内细胞器丰富,张力丝较少,近中心部的细胞张力丝增多,小体中心的细胞发生透明变性,细胞核及细胞轮廓不清。

胎儿胸腺实质内除有不同发育阶段的胸腺细胞外,还可见下列几种细胞:胸腺上皮细胞、巨噬细胞、造血细胞、类肌细胞等。

胸腺的体积、重量随年龄增长有很大变化。胸腺体积和重量最大的时期是从新生儿直到大约 15 岁左右。胚胎第 24 周后,胸腺的重量呈直线上升,新生儿胸腺一般为 10~15g,出生后仍继续增长。至 15 岁左右,胸腺重量可达 30~40g。进入青春期以后,胸腺开始缓慢退化,皮质和髓质均逐渐减少,脂肪相对增多。60 岁以后,胸腺内的淋巴细胞成分已很少,上皮细胞有时变为索条状或管状,有的胸腺小体变成上皮性囊,小叶也不明显,有时出现纤维化。

(二) 淋巴结的发生

淋巴结的发生与淋巴管的发生密切相关。早在胚胎第 7~8 周时,全身毛细淋巴管网基本形成,与此同时,局部间充质腔隙也互相融合扩大,形成许多淋巴囊,如颈淋巴囊、髂淋巴囊、乳糜池等,各淋巴囊均与引流一定区域的淋巴管相连接。环绕淋巴囊和大淋巴管周围的细胞渐聚集成堆而形成细胞群,淋巴细胞随小血管一起迁入,并在此增殖,形成淋巴结群。第 10 周时,除乳糜池上部以外,其他淋巴囊都已发展成早期淋巴结群。淋巴结的发育过程大致如下:淋巴囊生成后,囊壁的结缔组织逐渐伸入并穿越淋巴囊,形成互相交织的毛细淋巴管丛,以此为网架逐渐形成了淋巴结。一个毛细淋巴管丛也可形成数个淋巴结。进入毛细淋巴管丛的淋巴管成为输入淋巴管,离开毛细淋巴管丛的淋巴管成为输出淋巴管。毛细淋巴管丛也可参与形成输出淋巴管及被膜下淋巴窦。淋巴结的淋巴细胞由淋巴祖细胞在肝、骨髓及胸腺内分化后迁移而来。毛细血管后微静脉在胎儿第 3 个月出现。

一般认为,胎儿期淋巴结没有免疫反应功能,38 周时只有少数聚集于皮质的淋巴细胞能与抗人的 IgM、K、OKB-2 和 BA-1 抗体呈阳性反应。出生后 2 周,肠系膜淋巴结内出现浆细胞,出生 1 个月后,可辨认出淋巴小结和生发中心。正常胎儿未发现从 B 细胞衍化而来的浆细胞,但在因感染风疹、弓形体或梅毒而流产的胎儿淋巴结内可见到浆细胞和生发中心,提示在宫内感染情况下,胎儿体内会出现免疫活性细胞。

(三) 脾的发生

脾的结构有明显的种属差异,鱼类及两栖类的脾为终身性造血器官;哺乳动物的脾仅在胚胎期有造血功能,但人脾内仍保留很少量的干细胞,在一定条件下可恢复造血功能。

Notes

人脾脏的发生起始于胚胎第5周,此时胃背系膜内的间充质细胞密集成群,并凸入腹腔,为腹膜所覆盖,故脾的表面覆有间皮。胃背系膜发育成的网膜囊向左突出,脾亦被牵向胃的左背侧,并参与构成小网膜的边缘。胎儿第3月,网膜囊的背叶与体壁粘合,覆盖于左肾上腺及部分肾的表面,故胃与脾之间的小网膜部分成为胃脾韧带,脾与体壁之间的部分成为脾肾韧带。

人胚第6周时,脾仅为一群密集的间充质细胞团,血管进入其中并分支形成血窦。第8周可分辨出原始脾索和脾窦,至第9时,卵黄囊血岛的MHSC通过肝经血液循环入脾,在血窦周围的网状组织内增殖分化为各种类型的造血祖细胞和前体细胞,如原红细胞、原淋巴细胞和原巨核细胞等。至第9~12周,脾内小动脉周围出现少量T细胞和B细胞,呈小集落状。随着胎龄增长,B细胞集落逐渐增大,形成脾小结。第4~5月,脾的造血功能活跃,可生成红细胞、粒细胞、血小板和淋巴细胞等,不仅在血窦外可见大小不同的造血灶,血窦内也可见造血集落;与此同时,血窦内皮细胞渐由扁平状变为杆状,还可见巨噬细胞吞噬血细胞现象。此后,密集的淋巴细胞形成白髓,脾索内的淋巴细胞也增多。胚胎第5个月后,脾生成粒细胞和红细胞的功能渐被骨髓所替代,生成淋巴细胞的功能则保持终生。第6个月,胎儿脾的红髓、白髓已很分明,淋巴组织逐渐增多,脾由造血器官逐渐转变为淋巴器官,许多T细胞进入小动脉周围的结缔组织内,形成动脉周围淋巴鞘,淋巴鞘内还可见到许多树突状细胞。8个月胎儿的脾小体外周出现边缘区。随着胎龄的增长,脾的结缔组织逐渐增多,被膜增厚,至7~8个月时,小梁已非常清楚。

(四) 扁桃体的发生

腭扁桃体由第2对咽囊内胚层发育而来,内胚层细胞增殖形成细胞索,向下生长伸入间充质内。细胞索的细胞向周围增生形成扁桃体隐窝上皮,而间充质细胞则围绕隐窝形成网状支架。人胎第3个月,由骨髓和胸腺来的B细胞和T细胞进入隐窝并聚集成淋巴小结,深部的间充质形成被膜。

咽扁桃和舌扁桃发生于第1对咽囊的后壁和舌根部,二者的上皮均来自前肠头端的内胚层。其组织发生形式与腭扁桃体相似。

三、原发性免疫缺陷疾病和淋巴器官畸形

原发性免疫缺陷疾病是由于遗传性或先天性原因引起的免疫系统功能缺陷病,其临床特点是反复或持续性的感染。目前已发现有90余种原发性免疫缺陷疾病,可分为以下几种类型:①抗体生成缺陷;②抗体生成缺陷与细胞免疫缺陷并存的联合免疫缺陷;③细胞免疫缺陷;④补体生成缺陷;⑤吞噬功能缺陷。淋巴器官畸形较少。下面举例说明几种具有代表性的原发性免疫缺陷疾病和淋巴器官畸形。

(一) T细胞缺陷为主的原发性免疫缺陷病

1. 迪格奥尔格综合征　迪格奥尔格综合征(DiGeorge syndrome)是第三咽囊发育障碍所致的一种伴有甲状旁腺功能低下的细胞免疫缺陷病,患者胸腺或完全丧失、或因发育低下而很小,胸腺小体也发育低下或完全不发育,同时甲状旁腺发育不全,常有心或大血管发育异常。其主要临床表现为细胞免疫功能低下,并多有特殊面貌,如眼距过宽、下颌过小、耳廓低位,因甲状旁腺发育障碍会出现新生儿手足抽搐等症状。由于抗体形成过程由T细胞和B细胞的共同作用所启动,因此该综合征还有一定程度的体液免疫应答缺陷。近年来采取胸腺移植治疗此病已获成功。

2. 奈泽洛夫综合征　奈泽洛夫综合征(Nezelof's syndrome)是一种以T细胞免疫障碍为主的联合免疫缺陷病,伴有因T细胞和B细胞相互作用障碍而引起的Ig合成障碍,属常染色体隐性遗传疾病。患儿胸腺发育不良,皮质和髓质无明显分化,不含淋巴细胞及前体细胞,上皮细胞发育异常,排列呈假腺状及小梁状结构,也不见胸腺小体。外周淋巴器官的胸腺依赖区内,淋巴

细胞稀少。临床上,患者常易并发感染性疾病而威胁健康甚至生命。

（二）B 细胞缺陷为主的原发性免疫缺陷病

1. X 连锁无丙种球蛋白血症　X 连锁无丙种球蛋白血症(X-linked agammaglobulinemia, XLA)属隐性遗传的先天性 B 细胞缺陷疾病,由 Bruton 于 1952 年首次发现,故又称 Bruton 病,由 Bruton 酪氨酸激酶(*Btk*)基因突变所致。在 B 细胞分化发育过程中,*Btk* 启动的细胞内信号转导,参与前 B 细胞发育为成熟 B 细胞的过程。*Btk* 基因缺陷导致前 B 细胞分化发育障碍,成熟 B 细胞数量减少或缺失。患儿一般在出生后 6 ~ 8 个月时发病,血液循环和淋巴组织中缺少或无成熟 B 细胞,淋巴结中缺乏生发中心和浆细胞,对抗原刺激无抗体应答,但骨髓中前 B 细胞数量正常,外周血 T 细胞数量及功能亦正常;血清中 Ig 含量极低,尤以 IgM 明显。XLA 的治疗主要是注射丙种球蛋白,合并细菌感染时加用抗生素。若不积极治疗,约半数患儿于 10 岁前死亡。

2. 普通变异型免疫缺陷病　普通变异型免疫缺陷病(common variable immunodeficiency, CVID)是最常见的一种反复发生细菌感染、低丙种球蛋白血症和缺乏抗体反应的原发性体液免疫缺陷病,由 B 细胞分化、增殖或转化成浆细胞的功能缺陷所致,呈散发性或家族性发病,有家族史的患者可呈常染色体显性或隐性遗传。不少 CVID 病例存在着信号传导的缺陷。临床表现多变,幼年和成年均可发病,多为反复发作的呼吸道和消化道细菌感染,部分患者常伴有慢性肉芽肿和自身免疫性疾病。

3. 选择性 IgA 缺陷症　选择性 IgA 缺陷症是最常见的选择性 Ig 缺陷,其确切发病机制尚不清楚。患者表达膜 IgA 的 B 细胞成熟发育受阻,不能分化为分泌 IgA 的浆细胞。该病特征是血清中 IgA 水平异常低下(<50mg/L),分泌型 IgA 含量也很低,而 IgG、IgM 和 IgD 正常或升高。本病多数是由于常染色体的隐性或显性遗传所致,常伴有自身免疫性疾病和超敏反应。临床上约半数患者可无临床症状,极少数患者出现严重反复感染。该病目前尚无满意的治疗方法,但一般预后良好,少数患者可自行恢复合成 IgA 的能力。

（三）淋巴器官畸形

1. 先天性胸腺不发育或发育不全　先天性胸腺不发育或发育不全即迪格奥尔格综合征,先天性无胸腺者常伴以无甲状旁腺,患者无性别差异。

2. 异位胸腺及附加胸腺组织　异位胸腺可见于颈部,常与下甲状旁腺相连。胸腺有时发生形态变异,可表现为细长条索状,或延伸至颈部、气管前外侧,或以纤维索与下甲状旁腺相连。

3. 副脾　副脾(accessory spleen)为较常见的先天性脾畸形,是指除正常位置的脾脏外,还有一个或多个与脾脏结构相似,功能相同的组织存在。约 5% ~ 10% 正常人有副脾,多为单发,也可多个副脾同时存在,大小相差很大,小的只有在显微镜下才能发现,大的可以与正常脾大小相当,但一般较脾小,多位于脾门附近,有时以细索条或小梁与脾脏相连,也可完全地或部分地包埋在胰尾或胃脾韧带内。少数人副脾离脾较远,如位于胰和肝之下,卵巢或阴囊附近,也叫外脾。有的人还有双脾。副脾无特殊临床表现,偶可发生自发性破裂,栓塞和蒂扭转等。

4. 先天性无脾综合征　先天性无脾综合征(congenital asplenia syndrome)又名 Ivemark 综合征(Ivemark's syndrome)、无脾伴先天性心脏病综合征(asplenia with congenital heart disease syndrome)、脾脏发育不全综合征、先天性脾缺如伴房室和内脏转位综合征等。其特征是指先天性脾脏发育不全或无脾,常伴有复杂而严重的心脏及大血管畸形(如两腔心、三腔心、共房室口、永存动脉干等),兼有腔、肺静脉反流异常,同时合并有胸腹腔内脏位置异常,肝和肺不正常分叶,并有对称性发育倾向(如对称性双侧三叶肺,肝左右叶大小对称,双上腔静脉等)的疾病。这种畸形少见,发生率约 1/50 000,约占先天性心脏病尸检例数的 2.3%,是由于某些致畸因素的作用造成胚胎发育中止而形成的一种先天性多种脏器畸形的病征,以心血管畸形为主。本征有家族史的报道。畸形儿多在 2 岁前死亡。

专题讲座：免疫系统老化

机体老化是一个不可抗拒的生理过程,细胞衰老是一个与机体老化相伴的渐进事件,涉及多基因、多因素的相互作用。免疫系统在机体内发挥着防御、自稳和监视的作用。20世纪60年代美国科学家Wolford首先提出免疫老化(immunosenesence)的假说,认为免疫系统从根本上参与正常机体的老化过程,是老化过程的主要调节系统之一。随着年龄的增长,机体的免疫功能包括识别抗原以及对抗原的反应能力均逐渐减弱,这些功能的减弱势必会引起体内其他系统之间功能失调,使机体容易受到体内外有害因素的侵袭,表现出对"异己"分子免疫应答能力的下降和对自身抗原应答能力的增强,从而导致在老年人当中,感染性疾病、肿瘤以及自身免疫性疾病等的发病率上升。在衰老过程中,先天性免疫功能和获得性免疫功能均呈现不同程度的降低。先天性免疫保留相对完好,而获得性免疫较高级而复杂,其变化具有明显的年龄依赖性。但是有关免疫老化与机体年龄增加之间的确切关系尚不十分清楚。随着研究的深入,对免疫功能随着机体生理年龄的增长而发生改变的探索越来越受到重视。

（一）胸腺的退化

随着年龄的增长,胸腺结构与功能逐渐退化,导致胸腺内T淋巴细胞的发育障碍及输出T细胞数量减少,这是导致免疫老化过程中T细胞数量及功能改变的主要原因。胸腺退化包括胸腺组织减少、结构异常及胸腺细胞数量锐减,外周幼稚T细胞输出降低。胸腺开始退化的时间很早,有人认为青春期是胸腺萎缩的起始时间。但研究发现在青春期前,胸腺上皮组织就已经开始退化,伴有胸腺细胞生成显著减少;1985年,Steinman等人发现胸腺体积在婴儿出生后1年左右达到一生中的最大值,随后胸腺组织的体积随年龄增加而不断减少,功能开始就出现退化,大约以每年3%的速度减少,而脂肪细胞和外周淋巴细胞开始代偿性增多,到中年后减少速度为每年小于1%,至70岁时胸腺上皮组织萎缩至不到幼年胸腺体积的10%。根据这样的速度,理论上估计大约到120岁胸腺组织将完全丧失。

与年龄相关的胸腺退化过程受体内性激素水平和脂肪含量等因素的影响。虽然有研究证实性激素可直接作用于胸腺上皮细胞影响胸腺的退化萎缩,但性激素并非胸腺退化的主要决定因素。另一个因素是脂肪组织的含量,随着年龄的增长,胸腺髓质也累积了富含脂质的细胞。最初发现脂肪组织能加速胸腺退化,是在瘦素或瘦素受体基因突变的肥胖小鼠体内观察到胸腺退化的现象,如果注射瘦素减轻小鼠体重则能使胸腺细胞生成增多。此外,体外注入脂肪细胞或体内植入脂肪细胞可抑制T淋巴细胞的分化,相反限制饮食可抑制脂肪的生成,并减缓增龄性的胸腺退化。

（二）T细胞的退化

研究发现,人类在衰老过程中伴随着淋巴细胞生成减少和免疫功能下降。T细胞老化最主要的表现为幼稚T细胞减少,而记忆性T细胞和效应性T细胞增多。造成幼稚T细胞减少的主要原因有两个:①年龄增大导致造血干细胞功能减退,使淋巴样祖细胞生成减少;②胸腺组织退化。幼稚T细胞首次接触某种抗原时被激活,其中部分激活的T细胞转化为记忆性T细胞。在衰老的个体中,幼稚T细胞比例下降,而记忆性T细胞比例增加,这是由于在病原体和外界抗原的持续刺激下,幼稚T细胞数量不断消耗的结果,另外是因为记忆性T细胞抗凋亡能力增加,持续克隆扩增。老年期T细胞抗原受体(TCR)的多样性也开始减少,导致T细胞对新生抗原的反应下降,其特点是对疫苗的反应减弱。T细胞的功能改变的同时也会影响B淋巴细胞的功能,最终导致机体体液免疫应答能力也减弱。

（三）B细胞的退化

随着机体的生理性衰老,骨髓微环境及造血干细胞自身的改变可导致淋巴样干细胞数量减少及向B细胞分化能力显著下降,因此骨髓产生B细胞的数量随衰老而减少,进入外周的B细胞数目减少。但研究表明,外周 B 细胞的数量并未出现明显下降,提示周围免疫器官中长寿命的 B 细胞及记忆性 B 细胞增多,结果使得 B 细胞亚型发生变化及其多样性急剧减少。在接触到新抗原时,B 细胞的反应性降低,不能有效地活化和增殖,并分化为浆细胞产生相应的抗体。另外,在年老时,B 细胞发生高频突变的频率降低,引起外周 B 细胞增殖和分化能力下降,导致接触新抗原时不能立即扩增,尤其是在再次体液免疫应答时,从而影响 B 细胞的正常应答。

(四) NK 细胞的退化

与年轻人相比,老年人体内的 NK 细胞相对数量增加,并且增加的主要是成熟的 NK 细胞,但是有人认为 NK 细胞数量增加是由于单个 NK 细胞溶解能力下降后导致的代偿作用,NK 细胞整体的细胞毒作用稳定,而单个 NK 细胞的细胞毒作用下降。NK 细胞是淋巴因子活化杀伤细胞(LAK)的前体细胞,LAK 细胞的活性随着年龄的增加而下降。老年人中 $CD56^+$ 和 $CD16^+$ 细胞的比例明显高于年轻人,表明要获得与年轻人相当的 LAK 细胞毒作用,老年人需要更多数量的细胞,表明单个细胞的细胞毒能力减弱。另外,老年人 NK 细胞产生干扰素 γ、IL-8 和趋化因子的水平都要较年轻人的低。有研究表明,NK 细胞的活性与肿瘤的大小、转移和不良预后相关,如在 NK 细胞毒性减低的老年人中,癌症的发病率增高。

(五) 抗原呈递细胞的退化

年龄可能会影响到抗原呈递细胞(APC)的迁移能力、抗原处理能力、局部微环境的细胞因子水平和表面协同刺激信号的表达等。APC 衰老的表现主要有两种:①抗原呈递关键步骤内源性蛋白的水解和 I 型 MHC 分子呈递抗原肽的生成发生了变化,如内源性蛋白酶的结构和功能随着年龄增加发生损伤和表达减少,并形成抑制性交联蛋白;②共刺激因子的表达及功能发生了改变,如能识别保守分子的纺锤样受体(TLR)在年老时表达减少和功能减退,降低了 APC 抗原呈递功能,导致先天或后天获得性免疫活化过程受阻。同时,老年性细胞因子的变化不仅直接影响免疫反应,也会影响 APC 的成熟和功能发挥,如具有抑制树突状细胞(DC)成熟和功能的 IL-10 水平升高,而促进 APC 分化和功能的因子 IL-4 和 IL-12 等显著下降。此外,随着老年人年龄的增加,外周血 DC 细胞的数量进行性下降,尤其是髓系 DC、巨噬细胞的数量和功能同样随着年龄的增加也发生变化。而且,与年轻人相比,来自老年人的单核细胞在 LPS 刺激后出现的抗肿瘤细胞毒性作用下降。尽管白细胞在抗肿瘤的免疫监视过程中发挥重要作用,但关于有粒白细胞在老化过程中的变化目前尚存争议。

总之,免疫系统的老化导致免疫功能的异常,会影响老年人的抗感染能力和抗肿瘤能力,这与老年人群中感染和癌症发生率、死亡率以及病残率等密切相关,使老年人的生命质量下降。

参考文献

1. Fulop T, Larbi A, Witkowski JM, et al. Immunosenescence and cancer. Crit Rev Oncog, 2013, 18(6): 489-513

2. Pereira LF, De Souzz AP, Brogest TJ, et al. Impaired in vivo $CD4^+$ T cell expansion and differentiation in aged mice is not solely due to T cell defects: decreased stimulation by aged dendritic cells. Mech Ageing Dev, 2011, 132(4): 187-194

3. Poland GA, Ovsyannikova IG, Kennedy RB, et al. A system biology approach to the effect of aging, immunosenescenceand vaccine response. Curr Opin Immunol, 2014, 29: 62-68

4. Solana R, Tarazona R, Gayoso I, et al. Innate immunosenescence: effect of aging on cells and receptors of the innate immune system in humans. Semin Immunol, 2012, 24(5): 331-341

5. Su DM, Aw D, Palmer DB. Immunosenescence: a product of the environment? Curr Opin Immunol, 2013, 25(4): 498-503

(肖　岚)

Notes

第32章 胚胎发育机制概要

KEY POINTS

- Mechanism and molecular regulation of the cleavage
- Roles and regulation of cell determination and cell differentiation in embryonic development
- Relationship of cell movement, cell sorting and programmed cell death to morphogenesis

胚胎发育是由单细胞的受精卵逐步演变成由多种组织、多个器官和系统构成的有机体的复杂过程。该过程包括细胞增殖、细胞决定、细胞分化及形态发生4个环节。机体细胞的发育过程则是受精卵的基因组按照一定的时空顺序选择性表达调控,涉及细胞的增殖、决定与分化和程序性细胞死亡以及细胞群与微环境的相互作用等过程。由于细胞核内基因在特定时间的开启和关闭,通过相应的细胞信号调节,指导细胞定时和定向地在形态和功能上发生分化,从而执行各自的功能,共同构成多细胞、多结构的组织和器官。可见,人体各种细胞生存在特定的细胞群体内,细胞世世代代相传,按照相同的时间和空间顺序构建世代相同的结构和形态,也按照不同的时间顺序替换衰老的细胞和修复损伤的细胞。

人体许多疾病,特别是一些重大疾病(如先天畸形、免疫性疾病、肿瘤、内分泌疾病等)属于细胞、组织和器官缺陷性疾病,可以从发育的角度获得新的更加全面的诠释;另一方面,得益于生命科学研究和生物技术的快速发展,使人类有能力在一定程度上干预甚至驾驭人体的发育过程,从而有效地预防和治疗疾病,促进人类健康。了解人体胚胎发育的内涵就要以胚胎形成、发展、成熟以及机体成长和衰老为主线,深入探讨相关基因及产物对细胞决定、增殖、分化和凋亡的调节,阐明机体形态和功能变化的机制,从发育生物学的角度研究人体从受精卵到成熟胎儿以及人体从小到大、从新生到衰老过程中的形态和功能的变化。

一、细胞增殖

受精是新生命的开始,受精卵的细胞增殖(cell proliferation)是胚胎发育的基础。在胚前期,受精卵通过特殊的细胞分裂方式——卵裂而增殖,先后形成卵裂球、桑葚胚和胚泡。

(一)卵裂

卵裂(cleavage)是一种典型的有丝分裂,但其细胞分裂与以后发育阶段及成体细胞的细胞分裂有着非常显著的区别。体细胞在分裂时经历正常的细胞周期,即 G_1、S、G_2 和 M 期。在 M 期伴随迅速的细胞增长期,使子细胞增长到母细胞的水平,当达到双倍大小时再平均分裂成两个细胞,因此分裂后的子细胞保持着原有细胞的大小和形态,这种方式的细胞分裂使细胞的核质比例维持恒定。而卵裂则不同,卵裂时细胞连续分裂并不间隔,细胞在两次分裂之间没有生长期,细胞体积并不增大,受精卵以二分裂、四分裂和八分裂的方式进行,于是受精卵的大量胞质被分配到数目不断增加的较小的细胞中去,每次分裂后的细胞仅有原来大小的一半,因此在卵裂期虽然细胞的数量增加了,但胚胎的体积并没有增加。同时,这种迅速分裂的结果导致细胞核和细胞质的比值迅速增加。

1. 卵裂的机制　细胞增殖是胚胎早期发育的最基本的生物学特性之一。与一般体细胞相比,胚胎早期的细胞分裂(卵裂)相对简单,只有 S 期和 M 期,缺少 G_1 和 G_2 期,所以,增殖速率特别快。造成早期胚胎细胞有丝分裂周期短、速度快的原因源于卵母细胞的特殊性,受精后的卵细胞中贮存了大量来源于卵细胞的组蛋白和其他染色体蛋白,能快速供应染色体复制所需的蛋白质。同时,受精卵胞质中已贮存了发育所需的全部 mRNA,可直接用于指导蛋白质的翻译,不需要从染色体水平指导蛋白质的合成。

2. 卵裂的分子调控　受精卵的细胞分裂进程是严格有序的。细胞周期各时相中细胞发生的变化以及各时相的转化均受到多种因素的调控,包括细胞自身和来自环境的因素,其中多种因子在细胞分裂的一些特定阶段发挥作用。

(1) 细胞周期蛋白:细胞周期蛋白(cyclin)是一类随细胞周期的变化呈周期性出现和消失的蛋白质。在受精卵早期卵裂和细胞分裂中,这类蛋白呈现周期性的合成和降解。细胞周期蛋白是一家族,目前已发现的有 A、B、C、D、E 等几大类,它们共同功能特点是在细胞周期的不同阶段相继表达,在与细胞中一些蛋白结合后,参与细胞活动的调控。

(2) 成熟促进因子:成熟促进因子(maturation promoting factor,MPF)是一种在 G_2 期形成、能够促进 M 期启动的调控因子,最早在排出的蛙卵中发现,在孕酮诱导后可使卵母细胞恢复减数分裂的能力,将含有 MPF 的细胞质注入未成熟的卵母细胞后可促进其成熟。MPF 是一种蛋白激酶,在细胞从 G_2 期进入 M 期中发挥重要作用。在早期蛙的卵裂球中,MPF 的活性于 M 期时最高,而在 S 期时几乎检测不到,说明在 S 期中 MPF 处于非活性状态,通过 MPF 的活化和失活,可以启动 DNA 的复制和 M 期的发生。人类 MPF 由两个亚单位的磷蛋白构成,一个是细胞周期蛋白依赖激酶 $p34^{cdc2}$,另一个是 cyclin B。$p34^{cdc2}$ 是 MPF 的催化亚单位,又被称为 $p34^{cdc2}$ 激酶,主要表现为丝氨酸/苏氨酸(Ser/Thr)蛋白激酶活性。$p34^{cdc2}$ 本身也是一种磷蛋白,在进入 M 期之前去磷酸化才具有蛋白激酶活性,当 $p34^{cdc2}$ 重新被磷酸化,其激酶活性随之消失,细胞即由 M 期释放出来,进入 G_1 期。MPF 中的另一个亚单位-细胞周期蛋白 B 构成其调节亚单位,执行激活 MPF($p34^{cdc2}$)激酶和选择激酶底物的功能。cyclin B 在细胞间期合成并逐渐积累,到 G_2 期,其含量达到最大值,cyclin B 与 $p34^{cdc2}$ 结合成 MPF 复合物后,可使 $p34^{cdc2}$ 激酶亚单位上的 14 位苏氨酸(T14)、15 位上的酪氨酸(Y15)和 161 位苏氨酸(T161)磷酸化,其中 T161 的磷酸化是 MPF 获得活性的必要条件,而 T14 和 Y15 的磷酸化则抑制其活性,当后两个位点被磷酸化后,cdc2 激酶处于无活性状态。细胞进入分裂中期后,cyclin B 陡然降解,MPF 活性丧失,细胞进入 M 期。

(3) 细胞静止因子:MPF 的合成和降解导致了细胞的周期性分裂,如果细胞周期蛋白降解被阻止,MPF 就一直保持活性,细胞分裂则停滞于 M 期。蛙卵的研究发现,成熟的蛙卵母细胞产生一种蛋白质,称细胞静止因子(cytostatic factor,CSF),可使细胞分裂停止,CSF 可能通过阻止细胞周期蛋白的降解而发挥作用,由于细胞周期蛋白不被降解,MPF 始终保持活性,致使卵母细胞一直处于 M 期,当受精时,钙离子的释放激活了能使 CSF 失活的蛋白酶。当 CSF 被降解时,细胞周期蛋白随后也被降解,这时细胞才能返回到 S 期,所以,受精过程中钙离子释放所引起的效应之一就是启动细胞周期蛋白的降解,启动细胞内 DNA 的复制。

简言之,卵裂的启动实质上是由卵母细胞成熟分裂向有丝分裂转化的过程。卵细胞受精后,其胞质内钙离子浓度升高,导致 CSF 活性丧失,cyclin B 降解,MPF 活性丧失,最终使得受精卵由 M 期向 G_1 期转化。随后,cyclin B 又开始逐步合成和积累,达到一定程度后与 $p34^{cdc2}$ 结合,MPF 活性出现,开始新一轮与细胞分裂有关的磷酸化过程,细胞再次进入 M 期(第二次卵裂),如此反复,推动整个卵裂过程的发展。

(二) 桑葚胚的形成

随着卵裂的进行,卵裂球越来越多,8 细胞阶段前的卵裂球之间呈松散排列,各个卵裂球之间有许多空隙。而在第 3 次卵裂后,卵裂球突然相互靠近,卵裂球之间的接触面增大,形成一个紧密的细胞球体,哺乳类动物卵裂的这一特征称紧密化。此时,细胞球外层细胞之间有紧密连接,可使球内部的细胞与外界隔绝,起稳定细胞球的作用。球体内部的细胞之间有缝隙连接,可以相互交换小分子和离子。紧密化的细胞分裂后形成有 16 个细胞组成的桑葚胚。在小鼠胚胎的 8 细胞期和人胚胎的 8～16 细胞期,卵裂球出现极性,细胞质形成两个区域,顶部区和基底区,顶部区聚集有微丝和微管,而核移至基底区。进一步,相邻的卵裂球在基底区形成缝隙连接,以相互传递信息,而在顶部区,相邻细胞形成紧密连接,接下来的卵裂形成两个不同的子细胞,一个位于胚胎内部,小而无极性,主要含有基底区的细胞质,另一个细胞大而有极性,位于胚胎周边,主要含有顶部区的成分及部分基底区成分。这部分有极性的细胞间保留了紧密连接,从而将内部细胞与周围环境隔离开来。

(三) 胚泡的形成

桑葚胚细胞紧密化后,外层细胞形成滋养层,细胞间的连接加强,呈单层扁平细胞,相邻细胞间形成连接复合体,包括缝隙连接、桥粒和紧密连接,进而细胞顶部和基底部的差异更加明显,在基底部的细胞膜上出现 Na^+、K^+-ATP 酶,这些离子泵将 Na^+ 泵入胚胎内部,导致水分聚集,在胚胎的一极形成充满液体的腔-胚泡腔,在这一过程中,胚胎中央的细胞集中于另一侧,形成内细胞群(inner cell mass,ICM),内细胞群的细胞之所以聚集成团,可能是因为细胞间有缝隙连接、紧密连接和交织的微绒毛,也可能是因为有滋养层细胞的吸附作用,滋养层细胞间的细胞连接起封闭作用,使胚泡腔的水分不丢失,并使胚泡腔不断扩大,在 64～128 细胞阶段,占据了大部分的胚泡体积。接着,滋养层分成两个部分,一部分是极端滋养层,和内细胞群相连,另一部分是滋养层,包裹着胚泡腔。滋养层细胞是胚胎植入过程中必不可少的结构,将来滋养层细胞参与形成绒毛膜,进一步发育成胎盘。内细胞群的细胞将发育成为胚胎,与卵黄囊、尿囊和羊膜相连。内细胞群的细胞不仅在形态上与滋养层细胞不同,而且在早期发育阶段合成的蛋白也不同。在 64 细胞阶段,内细胞群细胞(约 13 个细胞)已与滋养层细胞分层,相互间不再有细胞交换。因此,滋养层细胞与内细胞群细胞的分离代表了哺乳动物发育过程中的第一个分化事件。

卵裂球中的细胞哪些形成内细胞群? 哪些形成滋养层? 完全依赖于细胞在桑葚胚中的位置。直到 8 细胞阶段,细胞之间的形态和发育潜能等方面的特征都还没有差异,之后通过紧密化作用形成内部和外部特性存在重大差异的细胞。通过标记不同部位卵裂球的方法证实,紧密化作用后位于外层的细胞将分化为滋养层细胞,而内部的细胞将形成内细胞群。因此,一个细胞是否形成胚胎或滋养层细胞,完全取决于紧密化作用后细胞所处的位置是位于内部还是外部。

早期胚胎的细胞之间可以相互置换和补偿。内细胞群一旦与滋养层分离即成为一种"等价群体"(equivalence group),其中的每一个细胞均具有相同的潜能。在这种情况下,每一个细胞都能发育成胚胎中所有类型的细胞,但不能成为滋养层细胞。若将内细胞群的细胞转移到另一胚泡中,它们将参与发育成新的胚胎,而滋养层细胞则不能。由于内细胞群的细胞可以发育成体内的任何类型的细胞,内细胞群的细胞又被称为"万能细胞",或胚胎干细胞。

二、细胞决定与细胞分化

细胞决定(cell determination)是指胚胎细胞发育命运逐渐被局限在某一方向的过程,是细胞分化方向的确定和组织器官形成的开始。这种逐步由"全能"局限为"多能",直至最后趋向于"专能"的分化方式,是发育过程的普遍规律,是在细胞内在因素和细胞环境因素的共同作用和影响下发生的。

(一) 细胞决定与基因调控

细胞决定是指细胞在出现特有形态结构、生理功能和生化特性前所发生的细胞分化方向的内在变化过程,如从胚胎干细胞决定分化形成三胚层细胞,从各类成体干细胞决定形成成熟细胞等。早期的发育学理论认为,这些细胞是受到了形成的决定子(determinant)所控制,这些决定子存在于细胞质中,随着细胞的分裂,决定子被分配到不同的细胞中,决定了细胞的分化方向。目前发现的许多决定分化的相关信号分子就是"决定子",如成视黄酸、骨形成蛋白、Wnt/β-Catenin 和 Dotch-Delta 等。

基因表达调控是细胞分化的关键,细胞分化过程中不同基因表达受发育控制基因调控。例如,*Hox*、*Pax* 和 *Pou* 三大基因家族控制着神经系统发育。*Hox* 基因的正常表达可保持不同神经节中不同类型神经元的位置特征的准确性,*Pax* 与神经管的分化有关,而 *Pou* 在神经细胞增殖阶段呈现高表达。同时,发育基因的启动子分析是研究胚胎发育基因功能的有效手段,其转录活性的变化是细胞增殖分化的必要条件。

(二)细胞决定与微环境

胚胎发生中的细胞决定依赖机体内的微环境(microenvironment),包括激素、细胞因子、细胞外基质以及毗邻细胞的作用。

1. **可溶性分子** 细胞决定归因于胚胎细胞分泌的一些可溶性因子。这些因子是由母源RNA 所编码的,在早期胚胎中由植物半球的细胞产生的。这些因子是通过胞吐的方式释放到细胞间隙。目前已证明的具有诱导能力的蛋白包括 FGF 家族成员(bFGF、aFGF)、TGFβ 家族成员(TGFβ、BMP4)、Wnt 家族成员、活化素 B(activin B)、头蛋白(noggin)及脊索蛋白(chordin)等。在激活素存在情况下,可将原始外胚层细胞诱导形成多种成体细胞。

小分子物质即可在一定细胞群范围内以分泌源为中心,建立起递变的扩散浓度梯度,以不同的分子浓度为处于梯度范围内的细胞提供位置信息,从而诱导细胞按其在胚胎中所处的局部位置向着一定方向分化。细胞获取位置信息最简单的途径是单纯降低某些形态发生决定子的浓度,形成恒定的形态发生决定子浓度梯度,给细胞提供有效的位置信息。形态发生决定子借助于空间浓度的不同,通过局部作用于细胞分化的空间模式。例如,基因 biocoid 产物是一种序列特异性 DNA 结合蛋白,由于 biocoid mRNA 位于早期卵裂胚的前部,因而前部的一些基因被激活。Biocoid mRNA 在滋养细胞中产生,然后通过胞质间桥转运到卵母细胞的前部区。Biocoid 基因产物是决定胚胎命运的主要决定因素,其产物梯度的形成,可以通过改变母细胞中功能基因拷贝数来增加或者是减少。Bicoid 蛋白质的浓度与头部结构的发育相连,减小这个梯度将导致类似于头部的结构沿着胚胎进一步延伸。所以,Biocoid 蛋白扮演着形态发生因子的角色,它们通过依赖浓度的方式确定胚胎中头部—尾部的位置。

2. **细胞外基质** 细胞与细胞外基质之间存在着识别和黏着关系,称细胞-基质黏着,简称基质黏着(substrate adhesion)。细胞外基质包含许多黏附分子。

细胞表面存在各种受体及各种细胞黏附分子,可以介导细胞之间的相互识别、结合及相互作用。在真核细胞双层膜中镶嵌有大量蛋白质或糖蛋白分子,它们部分分子片断暴露于细胞膜外,构成细胞表面的特征结构-细胞表面抗原,其中相当数量的表面抗原具有介导细胞间和细胞与细胞间质成分间相互黏附的功能。不同分化细胞有不同的表面抗原组合,进而产生了它们之间的亲和差异。

细胞外基质在胚胎发育、器官形成过程中控制细胞分化。细胞外基质成分与细胞表面受体识别相结合,向细胞发出信号,启动细胞内信号传递,通过细胞骨架或各种信号转导途径将信号传导至细胞质与细胞核,影响基因的表达,控制细胞的表型及细胞的活动。

(三)胚胎诱导

在胚胎发育阶段,邻近细胞之间相互交换信息的主要途径是胚胎诱导。所谓胚胎诱导(embryonic induction),是指一种胚胎组织或细胞对另一种组织或细胞发生作用,于是反应组织或细胞的发育过程因此而发生质的改变。发出诱导信息的组织或细胞,称组织者(organizer);接受诱导反应的组织或细胞,称反应组织(responding tissue)。胚胎诱导根据诱导信息的转移方式有广

Notes

义和狭义两种。狭义的胚胎诱导仅指信息分子以扩散的方式传播至较大范围的信息交换方式。发育生物学上指的胚胎诱导就是指该种细胞间信息交换方式。广义的胚胎诱导则包括诱导信息的转移,通过暴露于细胞表面的信息分子以扩散的方式。

1. 诱导类型　胚胎诱导有多种类型,主要包括相互诱导、逐级诱导、指导诱导和允许诱导4种。

(1) 相互诱导:在相互诱导过程中,组织间的诱导过程是双向的,一种组织诱导其他组织分化的同时,自己也会接受被诱导组织的信号而成为被诱导者。如晶状体与视泡之间的诱导即为相互诱导。

(2) 逐级诱导:上一次诱导产生的新结构再诱导其他新结构的产生过程,称逐级诱导。在晶状体诱导视泡组织分化时,也会诱导临近角膜外胚层的分化。在视泡形成时,角膜外胚层已经有了对晶状体诱导的应答潜能。在晶状体的诱导下,角膜外胚层细胞的形态变成柱状,并能分泌多层的胶原蛋白,再通过其他蛋白因子进一步促进角膜的分化。

(3) 指导诱导:指导诱导是指指导者对于应答组织或细胞产生新基因表达是必要的条件。如视泡诱导头部的外胚层使其表达晶状体基因。

(4) 允许诱导:在允许诱导中,被诱导的组织具有完善的应答潜能。但这种潜能如何表现出来,需依靠另外因子的参与。在发育中,许多组织需要有细胞外基质中的纤黏蛋白和层粘连蛋白的固相结构。这些物质虽然不能改变组织的分化方向和细胞类型,但却能使被诱导组织的应答潜能得以实现。

2. 胚胎诱导的发生条件　胚胎诱导的发生有2个基本条件:一是必须有诱导子,诱导子可能也是形态发生决定子;在早期胚胎发育中,诱导因子不但作用于附近区域,而且也对自己所在区域的模式形成起作用。二是在胚胎诱导中,针对信号的受体细胞必须有反应能力。这种能力的获得意味着诱导信号的受体已经产生并已起作用,对信号反应的能力只限于几分钟或几个小时的短暂时间内。

对于诱导物质的化学本质,目前仍存争论。胚胎诱导信号分子的鉴定十分困难。人们发现,成纤维生长因子(FGF)、转化生长因子 β(TGF-β)和活化素等生长因子具有诱导的特性,是胚胎诱导的信号分子。还有更多的信号分子有待被鉴定。

大多数诱导事件的最终结果是导致反应细胞 DNA 转录的改变,某些基因被打开,而有的基因被关闭。不同的信号分子激活不同的基因调节蛋白;此外,诱导还需要其他基因调控蛋白的协同作用。其结果是不同类型的细胞对同一信号的反应有所不同,细胞的反应即决定特定信号到达之前已经存在的信号,也决定及时接收的其他特定信号。

(四) 细胞分化与胚胎发育

细胞分化(cell differentiation)是胚胎发育过程中细胞之间逐渐产生稳定差异的过程。在胚胎发育中,卵裂球的细胞形态结构、生化特性和生理功能相同,以后在形态结构、生化特性和功能上逐渐出现差异,变成各种细胞和组织,并执行不同的功能,这一系列变化过程称为分化(differentiation)。通过分化过程,细胞由非专一性状态向形态和功能专一性状态转变,成为具有不同表型结构的各种类型细胞,不同表型的细胞进而组成不同结构和功能的组织和器官。完整的细胞分化概念包括时间和空间两个方面的变化过程,时间上的分化是指不同种类的细胞在特定的时间内开始分化,空间上的分化是指处于不同部位的细胞有不同的分化方向。

1. 细胞决定与细胞分化的关系　细胞分化是一个复杂的过程,在细胞之间出现可识别的形态和功能差异之前,细胞已经具备向特定方向分化、最终形成具有一定表型特征细胞的能力,这种细胞的发育选择称为细胞决定。实验证明,在胚胎的发育早期,某一组织或器官的原基必须首先获得决定,然后才能向预定的方向发育,也就是分化,形成所应当形成的组织或器官。决定发生在形态结构变化之前,主要标志是细胞内部开始合成特异性的蛋白质(包括酶和受体等),

在决定之前,细胞具有高度的可塑性和多向分化性,进入决定后,细胞一般只能朝专一的方向分化,形成特定的细胞类型。

在胚胎细胞分化上,决定先于分化,决定是细胞分化的前奏或基础,而分化是决定稳定发展的结果。决定是细胞做出发育方向的选择,而分化则是细胞在形态结构和功能产生稳定的差异,如果说第一点是时间概念,则第二点就是空间概念。

决定和分化两者都是生命运行过程,都有起始、发展和稳定的阶段,因此,都有一个可逆性问题,决定和分化的程度影响可逆性程度。而决定和分化的界限不在 DNA 转录和 mRNA 翻译之间,而在化学决定和形态结构分化之间,因为 DNA 的转录产生 mRNA,mRNA 翻译产生蛋白质,这些变化离形态结构发生变化还有一段距离。因此决定和分化是细胞发育的综合反应,是主基因和其他相关基因调控的共同效应。

2. 细胞分化与胚胎发育　细胞分化的决定作用是在个体发育过程中逐渐发生的,即在胚胎发育的不同阶段,细胞的分化潜能是不同的。单个细胞在一定条件下分化发育成为完整个体的能力称为细胞全能性(totipotency),全能细胞应该具有完整的基因组,能够表达基因组中的任何基因,分化成体内的任何一种细胞,哺乳类动物和人类的受精卵和 8 细胞期以前的卵裂球的每一个细胞均具有全能性。在小鼠 2 细胞期胚胎,将每一个卵裂球分开能产生完全相同的两个胚胎,将处于 4~8 细胞阶段的卵裂球结合在一起,可形成嵌合体,包含胚体和胚外组织,说明在这一阶段的卵裂球具有全能性。但将分离的 4~8 细胞期的卵裂球培养,可获得胚泡,也可以植入,但不能发育成胚胎。研究发现,正常胚泡应当含有 32 个细胞,但来自 8~16 期的卵裂球形成含有 8 或 16 个细胞的胚泡,特别是内细胞群细胞减少。32~64 细胞期胚泡的内细胞群细胞仍然具有一定的全能性,能产生胚内和胚外组织,64 细胞期胚胎的内细胞群的细胞丧失全能性。

在胚胎发育的三胚层形成后,细胞所处的环境和空间位置发生了巨大的变化,内细胞群的细胞就丧失了全能性,只能向发育成所在胚层的组织、器官方向分化,成为具有多能性(pluripotency)的细胞。进一步的发育形成单能干细胞,一种干细胞只能分化为特定的功能细胞,单能干细胞存在于多种成体组织中,并可伴随着个体的一生。因此,大多数动物的体细胞已经单能化,虽然它们含有全套基因组,但已经有相当程度的分化和专一化,不太可能分化成其他类型的细胞,更难以重新分化发育为一个完整的个体。

细胞分化虽然有相对的不可逆性,在一些特殊情况下,也可有一定的可逆性,这种现象称之为去分化(dedifferentiation)。例如,不同分化程度的植物细胞在实验室的培养条件下可失去分化能力,重新进入未分化状态,成为全能性细胞,并再按照正常的发育途径,分化为不同类型的细胞,最后进入未分化状态,最后成为一株完整的植物。动物细胞高度分化,自然情况下完全去分化的情况较少,但可以见到转分化(transdifferentiation),即从一种分化状态变成另一种分化状态。但是,通过核转移、转基因等人工方式诱导动物细胞的去分化或转分化,已经成为当前进展迅速、广受关注的研究领域,具有较大的发展潜力。

三、细胞行为与形态发生

从一个单细胞的受精卵发育成一个完整的有机体,要经历极其复杂的形态发生过程。形态发生(morphogenesis)是指由受精卵发育到成熟胎儿所发生的一系列有序的形态变化,包括胚体外形的建立与组织结构的发生。尽管不同器官系统的形态发生过程有所不同,但都要通过细胞运动、细胞增殖、细胞黏着、细胞类聚、程序性细胞死亡等细胞行为(cell behavior)来完成。

(一)细胞运动与形态发生

细胞运动(cell movement)又称细胞迁移(cell migration),是胚胎细胞特别是早期胚胎细胞的一种重要细胞行为,在三胚层发生和分化、原肠胚和神经胚的形成、各器官原基的形成中都具有重要作用。细胞运动包括单个细胞的运动和细胞群体的运动,前者运动距离一般较远,后者运

Notes

动距离一般较近。例如,神经嵴细胞的迁移多是单细胞运动或松散的细胞群体运动,运动的距离较远,而在神经管的发生中则是上皮细胞的群体性迁移。细胞运动靠细胞形态的改变而实现,而细胞形态的改变则与微丝和微管密切相关。例如,在神经管的发生中,首先是神经板上皮细胞变为高柱状且细胞的背侧端变窄,从而使细胞板的背侧面缩小并逐渐形成向背侧凹陷的沟。之后,沟的两外侧缘在中央愈合而形成神经管,并与表面上皮脱离。在这一复杂的变化过程中,上皮细胞的拉长、细胞背侧端的缩窄和细胞板的卷折成管,均与细胞内微丝和微管的变化密切相关。如果用秋水仙素(colchicine)破坏微管,用细胞松弛素 B(cytochalasin B)破坏微丝,细胞便不再变长,背侧端也不再变窄,神经沟和神经管就不能形成。

在分支管腺和复管腺如唾液腺的发生中以及在肺内各级支气管的发生中,其形态发生过程也通过上皮细胞的形态变化和位置变化而完成。先是初级管的顶端上皮呈 V 形下陷,形成一个或多个 V 形沟。此沟逐渐加深,最后形成两个或多个分支管。初级管顶端柱状上皮细胞的两端均有若干横行微丝,其中中央部分的细胞基底端微丝收缩变窄,管腔端的微丝松弛而变宽,因而细胞呈楔形;两侧部分的细胞则与此相反,细胞的管腔端微丝收缩变窄,基底端微丝松弛而变宽,细胞呈倒位楔形。由于细胞形态的这种变化,使细胞间的相对位置也发生变化,从而逐渐形成分支管。如果加入细胞松弛素 B,这种形态发生过程就不会出现,细胞内的微丝不复存在;如果去除细胞松弛素 B,细胞内的微丝又重新出现,上述形态变化又继续进行。由此说明微丝对于细胞的形态变化和细胞运动至关重要,也说明细胞松弛素 B 并非破坏微丝的化学成分,只是使微丝解聚。

(二) 细胞类集与形态发生

细胞类聚(cell sorting)即发育过程中类型与功能不同的细胞通过细胞迁移、细胞识别和细胞黏着等过程逐步发生不同类型细胞分离、相同类型细胞聚集,从而形成不同功能的细胞群并动态维持其平衡的一系列细胞行为。通过细胞类聚形成的细胞功能单元可以通过一定的规则排列和组合,形成有序的组织空间结构,并最终形成器官、系统乃至完整个体。因此,在胚胎发育的时空过程中,细胞类聚行为是组织器官形成及形态发生的关键环节。

早期胚体发生的细胞增殖、细胞命运决定及分化过程是细胞类聚的基础,在这一阶段,原本均一的胚体细胞通过识别其空间位置信息,根据其位置不同而逐步出现形态功能上的分化,例如头与尾、背与腹、内与外等不同空间的细胞可以表现出明显的差别;随后在细胞诱导作用、细胞通讯与识别等作用调控下,这些混杂的不同分化类型细胞逐步发生定向的迁移,从而实现细胞的分离和类聚现象,并且可以通过一定机制维持这种类聚的动态平衡。细胞识别及选择性黏着与细胞类聚关系密切。一方面,细胞之间可以发生相互识别并发生不同程度的亲和及黏附,另一方面,细胞与细胞外基质之间也存在着识别和黏着关系,称细胞-基质黏着(cell-substrate adhesion),简称基质黏着(substrate adhesion)。细胞之间黏着减弱、基质黏着增强时,细胞发生相互分离并进行迁移,而细胞迁移至预定地点时,细胞黏着增强,基质黏着减弱,细胞停止迁移并形成类聚。

(三) 程序性细胞死亡与形态发生

胚胎发育是一个细胞快速分裂、高度分化的过程,与细胞增殖、分化相伴随的还有细胞死亡。细胞死亡对于维持细胞的动态平衡、胚胎结构的重建具有非常重要的作用。Clark 在研究神经元发育的过程中发现了四种形式的细胞死亡,即细胞坏死(necrosis)、细胞胀亡(oncosis)和程序性细胞死亡(programmed cell death,PCD)或细胞凋亡。其中,PCD 对于胚体结构的形成意义最为重大。在胚胎发育过程中,特别是在各器官的形态发生、发育中,有些细胞退化、死亡。这些细胞的死亡不是随机发生的,而是发生在胚胎的特定部位和特定时间,并有严格的时空程序。这种细胞的程序性死亡是胚胎正常发育过程、特别是形态发生过程的一个重要组成部分。

哺乳动物胚胎发育过程中,PCD 在保证多细胞生物个体各器官的形态发生和维持正常生理功能中发挥着重要作用。有不少畸形是由于致畸因子干扰了 PCD 过程而引起的,例如并指(趾)畸形、食管闭锁、不通肛、阴道闭锁等。1975 年,Pratt 和 Greene 在体外实验中发现,当左右腭突愈合时,愈合处的上皮细胞先是融合,然后死亡自溶。如果在培养基中加入谷氨酰胺的竞争剂脱氧雪腐镰刀菌烯醇,就会使刀豆球蛋白 A(Con A)与腭突融合缘上皮细胞表面结合量减少,说明 Con A 受体糖蛋白的合成被抑制,结果使细胞的程序性死亡被抑制,左右腭突不能融合,出现腭裂畸形。

PCD 用于淘汰那些在胚胎发育过程中没有作用或曾经起作用但不再起作用的细胞,为形态发生和组织器官功能服务。胚胎发育中。80% 以上的神经细胞、70% ~ 95% 的淋巴细胞以及 80% 的卵母细胞均发生 PCD,以保证那些有功能细胞的营养和空间的需要。只有得到营养因子支持的细胞才是有价值、有作用的细胞,才可能存活下来。在这个过程中竞争失败的细胞发生 PCD。据此 Raff 指出,在发育生物体中的所有细胞都是命中注定要死亡的,除非由于与其他细胞相互作用而存活下来。此外,PCD 尚可消灭胚胎发育过程中迁移错误的细胞。胚胎发育中存在广泛的细胞迁移现象,如原始生殖细胞由卵黄囊迁移至生殖腺,若迁移至生殖腺以外的部位便可被选择性消灭。

在胚胎发生过程中,PCD 还行使着雕刻躯体功能。形成一个复杂的生物体,在某种程度上就像雕刻一个塑像。形成精细的结构不仅要经历细胞增殖与细胞迁移,还要经历 PCD 以精确的选择性除去某些细胞。一方面使一些进化性重演结构在特定时空内退化消失以除去短暂结构。如胚胎发育过程中曾出现的尾、鳃、弓动脉、前肾等;另一方面,使某些器官形成正常的形态结构,并与其功能相适应,如消化管和阴道等的管化、指(趾)间蹼的消失、左右腭突融合成腭、双侧中肾旁管下端融合形成子宫、女性胎儿卵巢中卵原细胞和初级卵母细胞的大量死亡等。

PCD 受基因的调控,调控 PCD 的基因称凋亡相关基因。其中,有的基因可促进程序性细胞死亡,称凋亡基因;有的基因可抑制程序性细胞死亡,称凋亡抑制基因;两种基因的平衡是维持细胞正常生存的基础。此外,细胞凋亡还受体内多种因素的影响,如激素、细胞因子等。

参考文献

1. 刘厚奇,蔡文琴. 医学发育生物学. 第 3 版. 上海:科学出版社,2012
2. 刘斌,高英茂. 人体胚胎学. 北京:人民卫生出版社,1996
3. Popp C,Dean W,Feng S,et al. Genome-wide erasure of DNA methylation in mouse primordial germ cells is affected by AID deficiency. Nature,2010,463(7284):1101-1105
4. Dai XX,Duan X,Liu HL,et al. Chk2 regulates cell cycle progression during mouse oocyte maturation and farly embryo development. Mol Cells,2014,37(2):126-132

(刘厚奇)

Notes

第 33 章　畸形学概论

KEY POINTS

- Classification of congenital malformation
- Development of congenital malformation
- Susceptible period to teratogenic agent
- Prevention, premated diagnosis and treatment of congenital malformation

先天畸形（congenital malformation）是由于胚胎发育紊乱而引起的出生时就存在的形态结构异常，属于出生缺陷的一种。出生缺陷还包括先天性功能、代谢以及行为等方面的异常。研究先天畸形的科学称为畸形学（teratology），是胚胎学的一个重要分支。

随着现代工业发展，环境污染日趋严重，先天畸形的发生率有上升的趋势。同时，由于生活水平的提高和医疗条件的改善，感染性疾病、营养性疾病和老年性疾病的发病率和死亡率明显下降，因而，先天畸形便成了危害人类健康的突出疾病，受到世界各国的高度重视。近年来对先天畸形进行了广泛的监测和病因学调查，并开展了深入的实验研究，取得了长足的进展。

一、先天畸形的分类

1958 年至 1982 年，Willis、Grag 和 Moore 根据先天畸形的胚胎发生过程，先后提出了大致相同的畸形分类方法。根据这种分类方法，先天畸形主要分为以下几种类型。

（1）整胚发育畸形：多由严重遗传缺陷引起，大多不能形成完整的胚胎并早期死亡吸收或自然流产。

（2）胚胎局部发育畸形：由胚胎局部发育紊乱引起，往往同时累及几个器官。例如头面发育不全畸形（ethmocephalus）、并肢畸形（sirenomelus）等。

（3）器官和器官局部畸形：由某一器官不发生或发育不全所致，例如，双侧或单侧肺不发生、心脏室间隔膜部缺损等。

（4）组织分化不良性畸形：由组织分化紊乱所致，其发生时间较晚且肉眼不易识别。例如，骨发育不全（osteogenesis imperfecta）、克汀病（cretinism）、先天性巨结肠（congenital megacolon）等。

（5）发育过度性畸形：由器官或器官的一部分增生过度所致。例如，在心脏房间隔形成期间第二房间隔生长过度而引起的卵圆孔闭合或狭窄、多指（趾）畸形等。

（6）吸收不全性畸形：在胚胎发育过程中，有些应全部或部分吸收的结构如果吸收不全，就会出现畸形。例如，蹼状指（趾）、肛门闭锁、食管闭锁等。

（7）超数或异位发生性畸形：由于器官原基超数发生或发生于异常部位而引起，如多乳腺、异位乳腺、双肾盂、双输尿管等。

（8）发育滞留性畸形：因器官发育中途停滞或停止而在形态、结构、位置等方面呈现的不同程度的畸形。例如，双角子宫、隐睾、骨盆肾、气管食管瘘等。

（9）重复畸形（double malformation）：是由于单卵孪生的两个胎儿未能完全分离，致使胎儿整体或部分结构不同程度地重复出现。

（10）连体畸形（conjoined malformation）：又称为连体双胎（conjoined twins），是在单卵孪生发生过程中，胚体形成时发生局部连接所致。如果单卵孪生的两个胎儿发育速度相差甚大，致使小者附属在大者的某一部位，则称为寄生畸形（parasitic malformation）（图 33-1）。

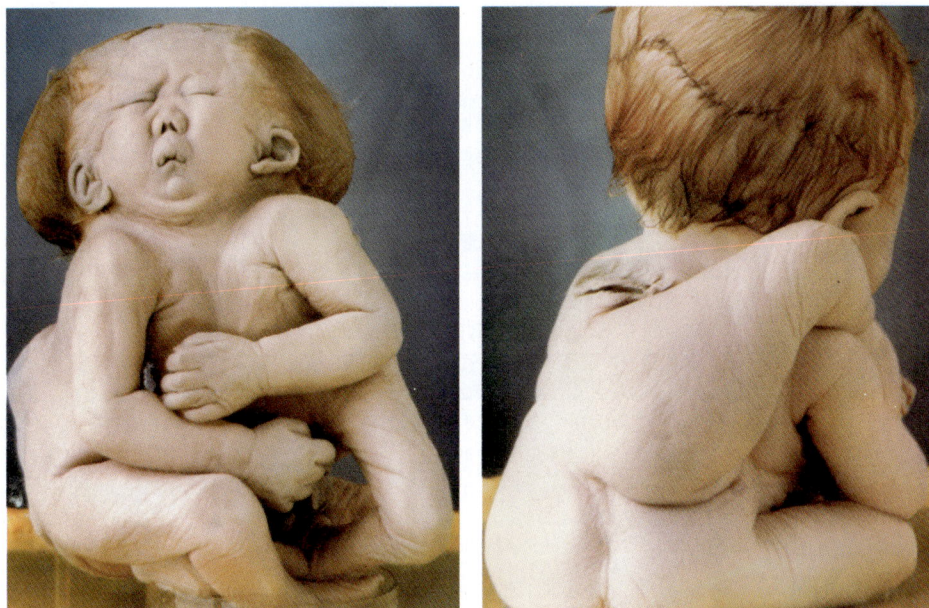

图 33-1　连体畸形和寄生畸形
Fig. 33-1　Conjoined malformation and parasitic malformation

上述先天畸形尽管其胚胎发生过程有所不同，但都由组织和器官结构的异常发育引起。还有一些先天畸形是由于某种外力的作用而引起的正常结构的变形或短缺，如宫内受压而引起的畸形足和某一肢体的短缺。有些畸形是单发的，如单纯性唇裂、多指畸形，更多的畸形是多发的。多发畸形是指在一个个体上同时发生多种畸形（图 33-2）。研究最多的多发畸形是综合征和序列征。综合征（syndrome）是指由同一个原因引起的多个原发畸形的定型组合，如 Down 综合征、Klinefelter 综合征、Edward 综合征、Patau 综合征等。序列征（sequence）是指由一个原发畸形引起的多个关联性或级联性畸形，如 Robin 序列征的原发畸形是下颌发育不全，即小下颌，由小下颌引起舌下垂，由舌下垂又引起腭异常，由此引起呼吸道阻塞，出现 Robin 面容。

世界卫生组织（WHO）在疾病的国际统计学分类中，根据先天畸形的发生部位进行分类，并对各种畸形编排分类代码。目前世界各国对先天畸形的调查统计大都采用这种分类方法，并根据本国的具体情况略加修改补充。其中 12 种先天畸形是世界各国常规监测的对象，是国际学术和资

图 33-2　多发畸形
Fig. 33-2　Multiple malformation

Notes

料交流中的代表性畸形(表33-1)。在我国的出生缺陷监测中,以这12种先天畸形为基础,并根据我国的具体情况增加了多见或比较多见的9种畸形,其中尿道上裂和尿道下裂合为一类,上肢和下肢短肢畸形也合为一类,共19种(表33-2)。

表 33-1   国际常规监测的 12 种先天畸形

先天畸形	国际分类编码	先天畸形	国际分类编码
无脑儿	740.0	直肠及肛门闭锁	751.2
脊柱裂	741.0	尿道下裂	752.2
脑积水	742.0	短肢畸形—上肢	755.2
腭裂	749.0	短肢畸形—下肢	755.3
唇裂	749.1-749.2	先天性髋关节脱位	755.6
食管闭锁及狭窄	750.2	唐氏综合征	759.3

表 33-2   我国监测的 19 种先天畸形

先天畸形	国际分类编码	先天畸形	国际分类编码
无脑儿	740.0	短肢畸形(上、下肢)	755.2-755.3
脊柱裂	741.0	先天性髋关节脱位	755.6
脑积水	742.0	畸形足	754.0
腭裂	749.0	多指与并指(趾)	755.0-755.1
唇裂	749.1-749.2	血管瘤(73cm)	620.0
先天性心血管病	746.0-747.0	色素痣(73cm)	757.1
食管闭锁及狭窄	750.2	唐氏综合征	759.3
直肠及肛门闭锁	751.2	幽门肥大	750.1
内脏外翻	606.0	膈疝	603.0
尿道上、下裂	752.2-752.3		

二、先天畸形的发生

先天畸形的发生原因主要包括遗传因素、环境因素和两者的相互作用,其中遗传因素引起的约占25%,环境因素占10%,遗传因素与环境因素相互作用和原因不明者占65%。

(一) 遗传因素与先天畸形

遗传因素引起的先天畸形包括亲代畸形的血缘遗传和配子或胚体细胞的染色体畸变及基因突变。

染色体畸变包括染色体数目异常和染色体结构异常。染色体数目减少可引起先天畸形,常见于单体型。常染色体的单体型胚胎几乎不能存活,性染色体的单体型胚胎约有97%死亡,3%成活,如先天性卵巢发育不全即 Turner 综合征(45,XO)。染色体数目的增多也可引起畸形,多见于三体型(trisomy),如21号染色体的三体可引起先天愚型即 Down 综合征;18号染色体的三体可引起 Edward 综合征;13号染色体的三体可引起 Patau 综合征;性染色体的三体(47,XXY)可引起先天性睾丸发育不全,即 Klinefelter 综合征。染色体的结构畸变也可引起畸形,如5号染色体短臂末端断裂缺失可引起猫叫综合征。基因突变的发生次数尽管比染色体畸变多,但多不引起畸形,故因基因突变引起的畸形远比染色体畸变引起的畸形少,主要有软骨发育不全、肾上腺肥大、小头畸形、多囊肾、皮肤松垂症,睾丸女性化综合征等。

（二）环境因素与先天畸形

环境因素的致畸作用早在 20 世纪 40 年代就已被确认,能引起先天畸形的环境因素统称为致畸因子(teratogen)。影响胚胎发育的环境包括母体的外环境、母体的内环境和胚体的微环境,这三个层次的环境皆可受到环境致畸因子的影响。外环境中的致畸因子有的可穿过内环境和微环境直接作用于胚体,有的则通过改变内环境和微环境而间接作用于胚体。环境致畸因子主要有五类,即生物性致畸因子、物理性致畸因子、致畸性药物、致畸性化学物质和其他致畸因子。

1. **生物性致畸因子**　有些致畸微生物可穿过胎盘屏障直接作用于胚体,有些则作用于母体和胎盘,引起母体发热、缺氧、脱水、酸中毒等,或干扰胎盘的转运功能,破坏胎盘屏障,从而间接影响胚胎发育。目前已经明确对人类胚胎有致畸作用的生物因子有:风疹病毒、巨细胞病毒、单纯疱疹病毒、弓形体、梅毒螺旋体等。艾滋病病毒对胎儿的危害已引起人们的关注。还有一些病毒,如流行性腮腺炎病毒、流感病毒等,对动物有明显的致畸作用,但对人类有无致畸作用尚未确定。

2. **物理性致畸因子**　目前已确认的对人类有致畸作用的物理因子包括各种射线、机械性压迫和损伤等。另外,高温、严寒、微波等在动物确有致畸作用,但对人类的致畸作用尚证据不足。

3. **致畸性药物**　20 世纪 60 年代"反应停事件"后,药物的致畸作用引起了人们的普遍重视,并对药物进行严格的致畸检测。反应停又名沙利度胺,在欧洲曾广泛用于治疗妊娠呕吐,结果引起大量残肢畸形儿的出生,酿成了所谓"反应停事件"。

多数抗肿瘤药物有明显的致畸作用,如氨基蝶呤可引起无脑、小头及四肢畸形;白消安、苯丁酸氮芥、环磷酰胺、巯嘌呤等均能引起多种畸形。某些抗生素也有致畸作用。如孕期大剂量服用四环素可引起胎儿牙釉质发育不全;大剂量应用链霉素可引起先天性耳聋;大剂量应用新生霉素可引起先天性白内障和短指畸形等。某些抗惊厥药物(如噁唑烷、乙内酰脲、三甲双酮)、某些治疗精神病的药物(如酚噻嗪、溴化锂、安非他明)、某些抗凝血药(如华法林、肝素)、某些激素(如性激素)均有不同程度的致畸作用,可引起多种先天畸形。

4. **致畸性化学物质**　在工业"三废"、农药、食品添加剂和防腐剂中,含有一些有致畸作用的化学物质,主要包括某些多环芳香碳氢化合物、某些亚硝基化合物、某些烷基和苯类化合物、某些农药(如敌枯双)、某些重金属(如铅、砷、镉、汞)等。有些化学物质对动物有明显的致畸作用,但对人类胚胎的致畸作用尚待进一步证实。现在,电子垃圾增速迅猛,在回收过程中会产生很多重金属污染物,研究发现电子垃圾回收地区新生儿胎盘铅、镉远高于其他地区,生长发育受到影响。例如,铅可通过胎盘和血脑屏障影响胎儿,损伤胎儿脑组织,造成先天智力低下。

5. **其他致畸因子**　酗酒、大量吸烟、缺氧、维生素缺乏、严重营养不良等均有致畸作用。妊娠期间过量饮酒可引起多种畸形,称为胎儿酒精综合征(fetal alcohol syndrome,FAS),其主要表现是发育迟缓、小头、小眼、短眼裂、眼距小等。吸烟的致畸作用越来越受到人们的重视。流行病学调查显示,吸烟者所生的新生儿平均体重明显低于不吸烟者,且吸烟越多其新生儿的体重越轻。每天吸烟不足 10 支的孕妇,其胎儿出现畸形的危险性比不吸烟者增加 10%,每天吸烟超过 30 支的孕妇,其胎儿出现畸形的危险性增加 90%。吸烟引起胎儿畸形主要是由于尼古丁使胎盘血管收缩,胎儿缺血、缺氧。另外,吸烟所产生的其他有害物质,如氰酸盐,也可影响胎儿的正常发育。

（三）环境因素与遗传因素在致畸中的相互作用

多数先天畸形是环境因素与遗传因素相互作用的结果,这种相互作用包括两方面:一方面是环境致畸因子通过引起染色体畸变和基因突变而导致先天畸形;另一方面是胚胎的遗传特性决定和影响胚体对致畸因子的易感性。流行病学调查显示,在同一地区同一自然条件下,同时怀孕的孕妇在一次风疹流行中都受到了感染,但其新生儿有的出现畸形,有的却完全正常。出现这种情况的原因在于每个胚胎对风疹病毒的易感性不同。对致畸因子的种间差异更是如此,

Notes

如可的松对小白鼠有明显的致畸作用(主要引起腭裂),但对猪、猴等则几乎无致畸作用。人类和其他灵长类动物对沙利度胺非常敏感,可引起残肢畸形,但对灵长目之外的其他哺乳动物几乎无致畸作用。

在环境因素与遗传因素相互作用引起的先天畸形中,标示遗传因素所起作用的指标称为遗传度。某种畸形的遗传度越高,说明遗传因素在该畸形发生中的作用越大。例如,先天性心脏畸形的遗传为35%,先天性巨结肠的遗传为80%,脊柱裂为60%,无脑儿为60%,先天性髋关节脱位为70%,腭裂为76%,先天性幽门狭窄为75%。

三、胚胎的致畸敏感期

胚胎在发育过程中受到致畸因子作用后,是否发生畸形和发生什么样的畸形,不仅决定于致畸因子的性质和胚胎的遗传特性,而且决定于胚胎受到致畸因子作用时所处的发育阶段。胚胎发育是一个连续的过程,但也有着一定的阶段性,处于不同发育阶段的胚胎对致畸因子的敏感程度也不同。受到致畸因子的作用最易发生畸形的发育阶段称为致畸敏感期(sensitive period to teratogenic agent)。

胚前期(即受精后的前2周)的胚胎受到致畸因子作用后较少发生畸形。因为此时的细胞分化程度极低,如果致畸作用强,胚胎即死亡;如果致畸作用弱,少数细胞受损死亡,多数细胞可以代偿调整。

胚期(即受精后第3周至第8周)的胚胎细胞增生、分化活跃,器官原基正在发生,最易受到致畸因子的干扰而发生畸形。所以,胚期是受到致畸因子作用后最易发生畸形的致畸敏感期。由于胚胎各器官的发生时间不同,故各器官的致畸敏感期也不同(图33-3)。

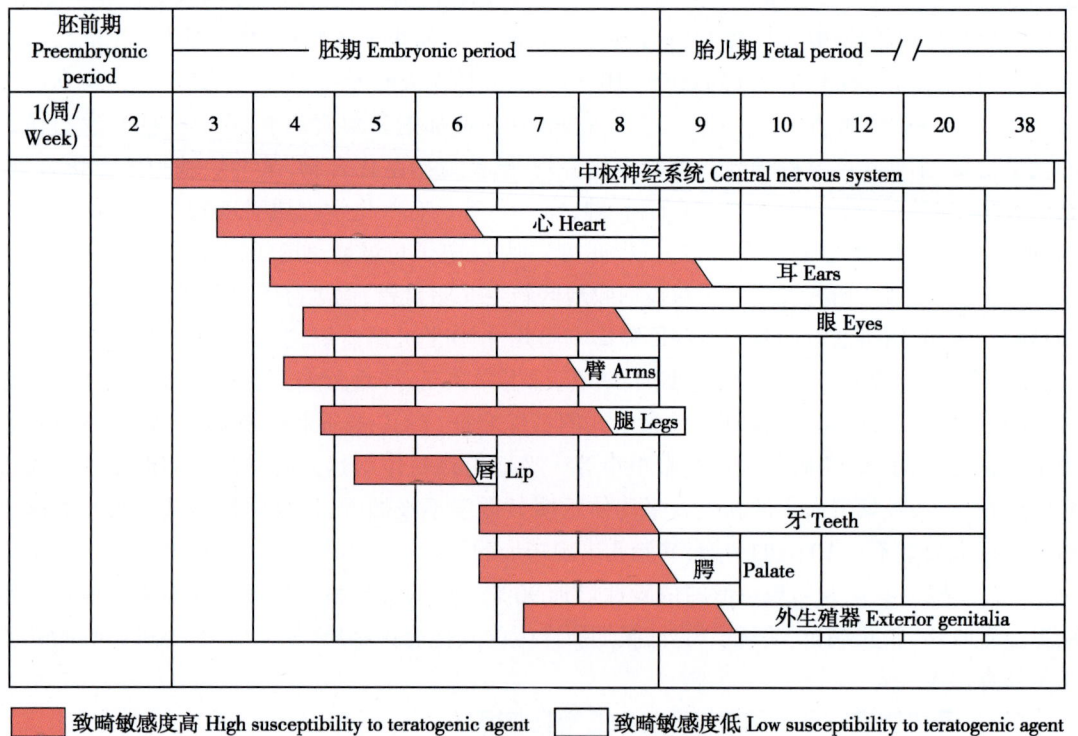

图 33-3 人胚胎主要器官的致畸敏感期
Fig. 33-3 Susceptible period to teratogenic agent of human embryonal main organs

胎儿期是胚胎发育过程中最长的一个时期,怀孕起自第9周,直至出生。此期胎儿生长发育快,各器官进行组织分化和功能分化,受致畸因子的作用后也会发生畸形,但多属于组织结构

Notes

和功能方面的缺陷,一般不出现大的器官畸形。所以,胎儿期不属于致畸敏感期。

另外,不同致畸因子对胚胎的致畸敏感期也不同。例如风疹病毒的致畸敏感期为受精后第1个月,其畸形发生率为50%;第2个月便降为22%,第3个月只有6%~8%。沙利度胺的致畸敏感期为受精后第21~40天。

四、先天畸形的预防、宫内诊断和宫内治疗

出生缺陷干预的关键是预防。为此,WHO提出了出生缺陷的“三级预防”策略。一级预防是指防止出生缺陷儿的发生;二级预防是指减少出生缺陷儿的出生;三级预防是指对出生缺陷的治疗。

(一) 先天畸形的预防

首先要做好一级预防。如前所述,遗传因素是引起先天畸形的重要因素。尽管并非所有遗传因素引起的畸形都能遗传给后代,但遗传性畸形的发生率仍然很高。因此,采用遗传学方法预防遗传性畸形是畸形预防中的一个重要方面。遗传工程和基因工程的兴起为遗传性畸形的根治展示了美好前景,但目前防止遗传性畸形的主要措施是预防,而遗传咨询是达到这一目的的重要措施。

做好孕期保健是防止环境致畸的根本措施。在怀孕期间,特别是妊娠前8周,要尽量预防感染,特别是要防止风疹病毒、弓形体、单纯疱疹病毒、巨细胞病毒和梅毒螺旋体的感染。据测定,我国育龄期妇女风疹病毒的感染率高达50%左右。预防感染的最好方法是接种风疹疫苗。弓形体在人群和动物中的感染率都很高,除搞好环境卫生和饮食卫生以防止感染外,还应在孕前作血清学检查。如果检查结果显示未感染过弓形体,应该进行免疫注射后再怀孕。如果孕期感染了弓形体,就应终止妊娠。单纯疱疹病毒的传播主要是通过皮肤和黏膜的直接接触,故比较容易预防。巨细胞病毒的致畸率高,传播途径多,感染率高,较难预防,免疫注射是最好的预防方法。

孕期谨慎用药是防止药物致畸的根本途径。孕期特别是孕早期决不可滥用药物,如果治疗中必须应用致畸性药物,应中止妊娠。

戒烟、戒酒是预防胎儿畸形的一个重要方面。孕期大量吸烟,轻者可致胎儿发育迟缓,重者可引起严重畸形,甚至死胎、流产。被动吸烟的危害并不亚于主动吸烟,应引起重视。孕期酗酒,酒精可通过胎盘迅速进入胎儿体内,胎儿血液中的酒精浓度与母血中的浓度相近,胎儿肝又缺少酒精脱氢酶,故滞留时间长,危害甚大。

孕期特别是孕早期应避免和减少射线的照射,包括X射线及其他射线。细胞对射线的敏感程度与细胞的增殖力成正比,与细胞的分化程度成反比。因此,胚体细胞对射线的敏感度比成体细胞高得多,对母体无害剂量的照射却可能危及胎儿。

另外,“人工授精与胚胎移植”的操作过程中也要预防先天畸形,如单精子注射技术过程中精子的遗传性检查筛选、胚胎移植与减胎术中的胚胎完整性保护等。目前不育症人群越来越大,人工授精越来越普遍,对这个群体的先天畸形预防也应该引起医界的重视。

(二) 先天畸形的宫内诊断

完全防止畸形的发生几乎是不可能的,因而,还要做好二级预防,即尽量减少畸形儿的出生。二级预防是一级预防的必要补充,因为随着医学的发展,越来越多的畸形可以在出生前作出明确诊断,有些畸形还可进行宫内治疗。

曾生育过严重畸形儿的孕妇,多次发生自然流产、死胎、死产的孕妇,孕早期服用过致畸药物,或有过感染致畸病毒,或接触过较多射线,或长期处于污染环境以及羊水过多或过少等孕妇,均应进行宫内诊断。目前宫内诊断的主要方法有以下几种:

1. **羊膜囊穿刺** 羊水不仅含有胎儿的排泄物、分泌物和多种酶,还含有从胎儿皮肤和黏膜

Notes

脱落下来的上皮细胞。因此,羊水的化学分析可以准确地反映胎儿的代谢状况,羊水细胞的染色体分析能够准确地反映胎儿的遗传状况。羊膜囊穿刺(amniocentesis)时抽取 10～15ml 羊水,离心沉降后分别进行生化分析和染色体分析。在妊娠第 15～17 周进行羊膜囊穿刺(amniocentesis)最适宜。有严重的尤其是开放性神经管缺陷时,羊水中出现乙酰胆碱酯酶同工酶,甲胎蛋白的含量可比正常高出数十倍。染色体异常引起的先天畸形,如 Down 综合征和 Turner 综合征等,可通过染色体分析确定。测定羊水中 17-羟孕酮的含量可诊断肾上腺性征综合征(adrenogenital syndrome)。测定羊水中甲状腺素和促甲状腺素的含量,可以诊断甲状腺发育异常。建议此处增加胎儿脱落细胞 DNA 芯片检测或全基因组测序技术。

2. 绒毛膜检查　绒毛膜细胞与胚体细胞同源,有着相同的染色体组型,可以通过绒毛膜活检(chorionic villi biopsy,CVB)诊断胚胎的染色体异常。这种检查可以在妊娠第 8 周进行,故可早期诊断。

3. 胎儿镜检查　胎儿镜是用光导纤维制成的一种内镜,在妊娠第 15～20 周使用最好。通过胎儿镜可直接观察胎儿外部结构有无异常,并可采取胎儿血液、皮肤等样本做进一步检查,还可直接给胎儿注射药物或输血。

4. 超声检查　是一种简便易行且安全可靠的宫内诊断方法,可在荧光屏上清楚地看到胎儿的影像,不仅能诊断胎儿外部畸形,还可诊断某些内脏畸形。

5. X 线检查　将水溶性造影剂注入羊膜腔,便可在荧光屏上观察胎儿的大小和外部畸形。如果将某种脂溶性造影剂注入羊膜腔,使其吸附于胎儿体表,便可在 X 线下更清楚地观察胎儿的外部畸形。

(三) 先天畸形的宫内治疗

宫内诊断的研究进展很快,已经能对多种畸形作出准确的宫内诊断,进而进行宫内治疗,做好三级预防。但能进行宫内治疗的畸形还很有限。非手术性治疗开展较早,如小剂量可的松治疗胎儿肾上腺性征综合征,甲状腺素治疗胎儿甲状腺功能低下引起的发育紊乱。进展较快并能迅速收效的宫内治疗方法是宫内手术。宫内诊断和宫内手术已经成为一个专门学科,称胎儿外科学(fetal surgery)。1963 年,LiLey 用宫内胎儿输血方法治疗胎儿脑积水并取得成功,是首例宫内手术治疗。目前,可经宫内手术治疗的先天畸形包括脑积水、乳糜胸、先天性横膈疝、先天性囊性腺瘤性病变、骶尾部畸胎瘤及尿道梗阻等。近年来,应用胎儿镜进行宫内微创手术取得很大进展,如胎儿镜下吻合血管光凝术、选择性减胎术等。胎儿镜下气管闭塞术治疗先天性膈疝,与开宫手术相比,有效减轻了对母体的创伤,避免胎儿环境暴露,减少了早产的发生。

专题讲座：胎儿酒精综合征

孕妇酗酒,酒精中的有害成分可以通过胎盘进入胎儿体内,使胎儿发生慢性酒精中毒,导致胎儿发生多种畸形,即胎儿酒精综合征。

(一) 胎儿酒精综合征的临床表现

胎儿酒精综合征的主要临床表现是:①颜面形态异常:人中平、上唇薄、眼裂小、小下颌、斜视、鼻底部深、鼻梁短、鼻孔朝天、扇风耳等。②宫内和产后生长发育均迟缓,体重、身高、头围明显低于正常标准。③中枢神经系统发育障碍,可有小头畸形、脑积水、脑脊膜膨出等。新生儿早期可有震颤,细小动作功能不良,如抓握力弱、手眼协调不好;婴儿期易激惹;儿童期有不同程度的智力低下和学习困难、多动等。④心脏畸形:如房间隔缺损、室间隔缺损、肺动脉和主动脉弓发育不全。⑤泌尿系统畸形:如马蹄肾、双输尿管、肾盂积水、尿道下裂。⑥其他畸形:关节运动受限,肢体、手指和四肢运动障碍等。

(二) 胎儿酒精综合征的发病机制

虽然胎儿酒精综合征与母亲严重酗酒密切相关,但酒精通过何种机制造成这些影响尚需进一步研究证实。以下简介胎儿酒精综合征的可能发病机制。

1. 酒精引起 *c-fos* 基因异常表达 *c-fos* 原癌基因及其蛋白产物不仅参与细胞的正常生长、分化过程,也参与细胞内信息传递过程和细胞的能量代谢过程。孕期的酒精暴露可使胎鼠的星形细胞、少突胶质细胞 *c-fos* 的表达增强,诱导 FOS 蛋白磷酸化作用而干扰三羧酸循环,致使细胞的增殖水平降低。酒精引起的 *c-fos* 异常表达将抑制神经元增殖,这可能是酒精导致脑发育异常的一个重要因素。

2. 酒精引起 DNA 甲基化的异常改变 DNA 甲基化能引起染色质结构、DNA 构象、DNA 稳定性及 DNA 与蛋白质相互作用方式的改变,从而控制基因表达。有研究发现,在早期鼠神经胚形成过程中,酒精暴露可引起与新陈代谢有关的基因 *Cyp4f13* 甲基化增加,与发生、发育相关的基因 *Nlgn3*、*Elavl2*、*Sox21* 和 *Sim1* 甲基化降低,与染色质有关的基因 *Hist1h3d* 甲基化降低,伴随着基因表达的改变,这些改变均与胚胎异常发育相关。

3. 酒精调节 *bcl-2* 基因家族的表达 Heaton 等通过转基因研究发现,出生后小鼠第 1 周酒精暴露,第 4、5 天的野生小鼠浦肯野细胞神经元数目明显减少,而过量表达 bcl-2 的转基因小鼠浦肯野细胞数目无变化;出生第 4 天,酒精小鼠 bcl-2 家族成员 *bax* 和 *bcl-xs* mRNA 转录水平上升。这些结果提示了 bcl-2 家族可能在酒精引起的发育中神经元的损伤中有非常重要的作用。

4. 酒精抑制神经营养因子的抗细胞凋亡作用 神经营养因子是一组可维持和延长神经元的存活、阻止或减少神经元的凋亡的蛋白质。在孕第 16 天大鼠胚胎脑皮质神经元的培养中分别加入神经生长因子 NGF、脑源性神经生长因子 BNGF 或神经营养素 NT-3 后,神经元的存活时间明显延长;当同时加入一定浓度的酒精时,细胞很快凋亡。

5. 酒精引起胚胎产生过多超氧阴离子自由基 早期的胚胎细胞只有微弱的抗氧化能力,当接受自由穿过胎盘的酒精刺激而产生较多的超氧阴离子自由基时,便不能及时清除,导致脂质过氧化损伤,细胞过度凋亡,从而造成畸形。

6. 酒精干扰维生素 A 体内代谢过程 酒精可以干扰维生素 A 体内代谢过程,抑制维生素 A 活化为维 A 酸(retinoic acid,RA),而 RA 是保证胎盘最佳发育和功能的基本分子,调控中枢神经系统功能的形成、头面部和肢体的正常分化过程及脊椎动物胚胎器官的形态发生。

7. 酒精引起脑海马区一氧化氮增加 一氧化氮(NO)作为神经系统中一个重要的信使分子,具有"双面刀"的效应:既有重要的生理功能,如突触重塑及可塑性,同时又表现出神经毒性。体内的 NO 是由 NO 合酶(NOS)以左旋精氨酸为底物催化生成。研究表明,酒精可使鼠的脑海马区 NOS 活性和神经元型 NOS 表达增强,提示酒精可使 NO 产量增高。考虑到 NO 所具有的神经毒性作用,酒精引起的胚胎脑发育异常可能与酒精引起的脑海马区 NO 增加有关。

8. 酒精通过损伤胎盘而引起胚胎发育异常 有研究发现,酗酒母亲的胎盘重量较正常鼠明显增加;光镜观察发现胎盘绒毛间隙扩大、充血,白细胞浸润,蜕膜细胞中的糖原颗粒减少,胎盘内的血流速度减慢。胎盘的这些结构方面的改变必然影响其物质交换功能,从而可能间接影响了胎儿,使胎儿发育不良或畸形。胎盘组织结构的变化也会影响其内分泌功能。酒精可以使培养的人胎盘滋养层细胞 HCG 水平增高,并且伴有胚胎总 RNA 量及总蛋白量下降,这种下降与酒精剂量成正相关。这提示长期接触酒精的妊娠动物,可能通过影响胎盘的内分泌功能而影响胎儿的发育。

(三)胎儿酒精综合征的早期诊断与预防

胎儿酒精综合征的患儿很可能在以后的生活中出现严重的心理和行为问题,例如辍学、失业和犯罪等。早期干预可以有效地减少胎儿酒精综合征的危害。饮酒时,酒精会在体内与某种特定脂肪酸结合,形成脂肪酸乙酯。这些生物标志物会沉积在人体组织当中,也会在胎儿发育过程中存在于胎尿或胎便中。Jennifer Peterson 等研究人员发现,第一次肠道运动过程中的脂肪酸乙酯水平高的婴儿出现酒精综合征的风险更大。婴儿的脂肪酸乙酯水平越高,在 2 岁前出现

Notes

智力与精神发育不良的风险越大。研究结果提示,测量新生婴儿第一次肠道运动过程中的脂肪酸乙酯水平可能是准确诊断胎儿是否患有酒精综合征的一种有效方法。Mead EA 等最新研究发现,携带短的 5-羟色胺转运体基因连锁多肽区(rh5-HTTLPR)的这一与人类功能类似的等位基因的猕猴胎儿对妊娠早期的酒精暴露特别敏感,可导致感觉失常。Incerti M 等研究发现通过神经保护肽对神经营养因子的调节可以缓解酒精暴露对后代脑部的影响。这些研究使得胎儿酒精综合征的早期诊断及预防成为可能。

参考文献

1. Duester G. Alcohol dehydrogenase as a critical mediator of retinoic acid synthesis from vitamin A in the mouse embryo. J Notr,1998,128（2suppl）：459S-462S

2. Heaton MB,Moore DB,Paiva M,et al. Bcl-2 overexpression protects the neonatal cerebellum from ethanol neurotoxicity. Brain Res,1999,817（1-2）：13-18

3. Kotch L E ,Chen SY,Sulik KK. Ethanol-induced teratogenesis：free radical damage as a possible mechanism. Teratology,1995,52（3）：128-136

4. Liu Y,Balaraman Y,Wang G,et al. Alcohol exposure alters DNA methylation profiles in mouse embryos at early neurulation. Epigenetics,2009,4（7）：500-511

5. Mead EA,Sarkar DK. Fetal alcohol spectrum disorders and their transmission through genetic and epigenetic mechanisms,Front Genet. 2014,5：154

（邵淑娟）

5-羟色胺　5-hydroxytryptamine,5-HT　101

Ⅰ型肺泡细胞　type Ⅰ alveolar cell　263

Ⅱ型肺泡细胞　type Ⅱ alveolar cell　263

Ⅳ型胶原蛋白　type Ⅳ collagen　31

α 细胞　α cell　242

α 运动神经元　α motor neuron　125

β 细胞　β cell　241

γ-氨基丁酸　γ-aminobutyric acid,GABA　101

γ 运动神经元　γ motor neuron　125

δ 细胞　δ cell　242

A

A 带　A band　85

A 细胞　A cell　242

吖啶橙　acridine orange　6

埃布斯坦畸形　Ebstein anomaly　405

艾森曼格综合征　Eisenmenger syndrome　405

氨基己糖多糖或酸性黏多糖　acid mucopolysaccharide　44

胺能神经元　aminergic neuron　101

暗 A 型精原细胞　type A dark spermatogonia,Ad　285

暗带　dark band　85

暗区　dark zone　153

暗视野显微镜　dark field microscope　7

暗细胞　dark cell　174

B

B 细胞　B cell　241

B 型精原细胞　type B spermatogonia　285

靶器官　target organ　199

靶细胞　target cell　199

白膜　tunica albuginea　283,298

白三烯　leukotriene　41

白色脂肪组织　white adipose tissue　47

白髓　white pulp　160

白体　corpus albicans　302

白细胞　leukocyte,white blood cell　71

白质　white matter　119

板层骨　lamellar bone　55

板层颗粒　lamellated granule　167

半桥粒　hemidesmosome　32

半月瓣　semilunar valve　400

包埋　embedding　5

包蜕膜　decidua capsularis　327

胞质桥　cytoplasmic bridge　287

鲍曼囊　Bowman's capsule　273

鲍曼腺　Bowman gland　257

爆式红细胞集落生成单位　erythrocytic burst forming unit,BFU-E　78

杯状细胞　goblet cell　22

贝兹细胞　Betz cell　120

背系膜　dorsal mesogastrium　376

背胰　dorsal pancreas　361

背胰管　dorsal pancreatic duct　361

背胰芽　dorsal pancreatic bud　361

被覆上皮　covering epithelium　20

被膜　capsule　154

被膜下窦　subcapsular sinus　157

被囊细胞　capsular cell　106

贲门腺　cardiac gland　225

鼻板　nasal placode　350

鼻泪沟　nasolacrimal groove　350

鼻泪管　nasolacrimal duct　350

鼻泪管闭锁　nasolacrimal duct atresia　427

鼻窝　nasal pit　350

鼻腺　nasal gland　255

鼻中隔　nasal septum　353

比较胚胎学　comparative embryology　317

笔毛微动脉　penicillar arteriole　160

闭锁卵泡　atretic follicle　304

闭锁小带　zonula occludens　29

壁层　parietal layer　273

壁蜕膜　decidua parietalis　327

壁细胞　parietal cell　224

边缘层　marginal layer　412

边缘窦　marginal sinus　160

边缘区　marginal zone　160

编织骨 woven bone 55

变移上皮 transitional epithelium 23,280

表面活性物质 surfactant 367

表面黏液细胞 surface mucous cell 222

表面区 superficial zone 52

表皮 epidermis 166

表皮生长因子 epidermal growth factor,EGF 107

并肢畸形 sirenomelus or sympodia 442,474

并指(趾)畸形 syndactyly 442

玻璃体 vitreous body 188

玻璃体动脉永存 perpetuity of the hyaloid artery 427

玻璃体管 hyaloid canal 422

玻璃体管 vitreous canal 188

玻璃体缺损 coloboma of vitreous or coloboma of corporis vitrei 427

伯贝克颗粒 Birbeck granule 169

哺育细胞 nurse cell 155

不成熟 B immature B 458

不规则致密结缔组织 dense irregular connective tissue 46

不连续毛细血管 discontinuous capillary 140

C

残余体 residual body 39

残肢畸形 meromelia 441

侧舌膨大 lateral lingual swelling 351

侧突 lateral interdigitation 274

侧褶 lateral fold 334

侧中胚层 lateral mesoderm 333

层粘连蛋白 laminin 31,106

差速离心 differential centrifugation 17

肠脑 gut brain 128

肠绒毛 intestinal villus 226

肠神经系统 enteric nervous system 128

肠系膜裂孔疝 mesenteric hiatal hernia 379

肠相关淋巴组织 gut-associated lymphoid tissue 232

超薄切片 ultrathin section 9

超薄切片机 ultramicrotome 9

超分辨率显微镜 super-resolution microscope 8

超高压电镜 high voltage electron microscope,HVEM 9

超微结构 ultrastructure 2

巢蛋白 nestin 106

潮标 tidemark 52

尘细胞 dust cell 265

成骨区 zone of ossification 63

成骨细胞 osteoblast 55

成肌细胞 myoblast 438

成胚细胞 embryoblast 326

成人造血 adult hematopoiesis 75

成软骨细胞 chondroblast 52

成少突胶质细胞 oligodendroblast 412

成神经胶质细胞 glioblast 411

成神经细胞 neuroblast 411

成熟 B mature B 458

成熟卵泡 mature follicle 301

成纤维细胞 fibroblast 36

成星形胶质细胞 astroblast 412

成血管细胞 angioblast 75,394

成牙本质细胞 odontoblast 220,354

成羊膜细胞 amnioblast 328

程序性细胞死亡 programmed cell death,PCD 472

出球微动脉 efferent arteriole 271

初级腹膜腔 primary peritoneal coelom 371

初级干绒毛 primary stem villus 327,330

初级骨化中心 primary ossification center 63

初级骨组织 primary bone tissue 55

初级晶状体纤维 primary lens fiber 424

初级精母细胞 primary spermatocyte 285

初级卵黄囊 primary yolk sac 328

初级卵母细胞 primary oocyte 299

初级卵泡 primary follicle 299

初级绒毛 primary villus 327

初级溶酶体 primary lysosome 39

初级性索 primary sex cord 386

初级胸膜腔 primary pleural coelom 372

初乳 colostrum 312

初乳小体 colostrum corpuscle 312

初始 B 细胞 naive B cell 151

初始 T 细胞 naive T cell 150,457

处女膜闭锁 atresia of hymen 390

处女型 B 细胞 virgin B cell 151

处女型 T 细胞 virgin T cell 150

处女型 T 细胞 virgin T lymphocyte 457

触觉小体 tactile corpuscle 113

穿内皮性小管 transendothelial channel 133

穿通管 perforating canal 59

穿通纤维 perforating fiber 60

传出神经元 efferent neuron 101

传代培养 subculture 16

传入神经元 afferent neuron 101

传统抗原呈递细胞 classical antigen presenting cell 163

垂体 hypophysis,pituitary gland 205

垂体发育不良或缺如　hypophyseal dysplasia or absence　452

垂体门脉系统　hypophyseal portal system　209

垂体软骨　hypophyseal cartilage　435

垂体细胞　pituicyte　211

垂直路径　vertical flow　122

垂直柱　vertical column　122

唇裂　cleft lip　354

次级干绒毛　secondary stem villus　330

次级骨化中心　secondary ossification center　63

次级骨组织　secondary bone tissue　55

次级晶状体纤维　secondary lens fiber　424

次级精母细胞　secondary spermatocyte　285

次级卵黄囊　secondary yolk sac　329

次级卵泡　secondary follicle　301

次级溶酶体　secondary lysosome　39

次级性索　secondary sex cord　388

丛密绒毛膜　chorion frondosum　331

粗肌丝　thick myofilament　86

促甲状腺激素　thyrotropin 或 thyroid stimulating hormone, TSH　207

促甲状腺激素释放激素　thyrotropin releasing hormone, TRH　209

促甲状腺激素细胞　thyrotroph 或 thyroid stimulating hormone cell, TSH cell　207

促肾上腺皮质激素　adrenocorticotropin; adrenocorticotropic hormone, ACTH　208

促肾上腺皮质激素释放激素　corticotropin releasing hormone, CRH　209

促肾上腺皮质激素细胞　corticotroph 或 adrenocorticotropic hormone cell, ACTH cell　208

促性腺激素释放激素　gonadotropin releasing hormone, GnRH　209

促性腺激素细胞　gonadotroph　208

促脂素　lipotropin 或 lipotropic hormone, LPH　208

催乳激素　mammotropin 或 prolactin　207

催乳激素释放激素　prolactin releasing hormone, PRH　209

催乳激素释放抑制激素　prolactin inhibiting hormone, PIH　209

催乳激素细胞　mammotroph 或 prolactin cell　207

D

DC 前体　precursor of DC, pDC　459

D 细胞　D cell　242

大动脉　large artery　135

大耳　macrotia　430

大胶质细胞　macroglial cell　105

大静脉　large vein　142

大脑皮质　cerebral cortex　119

大唾液腺　major salivary gland　353

大网膜　greater omentum　376

大血管易位　transposition of great vessels　406

单倍体细胞　haploid cell　322

单层扁平上皮　simple squamous epithelium　20

单层立方上皮　simple cuboidal epithelium　20

单层纤毛柱状上皮　simple ciliated columnar epithelium　22

单层柱状上皮　simple columnar epithelium　21

单管状腺　simple tubular gland　27

单核吞噬细胞系统　mononuclear phagocytic system, MPS　73

单核细胞　monocyte　73

单极成神经细胞　unipolar neuroblast　412

单精子卵浆内注射　intracytoplasmic sperm injection, ICSI　318

单克隆抗体　monoclonal antibody　12

单卵多胎　monozygotic multiple births　343

单卵双胎　monozygotic twins　342

单泡状腺　simple acinar gland　27

单细胞腺　unicellular gland　26

单腺　simple gland　27

单阳性细胞　single positive cell, SP cell　457

胆管闭锁　intra-or extra-hepatic biliary atresia　366

胆碱能神经元　cholinergic neuron　101

胆囊憩室　cystic diverticulum　360

胆囊收缩素　cholesystokinin　102

胆小管　bile canaliculi　248

蛋白聚糖　proteoglycan　44

蛋白质分泌细胞　protein secretory cell　25

导管　duct　27, 238

倒置相差显微镜　inverted phase contrast microscope　7

得克萨斯红　Texas red　12

"等价群体"　equivalence group　468

迪格奥尔格综合征　DiGeorge syndrome　354, 452, 462

底板　floor plate　413

底蜕膜　decidua basalis　327

地高辛精　digoxigenin　15

地衣红　orcein　43

第二极体　secondary polar body　302

第二抗体　secondary antibody　12

第一极体　first polar body　301

第一抗体　primary antibody　12

电突触 electrical synapse 102,103

电位门控通道 voltage-gated channel 96

电子密度低 electron lucent 9

电子密度高 electron dense 9

电子显微镜 electron microscope 2

凋亡 apoptosis 457

吊灯样细胞 chandelier cell 120

调节性 T 细胞 regulatory T cell 151

耵聍腺 ceruminous gland 190

顶板 roof plate 413

顶浆分泌腺 apocrine gland 26

顶泌汗腺 apocrine sweat gland 174

顶体 acrosome 286

顶体反应 acrosome reaction 324

顶细胞 apical cell 292

定型性造血 definitive hematopoiesis 75

动静脉吻合 arteriovenous anastomosis 143

动力蛋白 dynein 28

动脉 artery 135

动脉导管未闭 patent ductus arteriosus 407

动脉干分隔不匀 unequal division of the truncus arteriosus 406

动脉干嵴 truncal ridge 400

动脉干永存 persistent truncus arteriosus 406

动脉周围淋巴鞘 periarterial lymphatic sheath 160

动纤毛 kinocilium 192

窦结节 sinus tubercle 388

窦周隙 perisinusoidal space 248

窦状毛细血管 sinusoid capillary 140

独眼 cyclopia 427

端脑 telencephalon 415

短食管型食管裂孔疝 short esophagus hiatus hernia 379

短肢畸形 micromelia 441

短指(趾)畸形 brachydactyly 441

多巴胺 dopamine,DA 101

多功能蛋白聚糖 versican 53

多极成神经细胞 multipolar neuroblast 412

多极神经元 multipolar neuron 100

多精入卵 polyspermy 324

多克隆抗体 polyclonal antibody 12

多卵多胎 polyzygotic multiple births 343

多囊肾 polycystic kidney 385

多能干细胞 pluripotent stem cell 326

多能造血干细胞 multipotential hemopoietic stem cell,MH-SC 455

多黏糖蛋白 multiadhesive glycoprotein 45

多胎 multiple births 343

多细胞腺 multicellular gland 26

多形细胞 polymorphic cell 120

多形细胞层 polymorphic layer 121

多指(趾)畸形 polydactyly 441

多种神经营养因子 neurotrophic factor 106

多重染色 multiple staining 13

E

额鼻突 frontonasal prominence 347

腭板 palatine shelf 352

腭垂 uvula 353

腭裂 cleft palate 355

耳廓附件 auricular appendages 431

耳丘 auricular hillock 430

耳石 otolith 192

耳蜗 cochlea 192

耳周囊 periotic capsule 434

二联体 diad 90

二胚层胚盘 bilaminar germ disc 328

F

发育不全 dysplasia 441

法洛三联症 trilogy of Fallot 405

法洛四联症 tetralogy of Fallot 405

反应组织 responding tissue 469

房间隔缺损 atrial septal defect,ASD 405

房室管 atrioventricular canal 397

房水 aqueous humor 188

放射冠 corona radiata 301

放射状胶质细胞 radial neuroglia cell 187

放射自显影术 autoradiography 10

非常规抗原呈递细胞 nonconventional antigen presenting cell 163

非特异性吞噬作用 nonspecific phagocytosis 40

肥大细胞 mast cell 40

肺发育不全 pulmonary hypoplasia 367

肺巨噬细胞 pulmonary macrophage 265

肺泡 pulmonary alveolus 262

肺泡隔 alveolar septum 264

肺泡管 alveolar duct 262

肺泡巨噬细胞 alveolar macrophage 265

肺泡孔 alveolar pore 264

肺泡囊 alveolar sac 262

肺泡上皮 alveolar epithelium 263

肺缺如 pulmonary agenesis 367

肺小叶　pulmonary lobule　260

肺芽　lung bud　366

分辨率　resolution　6

分泌部　secretory portion　26

分泌管　secretory duct　238

分泌期　secretory phase　307

分配动脉　distributing artery　137

分子层　molecular layer　121

分子胚胎学　molecular embryology　317

分子筛　molecular sieve　45

封闭索　sealing strand　29

蜂窝组织　areolar tissue　35

缝隙连接　gap junction　30

辐射区　radial zone　52

福尔根反应　Feulgen reaction　11

福尔克曼管　Volkmann's canal　59

辅助性T细胞　helper T cell　151

附睾管　epididymal duct　292

附着板　attachment plaque　30

复层扁平上皮　stratified squamous epithelium　23

复层柱状上皮　stratified columnar epithelium　23

复管泡状腺　compound tubuloacinar gland　27

复泡状腺　compound acinar gland　27

复腺　compound gland　27

副耳廓　accessory auricle　431

副膈　accessory diaphragm　379

副皮质区　paracortex zone　157

副脾　accessory spleen　463

副肾上腺　accessory suprarenal gland　452

副胰导管　accessory pancreatic duct　361

腹裂　gastroschisis　380

腹膜腔　peritoneal cavity　371

腹位心　abdominal heart　405

腹胰　ventral pancreas　361

腹胰管　ventral pancreatic duct　361

腹胰芽　ventral pancreatic bud　361

G

钙泵　calcium pump　88

钙化　calcification　54

钙结合蛋白D9k　calbindin D9k　54

钙黏蛋白　cadherin　29

盖膜　tectorial membrane　193

干骺端　metaphysis　64

甘氨酸　glycine　101

杆小球　rod spherule　186

杆状双极细胞　rod bipolar cell　187

肝板　hepatic plate　244

肝大颗粒淋巴细胞　hepatic large granular lymphocyte　248

肝巨噬细胞　hepatic macrophage　248

肝裸区　bare area of liver　376

肝憩室　hepatic diverticulum　360

肝素　heparin　40

肝索　hepatic cord　244

肝胃韧带　gastrohepatic ligament　375

肝细胞　hepatocyte　244

肝腺泡　hepatic acinus　250

肝星状细胞　hepatic stellate cell　248

肝血窦　hepatic sinusoid　248

肝芽　hepatic bud　360

感光细胞　photoreceptor cell　185

感觉上皮细胞　sensory epithelial cell　20

感觉神经节　sensory ganglion　128

感觉神经末梢　sensory nerve ending　112

感觉神经元　sensory neuron　101

肛凹　anal pit　363

肛门闭锁　imperforate anus　364

肛膜　anal membrane　363

肛直肠管　anorectal canal　363

高尔基细胞　Golgi cell　123

高尔基Ⅰ型神经元　Golgi type Ⅰ neuron　100

高尔基Ⅱ型神经元　Golgi type Ⅱ neuron　101

高内皮微静脉　high endothelial venule　153

睾酮　testosterone　290

睾丸女性化综合征　testicular feminization syndrome　391

睾丸索　testicular cord　386

睾丸网　rete testis　290

睾丸纵隔　mediastinum testis　283

戈尔登哈尔综合征　Goldenhar syndrome　354

隔膜　diaphragm　140

膈　diaphragm　373

个体发生　ontogenesis　316

各向同性　isotropic　85

各向异性　anisotropic　85

弓形集合小管　arched collecting tubule　270

功能层　functional layer　306

供体蜡块, donor　18

宫外孕　extrauterine pregnancy, ectopic pregnancy　327

巩膜　sclera　182

巩膜静脉窦　sinus venosus sclerae　182

巩膜距　scleral spur　182

钩突　uncinate process　361

谷氨酸　glutamic acid　101

骨板　bone lamella　55

骨被覆细胞　bone lining cell　57

骨单位　osteon　60

骨单位骨板　osteon lamella　60

骨发生　osteogenesis　61

骨发育不全　osteogenesis imperfecta　474

骨改建　bone remodeling　63

骨钙蛋白　osteocalcin　54

骨干　diaphysis　59

骨骼肌　skeletal muscle　84

骨关节炎　osteoarthritis　53

骨骺　epiphysis　59

骨化中心　ossification center　61

骨基质　bone matrix　54

骨痂　bone callus　65

骨领　bone collar　63

骨螺旋板　osseous spiral lamina　193

骨迷路　osseous labyrinth　191

骨膜芽　periosteal bud　63

骨内膜　endosteum　60

骨桥蛋白　osteopontin　54

骨髓-血屏障　bone marrow-blood barrier,MBB　75

骨髓依赖淋巴细胞　bone marrow dependent lymphocyte　73

骨外膜　periosteum　60

骨细胞　osteocyte　57

骨涎蛋白　bone sialoprotein　54

骨陷窝　bone lacuna　57

骨小管　bone canaliculus　57

骨小梁　bone trabecula　60

骨形态发生蛋白　bone morphogenic protein　55

骨盐　bone mineral　54

骨粘连蛋白　osteonectin　54

骨针　bone spicule　60

骨组织　bone tissue　54

骨祖细胞　osteoprogenitor cell　55

鼓膜　tympanic membrane　190

鼓膜缺损　defect of tympanic membrane　431

鼓室阶　scala tympani　192

固定　fixation　5

固定剂　fixative　5

固定绒毛　anchoring villus　330

固有层　lamina propria　217,255

固有质　substantia propria　180

固有结缔组织　connective tissue proper　35

固有胎盘绒毛　definitive placental villus　330

关节软骨　articular cartilage　52

冠臀长　crown-rump length,CRL　337

冠踵长　crown-heel length,CHL　337

冠状韧带　coronary ligament　376

管周毛细血管网　peritubular capillary network　279

光活化定位显微术　photoactivated localization microscopy,PALM　8

光学电子关联电镜术　correlative light and electron microscopy,CLEM　14

光学切片　optic section　8

光学显微镜　light microscope　2

规则致密结缔组织　dense regular connective tissue　45

过碘酸-Schiff 反应　periodic acid Schiff reaction,PAS 反应　11

过渡带　transitional zone　448

过渡性骨小梁　transitional bone trabecula　63

过氧化物酶-抗过氧化物酶法　peroxidase-antiperoxidase method,PAP method　12

H

HE 染色法　HE staining　5

Hirschsprung 病　Hirschsprung disease　364

H 带　H band　85

哈弗斯骨板　Haversian lamella　60

哈弗斯管　Haversian canal　60

哈弗斯系统　Haversian system　60

海豹肢畸形　phocomelia　441

汗腺　sweat gland　173

豪希普陷窝　Howship's lacuna　57

合胞体　syncytium　85

合体滋养层　syncytiotrophoblast　326

核周质　perikaryon　97

赫林体　Herring body　211

黑素　melanin　168

黑素颗粒　melanin granule　168

黑素体　melanosome　168

黑素细胞　melanocyte　168

黑素细胞刺激素　melanocyte stimulating hormone,MSH　208

黑素细胞刺激素释放激素　melanocyte stimulating hormone releasing hormone,MSRH　209

黑素细胞刺激素释放抑制激素　melanocyte stimulating hormone inhibiting hormone,MSIH　209

亨利袢　Henle loop　270

恒冷箱切片机　cryostat　5

横桥　cross bridge　86

横纹 cross striation 84
横纹肌 striated muscle 84
横小管 transverse tubule 87
红骨髓 red bone marrow 75
红髓 red pulp 160
红系造血祖细胞 erythrocyte progenitor cell 78
红细胞 erythrocyte,red blood cell 69
红细胞发生 erythropoiesis 79
红细胞集落生成单位 erythrocytic colony forming unit, CFU-E 78
红细胞膜骨架 erythrocyte membrane skeleton 69
红细胞生成素 erythropoietin,EPO 75
虹膜 iris 182
虹膜基质 iris stroma 182
虹膜缺损 coloboma iridis or iridoschisis 427
骺板 epiphyseal plate 63
骺线 epiphyseal line 64
后肠 hindgut 334,359
后腭裂 posterior cleft palate 355
后界层 posterior limiting lamina 182
后脑 metencephalon 415
后鳃体 ultimobranchial body 349
后神经孔 posterior neuropore 332,410
后肾 metanephros 383
呼吸部 respiratory region 255
呼吸憩室 respiratory diverticulum 360,366
呼吸性细支气管 respiratory bronchiole 262
壶腹 ampulla 191
壶腹嵴 crista ampullaris 191
壶腹帽 cupula 192
滑动性食管裂孔疝 sliding esophageal hiatus hernia 379
化学门控通道 chemically-gated channel 96
化学胚胎学 chemical embryology 317
化学突触 chemical synapse 102
怀布尔-帕拉德小体 Weibel-Palade body 133
环层板 annulate lamellae 299
环层小体 lamellar corpuscle 113
环状胰 annular pancreas 366
黄斑 macula lutea 187
黄色脂肪组织 yellow adipose tissue 47
黄体 corpus luteum 302
黄体期 luteal phase 307
黄体生成素 luteinizing hormone,LH 208
灰质 gray matter 119
回肠憩室 ileal diverticulum 364
会阴体 perineum 363

混合腺 mixed gland 26
混合性多胎 mixed multiple births 343
混合性骨小梁 mixed bone trabecula 63
混合性腺泡 mixed acinus 26,237
活动期乳腺 active mammary gland 312
活动性结肠 mobile colon 380
活体染色 vital staining 17

I

I带 I band 85

J

肌层 muscularis 217
肌动蛋白 actin 86
肌钙蛋白 troponin 86
肌间神经丛 myenteric plexus,Auerbach's plexus 217
肌节 sarcomere 85
肌膜 sarcolemma 84
肌内膜 endomysium 84
肌内皮连接 myoendothelial junction 134
肌球蛋白 myosin 86
肌上皮细胞 myoepithelial cell 20,174,236
肌收缩单位 contractile unit 92
肌丝 myofilament 85
肌束膜 perimysium 84
肌梭 muscle spindle 113
肌外膜 epimysium 84
肌纤维 muscle fiber 84
肌性动脉 muscular artery 136
肌质或肌浆 sarcoplasm 84
肌质网 sarcoplasmic reticulum 87
肌组织 muscle tissue 84
积水性脑膜脑膨出 meningohydroencephalocele 418
基板 basal lamina 31
基板 basal plate 340,413
基底层 basal layer 306
基底层 stratum basale 166
基底动脉 basal artery 306
基底颗粒细胞 basal granular cell 25
基底膜 basilar membrane 193
基底室 basal compartment 289
基底细胞 basal cell 166
基膜 basement membrane 30
基体 basal body 28
基细胞 basal cell 257,292
基质金属蛋白酶 matrix metalloproteinase 58

基质黏着　substrate adhesion　469,472
基质细胞　stromal cell　76,305,458
基质小泡　matrix vesicle　56
畸形学　teratology　316,474
激光扫描共聚焦显微镜　laser scanning confocal microscope,LSCM　7
激活素　activin　289
激素　hormone　199
极垫细胞　polar cushion cell　278
极化活性区　zone of polarizing activity,ZPA　443
极体　polar body　322
极体细胞　polar cell　324
棘层　stratum spinosum　166
棘器　spine apparatus　99
集合管系　collecting duct system　270,276
集落刺激因子　colony stimulating factor,CSF　78
集落生成单位　colony forming unit,CFU　78
脊膜脊髓膨出　meningomyelocele　418
脊膜膨出　meningocele　418
脊髓裂　myeloschisis　418
脊索　notochord　329
脊索管　notochordal tube　329
脊索旁软骨　parachordal cartilage　435
脊索前软骨　prechordal cartilage　435
脊索软骨　chordal cartilage　435
脊索突　notochordal process　329
脊柱侧弯　scoliosis　441
脊柱裂　cleft vertebra,spina bifida　418,441
记忆性B细胞　memory B cell　151,459
继发腭　secondary palate　352
继发隔　septum secundum　399
继发孔　foramen secundum　399
继发性皮质　secondary cortex　448
寄生畸形　parasitic malformation　475
寄生胎　parasite　343
加压素　vasopressin　102
家族性甲状腺肿性功能低下症　familial goitrous hypothyroidism　451
甲襞　nail fold　174
甲床　nail bed　174
甲根　nail root　174
甲沟　nail groove　174
甲母质　nail matrix　174
甲体　nail body　174
甲状旁腺　parathyroid gland　201
甲状旁腺激素　parathyroid hormone　201

甲状旁腺异位　ectopic parathyroid　451
甲状舌管　thyroglossal duct　351,446
甲状舌管瘘　thyroglossal fistula　451
甲状舌管囊肿　thyroglossal cyst　451
甲状腺　thyroid gland　199
甲状腺发育不全或缺如　thyroid gland hypoplasia or absence　451
甲状腺素　thyroid hormone　200
甲状腺形态异常　thyroid paramorphia　451
甲状腺原基　thyroid primordium　446
假单极神经元　pseudounipolar neuron　100
假复层纤毛柱状上皮　pseudostratified ciliated columnar epithelium　22
假复层柱状上皮　pseudostratified columnar epithelium　23
假两性畸形　pseudohermaphroditism　391
假性甲状旁腺功能低下症　pseudohypoparathyroidism　452
尖颅　acrocephaly　440
间充质　mesenchyme　35
间充质细胞　mesenchymal cell　35
间骨板　interstitial lamella　60
间介中胚层　intermediate mesoderm　333
间皮　mesothelium　20
间质卡哈尔细胞　interstitial Cajal cell　217
间质生长　interstitial growth　54
间质细胞　interstitial cell　289
间质细胞刺激素　interstitial cell stimulating hormone,ICSH　208
间质腺　interstitial gland　304
减数分裂或成熟分裂　meiosis or meiotic division　286,322
睑板腺　tarsal gland　188
碱性成纤维细胞生长因子　basic fibroblast growth factor,bFGF　107
浆半月　serous demilune　26,237
浆膜　serosa　217
浆细胞　plasma cell　37,459
浆液细胞　serous cell　25
浆液腺　serous gland　26
浆液性腺泡　serous acinus　26,236
降钙素　calcitonin　201
降钙素基因相关肽　calcitonin gene-related peptide,CGRP　101,201
交错突细胞　interdigitating cell　157
交感成神经细胞　sympathetic neuroblast　417
胶体金　colloidal gold　12
胶原蛋白　collagen　43
胶原纤维　collagenous fiber　42

胶原原纤维　collagenous fibril　43

胶质　colloid　199

胶质瘢痕　glial scar　106

胶质界膜　glial limitans　105

胶质丝　glial filament　105

胶质细胞　glial cell　104

胶质原纤维酸性蛋白　glial fibrillary acidic protein，GFAP　105

胶质源性神经营养因子　glial cell line-drived neurotrophic factor，GDNF　106

角蛋白　keratin　167

角蛋白丝　keratin filament　166

角巩膜缘　corneoscleral limbus　182

角化　keratinization　167

角化的复层扁平上皮　keratinized stratified squamous epithelium　23

角膜　cornea　180

角膜基质　corneal stroma　180

角膜内皮　corneal endothelium　182

角膜上皮　corneal epithelium　180

角膜细胞　keratocyte　181

角膜缘　corneal limbus　182

角质层　stratum corneum　167

角质细胞　horny cell　167

角质形成细胞　keratinocyte　166

脚板　feet plate　105

接合素或连接蛋白　connexin　30

节后神经元　postganglionic neuron　115

节间间充质　intersegmental mesenchyme　436

节前神经元　preganglionic neuron　115

节细胞　ganglion cell　187

节细胞层　layer of ganglion cells　185

结缔组织　connective tissue　35

结缔组织鞘　connective tissue sheath　171

结间体　internode　107

结节部　pars tuberalis　208

睫状神经营养因子　ciliary neurotrophic factor，CNTF　106

睫状体　ciliary body　182

睫状小带　ciliary zonule　184

界沟　sulcus limitans　413

界沟　terminal sulcus　351

紧密连接　tight junction　29

进展带　progress zone　439

近端小管　proximal tubule　274

近腔室　adluminal compartment　289

近曲小管　proximal convoluted tubule　274

浸透　infiltration　5

晶体蛋白　crystallin　188

晶状体　lens　188

晶状体凹　lens pits　422

晶状体板　lens placode　422

晶状体囊　lens capsule　188

晶状体泡　lens vesicle　422

晶状体上皮　lens epithelium　188

晶状体纤维　lens fiber　188

精原核　sperm pronucleus　324

精原细胞　spermatogonium　285

精原细胞性松果体瘤　seminomatous pinealoma　452

精子　spermatozoon　287，322

精子发生　spermatogenesis　283

精子获能　sperm capacitation　324

精子细胞　spermatid　286

精子形成　spermiogenesis　286

颈动脉体　carotid body　137

颈窦　cervical sinus　351

颈囊肿　cervical cyst　355

颈黏液细胞　mucous neck cell　225

颈曲　cervical flexure　415

静脉　vein　141

静脉瓣　vein valve　142

静纤毛　stereocilium　28，192

静止期乳腺　inactive mammary gland　311

镜像性异位肢　mirror-image ectopic limb　442

旧皮质　paleocortex　416

局浆分泌腺　merocrine gland　26

局泌汗腺　merocrine sweat gland　173

巨核细胞　megakaryocyte　74

巨核细胞集落刺激因子　megakaryocyte colony stimulating factor，Meg-CSF　79

巨核细胞系祖细胞　megakaryocyte progenitor cell，CFU-MK　79

巨噬细胞　macrophage　38

锯齿缘　ora serrata　180

聚光镜　condenser　5

聚集蛋白聚糖　aggrecan　50

聚透明质酸　hyaluronan　50

决定子　determinant　469

菌状乳头　fungiform papillae　219

K

抗酒石酸酸性磷酸酶　tartrate-resistant acid phosphatase　58

抗利尿激素　antidiuretic hormone，ADH　211

抗米勒管激素　anti-Müllerian hormone，AMH　289

抗原呈递细胞　antigen presenting cell，APC　152

颗粒层　stratum granulosum　167，301

颗粒黄体细胞　granulosa lutein cell　302

颗粒区　granulomere　74

颗粒细胞　granular cell　120

可兴奋膜　excitable membrane　96

克拉拉细胞　Clara cell　261

克汀病　cretinism　451，474

口凹　stomodeum　350

口鼻膜　oronasal membrane　350

口裂　oral fissure　350

口咽膜　oropharyngeal or buccopharyngeal membrane　329，347，359

库普弗细胞　Kupffer cell　248

快速逆向轴突运输　fast retrograde axonal transport　100

快速顺向轴突运输　fast anterograde axonal transport　100

快速轴突运输　fast axonal transport　100

矿化　mineralization　54

矿化区　mineralized zone　52

眶翼　ala orbitalis　435

溃变　degeneration　116

L

Lieberkuhn 隐窝　crypts of Lieberkuhn　226

拉特克囊　Rathke pouch　449

辣根过氧化物酶　horseradish peroxidase　12

莱迪希细胞　Leydig cell　289

篮状细胞　basket cell　120

郎飞结　Ranvier node　107

朗格汉斯岛　islet of Langerhans　241

朗格汉斯细胞　Langerhans cell　168

肋突　costal process　436

泪囊　lacrimal sac　350

泪腺　lacrimal gland　189，426

泪腺导管闭锁　lacrimal duct atresia　427

泪腺瘘　lacrimal fistula　427

类骨质　osteoid　56

类固醇分泌细胞　steroid secretory cell　26

冷冻割断术　freeze cracking　9

冷冻切片　frozen section　5

冷冻蚀刻术　freeze etching　9

离子通道　ionic channel　96

梨状皮质　pyriform cortex　416

立毛肌　arrector pili muscle　171

粒细胞单核细胞系造血祖细胞　granulocyte/monocyte pro-genitor cell，CFU-GM　78

粒细胞发生　granulocytopoiesis　79

连接蛋白　nexin　28

连接蒂　connecting stalk　329

连接复合体　junctional complex　30

连接小体　connexon　30

连体畸形　conjoined malformation　475

连体双胎　conjoined twins　343，475

连续毛细血管　continuous capillary　138

联合突　copula　351

联合纤维　association fiber　120

联会　synapsis　322

镰状韧带　falciform ligament　375

链霉亲和素-过氧化物酶法　streptavidin peroxidase method，SP method　13

链霉亲和素-生物素-过氧化物酶复合物法　streptavidin-biotin-peroxidase complex method，SABC method　13

两性畸形　hermaphroditism　390

亮 A 型精原细胞　typc A pale spermatogonia，Ap　285

亮区　clear zone　58

亮细胞　clear cell　293

裂孔　slit pore　273

裂孔膜　slit membrane　273

淋巴　lymph　80

淋巴导管　lymphatic duct　146

淋巴干细胞　lymphoid stem cell　79

淋巴管　lymphatic vessel　146

淋巴滤泡　lymphoid follicle　153

淋巴系祖细胞　lymphoid progenitor cell，CFU-L　79

淋巴细胞　lymphocyte　73

淋巴细胞再循环　recirculation of lymphocyte　159

淋巴小结　lymphoid nodule　153

淋巴组织　lymphoid tissue　153

菱唇　rhombic lip　417

流式细胞术　flow cytometry　18

流式细胞仪　flow cytometer　18

硫化氢　hydrogen sulfide　101

硫酸角质素　keratan sulfate　44，50

硫酸皮肤素　dermatan sulfate　44

硫酸软骨素　chondroitin sulfate　50

硫酸软骨素 A、C　chondroitin sulfate A，C　44

硫酸软骨素蛋白聚糖　chondroitin sulfate proteoglycan　31，117

硫酸乙酰肝素　heparan sulfate　44

硫酸乙酰肝素蛋白聚糖　heparan sulfate proteoglycan　31

聋哑症　deafmutism　430

隆起细胞　bulge cell　172

漏斗瘤　infundibular tumor　452

颅缝　suture　434

颅缝早闭　craniosynostosis　440

颅裂畸形　craniochisis　440

颅小梁　trabeculae cranii　435

颅囟　fontanelle　434

颅咽管瘤　craniopharyngioma　452

滤过膜　filtration membrane　274

滤过屏障　filtration barrier　274

滤泡　follicle　199

滤泡旁细胞　parafollicular cell　201,349

滤泡上皮细胞　follicular epithelial cell　199

滤泡树突状细胞　follicular dendritic cell,FDC　154

露脑　exencephaly　418

卵巢妊娠　ovarian pregnancy　327

卵黄蒂　vitelline stalk　334,359

卵黄蒂窦　vitelline sinus　364

卵黄蒂瘘　vitelline fistula　364

卵黄蒂韧带　vitelline ligament　364

卵黄管　vitelline duct　334,339,359

卵黄管囊肿　vitellointestinal cyst　339

卵黄囊　yolk sac　329,338

卵裂　cleavage　325,466

卵裂球　blastomere　325

卵母细胞　oocyte　298

卵泡刺激素　follicle stimulating hormone,FSH　208

卵泡膜　follicular theca　301

卵泡期　follicular phase　307

卵泡细胞　follicular cell　298

卵泡小斑　follicular stigma　302

卵丘　cumulus oophorus　301

卵原核　ovum pronucleus　324

卵原细胞　oogonium　299

卵圆孔　foramen ovale　400

卵周间隙　perivitelline space　301

卵子　ovum　322

轮廓乳头　circumvallate papillae　219

罗班序列征　Robin sequence　354

螺旋动脉　spiral artery　306

螺旋器　spiral organ　193

螺旋韧带　spiral ligament　193

螺旋缘　spinal limbus　193

M

Meckel 软骨　Meckel's cartilage　348,436

马丁诺蒂细胞　Martinotti cell　120

马蹄肾　horseshoe kidney　385

迈斯纳小体　Meissner's corpuscle　113

麦克尔憩室　Meckel's diverticulum　339,364

脉络丛　choroid plexus　126

脉络膜　choroid　184

脉络膜裂　choroid fissure　422

脉络膜毛细血管层　choriocapillaris　184

脉络膜缺损　coloboma chorioideae　427

慢速顺向轴突运输　slow anterograde axonal transport　100

慢速轴突运输　slow axonal transport　100

盲部　pars caeca retina　184

盲孔　foramen cecum　351

毛　hair　171

毛干　hair shaft　171

毛根　hair root　171

毛母质细胞　hair matrix cell　171

毛囊　hair follicle　171

毛球　hair bulb　171

毛乳头　hair papilla　171

毛细胞　hair cell　192

毛细淋巴管　lymphatic capillary　146

毛细血管的通透性　capillary permeability　141

毛细血管后微静脉　postcapillary venule　141

毛细血管前括约肌　precapillary sphincter　143

锚蛋白 C Ⅱ　anchorin C Ⅱ　50

锚连纤维　anchring fibril　31

梅克尔细胞　Merkel cell　169

酶原颗粒　zymogen granule　25,236

门动脉系统　arterial portal system　144

门管区　portal area　249

门管小叶　portal lobule　250

门静脉系统　venous portal system　144

门细胞　hilus cell　304

弥散节细胞　diffuse ganglion cell　187

弥散淋巴组织　diffuse lymphoid tissue　153

弥散神经内分泌系统　diffuse neuroendocrine system,DNES　213

弥散神经内分泌细胞　diffuse neuroendocrine cell　259

米勒管　Müllerian duct　289

泌酸细胞　oxyntic cell　224

泌酸腺　oxyntic gland　223

密斑　dense patch　92

密度梯度离心　density gradient centrifugation　17

密区　dense area　92

密体　dense body　92

密质骨 compact bone 59
免疫球蛋白 immunoglobulin,Ig 38
免疫系统 immune system 150
免疫细胞化学 immunocytochemistry 12
免疫组织化学 immunohistochemistry 12
面颅 viscerocranium 434
面斜裂 oblique facial cleft 355
明带 light band 85
明区 light zone 153
明细胞 clear cell 173
膜黄体细胞 theca lutein cell 302
膜螺旋板 membranous spiral lamina 193
膜迷路 membranous labyrinth 191
膜内成骨 intramembranous ossification 61
膜盘 membranous disk 186
膜性脑颅 membranous neurocranium 434
磨片 ground section 5
末脑 myelencephalon 415
目镜 eyepiece 5

N

奈泽洛夫综合征 Nezelof's syndrome 462
男性假两性畸形 male pseudohermaphroditism 391
男性原核 male pronucleus 324
囊性脊柱裂 spina bifida cystica 441
囊状卵泡 vesicular follicle 301
囊状眼球 cystic eye 426
脑肠肽 braingut peptide 102
脑啡肽 enkephalin 102
脑积水 hydrocephalus 418
脑脊膜 meninx 125
脑脊神经节 cerebrospinal ganglion 128
脑脊液 cerebrospinal fluid,CSF 126
脑脊液-脑屏障 cerebrospinal fluid-brain barrier,CBB 127
脑颅 neurocranium 434
脑膜脑膨出 meningoencephalocele 418,440
脑膜膨出 cranial meningocele 440
脑内脑积水 internal hydrocephalus 418
脑泡 brain vesicle 347,415
脑砂 brain sand 212
脑外脑积水 external hydrocephalus 419
脑源性神经营养因子 brain-drived neurotrophic factor, BDNF 106
内侧鼻突 medial nasal prominence 350
内弹性膜 internal elastic membrane 134
内分泌系统 endocrine system 199
内分泌腺 endocrine gland 25
内核层 inner nuclear layer 185
内环骨板 inner circumferential lamella 59
内节 inner segment 186
内界膜 inner limiting membrane 187
内颗粒层 internal granular layer 121
内淋巴 endolymph 191
内淋巴管 endolymphatic duct 192,428
内淋巴囊 endolymphatic sac 192
内毛细胞 inner hair cell 196
内膜 tunica intima 133
内膜层 theca interna 301
内胚层 endoderm 329
内皮 endothelium 20,133
内皮下层 subendothelial layer 134
内网层 inner plexiform layer 185
内细胞群 inner cell mass,ICM 317,326,468
内釉上皮 inner enamel epithelium 353
内脏逆位 situs inversus viscerum 365
内脏运动神经末梢 visceral motor nerve ending 115
内锥体细胞层 internal pyramidal layer 121
内眦赘皮 epicanthus 426
尼氏体 Nissl body 97
逆向轴突运输 retrograde axonal transport 100
逆行性溃变 retrograde degeneration 116
黏合线 cement line 60
黏膜 mucosa 216
黏膜肌层 muscularis mucosa 217
黏膜下层 submucosa 217
黏膜下神经丛 submucosal plexus,Meissner's plexus 217
黏液 mucus 25
黏液-碳酸氢盐屏障 mucous-HCO_3^- barrier 225
黏液细胞 mucous cell 25
黏液腺 mucous gland 26
黏液性腺泡 mucous acinus 26,236
黏原颗粒 mucinogen granule 22,236
黏着斑 macula adherens 30
黏着小带 zonula adherens 29
尿道下裂 hypospadias 391
尿极 urinary pole 270
尿囊 allantois 330,339,362
尿生殖窦 urogenital sinus 363
尿生殖嵴 urogenital ridge 333,382
尿生殖膜 urogenital membrane 363
尿生殖褶 urogenital fold 389

尿直肠隔　urorectal septum　362

颞翼　ala temporalis　435

凝集素　lectin　14

女性假两性畸形　female pseudohermaphroditism　391

女性原核　female pronucleus　324

P

P 物质　substance P,SP　102

帕内特细胞　Paneth cell　228

帕奇尼小体　Pacinian corpuscle　113

排卵　ovulation　302,324

攀缘纤维　climbing fiber　124

旁分泌　paracrine　199

膀胱外翻　exstrophy of bladder　386

泡心细胞　centroacinar cell　240

胚内中胚层　intraembryonic mesoderm　329

胚泡　blastocyst　326

胚泡腔　blastocoele　326

胚期　embryonic period　322

胚前期　pre-embryonic period　322

胚胎干细胞　embryonic stem cell,ESC　117,317

胚胎诱导　embryonic induction　469

胚胎造血　embryotic hematopoiesis　75

胚胎植入前遗传学诊断　preimplantation genetic diagnosis,PGD　318

胚外体壁中胚层　extraembryonic somatopleuric mesoderm　328

胚外体腔　extraembryonic coelom　328

胚外脏壁中胚层　extraembryonic splanchnopleuric mesoderm　329

胚外中胚层　extraembryonic mesoderm　328

培养基　medium　16

配子　gamete　322

配子发生　gametogenesis　322

膨体　varicosity　116

皮埃尔·罗班综合征　Pierre Robin syndrome　354

皮肤　skin　165

皮肌节　dermomyotome　333

皮下组织　hypodermis　170

皮脂　sebum　173

皮脂腺　sebaceous gland　172

皮质　cortex　119,155

皮质醇　cortisol　203

皮质集合管　cortical collecting duct　270

皮质颗粒　cortical granule　299,324

皮质可塑性　cortical plasticity　123

皮质淋巴窦　cortical sinus　157

皮质索　cortical cord　388

皮质酮　corticosterone　203

脾集落　spleen colony　77

脾肾韧带　lienorenal ligament　377

脾小体　splenic corpuscle　160

脾血窦　splenic sinus　160

偏振光显微镜　polarization microscope　7

贫血　anemia　69

平滑肌　smooth muscle　84

平滑绒毛膜　chorion laeve　331

平行纤维　parallel fiber　123

破骨细胞　osteoclast　57

铺片　stretched preparation　5

葡萄膜　uvea　179

浦肯野细胞　Purkinje cell　123

浦肯野纤维　Purkinje fiber　146

普通变异型免疫缺陷病　common variable immunodeficiency,CVID　463

Q

奇结节　tuberculum impar　351

脐肠瘘　omphalomesenteric fistula　339

脐带　umbilical cord　339

脐瘘　umbilical fistula　339,364

脐尿管　urachus　339,385

脐尿瘘　urachal fistula　339,385

脐尿囊肿　urachal cyst　339,386

脐尿憩室　urachal diverticulum　339,386

脐膨出　omphalocele　364,381

脐腔　umbilical coelom　362

气管食管隔　tracheoesophageal septum　366

气管食管嵴　tracheoesophageal ridge　366

气管食管瘘　tracheoesophageal fistula　367

气-血屏障　blood-air barrier　264

起搏细胞　pacemaker cell　145

器官　organ　2

前 B　pre-B　458

前肠　foregut　334,359

前腭裂　anterior cleft palate　355

前胶原蛋白　procollagen　36

前界层　anterior limiting lamina　180

前列腺　prostate　294

前列腺凝固体　prostatic concretion　294

前列腺特异抗原　prostate specific antigen,PSA　294

前脑无裂畸形 holoprosencephaly 355
前软骨椎体 precartilaginons vertebral body 436
前神经孔 anterior neuropore 332,410
前肾 pronephros 383
前肾管 pronephric duct 383
前肾小管 pronephric tubule 383
前庭部 vestibular region 255
前庭阶 scala vestibuli 192
前庭膜 vestibular membrane 193
前蜕膜细胞 predecidual cell 308
前微动脉 precapillary ateriole 143
前缘层 anterior border layer 182
前置胎盘 placenta praevia 327
浅表肾单位 superficial nephron 270
浅层皮质 superficial cortex 156
羟基磷灰石结晶 hydroxyapatite crystal 55
桥粒 desmosome 30
桥粒斑 desmosomal plaque 30
切齿孔 incisive foramen 353
切片机 microtome 5
切线区 tangential zone 52
亲和素 avidin 12
亲和素-生物素-过氧化物酶复合物法 avidin-biotin-peroxi-
    dase complex method,ABC method 13
亲银性 argentaffin 5
球后毛细血管网 postglomerular capillary network 279
球囊斑 macula sacculi 192
球内系膜 intraglomerular mesangium 272
球旁复合体 juxtaglomerular complex 276
球旁细胞 juxtaglomerular cell 276
球外系膜细胞 extraglomerular mesangial cell 278
球状带 zona glomerulosa 203
躯体运动神经末梢 somatic motor nerve ending 113
趋化性 chemotaxis 39
趋化因子 chemotactic factor 39
去分化 dedifferentiation 471
去甲肾上腺素 norepinephrine,NE 101,204
去甲肾上腺素能神经元 noradrenergic neuron 101
全腭裂 complete cleft palate 355
全浆分泌腺 holocrine gland 26
全内反射荧光显微镜 total internal reflection fluorescence
    microscope,TIRFM 6
醛复红 aldehyde fuchsin 43
醛固酮 aldosterone 203
缺失性畸形 reduction defect 441
缺指(趾)畸形 ectrodactyly 441

R

Reichert 软骨 Reichert's cartilage 349
染料 dye 5
染色 staining 5
人工授精 artificial insemination 318
人胎盘雌激素 human placental estrogen 342
人胎盘催乳素 human placental lactogen 342
人胎盘孕激素 human placental progesterone 342
人体胚胎学 human embryology 316
妊娠黄体 corpus luteum of pregnancy 302
绒毛间隙 intervillous space 330
绒毛膜 chorion 338
绒毛膜板 chorionic plate 330
绒毛膜活检 chorionic villi biopsy,CVB 480
溶血 hemolysis 71
乳糜 chyle 80
乳头层 papillary layer 170
乳头管 papillary duct 270
入球微动脉 afferent arteriole 270
软腭 soft palate 353
软骨 cartilage 50
软骨成熟区 zone of maturing cartilage 63
软骨雏形 cartilage model 61
软骨单位 chondron 51
软骨发生 chondrogenesis 53
软骨发育不全 achondroplasia 440
软骨钙化区 zone of calcifying cartilage 63
软骨基质 cartilage matrix 50
软骨膜 perichondrium 51
软骨膜下生长 subperichondral growth 54
软骨囊 cartilage capsule 50
软骨内成骨 endochondral ossification 61
软骨内生长 endochondral growth 54
软骨细胞 chondrocyte 51
软骨下骨 subchondral bone 52
软骨陷窝 cartilage lacuna 50
软骨形成中心 chondrification center 54
软骨性脑颅 cartilaginous neurocranium or chondrocranium
    434
软骨性听囊 cartilaginous otic capsule 428
软骨增生区 zone of proliferating cartilage 63
软骨粘连蛋白 chondronectin 45,50
软骨贮备区 zone of reserve cartilage 63
软膜 pia mater 126
闰管 intercalated duct 238

闰盘　intercalated disk　89

闰绍细胞　Ranshawcell　125

S

腮腺　parotid gland　238,353

塞托利细胞　Sertoli cell　289

鳃弓　pharyngeal arch　347

鳃沟　pharyngeal cleft　347

鳃瘘　branchial fistula　355

鳃膜　branchial membrane　347

鳃下隆起　hypobranchial eminence　351,366

三级干绒毛　tertiary stem villus　330

三联体　triad　88

三胚层胚盘　trilaminar germ disc　329

三体型　trisomy　476

三阴性细胞　triple negative cell,TN cell　456

扫描电镜术　scanning electron microscopy,SEM　9

沙比纤维　Sharpey's fiber　60

上唇正中裂　median cleft of upper lip　354

上颌突　maxillary prominence　348

上肌节　epimere　438

上胚层　epiblast　328

上皮　255

上皮根鞘　epithelial root sheath　171

上皮树突突触　epitheliodendritic synapse　258

上皮网状细胞　epithelial reticular cell　155

上皮样细胞　epithelioid cells　111

上皮组织　epithelial tissue　20

上行轴突细胞　ascending axonic cell　120

少突胶质细胞　oligodendrocyte　106

舌骨弓　hyoid arch　349

舌旁沟　paralingual sulcus　353

舌乳头　lingual papillae　218

舌下腺　sublingual gland　238,353

摄取胺前体脱羧细胞　amine precursor uptake and decarboxylation cell,APUD 细胞　213

伸长细胞　tanycyte　106

神经　nerve　111

神经板　neural plate　332

神经肠管　neurenteric canal　329

神经垂体　neurohypophysis　205

神经递质　neurotransmitter　97

神经调质　neuromodulator　98,102

神经干细胞　neural stem cell　106

神经沟　neural groove　332

神经管　neural tube　332

神经管畸形　neural tube defect　332

神经核　nucleus　119

神经回路　neuronal circuit　121

神经肌连接　neuromuscular junction　113

神经嵴　neural crest　332,411

神经降压素　neurotensin　102

神经胶质　neuroglia　104

神经胶质细胞　neuroglial cell　96,104

神经胶质样细胞　neurogliaform cell　120

神经节　ganglion　128

神经膜　neurilemma　110

神经膜细胞　neurilemmal cell　110

神经末梢　nerve ending　112

神经内分泌细胞　neuroendocrine cell　209

神经内分泌下丘脑-垂体系统　neuroendocrine hypothalamo-hypophyseal system　449

神经内膜　endoneurium　112

神经上皮　neuroepithelium　411

神经上皮干细胞蛋白　neuroepithelial stem cell protein　106

神经上皮小体　neuroepithelial body　259

神经生长因子　nerve growth factor,NGF　106

神经束　nerve tract　125

神经束膜　perineurium　111

神经束膜上皮　perineural epithelium　111

神经丝　neurofilament,NF　98

神经外膜　epineurium　111

神经外胚层　neural ectoderm　332

神经系统　nervous system　119

神经细胞　nerve cell　96

神经纤维　nerve fiber　108

神经纤维再生　nerve regeneration　116

神经营养素-3　neurotrophin-3,NT-3　106

神经营养因子　neurotrophic factor　106

神经元　neuron　96

神经元发生　neuron genesis　123

神经原纤维　neurofibril　98

神经毡或神经纤维网　neuropil　119

神经褶　neural fold　332

神经组织　nerve tissue　96

视盘　opticdisc　188

肾　kidney　268

肾单位　nephron　270

肾单位袢　nephron loop　270

肾间质　renal interstitium　278

肾缺如　renal agenesis　385

肾乳头　renal papillae　268

肾上腺　adrenal gland　202

肾上腺并合　suprarenal coalescence　452

肾上腺发育不全　suprarenal gland hypoplasia　452

肾上腺皮质　adrenal cortex　202

肾上腺素　adrenaline，epinephrine　204

肾上腺髓质　adrenal medulla　204

肾上腺性征综合征　adrenogenital syndrome　480

肾上腺异位　ectopic suprarenal gland　452

肾素　renin　203

肾小管　renal tubule　274

肾小囊　renal capsule　270

肾小囊腔　capsular space　273

肾小体　renal corpuscle　270

肾小盏　minor renal calices　268

肾柱　renal column　268

肾锥体　renal pyramid　268

生长板　growth plate　63

生长激素　somatotropin，growth hormone　206

生长激素释放激素　growth hormone releasing hormone，GRH
　209

生长激素细胞　somatotroph　205

生长卵泡　growing follicle　298

生长抑素　somatostatin，SOM　201，209

生长锥　growth cone　129

生发中心　germinal center　153

生骨节或巩节　sclerotome　333

生骨节节段　sclerotome segment　436

生后肾原基　metanephrogenic blastema　383

生后肾组织　metanephrogenic tissue　383

生肌节　myotome　333

生精上皮　spermatogenic epithelium　283

生精细胞　spermatogenic cell　283

生精小管　seminiferous tubule　283

生理性脐疝　physiological umbilical herniation　362

生皮节　dermatome　333

生肾节　nephrotome　333，382

生肾索　nephrogenic cord　333，382

生物素　biotin　12

生心区　cardiogenic area　396

生心索　cardiogenic cord　396

生殖工程　reproductive engineering　318

生殖嵴　genital ridge　322，333

生殖结节　genital tubercle　389

生殖细胞瘤　germinoma　452

生殖腺　gonad　333

生殖腺嵴　gonadal ridge　333，382

施-兰切迹　Schmidt-Lantermann incisure　110

施万细胞　Schwann cell　106

十二指肠背系膜　dorsal mesoduodenum　377

十二指肠副乳头　minor duodenal papilla　361

十二指肠腹系膜　ventral mesoduodenum　375

十二指肠旁疝　paraduodenal hernia　379

十二指肠韧带　duodenohepatic ligament　375

十二指肠腺　duodenal gland　229

石蜡切片　paraffin sectioning　5

实验胚胎学　experimental embryology　317

食管闭锁　esophageal atresia　367

食管裂孔疝　esophageal hiatal hernia　379

食管旁裂孔疝　paraesophageal hiatus hernia　379

视杯　optic cup　422

视柄　optic stalk　422

视部　pars optica retina　184

视杆　rod　186

视杆视锥层　layer of rods and cones　186

视杆细胞　rod cell　186

视沟　optic groove　422

视泡　optic vesicle　422

视神经缺损　coloboma of optic nerve　427

视神经乳头　papilla of optic nerve　188

视神经纤维层　layer of optic fibers　187

视网膜　retina　184

视网膜缺损　coloboma of retinae　427

视网膜色素上皮　retinal pigment epithelium　185

视细胞　visual cell　185

视锥　cone　186

视锥细胞　cone cell　186

室管膜　ependyma　106

室管膜层　ependymal layer　412

室管膜细胞　ependymal cell　106

室间隔肌部　muscular part of interventricular septum　400

室间隔缺损　ventricular septal defect，VSD　405

室间孔　interventricular foramen　400

释放激素　releasing hormone，RH　209

释放抑制激素　release inhibiting hormone，RIH　209

嗜锇性板层小体　osmiophilic multilamellar body　263

嗜铬细胞　chromaffin cell　204

嗜碱性　basophilia　5

嗜碱性粒细胞　basophilic granulocyte，basophil　72

嗜碱性细胞　basophilic cell　205

嗜色细胞　chromophil cell　205

嗜酸性　acidophilia　5

嗜酸性粒细胞 eosinophilic granulocyte,eosinophil 72

嗜酸性粒细胞趋化因子 eosinophil chemotactic factor of anaphylaxis,ECF-A 40

嗜酸性细胞 acidophilic cell,oxyphil cell 202,205

嗜银纤维 argyrophil fiber 43

嗜银性 argyrophilia 5

收钙素 calsequestrin 88

手板 hand plate 439

受激发射损耗 stimulated emission depletion,STED 8

受精 fertilization 323

受体 receptor 96,199

疏松结缔组织 loose connective tissue 35

输出淋巴管 efferent lymphatic vessel 156

输出小管 efferent duct 292

输尿管 ureter 280

输尿管芽 ureteric bud 383

输入淋巴管 afferent lymphatic vessel 156

束细胞 bundle cell 146

束细胞 tract cell 125

束状带 zona fasciculata 203

树-树突触 dendrodendritic synapse 102

树突 dendrite 99

树突棘 dendritic spine 99

树突棘 spine 120

树突状细胞 dendritic cell,DC 152,459

数值孔径 numerical aperture,NA 6

刷细胞 brush cell 257,258

刷状缘 brush border 274

双极成神经细胞 bipolar neuroblast 412

双极神经元 bipolar neuron 100

双极细胞 bipolar cell 187

双角子宫 bicornuate uterus 390

双卵双胎 dizygotic twins 342

双输尿管 double ureters 385

双刷样细胞 double bouquet cell 120

双胎 twins 342

双重染色 double staining 13

双主动脉弓 double aortic arch 407

双子宫 double uterus 390

水平细胞 horizontal cell 120,187

顺向轴突运输 anterograde axonal transport 100

顺行性溃变 anterograde degeneration,Wallerian degeneration 116

丝状乳头 filiform papillae 218

四甲基异硫氰酸罗丹明 tetramethyl rhodamine isothiocyanate,TMRITC 12

松果体 pineal body 212

松果体畸胎瘤 teratoma of pineal body 452

松果体旁器囊肿 cyst of parapineal organ 452

松果体胚细胞瘤 pineoblastoma 453

松果体细胞 pinealocyte 212

松果体原基 epiphyseal primordium 450

松质骨 spongy bone 60

苏木精 hematoxylin 5

随机光学重构显微术 stochastic optical reconstruction microscopy,STORM 8

随意肌 voluntary muscle 84

髓窦 medullary sinus 157

髓核 neuclus pulposus 436

髓磷脂 myelin 107

髓磷脂相关糖蛋白 myelin-associated glycoprotein,MAG 106

髓袢 medullary loop 270

髓袢降支 descending limb 270

髓袢升支 ascending limb 270

髓旁肾单位 juxtamedullary nephron 270

髓鞘 myelin sheath 107

髓鞘蛋白0 myelin protein zero,P0,MPZ 107

髓鞘蛋白脂蛋白 proteolipid protein,PLP 110

髓鞘碱性蛋白 myelin basic protein,MBP 107

髓鞘切迹 myelin incisure 110

髓索 medullary cord 157

髓系多向造血祖细胞 multipotential myeloid stem cell,CFU-GEMM 78

髓质 medulla 155

髓质集合管 medullary collecting duct 270

梭内肌纤维 intrafusal muscle fiber 113

梭形细胞 fusiform cell 121

缩宫素 oxytocin 211

T

T细胞库 T cell repertoire 457

塔状颅 tower skull 440

胎儿带 fetal zone 448

胎儿酒精综合征 fetal alcohol syndrome,FAS 477

胎儿外科学 fetal surgery 480

胎毛 lanugo hair 336

胎萌牙 natal tooth 355

胎盘 placenta 340

胎盘隔 placental septum 340

胎盘膜 placental membrane 340

胎盘屏障 placental barrier 340

胎盘小叶　cotyledon　340

胎期　fetal period　322

胎脂　vernix caseosa　336

苔藓纤维　mossy fiber　124

肽分泌细胞　peptide secretory cell　25

肽能神经元　peptidergic neuron　101

弹性蛋白　elastin　43

弹性动脉　elastic artery　135

弹性软骨　elastic cartilage　53

弹性纤维　elastic fiber　43

弹性组织　elastic tissue　46

探针　probe　15

羰花青　carbocyanine,CY　12

糖胺聚糖　glycosaminoglycan　44

糖蛋白分泌细胞　glycoprotein secretory cell　25

糖皮质激素　glucocorticoid　203

套层　mantle layer　411

特发性家族性甲状旁腺功能低下症　familial idiopathic hypoparathyroidism　451

特雷彻·柯林斯综合征　Treacher Collins syndrome　354

特异性吞噬作用　specific phagocytosis　40

体壁中胚层　somatopleuric mesoderm　334

体蒂　body stalk　329

体节　somite　333

体节腔　somitic cavity　333

体节球　somitomere　333

体腔管　coelomic duct　371

体视学　stereology　18

体外受精-胚胎移植　in vitro fertilization and embryo transfer,IVF-ET　318

体细胞核移植　somatic cell nuclear transfer,SCNT　318

体液免疫　humoral immunity　151

天然 Treg　natural Treg,nTreg　151

听板　otic placode　427

听毛　trichobothrium　196

听泡　otic vesicle　428

听窝　otic pit　428

听弦　auditory string　193

通血毛细血管　thoroughfare capillary　143

通讯连接　communication junction　30

同源群　isogenous group　287

同源染色体　homologous chromosome　322

同源细胞群　isogenous group　51

瞳孔　pupil　182

瞳孔膜　pupillary membrane　424

瞳孔膜残留　persistent pupillary membrane　426

头面发育不全畸形　ethmocephalus　474

头曲　cephalic flexure　415

头突　head process　329

头褶　cephalic fold　334

投射纤维　projection fiber　120

透明　clearing　5

透明层　lamina lucida　31

透明层　stratum lucidum　167

透明带　zona pellucida　299

透明带蛋白-3　zona protein 3,ZP3　324

透明带反应　zona reaction　324

透明角质颗粒　keratohyalin granule　167

透明膜病　hyaline membrane disease　367

透明区　hyalomere　74

透明软骨　hyaline cartilage　50

透明细胞　hyalocyte　188

透明质酸　hyaluronic acid　44

透射电镜术　transmission electron microscopy,TEM　9

突触　synapse　102

突触带　synaptic ribbon　212

突触后成分　postsynaptic element　102

突触后致密物　postsynaptic density,PSD　102

突触间隙　synaptic cleft　103

突触扣结　synaptic knob,synaptic bouton　102

突触前成分　presynaptic element　102

突触素Ⅰ　synapsin Ⅰ　102

突触小泡　synapse vesicle　102

突起　process,neurite　99

图像分析术　image analysis　18

图像分析仪　image analyzer　18

涂片　smear　5

蜕膜　decidua　327

蜕膜反应　decidua reaction　327

吞噬体　phagosome　39

吞饮小泡　phagocytic vacuole　39

脱颗粒　degranulation　41

脱水　dehydration　5

椭圆囊斑　macula utriculi　192

唾液腺　salivary gland　236

W

外侧鼻突　lateral nasal prominence　350

外侧腭突　lateral palatine process　351

外弹性膜　external elastic membrane　134

外耳道闭锁　atresia of external acoustic meatus　430

外耳道栓　external acoustic meatus plug　430

外分泌腺　exocrine gland　24

外核层　outer nuclear layer　185

外环骨板　outer circumferential lamella　59

外加生长　appositional growth　54

外节　outer segment　186

外界膜　external limiting membrane　411

外界膜　outer limiting membrane　187

外颗粒层　external granular layer　121,417

外淋巴　perilymph　191

外淋巴间隙　perilymphatic space　191

外毛细胞　outer hair cell　196

外泌汗腺　exocrine sweat gland　173

外膜　adventitia　217

外膜　tunica adventitia　134

外胚层　ectoderm　329

外胚层顶嵴　apical ectodermal ridge, AER　439

外胚层帽　ectodermal cap　439

外胚间充质　ectomesenchyme　353

外体腔膜　exocoelomic membrane　328

外体腔囊　exocoelomic sac　328

外体腔泡　exocoelomic vesicle　329

外网层　outer plexiform layer　185

外釉上皮　outer enamel epithelium　353

外周淋巴器官　peripheral lymphoid organ　154

外周阻力血管　peripheral resistance vessels　137

外锥体细胞层　external pyramidal layer　121

网板　reticular lamina　31

网间细胞　interplexiform cell　187

网膜孔　epiploic foramen　377

网膜囊　omental bursa　376

网织层　reticular layer　170

网织红细胞　reticulocyte　71

网状带　zona reticularis　203

网状细胞　reticular cell　48

网状纤维　reticular fiber　43

网状组织　reticular tissue　48

微管　microtubule　28

微管蛋白　tubulin　28,98

微管泡　tubulovesicule　224

微管相关蛋白　microtubule-associated protein, MAP　98

微环境　microenvironment　469

微静脉　venule　141

微绒毛　microvillus　28

微丝　microfilament　28

微循环　microcirculation　142

微原纤维　microfibril　43

微皱褶细胞　microfold cell, M cell　232

围心腔　pericardial coelom　371,396

卫星细胞　satellite cell　106

未分化的间充质细胞　undifferentiated mesenchymal cell　42

未角化的复层扁平上皮　nonkeratinized stratified squamous epithelium　23

位觉斑　maculae staticae　192

位砂膜　statoconic membrane　192

尾褶　caudal fold　334

味蕾　taste bud　219

味细胞　taste cell　219

胃肠胰内分泌系统　gastro-entero-pancreatic endocrine system　243

胃底腺　fundic gland　223

胃腹系膜　ventral mesogastrium　375

胃酶细胞　zymogenic cell　223

胃脾韧带　gastrosplenic ligament　377

胃小凹　gastric pit　222

纹状管　striated duct　238

纹状缘　striated border　22

蜗管　cochlear duct　193

蜗螺旋管　cochlear spiral duct　192

蜗小管　cochlear canaliculus　191

蜗轴　modiolus　192

无长突细胞　amacrine cell　187

无耳　anotia　430

无极成神经细胞　apolar neuroblast　412

无粒白细胞　agranulocyte　71

无脑畸形　anencephaly　418,440

无髓神经纤维　unmyelinated nerve fiber　107

无血清培养基　serum-free medium　16

无肢畸形　amelia　441

物镜　objective　5

X

X 射线显微分析术　X-ray microanalysis　9

吸收凹　resorption bay　57

吸收细胞　absorptive cell　226

系膜基质　mesangial matrix　273

系膜囊肿和网膜囊肿　mesenteric cyst and omental cyst　380

系膜细胞　mesangial cell　272

细胞毒性 T 细胞　cytotoxic T cell　151

细胞分化　cell differentiation　470

细胞分离术　cell isolation　17

细胞化学　cytochemistry　11

细胞坏死　necrosis　472

细胞-基质黏着　cell-substrate adhesion　472

细胞间质　intercellular substance　2

细胞决定　cell determination　468

细胞类聚　cell sorting　472

细胞连接　cell junction　29

细胞免疫　cellular immunity　151

细胞内分泌小管　intracellular secretory canaliculus　224

细胞培养　cell culture　16

细胞迁移　cell migration　471

细胞全能性　totipotency　471

细胞体　soma　96

细胞外基质　extracellular matrix,ECM　2

细胞系　cell line　16

细胞衣　cell coat　27

细胞运动　cell movement　471

细胞胀亡　oncosis　472

细胞周基质　pericellular matrix,PCM　50

细胞株　cell strain　16

细胞滋养层　cytotrophoblast　326

细胞滋养层壳　cytotrophoblast shell　331

细胞滋养层细胞柱　cytotrophoblast column　331

细胞组分分离　cell fractionation　17

细段　thin segment　275

细管小体　tubular body　133

细肌丝　thin myofilament　86

细支气管　bronchiole　261

狭窄细胞　narrow cell　293

下颌突　mandibular prominence　348

下颌下腺　submandibular gland　238,353

下颌颜面发育不全　mandibulofacial dysostosis　354

下肌节　hypomere　438

下胚层　hypoblast　328

下丘脑释放激素　hypothalamic releasing hormones　102

下丘脑-腺垂体系统　hypothalamus-adenohypophysis system　210

下陷　invagination　329

先天畸形　congenital malformation　474

先天性白内障　congenital cataract　426

先天性耳聋　congenital deafness　430

先天性耳前窦　congenital preauricular sinus　431

先天性耳前瘘管　congenital preauricular fistula　430

先天性腹股沟疝　congenital inguinal hernia　390

先天性膈疝　congenital diaphragmatic hernia　367

先天性膈膨升　congenital eventration of diaphragm　379

先天性膈疝　congenital diaphragmatic hernia　378

先天性睑裂狭窄综合征　congenital blepharophimosis syndrome　426

先天性睑内翻　congenital entropion　426

先天性晶状体异位　congenital dislocation of lens　427

先天性巨结肠　congenital megacolon　364,474

先天性脐疝　congenital umbilical hernia　364

先天性青光眼　congenital glaucoma　426

先天性肾上腺皮质增生症　congenital adrenal cortical hyperplasia,CAH　452

先天性视网膜剥离　congenital retinodialysis　427

先天性视网膜不贴附　congenital detachment of retina　427

先天性视网膜动静脉畸形　congenital retinal arteriovenous malformations,racemose angioma,Wyburn-Mason syndrome　427

先天性无虹膜　congenital aniridia　426

先天性无晶状体　congenital aphakia　427

先天性无眼球或小眼　anophthalmia or microphthalmia　426

先天性小耳　congenital microtia　430

先天性心包缺损　congenital pericardial defect　380

先天性眼睑缺损　congenital coloboma of the eyelid　426

先天性幽门狭窄　congenital pyloric stenosis　364

纤毛　cilium　28

纤毛细胞　ciliated cell　257

纤维蛋白凝栓　fibrin coagulation plug　326

纤维膜　fibrosa,fibrous tunic　179,217

纤维软骨　fibrocartilage　53

纤维细胞　fibrocyte　36

纤维性星形胶质细胞　fibrous astrocyte　105

嫌色细胞　chromophobe cell　205

显微分光光度计　microspectrophotometer　18

显微解剖学　microscopic anatomy　2

腺　gland　24

腺垂体　adenohypophysis　205

腺泡　acinus　26,236

腺上皮　glandular epithelium　20,24

相差显微镜　phase contrast microscope　7

消化管　digestive tract　216

小凹　caveola　92

小肠囊瘤　enterocystoma　364

小肠腺　small intestinal gland　226

小动脉　small artery　136

小胶质细胞　microglia　106

小结帽　nodule cap　153

小静脉　small vein　141

小颗粒细胞　small granule cell　257,258

小梁　trabecula　156

小梁网　trabecular meshwork　182

小梁周窦　peritrabecular sinus　157

小脑板　cerebellar plate　417

小脑小球　cerebellar glomerulus　124

小强荧光细胞　small intensely fluorescent cell,SIF　128

小头畸形　microcephaly　440

小网膜　lesser omentum　375

小叶间隔　interlobular septum　154

效应 B 细胞　effector B cell　151

效应 T 细胞　effector T cell　151

效应器　effector　113

斜颅　plagiocephaly　440

泄殖腔　cloaca　362

泄殖腔膜　cloacal membrane　329,359,362

心包囊肿　pericardial cyst　380

心包腔　pericardial cavity　371

心背系膜　dorsal mesocardium　396

心房利钠多肽　atrial natriuretic polypeptide　145

心房特殊颗粒　specific atrial granule　145

心骨骼　cardiac skeleton　145

心管　cardiac tube　396

心肌　cardiac muscle　84

心肌基质网络　myocardial matrix network　91

心肌膜　myocardium　144

心肌外套层　myoepicardial mantle　397

心胶质　cardiac jelly　397

心力衰竭细胞　heart failure cell　265

心隆起　heart bulge　347

心内膜　endocardium　144

心内膜垫　endocardial cushion　397

心内膜下层　subendocardial layer　144

心球嵴　bulbar ridge　400

心上嵴　epicardial ridge　351

心外膜　epicardium　145

心脏隔膜缺如　absence of cardiac septa　406

新皮质　neocortex　416

新生儿呼吸窘迫综合征　respiratory distress syndrome of newborn　367

兴奋收缩耦联　excitation contraction coupling　88

兴奋性突触　excitatory synapse　103

星网　stellate reticulum　354

星形胶质细胞　astrocyte　105

星形细胞　stellate cell　120

形态发生　morphogenesis　471

形态发生素　morphogen　443

形态计量术　morphometry　18

胸腹隔膜　pleuroperitoneal membrane　373

胸腹裂孔疝　pleuroperitoneal opening hernia　378

胸腹膜管　pleuroperitoneal canal　372

胸骨带　sternal band　437

胸骨后疝　retrosternal hernia　379

胸肋裂孔　sternocostal hiatus　379

胸膜管　pleural canal　371

胸膜腔　pleural cavity　371

胸膜心包管　pleuropericardial canal　372

胸外心　extrathoracic heart　405

胸腺基质淋巴细胞生成素　thymic stromal lymphopoietin　155

胸腺基质细胞　thymic stromal cell　155

胸腺上皮细胞　thymic epithelial cell　154,155

胸腺生成素　thymopoietin　155

胸腺素　thymosin　155

胸腺细胞　thymocyte　155,455

胸腺小体　thymic corpuscle　155

胸腺小叶　thymic lobule　154

胸腺依赖淋巴细胞　thymus dependent lymphocyte　73

胸腺依赖区　thymus dependent area　157

胸腺原基　thymic anlage　460

胸心包隔膜　pleuropericardial membrane　373

雄激素　androgen　290

雄激素不敏感综合征　androgen insensitivity syndrome　391

雄激素结合蛋白　androgen binding protein,ABP　289

序列征　sequence　475

嗅部　olfactory region　255

嗅毛　olfactory cilia　256

嗅鞘细胞　olfactory ensheathing cells,OECs　117

嗅上皮　olfactory epithelium　256

嗅神经　olfactory nerve　256

嗅细胞　olfactory cell　256

嗅腺　olfactory gland　257

血岛　blood island　75,334

血窦　sinusoid　140

血-睾屏障　blood-testis barrier　289

血管活性肠多肽　vasoactive intestinal polypeptide,VIP　101

血管极　vascular pole　270

血管紧张素　angiotensin　203

血管紧张素原　angiotensinogen　203

血管膜　vascular tunic　179

血管内皮生长因子 vascular endothelial growth factor, VEGF 75

血管球 glomerulus 270

血管球 glomus body 174

血管球基膜 glomerular basement membrane 271

血管球旁器 juxtaglomerular apparatus 276

血管升压素 vasopressin 211

血管纹 stria vascularis 193

血管系膜 mesangium 270

血管周隙 perivascular space 126

血红蛋白 hemoglobin, Hb 69

血浆 plasma 68

血-脑脊液屏障 blood-cerebrospinal fluid barrier, BCB 127

血-脑屏障 blood-brain barrier, BBB 127

血清 serum 68

血栓细胞 thrombocyte 74

血细胞 blood cell 68

血象 hemogram 69

血小板 blood platelet 74

血小板发生 thrombocytopoiesis 79

血小板生成素 thrombopoietin, TPO 79

血小板源性生长因子 platelet derived growth factor, PDGF 74

血-胸腺屏障 blood-thymus barrier 155

血液 blood 68

血影 erythrocyte ghost 71

血影蛋白 spectrin 69

Y

Y 性别决定区 sex determining region of the Y, SRY 386

牙板 dental lamina 353

牙本质 dentine 220,354

牙本质纤维 dentinal fiber 354

牙本质小管 dentinal tubule 220,354

牙骨质 cementum 220

牙蕾 tooth bud 353

牙囊 dental sac 354

牙乳头 dental papilla 353

牙髓 dental pulp 220

牙小皮 dental cuticle 354

牙龈 gingiva 220

牙周膜 peridental membrane 220

咽 pharynx 360

咽肠 pharyngeal gut 360

咽垂体 pharyngeal hypophysis 452

咽鼓管鼓室隐窝 tubotympanic recess 428

咽囊 pharyngeal pouch 347

盐皮质激素 mineralocorticoid 203

眼—耳—椎骨畸形综合征 oculo-auriculo-vertebral spectrum 354

眼睑 eyelid 188

眼睑原基 primordium of eye lids 426

眼球 eyeball 179

羊膜 amniotic membrane 328,339

羊膜囊 amnion 328,339

羊膜囊穿刺 amniocentesis 480

羊膜腔 amniotic cavity 328,339

羊水 amniotic fluid 328,339

羊水过多 polyhydramnios 339

羊水过少 oligohydramnios 339

一氧化氮 nitric oxide, NO 101

一氧化碳 carbon monoxide, CO 101

伊红 eosin 5

伊藤细胞 Ito cell 248

胰岛 pancreas islet 241

胰岛素 insulin 241

胰管黏膜屏障 pancreatic ductal mucosal barrier, PDMB 240

胰腺 pancreas 238

移行区 transitional zone 52

移行细胞 transitional cell 146

乙酰胆碱 acetylcholine, Ach 101

异硫氰酸荧光素 fluorescein isothiocyanate, FITC 12

异染性 metachromasia 5

异位甲状腺 ectopic thyroid 451

异位甲状腺组织 ectopic thyroid tissue 451

异位肾 ectopic kidney 385

异位心 ectopia cordis 405

异位胰腺组织 accessory pancreatic tissue 366

抑制素 inhibin 289

抑制性突触 inhibitory synapse 103

阴唇阴囊隆起 labioscrotal swelling 389

阴道板 vaginal plate 389

阴道闭锁 vaginal atresia 390

引带 gubernaculum 388

隐睾 cryptorchidism 389

隐性脊柱裂 spina bifida occulta 441

荧光显微镜 fluorescence microscope 6

营养血管 vasa vasorum 134

硬腭 hard palate 353

硬膜 dura mater 126

硬膜下隙 subdural space 126

永久带 definitive zone 448

永久性鼻后孔 definitive choana 350

优势卵泡 dominant follicle 302

幽门腺 pyloric gland 225

游出 emigration 72

游离绒毛 free villus 330

游离神经末梢 free nerve ending 112

有被囊神经末梢 encapsulated nerve ending 113

有孔毛细血管 fenestrated capillary 140

有粒白细胞 granulocyte 71

有髓神经纤维 myelinated nerve fiber 107

右位心 dextrocardia 405

右主动脉弓 right aortic arch 407

幼单核细胞 promonocyte 79,460

幼红细胞岛 erythroblastic islet 77

诱导多能干细胞 induced pluripotent stem cells, iPS cells 318

诱导性多能干细胞 induced pluripotent stem cells, iPS 117

釉网 enamel reticulum 353

釉质 enamel 220,354

釉质细胞 ameloblast 354

原B pro-B 458

原凹 primitive pit 329

原肠 primitive gut 334,359

原代培养 primary culture 16

原单核细胞 monoblast 79,460

原发腭 primary palate 352

原发隔 septum primum 397

原发孔 foramen primum 399

原发性皮质 primary cortex 448

原肛 proctodeum 363

原肌球蛋白 tropomyosin 86

原基 primordium or rudiment 359

原浆性星形胶质细胞 protoplasmic astrocyte 105

原胶原蛋白 tropocollagen 37

原结 primitive node 329

原皮质 archicortex 416

原始鼻后孔 primitive choana 350

原始鼻腔 primitive nasal chamber 350

原始肠袢 primary intestinal loop 362

原始成血细胞 primitive hemoblast 75

原始鼓室 primary tympanic cavity 428

原始横隔 septum transversum 360,371

原始卵泡 primordial follicle 299

原始脐环 primitive umbilical ring 340

原始生殖细胞 primordial germ cell, PGC 322,386

原始体腔 primitive body cavity 371

原始系膜 primitive mesentery 374

原始消化管 primitive digestive duct 334

原始心血管系统 primitive cardiovascular system 395

原始咽 primitive pharynx 347

原始造血 primitive hematopoiesis 75

原条 primitive streak 329

原位反转录PCR in situ reverse transcription PCR, in situ RT-PCR 16

原位聚合酶链反应 in situ polymerase chain reaction, in situ PCR 16

原位杂交组织化学 in situ hybridization histochemistry 15

原纤维蛋白 fibrillin 43

原纤维蛋白微原纤维 fibrillin microfibril 31

原小脑 archicerebellum 417

原牙质 predentin 354

原子力显微镜 atomic force microscope, AFM 10

圆锥角膜 keratoconus 427

远侧部 pars distalis 205

远侧舌芽 distal tongue bud 351

远端小管 distal tubule 275

远曲小管 distal convoluted tubule 276

月经 menstruation 307

月经黄体 corpus luteum of menstruation 302

月经期 menstrual phase 307

月经周期 menstrual cycle 307

运动单位 motor unit 115

运动神经末梢 motor nerve ending 113

运动神经元 motor neuron 101

运动终板 motor end plate 113

晕细胞 halo cell 293

Z

脏壁中胚层 splanchnopleuric mesoderm 334

脏层 visceral layer 273

造血成血管细胞 hemangioblast 394

造血干细胞 hematopoietic stem cell, HSC 77

造血生长因子 hematopoietic growth factor 76

造血诱导微环境 hematopoietic inductive microenvironment, HIM 76

造血祖细胞 hematopoietic progenitor cell 78

造釉器 enamel organ 353

增生期 proliferative phase 307

张力丝　tonofilament　166

招风耳　protruding ear　430

真两性畸形　true hermaphroditism　391

真毛细血管　true capillary　143

真皮　dermis　170

真皮乳头　dermal papilla　170

振动切片机　vibratome　5

整合素　integrin　58

正中腭突　median palatine process　351

正中软骨板　median plate of cartilage　435

正中舌芽　median tongue bud　351

支持细胞　supporting cell　191,256

支持细胞　sustentacular cell　289

支气管树　bronchial tree　260

肢芽　limb bud　439

脂肪细胞　fat cell　42

脂肪组织　adipose tissue　47

脂褐素　lipofuscin　99

直肠闭锁　rectal atresia　364

直肠瘘　rectal fistula　365

直动脉　straight artery　306

直集合管　straight collecting duct　270

直捷通路　thoroughfare channel　143

直精小管　tubule rectus　290

植入　implantation　326

指(趾)放线　cartilaginous digital ray　439

指(趾)甲　nail　174

指细胞　phalangeal cell　196

质膜内褶　plasma membrane infolding　31,274

质膜小泡　plasmalemmal vesicle　133

致畸敏感期　sensitive period to teratogenic agent　478

致畸因子　teratogen　477

致密斑　macular densa　277

致密层　lamina densa　31

致密结缔组织　dense connective tissue　45

致密突起　dense projection　102

中肠　midgut　334,359

中肠不转位　nonrotation of the midgut　365

中肠反向转位　reversed rotation of the midgut　365

中肠袢　midgut loop　362

中动脉　medium-sized artery　135

中隔子宫　uterus septus　390

中间部　pars intermedia　208

中间连接　intermediate junction　29

中间神经元　interneuron　101

中间微动脉　metaarteriole　143

中静脉　medium-sized vein　141

中膜　tunica media　134

中胚层　mesoderm　329

中胚层芯　mesodermal core　439

中肾　mesonephros　383

中肾管　mesonephric duct　383

中肾嵴　mesonephric ridge　333,382

中肾旁管　paramesonephric duct　388

中肾旁管抑制物质　Müllerian inhibiting subsance, MIS　389

中肾小管　mesonephric tubule　383

中枢淋巴器官　central lymphoid organ　154

中枢突　central process　100

中外胚层　mesoectoderm　411

中性　neutrophilia　5

中性粒细胞　neutrophilic granulocyte, neutrophil　71

中央凹　central fovea　187

中央管　central canal　60

中央静脉　central vein　244

中央乳糜管　central lacteal　229

终池　terminal cisternae　88

终末网　terminal web　28

终末细支气管　terminal bronchiole　261

终足　end feet　105

重复畸形　double malformation　475

重复性畸形　duplication defect　441

舟状颅　scaphocephaly　440

周围突　peripheral process　100

周细胞　pericyte　138

轴-棘突触　axospinous synapse　102

轴膜　axolemma　100

轴旁中胚层　paraxial mesoderm　333

轴丘　axon hillock　99

轴-树突触　axodendritic synapse　102

轴-体突触　axosomatic synapse　102

轴突　axon　99

轴突系膜　mesaxon　110

轴突运输　axonal transport　100

轴突终末　axonal terminal　100

轴质　axoplasm　100

轴质流　axoplasmic flow　100

轴-轴突触　axoaxonal synapse　102

皱襞　plica　217

皱褶缘　ruffled border　58

侏儒　dwarfism　440

侏儒节细胞　midget ganglion cell　187

侏儒双极细胞　midget bipolar cell　187

蛛网膜　arachnoid　126

蛛网膜下隙　subarachnoid space　126

主动脉肺动脉隔　aortico-pulmonary septum　400

主动脉缩窄　coarctation of the aorta　407

主细胞　chief cell　201,223,292

主胰导管　main pancreatic duct　361

贮脂细胞　fat-storing cell　248

柱细胞　pillar cell　195

转分化　transdifferentiation　471

锥体细胞　pyramidal cell　120

锥小足　cone pedicle　186

滋养层　trophoblast　326

滋养层陷窝　trophoblastic lacunae　326,331

子宫肌膜　myometrium　306

子宫颈腺　cervical gland　309

子宫内膜　endometrium　305

子宫外膜　perimetrium　306

子宫腺　uterine gland　305

姊妹染色单体　sister chromatid　322

自然杀伤 T 细胞　natural killer T cell,NKT cell　152

自然杀伤细胞　natural killer cell,NK cell　152

自然杀伤细胞　nature killer cell　74

自主神经节　autonomic ganglion　128

纵纹　longitudinal striation　274

纵小管　longitudinal tubule　87

综合征　syndrome　475

棕色脂肪组织　brown adipose tissue　47

足板　foot plate　439

足突　foot process,pedicel　273

组胺　histamine　40

组织蛋白酶　cathepsin　58

组织工程　tissue engineering　16

组织化学　histochemistry　11

组织培养术　tissue culture　16

组织切片　tissue section　5

组织微阵列　tissue microarray,TMA　18

组织芯　tissue core　18

组织芯片　tissue chip　18

组织学　histology　2

组织液　tissue fluid　45

最大长度　greatest length,GL　337

左位结肠　left-side colon　365

致　谢

　　继承与创新是一本教材不断完善与发展的主旋律。在该版教材付梓之际，我们再次由衷地感谢那些曾经为该书前期的版本作出贡献的作者们，正是他们辛勤的汗水和智慧的结晶为该书的日臻完善奠定了坚实的基础。以下是该书前期的版本及其主要作者：

7 年制规划教材
全国高等医药教材建设研究会规划教材
全国高等医药院校教材·供 7 年制临床医学等专业用

《组织学与胚胎学》（人民卫生出版社,2001）

主　编　　高英茂
副主编　　徐昌芬

普通高等教育"十五"国家级规划教材
全国高等医药教材建设研究会·卫生部规划教材
全国高等学校教材·供 8 年制及 7 年制临床医学等专业用

《组织学与胚胎学》（人民卫生出版社,2005）

主　编　　高英茂
副主编　　宋天保

普通高等教育"十一五"国家级规划教材
全国高等医药教材建设研究会规划教材·卫生部规划教材
全国高等学校教材·供 8 年制及 7 年制临床医学等专业用

《组织学与胚胎学》（第 2 版,人民卫生出版社,2010）

主　编　　高英茂　李　和
副主编　　李继承　宋天保

编　者（以姓氏笔画为序）

孔　力	大连医科大学	李　和	华中科技大学同济医学院
石玉秀	中国医科大学	李继承	浙江大学医学院
冯京生	上海交通大学医学院	杨佩满	大连医科大学
刘　凯	山东大学医学院	邹仲之	南方医科大学
刘　皓	天津医科大学	宋天保	西安交通大学医学部
孙桂媛	中国医科大学	邵淑娟	大连医科大学

武玉玲　山东大学医学院　　　　　　钟翠平　复旦大学上海医学院
周　莉　吉林大学白求恩医学部　　　高英茂　山东大学医学院
周作民　南京医科大学　　　　　　　章　为　四川大学医学部
周国民　复旦大学上海医学院　　　　曾园山　中山大学中山医学院
周德山　首都医科大学　　　　　　　雷　蕾　哈尔滨医科大学
孟运莲　武汉大学医学院　　　　　　蔡文琴　第三军医大学